赣州年鉴

2023

GANZHOU YEARBOOK

中共赣州市委党史研究室
（赣州市地方志研究室） 编

方志出版社
Publishing House of Local Records

图书在版编目（CIP）数据

赣州年鉴．2023／中共赣州市委党史研究室（赣州市地方志研究室）编．—北京：方志出版社，2023.12
ISBN 978-7-5144-6045-2

Ⅰ．①赣…　Ⅱ．①中…　Ⅲ．①赣州—2023—年鉴
Ⅳ．①Z525.63

中国国家版本馆CIP数据核字（2023）第253006号

责任编辑：王娜
责任校对：张玉霞
责任印制：梅中英
出 版 者：方志出版社
地　　址：北京市朝阳区潘家园东里9号（国家方志馆4层）
邮　　编：100021
网　　址：http://www.zgfzcb.cn
发　　行：方志出版社图书营销中心（010-67110500）
印　　刷：赣州中天印刷有限公司
开　　本：889毫米×1194毫米 1/16
印　　张：29.25
字　　数：1249千字
版　　次：2023年12月第1版
印　　次：2023年12月第1次印刷
定　　价：360.00元

《赣州年鉴（2023）》编辑委员会

《赣州年鉴（2023）》总编室

编辑说明

一、《赣州年鉴（2023）》以马克思列宁主义、毛泽东思想、邓小平理论、“三个代表”重要思想、科学发展观、习近平新时代中国特色社会主义思想为指导，坚持辩证唯物主义和历史唯物主义的立场、观点和方法，力求客观记述赣州市自然、政治、经济、文化、社会和生态文明建设等方面的发展变化情况，重点记述赣州市贯彻落实中共中央总书记习近平视察江西和赣州重要讲话精神，深入实施“三大战略、八大行动”，扎实做好稳增长、防风险、保稳定、惠民生各项工作，革命老区高质量发展示范区建设取得的明显成效。全面记述新时代赣州市各地、各部门（单位）、各领域的新进展、新变化、新成效。

二、《赣州年鉴（2023）》收录范围以赣州市现有行政区划为界。记述时间为 2022 年 1 月 1 日至 12 月 31 日。同时，为完整反映某件事物的全貌，在彩页、特载和个别条目中记述时限略有突破。

三、《赣州年鉴（2023）》采用分类编辑法，按类目、分目、条目三个层次设置，部分分目下设子分目，条目为写实单元。

四、《赣州年鉴（2023）》设置特载、专记、大事记、市情概貌、赣南苏区振兴发展、中国共产党赣州市委员会、赣州市人民代表大会、赣州市人民政府、中国人民政治协商会议赣州市委员会、中国共产党赣州市纪律检查委员会 赣州市监察委员会、民主党派·工商联、群众团体、法治、军事、经济管理、农业、乡村振兴、工业、园区建设、商贸服务业、旅游业、金融业、经贸合作、交通运输、数字经济、城乡建设、生态环境、教育、科学技术、文化、卫生健康、体育、社会生活、应急管理、县（市、区）、人物 荣誉、附录等 37 个类目，前彩页设置数读赣州、美丽赣州、年度聚焦、深赣对口合作、工业倍增升级、全面乡村振兴、现代服务业发展、省域副中心城市建设、优化营商环境专栏。

五、《赣州年鉴（2023）》资料由市直各部门（单位）、各县（市、区），赣州、龙南、瑞金经济技术开发区和有关中央、省属驻市单位提供。

六、《赣州年鉴（2023）》正高级专业技术职称资格人员名单由赣州市人力资源和社会保障局提供；荣誉录由各供稿单位提供，未提供资料或依据者缺载。

七、《赣州年鉴（2023）》所列数据，除统计部门正式公布的外，均由各有关部门和行业提供，并经供稿单位审核。因统计口径等原因，有些部门和行业个别数据与统计部门数据不尽一致时，以统计部门数据为准。

八、书中条目记述内容未写明时间的，均为 2022 年年度内容；随文图片说明凡 2022 年拍摄且有具体日期的均不标注年份。

九、数字用法、标点符号用法分别采用国家标准《出版物上数字用法》（GB/T 15835—2011）、《标点符号用法》（GB/T 15834—2011），计量单位采用国家技术监督局 1993 年 12 月发布的《量和单位》系列国家标准。考虑到社会使用习惯，亩不作统一换算。

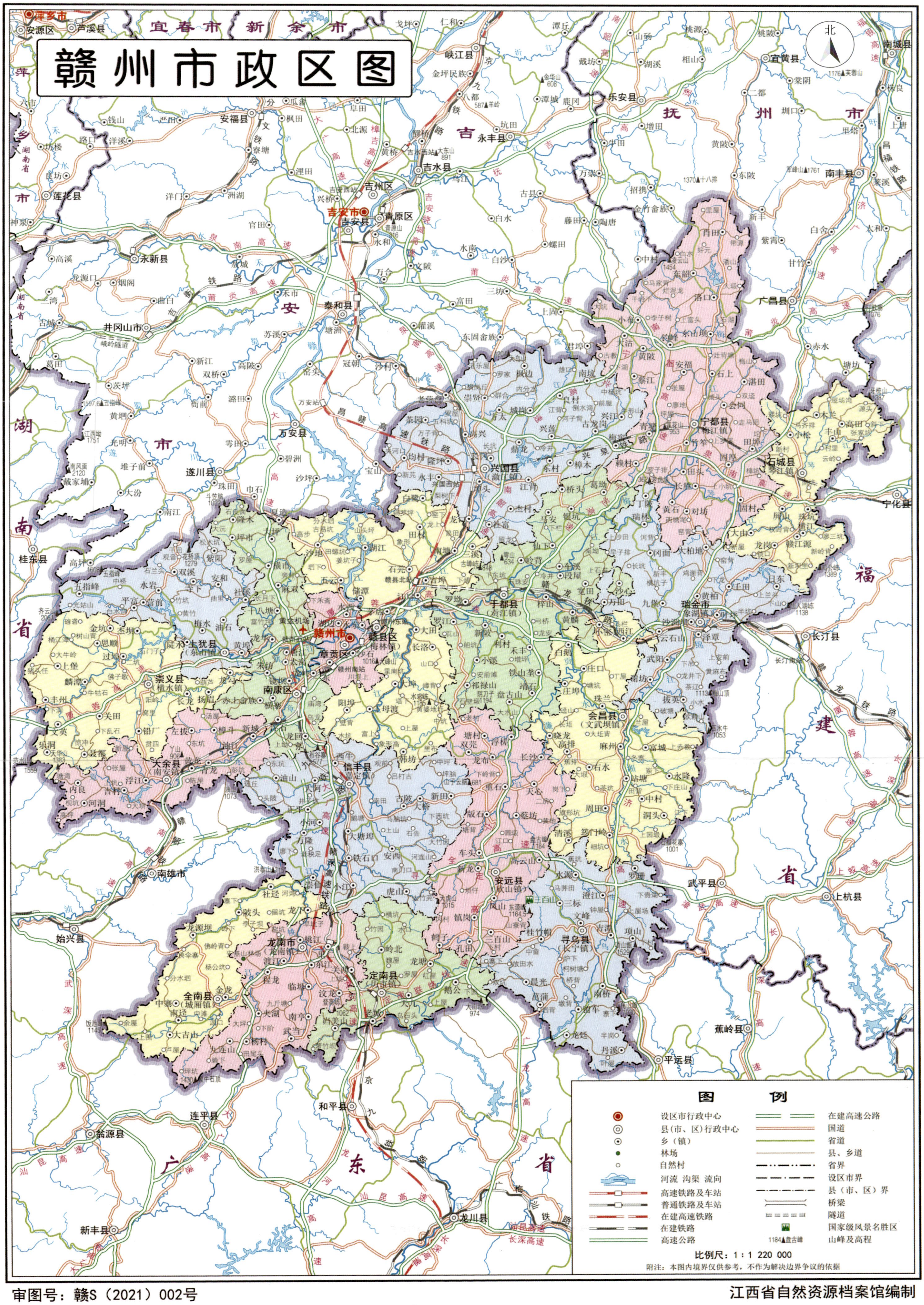

审图号：赣S（2021）002号

江西省自然资源档案馆编制

审图号：赣S（2021）002号

江西省自然资源档案馆编制

图览赣州

2022年是党的二十大召开之年，也是赣州发展极为重要的一年。全市上下坚持以习近平新时代中国特色社会主义思想为指导，深入贯彻习近平总书记视察江西和赣州重要讲话精神，按照“疫情要防住、经济要稳住、发展要安全”重要要求，紧扣“六个江西”建设要求，深入实施“三大战略、八大行动”，高效统筹疫情防控和经济社会发展，革命老区高质量发展示范区建设取得新成效。

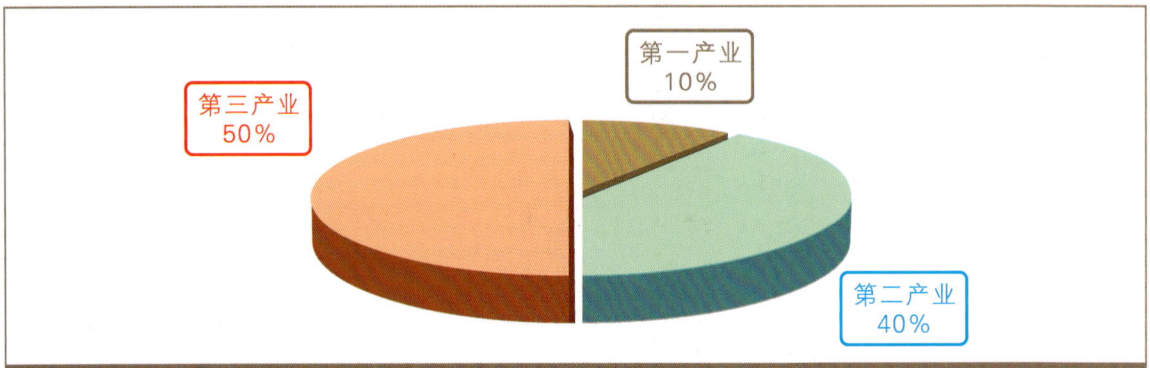

2022年赣州市地区生产总产值构成图

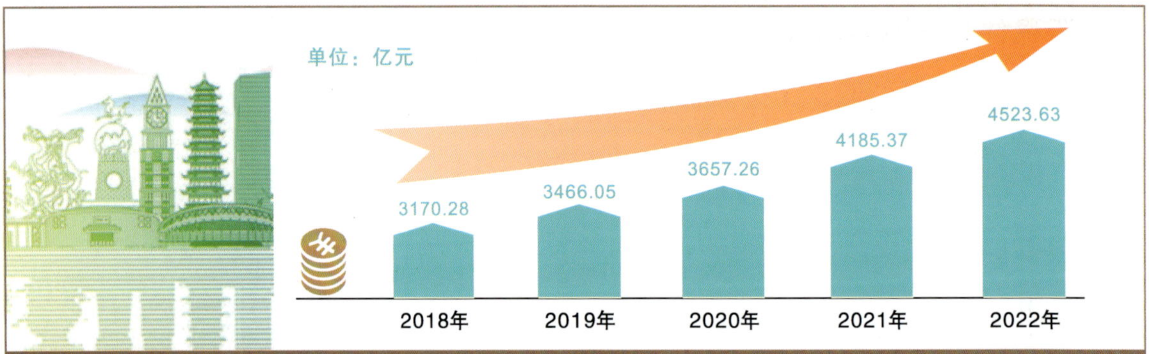

赣州市地区生产总值图

赣州市人均地区生产总值图

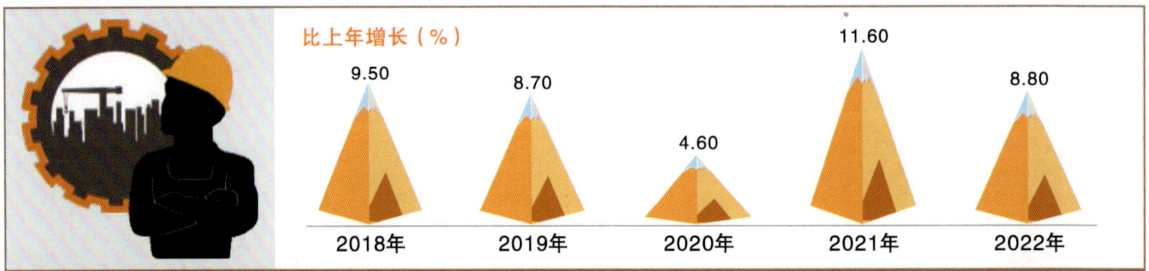

赣州市规模以上工业增加值增速图

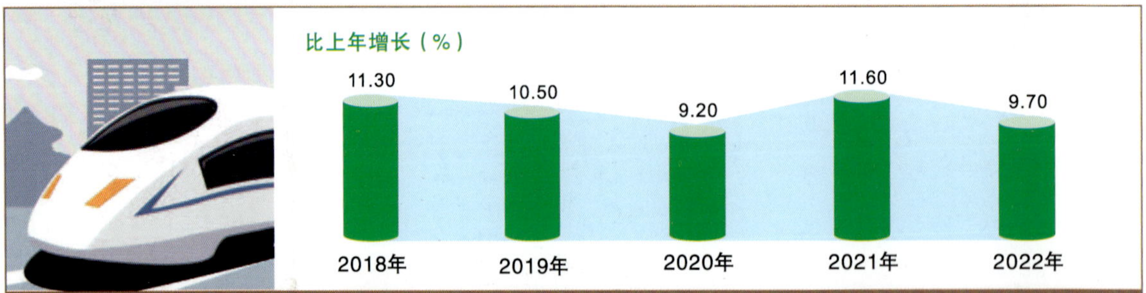

赣州市固定资产投资增速图

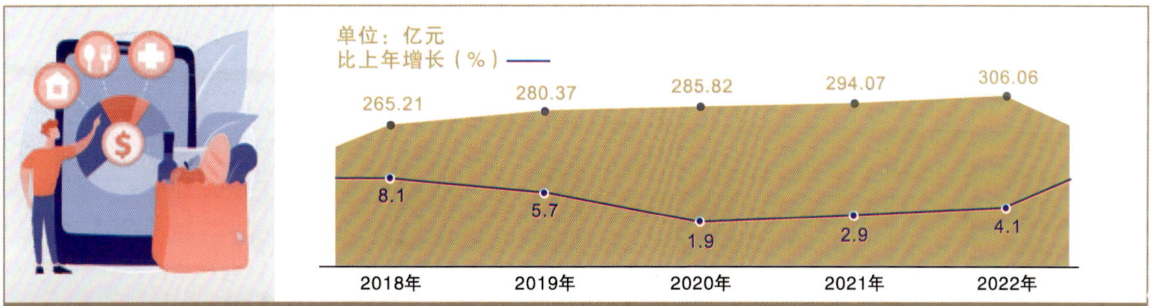

赣州市一般公共预算收入图

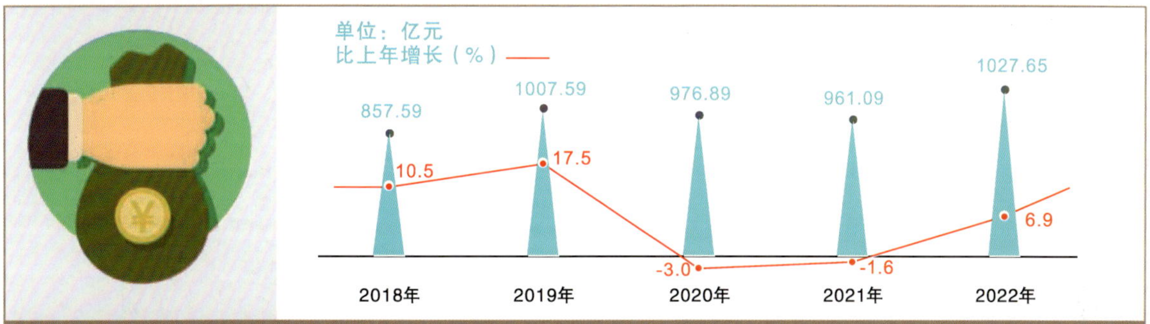

赣州市一般公共预算支出图

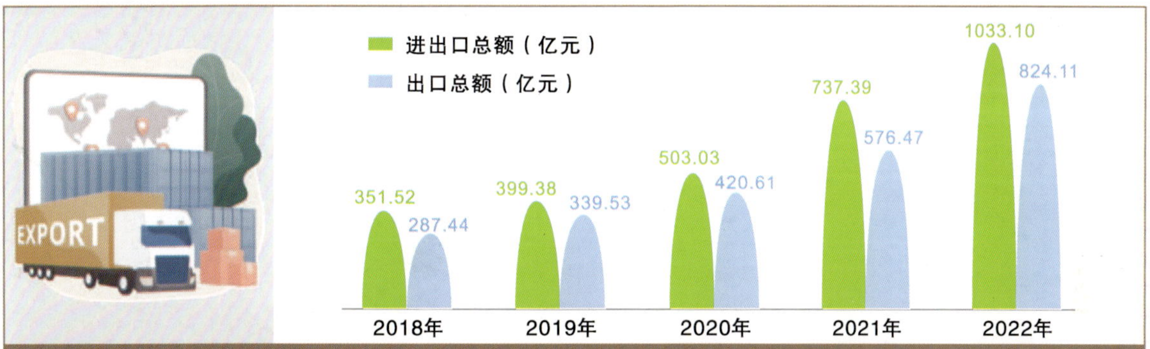

赣州市进出口总额、出口总额图

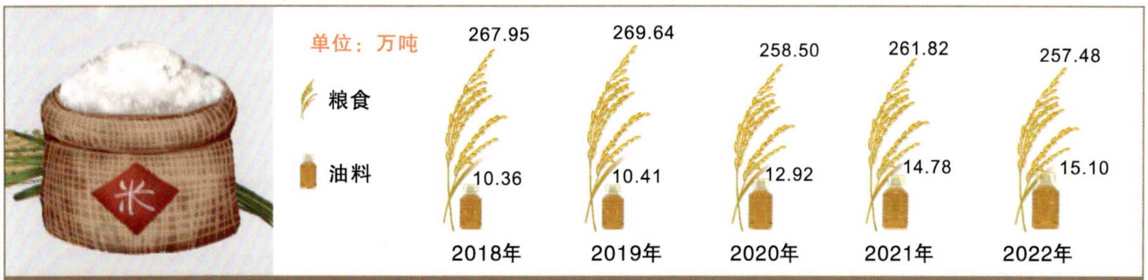

赣州市粮食和油料产量图

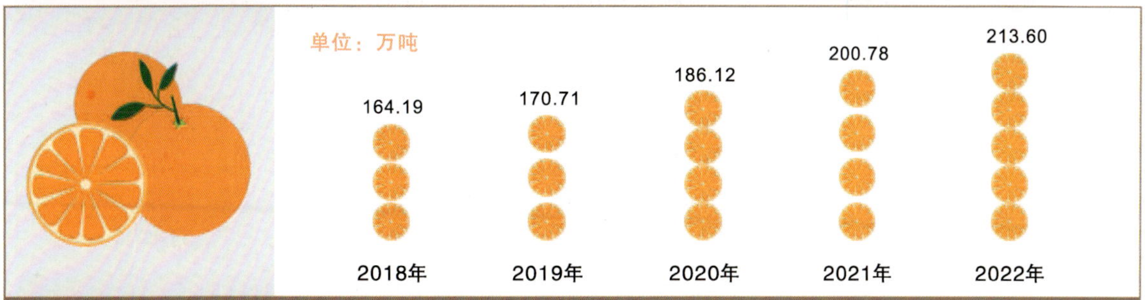

赣州市水果产量图

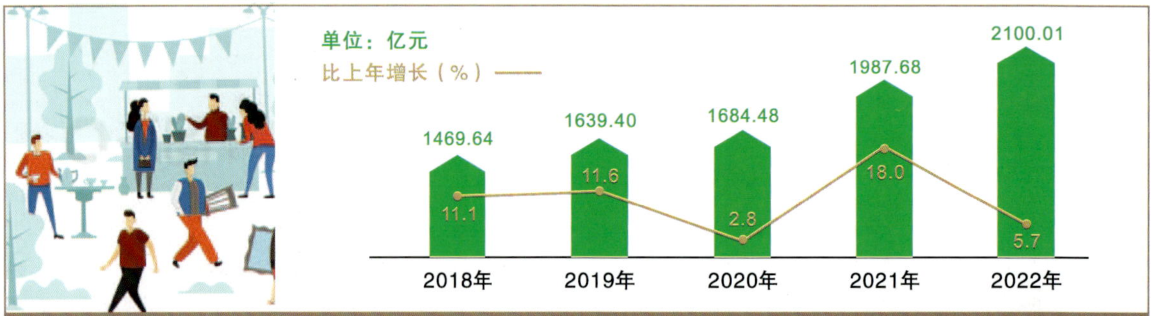

赣州市社会消费品零售总额图

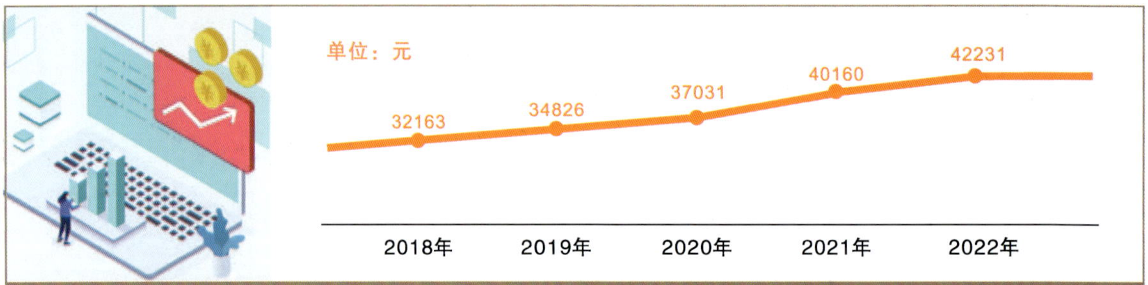

赣州市城镇居民人均可支配收入图

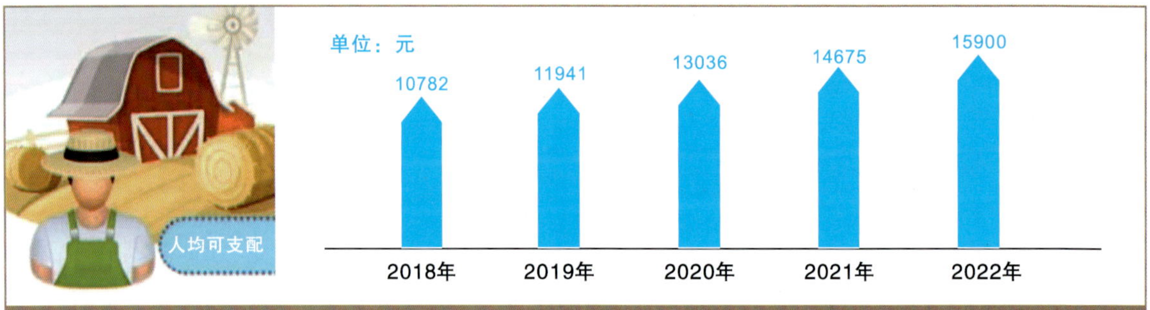

赣州市农村居民人均可支配收入图

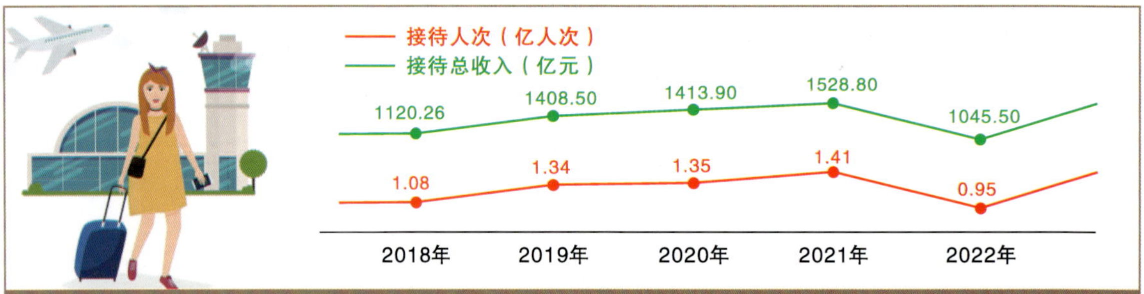

赣州市接待旅游总人数、总收入图

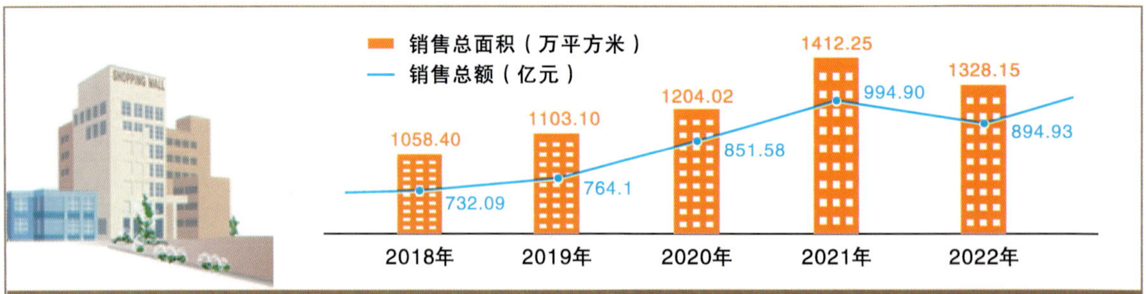

赣州市商品房销售总面积、总销售额图

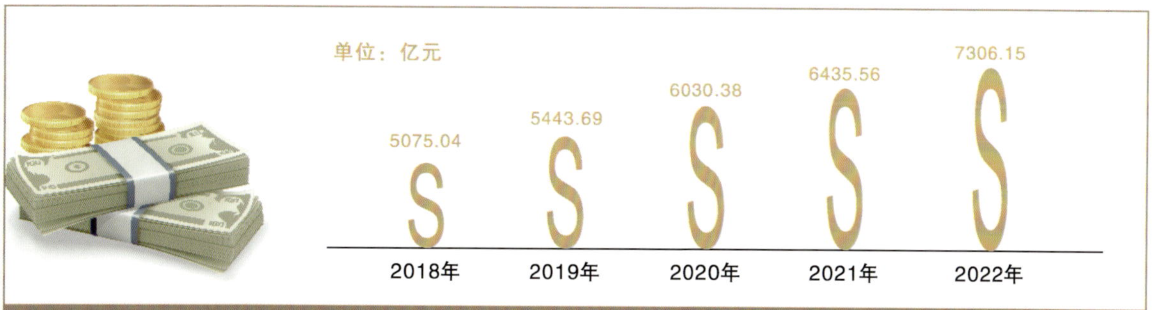

赣州市金融机构本外币存款余额图

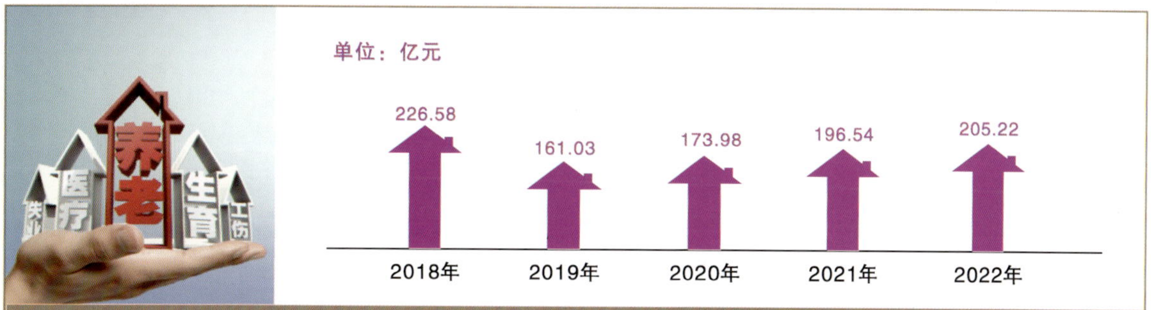

赣州市社会保险基金收入总额图

全市年末常住人口 **898.81** 万人。

全年建筑业总产值 **671.1** 亿元，增长10.7%。

全年公路通车里程 **45465** 千米，其中高速公路（赣州境内）通车里程 **1729** 千米。

年末民用汽车保有量 **137.2** 万辆，增长7.2%；
年末私人汽车保有量 **129.48** 万辆，增长7.4%。

全市有卫生机构 **8169** 个，其中医院 **178** 个。

年末有森林公园 **31** 个、自然保护区 **51** 处。

2022年赣州市主要指标占江西省比重

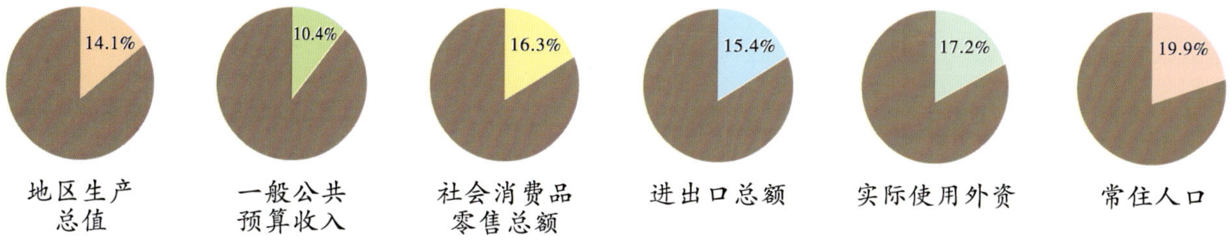

2022 年，赣州市入选全国城市体检样本城市、省级海绵城市建设示范城市、全省城市功能与品质提升三年行动先进设区市。图为市中心城区一角　　　　　　　　（赣州市委宣传部 供图）

赣州建春门古浮桥 （2022年，林宗健 摄）

客家风情园（2022年，何素玲 摄）

章江新区（2022年，林宗健 摄）

2022 年 11 月 15 日，定南县入选为“中国天然氧吧”（定南县史志研究室 供图）

2022 年 12 月，宁都县被认定为 2022 年度国家水土保持示范县
（赣州市地方志研究室 供图）

2022 年 11 月 27 日，上犹县入选为国家生态文明建设示范区 （钟芳亿 摄）

兴国县埠头乡田庄上乡村旅游示范园（2022年，张声 摄）

寻乌县幸福小镇 （2022 年，寻乌县史志研究室 供图）

会昌县小密乡 （2022 年，邹晓波 摄）

赣南等原中央苏区
振兴发展战略实施十周年成就展

2022年6月28日，《奋进新时代 书写新荣光——赣南等原中央苏区振兴发展战略实施十周年成就展》在赣州市开展
（赣州市地方志研究室 供图）

2022年6月28日，在《国务院关于支持赣南等原中央苏区振兴发展的若干意见》出台实施十周年之际，《奋进新时代 书写新荣光——赣南等原中央苏区振兴发展战略实施十周年成就展》在赣州市开展。成就展共分“深情大爱 润泽苏区”“鼎力支持 倾心帮扶”“凝心聚力 砥砺奋进”“振兴发展 苏区蝶变”“牢记嘱托 再谱新篇”五部分。成就展聚焦“奋进新时代 书写新荣光”，通过文版、图表、视频、图片、实物、复原场景以及声光电等丰富展陈形式，展现赣南等原中央苏区振兴发展十周年取得的巨大成就。

赣州“十年振兴 苏区蝶变”展板　（赣州市地方志研究室 供图）

《国务院关于支持赣南等原中央苏区振兴发展的若干意见》九项政策展板　（赣州市地方志研究室 供图）

2021
2020
2019
2018
2017

金融政策
投资政策
财税政策
赣州市执行西部大开发政策
《国务院关于支持赣南等原中央苏区振兴发展的若干意见》明确九大政策

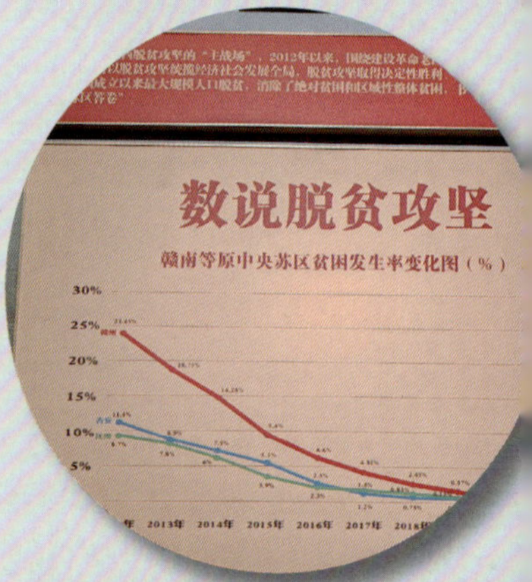

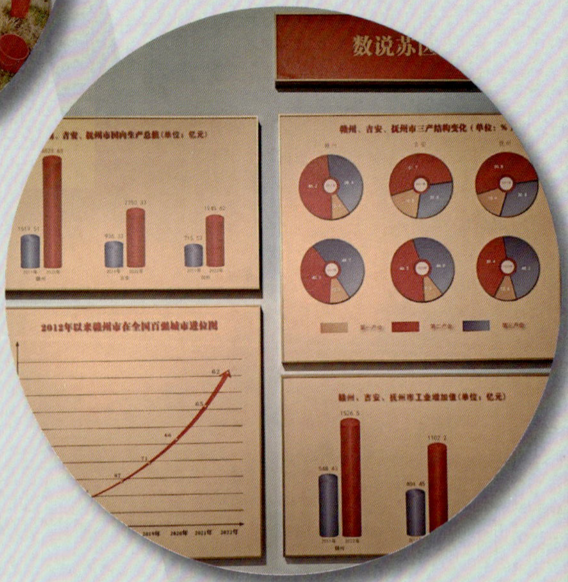

赣南等原中央苏区振兴发展战略实施十周年成就展部分展板 （赣州市地方志研究室 供图）

中国·赣州 2021年
第三届世界赣商大会
2021年12月6日，第三届世界赣商大会在赣州召开。
格力电器董事长兼总裁董明珠在第三届世界赣商大会上致辞

现代家居产业
新型工业集群壮大
有色金属产业

创新能力显著增强
数说创新和产业

中国（赣州）第九届家具产业博览会

2022年6月29日至7月5日，中国（赣州）第九届家具产业博览会在南康区举行。此届家博会以“打造具有全球影响力的家居制造之都”为主题，突出展示新时代南康家具高质量发展的最新成果，全面展示南康区实施招大引强、靠大联强、扶优扶强“三强”战略及推动家具产业数字化转型的工作成效。开幕式上，签约项目18个，总金额338亿元。

2022年6月29日，中国（赣州）第九届家具产业博览会在南康区开幕　　（刘青 摄）

2022 年 6 月 28 日，2022 南康家具产业国际直采对接会在家居小镇城市客厅酒店举办　（赣州市贸促会 供图）

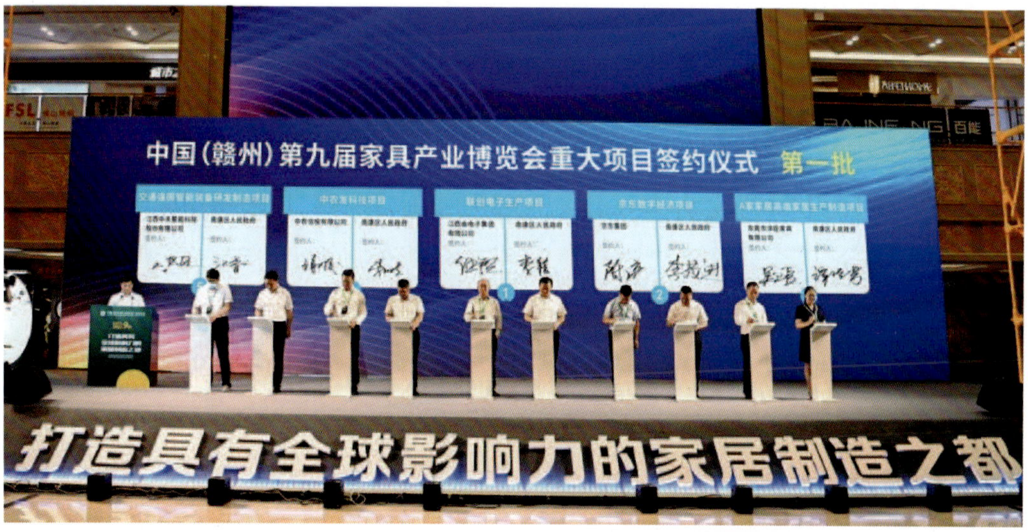

2022 年 6 月 29 日，中国（赣州）第九届家具产业博览会重大项目签约仪式在南康区举行　（赣州市地方志研究室 供图）

2022 赣南脐橙国际博览会

2022 年 11 月 26 日，以“世界橙乡更美好 共创赣南新未来”为主题的 2022 赣南脐橙国际博览会在信丰县举行。开幕式上举行项目签约活动，信丰、安远、赣县等县（市、区）签约一批现代农业项目。同时，与会领导和嘉宾参观以赣南脐橙为主的优良品种展示，优质果品、农特产品、龙头企业品牌展销，国际水果展及电商直播等，实地感受赣南脐橙全产业链发展蓬勃态势和喜人成果。此次博览会持续至 2023 年 3 月。

世界橙乡喜迎八方来客 （赣州市地方志研究室 供图）

博览会期间，外国嘉宾在现场参观（赣州市地方志研究室 供图）

博览会期间，评选出的“脐橙王”吸引嘉宾驻足拍照（赣州市地方志研究室 供图）

2022 年 11 月 26 日，2022 赣南脐橙国际博览会在信丰县开幕（赣州市地方志研究室 供图）

2022 江西纺织服装周暨江西（赣州）纺织服装产业博览会

2022 年 11 月 19—22 日，2022 江西纺织服装周暨江西（赣州）纺织服装产业博览会在于都县举行。此次活动共有 22 家企业新签订单 51.25 亿元。博览会集“展、秀、会、赛”于一体，汇聚来自国内外 150 余家知名服装品牌、优质制造企业、面辅料商、智能设备商、服装设计师、软件平台参展。同期，还举办 2022 中国服装论坛高精尖创新峰会、中国（江西）纺织服装产业供应链展、江西纺织服装双线国际直采对接会等 12 场主题活动、13 场时尚发布秀。

2022 年 11 月 19 日，2022 江西纺织服装周暨江西（赣州）纺织服装产业博览会在于都县开幕

（于都县史志研究室 供图）

服博会期间，“新长征杯”第二届中国服装创新设计大赛总决赛在于都县举行

（于都县史志研究室　供图）

服博会期间，与会人员参观智能服装产品展览

（赣州市地方志研究室　供图）

服博会期间，江西纺织服装双线国际直采对接会在于都县举办

（赣州市贸促会　供图）

深赣对口合作

2022年6月22—26日，深赣对口合作调研组深圳市乡村振兴和协作交流局一行在赣州调研。图为调研组一行在章贡区调研　　（赣州市发改委 供图）

2022 年 5 月 19 日，经国务院同意、国家发改委印发《革命老区重点城市对口合作工作方案》，明确赣州市与深圳市建立对口合作关系，为深赣合作提供新的重大历史机遇。赣州市委、市政府高度重视深赣对口合作，市委常委会、市政府常务会多次专题研究，市委主要领导多次听取有关工作汇报，市政府主要领导和分管领导分别带队赴深圳市开展对接，深圳市乡村振兴和协作交流局与赣州市发展和改革委员会频繁对接、紧密沟通，各地各部门主动作为、务实跟进，推动对口合作取得阶段性积极进展。

2022 年 8 月 24 日，深圳赣州对口合作座谈会在深圳召开（赣州市发改委 供图）

2022 年 6 月 17 日，信丰县深度融入大湾区数字经济产业合作推介会在深圳举行 （赣州市发改委 供图）

2022 年 8 月 11 日，“同饮东江水 深寻一家亲” 2022 年江西寻乌·深寻支援合作推介会在深圳市龙岗区举行

（赣州市发改委 供图）

2022 年 8 月 5 日，赣州市在深圳市举行数字经济产业合作推介会（赣州市发改委 供图）

2022 年 6 月 20 日，赣（州）深（圳）城际高速货运班列“融湾号”在赣州国际陆港首发（赣州市发改委 供图）

2022 年 8 月 30 日，2022“深赣携手 出游圳好”深圳旅游推介活动在赣州市万象城举办（赣州市地方志研究室 供图）

工业倍增升级

2022 年，赣州市出台支持制造业高质量发展“16 条”、加强产业链上下游协作配套等措施，“1+5+N”产业加快倍增升级，有色金属和新材料、电子信息产业规模以上营业收入分别突破 2000 亿元、1500 亿元。全市规模以上工业增加值增长 8.8%，增速和总量双双进位全省前三，规模以上工业营业收入达 5389.2 亿元、增长 16.3%，营业收入超 10 亿元企业突破百家，新增营业收入超 50 亿元企业 6 家、上市企业 4 家。

2022 年 6 月 29 日，首套“赣州造”格力空调下线。2023 年 3 月 1 日，首批 3900 套“赣州造”格力成品空调成功发货，正式进入市场
（赣州市地方志研究室 供图）

2022 年 10 月 13 日，耀能新能源（赣州）有限公司工厂在赣州经开区新能源科技城落成暨产品下线，标志着吉利（赣州）42GWh（亿瓦时）动力电池一期项目启动运营。图为耀能新能源（赣州）有限公司生产车间 （赣州市地方志研究室 供图）

现代家居

有色金属

电子信息

纺织服装

新能源和新能源汽车

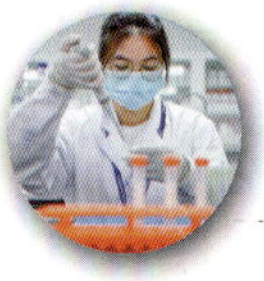

医药食品

“1+5+N”产业集群

2022 年 8 月 13 日，南康家具产业集群被认定为江西省 2022 年五星级产业集群。图为工人在南康区美克数创智造园数字化车间生产绿色家居用品 （赣南日报社 供图）

2022 年 12 月 3 日，赣州稀土新材料及应用集群入选国家先进制造业集群。图为孚能科技（赣州）股份有限公司智能化生产线（赣州市地方志研究室 供图）

数字经济

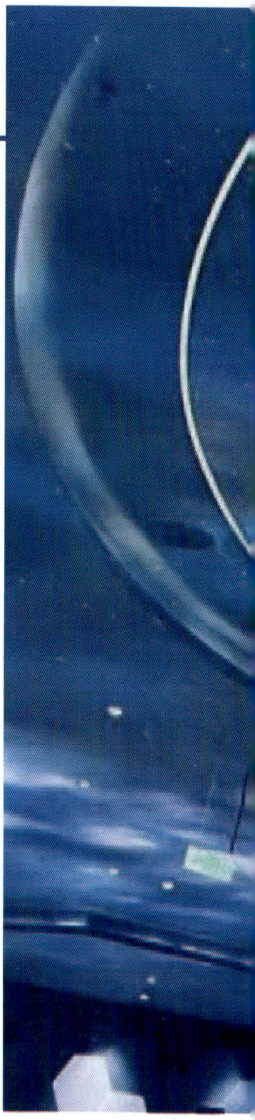

2022年2月9日，龙南市5G产业园获批江西首批数字经济集聚区。图为龙南骏亚精密电子有限公司“5G智能工厂”车间正在加紧生产

（赣州市地方志研究室 供图）

2022年8月8日，赣
市青峰药业、金力永磁等1
家企业获评省级智能制造标
企业。图为金力永磁二期磁
项目部分投产生产车间
（赣州市地方志研究室 供图

2022 年 6 月 28 日，全国首个家居元宇宙平台在南康正式发布。图为家居元宇宙体验馆　　（赣州市地方志研究室 供图）

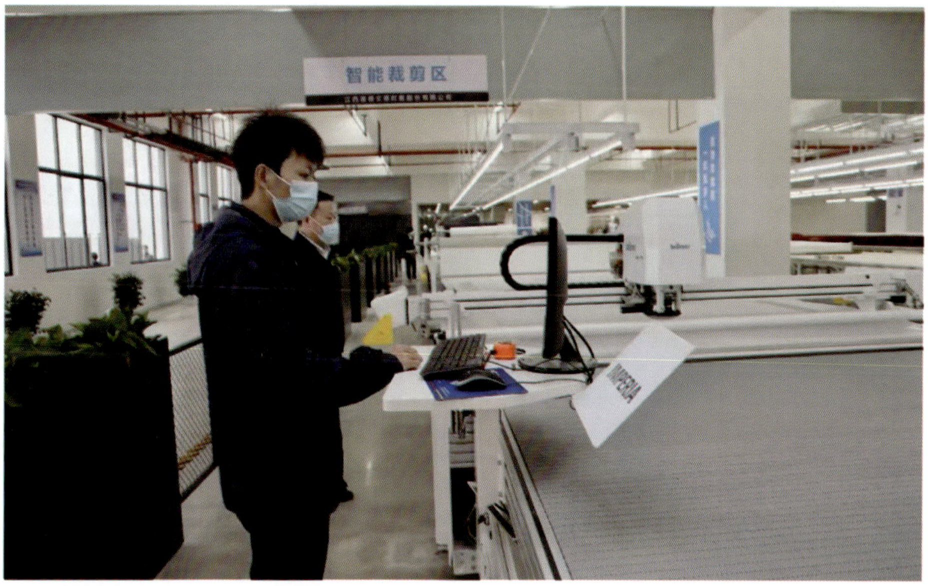

2022 年，翡俪文德时尚服饰发展有限公司年产 120 万件品牌女装项目采用领先的数字化、智能化设备，成为于都纺织服装首位产业智能制造的新标杆。图为翡俪文德时尚服饰发展有限公司智能车间（赣州市地方志研究室 供图）

全面乡村振兴

2022 年 5 月 8 日，上犹县营前镇一排排单晶硅光伏板，转换成绿色清洁能源。该发电项目投资 3 亿元，安装总容量为 30 兆瓦，采用“上层光伏发电、下层水产养殖”的“渔光互补”新型光伏发电模式（朱海鹏 摄）

2022 年 5 月 4 日，村民在兴国县龙口镇文院村蔬菜基地忙碌。该基地被认定为粤港澳大湾区“菜篮子”生产基地（陈鹏 摄）

2022 年 6 月 24 日，赣县区茅店镇东田村发展瓜果种植等特色农业，吸引众多市民游客前来观光旅游体验瓜果采摘乐趣（钟豪东 摄）

2022 年，赣州市推进巩固拓展脱贫攻坚成果同乡村振兴有效衔接，全面完成国家巩固脱贫成果后评估和省考核反馈意见整改，开展产业就业创业“三业”提升行动，“三类人员”全部落实针对性帮扶措施，脱贫户人均可支配收入同比增长 13.8%。实现脱贫人口和监测对象医保缴费全覆盖，“防返贫保”经验做法在全国推广，守住了不发生规模性返贫的底线。

2022 年 8 月 7 日，定南县历市镇文昌村和丰猕猴桃生态园游客正在采摘猕猴桃（林剑峰 摄）

2022 年 8 月 25 日，安远县鹤子镇鹤子村百香果种植园游客正在采摘百香果（魏迪全 摄）

2022 年，于都县大力发展富硒蔬菜产业，蔬菜产业成为富民产业。图为于都县梓山万亩富硒蔬菜产业园 （赣州市委宣传部 供图）

2022 年 11 月 21 日，章贡区沙河镇流坑村入选中国美丽休闲乡村
（章贡区史志研究室 供图）

2022年12月2日，龙南市、全南县获评全省“美丽活力乡村＋乡宿”联动建设先行县。图为全南县雅溪古村

（赣州市委宣传部 供图）

2022年6月14日，会昌县白鹅乡梓坑村“梓坑家园”安置区。该安置区建有安置房245栋，配套建设幼儿园、卫生室、新时代文明实践所等公共服务设施 （朱海鹏 摄）

现代服务业发展

2022 年，赣州市现代服务业实现新发展，规模以上服务业实现营业收入 379.2 亿元，增长 15.1%，高于全省平均水平 4.1 个百分点。长征国家文化公园（赣州段）、方特二期等加快建设，安远三百山景区晋升国家 AAAAA 级景区，大余丫山创评国家级旅游度假区，于都县获评全省首批“风景独好”旅游名县。

2022 年 7 月 15 日，安远县三百山景区获评国家 AAAAA 级旅游景区　（赣州市地方志研究室 供图）

2022 年 4 月 30 日，兴国县的红兴谷北部红色军工主题板块开放试营业，吸引众多游客前往体验红色军事游乐项目(赣南日报社 供图)

2022 年 9 月 29 日，赣州经开区的万达广场试营业，该项目成为全市商贸消费的新中心、全市商贸消费圈的新核心

（赣南日报社 供图）

2022 年 6 月 15 日，于都县获评全省首批“风景独好”旅游名县。图为于都县城一角（于都县史志研究室 供图）

2022 年 12 月，大余丫山获评国家级旅游度假区。图为游客行走在丫山旅游景区玻璃栈道上
（朱海鹏 摄）

省域副中心城市建设

2022 年，赣州市加快建设省域副中心城市，大力实施城市能级提升行动，扎实推进“六个区域性中心”建设。中心城区新（续）建 7 条 59.1 千米快速路，高铁新区综合交通路网加速成形，蓉江新区建成区面积约 20 平方千米，章贡区上榜全国综合实力百强区；市图书馆、文化馆新馆开馆；完成城市棚户区改造 1.88 万户，改造老旧小区 151 个，建设保障性租赁住房 1.67 万套，新（改）建污水管网 225 千米，改造老旧燃气管网 110 千米。

2022 年 11 月 21 日，章贡区上榜全国综合实力百强区。图为章贡区城区一角（赣州市地方志研究室 供图）

2022 年 12 月 29 日，寻乌至龙川高速公路（江西境内段）建成通车
（赣州市地方志研究室 供图）

2022 年 12 月 30 日，兴泉铁路全线贯通运营
（赣州市地方志研究室 供图）

2022年，赣州市中心城区加快推进互联互通，新（续）建快速路59.1千米。图为赣南大道高架快速路
（赣南日报社 供图）

2022年11月13日，赣州国际陆港获批国家进口贸易促进创新示范区　　（赣州国际陆港 供图）

2022年6月22日，信丰电厂2号机组顺利通过168小时满负荷试运行，赣州市第二个支撑性清洁煤电项目实现双机投运
（赣州市地方志研究室 供图）

2022年9月30日，瑞金至梅州铁路正式开工建设。图为工作人员通过无人机进行线路勘察工作
（赣州市地方志研究室 供图）

2022年11月8日，梅江灌区工程在宁都县全面开工建设。图为梅江灌区工程施工现场（赣南日报社 供图）

优化营商环境

2022 年，赣州市大力实施营商环境优化升级“一号改革工程”，打响“干就赣好”品牌，打造新时代“第一等”营商环境，全市亲商重商氛围愈加浓厚，经济活力持续迸发。“大湾区能做的，我们也要能做到”，已成为干部群众耳熟能详的“高频语”、比照落实的“参照系”。

2022 年 5 月 23 日，赣州政务服务平台的惠企政策兑现专区工作人员为群众讲解优惠政策

（赣州市委宣传部 供图）

2022 年，赣州市聚力打造普惠金融品牌，推进金融服务降成本、增效能。图为南康区普惠金融服务中心工作人员解答群众咨询问题

（赣南日报社 供图）

2022 年，赣州市深入推进营商环境优化升级“一号改革工程”，实现惠企奖励政策“免申即享 即申即享”（赣州市委宣传部 供图）

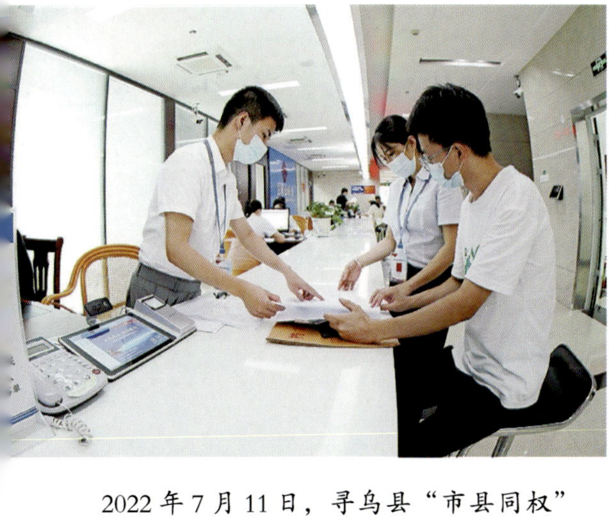

2022 年 7 月 11 日，寻乌县“市县同权”综合服务窗口，县行政审批局工作人员为当地群众办理业务（赣南日报社 供图）

2022 年，龙南市全力打造“龙易办”营商品牌，优化办事流程、缩短办理时限，让企业和群众在龙南“容易办、方便办、最高效、最放心”（赣南日报社 供图）

2022 年赣州市主要荣誉

- 全国百强城市第 62 位、前进 3 位
- 入选“2022 中国活力城市百强榜”，排名第 45 名
- 入选“十四五”时期“无废城市”建设名单
- 全国先进制造业百强城市
- 国家区块链创新应用综合性试点
- 全国数字百强城市
- 全国唯一革命老区水利高质量发展示范区
- 连续九年获评全省高质量发展综合考评先进
- 全省唯一“中国投资热点城市”

总目录

目　录

赣南苏区振兴发展

中国共产党赣州市委员会

赣州市人民代表大会

赣州市人民政府

中国人民政治协商会议
赣州市委员会

中国共产党赣州市纪律检查委员会
赣州市监察委员会

民主党派·工商联

群众团体

法 治

军　事

经济管理

农　业

乡村振兴

工 业

园区建设

商贸服务业

旅游业

金融业

经贸合作

交通运输

数字经济

城乡建设

生态环境

教 育

科学技术

文 化

卫生健康

体　育

社会生活

应急管理

县（市、区）

人物　荣誉

附　录

特载

2022年深赣对口合作工作纪实

2022年5月19日，在省发改委关心帮助和积极争取下，经国务院同意、国家发改委印发《革命老区重点城市对口合作工作方案》，明确赣州市与深圳市建立对口合作关系（全国仅20个革命老区城市列入，赣州市排第一序列），为深赣合作提供新的重大历史机遇。

赣州市委、市政府高度重视深赣对口合作，市委常委会、市政府常务会多次专题研究，市委主要领导多次听取有关工作汇报，市政府主要领导和分管领导分别带队赴深圳市开展对接，深圳市乡村振兴和协作交流局与赣州市发展和改革委员会频繁对接、紧密沟通，各地各部门主动作为、务实跟进，推动对口合作取得阶段性积极进展。深赣对口合作工作成效也得到国家、省发改委有关负责人的充分肯定。

一、科学谋划，对口合作总体布局全面确立

一是建立健全对口合作工作机制。经积极沟通对接，双方同意建立赣州市与深圳市对口合作联席会议制度，由两市主要领导为召集人，每年召开一次，商讨对口合作重大事项。深赣两地对口合作牵头部门（深圳市乡村振兴和协作交流局和赣州市发展和改革委员会）实行“周例会、月调度”（视频方式）工作推进机制，加强对口合作联络协调和合作事项的推动落实。创新建立对口合作重点事项清单制度，由两地共同商定近期重点合作事项，实行动态管理、滚动实施、分批推进。

二是编制对口合作五年实施方案。深赣两市共同组织力量起草《赣州市与深圳市对口合作实施方案（2023—2027年）》，明确到2027年的工作目标和7大领域23项重点任务，力争将深赣对口合作打造成为“特区＋老区”携手迈向共同富裕的全国范例。深赣两市经过多轮座谈交流、修改完善，2022年9月完成实施方案编制工作，并分别上报两省政府。2023年1月18日，实施方案经广东省政府主要领导审签同意、江西省政府常务会审议通过，将以两省政府名义联合印发实施。

三是联合印发首批重点事项清单。按照“深圳所能、赣州所需；政府引导、市场运作；事项清晰、务实可行；具有带动性、引领性；尽量实体化、项目化”的原则和“目标化、实体化、项目化、清单化”的要求，赣州市组织各地各部门提报深赣对口合作事项156项，经深赣两地反复研究论证、共同商定，从中筛选21项条件比较成熟的重点合作事项，并以深圳市对口支援和对口合作领导小组办公室、赣州市粤港澳大湾区桥头堡建设领导小组办公室名义联合印发，标志着深赣对口合作全面进入实质性操作新阶段。

二、务实对接，对口合作交流活动深入开展

一是开展高频率交流互访。两市党委、政府高度重视对口合作工作，多次组织互访交流，推动对口合作落地落实。2022年下半年以来，赣州市政府主要领导和分管领导分别带队赴深圳市对接洽谈，赣州市发改委几乎每月带队赴深圳对接推进有关工作，并选派专人在深圳市乡村振兴和协作交流局蹲点对接。深圳市乡村振兴和协作交流局两次组成调研组深入赣州市实地调研，走访11个县（市、区）近40个调研点，全面了解赣州经济社会发展情况，共商深赣对口合作具体事项。深圳市政府党组成员杨胜军参加赣南等原中央苏区振兴发展战略实施十周年活动，并在大会发言中表示：感恩改革开放、回报全国人民、支持老区发展，是深圳义不容辞的政治责任；将立足两地比较优势，加强工业、农业、生态、文化旅游等重点领域合作，努力续写老区特区对口合作的新篇章。

二是推进多层次对接合作。深赣两市以开展对口合作为契机，不断深化部门之间、县区之间、园区之间交流合作。深赣两市牵头部门开展线上线下对接交流活动近40次，高效推进对口合作各项工作落实落细。开展对口合作以来，两市科技、文旅、农业、体育、税务、机关工委、党史、检察等、干部培训多个部门签订合作协议；同时，金融、党校、工信等一批合作协议已充分协商，即将正式签订。赣州市各县（市、区）主要领导带队赴深圳市各辖区和重点园区对接交流，积极推动结对合作。龙岗区继续对口支援寻乌县，罗湖区与石城县延续友好城市关系，盐田区与南康区正在开展合作；赣州经开区与深圳科技工业园建立战略合作关系；赣州高新区与深圳高新区深化战略合作，赣州国际陆港正在与深圳盐田港开展合作。

三是举办多领域推介活动。深赣两市举办经贸交流、旅游推介、产销合作等系列活动，为增进了解、深化合作奠定坚实基础。2022 年下半年，先后在深圳市举办赣州市数字经济产业合作推介会、“同饮东江水·深寻一家亲”2022 年深寻支援合作交流暨项目推介会、“客家非遗走进大湾区”活动、赣州（深圳）生物医药大健康产业合作推介会、江西信丰深度融入大湾区数字经济产业合作推介会等系列招商推介会。2022 年 8 月 11 日，赣州市融湾宣传座谈会暨“走进湾区”全媒体采访活动启动会议在深圳举行，赣州广播电视台与深圳广电集团、赣南日报社与深圳特区报社等分别签订宣传合作框架协议，深赣双方将在巩固主流舆论阵地、媒体互访、跨区域业务联动、资源共享、宣传对口帮扶等方面开展深度合作。

三、乘势而为，对口合作重点领域逐步深化

产业协作方面，赣州正成为承接深圳市产业转移新高地，2022 年赣州市新签约引进深圳项目 100 个，签约金额近 900 亿元，涉及电子信息、医药食品、现代家居、数字经济、金属新材料等多个领域，富士康、岩代投资、宝明科技、新星轻合金、仁豪家具、大族数控、丰翼科技等一批知名民企、上市公司先后在赣州市投资。总投资 65 亿元的深赣港产城一体化合作区 4 个子项目全面开工，深赣无人机产业基地引进天健集团、丰翼科技、大漠大智控、科比特等深圳企业合作共建。与深圳市时尚创意产业联盟签署战略合作协议共建于都（深圳）时尚创意产业园项目。在市本级联通深圳政务服务，实现与深圳市 151 个事项“跨省通办”，127 项深圳市高频政务服务事项可在赣州市 24 小时自助政务服务区办理。

乡村振兴方面，赣州市已认证粤港澳大湾区“菜篮子”基地 84 家、“圳品”品牌农产品 24 个，认证数均居全省第一；基本建成粤港澳大湾区“菜篮子”赣州配送分中心，全市每年有近 250 万头生猪、2000 万羽家禽、10 万吨脐橙、10 万吨蔬菜销往深圳等大湾区。特别是 2022 年赣州市积极组织 120 吨新鲜果蔬驰援深圳抗击疫情，深圳市工会系统累计采购赣州特色消费帮扶产品 420 万元，充分体现特区老区的深厚友谊。深圳市簕杜鹃耕耘者培训计划推广覆盖赣州全域，“耕耘者振兴计划”项目乡村治理骨干专题培训班分别在赣州市石城县、寻乌县开班，培训乡村治理业务骨干 170 余人。在深圳市乡村振兴和协作交流局支持推动下，连续举办以“线上欢乐购、喜迎丰收节”为主题的 2022 年农民丰收节直播带货活动和以“真情实赣、深情厚谊”为主题的帮扶助农直播，向深圳市相关企业、商超推介赣南优质农产品。

职业教育方面，成功举办 2022 年“湾区 + 老区”职教创新发展大会，举行深（圳）赣（州）职业教育联盟成立仪式，签订深赣职业教育招商项目 3 个、深赣职业院校合作项目 6 个。赣州市已有 3 所市属高校、8 所中职学校分别与深圳市 11 所职业院校开展多种形式合作，其中实现整体（校）帮扶学校 3 所（赣州职业技术学院、寻乌职校、龙南中专）。《深圳市与赣州市职业教育专项合作实施方案（2022—2026 年）》已达成一致意见，将按程序提请联合印发。

文化旅游方面，赣州市与深圳长泓资产管理有限公司等多家企业签订文旅合作项目 13 个，签约金额 91.8 亿元。赣州市安远三百山景区、大余丫山旅游度假区等 4 个赣州市职工（劳模）疗休养基地入围深圳市首批 13 家技术工人疗休养基地。深圳市在赣州市举办 2022“深赣携手出游圳好”深圳旅游推介活动，全方位宣传推介深圳全域旅游资源。赣州市引进华强方特集团建设全国首座红色文化高科技主题公园——赣州方特东方欲晓主题公园，开园一年多来，接待游客量近 240 万人次，营收近 2.5 亿元，接待红培、研学共计超 50 万人次，方特二期（水上乐园、主题酒店）项目已开工并加紧建设。邀请 4 批 96 人次深圳市港澳台同胞以及侨界人士到赣州市开展“悠悠东江源·深深赣港情”“港澳青年国情调研赣州思源行”等活动。

开放合作方面，合作共建“深赣组合港”，在全国首创“跨省、跨直属关区、跨陆海港”的组合港通关新模式，稳定运行至深圳市铁海联运“三同”班列，开通至今累计开行突破 3000 列；常态化开行“深赣欧”班列；赣州国际陆港正式开通深（圳）赣（州）城际高速货运班列“融湾号”，全程运营平均时间压缩至 6 小时。资本融湾步伐不断加快，深交所全力支持赣州资本市场发展，2022 年赣州市有 4 家企业（腾远钴业、逸豪新材、中国稀土、天健电声）在深交所上市，首发募资达 64.8 亿元，创历史新高。2023 年还有吉锐新能源、海盛钨钼和赣州水务等企业计划到深圳上市。深创投加强与赣州市合作，打造赣州企业“融湾路演”投资活动品牌，超 20 亿元各类基金战略投资赣州市 10 余家重点拟上市企业。

（市发改委供稿）

比肩湾区创一流

——赣州打响“干就赣好”营商环境品牌

2022年，赣州市大力实施营商环境优化升级“一号改革工程”，打响“干就赣好”品牌，打造新时代“第一等”营商环境，全市亲商重商氛围愈加浓厚，经济活力持续迸发。“大湾区能做的，我们也要能做到”，已成为干部群众耳熟能详的“高频语”、比照落实的“参照系”。

比照湾区，提升服务效能。赣州市全面对标湾区水平和标准，推动业务重塑、流程再造，企业群众办事环节从原来平均3个压缩为2个，申请材料从平均4件压缩为3件，减少各类证明材料100项，办理时限压缩30%以上。实施“一网通办”数字化改革，打通电力、社保等15个省级、市级系统，市本级90%以上事项办理“最多跑一次”，80%以上服务事项实现“掌上办”，402个政务事项“全程网办”，336个事项“一件事一次办”，151个政务服务事项“跨省通办”，127个深圳事项在赣州自助可办。实现“1+N”通用综合窗口全覆盖，全市共设通用窗口1941个，162个事项纳入综合窗口受理。建立市县乡村四级帮代办、兜底办机制，为企业群众在“企业开办”“工程报建”“跨省通办”“惠企政策”等六大重点领域开展帮办代办。创新研发首个政务“数字人”，探索政务“数字人”逐步替代一窗受理人员的数字化改革新模式。

“市县同权”、工程建设项目“一站式集成”审批、“全产业一链办”……一系列改革创新举措密集出台。赣州大刀阔斧改革，大张旗鼓创新，创新推出“市县同权”改革，建成市县联动审批平台，将118项市级权限下沉至各县（市、区），实现同一事项“全市通办、同标准办理”。各县（市、区）全部设立“全产业一链办”专区，将首位产业全链条审批服务事项纳入专区受理，已为格力、吉利、威高等600余家重点招商引资企业提供“一企一策”定制式全链条五星级政务服务。市县两级政务大厅全面设立“一站式集成”审批专区，建成“项目策划生成平台”，出台工程建设项目策划生成管理办法，“一站式集成”审批优化为三个阶段，每个阶段只需一张申报表、一套材料。在全省率先实行“不动产见面＋司法查控”不见面办，建立线上通道的执行联动机制。

政策兑现“一站式”，政企互动“零距离”。赣州市率先在全省推出惠企政策集中兑现改革，上线“亲清赣商”惠企政策兑现平台，设立5000万元的“惠企资金池”。各县（市、区）与市级平台对接，设立“惠企政策兑现专区”，实现惠企政策“应上尽上”“应享尽享”。平台上线惠企政策1345项，线上线下共为86.45万家企业兑付各类惠企资金127.54亿元。

同时，赣州市实行产业链链长、政企圆桌会议、企业特派员、市县领导挂点联系企业等制度，架起政府和市场主体的“连心桥”，及时协调解决企业生产经营过程中遇到的困难问题。2022年，全市共召开政企圆桌会议292次，协调解决问题1004个。

法治是最好的营商环境。赣州市率先在全省开展规范涉企行政执法改革，各县（市、区）均设立企业“安静生产期”，建立健全投诉举报、行政检查监测、扫码入园备案等制度；坚持包容审慎监管，建立34个领域374项“初次或轻微违法不罚”包容审慎监管清单，进一步规范自由裁量权；在全省首创不动产登记与人民法院建立“总对总”合作新模式，推动“不动产登记＋司法查控”不见面办理，实现查（解）封登记全程网办、真正“秒办”。

亲商重商蔚然成风，大小企业争相筑巢。至2022年年底，赣南大地成为投资兴业的热土，先后引进吉利科技、佳纳能源等一大批“5020”项目，特别是总投资达101亿元的富士康工业互联智能制造项目落户赣州经开区，成为赣州市迄今为止规模最大的现代高端智能制造企业项目。

（摘自《赣南日报》2023年2月12日第一版）

11月1日，赣州市行政审批局“企业综合审批服务大厅”经过改造升级正式对外运行

（市行政审批局供图）

专 记

“三大战略、八大行动”工作专记

2022年，全市聚焦“作示范、勇争先”的目标要求，大力实施“三大战略、八大行动”，革命老区高质量发展示范区建设取得明显成效。全市经济总量突破4500亿元，同比增长5.2%，列全国百强城市第62位、前进3位，9个主要经济指标增速位居全省前三，6项工作获国务院督查激励表彰。

工业倍增升级行动。赣州市出台支持制造业高质量发展“16条”、加强产业链上下游协作配套等措施，“1+5+N”产业加快倍增升级，有色金属和新材料、电子信息产业规上营收分别突破2000亿元、1500亿元。全市规上工业增加值增长8.8%，增速和总量双双进位全省前三，规上工业营收达5389亿元、增长16.3%，营收超10亿元企业突破百家，新增营收超50亿元企业6家、上市企业4家。获批创建省制造业高质量发展试验区，跃居全国先进制造业百强城市第60位、前移4位，稀土新材料及应用集群跻身全省唯一国家先进制造业集群。中国稀土集团、吉利科技、富士康等重量级“链主”企业落户，格力电器、佳纳能源、吉利动力电池、大自然家居等头部企业投产，全力以赴助企纾困，市场主体净增8.5万户、总量达82.7万户。大力推进开发区改革创新，推进赣州高新区“一区三园”改革，赣州经开区在国家级经开区综合排名中列31位、前进21位。

科技创新赋能行动。全社会研发投入强度首次超过全省平均水平，综合创新能力排名在全省提升2位，上榜全国城市创新能力百强榜第85位。中科院赣江创新研究院运行良好，“稀土全国重点实验室（筹）”获批建设，列为中科院首批14个重组典型实验室之一，“重大疾病新药靶发现及新药创制全国重点实验室”重组顺利通过最后一次资格审查，组建现代家具、稀土2个产业科技创新联合体，成立市产业技术研究院，建成赣南创新与转化医学研究院，获评首批国家知识产权强市建设试点城市。新认定科技型中小企业、高新技术企业数量均居全省第二，入选省“独角兽”和“瞪羚”企业同比增长50%。出台加强和改进新时代人才工作实施意见，成功举办中国工程院赣州院士行活动，新引育产业领军人才41人、高层次人才966人、急需紧缺人才9564人。

深化改革开放行动。扎实推进“放管服”改革，118项市级审批事项实现“市县同权、市县同办”，1303项惠企政策“免申即享、即申即享”，获批省级营商环境创新试点，营商环境评价居全省前列，对标粤港澳大湾区打造新时代“第一等”营商环境入选全省十佳案例。完成国资国企改革创新三年行动任务，组建市融媒体中心、文化传媒集团、人才集团、供销集团，下大力气攻克中心城区财税体制、阳明湖景区、峰山国家森林公园、赣州职业技术学院“三校”管理体制改革等“硬骨头”，医保垂直管理改革、大余宅改等改革经验广泛推广。建立深赣对口合作联席会议制度，确定首批合作事项21项。赣州国际陆港获批国家进口贸易促进创新示范区，开通中老国际班列、赣深“融湾号”班列，赣州综保区进入中西部地区20强。开展招大引强大会战，举办赣南脐橙、家具、纺织服装产业博览会等系列重大活动，签约项目421个、总投资3483亿元，引进富士康等百亿元项目8个，获评全省唯一“中国投资热点城市”。

乡村全面振兴行动。推进巩固拓展脱贫攻坚成果同乡村振兴有效衔接，全面完成国家巩固脱贫成果后评估和省考核反馈意见整改，开展产业就业创业“三业”提升行动，“三类人员”全部落实针对性帮扶措施，脱贫户人均可支配收入同比增长13.8%。实现脱贫人口和监测对象医保缴费全覆盖，“防返贫保”经验做法在全国推广，守住了不发生规模性返贫的底线。粮食生产实现“十九连丰”。脐橙、蔬菜、油茶产业扩面提质，新开发脐橙0.43万公顷，新建设施蔬菜基地0.34万公顷，新增粤港澳大湾区菜篮子生产基地36家，“赣南茶油”荣登国家区域品牌百强榜50强。启动实施农业产业化水平提升和预制菜产业发展三年行动，新引进落地5000万元以上农产品加工项目23个，总投资71.11亿元。新建高标准富硒产业示范基地50个，新认证富硒产品799个。创建绿色有机地理标志农产品809个，被列为绿色有机农产品基地试点创建部省共建样板。美丽乡村建设成效明显，全面推进乡镇“一级财政”试点，2649个新农村建设点全部完工，改建农村公路755千米，实施农饮提档升级工程1185处，所有村组实现保洁全覆盖。

城市能级提升行动。“六个区域性中心”加快建设，“三区三线”成果启用，三江口片区基础设施建设全面启动，中心城区新（续）建快速路59.1千米，蓉江三路快速路全线贯通，蟠龙大桥、筱坝大桥建成通车。赣南人民盼望多年的瑞梅铁路、长赣高铁、梅江灌区等重大项目开工建设，兴泉铁路全线、大广高速复线、寻龙高速建成通车，信丰电厂双机投运，新能源装机和年发电量全省第一，支撑高质量发展的基础设施加快完善。三百山成功创建国家AAAAA级旅游景区，丫山入选国家级旅游度假区，于都获评全省首批“风景独好”旅游名县。普惠金融改革试验区建设通过国家中期评估，金融机构存贷款余额双双突破7300亿元。商贸服务型国家物流枢纽建设加快推进，县级快递配送中心、乡镇快递中转站和村级快递网点实现全覆盖。

美丽赣州建设行动。大力实施新八大标志性战役、30个专项行动，污染防治攻坚战“省考”优秀。持续打好蓝天、碧水、净土提升攻坚战，中心城区$PM_{2.5}$平均浓度全省最低，县（市、区）空气质量稳定达国家二级标准，国考断面水质优良比例、县级及以上城市集中式饮用水水源地水质达标率均为100%。启动创建全国生态文明示范市、无废城市，上犹县获批国家生态文明建设示范区，定南入选“中国天然氧吧”。深入开展赣南区域国土绿化试点示范，历史遗留废弃矿山生态修复项目入选国家示范工程。深入开展赣南区域国土绿化试点示范，完成低质低效林改造面积6.75万公顷、国土绿化试点示范项目0.81万公顷。全国水土保持高质量发展先行区建设稳步推进，经验做法在全国性会议上作典型发言，全市水土保持率达到82.35%，宁都被列为国家水土保持示范县。加快绿色转型发展，出台双碳“1+N”政策体系方案，宁都、定南、石城成功创建省级循环化改造园区，省级以上园区绿色化、循环化改造实现全覆盖，万元地区生产总值能耗下降3%左右。

提高民生品质行动。坚持把有限财力向民生领域倾斜，民生支出849.08亿元，占一般公共预算支出的82.6%。常态化开展“我为群众办实事”活动，83件民生实事基本完成。市图书馆、市文化馆新馆开馆，完成城市棚改1.88万户，新（改）建污水管网225千米。新增12个县（市）通长输管道天然气，实现县县全覆盖。因时因势调整优化防控措施，精准高效处置多轮多点共发疫情。新（改、扩）建公办幼儿园37所、中小学校85所，义务教育阶段超大班额全面消除，开办江西师大附中赣江创新研究院分校，组建赣州职业教育联盟。获批建设2个国家区域医疗中心，市妇保院新院、市肿瘤医院门诊医技综合大楼投用，国内一流医院对口帮扶县级综合医院实现全覆盖。市域社会治理现代

兴国县埠头乡　　（市地方志研究室供图）

化试点深入推进，红色治理、寻乌经验等市域社会治理品牌在全国推广，扫黑除恶满意度全省领先，公众安全感、公安满意度连续 4 年位居全省第一。

党建质量过硬行动。坚持把政治建设摆在首位，不断提高政治判断力、政治领悟力、政治执行力，把对党绝对忠诚体现到实际行动、落实到日常言行。严守党的政治纪律和政治规矩，严格执行“三重一大”、请示报告等制度，不折不扣落实上级各项决策部署。基层党建质量持续提升，统筹推进城市、“两新”、机关、学校、医院、国企等领域党建，打造一批“红色名村”和乡村振兴模范党组织。开展换届后县（市、区）领导班子运行情况大回访大调研，加大年轻干部、党外干部选拔使用力度，干部队伍结构进一步优化。扎实开展落实中央八项规定精神十周年“回头看”活动，驰而不息纠“四风”、树新风，深化整治形式主义为基层减负。开展“干就赣好”抓落实转作风突出问题集中整治，查处不担当、不作为、乱作为、假作为问题 87 个，处理 149 人。持之以恒正风肃纪反腐，高质量完成肖某案、龚某华案整改。大力整治群众身边腐败和不正之风，政治生态更加风清气正、健康向上。

（市委办供稿）

赣州市全力推进工业倍增升级纪实

2022 年，全市上下坚决贯彻新发展理念，围绕“三大战略、八大行动”，克服疫情反复和经济下行双重影响，踔厉奋发，破浪前行，坚定实施工业倍增升级行动，持续壮大“1+5+N”产业，各项工作迈上新台阶、取得新成效，高质量发展的步伐愈发坚定从容。

聚焦产业坚定不移促提级

在吉利耀能新能源一期 12GWh（亿瓦时）动力电池生产车间，锂离子动力电池电芯、模组和 PACK 产品线开足马力、全速运转，工人们有条不紊地赶制动力电池产品。落户于赣州经开区的吉利（赣州）42GWh 动力电池项目总投资达 300 亿元，是近年来赣州单体投资规模最大的工业项目，用时 11 个月提前实现工厂落成和试生产，刷新百亿元项目建设的“赣州速度”。项目落地后带动众多上下游企业集聚赣州，加速形成赣州新能源产业生态闭环。

赣州市围绕打造产业链链长制升级版，制定支持赣州制造业高质量发展 16 条政策措施，出台现代家居、纺织服装、生物医药产业链以及上下游配套等专项扶持政策，实行“一链一专班”“一链一策”，坚定不移持续推动“1+5+N”产业基础高级化、产业链现代化。2022 年，赣州市稀土新材料及应用集群跻身全省唯一国家先进制造业集群，南康家具产业集群获评省五星级产业集群。格力空调、吉利动力电池产品成功下线，中国稀土集团、吉利科技、富士康等重量级“链主”企业作用凸显。有色金属和新材料产业规上营收首次突破 2100 亿元，增长 24%。电子信息、新能源和新能源汽车产业规上营收分别突破 1600 亿元、700 亿元，分别增长 21% 和 79%。赣州获批创建省制造业高质量发展试验区，跃居全国先进制造业百强城市第 60 位，前移 4 位。

赛马比拼全力以赴抓项目

2022 年 6 月 29 日，首套“赣州造”格力空调下线。时隔 8 个多月后的 2023 年 3 月 1 日，首批 3900 套“赣州造”格力成品空调成功发货，正式进入市场。至年底，格力电器（赣州）智能制造基地两条生产线实现量产，两条生产线正在安装调试。作为格力电器智能化程度最高的基地之一，格力电器（赣州）智能制造基地项目一落地就释放出强大的集聚效应，引领美克、大自然等 30 多家家居巨头、头部企业争相进驻，有力推动南康从家具的“单核时代”，迈入家具、家电、家装融合发展的“三核时代”。

2022 年，面对错综复杂的国内外形势，赣州市及时出台稳经济一揽子政策，扎实开展“大干项目、大抓落实年”活动，坚持高质量引项目，全年新签约工业项目 377 个，申报“5020”项目 51 个，成功引进富士康、志存锂电、天能等 8 个超百亿重大项目。加快重大项目建设，市重大工业项目投资引导资金累计支持重大项目 27 个，审批规模突破 100 亿元，投放规模超 65 亿元，在投余额约占全市制造业中长期贷款的 31%，带动工业固投近 200 亿元，资金撬动杠杆达 1 ∶ 7。

开展全市招商引资重点工业项目建设“赛马比拼”，推动各优势资源向项目建设集聚。全年实施亿元以上重点工业项目 401 个，竣工项目 392 个，完成年度投资率 101.3%，佳纳新能源、大自然家居南康生产基地（一期）、美克数创智造园、安捷朗、北泰显示技术、瑞烜新材料等一批重大项目实现竣工投产。

得益于重大项目的带动，2022 年，赣州市高技术制造业、战略性新兴产业、装备制造业增加值分别增长 22.6%、21.6% 和 19.7%，高于全市规上工业增加值 13.8、12.8 和 10.9 个百分点，延续了较快发展态势。

重点培育持之以恒强企业

走进章贡高新区中国威高集团南方智造基地二期血液净化智造项目，只见一栋栋新建厂房拔地而起，智能化设备高效运转。威高集团依托强大的产品研发

能力、生产工艺水平，打造了国内最全的透析产品产业链，是目前国内规模最大、标准最高、智能化程度最好的血液净化生产基地。该项目将助推赣州成为辐射带动长江经济带、粤港澳大湾区、海西经济区医疗器械产业发展的战略腹地。

赣州坚持做好企业梯次培育和精准帮扶，为企业发展创造最好的“土壤”。建立重点企业培育库，遴选65家成长性好、发展潜力大、带动能力强的重点企业实施重点培育、“一企一策”支持，加快把“种子选手”培养成“领军龙头”。2022年，全市营收超10亿元的企业达104家，较上年净增30家。其中，新增金力永磁、孚能科技等营收50亿元至100亿元企业6家，新增立德电子营收超百亿元企业1家，总数分别达10家和4家。推动中小企业健康发展，新增省级“专精特新”企业182家，专业化“小巨人”企业9家，省级制造业单项冠军1家，国家专精特新“小巨人”16家。242家高新技术企业获认定公示，科技型中小企业净增680家、总量位居全省第二，入选省“独角兽”“瞪羚”企业21家，增长50%。加快推动企业上市，新培育腾远钴业、逸豪新材、天键电声等3家上市企业。

建好平台提高园区承载力

在赣州市海龙钨钼有限公司，自动化生产车间机械轰鸣，生产正酣。该公司实施技改搬迁，从储潭镇搬迁至赣州高新区，自2022年调试生产以来，实现产值超过5亿元，为赣州高新区打造千亿级园区注入了强劲动能。这是赣县区主动主攻首位产业，全力建设以中国稀金谷为核心的承载平台，努力构建起现代产业体系的一个缩影。

赣州市通过加大基础设施投资，完善园区基础设施配套，不断提高园区承载能力，促进园区产城融合、绿色升级。全面实施工业企业亩产效益综合评价工作，低效企业、“僵尸”企业“腾笼换鸟”，盘活一批低效闲置用地。2022年，全市新建成标准厂房1681.6万平方米，利用率达85%以上；成交工业“标准地”244宗，总面积1033公顷；完成园区基础设施投入532.69亿元，同比增长26.74%，总量列全省第一。园区综合实力持续提升，获批创建全省制造业高质量发展示范区。赣州经开区营收突破1300亿元，在2022年全国经开区综合考评中排名第31位，位列中部地区第六位、全省前列。工业领域碳达峰工作扎实推进，绿色园区、绿色工厂创建取得新成效，金力永磁成为全球同行业首家“零碳工厂”。

数字赋能产业升级优结构

南康区发布国内首个家居元宇宙平台，将最新数字技术与传统家居产业相结合，消费者无需到店，就能通过虚拟现实设备，全天候畅游家居展馆，实现一体化采购、全屋化定制；赣州科翔电子股份有限公司对生产线进行数字化改造，打造全国一流的超级智能“黑灯工厂”，逆势抢占市场份额，引领信丰PCB（印制电路板）行业产业集群裂变发展；

翡俪文德时尚服饰发展有限公司年产120万件品牌女装项目采用领先的数字化、智能化设备，成为于都纺织服装首位产业智能制造的新标杆。

数字赋能，引领未来。2022年以来，赣州市全力推进数字经济做优做强“一号发展工程”，加快打造赣深数字经济走廊，数字设施高速赛道加快建设、数字产业优势赛道做优做强、数字赋能应用赛道持续拓展。继出台“十四五”数字经济发展规划后，赣州市又出台《关于进一步做优做强数字经济的实施方案》等，明确布局电子信息产业、智慧家居产业等七大数字经济产业及相关赛道，着力打造“数字赣州”品牌。

产业数字化升级加速推进，企业“上云用数赋智”取得突破，2022年全市新增上云企业超1.6万家，总量突破3万家。“赣南脐橙链”入选工信部区块链十大经典案例，南康家具5G共享备料中心智能工厂、赢家时装获评工信部智能制造优秀场景。青峰药业、金力永磁等12家企业获评省级智能制造标杆企业，获评数量连续4年位居全省第一。富尔特电子、绿萌科技等64家企业获评省级两化融合示范企业。章源钨业、志浩电子等26家企业入选省级制造业数字化转型解决方案及应用案例名单，数量居全省第一。赣州跃居全国数字经济城市发展百强榜第58位，前移4位。

提升服务凝聚合力促发展

位于龙南的江西佳纳能源科技有限公司项目建设工地上，一片忙碌景象。该公司全面达产后年产值可达300亿元，将成为全球最大的高镍单晶三元前驱体供应商、全省最大的三元前驱体生产基地。该项目的快速推进与赣州市良好的营商环境密不可分。

2022年，赣州市大力实施营商环境优化升级“一号改革工程”，按照“大湾区能做的，我们也要能做到”的要求，打响“干就赣好”品牌，打造新时代“第一等”营商环境，全市经济活力持续迸发。各地各部门深入实施政企圆桌会、市领导挂点帮扶、企业特派员等企业帮扶机制，多渠道、多方式助企纾困解难，优化营商环境。全年市、县两级召开政企圆桌会议292次，梳理问题1017个，办结1004个，帮助解决了腾远钴业本地配套、深联电路能耗指标等一批企业发展难题。安排企业特派员2141人，服务企业3171家，为企业解决各类问题1007个。推动瑞金电厂二期、信丰电厂一期投产发电，西气东输三线开口供气，企业用能需求保障有力。赣州市还率先在全省推出惠企政策集中兑现改革，上线“亲清赣商”惠企政策兑现平台，设立5000万元的“惠企资金池”，实现1300多项惠企政策免申即享、即申即享，线上线下兑付各类惠企资金127.54亿元。

（摘自《赣南日报》2023年3月9日第六版）

大事记

1月

1日　赣州市人民政府印发《赣州市社会救助对象认定办法(暂行)》开始实施，推进绝对贫困与相对贫困的保障制度体系。

同日　市生态环境局通报2021年全市空气质量指标情况，赣州市环境空气质量达到历史最佳水平，$PM_{2.5}$（直径小于或等于2.5微米的尘埃或飘尘在环境空气中的浓度）年均浓度和空气优良率指标实现全省“双第一”。

3—4日　中共中央政治局委员、中宣部部长黄坤明到中宣部对口支援的赣州市寻乌县村镇、社区、企业和基层宣传文化单位，了解中共十九届六中全会精神宣传、推动乡村振兴、红色资源保护利用等情况并听取干部群众意见。

4日　全市新冠肺炎疫情防控督导工作汇报会召开。

5日　省委副书记、市委书记吴忠琼到宁都县，分别走访赖村镇敬老院、田头镇渡头村、永通科技股份有限公司和京城国际电商街等地，走访慰问城乡困难群众、重点优抚对象和困难企业，并调研巩固拓展脱贫攻坚成果与乡村振兴有效衔接工作。

同日　赣州市召开疫情防控工作视频会议，针对赣州市疫情防控重点工作、重要环节作出具体部署。

6—11日　赣州市举行项目大会战流动现场会，省委副书记、市委书记吴忠琼等市四套班子领导率各县（市、区）和赣州经开区、赣州蓉江新区党政主要负责人，以及市直有关部门主要负责人，实地察看各地项目建设情况。

8日　全市疫情防控工作视频会召开，对全市疫情防控工作进行再部署、再落实。

8—10日　由江西省委组织部、省供销合作社联合社联合举办的“完善农村流通服务体系建设助推乡村振兴战略”专题培训班在赣州市举办。中华全国供销合作总社党组成员、理事会副主任、中国供销集团有限公司董事长、党委书记侯顺利在北京以视频连线的方式出席并作辅导报告。

9日　2021年全省青少年攀岩锦标赛在中国（全南）攀岩小镇开幕。共设男女子难度赛、速度赛、攀石赛、三项全能计4项6个组别，全省12支代表队182名攀岩运动员参赛。

10日　赣州市召开疫情防控工作视频会议，贯彻落实党中央、国务院决策部署和省疫情防控指挥部工作要求，对全市疫情防控工作进行再调度、再部署、再落实。

上旬　“中国改革2021年度地方全面深化改革典型案例”名单发布，赣州市推荐案例《“防贫保”长效机制助力乡村振兴》入选其中。

上旬　江西省品牌建设促进会发布关于认定2021年江西名牌产品的公告。赣州市102家企业的108个产品获得2021年“江西名牌”产品，同比增长27.06%，占全省总数的21.73%。

上旬　赣州市制定的《柑橘富硒营养强化技术规范》由省市场监管局发布，自2022年6月1日起实施。该标准为江西省首个柑橘富硒技术规范，也是赣州市首个富硒地方标准，填补赣州市富硒地方标准空白。

上旬　省商务厅公布包括品牌榜20强和人气榜30强在内的赣菜名店50强名单。赣州市有7家店入选，兴国县品禄园酒店、全南县荣胜园、赣州皇厨酒店、章贡区小财神餐厅入选赣菜名店人气榜30强。

上旬　江西省卫生健康委员会发布《关于2021年度医学领先学科与省市共建项目的通知》，南方医院赣州医院（赣州市人民医院）超声医学科以全省最高分获批第十三批省市共建项目。

上旬　由赣州市市场监督管理局综合检验检测院申请的江西省富硒产业标准化技术委员会获批筹建。这是江西省首个富硒标委会，也是赣州市综合检验检测院筹建的继茶油及制品标委会后的第二个省级标委会。

11日　市委经济工作会议暨“八大行动”动员部署会在赣州召开。省委副书记、市委书记吴忠琼主持会议并讲话。

11—12日　省政府副省长罗小云到赣州市走访慰问困难群众和企业。

12日　市委党史学习教育总结会议召开。省委副书记、市委书记

吴忠琼出席并讲话。省委第二巡回指导组组长陈晓春到会指导。

同日　市人大常委会组织部分省人大代表到大余县、崇义县、上犹县开展集中视察活动。省人民检察院检察长田云鹏等30余名省人大代表参加视察。

同日　省政协副主席谢茹到赣县区开展走访慰问活动。

同日　市委常委会召开会议，传达学习中共中央总书记习近平近期重要讲话和中央有关会议精神，研究赣州市贯彻落实意见。省委副书记、市委书记吴忠琼主持会议。

17日　赣州市市场监督管理局与赣州市仲裁委员会共同签署《知识产权仲裁、协同保护合作协议》，联合成立“赣州仲裁委员会知识产权仲裁中心”，为江西省第二家知识产权仲裁中心。

19日　信雄高速公路笔架山隧道贯通，标志信雄高速公路项目建设取得阶段性成果。

21日　省委副书记、市委书记吴忠琼到市残联走访，并调研残疾人工作。

21—23日　政协赣州市第六届委员会第二次会议在赣州召开。

22—24日　赣州市第六届人民代表大会第二次会议在赣州大剧院召开。

24日　省委副书记、市委书记吴忠琼到中科院赣江创新研究院走访调研，现场研究解决实际问题。

25日　江西省赣州市烈士纪念设施保护中心正式挂牌成立。赣州市烈士纪念设施保护中心（赣州市革命烈士纪念馆）主要承担烈士纪念设施保护以及失踪烈士搜寻发掘保护、烈士事迹和遗物收集整理、烈士祭扫纪念活动保障、烈士精神弘扬传承等职责。

28日　市委常委班子党史学习教育专题民主生活会召开。省委副书记、市委书记吴忠琼主持会议并作总结讲话。省委第二巡回指导组组长陈晓春到会指导并作点评。会议通报市委常委班子2020年度民主生活会整改措施落实情况，以及此次民主生活会征求意见情况。市人大常委会、市政协主要负责人，以及市纪委监委机关、市委办公室、市委组织部、市委宣传部、市委政研室有关负责人列席会议。

29日　市纪委六届二次全会召开。省委副书记、市委书记吴忠琼出席并讲话。市四套班子领导出席会议。市委常委、市纪委书记、市监委主任饶华东主持会议并作工作报告。会议以视频形式召开，各县（市、区）和赣州经开区、蓉江新区设分会场。

29—30日　省委副书记、省长叶建春先后到赣州市于都县祁禄山镇金沙村、井前村、上岭岗村以及中科院赣江创新研究院、腾远钴业、煜明光电、天键电声、卫棉纺织、华峰服饰等企业和长征国家文化公园（于都段）项目建设工地开展走访慰问。

下旬　金力永磁领衔合作项目“耐高温、低重稀土高性能稀土永磁材料关键技术研究及产业化”获稀土科学技术奖科技进步类一等奖。

下旬　南方医院赣州医院（赣州市人民医院）输血科工作人员成功为一名患者施行血浆置换，治疗效果良好。

2月

7日　省委副书记、市委书记吴忠琼到赣州经开区、章贡区部分春节期间不停工、不停产的重大项目、重点企业调研。

8日　全市2021年度基层党建工作述职评议会议召开。省委副书记、市委书记吴忠琼主持并讲话。省委组织部有关人员到会指导。各县（市、区）委书记，赣州经开区、赣州蓉江新区党工委书记，市直机关工委、市委教育工委、市国资委党委、江西环境工程职业学院党委书记作述职。会议邀请基层“两代表一委员”、党员干部和群众代表参加，并进行现场民主评议。

9日　市委农村工作会议在赣州召开，省委副书记、市委书记吴忠琼出席并讲话。

10日　赣州市人民政府印发《赣州市关于推动工业倍增升级支持制造业高质量发展的若干政策措施（试行）》，政策措施自发布之日起试行两年（2022—2023年），出台加大财政资金投入、支持企业提质提效、推动重点产业倍增升级、促进工业园区提标提档、引导县（市、区）工业高质量发展等5个大方面16条具体措施。

上旬　全国党史和文献部门主要负责人会议、全国地方志系统表彰先进会议暨2022年全国省级地方志机构主任工作会议通报，原赣州市地方志工作办公室被评为“全国地方志系统先进集体”，赣州市委党史研究室原一级调研员胡日旺被评为“全国党史和文献部门先进个人”，赣州市委党史研究室副主任陈安撰写的论文《论中央苏区与西北苏区》被评为2016—2020年全国党史和文献部门优秀科研成果论文类三等奖。

上旬　教育部办公厅公布首批201所全国急救教育试点学校名单和《首批全国学校急救教育试点工作实施方案》，其中赣州中学入选，为全省12所入选学校之一。

11日　2022年“三请三回”企业家新春座谈会暨重大项目签约活动在赣州举行。全市签约项目149个、投资总额达1300亿元。省委副书记、市委书记吴忠琼主持会议并讲话。

11—12日　国家制造强国建设战略咨询委员会主任、中国工程院院士周济一行到赣州市调研经济发展工作并出席赣州制造业高质量发展座谈会。省委副书记、市委书记吴忠琼等出席相关活动。

11—13日　民政部党组书记、部长李纪恒到赣州市兴国县、瑞金市、于都县等地，调研养老服务、儿童福利、社区建设等工作。

14日　省委副书记、市委书记吴忠琼到信丰县、南康区，就推进双“一号工程”工作、春耕备耕和疫情防控等工作进行调研。

17日　江西省金融机构支持赣

州市经济高质量发展产融对接活动举行。活动现场进行银政签约和项目签约，签约项目32个，总金额达119亿元。省委副书记、市委书记吴忠琼出席并讲话。

17—19日　部分江西省选举的全国人大代表在赣州市就“大力推进工业强省战略，加快推进全省高质量跨越式发展”主题开展集中视察活动。全国人大常委会委员，江西省人大常委会副主任，民革中央常委、江西省委会主委马志武率队视察。省人大常委会副主任张小平、省政府副省长罗小云等34名全国人大代表参加视察。省委副书记、市委书记吴忠琼会见视察组一行。

18日　原创民族歌剧《山茶花开》在赣州大剧院上演。该剧在第四届中国歌剧节和第十七届中国戏剧节中均荣获“优秀剧目奖”，并入选中宣部、文旅部和中国文联联合举办的庆祝中国共产党成立100周年优秀舞台艺术作品全国展演项目。

中旬　中央网信办官方微信公众号“网信中国”发布《中央网信办等十六部门联合公布国家区块链创新应用试点名单》，全国共15个地市入选，赣州市入选。

中旬　交通运输部、财政部、农业农村部、国家乡村振兴局联合印发通知，决定命名河北省迁西县等153个县（市、区）为“四好农村路”全国示范县，寻乌县入选。

中旬　江西省基层政务公开标准化规范化“十县百乡”建设入选名单公布，赣州市3个县（区）、18个乡镇入选。入选的3个县（区）分别是章贡区、南康区、石城县；入选的18个乡镇分别是章贡区沙石镇、南康区浮石乡、赣县区江口镇、大余县新城镇、信丰县正平镇、上犹县社溪镇、崇义县横水镇、安远县三百山镇、龙南市杨村镇、全南县金龙镇、定南县岭北镇、兴国县潋江镇、宁都县小布镇、瑞金市沙洲坝镇、于都县岭背镇、寻乌县留车镇、会昌县麻州镇、石城县琴江镇。

21日　省委副书记、市委书记吴忠琼到北京走访国家乡村振兴局，就贯彻中共中央总书记习近平视察江西和赣州重要讲话精神，推进新时代赣南革命老区高质量发展有关工作进行对接沟通汇报，争取支持。农业农村部党组成员、国家乡村振兴局党组书记、局长刘焕鑫，国家乡村振兴局党组成员、副局长洪天云等出席相关活动。

同日　赣州市赣南报业传媒集团有限责任公司挂牌成立。其业务范围涵盖广告传媒、出版印刷、报刊发行、媒体运营、整合营销、会展旅游、文化创意、媒体电商、教育培训等领域。

22日　全市统战部长会议召开。省委副书记、市委书记吴忠琼参会并讲话。

同日　省委副书记、市委书记吴忠琼在北京走访国务院国资委和中国机械工业集团，就贯彻落实党中央、国务院关于新时代支持革命老区振兴发展的战略部署，推进创新发展、项目建设、对口支援等工作进行对接沟通汇报，争取政策支持，推进项目合作。国务院国资委党委委员、副主任任洪斌，国机集团党委书记、董事长张晓仑，国机集团党委常委、副总经理丁宏祥，国机集团战略发展部部长王小虎，国机汽车党委书记、董事长彭原璞等出席相关活动。

23日　市委全面深化改革委员会召开第十四次会议。省委副书记、市委书记吴忠琼主持会议并讲话。市委全面深化改革委员会成员及有关市领导出席会议。

同日　瑞金至深圳开通的首趟铁海联运班列从瑞金铁路集装箱货场启航前往荷兰鹿特丹港，标志“瑞金—盐田港”铁海联运通道正式启动。

24日　市委审计委员会召开第三次会议，省委副书记、市委书记吴忠琼主持并讲话。

25日　全市深化发展和改革双“一号工程”推进部署会召开，省委副书记、市委书记吴忠琼出席会议并讲话。会议以视频形式开到县（市、区），章贡区、南康区分别就发展数字经济和优化营商环境作发言。

同日　赣州市创建国家卫生城市总结表彰暨国家卫生城镇创建推进工作会议召开，省委副书记、市委书记吴忠琼出席并讲话。会议以视频方式开到县（市、区），市城管局、章贡区、石城县作交流发言。

同日　全市拓展新时代文明实践中心建设工作会议召开，省委副书记、市委书记吴忠琼出席并讲话。

同日　赣县区稀金新材料产业园获省政府批复同意设立省级产业园。该产业园将实行现行省级开发区政策，纳入赣州高新技术产业开发区统一管理，不新设管理机构，规划面积为238.74公顷。

26日　广东省政协党组副书记、副主席林雄在赣州市就“重温中央苏区革命历史和经济社会发展成就，促进粤港澳赣交流合作”开展考察调研。广东省政协常委、港澳台委员会主任廖京山，广东省政协港澳台委员会专职副主任覃大可参加考察。省委副书记、市委书记吴忠琼出席相关活动。

3月

1日　市委政法工作会议召开。会议传达学习中央、省委政法工作会议精神，总结工作、分析形势，研究部署2022年全市政法工作。省委副书记、市委书记吴忠琼在会上对做好全市政法工作提出要求。

8日　赣州市举行表彰大会庆祝“三八”国际劳动妇女节112周年，表彰为赣州市经济社会发展和妇女儿童事业进步作出积极贡献的优秀妇女代表和先进集体。省委副书记、市委书记吴忠琼等领导出席。

9日　全市县处级以上领导干部学习贯彻党的十九届六中全会精神专题读书班在赣州开班。省委副书记、市委书记吴忠琼在会上作辅导报告。

9—11日　内蒙古自治区赤峰市党政考察团一行到赣州市考察承接产业转移、优化营商环境等工作，双方就进一步深化合作进行座谈交流。省委副书记、市委书记吴忠琼与赤峰市委书记万超岐及考察团一行座谈。

10日　省委副书记、市委书记吴忠琼到市中心城区，调研督导城市能级提升行动项目规划建设等工作。

上旬　文旅部公布第五次全国文化馆评估定级结果。赣州市共有12个文化馆获评一级馆，6个文化馆获评二级馆，1个文化馆获评三级馆。

11日　省委副书记、市委书记吴忠琼到兴国城乡开展党建质量过硬行动、乡村全面振兴行动暗访调研。

14日　赣州市委召开全市领导干部会议，传达学习全国两会及全省领导干部会议精神，部署赣州市贯彻落实工作。省委副书记、市委书记吴忠琼主持会议并讲话。

15日　省委副书记、市委书记吴忠琼到龙南市、定南县宣讲全国两会精神，并调研深化改革开放行动和春耕生产、涉粮问题整改等工作。

同日　中国政府网发布《国务院关于同意建设赣州、闽西革命老区高质量发展示范区的批复》，同意建设赣州革命老区高质量发展示范区。

16—17日　赣南采茶戏《一个人的长征》在北京保利剧院展演。

17日　龙南市获全国文明实践巾帼志愿阳光站授牌，是江西省3个新建阳光站之一。

24日　赣州市组织部长会议以电视电话会议形式召开。会议学习全国、全省组织部长会议精神，总结2021年度组织工作，研究部署2022年全市组织工作重点任务。省委副书记、市委书记吴忠琼在会上对做好全市组织工作提出要求。

同日　省委副书记、市委书记吴忠琼主持召开会议，听取国家级开发区改革创新工作情况汇报，研究谋划下一步工作。会上，赣州、龙南、瑞金经开区和赣州高新区分别汇报改革创新工作情况，市直相关部门就有关问题进行现场回应。

同日　50个锌精矿集装箱从赣州国际陆港提离。该批锌精矿搭乘中欧班列从俄罗斯首发，经满洲里口岸进境至赣州国际陆港，重1266.4吨、货值约758.5万元。这是赣州首次进口锌精矿，也是江西首批搭乘中欧班列进口的锌精矿。

同日　市委民族工作会议暨全市宗教工作会议召开。省委副书记、市委书记吴忠琼出席并讲话。会议以视频形式开到县（市、区），章贡区、市公安局、市税务局作交流发言。

28日　赣州市生态文明建设（碳达峰碳中和工作）领导小组、市推动长江经济带建设领导小组暨市生态环境保护委员会2022年第一次会议召开。省委副书记、市委书记吴忠琼出席会议并讲话。省生态环境厅驻赣南生态环境监察专员办负责人到会指导。

同日　赣州市市级总河湖长总林长会议召开。省委副书记、市委书记吴忠琼主持并讲话。

29日　省委副书记、市委书记吴忠琼到瑞金市调研美丽赣州建设和工业倍增升级行动，督导生态环保问题整改工作。

29—30日　省委副书记、市委书记吴忠琼到会昌县城乡调研督导工业倍增升级、乡村全面振兴行动和疫情防控等工作。

29—31日　省政协主席、党组书记姚增科到赣州市调研。中国稀土集团党委书记、董事长敖宏，中国科学院赣江创新研究院党委书记、院长齐涛作相关情况介绍。

30日　崇义县湿地资源运营中心揭牌成立，九江银行崇义支行为章源投资控股有限公司发放全省首笔湿地经营权抵押贷款1000万元，标志江西省首家湿地资源运营中心正式投入运行。

31日　赣州市人民政府、中国稀土集团有限公司、中国科学院赣江创新研究院、江西理工大学在赣州签署《战略合作框架协议》。中国稀土集团还分别与中科院赣江创新研究院、江西理工大学签订合作协议。省委副书记、市委书记吴忠琼，中国稀土集团党委书记、董事长敖宏，中国科学院赣江创新研究院党委书记、院长齐涛，江西理工大学党委书记杨斌、校长温和瑞等参加签约仪式。

下旬　赣州市的朝阳聚声泰（信丰）科技有限公司、龙南骏亚电子科技有限公司、赣州深奥科技有限公司、江西九华药业有限公司、赣州中盛隆电子有限公司、江西科恩饲料有限公司、江西美润环保制品有限公司等7家企业被评为2021年江西省管理创新示范企业，入选企业数量位居全省第二。

下旬　省工信厅公布2021年江西省制造业单项冠军企业、专业化小巨人企业和“专精特新”中小企业名单，赣州市2家企业被认定为省制造业单项冠军企业，9家企业被认定为省专业化小巨人企业，236家企业被认定为省专精特新中小企业。

下旬　2021年江西省企业标准“领跑者”名单公布，赣州市3家企业的3项企业标准入选。这3家企业的3项企业标准分别是龙南龙钇重稀土科技股份有限公司的钇基稀土球化剂系列产品，标准编号为Q/36LY 001—2021；赣州富尔特电子股份有限公司的烧结钕铁硼永磁材料磁感继电器专用，标准编号为Q/FET 001—2018；江西绿野轩生物科技有限公司的油茶籽油（水媒法）（特级品），标准编号为Q/JLYX 0001S—2019。

下旬　“2021全国十佳文化遗产旅游案例”和“2021全国文化遗产旅游优秀案例”遴选结果公布，其中由瑞金中央革命根据地纪念馆推送的“发展红色旅游，激扬新时代爱国主义教育磅礴力量”案例，入选“2021全国文化遗产旅游优秀案例”，为全省唯一。

下旬　赣州经开区首家QFLP（合格境外有限合伙人）基金——赣州苏区崛起私募股权投资基金（合伙企业），首笔出资6000万美元成功汇入企业资本账户，标志赣州经开区成为江西省首个实现QFLP基金业务试点落地的地区，并成为中部六省首个实现 QFLP 基金业务试点成功落地的区域。

4月

3日　“清华大学附属中学创新实验班”在赣州市第六中学揭牌成立。

6日　省委副书记、市委书记吴忠琼到上犹、崇义，调研阳明湖景区管理体制改革、安全生产和防汛等工作。

7日　赣南采茶戏传承基地授牌仪式在赣州中学举行。

8日　省委书记易炼红在南昌主持召开省赣南等原中央苏区振兴发展工作领导小组暨省粤港澳大湾区桥头堡建设领导小组会议。省委副书记、省长叶建春讲话，省委副书记、市委书记吴忠琼等出席会议。

上旬　赣州市与佛山市签订《佛山市人民政府　赣州市人民政府合作框架协议》。该协议签订标志佛山市成为继广州市、深圳市、东莞市之后，又一座与赣州市开展战略合作的大湾区万亿级城市。

上旬　江西省文化和旅游厅公布第二批省级夜间文旅消费集聚区名单，赣州市石城县浪漫琴江文旅街区入选 20 家省级夜间文旅消费集聚区。

11日　赣州国际陆港与德国威廉港集装箱码头及物流园区通过视频连线方式签订战略合作协议。这是赣州国际陆港首次与国外港口建立战略合作关系。

12日　2022 年赣南苏区振兴发展工作领导小组暨市粤港澳大湾区桥头堡建设领导小组会议在赣州召开。省委副书记、市委书记吴忠琼主持并讲话。

14日　省委副书记、市委书记吴忠琼到中心城区调研统战宗教工作，主持召开市委统一战线工作领导小组 2022 年第一次全体会议。

同日　省委副书记、市委书记吴忠琼主持召开专题调度会，对省生态环境保护督察及“回头看”反馈问题整改工作进行再调度、再部署。

15日　省委副书记、市委书记吴忠琼到大余县督导督查安全生产工作，主持召开座谈会。

19日　省委副书记、市委书记吴忠琼到石城县调研农业特色产业发展、乡风文明建设和文旅产业发展等工作。

20—21日　省委书记、省人大常委会主任易炼红到赣州市，沿着 2019 年 5 月中共中央总书记习近平视察江西的足迹，再次重温中共中央总书记习近平视察江西重要讲话精神。

中旬　赣州市出台措施规范涉企行政执法检查行为，在原有企业“安静生产期”制度基础上进行细化，明确在“安静生产期”实施检查的 6 类特殊情形。

中旬　龙南市九连山镇两村民因非法种植罂粟，被当地公安局依法采取刑事强制措施。

21日　赣州国际陆港与抚州市商务局举行签约仪式，依托赣州国际陆港口岸功能和抚州市产业需求，在班列运营、供应链金融服务、汽车平行进口、配套企业引进等多方面开展交流与合作。

28日　全市对台工作会议召开。省委副书记、市委书记吴忠琼对做好全市对台工作提出要求。

29日　省委副书记、市委书记吴忠琼到赣南科学院调研，并主持召开座谈会。

同日　省委副书记、市委书记吴忠琼与市直机关部分青年代表，一起观看“中央苏区青年运动史”图文展，共同庆祝中国共青团成立 100 周年。

下旬　商务部“2021 年跨境电子商务综合试验区”评估结果出炉。赣州跨境电商综合试验区在全国 105 个跨境电商综合试验区评估中被评为成效较好，仅次于杭州、宁波、青岛等 10 个综合试验区。

下旬　省平安江西建设领导小组下发《关于公布 2021 年度全省平安建设考评结果的通报》，赣州平安建设综合成绩位列全省第一，获评“2021 年度全省平安建设工作先进市”，实现平安建设考核连续 3 年全省第一。全南县、龙南市获“2021 年度全省公众安全感调查先进县（市、区）”。

5月

5日　市文明委全体（扩大）会议暨深化全国文明城市建设工作总结部署会召开。省委副书记、市委书记吴忠琼出席并讲话。章贡区、市城管局、崇义县在会上作发言。

5—7日　中国工程院院士、生态环境部环境规划院院长王金南一行到赣州市江西金力永磁科技股份有限公司、南方稀土集团、中国科学院赣江创新研究院、崇义章源钨业股份有限公司、崇义北麓湾三产融合示范产业园等地调研美丽赣州建设，并出席生态环境部环境规划院与赣州市人民政府战略合作签约仪式。生态环境部环境规划院副院长何军等随同调研。

8日　赣州市院士专家成果转化平台及高端新能源机器人智能制造项目在赣州经开区开工。省委副书记、市委书记吴忠琼出席活动并下达开工令。中国工程院院士李培根、吴义强，赣州智研院名誉理事长甘中学博士分别通过视频致辞。

同日　赣州至匈牙利“双区联动”班列“中机号”开行。这列中欧班列装载 50 个集装箱货物，将经阿拉山口出境，途经哈萨克斯坦、俄罗斯、白俄罗斯到达匈牙利布达佩斯。

9日　省委副书记、市委书记吴忠琼到市中心城区专题调研稳就业工作，并主持召开座谈会。

上旬　经省政府同意，赣州市赣州高新区、瑞金经开区被纳入全省相对集中行政许可权改革单位。

11日　水利部长江水利委员会党组书记、主任马建华率队到赣州市瑞金市调研水旱灾害防御等工作。

12日　市委全面深化改革委员

会召开第十五次会议。省委副书记、市委书记吴忠琼主持会议并讲话。

同日 赣南日报社国际传播中心、赣州广播电视台国际传播中心分别挂牌成立。

同日 长征国家文化公园赣州段建设工作现场推进会在赣州市于都县召开。

12—13日 省委常委、省纪委书记、省监委主任马森述到龙南、全南、定南等地调研贯彻落实“三新一高”要求、高新科技产业、乡村振兴和全面从严治党情况。

13日 省委副书记、市委书记吴忠琼主持召开调度会，会商分析全市防汛形势，对全市防汛工作进行再调度、再部署。会上，市气象局、市自然资源局、市应急管理局汇报天气、地质灾害防治和防汛工作情况，通过视频连线了解龙南市、寻乌县等地防汛抗洪情况。

同日 赣州市召开学习贯彻中共中央总书记习近平在庆祝中国共产主义青年团成立100周年大会上重要讲话精神座谈会。省委副书记、市委书记吴忠琼出席并讲话。会上，团市委书记杨志正和青年代表刘承伟、舒佳旺、张鑫、谢龙生作发言。

同日 省委副书记、市委书记吴忠琼到赣县区，调研乡村振兴及特色产业发展等工作。

14日 省委副书记、市委书记吴忠琼到安远县，调研督导防汛减灾、安全生产、产业发展和提高民生品质行动等工作。

16日 中共赣州市委、中国稀土集团党委、中科院赣江创新研究院党委联合举行理论学习中心组专题。省委副书记、市委书记吴忠琼带领市四套班子领导及市委理论学习中心组其他成员，与中国稀土集团党委书记、董事长敖宏及集团党委中心组成员，中科院赣江创新研究院党委书记、院长齐涛及院党委中心组成员，沿着中共中央总书记习近平三年前亲临赣州视察的路线，瞻仰革命旧址，进行革命传统教育，开展集中研讨。

16—17日 省委常委、省委统战部部长黄喜忠到赣州市专题调研港澳台海外统战工作和侨务工作。

17日 第四批中央国家机关及有关单位对口支援赣州市挂职干部座谈会召开。省委副书记、市委书记吴忠琼出席并讲话。

17—19日 全国政协常委、省政协副主席谢茹率调研组到赣州经开区、赣县区、南康区就“总结我省经验，优化招商引资方式方法”和“加强对台工作，深化赣台交流合作”两个课题开展调研并召开座谈会。

18日 平安赣州建设领导小组第三次会议暨市委全面依法治市委员会第四次会议、全市扫黑除恶斗争领导小组会议召开。省委副书记、市委书记吴忠琼主持并讲话。

同日 由国家文物局指导，中国博物馆协会、中国文物报社主办的第十九届（2021年度）全国博物馆十大陈列展览精品推介活动结果揭晓，瑞金中央革命根据地纪念馆《人民共和国从这里走来——中华苏维埃共和国史陈列》获第十九届（2021年度）全国博物馆十大陈列展览精品推介特别奖。

18—19日 省政协副主席、党组成员尹建业到赣州调研老旧小区改造与提升城市功能品质工作。

20日 江西师范大学附属中学赣江创新研究院分校合作办学签约仪式在赣县区举行。

20—21日 省政府副省长孙菊生到会昌、瑞金、于都调研市场监管、卫生健康、体教融合等工作。

中旬 赣州市院士专家成果转化平台及高端新能源机器人智能制造项目开工。该项目将用好中国工程院、中国科学院等资源，持续开展智能制造、人工智能等科研领域研学活动，加快赣州市产业数字化、智能化转型升级。

中旬 农业农村部办公厅和财政部办公厅联合公布2022年农业产业融合发展项目创建名单。赣州市会昌县小密乡入选2022年农业产业强镇创建名单，全省共有7个乡镇入选。

中旬 财政部网站公布，在全国开展的2022年农村综合性改革试点试验实施方案评估工作中，安远县入选2022年全国农村综合性改革试点试验名单。

中旬 由党史学习教育领导小组办公室组织编写的《百年初心成大道——党史学习教育案例选编》一书，由人民出版社出版，并在全国发行。其中，赣州市《践行唯实求真办好民生实事》《续写红色圣地新的时代荣光》两个典型案例作为党史学习教育中的好做法、好经验，入选案例选编。全省仅此2个案例入选。

中旬 省自然资源厅发布的江西省生态修复典型案例，赣州市的《“三同治”模式让试点变全国示范——寻乌县采取“生态修复+N”治理废弃稀土矿山成效显著》《市场化先行助推“绿水青山就是金山银山”转换——兴国县采取“生态修复+土地整治”盘活损毁土地资源》《矿区转型利用红色基因再传承——瑞金市采取“生态修复+红色文化”开拓“红色”发展之道》等3个案例入选。

21日 中国科学院赣江创新研究院开展中国科学院第十八届公众科学日活动，活动主题为“爱科学，向未来”。中科院赣江创新研究院党委书记、院长齐涛等为部分中小学生讲科学公开课。赣县区储谭中心小学、白石中心小学、城关小学、赣县区第四中学和大余中学、赣州市第三中学等学校400余名师生，分批到中科院赣江创新研究院，参观科普展厅，观摩科研实验室，聆听科学公开课，参加科学小实验等活动。

22—26日 国务院安委会第十综合检查组在赣州市开展安全生产综合督查及2021年省级政府安全生产和消防考核巡查工作。

23—24日 省委常委、副省长任珠峰到信丰县、大余县调研工业经济发展、深化发展和改革双“一号工程”等工作。

24日 中国稀土集团在定南县岭北镇三丘田稀土矿山现场举行贯彻落实中共中央总书记习近平视察赣州稀土产业重要指示精神暨赣南

稀土矿山升级改造复产活动。省委副书记、市委书记吴忠琼出席并宣布启动复产。省委常委、副省长任珠峰讲话。

24—26 日　省政协副主席、省政协党组副书记陈俊卿一行到赣州市就“做优做强做大我省电子信息产业”和“产业链链长制运行情况”开展调研。

25—27 日　省委副书记、市委书记吴忠琼率赣州市党政考察团到福建省厦门、泉州、福州三市开展为期 3 天的学习考察。26 日，省委副书记、市委书记吴忠琼与福建商会、企业家代表座谈，现场签约投资 160.4 亿元的 8 个项目。

25 日　《光明日报》在“舞台艺术”版刊发题为《赣南采茶戏〈一个人的长征〉：人民史诗的文化底色》的文章。

27—28 日　省政府副省长罗小云到高校联系点赣南医学院作形势报告，到乡村振兴联系点南康区、纺织服装产业链联系点于都县分别调研乡村振兴、纺织服装产业发展工作。

28 日　2022 年“创客中国”赛事解读会暨创新创业提升活动“赣州专场”在赣州举行。华东交通大学经济管理学院教授、硕士生导师邓小朱以《创客中国大赛中的问题指导》为题，为全市 240 家中小企业作专场解读和演讲。

29 日　国家区域医疗中心建设项目南方医院赣州医院（蓉江院区）项目开工建设。省委副书记、市委书记吴忠琼出席并宣布开工。南方医科大学南方医院院长李文源等出席活动。

下旬　赣南客家菜“十大名菜”“十大名小吃”评选结果揭晓，四星望月、宁都三杯鸡、赣州小炒鱼、醋果子炒大肠、南康荷包胙、客家酿豆腐、酸酒鸭、利村牛肉、阳明湖胖鱼头、三鲜猪血入选赣南客家菜“十大名菜”，瑞金牛肉汤、安远三鲜粉、崇义水饺、黄元米粿、大余淥皮、赣南喫粉、信丰萝卜饺、凤眼珍珠、石城薯芋饺、会昌豆干入选赣南客家菜“十大名小吃”。

6 月

1 日　赣州市运动康复中心暨南方医院赣州医院（赣州市人民医院）职工健身中心正式启动运营。

8 日　江西省首个跨境电商进口退货中心仓在赣州综保区跨境电商退货中心正式落地启用。

9 日　全国人大常委会法工委国家法室在赣州市召开立法法和监督法修改征求意见座谈会。全国人大常委会法工委国家法室主任童卫东出席并讲话。

10 日　省委副书记、市委书记吴忠琼主持召开书记专题会，听取六届市委第二轮巡察情况汇报，研究部署巡察整改工作。

上旬　在全南县桃江源自然保护区内，工作人员发现 2 种正处于花期的国家二级重点保护野生兰科植物——血红肉果兰和虎舌兰，其中血红肉果兰被列入《世界自然保护联盟濒危物种红色名录》，属首次在江西省发现。

13—14 日　省委副书记、市委书记吴忠琼率团到山东省潍坊市学习考察，主持召开赣州潍坊现代农业合作交流会，与山东商会、企业家代表座谈。14 日下午，江西·山东农业农村经济发展情况座谈会和合作签约仪式在潍坊市举行，赣州市 8 个项目现场签约、投资总额 36.7 亿元。省委副书记、市委书记吴忠琼均出席活动并参加签约仪式，山东省政协副主席于国安，潍坊市委书记、市人大常委会主任田庆盈，省直有关部门负责人、有关市领导等出席。

14 日　全国政协常委、民盟省委会主委刘晓庄在赣州市调研盟务工作并作专题辅导讲座。

同日　鹰潭市委副书记、市长张子建率鹰潭市考察团到赣州市就优化营商环境、内陆口岸开放、现代家居产业发展等工作进行实地考察。

15 日　2022 年全省旅游产业发展大会在吉安召开。赣州市在会上获“2021 年度全省旅游产业发展先进设区市”称号。于都县获江西省首批“风景独好”旅游名县称号，安远三百山景区获“2021 年度优秀旅游景区”称号。

17 日　省委副书记、市委书记吴忠琼到市防汛抗旱指挥部调度防汛救灾工作。

20 日　2022 年全市促进非公有制经济发展大会召开。省委副书记、市委书记吴忠琼出席并讲话。

中旬　受多轮强降雨影响，全市多地遭受历史罕见特大洪涝灾害。

中旬　省工信厅公布 2021 年度江西省优秀新产品名单，赣州市 4 家企业研制的 5 项产品榜上有名。其中，崇义章源钨业股份有限公司研制的超高纯氧化钨和赣州澳克泰工具技术有限公司研制的新型高效高性能切槽、切断加工刀具获评一等奖，赣州澳克泰工具技术有限公司研制的抗高温、高耐磨 PVDTiAlSiN 纳米复合涂层刀具获评二等奖，瑞金市得邦照明有限公司研制的回形偏光折射和拼接技术的 LED 吸顶灯、江西赣州国泰特种化工有限责任公司研制的防滑柔性导爆索获评三等奖。

21 日　省委副书记、市委书记吴忠琼到宁都县、石城县调研乡村振兴、水利基础设施建设，并督导防汛及地质灾害防治等工作。

22 日　省委副书记、市委书记吴忠琼到瑞金市检查指导防汛救灾工作，看望慰问灾区群众和防汛救灾一线干部。

23—26 日　全国政协副主席、农工党中央常务副主席何维率全国政协人口资源环境委员会“推动完善生态产品价值实现机制”专题调研组到崇义、上犹、信丰、大余、南康等县（区），对当地生态环境保护与修复推动经济社会融合发展、不同模式支撑生态产品价值实现情况等实地调研。全国政协人口资源环境委员会主任李伟、副主任黄跃金，原驻会副主任凌振国，全国政协常委周然，全国政协委员杨建平、谷树忠、廖永林、曾钫、邓蓉玲，以及来自国家发展改革委、国家林业和草原局相关司局人员参加调研。

24日 纪念中华苏维埃共和国国家银行成立90周年座谈会在瑞金召开。座谈会以“传承与弘扬：当代金融人的使命与担当”为主题，采取线下与线上相结合的方式举办。中国人民银行研究局局长王信、中央党史和文献研究院第二研究部副主任费虹寰等及部分金融机构代表分别在线上或线下作交流发言。

24—28日 水利部副部长刘伟平、水利部总规划师吴文庆分别到赣州市调研水利工作，听取基层水利部门有关意见建议。水利部水库移民司司长卢胜芳等参加调研。

25日 在加拿大万锦市举办的世界客属第31届恳亲大会上，赣州龙南市以承办城市身份接过世界客属恳亲大会会旗，标志第32届世客会正式进入“龙南时间”。

同日 赣州市与加拿大万锦市建立友好城市关系签约活动在万锦市举行。万锦市市长薛家平，赣州市领导出席活动。中国驻多伦多总领事，加拿大相关政府官员和世界各地1000多名客家乡贤见证签约活动。

26—28日 商务部党组成员、部长助理郭婷婷率队到赣州市调研对口支援工作，并参加赣南等原中央苏区振兴发展战略实施十周年座谈会。商务部外资司副司长王亚随同调研。

27日 赣州方特二期项目举行开工仪式。方特二期将规划建设水上乐园和主题酒店2个子项目，总投资约11.3亿元。

同日 国家税务总局副局长赵静就新的组合式税费支持政策落实情况到赣州市调研。

27—28日 中国社会科学院党组成员、秘书长赵奇到上犹县调研定点帮扶工作。中国社会科学院工会常务副主席李进峰参加调研。

28日 赣南等原中央苏区振兴发展战略实施十周年座谈会在赣州召开。省委书记、省人大常委会主任易炼红出席并讲话。省委副书记、省长叶建春主持，省领导姚增科、吴忠琼、梁桂、吴浩、任珠峰、庄兆林、史文斌、赵力平、陈小平出席座谈会。科技部党组成员、科技日报社社长张碧涌，工业和信息化部党组成员、副部长王江平，商务部党组成员、部长助理郭婷婷，文旅部党组成员、副部长饶权，审计署党组成员、副审计长王文斌，国家税务总局副局长赵静，国家市场监管总局副局长、国家反垄断局局长甘霖，国家体育总局党组副书记、副局长王瑞连，中国社会科学院党组成员、秘书长赵奇，西北农林科技大学党委书记李兴旺等中央国家机关及对口支援单位和地方有关负责人、历批次挂职干部等参加座谈会。

同日 《光明日报》刊发江西省委副书记、赣州市委书记吴忠琼的署名文章《沿着中共中央总书记习近平指引的方向阔步前行 奋力建设革命老区高质量发展示范区》。

同日 国内首个家居元宇宙平台在南康区正式发布。

28—29日 国家市场监管总局副局长、反垄断局局长甘霖一行到赣州市调研对口支援工作。国家药监局党组成员、副局长颜江瑛随同调研。

28—29日 文化和旅游部党组成员、副部长饶权一行到赣州市调研文化旅游工作。

28—29日 全国政协常委、外事委员会主任楼继伟率全国政协外事委员会调研组，到赣州市开展“深入落实稳外贸稳外资政策措施”专题调研，并召开座谈会，听取意见建议。全国政协外事委员会副主任孔泉、全国政协外事委员驻会副主任王民，部分全国政协委员参加调研。

28—30日 中国农业发展银行党委委员、执行董事、副行长孙兰生一行到于都县、兴国县考察调研。

29日至7月5日 中国（赣州）第九届家具产业博览会在南康区举行。该届家博会以“打造具有全球影响力的家居制造之都”为主题。开幕式上，签约项目18个，总金额338亿元。省委副书记、市委书记吴忠琼出席并为赣州现代家居产业发展战略顾问颁发聘书。副省长陈小平宣布开幕。国家有关部委、省直有关单位、全国性的行业协会相关领导，家具、家电、家装龙头企业代表，高校和科研机构代表等出席活动。

29日 南康区格力电器（赣州）智能制造基地首套空调下线，标志赣州格力电器项目进入试产、投产、量产的新阶段。省委副书记、市委书记吴忠琼，格力电器董事长兼总裁董明珠共同为赣州格力首套下线空调揭幕。副省长陈小平等出席活动。格力电器（赣州）智能制造基地项目是格力电器在全球兴建的第15个生产基地，投产后年产空调300万套，产值超100亿元。

同日 赣州区块链技术产业园项目在赣州经开区开工建设。中国工程院院士郑纬民通过视频致辞。

30日 国际公认的测试、检验和认证机构SGS向江西金力永磁科技股份有限公司颁发PAS2060碳中和达成宣告核证证书。该证书系SGS颁发的稀土永磁行业全球首张碳中和达成证书，标志金力永磁成为全球稀土永磁行业首家“零碳工厂”。

同日 赣州、南昌、广州三地共同举行不动产登记“跨省通办”合作视频签约仪式，标志虔洪穗正式建立不动产登记“跨省（市）通办”服务新通道。

下旬 在庆祝中国共产党成立101周年之际，省委副书记、市委书记吴忠琼到宁都县、石城县调研，走访慰问部分困难党员和老党员。

下旬 “七一”前夕，省委副书记、省长叶建春到他的基层党组织联系点——于都县潭头村，走访基层党组织和党员。省委副书记、市委书记吴忠琼出席相关活动。

7月

5日 推进更高水平的平安赣州建设工作会议在赣州召开。省委副书记、市委书记吴忠琼出席会议并讲话。

7日　全省严防学生溺水工作调度会后，省委副书记、市委书记吴忠琼随即主持召开会议，专题传达学习贯彻会议精神，调度部署严防学生溺水工作。

同日　市委人大工作会议召开。省委副书记、市委书记吴忠琼出席并讲话。

同日　省委常委、常务副省长梁桂到赣州市调研稳就业工作。

同日　省委副书记、市委书记吴忠琼到上犹县、南康区，调研助企纾困和企业上市等工作。

9日　市委在赣州召开全市领导干部会议，宣布中共江西省委关于赣州市政府主要负责人任职的决定。经省委常委会研究决定，李克坚任赣州市委委员、常委、副书记，提名为赣州市政府市长候选人。市长职务的任免按有关法律规定办理。省委副书记、市委书记吴忠琼主持会议并讲话。

上旬　国家发改委、民政部、国家卫健委联合印发《关于做好积极应对人口老龄化重点联系城市有关工作的通知》，确定61个积极应对人口老龄化重点联系城市，赣州市作为全省唯一地级市列入国家首批积极应对人口老龄化重点联系城市名单。

上旬　工信部公布2021年物联网示范项目名单，赣州2个项目入选，其中，朝阳聚声泰（信丰）科技有限公司的智能声纹传感器研发与产业化项目被评为关键技术攻关类示范项目，龙南骏亚精密电路有限公司基于"物联网+大数据"的电路板智能工厂项目被评为融合应用创新类示范项目。

上旬　经国务院批准，国家发展改革委、交通运输部联合印发《国家公路网规划》，赣州至安远至寻乌高速公路（G3512）新增纳入国家高速公路网规划。

上旬　全省首个"不见面开标舱"在赣州投入使用。

11日　在收听收看全国安全生产电视电话会议后，赣州市接着召开全市安全生产电视电话会议，对安全生产工作进行具体部署。市委副书记、市长候选人李克坚讲话。

11—12日　省委副书记、市委书记吴忠琼到北京走访国家发改委、中国石油天然气集团有限公司，就新时代支持革命老区振兴发展有关工作进行对接沟通汇报，争取支持。国家发改委党组成员、副主任、秘书长赵辰昕，中国石油天然气集团有限公司董事长、党组书记戴厚良会见吴忠琼一行，并分别进行座谈交流。12日，省委副书记、市委书记吴忠琼到北京考察招商、洽谈项目，并分别见证赣州市政府与中国生物技术股份有限公司深度战略合作框架协议、与京东集团战略合作协议签约。国药集团总工程师、首席科学家、中国生物董事长杨晓明，中国生物副总裁李向荣，京东集团高级执行副总裁、京东零售CEO辛利军，京东集团执行副总裁王启斌等分别出席活动。

11—12日　省委副书记、省长叶建春到赣州调研电子信息产业链发展并召开座谈会。

13日　中国三峡建工（集团）有限公司与寻乌县人民政府签约总投资100亿元的抽水蓄能电站建设项目。

14—15日　省政府副省长、民建江西省委会主委孙菊生率民建省委会调研组一行，到赣州市开展"优化营商环境民主监督"调研，并调研国家区域医疗中心建设。省政府副秘书长樊雅强随同。市委副书记、市长候选人李克坚出席相关活动。

15日　文化和旅游部发布《关于确定12家旅游景区为国家5A级旅游景区的公告》，安远县三百山景区名列其中。三百山景区成为江西省第十四家、赣州第二家国家AAAAA级旅游景区。

18日　省委副书记、市委书记吴忠琼主持召开专题会议，再次调度包案信访件化解工作。

同日　赣州市召开疫情防控工作电视电话会议，传达学习全省疫情防控相关会议精神，分析当前疫情形势，研究具体举措，部署下一步工作。市委副书记、代市长李克坚出席并讲话。

同日　市委副书记、代市长李克坚到赣县区调研中科院赣江创新研究院、江西粤磁科技有限公司和国家稀土功能材料创新中心。

18—19日　省委常委、副省长任珠峰到赣州市调研县域经济发展和工业稳增长工作。省政府副秘书长熊科平等参加调研。

19日　市委全面从严治党形势分析会召开。省委副书记、市委书记吴忠琼主持会议并作总结讲话。省纪委省监委有关人员到会指导。市人大常委会、市政协主要负责人，市法检"两长"，以及市纪委监委机关、市委办公室、市委组织部、市委宣传部、市委政研室有关负责人列席会议。

20日　以"木聚赣州港通天下"为主题的第二届国际进口木材贸易博览会暨第六届世界橡胶木产业大会在赣州国际陆港开幕。开幕式上，有9家木材贸易企业及服务机构代表与赣州国际陆港进行现场签约。市委副书记、代市长李克坚出席并宣布开幕。国家木材节约发展中心主任刘能文出席开幕式并为"国际木材交易中心"授牌。国家林草局发改司副司长苏祖云、新西兰初级产业部副部长欧阳夏等出席。国外驻华机构代表，全国木材行业商协会及部分央企代表，国内外知名木材供应商、贸易商代表等参加开幕式。

中旬　赣州市分别与福建省厦门市、莆田市、泉州市正式签订"跨省通办"协议。双方建立市县同步"跨省通办"对接联系机制，辖区内所有县（市、区）纳入政务服务"跨省通办"范围，实现151个事项"跨省通办"。章贡区、瑞金市、信丰县分别与厦门市翔安区以及泉州市鲤城区、丰泽区、洛江区签订政务服务"跨省通办"协议。赣州市"跨省通办"朋友圈扩大至广东、福建、湖南等3个省14个市。

中旬　江西省旅游产业发展领导小组授予赣州市于都县等5个县（市）江西省首批"风景独好"旅

游名县称号。

22 日　市政府党组全面从严治党形势分析会召开。市委副书记、代市长、市政府党组书记李克坚主持会议并作总结讲话。市委整改办、市纪委监委有关人员到会指导。

23 日　市委副书记、代市长李克坚到信丰县、章贡区，调研产业发展和重大项目推进情况，督促落实助企纾困政策，实地督导预防学生溺水工作。

25 日　中共赣州市委六届三次全体（扩大）会议召开。市委常委会主持会议。市委书记吴忠琼代表市委常委会向全会报告工作并讲话。市委副书记、代市长李克坚总结部署经济工作，并通报各县（市、区）主要指标排名情况。不是市委委员、候补委员的副厅级以上领导，中国稀土集团、中科院赣江创新研究院主要负责人，市委各部门主要负责人，市直及驻市各单位、各人民团体党组（党委）主要负责人，第五批挂职干部，部分基层党代表等列席会议。

同日　市委副书记、代市长李克坚到市中心城区，调研民生实事项目建设。

26 日　江西省现代家具产业科技创新联合体在南康区成立。

同日　省委副书记、市委书记吴忠琼到挂点联系的南康工业（家具）设计中心，参加南康工业（家具）设计中心党支部和赣州市委办第一党支部联合开展的党日活动，并围绕“牢记嘱托、感恩奋进，加快建设革命老区高质量发展示范区”主题讲党课。

同日　市委副书记、代市长李克坚到市行政审批局、市民综合服务中心西区，专题调研推进营商环境优化升级“一号改革工程”。

27 日　省委副书记、市委书记吴忠琼到宁都县下访接待来访群众，调研乡村振兴及产业发展，督导生态环保问题整改、食品安全生产和防溺水等工作。

同日　赣州市召开深化全国文明城市建设工作调度会。市委副书记、代市长李克坚出席并讲话。

同日　市委副书记、代市长李克坚到市中心城区“路长制”责任路段文明大道，检查督导深化全国文明城市建设工作。

同日　江西省富硒产业标准化技术委员会成立大会在赣州举行。会议发布《富硒丝瓜生产技术规程》等 6 项赣州市地方标准。江西省富硒产业标准化技术委员会有委员 49 名，秘书处设在赣州市综合检验检测院，是国内富硒产业领域成立的首个省级标准化技术组织。

29 日　在“八一”建军节来临之际，省委副书记、市委书记吴忠琼到驻市某部队走访慰问，并出席“八一”军地座谈会。市委副书记、代市长李克坚主持座谈会。

同日　市委理论学习中心组学习（扩大）会国防教育专题讲座在赣州举行，邀请军事科学院世界军事研究部原副部长罗援少将作题为《当前国际形势及战略思考》的专题国防教育辅导报告，并走进军营开展军事日活动。省委副书记、市委书记吴忠琼，市委副书记、代市长李克坚等出席。

同日　赣州市召开疫情防控指挥部工作会议。市委副书记、代市长李克坚出席并讲话。

30 日　全省文明城市测评情况反馈会召开。省委宣传部副部长、省文明办主任龚建文，市委副书记、代市长李克坚出席并讲话。

同日　全市信访工作调度会召开。市委副书记、代市长李克坚出席会议并讲话。

8 月

1 日　市委副书记、代市长李克坚主持召开市国土空间规划委员会第七次会议，审议有关规划和方案，讨论研究有关事项。

2 日　省委副书记、市委书记吴忠琼到市中心城区交通场站、商贸市场、主干道、背街小巷等地，暗访督导全国文明城市常态化管理工作。

同日　市委副书记、代市长李克坚到于都县下访接待来访群众，现场调度推进信访积案化解工作。

2—3 日　省政府副省长陈小平到赣州市调研家具产业高质量发展和环保督察问题整改工作。

2—5 日　全国人大常委会委员，民盟中央副主席，中国科协副主席，中国工程院副院长、院士，国家现代农业柑橘产业技术体系首席科学家邓秀新一行到赣州市寻乌县、安远县、信丰县等地，调研柑橘产业发展等工作。

3 日　赣州市人民政府、中国林业集团有限公司签署战略合作协议。省委副书记、市委书记吴忠琼，市委副书记、代市长李克坚分别会见中国林业集团党委委员、副总经理李留彬一行。

同日　市委、市政府举行“拼搏三季度奠定全年胜”全市重大项目联动开工活动。全市 242 个重大项目联动开工，总投资超 1600 亿元，其中 20 亿元以上项目 18 个。省委副书记、市委书记吴忠琼下达开工令。

8—9 日　省委副书记、市委书记吴忠琼到北京走访国家发改委、水利部、国家电网有限公司、商务部和国铁集团，就新时代支持革命老区振兴发展相关工作进行汇报和沟通对接，争取支持，加快推进重大项目落实落地。水利部副部长刘伟平，国家电网有限公司董事长、党组书记辛保安，国家发展和改革委投资司司长罗国三，国铁集团总经理、党组副书记郭竹学，商务部党组成员、部长助理郭婷婷等分别出席相关活动。

9 日　市委副书记、代市长李克坚到兴国县和宁都县，调研推进工业倍增升级、乡村全面振兴行动。

同日　由江西理工大学牵头，与兴国县人民政府联合中铁六院、中铁工业、国家稀土功能材料创新中心等单位共同完成的永磁磁浮轨道交通工程试验线——“红轨”在兴国县建成。省政协副主席陈俊卿，中国工程院院士干勇、张文海、李卫、杨春和，中国科学院院士沈保根、张洪杰，市委副书记、代市长李克坚等出席相关活动。线路正线长约800米，均为钢构高架线。磁浮列车采用2辆编组，载客能力为座席32个、定员88人，最高设计运行时速80千米。该试验线因位于革命老区兴国县，所以被誉为“红轨”。当天上午，在“红轨”产业招商推介会上，现场集中签约10个项目，总投资114.3亿元。

10日　市委副书记、代市长李克坚到市中心城区暗访督导全国文明城市常态化管理工作。

同日　市委副书记、代市长李克坚主持召开全市综合性政企圆桌会议，与企业代表交流，帮助企业解决实际困难和问题。

上旬　省农业农村厅公布第一批省级“一村一品”示范村镇名单，全省共44个村镇被认定为第一批省级“一村一品”示范村镇，其中赣州申报的崇义县扬眉镇扬眉寺村（南酸枣）、寻乌县文峰乡河岭村（寻乌蜜桔）、安远县鹤子镇（脐橙）、信丰县安西镇（脐橙）、会昌县小密乡（脐橙）上榜。

上旬　省工信厅公布2021年度省级产业集群综合评价暨星级产业集群评定结果，赣州的南康家具产业集群、信丰数字视听产业集群、赣州经开区电子信息产业集群和于都服装服饰产业集群4个产业集群被认定为江西省2022年星级产业集群。

上旬　赣州市12家企业被省工信厅评为2022年江西省智能制造标杆企业，全省共65家企业获评，全市获评企业数量连续4年位居全省第一。此次赣州市获评的12家企业分别是：赢家时装（赣州）有限公司、赣州市南康区城发家具产业智能制造有限责任公司、江西佰盈体育科技股份有限公司、江西青峰药业有限公司、江西金力永磁科技股份有限公司、龙南骏亚电子科技有限公司、赣州富尔特电子股份有限公司、赣州兴雪莱服装有限公司、赣州腾远钴业新材料股份有限公司、赣州市全标生物科技有限公司、赣州爱康光电科技有限公司、江西联茂电子科技有限公司。

11—12日　省委常委、省委政法委书记罗小云到赣州调研督导中共二十大维稳安保和基层政法工作。省委政法委常务副书记林强随同调研。

11—13日　市委副书记、代市长李克坚到全南县、定南县、寻乌县、安远县、会昌县调研工业倍增升级、乡村全面振兴和城市能级提升行动。

15日　市委审计委员会召开第四次会议。市委书记吴忠琼主持并讲话。市委副书记、代市长李克坚等出席会议。

同日　赣州市召开消防安全形势分析研判会，通报全市消防安全形势和安全生产工作情况，研究部署下一步工作。市委副书记、代市长李克坚出席并讲话。

15—17日　第二届“山美水美乡情更美”赣台青年学生夏令营活动在赣州和台北同步举行。

16日　江西省女企业家协会第七届四次会员大会在南康召开。省委副书记、市委书记吴忠琼出席并讲话。

同日　市委副书记、代市长李克坚到崇义县，调研督导疫情防控、消防安全、防旱抗旱、产业发展等重点工作。

16—17日　第八届中国先进切削技术高峰论坛在赣州举行，全国切削领域的产、学、研、用等单位的代表200余人参加论坛。

18日　在第五个“中国医师节”来临之际，省委副书记、市委书记吴忠琼到市妇幼保健院，看望慰问一线医务工作者。

19日　以“绿色低碳新动能推动构建新格局”为主题的“美丽中国百人论坛2022年会”在赣州市举办。论坛主席、生态环境部部长黄润秋，省委副书记、省长叶建春出席并致辞。论坛副主席、中国科协党组书记、中国工程院院士张玉卓视频致辞。副省长陈小平，生态环境部核安全总工程师、办公厅主任田为勇，市委副书记、代市长李克坚等出席。生态环境部有关司局、直属单位负责人，部分地方生态环境部门主要负责人，科研院所、高校、国际机构、社会组织、企业和媒体代表，以及论坛主办单位负责人和成员代表，共160余人通过线上、线下方式参加年会。

同日　省委副书记、省长叶建春到崇义县调研。

18—19日　生态环境部部长黄润秋到赣州市调研对口支援、生态环境保护相关工作。

中旬　首批江西省革命文物保护利用示范县创建名单公布，赣州市的瑞金市、于都县上榜。

22日　市委副书记、代市长李克坚到华能秦煤瑞金电厂、国网赣州供电公司，调研有序用电及电力保供工作，并召开相关座谈会。

22—24日，中华全国总工会书记处书记、党组成员邹震在赣州市就深化工会改革创新工作开展调研。

23日　省安委会第七巡查组安全生产巡查反馈会召开。省安委会第七巡查组组长王学军出席会议并讲话。市委副书记、代市长李克坚主持会议并作表态发言。

同日　全市重大项目建设调度会召开，重点调度政策性开发性基金项目、地方政府专项债项目以及重大项目谋划、县县通管道天然气、抽水蓄能电站项目推进等工作。市委副书记、代市长李克坚出席并讲话。

23—24日　省人大常委会党组副书记、副主任刘强率队到赣州市开展医疗保障工作专题调研。省人大社会委主任委员李江河，社会委部分组成人员，省医疗保障局局长王前虎参加调研。市委副书记、代市长李克坚出席相关活动。

24日　深圳赣州对口合作座谈会在深圳召开。两市深入学习贯彻中共中央总书记习近平关于革命老区振兴发展的重要讲话和重要指示批示精神，全面落实国务院相关政策意见，共商合作、共谋发展。深圳市委副书记、市长覃伟中，赣州市委副书记、代市长李克坚出席会议并讲话。

25日　市委深改委第十六次会议暨市深化改革开放行动领导小组

第二次会议召开。会议传达学习中央、省委深改委有关会议精神，听取有关改革情况汇报，审议有关改革文件，部署推进下一步改革工作。省委副书记、市委书记吴忠琼主持会议。市委副书记、代市长李克坚等有关市领导出席会议。

同日　国家税务总局深圳市税务局、国家税务总局赣州市税务局在深圳举行帮扶协作和对口支援框架协议签订仪式。

26 日　省委副书记、市委书记吴忠琼到信丰县，调研督导防旱抗旱、项目建设等工作。

27 日　2022 中国（赣州）永磁电机产业创新发展大会在赣州市赣县区开幕。省委常委、副省长任珠峰出席开幕式并讲话，为稀土产业科技创新联合体和超高温金属新材料产业科技创新联合体揭牌。中国科学院院士都有为、沈保根出席并作主旨演讲。市委副书记、代市长李克坚等致辞。大会共签约项目 7 个，签约总金额达 156.5 亿元。

同日　在收听收看全省抗旱救灾会商调度会后，赣州市接着召开全市抗旱救灾调度视频会，对相关工作进行再强调、再部署。市委副书记、代市长李克坚主持并讲话。

27—28 日　省委常委、副省长任珠峰到崇义县、上犹县调研县域经济发展和工业稳增长等工作。省委副书记、市委书记吴忠琼出席相关活动。

28 日　市推进基层协商民主建设领导小组（扩大）会暨工作推进会议召开。省委副书记、市委书记吴忠琼出席并讲话。

29 日　赣州市第六届人民代表大会第三次会议在赣州大剧院举行。会议应到代表 527 名，实到代表 494 名。大会主席团常务主席吴忠琼等参加。代表们以无记名方式，投票补选李克坚为市人民政府市长、尹忠为市人大常委会副主任。选举结束后，新当选的市人民政府市长李克坚、市人大常委会副主任尹忠进行宪法宣誓。

30 日　省委副书记、市委书记吴忠琼到定南县调研。

同日　市政府与省金融控股集团签署战略合作协议。市委副书记、市长李克坚出席并致辞。

同日　赣州市台协第八届理监事就职典礼举行，为新任会长、监事长、副会长颁发当选证书。

30—31 日　南方红军三年游击战争胜利暨新四军组建 85 周年理论研讨会在大余、信丰举行。研讨会以“弘扬南方红军三年游击战争的革命精神，奋进新征程，建功新时代”为主题。

31 日　全国台企联福建・江西片区会长会议暨赣州市产业推介会在赣州召开。全国台企联副会长、福建・江西片区长杨荣辉，市委副书记、市长李克坚出席并致辞。

9 月

1 日　市委副书记、市长李克坚到于都县督导检查安全生产等工作。

同日　2022 中国电子商务大会在北京国家会议中心开幕。会上公布国家电子商务示范基地名单，安远县电子商务产业园成功入选，成为本年度江西省唯一入选的园区。

2 日　赣州市首期“院士大讲堂”举行。“人民英雄”国家荣誉称号获得者、中国工程院主席团成员、医药卫生学部主任、工程院咨询工作委员会委员，天津中医药大学名誉校长张伯礼以《中医药现代化与文化自信》为题作专题报告。省委副书记、市委书记吴忠琼等市四套班子副厅级以上领导及市法检“两长”出席。

2—3 日　省委副书记、省长叶建春到赣州石城县调研。

3 日　省委常委、省委宣传部部长庄兆林到赣州市兴国县调研媒体融合、新时代文明实践工作。

同日　全省移风易俗改革“石城经验”现场推进会在石城召开。

同日　江西省乡村产业振兴协会休闲乡宿分会成立大会召开，会上公布全省首批星级休闲乡宿名单并授牌，赣州市有 6 家休闲乡宿上榜。崇义客天下・耕心获评全省五星级休闲乡宿，龙南栖一树获评全省四星级休闲乡宿，全南鹏林、寻乌花开了、龙南花漾年华、赣县横溪渡获评全省三星级休闲乡宿。

3—6 日　十三届全国政协常委、提案委员会副主任，中国老区建设促进会会长支树平，到赣州市开展“革命老区乡村振兴领域有关政策执行情况及效果分析”专题调研。

4 日　赣州市融媒体中心、赣州市文化传媒集团揭牌成立，赣南红客户端正式上线。省委副书记、市委书记吴忠琼，省委常委、省委宣传部部长庄兆林出席活动，共同为赣州市融媒体中心、赣州市文化传媒集团有限责任公司揭牌，并启动赣南红客户端上线按钮。省委宣传部副部长、省政府新闻办主任傅云，市委副书记、市长李克坚分别致辞。人民日报社、新华社、中央广播电视总台、光明日报社、经济日报社、人民网、新华网、央广网、中国青年网、江西日报社、江西广播电视台等省级及以上主流媒体参加活动。赣州市融媒体中心由赣南日报社（赣州客家新闻网管理中心）、赣州广播电视台融合组建，为赣州市委市政府直属正处级事业单位，归口赣州市委宣传部管理。赣州市文化传媒集团由赣南日报社（赣州客家新闻网管理中心）、赣州广播电视台的经营性资产整合注册成立，列为正处级的市属国有企业。赣南红为赣州市委、市政府的唯一新闻客户端。

同日　江西省第九届“国家网络安全宣传周”在赣州启动。省委副书记、市委书记吴忠琼宣布活动开幕。省委常委、省委宣传部部长庄兆林讲话。省委宣传部副部长、省委网信办主任梅毅主持，市委副书记、市长李克坚致辞。

同日　赣南苏区卫生健康事业高质量发展恳谈会在赣州召开。中国工程院主席团成员、医药卫生学部主任、咨询工作委员会委员，天津中医药大学名誉校长张伯礼出席并讲话。中国工程院医药卫生学部院士李松、董家鸿、韩德民、张志愿、林东昕、陈志南，中国工程院三局副局长李冬梅，省委组织部、省卫健委相关负责人出席会议。市委副书记、市长李克坚致辞。

5日 2022中国品牌价值评价信息在北京发布，赣州市赣南脐橙、赣南茶油等2个地理标志保护产品再次上榜，分别位列区域品牌（地理标志）第6名和第49名。

6日 市委作风建设专题分析会暨“七个有之”专项治理工作会议召开。省委副书记、市委书记吴忠琼主持会议并讲话。市人大常委会、市政协主要负责人，市四套班子副厅级以上领导，以及有关市直单位主要负责人，县（市、区）党（工）委书记、纪（工）委书记列席会议。

7日 省委副书记、市委书记吴忠琼到赣州经开区、宁都县，专题调度督导疫情防控工作。

8日 市委书记吴忠琼到赣县区，调研督导疫情防控、安全生产等工作。

同日 市政府党组作风建设专题分析会召开。市委副书记、市长、市政府党组书记李克坚主持会议并讲话。

同日 在第38个教师节来临之际，省委副书记、市委书记吴忠琼到赣县区走访慰问，代表市委、市政府向教师和教育工作者致以节日的问候。

9日 市委副书记、市长李克坚到南康区走访慰问教师代表。

10日 市委副书记、市长李克坚主持召开全市疫情防控工作视频会。

上旬 省财政厅下达赣州市中央财政农业和水利救灾资金1.525亿元，用于支持全市做好抗旱救灾、保障秋粮生产等相关工作。

上旬 赣州市企业登记档案网上查询系统上线运行，在市本级注册登记企业均可登录该系统查询、下载、一键打印企业的注册登记档案，实现电子档案查询全程网上办。

上旬 江西省自然资源厅发布关于将15家矿山纳入省级绿色矿山名录的公告，会昌县西江镇石门村鹅公岽水泥用石灰岩矿、赣州仁通置业有限公司黄背陶瓷土矿区名列其中。

11日 省委副书记、市委书记吴忠琼到于都县、瑞金市、兴国县督导疫情防控工作，看望慰问抗疫一线人员。

13日 赣州市人民政府发布禁火令。禁火时间为发布禁火令之日起至2023年4月30日止。禁火区域为全市行政区域内森林、林木、林地及距林缘100米范围以内区域。

15日 赣南采茶戏《一个人的长征》在第十三届中国艺术节上获第十七届文华表演奖。

16日 赣州市召开全市森林防灭火工作电视电话会，部署相关工作。市委副书记、市长李克坚出席并讲话。

17日 市委副书记、市长李克坚出席全市经济运行分析会并讲话。

同日 全市疫情防控工作视频调度会议召开。市委副书记、市长李克坚出席会议并讲话。

19日 市委应对新冠肺炎疫情工作领导小组会议暨市新冠肺炎疫情应急指挥部（扩大）会议召开。省委副书记、市委书记吴忠琼出席并讲话。会议以视频形式开到县（市、区）。赣州经开区、宁都县、会昌县视频汇报本地疫情防控工作情况。

20日 市委召开全市稳增长、防风险、保稳定、惠民生工作部署会。省委副书记、市委书记吴忠琼出席并讲话。会议以视频形式召开，各县（市、区）和赣州经开区、赣州蓉江新区设分会场。

同日 市委副书记、市长李克坚到赣州经开区调研复工复产工作。

中旬 农业农村部公布2022年农业国际贸易高质量发展基地认定名单，赣州的江西绿萌科技控股有限公司和江西五丰食品有限公司等2家企业入选。

21日 全市水利高质量发展暨加快重大水利项目推进工作会召开。省委副书记、市委书记吴忠琼出席并讲话。市委副书记、市长李克坚主持会议。

同日 中国稀土集团与江铜集团战略合作签约暨中国稀土集团资源科技股份有限公司揭牌活动在北京、南昌、赣州三地举行。国务院国资委副主任翁杰明出席活动并为中国稀土集团资源科技股份有限公司揭牌。省委常委、副省长任珠峰出席活动并讲话。工业和信息化部原材料工业司司长陈克龙，省国资委党委书记陈德勤，省国资委主任卢小青，市委副书记、市长李克坚等相关负责人分别在北京、南昌、赣州会场见证签约及揭牌活动。

22日 市委副书记、市长李克坚主持召开市国土空间规划委员会第八次会议，审议有关规划和方案，讨论研究有关事项。

23日 赣州市召开全市安全生产电视电话会议，贯彻中共中央总书记习近平重要指示精神和李克强总理批示要求，落实全国、全省安全生产电视电话会和全市稳增长、防风险、保稳定、惠民生工作部署会精神，对相关工作进行再强调、再部署。市委副书记、市长李克坚出席并讲话。

26日 “江西这十年”系列主题新闻发布会赣州专场在南昌举行。市委副书记、市长李克坚作主发布并回答记者提问。

27日 省政府稳经济增长督导和服务工作组进场会在赣州市召开。省政府稳经济增长第二督导和服务工作组组长、省交通运输厅厅长王爱和讲话。市委副书记、市长李克坚作工作汇报。

28日 大广高速南康至龙南段扩容工程通车。市委副书记、市长李克坚致辞。2019年12月大广高速南康至龙南段扩容工程项目正式开工，该项目全长142.67千米，项目起自赣州市南康区十八塘乡，接已建成的大广高速公路吉安至南康段，止于龙南市杉树下。主线采用双向六车道高速公路标准，路基宽33.5米，设计行车速度为100千米/时。

同日 赣州逸豪新材在赣州以在线直播的形式成功登陆深圳证券

交易所创业板。市委副书记、市长李克坚等共同为逸豪新材敲钟开市。

28—29日　省委副书记、省长叶建春到赣州市会昌、安远、信丰调研。

29日　省委副书记、市委书记吴忠琼到市中心城区检查指导市场保供稳价等工作。

同日　赣州市人才集团有限公司揭牌成立暨签约仪式在赣州人力资源中心市场举行。赣州人才集团是市国资委代表市政府履行出资人职责的一级企业，注册资本金2.5亿元。

30日　全国第九个烈士纪念日，赣州市在市革命烈士纪念馆仪典广场举行纪念活动，向烈士敬献花篮，缅怀革命先烈的伟绩。省委副书记、市委书记吴忠琼等领导，与全市各界代表一起出席向烈士敬献花篮仪式。市委副书记、市长李克坚主持仪式。市厅级以上领导，离退休老干部代表，市四套班子秘书长、副秘书长，国家部委对口支援赣州挂职干部代表，章贡区四套班子成员，赣州经开区、赣州蓉江新区党政班子成员，市委各部门、市直各单位、各人民团体主要负责人，以及烈士后代、英模、荣立战时二等功以上的老兵、“爱国拥军模范”“最美退役军人”代表，武警官兵、消防救援支队代表，公检法干警代表，学生代表等，参加在仪典广场举行的敬献花篮仪式。

下旬　农业农村部农产品质量安全中心发布2022年第二批全国名特优新农产品公示，赣州市兴国红鲤鱼、信丰萝卜干、瑞金咸鸭蛋等11个农产品上榜。

10月

1日　赣州国际陆港出口汽车中欧班列开通。此趟专列装载的货物价值达1897万元，经由二连浩特口岸出境，途经蒙古和俄罗斯直达白俄罗斯若季诺站，这是赣州国际陆港首趟出口汽车中欧班列。

2日　市委副书记、市长李克坚到章贡区、赣州经开区调研假期疫情防控、保供稳价、促商贸消费工作情况。

3—5日　市委副书记、市长李克坚到大余县、瑞金市、于都县、南康区、龙南市，调研督导森林防火、国庆期间“两不停”等工作。

6日　2022年世界灌溉工程遗产名录在澳大利亚阿德莱德公布，江西上堡梯田入选。上堡梯田是江西省第四个“申遗”成功的古代灌溉工程遗产。

7日　市委副书记、市长李克坚到章贡区调研水西老街提升改造工作。

9日　全市双“一号工程”推进会暨十五届省委第一轮巡视发现普遍性问题涉及政府层面问题整改专题会召开。市委副书记、市长李克坚出席并讲话。

10日　省委副书记、市委书记吴忠琼主持召开全市信访维稳安保工作调度会。

同日　市政府与农发行江西省分行签署战略合作协议。市委副书记、市长李克坚等出席并致辞。

同日　市委副书记、市长李克坚到市公安局指挥中心，看望慰问市信访维稳安保工作指挥部工作人员并座谈交流。

上旬　文化和旅游部联合共青团中央推出“稻花香里说丰年”全国乡村旅游精品线路128条，其中，赣州有2条线路入选，分别为宁都县小布镇—于都县潭头村—瑞金市叶坪镇和崇义县上堡梯田—大余县丫山—信丰县安西赣南脐橙特色小镇—龙南市虔心小镇。

11日　赣州市与江西财经大学在赣州签署战略合作框架协议。省委副书记、市委书记吴忠琼，江西财经大学党委书记卢福财出席并见证签约。市委副书记、市长李克坚，江西财经大学校长邓辉致辞。

11—13日　省政协副主席陈兴超到赣州市就“构建赣南客家‘文化—经济’发展圈”课题开展调研，并在赣州召开省市政协“构建赣南客家‘文化—经济’发展圈”联动协商会。

12—13日　省人大常委会党组副书记、副主任，省总工会主席刘强到赣州市调研挂点联系开发区赣州高新技术开发区和工会工作。省委副书记、市委书记吴忠琼出席相关活动。

12—14日　全国人大常委会委员、省人大常委会副主任马志武一行，到赣州市开展文物保护“一法一条例”执法检查的“回头看”和科技创新调研工作。市委副书记、市长李克坚出席相关活动。

13日　耀能新能源（赣州）有限公司工厂在赣州经开区新能源科技城落成暨产品下线，标志吉利（赣州）42GWh动力电池一期项目启动运营。市委副书记、市长李克坚，吉利科技集团CEO徐志豪，孚能科技（赣州）股份有限公司董事长王瑀致辞。

同日　市政府新闻办、市防汛抗旱指挥部办公室联合举行新闻发布会，介绍赣州市旱灾情况：7月10日后，赣州市旱涝急转，持续出现高温少雨天气，江河湖库水位不断走低，水库蓄水锐减、山塘干涸数量增多，土壤缺墒严重。全市无有效降雨76天，平均降雨量仅99.0毫米，比多年均值（362.3毫米）偏少72.7%，为1949年10月1日后同期最少。全市水库蓄水由主汛期结束时的23.65亿立方米锐减至18.65亿立方米；有290座水库干涸或接近干涸，8253口山塘干涸。截至10月10日，全市18个县（市、区）和赣州经开区、蓉江新区共有280个乡镇受灾，受灾人口51.29万人，因旱需生活救助8857人；全市中晚稻受灾、成灾、绝收面积分别为38.28万亩、15.95万亩、1.32万亩；农林牧渔业损失10.94亿元。

14—15日　省委副书记、市委书记吴忠琼率赣州市考察团在上饶学习考察文旅产业、工业经济发展等工作。

17日　省委副书记、市委书记吴忠琼到兴国县埠头乡人大代表联络工作站调研。

同日　全市森林防灭火工作紧急视频调度会召开。市委副书记、市长李克坚出席并讲话。

17—18 日　省委副书记、市委书记吴忠琼到兴国县、宁都县，调研督导森林防火、安全生产和乡村振兴、项目建设等工作。

19 日　省委副书记、市委书记吴忠琼与市政法机关主要负责人集体谈话。

同日　全市森林防灭火工作视频调度会召开。省委副书记、市委书记吴忠琼出席并讲话。市委副书记、市长李克坚主持会议。

19—21 日　省人大常委会副主任胡世忠在赣州市开展平安建设和山茶油发展立法调研。

20 日　省委常委、省委政法委书记罗小云到瑞金市调研中共二十大维稳安保、中华苏维埃共和国法制建设纪念馆建设等工作并召开相关座谈会。

中旬　赣州市寻乌县思源农业发展有限公司、安远县橙皇现代农业发展有限公司、江西君子谷野生水果世界有限公司、江西中新云农科技有限公司、核工业赣州工程勘察设计集团有限公司 5 家单位获批为 2022 年度江西省第一、第三产业企业技术中心。

中旬　赣州市民间客家文化研究院成立。

21 日　全市生态环境保护督察问题整改工作调度会召开。市委副书记、市长李克坚出席并讲话。

同日　赣州市举行欢送活动，欢送支援赣州扑火救灾队伍返程归建。市委副书记、市长李克坚致辞并向支援扑救队伍赠送锦旗。福建省森林消防总队总队长杨庆福，省应急管理厅副厅长徐何明出席。

21—23 日　首届赣粤闽湘区域泌尿外科高峰论坛暨国家区域医疗中心学科建设研讨会、第七届赣南泌尿外科新技术高峰论坛、赣州市抗癌协会泌尿男生殖系肿瘤专委会第三届年会和赣南泌尿系结石创新技术研讨会在赣州举行。活动由赣州市医学会主办、南方医院赣州医院(赣州市人民医院)泌尿外科承办。国内知名泌尿外科专家学者、赣粤闽湘区域泌尿外科专家及赣南泌尿外科的医护人员近 300 人参加研讨活动，通过线下交流、线上直播的形式，共同分享最新的泌尿外科疾病诊疗知识，传授实用的泌尿外科手术技巧。

22 日　《经济日报》第 12 版刊发题为《跻身全国百强城市第 65 位 江西赣州：综合实力大跃升》的整版图文报道，聚焦十年来赣州上下解放思想、感恩奋进、苦干实干，推进新时代赣南苏区振兴发展取得的历史性成就。

23 日　长征大剧院落成暨《长征第一渡》合成彩排启动大会在于都举行。长征大剧院由赣州旅投集团和于都县共同投资打造，位于于都县城贡江北区，毗邻中央红军长征出发纪念馆，于 2021 年 7 月开工建设，建筑面积 2.5 万平方米，建成后可容纳观众 1200 人。该剧院采用独创 360 度机械液压可翻可转可升降舞台，在台仓深度、台口宽度、观众互动等方面均领先于国内同类剧场。长征大剧院主要承载中国第一部红色文旅史诗——《长征第一渡》的驻场演出。

24 日　全市重点产业链链长制暨综合性政企圆桌会召开。市委副书记、市长李克坚主持并讲话。会上，崇义章源钨业股份有限公司、赣州富尔特电子股份有限公司、南康家具协会、赣州爱康光电科技有限公司、江西卫棉纺织有限公司等企业和行业协会负责人，汇报企业自身发展情况，并提出有关意见建议。

25 日　市委召开全市领导干部会议，传达学习中共二十大和二十届一中全会精神，以及全省领导干部会议精神，部署赣州市学习宣传和贯彻落实工作。市委书记吴忠琼主持会议并讲话。市委副书记、市长李克坚传达中共二十大和二十届一中全会精神，以及全省领导干部会议精神。

26—28 日　赣州市妇女第四次代表大会在赣州召开。选举产生市妇联第四届执行委员会委员和常务委员会委员。刘春香当选为市妇联主席，肖宏蕾、刘艳萍、侯欣岑当选为市妇联副主席，曾丽芳当选为市妇联挂职副主席，丁乐、刘艳琼、梁鸿梅、钟瑾、刘嫔、罗惠文当选为市妇联兼职副主席。

27 日　市国土空间规划委员会召开第九次会议。市委副书记、市长李克坚主持。会议原则通过水西组团相关规划建筑方案，审议相关交通分析方案、赣州动漫大世界水上乐园规划建筑方案、《赣州黄金机场总体规划（2022 版）》、《赣州国际陆港单元控制性详细规划》和《赣州市唐江组团控制性详细规划》。

同日　江西省第十六届运动会火炬传递瑞金站起跑仪式在“二苏大”大礼堂前举行。火炬传递从“二苏大”旧址出发，途经苏维埃广场、沙洲坝红井步行街、红井旧址群南门绿色通道等路段，最终到达红井旧址群毛泽东旧居前，全程约 1.3 千米。

28 日　赣州市招大引强“赛马比拼”季赛在龙南举行。当日，还举行龙南 10 月份招商引资集中签约、重大项目集中开（竣）工活动。市委副书记、市长李克坚出席活动并宣布重大项目集中开（竣）工。

29 日　中央宣传部精神文明建设“五个一工程”评选工作办公室发布第十六届精神文明建设“五个一工程”入选作品名单公示公告，对 97 部入选作品进行公示。由中共赣州市委宣传部、赣州市文化广电新闻出版旅游局出品，赣南艺术创作研究所创演的赣南采茶戏《一个人的长征》在列。《一个人的长征》由著名导演张曼君担任总导演，中国戏剧“梅花奖”获得者杨俊领衔主演。

29—30 日　赣州市工会第五次代表大会在赣州召开。选举产生赣州市总工会第五届委员会委员、常务委员、经费审查委员会委员。吴青当选赣州市总工会第五届委员会主席，刘文杰当选常务副主席，徐雅静、何敏当选副主席，刘孟强当选挂职副主席，谢庚福、刘剑平、涂爱鹏当选兼职副主席，高炳金、

赖晓辉分别当选赣州市总工会第五届经费审查委员会主任、副主任。

30 日　全市安全防范工作电视电话紧急调度会召开。市委副书记、市长李克坚出席并讲话。

30—31 日　共青团赣州市第五次代表大会在赣州召开。会议通过共青团赣州市第四届委员会工作报告，选举产生共青团赣州市第五届委员会委员、常务委员。杨志正当选为共青团赣州市第五届委员会书记，张娴、李知杰、欧阳凌峰当选为副书记，黄朝铭当选为挂职副书记，利志娟、谢建东、刘汉卿当选为兼职副书记。

下旬　经中国品牌建设促进会审定，宁都黄鸡、兴国灰鹅、兴国红鲤 3 个地理标志农产品品牌价值分别达到 29.19 亿元、4.94 亿元和 3.22 亿元。在 2022 中国品牌价值评价区域品牌（地理标志）百强榜单中，赣南脐橙排第 6 位，赣南茶油排第 49 位。

下旬　世界客属第 32 届恳亲大会主题曲评选结果揭晓。《客家亲，客家情》等 8 首歌曲获奖。

下旬　《赣州市青年发展型城市建设试点实施方案》正式发布。

下旬　中国果蔬贮藏加工技术研究中心赣州分中心揭牌成立仪式在安远举行，同期成立中国果蔬贮藏加工技术研究中心脐橙分中心。

下旬　2022 年“大国农匠”全国农民技能大赛种养能手类、创业创新类和农村电商人才类获奖选手名单公布，崇义县横水镇朱坑口村的邹笃敏获种养能手类作物种植三等奖。

下旬　国家知识产权局公布 2022 年国家地理标志产品保护示范区筹建名单，全国共有 29 家示范区获批筹建，赣南茶油国家地理标志产品保护示范区入选。

下旬　京东物流会昌产地仓开仓仪式暨赣南脐橙推介会在会昌县举行，这标志着全省首个京东供销智慧供应链中心在会昌县正式启动运营。

下旬　2022 赣州文旅云上全媒体直播推介会举行。近 6 小时的直播吸引全网超 1200 万人次观看，各种给力的线上文旅产品优惠、景区沉浸式体验打卡直播，激发大家国庆出游的热情，提振赣州市文旅消费的动能。

下旬　赣州选手李德鑫在 2022 年世界技能大赛瑞士赛区勇夺家具制作项目金牌。9 月中旬至 11 月下旬，2022 年世界技能大赛特别赛在瑞士、德国、法国等 15 个国家分散举办。赣州选手李德鑫在家具制作项目中勇夺金牌，这是中国代表团在此次大赛瑞士赛区中取得的首枚金牌，也是中国自参加世赛以来家具制作项目的首枚金牌。

11 月

1 日　孚能科技年产 30GWh（亿瓦时）新能源电池项目开工。市委副书记、市长李克坚出席活动并宣布项目开工。

同日　赣州国际商会成立大会召开。

同日　省委常委、省委政法委书记罗小云到赣南医学院宣讲中共二十大精神，并到南康区宣讲中共二十大精神，实地调研基层社会治理工作。

同日　赣州市水文局发布信息：10 月 29 日 15 时，贡水赣州站出现有水文纪录以来最低水位，较历史同期水位低 2.6 米。

2—3 日　省委副书记、市委书记吴忠琼到龙南市专题调度世客会筹备工作，并到龙南市和全南县宣讲中共二十大精神，调研企业发展、乡村振兴等工作。

2—3 日　赣州市残疾人联合会第四次代表大会召开。

2—5 日　市委副书记、市长李克坚到杭州、上海考察吉利科技集团有限公司、宜家采购及物流东亚区、上海恩捷新材料科技有限公司等知名企业。

3—5 日　省政协副主席刘卫平到上犹县宣讲中共二十大精神并调研，同时就乡村振兴开展界别视察。

4 日　省委副书记、市委书记吴忠琼到市中心城区调度棚改攻坚行动，并主持召开座谈会。

同日　赣州市青年工作联席会议第三次全体会议召开。

5 日　省委副书记、省长叶建春到赣州馆巡馆。

6 日　国际灌溉排水委员会召开第 73 届执行理事会，公布 2022 年（第九批）世界灌溉工程遗产名录，崇义上堡梯田入选。

同日　第五届中国国际进口博览会赣州专题活动——赣南高水平对外开放推介会在上海国家会展中心洲际酒店举行。商务部副部长盛秋平出席并致辞。中国—东盟中心秘书长史忠俊致辞，捷克驻华大使佟福德视频致辞。市委副书记、市长李克坚作城市和产业推介及赣南脐橙品牌推广。推介会上，赣州市集中签约项目 20 个，投资总额约 359 亿元。活动期间，李克坚会见部分驻华使节和重要嘉宾。

8 日　梅江灌区工程在宁都县全面开工建设。省委副书记、市委书记吴忠琼出席活动并宣布开工。省水利厅厅长王纯讲话，中国长江三峡集团有限公司总经济师吴海斌致辞，市委副书记、市长李克坚主持。梅江灌区工程是国务院 2022 年重点推进的六大新建灌区之一，是水利部对口支援赣州的一项重大水利工程，是江西省投放的第一批基金项目中最大的水利项目，也是赣州市迄今最大的水利工程。

同日　省委副书记、市委书记、市级总河长吴忠琼到梅江河（宁都段）巡河督导。

同日　省委副书记、市委书记吴忠琼到宁都县、会昌县，调研督导脱贫攻坚成果巩固、乡村振兴、“大交通”攻坚行动等工作。

10 日　省委副书记、市委书记吴忠琼到江西理工大学给广大师生讲思想政治理论课。

同日　赣州市与中国联通江西分公司签署战略合作协议，推动双方在 5G、云计算、大数据、数字城市、智能制造等领域深化合作。省委副书记、市委书记吴忠琼与中国联通

董事长、党组书记刘烈宏座谈交流，并见证签约。市委副书记、市长李克坚等出席活动。

上旬　农业农村部公布2022年国家乡村振兴示范县创建名单，江西省4地入选，宁都县入选。

11—13日　自然资源部副部长、国家海洋局局长王宏到赣州市调研乡村振兴及自然资源生态保护修复等工作。

12日　顾家华南生产基地项目签约落户南康区。省委副书记、市委书记吴忠琼，顾家家居股份有限公司董事长、中国家具协会副理事长顾江生等出席相关活动并见证签约。

同日　2022年中国农民丰收节赣州活动在龙南市开幕。活动为期两天。市委副书记、市长李克坚宣布活动开幕。

14日　市委副书记、市长李克坚到于都县宣讲中共二十大精神，督导检查巩固拓展脱贫攻坚成果同乡村振兴有效衔接等工作。

同日　江西省首个赣南脐橙“盒马村”签约仪式在寻乌县吉潭镇上车村举行，标志寻乌县与盒马（中国）有限公司的“盒马村”落成。

17日　市委副书记、市长李克坚到赣南师范大学讲思政课。

同日　全市普惠金改工作推进会召开。市委副书记、市长李克坚出席并讲话。

19日　2022江西纺织服装周暨江西（赣州）纺织服装产业博览会在赣州市于都县开幕。省委常委、副省长任珠峰出席活动并宣布开幕。市委副书记、市长李克坚致辞。工信部消费品工业司相关负责人及省商务厅、省贸促会等省直单位和南昌市、吉安市等设区市相关负责人出席活动。

20—22日　赣州市第七次归侨侨眷代表大会召开。

中旬　省工信厅公布2022年江西省小型微型企业创业创新示范基地名单，全省共13个基地获认定，赣州南康家居小镇创业创新示范基地、石城县鸿豪鞋服产业园、赣州西城科技园、恒科产业园等4个基地上榜。

23日　市委副书记、市长李克坚主持召开2023年全市重大项目和中心城区民生项目投资计划编制工作调度会。

23—24日　赣州市文学艺术界联合会第三次代表大会召开。

25日　省关工委主任周萌到赣州市开展关心下一代工作集中调研。省委副书记、市委书记吴忠琼会见调研组一行，并听取相关工作情况汇报。

26日　以“世界橙乡更美好 共创赣南新未来”为主题的2022赣南脐橙国际博览会在信丰开幕。市委副书记、市长李克坚出席并宣布开幕。

26—27日　赣州市第三次社会科学工作者代表大会召开。

28日　全市巩固拓展脱贫攻坚成果工作调度视频会议召开。市委副书记、市长李克坚主持并讲话。

同日　“赣穗组合港”班列首发暨广州港（赣州）云堆场启用仪式在赣州国际陆港举行，标志“赣穗组合港”正式开行和广州港（赣州）云堆场正式启用。

12月

1日　省委副书记、市委书记吴忠琼到于都县、兴国县，调研农村饮水安全、冬修水利和乡村振兴等工作。

1—2日　赣州市科学技术协会第三次代表大会召开。大会审议通过《赣州市科学技术协会第二届委员会工作报告》和新修订的《赣州市科协实施〈中国科协章程〉细则》，选举产生赣州市科学技术协会第三届委员会主席、副主席、挂（兼）职副主席、常委及秘书长。钟玉良当选为赣州市科学技术协会第三届委员会主席。

3日　赣州市新的社会阶层人士联谊会换届大会暨第二届理事会第一次会议在市中心城区召开。会议审议通过《赣州市新联会第一届理事会工作报告》《赣州市新联会第一届理事会财务报告》《赣州市新联会章程（修改草案）》等。会议选举产生市新联会第二届领导班子及副秘书长、常务理事。陈瞻继续当选市新联会第二届理事会会长。

6日　赣州市创建全国禁毒示范城市动员部署会召开。市委副书记、市长李克坚出席并讲话。

同日　全市生态环境保护督察问题整改工作调度会召开。市委副书记、市长李克坚出席并讲话。

7日　纪念南昌起义军余部“赣南三整”95周年理论研讨会在崇义举行。研讨会以“坚定执着追理想、革命到底志不移”为主题，由中共中央党史和文献研究院第七研究部、中国中共文献研究会朱德思想生平研究分会、军事科学院军队政治工作研究院解放军党史军史研究中心、全国红色基因传承研究中心、中共江西省委党史研究室、江西省社会科学院、中共赣州市委联合主办。省委宣传部常务副部长郭建晖，省委党史研究室主任梅仕灿，市委副书记、市长李克坚致辞。会上，中国井冈山干部学院授予南昌起义军余部上堡整训旧址现场教学点牌匾。

8日　江西省第一届职业技能大赛在南昌国体中心落下帷幕，赣州市选手尽展才华、勇攀高峰，取得11枚金牌、12枚银牌、6枚铜牌、25个优胜奖的成绩，团体总分位列全省第二，被授予团队“突出贡献单位”。

同日　首届江西油茶文化节在赣州市南康区横市镇万林油茶基地开幕。副省长陈小平出席并宣布开幕。省林业局局长邱水文，市委副书记、市长李克坚等出席并致辞。相关科研单位代表及相关专家学者，全省各设区市、油茶重点县（市、区）、全省油茶种植、加工、销售企业代表，以及各级新闻媒体等300余人参加开幕式。

9日　市委人才工作会议召开。省委副书记、市委书记吴忠琼出席并讲话。会议传达学习中共二十大关于人才工作的部署要求和中央、省委人才工作会议精神。市委副书

记、市长李克坚主持会议。会议以视频方式开到县（市、区），章贡区、市科技局、赣州城投集团作交流发言。

9—10日　省委常委、省纪委书记、省监委主任马森述到赣州市宁都县、瑞金市调研了解中共二十大精神学习贯彻和经济社会发展、红色文化传承、全面从严治党等情况，看望基层纪检监察干部并座谈交流。

11日　2022年湘江战役赣南籍红军烈士祭奠活动在广西桂林市兴安县红军长征突破湘江烈士纪念碑园“革命理想高于天”雕塑广场举行。市委副书记、市长李克坚率队出席活动。

13日　市委副书记、市长李克坚主持召开信访积案化解工作调度会，对相关工作进行再研究、再调度、再督办。

18日　天能集团（江西）新能源智造项目在信丰县签约开工。省委副书记、市委书记吴忠琼出席活动并宣布项目开工。天能控股集团党委书记、董事长张天任等致辞。

中旬　中国申报的“中国传统制茶技艺及其相关习俗”在摩洛哥拉巴特召开的联合国教科文组织保护非物质文化遗产政府间委员会第17届常会上通过评审，列入联合国教科文组织人类非物质文化遗产代表作名录。其中，赣州市申报的赣南客家擂茶制作技艺项目入选该名录。

中旬　省商务厅公布2022年度“江西出口名牌”企业名单，赣州市江西绿萌科技控股有限公司、太阳花食品工业（信丰）有限公司和孚能科技（赣州）股份有限公司等3家企业上榜。

中旬　江西省纪委机关、江西省委宣传部下发《关于命名江西省廉洁文化教育基地的通知》，将省内的39个场馆命名为江西省廉洁文化教育基地，其中赣州的瑞金中央革命根据地纪念馆、中央红军长征出发纪念馆、中央纪委国家监委旧址、南方红军三年游击战争纪念馆、中央苏区反“围剿”战争纪念馆、寻乌革命历史纪念馆等6个场馆入选。

中旬　文化和旅游部公布第四批全国乡村旅游重点村名单和第二批全国乡村旅游重点镇（乡）名单，赣州市全南县龙源坝镇雅溪村和崇义县上堡乡水南村入选第四批全国乡村旅游重点村。

中旬　2022年国家级森林康养试点建设单位认定结果出炉，赣州市大余县丫山森林康养基地、赣县区天子峰森林康养基地和宁都县凤溪湾森林康养基地等3个基地入选。

中旬　国家体育总局体育文化发展中心发布“2022中华体育文化优秀项目”入选名单，赣州市推介的民俗民间项目——上犹县九狮拜象和定南瑞狮入选。

21—23日　政协赣州市第六届委员会第三次会议在赣州市举行。

22—24日　赣州市第六届人民代表大会第四次会议在赣州市举行。

23日　赣州市妇幼保健院新院区全面启用。

25—29日　中国—东盟中心秘书长、大使史忠俊一行到赣州市调研职业教育国际交流合作和赣南等原中央苏区高质量跨越式发展工作，泰国驻华使馆教育科技公使衔参赞陈善意、印度尼西亚驻华使馆教育文化参赞李健、老挝驻华使馆教育文化参赞靳达望一同调研并在赣南师大召开座谈会。

27—29日　中央党校（国家行政学院）分管日常工作的副校（院）长谢春涛到赣州市调研。

28日　工信部再次调拨1万盒对乙酰氨基酚退烧药，投放至阿里健康赣州专属购药通道，支持赣州抗击疫情，保障居民用药需求。

29日　寻乌至龙川高速公路（江西境内段）建成通车，寻乌至广东龙川高速公路（江西境内段）全长26.82千米，项目主线采用双向四车道高速公路标准建设，设计速度为100千米/时，建有互通立交3处，服务区1处。该项目的建成通车，使赣州市高速公路通车里程达到1728.8千米，超过全省的1/4。

同日　省委常委、省委组织部部长吴浩在会昌开展春节前走访慰问。

30日　省委书记尹弘到赣州调研。

同日　市委副书记、市长李克坚到市财税收支年终决算单位，慰问干部职工代表。

同日　兴泉铁路的全线贯通运营。兴泉铁路起自京九铁路赣州兴国站，终至福厦铁路的泉州站，全长464千米，设计时速160千米，为国家Ⅰ级单线电气化铁路。

下旬　省发改委印发《关于2022年度江西省工程研究中心认定的批复》，赣州市江西省模式动物工程研究中心、江西省小品种抗生素发酵类产品工程研究中心、江西省5G+AI服务器终端电子元器件工程研究中心3家单位被认定为2022年度江西省工程研究中心。

下旬　国家体育总局公布第一批全民运动健身模范市（区）和全民运动健身模范县（市、区）名单。崇义县获全民运动健身模范县，是江西省唯一入选该榜单的县。

下旬　国家知识产权局公布2022年全国知识产权信息服务优秀案例。赣州市围绕家具产业开展的“专利信息利用助力特色产业集群创新发展”案例入选，是全省唯一入选的案例。

下旬　国家体育总局体育文化发展中心公布“2022中国体育旅游精品项目”，赣州市大余丫山旅游度假区、安远县三百山旅游度假区获评精品景区，于都县新长征之旅体育旅游路线、瑞金市红区运动休闲旅游线路获评十佳线路。

下旬　赣州市职业教育联盟成立大会在赣州职业技术学院举行。会议表决通过《赣州市职业教育联盟组建方案（草案）》《赣州市职业教育联盟章程（草案）》《赣州市职业教育联盟理事会选举办法（草案）》，选举产生第一届理事会成员。

本栏编辑：王　宇

市情概貌

自然地理

【地理位置】 赣州市位于赣江上游，江西省南部。东邻福建省三明市和龙岩市，西接湖南省郴州市，南毗广东省梅州市、韶关市，北连江西省吉安市和抚州市。地处北纬24° 29′ ~ 27° 09′，东经113° 54′ ~ 116° 38′。纵距295千米，横距219千米，全市总面积39379.64平方千米，占江西省总面积的23.6%，为江西省最大的行政区。赣州市是珠江三角洲、闽东南三角区的腹地，是通向东南沿海的重要通道，也是连接长江经济区与华南经济区的纽带。“据五岭之要会，扼赣闽粤湘之要冲”，自古就是“承南启北、呼东应西、南抚百越、北望中州”的战略要地。赣州市人民政府驻章贡区，距省会南昌市383千米，距首都北京市1744千米，距广东省广州市418千米。

【地势地貌】 山脉的分布和走向组成地貌骨架。环绕赣州市四周的有武夷山、雩山、诸广山及南岭的九连山、大庾岭等，众多的山脉及其余脉，向中部及北部逶迤伸展，形成周高中低、南高北低地势。群山环绕，断陷盆地贯穿于全市，以山地、丘陵为主，占总面积的80.98%。其中，全市丘陵面积24053平方千米，占全市土地总面积的61.08%；全市山地总面积8620平方千米，占全市土地总面积的21.89%；兼有50个大小不等的红壤盆地，面积6706平方千米，占全市土地总面积的17%。全市海拔高度平均在300—500米，有海拔千米以上山峰450座，崇义县、上犹县与湖南省桂东三县交界处的齐云山鼎锅寨海拔2061米为最高处，赣县区湖江镇张屋村海拔82米为最低处。

西部中低山构造剥蚀地貌　主要分布在赣州西部的上犹县崇阳、寺下以西，崇义县西部及大余县内良、河洞、荡坪、左拔一线，主要山体为罗霄山脉南的诸广山脉及南岭山脉的大庾岭，海拔500—2061米，其特点是新构造运动上升强烈，基岩裸露，山坡陡峭，山顶多呈锯状、垄状，局部地方因沿节理裂隙风化和强烈流水侵蚀切割，可见锯齿状峰林、石笋、蘑菇山；有V形峡谷和嶂谷发育，也有瀑布、温泉分布。境内为赣江支流上犹江、章水等河流发源地，植被茂密，森林、草场、水利资源丰富。

南部低山、丘陵构造剥蚀地貌　主要分布在赣州市南部的赣县区、于都县、会昌县、瑞金市南部及信丰县、安远县、寻乌县、龙南市、全南县、定南县全境。主要山体为九连山和武夷山南段。其中，强烈上升和侵蚀切割较强的低山地貌分布在中山的山前地带，如会昌县北面的武夷山南段，寻乌县的中山排、桂竹帽，信丰县的金盆山、油山，龙南市的九连山，海拔500—1000米，其特点是新构造运动上升较强，山坡陡峭，山脊呈鳍状、垄状、尖峰状，流水切割较强，有V形谷发育，境内为赣江支流桃江、湘江、濂水等河发源地，植被覆盖好，为主要林区，以次生林居多，草场、矿产、水利资源丰富；间歇抬升，中等侵蚀和剥蚀丘陵地貌主要分布在低山区的山前地带，海拔200—500米，其特点是新构造运动缓慢，具有间歇抬升现象，基岩裸露，有薄层风化壳发育，并有崩塌、滑坡现象，流水切割中等，山坡较陡，山脊平缓，呈长垣状、垄状、馒头状，植被较稀疏，多河曲和侵蚀小盆地发育，为林农垦殖区。

中部丘陵河谷侵蚀堆积地貌　主要分布在赣州市中部的于都县红色盆地底部及赣江主要支流上犹江、章江、桃江、贡水等河流中、下游两岸，海拔小于300米，其特点是新构造运动升降缓慢，有间歇性，风化强烈、风化壳厚，沟谷宽广，流水平缓，水土流失严重，有崩塌、滑坡、坳谷和冲沟发育，垄岗多向河谷倾斜，坡度缓，山脊多呈垄岗状、波浪状，植被稀疏，岗地、阶地自然水源不足，但土壤肥沃，水利设施较好，是重要的农业区。

东北部低山、丘陵构造剥蚀地貌　主要分布在赣州市东北部的兴国县、宁都县、石城县及于都县、瑞金市北部，主要山体为雩山山脉及武夷山山脉的北段。其中，较强上升中度侵蚀切割低山地貌分布在雩山山脉两侧和武夷山山脉北段，其特点是新构造运动上升较强，流水侵蚀切割中等，山势较陡，山脊呈锯状、垄状，境内为赣江支流平江、

梅江、绵江等河流发源地，植被覆盖较差，森林资源较少，水利资源较丰富，草山、草坡较多，为森林培植、农牧区；以剥蚀为主中等侵蚀缓慢抬升的丘陵地貌分布在低山前缘和断陷盆地地区，其特征是新构造运动缓慢抬升，山势平缓，呈缓坡状、垄状、馒头状，风化强烈，境内植被稀疏，森林资源贫乏，水土流失严重，为水土保持和主要农业区。

溶蚀侵蚀地貌　由灰岩组成的岩溶丘陵地貌，主要分布在于都县梓山镇及银坑乡、瑞金市的云石山乡、会昌县的西江镇等地。山体多奇峰怪石，呈锯状、垄状或为面牙式、石林式山脊，有暗河、溶洞发育。由红岩形成的丹霞低丘陵地貌，主要分布在龙南市的武当山、宁都县翠微峰和赖村、章贡区通天岩等地。由含钙质的厚层沙砾岩，经流水沿裂隙长期侵蚀，形成岩壁直立或近似直立的石柱，桌形山、方山、单面山和各种洞穴等。

【山脉河流】　赣州市位于南岭之北，山峰环列，山峦起伏，坡度较陡，一般在16—45度。环绕于四周的山脉：东有武夷山脉盘踞，为赣、闽两省天然分水岭，东属福建省、西属江西省；南有南岭山脉的大庾岭和九连山横亘，为赣、粤两省天然屏障，岭南是广东省，岭北是江西省；西有诸广山脉屏后，将赣、湘两省相连，西麓为湖南省，东麓为江西省；中东部有雩山山脉贯穿，以宁都县肖田乡为发端，从东北向西南的兴国县、于都县延伸至赣县区、安远县和会昌县，斜坐在贡江岸边。武夷山山脉，蜿蜒在石城县、瑞金市、于都县、会昌县、寻乌县、宁都县的部分地方，面积7932.65平方千米，占全市土地总面积的20.14%；南岭山脉（大庾岭和九连山），盘踞在大余县、信丰县、全南县、龙南市、定南县全境和安远县、寻乌县、会昌县、南康区、赣县区、于都县、章贡区的部分地方，面积17613.28平方千米，占全市土地总面积的44.73%；诸广山山脉，盘踞在上犹县、崇义县的全部和大余县、南康区、赣县区、章贡区的部分地方，面积6707.73平方千米，占全市土地面积的17.03%，其东麓主要山峰齐云山海拔2061.3米，为赣南境内第一峰；雩山山脉，盘踞在宁都县、于都县、兴国县、会昌县、安远县、赣县区的部分地方，面积7125.98平方千米，占全市土地总面积的18.1%。

赣州市四周山峦重叠、丘陵起伏，形成溪水密布，河流纵横。地势周高中低，南高北低，水系呈辐辏状向中心——章贡区汇集。赣南山区成为赣江发源地，也成为珠江之东江的源头之一。千余条支流汇成上犹江、章水、梅江、琴江、绵江、湘江、濂江、平江、桃江9条较大支流。其中，由上犹江、章水汇成章江；由其余7条支流汇成贡江；章贡两江在章贡区相会而成赣江，北入鄱阳湖，属长江流域赣江水系。另有百条支流分别从寻乌县、安远县、定南县、信丰县流入珠江流域东江、北江水系和韩江流域梅江水系。区内各河支流，上游分布在西、南、东边缘的山区，河道纵坡陡，落差集中，水流湍急；中游进入丘陵地带，河道纵坡较平坦，河流两岸分布有宽窄不同的冲积平原。

赣江以章、贡二水在章贡区汇合而得名，古代传说以“赣巨人”而名水。主源为贡水，发源于石城县横江镇洋地石寮岽，为江西省最大河流。赣州市境内赣江长度45千米（自章贡区八境台至赣县区尧口），自南向北流向。河流落差11米，平均坡降0.24‰。赣江在境内处北纬24°30′~27°10′、东经113°55′~116°35′。流域面积3.64万平方千米（包括由湖南省、广东省、福建省流入的流域面积101平方千米），约占赣江总流域面积8.12万平方千米的44.83%，流域形状近似侧面开口的马头形，全区18个县（市、区）基本属于赣江上游区。

赣江一级支流　章水，古称豫章水，章贡区俗称境内章水为西河。发源于崇义县聂都山张柴洞，流经崇义县、大余县、上犹县、南康区、赣县区，在章贡区八境台汇入赣江。章水主河长199千米，由西向东流，落差861米，平均坡降4.33‰。章水流域面积7696平方千米（包括由广东省、湖南省流入的流域面积599平方千米），流域形状近似四方形，地西南面高，东北面低。

贡水，古称湖汉水，又称雩江、会昌江，章贡区俗称境内贡水为东河。发源于石城县横江镇洋地石寮岽（赣源岽），流经石城县、瑞金市、会昌县、于都县、宁都县、兴国县、全南县、龙南市、信丰县、安远县、赣县区，于章贡区八境台汇入赣江。贡水主河长278千米，落差309米，自东向西流，贡水流域面积26589平方千米（包括由广东省、福建省流入的流域面积282平方千米），流域形状近似倾斜的菱形东西狭，南北长，东南高，西北低。

赣江二级支流　犹江，原名豫水，又名犹水、北章水。发源于湖南省汝城县东岗岭，流入集龙墟后入江西省，经崇义县、上犹县，于南康区凤岗镇三江口流入章水。主河长189千米，落差615米，平均坡降3.25‰。流域面积4583平方千米，其中510平方千米来自湖南省。流域形状似梯形，自西向东蜿蜒于山岭之间，河床多礁石滩险，上犹江电厂即建在铁扇关下著名的陡水滩上。

朱坊河，又称扬眉水、河田水。发源于崇义县宝山瘌痢石、经崇义县扬眉、南康区朱坊，于镜坝流入章水。主河长80千米，自西向东流，落差475米。流域面积367平方千米。

湘水，又称雁门水。发源于寻乌县大坳上，流经寻乌县罗珊和会昌县筠门岭、右水、麻州，于会昌县城与绵江汇合流入贡水。主河长101.34千米，自南向北流，落差743米，平均坡降1.63‰。流域面积2056.2平方千米，其中133平方千米来自福建省，流域形状近似长方形。

濂水，又称梅林江、安远江，发源于安远县九龙嶂，流经安远县、会昌县、于都县，在会昌县境内桑园坝流入贡水。主河长126千米，自西南流向东北，落差 508 米，平均坡降 4.13‰。水流湍急，滩险较多。流域面积 2259.4 平方千米，形似菱形。

小溪水，又称新陂河。发源于安远县老村耙泥嶂，流经于都县祁禄山、小溪、新陂，于小溪口流入贡江。主河长 60 千米，自南向北流，落差 305 米，平均坡降 3.2‰。流域面积 664 平方千米，形似柳叶形。

桃江，又名信丰江。发源于赣、粤交界的全南县饭池嶂，流经全南县、龙南市、定南县、信丰县、赣县区，于赣县区伏坳流入贡水。主河长 289 千米，自西南流向东北，落差 558 米，平均坡降 1.93‰，水流湍急，滩险礁多。流域面积 7803.44 平方千米，其中有 149.27 平方千米来自广东省，流域形似关刀形。地势东、南、西三面高，北面低，成马蹄形。

绵江，又称瑞金河，是贡水在会昌县县城以上的上游河道，发源于石城县鸡公岽，流经瑞金市日东乡、象湖镇、武阳镇、谢坊镇，在会昌县县城注入贡水。主河长 130 千米，自东北流向西南，落差 243 米，平均坡降 2.13‰。多险滩礁石。流域面积 1863 平方千米，其中有 135 平方千米来自福建省，形似梯形。

澄江，又名西江河、九堡水。发源于瑞金市仙坛脑，流经瑞金市九堡镇、云石山乡、会昌县西江镇、小密乡，在于都县水口流入贡水。主河 88 千米，落差 239 米。流域面积 831 平方千米，形似“L”字形。

梅川，古称河水，也称宁都江、梅江。发源于宁都县与宜黄县交界的王陂嶂，流经宁都县肖田乡、洛口镇、东山坝镇、梅江镇和瑞金市瑞林镇及于都县葛坳乡、段屋乡，于龙舌嘴流入贡水。主河长 220 千米，自北向南流，过宁都县城后改向西南流，落差 528 米，平均坡降 2.4‰。至新街河道弯曲接近 360 度，俗称吊洲湾，截弯取直后建水电站。河道固定中州多达 50 个以上，洲上灌木丛生，两岸多荒山，水土流失严重。流域面积 6789.12 平方千米，东、西、北 3 面高，南面低，形状近似“Y”字形。

平江，又称兴国江、平固江。发源于宁都县猴子嶂，流经兴国县兴江乡、古龙冈镇、长冈乡、潋江镇、龙口镇、赣县区南塘镇、吉埠镇，于江口塘流入贡水。主河长 132 千米，自东北流向西南，过兴国县县城后改向南流，落差 753 米，平均坡降 5.7‰。流域面积 2926 平方千米，形似 T 形，其中水土流失面积约占 57%，兴国县境流域范围内 85% 山地面积水土流失，造成河床普遍淤高 2—4 米，沙河床高于农田。

【气候水文】 气候　赣州市地处中亚热带南缘，属亚热带丘陵山区湿润季风气候，具有冬夏季风盛行，春季降水集中，四季分明，气候温和，热量丰富，降水量充沛，酷暑和严寒时间短，无霜期长等气候特征。2022 年，全市年平均降水量为 1436.2 毫米，比历年偏少 1 成；年平均气温为 19.8℃，比历年偏高 0.4℃；年平均日照时数为 1675.4 小时，比历年偏多 214.9 小时。

降水　全年全市年平均降水量为 1436.2 毫米，比历年同期偏少 1 成，但降水时空分布不均。年总降水量以全南 2064.9 毫米为最多，上犹 1034.2 毫米为最少。除 2 月、5 月、6 月、11 月降水量偏多以外，其他月份降水量均偏少。

1—3 月，全市平均降水量为 369.4 毫米，比历年同期偏多 0.7 成。其中，定南 477.9 毫米为最多，瑞金 275.5 毫米为最少。2 月全市平均降水量为 187.1 毫米，比历年同期偏多 9.8 成，位列历史同期第六高位。其中，安远 232.4 毫米、定南 261.7 毫米、全南 233.4 毫米位列历史同期第四高位。

4—6 月，全市降水量为 697.7 毫米，接近历年同期。降水量最多为全南 1174.3 毫米，比历年同期偏多 6 成，降水量最少为上犹 476.8 毫米。汛期降水量集中期出现在 6 月，6 月全市平均降水量为 341.3 毫米，比历年同期偏多 3.4 成；其中降水量最多为全南 825.6 毫米，比历年同期偏多 2.2 成。

7—9 月，全市降水量为 153.6 毫米，比历年同期偏少 6.3 成。降水量最多为全南 251.3 毫米，降水量最少为宁都 70.1 毫米。

10—12 月，全市降水量为 215.4 毫米，比历年同期偏多 3.2 成。降水量最多为石城 284.2 毫米，比历年同期偏多 4.6 成，降水量最少为兴国 172 毫米。

气温　全年全市年平均气温为 19.8℃，比历年同期偏高 0.4℃。各县市年平均气温在 18.8—20.9℃。以于都 20.9℃为最高，石城、崇义 18.8℃为最低。全年极端日最高气温 41.7℃，8 月 24 日出现在南康；极端日最低温度 -3.5℃，12 月 19 日出现在全南。

1—3 月，全市平均气温为 11.9℃，比历年同期偏高 0.6℃；最高为寻乌 12.9℃，最低为石城 10.7℃。2022 年，赣州市大部分县（市）日平均气温稳定通过 10℃初日出现在 2 月 26 日，比常年提早 12 天。

4—6 月，全市平均气温为 22.3℃，比历年同期偏低 1.1℃；最高为于都 23.3℃，最低为崇义 21.3℃。4—6 月极端最高气温普遍偏低，6 月极端最高气温 37℃，29 日出现在于都。

7—9 月，全市平均气温为 28.6℃，比历年同期偏高 1.3℃；最高为于都 30.4℃，最低为全南 26.8℃。

10—12 月，全市平均气温为 16.2℃，比历年同期偏高 0.6℃；最高为于都 17.2℃，最低为石城 14.8℃。10 月前期气温较同期明显偏高，10 月 4 日全市及各县区日极端最高气温均为当地历史同期第一高位，其温度分别为赣州市（38.8℃）、南康（40.3℃）、上犹（39.9℃）、宁都（39.8℃）、兴国（39.6℃）、赣县区（39.6℃）、于都（39.4℃）、崇义（38.9℃）、会昌（38.7℃）、信丰（38.6℃）、大余（38.6℃）、瑞金（38.5℃）、石城（38.5℃）、全南（38.1℃）、寻乌（38℃）、定南（37.8℃）、龙南（37.8℃）、安远（36.7℃）。

日照　全年全市年平均日照时数为 1675.4 小时，比历年同期偏多 64.8 小时。全市年平均日照时数以石城 1832.0 小时为最多，以崇义 1470.5 小时为最少。

1—3 月，全市平均日照时数为 206.1 小时，比历年同期少 37.4 小时，最多为寻乌 252.7 小时，最少为崇义 163.2 小时。

4—6 月，全市平均日照时数为 335.4 小时，比历年同期少 22.1 小时，最多为石城 374.8 小时，最少为崇义 298.2 小时。

7—9 月，全市平均日照时数为 723.2 小时，比历年同期多 136.3 小时，最多为石城 823.7 小时，最少为崇义 643.4 小时。

10—12 月，全市平均日照时数为 410.6 小时，比历年同期少 12.2 小时，最多为大余 459.8 小时，最少为崇义 365.7 小时。

主要气象灾害及气候事件　寒潮、冷空气、大风过程　1 月 29 日至 2 月 4 日，受冷空气影响，全市出现明显的降水、降温天气过程，全市平均降水量 56.2 毫米，国家站最大累积降水量为龙南 86 毫米。

2 月 17—20 日，全市出现连续低温阴雨天气，部分县（市、区）及高海拔山区出现雨夹雪或雪。

3 月 21—23 日，受冷空气影响，全市气温显著下降，过程降温 10—13℃。

10 月 5—9 日，受地面冷空气持续影响，过程降温 6—8℃，部分地区出现“寒露风”。

10 月 16—18 日，受干冷空气和台风“纳沙”共同影响，气温有所下降，偏北风力加大，绝大部分县（市、区）出现 7 级以上大风。

11 月 15—17 日，受高空低槽、低层切变线和地面冷空气共同影响，全市出现一次部分中雨，局部暴雨天气过程。

11 月 22—25 日，受强冷空气影响，全市出现一次连续中到大雨、部分暴雨天气过程，其中 25 日东部、南部出现区域性暴雨。

11 月 29 日至 12 月 1 日，全市各地平均气温断崖式下降，大部分地区 30 日平均气温较 28 日下降 14—17℃，除中南部为强冷空气，其余地区均达到寒潮标准。

暴雨、台风、强对流（冰雹、大风、强降水）天气过程　4 月 25—27 日，赣州中部以北和西南部出现强降水，石城县、全南县、宁都县、兴国县、上犹县、于都县、赣县区 7 个县（市、区）受灾人口 3.93 万人，一般损房 67 户 145 间，农作物受灾面积 3951.76 公顷，直接经济损失 6424.74 万元。

5 月 26—27 日，全南县、寻乌县、定南县 3 个县普降大雨到暴雨，局部大暴雨，受灾人口达 1289 人，山体滑坡造成 2 人死亡，严重损坏房屋间数 1 间，房屋及居民家庭财产损失 33.9 万元，农作物受灾面积 81.33 公顷，农林牧渔业损失 32.55 万元，基础设施损失 34.22 万元，其他损失 0.5 万元，直接经济损失达 422.17 万元。

6 月 3—8 日，受强降雨影响，崇义县、信丰县、会昌县、赣县区 4 个县（区）累计 20 余个乡（镇）受灾，出现房屋浸水、道路塌方等情况。受灾人口 19.3 万人，农作物受灾 6584.7 公顷，房屋倒塌 11 户 35 间，水产养殖受灾面积 35.8 公顷，直接经济损失 14.77 亿元。

6 月 12—14 日，受高空低槽、低层切变线和西南急流共同影响，崇义县、信丰县、会昌县、寻乌县、安远县、石城县、于都县、宁都县、全南县、瑞金市累计 10 个县（市）普降暴雨，局部特大暴雨，最大日降水量 418.3 毫米（晨光镇河角村）。受灾人口共计 47.2 万人，山体滑坡死亡 2 人，倒塌房屋 67 间，农作物受灾面积 6.8 万公顷，直接经济损失 21.53 亿元。

6 月 15—23 日，出现强降水集中期，暴雨共造成 19 个乡镇、城市社区 6.92 万人不同程度受灾，境内省、县、乡、村公路受损、滑坡严重，紧急转移安置 7995 人，直接经济损失 4.08 亿元。

7 月 4—6 日，受第 3 号台风“暹芭”减弱的热带低压外围环流影响，赣州市出现中到大雨，部分暴雨，局部大暴雨降水，其中 5 日国家站定南县、龙南县、全南县出现暴雨。受暴雨天气影响，信丰县受灾人口 402 人，农作物受灾面积 81.83 公顷，农作物绝收面积 39.5 公顷；受损公路长度 1.6 千米，阻断公路长度 3 千米；受损桥梁 4 座；山体塌方 2 座；水利设施损毁 2 座；直接经济损失 301 万元。全南县受灾人口 504 人，经济损失约 657.5 万元。龙南县 449 间房屋进水，受灾人口达 4641 人，农作物受灾面积 700.89 公顷，直接经济损失达 1.37 亿元。

干旱　受异常高温干燥少雨天气影响，赣州市遭受严重的气象干旱，夏秋季连旱。7 月 14 日开始赣州市出现轻—中旱，7 月 26 日兴国县出现重旱，截至 31 日兴国县为特旱，其他县（市、区）为不同程度的轻—中—重旱。因气温高，降水少影响，赣州市旱情继续发展，截至 8 月 31 日，全市出现 6 个县（市、区）特旱、5 个县（市、区）重旱、4 个县（市、区）中旱。截至 10 月 31 日赣州市除寻乌为重旱区外，其余均为特旱区。受自然降水和人工增雨作业的共同影响，11 月上中旬全市各地气象干旱程度持续降低，特旱面积大幅减少，但大部地区仍维持中度及以上气象干旱，直至 11 月下旬气象干旱才彻底解除。

高温天气（日极端最高温度≥35℃）　全年全市平均高温日数 51 天，比常年同期偏多 27 天，全市最高气温为 41.7℃（8 月 24 日出现在南康），均排历史第一高位。6 月 23 日开始出现高温天气，高温天气终止于 10 月 5 日。其间 8 月 24 日，全市有 7 个县（市、区）最高气温超过 40℃，高温酷热范围打破历史纪录，该高温过程综合强度为 1961 年以来最强。

低温冻害　2 月 17—20 日，赣州市出现连续低温阴雨天气，部分县（市、区）及高海拔山区出现雨夹雪或雪。崇义县持续低温、雨夹雪天气，全县累计受灾乡（镇）16 个，较严重乡（镇）主要是聂都、乐洞、文英、龙勾、上堡等，受灾人口 5420 余人，林业（竹木）受灾面积 6962.23 公顷；灾害造成直接经济损失 2971.26 万元，其中农林牧渔业损失 878.26 万元，基础设施损失 409.20 万元。

水文特征　实测径流量 281.28 亿立方米，全市径流年内分配不均衡，汛期（3—9 月）实测径流量为 227.76 亿立方米，占全年径流量的 81%，非汛期径流量为 53.52 亿立方米，占全年径流量的 19%。全市河川径流量补给主要是降水，属雨水补给型。

2022 年赣州市各主要水文站水位特征值一览表

表 1　　单位：米

站名 特征值（米）	梅川 汾坑站	贡水葫 芦阁站	贡水峡山 （二）站	平江翰 林桥站	桃江 信丰站	桃江 茶芫站	桃江居 龙滩站	贡水 赣州站	章水窑 下坝站	上犹江 田头站	章水 坝上站
2022 年最高	129.31	142.55	107.48	110.68	148.88	143.10	109.77	100.37	119.41	115.46	100.40
历年最高	134.50	144.44	109.98	115.06	148.88	144.52	112.75	103.01	121.53	120.32	103.83
2022 年最低	123.54	136.08	98.65	107.25	140.98	136.00	102.02	90.57	116.70	110.58	95.95
历年最低	123.54	135.09	98.58	107.25	140.91	135.87	102.02	90.57	114.35	110.53	93.82
警戒水位	130.00	140.00	108.00	112.00	147.00	143.00	109.00	99.00	119.00	116.50	99.00

（刘运珊）

【自然资源】　赣州市地处中亚热带，位置优越。因距海洋较近，可受海洋气候调节，又因环列四周的高山，相对减缓东南台风和西北寒潮的侵袭，因此气候温暖，热量充沛，湿润多雨，兼有天时、地利，自然资源比较丰富，具有较大的经济优势，堪称宝地。

土地资源　全市土地由于地质构造关系和受成土诸因素影响，形成土地类型地域性强，土地利用差异明显；山地多、平原少，耕地面积小、耕地后备资源不足；土地绝对数量大，人均占有量少的特点。

水资源　赣州市四周山峦重叠、丘陵起伏，形成溪水密布，河流纵横。地势周高中低，南高北低，水系呈辐辏状向中心章贡区汇集。赣南山区赣江发源地，也为珠江之东江的源头之一。千余条支流汇成上犹江、章水、梅江、琴江、绵江、湘江、濂江、平江、桃江 9 条较大支流。其中，上犹江、章水汇成章江；其余 7 条支流汇成贡江；章贡两江在章贡区相会而成赣江，北入鄱阳湖，属长江流域赣江水系。另有百条支流分别从寻乌县、安远县、定南县、信丰县流入珠江流东江、北江水系和韩江流域梅江水系。境内大小河流 1270 条，河流面积 14.49 万公顷，总长度为 16626.6 千米，河流密度为每平方千米 0.42 千米。在水资源中，地表水资源为 327.53 亿立方米，地下水资源可动量为 79.13 亿立方米，占河川总流量的 24.46%。境内温泉 53 处，除章贡区、南康区、赣县区外，其余 15 个县（市）均有分布，以寻乌县 14 处为最多。水温最高 79℃的 1 处，出水量最大的为崇义县分水坳温泉每秒 50 升。部分温泉水开发用来旅游、养殖、洗涤等。赣州市基本属富水区。赣州市多年平均水资源量为 336.52 亿立方米，人均水资源量约 4000 立方米，高于全省、全国人均水资源量占有量。

森林资源　赣南是中国商品林基地和重点开发的林区之一。植物区系具有种类繁多，成分复杂，起源古老等特点。保留大量的第三纪植物区系，是古老植物种属的“避难所”，是东亚植物区系的发源地之一，还是中国特有植物珍贵树种较多的地区。在动物地理区划上，赣州市属东洋界华中区东部丘陵平原亚区，有较多森林野生动物（昆虫）种类分布在境内各地。西南部的九连山，是中国中亚热带南缘东端自然生态系统保存最完整的地段，保存一些野生动植物的活化石和珍贵树种。全市森林面积 294.18 万公顷，占林地面积的 96.5%。林地按地类划分：乔木林地面积 2454013.1 公顷，竹林面积 209372.2 公顷，疏林地面积 13438.6 公顷，灌木林地面积 284836.3 公顷，未成林地面积 53373.2 公顷，无立木林地面积 29938.4 公顷，宜林地面积 3694.4 公顷，苗圃地面积 778.3 公顷，辅助生产林地面积 219.8 公顷。全市活立木总蓄积量为 20113.04 万立方米，其中乔木林蓄积量为 19452.65 万立方米，疏林蓄积量为 6.84 万立方米，“四旁”树蓄积量为 291.27 万立方米，散生木蓄积量为 362.28 万立方米。毛竹株数 55663.41 万根。

植物资源　据历年多次森林植物调查资料估算，境内森林野生有经济价值的植物主要有 3 类 220 科 2298 种。其中，蕨类植物 31 科 74 种，裸子植物 9 科 29 种，被子植物 180 科 2195 种。在这些植物中，有乔、灌、藤本树种 1600—1800 种，掌握的有 134 科 1736 种，采集有标本的 126 科 384 属 1170 余种。其中，乔木树种 500 余种，灌木（含藤本）树种 650 余种，竹类 2 种；有珍稀濒危树种 124 种，属于国家一、二、三级保护树种 40 余种；引进树种 200 多种。赣州市树木园采种育苗上山造林和原有的树种保存 1300 多种，其中珍稀树种 131 种。赣州市地形复杂，地域差异大，森林树种垂直分布比较明显，综合《江西森林》等书籍、资料和调查情况是海拔 500 米以下丘陵岗地的林木树种多为马尾松、杉木、油茶、毛竹、黄竹、茅栗、白栎、樟树、苦槠、银木荷、南岭栲、红楠等；海拔 500—700 米的低山多为壳斗科的麻栎、锥栗、丝栗栲等，黄檀、拟赤杨、马尾松、毛竹、杉木、泡桐、漆树、深山含笑、

乌桕、观光木、茶梨、猴喜欢、天料木、苦梓、杜英属、小山竹、黄樟、大叶楠、厚皮树、枫香等树种；海拔700—1000米的山地多为甜槠栲、钩栗、山合欢、椴树、冬青、光皮桦、化香、竹柏、黄杨、枫香等树种；海拔1000米以上低中山地多为天然灌木类，如杜鹃、乌饭、檵木、小叶石楠、马银花、猴头杜鹃、野山茶、吊钟花、冷剑竹等树种。尽管赣南林地纬度相差2—3度，但林木树种水平分布上差异不大，树种分界线不明显。境内列入《国家重点保护野生植物名录》（第一批）的30种，其中赣州市国家一级保护野生植物2种，国家二级保护野生植物28种。分别是南方红豆杉（国家一级）、伯乐树（国家一级），樟（香樟）（国家二级）、闽楠（国家二级）、金钱松（国家二级）、华南五针松（国家二级）、南方铁杉（国家二级）、福建柏（国家二级）、穗花杉（国家二级）、榧树（国家二级）、红豆树（国家二级）、花榈木（花梨木）（国家二级）、厚朴（国家二级）、观光木（国家二级）、毛红椿（国家二级）、黄连（国家二级）、香果树（国家二级）、山金柑（国家二级）、金豆（国家二级）、伞花木（国家二级）、银钟花（国家二级）、榉树（国家二级）、苦梓（国家二级）、马蹄香（国家二级）、青钱柳（国家二级）、八角莲（国家二级）、柳叶蜡梅（国家二级）、半枫荷（国家二级）、草珊瑚（国家二级）、突托蜡梅（国家二级）。

微生物资源　境内森林有经济价值的微生物资源主要是野生大型真菌，有2纲6目21科84种，其中菌纲目19科80种，复菌纲2目科4种。

动物资源　赣州市历史上曾有剑齿象、犀牛、大熊猫、金丝猴、长臂猿、麋鹿等动物繁衍生息。随着气温的下降，北宋以后，上述动物逐渐向西南退缩，先后在赣州市绝迹。中华人民共和国成立后，有关部门曾多次开展野生动物调查，基本查清赣州市森林野生动物（包括昆虫）的种类和分布。除森林昆虫18目130科912种，并发现有全国新种、江西新种69种外，赣州市有陆生野生保护动物125种，其中国家级保护的有48种，省级保护的77种。这些野生动物，既有南北广泛分布的种类，也有分布于华南亚区的种类，还有与西南亚区相似的部分动物种类。有经济价值较高的和稀有的华南虎（20世纪60年代前有，80年代后销声匿迹）、金钱豹、猕猴、水鹿、水獭、苏门羚、平胸龟、黄腹角雉、白鹇、穿山甲、棘胸蛙、蟒蛇等，也有国家名产云豹和金猫，还有江西新种花姬蛙、三叶蹄蝠。据1997—2000年赣州市林科所按照全省统一组织、统一技术方法的调查结果显示，赣州市共有森林陆生脊椎类野生有经济价值动物336种，分别隶属于29目86科。其中，鸟类17目43科198种，属东洋界区系的103种，古北界的63种，喉斑秧鸡等19种是江西的新纪录，雀形科种类占99种；境内常见鸟类有白头鹎、乌鸫、大山雀、灰胸竹鸡、八哥、画眉、环颈雉等10多种；在境内繁殖的鸟有125种，占鸟类总数的63.13%；冬候鸟51种，旅鸟13种。野生兽类7目23科55种，其中较为稀有的兽类有猕猴、棕鼯鼠、银星竹鼠、赤狐、豺、小灵猫、斑灵猫、金猫、豹、黑熊（群众反映有黑麂、华南虎、斑羚）；栖息于山地的兽类47种，占85.45%；东洋界区系的45种，占81.82%。两栖类2目7科26种，优势种类有中华蟾蜍、沼蛙、泽蛙、黑斑蛙、花臭蛙、棘胸娃和大泛树蛙等。爬行类3目13科56种（蛇类调查于1992年5月至1994年10月，发现38种），其中优势种类有石龙子、北草蜥、赤链蛇、王锦蛇、草游蛇、水赤链、游蛇、小头蛇、灰鼠蛇、滑鼠蛇、中国水蛇、银环蛇、眼镜蛇、竹叶青等。赣州市的爬行动物区系以东洋界成分为主体，占85.71%。另据初步调查，境内有陆生非脊椎类野生动物昆虫类18目130科912种，主要为森林昆虫，其中鳞翅目最多，鞘翅目、半翅目次之。

矿藏资源　赣州市是全国重点有色金属基地之一，素有“世界钨都”之美誉。发现矿产62种，其中有色金属10种，稀有金属10种（铌、钽、稀土、锂、铍、锆、铪、镓、铯、钪），贵重金属4种（金、银、铂、钯），黑色金属4种（铁、锰、钛、钒），非金属25种（盐、萤石、滑石、透闪石、硅石、高岭土、黏土、瓷土、膨润土、水晶、石墨、石棉、石膏、芒硝、重晶石、云母、冰洲石、钾长石、硫、磷、砷、碘、大理岩、石灰岩及白云岩），燃料5种（煤、石煤、泥炭、油页岩、石油）。全市保有矿产储量的潜在经济价值达3000多亿元。1983年，国际矿物协会新矿物与矿物命名委员会审查通过并正式确认的“赣南矿”，为世界首次发现的新矿物。

建置区划

【建置沿革】　赣南形成行政区的历史悠久。三国吴嘉禾五年（236）设置相当于设区市一级的行政机构——庐陵南部都尉。宋代分设南安、赣州2个政区，简称“南赣”。又因地处赣江上游、江西南部，并于清康熙年间（1662—1722）和民国初先后置分巡赣南道和赣南道，亦俗称“赣南”。

秦　始皇帝三十三年（前214），秦发大军分五军戍五岭，其中一军守庾岭之界，置南壄县，隶九江郡，赣南有行政建制县始于此。

两汉　西汉高祖元年（前206），南壄属楚；高祖四年（前203），改九江郡为淮南国，南壄隶之；高祖五年（前202），汉灭楚，南壄始隶汉；高祖六年（前201），置豫章郡，南壄隶之；同时增设赣县、雩都二县，赣县筑城于益浆溪（今章贡区蟠龙镇一带）。西汉末年，王莽篡汉，史称新莽（9—23），改豫章郡为九江郡，赣南三县隶之。东汉建武元年（25），九江郡复名豫章郡，南壄县改为南野县，赣县、雩都、南野三县仍属豫章郡。兴平元年（194），孙策据江南，分豫章

郡置庐陵郡，赣县、雩都、南野三县隶之。

三国　吴嘉禾五年（236），分庐陵郡置南部都尉，治雩都，赣南设区市一级行政机构始于此；析赣县置平阳，析南野置南安，析雩都东北白鹿营地置阳都；后析阳都的陂阳地置陂阳，不久又改名为揭阳。庐陵南部都尉领七县：赣县、雩都、南野、南安、平阳、阳都、揭阳。

两晋　西晋太康元年（280），改南安为南康，改阳都为宁都，改平阳为平固；太康三年（282），罢庐陵南部都尉，置南康郡，治雩都，将南野并入南康，南康郡领六县；太康五年（284），揭阳复名为陂阳。元康元年（291），南康郡改属江州都督府。东晋永和五年（349），南康郡治由雩都迁至章、贡两水间（今章贡区河套老城区）。义熙七年（411），南康郡治毁于战乱，移至贡水东南（今章贡区七里镇）。

南北朝　南朝宋永初元年（420），改南康郡为南康国，治所迁回雩都。大明五年（461），析宁都虔化屯置虔化县。齐永明元年（483），南康国复为南康郡。梁大同十年（544），析雩都东南三乡地置安远县，后废。大宝元年（550），南康郡地大庾改属广东东衡州始兴郡。承圣元年（552），复迁南康郡治至章、贡二水间（今章贡区河套老城区）。自此，一直相沿为州、府治所或行署、专署所在地。陈（557—589），赣县与南康互易县名。陈太建十三年（581），由始兴郡分置安远郡，并于安远郡置大庾镇。

隋　开皇九年（589），改南康郡为虔州，隶洪州总管府。平固并入赣县，虔化并入宁都；开皇十年（590），改安远郡为大庾县，隶广州总管府始兴郡；开皇十三年（593），陂阳县设石城场，同年一起并入宁都，虔州领四县：赣县、雩都、南康、宁都。开皇十六年（596），大庾县废县为镇，隶虔州南康县；开皇十八年（598），改宁都县为虔化县。大业元年（605），虔州改为南康郡，赣县与南康互复原名；大业十三年（617），农民起义军据虔州称帝，国号楚。

唐　武德五年（622），南康郡复称虔州，仍隶洪州总管府。贞观元年（627），虔州隶江南道，辖县如前。永淳元年（682），析南康东南地，置南安县（大概辖今信丰、龙南、定南、全南等地）。神龙元年（705），升大庾镇为大庾县。开元二十一年（733），虔州属江南西道，领县如旧。天宝元年（742），虔州复为南康郡，改南安县为信丰县；析南安百丈地置百丈镇，后改虔南镇。乾元元年（758），南康郡又复改为虔州。贞元四年（788），分雩都东南三乡及信丰一里，复置安远县，虔州领赣县、雩都、信丰、南康、大庾、虔化、安远七县。咸通六年（865），并江南西道置镇南军，虔州属之。天祐元年（904），析雩都县象湖镇淘金场置瑞金监。

五代十国　后梁开平三年（909），卢光稠依附后梁，虔州属梁；后梁开平四年（910），以虔、韶两州置百胜军。乾化元年（911），析南康西南地置上犹场。贞明四年（918），改虔南镇为虔南场。南唐升元元年（937），改百胜军为昭信军，虔州属之。保大十年（952），改上犹场为上犹县；次年，改瑞金监为瑞金县，改虔南场为龙南县，改石城场为石城县，虔州领赣县、雩都、信丰、南康、大庾、虔化、安远、上犹、瑞金、龙南、石城十一县。

两宋　北宋开宝八年（975），改昭信军为军州。太平兴国元年（976），改军州复为虔州，隶江南西路；太平兴国七年（982），析赣县潋江镇之七乡及庐陵泰和部分辖地置兴国县，析雩都县东南六乡于九州镇置会昌县，虔州领十三县。淳化元年（990），分虔州原辖之南康、大庾、上犹三县另置南安军，治大庾，虔州领十县；自此，赣南分为两个政区，均隶江南西路。宣和三年（1121），龙南县改名虔南县。南宋绍兴二十三年（1153），校书郎董德元上书言："虔"字为虎头，"虎头州非佳名"，诏令改虔州为赣州（取章、贡二水合流之义），赣州之名始于此。同年，虔化县改名宁都县，虔南县复改龙南县。嘉定四年（1211），上犹县改名为南安县。绍定四年（1231），升会昌县为会昌军，仍隶赣州。咸淳五年（1269），会昌军复为会昌县。

元　至元十三年（1276），改江南西路为江西行中书省，简称"行省"，赣州、南安军均隶江西行省；至元十四年（1277），赣州和南安军分别改为赣州路总管府和南安路总管府；至元十五年（1278），江西行省治所迁赣州；至元十六年（1279），江西行省治所迁回隆兴（今南昌市），南安县改名为永清，直隶江西行省；次年，永清复名上犹县，改隶南安路；至元二十四年（1287），并龙南县入信丰县，并安远县入会昌县，赣州路总管府领赣县、雩都、信丰、兴国、宁都、会昌、瑞金、石城八县。元贞元年（1295），升宁都、会昌为州，以石城县隶宁都州，以瑞金县隶会昌州，赣州路总管府辖宁都、会昌两州及赣县、雩都、信丰、兴国四县。至大二年（1309），复置龙南、安远两县，隶赣州路。至正二十五年（1365），赣州、南安两路改为府，宁都、会昌两州复为县，赣州府领赣县、雩都、信丰、兴国、宁都、会昌、瑞金、石城、龙南、安远十县，南安府领大庾、南康、上犹三县。

明　洪武九年（1376），江西中书省改为江西承宣布政使司，赣州府和南安府均属之；洪武十八年（1385），江西分为五道，赣州、南安两府均属岭北道。成化十三年（1477），设分巡岭北道于赣州，赣州、南安两府属之。弘治七年（1494），置南赣巡抚都察院于赣州，称虔院；弘治十七年（1504）撤销。正德四年（1509），复置南赣巡抚都察院；正德十二年（1517），从上犹、南康、大庾三县划出部分辖地奏立崇义县，隶南安府，至此，南安府辖大庾、南康、上犹、崇义四县。嘉靖三十六年（1557），增设分守岭北、岭东、岭南、漳南四道，统于虔院，岭北巡、守两道治赣州，赣州、南安两府隶之；嘉靖四十年（1561），分出潮州程乡县及武

平、安远、兴宁、上杭等县辖地置平远县，隶赣州府；嘉靖四十二年（1563），只以程乡之义化等镇及兴宁之大信都为平远县，余地划回原辖县；平远县改隶广东潮州。隆庆三年（1569），析安远、信丰、龙南部分地置定南县，隶赣州府。万历四年（1576），析安远之寻邬等十五堡，置长宁县，隶赣州府，至此，赣州府领赣县、雩都、信丰、兴国、宁都、会昌、瑞金、龙南、安远、石城、定南、长宁十二县，南安府领大庾、南康、上犹、崇义四县。

清　顺治三年（1646），沿袭明制，赣州、南安两府领县各如明时，改隶江西承宣布政司。康熙四年(1665),罢虔院;康熙八年(1669),撤销岭北巡、守两道；康熙十年（1671），置分巡赣南道，赣州、南安两府隶之。雍正九年（1731），改分巡赣南道为分巡吉南赣道，增辖吉安府。乾隆十九年（1754），升宁都县为宁都直隶州，辖瑞金、石城两县，赣南自此分为赣州府、南安府、宁都直隶州三个政区;同年，改分巡吉南赣道为吉南赣宁兵备道，增辖宁都直隶州；乾隆三十八年（1773），改定南县为厅，隶赣州府。光绪二十九年（1903），划龙南之大龙堡、新兴堡及信丰之镇南、扬溪、步口、回戈堡，置虔南厅，隶赣州府，至此，赣州府领赣县、雩都、信丰、兴国、会昌、龙南、安远、长宁八县及定南、虔南两厅，南安府领大庾、南康、上犹、崇义四县，宁都直隶州辖瑞金、石城两县。

中华民国　民国元年（1912）废州、府、厅；民国2年（1913），统一全国县制，地方政权只设省、县两级，原宁都直隶州及定南、虔南两厅均改为县，赣南17县，统辖于江西省政府；民国3年（1914），江西省设浔阳、豫章、庐陵、赣南四道，赣南道，治赣县，领赣县、雩都、信丰、兴国、会昌、安远、长宁、龙南、虔南、定南、宁都、瑞金、石城、南康、大庾、上犹、崇义17县；民国4年（1915），改长宁县为寻邬县;民国15年(1926)，废赣南道，其辖县复直隶于江西省政府；民国20年（1931），会昌、寻邬、安远、龙南、定南、虔南、上犹、崇义、大庾九县直属于陆海空军司令部南昌行营党政委员会，赣县、雩都、信丰、南康、兴国五县划为江西省第五行政区党政委员会分会统辖，广昌、宁都、石城、瑞金四县划为江西省第六行政区党政委员会分会统辖；民国21年（1932)，全省划为十三个行政区，赣南各县分属第九、十一、十二、十三行政区,兴国县归第九行政区，第十一行政区（后改称赣南行政长官公署）设赣州，辖赣县、南康、信丰、上犹、崇义、大庾六县，第十二行政区设宁都，辖宁都、广昌、石城、瑞金、雩都、会昌六县，第十三行政区设龙南，辖龙南、定南、虔南、安远、寻邬五县；民国22年（1933)，第十一、十三行政区合并，改名赣南政务专员公署,先设大庾，后迁赣州，辖第十一、十三行政区原领11个县；民国24年（1935），全省改划为8个行政区，赣南各县分属江西省第四、八行政区，第四行政区设赣州，辖赣县、南康、信丰、大庾、上犹、崇义、龙南、定南、虔南、安远、寻邬11个县，第八行政区设宁都，辖宁都、广昌、石城、瑞金、会昌、雩都、兴国7个县。

苏区时期（1928—1935年）赣南多数县先后成立苏维埃政府，分别隶属于江西、湘赣、粤赣、赣南省苏维埃政府。1930年6月，赣西南苏维埃政府下属设于赣南的东河、西河苏维埃政府办事处合并成立赣南革命委员会，为赣南统一的临时政权机构，先后驻于都步前岗、赣县江口、信丰县城等地，辖瑞金县、兴国县、赣县、信丰县、于都县、南康县、寻乌县、石城县8个县苏维埃政府，安（远）于（都）会（昌）赣（县）边界和于北区苏维埃政府，并管辖南雄县苏维埃政府；10月，在信丰成立党、团合并的赣南行动委员会，赣南革命委员会改称赣南办事处，驻信丰县，辖雩都县、兴国县、赣县、信丰县、寻邬县、瑞金县、安远县、崇义县8个县及于北区苏维埃政府。1931年4月，宁都、石城2个苏维埃政府隶属赣西南苏区东路办事处；6月，撤销赣南各办事处，原办事处所辖县（区）由江西省苏维埃政府直接领导；9月，宁都分设宁都、彭湃2个县，宁都县驻黄陂，彭湃县驻固村，均直辖于江西省苏维埃政府；10月，湘赣省苏维埃政府成立。赣南的上犹县、崇义县、信丰县3个县苏维埃政府隶属于湘赣省苏维埃政府领导。11月，中华苏维埃工农兵第一次全国代表大会在瑞金叶坪召开，大会成立中华苏维埃共和国临时中央政府，驻瑞金，瑞金因此称为“红都”，瑞金县划为中华苏维埃共和国临时中央政府直属县，县城改名为“瑞京”。1932年2月，宁都、彭湃2个县合并后成立宁都县临时苏维埃政府；4月，正式成立宁都县苏维埃政府，直隶于江西省苏维埃政府；4月，成立中共河西道委，辖上犹、崇义、南康、遂川及赣县、万安等河西苏区；9月，信丰和南康苏区机关在赣县韩坊设立信康县苏维埃政府，仍隶属江西省苏维埃政府；10月，上犹、崇义2个苏区县失陷，2个县苏维埃政府停止活动。1933年1月，中共江西省委机关迁入宁都县城，再迁驻县城城北七里村；中共临时中央政治局从上海迁入中央苏区瑞金县；1月，宁都县改名博生县；7月，从博生县划出洛口、长胜地区，加上洛口与广昌、宜黄、瑞金、兴国等县的毗邻地，分别成立洛口县和长胜县苏维埃政府;8月，从会昌县划出西江、筠门岭地区，加上西江与于都县的黄龙、宽田、沙心等区，分别成立西江县和门岭县苏维埃政府；8月，从石城县分出横江、大由、珠江、洋地、龙岗等区，加上毗邻的瑞金及福建宁化县部分辖地，增设太雷县；以兴国县均村地区为中心，增设杨殷县；均隶属于江西省苏维埃政府;同月，以雩都、会昌、西江、门岭、寻邬、安远、信康7个县设立粤赣省，驻会昌文武坝。1934年2月，寻邬县苏区全部和安远县苏区大部失守，2个县遂合并成立寻安县苏维埃政府，仍隶于粤赣省；3月，信康县改名登贤县，辖原雩都畲岭、小溪和原赣县长洛、大田以及原会昌茶梓、乱石10个区苏维埃政府，隶于江西省苏维埃政府；5月，长胜、西江、太雷3个县划属中央人民委员会直接领导；6月，登贤县改隶于赣南战地委员会；7月，中央决定设立赣南省，驻雩都县城；8月，成立赣南省苏维埃政府，辖寻安、门岭、信康赣、兴（宁）龙（川）、赣县、于都、登贤、杨殷等苏区县；9月，门岭县与寻安县合并，在雩都小溪成立寻（乌）安（远）会（昌）县苏维埃政府，隶于赣南省，不久停止活动；10月，石城、兴国、宁都县城失陷；同月，在瑞金成立中华苏维埃共和国中央政府办事处，治所由瑞金云石山迁至雩都宽田；中央政府办事处以宽田为中心，成立瑞西县苏维埃政府，直属中央政府办事处领导；11月，合并兴国县东南部苏区和胜利县西南部苏区，设立兴胜县，同时成立兴胜县苏维埃政府，辖于江西省苏维埃政府；11月，瑞金县、雩都县、会昌县失陷。1935年3月，中央苏区全部丧失。

赣县解放（1949年8月14日至9月30日） 1949年8月14日，赣县解放，划出赣县原辖的赣州镇设赣州市，江西赣州分区行政督察专员公署驻赣州市，辖赣州市、赣县、南康、大庾、上犹、崇义、信丰、龙南、定南、虔南、安远、宁都、雩都、兴国、瑞金、会昌、石城、寻邬18个县（市）；8月27日，赣西南行政公署成立，驻赣州市，辖赣州、宁都、吉安3个分区；9月中旬，成立宁都（原议名瑞金分区）分区行政督察专员公署，驻宁都，原江西赣州分区行政督察专员公署管辖的宁都、雩都、兴国、瑞金、会昌、石城、寻邬7个县及抚州分区所辖的广昌，改由宁都分区行政督察专员公署管辖，赣州分区行政督察专员公署领赣州市、赣县、南康、大庾、上犹、崇义、信丰、龙南、定南、虔南、安远11个县（市）。

中华人民共和国 1949年11月，撤销赣州分区行政督查专员公署，其所辖县（市）改由赣西南行政公署直接管辖。1951年6月，撤销赣西南行政公署，成立赣州区专员公署，为江西省人民政府派出机关，驻赣州市，辖原赣州分区行政督察专员公署所领11个县（市）；宁都分区行政督察专员公署为省直接管辖。1952年8月，撤销宁都专区行政督察专员公署，所领8个县，除广昌划归抚州分区管辖外，余均改隶赣州区专员公署。赣州区专员公署领18个县（市）：赣州市、赣县、南康、大庾、上犹、崇义、信丰、龙南、定南、虔南、安远、宁都、雩都、兴国、瑞金、会昌、石城、寻邬。1954年，撤销赣州区专员公署，成立赣南行政公署，驻赣州市；同年7月，广昌县划入管辖，赣南行政公署共辖19个县（市）。1957年，经国务院批准，改变县用名字，雩都改于都，大庾改大余，虔南改全南，寻邬改寻乌。1964年5月，撤销赣南行政公署，成立赣州专员公署，驻地与辖县如旧。1967年1月，赣州专员公署被赣州地区革命造反总指挥部非法夺权；同年9月，成立赣州专区临时领导小组。1968年2月，成立赣州专区革命委员会；1971年1月，改名为赣州地区革命委员会。1978年8月，撤销赣州地区革命委员会，设立赣州地区行政公署。1983年10月，广昌县划归抚州地区管辖。1990年9月，成立赣州经济技术开发区，直属赣州地区，1991年12月，改称赣州黄金岭经济技术开发区，隶赣州市。1994年5月，经国务院批准，撤销瑞金县，设立县级瑞金市。1995年3月，国务院批准南康撤县设市，南康市为县级市。

1998年12月，国务院批准撤销赣州地区设立赣州市，撤销县级赣州市改为章贡区。1999年2月14日，江西省人民政府下发通知，撤销赣州地区和县级赣州市，设立地级赣州市和赣州市章贡区，市人民政府驻新设立的章贡区。新设立的赣州市辖1个区、2个市、15个县：章贡区，瑞金市、南康市，赣县、信丰县、大余县、上犹县、崇义县、安远县、龙南县、全南县、定南县、兴国县、宁都县、于都县、会昌县、寻乌县、石城县。

1999年7月，黄金岭经济技术开发区上划隶属地级赣州市；10月，与赣州市高新技术产业开发区合并，成立赣州黄金开发区。2004年6月，赣州黄金开发区更名为赣州经济技术开发区。2008年11月，赣州经济技术开发区更名为赣州开发区。2009年2月，分出章贡区湖边镇、南康市潭口镇划归赣州开发区管辖，赣州开发区辖蟠龙、潭东、湖边、潭口4镇和黄金岭街道办事处。2013年10月，经国务院批准同意撤销南康市，设立市辖南康区。南康区三江乡的解胜、博罗、筱坝3个行政村划归潭东镇管辖。南康区潭口镇的下坝、金塘、台头、村头4个行政村划归南康区龙岭镇管辖。潭东镇、潭口镇划归章贡区管辖。2016年10月，经国务院批准，同意赣县撤县设区为赣县区，以原赣县的行政区域为赣县区的行政区域。2016年3月，赣州蓉江新区获批成立。2017年5月正式挂牌。蓉江新区是赣州市成立的城市新区，是赣州市政府派出机构，为正县级建制。管理区域范围：北起上犹江（凤岗至蟠龙段）；南至潭口镇上元村；西起蓉江（潭口龙岭交界段）；东至章江，包括潭东镇、潭口镇全域，以及蟠龙镇武陵村、坝上村、当塘村、虎形村、箩渡村5个行政村全域（含黄金村位于坝上村的部分土地），黄金岭街道办事处坪路村、新路村2个行政村全域。2020年6月12日，国务院批准撤销龙南县，设立县级龙南市；6月29日，省政府批准龙南撤县设市；7月25日上午，龙南市挂牌成立。2020年12月7日，省政府批准，撤销章贡区水南镇，设立章贡区水南街道办事处和章贡区章江街道办事处。2021年1月6日，经省政府批准，撤销赣州市南康区龙华乡，设立赣州市南康区龙华镇，以原龙华乡行政区域为龙华镇行政区域；撤销瑞金市叶坪乡，设立瑞金市叶坪镇，以原叶坪乡行政区域为叶坪镇行政区域；

撤销兴国县永丰乡，设立兴国县永丰镇，以原永丰乡行政区域为永丰镇行政区域。2022 年年底，赣州市辖 3 个区，13 个县，代管瑞金市、龙南市 2 个县级市，有 284 个乡镇、9 个街道。另有管理国家级经济技术开发区等 4 个：赣州经济技术开发区、赣州高新技术产业开发区、龙南经济技术开发区、瑞金经济技术开发区。

【行政区划】 2022 年末，赣州市辖章贡区、南康区、赣县区 3 个市辖区，以及信丰、大余、上犹、崇义、安远、定南、全南、宁都、于都、兴国、会昌、寻乌、石城 13 个县，代管瑞金、龙南 2 个县级市，共 18 个县级政区。全市有 9 个街道、147 个镇、137 个乡（含民族乡 1 个）；611 个居委会，3458 个村委会。

赣州市行政区划情况表

表 2

县（市、区）	乡（镇、街道）
章贡区（8 个镇、7 个街道）	沙石镇、水东镇、沙河镇、水西镇、蟠龙镇、湖边镇、潭东镇、潭口镇、解放街道、赣江街道、南外街道、东外街道、黄金岭街道、水南街道、章江街道
南康区（7 个镇、11 个乡、2 个街道）	唐江镇、凤岗镇、横市镇、龙岭镇、龙回镇、镜坝镇、龙华镇、浮石乡、横寨乡、朱坊乡、太窝乡、三江乡、十八塘乡、麻双乡、大坪乡、坪市乡、隆木乡、赤土畲族乡、蓉江街道、东山街道
赣县区（12 个镇、7 个乡）	梅林镇、王母渡镇、沙地镇、江口镇、田村镇、南塘镇、茅店镇、吉埠镇、五云镇、湖江镇、储潭镇、韩坊镇、阳埠乡、大埠乡、长洛乡、大田乡、石芫乡、三溪乡、白鹭乡
瑞金市（8 个镇、9 个乡）	象湖镇、壬田镇、谢坊镇、沙洲坝镇、瑞林镇、九堡镇、武阳镇、叶坪镇、日东乡、黄柏乡、大柏地乡、丁陂乡、冈面乡、万田乡、云石山乡、泽覃乡、拔英乡
龙南市（9 个镇、5 个乡）	龙南镇、武当镇、杨村镇、汶龙镇、程龙镇、关西镇、里仁镇、渡江镇、九连山镇、桃江乡、东江乡、临塘乡、南亨乡、夹湖乡
信丰县（13 个镇、3 个乡）	嘉定镇、大塘埠镇、古陂镇、大桥镇、新田镇、安西镇、小江镇、铁石口镇、大阿镇、油山镇、小河镇、西牛镇、正平镇、虎山乡、崇仙乡、万隆乡
大余县（8 个镇、3 个乡）	南安镇、新城镇、池江镇、青龙镇、樟斗镇、黄龙镇、吉村镇、左拔镇、浮江乡、内良乡、河洞乡
上犹县（6 个镇、8 个乡）	东山镇、陡水镇、社溪镇、营前镇、黄埠镇、寺下镇、梅水乡、油石乡、安和乡、双溪乡、水岩乡、平富乡、五指峰乡、紫阳乡
崇义县（6 个镇、10 个乡）	横水镇、扬眉镇、过埠镇、铅厂镇、长龙镇、关田镇、龙勾乡、杰坝乡、金坑乡、思顺乡、麟潭乡、上堡乡、聂都乡、文英乡、乐洞乡、丰州乡
安远县（8 个镇、10 个乡）	欣山镇、孔田镇、版石镇、天心镇、龙布镇、鹤子镇、三百山镇、车头镇、镇岗乡、凤山乡、新龙乡、蔡坊乡、重石乡、长沙乡、浮槎乡、双芫乡、塘村乡、高云山乡
定南县（7 个镇）	历市镇、岿美山镇、老城镇、天九镇、龙塘镇、岭北镇、鹅公镇
全南县（6 个镇、3 个乡）	城厢镇、大吉山镇、陂头镇、金龙镇、南迳镇、龙源坝镇、中寨乡、社迳乡、龙下乡
宁都县（12 个镇、12 个乡）	梅江镇、青塘镇、长胜镇、黄陂镇、赖村镇、固村镇、石上镇、东山坝镇、洛口镇、小布镇、黄石镇、田头镇、竹笮乡、对坊乡、固厚乡、田埠乡、会同乡、湛田乡、安福乡、东韶乡、蔡江乡、大沽乡、肖田乡、钓峰乡
于都县（9 个镇、14 个乡）	贡江镇、铁山垅镇、盘古山镇、祁禄山镇、银坑镇、罗坳镇、禾丰镇、岭背镇、梓山镇、罗江乡、小溪乡、利村乡、新陂乡、靖石乡、黄麟乡、沙心乡、宽田乡、葛坳乡、桥头乡、马安乡、仙下乡、车溪乡、段屋乡
兴国县（9 个镇、16 个乡）	潋江镇、江背镇、古龙岗镇、梅窖镇、高兴镇、良村镇、龙口镇、城岗镇、永丰镇、兴江乡、樟木乡、东村乡、兴莲乡、杰村乡、社富乡、埠头乡、隆坪乡、均村乡、茶园乡、崇贤乡、枫边乡、南坑乡、方太乡、鼎龙乡、长冈乡
会昌县（6 个镇、13 个乡）	文武坝镇、筠门岭镇、西江镇、周田镇、麻州镇、庄口镇、清溪乡、右水乡、高排乡、晓龙乡、珠兰乡、洞头乡、中村乡、站塘乡、永隆乡、富城乡、小密乡、庄埠乡、白鹅乡
寻乌县（7 个镇、8 个乡）	长宁镇、晨光镇、留车镇、南桥镇、吉潭镇、澄江镇、桂竹帽镇、文峰乡、三标乡、菖蒲乡、龙廷乡、丹溪乡、项山乡、水源乡、罗珊乡
石城县（6 个镇、5 个乡）	琴江镇、小松镇、屏山镇、横江镇、高田镇、赣江源镇、木兰乡、丰山乡、大由乡、龙岗乡、珠坑乡

人口　民族

【人口】 2022 年末，全市户籍总人口为 986.23 万人，其中城镇人口 348.84 万人，乡村人口 637.39 万人。年末常住人口 898.81 万人，比上年末增加 0.81 万人。其中，城镇常住人口 512.34 万人，占全部常住人口的比重（常住人口城镇化率）为 57%，比上年末提高 0.65 个百分点。

【民族】 全市人口以汉族为主。少数民族中畲族人口最多，此外，还有蒙古族、回族、藏族、维吾尔族、苗族、彝族、壮族、布依族、朝鲜族、满族、侗族、瑶族、白族、土家族、哈尼族、哈萨克族、傣族、黎族、傈僳族、高山族、佤族、拉祜族、水族、东乡族、纳西族、景颇族、独龙族、土族、达斡尔族、仫佬族、羌族、布朗族、撒拉族、毛南族、仡佬族、锡伯族、塔吉克族、怒族、乌孜别克族、鄂温克族等民族，共41个少数民族。分布在18个县（市、区）和赣州经济技术开发区及赣州蓉江新区。

赣州名片

【红色故都】 赣州（俗称赣南）是土地革命战争时期中央苏区的主体和核心区域，是中华苏维埃共和国临时中央政府所在地，是中华人民共和国的摇篮、毛泽东思想的重要发祥地、苏区精神和苏区干部好作风的主要发源地、党的群众路线的重要形成地和中央红军长征出发地，艰苦卓绝的南方红军三年游击战争主阵地。毛泽东、周恩来、刘少奇、朱德、邓小平、陈云等党的第一代、第二代中央领导集体重要成员，中华人民共和国十大元帅中的9位，10位大将中的8位，1965年前授衔的上将、中将、少将中的586位，都在中央苏区战斗、工作和生活过。赣州为中国革命胜利、人民共和国诞生做出巨大贡献和牺牲，仅有名有姓的烈士就达10.82万余人，分别占全省、全国首批登记在册有名有姓烈士总数的43.8%、7.5%，长征出发时赣州籍红军占2/3，长征路上平均每千米就有3名以上赣州籍烈士倒下。赣州走出134位中华人民共和国开国将军（江西仅有的3位上将均为赣州籍），仅兴国县就有56位，兴国被誉为“将军县”。赣州所辖18个县（市、区）都是中央苏区县，其中瑞金、兴国、于都、宁都、南康、赣县、信丰、上犹、崇义、安远、会昌、寻乌、石城等13个县（市、区）为“全红县”。全市共有遗址旧居及纪念设施500余个点，其中有4处53个点列为全国重点文物保护单位，有33处列为省级文物保护单位，有40余处市级文物保护单位，有200余处县级文物保护单位。

【客家摇篮】 赣州是中原先民南迁定居第一站、客家人主要聚居地和客家民系、客家文化的摇篮。至今保存完好的上千座客家围屋，被誉为中国民居建筑奇葩；赣南采茶戏、兴国山歌、于都唢呐公婆吹、石城灯会等国家级非物质文化遗产流传至今。客家是历史上由于战乱、饥荒等原因，中原汉民渐次南下进入赣闽粤三角区，与当地畲瑶等土著居民发生融合而形成的一个独特而稳定的汉族支系，具有独特的客家方言系统、文化民俗和情感心态。全市95%以上为客家人，占全球客家人的12%，占大陆客家人的15%。2004年11月，世界客属第十九届恳亲大会在赣州举行，确立赣州“客家摇篮”的历史地位。赣南客家方言是中国七大方言之一，是客家文化口头传承的重要载体，被学术界称为中原唐宋时期古汉语“活化石”。赣南客家建筑主要包括主流客家民居和围屋，客家围屋主要为方形围，集家、堡、祠于一体，被称作“东方古罗马城堡”，全市保存完好的有上千座，主要分布在龙南、全南、定南三县（市）以及安远、寻乌、信丰的南部。此外，赣南各地还有不少“九厅十八井”的府第式民居构成的古老村落，赣县白鹭、瑞金密溪、宁都东龙、寻乌周田等十几座具有深厚客家文化内蕴的古村落，是中原文化的标本，展呈着客家人色彩斑斓、璀璨夺目的历史文化。赣南客家民俗种类繁多，灯彩表演、龙舟竞赛、“九狮拜象”等非物质文化遗产，穿越时空，流传至今，演绎着客家文化的迷人魅力，赣南采茶歌舞剧《山歌情》《快乐标兵》《八子参军》《一个人的长征》先后获“五个一工程”奖。客家饮食文化内涵深刻，南安板鸭、兴国红薯干、会昌豆腐干、信丰萝卜脆等饮誉海内外。

【江南宋城】 宋朝定名赣州，中原货物溯赣江而上、途经赣州大余梅关驿道，再进入岭南至珠江到达广州后出海，成为当时全国36座大城市和海上丝绸之路的必经之地，迎来历史上的政治、经济、文化的最鼎盛时期。“商贾如云，货物如雨，万足践履，冬无寒土”，就是当时盛极一时的真实写照，大文豪苏东坡吟咏宋代赣州“八境见图画，郁孤如旧游。山为翠浪涌，水作玉虹流。”赣州保存地面文物数量居江西城市之首，其中不乏宋代文物的精品和孤品，被誉为“宋城博物馆”。这里有全国唯一、城形周长6.5千米的宋代城墙，至今仍保留4座城门（北门、西津门、建春门、涌金门）、2座炮城（八境台和西津门炮城）和3600多米古城墙，古城墙上仍有镌刻着北宋熙宁年间（1068—1077）以来的521种、数万枚铭文砖；雄踞章贡两江交汇处的八境台，苏东坡在此写下《虔州八境图八首并序》，“览群山之参差，俯章贡之奔流”，开启城市八景文化先声，八境台已成为赣州最重要的地理标志之一，是观瞻三江合流风光的最佳处；郁孤台因爱国词人辛弃疾一曲“郁孤台下清江水，中间多少行人泪”声名远播；“江南第一石窟”通天岩，保存着王阳明、蒋经国等历代文人墨客的诗词题刻和美好传说，是一方清雅的避暑胜地；“江西四大名窑”七里镇古窑址，主要有晚唐五代时期的青瓷与白瓷，宋元时期的青白瓷与酱釉瓷以及黑釉瓷，产品曾经漂洋过海外销到韩国、日本等国，古窑址中的周屋坞窑是目前全国所见窑室最大的龙窑；总长12.6千米、集水面积约2.7平方千米的宋代地下排水系统福寿沟，二沟线路走向按“福”“寿”篆书字形设计，经历千年而不涝，被誉为中国城市建设史上的奇迹，是“海绵城市”的典范工程，有1.8千米仍在使用。

【阳明圣地】 赣州是阳明圣地，是王阳明“立德、立功、立言”的重要实践地，也是王阳明“知行合

一”思想的主要形成地和成熟地。赣州深深烙印着阳明文化符号，依然保存有他主持修建的太平桥、结庐讲学处通天岩、聚徒讲学地濂溪书院、阳明先生落星处、阳明先生亲笔手迹“平茶寮碑”“玉石岩碑”以及刊印于明正德年间（1506—1521）的《传习录》等诸多宝贵历史文化旧址120多处，成为世界传承与弘扬阳明思想最重要的载体。市域内阳明文化旅游线路有章贡区郁孤台—蒋经国旧居—古城墙—八境台—浮桥—通天岩；龙南关西新围—虔心小镇—小武当风景名胜区—燕翼围—太平桥；龙南小武当风景名胜区—九连山—安基山—玉石仙岩；崇义县城—阳明山国家森林公园—君子谷—上堡—齐云山—平茶寮碑—县城；会昌山翠竹祠—老庙下翠竹祠—汉仙岩—羊角水堡。

名胜古迹

【赣州古城墙】 始建于北宋嘉祐年间（1056—1063），后经900多年的不断修缮、加固，形成周长6.5千米、高大雄伟的赣州城墙。赣州因城墙坚固，江水三面环城，易守难攻，有“铁城赣州”之称。太平军两次攻城，中央苏区时期红军六次攻城，都没有攻破。古城墙保留砌有数以万计的带有文字的砖，被称为铭文砖。铭文砖上载有不同朝代的不同内容，主要是“某某年”“某某督造”“某某窑烧造”等。铭文砖达521种，最早的铭文砖造于北宋熙宁二年（1069），最晚的铭文砖造于民国4年（1915）。铭文砖记载赣州古城的兴衰、嬗变，对于研究中国古代城市建设，有十分重要价值。赣州古城墙是全国保留的唯一的宋代砖城墙，全国重点文物保护单位。现存古城墙有3600米，现有城墙、城门不仅是游览景点，还为赣州城防洪发挥重要作用。

【八境台】 始建于北宋嘉祐年间（1056—1063），位于章贡区老城区东北隅的龟角尾城墙上，是和古城墙同时修建的一座石楼。此台建成时，主持建造的虔州知州孔宗瀚曾将登台所见绘成《虔州八境图》，并请苏东坡按图题诗八首。八境台因此得名。北宋绍圣元年（1094），苏东坡被贬岭南路经赣州时，曾亲临八境台。在遍览赣州的旖旎风光之后，深感原诗“未能道其万一”，遂补作后续一篇。宋代孔宗瀚和苏东坡所见的赣州八景是石楼、章贡台、白鹊楼、皂盖楼、郁孤台、马祖岩、尘外亭和峰山。八境台建成后曾屡遭火灾，1984年重建时，改为钢筋混凝土仿古结构。新台于1987年落成，共3层，高28米，斗拱飞檐、画梁朱柱，并采用琉璃瓦盖面，内部装修有天花、藻井、彩绘，整个建筑溢彩流金，巍然壮观。发源于南岭山脉的章江和发源于武夷山脉的贡江，在八境台下汇合成赣江。登上八境台，可一览两江汇合胜景。

【郁孤台】 位于赣州城区西北部贺兰山顶，海拔131米，是赣州市老城区的制高点，台上建有3层高的仿木结构楼阁，为省级重点风景名胜区。因坐落于山顶，以山势高阜、郁然孤峙得名。创建年代史籍未详，距今最少有1200多年的历史。李渤、苏东坡、辛弃疾、岳飞、文天祥、王阳明、郭沫若等名人都在郁孤台留下过诗词。其中，南宋著名词人辛弃疾留下名词《菩萨蛮·书江西造口壁》，郁孤台从此名扬天下。

【古浮桥】 赣州市中心城区三面环水，自宋代以来，陆续在章、贡两江上架设浮桥。北宋熙宁年间（1068—1077），知军刘瑾在章水上架设第一座浮桥（西津桥）；南宋乾道年间（1165—1173），知军洪迈在贡水上架设东津桥（东河浮桥）；南宋淳熙年间（1174—1189），知军周必正在镇南门外的章江上架设南河浮桥（南桥）。赣州城区的3座浮桥，从宋代开始建造，除战乱时偶有废止外，一直沿用到现代。1985年，西河人行桥建成后，拆除西津门古浮桥。1990年，南河大桥建成后，南河古浮桥拆除。保存至今的为最长的东河浮桥，全长400米，共用100只木舟，每3只木舟为一组，整座浮桥分为33节，每天定时开启，以通行船只。2007年6月，新建一座集景观与交通功能于一体的浮桥（南河浮桥），全长350米，桥面宽5米，桥体由90艘小船编成30节浮桥船组成。

【福寿沟】 福寿沟位于赣州市章贡区老城区，修建于北宋熙宁年间（1068—1077），一直沿用至今。工程由数度出任都水丞的水利专家刘彝主持，是罕见的成熟、精密的古代城市排水系统。唐末虔州刺史卢光稠因时扩城，由于扩城工程浩大、城西北地势低洼及城市排水系统规划建设的不合理等原因，赣州城居民屡屡遭受洪涝灾害的侵袭，百姓苦不堪言。北宋熙宁年间，赣州知军刘彝上任后，目睹洪涝灾害给城市百姓带来的损失和痛苦，经过反复的思考和实地踏勘，主持修建福寿沟。根据城市地势西南高、东北低的地形特点，福寿沟以州前大街（今文清路）为排水分界线，福沟排城东南之水，寿沟排城西北之水。打开福寿沟古地图，可清晰地看到在龟形的赣州古城图上，一个古篆体“寿”字形结构下水道和一个古篆体“福”字形结构下水道平布在其上，沟因形而命名。福寿沟呈砖拱结构，沟顶分布着铜钱状的排水孔。福寿沟完全利用城市地形高差，采用自然流向办法，使城市雨水、污水自然排入江中。但每逢雨季，江水上涨超过出水口，也会出现江水倒灌入城的情况。于是刘彝又根据水力学原理，在出水口处，“造水窗十二间，视水消长而启闭之，水患顿息”（摘自《赣州府志》）。福寿沟的水窗是一项颇具科技含量的设计，原理是每当江水水位低于水窗时，即借下水道水力将水窗冲开排水；反之，当江水水位高于水窗时，则借江水力将水窗自外紧闭，以防倒灌。福寿沟工程主要分为三大部分。第一部分，将原来简易的下水道改造成矩形断面，砖石砌垒，断面宽大约0.9米，高1.8米左右，沟顶用砖石垒盖，纵横遍布城市的各个角落，将城市的污水收集排放到贡江和章江。第二部分，将福寿二沟与城内的三池（凤凰池、金鱼池、嘶马池）以及清水塘、荷包塘、蕹菜塘、花园塘、铁盔塘等几十口池塘连通起来，既增加城市暴雨时的雨水调节容量，减少街道淹没的面积和时间，又可利用池塘养鱼、淤泥种菜，形成生态环保循环链。第三部分，建设12个防止洪水季节江水倒灌、造成城内内涝灾害的水窗，这种水窗结构由外闸门、度龙桥、内闸门和调节池四部分组成。

2019年12月29日，中国唯一的地下排水系统博物馆——福寿沟博物馆开馆，它的建成填补了赣州、江西乃至全国文化旅游市场的一项空白。博物馆在展陈上利用镜面、投影、结构、艺术装置等互动体验方式，重建虚实关系、模糊虚实边界，以沉浸式虚拟漫游，让参观者从宏观到微观全面剖析福寿沟，向世人展示中国古代城市地下排水系统的样板。

【通天岩风景名胜区】 全国重点文物保护单位、国家AAAA级旅游景区。景区位于章贡区西北郊6.8千米处，由摩沙岩石山组成，是典型的丹霞地貌风景区，具有“状若瓜瓠，石峰屏列，岩深谷邃，窍可通天”的特征。通天岩石窟开凿于唐朝，兴盛于北宋，至今保留着唐朝至宋代的石龛造像359尊，宋代至民国的摩崖题刻128品，被誉为“江南第一石窟”。主要景点有通天岩、翠微岩、忘归岩、同心岩、广福寺、玉水池、一滴泉、玉岩亭、惜春亭和群玉阁等。

【瑞金共和国摇篮旅游区】 国家AAAAA级旅游景区、全国重点文物保护单位、全国爱国主义教育示范基地、全国红色旅游经典景区。景区位于江西省赣州市瑞金市，占地面积303.33公顷，由叶坪、红井、“二苏大会”、中华苏维埃纪念园（南园和北园）、中央苏区军事文化博览园等景区组成。景区风景秀丽，基础设施完善，是全国旅游观光、培育爱国情感和民族精神的重要基地，是赣闽边际红色旅游集散中心。

叶坪景区 距瑞金市区6千米，占地面积10.67公顷，是全国保存最为完好的革命旧址群景景区之一。主要景点有中共苏区中央局、中央政府旧址、红军烈士纪念塔、红军烈士纪念亭、红军检阅台、公略亭、博生堡等。

红井景区 距离瑞金市区5千米，是中华苏维埃共和国临时中央政府1933年4月至1934年7月的办公地点。主要景点有闻名海内外的红井、中央执行委员会旧址（毛主席旧居）、中央人民委员会旧址，以及中央各部委旧址等。

“二苏大会”景区 距离瑞金市区5千米，中华苏维埃共和国临时中央政府从叶坪迁至沙洲坝后，在该地召开“二苏大会”，主要景点有中央政府大礼堂、防空洞、诗山梅园、中央革命博物馆旧址、人民民主专政广场、人大旧址、人大陈列馆等。

中华苏维埃纪念园景区 位于瑞金市区城西塔下寺，毗邻中华苏维埃共和国历史纪念馆，占地面积66.67公顷，分为南园和北园，是一个集革命传统教育、情景体验于一体的大型红色旅游公园，主要有中央革命根据地历史博物馆、红五星广场、苏区精神铜字、中华苏维埃纪念鼎等景点。

中央苏区军事文化博览园 地跨沙洲坝镇官山村和金龙村，占地51.2万平方米，是集红色革命传统教育、国防军事集训和观光休闲于一体的特大型旅游景点。主要景点有中共中央政治局旧址、中央军委旧址、兵工厂旧址、统战部旧址、共青团旧址、六届五中全会旧址和李德故居等。

【中央红军长征集结出发地纪念园】 位于赣州市于都县城东门渡口，建于2009年，2020年5月获评国家AAAA级旅游景区。纪念园占地面积4公顷，由游客服务中心、小广场与主题雕塑、集结广场、纪念广场、中央红军长征出发地纪念馆等组成。纪念园入口的主题雕塑高7.5米，底座长8.6米，雕塑正面主题为“渡河出发”，体现当年中央红军夜渡贡水（于都河）集结出发长征的情景；雕塑背面主题为“依依惜别”，体现当年于都人民依依不舍地送别出征战士的情景。集结广场中间的红五星代表的是红军第一、第二纵队，围绕在周围的5个红色钢铁构架，代表的是中央红军的一、三、五、八、九军团，象征当年由中央机关工作人员组成的2个纵队以及中央红军的5个军团在于都河北岸集结、休整，渡过贡水（于都河）出发长征。2019年5月20日，中共中央总书记习近平视察赣州于都，瞻仰中央红军长征出发纪念碑，察看中央红军长征集结出发地旧址原于都县城东门渡口，参观中央红军长征出发纪念馆。

【兴国苏区干部好作风纪念园】 国家AAAA级旅游景区。“全国爱国主义教育示范基地”，中央党校、国防大学等众多高等院校和相关单位的教育基地，“中国井冈山干部学院”现场教学点。纪念园占地33.87公顷，是集参观学习、旅游观光、休闲娱乐于一体的公共游览公园。主要有将军馆、苏区干部好作风陈列馆、将军广场、大型群雕、国防教育广场、休闲广场、将军湖、将军岛等。

【阳明山国家森林公园】 国家AAAA级森林景区、最美“中国森林养生基地”。景区位于赣州市崇义县，距崇义县城4千米，总面积6889.8公顷地处亚热带湿润季风气候带植被类型为亚热带阔叶林，森林覆盖率98.6%，平均气温14.2℃，空气清新，平均负氧离子达9.6万个/立方厘米，被上海大世界基尼斯总部授予“空气负离子浓度值最高的风景旅游区”称号，有“江南绿色宝库”和“天然氧吧”之称。

主要景点有阳岭之巅、观音泉、兰溪沟谷雨林、云隐寺等。

【三百山景区】 国家级风景名胜区、国家AAAAA级旅游景区、国家森林公园。位于赣州市安远县，是粤港居民饮用水东江的发源地，被誉为“东江之源”，是全国唯一香港同胞饮水思源旅游胜地。总面积137.6平方千米，由福鳌塘、九曲溪、东风湖、仰天湖、尖峰笔五大景区和东江源温泉旅游度假区、东生围两大独立景点构成。景区内森林覆盖率98%，“三百群峰、原始林海、源头群瀑、峡谷险滩、火山地貌、高山平湖”被誉为“三百山六绝”，三百山内有木本植物116科2500多种，野生动物400余种，空气中负氧离子最高达7万个/立方厘米，一年四季气候温凉，舒适宜人，被誉为“基因宝库”“天然氧吧”。

【丫山风景区】 国家AAAA级旅游景区、江西首个AAAAA级乡村旅游点、中国运动休闲特色小镇。景区位于赣州市大余县城东10千米处，占地面积2000公顷，因最高峰双秀峰呈丫形而得名，地处北纬25°世界公认的黄金生态带，森林覆盖率92.6%，空气、水、土壤环境质量均达国家一级标准。以山、林、泉、湖、瀑、洞、石等自然生态景观和寺庙等人文历史景观构筑而成，以“生态秀美、人文醇厚”为突出特色。主要景点有雨后云海、四季花海、万亩竹林、卧龙谷、兰香谷、龙鼎湖、幸福天路、天行健等。

【汉仙岩国家级风景名胜区】 汉仙岩风景区地处江西省会昌县境内，闽粤赣三省交界处。1995年被列为省级风景名胜区，2010年被评为国家水利风景区，2011年被评为国家AAAA级旅游景区和江西省优秀新旅游景区。有“虔南第一山·仙境汉仙岩”“八仙圣地·风景独好”的美誉。汉仙岩因传说八仙之一的汉钟离在此修炼成仙而得名，是江南典型的丹霞地貌景观，中心景区南北长约15千米，东西宽约5千米，面积约为75平方千米，由汉仙岩、汉仙湖、盘古山、羊角古堡、汉仙温泉、过江坪古松林等景区组成，蕴涵着深厚的八仙文化、盘古文化、客家文化和红色文化。汉仙岩有景点近百处，其中古建筑和古石刻48处。游人置身汉仙岩间，举目所见，皆为奇景，且景中有景，景景有传说。如群象出山、合掌门、僧帽石、壁立万仞、会仙台、仙人洞、天台、问天台、天子万年、汉钟离得道处、天根、月窟、舍命烧香、一线天、通天洞、仙姑鞋、神豹、神马峰、神龙峰、神虎峰、祈雨台、神龙峡、天门、三龟觅仙、巨蟒探水、双蟒出水、天下第一鹰、田螺伏岸、寿星观景、猿猴望天、和尚背尼姑等。

赣南客家名菜、名小吃

【概况】 2022年，赣州市经过县（市、区）推荐、群众性品鉴、网络投票、专家评审等环节，从历史、文化、特色、美感、味道等方面开展评选，同时对菜品及小吃的市场推广难易度及市场认可度进行考量，最终评选出有代表性、有特色、有社会影响力、广受消费者欢迎的赣南客家“十大名菜”和“十大名小吃”。

【赣南客家十大名菜】 在全市赣南客家名菜评选中，“四星望月”、宁都三杯鸡、赣南小炒鱼、醋果子炒大肠、南康荷包胙、客家酿豆腐、定南客家酸酒鸭、利村牛肉、阳明湖胖鱼头、三鲜猪血获得赣南客家菜“十大名菜”称号。

“四星望月” 兴国县的风味名菜，为江西名菜。制作方法是将鲜鱼肉切成5分宽、1分厚的鱼片，拌上辣椒酱、味精、茶油、姜末、豆粉等，待装入笼。蒸笼底铺上一层青菜，菜叶上放上用沸水汆至八成熟的并拌好盐、油、味精、辣椒酱的湿粉干。将蒸笼放入锅内用旺火蒸；待上热气后，放入鱼片，复用旺火蒸15分钟，再将辣椒酱、酱油、味精、熟茶油调成的卤汁浇在鱼片上，撒上葱花即成。此菜色泽金黄，清香浓郁，肉质嫩滑，鲜辣无腥。

宁都三杯鸡 三杯鸡系民间风味菜，起源于宁都，至今仍是宁都菜的主打菜之一。原料选用本地三黄鸡，将其宰杀，清理鸡毛，内脏清理、洗净，剁成长约4厘米，宽约3厘米长的方形块，拍姜、葱、小米椒入砂锅打底，把剁好的鸡块码在砂煲中；把三杯调料依次按米酒酒酿、酱油和山茶油的顺序倒入已放好三黄鸡的砂煲中，用大火烧沸10多分钟，间隔翻动几次，改文火慢炖至汁收浓，挑出小米椒、姜葱，淋上少许麻油，摆盘即可上桌。此菜色泽红润油亮、质地滑软细嫩、原汁醇厚、香味浓郁、味美咸鲜。

赣南小炒鱼 是明代凌厨子（王阳明任赣州任巡抚时的厨师）首创的地方风味菜，属赣菜系赣南客家菜，为江西赣州的一道特色菜。此菜选用鲜草鱼，去头去尾，切成块状，配以生姜、四季葱、红椒、小酒（醋）、酱油、水酒等佐料烹饪而成，具有色泽金黄、味鲜嫩滑、略带醋香的特点。

醋果子炒大肠 雅称炒东坡。赣南人民为纪念苏东坡，把苏东坡在赣州喜欢的醋果子炒大肠叫做“醋果子炒东坡”，寓意为“读东坡诗词耐人咀嚼”。做法为取猪大肠洗净切成段，用本地的一种特殊酸菜即醋果子作为主要配料，再加其他佐料爆炒而成。其特点是色泽素雅，味道酸美，入口滑嫩，是一道颇具地方风味的佳肴。

南康荷包胙 又叫荷包扎、荷包肉、状元肉，是流行于江西省原南安府（今南康区、大余县、崇义县、上犹县）的一道名菜。赣南各地的做法大同小异，其主料是猪肉，配料是炒熟的米粉，再以糖、盐、酱油、胡椒粉、八角、五香粉、鲜汤等做调料，制作时把猪肉和调料搅拌均匀、腌上1个小时，用3张荷叶扎成下圆上尖的“状元帽”状，以旺火上蒸5小时左右即成。此菜色泽金黄、荷叶清香、软糯酥烂、肥而不腻、营养丰富、老少皆宜。

客家酿豆腐　客家人由中原迁往江西、广东、福建、台湾等地有上千年的历史。来到南方，没有面粉，交通不便，吃不到中原一带人们最喜欢吃的饺子。于是，客家人创造性地把饺子馅酿入豆腐里面，做出客家人最喜爱吃的“客家酿豆腐”。

定南客家酸酒鸭　为定南县久负盛名的独特菜肴。主材选取当地饲养的瘦肉型菜鸭，杀后净毛清膛洗净；将鸭子放入锅里煮熟，但不得蒸煮太久，以保其色、香、味俱全；起锅后，将熟鸭切成块状，摆放于盘中；将准备好的姜末、辣椒末、大蒜末、食盐和当地盛产的纯正糯米酸酒等佐料放之碗中（俗称酸辣碗）搅拌均匀，随鸭肉一并上席。食用时，可将鸭肉蘸着佐料吃，也可把佐料直接倒入盘中拌随鸭肉一起吃。具有色泽金黄、香味浓郁、肉质嫩滑、肥而不腻的独特风味。

利村牛肉　香辣可口，鲜嫩无比。主料是牛肉，辅料是薯粉、姜片、蒜片、猪油、盐、味精、料酒、小米椒、香麦叶。把牛肉切片，腌制好盐味；锅放猪油，先后下锅姜、蒜、小米椒、香麦叶、牛肉爆炒香，同时调好味加酱油，放少许料酒，翻炒几下淋明油即可。

阳明湖胖鱼头　因汤中鱼肉形似珊瑚而得名，主材为阳明湖野生大鳙鱼，鱼头熬汤，鱼肉剁茸加入浓汤中煲熟。明代李时珍在《本草纲目》中记载：“鳙之美在于头”，俗语云“鱼头三钱参”，民间也一直有吃鱼头滋补走好运的说法。

三鲜猪血　为赣南传统美食，主要做法是取新鲜猪血，和新鲜的“三鲜”（小肠、猪肝、精肉）一锅烩，以骨头汤为汤底。猪血软滑爽口，猪杂新鲜，瘦肉嫩滑，汤鲜味美。

【赣南客家十大名小吃】　在全市赣南客家名小吃评选中，瑞金牛肉汤、安远三鲜粉、崇义水饺、黄元米粿、大余澱皮、赣南嗖粉、信丰萝卜饺、凤眼珍珠、石城薯芋饺、会昌豆干获得赣南客家菜“十大名小吃”称号。

瑞金牛肉汤　“瑞金牛肉汤”又叫“兜汤”，是红都瑞金市最具特色的传统美食。自清朝开始，该菜品以牛肉生姜熬汤，制作而成。牛肉汤进入瑞金人的餐桌，传承至今，成为瑞金市非物质文化遗产项目，也被评选为中国名小吃。

安远三鲜粉　相传，明朝江南才子唐伯虎因慕名赣南安远的九龙茗茶，云游至安远府，留宿山上一茶农家，热情好客的客家大嫂取来猪瘦肉、猪肝、猪小肠放在一起煮成汤，盛在煮熟后的客家米粉上作为接待主食。唐伯虎大赞这米粉香、嫩、滑，为之取名“三鲜”，并赋诗一首：“猪肝米粉小肠煎，安远俏娘巧手闲。食指桌前闻香颤，汤成即尝赞三鲜。”至此，“安远三鲜粉”名扬天下，传承至今。

崇义水饺　崇义水饺是南方厨师陈昌年和北方厨师张振夫、吴忠怀为抗日将领陈大庆所研究改良的风味水饺，具有“皮薄晶亮、馅鲜多汁、爽滑筋道、久吃不腻”的“陈氏水饺”特色，其口感既保留北方水饺的风味，又独创适合南方人口味的淡香馅料。1983年，刘锦富开办崇义县第一家“陈记水饺”店。随后，刘锦富的10个子女先后开办数十家“陈记水饺”连锁门店。1986年，“陈记水饺”更名为“崇义水饺”，从此走出家族式的传承和经营模式。随着一批又一批下岗工人和乡村农民到“崇义水饺”拜师学艺，全国各地现已开设1100余家店，“崇义水饺”成为赣南老表创业致富平台。

黄元米粿　传统风味小食品，黄元米粿历史悠久，早在明朝正德年间就被列为贡品，是赣南农家常备年货、民间待客礼品。色黄味鲜，细密滑腻，可汤煮、蒸食，也可油炒、油炸，且耐久存，煮食方便。黄元米粿制作讲究，先备黄元柴灰，加开水过滤成灰水，用大禾米浸米一夜，次日用大甑蒸熟成饭，再将饭拌灰水，摊开晾干、蒸热，置于大石臼内，用硬木棍捣烂成团，起臼后，揉搓均匀，切块做成各种形状的米粿。

大余澱皮　大余澱皮（米粄、腊皮）是南迁客家人对大米制品的创造。澱皮经由选米、浸泡、磨浆、蒸熟成为鲜澱皮（湿澱皮）。早餐主要吃鲜澱皮（加各种配料可制上百个品种），还有煮澱皮丝、炒澱皮丝、拌澱皮丝。早餐吃澱皮贵在汤料，这是客家地区仅有的。湿澱皮晒干切成小方块叫澱皮骨（超薄澱皮骨作零食），澱皮骨用热沙炒（膨化）叫沙炒澱皮，油炸后叫油炸澱皮，湿澱皮晒干切成丝叫干澱皮丝（客家人的面条），用澱皮做成的花叫“澱皮花”，在澱皮上画画叫“澱皮画”，用竹制提篮配装沙炒澱皮、油炸澱皮、澱皮花统叫“澱皮篮”（客家人迎宾送礼之佳品）。大余澱皮是“江西名小吃”“中国（地域）十大名小吃”，获海峡客家烹饪大赛（小吃）特金奖。

赣南嗖粉　据传，明代著名理学家王阳明在赣南任巡抚时，曾在赣州府的“郁园”（现赣州公园）内府衙理事。繁忙政务之余的夜晚，他经常带自己身边的一个学生（其妹夫）同去大街小巷夜巡私访。在一次私访途中，王阳明偶遇卖赣南嗖粉小吃的小贩，他一面品尝味道独特的赣南嗖粉，一面了解民间诉求。王阳明吃嗖粉之事在赣州城里不胫而传。于是，后来有些知情人又将赣州嗖粉小吃称为“阳明嗖粉”。

信丰萝卜饺　信丰萝卜饺为信丰县独特传统小吃，有皮薄馅盈、色青形美、香甜咸辣俱全等特点。信丰萝卜有汁多、肉嫩、鲜脆、爽口的品质，将信丰鲜萝卜切片蒸熟，置筲箕内剁碎如泥，投入适量薯粉、辣椒、酱油、大蒜、味精等，用生油入锅将上列各项炒熟作馅。另将肉片炒熟，并备小块鲜鱼片待用。然后，将碾细之薯粉余熟风凉后加适量生粉，擀成薄饺皮。将包成如月牙形的萝卜饺置于笼内，以旺火上蒸2分钟，即可蘸酱油、麻油吃。信丰萝卜饺味美不腻，是赣南独特的健康小吃。

凤眼珍珠　凤眼珍珠是客家的传统名菜，蕴藏着客家美食的精华。其主要材料是红薯粉、香菇、瘦肉、葱花。主要做法是提前一天泡好红薯粉，进行搅拌，适量加入干红薯粉以便成珍珠形，放入簸箕过筛，稍微晾干水分后，抛入开水中，煮熟捞出过凉水。凤眼珍珠因颗粒似细小珍珠，晶莹剔透而名扬海内外。因烹制别具匠心，煮成珍珠汤，润滑爽口，如咽珠玑，淡而清甜，厚而不腻，既宜喜宴佳肴，又适家常便餐，既有滋补清热、降压的作用，又有醒脑、明目的作用，被称作是纯天然绿色食品。

会昌豆干　会昌豆干又称会昌酱干、酱油豆干，是赣州市会昌县有名的传统特色小吃，有数百年历史。会昌豆干选用当地优质黄豆和天然香料原料制作，传统制作技艺独特，工艺复杂，纯手工完成。会昌豆干富含人体所必需的脑磷脂、氨基酸和各种维生素，集香、咸、辣、甘于一体，吃用方便、保质保鲜、风味独特、营养丰富，吃后口齿留香，回味无穷。

石城薯芋饺　芋子蒸熟去皮，加薯粉搓成面皮，韭菜切碎和猪肉做馅，然后包成饺子形状，或蒸，或煮皆可。

客家非遗

【概况】　2022年，赣州市坚持“保护优先、整体保护、见人见物见生活”的保护理念，抓住文旅融合发展契机，积极创新保护机制，推动彰显赣南客家文化的非遗传承发展。全市累计拥有人类非遗代表作名录1项，国家级非遗代表性项目13项，省级非遗代表性项目108项，市级非遗代表性项目327项，县级非遗代表性项目1524项；获认定国家级非遗代表性传承人8人、省级100人、市级309人、县级1147人。年内，市级客家非遗小镇于都县段屋乡寒信村、会昌县洞头畲族村、定南县老城黄砂口村入选2022年“全国非遗与旅游融合发展优选项目名录”。

2022年，绿茶制作技艺（赣南客家擂茶制作技艺）被列入联合国人类非遗代表作名录。图为绿茶制作现场　（市文广新旅局供图）

【绿茶制作技艺（赣南客家擂茶制作技艺）】　赣南客家擂茶在赣南客家人居住区域均有流传，是赣南客家人的传统饮茶习俗，也是古代饮茶习俗的延续。相传擂茶起源于中原人将青草药擂烂冲服的“药饮”，是客家先民在迁徙、生产、生活积累形成的一种饮食习惯。赣南客家擂茶基本原料是鲜茶叶、糯米、芝麻、黄豆、花生、盐及各类青草药等。制作时，先将所配置好的材料，按比例放置擂钵内，用擂杵沿钵内壁逆沟纹走向频频舂捣、旋转磨成茶泥。喝擂茶时，将擂好的茶泥放在擂钵里或大盆里，用滚烫的开水冲泡，再倒入少许高山茶油，并用擂杵搅拌稍许，制成甘润芳香、色如琥珀、清爽可口的擂茶。2022年，绿茶制作技艺（赣南客家擂茶制作技艺）作为“中国传统制茶技艺及其相关习俗”的重要组成部分被列入联合国人类非遗代表作名录。

【赣南采茶戏】　赣南采茶戏具有悠久的历史，由汉族民间采茶歌和采茶灯演唱发展而来，继而成为一种有人物和故事情节的民间小戏，总的特点是：表演欢快，诙谐风趣，载歌载舞，喜剧性强，富有浓郁的乡土气息，颇受群众喜爱。2022年，赣南采茶戏《一个人的长征》被评为中央宣传部第十六届精神文明建设“五个一工程”优秀作品。

【兴国山歌】　兴国山歌传说起源于“木客”号子，生动活泼，形式多样，生活气息浓郁，有独唱、对唱、“三打铁”、联唱、轮唱等形式和锁歌、盘歌、斗歌、猜花、丢观音、黄鳅咬尾、绣褡裢、藤缠树、树缠藤等种类。

【于都唢呐“公婆吹”】　赣南一般百姓家里举办婚丧寿庆、盖新房、庆丰收、上大学等，都要请唢呐乐手来热闹一番。在赣南各县（市）中，最有特色的唢呐要数于都唢呐“公婆吹”。“公婆吹”的乐器主要为“公”“婆”两支唢呐。“公”唢呐音色高亢嘹亮，“婆”唢呐低沉浑厚，两种唢呐交替吹奏。公婆吹曲牌有21首，代表曲目有《麻调》《反合调》《高调》《满升调》《快板》《中调》等。

【石城灯会】　石城灯会是一项独特的民间艺术项目，主要流布于赣南的石城县，在石城方言中，“灯”与“丁”同音，因此舞灯便有祝愿人丁兴旺、庆祝吉祥之意，已有千余年历史。灯种有龙灯、茶篮灯、蛇灯、板桥灯、船灯、马灯、蚌壳灯等几十个品种，制作精美，形象逼真。

【信丰古陂蓆狮犁狮】 信丰县古陂镇蓆狮舞、犁狮舞表演热烈、紧张，把犁田、采收等生产生活的活动以艺术化、形象化的表现形式融入舞蹈动作之中，具有浓郁的乡土气息。蓆狮、犁狮具有典型赣南客家文化特质的原生态民间狮舞，融氏族文化、客家文化、土著文化为一体，象征吉祥喜庆、瑞气临门。蓆狮由3人舞狮，还有2个迴迴（引领者与逗引者）；犁狮则完全不是“狮”而是“牛”，有母牛、小牛和2个迴迴。蓆狮、犁狮以浓郁的客家乡土气息和祥瑞寓意，深受百姓喜爱。

【赣南客家围屋营造技艺】 赣南客家围屋主要分布在龙南、定南、全南，以及寻乌、安远、信丰的南部，龙南现存围屋376座，最具代表性。当初，为防匪患及野兽侵扰，多数客家人聚族而居，形成防御性极强的围合式民居建筑——客家围屋，有国字形、口字形、回字形和不规则形等多种形式。赣南客家围屋因在形制上的别具一格，在防御体系的独具匠心，在构造艺术方面的超凡脱俗，成为当之无愧的、不可多得的中国传统文化瑰宝。

【赣南客家匾额习俗】 赣南客家匾额习俗遍布赣南会昌、上犹、于都等县。在赣南的村落分布着聚族而居的各个姓氏，每个村落都分布着规模不同或支系不同的姓氏宗祠、族祠。在各种各样的祠堂里，都挂有堂匾、功德匾、寿匾和其他匾额。

【东河戏】 东河戏集高腔、昆腔、乱弹多种声腔于一身。东河高腔音乐，既有大锣大鼓的弋阳腔唱调，又有小锣小鼓的青阳腔曲牌，还有音平调缓的四平腔声韵，展现弋阳诸腔的系列风貌。同时，东河戏的舞台艺术古朴而时尚，有古代杂技魔术，有近代的电光亮片，有模仿神像、动物的身段功架，也有冲破舞台的台上台下的对打表演，是一座丰富多彩的艺术宝库。

【客家古文】 赣南客家古文是赣南地区的一种民间曲艺。客家古文以方言为主，音乐唱腔具有浓郁的地方客家色彩，表演灵活方便，道具轻便简单，多为宣传扬善除恶、劫富救贫、伸张正义、反抗压迫、反抗封建婚姻、追求个性解放等群众喜闻乐见的传说。客家古文的曲本体裁为散韵相间体，唱词格式多为七字句式，常用的曲牌有30余支，所用唱腔为曲牌基础上形成的板式腔，具有鲜明的“一曲多唱”特色，一首乐曲大多配上若干不同的唱词反复唱。伴奏乐器主要为勾筒，也有渔鼓筒、小鼓、竹板、梆子、唢呐、秦琴等加入。

【石城砚制作技艺】 石城砚，始于北宋，以天然色彩丰富、花纹图案独特著称于世，曾是进贡砚品。石城砚石，石品独特，多有石眼、金丝银线，含褐、黄、绿、红等五彩缤纷之色，有云纹、木纹、水纹、竹纹等各种纹理，呈山水风光、花卉虫鱼、飞禽走兽、人物神像等天然奇特图案，因而其设计独具创意。分为随形砚、雕砚两大类。

【赣南客家服饰】 赣南客家服饰的形成追溯至宋代，并吸收中原“唐装”和赣南畲族、瑶族等土著服饰特点，以客家蓝衫、冬头帕、围裙、鞋子、吉祥肚兜与吉祥童帽等为典型代表。制作材料主要是麻布、葛布和棉布，主要染料蓝靛是用本地生长的一种植物加工、制作取，就地取材，自织自染自穿，有质朴无华、简便实用，又不失大方美观的特点。

【赣南客家唱船习俗】 赣南客家唱船习俗是赣州所特有的民俗，其主要流行于南康横寨。源于先民腊祭习俗，整个唱船仪式从腊月二十七或二十八始至正月十六终，历时20天，全村所有的春节活动都围绕神船展开。仪式由拜祭神船、神船巡游、舞龙游神、水口焚船等环节组成。船歌内涵丰富，既传授生产生活和历史知识，也宣扬客家人的伦理道德。

国民经济和社会发展状况

【概况】 2022年，赣州市地区生产总值4523.63亿元，比上年增长5.2%。其中，第一产业增加值450.83亿元，增长3.8%；第二产业增加值1822.59亿元，增长6.6%；第三产业增加值2250.21亿元，增长4.5%。三次产业结构10.0 ：40.3 ：49.7。非公有制经济增加值2892.57亿元，增长5.8%。

年末全市户籍总人口为986.23万人，年末常住人口898.81万人，比上年末增加0.81万人。

全年居民消费价格比上年上涨2.3%，其中食品烟酒价格上涨2.0%。在食品烟酒价格中，粮食价格上涨1.0%，鲜菜价格上涨8.9%，畜肉价格下跌8.5%。商品零售价格上涨3.9%。

【农业】 全年农林牧渔业总产值736.85亿元，比上年增长4.2%。粮食作物播种面积50.38万公顷，增长0.2%。油料播种面积6.14万公顷，增长0.3%。其中播种油菜2.02万公顷，下降0.7%。蔬菜播种面积14.85万公顷，增长1.5%。

全年粮食总产量257.48万吨，比上年下降1.7%。油料产量15.10万吨，增长2.2%。其中油菜籽2.6万吨，增长2.3%。蔬菜产量429.28万吨，增长3.5%。烟叶产量1.36万吨，增长1.4%。茶叶产量0.54万吨，增长7.3%。水果产量213.60万吨，增长6.4%。

全年肉类总产量87.93万吨，比上年增长2.4%。其中猪肉产量57.91万吨，增长1.4%；牛肉产量4.02万吨，增长6.7%。禽蛋产量7.38万吨，增长11.9%。牛奶产量5.57万吨，增长14.0%。年末生猪存栏386.02万头，比上年末增长3.6%；

生猪出栏700.01万头，增长1.1%。

全年水产品产量32.90万吨，比上年增长5.5%。其中养殖水产品产量32.57万吨，捕捞水产品产量0.33万吨。

【工业与建筑业】 全年规模以上工业增加值增长8.8%。分轻重工业看，轻工业下降8.2%，重工业增长17.2%。分经济类型看，国有企业增长13.5%，集体企业下降63.4%，股份制企业增长9.8%，外商及港澳台商投资企业增长1.9%，其他经济类型企业增长6.4%。分行业看，35个行业大类中16个行业实现增长，其中化学原料和化学制品制造业增长76.5%，废弃资源综合利用业增长29.3%，有色金属冶炼和压延加工业增长25.0%，电气机械和器材制造业增长22.4%，医药制造业增长18.6%，计算机、通信和其他电子设备制造业增长17.7%，仪器仪表制造业增长11.0%。新产业加速发展，高技术制造业增加值增长22.6%，高于规模以上工业13.8个百分点，占全市比重为24.2%；装备制造业增加值增长19.7%，高于规模以上工业10.9个百分点，占全市比重为32.0%。

全年建筑业总产值671.1亿元，增长10.7%。其中建筑工程产值596.9亿元，增长14.1%，占建筑业总产值的88.9%；安装工程产值44.8亿元，下降15.1%，占比6.7%；其他产值29.4亿元，下降3.8%，占比4.4%。资质以上总、专包建筑业企业共1066家，比上年增加203家。其中特级和一级总、专包企业39家，增加6家；二级企业206家，增加36家；三级及其他企业821家，增加161家。

【服务业】 全年服务业增加值2250.21亿元，比上年增长4.5%。其中批发和零售业增加值365.98亿元，增长5.1%；住宿和餐饮业增加值133.60亿元，增长2.6%；金融保险业增加值317.79亿元，增长5.1%；房地产业增加值352.97亿元，增长1.1%。全年规模以上服务业企业营业收入增长15.1%。

全年交通运输、仓储及邮政业增加值180.90亿元，增长2.0%。铁路货物运输量561.1万吨，增长19.9%；铁路旅客运输量1246.38万人次，下降23.1%。公路通车里程45465千米。其中，高速公路（赣州境内）通车里程1729千米。公路货物运输量22618万吨，比上年下降1.47%；货物运输周转量165.35亿吨千米，增长3.2%；旅客运输量1605万人，下降35.0%；旅客运输周转

2022年末赣州市常住人口数及构成情况表

表3

指　标	年末数（万人）	比重（%）
全市常住人口总量	898.81	100.00
#男	462.59	51.5
女	436.22	48.5
#0—15岁	203.54	22.6
16—59岁	547.17	60.9
60周岁及以上	148.09	16.5
其中：65周岁及以上	108.46	12.1

2022年赣州市居民消费价格指数一览表

表4　　单位：%

指　　标	比2021年涨跌
居民消费价格	2.3
#食品烟酒	2.0
衣着	–0.8
居住	0.9
生活用品及服务	1.7
交通和通信	5.5
教育文化和娱乐	5.1
医疗保健	0.5
其他用品和服务	1.3

2022年赣州市主要畜牧、水产品产量及其增长速度一览表

表5

产品名称	单位	产量	增长（%）
肉类总产量	万吨	87.93	2.4
#猪肉	万吨	57.91	1.4
牛肉	万吨	4.02	6.7
禽肉	万吨	25.74	4.0
牛奶	万吨	5.57	14.0
禽蛋	万吨	7.38	11.9
出栏肉猪	万头	700.01	1.1
家禽出笼	万羽	17112.32	2.4
水产品产量	万吨	32.90	5.5

2022 年赣州市规模以上工业主要产品产量及其增长速度一览表

表 6

产品名称	计量单位	指标值	同比增长（%）
原盐	万吨	77.83	0.0
精制食用植物油	吨	6371.63	-16.6
饮料酒	千升	34798.28	2.0
# 白酒（折 65 度）	千升	4117.54	-39.2
布	万米	6282.89	-17.5
服装	万件	35817.34	3.0
人造板	万立方米	169.15	-17.1
家具	万件	4077.93	0.4
机制纸及纸板	万吨	49.35	18.2
烧碱（折 100%）	万吨	48.43	49.2
中成药	吨	4701.36	-15.8
化学纤维	吨	19092.77	-43.5
水泥	万吨	1739.37	-9.4
钢材	万吨	117.40	-19.6
十种有色金属	吨	75464.06	36.0
铜材	万吨	30.13	-5.5
锂离子电池	亿只	2.67	55.2
太阳能电池（光伏）	万千瓦	134.01	311.2
灯具及照明装置	亿套(台、个)	2.82	-23.5
显示器	万台	523.07	-18.5
液晶显示屏	亿片	2.24	-5.5
电子元件	亿只	48.57	-3.8
印制电路板	万平方米	3220.66	3.6
发电量	亿千瓦时	260.72	114.4
其中：火力发电量	亿千瓦时	190.45	207.7
水力发电量	亿千瓦时	15.40	45.2

2022 年赣州市公路运输量及周转量一览表

表 7

指　标	单位	指标值	增长（%）
货物运输量	万吨	22618	-1.47
旅客运输量	万人	1605	-35.0
货物运输周转量	亿吨千米	165.35	3.2
旅客运输周转量	亿人千米	13.07	-37.3

量 13.07 亿人千米，下降 37.3%。

全年共接待游客 9500.2 万人次，增长 2.8%；旅游总收入 1045.5 亿元，增长 2.9%。

年末民用汽车保有量 137.2 万辆，增长 7.2%。年末私人汽车保有量 129.48 万辆，增长 7.4%。

全年完成电信业务收入 69.07 亿元。年末固定及移动电话用户总数 1010.5 万户，其中移动电话用户 930.90 万户，固定电话用户 79.56 万户。固定互联网宽带接入用户 330.47 万户，比上年末增加 36.33 万户。

全年邮政行业业务总量 33.55 亿元，增长 11.5%，邮政行业业务收入 37.24 亿元，增长 16.0%。邮政业全年完成邮政函件业务 34.68 万件，包裹业务 4.62 万件，快递业务量 22797.83 万件；快递业务收入 24.50 亿元。

【国内贸易】 全年社会消费品零售总额 2100.01 亿元，增长 5.7%。限额以上单位实现消费品零售额 626.29 亿元，增长 14.2%，其中商品零售额 583.2 亿元，增长 12.6%；餐饮收入 43.1 亿元，增长 40.9%。通过公共网络平台实现的商品销售额 48.08 亿元，增长 64%。限额以上单位商品零售额分类中，粮油、食品类增长 41.7%，服装、鞋帽、针纺织品类增长 26.5%，日用品类增长 18.4%，石油及制品类增长 17.8%，家用电器和音像器材类增长 16.9%，汽车类下降 10.7%，化妆品类、中西药品类、建筑及装潢材料类分别增长 30.1%、17.6% 和 4.7%。

【固定资产投资】 全年固定资产投资增长 9.7%。分产业投资看，第一产业投资下降 7.8%，第二产业投资下降 0.3%，第三产业投资增长 20.4%。分企业类型看，国有企业投资增长 33.8%，有限责任公司投资增长 17.7%，股份有限公司投资下降 15.0%，私营企业投资下降 3.0%，港澳台商企业投资增长 2.5%，外商投资增长 19.9%。分领域看，工业投资下降 0.3%，基础设施投资增长 41.7%，房地产开发投资下降 3.6%，民间投资下降 1%。

全年房屋施工面积 4317.49 万平方米，下降 6.6%；房屋竣工面积 315.80 万平方米，增长 33.9%；商品房销售面积 1328.15 万平方米，下降 6%；商品房待售面积 101.32 万平方米，增长 13.4%。商品房销售额 894.93 亿元，下降 10%。

2022 年赣州市分行业固定资产投资增长速度一览表

表 8　　　　单位：%

行　业	增长
总　计	9.7
农、林、牧、渔业	-6.9
农、林、牧、渔专业及辅助性活动	18.4
采矿业	20.7
有色金属矿采选业	265.6
制造业	0.3
农副食品加工业	39.8
纺织服装和服饰业	2.3
家具制造业	-36.4
化学原料及化学制品制造业	-8.5
非金属矿物制品业	-4.5
有色金属冶炼及压延加工业	80.6
电气机械及器材制造业	9.8
计算机、通信和其他电子设备制造业	-5.7
电力、热力、燃气及水的生产和供应业	-7.9
电力、热力的生产和供应业	-3.2
水的生产和供应业	-24.3
批发和零售业	-37.2
交通运输、仓储和邮政业	27.6
住宿和餐饮业	132.0
信息传输、软件和信息技术服务业	-21.3
金融业	-92.7
房地产业	-3.5
租赁和商务服务业	58.0
科学研究和技术服务业	67.4
水利、环境和公共设施管理业	49.9
居民服务、修理和其他服务业	15.5
教育	22.2
卫生和社会工作	79.0
文化、体育和娱乐业	-23.1
公共管理和社会组织	128.8

【对外经济】　全年货物进出口总额 1033.09 亿元，增长 39.9%。其中，进口额 208.98 亿元，增长 29.0%；出口额 824.11 亿元，增长 43.0%。一般贸易出口 638.88 亿元，增长 40.46%；民营企业出口 677.44 亿元，增长 56.31%，分别占全部出口额的 77.53%、82.2%。机电产品出口 406.51 亿元，增长 46.65%；高新技术产品出口 210.23 亿元，增长 81.08%，分别占全部出口额的 49.33%、25.51%。

全年实际利用外资 3.73 亿美元，增长 4.3%。利用省外 2000 万元以上项目资金 1200.42 亿元，增长 9.8%。

【财政金融】　全年一般公共预算收入 306.06 亿元，增长 4.1%。其中税收收入 174.52 亿元，下降 12.8%，占一般公共预算收入的比重为 57.0%。一般公共预算支出 1027.65 亿元，增长 6.9%。民生支出 849.08 亿元，占一般公共预算支出的比重为 82.6%。其中，教育、农林水、卫生健康、住房保障、科学技术、交通运输支出分别达 225.53 亿元、134.03 亿元、124.86 亿元、34.56 亿元、33.01 亿元、28.24 亿元，分别增长 3.4%、2.5%、6.9%、37.2%、7.5%、2.7%。

年末金融机构本外币各项存款余额 7306.15 亿元，比年初增加 870.59 亿元，比上年增长 13.5%。其中住户存款 4918.87 亿元，比年初增加 642.71 亿元。各项贷款余额 7456.17 亿元，比年初增加 833.70 亿元，比上年增长 12.6%。其中短期贷款 943.73 亿元，比年初减少 16.60 亿元；中长期贷款 2787.03 亿元，比年初增加 253.62 亿元。

全年保费收入 141.20 亿元，增长 3.3%。其中，财产险保费收入 56.71 亿元，增长 9.7%；人身险保费收入 84.49 亿元，下降 0.6%。

【人民生活与社会保障】　全年城镇居民人均可支配收入 42231 元，增长 5.2%；农村居民人均可支配收入 15900 元，增长 8.3%。城镇居民人均消费支出 25824 元，增长 6.0%；农村居民人均消费支出 14880 元，增长 9.4%。城镇居民家庭恩格尔系数 31.0%，比上年下降 0.8 个百分点；农村居民家庭恩格尔系数 33.1%，下降 1.6 个百分点。

全年社会保险基金筹集总额 290.5 亿元，比上年增加 16.3 亿元。城乡居民养老保险基金筹集总额 35.32 亿元，增加 2.68 亿元；城镇职工养老保险基金筹集总额 192.37 亿元，增加 8.75 亿元；机关事业养老保险基金筹集总额 46.5 亿元，增加 4.32 亿元；工伤保险基金筹集总额 2.09 亿元，减少 0.44 亿元；失业保险基金筹集总额 2.57 亿元，增加 0.58 亿元。

年末参加城镇职工基本养老保险人数 185.12 万人，比上年末增加 19.48 万人；参加城乡居民社会养老保险人数 437.54 万人，减少 0.57 万人。参加基本医疗保险人数 940.55 万人，减少 8.46 万人，其中参加城镇职工医保人数 84.85 万人，增加 7.5 万人；参加城乡居民医保人数 819.7 万人，减少 15.96 万人。参加工伤保险人数 77.17 万人，增加 5.77 万人。参加失业保险人数 46.5 万人，增加 6.35 万人。参加生育保险人数 61.31 万人，增加 6.94 万人。

全年共有 3.46 万名城镇居民和 33.03 万名农村居民得到政府最低生活保障。共有综合福利院、敬老院和光荣院 274 个。其中，综合福利院 12 个，敬老院 249 个，光荣院 13 个。共有民办养老服务机构 68 个。

【教育和科学技术】 全年研究生教育招生 2950 人，在校研究生 8104 人，毕业生 1690 人。普通高等教育（不含研究生）招生 4.84 万人，在校学生 14.08 万人，毕业生 3.50 万人。各类中等职业教育（包括中等专业和中等职业学校）招生 4.34 万人，在校学生 12.36 万人，毕业生 3.24 万人。普通高中招生 8.82 万人，在校学生 25.24 万人，毕业生 7.58 万人。普通初中招生 14.01 万人，在校学生 43.61 万人，毕业生 16.70 万人。普通小学招生 12.07 万人，在校学生 80.12 万人，毕业生 13.92 万人。特殊教育（含送教上门及随班就读学生）招生 1840 人，在校学生 9652 人，毕业生 2151 人。学前教育在园幼儿 32.4 万人。九年义务教育巩固率为 99.75%，高中阶段毛入学率为 93.51%。

全年境内授予专利权 1.57 万件，PCT（专利合作协定）申请受理量 27 件。境内有效发明专利 0.48 万件，每万人口发明专利拥有量 5.33 件。

全年国家重点研发计划共安排 31 个重点专项，33 个科技项目，国家科技重大专项共安排 1 个课题。全年共签订技术合同 1874 项，技术合同成交金额 117.09 亿元，增长 68.0%。

【文化卫生和体育】 年末电视人口覆盖率 99.97%，广播人口覆盖率 99.98%。

全市共有文化馆 19 个，组织文艺活动 2189 次；乡镇文化站 310 个，组织文艺活动 11292 次；专业艺术表演团体 19 个，演出场次 3106 次；公共图书馆 19 个，有藏书 548.41 万册，图书流通 439.25 万册次；博物馆 21 个，文物藏品 7.94 万件（套），参观 694.40 万人次。

全市共有卫生机构 8169 个。其中医院 178 个，社区卫生服务中心（站）56 个，卫生院 326 个，村卫生室 6194 个，诊所、卫生所、医务室共 1279 个，疾病预防控制中心 21 个，专科疾病防治院（所、站）27 个，妇幼保健院 19 个。卫生技术人员 5.91 万人。其中执业（助理）医师 2.09 万人，注册护士 2.67 万人。卫生机构床位 6.2 万张。

全年共组织有影响的各类群众健身活动 511 次，参与人数超 1000 万人次；市级青少年俱乐部 23 个，市级体育社会组织 71 个（其中市级协会 54 个，市级俱乐部 17 个）；二级裁判员发展 300 人，二级运动员发展 252 人；公共体育场地（市本级管理使用）9 个，其中田径场 3 个、体育馆 1 个、全民健身广场 1 个、游泳馆（池）3 个等。共有少儿体育学校 18 个，在训学生 8653 人，专职教练员 150 人。

【资源环境和安全生产】 全市有森林公园 31 个，面积为 14.93 万公顷。其中，国家森林公园 10 个，面积为 12.10 万公顷；省级森林公园 21 个，面积 2.83 万公顷。

全市有自然保护区 51 处，总面积 23.70 万公顷，占全市辖区面积的 6.0%；其中国家级自然保护区 3 处，面积 4.6617 万公顷；省级面积 5.7529 万公顷；市县级 13.281 万公顷。全市森林覆盖率 76.2%。

全年环境空气质量优良 338 天，未出现中度污染和重度污染天气，优良率为 92.6%。全市地表水Ⅰ—Ⅲ类水质断面比例为 97.3%。有空气自动监测站 40 个，环境监测站 17 个，污水处理厂 54 座（其中生活污水处理厂 25 座、工业污水处理厂 29 座）。

全年发生安全生产事故 45 起、死亡 51 人，分别下降 56.7%、53.2%。工矿商贸企业就业人员每 10 万人生产安全事故死亡人数 0.297 人，下降 42.1%；道路交通事故每万车死亡人数 0.71 人，下降 12.3%。

本栏编辑：周　俊

赣南苏区振兴发展

综 述

【概况】 2022年，赣州市承办赣南等原中央苏区振兴发展战略实施十周年座谈会，59个中央单位106名领导、56个省直厅局主要领导、159名挂职干部齐聚赣州，创赣州历年重大会议之最。配合起草《关于赣南等原中央苏区振兴发展战略实施十周年情况的报告》，获国务院总理李克强重要批示。承办“奋进新时代书写新荣光——赣南等原中央苏区振兴发展战略实施十周年成就展”。推动首部赣南苏区振兴发展重要史料《红土巨变——赣南苏区振兴发展十周年回眸与展望》出版发行，完成《感恩奋进再出发——赣南苏区振兴发展战略实施十周年》画册编印。召开专场新闻发布会3场，中央、省级和市级主流媒体持续聚焦赣南苏区振兴发展。

2022年，赣州市地区生产总值总量大幅跃升，达到4523.63亿元，跻身全国百强城市，列全国第62位，较2011年前进46位。连续10年获评全省综合考评先进，获评全国文明城市、国家卫生城市、国家森林城市，连续7届获评“平安中国建设示范市”，5次获评“长安杯”。全市规模以上企业增加到2680家，实现百亿企业“零”的突破。高新技术企业数量增至951家，高新技术产业增加值占规上工业比重超过40%。全市农林牧渔业总产值达736.85亿元，是2011年的1.97倍。

【赣南等原中央苏区振兴发展战略实施十周年座谈会】 6月28日，赣南等原中央苏区振兴发展战略实施十周年座谈会在赣州市召开。省委书记、省人大常委会主任易炼红出席并讲话。江西省省长叶建春主持，省领导姚增科、吴忠琼、梁桂、吴浩、任珠峰、庄兆林、史文斌、赵力平、陈小平出席座谈会。科技部党组成员、科技日报社社长张碧涌，工业和信息化部党组成员、副部长王江平，商务部党组成员、部长助理郭婷婷，文旅部党组成员、副部长饶权，审计署党组成员、副审计长王文斌，国家税务总局副局长赵静，国家市场监管总局副局长、国家反垄断局局长甘霖，国家体育总局党组副书记、副局长王瑞连，中国社会科学院党组成员、秘书长赵奇，西北农林科技大学党委书记李兴旺等中央国家机关及对口支援单位和地方有关负责人、历批次挂职干部参加座谈会。易炼红、叶建春等与会嘉宾在会前参观了赣南等原中央苏区振兴发展十周年成就展。座谈会上，与会人员听取赣南等原中央苏区振兴发展总体情况通报，并观看专题片。国家发改委以及深圳、东莞、泉州和赣州、吉安、抚州等地市有关负责人作发言。

【赣南等原中央苏区振兴发展战略实施十周年成就展】 6月28日，赣南等原中央苏区振兴发展战略实施十周年成就展在位于江西赣州的赣州市博物馆开展。成就展以“奋进新时代书写新荣光”为主题，分

6月28日，赣南等原中央苏区振兴发展战略实施十周年成就展在赣州市博物馆开展。图为赣州市民参观展览 （市地方志研究室供图）

"深情大爱润泽苏区""鼎力支持倾心帮扶""凝心聚力砥砺奋进""十年振兴苏区蝶变""牢记嘱托再谱新篇"五部分，通过文版、图表、视频、图片、实物、复原场景以及声光电等丰富展陈形式，展现赣南等原中央苏区振兴发展十周年取得的巨大成就。9月，成就展网上展馆在"赣南红"客户端全面发布上线。

（刘光涛）

政策措施

【概况】 2022年，赣州市争取国务院批复同意建设赣州革命老区高质量发展示范区（全国104个革命老区地市仅赣州、闽西2个列入），国家发改委印发《赣州革命老区高质量发展示范区建设方案》（以下简称《建设方案》），《建设方案》明确示范区建设"2个阶段性目标"和"6个合作示范领域"，包含核心事项20项、重大事项120项，这是《若干意见》出台后时隔10年国家为赣州量身定制的又一整体性、系统性重大政策文件。推动省级层面健全支持示范区建设政策体系取得重大突破，会同省发改委（苏区办）编制《赣州革命老区高质量发展示范区发展规划》，省政府及时出台《支持赣州革命老区高质量发展示范区建设的若干政策措施（2022—2025年）》。

【重点领域特殊重大政策支持】 2022年，对接争取国家"十四五"支持革命老区巩固拓展脱贫攻坚成果衔接推进乡村振兴、基础设施建设、红色旅游、生态环境保护修复等4个重点领域实施方案，赣州成为获得国家重大政策支持数量最多、含金量最高、政策体系最为健全的革命老区。巩固拓展脱贫攻坚成果方案中明确提出的99项事项中，直接点明或指向赣州的事项16项，占赣闽粤革命老区的72.7%，占全国12个重点革命老区的16.2%，在革命老区地市中居第一位。基础设施建设方案纳入涉及赣州的重大事项14个、重大项目16个，数量居全国革命老区地市第一。红色旅游发展方案中涉及支持地方事项37项，直接点明或指向赣州的有5项，占赣闽粤革命老区的55.6%，占全国12个重点革命老区的13.5%。生态环境保护修复实施方案中直接点明或指向赣州的重大事项8项，占赣闽粤革命老区的80%，占全国12个重点革命老区的14.55%。

【北上对接成效】 2022年，全市推进各地、各部门主要领导"每两个月至少要赴中央对口支援单位对接汇报一次、每月至少要赴省直对口厅局对接汇报一次"制度，持续完善常态化"北上"对接机制。印发《新时代赣南苏区振兴发展2022年工作要点》，定期调度"北上"争取工作进展。全年组织开展集中"北上"对接活动6次、赴京对接400余批次，加快《建设方案》明确事项加速落地。推动省委召开省苏区振兴领导小组第十一次会议，争取会议增加研究恳请事项议题，会议研究赣州市重大事项5项，已落实3项、正在推进2项。争取省政府明确支持继续在赣州召开2022年省支持推进会。争取国家发改委提前下发关于部际联席会第八次会议协调解决事项的复函，明确支持赣州事项17项（共33项），占比达51.5%，在赣闽粤三省八市中列第一。

【执行西部大开发政策】 根据财政部、国税总局、国家发展改革委2020年联合发布《关于延续西部大开发企业所得税政策的公告》，自2021年1月1日起至2030年12月31日，对设在西部地区的鼓励类产业企业减按15%的税率征收企业所得税，赣州等4个非西部地区可比照西部地区的企业所得税政策执行，赣州市执行西部大开发税收政策得到延续。统筹调度政策执行情况，定期梳理汇总赣州市执行西部大开发政策情况，对已经执行到位的具体政策或西部标准继续做好跟踪落实，共执行政策185项，其中2022年新增7项，确保政策有效落实。在执行西部大开发税收政策方面，2022年全市252户次企业享受西部大开发税收优惠政策，减免企业所得税7.24亿元，有力助推了苏区产业发展，增强企业竞争力。

【省赣南等原中央苏区振兴发展工作领导小组第十一次会议】 4月8日，时任江西省委书记易炼红主持召开赣南等原中央苏区振兴发展工作领导小组第十一次会议，全面部署了新时代赣南苏区振兴发展工作，研究协调了赣州市重大事项13项。

【争资争项】 制定《2022年度全市争资争项工作考评方案》，首次对全市争资争项工作开展系统性考核。先后4次组织市直有关单位、对口支援挂职干部集中赴国家部委、省直厅局对接200余批次。2022年，争取上级各类资金946.56亿元，增长15%，其中争取中央预算内资金32.99亿元，支持项目383个。争取地方政府专项债379.07亿元（占全省设区市总量的23%），支持项目300个，专项债、基金、中长期贷款等工作多次在全省名列前茅。

（刘光涛）

对口支援

【对口支援政策落实】 推动新一轮中央国家机关及有关单位首批对口支援挂职干部到任履职，创新开展"五个一"系列活动，组织召开挂职干部座谈会4次和集中调研（交流）活动3次。促成7个中央对口支援单位副职以上领导21人到赣州调研（其中正职领导3名，副国级1名），22个部委新出台对口支援实施方案或计划，76项"援县促市"事项完成64项，占84%。

【挂职干部作用发挥】 第四批（2020—2022年）中央国家机关及

6月22日，国家能源局对口支援项目信丰电厂（一期）全面建成（信丰县供图）

有关单位55名对口支援干部，为老区争取重要政策87项、重要平台58个、重大援助项目299个，招商引资项目139个，签约总金额1303亿元。水利部对口支援干部主动谋划赣州6个项目纳入国家规划，打破赣州30多年没有国家重大水利项目布局的历史。国家能源局对口支援干部主动谋划提出“闽赣异步联网工程”项目，建成后将有效缓解江西电力短缺问题。财政部及时下达首期4.5亿元资金，推动瑞金机场加快建设。中国民航局直接支持6亿元民航发展基金。国家税务总局对口支援干部拓宽招商引资渠道，成功引进工业项目21个，签约金额160多亿元，已落地近60亿元。中央统战部、全国工商联、商务部等组织100余个商会协会、400余家龙头企业开展“苏区行”，推动一大批企业和投资项目落地，签约总金额超过500亿元。国家体育总局推动崇义县全民健身场地设施更普及、更亲民、更便利，支援崇义县事项16个，“援县促市”事项2个，以点带面，助力赣州市建设成革命老区高质量发展体育示范区。

【对口支援赣州市第四批挂职干部座谈会】 5月17日下午，中央国家机关及有关单位对口支援赣州市第四批挂职干部座谈会召开。市委书记吴忠琼出席并讲话。市领导田辉主持，胡剑飞、孙敏、朱敏、刘春文等出席座谈会。会上，市苏区办汇报了第四批对口支援工作有关情况；第四批挂职干部联络员张鹏、李新民，挂职干部代表陈帝霖、孙超、明星、卢丽君、陶奎堂、高新强等作了发言。吴忠琼代表市委、市政府和984万名赣南老区人民，向第四批挂职干部及其所代表的中央对口支援单位表示衷心感谢和崇高敬意。

【第五批中央国家机关及有关单位对口支援挂职干部赣州党支部专题调研学习会】 11月5日，中央国家机关及有关单位第五批赴赣对口支援挂职干部赣州党支部专题调研学习会在大余县举行，实地调研大余文旅事业产业和乡村振兴发展情况，集体学习中共二十大报告，结合赣州市实际情况，研讨以科技引领创新驱动发展战略，不断塑造发展新动能新优势。省苏区办副主任、市委常委、副市长窦良坦，省苏区办副主任、市委常委、副市长杜飞轮带队开展专题调研学习。

（刘光涛）

先行先试

【概况】 2022年，赣州市承办赣南等原中央苏区振兴发展战略实施十周年座谈会，59个中央单位106名领导、56个省直厅局主要领导、159名挂职干部齐聚赣州，创赣州历年重大会议之最。配合起草《关于赣南等原中央苏区振兴发展战略实施十周年情况的报告》，获国务院总理李克强重要批示。承办“奋进新时代书写新荣光——赣南等原中央苏区振兴发展战略实施十周年成就展”。推动首部赣南苏区振兴发展重要史料《红土巨变——赣南苏区振兴发展十周年回眸与展望》出版发行，完成《感恩奋进再出发——赣南苏区振兴发展战略实施十周年》画册编印。召开专场新闻发布会3场，中央、省级和市级主流媒体持续聚焦赣南苏区振兴发展。

【重点领域改革】 2022年，赣州市实施国家级改革试点18项、省级改革试点16项，十大改革攻坚行动2022年度具体改革举措543项，市委深改委2022年工作要点具体改革举措369项（含市深化改革开放行动任务145项），均全部完成或达到年度进度要求。赣州国际陆港在全国首创“跨省、跨关区、跨陆海港”的组合港通关新模式、会昌县开展国土空间生态修复试点、兴国县探索红色资源活化利用新路径等19项改革事项在央视《新闻联播》《人民日报》等央媒宣传推介。“市级巡察机构在上下联动中更好发挥作用”全国试点、深化医疗服务价格改革试点、医保DIP（基于大数据的病种组合）改革试点、大余县农村宅基地制度改革全国试点、市域社会治理试点、安远县“四位一体、两社融合”改革等36项改革经验在全国性会议上作典型经验交流发言或获国家部委充分肯定。

【内陆双向开放高地】 赣州国际陆港主动与粤港澳大湾区国际大港开展合作，开创沿海港口与内陆合作的新模式。启动建设深赣港产城特别合作区，与盐田港集团成立合作平台，常态化开行深赣欧班列，打造“特区+老区”的合作共建模式。2022年，赣州国际陆港与德国威廉港建立战略合作关系，开行全省首趟中老国际班列，开辟至罗马尼亚的新线路。开通赣（州）深（圳）城际高速货运班列“融湾号”，全程运行平均时间压缩至6小时。与广州港开通赣穗组合港赣州国际陆港开通5条铁海联运“三同”（货物进境与沿海同价到港、出境与沿海同价起运、通关与沿海同样效率）班列精品线路，中欧（亚）班列覆盖中亚南亚及欧洲20多个国家100多个城市，内贸班列通达国内主要物流节点城市。赣州综合保税区规划调整至赣州国际陆港，获批全国第二批、全省首个国家进口贸易促进创新示范区，实现陆港、跨境电商综合试验区、综合保税区、进口贸易促进创新示范区“四区融合”。

【对外开放合作】 全国首家深圳精品展销中心（赣州）建成运营，首批吸引华为、比亚迪、大疆等近百家深圳知名品牌企业“抱团”入驻。深圳科技园赣州分园正式开园，入驻9家企业。2022年，赣州市新签约引进深圳项目150多个，签约金额突破1300亿元，引进了富士康、宝明科技、左右家私、方大集团、晶华微电子、润贝航科、大族数控等一批龙头企业。总投资65亿元的深赣港产城一体化合作区4个子项目全面开工；赣深无人机产业基地引进顺丰、大漠大、科比特、亿航等深圳无人机头部企业合作共建；总投资20亿元的赣深时尚创意产业园开工在建；龙南市与深圳永利八达通合作共建以保税物流中心为依托的前店后仓项目，打造跨境保税零售进口商品“前店后仓快速物流”消费新模式。2022年，赣州市新增5家深交所上市企业，首发募资达91.05亿元，创历史新高。推动农产品产销对接，两市联合印发《深圳市与赣州市对口合作农业专项实施方案》，建成全省唯一粤港澳大湾区“菜篮子”产品（赣州）配送分中心，认证粤港澳大湾区“菜篮子”基地84家、“圳品”品牌农产品28个，均居全省第一。

【现代产业体系构建】 “1+5+N”产业量质双升，获批创建省制造业高质量发展试验区，稀土新材料及应用集群跻身全省唯一国家先进制造业集群，有色金属和新材料产业规上营收首次突破2100亿元。中科院赣江创新研究院运行良好，获批首批国家知识产权强市建设试点城市，国家优秀青年科学基金项目、井冈质量奖获奖企业实现“零”的突破。成功创建“千兆城市”，获批国家区块链创新应用综合性试点，赣州跃居全国数字经济城市发展百强榜第58位。赣南脐橙连续八年位居全国水果类地理标志产品价值榜首。三百山晋级国家AAAAA级旅游景区。

（刘光涛）

深赣合作

【概况】 5月19日，经国务院同意、国家发改委印发《革命老区重点城市对口合作工作方案》，明确赣州市与深圳市建立对口合作关系（全国仅20个革命老区城市列入，赣州市排第一序列）。赣州市高度重视深赣对口合作，市委常委会、市政府常务会多次专题研究，市委主要领导多次听取有关工作汇报，市政府主要领导和分管领导分别带队赴深圳市开展对接，深赣两市牵头部门开展线上线下对接交流活动近40次，两市科技、文旅、农业、体育、税务、机关工委、党史、检察、干部培训等多个部门签订合作协议，推动对口合作取得阶段性积极进展。深赣对口合作工作成效得到国家、省发改委有关负责人的充分肯定。

【对口合作工作机制】 年内，建立赣州市与深圳市对口合作联席会议制度，由两市主要领导为召集人，每年召开一次，商讨对口合作重大事项。深赣两地对口合作牵头部门（深圳市乡村振兴和协作交流局和赣州市发展和改革委员会）实行“周例会、月调度”（视频方式）工作推进机制，加强对口合作联络协调和合作事项的推动落实。创新建立对口合作重点事项清单制度，由两地共同商定近期重点合作事项，实行动态管理、滚动实施、分批推进。起草《赣州市与深圳市对口合作实施方案（2023—2027年）》，明确到2027年的工作目标和七大领域23项重点任务，力争将深赣对口合作打造成为“特区+老区”携手迈向共同富裕的全国范例，9月完成实施方案编制工作。按照“深圳所能、赣州所需；政府引导、市场运作；事项清晰、务实可行；具有带动性、引领性；尽量实体化、项目化”的原则和“目标化、实体化、项目化、清单化”的要求，赣州市组织各地各部门提报深赣对口合作事项156项，筛选21项条件比较成熟的重点合作事项联合印发首批重点事项清单。在市本级联通深圳政务服务，实现与深圳市151个事项“跨省通办”，127项深圳市高频政务服务事项可在赣州市24小时自助政务服务区办理。

【推介活动】 2022年，深赣两市在经贸交流、旅游推介、产销合作等多领域举办推介系列活动。其中，在深圳市举办赣州市数字经济产业合作推介会、“同饮东江水·深寻一家亲”2022年深寻支援合作交流暨项目推介会、“客家非遗走进大湾区”活动、赣州（深圳）生物医药大健康产业合作推介会、江西信丰深度融入大湾区数字经济产业合作推介会等系列招商推介会。8月11日，赣州市融湾宣传座谈会暨“走进湾区”全媒体采访活动启动会议在深圳举行，赣州广播电视台与深圳广电集团、赣南日报社与深圳特区报社等分别签订宣传合作框架协议，深赣双方将在巩固主流舆论阵地、媒体互访、跨区域业务联动、资源共享、宣传对口帮扶等方面开展深度合作。

【工业产业协作】 2022年，赣州正成为承接深圳市产业转移新高地。年内，赣州市新签约引进深圳项目

100个，签约金额近900亿元，涉及电子信息、医药食品、现代家居、数字经济、金属新材料等多个领域，富士康、岩代投资、宝明科技、新星轻合金、仁豪家具、大族数控、丰翼科技等一批知名民企、上市公司先后在赣州市投资。总投资65亿元的深赣港产城一体化合作区4个子项目全面开工，深赣无人机产业基地引进天健集团、丰翼科技、大漠大智控、科比特等深圳企业合作共建。与深圳市时尚创意产业联盟签署战略合作协议共建于都（深圳）时尚创意产业园项目。

3月17日，腾远钴业在深交所上市　（市发改委供图）

【农业对口帮扶】 赣州市已认证粤港澳大湾区“菜篮子”基地84家、“圳品”品牌农产品24个，认证数均居全省第一；基本建成粤港澳大湾区“菜篮子”赣州配送分中心，全市每年有近250万头生猪、2000万羽家禽、10万吨脐橙、10万吨蔬菜销往深圳等大湾区。特别是2022年赣州市积极组织120吨新鲜果蔬驰援深圳抗击疫情，深圳市工会系统累计采购赣州特色消费帮扶产品420万元。深圳市“簕杜鹃”助农行动、“耕耘者振兴计划”推广覆盖赣州全域，“耕耘者振兴计划”项目乡村治理骨干专题培训班分别在赣州市石城县、寻乌县开班，培训乡村治理业务骨干170余人。在深圳市乡村振兴和协作交流局支持推动下，连续举办以“线上欢乐购、喜迎丰收节”为主题的2022年农民丰收节直播带货活动和以“真情实赣、深情厚谊”为主题的帮扶助农直播，向深圳市相关企业、商超推介赣南优质农产品。

【职业教育专项合作】 成功举办2022年“湾区＋老区”职教创新发展大会，举行深（圳）赣（州）职业教育联盟成立仪式，签订深赣职业教育招商项目3个、深赣职业院校合作项目6个。至2022年年底，赣州市已有3所市属高校、8所中职学校分别与深圳市11所职业院校开展多种形式合作，其中实现整体（校）帮扶学校3所（赣州职业技术学院、寻乌职校、龙南中专）。《深圳市与赣州市职业教育专项合作实施方案（2022—2026年）》已达成一致意见。

【文化旅游联合推介】 赣州市与深圳长泓资产管理有限公司等多家企业签订文旅合作项目13个，签约金额91.8亿元。赣州市安远三百山景区、大余丫山旅游度假区等4个赣州市职工（劳模）疗休养基地入围深圳市首批13家技术工人疗休养基地。深圳市在赣州市举办2022“深赣携手出游圳好”深圳旅游推介活动，全方位宣传推介深圳全域旅游资源。赣州市引进华强方特集团建设全国首座红色文化高科技主题公园——赣州方特东方欲晓主题公园，方特二期（水上乐园、主题酒店）项目已开工并加紧建设。邀请4批96人次深圳市港澳台同胞以及侨界人士到赣州市开展“悠悠东江源·深深赣港情”“港澳青年国情调研赣州思源行”等活动。

【开放合作】 2022年，两市合作共建“深赣组合港”，在全国首创“跨省、跨直属关区、跨陆海港”的组合港通关新模式，稳定运行至深圳市铁海联运“三同”班列，开通至今累计开行突破3000列；常态化开行“深赣欧”班列；赣州国际陆港正式开通深（圳）赣（州）城际高速货运班列“融湾号”，全程运营平均时间压缩至6小时。资本融湾步伐不断加快，深交所全力支持赣州资本市场发展，全年全市有4家企业（腾远钴业、逸豪新材、中国稀土、天健电声）在深交所上市，首发募资达64.8亿元，创历史新高。深创投加强合作力度，打造赣州企业“融湾路演”投资活动品牌，超20亿元各类基金战略投资赣州市10余家重点拟上市企业。

（温世良）

本栏编辑：陈晔明

中国共产党赣州市委员会

综　述

【概况】　2022年是中共二十大召开之年。市委紧扣迎接和学习宣传贯彻中共二十大精神主题主线，坚决落实党中央、国务院和省委、省政府决策部署，深入贯彻中共中央总书记习近平视察江西和赣州重要讲话精神，聚焦“作示范、勇争先”的目标要求，实施“三大战略、八大行动”，稳增长、防风险、保稳定、惠民生，科学应对接连而至的疫情、汛情、旱情、火情等大战大考，统筹疫情防控和经济社会发展取得显著成效。全市经济总量突破4500亿元、增长5.2%，列全国百强城市第62位，比2021年前进3位，9个主要经济指标增速位居全省前三，6项工作获国务院督查激励表彰，创历史最好成绩。

【深入学习宣传贯彻中共二十大精神】　坚持用习近平新时代中国特色社会主义思想凝心铸魂，深化落实党委（党组）会议“第一议题”、基层党组织“每月学习日”、“3+X”集中学习等制度，市委理论学习中心组开展集体学习17次，带头深学细研中共中央总书记习近平最新重要讲话重要指示批示精神和《习近平谈治国理政》第四卷等，理论学习经验做法获中宣部肯定。开设“奋进新征程建功新时代”“非凡十年”等宣传专题，营造喜迎二十大浓厚氛围。中共二十大召开后，第一时间将大会精神传达学习到每个支部、每名党员，在全市掀起学习宣传贯彻热潮。11月6日，市委印发《关于认真学习宣传贯彻党的二十大精神的通知》。组建由市委常委和专家学者组成的市委宣讲团，组织长征源宣讲团等912支基层宣讲队伍，开展对象化、分众化、互动化基层宣讲5900多场，推动党的创新理论“飞入寻常百姓家”，引领全市上下深刻领悟“两个确立”的决定性意义，发自内心感党恩、听党话、跟党走。常态化开展中共中央总书记习近平重要讲话重要指示批示精神落实情况跟踪督办，健全完善抓工作落实机制，认真抓好中办回访调研、环保督察、审计监督、涉粮问题等整改落实。深入推进新时代赣南苏区振兴发展，隆重举办赣南等原中央苏区振兴发展十周年系列活动，国务院批复实施《赣州革命老区高质量发展示范区建设方案》，深赣对口合作上升为国家战略，争取政策性开发性基金、政府专项债、制造业中长期贷款、中央预算内投资等份额列全省第一。

【革命老区高质量发展示范区建设】　3月3日，国务院批复同意赣州建设革命老区高质量发展示范区，是党中央、国务院新时代支持赣南苏区振兴发展的重大决策，是国家层面赋予赣州的又一项重大历史使命。4月21日，中共赣州市委、赣州市人民政府印发《关于深入贯彻落实〈赣州革命老区高质量发展示范区建设方案〉的实施意见》。《实施意见》提出，到2025年，示范区建设取得重大进展，在乡村振兴、特色优势产业发展、生态文明建设、内陆开放合作、红色文化传承创新等方面走在全国革命老区前列，探索形成一批推进革命老区振兴发展的典型经验做法。到2035年，示范区与全国同步基本实现社会主义现代化，形成红色文化繁荣、生态美丽宜居、特色产业兴旺、人民生活富庶的发展新局面。年内，全市打出稳增长“组合拳”，出台实施应对疫情助企纾困“34条”、稳经济促发展保就业“35条”政策措施以及稳住经济发展“31条”接续措施，推动经济运行企稳向好、稳中有进、稳中提质。

【推进全面从严治党】　班子自身建设　市委坚持把政治建设摆在首位，不断提高政治判断力、政治领悟力、政治执行力，把对党绝对忠诚体现到实际行动、落实到日常言行。严守党的政治纪律和政治规矩，带头落实民主集中制，严格执行“三重一大”、请示报告等制度，完成肖某案、龚某华案以案促改工作，高质量开好全面从严治党形势分析会、民主生活会、组织生活会等，党内政治生活质量全面提高。坚持践行党的群众路线，带头接待群众来访、开展调查研究、联点帮扶企业等，班子创造力、凝聚力和战斗力不断增强。

巩固意识形态防线　年内，市委常委会11次专题研究部署意

识形态工作，出台意识形态工作问责办法，建立防范化解意识形态领域风险常态机制，开展意识形态领域风险隐患大排查、大清仓、大起底，全市意识形态总体态势向上向好。突出抓好农村、学校、网络等意识形态阵地建设和管理，县乡村文明实践中心（所、站）实现全覆盖，制定出台加强新时代中小学思想政治理论课教师队伍建设的实施意见。推动各县（市、区）建立网络应急指挥中心，建立敏感舆情预管控一体化机制和重大网络舆情一体化处置机制。成立运营国际传播中心，上线运行“赣南红”客户端，在中央主流媒体刊载报道数量居全省第二。举办南方红军三年游击战争胜利暨新四军组建85周年、纪念南昌起义军余部“赣南三整”95周年等理论研讨会，深化红色文化研究。广泛开展群众性精神文明创建活动，全国文明城市、国家卫生城市创建成果持续巩固，《一个人的长征》获国家“五个一工程”奖，“中国好人榜”入选人数列全省第一。

干部队伍建设　开展换届后县（市、区）领导班子运行情况大回访大调研，全力打好群团、国企、学校、年轻干部、党外干部等领域选配硬仗，在“三大战略、八大行动”一线选拔干部180人，其中新选配年轻干部、党外干部64人，干部队伍结构进一步优化。用好职务与职级并行政策，推进乡镇（街道）机关公务员职级晋升1033人、县以下事业单位管理岗位职员等级晋升2600余人。实施干部能力提升工程，举办“八大行动”专题研讨班，启动“百千万”金融人才专项培训行动，选派8名干部赴中央单位、经济发达地区挂职锻炼，66名干部赴深圳、广州等粤港澳大湾区跟班学习。统筹推进综合考核工作，制定实施考核方案及考核细则，以综合考核“指挥棒”推动履职尽责、担当实干。推进领导干部能上能下，开展失实检举控告澄清正名和容错纠错，严肃查处诬告陷害行为。弘扬苏区精神和苏区干部好作风，开展“大干项目、大抓落实年”活动，引导各级党员干部在项目建设、产业发展等一线奋勇拼搏、创先争优。

基层组织建设　将党建工作与中心工作同步谋划、同频调度，市委常委会专题研究基层党建工作8次，市委全会听取落实党建工作责任制抓党建工作情况报告2次，认真组织党委（党组）书记抓基层党建述职评议考核。牢固树立大抓基层的鲜明导向，统筹推进各领域党建均衡发展，推动8.7万余名在职党员到居住地社区报到，中小学校党组织领导的校长负责制扎实推进，公立医院“七个全覆盖”有效落实，国企党建管理体制机制进一步理顺，成立新业态、新就业群体党组织131个，打造“让党放心、人民满意”模范机关工作在全省作经验交流。推进抓党建促乡村振兴，排查整顿软弱涣散党组织，打造一批“红色名村”和乡村振兴模范党组织。实施村集体经济提质增效三年行动，所有行政村经营性收入过15万元、村均达43.58万元。

政治生态建设　年内，市委常委会研究党风廉政建设和反腐败工作15次，推动党风廉政建设责任制落到实处。强化“一把手”和领导班子监督，市县两级实现政治谈话全覆盖。开展落实中央八项规定精神十周年“回头看”活动，驰而不息纠“四风”、树新风，深化整治形式主义、官僚主义。为基层减负，市级重点精简类文件、召开统计口径会议、督查检查考核同比分别减少24.89%、4.78%、12.5%。开展“干就赣好”抓落实转作风突出问题集中整治，查处不担当、不作为、乱作为、假作为问题87个、处理149人。坚持以严的基调打好反腐败斗争攻坚战持久战，大力整治群众身边腐败和不正之风，深化整治国资国企、金融、医疗卫生、开发区、涉林等重点领域腐败，全市立案3088件、处分2805人、留置75人。“市级巡察机构在上下联动中更好发挥作用”试点圆满完成，经验做法在全国推广。出台统筹做好查办案件前后半篇文章的实施意见，推进以案促改制度化规范化。深化新时代廉洁文化建设，崇廉尚洁氛围更加浓厚。

【表彰】 2月16日，市委、市政府决定，对市委办公室等10个单位记集体二等功，对市纪委市监委等23个单位记集体三等功，授予市委统战部等141个单位“创建国家卫生城市工作先进集体”称号；对刘敏等20人记二等功，对张冠军等28人记三等功，授予刘钦宣等298人“创建国家卫生城市工作先进个人”称号，对陈素娟等125人予以嘉奖。

3月24日，市委、市政府授予全南县等18个县（市、区）“2021年度平安赣州建设先进县（市、区）”称号，授予市委办公室等162个单位“2021年度平安赣州建设先进单位”称号，授予全南县、龙南市“2021年度安全感测评公众满意县（市）”称号，授予市公安局等38个单位“2021年度公众满意政法单位”称号。

4月9日，市委、市政府授予赣州经开区等7个县（市、区）“2021年度主攻工业先进县（市、区）”称号，通报表扬章贡区等5个县（市、区）、赣州市开源科技有限公司等5户企业百亿工业企业，授予赣州市同兴达电子科技有限公司等36户企业“2021年度优强企业奖”；授予赣州经开区等10个县（市、区）“开放型经济工作先进县（市、区）”称号，授予瑞金市等3个县（市）“利用外资先进县（市、区）”称号，授予于都县等3个县“利用省外资金先进县（市、区）”称号，授予瑞金市等3个县（市）“外经贸工作先进县（市、区）”称号，授予北京小分队等3个小分队“招商引资先进驻点小分队”称号，授予曾小英等52人“2021年度全市招商标兵”称号，授予深圳市赣州商会“2021年度优秀外埠商会”称号。

4月26日，市委、市政府决定，授予赣州经开区、章贡区、赣县区、南康区、信丰县、瑞金市、宁都县、于都县、全南县、寻乌县、大余县、石城县“2021 年度高质量发展先进县（市、区）”称号。

（郑　峥）

重要会议与活动

【中共中央政治局委员、中宣部部长黄坤明在赣州调研】 1月3—4日，中共中央政治局委员、中宣部部长黄坤明在赣州调研。黄坤明到中宣部对口支援的寻乌县，走进村镇、社区、企业和基层宣传文化单位，了解六中全会精神宣传、推动乡村振兴、红色资源保护利用等情况，听取干部群众意见建议。中宣部副部长孙业礼随同调研。

【全市项目大会战流动现场会】 1月6—11日，全市项目大会战流动现场会召开，行程2000多千米，现场察看项目60个，全面了解各地项目建设等情况。

【市委经济工作会议暨“八大行动”动员部署会】 1月11日，市委经济工作会议暨“八大行动”动员部署会在赣州召开。省委副书记、市委书记吴忠琼主持会议并讲话。

【市委党史学习教育总结会议】 1月12日，市委召开党史学习教育总结会议。省委副书记、市委书记吴忠琼出席并讲话。

【市委常委班子党史学习教育专题民主生活会】 1月28日，市委召开市委常委班子党史学习教育专题民主生活会。会议通报市委常委班子2020年度民主生活会整改措施落实情况，以及此次民主生活会征求意见情况。省委副书记、市委书记吴忠琼就开好此次民主生活会提出要求，代表市委常委班子进行对照检查。随后，吴忠琼带头，市委常委和市委一级巡视员采取一个一个过的方式，依次进行个人对照检查，并听取批评意见。省委副书记、市委书记吴忠琼主持会议并作总结讲话。省委第二巡回指导组、省纪委有关负责人到会指导。

【市党管武装工作会议暨赣州军分区党委七届六次全体（扩大）会议】 1月24日，市党管武装工作会议暨赣州军分区党委七届六次全体（扩大）会议召开。省委副书记、市委书记吴忠琼出席会议并讲话。

【全市深化发展和改革双“一号工程”推进部署会】 2月25日，全市深化发展和改革双“一号工程”推进部署会召开。省委副书记、市委书记吴忠琼出席会议并讲话。

【中央国家机关及有关单位对口支援赣州市第四批挂职干部座谈会】 5月17日，中央国家机关及有关单位对口支援赣州市第四批挂职干部座谈会召开。省委副书记、市委书记吴忠琼出席并讲话。

【市党政考察团赴福建学习考察并招商引资】 5月25—27日，省委副书记、市委书记吴忠琼率市党政考察团前往福建厦门、泉州、福州三地学习考察并招商引资。考察团一行参观“习近平在福州的创新理念与生动实践”主题展，重温习近平同志在闽工作期间推进改革开放和现代化建设的重要理念和创新实践；考察厦门软件园三期、跨境电商产业园等平台，走访天马微电子、弘信电子、银鹭集团，利郎、安踏、九牧王等企业，参观了泉州梧林传统村落、福州城市规划展示馆、福山郊野公园及福道、三坊七巷历史文化街区等项目；会见安井食品、功夫动漫等企业负责人和厦门赣州商会等代表，在泉州召开福建商会、企业家代表座谈会，现场推介赣州的发展势头和营商环境，并与匹克集团等企业签约8个投资项目，总投资超过160亿元。考察期间，福建省委书记、省人大常委会主任尹力，省委常委、福州市委书记林宝金，省委常委、泉州市委书记刘建洋，厦门市市长黄文辉等分别与考察团会见或座谈交流。

【赣南稀土矿山升级改造复产活动】 5月24日，中国稀土集团在定南县岭北镇三丘田稀土矿山现场举行贯彻落实中共中央总书记习近平视察赣州稀土产业重要指示精神暨赣南稀土矿山升级改造复产活动。省委副书记、市委书记吴忠琼出席并宣布启动复产。省委常委、副省长任珠峰出席并讲话。

【全市领导干部会议】 7月9日，市委召开全市领导干部会议，宣布中共江西省委关于赣州市政府主要负责人任职的决定。经省委常委会研究决定，李克坚任赣州市委委员、常委、副书记，提名为赣州市政府市长候选人。省委副书记、市委书记吴忠琼主持会议并讲话。受省委委派，省委组织部副部长、省人大常委会选任联工委主任徐忠出席会议，宣布决定并讲话。

【湖南郴州市党政代表团在赣州市考察】 7月15—16日，湖南省郴州市党政代表团一行在赣州考察园区发展、产业集聚、国际陆港、城市治理、文旅融合及夜间经济等工作。双方就进一步深化合作进行座谈交流，两地签订共同推进区域协同发展合作备忘录。

【市委全面从严治党形势分析会】 7月19日，市委全面从严治党形势分析会召开。省委副书记、市委书记吴忠琼主持会议并作总结讲话。

【中共赣州市委六届三次全体（扩大）会议】 7月25日，中共赣州市委六届三次全体（扩大）会议召开，总结上半年工作，研究分析当前形势，部署下半年工作。省委副书记、市委书记吴忠琼代表市委常委会向全会报告工作并讲话。市委副书记、代市长李克坚总结部署经济工作，并通报各县（市、区）主要指标排名情况。

【南方红军三年游击战争胜利暨新四军组建85周年理论研讨会在赣州举行】 8月30—31日，全国红

7月25日，中共赣州市委六届三次全体（扩大）会议召开　（郭芷汇 摄）

色基因传承研究中心、中国新四军和华中抗日根据地研究会、中共江西省委党史研究室、江西省社会科学院、中共赣州市委联合主办的南方红军三年游击战争胜利暨新四军组建85周年理论研讨会在赣州市大余县、信丰县举行。原南京军区司令员朱文泉上将，江苏省军区原司令员于中海少将，原南京军区装备部副部长徐红少将，江苏省政协原副主席陆军，海军指挥学院专家组成员、少将袁振威，上海市新四军研究会会长、少将刘苏闽，省法学会会长刘铁流等出席。省委副书记、市委书记吴忠琼，原南京军区副司令员徐承云中将致辞。会上，中国人民对外友好协会原会长、陈毅元帅之子陈昊苏代表革命先辈后代作了视频发言。原中央党史研究室副主任龙新民，中共中央党史和文献研究院原副院长魏海生等作了主旨发言。叶挺、项英等革命先辈后代、老战士代表，党史军史有关专家学者，中国新四军研究会和有关省市新四军研究会代表，入选论文作者代表等200余人参加研讨会。

【市委作风建设专题分析会暨“七个有之”专项治理工作会议】　9月6日，市委作风建设专题分析会暨“七个有之”专项治理工作会议召开。省委副书记、市委书记吴忠琼主持会议并讲话。

【全市稳增长防风险保稳定惠民生工作部署会】　9月20日，全市稳增长、防风险、保稳定、惠民生工作部署会召开，传达贯彻全省会议精神，研究部署具体落实措施。省委副书记、市委书记吴忠琼出席并讲话。

【赣州市考察团赴上饶市学习考察】　10月14—15日，省委副书记、市委书记吴忠琼率赣州市考察团在上饶市学习考察文旅产业、工业经济发展等工作，深入开展交流，务实推进合作。

【全市领导干部会议】　10月25日，全市领导干部会议召开，传达学习中共二十大、中共二十届一中全会精神，以及全省领导干部会议精神，部署赣州市学习宣传和贯彻落实工作。省委副书记、市委书记吴忠琼主持会议并讲话。

【梅江灌区工程全面开建】　11月8日，梅江灌区工程在宁都县全面开工建设。省委副书记、市委书记吴忠琼出席活动并宣布开工。

【纪念南昌起义军余部“赣南三整”95周年理论研讨会在崇义举行】　12月7日，纪念南昌起义军余部“赣南三整”95周年理论研讨会在赣州市崇义县举行。省委常委、省军区政委鲍泽敏，军事科学院军队政治工作研究院政委、少将崔连杰，空军指挥学院原副院长、朱德之孙、少将朱和平致辞。中国人民对外友好协会原会长、陈毅同志之子陈昊苏书面致辞。中央马克思主义理论研究和建设工程咨询委员、中共中央党史研究室原副主任龙新民作视频主旨发言，中共中央党史研究室原副主任石仲泉作书面主旨发言。研讨会收到论文90余篇，与会人员围绕深入推进“赣南三整”历史研究进行学术交流。

【市委务虚会暨县（市、区）委书记座谈会】　12月12日，省委副书记、市委书记吴忠琼主持召开市委务虚会暨县（市、区）委书记座谈会。会上，各县（市、区）和赣州经开区、蓉江新区，以及市直有关部门的主要负责人围绕2023年形势怎么看，全市产业发展、招大引强、项目建设、改革攻坚、民生工程、基层党建等重点工作怎么干，对省委、市委2023年重点工作有什么意见，谈思路、提建议。

（郑　峥）

重大决策部署

【深化“放管服”改革】　2月17日，市委、市政府印发《赣州市深化“放管服”改革打造新时代“第一等”营商环境工作方案》。文件提出，要以习近平新时代中国特色社会主义思想为指导，以简政放权为重点，以数字赋能为突破，纵深推进“放管服”改革，2022年底前市县同步完成“一网通办”、“市县同权”、“全产业一链办”、工程项目“一站式集成”审批等改革任务，2023年达到全国第一方阵水平，10个以上县（市、区）进入全省第一方阵。改革的主要内容包括加大简政放权力度，激发市场主体内生动力；坚持放管结合并重，创新市场监管服务方式；打造五星级政务服务，建设政务满意度一等地市；聚焦打通系统壁垒，推动数字赋能提档升级；构建亲清政商关系，打造新时代“第一等”营商环境等5个方面24项重点任务。

【做优做强数字经济】 2月25日，市委、市政府印发《关于进一步做优做强数字经济的实施方案》。文件结合赣州实际，明确信息技术应用创新、区块链、北斗+时空大数据、新型元器件、软件信息服务、人工智能、5G产业链及融合应用等7个方面产业布局，制定产业发展、试点示范、融资支持、人才支撑、用地支持和会展支持等6个方面政策措施。文件提出，要构筑资源承载新高地，打造产业升级新样板，绘就数智社会新图景，夯实基础设施新支撑，激发数据要素新活力，培育创新发展新动能，力争到2025年，打造江西省数字经济发展关键增长极、粤港澳大湾区数字资源延伸承载地、革命老区数字经济创新发展先行区。

【实施乡村全面振兴行动】 3月8日，中共赣州市委、赣州市人民政府印发《关于2022年实施乡村全面振兴行动加快建设革命老区乡村振兴示范区的意见》。文件提出，要坚持以习近平新时代中国特色社会主义思想为指导，全面落实中央、省委“一号文件”要求，全力保障主要农产品供给，夯实乡村振兴示范区建设基础；巩固拓展脱贫攻坚成果，守住乡村振兴示范区建设底线；发展绿色有机富硒农业，提升乡村振兴示范区建设动力；深入实施乡村建设行动，增强乡村振兴示范区建设后劲；纵深推进农业农村改革，激发乡村振兴示范区建设活力；加强党对“三农”工作的领导，筑牢乡村振兴示范区建设保障，全力促进农业稳产、农民增收、农村安定，全面推动共同富裕，推进乡村振兴取得新进展、农业农村现代化迈出新步伐，加快建设革命老区乡村振兴示范区。

【推进乡镇经济发展】 3月11日，市委办公室、市政府办公室印发《关于创新管理体制加快推进乡镇经济发展的实施意见（试行）》。文件提出，坚持以人为本、改革创新、统筹兼顾、分类指导的原则，积极主动适应赣州市经济社会发展新要求和人民群众新需要，大力推进乡镇工商业发展，盘活发展要素；加快推动农旅产业融合发展，激活发展动能；完善乡镇财政管理体制；强化政策支持；加强工作保障，不断优化资源配置，激活乡镇经济发展活力。到2022年底，乡镇简约精干的组织框架、务实高效的用编用人制度基本形成；到2025年，基本形成经济活跃、运转有序、保障有力、人民满意的乡镇政府服务管理体制机制。

【创建新时代民营经济“两个健康”示范区】 5月15日，中共赣州市委、赣州市人民政府印发《关于创建新时代民营经济“两个健康”示范区的实施意见》。文件提出，要坚持以习近平新时代中国特色社会主义思想为指导，深入实施“三大战略、八大行动”，以促进民营经济“两个健康”为总体目标，以弘扬社会主义核心价值观为精神导向，以对标粤港澳大湾区营商环境、提高企业获得感和满意度为衡量标准，促进民营经济人士健康成长，促进民营经济健康发展，不断激发民营企业创新创业活力，提升企业家精神境界，构建亲清政商关系，推动思想政治共识进一步巩固，企业家队伍建设不断加强，亲清新型政商关系逐步构建，民营经济发展取得新突破。

【开发区体制机制改革创新】 5月17日，市委办公室、市政府办公室印发《关于深入推进开发区体制机制改革创新的实施意见》。文件提出，要推进管理运营体制机制改革，深化人事制度改革，深化薪酬制度改革，创新市场化招商机制，加快推进全市开发区（含国家级、省级经开区，国家级、省级高新区和省级工业园区、产业园区）管理运营、人事薪酬以及招商引资等体制机制改革，进一步激发开发区创新发展活力。

【促进市属和驻市高校、职业学校、技工学校学生“留赣干”】 6月20日，市委办公室、市政府办公室印发《关于促进市属和驻市高校、职业学校、技工学校学生“留赣干”的实施意见》。文件提出，要围绕“三大战略、八大行动”的人才需求，针对当前企业用人难、毕业生就业难以及本市院校学生留在本地实习就业比例偏低的问题，从学生实习阶段入手，精准摸清校企供需情况，建立供需双向选择信息平台，大力开展沟通对接，强化保障服务和考核激励，建立长效机制，提升学生留在赣州的实习率、就业率，力争2023年留在赣州实习的学生比例达80%左右，就业创业的学生比例达50%左右，不断满足企业用人需求，为革命老区高质量发展示范区建设提供强有力的人才支撑。

【全国重要人才集聚中心和创新高地打造】 12月28日，中共赣州市委、赣州市人民政府印发《关于加强和改进新时代赣州人才工作打造全国重要人才集聚中心和创新高地的实施意见》。文件提出要全面落实中共中央总书记习近平关于做好新时代人才工作的重要思想，坚持党对人才工作的全面领导，坚持人才引领发展的战略地位，坚持面向世界科技前沿、面向经济主战场、面向国家重大需求、面向人民生命健康，全方位培养、引进、用好人才，深入实施新时代人才强市战略，优化新时代赣州人才工作战略布局，推动人才链与创新链产业链资金链高度融合，推进重大人才行动，打造全要素高能级人才服务生态圈。深化人才发展体制机制改革，加强党对人才工作的全面领导，努力建设一支规模宏大、结构合理、素质优良、作用突出的高水平人才队伍，奋力打造赣粤闽湘区域性人才高地、革命老区人才改革示范区、对接融入粤港澳大湾区人才先行区，为加

快建设革命老区高质量发展示范区提供强有力的智力支持和人才支撑。到 2025 年，人才强市建设取得重大突破，全市人才资源总量 165 万人左右，新建国家级人才发展平台 30 个，在粤港澳大湾区建成人才科创飞地 20 个，吸引重大人才科技项目落地不少于 100 个。到 2030 年，人才强市基本建成，全市人才资源总量 200 万人左右，新建国家级人才发展平台 50 个，在粤港澳大湾区建成人才科创飞地 40 个，吸引重大人才科技项目落地不少于 300 个。到 2035 年，高水平建成人才强市，人才对经济社会发展的贡献率显著提升，各项人才指标居全国同类型城市前列，在诸多领域形成人才竞争、科技创新比较优势。

（郑　峥）

2022 年中共赣州市委、市委办公室重要文件一览表

表 9

序号	文件名	文件号
1	中共赣州市委、赣州市人民政府关于 2022 年实施乡村全面振兴行动加快建设革命老区乡村振兴示范区的意见	赣市发〔2022〕1 号
2	中共赣州市委关于印发《中共赣州市第六届委员会常务委员会工作规则》的通知	赣市发〔2022〕2 号
3	中共赣州市委、赣州市人民政府关于印发《赣州市深化“放管服”改革打造新时代“第一等”营商环境工作方案》的通知	赣市发〔2022〕4 号
4	中共赣州市委、赣州市人民政府印发《关于进一步做优做强数字经济的实施方案》的通知	赣市发〔2022〕5 号
5	中共赣州市委、赣州市人民政府关于印发《赣州市法治政府建设实施方案（2022—2025 年）》的通知	赣市发〔2022〕6 号
6	中共赣州市委、赣州市人民政府印发《关于进一步加强生态环境保护深入打好污染防治攻坚战的实施方案》的通知	赣市发〔2022〕7 号
7	中共赣州市委、赣州市人民政府关于深入贯彻落实《赣州革命老区高质量发展示范区建设方案》的实施意见	赣市发〔2022〕8 号
8	中共赣州市委、赣州市人民政府关于创建新时代民营经济“两个健康”示范区的实施意见	赣市发〔2022〕11 号
9	中共赣州市委关于认真学习宣传贯彻党的二十大精神的通知	赣市发〔2022〕14 号
10	中共赣州市委关于转发《赣州市人大常委会 2023 年立法计划》的通知	赣市发〔2021〕16 号
11	中共赣州市委关于全面提高全市党校（行政学院）办学水平的实施意见	赣市发〔2022〕17 号
12	中共赣州市委、赣州市人民政府关于加强和改进新时代赣州人才工作打造全国重要人才集聚中心和创新高地的实施意见	赣市发〔2022〕18 号
13	中共赣州市委办公室关于印发《赣州市巡察工作考核评价办法（试行）》的通知	赣市办发〔2022〕1 号
14	中共赣州市委办公室、赣州市人民政府办公室关于印发《赣州市农村人居环境整治提升五年行动实施方案》的通知	赣市办发〔2022〕2 号
15	中共赣州市委办公室、赣州市人民政府办公室关于印发《关于创新管理体制加快推进乡镇经济发展的实施意见（试行）》的通知	赣市办发〔2022〕3 号
16	中共赣州市委办公室关于印发《赣州市直机关打造让党放心、人民满意的模范机关实施方案》的通知	赣市办发〔2022〕4 号
17	中共赣州市委办公室、赣州市人民政府办公室印发《关于深入推进开发区体制机制改革创新的实施意见》的通知	赣市办发〔2022〕5 号
18	中共赣州市委办公室印发《关于市属国有企业在完善公司治理中加强党的领导的实施意见》的通知	赣市办发〔2022〕6 号
19	中共赣州市委办公室、赣州市人民政府办公室印发《关于促进市属和驻市高校、职业学校、技工学校学生“留赣干”的实施意见》的通知	赣市办发〔2022〕8 号
20	中共赣州市委办公室、赣州市人民政府办公室印发《关于支持赣州经济技术开发区建设全国一流国家级经开区的若干意见》的通知	赣市办发〔2022〕10 号
21	中共赣州市委办公室关于印发《贯彻落实中央、省委加强和改进新时代市县政协工作重点任务分工方案》的通知	赣市办发〔2022〕11 号
22	中共赣州市委办公室、赣州市人民政府办公室关于印发《赣州市安全生产工作职责规定》的通知	赣市办字〔2022〕2 号
23	中共赣州市委办公室关于印发《赣州市高质量拓展新时代文明实践中心建设实施方案》的通知	赣市办字〔2022〕3 号
24	中共赣州市委办公室、赣州市人民政府办公室关于印发《2022 年赣州市工业倍增升级行动工作方案》的通知	赣市办字〔2022〕4 号

续表 9

序号	文件名	文件号
25	中共赣州市委办公室、赣州市人民政府办公室关于印发《2022 年赣州市科技创新赋能行动工作方案》的通知	赣市办字〔2022〕5 号
26	中共赣州市委办公室、赣州市人民政府办公室关于印发《2022 年赣州市深化改革开放行动工作方案》的通知	赣市办字〔2022〕6 号
27	中共赣州市委办公室、赣州市人民政府办公室关于印发《2022 年赣州市乡村全面振兴行动工作方案》的通知	赣市办字〔2022〕7 号
28	中共赣州市委办公室、赣州市人民政府办公室关于印发《2022 年赣州市城市能级提升行动工作方案》的通知	赣市办字〔2022〕8 号
29	中共赣州市委办公室、赣州市人民政府办公室关于印发《2022 年美丽赣州建设行动工作方案》的通知	赣市办字〔2022〕9 号
30	中共赣州市委办公室、赣州市人民政府办公室关于印发《2022 年赣州市提高民生品质行动工作方案》的通知	赣市办字〔2022〕10 号
31	中共赣州市委办公室关于印发《2022 年赣州市党建质量过硬行动工作方案》的通知	赣市办字〔2022〕11 号
32	中共赣州市委办公室、赣州市人民政府办公室关于印发《峰山国家森林公园管理体制改革实施方案》的通知	赣市办字〔2022〕12 号
33	中共赣州市委办公室、赣州市人民政府办公室关于印发《赣州职业技术学院、赣州农业学校、江西赣州技师学院管理体制改革实施方案》的通知	赣市办字〔2022〕13 号
34	中共赣州市委办公室、赣州市人民政府办公室关于印发《赣州市深化全国文明城市建设争创全国文明典范城市工作方案》的通知	赣市办字〔2022〕16 号
35	中共赣州市委办公室关于印发《市政协专门委员会与市直、驻市部门（单位）对口联系安排》的通知	赣市办字〔2022〕17 号
36	中共赣州市委办公室、赣州市人民政府办公室关于印发《赣州阳明湖景区管理体制改革方案》的通知	赣市办字〔2022〕18 号
37	中共赣州市委办公室、赣州市人民政府办公室关于印发《市文广新旅局所属 7 个文化事业单位管理体制改革方案》的通知	赣市办字〔2022〕22 号
38	中共赣州市委办公室印发《贯彻落实〈关于加强新时代廉洁文化建设的意见〉责任分工方案》的通知	赣市办字〔2022〕23 号
39	中共赣州市委办公室、赣州市人民政府办公室印发《关于进一步加强粮食流通工作的若干措施》的通知	赣市办字〔2022〕26 号
40	中共赣州市委办公室、赣州市人民政府办公室关于印发《全市旅游产业发展大会申办办法》的通知	赣市办字〔2022〕27 号
41	中共赣州市委办公室关于成立赣州市落实全面建设“六个江西”工作领导小组的通知	赣市办字〔2022〕30 号
42	中共赣州市委办公室、赣州市人民政府办公室印发《关于进一步深化赣南科学院体制机制改革的实施意见》的通知	赣市办字〔2022〕34 号
43	中共赣州市委办公室、赣州市人民政府办公室关于印发《赣州革命老区水利高质量发展示范区建设实施方案》的通知	赣市办字〔2022〕36 号
44	中共赣州市委办公室、赣州市人民政府办公室关于印发《赣州市青年发展型城市建设试点实施方案》的通知	赣市办字〔2022〕37 号
45	中共赣州市委办公室、赣州市人民政府办公室关于印发《章江国家湿地公园管理体制改革实施方案》的通知	赣市办字〔2022〕39 号
46	中共赣州市委办公室关于市领导挂点联系县（市、区）安排的通知	赣市办字〔2022〕41 号
47	中共赣州市委办公室印发《关于加强市直单位机关纪委建设的意见》的通知	赣市办发电〔2022〕30 号
48	中共赣州市委办公室、赣州市人民政府办公室印发《关于进一步强化安全生产责任落实坚决防范遏制重特大事故的具体措施》的通知	赣市办发电〔2022〕41 号
49	中共赣州市委办公室、赣州市人民政府办公室关于贯彻落实省委省政府决策部署切实做好当前稳增长防风险保稳定惠民生工作的通知	赣市办发电〔2022〕64 号
50	中共赣州市委办公室、赣州市人民政府办公室印发《关于更加有效发挥统计监督职能作用的具体措施》的通知	赣市办发电〔2022〕70 号
51	中共赣州市委办公室、赣州市人民政府办公室印发《赣州市贯彻落实国家统计督察“回头看”反馈意见整改工作方案》的通知	赣市办发电〔2022〕78 号

综合协调服务

【概况】 2022年，市委办公室围绕迎接和学习宣传贯彻中共二十大主题主线，深入践行“五个坚持”重要要求，开展“大抓落实、高效服务年”活动，打造“让党放心、人民满意”模范机关，全力服务市委实施“三大战略、八大行动”，“三服务”工作迈上新台阶，连续4年获市直单位绩效考评第一名。

【办文办会】 紧贴市委工作思路、节奏和要求，前瞻性谋划全市重要会议、重大活动和工作安排，服务保障31次市委常委会会议，高质量完成市委六届二次、三次、赣南等原中央苏区振兴发展战略实施十周年座谈会、项目大会战流动现场会以及赴福建、上饶考察等重大会议活动。面对疫情、汛情、旱情、火情等超预期、突发性的考验，坚持力量前置、全力参与相关工作。

坚持案无积卷、事不过夜，严格实行公文前置审核、会商联审、错情通报等制度，确保文电办理零差错、零延误。全年办理中央、省、市和下级各类来文2400余件，审核各类发文400余件。加强党内规范性文件前置审核，向省委办公厅报备市委党内规范性文件28件，备案审查县（市、区）、市委部门报备规范性文件438件，均未出现纰漏。

【综合文稿起草】 潜心研究思考，认真对标对表，切实把党中央精神、省委部署和市委要求体现在文稿起草中，不断增强文稿服务的指导性、针对性，文稿质量持续提升。全年起草或修改各类综合文稿540余篇170余万字，并得到充分肯定。较好地完成了疫情防控、防汛抗旱等20余篇紧急文稿任务，提出了一系列切实管用的对策建议。认真总结全市特色亮点工作，向省委呈报的关于招才引智助力产业高质量发展情况的报告等获省委、省政府主要领导批示。

【信息工作】 贯彻落实党中央关于信息办理工作党内法规精神，信息报送更加精准高效，信息考核连续两年获全省第一。全年向中办、省办报送信息603篇、采用190篇，获省委、省政府主要领导批示11件次，其中《江西应该向粤港澳大湾区学什么》被省委办公厅《重要信息》刊发并印发省市县领导参阅。坚持“第一手信息、第一手研判、第一时间报送”，紧急信息报送时效性、准确性进一步提升，如在“10·17”较大森林火灾、“10·29”爆炸事故中，及时、准确、持续报送信息，为市委决策争取时间、赢得主动。

【服务群众】 通过民声通道、人民网平台和群众来信，收集办结群众诉求1600余件，帮助群众解决饮水安全、房屋质量、出行不便等实际困难和问题，连续五年获得人民网网民留言办理工作先进单位。室务会成员定期赴市接访大厅接访，推动解决返迁安置、农民工工资支付等信访事项18件。持续推进“挂牌多”“指尖上的形式主义”“责任状”等专项整治，市级重点精简类文件、召开统计口径会议、督查检查考核同比分别减少24.89%、4.78%、12.5%，基层干部减负获得感更强。推进赣县区五云镇南田村乡村振兴帮扶工作，全年帮助争取项目17个、资金721.4万元，村庄面貌实现大提升。精心组织公益募捐活动，获关于“慈善一日捐”先进单位。

【调研、档案和专用通信工作】 紧紧围绕党中央、省委、市委部署要求，精心确定调研主题，开展营商环境体验、“强攻二季度、确保双过半”、干部创先和基层治理等调研，关于产业发展、项目建设、改革攻坚、疫情防控等对策建议转化为市委决策。按照当好“两员”的要求，利用节假日等节点，组织全体干部做好各类意见建议的征集、梳理和吸纳，对征集到的群众急难愁盼问题立项督办，扎实推动问题解决。

联合20个县（市、区）开展“档案里的赣州——喜迎二十大档案颂辉煌”线上展览，摄制3期红色档案系列纪录片《档案里的赣州》，率先在全省推进全市乡镇档案工作规范化三年行动，开创市县党办联合档案行政执法监督新模式。认真谋划专用通信“十四五”发展规划，红网向县（市、区）延伸全面贯通，修订完善红机保密电话使用管理办法，市本级和县（市、区）第二加密视频会议室建设扎实推进，全年保障中央、省、市各类会议189次，完成6次重要通信保障任务。

（郑　峥）

全面深化改革

【概况】 2022年，全市推进全面深化改革十大攻坚行动，全面深化改革攻坚行动2022年度任务全部完成或达到时序进度。正在推进落实国家级试点18项、省级试点16项，特别是争取国务院批复同意建设赣州革命老区高质量发展示范区，争取获批建立赣深对口合作机制，赣州市水土保持高质量发展先行区建设、乡村治理体系建设试点、青少年校园足球试点等14项试点示范在全国、全省性会议上作改革典型经验交流。其中“联村共治法润乡风”寻乌经验、定南足球改革获中央领导同志批示肯定，深化医药卫生体制改革、生态文明体制改革、质量工作改革创新试点、城镇老旧小区改造、异地扶贫搬迁后续扶持、促进乡村产业振兴和改善农村人居环境等工作获国务院督查激励；“请客不收礼、节俭办宴席”移风易俗改革做法先后2次被中央改革办推介，获省委、省政府主要领导批示肯定，在省委深改委第二十一次会议上作典型经验汇报、全省推广；劳动育人、乡村资产盘活利用、乡村治理“积分制”、“设施蔬菜上山”等4项改革经验在中央政研室内刊推介；“全国市级巡察机构在上下联动中更好发挥作用”试点经验得到中央巡视办肯定并向全国推广。《江西改革动态》推介赣州市创新巡听指导机制、深化国家普惠金改、深化公安领域改革等19项改革经验；国资国企改革、城市基层党建引领基层治理等改革经验在全省会议上作典型发言；深化改革打造“第一等”营商环境获“江西省深化改革十佳案例”；“江西这十年”全面深化改革专题新闻发布会介绍赣州以改革促振兴做法。

【营商环境改革】 率先全省创新建立全市行政审批、政务服务、数据管理“三合一”体制。“一网通办”打通了15个省、市业务系统，“跨省通办”高频事项达151项。“线上一网、线下一窗”改革实现市县一体并在全省推广。“市县同权”改革118项市级审批事项实现“同一事项全市同一标准”办理。启动“无实体印章”“无纸质证明”城市改革，加快“数治赣州”城市大脑和AI+智能辅助审批平台（二期）建设，上线首批“一照通办”改革事项120项。在全省率先建立信用修复主动告知提醒制度，帮助579家失信企业重建信用。

【科技体制改革】 出台赣州科技新政20条，启动科技计划项目“包干制”试点，充分赋予科研院所收入分配自主权，确定5个团队“揭榜挂帅”制项目。以中科院赣江创新研究院为依托的稀土全国重点实验室列入中科院首批典型实验室，启动重大疾病创新抗体药物与分子医药全国重点实验室的重组工作；组建赣州市产业技术研究院，赣南科学院体制机制改革取得较好成效。出台实施赣州市产业科技创新联合体备案细则，创新组建稀土、现代家具、纺织服装产业3个科技创新联合体。

【国资国企改革创新】 赣州市出台《关于市属国有企业在完善公司治理中加强党的领导的实施意见》，推进市属国有资本投资、运营公司改革试点，市属国企混改率达60%，相关经验在省国企改革相关会议上作典型发言；全面建立对所属各层级子企业经理层成员任期制和契约化管理制度，二级企业选聘11名市场化职业经理人；探索构建在线监管系统，市本级经营性国有资产集中统一监管比例达100%，全市国有企业（不含金融企业）资产总额、营收分别同比增长13.73%、31.83%，国资国企改革创新三年行动圆满收官。

【乡村振兴体制机制改革】 深化农村经营制度、土地制度、产权制度“三改合一”综合改革，相关经验在农业农村部内刊推介，并在全省推广；创新村集体经济组织运行机制，村集体经济经营性收入15万元以上的村占比90.18%；稳步推进宅基地制度改革试点和规范管理三年行动，赣州市出台《赣州市农村住房建设管理条例》，大余农村宅基地制度改革国家级试点多次在全国、全省相关会议作交流发言。出台乡镇经济发展“16条措施”，确定27个乡镇开展“一级财政”试点，规范农村集体“三资”管理新模式入选全省农业农村改革典型案例；会昌县创新建立“县振兴集团+乡镇子公司+村合作社+龙头企业+农户”五级主体经营模式，盘活利用经营乡村资产。深入实施农村人居环境整治提升五年行动，“万村码上通5G+”长效管护平台全面启用，信丰县“促进乡村产业振兴、农村人居环境整治”等改革工作获国务院督查激励。

【打造美丽中国“江西样板”改革】 赣州市出台《赣州市国家生态文明建设示范区规划（2022—2030年）》，建立健全碳达峰碳中和“1+N”政策体系，生态文明体制改革获国务院督查激励。实施峰山国家森林公园、章江国家湿地公园管理体制改革，纵深推进国家山水林田湖草生态保护修复试点建设，历史遗留废弃矿山生态修复项目入选国家示范工程，第三轮东江流域上下游横向生态补偿会谈达成初步共识；探索生态环境保护委员会下沉至乡镇，建立市县两级大气污染防治作战指挥、乡镇跨界断面水质监测考核等机制，相关做法在全省电视电话会议上作经验交流。在全省率先出台建立健全生态产品价值实现机制行动方案，相关做法在国家生态文明试验区建设论坛作经验交流。崇义、全南完成生态系统生产总值（GEP）初步核算，开展“两山价值转换平台”“湿地资源运营中心”试点，创新推出“林权抵押”、碳排放权质押等贷款新模式，累计发放贷款85.5亿元，发行绿色债券30亿元、绿色信贷余额突破200亿元。

【民生保障制度改革】 加快部省共建教育改革试验区，深化教学评价改革经验做法被评为全省优秀案例；创新开办江西师范大学附属中学赣江创新研究院分校，获省委主要领导肯定；推进体教融合改革，赣州市出台《赣州创建全国足球改革试验区实施方案》，校园足球“定南模式”先后两次在全国足球工作会议上做经验介绍；完成赣州职院“三校”管理体制改革，成立赣州职业教育联盟。深入推进国家区域医疗中心建设，广东省人民医院赣州医院、南方医科大学南方医院赣州医院分别获批建设国家区域医疗中心；组建运营赣州市立医院城市医疗集团经验做法，在全省医改工作新闻发布会上作交流发言；赣州跻身全国DIP付费示范点城市，经验做法在国家医保局内刊推介。深化社会保障制度改革，印发《关于维护新就业形态劳动者劳动保障权益的实施意见》，出台服务“一老一小”整体解决方案，深化公办养老机构改革，增加优质养老托育服务供给；深入实施补充工伤保险试点，获评国家工伤预防重点联系城市；探索城市共享二轮车全过程监管机制经验在住建部内刊推介并在全国推广；城镇老旧小区改造、棚户区改造、发展保障性租赁住房获国务院督查激励。

【市域社会治理现代化改革】 深化全国市域社会治理现代化试点建设，健全“红色文化+社会治理”机制，相关经验先后在全国、全省推进会上作典型发言。赣州连续七届获评“平安中国建设示范市”，连续五届获“长安杯”。探索创新基层治理机制，探索推出“工会+N”劳动争议多元化解、“赣南表嫂来学法”、“访诉调”一站式调解服务中心、“章贡大妈”志愿服务等矛盾纠纷调处新模式；探索创新“群团助推”社会治理新路径，相关经验做法在《中央政法动态》及《长安》杂志推介；探索乡村治理“积分制”，引导党员、干部、群众共同参与，努力构建乡村善治大格局；瑞金市排查化解劳动争议“三化”机制相关做法获评最高人民法院“总对总”在线多元调解案例。稳步推进司法体制改革，探索建立民调评警、打击防范、执法监督、规范化建设“四大机制”深化公安领域改革，相关经验在《江西改革动态》刊登；赣州市人民检察院督促保护医疗保障基金安远行政公益诉讼案被最高人民检察院评为典型案例；推进法院执行工作监督制约机制试点，相关经验做法在省解决执行难工作领导小组（扩大）会议上作交流发言；赣州市工商联、司法局攻坚沟通联系机制做法，入选工商联与司法行政机关典型案例。

【人才发展体制机制改革】 出台加强和改进新时代赣州人才工作的实施意见、大学生来市留市就业创业“12条”、“周末工程师人才驿站”管理办法，成立赣州人才集团，实施市直单位人才编制周转池管理改革，新引进培养产业领军人才10人、高层次人才292人、急需紧缺人才2729人。招才引智助力产业高质量发展做法在省委办公厅《工作情况交流》刊发，信丰县探索“科技副总”柔性引才机制在全市推广。组建人才服务中心，出台“苏区伯乐奖”，人才住房申请实现“即申即享”，新建商品房配建人才住房经验在全省推广。出台促进取得职业农民职称人才发展的12条措施，让掌握专业技术的“田秀才”“土专家”成为加快现代农业技术推广和应用的主力军。

【文化体制改革】 深化媒体融合发展改革，成立赣州市融媒体中心和文化传媒集团，获批全国地市级媒体深度融合发展试点城市；创新文艺精品创作生产机制，《一个人的长征》入选第十六届精神文明建设“五个一工程”。推进新时代文明实践中心建设试点，并在中宣部拓展新时代文明实践中心建设工作电视电话会议上作经验介绍。制定实施长征国家文化公园赣州段建设保护规划，理顺阳明湖景区管理体制、深化市属文化事业单位管理体制改革，在全省率先出台红色教育培训事业发展规划，推动文旅融合发展。兴国县探索红色资源活化利用新路径经验做法在《人民日报》整版推介。

【纪检监察体制机制改革】 开展“市级巡察机构在上下联动中更好发挥作用”全国试点，创新建立特聘巡察专员和党校中青班学员参加巡察实践锻炼制度，《赣州市巡察工作考核评价办法（试行）》等12项制度向全国推广；在全省率先出台《统筹做好查办案件前后半篇文章的实施意见（试行）》，相关经验获省纪委《信息汇要》刊发推介；赣州市“一把手”监督、“合并巡察”、授权巡察等11项制度成果，在《江西巡视巡察参考》专刊推介。建立市领导对县处级干部政治谈话全覆盖制度做法获省委主要领导批示肯定；获批开展基层小微权力“监督一点通”平台省级试点，相关经验得到中央纪委和省纪委肯定。

（郑　峥）

督查工作

【概况】 2022年，市委督查工作强化政治督查定位，开展综合督查全面检视贯彻落实中共中央总书记习近平视察江西和赣州重要讲话精神情况，坚决抓好瑞金云石山生态环境整治等中办督查交办事项整改落实。健全“单列建账、专人负责、全程跟办”工作机制，及时跟踪督办《国内动态清样》反映寻乌营商环境问题等7件省委交办事项。常态化采用“四不两直”方式明察暗访，动真碰硬指出问题、狠抓整改，开展了惠企政策兑现、优化营商环境、医院人员招聘、粮食生产奖补资金兑付、近三年流动现场会察看项目“回头看”、节假日企业不停工不停产等专项督查，高质量起草督查专报58期，是2021年的2倍多，其中获市委、市政府主要领导批示19次，创历史新高，有力推动市委各项工作落实落地。推动市县成立落实办，细化明确“六个江西”建设876项任务，省简报刊发赣州经验做法9篇、居全省前列。发挥市委“八大行动”办公室统筹作用，推动出台“八大行动”各专项行动年度工作方案，服务做好市委常委会每季度听取“六个江西”和“八大行动”汇报工作。全年转办市委主要领导批示2355件，全力督办市委常委会、全市性会议议决事项和市委主要领导指示批示事项277项。市委办公室被省委办公厅评为2022年度省委督促检查工作先进单位。

【综合督查】 坚持把推动中共中央总书记习近平重要讲话、重要指示批示精神落实作为首要任务，列为《2022年度市委督查检查考核计划》第一项内容，会同市直有关单位组成6个督查组开展综合督查，对全市贯彻落实中共中央总书记习近平视察江西和赣州重要讲话精神的情况进行全面检视。向省委专题报告赣州市贯彻落实中共中央总书记习近平对赣州工作重要指示批示情况。制定中办督查成果后续落实情况和防范排查化解重大风险专项督查反馈问题整改工作方案，并作为政治督查内容持续抓好跟踪督办。特别是针对中办指出的瑞金云石山矿区问题，市委主要领导亲自到现场督导，市委督查室先后5次现场督办，2022年7月成功销号。对标省第十五次党代会确定的目标任务，细化工作台账，落实清单项目，不定期开展督导调研。对省委主要领导批示件“单列建账、专人负责、全程跟办”，7个交办件均落实到位。顺利完成省委督查室对赣州市落实疫情防控政策调整、稳经济保就业促稳定专项督查、省委省政府综合督查等5次督查工作，得到省委督查室充分肯定。

【常态化督查】 紧盯市委关注的重点热点难点问题，积极开展“调研型、跟进型、倒逼型”督查，注重发现问题，敢于督查问题，推动解决问题。年内，呈报督查专报58期，获得市领导批示26次，其中市委主要领导批示15次、市政府主要领导批示4次。聚焦市委关心关注的问题发力，紧盯市委常委会及市委相关会议议定事项、市委主要领导批示件及赴基层调研时的指示、市委领导点题事项，重点开展市本级惠企政策兑现、优化营商环境、粮食生产奖补资金兑付、近三年流动现场会察看项目、商务文旅消费券核销、学生防溺水、疫情防控等专项督查，提出的意见建议可操作、管长远，为市委、市政府决策提供参考。年内，市委督查室向各地各有关部门下发督办函106份，开展综合（专项）督查23次、督查调研2次，对市委主要领导在基层调研、重大会议等场合提出的工作要求，以及亲自交办的共计95个事项进行跟踪督办。聚焦群众“急难愁盼”问题发力，建立完善“我为群众办实事”长效机制，常态化收集社情民意，并进行跟踪督办，推动教育收费、交通秩序、停车收费、物业管理等8个方面23个问题有效解决，如督促市教育局抓好文清外国语学校收费问题整改，共清退超标收取学费305.2万元，惠及学生746人。组织对种粮补贴发放、低保审核确认等11个方面的民生事项进行督办，实实在在为群众办实事。跟踪督办市委领导接访下访事项9项，实地督办重点信访案件2件，推动一批积案有效化解。聚焦基层负担重的问题发力，紧盯形式主义新问题、新表现，印发《2022年市委督查检查考核计划》《市委整治形式主义为基层减负联席会议2022工作要点及责任分工》，建立5个基层监测点，开通加重基层负担问题举报平台，开展2次减负工作专项督查，在全省设区市中率先组织召开整治形式主义为基层减负工作新闻发布会，基层减负获得感持续增强。年内，全市重点精简文件、市本级召开会议、督查检查考核同比减少24.89%、4.78%、12.5%，清理挂牌、制度牌4746块，整治清理冗余微信工作群1943个，基层普遍反映抓住了关键点、减到了“心坎上”。2022年9月25日，央视《新闻联播》头条报道了赣州切实为基层减负做法。

【督查机制创新】 市委督查办坚持对标学习中办督查室、省委督查室经验做法，建立完善督查工作机制，注重横向联动、上下协作，形成大抓督查工作格局。强化力量统筹，对内整合督查、民声通道等版块力量，并从部门抽调业务骨干，组建专班抓督查落实。根据督查内容需要，联动市直部门开展专项督查，既保障了督查力量、提升了督查专业性，又避免了多头督查、减轻了基层负担。定期研究调度，每周召开工作例会，梳理研判分析督查重点工作、重点问题。完善批示件转办、日常跟踪督办、督办情况反馈等办理机制，推行“清单化”管理模式，严把“交办关”“反馈关”“复核关”，确保件件有落实、事事有回音。市委落实办每月定期调度“六个江西”“八大行动”各专项工作组工作推进情况，推动市委常委会每季度听取“六个江西”“八大行动”项目建设汇报。注重成果转化，坚持把督查专报抄送相关地方和部门，紧盯快办、限期整改。建立与市委办公室文稿团队信息共享机制，将发现的普遍性问题和提出的对策建议，体现到市委主要领导的会议讲话中，作为全市性的工作进行部署推动，打通决策“最初一公里”和落实的“最后一公里”。

（郑　峥）

组织工作

【概况】 2022年，全市组织部门认真贯彻新时代党的建设总要求和新时代党的组织路线，紧扣省委“六个江西”和市委“三大战略、八大行动”决策部署，围绕服务全市发展大局选干部配班子、抓基层打基础、搭平台聚人才，为建设革命老区高质量发展示范区提供坚强组织保障。获省部级领导批示肯定5次。其中，招才引智助力产业高质量发展做法，得到省委副书记、省长叶建春批示肯定；赣县区村集体经济发展“1+4”模式，得到省委常委梁桂批示肯定。获省级以上荣誉表彰44项，其中1名个人、2个集体获全国“人民满意的公务员”和“人民满意的公务员集体”称号。在全省党务技能大赛38个参赛项目中有18个获奖，获奖数量和质量均列全省第一。全省人才工作创新案例征集评选活动，共35篇案例获奖，赣州市6篇入选，数量居全省各设区市第一，市委组织部获组织奖。市委老干局被评为“全省老干部工作先进集体”。在省级以上会议作典型发言11次，干部能上能下、乡镇（街道）公务员职级晋升、个人有关事项查核、城市基层党建、打造模范机关、编制工作、党建带妇建、党建带工建等做法在全省会议上作典型发言。信丰县在中组部有关疫情防控电视电话会议上作典型发言。于都、瑞金分别在全省驻村帮扶视频工作会议上作经验交流。省级以上媒体刊发报道赣州市组织工作经验做法30余篇，其中《人民日报》旗下的《城市党建周刊》用12个版面集中报道赣州市和各县（市、区）基层党建做法，央视《新闻联播》对信丰县油山镇坑口村、寻乌县三二五村红色名村建设做法进行报道。

【政治建设】 坚持“3+X”学习模式、主题党日等制度，推动各级党组织常态长效学习中共中央总书记习近平重要讲话精神及重要指示批示精神。高标准举办为期3天的全市县处级以上领导干部学习贯彻党的十九届六中全会精神专题读书班，举办全市县处级以上领导干部学习贯彻中共二十大精神专题读书班，开设《深入学习贯彻党的二十大精神》等政治理论类课程46门，推动党员干部学在经常、学到实处。丰富拓展“街乡巷子会”“屋场会”“乡间夜话”等形式，组织党员干部深入企业、农村、机关、校园、社区开展理论宣讲1.7万余场，引领全市党员干部群众始终听党话、跟党走。严把选人用人政治关，坚持党管干部原则，强化党组织的领导和把关作用。完成中共二十大代表推荐工作，做好全国人大代表、政协委员和省人大代表、政协委员推荐工作。深入开展“弘扬爱国奋斗精神、建功立业新时代”活动，依托8家高层次人才疗养基地，高规格举办2场高层次人才国情研修暨人才疗养，激发各类人才爱国奋斗、建功立业热情。

【干部队伍建设】 在深入调研的基础上，聚焦破解国家部委对口支援政策资源不均衡、力量不聚焦等问题开展专题调研，提出新思路、新措施，调研成果转化为市委、市政府“援县促市”工作机制。实施干部能力提升工程，启动“百千万”金融人才专项培训行动，选派8名干部赴中央国家机关及有关单位、经济发达地区挂职锻炼，66名干部赴大湾区跟班学习。完成52期3500余人次主体班次培训、942期9.2万余名基层干部培训。对换届后县（市、区）领导班子运行情况进行大回访大调研，全面了解掌握换届后县乡领导班子运行情况。树牢重实干重实绩的鲜明导向，180名在“三大战略、八大行动”中业绩突出、群众公认的优秀干部得到市委提拔或进一步使用。推进1531名市管干部人事档案数字化工作。顺利完成1次“国考”、1次“省考”和2次遴选，全市录用公务员1105人，市本级审批公务员职级晋升1600人。加强年轻干部培养，从市直单位选派10名优秀年轻干部到原贫困县（市、区）乡村振兴重点乡镇挂任班子成员，干部队伍结构持续优化。

【干部管理监督】 完成全市1611名领导干部个人有关事项集中填报和录入工作，重点查核284人和随机查核164人，如实填报率达99.33%，列全省前列。组建6个调研组对县（市、区）全覆盖开展选人用人检查工作，有效提升干部监督工作质量。开展公职人员违规经商办企业和在企业任职、领导干部参与和组建不健康微信群清理，任人唯亲、任人唯圈问题自查自纠等专项整治工作，高质量做好中央纪委、国家监委纪检监察建议（肖某案、龚某华案）以案促改整改工作。探索建立领导干部不担当不作为乱作为负面清单，从6个方面列出30种不担当不作为负面情形，形成能者上、优者奖、庸者下、劣者汰的工作局面。落实容错纠错减责、失实举报澄清正名机制，对59名党员干部容错纠错，为97名干部澄清正名。

【基层党建】 推进党建质量过硬行动，每季度开展党建工作暗访调研、召开工作调度会、向市委常委会报告工作进展等，推动党建各项工作任务落实落细，新华社、《党建研究》等刊载赣州市党建质量过硬行动做法。深入推进抓党建促乡村振兴，补齐乡镇空编缺额1358名，选派196名退出领导岗位干部担任乡村振兴指导员，选树120个乡村振兴模范党组织、50名乡村振兴担当作为好支书，全面激发乡村干部活力，中组部蹲点调研组对赣州市基层党建工作予以充分肯定。实施村集体经济提质增效三年行动，推行“强村+弱村”抱团发展，拓展120个红色名村示范引领效应，村均经营性收入达43.58万元，全市所有村村集体经营性收入过15万元、60.8%的村过30万元、25%的村过50万元。实行“书记领航”推动解决21个城市基层治理节点难点问题，基层治理网格实现“多网合一”，共划分网格2080个、配备网格员1905名，所有网格均设立党组织。加大乡镇（街道）赋权扩能和社区减负力度，强化社区工作者职业队伍建设，实行“居民点单、社区派单、党员接单”机制，社区服务水平明显提升。新成立新就业群体党组织131个、打造红色驿站326个。打造100个模范机关样板，87.91%中小学校试行党组织领导的校长负责制。

【人才强市】 推进人才发展体制机制改革，组建人才集团，实行市场化途径引才育才，在深圳尝试建立人才科创飞地开展科研、人才项目合作转化，推动人才链与创新链、产业链、资金链深度融合。为中科院赣江创新研究院、中国稀土集团等出台专项政策措施，从人才智力申报评选、人才就医疗养及其家属安置、子女入学等多方面给予支持。截至2022年底，中科院赣江创新研究院入驻310余名专家学者，在院培养570余名博士、硕士研究生，中国稀土集团集聚人才3500余人、在研项目50余个。全市新引进培养产业领军人才和创新团队41个、高层次人才1042人、急需紧缺人才9564人，入选国家级重大人才工程1人，省“双千计划”30人。持续建强人才平台，引进李红良团队组建赣南创新与转化医学研究院，引进院士陈志南、杨宝峰整合组建全省唯一的生物医药类全国重点实验室。全市新获评国家级专业技术中心1家、博士后科研工作站1家、省级院士专家工作站7家。全面深化与中国工程院合作，举办2期院士专家行活动，成功举办院士咨询委员会年会、院士大讲堂等活动，“人民英雄”张伯礼等11位院士到赣州专题讲学、恳谈座谈。加强人才融湾力度，吸引51个湾区人才项目落户，与北航投资有限公司合作在深圳人才集聚区共建人才服务站、在赣州投资兴建北航投资科创中心。持续做优人才生态，揭牌运营赣州人才集团，开发设计人才服务线上平台，有序推进人才驿站、人才小镇、人才公园建设，市本级为710人次兑现人才津贴2386万元，为1229户人才家庭提供高品质人才住房，有效构建一站式人才服务体系，营造近悦远来的人才生态。

【综合考核】 创新综合考核工作机制，成立市委综合考核委、市委综合考核委办公室，正式批复增设市委组织部综合考核科，将县（市、区）、开发区、市直单位、市属院校、市属国有企业5个序列考核和市管领导班子、领导干部年度考核统筹实行“大综合、一体化”考核。健全定期调度和提醒督办制度，先后出台《中共赣州市委综合考核工作委员会工作规则》等“2+1+1+5”九个综合考核文件，有效发挥综合考核“指挥棒”作用。牵头对接省对市县综合考核工作，梳理94项考核指标，推动40个市直牵头单位与对口省直部门沟通对接，保障省对市综合考核顺利推进。

【党员电教远程教育】 推进远教系统拓展延伸，全年完成19次省、市视频会议技术保障工作，全市站点平均学习时长1.45小时，位列全省第一。创新“赣州先锋”微信公众号运营使用，开设“学习贯彻党的二十大精神”专栏，共刊发52期，编辑制作微信推文《赣州：致敬！高温下的党员干部》入选中组部月度优秀新媒体作品。成功举办全市“喜迎二十大”党员教育微纪录片大赛、第三十一届党员教育电视片暨第十五届党员现代远程教育课件观摩交流，全网播放量破百万，取得良好社会反响。主创工作案例片《老区来了大项目》和典型事迹片《跨越90年的“重逢”》等，选送12部作品参评第十七届全省党员教育电视片观摩交流活动，获一等奖3部、二等奖4部、三等奖2部，赣州市委组织部获优秀组织奖。红色微电影《扩红》获第九届亚洲微电影节最佳作品和最佳摄影单项奖。

（市委组织部）

宣传工作

【概况】 2022年，全市宣传思想文化战线紧扣学习宣传贯彻中共二十大精神主线，聚焦“三大战略、八大行动”，自觉肩负举旗帜、聚民心、育新人、兴文化、展形象的使命任务，中央和国家部委20次表彰、推介赣州先进典型和经验，省部级领导作出25次肯定性批示，理论武装入脑入心，全市舆论宣传力度加大，赣州文化名城品牌更加响亮，全市文明创建活动持续深化，为加快建设革命老区高质量发展示范区、谱写全面建设社会主义现代化赣州新篇章提供坚强思想保障、舆论支持、精神力量。

【理论武装】 理论学习　实行“每月学习日”“第一议题”制度，深化“3+X”模式，经验做法入选中宣部案例选编。市委中心组集体学习17次，研讨交流9次，邀请“两院”院士周济、王金南、邓秀新等专家授课9次。巡听指导17个县（市、区）和28个市直单位学习，经验做法被中宣部《党建》《党委中心组学习》专题介绍。

理论宣讲　高规格组建市委宣讲团，市委常委以及20名市直单位主要负责人和专家学者深入基层示范宣讲中共二十大精神33场，推动中共二十大精神在赣州落地生根、开花结果。县乡两级组织912支基层宣讲队伍，依托新时代文明实践中心（所、站）、融媒体中心和“学习强国”学习平台等阵地，深入城区、乡村、社区、学校、企业开展宣讲5900余场，直接受众48.8万余人。打造基层宣讲“一县一品”，长征源宣讲团被评为全国基层理论宣讲先进集体，“山歌老王”“学习分享会”等经验做法获省委宣传部专刊推介。

理论研究　围绕践行中共中央总书记习近平关于调查研究的重要论述、南方红军三年游击战争胜利85周年、南昌起义军余部“赣南三整”95周年、任弼时与党的建设等主题，举办4场高层次理论研讨会。国家、省社科基金项目分别获批立项15项、41项，市级课题立项1020项，《赣州市与大湾区比较优势和合作模式研究》等3项研究成果获省部级以上领导肯定性批示。

【舆论引导】 重大主题宣传　打好“重大项目不停工重点企业不停产”“走进老区看新貌”重大宣传战役，推出《二十大精神在基层》《中共中央总书记习近平视察江西和赣州三周年》等系列专题，全方位宣传中共二十大精神，集中展示振兴发展成就。创新开展宣传招商，与深圳、广州、上海、厦门等城市媒体战略合作，启动“走进湾区”全媒体采访活动。

对外宣传　在中央主要媒体刊发稿件1237篇（条），其中头版头条41篇（条）、整版报道12篇，主攻大报台数量质量稳居全省前列。挂牌成立赣南日报社、赣州广播电视台国际传播中心，上线海外社交媒体平台账号“中国赣州”，外宣专项工作位列全省设区市第一。举办市级新闻发布会125场，“外国友人说赣州”“赣南笑脸”等20个外宣作品入选省平台向海外推送，“清明散葬烈士墓迁葬仪式直播”海内外点击量达到55亿次。在上海进博会设立赣州城市会客厅，在深圳文博会设立赣州寻乌馆，全面展示红色文化、客家文化、宋城文化和阳明文化等赣州文化名片。

媒体融合发展　开展市级融媒全国试点，市融媒体中心、文化传媒集团揭牌，“赣南红”客户端装机量突破100万人次，其经验做法获中宣部《每日要情》和权威期刊《新闻战线》专文推介。创作原创融媒体10万人次以上作品430余条，获评国家级、省级优秀作品3个、18个。在“学习强国”学习平台发稿429篇、江西平台发稿4721篇，居全省设区市第一。举办“学习强国”挑战答题赛，开展学习中共二十大精神网上答题分享活动。

【文化发展】 文艺创作 赣南采茶戏《一个人的长征》获中宣部“五个一工程”奖，主演杨俊获“文华表演奖”，纪录电影《加油吧！乡亲们》获中国电影金鸡奖提名。引进著名戏剧导演赖声川话剧《让我牵着你的手》、开心麻花经典剧目《乌龙山伯爵》在赣州上演，原创音乐剧《闪闪的红星》在北京展演。革命历史题材电视剧《大道薪火》在瑞金杀青，纪录片《从瑞金出发》获国家广电总局播出许可证，电视剧《向死而生》完成剧本创作，红色动漫《长征先锋》两度位列全国电视动画片黄金时段收视率第一。

文化事业 推动城乡公共文化设施提档升级，市图书馆、文化馆新馆开馆，新改建长征剧院、长征广场等，覆盖市、县、乡、村四级的公共文化设施网络基本建成，获评国家公共文化服务体系示范区创新发展复核优秀等次。开展文化下乡活动，组织“文艺轻骑兵”开展文化惠民活动2323场，组织送电影下乡41520场，送戏下乡3060场。

文旅产业 安远三百山晋级国家AAAAA级旅游景区，大余丫山入选国家级旅游度假区，于都获评全省首批“风景独好”旅游名县，江南宋城历史文化旅游区入选首批国家级夜间文旅消费集聚区。文旅市场企稳回升，2022年，赣州市接待旅游人次9500.2万人次，旅游收入1045.5亿元，分别恢复到2019年的92.3%、97.5%。全市规模以上文化企业数299家，比上年增加39家，规上文化企业营业收入407亿元。

【精神文明建设】 文明培育 全市6人入选中国好人，19人入选江西好人，1人入选全国“新时代好少年”并亮相央视重点宣介，3人入选江西省新时代好少年，入选人数均列全省第一。赣州文明网融合传播案例被评为全国“融合传播优秀案例”（排名第一），获中央文明办通报表扬。创新推出“文明山歌”的做法先后被《人民日报》《江西日报》刊文点赞。

文明实践 新时代文明实践中心（所、站）提前半年实现县乡村三级覆盖。中宣部《宣传工作》刊发安远县文明实践员赖晓烁工作体会文章。赣州市经验在省文明委全会上介绍经验，省委宣传部主要领导点名表扬赣州市为全省设区市第一方阵首位。寻乌县、安远县、石城县、章贡区在全省有关会议作典型发言8次。创新推出“文明实践书记谈”访谈节目。创新将文明实践纳入基层党建述职。

文明创建 市本级和大余县顺利完成中央文明办全国文明城市年度复查。在全省公共文明指数测评中，崇义县在13个全国文明城市提名城市中排名第三；赣州市5个省级文明城市中有4个进入全省29个城市前10名，信丰县、全南县、上犹县、安远县分别位列第一、二、四、九名。全国文明村（定南县老城镇黄砂口村）舞狮庆新年仪式被中央文明办“美翻了我的村”新年首期采用。文明单位创建经验做法在《精神文明报》刊发推荐。乡村“复兴少年宫”试点建设在全省率先开展。

志愿服务 赣州市章贡大妈志愿服务队、寻乌县“静待花开守护明天”女童保护志愿服务项目、寻乌县城市社区管委会学习社区入选2021年度全国学雷锋志愿服务“四个100”名单，上榜数量占全省上榜总数的1/4，并连续3年位居全省第一。龙南市“爱心超链接乡村暖心行”志愿服务项目在第六届中国青年志愿服务项目大赛决赛中斩获金奖，实现赣州历史性突破。宁都县壹零之家、赣州市肿瘤医院“乐帮”志愿服务队2个组织，“红星暖夕阳”志愿服务项目，章贡区南外街道红环路社区、大余县南安镇建桂街社区2个社区，高远、黎育芬、刘汇英、余新秀、赖卫斌、钟晶、危许婷7名志愿者获评江西省志愿服务先进典型。

移风易俗 石城县“请客不收礼、节俭办宴席”做法被中央改革办《改革情况交流》两次刊发推介，并得到省委、省政府主要领导批示肯定。全省移风易俗改革“石城经验”现场推进会在石城召开。全南县龙源坝镇雅溪村入选第三批全国村级“乡风文明建设”典型案例名单。《人民日报》、新华网等主流媒体刊发260余篇稿件介绍赣州市移风易俗经验做法。

【红色基因传承】 红色资源保护开发 开展全市红色资源调研普查，全面厘清红色资源底数，建立全市红色资源名录。推出风景独好园等“红色地标”700多处，建设国家级、省级、市级爱国主义教育基地6处、18处、100处。瑞金中央革命根据地纪念馆被列为中华民族文化基因库红色基因库试点，“中华苏维埃共和国史”陈列展在瑞金中央革命根据地纪念馆开展。长征国家文化公园（赣州段）、方特东方欲晓二期等重点项目建设加快推进，会昌县毛泽东同志旧居与粤赣省委机关旧址群入选江西省革命旧址保护利用十佳案例。

红色教育培训 在全省率先出台红色教育培训（以下简称红培）事业发展规划，制定红培机构、基地、师资管理办法，成立市红培协会。推出“红色摇篮·革命赣南”等精品线路。中华苏维埃共和国科技史料陈列馆、兴国县官田中央兵工厂、瑞金中央革命根据地纪念馆、于都县祁禄山红军小镇教育基地等4个基地入选全国首批“大思政课”实践教学基地。组织“喜迎二十大 红培传基因”等主题活动，全年红培突破300万人次。加强对外交流合作，与江西吉安市，福建省厦门市、泉州市等地签约红培合作项目23个，达成引客入赣、学员互送、课程共研协议。举办中国赣州首届

7月14日，赣州市与吉安市举行红色教育培训机构战略合作集中签约仪式
（市委宣传部供图）

红色教育培训精品课程大赛，开发“马前托孤践初心”“生是为中国，死亦是为中国”等精品课程。

红色文化宣传推介　赣州市在福建省厦门市、泉州市举办红色文化旅游推介会，签约文旅项目13个，总金额106亿元。启动红色文化主题宣传教育月活动，开展知名网络媒体赣州采风行、红色故事讲解大赛等活动。开设“苏区史话”电视讲坛，摄制革命历史题材纪录片《赣南三整》，推动红色基因传承不断走深走实。

【意识形态工作】　加强组织领导　市委宣传部制定出台《2022年赣州市提升意识形态管理水平工作方案》，将年度工作任务细化为三大方面12条具体措施。落实意识形态专题研究等制度，市委将意识形态工作纳入研究范畴，市委常委会全年11次专题听取、研究部署意识形态工作，市委召开相关会议10余次。组织开展2022年意识形态专项督查和专题培训，印发《关于我市意识形态领域情况的通报》。市委出台《赣州市意识形态工作问责办法(试行)》，对32批次560余名拟提拔重用人选作出落实意识形态工作责任制结论性评价。

防范化解风险隐患　建立市防范化解意识形态领域风险联席会议机制及联络员联络机制，组织召开防范化解意识形态领域重大风险专项组会议2次，片区工作调度会3次。做好中共二十大期间全市意识形态领域风险防范化解工作，安排工作值班并实施“日报告”“零报告”制度，开展意识形态领域风险隐患大排查、大清仓、大起底。

强化阵地管理　加强新闻舆论阵地管理，督促市相关媒体落实“三审三校”制度，保障中共二十大期间新闻舆论安全；强化校园思政阵地建设，开展《我的思政镜头》《行走的思政课》短视频展播活动。

（李英财）

统战工作

【概况】　2022年，中共赣州市委统战部深入学习贯彻中共二十大精神、中共中央总书记习近平关于做好新时代党的统一战线工作的重要思想，贯彻落实《中国共产党统一战线工作条例》（以下简称《条例》），发挥统一战线法宝作用，凝心聚力推进“三大战略、八大行动”，助力革命老区高质量发展示范区建设，各领域统战工作取得明显成效。年内，市委统战部获省委统战部授予的“2022年度全省统战信息工作先进单位”称号；市委统战部课题组撰写的《散杂居民族乡村振兴存在的问题与对策建议——以江西为例》获省委统战部表彰的“2022年度全省统战理论政策研究创新成果三等奖”；市委统战部课题组撰写的《全力创建新时代民营经济“两个健康”示范区》获省委统战部表彰的“2022年度全省统战工作实践创新成果”；市委统战部与章贡区委统战部联合撰写的《章贡区打造“网络统战”赋彩“一号工程”实践探索》被省委统战部授予“2022年度全省统战工作实践创新成果奖”；市民宗局被省民宗局授予“2022年度全省民宗系统信息工作先进集体”称号。

【凝聚思想共识】　市委常委会研究统战工作11次。省委副书记、市委书记吴忠琼先后主持召开市委统战工作领导小组会议、市委民族工作会议暨全市宗教工作会议、市委统战工作会议等。市委常委认真执行列名联系各民主党派市委会、外埠商会和新的社会阶层人士工作制度，常态化开展走访调研和联谊交友。市委统战部牢牢把握“大团结、大联合”主题，坚持以学习宣传贯彻中共二十大精神为主线，通过专题学习会、党外人士座谈会、中共二十大报告研讨会、集中宣讲、分领域宣讲、基层调研宣讲等形式，迅速兴起学习宣传贯彻热潮。统筹推进各民主党派“矢志不渝跟党走 携手奋进新时代”、新的社会阶层人士“凝聚新力量喜迎二十大”主题教育和非公有制经济人士理想信念教育，推动中共二十大精神进党派、进团体、进民营企业、进民族乡村、进宗教场所，不断夯实团结奋斗的思想政治基础。

【民主党派工作】　深入推进政治协商，年内召开各类协商会、座谈会、征求意见会、情况通报会7次。引导各民主党派、工商联、无党派人士和同心圆智库专家围绕双“一号工程”、对接融入湾区等开展课题研究，确定年度重点课题17个；

建立调研成果转化协商沟通反馈工作机制，推进2021年调研成果转化。配合民建省委会对口联系赣州市优化营商环境民主监督工作，支持各民主党派、无党派人士对口各县（市、区）、赣州经开区、赣州蓉江新区开展为期4年的优化营商环境民主监督，反馈问题39个、建议45条。民进市委会关于于都县马子口河的民主监督报告得到民进中央主席蔡达峰批示肯定。支持各民主党派、工商联、无党派人士发挥优势，投身“双招双引”一线和“5020”项目建设，助力招引项目15个，总投资额184.95亿元。推进“五好六有”（信念巩固好、组织建设好、队伍凝聚好、制度落实好、作用发挥好，有办公场所、有制度牌子、有活动阵地、有宣传栏、有办公设施、有专项经费）民主党派基层支部规范化建设，打造示范性支部39个。

【非公有制经济工作】 市委统战部会同市工商联举办“喜迎二十大”文艺晚会，举办1期非公有制经济代表人士政治理论学习班、4期非公有制经济大讲堂、4场理想信念教育专题活动，参加人员2000余人次。加强民营经济代表人士政治安排，推荐230余名非公有制经济代表人士担任省、市人大代表、政协委员，市优化营商环境社会监督员以及省、市工商联执（常）委人选。弘扬优秀企业家精神，指导各县（市、区）开展“民营企业家日”系列活动，召开2022年全市促进非公有制经济发展大会，表彰194名优秀民营企业家和55家民营企业。市委、市政府印发《关于创建新时代民营经济“两个健康”示范区的实施意见》，赣州被推荐成为全省唯一的“新时代‘两个健康’先行区创建经验推广试点单位”。发挥市县促进非公有制经济领导小组作用，持续开展“入企连心走访”活动，走访3171家企业，发放惠企政策汇编4000余册，解决各类问题1007个。组织开展全市非公有制经济交叉督导，收集解决130余条问题建议。完善非公有制企业维权服务中心运行机制，年度受理实质性维权诉求77件，办结73件，办结率94.8%。全力推进赣州市院校学生“留赣干”，推动市委办、市政府办印发《关于促进市属和驻市高校、职业学校、技工学校学生“留赣干”的实施意见》，安排学生实习2万余人，留在赣州实习学生占65.8%。推进“万企兴万村”行动，引导798个民营企业、31个商会对接帮扶757个村，实施项目603个，总投资144.37亿元，实际投入资金57.97亿元。引导民营经济人士积极参与疫情防控工作，捐资捐物价值1.28亿元。

【无党派代表人士、党外知识分子和新的社会阶层人士工作】 认定无党派人士政治面貌621名。指导各县（市、区）完成知联会换届，推动蓉江新区、赣南卫生健康职业学院成立知联会。健全市知联会理事年度履职考核办法、班子成员结对联系理事、班子成员轮值等工作制度，开展“学雷锋见行动”“我与知联会共成长”等系列活动，举办“智联大讲堂”4期。顺利完成市新联会换届，在赣州西城科技园设立自由职业人员分会，信丰等12个县（市、区）成立新联会网络人士分会。组织“凝聚新力量喜迎二十大”主题教育、“防范财税法律风险”专题讲座、“喜迎二十大欢乐度国庆”书画作品线上展和慈善公益活动，市新联会服务会员、服务社会、服务大局水平不断提高。

【党外代表人士队伍建设】 支持配合各民主党派省委会、省知联会、省新联会换届，根据省委统战部统一安排部署做好相关人选的考察推荐等工作。突出党外干部队伍建设，将党外干部培养使用工作纳入2022年赣州市党建质量过硬行动，要求落实党外干部配备，加大法检系统、政府组成部门等领导班子党外干部选配力度，确保每个县（市、区）储备正科级干部9名以上。开展党外干部专题调研，全面掌握20个县（市、区）和42个市直有关单位党外副县级干部和科级干部具体情况。召开全市党外代表人士队伍建设现场会。落实组织部、统战部“两部”联席会议制度，研究、推动党外干部培养、储备，向县（市、区）点对点通报党外干部方面存在的差距和问题，党外干部配备情况纳入统战工作巡察重点内容。加大统一战线教育培训力度，举办各类主体班次13期，培训学员920人次。

【民族宗教工作】 铸牢中华民族共同体意识 推进民族团结进

10月15日，市委统战部（市民宗局）打造、冠名的“民族团结号”筑牢中华民族共同体意识流动宣传车投入使用 （市委统战部供图）

步创建，印发《关于全面深入持久开展民族团结进步创建工作、铸牢中华民族共同体意识的实施意见》《关于以铸牢中华民族共同体意识为主线、推进新时代党的民族工作高质量发展的实施方案》，在市中心城区打造“民族团结进步创建流动宣传车”，命名为“民族团结号”，进一步浓厚全市民族团结进步创建氛围。集中力量支持打造铸牢民族共同体意识“三基地一中心”，并已基本成型。民族事务治理体系和治理能力现代化水平不断提升，赣州市打造“民族团结一家亲工作站”的相关经验做法在《赣州改革动态》刊登，得到省民宗局领导肯定。部署推进第六轮对口支援工作，7个省直单位、28个市直驻市单位对口支援赣州市民族乡村，落实帮扶资金994.39万元；首次举办全市民族乡村女干部（妇女主席）培训班。召开省第四届少数民族文化艺术节赣州市前期工作小组第一次会议，正式启动相关准备工作；打磨“我跟红军走”采茶小戏；赣州市参加省第三届少数民族传统体育运动会运动员进入集训阶段。

宗教事务管理　加强宗教界代表人士思想政治引领，在完成2021年度考核基础上顺利实现全市性宗教团体换届，班子成员新老交替；在赣州社会主义学院举办全市宗教界代表人士培训班（第三期），在全市宗教界深入开展崇俭戒奢教育活动，全市宗教界代表人士政治素质不断提高。加强宗教活动场所规范化管理，全面完成赋码换证任务。修订、充实、再版《〈宗教事务条例〉漫画本》。指导县（市、区）成立或换届宗教团体4个。指导全市宗教界深入开展“三爱”主题教育和“五史”教育，统一设计更新“四进”宣传栏；引导宗教界开展慈善公益活动，捐款捐物价值346.6万元。

【港澳台统战工作】　参加香港江西社团（联谊）总会、江西海外联谊会举办的“同乡文化名胜展”，持续宣传推介赣州。向香港赣州商会（同乡会）捐赠新冠病毒抗原检测试剂盒3000盒。推进安远三百山“饮水思源·香港青少年国民教育基地”提标升级，成功举办“喜迎二十大·庆祝香港回归25周年”赣港青少年足球联谊活动，邀请5批117人次港澳台同胞以及侨界人士到赣州市开展“悠悠东江源深深赣港情”活动。全省首个对台交流基地在全南雅溪古村揭牌。

【海外统战工作】　开展“暖侨”行动，组织开展侨企营商环境调研，帮助解决问题54个。精心协助筹办第32届世界客属恳亲大会，赣州市与加拿大万锦市建立友好城市关系，会同江西理工大学承办2022年线上中华文化大乐园（亚洲园第16期）活动，赣州市海外“朋友圈”不断扩大。

（潘昌华　杨立军　朱慧安）

政策研究

【概况】　2022年，市委政研室（改革办）围绕“两个服务”（服务市委科学决策、服务全面深化改革），深耕“主责主业”（党建主体责任、重大改革推进、重点课题调研、重要文稿起草“三大主业”），推进“三改三提”（改进学风、改进文风、改进作风，提高标准、提高能力、提高质量），连续六年获评全省改革工作先进，全市政研改革工作实现新突破、展现新作为。

【重大课题调研】　围绕学习贯彻中共二十大精神和市委“三大战略、八大行动”，开展决策性、政策性、对策性调研，形成一批高质量有深度的调研成果，完成深圳“20+8”产业新政、推进深赣务实合作以及赣州职院“三校”管理体制改革、阳明湖景区管理体制改革等重点课题调研31篇，获省市领导批示18篇次，《江西应该向粤港澳大湾区学什么》《关于赴深圳市学习培训和招商的情况报告》《深圳综合改革试点等改革举措和经验做法清单》等4篇调研成果分别获省市主要领导批示肯定，并印发全省、全市参阅，在全省、全市产生较大反响。发展预制菜产业的建议、优化赣州阳明湖景区管理体制的调研等6篇转化为市委、市政府政策文件，为历年最多；“市县同权”改革、数字化改革、产业大脑建设等65条对策建议转化为市委、市政府决策部署，调研数量和质量创历史纪录。

【重要文稿工作】　倡导短新实文风，不断增强文稿的思想性、针对性和实效性。坚持把学习、宣传、贯彻中共二十大精神作为贯穿全年的重大政治任务和工作主线，起草《中共赣州市委关于深入学习宣传贯彻党的二十大精神加快全面建设社会主义现代化赣州的决定》等重要文件。牢固树立精品意识，围绕服务市委，起草《市委常委会2022年工作报告》《市委全面从严治党形势分析报告》等市委综合文稿38篇，以文辅政能力持续增强。

【刊物信息工作】　抓好改革宣传，充分用好《决策参考》《赣州改革动态》《政研与改革》《今日赣州》和“赣州改革”微信公众号宣传阵地。年内，编发《决策参考》22期、《赣州改革动态》31期、《政研与改革》20期、《今日赣州》6期。

（肖靖昊、钟堰萍）

网络信息管理工作

【概况】　2022年，全市网信系统坚持以习近平新时代中国特色社会主义思想特别是中共中央总书记习近平关于网络强国的重要思想为指导，认真落实中央、省委和市委网信工作决策部署，以迎接服务保障中共二十大胜利召开和学习宣传贯彻中共二十大精神为主线，聚焦

网信工作重点，着力提升网络内容建设与管理、网络安全和信息化建设水平，为全市深入实施“三大战略、八大行动”，加快建设革命老区高质量发展示范区营造良好网络舆论氛围、可靠网络安全保障和有力信息化支撑。

【网络内容建设】 2022年，认真贯彻省委网信办关于网络传播和评论工作的决策部署，紧紧围绕迎接学习宣传贯彻中共二十大主题主线，坚持举旗铸魂，加强选题策划，开设专题专栏、创新宣传语态，积极营造主旋律高昂、正能量充沛的网上舆论氛围。全年在人民网、新华网等中央重点新闻网站刊发稿件9860余篇，其中首页首屏380余篇，获全网推送42篇，为历年之最。精心策划开展“学习贯彻二十大红色基因代代传”等网络主题宣传推介活动5场，推出“江西日志”“赣州日志”“赣南笑脸”系列网络创意海报100余张，“大美赣州”“赣南味道”系列短视频40余条，新浪微博话题“苏区振兴十周年今朝更好看”等3个话题阅读量破亿人次。挖掘推送“会昌见义勇为，上演教科书式救援的刘民女、赖冬发、赖有长”等正能量典型100余个，赣州市公安局刘杰臻等2人事迹成功入选“江西好网民”正能量故事，6个作品在江西正能量2022“五个十”网络精品评选活动中获奖，获奖数量居全省第一。

【网络安全建设】 网络安全支撑体系　制定出台《赣州市政务信息化项目网络安全审查办法（试行）》，指导监督全市政务信息化项目网络安全技术措施同步规划、同步建设、同步使用；修订印发《赣州市网络安全事件应急预案》，完善网络安全事件应急组织机构，细化网络安全事件应急响应流程；遴选12家网络安全应急技术支撑单位，网络安全保障技术支撑力量、体系建设和事件应急处置能力不断加强。

网络安全重点工作　进一步规范网络安全监测、网络安全检查、网络安全事件通报等3项工作流程；开展全市网络资产摸排并全部纳入日常重点监测；会同市公安局、市行政审批局开展网络安全现场检查，重要信息系统网络安全水平进一步提升；全力做好网络安全隐患处置，2022年以来共处置网络安全隐患234个，妥善处置“某单位终端疑似感染海莲花家族木马”等网络安全隐患。

网络安全培训　精心组织承办江西省第九届“国家网络安全宣传周”活动，高规格举办启动仪式，共组织开展网络安全线下活动2000余场次，吸引线上网民1000万人次，与历届活动相比规格最高、规模最大、反响最好；编印《网络安全月报》12期，举办2022年全市网络安全工作业务培训班，邀请省委网信办领导出席并授课，有力提升市县领导合格涉网部门网络安全防护意识；组织开展2022年网络安全知识线上有奖竞答、赣州市第二届信息网络安全技能大赛，共吸引140余万人次参与，推动全社会网络安全意识普遍提高、防护技能有效增强。

【网络综合治理】 认真贯彻落实网络法治工作的决策部署，将依法治网摆在最突出位置，围绕上线一套系统、搭建一个平台、建立一批机制、深化一个体系、压实一项责任的“五个一”工作思路，持续净化赣州网络空间。上线一套系统。采购属地网络管理和巡查系统，将属地网络资源全量导入系统，全时段、全内容覆盖巡查。搭建一个平台。在全省率先建立市一级互联网违法和不良信息举报平台，推动网络监督举报全环节、全链条管理，网上群众路线走深走实。建立一批机制。结合网信执法实践，聚焦网信执法全流程、全环节，完善执法程序。深化一个体系。召开全市网络综合治理体系建设工作推进会，《赣州市网络文明公约》建设项目入选全省网络综合治理体系建设创新示范项目。压实一项责任。组织开展春节网络环境整治、规范网络传播秩序等专项行动，持续净化网络生态。

【网络安全应急指挥中心建设】 全市20个县（市、区）网络安全应急指挥中心全部批复并挂牌运行，其中成立正科级机构2个、副科级7个。南康区、宁都县2个县（区）网络安全应急指挥中心被省委网信办评为第一批全省县级网信办应急指挥中心规范化建设试点单位之一。依托全市网络安全应急指挥中心力量，通过上下左右各部门协同配合，有效处置20余起网络舆情，有力营造了良好网络舆论氛围。

（陈　欢）

机构编制

【概况】 2022年，全市机构编制部门坚持以习近平新时代中国特色社会主义思想为指导，坚决贯彻落实党中央决策部署和省委、市委工作要求，紧紧围绕“三大战略、八大行动”，解放思想、真抓实干、攻坚克难，各项工作取得新成效。坚持优化协同高效原则，深化改革攻坚，党政机构改革“后半篇”文章扎实推进、事业机构设置进一步优化、基层管理体制机制不断完善、开发区管理体制改革全面启动，有效破解一些制约发展的体制机制障碍。科学优化机构编制资源配置，加强挖潜力度，探索建立市直行政编制和人才编制两个周转池，盘活存量资源，为全市高质量发展提供了坚强有力的编制保障，市委编委领导多次对机构编制工作作出批示，予以充分肯定。

【重点领域体制机制改革】 扎实做好党政机构改革“后半篇”文章。开展机构改革调研评估和部门履职效益评估，协调解决了二轮三轮车非法营运监管、小区园林绿化配套设施监管、社会培训机构监管、农民非法占用土地建住宅监管、物流管理等职责争议和体制机制不顺问题。开展“大科室”改革专题调研，按照“内部服务科室综合设置”“业务科室一类事项由一个机构负责”原则，着手对党政部门内设机构进行优化调整，以大数据管理体制改革和市级以下医保部门垂改为契机，对其内设科室进行合并重组，较好解决了内设科室职责重叠、“官多兵少”等突出矛盾。

推进事业单位改革　针对事业单位改革后干部反应强烈的“参公身份人员在事业单位安置”“事业身份人员在参公单位安置”等混岗问题，会同组织部门通过调任、系统内安置、跨系统安置、实行“老人老办法”等措施，妥善安置13个事业单位的103名涉改人员，维护了事业单位干部队伍稳定。推动事业单位改革再深化，针对个别事业机构功能单一、规模偏小、履职不畅等问题，制定优化调整方案，按照“先易后难、稳妥有序”的原则推进整合撤并，年内在文化场馆、城市功能区、森林公园等领域先行先试，对图书馆、文化馆、美术馆等场馆管理机构进行整合撤并，优化调整高铁新区、国际陆港、阳明湖景区、峰山森林公园、章江湿地公园管理体制，累计核减副处级职数3名、科级职数30名，撤销科级机构13个，进一步明确了职能定位，理顺了条块关系，实现公益服务资源集约高效利用。

基层管理体制改革　按照中央、省委部署，全面完成机构整合设置、集中审批服务、综合行政执法、推进多网合一等工作。出台扩权赋能提升基层治理能力21条措施，赋予乡镇对派驻机构人事任免建议权、考核权以及对县直部门的协调督办权，平均下放经济社会管理权限104项，下沉事业编制400余名、事业人员900余人，推行基层便民服务标准化规范化建设，较好实现了“一枚印章审批、一支队伍执法、一个平台指挥、一张网格治理”。深入推进经济发达镇改革，争取省委编办增核南康唐江镇、大余新城镇、龙南杨村镇3名副处级领导职数。

开发区管理机构清理规范　印发《赣州市清理规范开发区创新发展实施方案》，采取降格、保留、整合、撤销等方式对全市涉改31个开发区管理机构进行清理整合，改革后保留21个开发区管理机构，精简32%。调整后开发区管委会由市、县政府派出机构调整为派出机关，同时重新制发“三定”规定，进一步规范优化职能配置、机构设置，着力解决机构设置不规范、职能重点不突出等问题，为全市开发区高质量跨越式发展提供有力保障。

【服务发展】　服务“双一号”工程。深入贯彻省委关于改革发展“双一号”工程部署，在市、县两级同步组建行政审批局，加挂政务服务数据管理局牌子，从市直单位新增划入行政审批局71项审批事项，划转26名编制和17名审批人员。

创新平台机构编制保障　调剂300名事业编制支持赣州市第一所市属公办本科高校赣南科技学院建设，争取省委编办按正厅级规格核定领导职数2正3副，处级领导职数51名。完善中科院赣江创新研究院基础配套建设，设立江西师大附中稀金谷分校。稳妥推进科研机构改革，探索通过事业单位法人登记方式设立不定级别、编制、职数的市产业技术研究院。积极支持赣南科学院管理体制改革工作，盘活沉淀冗余编制资源，收回5个科研单位事业编制331名，助力赣南科学院聚焦主责主业、轻装上阵。

服务“三大战略、八大行动”　聚焦对接融入粤港澳大湾区，强化机构编制保障服务，在市商务局加挂市政府口岸办牌子，将市政府驻深圳办事处更名为市政府驻广东办事处、其下属事业单位经费形式调整为全额拨款。根据国家区域医疗中心建设需要，为南方医科大学南方医院赣州医院增设10个临床医技科室，并承诺逐步保障3000名人员编制。全年累计为主攻工业、乡村振兴、应急管理、新时代文明实践、教育卫生等领域核增编制148名，增核高校、医院用人控制数1160名。全面完成省委涉粮专项巡视反馈问题整改。

服务其他中心工作　大力支持乡村振兴，驻点帮扶蓉江新区江坝村，通过开展结对活动、组织召开座谈会、实地调研等形式到村指导18次，帮助江坝村切实解决产业提升项目、村集体经济发展、环境提升建设等问题，全年拨付各类物资、资金13.4万元。

【机构编制管理】　政府购买服务改革　打破编制“地方所有、部门所有”的利益藩篱，在城市管理、公路养护、农业科研领域推行政府购买服务改革试点，将园林绿化、国省道养护、科研辅助等职能交由市场承担，收回1159名事业编制，实行以事定费、养事不养人，既盘活了编制资源，又减轻了财政负担。

建立两个编制周转池　调剂500名事业编制建立市直人才编制周转池，专用于保障重点领域、重点企业引进高层次人才。特别是针对重点企业引才难、留才难问题，首创“事业留编，企业用人”引才机制，支持企业全职引进的高层次人才将编制落在市属高校、公立医院等事业单位，有效打通了企业引才用编渠道。从制度层面打破“编制部门所有”的固有藩篱，设立行政编制周转池，将市直机关行政空编全部收储，由机构编制部门统一管理、动态调配，通过调剂部门空编、控制用人规模等方式，进一步优化编制使用效益。

机构编制刚性约束　严格贯彻《机构编制监督检查工作办法》，开展结构性超编、混编混岗、人编分离专项整治，清退置换各类违规占用的编制1300多名，为县（市、区）释放空编资源600余名，有效提升了编制资源使用效益。

【事业单位登记管理】　认真开展2021年度事业单位年度报告公示工作，共办理年度报告公示323个。

依法办理事业单位法人登记和统一社会信用代码赋码工作，共办理事业单位设立登记7个，变更登记139个，注销登记12个，赋码业务63个。服务全市科技创新工作，首次为赣州市“三无”事业单位赣州市生物医药科创中心办理事业单位法人证书，助推国家重点实验室项目建设。探索实行“执行院长”法人登记发证工作。以市人民医院作为试点单位，探索实行“执行院长”登记发证工作。做好中文域名和机关事业单位开办网站审核工作，共审核办理中文域名259条，机关事业单位开办网站申请80条。

（黄燕华）

机关党建

【概况】 2022年，市直机关工委按照党中央、省委、市委部署要求，精心筹划、扎实推进，印发《关于认真学习宣传贯彻党的二十大精神的通知》，督促广大机关党组织和机关党员收听收看中共二十大开幕会。举办市直机关宣讲报告会，到村、社区宣讲，组织中共二十大精神学习交流座谈会，引导广大党员干部深刻领会、准确把握中共二十大精神实质。编印《打造“高质·康悦”奋进创先团队资料汇编》，成体系推进团队建设。梳理工委神圣职责与为政良知善举问题，深化“三个认识”，找准“三个定位”，划出“三个不能”，树立“三个导向”，使每个干部明岗定责。提出新时代机关工委干部“三大纪律，八项注意”，制定工委机关优作风、优服务，为基层添力减负九条措施。围绕财经纪律、意识形态、保密要求等方面进行专题培训，引导全体干部职工知敬畏、守底线。2022年，举办7期年轻干部“两力”提升“每周一学”活动，有计划培训基本功，形成比学赶超浓厚氛围。市委主要领导就打造模范机关作出批示、提出要求。市委在全省率先印发实施方案。迅速组织召开动员部署会，市委常委、市委秘书长、市直机关工委书记孙敏作动员讲话。4月、9月由工委班子成员分别赴市直和县（市、区）开展调研，印发情况通报、督促抓好问题整改，得到省委组织部通报表扬和省直机关工委充分肯定，市委常委、组织部部长田辉代表赣州在全省作经验介绍，11篇经验做法在新华网、党建网、旗帜网等中央级媒体刊发。

【实施党建质量过硬行动】 *思想政治建设* 工委开展中心组理论学习会15次，同时落实巡听党组（党委）中心组指导制度。严格落实意识形态工作责任制，工委委员会3次分析研判调度推进市直机关意识形态工作。在中央等各级媒体发表打造模范机关做法41篇，提高了赣州机关党建影响力。

夯实基层基础 组成5个调研组对46个企事业单位进行了调研，指导有关单位梳理整改3类19个问题。开展集中整顿9个后进党支部。认真指导50个基层党组织完成换届选举。指导打造了市审计局、市司法局等10个党建工作示范点。建立发展党员工作审批提醒机制，举办3期入党积极和发展对象培训班，发展新党员232人。举办微党课大赛，遴选出2个优秀党课报送省委组织部，组织6个机关党建项目参加全省党务技能大赛。召开机关党务干部队伍建设座谈会，每半月调度党务干部配备进度。落实工委班子成员联系指导县（市、区）直机关党建制度，加强对县（市、区）直机关党建的指导。

加强纪律监督 召开市直单位机关纪委建设推进会，印发《市直机关纪委书记和机关党支部（总支）纪检委员监督责任清单》，推动机关单位配齐配强纪委专职干部，强化机关纪委履职，得到市纪委监委主要领导肯定。市直机关纪检监察工委牵头常态化组织开展明察暗访、企业和群众办事体验活动，启动“小鬼难缠”“中梗阻”“新官不理旧账”等专项治理行动。加强“八小时之外”的廉政监督，进行全覆盖政治家访。

压实管党责任 从严落实市委党建工作12条措施和“四级五岗”责任清单。年初，分5个网络区组织工委直属机关党组织书记全覆盖现场述职，分别向15名党员市领导通报其所分管单位党组织书记述职评议结果。50个2021年度机关党建红旗单位获得通报表彰。

【推进党建与业务融合】 *助推全面乡村振兴* 做好驻村工作队人员组织关系接转，督导200多个单位做好迎省检等相关工作。竭尽所能帮扶结对联系村会昌县黄冠村乡村振兴，积极探索推进村级人才驿站等实体建设，满足市直单位驻村工作人员工作需要。

助力城市社区治理 完成全国文明城市创建工作任务，工委被评为2022年度赣州市无烟单位。组织1.2万名在职党员全覆盖到居住地社区报到，参加社区疫情防控等志愿服务。

持续开展“我为群众办实事”活动 市直各单位结合工作职责，围绕人民群众急难愁盼问题，确定为民办实事事项888项，并采取适当方式公开承诺、抓好落实。

【机关党员关心关爱】 召开7个专题座谈会，征求基层党员干部意见建议，梳理、协调解决基层群众关注的10个问题。党费使用上，提高覆盖面，为基层党支部开展工作提供必要条件，给予经费保障。

【“凝心·强基·赋能”主题大培训】 围绕市委“三大战略、八大行动”，分8个专题组织800名八大行动各领域业务骨干，分别赴深圳、重庆、广州、苏州、珠海、上海等发达地区开展培训，打造一支可堪大用、能担重任的高素质干部队伍，受到市、县两级机关党员干部普遍欢迎。

【开展“政企连心亲清暖心”活动】 组织市直（驻市）单位党组织与99个重点企业党组织结对共建，通过落实开展“五个一”共建任务，以

2022 年，市直机关工委组织开展“凝心 · 强基 · 赋能”主题大培训。图为学员在“大潮起珠江”展览馆参观 （市直机关工委供图）

倾情倾力的服务营造“亲上加清”“既亲且清”良好政企关系。

【赣深机关党建合作】 到深圳市直机关工委，签订党建合作共建框架协议，在组织共建、活动共办、人才共育、资源共享等四大方面建立合作联系，跨出融湾坚实步伐。

（刘为仕）

对台工作

【概况】 2022 年，赣州对台工作坚持以习近平新时代中国特色社会主义思想为指导，深入贯彻中共二十大和十九届历次全会精神，贯彻落实新时代党解决台湾问题总体方略，全面落实中央、全省对台工作会议精神，推动全市对台工作取得实效。全年引进台资项目 13 个，实际进资 1.53 亿美元，积极争取江西省首家（全南雅溪古村）对台交流基地正式揭牌运行，创造性打造客家非遗文化交流品牌，举办涉台交流活动 9 场、千余人参与。市委台办被评为平安建设、机构节能工作先进单位，绩效考核良好单位，全面依法治市优秀单位，顺利通过市级文明单位复查。

【海峡两岸交流】 赣台交流 2022 年，赣州市用好用足旅台乡亲众多、客家文化底蕴深厚等独特优势，积极争取全省首家（雅溪古村）对台交流基地揭牌运行，成功举办第二届赣台青年学生夏令营、全省台联台协会长交流会等涉台交流活动 9 场、1000 余人参与，走访慰问重点台胞台属 90 余户，有针对性地撰写报送联络专报 74 篇。特别是充分发挥交流基地和市非遗中心、市图书馆非遗馆等平台优势，创造性打造客家非遗文化交流品牌，以端午、中秋、立冬等传统节日节气为主题，“线上 + 线下”常态化组织赣州市与台北、屏东、桃园、南投等地台胞开展剪纸、斗茶、根雕、打糍粑等系列客家非物质文化遗产项目交流活动，并首次在台北成功举办“赣南客家文化摄影作品展”，在海峡两岸同胞中大力弘扬中华传统文化和客家文化，进一步促进了同胞心灵契合。同时，创新对台日常交流模式，组建台胞台属羽毛球、乒乓球、书画 3 个联谊小组，100 余名台胞台属参加；常态化开展联谊文体活动 32 次，不断深化在赣台胞台属的联络沟通和日常交流。

服务台胞台企 2022 年，赣州市全面建立台办干部分片联系服务台胞台企工作机制，进一步畅通台胞台企反映问题、沟通思想的渠道；深入开展“政企连心、亲清暖心”“为台企纾难解困”“精准服务台企月”等活动，全市台办干部全覆盖走访台企，深入台企宣讲中共二十大精神，了解企业经营状况，协调解决难点问题，助推台企健康发展。特别是认真贯彻依法行政有关要求，与南芳律师事务所合作设立涉台法律服务中心，专门聘请法律顾问 2 人，多次组织法治宣讲和法律进园区入台企活动，妥处涉台求助事项 52 件，积极争取台胞参保免于补缴 5 年保费等优惠政策，以暖心服务促台胞生活便利、台企稳步发展。

【对台经济】 2022 年，赣州市密集对接东莞、深圳、厦门、泉州等沿海地区台协、台企 60 余家，邀请全国台企联常务副会长罗文德、副会长杨荣辉、运时通集团董事长陈燕木等台商团组 51 个 204 人次到赣州考察，成功举办 2022 全国台企联福建 · 江西片区会长会议暨赣州市产业推介会和赣州市台协会第七届、第八届理监事交接就职典礼，大力培育重点台企，助推企业做大做强。年内，赣州市在第十八届赣台会上签约项目 4 个，总投资 4.93 亿美元；全市引进台资项目 13 个，实际进资 1.53 亿美元；台企光宝力信获评省本币结算优秀企业，联茂电子、大田精密、讯海数码等台企获评市优强企业奖，鑫业工艺、格能电子等台企获评“专精特新”中小企业。

【对台宣传】 2022 年，赣州市在中央和省级对台工作内刊及市外媒体用稿 30 余篇、市内媒体用稿 10 余篇、岛内媒体用稿 5 篇。建立“赣州市台办”微信公众号，报道赣州涉台活动情况近百篇，开辟“昨日赣州今日赣州”专栏，持续推送 15 篇反映新时代赣州城乡巨变的宣传视频和信息，不断扩大宣传辐射范围。《人民日报》《中国新闻》《赣南日报》等媒体，以及《台湾联合报》《台湾导报》、台湾联合新闻网等岛内媒体多次报道赣州市涉台活动，其中《人民日报》客户端阅读超 10 万人次，中国新闻网客户端阅读超

30 万人次。同时，联合市教育局筹备试点涉台教育进校园工作，涉台教育基础更加夯实。2022 年，被中央台办评为“两刊”宣传工作先进单位。

（杨　焱）

信访工作

【概况】　2022 年是中共二十大召开之年，也是信访工作攻坚克难、奋发有为的一年。全市信访系统深入贯彻中共中央总书记习近平关于加强和改进人民信访工作的重要思想，全面落实《信访工作条例》和第九次全国信访工作会议精神，聚焦“作示范、勇争先”目标要求，以做好中共二十大信访保障工作为主线，团结奋斗、拼搏进取，打赢重要时期信访保障、信访积案化解等攻坚战，最大程度消除涉稳风险隐患，为深入实施“三大战略、八大行动”，建设革命老区高质量发展示范区提供坚强信访保障。

高质量完成省确定的年度目标任务。信访总量下降。全市共登记信访事项 21135 批次 25463 人次，同比下降 27.23%。初次信访下降，共计 15258 批次 18330 人次，同比下降 25.89%。重复信访占比下降，重复信访占比为 27.25%，下降至 30% 以下。

【信访积案化解】　坚持和完善领导包案、接访下访、督查督办、定期调度等制度，发挥八个专班作用，建立“双交办、双推进”化解机制，开展信访突出问题百日攻坚行动，创新推行“一案四查”工作法（查信访问题产生的根源、查信访诉求是否合理、查合理诉求是否解决到位、查责任是否落实），依法高效化解了一大批信访积案，切实维护群众合法权益。中央信访联席办两批交办赣州市 1378 件信访积案，已认定化解 1376 件，化解率 99.85%，位居全省第一。

4 月 26 日，市委信访局联合有关部门和律师，成功调解一起意外事故赔偿纠纷
（市地方志研究室供图）

【信访体制机制改革】　将信访工作纳入政治巡察以及县（市、区）、市直单位、市属院校、市属国企综合考核内容，进一步压实信访工作责任。迅速掀起学习宣传贯彻《信访工作条例》热潮，及时制定下发新的联席会议工作规则等配套文件，推动构建新时代信访工作新格局，进一步规范信访业务办理工作。出台贯彻加强新时代网上信访工作实施意见的方案，建成了集投诉、办理、查询、跟踪、监督、评价功能为一体的“一网通”平台，网上信访实现“一网通办”。创新建立“四办”工作机制，对信访事项进行即时交办、闭环跟办、重点领办、从严督办，实现全流程闭环管理。人民网网民留言办理工作得到省政府主要领导的肯定批示。“四办”工作机制经验在省政府办公厅《参阅文件》刊载，向全省推广。

【信访源头治理】　突出源头预防和前端化解，大力夯实基层基础，实现更多矛盾纠纷及时就地解决，超过 70% 的信访事项实现“最多访一次”。发挥赣南苏区红色资源丰富的优势，开展“红色文化 + 信访治理”工作，以更大力度推广“事前给清单、事中督过程、事后强问效”的全流程闭环管理机制、“访调诉”一站式服务模式以及信访“五微”治理等经验做法，扎实筑牢源头防范化解矛盾纠纷防线。

【信访队伍建设】　大力推进党的建设，创建让党放心、人民满意模范机关，把全面从严的要求贯彻到信访干部队伍建设中，建设一支政治过硬、作风扎实、敢打硬仗、善作善成的干部队伍。举办中共二十大精神专题培训班，组织开展《信访工作条例》集中宣传月活动以及全市信访业务培训，进一步提升全市广大信访干部的综合素养。取得一批“国字号”荣誉，市人民来访接待中心获评“全国三八红旗集体”，兴国县委信访局获评“全国信访系统先进集体”，寻乌县、宁都县获评全国信访工作示范县（全省获评仅 7 个县，赣州市占 2 个）；实现“站前列”的目标，2022 年全市信访工作考核位列全省第一；补齐了一批短板弱项，全市信访系统在中央主流媒体上稿 17 篇，省级主流媒体上稿 40 篇，开创信访宣传工作新局面，讲好赣州信访故事方面取得突破性成效。

（郭文峰）

老干部工作

【概况】　2022 年，市委老干部局在市委的坚强领导下，认真学习宣传贯彻中共二十大精神，更加注重党建引领、服务提升、作用发挥，用心用情、精准服务，主动作为、担当实干，助推全市老干部工作取得新质效。市委老干部局被评为“全省老干部工作先进集体”，6名老干部工作者被评为“全省老干部工作先进个人”。2022年，在各类宣传媒体上共刊发稿件200余篇。“赣州老干部”微信公众号推送各类宣传信息100余期。

【思想政治建设】 中办《关于加强新时代离退休干部党的建设工作的意见》（以下简称《意见》）印发后，第一时间组织广大老干部和老干部工作者传达学习《意见》精神，开展专题研讨，研究具体贯彻落实措施。召开全市老干部工作暨离退休干部党的建设工作会议，省委副书记、市委书记吴忠琼专门作出批示，市委副书记熊运浪出席会议并讲话，对贯彻落实《意见》精神进行了强调部署。按照中组部和省局统一部署，精心组织局领导班子成员、各县（市、区）委老干部局局长参加中组部老干部局举办的线上省区市老干部局长培训班，加深对《意见》精神的学习领会和理解把握，增强贯彻落实《意见》精神的思想自觉和行动自觉。会同市委组织部联合印发《关于开展全市离退休干部“示范党支部”创建活动方案》，延伸开展市级、县级“示范党支部”创建活动。召开全市离退休干部党建工作暨“示范党支部”创建活动现场推进会，对全市各级老干部工作部门和离退休干部党组织学习贯彻中共二十大精神进行部署，交流党建工作经验做法，提出存在的问题和不足，部署新目标新任务，推动全面形成“示范带动、以点带面、梯次发展”的良好格局。全市19个离退休干部党支部被评为2021年度省级“示范党支部”。加强离退休干部党风党性教育，制定下发《关于加强离退休干部党纪法规学习的通知》和《工作提示》，积极与市纪委等相关单位沟通协调，组织离退休干部通过支部学习、专题党课、主题党日、集中讨论等方式接受教育，确保警示教育、法纪学习落实到位。

【政策落实】 坚持全面落实好离退休干部各项政治和生活待遇，常态化开展“我为老干部办实事”活动。更新完善384名离休干部“一人一策”精准服务台账，开展的服务离休干部“一项制度、两个结对、三张卡片、四项服务”工作法，得到省委老干部局充分肯定。探索开展市（厅）级老同志康养调研活动，选取8个县（市、区）景点作为首批康养调研基地。持续开展征求市（厅）级离退休干部意见建议活动，全面掌握了解老干部的所思所想所盼，切实帮助老干部解决加装电梯、核酸检测等实际困难和问题，为市（厅）级老干部发放“防疫爱心包”，得到老干部的好评。

结合疫情形势，灵活做好老干部活动中心暂停开放和恢复开放工作，既保障广大老干部的生命安全和身体健康，又满足老干部参加活动的需求。升级优化“赣州市老干部电子信息服务平台”，由原来“电话机＋云呼叫中心”升级为“智能手机＋小程序”方式，为老干部提供更加便捷、高效、优质的卫生保洁、家电水电维修、老干部政策咨询和生活信息服务。探索街道、社区、社会等共同参与的老干部1千米结对服务圈模式，有效解决老干部社区居家养老诸多难题。积极开展“智慧助老”行动，举办老干部智能手机使用培训班，帮助老干部学好用好中组部“离退休干部工作”、省委老干部局“银耀赣鄱”等信息化平台。认真贯彻落实上级关于打击整治养老诈骗专项行动部署，与公安、金融办、证券投资教育基地等部门联动，推出“防养老诈骗”系列宣传讲座活动，助力守护老干部的“钱袋子”。积极协调定点医疗机构，畅通看病就医绿色通道，优化就医服务流程，组织市直单位1000余名离退休干部开展健康体检。进一步完善离退休干部特困帮扶机制，持续加大帮扶力度，审核发放50万名离退休干部特困帮扶资金。定期核查离退休干部各项待遇落实情况，及时解决发现的问题，做到及时准确落实各项政策。高度重视老干部信访工作，因人制宜、因事制宜，妥善处理信访事项。

【离退休干部作用发挥】 以迎接中共二十大胜利召开为主线，组织开展调研和展演等活动，营造喜迎中共二十大胜利召开的浓厚氛围。印发《关于在全市离退休干部中深入开展“建言二十大”和“我看中国特色社会主义新时代”调研活动的通知》，组织广大老干部采取“说、写、唱、展、演、议、做”等喜闻乐见的形式，开展“建言二十大”和“我看中国特色社会主义新时代”调研活动，举办文艺演出、书画摄影作品展、诗歌征文等12项活动，开展“喜迎二十大，银龄展风采”主题宣传教育活动。中共二十大胜利召开后，结合老干部工作实际下发《关于全市老干部工作系统认真学习宣传贯彻党的二十大精神的通知》，迅速掀起学习宣传贯彻中共二十大精神热潮，组织各级老干部工作部门和老干部通过宣讲会、集中学习、“课前思政课”“送学上门”、文艺演出、书画展等方式，推动中共二十大精神在学习上入心入脑、在宣传上走深走实、在落实上见行见效。市老年大学坚持党建引领，在161个班级中成立功能型党支部，举办“银龄心向党，建功新时代”学习宣传贯彻中共二十大精神系列活动，多次荣获人气组织奖、积极创作奖、“网络人气折桂奖”等全国性奖项，《赣州市老年大学功能型党组织建设工作创新案例》被中国老龄协会评为“全国老年大学（学校）典型案例”。充分发挥“五老”在推进关心下一代、乡村振兴、社会治理等工作中的优势和作用，开展“树家风、育新人”、结对帮扶帮教“双万工程”、防溺水安全宣传等主题活动。省关工委主任周萌调研赣州市关工委工作，并给予充分肯定。在《赣南日报》开设“桑榆新风采、建功新时代”宣传专栏，集中推出老干部先进事迹报道，引起良好社会反响，在全市老干部中进一步营造学习先进、崇尚先进、争当先进的浓厚氛围，动员全市广大老干部积极发挥自身优势，为赣州加快建设革命老区高质量发展示范区贡献力量。

（钟　云）

党校工作

【概况】　2022年，市委党校全面精准解读中共中央总书记习近平关于党校工作重要讲话精神、视察江西和赣州重要讲话精神及《中国共产党党校（行政学院）工作条例》，紧密联系市情校情，在充分调研的基础上，制定《关于加强党校治理体系和治理能力现代化建设推进党校事业高质量发展的若干意见》《关于加强全市党校系统建设的意见》，推动全市党校事业科学发展，加快形成全市党校上下联动、横向互动的发展格局。2022年，举办各类班次92个，培训干部6320人。其中，举办主体班次有44个，培训干部3019人，包括县处级领导干部进修班、党外县处级领导干部进修班、乡镇（街道）党政正职领导干部进修班等常规班33个，培训干部2481人；全市深化改革开放行动专题研讨班、经济和金融领域干部人才高级研修班、美丽赣州建设行动专题研讨班等专题班3个，培训干部120人；乡镇党委书记“乡村振兴”专题培训班、县（市、区）直属部门主要负责人“党建引领基层治理”专题培训班等基层干部主题培训班8个，培训干部418人。与其他单位或部门协作办班36个，培训干部2300人，对外培训社会化办班12个，培训人数1001人。

【教学工作】　制定、完善《市委党校校领导听课评课制度》《市委党校教师试讲（说课）办法》《市委党校教职工外出授课管理办法》《市委党校教学评估办法》等教学管理制度。开设“中共中央总书记习近平关于干部队伍能力建设重要论述与党校学习‘三个讲清楚’”“认识文化赣州　打造文化名城”“深入学习贯彻习近平新时代中国特色社会主义思想”“学习贯彻2022年全国两会精神”等新的教学专题，新设教学专题、课程37门，专题更新率为36.27%，较上年提升5个百分点。着力打造精品课程。1门课程荣获全省社院系统精品课比赛一等奖；在全市干部教育培训计划设计暨“好课程”“微课程”教学大赛中，2门教学计划设计入选“精品教学计划设计”，3门课程入选“精品好课程”，1门课程入选“优秀好课程”。立足赣州干部人才优势，设置领导干部讲课、挂职干部上讲台、人才专家进党校、新时代赣鄱先锋进党校等教学模块，邀请了10名市委常委、48名领导干部、7名挂职干部、3名专家学者、2名新时代赣鄱先锋、3名全国“人民满意的公务员”和“人民满意的公务员集体”赣州市受表彰对象到校授课。深入发掘廉洁文化的教育价值，在主体班开展“八个一”活动，受教育学员343人次；江西省纪委监委网站等省市媒体对党校相关做法进行了宣传报道。编写教材《领导干部应知应会知识读本》《红色现场教学汇编》。

【科研工作】　2022年，申请立项和结项各级各类课题23项，其中，中央党校重点调研课题1项，中宣部委托课题1项，省委党校、省社院、省党建研究会等课题12项；市级课题9项。共发表论文85篇，其中，在《学习时报》上发表8篇，在《江西日报》上发表4篇，在各类省级刊物上发表24篇，在本市思想理论主阵地《赣南日报》上发表41篇。研究成果《进一步推进我市红色教育培训事业高质量发展》得到省委副书记、市委书记吴忠琼的批示；研究成果《用好红色资源赓续红色血脉把郭大力故居打造成党史学习教育重要基地》中提出的意见建议被2022年3月31日省委办公厅《民声通道专报》第14期（增刊3）采纳，获得省委、市委主要领导肯定性批示。

【学员管理】　系统汇编《主体班支部书记（班主任）职责》《主体班学员学习培训纪律规定》《疫情防控期间学员日常管理实施办法》等14项学员管理制度；系统梳理了《主体班带班工作流程》；安排教师指导学员围绕“两带来”问题撰写了91篇建言献策文章；注重学风学纪督查，共开展督查13次；积极组织“品味阅读、分享经典”读书交流会和廉洁文化书籍交流会，举办从政经验交流会、专题组织生活会等活动。

【校园建设】　积极推进学员综合楼和教学楼建设项目。学员综合楼项目占地面积4万平方米，总建筑面积3.04万平方米，建成后将新增学员宿舍463间、可容纳500人的多功能报告厅和学员餐厅各1个。教学楼项目已完成前期立项，预计2023年6月正式开工，建成后将新增14间教室和1间可容纳300人的阶梯教室，并配套语音教室、实训室、访谈录播室等功能性教室。两个项目建成后，可同期容纳700—800人，满足中心城区办学资源整合后的教学需求。

（市委党校）

干部学院工作

【概况】　2022年，江西瑞金干部学院坚持以习近平新时代中国特色社会主义思想为指导，深入学习宣传贯彻中共二十大精神、深入贯彻中共中央总书记习近平视察江西重要讲话精神，牢记弘扬苏区精神、传承红色基因的初心使命，着力构建“一区一圈一地”教学体系，突出打造“追根溯源”和“治国理政”两大教学品牌，围绕市委“三大战略、八大行动”开发课程、优化方案，教学课程不断丰富、教学方式不断创新，迈上内涵式高质量发展的新征程。10月，经中组部综合考核，确定为全国72家党性教育干部学院之一，更名为“江西瑞金干部学院”。

【教学培训】 坚持习近平新时代中国特色社会主义思想首课制度，突出学习宣传贯彻中共二十大精神，大力弘扬苏区精神、传承红色基因，通过领题攻坚、集体备课、集中试讲、举办擂台赛等方式，精心打造了一批专题课、特色课、微党课和创新课。2022年，研发《学习贯彻党的二十大精神》《毛泽东在中央苏区调查研究的实践与启示》《习近平法治思想》等18门专题课程，其中《学习贯彻习近平法治思想奋力开创全面依法治国新局面》获评全省“习近平法治思想大学堂”精品课；《敢于斗争：共产党员的鲜明品格》《重围下的战斗歌声》等15门微党课；《追寻——红色家书背后的故事》《从瑞京到北京》等4门创新类教学，精品特色课程不断丰富。《党建引领乡村振兴的基层实践》入选2022年度中国干部网络学院基层干部微课堂特约课程。全年累计承办培训班67期，培训学员3430人。

【品牌建设】 深入贯彻落实中共中央总书记习近平“要从瑞金开始追根溯源，深刻认识红色政权来之不易、新中国来之不易、中国特色社会主义来之不易”的重要指示精神，结合红色政权在赣南的伟大执政预演，突出打造了“治国理政”和“追根溯源”两大苏区特色教学品牌。立足赣南得天独厚的红色资源禀赋，将红色资源有效转化为党性教育资源。在瑞金共和国摇篮核心教学区，突出打造追根溯源和治国理政教学主题；在赣南等原中央苏区教学圈，突出打造传承和弘扬苏区精神教学主题；在中央红军长征出发突围沿线，突出打造红军长征与长征精神教学主题，初步构建“一区一圈两线”特色教学体系。同时，打造南方三年游击战争和习近平新时代中国特色社会主义思想在赣南的生动实践暨“三大战略、八大行动”示范点主题教学线等5类12条精品教学线，现有常用现场教学点165个。2022年，学院拨付教学点建设资金60万元。

【师资建设】 聚焦党性教育主题主线，通过集体备课、教学竞赛、师徒结对、挂职锻炼、外出研修，定期举办“红都讲堂”，探索与赣南师范大学马克思主义学院合作，遍访原中央苏区县重要党史现场等方式，培养锻造了一支有梯度、高素质的师资队伍。大力选聘政治立场坚定、学术造诣深厚、实践经验丰富的专家、领导和先进模范为学院兼职教师。同时，积极联络曾经在赣南等原中央苏区生活、工作、战斗过的红军的后代，组建红军后代授课团。现有院内专职教师35名，现场教学点讲解教师53名；常态化应邀授课的兼职教师95名，其中红军后代18名，带班老师测评分均在97分以上。

【科研工作】 学院倡导全员参与教学科研，通过组织点题、个人领题、团队破题等方式，大兴调查研究之风、着力提升教学科研水平，形成教学出题目、科研出成果、成果进课堂的良性循环。2022年，申报立项市级及以上课题21个，其中《赣州市推动国企党建与生产经营深度融合对策研究》和《信仰之光照亮前行之路》列为赣州市重点课题；《全过程人民民主在中央苏区时期的历史渊源研究》被评为省级三级课题。编印院本教材《浴血奋战：中央苏区十年斗争》；编撰《“五治”融合谱写基层治理新篇章——赣州的实践与探索》得到市委政法委主要领导批示肯定。在省市级专业刊物和党报党刊上发表《中央苏区党的建设实践及经验》《良好家风是党员干部清廉的重要保障》等理论文章23篇。

【合作交流】 深化“赣州—遵义—延安—龙岩—桂林”五地“干部党性教育培训联盟”、全国六院校基层干部高质量培训合作机制、中国井冈山干部学院合作机制、深圳人大干部培训中心合作机制的合作办学。充分发挥中央国家机关对口支援赣州优势，为每一个国字号单位量身定制培训课程、教学方案，增强党性教育培训的针对性。主动“走出去”，加速“融湾”步伐，微党课《八子参军》、创新课程《踏着先烈血迹前进》作为赣州市红色文旅推介精品课程，参加赣州市在厦门、深圳等地举办的旅游推介展演。2022年，举办“湾区”培训班5期，培训学员228人。

【行政后勤】 坚持向人才要质量，大力引进专业技术人才。结合新时代党性教育培训新要求，按照人岗相适的原则，优化干部队伍。强化带班老师专业化训练，将带班礼仪、形体语言、应急救护等列入日常训练内容，外树形象，内强素质，不断提高带班老师服务水平。2022年，公开招考研究生9名，提拔交流干部17名。坚持以制度为抓手，树立制度高于一切的管理思想，大力推进制度建设，修订完善制度49项。新院区主体工程全面封顶，外立面装修全面完成，园林景观、室内装修、弱点智能等项目稳步推进。

（钟金宸）

史志工作

【概况】 2022年，市委党史研究室深入贯彻落实中共二十大精神，紧紧围绕市委“三大战略、八大行动”部署要求，发挥“存史、资政、育人”职能作用，史志资料征集、史志研究编纂、史志开发利用、史志宣传教育、史志资政服务等工作取得新成效。主撰的红色统计研究课题报省委党史研究室后，获省委党史研究室领导充分肯定，获4名省领导批示。全年主办、承办5个规格高、影响大的全国性研讨会。赣州市成功入选首批中国精品年鉴区域试点单位，是全国9个入选单位之一、全省唯一。赣州市作为9家中国精品年鉴区域试点申报单位，在北京召开的全国“精品年鉴品读季”活动启动会议暨2022年中国年鉴精品工程研讨会上作经验介绍。在市本级全程指导下编纂的《安远年鉴（2021）》入选“中国年鉴精品工程”，是江西省首部县级中国精品年鉴，实现江西省县级综合年鉴入选“中国精品年鉴”“零”的突破，省内两部精品年鉴全部落户赣州。

【史志编研】 完成编纂出版《赣州市党史资料选编、石城县苏区史料集》《中央苏区三年游击战争史料选编》《学党史讲故事》《瑞金建政》《赣州年鉴（2022）》《赣州地情》《赣州大事记（2021）》等书籍，完成《赣南勤廉故事》《赣州红色名村》初稿编纂，启动《中央苏区统计史史料汇编》《隐蔽战线斗争与两万五千里长征资料汇编》《中央革命根据地历史资料文库·苏区五省》赣州部分编纂工作。完成《赣州党史专题集》编写工作，在全市史志部门征集中华人民共和国成立后党史选题34个，指导各县（市、区）完成新中国成立后党史专题文章23篇。在《当代江西》《党史文苑》《世纪风采》《赣南日报》《赣南社会科学》等报纸杂志发表文章20余篇，入选省、市理论研讨会文章15篇。其中，《中华苏维埃共和国监督制度建设的探索实践》被评为省人大三级课题、获市人大课题研究特别奖，《中国共产党初始国家制度建设探索研究》获省人大常委会组织评审的三等奖、市人大课题特等奖，《中国共产党在中央苏区时期党建理论的探索与实践》《略论自然气象对红军作战的影响》获赣州市2021年度优秀社科成果奖。

【史志管理】 审读审看市直部门和各县（市、区）史志研究室报送的专项答题、专题片脚本、红色名村推荐名录、布展大纲、展陈方案等文稿80余篇，并出具审读意见。指导市自然资源局启动编纂《赣州市自然资源志》《自然资源部对口支援赣州30年志》，指导赣州三中启动编纂《赣州三中校志（1954—2023）》。完成赣州市方志馆和资料室存书书目编制，并装订成册。全年交流征集书籍400余部，下载收录电子书籍1500多部，征集入库书籍资料2000多本、离退休干部回忆录3册、回忆文章1篇。开展“喜迎党的二十大 推进史志宣传‘七进’”活动，向社会各界赠阅史志书籍5000余套，为单位、个人提供资料查阅、咨询服务1000多人次。

【史志宣教】 全年在“赣南史志”微信公众号刊载文章261篇，党务公开网刊载稿件80篇，其中刊发系列地情文章10余篇。与市委宣传部、广播电视台联合开办苏区史话专栏，审定电视节目文稿和影像资料36期。为《赣南日报》“红土”专版组（撰）稿约70篇。承办“践行习近平调查研究重要论述推动革命老区高质量发展”专题座谈会、南方红军三年游击战争胜利暨新四军组建85周年理论研讨会、纪念中华苏维埃共和国国家银行成立90周年暨红色金融文化座谈会、“任弼时与党的建设”学术研讨会、纪念南昌起义军余部“赣南三整”95周年理论研讨会。积极向中央、省、市等网站投稿，赣州市成为全省在中央党史和文献研究院网站刊载稿件最多的设区市。

【资政服务】 结合主题党日、调研座谈等活动开展考察调研，组织人员到章贡区等9个县（市、区）开展党史、阳明文化资政调研活动，向市委、市政府呈报资政专报2期。积极建言献策。参与长征文化公园赣州段建设，做好相关史料把关工作，对党史资源的保护、建设、管理和利用，提出建设性、指导性意见。主动对接赣南师范大学客家研究院，协助参与《客家志》的编审。组织开展全市党史宣讲员培训2期，帮助党史宣讲员树立正确党史观，规范宣讲内容。组建赣州市地方志专家库，鼓励社会力量参与地方志工作，为赣州市经济社会发展建言献策。

【“两志”编纂工作】 组建《赣州市全面小康志》《赣州市扶贫志》（以下简称“两志”）工作联络群，成立“两志”编辑部，完成大事记、地情初稿和资料长编审稿。分管领导带队赴11个县（市、区）调研指导“两志”编纂工作，派出业务骨干为寻乌、会昌、石城、上犹等县（市）扶贫志编纂人员进行“两志”编纂专题授课。于都县、寻乌县已被列入中国扶贫志丛书试点单位。

【精品年鉴区域建设】 坚持“一年打基础、两年抓提升、五年要创成”工作方法，将全市18个县（市、区）分成4个创建梯次，每年选取

7月13—15日，赣州市举办全市党史宣讲员培训班　（市委党史研究室供图）

一部年鉴纳入创建储备的第一梯次，重点培育，形成精品年鉴创建区域联动的“赣州模式”。6月，《安远年鉴（2021）》入选“中国年鉴精品工程”，是江西省首部入选“中国精品年鉴”的县级年鉴，并获评江西省第七届年鉴质量评比县级综合年鉴特等年鉴。8月，推荐《瑞金年鉴（2022）》申报“中国年鉴精品工程”。9月20日，全国“精品年鉴品读季”活动启动会议暨2022年中国年鉴精品工程研讨会在北京召开，赣州市作为9家中国精品年鉴区域试点申报单位，以“在全国革命老区中作示范、勇争先推动赣州年鉴精品区域建设新格局”为题作经验介绍。10月，赣州市入选首批中国精品年鉴区域试点单位。

（曹　虹）

机关服务保障

【概况】 2022年，赣州市机关事务管理中心紧紧围绕赣州市委市政府“三大战略、八大行动”战略部署，立足本职工作，在服务中心大局、保障机关高效运行上下功夫，较好地完成了保运转、优服务、促发展各项任务。积极组织做好“清洁卫生机关建设”“病媒生物防控”“无烟机关创建”等工作。协助老市委大院生活区旧小区改造项目顺利实施，从项目前期规划设计到项目开工建设，积极协助社区做好矛盾纠纷调解，提出意见与建议。组织参加国管局“新时代机关事务行业建设”主题征文活动，获全国二等奖1篇，向全国机关事务管理研究会及省管局报送理论研究成果2篇，全年在《中国机关后勤》《江西机关事务》刊登理论文章5篇。9月，赴省行政中心开展赣南特色农产品展示活动，赣州馆展示673个产品，活动总营业额为32.7万元，同比增长14.7%。2022年，1人获得“全国机关事务先进个人”称号。

【机关事务信息化建设】 扎实推进机关事务信息化建设，不断提高机关事务管理服务智慧化、智能化水平。推进市政中心车牌辅助识别系统项目建设，在南、北区地下车库以及东大门、南大门安装车牌辅助识别系统及道闸设备，进一步增强技防水平。完成监控系统升级改造项目，将点位模拟信号改为数字信号，更换监控室显示屏，实现监控信号全面数字化，提升监控覆盖率和清晰度。推进公共机构低碳积分制平台（绿宝碳汇）项目建设，将公共机构和个人绿色低碳行为量化为碳积分，建立积分激励机制，引领推动公共机构带头践行绿色低碳行为。平台自9月底上线以来，已有12万余人注册使用。推进“江西机关事务”APP赣州分系统建设，参照省管局做法，结合市政中心院内后勤实际，梳理赣州市管中心“勤快办”事项，在APP里设立专门板块，系统即将开始试运行。推进市政中心智慧食堂消费管理系统建设，已完成线路布设、闸机安装、政务云资源开通、系统服务器安装等工作。

【办公用房管理】 上半年完成全市省管干部办公用房承诺书签订工作的基础上，参照省管局做法，推动市管干部、县管干部签订办公用房承诺书；制定《关于进一步做好规范使用党政机关办公用房工作的通知》《关于开展全市办公用房违规配备使用问题整改工作的通知》，召开全市办公用房问题整改工作视频会，对规范使用办公用房进一步明确；调配市委宣传部等10个单位27间办公用房，并对市旅投等12家单位办公用房维修改造进行审查。

【公务用车管理】 严格按规定完成2022年度市本级124辆一般公务用车更新购置计划审核报批和县（市、区）209辆公务用车更新购置计划审核备案工作，推动市车务中心累计更新置换125辆公务用车，市本级平台保障能力得到大幅提升；印发《关于进一步规范全市党政机关公务用车使用管理工作的通知》，制定《市本级行政事业单位公务用车装饰管理暂行办法》，公开招投标确定13家全市公务用车新一轮定点保险企业，明确全市公务用车信息化平台新一轮运营服务商，规范全市公务用车日常使用管理；深化省级公务用车管理专项领域建设成效，在全省公务用车管理干部培训班上作相关经验介绍，开展绿色出行签名倡议活动，全市各级保障平台累计配备新能源汽车238辆，推荐瑞金市管中心等2家单位申报第二批国家公务用车管理专项领域建设单位。

【公共机构节能】 主动对接、迅速行动，顺利承接全市公共机构节能工作。高质量召开市公节领导小组会议，对成员单位职责进行了调整和细化。采取“送教上门”方式，分层次对县管中心相关人员进行业务培训。通过日常巡检、督查、实操实训、在线考核等形式推进工作有效落实。扎实开展节能宣传周和地球日、节水、节粮、绿色出行等各类主题宣传活动。大力推广新能源利用，全市公共机构新建建筑全面执行星级绿色建筑标准，推进既有建筑节能改造。赣州市组织观看2022全国公共机构节能宣传周启动仪式人数排名全国第一，观看全国公共机构节能宣传周系列直播活动人数排名全省第一。选送425幅作品参与全省公共机构生态文明宣传作品征集活动，其中31幅获奖，市管中心获“优秀组织奖”。创造性地在全市各中小学分班级设立节能委员，充分发挥其带头自己节能、带领同学节能、带动家庭节能的“三带”作用，实现学校节能降耗得实惠，学生履职历练强意识，家庭互动参与同节能的“三赢”目标。

【市政中心基础设施建设】 完成市政中心北区办公楼一批维修改造项目。实施中央空调末端维修改造项目，对南楼和北楼844个办公室空调末端进行维修，提升空调制冷制热效果；完成外墙干挂石材维修

6月，市机关事务管理中心工作人员检修市政中心北区办公楼空调主机线路
（市机关事务管理中心供图）

项目，维修干挂石材约1100平方米，东大门石材更换铝板200平方米，出入安全更有保障；对北区办公楼楼顶进行防水维修，维修面积达2200平方米，对北区123个卫生间进行改造，更换吊顶、隔断等设施。

完成市政中心部分会议室维修改造和设备升级。实施政协4楼会议室维修改造项目，并更换会议室家具和音响设备；完成市委市政府6楼2号会议室、市人大3楼会议室、政协3楼会议室会议椅采购更换项目，更换市人大3楼会议室音响设备；严格按照保密工作要求做好会议中心1号会议厅加密会议室改造相关工作；对会议中心1号厅会见室进行重新布置，更换会见沙发；添置1个高清摄像头、2台98英寸液晶电视机、5台55英寸液晶电视机、1台会议平板用于会议中心及市委、市政府会议室使用。

推进市政中心一些配套设施升级改造项目。完成市体育中心地下停车场出入口雨棚项目，正在实施市政中心室外连廊项目。与市园林部门联系，完善市政中心园林绿化方案。

【重大会务接待】 做好全市深化发展和改革双“一号工程”推进部署会、中国（赣州）第九届家具博览会、赣南等原中央苏区振兴发展战略实施十周年座谈会、中国（赣州）纺织服装产业博览会等重大活动的会务接待和车辆保障工作。9月疫情防控呈高压态势期间，克服因防疫工作需要和静态管理要求导致的人手短缺问题，零延误、零失误做好疫情防控工作的会务服务保障和公车出行保障。全年累计服务市四套班子各类会议2276次、接待参会人员94637人次，市本级三大平台累计出车超2万批次，安全行驶422.38万千米。严格贯彻落实上级过紧日子要求，接待费同比下降25.99%。

【日常后勤服务保障】 核查登记进入市政中心院外人员129507人次，接待信访人员87批542人次，其中群访32批462人次，维护消防设施363处。常态化加强食堂餐厅和附属超市监管，全年供餐648755人次。以机关食堂制止餐饮浪费为重点，引导党政机关和事业单位带头示范，以点带面引领餐饮节约新“食”尚，市政中心两个食堂餐厨垃圾日均产生量较上年下降约23%。做好上一年度食堂满意度调查工作，满意度稳中有升。完成机关第一食堂新一轮承包经营权招标采购项目。做好院内保洁服务监督检查工作，对各楼栋楼顶清洗126次，车库、沟渠大清洁12次，病媒消杀12次。开展市政中心设施设备日常巡查900余人次，妥善处理市政中心维修保养事项1000余人次，实施零星维修项目180项。按时完成市级交流干部楼腾退和各项维修改造任务，完善消防、监控等设施，编印《市级交流干部服务指南》，为市领导入住提供更好的服务保障。组织离退休干部职工收看专题报告会4场次，鼓励老干部参加健步走、钓鱼等文体活动，加强与老干部对接联系，做好“七一”建党节、春节走访慰问工作，落实定期阅文、参会等政治生活待遇。

（陈金华）

本栏编辑：陈晔明

赣州市人民代表大会

综 述

【概况】 2022年是市六届人大常委会依法履职开局之年。赣州市人大常委会全面贯彻习近平新时代中国特色社会主义思想，紧紧围绕学习贯彻中共二十大精神这条主线，深入贯彻中共十九大、十九届历次全会和中央人大工作会议精神，深入贯彻中共中央总书记习近平视察江西和赣州重要讲话精神，认真落实省人大常委会“三个走前列”要求，紧扣市委“三大战略、八大行动”决策部署，积极履职、务实作为，有力助推赣州加快建设革命老区高质量发展示范区。全年筹备3次人民代表大会，召开12次常委会会议、18次主任会议，制定地方性法规3部，备案审查规范性文件171件，听取审议报告11项，检查6部法律法规实施情况，开展专题调研17项，作出决定决议3项，任免国家机关工作人员90人次，办理代表建议317件，依照相关法规，认真组织任前宪法知识考试和宪法宣誓仪式。牵头组织摄制的《人民代表大会制度从这里走来》专题片于11月7日上线全国人大网络学院，获得全国人大常委会办公厅充分肯定。组织开展人大代表主题活动、助推乡村全面振兴专题活动、加强国有资产管理监督、推进基层立法联系点和代表联络站规范化建设等工作分别在省人大有关会议或专报上作介绍，《中国人大》《人民代表报》《时代主人》等媒体多次宣传报道赣州人大工作。

【专题调研】 2022年，由常委会班子成员带队，分全过程人民民主、立法、监督、重大事项决定、财经监督、选举任免和代表、自身建设等7个专题开展调研，形成综合调研报告和专项调研报告，召开调研成果汇报交流会，研究提出加强和改进赣州人大工作的思路举措。

【中华苏维埃代表大会制度研究宣传】 市人大常委会认真落实省人大“三个走前列”和市委打响初始发祥地品牌的要求，把中华苏维埃代表大会制度史研究宣传引向深入。与省人大常委会联合摄制《人民代表大会制度从这里走来》专题片。市人大常委会成立由主要领导牵头的工作专班，历时8个多月拍摄制作和反复精心打磨，在中共二十大召开前完成摄制。省委主要领导、省委有关领导、省人大常委会领导、市委主要领导等多次听取汇报，参加审片会，提出明确要求。专题片首次以电视专题传形式全面反映1931年11月和1934年1月在瑞金召开的两次全国苏维埃代表大会，为人民代表大会制度形成和发展进行的初始探索和实践，深情回望90多年前中国共产党人进行人民当家作主的伟大预演，为研究宣传中华苏维埃代表大会制度提供丰富史料，也为新时代坚持和完善人民代表大会制度提供参考借鉴。全国人大常委会办公厅表示，专题片政治导向正确，史料丰富翔实，结构逻辑合理，凸显“人民代表大会制度从这里走来”这一主题，对于深入学习宣传贯彻中共二十大精神，进一步传承红色基因，坚定国家根本政治制度自信具有重要意义。

深入开展中华苏维埃代表大会制度史研究。成立研究会，吸纳专家学者、人大工作者等100余人为会员。面向全市人大系统、有关单位和高校等征集课题46项，认真开展理论研讨，其中7篇论文在全省人大理论研究成果评审中获奖，得到省人大常委会通报表扬。进一步加强初始发祥地宣传，全国人大系统到赣州市追根溯源的有28个省（区、市）115个设区市共650多批次6.3万多人次，人民代表大会制度初始发祥地知名度和影响力进一步提升。

【代表构成】 赣州市第六届人民代表大会有538名代表，来自19个选举单位。其中，工人、农民代表115名，占代表总数的21.38%，比上届上升0.61%；专业技术人员代表64名，占代表总数的11.9%，比上届上升0.5%；领导干部代表258名，占代表总数的47.96%，比上届下降0.84%；妇女代表159名，占代表总数的29.55%，比上届上升2.9%；少数民族代表12名，占代表总数的2.23%；归侨、侨眷、港澳台眷属代表4名，占代表总数的0.74%；非中共党员代表201名，占代表总数的37.36%。

【代表工作】 建立代表提出议案建议前沟通协调机制，召开代表建议交办会，推动办理工作纳入综合考核，听取审议办理情况报告，确定31件重点督办建议，由主任会议成员牵头督办、市政府分管领导领办、各专工委具体督办，邀请代表全程参与，推动解决一批实际问题。认真协助组织江西省全国人大代表在赣州市集中视察，组织赣州市省市人大代表做好会前视察。以视频形式举办市六届基层人大代表和乡镇（街道）人大工作者培训班，1400余人参加，实现新一届基层市人大代表培训全覆盖。落实代表活动经费，完善代表活动台账，加强代表述职工作，代表履职积极性进一步提高。

推进代表联络站建设和“双联系”工作。召开代表联络站规范化建设现场会，总结推广代表“进站入群”等做法，推动390个联络站规范化建设、常态化运行、实效化发挥作用，22个联络站被选为省级示范站，相关做法在《中国人大》杂志刊载。市（厅）级领导代表和县（市、区）党政主要领导代表的带头示范进站，全市各级人大代表进站2.7万多人次，收集意见建议1.1万多条，推动解决7000多个问题。完善常委会组成人员联系市人大代表办法，建立专工委对口联系代表机制，组建8个代表专项活动小组，邀请代表302人次列席市人大常委会会议并座谈交流、参加视察调研和执法检查等。

【人大代表建议督办】 2022年办理代表建议317件。市六届人大二次会议期间及闭会期间，共提出建议317件，其中大会期间284件、闭会期间33件。交党群系统主办16件、协办11件，交人大系统协办1件，交政府系统主办303件、协办9件，交法院系统主办3件，交检察院系统主办2件、协办1件，办理工作共涉及81个单位，其中政府系统的办理单位65个。按内容划分，属于综合类（含发改、劳动、人事、政法、民生保障等）67件，占21.13%；工交类（含工业、交通、供电等）71件，占22.4%；农林水类（含农业、林业、水利、果业等）47件，占14.83%；科教文卫类（含文化、教育、卫生、广电等）64件，占20.19%；城建环保类（含城建规划、城管、房产、环保等）23件，占7.26%；财贸金融类（含财政、商贸、金融等）45件，占14.19%。

所提问题已经解决或所提意见和建议已经采纳、部分采纳的（A1类）有251件，占79.2%；所提问题在当年内能够基本解决的（A2类）有19件，占6%；所提问题已有规定，应当明确说明有关情况的（A3类）有17件，占5.36%；所提问题已经列入近期工作计划，自交办之日起三年内能够基本解决的（B1类）有5件，占1.57%；所提问题已经列入工作规划的，有解决问题的路线图和时间表（B2类）有4件，占1.26%；所提问题暂时难以解决，但是对加强和改进工作具有参考价值，拟在工作中研究参考的（C1类）有10件，占3.15%；所提问题因法律和政策的规定或者目前条件不具备确实无法解决的（C2类）有7件，占2.2%。代表对317件建议办理情况均反馈意见，代表评价均为满意。

重要会议

【人民代表大会】 市六届人大二次会议 1月22—24日在赣州召开。会议应到代表541名，实到代表485名。大会听取审议并通过赣州市政府工作报告；审查并通过赣州市2021年国民经济和社会发展计划执行情况与2022年国民经济和社会发展计划草案的报告、赣州市2022年国民经济和社会发展计划草案；审查并通过赣州市2021年全市和市级预算执行情况与2022年全市和市级预算草案的报告、赣州市2022年市级预算草案；审议并通过赣州市人民代表大会常务委员会工作报告、赣州市中级人民法院工作报告、赣州市人民检察院工作报告、赣州市人民政府关于2021年生态文明试验区建设情况的报告。

市六届人大三次会议 8月28—29日在赣州召开。会议应到代表527名，实到代表494名。大会补选李克坚为市人民政府市长、尹忠为市人大常委会副主任。选举结束后，新当选的市人民政府市长李克坚、市人大常委会副主任尹忠进行宪法宣誓。

市六届人大四次会议 12月23—25日在赣州召开。大会应到代表532人，实到代表463人。大会听取审议并通过赣州市政府工作报告；审查并通过赣州市2022年国民经济和社会发展计划执行情况与2023年国民经济和社会发展计划草案的报告；审查并通过赣州市2022年全市和市级预算执行情况与2023年全市和市级预算草案的报告、赣州市2023年市级预算草案；审议并通过赣州市人民代表大会常务委员会工作报告、赣州市中级人民法院工作报告、赣州市人民检察院工作报告、赣州市人民政府关于2022年生态文明试验区建设情况的报告。依法选举产生赣州市出席江西省第十四届人民代表大会代表，补选赣州市人民代表大会常务委员会秘书长、委员，表决通过赣州市人民代表大会有关专门委员会主任委员正式人选名单。

【人大常委会会议】 市六届人大常委会第四次会议 1月5日召开。会议审议并表决通过《赣州市人民代表大会常务委员会关于接受刘勇等同志辞去江西省第十三届人民代表大会代表职务的请求的决定（草案）》《赣州市六届人大常委会第四次会议补选江西省第十三届人大代表办法（草案）》；审议通过《关于补选田延光等同志为江西省第十三届人民代表大会代表的议案》。

市六届人大常委会第五次会议 1月14日召开。会议审议并表决通过赣州市第六届人民代表大会常务委员会代表资格审查委员会关于代

8 月 29 日，赣州市第六届人民代表大会第三次会议在赣州大剧院召开

（市人大供图）

表资格的审查报告和人事任职议案。此次会议任命的有关国家机关工作人员进行宪法宣誓。

市六届人大常委会第六次会议 3 月 28 日召开。会议学习中共中央总书记习近平在全国两会期间的重要讲话和十三届全国人大五次会议精神，听取和审议市人大常委会法制工作委员会关于 2021 年规范性文件备案审查工作情况的报告，审议通过有关人事任免议案。此次会议任命的有关国家机关工作人员进行宪法宣誓。

市六届人大常委会第七次会议 4 月 28 日下午召开。会议审议《赣州市物业管理条例（草案二次审议稿）》，审议并表决通过有关人事任免议案。

市六届人大常委会第八次会议 5 月 7 日召开。会议审议并表决通过有关人事任免议案、市人大常委会代表资格审查委员会关于个别代表的代表资格审查报告、市人大常委会关于接受吴建平同志辞去赣州市人民代表大会常务委员会副主任职务的请求的决定和《赣州市六届人大常委会第八次会议补选江西省第十三届人大代表办法》，补选陈蔚、夏侯钉 2 人为江西省第十三届人民代表大会代表。此次会议任命的有关国家机关工作人员进行宪法宣誓。

市六届人大常委会第九次会议 6 月 28 日召开。会议听取和审议市监察委员会关于全市开展反腐败国际追逃追赃工作情况的专项工作报告、市人大常委会执法检查组关于检查《江西省优化营商环境条例》实施情况的报告；听取和审议市人民政府关于 2022 年市级一般公共预算和政府性基金预算调整方案（草案）以及 2022 年地方政府债务限额的报告、市人大财经委关于 2022 年市级一般公共预算和政府性基金预算调整方案（草案）以及 2022 年地方政府债务限额的审查结果报告，审议并表决通过《赣州市人民代表大会常务委员会关于批准 2022 年市级一般公共预算和政府性基金预算调整方案（草案）以及 2022 年地方政府债务限额的决议（草案）》；审议《赣州市农村住房建设管理条例（草案）》；审议并表决通过《赣州市第六届人民代表大会常务委员会代表资格审查委员会关于代表资格的审查报告》和人事任免议案。

市六届人大常委会第十次会议 7 月 17 日召开。会议审议并表决通过《赣州市第六届人民代表大会常务委员会代表资格审查委员会关于代表资格的审查报告》，决定任命李克坚为赣州市人民政府副市长、代理市长。

市六届人大常委会第十一次会议 8 月 19—20 日召开。会议书面通报市人大常委会 2022 年上半年工作情况和下半年工作安排；听取和审议市人民政府关于全市 2022 年国民经济和社会发展计划上半年执行情况的报告、关于 2021 年度市级预算执行和其他财政收支的审计工作报告、关于 2021 年市级决算（草案）和 2022 年上半年全市预算执行情况的报告以及市人大财经委关于 2021 年市级决算草案的审查结果报告，审议并表决通过《赣州市人民代表大会常务委员会关于批准 2021 年市级决算的决议》；审议《赣州市农村住房建设管理条例（草案二次审议稿）》《赣州市扬尘污染防治条例（草案）》；听取和审议市人大常委会执法检查组关于检查《中华人民共和国文物保护法》实施情况的报告、关于检查《中华人民共和国外商投资法》实施情况的报告；审议并表决通过市人民政府关于市五届人大六次会议人大代表建议 B 类件二次办理情况的报告；审议并表决通过《赣州市人民代表大会常务委员会关于召开赣州市第六届人民代表大会第三次会议的决定（草案）》；审议并表决通过《赣州市第六届人民代表大会第三次会议议程（草案）》《赣州市第六届人民代表大会第三次会议主席团和秘书长名单（草案）》，决定提请赣州市第六届人民代表大会第三次会议预备会议审议；审议并表决通过《赣州市第六届人民代表大会常务委员会代表资格审查委员会关于代表资格的审查报告》《赣州市人民代表大会常务委员会关于接受张鹏、李新民同志辞去赣州市人民政府副市长职务的请求的决定（草案）》和人事任免议案。此次会议任命的有关国家机关工作人员进行宪法宣誓。

市六届人大常委会第十二次会议 10 月 27—28 日上午召开。会议传达学习贯彻中国共产党第二十次全国代表大会精神。会议听取和审议市人大常委会执法检查组关于检查《中华人民共和国公证法》实施情况的报告、关于《赣州市城市管理条例》实施情况的报告；会议审议市人民政府关于 2021 年度全市国有资产管理情况综合报告，听取

和审议市人民政府关于2021年度全市行政事业性国有资产管理情况专项报告，听取和审议市人民政府关于2022年市级政府性基金预算调整方案（草案）以及2022年地方政府债务限额的报告，表决通过《赣州市人民代表大会常务委员会关于批准2022年市级政府性基金预算调整方案（草案）以及2022年地方政府债务限额的决议（草案）》；会议审议《赣州市扬尘污染防治条例（草案二次审议稿）》，表决通过《赣州市农村住房建设管理条例》；会议听取和审议市人民政府关于中心城区教育规划实施情况的专项工作报告、关于《赣州市中心城区五区一体化发展规划（2021—2025年）》有关情况的专项工作报告、关于优化营商环境方面代表建议办理情况的报告。会议审议并表决通过有关人事任免议案。此次会议任命的有关国家机关工作人员进行宪法宣誓。

市六届人大常委会第十三次会议　12月4—5日召开。会议听取和审议市人民政府关于全市工业倍增升级情况的专项工作报告，市人大城建环资委关于开展美丽赣州三江源环保行活动情况的报告；审议通过《赣州市扬尘污染防治条例》；分别审议通过市人民政府、市人大常委会选任联工委关于市六届人大二次会议代表提出的建议、批评和意见办理情况的报告；审议通过《赣州市人民代表大会常务委员会主任会议议事规则（修正草案）》《赣州市人民代表大会常务委员会议事规则（修正草案）》；审议通过赣州市人民代表大会常务委员会关于召开赣州市第六届人民代表大会第四次会议的决定；审议赣州市第六届人民代表大会第四次会议议程（草案），决定提请赣州市第六届人民代表大会第四次会议预备会议审议；审议赣州市人民代表大会常务委员会工作报告（讨论稿），决定提请赣州市第六届人民代表大会第四次会议审议；审议赣州市第六届人民代表大会第四次会议主席团和秘书长名单（草案），决定提请赣州市第六届人民代表大会第四次会议预备会议审议；审议通过赣州市第六届人民代表大会第四次会议列席人员范围、赣州市第六届人民代表大会常务委员会代表资格审查委员会关于个别代表资格的审查报告以及有关人事任免议案。会议听取和审议市人民政府关于赣州市2021年度市级预算执行和其他财政收支审计查出问题整改情况的报告，并召开满意度测评会议，对市住建局、市农业农村局、市文广新旅局、市退役军人事务局、市应急管理局、市市场监管局、市公路发展中心7个部门2021年度市级预算执行和其他财政收支审计查出问题整改情况开展满意度测评。会上，此次会议任命的有关国家机关工作人员进行宪法宣誓。

【人大常委会主任会议】　1月5日，市人大常委会召开第四次主任会议。会议讨论《赣州市人民代表大会常务委员会关于接受刘勇等同志辞去江西省第十三届人民代表大会代表职务的请求的决定（草案）》《赣州市六届人大常委会第四次会议补选江西省第十三届人大代表办法（草案）》，讨论关于建议提请市六届人大常委会第四次会议补选田延光等为省十三届人大代表的报告，研究召开市六届人大常委会第四次会议的有关事项。

1月14日，市人大常委会召开第五次主任会议。会议审议赣州市第六届人民代表大会常务委员会代表资格审查委员会关于代表资格的审查报告和人事任职议案。

2月24日，市人大常委会召开第六次主任会议。会议讨论并通过市人大常委会关于听取和审议市监察委员会关于开展反腐败国际追逃追赃工作情况专项工作报告的方案、关于开展全市贯彻落实《国务院关于新时代支持革命老区振兴发展的意见》情况专题调研的方案、关于开展赣州市科技创新促进条例立法前期调研的方案、关于开展全市巩固脱贫攻坚成果工作情况专题调研的方案、关于开展《中华人民共和国外商投资法》执法检查的方案、2022年市六届人大新任基层代表履职培训方案、《赣州市人大常委会学习法律法规制度（试行）》及2022年学法安排。

3月24日，市人大常委会召开第七次主任会议。会议讨论市人大常委会关于开展全市打造法治化营商环境情况，关于开展全市养老服务工作情况，关于开展城市建筑物外立面情况等专题调研方案，关于开展2022年美丽赣州三江源环保行活动的方案，关于“聚焦八大行动、争创第一等工作、人大代表在行动”主题活动2022年度实施方案，以及拟重点督办的市六届人大二次会议代表建议，听取市人大法制委、常委会法工委关于暂缓审议有关条例的报告、常委会法工委关于2021年规范性文件备案审查工作的报告，讨论《赣州市人大常委会立法专家库管理办法（修正稿）》及专家库人选名单、市六届人大常委会基层立法联系点相关事宜、《赣州市人大专门委员会、常委会有关工作委员会对口各部门联系办法（试行）》和相关人事任免议案，研究召开市六届人大常委会第六次会议等有关事项。

4月25日，市人大常委会召开第八次主任会议。会议讨论市人大常委会关于开展《江西省优化营商环境条例》执法检查的方案、关于全市巩固脱贫攻坚成果工作情况的调研报告，听取市人大法制委关于《赣州市物业管理条例（草案）》修改情况的汇报，讨论《赣州市物业管理条例（草案二次审议稿）》（讨论稿），讨论相关人事任免议案，研究召开市六届人大常委会第七次会议等有关事项。

5月7日，市人大常委会召开第九次主任会议。会议审议有关人事任免议案、市人大常委会代表资格审查委员会关于个别代表的代表资格审查报告、市人大常委会关于接受吴建平辞去赣州市人民代表大会常务委员会副主任职务的请求的决定和《赣州市六届人大常委会第八次会议补选江西省第十三届人大代表办法》，补选陈蔚、夏侯钉为江西省第十三届人民代表大会代表。

5月30日，市人大常委会召开第十次主任会议。会议传达学习省人大常委会2022年助推乡村振兴活动动员部署会精神并研究贯彻落实意见，讨论市人大常委会专题调研组关于全市贯彻落实《国务院关于新时代支持革命老区振兴发展的意见》情况的调研报告、关于全市养老服务工作情况的调研报告，以及市人大常委会关于开展《中华人民共和国文物保护法》执法检查的方案、关于组织部分市人大代表进行集中视察的方案。

6月27日，市人大常委会召开第十一次主任会议。讨论通过市人大常委会关于开展《中华人民共和国公证法》执法检查的方案、市人大常委会调研组关于全市开展反腐败国际追逃追赃工作情况的调研报告、《赣州市人大常委会立法协商工作办法（试行）》、《赣州市人大常委会规范性文件备案审查实施办法》、市人大常委会关于听取和审议市人民政府关于中心城区教育规划情况专项报告的方案、市人大常委会立法调研组关于赣州市科技创新促进条例立法前期调研报告、市人大常委会关于开展《赣州市城市管理条例》执法检查的方案、市人大常委会各集中视察组的视察意见，听取市人大财经委关于2022年市级一般公共预算和政府性基金预算调整方案（草案）以及2022年地方政府债务限额的初步审查意见、市人大农业和农村委员会关于《赣州市农村住房建设管理条例（草案）》的初审报告，讨论市人大常委会执法检查组关于检查《江西省优化营商环境条例》实施情况的报告、《赣州市第六届人民代表大会常务委员会代表资格审查委员会关于代表资格的审查报告》和有关人事任免事项，研究召开市六届人大常委会第九次会议的有关事项。

7月17日，市人大常委会召开第十二次主任会议。会议审议《赣州市第六届人民代表大会常务委员会代表资格审查委员会关于代表资格的审查报告》。

7月27日，市人大常委会召开第十三次主任会议。会议讨论通过市人大常委会关于开展全市应急管理体系建设情况专题调研的方案、关于开展赣南脐橙保护条例立法前期调研的方案、关于开展全市旅游度假区建设情况专题调研的方案，讨论市人大常委会执法检查组关于检查《中华人民共和国外商投资法》实施情况的报告。

8月17日，市人大常委会召开第十四次主任会议。会议讨论市人大常委会专题调研组关于全市打造法治化营商环境工作情况的调研报告，讨论市人大常委会关于开展全市依法治网情况专题调研的方案、关于开展全市稀土产业发展情况专题调研的方案、关于听取和审议市政府关于《赣州市中心城区五区一体化发展规划（2021—2025年）》有关情况专项工作报告的方案，讨论市人大财经委关于2022年上半年全市经济运行情况的调研报告，听取市人大财经委关于2022年上半年全市国民经济和社会发展计划执行情况报告的审议意见、关于2021年度市级预算执行和其他财政收支审计工作报告的审议意见、关于2021年市级决算草案的初步审查意见，听取市人大法制委关于《赣州市农村住房建设管理条例（草案）》修改情况的汇报，审议《赣州市农村住房建设管理条例（草案二次审议稿）》（讨论稿），讨论市人大常委会执法检查组关于检查《中华人民共和国文物保护法》实施情况的报告，听取市人大城建环资委关于《赣州市扬尘污染防治条例（草案）》的初审报告，讨论《赣州市第六届人民代表大会常务委员会代表资格审查委员会关于代表资格的审查报告》、《赣州市人民代表大会常务委员会关于接受张鹏、李新民同志辞去赣州市人民政府副市长职务的请求的决定（草案）》、有关人事任免议案，研究召开市六届人大常委会第十一次会议的有关事项和宪法宣誓工作方案。

9月23日，市人大常委会召开第十五次主任会议。会议听取市人大财经委《关于审议市人民政府关于2021年全市国有资产管理情况综合报告及听取和审议市人民政府关于2021年全市行政事业性国有资产管理情况专项报告的方案》的汇报，听取市人大城建环资委《关于全市城市建筑物外立面情况的调研报告》的汇报，听取市人大常委会各督办单位关于对市六届人大二次会议代表建议重点督办情况的汇报。

10月26日，市人大常委会召开第十六次主任会议。会议讨论市人大常委会执法检查组关于检查《中华人民共和国公证法》实施情况的报告、关于检查《赣州市城市管理条例》实施情况的报告，讨论市人大常委会调研组关于2021年度全市行政事业性国有资产管理情况的调研报告、关于市中心城区教育规划实施情况的调研报告、关于市中心城区五区一体化发展情况的调研报告，讨论市人大常委会关于听取和审议市人民政府关于全市工业倍增升级情况专项工作报告的方案、关于开展2021年度市级预算执行和其他财政收支审计查出问题整改情况重点督办及满意度测评的方案、关于开展全市富硒农业产业发展情况专题调研的方案，以及赣州市中华苏维埃代表大会制度研究会成立会议暨中华苏维埃代表大会制度理论研讨会方案，听取市人大财经委关于市政府提交的综合报告和专项报告的初步审议意见、关于2022年市级政府性基金预算调整方案（草案）以及2022年地方政府债务限额的初步审查意见，听取市人大法制委关于《赣州市农村住房建设管理条例（草案二次审议稿）》修改情况的汇报、关于《赣州市扬尘污染防治条例（草案）》修改情况的汇报，审议《赣州市农村住房建设管理条例（草案三次审议稿）》（讨论稿）和《赣州市扬尘污染防治条例（草案二次审议稿）》（讨论稿），讨论市人大常委会立法调研组关于赣南脐橙保护条例立法前期调研报告，讨论《赣州市人民代表大会常务委员会主任会议议事规则（修正草案）》和《赣州市人民代表大会常务委员

会议事规则（修正草案）》，讨论有关人事任免议案，研究召开市六届人大常委会第十二次会议的有关事项和宪法宣誓工作方案。

10月28日，市人大常委会召开第十七次主任会议。讨论《赣州市农村住房建设管理条例（草案建议表决稿）》。

11月28日，市人大常委会召开第十八次主任会议。会议讨论《关于召开赣州市第六届人民代表大会第四次会议有关事项的请示》《赣州市人民代表大会常务委员会工作报告（讨论稿）》和2023年监督工作计划、代表工作计划，以及市人大常委会专题调研组关于全市依法治网情况的调研报告、关于全市稀土产业发展情况的调研报告、关于全市应急管理体系建设工作情况的调研报告、关于全市富硒农业产业发展情况的调研报告、关于全市旅游度假区建设情况的调研报告。

12月3日，市人大常委会召开第十九次主任会议。会议听取市人大财经委关于2021年度市级预算执行和其他财政收支审计查出问题整改督办情况的汇报，听取市人大法制委关于《赣州市扬尘污染防治条例（草案二次审议稿）》修改情况的汇报，讨论《赣州市扬尘污染防治条例（草案三次审议稿）》（讨论稿），讨论市人大常委会2023年立法计划、关于全市工业倍增升级情况的调研报告、关于开展美丽赣州三江源环保行活动情况的报告、《赣州市人民代表大会常务委员会关于召开赣州市第六届人民代表大会第四次会议的决定（草案）》、赣州市第六届人民代表大会第四次会议议程（草案）、赣州市人民代表大会常务委员会工作报告（讨论稿）、赣州市第六届人民代表大会第四次会议主席团和秘书长名单(草案)、赣州市第六届人民代表大会第四次会议列席人员范围(草案)、赣州市第六届人民代表大会常务委员会代表资格审查委员会关于代表资格的审查报告（草案）、关于市六届人大二次会议代表提出的建议、批评和意见办理情况的报告和有关人事任免事项，研究召开市六届人大常委会第十三次会议的有关事项和宪法宣誓工作方案。

12月5日，市人大常委会召开第二十次主任会议。会议讨论《赣州市扬尘污染防治条例（草案建议表决稿）》。

【市委人大工作会议】 7月7日，市委人大工作会议召开。省委副书记、市委书记吴忠琼出席并讲话。市人大常委会主任赵多仙，市政协主席徐兵，市领导陈李忠、田辉、饶华东、邱建军、胡剑飞、李文信、孙敏、杜飞轮等出席。市委副书记熊运浪主持会议。会议要求全面落实中央人大工作会议和省委推进会精神,坚持党的领导、人民当家作主、依法治国有机统一，坚定不移发展和践行全过程人民民主，凝心聚力干出新时代赣州人大“第一等的工作”，为加快建设革命老区高质量发展示范区作出更大贡献。

【贯彻落实市委人大工作会议精神部署会】 7月7日，市委人大工作会议召开后，市人大常委会召开贯彻落实市委人大工作会议精神部署会。市人大常委会主任赵多仙出席会议并讲话,副主任余学明主持，其他副主任、一级巡视员、原副主任、秘书长等参加。市人大常委会副秘书长，市人大常委会委员，市人大常委会办公室、各专工委负责人，市纪委市监委驻市人大机关纪检监察组组长，各县（市、区）人大常委会主要负责人，赣州经济技术开发区、蓉江新区党工委联系人大工作的负责人参加会议。部分县（市、区）人大常委会主任作交流发言。会议要求，全市各级人大及其常委会要把学习贯彻落实好中央人大工作会议、省委推进会和市委人大工作会议精神作为当前和今后一个时期的重要政治任务抓紧落细落实，迅速组织传达学习，及时向同级党委作好汇报，结合工作实际拿出具体举措，逐条逐项抓好落实。

【赣州市中华苏维埃代表大会制度研究会成立会议暨中华苏维埃代表大会制度理论研讨会】 11月30日，赣州市中华苏维埃代表大会制度研究会成立会议暨中华苏维埃代表大会制度理论研讨会以视频形式召开。市人大常委会主任赵多仙出席会议并讲话，市人大常委会副主任余学明主持会议，市人大常委会原副主任严水石、秘书长林长茂出席会议。会议表决通过赣州市中华苏维埃代表大会制度研究会章程，选举产生研究会第一届理事会和领导机构，新当选的第一届理事会会长严水石作讲话。会议还表彰2022年全市人大工作理论研究获奖作品，开展研讨交流，观看《人民代表大会制度从这里走来》专题片。

人大立法

【立法工作】 2022年，市人大坚持“小切口”立法。按照市委部署，认真制定出台农村住房建设管理条例，严格建房标准，突出风貌管控，规定建新拆旧，强化质量监管，明确职责定位，推动解决农村建房中存在的超高超大、“赤膊房”、一户多宅、质量安全隐患、部门职责不清等问题。制定扬尘污染防治条例，通过细化防治措施、增设监管内容、创设信用惩戒，进一步理顺管理体制、明确管理职责、严格法律责任，为改善大气环境质量、保障公众健康提供法治保障。围绕解决小区业委会运作不规范、无业委会小区管理难、业主共有资金管理难、物业服务不规范等问题，认真推进物业管理条例立法，并为三审做好准备。开展赣南脐橙保护条例立法调研，提出立法需要解决的规划引领、苗木监管、投入品使用监管、病虫害防控、品牌保护提升等重点问题，为制定出台该法规奠定较好基础。着眼建设区域性科研创新中心和国家创新型城市，开展科技创新促进条例立法调研，明确立法的具体思路。2022年，市人大常委会制定地方性法规3部，备案审查规范性文件 198 件，检查 6 部法律法规实施情况。

【民主立法】 完善立法咨询专家库及其管理办法，用好地方立法研究基地，配强立法工作队伍，组织参加全国人大立法培训，为提高立法质量提供有力支撑。建立 46 个基层立法联系点，召开规范化建设现场会，聘请 2000 余名立法信息员，收集立法意见建议 3000 余条，有效发挥立法民意“直通车”作用。

【立法协商】 在全省率先探索立法协商机制，召开立法协商会议并出台工作办法，得到省人大有关专工委充分肯定，相关做法在《人民代表报》和省委改革办简报上刊发。6 月 16 日，市人大常委会召开专家论证会，就《赣州市人大常委会立法协商工作办法（试行）》草案听取专家意见。4 月 14 日，市人大常委会首次召开《赣州市物业管理条例》立法协商会，邀请市人大代表、乡镇街道社区代表、物业服务企业代表、业主代表和各界群众 30 余人参会。会上，与会人员围绕群众关心的物业服务收费、维修资金使用管理、新旧物业交接、停车位的建设管理、物业服务企业与业主矛盾处理、业主及业主委员会的权利义务、老旧小区的管理、前期物业确定等问题充分发表意见，提出具体的修改建议。会后，市人大常委会法工委认真梳理协商会上的意见建议，对参会代表提出的意见建议建立台账，对吸纳的意见建议予以反馈，建立良好的协商互动机制。

【法规备案审查】 健全市县两级人大常委会听取审议备案审查工作情况报告制度，出台备案审查实施办法，探索专题审查、联合审查等方式，备案审查质效进一步提升。用好立法辅助工具、备案审查等功能，通过平台就《赣南脐橙保护条例（草案）》面向社会征求意见；依托联网监督平台，开展“乡村全面振兴人大携手助力”意见征集活动，收集群众意见 100 多条。

依法行权

【概况】 2022 年，赣州市人大常委会依法行使人事任免权，全年作出决定决议 3 项，任免国家机关工作人员 90 人次，办理代表建议 317 件，依照相关法规，认真组织任前宪法知识考试和宪法宣誓仪式。

【人事任免】 1 月 14 日，赣州市第六届人民代表大会常务委员会第五次会议：决定任命卓迅文为赣州市人大常委会副秘书长、赣州市人大常委会办公室主任；黄新荣为赣州市人大常委会法制工作委员会主任、赣州市人大法制委员会副主任委员；雷菁华为赣州市人大常委会法制工作委员会副主任。

3 月 28 日，赣州市第六届人民代表大会常务委员会第六次会议：决定免去袁建波的赣州市人大农业和农村委员会副主任委员职务；任命宋鹏为赣州市工业和信息化局局长；免去梁丁盛的赣州市工业和信息化局局长职务；任命廖迪为赣州市中级人民法院审判委员会委员；任命李鸿为赣州市中级人民法院民事审判第二庭庭长，免去其赣州市中级人民法院立案庭副庭长职务；任命彭莉为赣州市中级人民法院行政审判庭庭长，免去其赣州市中级人民法院民事审判第二庭副庭长职务；任命朱志梅为赣州市中级人民法院审判监督庭庭长，免去其赣州市中级人民法院立案庭副庭长职务；任命沈象筠为赣州市中级人民法院立案庭副庭长；任命刘廷轩为赣州市中级人民法院刑事审判第二庭副庭长；任命陈珏琦为赣州市中级人民法院民事审判第一庭副庭长；任命彭伟明为赣州市中级人民法院民事审判第二庭副庭长；任命林欣茹为赣州市中级人民法院民事审判第三庭副庭长；任命曾纪胜、王乐为赣州市人民检察院检察员；任命章玉成为赣州经济技术开发区人民检察院检察员；免去刘新生的赣州市中级人民法院审判委员会委员、审判员职务；免去罗松、傅勇辉的赣州市中级人民法院审判员职务；免去赖朝晖的赣州市中级人民法院审判委员会委员、行政审判庭庭长、审判员职务；免去刘雁翔的赣州市中级人民法院刑事审判第一庭副庭长职务；免去徐晓敏的赣州市中级人民法院刑事审判第二庭副庭长职务；免去董卫华的赣州经济技术开发区人民法院副院长职务；免去彭日东、黄太斌的赣州市人民检察院检察员职务。

4 月 28 日，赣州市第六届人民代表大会常务委员会第七次会议：任命刘菲、王华玉、郭敏、蒋炼、罗奕、廖勤勤、丁路华为赣州经济技术开发区人民法院审判员；免去熊赣周的赣州市中级人民法院审判员职务；免去江炜、罗天烈的赣州市人民检察院检察员职务。

5 月 7 日，赣州市第六届人民代表大会常务委员会第八次会议：决定任命杨幸丽为赣州市统计局局长；免去李兵的赣州市统计局局长职务；接受吴建平辞去赣州市人民代表大会常务委员会副主任职务的请求，并报赣州市第六届人民代表大会第三次会议备案。

6 月 28 日，赣州市第六届人民代表大会常务委员第九次会议：任命徐俊、曾小育、罗宁为赣州市中级人民法院审判委员会委员；任命姜昊昂、邹宇鹏、钟致雅、朱建干、朱仕栋、赖玲、温冬莲为赣州市人民检察院检察委员会委员；免去赖先才的赣州市中级人民法院审判员职务。

7 月 17 日，赣州市第六届人民代表大会常务委员会第十次会议：决定任命李克坚为赣州市人民政府副市长；决定李克坚代理赣州市人民政府市长职务。

8 月 20 日，赣州市第六届人民代表大会常务委员会第十一次会议：任命谢红烽为赣州市人大常委会副秘书长，免去其赣州市人大法制委员会副主任委员职务；任命戴丽君为赣州市人大常委会办公室副主任；任命周兆发为赣州市人大法制委员

会副主任委员；免去温宁花的赣州市人大常委会副秘书长职务；免去薛有长的赣州市人大常委会外事华侨民族宗教工作委员会主任职务；接受张鹏、李新民辞去赣州市人民政府副市长职务的请求；任命窦良坦、杜飞轮为赣州市人民政府副市长；任命赖卫国为赣州市卫生健康委员会主任；免去刘春文的赣州市卫生健康委员会主任职务；任命谢军为赣州市中级人民法院副院长；免去刘定丰的赣州市中级人民法院审判员职务；免去季东浩、黄伟、莫红生的赣州市人民检察院检察委员会委员职务。

10月28日，赣州市第六届人民代表大会常务委员会第十二次会议：任命温江涛为赣州市财政局局长；任命薛斌为赣州市人力资源和社会保障局局长，免去其赣州市医疗保障局局长职务；任命邱志鹏为赣州市医疗保障局局长；免去朱敏的赣州市财政局局长职务；免去李卫国的赣州市人力资源和社会保障局局长职务；免去赖纯平的赣州市监察委员会委员职务。任命胡碧华为赣州市中级人民法院民事审判第一庭庭长，免去其赣州市中级人民法院立案庭庭长职务；任命张春明为赣州市中级人民法院金融审判庭庭长，免去其赣州市中级人民法院民事审判第四庭庭长职务；任命周洋发为赣州市中级人民法院民事审判第四庭庭长，免去其赣州市中级人民法院行政审判庭副庭长职务；任命雷勉励为赣州市中级人民法院立案庭副庭长，免去其赣州市中级人民法院民事审判第一庭副庭长职务；任命肖福林为赣州市中级人民法院刑事审判第一庭副庭长；任命钟华龙为赣州市中级人民法院民事审判第一庭副庭长；任命陈煜龙为赣州市中级人民法院行政审判庭副庭长；任命王小荣、张嘉为赣州市人民检察院检察员；免去肖昌明的赣州市中级人民法院刑事审判第一庭副庭长职务；免去陈瑜青的赣州经济技术开发区人民法院刑事审判庭庭长职务；免去董卫华、陈家良的赣州经济技术开发区人民法院审判委员会委员、审判员职务；免去张辉的赣州市人民检察院检察员职务。

12月5日，赣州市第六届人民代表大会常务委员会第十三次会议：任命邝燕玲为赣州市人大常委会外事华侨民族宗教工作委员会主任，免去其赣州市人大教育科学文化卫生委员会副主任委员职务；任命华晓斌为赣州市民政局局长，免去其赣州市商务局局长职务；任命郭佩群为赣州市司法局局长；任命杨小妹为赣州市商务局局长；免去赖木生的赣州市民政局局长职务；免去黄立的赣州市司法局局长职务。接受刘涛辞去赣州市人民代表大会常务委员会委员职务的请求，并报赣州市第六届人民代表大会第四次会议备案。

【依法监督】 围绕优化营商环境、科技创新赋能、城市能级提升、美丽赣州建设等重点工作，统筹运用听取审议专项报告、执法检查、专题调研、代表视察等多种形式，推动市委决策部署贯彻落实。

聚焦“一号改革工程”打出监督组合拳。开展打造法治化营商环境、依法治网情况专题调研，对外商投资法、公证法、省优化营商环境条例实施情况进行执法检查，组织代表对优化营商环境开展集中视察，助力打响“赣就干好”营商环境品牌。

聚焦财政经济工作加强监督。抓好对计划预算、政府债务等审查工作，开展贯彻落实《国务院关于新时代支持革命老区振兴发展的意见》、稀土产业、旅游度假区建设专题调研，听取审议工业倍增升级、中心城区五区一体化发展规划（2021—2025年）执行情况专项报告，助力经济平稳健康发展。2022年市人大常委会首次听取市监委专项工作报告，就反腐败国际追逃追赃工作进行认真审议，市监委针对审议意见制定分工方案，明确工作责任、工作举措和完成时限等，认真推进落实。

聚焦乡村全面振兴开展专题监督。以“质量兴农”为主题，开展“乡村全面振兴人大携手助力”专题活动，对巩固拓展脱贫攻坚成果、富硒农业产业发展情况进行专题调研，指导284个乡镇在下半年人代会上专题听取乡村全面振兴工作专项报告，较好地促进巩固脱贫攻坚成果与乡村全面振兴的有效衔接。

聚焦提高民生品质加强监督。听取审议中心城区教育规划情况专项报告，开展应急管理体系建设、城市建筑物外立面情况专题调研，检查文物保护法、市城市管理条例实施情况，组织代表集中视察中科院赣江创新研究院和国家级区域医疗中心建设、中心城区老旧小区既有住宅加装电梯等工作，积极回应群众关心关切。启动开展为期五年的美丽赣州三江源环保行活动，2022年以水污染防治为重点，通过征集问题线索、检查采访、召开推进会和转办督办等方式，推动一批问题有效解决。认真开展养老服务工作专题调研，召开意见建议交办会和落实情况督办会，推动调研成果积极转化。

（曾　劲）

本栏编辑：陈晔明

赣州市人民政府

综 述

【概况】 2022年是赣州发展进程中极为重要的一年，全市上下坚持以习近平新时代中国特色社会主义思想为指导，深入贯彻中共中央总书记习近平视察江西和赣州重要讲话精神，按照“疫情要防住、经济要稳住、发展要安全”重要要求，紧扣“六个江西”建设要求，深入实施“三大战略、八大行动”，高效统筹疫情防控和经济社会发展，革命老区高质量发展示范区建设取得新成效。全年全市地区生产总值4523.63亿元，增长5.2%；一般公共预算收入306.06亿元，增长4.1%；一般公共预算支出1027.65亿元，增长6.9%；规模以上工业增加值增长8.8%；固定资产投资增长9.7%；社会消费品零售总额2100.01亿元，增长5.7%；进出口总额1033.1亿元，增长39.9%；城镇和农村居民人均可支配收入分别为42231元、15900元，增长5.2%、8.3%。

【社会经济增长】 投资力度加大，争取政策性开发性基金、政府专项债、中央预算内投资、企业债、境外债的项目个数、资金规模、所占份额均列全省第一位，526个省大中型项目、1499个“八大行动”项目完成投资分别占年度计划的16.8%、4.9%。一批重大基础设施取得突破，赣南人民盼望多年的瑞梅铁路和长赣高铁、赣州最大水利工程梅江灌区开工，大广高速南康至龙南段扩容通车，寻龙高速即将通车，瑞金机场、五云码头主体完工，信丰电厂双机投运，新能源装机和年发电量全省第一，县县通管道天然气。消费加快恢复，全市发放消费券1.6亿元，“百城百夜”消费季比拼全省第一，网络零售额突破600亿元、领跑全省，跨境电商业务突破300万单、是2021年的3倍。外贸稳量提质，赣州国际陆港获批国家进口贸易促进创新示范区，开通全省首列“铁路快通”中欧班列、中老国际班列、赣深城际高速货运班列，“赣穗组合港”正式运营，铁路集装箱吞吐量增长11%；综保区进出口实现翻番，首进中西部20强。助企纾困有力，“亲清赣商”平台兑付惠企资金125.3亿元，市场主体净增约8万户、增长10.7%。

【产业转型发展】 “1+5+N”产业量质双升，获批创建省制造业高质量发展试验区，跃居全国先进制造业百强城市第60位、前移4位；稀土矿山停产6年后重启升级改造复产，稀土新材料及应用集群跻身全省唯一国家先进制造业集群，有色金属和新材料产业规上营收首次突破2000亿元，南康家具获评省五星级产业集群，格力空调、吉利动力电池产品下线；规上工业企业净增202家、总量全省第一，新增营收超50亿元企业6家、超百亿元企业1家，总数分别达10家、4家；赣州经开区、南康区获评“四星”国家新型工业化产业示范基地，赣州高新区“一区三园”改革获科技部批复实施。中科院赣江创新研究院运行良好，中国工程院医药卫生学部赣州院士行活动成功举办，江西省现代家具、稀土2个产业科技创新联合体组建运行，市产业技术研究院揭牌成立，赣南创新与转化医学研究院建成投运，获批首批国家知识产权强市建设试点城市，世界首列永磁磁浮空轨列车“兴国号”成功首发，金力永磁成为全球同行业首家“零碳工厂”，国家优秀青年科学基金项目、井冈质量奖获奖企业实现“零”的突破，242家高新技术企业获认定公示，科技型中小企业净增680家、总量全省第二，入选省“独角兽”“瞪羚”企业21家、增长50%。获批国家区块链创新应用综合性试点，“赣南脐橙链”入选工信部区块链十大经典案例，落户国家工信安全中心江西分中心，“千兆城市”关键指标全部达标，数字经济增加值有望突破1700亿元、保持全省第二，赣州跃居全国数字经济城市发展百强榜第58位、前移4位。农业稳产保供，成功举办中国农民丰收节赣州活动；新建高标准农田63.2万亩，粮食生产实现“十九连丰”；冬播油菜42万亩，增长37%；生猪出栏保持在660万头以上；新增脐橙6万亩，赣南脐橙连续八年位居全国水果类地理标志产品价值榜首；新建设施蔬菜基地4.5万亩，新增大湾区菜篮子生产基地23家、24个产品获“圳品”

认证、均居全省第一；改造提升油茶林20.2万亩，承办首届江西油茶文化节，获批建设赣南茶油地理标志产品保护示范区，赣南茶油上榜国家区域品牌百强榜第49名、前进5名；引进开工投资超5000万元农产品加工项目23个；新增富硒高标准农业产业基地50个，全省首个富硒产业标委会挂牌成立；赣州市被列为全域创建绿色有机农产品基地试点省市共建样板，信丰、全南、上犹、兴国、于都被列为县级先行标杆；于都入选国家农业现代化示范区，宁都获批创建国家乡村振兴示范县。现代服务业提质增效，金融机构存贷款余额均突破7300亿元，新增上市企业4家；三百山晋级国家AAAAA级旅游景区，丫山入选国家级旅游度假区，于都获评全省首批“风景独好”旅游名县；南康家具市场入选全国十强电商示范基地，章贡、瑞金、赣县、石城列入全省县域物流配送体系建设试点县，“互联网+第四方物流”供销集配体系实现县域全覆盖。

【深化改革开放】“放管服”改革全域试点有力推进，235项对标提升改革任务较好完成，“赣服通”5.0、“赣政通”2.0上线运行，118项市级权限“市县同办”、127项深圳事项在赣州“24小时自助可办”、69项高频事项“一件事一次办”、402项政务服务事项“全程网办”、1303项惠企政策“免申即享、即申即享、承诺兑现”，374项包容免罚清单体现执法温度，“新官不理旧账”等四大专项治理共整治问题609个（件），营商环境评价居全省前列，对标大湾区打造新时代“第一等”营商环境入选全省十佳案例。重点领域改革蹄疾步稳，国资国企改革创新三年行动任务圆满完成，国有融资担保机构实现县域全覆盖，赣州银行完成增资扩股，普惠金改试验区建设通过国家中期评估，赣州经开区落地全省首单知识产权证券化项目，市融媒体中心、市文化传媒集团、市人才集团、市供销集团挂牌运行，市属科研院所、公园景区、高铁新区、赣州国际陆港和中心城区城管、乡镇管理体制等改革稳步推进，乡村治理“积分制”、大余宅改试点、石城移风易俗等改革经验在全国推广，安远入选全国农村综合性改革试点试验县，崇义成立全省首家湿地资源运营中心。开放合作走深走实，建立深赣对口合作联席会议制度，确定首批合作事项21项；与佛山、郴州、潍坊签订合作协议；成功举办进博会赣州专场活动、数字经济产业合作推介会和赣南脐橙、家具、纺织服装产业博览会等活动，签约项目421个、总投资3483亿元，引进百亿元项目8个，申报“5020”项目51个，获评全省唯一“中国投资热点城市”。

【城乡建设】“三区三线”划定成果正式启用。中心城区新（续）建7条59.1千米快速路，蓉江三路快速路全线贯通，蟠龙大桥主桥合拢，三江口片区基础设施建设全面启动，高铁新区综合交通路网加速成形，蓉江新区建成区面积约20平方千米，章贡区上榜全国综合实力百强区；市图书馆、文化馆新馆开馆；完成城市棚户区改造1.88万户，改造老旧小区151个，建设保障性租赁住房1.67万套，新（改）建污水管网225千米，改造老旧燃气管网110千米；入选全国城市体检样本城市、省级海绵城市建设示范城市，全国文明城市建设通过暗访测评，获评全省城市功能与品质提升三年行动先进设区市，石城、信丰、全南获评全省先进县。农村人居环境持续改善，长效管护机制基本建立，农房突出问题有效整治，完成新农村建设点2649个，新（改）建农村公路755千米，安装农村路灯5.8万盏，完成农村改厕1.4万个、卫生厕所普及率高于全省11.9个百分点，会昌、上犹分别入选“四好农村路”全国、全省示范县，安远获批全国交通强国建设试点，瑞金入选全国传统村落集中连片保护利用示范县，寻乌、崇义分别获评全省美丽宜居示范先行县、美丽乡镇建设先进县，龙南、全南获评全省“美丽活力乡村+乡宿”联动建设先行县。生态环境巩固提升，完成水土流失治理455.2平方千米，生态修复废弃矿山204.8公顷，历史遗留废弃矿山生态修复项目入选国家示范工程，改造低质低效林101.23万亩，省级以上园区绿色循环化改造实现全覆盖，万元GDP能耗下降3%左右，污染防治攻坚战“省考”获评优秀，中心城区$PM_{2.5}$平均浓度全省最低，县（市、区）空气质量稳定达国家二级标准，水质综合指数保持全省前列，5个生态文明建设案例在全国推广，上犹获评国家生态文明建设示范区，定南入选中国天然氧吧，宁都被列为全国水系连通及水美乡村建设县。

【民生改善】2022年，全市民生支出825亿元，占一般公共预算支出的83.5%。常态化开展“我为群众办实事”活动，83件民生实事基本完成，新增“七个位”34万个。脱贫攻坚成果巩固拓展，落实帮扶政策精准有效，“三保障”和饮水安全更加稳固，脱贫户人均可支配收入增长13.8%，守住了不发生规模性返贫的底线。在全省率先实现医保按病种分值付费全覆盖，次均住院费用下降343元。城镇新增就业、新增转移农村劳动力年度任务超额完成，来市留市就业高校毕业生2.18万人，就业服务示范区项目获评全国示范，赣州经开区成功创建全国和谐劳动关系示范工业园区。新（改、扩）建公办幼儿园37所、中小学校85所，江西师大附中赣江创新研究院分校开学，赣州职院“三校”管理体制改革顺利完成，赣州市选手斩获世界技能大赛特别赛金牌，勇夺全省首届职业技能大赛团体第二佳绩。获省运会金牌数实现历史性突破，全国足球改革试验区建设全面推进，定南获评全国青少年校园足球“满天星”训练营，崇义入选全国全民运动健身模范县。南方医院赣州医院、广东省人民医院赣州医院获批国家区域医疗中心，市妇保院新院、市肿瘤医院门诊医技综合大楼投用，国内一流医院对口帮扶县级综合医院实现全覆盖。全面完成困难群众救助提标提补，在全省率先实施婴幼儿入托补贴政策，入选青年发展型城市建设试点、全国居家和社区基本养老服务提升行动项目、积极应对人口老龄化重点联系城市。国家公共文化服务体系示范区创新发展复核获评优秀，长征学院、长征大剧院建成运营，红军小镇入选全国首批“大思政课”实践教学基地，《一个人的长征》获“五个一工程”奖和文华表演奖。加强意识形态阵地建设，新时代文明实践站实现村村全覆盖。金融、房地产市场平稳健康发展，政府债务控制在合理区间。生产安全事故起数、死亡人数“双下降”，信访积案化解工作成效明显，红色治理、寻乌经验等市域社会治理品牌在全国推广，电信网络诈骗案件高发势头得到有力遏制，扫黑除恶满意度全省领先，公众安全感、公安满意度连续三年全省第一。

（任小彬）

重要会议

【市政府常务会议】 年内，市政府常务会议共召开22次，具体研究事项如下：

1月8日召开市政府第6次常务会议。会议讨论研究并原则同意《2022年度赣州市工业倍增升级县（市、区）考评方案（讨论稿）》《2022年度赣州市工业园区考评方案（讨论稿）》《2022年赣州市乡村全面振兴行动考评方案（讨论稿）》《2022年度全市开放型经济工作考核评价办法（讨论稿）》《2022年度全市争资争项工作考评方案（讨论稿）》《赣州市深化“放管服”改革打造新时代第一等营商环境行动方案（讨论稿）》《赣州市市属国企重大事项协调推进会议制度（讨论稿）》《赣州市季度金融工作座谈会议制度（讨论稿）》《季度经济运行分析会议制度（讨论稿）》《乡村全面振兴行动调度制度（讨论稿）》《中心城区城建项目调度工作制度（讨论稿）》《市政府调度“八大行动”项目工作机制（讨论稿）》。

1月12日召开市政府第7次常务会议。会议听取江西理工大学应用科学学院转设为赣南科技学院教职工安置实施方案的有关情况汇报、关于对接争取国务院督查激励表彰的情况汇报，会议讨论研究并原则同意《关于赣州市2021年国民经济和社会发展计划执行情况与2022年国民经济和社会发展计划草案的报告（讨论稿）》《关于2021年生态文明试验区建设情况的报告（讨论稿）》《赣州市补充工伤保险办法（试行）（讨论稿）》《交通运输部公路科学研究院与赣州市人民政府关于联合开展安全低碳高效运输交通强国建设试点项目合作协议（讨论稿）》《赣州市金融机构支持地方经济发展考核奖励办法（讨论稿）》《关于表彰奖励创建国家卫生城市工作先进集体和先进个人的决定（讨论稿）》《赣州市金融服务实体经济高质量发展的若干措施（讨论稿）》《关于赣州市2021年全市和市级预算执行情况及2022年全市和市级预算草案的报告（讨论稿）》《2022年赣州市本级政府预算草案汇编（讨论稿）》。

1月24日召开市政府第8次常务会议。会议传达学习中央、省委农村工作会议主要精神、全国全省安全生产电视电话会议精神。会议听取2021年全市“三大战略”推进情况汇报、赣州市2021年安全生产暨专项整治三年行动情况汇报。会议讨论研究并原则同意《赣州市新冠肺炎疫情防控应急指挥部通告（讨论稿）》《赣州职业技术学院、赣州农业学校、江西赣州技师学院融合发展规划（讨论稿）》《2022年度赣州市工业倍增升级行动工作方案（讨论稿）》《2022年度赣州市科技创新赋能行动工作方案（讨论稿）》《2022年度赣州市深化改革开放行动工作方案（讨论稿）》《2022年度赣州市乡村全面振兴行动工作方案（讨论稿）》《2022年度赣州市城市能级提升行动工作方案（讨论稿）》《2022年美丽赣州建设行动工作方案（讨论稿）》《赣州市2022年提高民生品质行动工作方案（讨论稿）》《赣州市安全生产专项整治三年行动重点推进任务清单（讨论稿）》《赣州市2022年度市级党政领导干部安全生产重点工作责任清单（讨论稿）》《赣州市2022年安全生产工作要点（讨论稿）》《赣州市突发事件总体应急预案（讨论稿）》《赣州市市本级扫黑除恶斗争专项资金管理办法（讨论稿）》《赣州市中心城区城市管理考核工作方案（讨论稿）》《赣州春节文旅商贸电子消费券发放方案（讨论稿）》《赣州市2022年“引客入赣”营销项目实施方案（讨论稿）》《2022年度赣州市“八大行动”重点项目安排（讨论稿）》，2021年赣州市市长质量奖（组织奖）拟奖名单，优化赣州职业技术学院、赣州农业学校、江西赣州技师学院管理体制改革有关事宜，赣州市第六批市级非物质文化遗产代表性项目名录推荐名单，市机关事务管理中心关于申请车务中心运行维护补助经费有关事宜，赣州旅投集团关于公开挂牌出售北京碧水庄园房产有关事宜。

2月18日召开市政府第9次常务会议。会议听取全市涉粮问题专项巡察反馈意见整改工作汇报、2021年全市重大项目建设百日攻坚活动情况汇报。会议讨论研究并原则同意《赣州国家物流枢纽发展规划（2021—2025年）（讨论稿）》《新时代赣南苏区振兴发展2022年工作要点（讨论稿）》《2022年赣州市优化营商环境工作要点（讨论稿）》《赣州市进一步做优做强数字经济实施方案（讨论稿）》《2022年赣州市数字经济工作要点（讨论稿）》《赣州市支持数字经济做优做强若干政策（讨论稿）》《2022年赣州市优化营商环境对标提升行动方案（讨论稿）》《关于推行“市县同权”改革建立市县联动审批机制的实施意见（试行）（讨论稿）》《赣州市政务信息化项目管理办法（讨论稿）》《赣州市峰山国家森林公园管理体制改革实施方案》《关于赣州稀土集团有限公司整合重组更名的工作方案（讨论稿）》《关于2021年度法治政府建设考评结果情况通报（讨论稿）》《赣州市法治政府建设实施意见（2022—2025年）（讨论稿）》《关于创新管理体制加快推进乡镇经济发展的实施意见（试行）（讨论稿）》《赣州市教育事业发展“十四五”规划（讨论稿）》《赣州市水土保持高质量发展规划（2021—2030年）（讨论稿）》《赣州市建设全国水土保持高质量发展先行区实施方案（2022—2025年）（讨论稿）》《赣州市人民政府吉安市人民政府抚州市人民政府北京证券交易所全国中小企业股份转让系统有限责任公司战略合作协议（讨论稿）》《赣州市人民政府与海通证券股份有限公司战略合作协议（讨论稿）》，章江宾馆（二期）项目资产置换的有关事宜，将市中心城区生活污水治理厂网一体化（一期）工程项目特许经营权授予市政公用集团有关事宜，市应急管理局申请拨付2320万元救灾物资采购资金有关事宜。

3月10日召开市政府第10次常务会议。会议学习贯彻《“十四五”革命老区基础设施建设实施方案》《“十四五”推动革命老区红色旅游高质量发展实施方案》、全省县区财政运行暨地方财经秩序专项整治工作动员部署会精神及研究赣州市贯彻落实意见、《中央生态环境保护督察整改工作办法》及研究赣州市贯彻落实意见。会议讨论研究并原则同意《贯彻落实〈“十四五”革命老区基础设施建设实施方案〉的行动计划（讨论稿）》《贯彻落实〈“十四五”推动革命老区红色旅游高质量发展实施方案〉的行动计划（讨论稿）》《关于进一步加强生态环境保护深入打好污染防治攻坚战的实施方案（讨论稿）》《2021年长江经济带生态环境警示片披露赣州市生态环境突出问题整改方案（讨论稿）》《生态环境部环境规划院赣州市人民政府战略合作协议（讨论稿）》《关于加强国有投资项目投资控制的若干规定（讨论稿）》《赣州市本级建设项目储备及投资决策管理办法（讨论稿）》《佛山市人民政府赣州市人民政府合作框架协议（讨论稿）》《2022年市中心城区第一批次国有建设用地使用权供应方案（讨论稿）》《关于进一步加强共享二轮车管理工作的通知（讨论稿）》《赣州市“五区一体智慧停车”项目建设实施方案（讨论稿）》《2021年度平安赣州建设考核结果的通报（讨论稿）》《赣州市深化医疗服务价格改革试点方案（讨论稿）》《赣州市松材线虫病疫情防控重点乡镇（街道）管理办法（讨论稿）》《赣州市本级政府融资平台优化升级推进方案（讨论稿）》《关于赣州创建全国足球改革试验区实施方案（讨论稿）》《赣州市人民政府吉利科技集团有限公司战略合作协议（讨论稿）》，关于保障北京航线稳定运营有关事宜。

3月30日召开市政府第11次常务会议。会议依次听取全市一季度工业倍增升级、科技创新赋能、乡村全面振兴、城市能级提升、美丽赣州建设、提高民生品质行动工作情况汇报、听取赣州市当前春耕生产工作情况汇报。会议学习贯彻中共中央总书记习近平对信访工作的重要指示批示精神、《行政事业性国有资产管理条例》、《关于更加有效发挥统计监督职能作用的意见》、《赣州革命老区高质量发展示范区建设方案》，讨论研究并原则同意《贯彻落实〈赣州革命老区高质量发展示范区建设方案〉的实施意见》《关于进一步激发市场主体活力加强产业链上下游协作配套的若干措施（讨论稿）》《2021年度工业倍增升级考评结果（讨论稿）》《关于进一步推动企业“安静生产期”制度落实的通知（讨论稿）》《2021年度全市开放型经济工作先进单位、“招商标兵”及优秀外埠商会名单（讨论稿）》《赣州市聘请招商顾问暂行办法（讨论稿）》《赣州市鼓励社会化力量招商暂行办法（讨论稿）》《关于进一步促进赣州市会展业高质量发展的实施意见（讨论稿）》《赣州市突发事件应急预案管理办法（讨论稿）》《赣州市安全生产专项整治三年行动“巩固提升”攻坚战实施方案（讨论稿）》《关于实施企业上市“映山红行动”升级工程的工作方案（讨论稿）》《关于深化相对集中行政许可权改革调整一批行政许可事项的通知（讨论稿）》《赣州市中心城区2022年土地储备计划》《赣州市中心城区2022年国有建设用地供应计划》《2021—2030年赣州市妇女发展规划和赣州市儿童发展规划（讨论稿）》《赣州市红色培训事业发展规划（讨论稿）》《关于创建新时代民营经济“两个健康”示范区的实施意见（讨论稿）》《赣州国家高新区“一区三园”管理改革实施方案（讨论稿）》《赣州市人民政府中国稀土集团有限公司中国科学院赣江创新研究院江西理工大学战略框架合作协议（讨论稿）》《2021年江西省生态环境警示片披露赣州市生态环境突出问题整改方案（讨论稿）》，关于明确中国稀土集团有限公司税收征管级次有关事宜。

4月6日召开市政府第12次常务会议。会议学习贯彻中共中央总书记习近平关于安全生产的重要指示精神和李克强总理批示要求及全国、全省安全生产电视电话会议精神、全省地方政府专项债券使用管理推进会主要精神，会议讨论研究并原则同意《赣州市应对疫情助企纾困若干政策措施（讨论稿）》《赣州市应对疫情助企纾困若干政策措施办事指南（讨论稿）》《赣州市2022—2024年经济增长点分析报告（讨论稿）》《关于调整赣州市新冠肺炎疫情防控应急指挥部内设机构和工作职责的通知（讨论稿）》。

4月15日召开市政府第13次常务会议。会议听取全市一季度争资争项争政策工作情况汇报、全市一季度经济运行情况汇报，会议讨论研究并原则同意《赣州市2021年度县（市、区）高质量发展综合考评结果（讨论稿）》《赣州市2021年度市直（驻市）单位绩效考评结果（讨论稿）》《关于深入推进开发区体制机制改革创新的若干意见（讨论稿）》《赣州市扶持医药健康产业发展若干政策措施（讨论稿）》《关于加强规划引领助推城市高质量发展的实施方案（讨论稿）》《赣州市城镇生活污水处理提质增效攻坚行动方案（2022—2025年）》《赣州市中心城区创建国家生态园林城市工作方案（2022—2023年）（讨论稿）》《关于落实央企援赣工作的实施方案（讨论稿）》《对接争取2022年国务院督查激励工作方案（讨论稿）》《关于依托中国稀土集团优势引进稀土稀有金属重大项目的实施方案（2022—2025年）（讨论稿）》《赣州市人民政府与中国光大集团股份公司战略合作框架协议（讨论稿）》《赣州市人民政府与中国银联股份有限公司江西分公司合作框架协议（讨论稿）》《赣州市家电促消费活动方案（讨论稿）》，关于启动赣州市中心城区沙河垃圾填埋场封场项目有关事项。

5月7日召开市政府第14次常务会议。会议学习贯彻新修订《中华人民共和国审计法》《信访工作条例》、全国、全省自建房安全专项整治会议精神，会议讨论研究并原则同意《赣州阳明湖景区管理体制改革方案（讨论稿）》《市文广新旅局所属7个文化事业单位管理体制改革方案（讨论稿）》《关于促进高校毕业生来市留市就业创业若干措施（讨论稿）》《赣州市"十四五"残疾人保障和发展规划（讨论稿）》《关于"十四五"期间推进我市残疾人事业高质量发展的若干措施（讨论稿）》《2022年市中心城区第二批次国有建设用地使用权供应方案（讨论稿）》《全市自建房屋安全隐患排查整治工作方案（讨论稿）》，关于调整江西赣州南方万年青水泥有限公司生态环保督察问题整改方案有关事宜。

5月30日召开市政府第15次常务会议。会议传达学习全国、全省稳住经济大盘电视电话会议精神，听取关于新的组合式税费支持政策落实情况汇报，会议讨论研究并原则同意《关于支持赣州经开区建设全国一流国家级经开区的若干意见（讨论稿）》《2022年赣州市国家级开发区进位赶超奖励办法（讨论稿）》《关于促进本市高校、职业学校、技工学校学生"留赣干"的实施意见（讨论稿）》《关于促进我市房地产业良性循环和健康发展的实施意见（讨论稿）》《赣州市农村住房建设管理条例（草案讨论稿）》《赣州市深入创建国家食品安全示范城市工作方案（讨论稿）》《赣州市2021年度巩固拓展脱贫攻坚成果同乡村振兴有效衔接国家和省考核评估反馈问题及市自查发现问题整改工作方案（讨论稿）》《赣州市人民政府潍坊市人民政府农业战略合作备忘录（讨论稿）》《赣州市人民政府中国生物技术股份有限公司深度战略合作框架协议（讨论稿）》，关于实施赣南大道快速路三标、四标市本级苗木移植有关事宜，关于市方舱医院（一期）设备资金拨付有关事宜，关于赣州高速公路公司及下属子公司拆除省界收费站资产损失审批有关事宜。

6月6日召开市政府第16次常务会议。会议讨论研究并原则同意《2022年市中心城区第三批次国有建设用地使用权供应、储备方案（讨论稿）》《赣州市稳经济促发展保就业若干措施（讨论稿）》《赣州市促进商贸消费提质扩容推动区域性消费中心城市建设三年行动方案（2022—2024年）（讨论稿）》《赣州市关于促进商贸消费提质扩容推动区域性消费中心城市建设的若干政策措施（讨论稿）》《长征国家文化公园赣州段建设保护规划（讨论稿）》《赣州市节水型社会建设规划（2021—2035年）》，关于实施赣南大道快速路Ⅳ标段（南康段）等项目范围内苗木移植有关事宜，关于阶段性增加财政补贴稳定北京航班运营有关事宜。

6月21日召开市政府第17次常务会议。会议传达学习6月19日省防汛抗旱指挥部会议精神，听取2022年上半年全市安全生产和汛期防汛减灾救灾工作情况汇报，讨论研究并原则同意《贯彻落实〈"十四五"支持革命老区生态环境保护修复实施方案〉任务分工（讨论稿）》《2022年度贯彻落实革命老区"1+N+X"政策体系工作考评办法（讨论稿）》《赣州市数字经济发展考核评价办法（讨论稿）》《关于深化相对集中行政许可权改革做好县级第二批事项集中划转工作的通知（讨论稿）》《关于我市拟推荐江西省社会保障工作先进集体和先进个人的情况说明（讨论稿）》《赣州市全民所有自然资源资产所有权委托代理机制试点实施方案（讨论稿）》《赣州市人民政府代理履行全民所有自然资源资产所有者职责的自然资源清单（试行）（讨论稿）》《关于进一步加强粮食流通工作的若干措施（讨论稿）》《赣州市人民政府江西省金融控股集团有限公司战略合作协议（讨论稿）》《2021年度银行业金融机构支持地方经济社会发展考核奖励资金分配方案（讨论稿）》，关于市中心城区"三区"购房契税补贴资金有关事宜。

7月14日召开市政府第18次常务会议。会议传达学习全国、全省安全生产电视电话会议精神，叶建春7月11日至12日在赣州调研期间讲话精神，听取并原则同意市发改委关于上半年全市经济运行情况的汇报和做好下一步经济工作的建议，分别听取并原则同意市工信局、市科技局、市农业农村局、市住建局、市生态环境局、市发改委关于上半年全市工业倍增升级、科技创新赋能、乡村全面振兴、城市能级提升、美丽赣州建设、提高民生品质行动有关工作情况汇报和下半年工作安排的建议，《关于支持江西师范大学附属中学赣江创新研究院分校办学实施意见（讨论稿）》《中国稀土集团就医就学服务保障工作方案（讨论稿）》《关于优化营商环境促进我市中介服务市场健康发展实施意见（讨论稿）》《关于调整2022年度全市开放型经济工作考核评价办法的补充通知（讨论稿）》《关于赣州市"十四五"时期民兵建设发展计划（讨论稿）》《赣州革命老区交通运输高质量发展示范区建设实施方案（讨论稿）》《赣州市创评千兆城市工作方案（讨论稿）》《赣州市扬尘污染防治条例（草案）》《赣州市人民政府中国林业集团有限公司战略合作协议（讨论稿）》《2022年市中心城区第四批次国有建设用地使用权供应方案（讨论稿）》《赣州市人民政府郴州市人民政府共同推进区域协同发展合作备忘录（讨论稿）》，关于开展赣州市订单定向医学生免费培养项目有关事宜，关于赣州市生活垃圾焚烧发电厂BOT（建设—经营—转让）项目垃圾处理服务费调整有关事宜。

7月22日召开市政府第19次常务会议。会议学习贯彻《中华人民共和国家庭教育促进法》，会议听取并原则同意市教育局关于赣州市防溺水工作情况汇报，市应急管理局关于省安委会第七巡查组在赣州市工作开展情况的汇报，市统计局关于国家统计局对赣州经开区执法检查情况的汇报，市司法局关于2022年上半年全市推进法治政府建设工作情况汇报，市商务局关于赣州市促进商贸消费工作情况的汇报，市自然资源局关于赣州市保障项目用地工作情况的汇报，《在市委六届三次全体（扩大）会议上的讲话（讨论稿）》《赣州市“拼搏三季度、奠定全年胜”行动方案（讨论稿）》《赣州市提升农业产业化发展水平行动方案（讨论稿）》《赣州市市级媒体深度融合发展试点实施方案（讨论稿）》《全市“招大引强大会战”工作方案（讨论稿）》《赣州市人才集团有限公司组建方案（讨论稿）》《全市经济运行“红黄绿灯”预警监测制度（讨论稿）》《赣州市市本级预备费及财政专项资金审批拨付规程（讨论稿）》。

8月18日召开市政府第20次常务会议。会议传达学习全省营商环境优化升级“一号改革工程”视频推进会议精神及研究赣州市贯彻落实意见，全省危险化学品安全警示教育暨形势分析会议精神及研究赣州市贯彻落实意见，会议讨论研究并原则同意《关于进一步深化赣南科学院体制机制改革的实施意见（讨论稿）》《赣州市人民政府空军军医大学共建重大疾病创新抗体药物与分子医药全国重点实验室战略合作协议（讨论稿）》《赣州市数字政府建设三年行动计划（2022—2024年）（讨论稿）》《“数治赣州”城市大脑建设方案（讨论稿）》《2022年市中心城区第五批次国有建设用地使用权供应方案（讨论稿）》《赣州市人民政府长鹰创业投资管理（北京）有限公司战略合作协议（讨论稿）》《关于2021年市级决算（草案）和2022年上半年全市预算执行情况的报告（讨论稿）》《关于公布赣州市行政许可事项清单（2022年版）的通知（讨论稿）》，关于采购“城市大脑”（一期）服务有关事宜，赣县区政府关于赣南大道快速路三标项目（赣县段）范围内苗木迁移有关事宜，市行政审批局关于蓉江新区桂花路、静一路与和谐大道交叉口改造项目市本级苗木移植有关事宜。

9月16日召开市政府第21次常务会议。会议传达学习《江西省社会信用条例》，全国、全省新冠肺炎疫情防控工作电视电话会议精神，听取并原则同意市卫健委关于赣州市疫情防控工作情况汇报，关于提高城乡居民大病保险筹资标准有关事宜，《赣州市与深圳市对口合作实施方案（2022—2026年）（讨论稿）》《关于保持价格总水平基本稳定的若干措施（讨论稿）》《赣州市“十四五”节能减排综合工作方案（讨论稿）》《关于深化公办养老机构改革的实施方案（讨论稿）》《赣州市见义勇为人员奖励和保障实施办法（讨论稿）》《赣州全国青年发展型城市建设试点实施方案（讨论稿）》《赣州市市长质量奖管理办法（修订版）（讨论稿）》《客家文化（赣南）生态保护实验区管理办法（讨论稿）》《2022年市中心城区第六批次国有建设用地使用权供应方案（讨论稿）》《赣州市中心城区排水管网工程规划建设管理暂行规定（讨论稿）》《赣州市人民政府中国电信股份有限公司江西分公司战略合作框架协议（讨论稿）》《赣州市人民政府中国移动通信集团江西有限公司战略合作框架协议（讨论稿）》《赣州市人民政府江西财经大学战略合作框架协议（讨论稿）》《赣州市“十四五”全民医疗保障发展规划（讨论稿）》。

9月30日召开市政府第22次常务会议。会议传达学习《中华人民共和国科学技术进步法》《关于坚决抓好当前森林资源保护发展工作的令》（赣总林长令〔2022〕1号），国家统计局防范和惩治统计造假弄虚作假视频约谈会精神，会议讨论研究并原则同意《关于更加有效发挥统计监督职能作用的具体措施（讨论稿）》《赣州市项目建设“四大攻坚行动”方案（讨论稿）》《赣州市工业项目“拿地即开工、竣工即投产”工作方案（试行）（讨论稿）》《赣州市公共资源交易管理暂行办法（讨论稿）》《支持赣州革命老区高质量发展示范区建设的若干政策措施（代拟稿）》《关于进一步减负纾困助力小微企业平稳发展的若干政策措施（讨论稿）》《赣州市创建全国禁毒示范城市工作方案（讨论稿）》《赣州市创建国家知识产权强市建设试点城市工作方案（讨论稿）》《赣州市政务数据安全管理办法（试行）（讨论稿）》《2022年市中心城区第七批次国有建设用地使用权供应方案（讨论稿）》《关于促进竹产业高质量发展的实施意见（讨论稿）》《赣州市国家生态文明建设示范区规划（2022—2030年）（讨论稿）》《赣州市产业技术研究院组建工作方案（讨论稿）》《赣州市人民政府国家工业信息安全发展研究中心关于共建赣州市产业技术研究院合作协议（讨论稿）》《赣州市国家食品安全与营养健康战略合作框架协议（讨论稿）》《赣州市国家食品安全与营养健康综合试验区建设实施方案（讨论稿）》《赣州市工业数字研究院共建合作协议（讨论稿）》《赣州市人民政府中国农业发展银行江西省分行政策性金融支持赣州加快建设革命老区高质量发展示范区合作协议（讨论稿）》。

10 月 17 日召开市政府第 23 次常务会议。会议听取并原则同意关于前三季度全市经济运行情况的汇报，关于前三季度工业倍增升级行动、创新江西建设和科技创新赋能行动、乡村全面振兴行动、城市能级提升行动、美丽江西建设和美丽赣州建设行动、富裕江西建设和提高民生品质行动、幸福江西建设、和谐江西建设情况的汇报，关于前三季度全市安全生产工作情况的汇报，关于第三方咨询机构开展营商环境咨询调研工作情况的汇报，《深赣港产城一体化合作区发展规划(讨论稿）》《赣粤边区域产业合作示范区发展规划（讨论稿）》《关于支持赣州市电力高质量发展的若干意见（讨论稿）》《赣州市建设全省营商环境创新试点城市实施方案（讨论稿）》《章江国家湿地公园管理体制改革实施方案(讨论稿)》《赣州市“十四五”时期“无废城市”建设实施方案（讨论稿）》《关于进一步加强工业用地节约集约利用的意见（讨论稿）》《赣州市城展馆布展改造项目运作模式及招标方案（讨论稿）》《赣州市人民政府江西省体育局共同组建江西省 U 系列足球队双方合作框架协议（讨论稿）》《赣州市中心城区生活污水治理厂网一体化（一期）工程项目实施方案（讨论稿）》，关于市博物馆提升改造项目采用 EPC 公开招标模式有关事宜关于移植达芬奇城市中心（G20 地块）登峰大道防护绿地苗木有关事宜、章贡区政府关于启动月季公园现有苗木迁移工作和螺溪洲大桥及 105 国道连接线工程红线内古樟树迁移有关事宜的汇报，关于对中国稀土集团相关人员提供专项补贴有关事宜的汇报。

11 月 10 日召开市政府第 24 次常务会议。会议听取并原则同意关于 2022 年全市未成年人思想道德建设工作情况汇报，《赣州市政府投资工程项目标后监管办法(讨论稿)》《关于支持我市有色金属再生资源回收利用行业高质量发展的若干措施（讨论稿）》《赣州市支持建材产业发展若干措施（讨论稿）》《赣州市推进预制菜产业发展三年行动方案（2023—2025 年）（讨论稿）》《赣州市属国有资本投资、运营公司改革试点实施方案(讨论稿)》《赣州市中心城区建筑垃圾管理办法(讨论稿）》《关于建制镇污水处理费征收使用的指导意见(讨论稿)》《关于进一步加强计划生育特殊家庭关怀扶助的若干措施（讨论稿）》《赣州市健全重特大疾病医疗保险和救助制度若干措施（讨论稿）》《赣州市建立健全职工基本医疗保险门诊共济保障机制实施办法(暂行)(讨论稿）》《赣州市人民政府中国联合网络通信有限公司江西省分公司战略合作框架协议（讨论稿）》《江西师范大学附属中学赣江创新研究院分校合作办学协议（讨论稿）》，关于产教大楼及附属设施建设项目增加配套附属设施及投资额有关事宜的汇报，关于以作价出资方式将赣州市中心城区建筑垃圾资源化利用项目土地注入赣州城投集团有关事宜的汇报。

11 月 25 日召开市政府第 25 次常务会议。会议传达学习全国森林草原防灭火工作电视电话会议、全省调度抗旱救灾和森林防灭火工作例会精神，全省巩固拓展脱贫攻坚成果专项小组（扩大）会议精神，会议书面听取并原则同意关于赣州市 2022 年政务公开工作情况汇报，《关于贯彻落实进一步优化防控工作二十条措施科学精准做好我市疫情防控工作的通知（讨论稿）》《关于深化基层应急管理队伍建设推进基层应急治理实施方案》《赣州市推进社会保障卡居民服务“一卡通”工作实施方案（讨论稿）》《赣州市“一老一小”整体解决方案（讨论稿）》《赣州革命老区高质量发展示范区发展规划（代拟稿）》《赣州市深化政务服务“一事通办”改革工作方案（讨论稿）》《关于调整赋予国家级开发区市级管理权限认领指导目录的通知(讨论稿)》《赣州市推行“无实体印章”“无证明办事”城市改革工作方案（2022—2024 年）》《2022 年市中心城区第八批次国有建设用地使用权供应方案（讨论稿）》《赣州市促进残疾人就业三年行动实施方案（2022—2024 年）（讨论稿）》《赣州市深化医疗服务价格改革试点首轮调价方案（讨论稿）》《赣州市人民政府与深兰科技（上海）有限公司战略合作协议（讨论稿）》《赣州市人民政府与中国自动化学会智慧城市工作委员会战略合作协议（讨论稿）》《赣州中学公租房违规配租问题整改工作方案（讨论稿）》，关于明确中国稀土集团整租人才住房政策有关事宜。

12 月 9 日召开市政府第 26 次常务会议。会议传达学习革命老区重点城市对口合作工作推进会议暨经验交流会议精神，会议讨论研究并原则同意《赣州市人民政府上海浦发银行南昌分行共同推进赣州经济金融发展政银战略合作协议（讨论稿）》《进一步推动上市公司高质量发展的若干措施(讨论稿)》《瑞梅铁路（赣州段）我市资本金筹措方案（讨论稿）》《赣州市 2023 年重大项目建设及前期工作计划（讨论稿）》《2023 年市中心城区民生实事项目计划（讨论稿）》《2022 年主要经济指标完成情况预计及 2023 年主要经济指标安排建议（讨论稿）》《赣州市 2022 年国民经济和社会发展计划执行情况与 2023 年国民经济和社会发展计划草案的报告（讨论稿）》《赣州市 2022 年生态文明试验区建设情况的报告（讨论稿）》《赣州市 2022 年全市和市级预算执行情况与 2023 年全市和市级预算草案的报告(讨论稿)》《2023 年赣州市本级政府预算草案汇编(讨论稿）》《赣州阳明湖区域旅游总体规划（讨论稿）》《全市稀土钨深加工产品销售奖励办法(讨论稿)》《赣州市园林绿化建设项目管理办法（讨论稿）》《进一步加强矿山监督管理的通知（讨论稿）》《赣州市纺织服装产业高质量发展行动方案(2022—2025 年)(讨论稿)》《赣州市优抚对象医疗保障实施办法(讨

论稿）》《美丽赣州建设行动实施方案(2022—2025年)(讨论稿)》《赣州市人民政府生态环境部南京环境科学研究所战略合作协议(讨论稿)》《江西省气象局　赣州市人民政府共同推进赣州气象事业高质量发展合作协议（讨论稿）》，关于支持赣南等原中央苏区振兴发展部际联席会第八次会议议定事项的情况汇报，关于全市迎峰度冬用电负荷管理工作的情况汇报。

12月26日召开市政府第27次常务会议。会议传达学习《中华人民共和国市场主体登记管理条例》《防范和惩治统计造假弄虚作假重要文件汇编》，会议听取并原则同意《赣州市中心城区财政体制改革实施方案（讨论稿）》《赣州市人民政府国药控股创服医疗技术（上海）有限公司深度战略合作框架协议（讨论稿）》《赣州市文旅产业发展扶持措施（试行）（讨论稿）》《赣州市贯彻落实国家统计督察“回头看”反馈意见整改工作方案（讨论稿）》《关于加快完善覆盖全民的多层次社会保障体系的实施意见（讨论稿）》《2022年市中心城区第九批次国有建设用地使用权供应方案（讨论稿）》《关于进一步推进市直机关和事业单位经营性国有资产脱钩移交集中统一监管的实施方案（讨论稿）》，关于全市2022年度食品安全工作情况汇报，关于全市疫情防控和医疗救治、药品保供工作情况汇报，关于各县（市）管道天然气价格核定意见有关事宜，关于赣州市中心城区工商业用气顺价意见有关事宜。

【市政府党组(扩大)会议】 年内，市政府党组（扩大）会议共召开19次，具体研究事项如下：

1月12日召开市政府党组（扩大）会议。会议传达学习中共中央总书记习近平二〇二二年新年贺词、在北京考察2022年冬奥会、冬残奥会筹办备赛工作时的重要讲话、在新年茶话会上的重要讲话、在党史学习教育专题民主生活会上的重要讲话、对做好“三农”工作作出的重要指示、在《求是》杂志发表的重要文章《以史为鉴、开创未来埋头苦干、勇毅前行》，1月6日中共中央政治局常务委员会会议精神，1月4日国务院常务会议精神，1月7日省委常委会会议精神，《关于四起“沙霸”“矿霸”背后腐败和“保护伞”典型问题的通报》。

1月24日召开市政府党组（扩大）会议。会议传达学习中共中央总书记习近平在省部级主要领导干部学习贯彻党的十九届六中全会精神专题研讨班开班式上的重要讲话、在十九届中央纪委六次全会上的重要讲话、在2022年世界经济论坛视频会议上的重要讲话、对政法工作作出的重要指示、对党的建设研究工作作出的重要指示、在《求是》杂志发表的重要文章《不断做强做优做大我国数字经济》，1月19日国务院常务会议精神，1月15日省委常委会会议精神。

2月18日召开市政府党组（扩大）会议。会议传达学习中共中央总书记习近平在中共中央政治局第三十六次集体学习时的重要讲话、在山西考察时的重要讲话、在2022年春节团拜会及同党外人士共迎新春时的重要讲话、在北京2022年冬奥会欢迎宴会上的致辞、重要文章《努力成为可堪大用能担重任的栋梁之才》《坚持走中国特色社会主义法治道路更好推进中国特色社会主义法治体系建设》，1月24日中共中央政治局会议精神，2月14日国务院常务会议精神，2月11日省委常委会会议精神，叶建春在赣州走访调研期间讲话精神。

3月10日召开市政府党组（扩大）会议。会议传达学习中共中央总书记习近平在中共中央政治局第三十七次集体学习时的重要讲话、在中央全面深化改革委员会第二十四次会议上的重要讲话、在中央党校（国家行政学院）中青年干部培训班开班式上的重要讲话、在参加内蒙古代表团审议时的重要讲话、看望参加政协会议的农业界社会福利和社会保障界委员时的重要讲话，2月25日中共中央政治局会议精神，省参与“一带一路”建设领导小组会议精神，省生态文明建设领导小组、省碳达峰碳中和工作领导小组、省推动长江经济带发展领导小组和省生态环境保护委员会2022年第一次会议精神，《地方党委和政府领导班子及其成员粮食安全责任制规定》主要精神解读。

3月30日召开市政府党组（扩大）会议。会议传达学习中共中央总书记习近平在中共中央政治局常务委员会上的重要讲话、对东航客机坠毁作出的重要指示、致第四届中古两党理论研讨会的贺信、重要文章《在中央政协工作会议暨庆祝中国人民政治协商会议成立70周年大会上的讲话》，传达学习全国人民代表大会关于修改《中华人民共和国地方各级人民代表大会和地方各级人民政府组织法》的决定，3月21日国务院常务会议精神，3月18日、25日省委常委会会议精神。

4月15日召开市政府党组（扩大）会议。会议传达学习中共中央总书记习近平在海南考察时的重要讲话、在参加首都义务植树活动时的重要讲话、在北京冬奥会冬残奥会总结表彰大会上的重要讲话、重要文章《坚持把解决好“三农”问题作为全党工作重中之重举全党全社会之力推动乡村振兴》、3月31日中共中央政治局常务委员会会议精神，李克强总理在江西考察并主持召开经济形势部分地方政府主要负责人座谈会上的重要讲话，4月6日、4月13日国务院常务会议精神，省委书记易炼红调研文章《要以“干部创先”推动“大众创业万众创新”》，4月1日、4月13日省委常委会会议精神。

5月7日召开市政府党组(扩大)会议。会议传达学习中共中央总书记习近平在中央全面深化改革委员会第二十五次会议上的重要讲话、在博鳌亚洲论坛2022年年会开幕式上的重要讲话、在中国人民大学考察时的重要讲话、在中央财经委员会第十一次会议上的重要讲话、在中共中央政治局第三十八次集体学习时的重要讲话、中共中央总书记习近平在中共中央政治局常务委员会会议上的重要讲话、对湖南长沙居民自建房倒塌事故作出的重要指示、给北京科技大学老教授的回信、给中国航天科技集团空间站建造青年团队的回信、致首届全民阅读大会举办的贺信、致青蒿素问世50周年暨助力共建人类卫生健康共同体国际论坛的贺信、致首届大国工匠创新交流大会举办的贺信，传达学习中共中央政治局会议精神，4月20日、27日国务院常务会议精神，省委书记易炼红在赣州调研时的讲话精神（4月20—21日），2021年度全省综合考核总结暨积极践行“孺子牛、拓荒牛、老黄牛”精神干部表扬通报会议精神。

5月30日召开市政府党组（扩大）会议。会议传达学习中共中央总书记习近平在庆祝中国共产主义青年团成立100周年大会上的重要讲话、在庆祝中国国际贸易促进委员会建会70周年大会暨全球贸易投资促进峰会上的重要讲话、在金砖国家外长会晤开幕式上的重要讲话、在中共中央政治局第三十九次集体学习时的重要讲话、给南京大学留学归国青年学者的回信、致金砖国家政党、智库和民间社会组织论坛的贺信，5月27日中共中央政治局会议精神，5月11日、23日国务院常务会议精神，3月24日全国扫黑办第二次主任会议精神，4月28日全国扫黑办第三次扫黑除恶常态化推进会精神，4月19日全省常态化扫黑除恶斗争推进会精神，2月24日平安江西建设领导小组会议2022年第一次会议精神，3月31日平安江西建设表彰大会暨市域社会治理现代化试点工作推进会议精神，4月2日省委全面依法治省委员会第五次会议精神，5月12日全省水利高质量发展大会精神，国务院办公厅关于印发《运用互联网、大数据、人工智能、区块链等新信息技术手段进行行政管理的若干规则》的通知，省委办省政府办关于印发《江西省贯彻执行粮食安全责任制规定的若干措施》的通知，省委书记易炼红调研文章《关于提升基层治理水平的调研和思考》，研究部署6月重点工作，听取市财政局汇报市本级4月、5月份财政资金审批情况，讨论研究干部议题。

6月21日召开市政府党组（扩大）会议。会议学习贯彻中共中央总书记习近平在中共中央政治局第四十次集体学习时的重要讲话、在四川考察时的重要讲话、6月17日中共中央政治局会议精神、在第二十五届圣彼得堡国际经济论坛全会上的致辞、致中国宋庆龄基金会成立40周年的贺信、致中国儿童中心成立40周年的贺信、致2022年六五环境日国家主场活动的贺信、给尼雷尔领导力学院南部非洲六姊妹党中青年干部研讨班全体学员的回信、致《大公报》创刊120周年的贺信，6月1日、8日、15日国务院常务会议精神，2022年江西省文化强省建设推进大会精神、2022年全省旅游产业发展大会精神、推进更高水平的平安江西建设工作会议精神，省委书记易炼红署名文章《奋力谱写赣鄱文化繁荣发展新篇章》《沿着赣南苏区振兴发展康庄大道奋勇前进》，省长叶建春在赣州调研时的讲话精神（6月7—9日）。

7月6日召开市政府党组（扩大）会议。会议学习贯彻中共中央总书记习近平在中央全面深化改革委员会第二十六次会议上的重要讲话（6月22日）、在金砖国家工商论坛开幕式上的重要讲话、在金砖国家领导人第十四次会晤上的重要讲话、在全球发展高层对话会上的重要讲话、在湖北省武汉市考察时的重要讲话、在庆祝香港回归祖国二十五周年大会暨香港特别行政区第六届政府就职典礼上的讲话、就研究吸收网民对中共二十大相关工作意见建议作出的重要指示、给陆军步兵学院2022届全体学员的回信、给安徽省太和县种粮大户徐淙祥的回信，6月22日、29日国务院常务会议精神，中国共产党江西省代表会议精神（6月29—30日），传达学习全国、全省统计造假不收手不收敛问题专项纠治工作视频会议精神及研究赣州市贯彻落实意见，赣南等原中央苏区振兴发展战略实施十周年座谈会议主要精神及研究赣州市贯彻落实意见，听取市政府党组落实全面从严治党主体责任和意识形态工作责任情况汇报，听取市本级6月财政资金审批情况汇报，研究部署7月重点工作。

7月19日召开市政府党组（扩大）会议。会议学习贯彻中共中央总书记习近平在新疆考察时的重要讲话、致“全球发展：共同使命与行动价值”智库媒体高端论坛的贺信、给中国国家博物馆老专家的回信、给参加海峡青年论坛的台湾青年的回信、致世界互联网大会国际组织成立的贺信，7月6日、13日国务院常务会议精神，7月8日省委常委会会议精神、全省设区市市委书记座谈会议精神、省委上半年经济运行分析会暨“拼搏三季度、奠定全年胜”动员会议精神、第96次省政府常务会议精神、省委《关于深入贯彻中共中央总书记习近平视察江西重要讲话精神以优异成绩迎接党的二十大胜利召开的决定》（赣发〔2022〕19号）精神。讨论研究《市政府党组全面从严治党形势分析报告（讨论稿）》，讨论研究干部议题。

8月18日召开市政府党组（扩大）会议。会议学习贯彻中共中央总书记习近平在党外人士座谈会上的重要讲话、在省部级主要领导干部“学习中共中央总书记习近平重要讲话精神，迎接党的二十大”专题研讨班上的重要讲话、在参观“领航强军向复兴——新时代国防和军队建设成就展”时的重要讲话、在中共中央政治局第四十一次集体学习时的重要讲话、在中央统战工作会议上的重要讲话、对机关事务工作作出的重要指示、致世界青年发展论坛的贺信、致中国共产党与世界马克思主义政党论坛的贺信、给马耳他中学“中国角”师生的回信、致国际民间社会共同落实全球发展倡议交流大会的贺信、给“中国好人”李培生、胡晓春的回信，7月28日中共中央政治局会议精神，7月21日、29日国务院常务会议精神，经济大省政府主要负责人座谈会议精神，国务院台办、国务院新闻办发表的《台湾问题与新时代中国统一事业》白皮书、省发展数字经济领导小组和省优化营商环境工作领导小组会议精神、省防旱抗旱调度会议精神。

9月16日召开市政府党组（扩大）会议。会议学习贯彻中共中央总书记习近平在辽宁考察时的重要讲话、在中央全面深化改革委员会第二十七次会议上的重要讲话、对四川甘孜泸定县6.8级地震作出的重要指示、致世界职业技术教育发展大会的贺信、致第五届中非媒体合作论坛的贺信、给外文出版社的外国专家的回信、致2022年中国国际服务贸易交易会的贺信、给北京师范大学“优师计划”师范生的回信、致2022全国专精特新中小企业发展大会的贺信，8月30日、9月9日中共中央政治局会议精神，8月18日、24日、31日及9月7日国务院常务会议精神，国务院专题会议精神，第十次全国深化“放管服”改革电视电话会议精神，全省深化“放管服”改革持续优化营商环境电视电话会议精神，全省科技创新大会会议精神，全省工业强省推进大会会议精神，省政府专题会议精神，易炼红调研文章《以正确的方法做正确的事情下最大的功夫求最好的效果》，叶建春在赣州调研期间讲话精神（8月18—19日、9月2—3日），讨论研究《关于市政府领导分工的通知》，讨论研究干部议题。

9月30日召开市政府党组（扩大）会议。会议学习贯彻中共中央总书记习近平在上海合作组织成员国元首理事会第二十二次会议上的重要讲话、在参观“奋进新时代”主题成就展时的重要讲话、致全国广大农民和工作在“三农”战线上的同志们的节日祝贺和诚挚慰问、对国防和军队改革研讨会作出的重要指示、为《复兴文库》作的序言《在复兴之路上坚定前行》、致产业链供应链韧性与稳定国际论坛的贺信、致第七届中国——亚欧博览会的贺信、致2022年国际和平日纪念活动的贺信、致中国新闻社建社70周年的贺信，9月13日、21日、26日国务院常务会议精神，稳经济大盘四季度工作推进会议精神，全国安全生产电视电话会议精神，全省稳增长、防风险、保稳定、惠民生工作部署会议精神，全省抓项目扩投资暨“四大攻坚行动”推进会议精神，省安委会全体成员会议暨全省安全生产电视电话会议精神，叶建春在赣州调研期间讲话精神。

10月17日召开市政府党组（扩大）会议。会议学习贯彻中共中央总书记习近平在党外人士座谈会上的重要讲话精神、在会见C919大型客机项目团队代表并参观项目成果展览时的重要讲话、给山东省地矿局第六地质大队全体地质工作者的回信、致中国国际可持续交通创新和知识中心成立的贺信，中国共产党第十九届中央委员会第七次全体会议精神，国务院印发《气象高质量发展纲要（2022—2035年）》主要精神。

11月10日召开市政府党组（扩大）会议。市政府领导班子成员围绕“学习贯彻党的二十大精神”主题发言，讨论研究《市政府党组关于认真学习宣传贯彻党的二十大精神工作方案（讨论稿）》，学习贯彻中共中央总书记习近平在中共中央政治局第一次集体学习时的重要讲话精神、在瞻仰延安革命纪念地时的重要讲话精神、在陕西延安和河南安阳考察时的重要讲话精神、在第五届中国国际进口博览会开幕式上的致辞、在《湿地公约》第十四届缔约方大会开幕式上的致辞、致2022年世界城市日全球主场活动暨第二届城市可持续发展全球大会的贺信、致第31届阿拉伯国家联盟首脑理事会会议的贺信、致国际竹藤组织成立二十五周年志庆暨第二届世界竹藤大会的贺信，10月25日中共中央政治局会议精神，10月26日国务院常务会议精神，省疫情防控工作调度会议精神，易炼红在赣州宣讲中共二十大精神时的讲话精神。

11月25日召开市政府党组（扩大）会议。会议学习贯彻中共中央总书记习近平在二十国集团领导人第十七次峰会上的重要讲话精神、在亚太经合组织第二十九次领导人非正式会议上的重要讲话精神、对做好当前疫情防控工作作出的重要批示精神、对河南安阳市凯信达商贸有限公司火灾事故作出的重要指示精神、在亚太经合组织工商领导人峰会上的书面演讲、致2022年世界互联网大会乌镇峰会的贺信、向“杂交水稻援外与世界粮食安全”国际论坛的书面致辞、给中国航空工业集团沈飞“罗阳青年突击队”队员们的回信、致第6届中国—南亚博览会的贺信、致联合国/中国空间探索与创新全球伙伴关系研讨会的贺信、致发展中国家科学院第16届学术大会暨第30届院士大会的贺信，中共中央、国务院印发《知识产权强国建设纲要（2021—2035年）》文件精神，11月22日国务院常务会议精神，中共江西省委十五届三次全体（扩大）会议精神，全省农业发展大会精神。

12月9日召开市政府党组（扩大）会议。会议学习贯彻中共中央总书记习近平在江泽民同志追悼大会上的悼词、在党外人士座谈会上的重要讲话精神、致第四届中俄能源商务论坛的贺信、关于全面依法治国的重要论述，中共中央印发《法治社会建设实施纲要（2020—2025年）》精神，12月6日中共中央政治局会议精神，12月7日全省领导干部会议精神、省有关重要文件精神，讨论研究干部议题。

12月26日召开市政府党组（扩大）会议。会议学习贯彻中共中央总书记习近平在中央农村工作会议上的重要讲话、在首届中国—阿拉伯国家峰会上的主旨讲话、在首届中国—海湾阿拉伯国家合作委员会峰会上的主旨讲话、在第十五届中国—拉美企业家高峰会发表的书面致辞、在《生物多样性公约》第十五次缔约方大会第二阶段高级别会议开幕式上的致辞、致第五届“阿拉伯艺术节”的贺信、致国史学会成立30周年的贺信、对非物质文化遗产保护工作作出的重要指示、关于文化遗产保护传承和文物工作的重要论述、对统计工作作出的重要指示、重要文章《谱写新时代中国宪法实践新篇章——纪念现行宪法公布施行40周年》，中共中央、国务院印发《扩大内需战略规划纲要（2022—2035年）》精神，12月20日国务院常务会议精神，12月22日省委财经委第十五次会议精神，讨论研究《中共赣州市人民政府党组2022年工作情况报告（讨论稿）》，讨论研究干部议题。

（曾　斌）

重要决策

【国家物流枢纽发展规划】 3月4日，赣州市人民政府印发《赣州市国家物流枢纽发展规划（2021—2025年）》。规划提出围绕建设省域副中心城市和赣粤闽湘四省通衢区域中心城市，打造对接融入粤港澳大湾区桥头堡和全国构建新发展格局的重要战略节点的发展目标，明确赣州国家物流枢纽“三中心·一枢纽·一示范”（“一带一路”多式联运中心、区域性商贸物流中心、全球现代家居物流供应链组织中心、革命老区高能级双向开放枢纽、全国枢纽经济创新发展示范区）的战略定位。按照商贸服务型国家物流枢纽的发展要求，发展特色鲜明的“6+6”（商贸物流集成服务、供应链物流服务、铁路干线物流、分拨配送与仓配、多式联运及转运、国际物流服务6项基本功能，冷链物流、应急物流、综合信息服务、商品展示交易、跨境电商、商务服务6项延伸功能）赣州国家物流枢纽功能布局。到2025年，基本建成要素配置能力强、服务品质高的商贸服务型国家物流枢纽，争取发展成为集商贸服务型、生产服务型和陆港型等为一体的国家物流枢纽承载城市。

【中心城区创建国家生态园林城市】 5月11日，赣州市人民政府办公室印发《赣州市中心城区创建国家生态园林城市工作方案（2022—2023年）》。方案指出要按照国家生态园林城市创建相关要求，对标生态宜居、健康舒适、安全韧性、风貌特色四大类18项指标，抓好完善园林绿化综合管理、提升生态宜居环境质量、营造健康舒适生活环境、构建安全韧性示范城市、强化城市风貌特色保护5个方面13项任务，力争2023年成功创建国家生态园林城市。

【创建全国足球改革试验区】 为全面促进赣州足球人才梯队建设，提高青少年足球竞技水平，形成足球特色文化，5月18日，赣州市人民政府办公室印发《赣州创建全国足球改革试验区实施方案》，省体育局配套印发《赣州创建全国足球改革试验区实施意见》。方案要求，赣州全市足球进校园实现全覆盖，推广普及“四个落实、三不脱离”（即落实场地、落实教练、落实课时、落实赛事，不脱离学校、不脱离社会、不脱离家庭）校园足球发展模式。赣州将围绕创建全国足球改革试验区，以点带面提升全市足球发展水平，力争到2025年全面实现县级青少年足球训练基地和足球进校园全市覆盖，全面完善校园足球培养体系、足球后备人才梯队训练体系、足球竞赛体系、足球发展标准体系和整体运行评价体系等五大体系，培养更多优秀足球人才。

【国家高新区“一区三园”管理改革】 4月，赣州市人民政府印发《关于同意赣州高新区一区三园管理改革实施方案的批复》（以下简称《批复》），提出“一区多园”的发展模式。其中，“一区”是指赣州高新区，“三园”是指赣州高新区核心园区、章贡园区及信丰园区。赣州市政府原批复赣州高新区规划面积为52平方千米，包括储潭工业园、红金工业园、洋塘工业园及部分赣县区城区，《批复》新增49.88平方千米的规划面积，总规划面积为101.88平方千米。“一区三园”在管理机制上，将统一领导、统一政策、统一规划、统一招商、统一建设。赣州高新区核心园区重点打造稀金科创园、稀金产业园和产业服务园；赣州高新区章贡园区重点通过“人才+项目+平台”模式，打造高端人才引领型创新创业特色载体。赣州高新区信丰园区重点依托电子信息产业，主攻数字视听、大数据、5G、精密智能设备等细分领域。

【区域性消费中心城市建设】 6月11日，赣州市人民政府办公室印发《赣州市促进商贸消费建设区域性消费中心城市的若干政策措施》，提出支持电商企业做大做强、大力发展“首店经济”、推动赣南客家

11月23日，第一届中国青少年足球联赛总决赛在于都开赛（供图）

菜品牌建设、构建多元化餐饮菜系、扶持“老字号”企业发展、支持优化升级商品市场、支持商圈建设和夜间经济发展、支持跨境电商新业态建设、推进农村物流发展、支持会展消费、鼓励汽车消费、扩大商贸消费等12项措施，推动区域性消费中心城市建设。

【千兆城市创评】 为促进赣州市“双千兆”网络协同发展，发挥5G和千兆光网在拉动有效投资、促进信息消费和助力制造业数字化转型升级等方面的重要作用，7月28日，出台《赣州市创评千兆城市工作方案》。方案明确，到2022年8月，全市城市家庭千兆光纤网络覆盖率、重点场所5G网络通达率在80%以上，城市10G-PON及以上端口占比在25%以上，每万人拥有5G基站数在12个以上，500Mbps及以上用户占比、5G用户占比在25%以上，“双千兆”应用创新在5个以上。2023年2月，赣州市成功获评第二批千兆城市。

【“数治赣州”城市大脑建设】 9月27日，赣州市人民政府办公室印发《“数治赣州”城市大脑建设方案》，提出以“数治赣州”为核心定位，以“城市大脑”基础平台为支撑，以数据治理赋能为驱动，以智慧应用场景为牵引，按照“1+6+N”（1套数字底座，政务服务、城市运行、应急指挥、社会治理、普惠民生、营商环境6大智慧平台，N个应用场景）的总体架构，建设具有赣州特色的“城市大脑”，构建“数治赣州”智慧城市新型治理模式。

（曾　斌）

政府综合事务

【概况】 2022年，市政府办公室围绕市委、市政府中心工作和目标任务，履职尽责，提升“三服务”水平，全力保障市政府各项工作高效有序运转，为落实“三大战略、八大行动”、建设革命老区高质量发展示范区提供坚强保障。年内，启动建设“无实体印章”“无纸质证明”城市等工作，推动69项高频事项“一件事一次办”、118项市级权限“市县同办”、402项政务服务事项“全程网办”，协助出台1303项“免申即享、即申即享、承诺兑现”惠企政策，推动营商环境跻身全省前列。“12345”政务服务便民热线受理群众各类诉求71.04万件，按期办结率98.44%，群众满意率99.04%。

【督查督办】 年内，推进政府工作报告部署任务落实，及时将国家、省、市政府工作报告进行责任分工，明确牵头市领导、牵头单位、责任单位、完成时限，定期开展督办。抓好市委、市政府主要领导批示的跟踪督办，2022年市政府督查室组织开展“5020”项目回头看、营商环境、地质灾害、防汛工作、县级公立中医医院建设等督查，会同市委督查室对20个县（市、区）开展综合督查，会同市政府重点项目重大问题协调督导专班对“八大行动”项目开展6次督查。6月2日，国务院办公厅印发《关于对2021年落实有关重大政策措施真抓实干成效明显地方予以督查激励的通报》，赣州市6项工作获通报表彰，表彰事项全省最多，超过全省总数的1/3，也是赣州市历年数量最多的一次。

【建议提案办理】 2022年，共交办市政协六届一次会议政协提案314件、市政协六届二次会议政协提案326件、市六届人大二次会议人大代表建议280件、优化营商环境专题建议34件，市五届人大六次会议人大代表建议B类件二次办理21件，均按期办结，交办率、办复率、办理的满意和基本满意率为100%。理顺国务院“互联网+督查”问题线索、人民网省长、市长留言办理答复机制，规范办理程序，提高办理质效，核查处理国务院“互联网+督查”问题线索2766件、人民网省长留言40件、人民网市长留言82件，推动一大批涉及群众切身利益的民生诉求得到解决。

【“五型”政府建设】 认真做好五型政府建设督促检查工作，重新选聘30名“五型”政府建设监督员，加强对市县政府的监督。有力推进“放管服”改革全域试点，“赣服通”5.0、“赣政通”2.0上线运行，127项深圳事项在赣州“24小时自助可办”，推动赣州市对标大湾区打造新时代“第一等”营商环境入选全省十佳案例。继续深入推进“问政赣州”平台应用，运用网络“汇民智、分民忧、解民难”，宣传党和政府的为民政策，及时高效解决百姓反映的问题，持续深入推动干部转变作风和政府提质提效，以实实在在的工作成效打造人民满意政府。全年，“问政赣州”平台共转办32778件，回复32234件，回复率98.34%。全年共编印《赣州市“五型”政府建设工作简报》24期，省“五型”政府建设工作简报共采用赣州市信息35篇。

【政务公开】 发挥政务公开主平台作用，全年全市在市政府信息公开平台上累计主动公开政府信息594.65万条，其中重点领域信息11654条，编发政府公报3期；全市收到依申请公开664件，63件处于办理阶段，601件均已答复，答复率90.5%。

【文稿工作】 落实文稿任务交办以及学习、议稿、资料收集、核稿等制度，发挥市直单位文稿联络员作用，坚持“作品就是形象”，大力弘扬“工匠精神”，全年起草或修改政府工作报告等各类综合文稿910余篇，有效发挥以文辅政作用。完善综合文稿办理制度，每月定期收集梳理市政府重点工作，及时更新相关部门文稿素材，力求解决“急稿缺素材”问题，进一步提高文稿起草效率。

【信息工作】 充分发挥信息参谋

作用，根据工作实际需要，将《每日汇要》内刊篇幅由4页增编至8页，丰富《每日汇要》内容，全年共编发《每日汇要》252期，采编各类信息620篇。省政府办公厅2022年11月通报显示，2022年赣州市上报省政府办公厅信息被采用71篇，其中省办《每日要情》采用37篇，被省办采用上报国务院办公厅信息34篇；国务院办公厅采用涉及赣州市的信息17篇，获国务院领导批示信息5篇，位列设区市第二名。

【规范办文办会】 完善公文办理制度，从源头上减少低级错误，严格把好公文拟办关，提升公文审签质效。2022年，市政府办共办理中央、省、市和下级各类来文8012件，审核印发各类文件近690件，转办处理市政府主要领导批示2600余件。严格执行会务办理工作要求，做好会前功课、会中服务和会后小结，更加注重办会细节，2022年共承办市政府全体会议、党组会议、常务会议等49次，做好市政府主要领导65次调研活动的组织联络协调，牵头和协助做好赣南等原中央苏区振兴发展战略实施十周年座谈会、全市项目大会战流动现场会、“双一号工程”视频培训会和推进部署会等138次相关会议。

（曾 斌）

行政审批

【概况】 2022年，市行政审批局按照“大湾区能做的，我们也要能做到”的要求，坚持以审批体制改革为重点，以政务数字化为突破，聚力改革，简政放权，密集推出一系列具有突破性、引领性的改革创新举措，“市县同权”“全产业一链办”等多项改革做法在全国全省推广，政务服务水平持续提升。年内，率先构建行政审批、政务服务、数据管理“三合一”体制机制，24个部门的253个事项划入市行政审批局，市级审批人员由原来的173人减至52人，减少70%，申请材料减少50%，办理时限减少60%。

【创新推行“市县同权”】 聚焦企业群众办事“多头跑、来回跑”等问题，创新推行“市县同权”审批服务扁平化改革，将118项市级审批权限下沉至县（市、区）办理，构建市县“一体化”联动审批模式。自2022年7月运行以来，通过“市县同权”联动审批平台办理事项9万余件，实现群众办事“不出园、不出县”。该项做法在“国办”《政府职能转变和“放管服”改革简报（265期）》单篇刊发，向全国推广。

【“全产业一链办”改革】 围绕“1+5+N”主导产业，聚焦企业开办、工程报建、生产经营、注销等“全生命周期”审批服务事项，将项目审批涉及的17个部门40个事项及30个工作人员全部进驻，全市6700余个项目实现“一站式”流水线快速审批，创造工程项目审批“赣州速度”。密集推出“拿地即开工、竣工即投产”、施工图免审查、豁免审批、全产业一链办等配套改革举措，行政审批质效不断提升。

【打造“五星级”定制式政务服务】 对市行政审批局三楼大厅进行改造，将企业准入、准营、变更、注销各个环节涉及的773项审批服务事项（市本级190项、章贡区583项）全部进驻大厅，实现“窗口综合受理、后台分类审批、一个平台办结、集中统一出件”的受审分离模式，企业群众办事由原来的“一事跑多窗”转变为现在的“多事跑一窗”。率先在全省推出惠企政策“线上一网、线下一窗”集中兑现改革，建设“亲清赣商”平台，实现市县两级惠企政策“一站兑付、直达企业”。2022年全市共为86.32万家企业兑付各类惠企资金126.64亿元（含各类减、缓、免及税务留抵退税等），成为助企纾困政策兑现的主渠道。

【推广“不见面开标”改革】 公共资源交易“不见面开标”实现市县全覆盖，2022年市本级“不见面开标”项目1301个，减少企业投标成本1.67亿元。首创“串通投标犯罪预警模型”并被列为全国招投标领域30项创新成果之一。加强诚信体系建设，帮助579家失信企业及时修复信用，维护公平竞争的市场环境。

【启动“无实体印章”“无纸质证明”城市改革】 建设电子印章应用系统和电子证照平台，开发印章证照应用场景，已与省级电子证照和电子印章平台等10多个系统平台完成业务对接，累计签发电子证照480余万张。

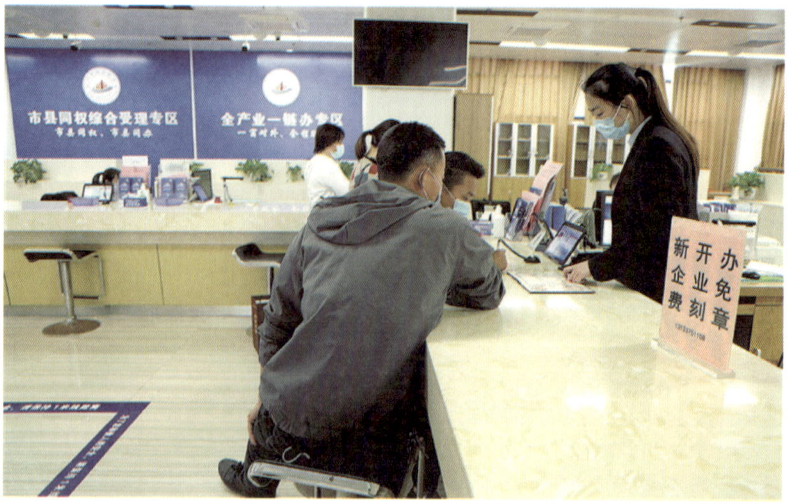

12月23日，瑞金市经开区企业的办事人员正在瑞金市行政审批局惠企政策兑现窗口办理业务（赣南日报社供图）

【持续推进“一网通办”数字化改革】 着力打破系统壁垒、打通信息孤岛，完成与国家电力、城乡居民养老保险、机关事业养老保险等15个省级市级系统对接，80%以上事项实现“掌上办”，402项政务服务事项“全程网办”。积极优化再造办事流程，升级建设“一件事一次办”支撑平台，出生一件事、开办药店一件事等100个高频事项实现“一件事一次办”和智能审批。

（庄明辉）

政策发展研究

【课题研究】 2022年，组织开展人才新政、打造数字经济高地、科技创新赋能、稀土全产业链高质量发展、践行“两山”理论转化途径研究等5个人才专项课题和打造营商环境高地、建设千亿产业园区等2个决策咨询课题研究。

【专题调研】 撰写专题调研报告9篇，其中，《赣州与南昌、襄阳、芜湖、临沂和惠州等地2021年主要经济指标的比较分析和思考》《赣州打造商贸物流产业链升级版亟待破解“缺心”“少头”“短腿”三大难题》获市政府主要领导批示，《赣州市金融业发展状况与对策分析》《关于当前我市财税运行情况的调研与思考》《关于提升赣州中心城区人口聚集力的思考》《关于全市经济运行情况的调研与思考》获其他市领导肯定。

【信息服务】 编发《发展研究》内刊24期，整理并向市领导呈报《中共中央总书记习近平重要讲话指示批示文章资料汇编》10期、《易炼红书记讲话指示批示文章资料汇编》10期、《省委省政府主要领导讲话指示文章》20期、《国内部分地区经济社会发展经验做法》20期，以及其他重要信息汇编9期。

（陶　鹏）

驻外（派出）机构

【驻北京联络处】 对接服务　全年，联络协调保障市委、市政府及相关部门在北京开展对接活动970余人次，先后12次保障市委、市政府主要领导走访、拜会78个国家部委、央企国企、大院大所、知名民企。积极做好中央单位第五批对口支援赣州40名挂职干部的衔接服务，持续推动国家部委支持赣南苏区振兴各项优惠政策、重大项目、专项资金、专项债券、专项基金向赣州倾斜。会同市直有关部门合力推动国务院出台《赣州革命老区高质量发展示范区建设方案》和国家发改委印发《革命老区重点城市对口合作工作方案》，中国稀土集团总部在赣州正式挂牌、宁都梅江灌区工程顺利开工、安远三百山AAAAA景区成功创建、大余丫山成功入选国家级旅游度假区、瑞梅铁路和长赣高铁开工建设。协助有关部门组织召开赣南等原中央苏区振兴发展战略实施十周年座谈会、中央国家机关及有关单位对口支援回访、国家主流媒体大力宣传振兴发展十周年丰硕成果等活动，有效扩大赣南苏区在全国的影响力。组织清华、北大、北师大40余名大学生志愿者赴于都、南康、赣县、宁都开展关爱留守儿童活动。

招商引资　坚持把招商引资作为驻外机构工作的重中之重，紧紧围绕“1+5+N”产业布局，立足首都，面向全国，尽锐出战，人人谋招商、人人抓招商。指导北京赣州企业商会圆满完成换届工作，推荐钟文波等3名商会会员企业家受聘赣州市首批招商顾问，聘请商会会长、企业家、杰出乡贤、赣州友好人士等15人为驻点招商小分队招商顾问，组织召开赣州籍在北京企业家“三请三回”新春座谈会，招商引资取得明显成效。成功引进中国生物医学检测中心、铨圣数字智能装备制造等14个项目，签约资金达166亿元（含3000万美元），实际进资67.16亿元，其中5020项目6个，超额完成全年招商任务。

信息资政　建立专人负责、全员参与信息报送机制，紧盯国家部委政策动态、沿海发达地区产业动向，积极拓宽信息渠道，加强与国家政策研究中心等部委的联络交流，认真搜集、梳理、研判、报送有价值的信息。全年，向赣州市委、市政府报送部委要讯、外埠动态等相关信息6000余条，与省驻京办共同调研报送的《革命老区重点城市对口合作的形势分析及对策建议》信息专报得到多位省领导批示肯定。驻京联络处被市政府评为政务信息工作先进单位。

（欧阳源）

【驻上海联络处】 招商服务　召开2022年赣州市（长三角）“三请三回”座谈会，聘请首批78名长三角区域招商顾问，积极配合服务赣州市各产业链链长单位、经开区、信丰县等县市区在长三角地区开展招商推介活动，牵头组织上海欧美同学会、宁波赣州商会考察团、昆山江西商会考察团、浙商证券等赴赣州考察。全年完成新签约项目12个，其中“5020”项目6个，签约金额482.5亿元，实际进资27.25亿元。

乡友服务　积极指导各赣籍商协会及广大乡友开展疫情防控，协助乡友协调解决生活物资供应、离沪返赣、保供企业申请等困难问题30余起。与长三角赣州商会共同筹资1万余元，在上海静默状态下，克服采购、运输困难，帮助赣州市援沪医疗队解决必备生活用品；积极协调赣州市慈善总会，在上海赣州乡友中开展疫情困难特别救助活动，一次性救助乡友122人，发放救助款30.4万元。支持帮助瑞金市慈善总会在上海开展瑞金困难乡友救助活动，共发放救助物资价值20万元。指导上海市赣州商会开展会员服务工作，协助发放抗疫物资300余份。大力支持乡友企业开展生活自救，积极帮助解决供应链等相关问题。

信息工作　全年先后向市委、市政府报送信息4210余条，被市委采用85条，省刊采用8条。工作动态信息被市委宣传部《赣州宣传》刊载6次。2022年党委信息工作排名全市名单位前列、驻外机构排名第一。

（钟翎锋）

【驻厦门办事处】　招大引强　建立全员招商、系统招商、顾问招商工作体系，组织制定每周走访联系企业制度，采取“一月一调度、半年一通报、人人有任务”的招商考核机制，分解落实“5020”招大引强任务到个人，构建“立足闽东南，覆盖全福建，联动大湾区和长三角”的招大引强格局。2022年，市政府驻厦门办事处先后引荐海西经济区企业100余家回赣考察，成功促成签约项目7个，签约金额达130亿元，实际进资超20.5亿元，招大引强取得历史性突破。其中，落户赣州经开区的湖南力合厚浦正极材料生产项目（宁德时代关联企业）投资达56亿元，为驻厦办成立30多年来引进投资额度最大的工业制造项目。

服务保障　累计接待市四套班子领导以及各县（市、区）招商工作组近90批次，先后协助做好市党政考察团赴福建学习考察期间的保障工作，协助赣州在闽召开红色文化旅游推介会、2022年赣州（厦门）纺织服装产业推介会等重要会议，为市厅级领导13人次赴闽开展招商考察等提供保障服务，为10余批次县（市、区）主要领导率领的招商引资考察团提供企业引荐、招商洽谈等工作支持。

疫情防控　疫情防控期间，市政府驻厦门办事处第一时间组织在闽赣州商会及企业家募捐物资，共计募捐现金近43万元以及医用口罩、防护服及消杀物资等价值近250万元。

信息调研　广泛收集全国各省市政治、经济和社会等方面的信息，先后向市委办、市政府办报送各类信息1658条，其中80余条信息分别被市委、市政府信息刊物刊用，在市直单位中排名前列。

（谢荣琨）

【驻深圳办事处】　招商引资　聚焦赣州市“1+5+N”主导产业，成功引进101亿元的富士康工业互联智能制造、150亿元的中金电子信息智慧产业园、22亿元的方大（赣州）低碳智造基地、12亿元的年产100万套智能农牧设备、佛山市凰塑工业塑胶有限公司投资7.8亿元的高分子研发与生产、深圳新中元有限公司投资5.5亿元的电子科技产业、深圳康奈特公司投资3.8亿元的5G数字科技产业园等7个项目，拟签约项目1个，涉及投资金额302.1亿元，全年实现实际进资23.36亿元，有6个项目实现当年签约、当年开工、当年投产。

招才引智　积极筹划赣州市第一批科创飞地项目申报工作，成为全市驻外机构唯一成功申报的人才飞地项目；积极对接《赣州粤港澳大湾区科创飞地承接转移转化基地项目》合作事宜，推动北航投资有限公司与章贡区成功签约战略合作框架协议；着力打造涵盖科技创新、产业发展、城市建设、社会民生等领域组成的大湾区赣州籍决策咨询和创新发展智库，助力全市实施深化改革开放行动；持续组织在粤医疗专家回乡开展义诊，探索建立线上咨询、网上问诊等制度，为广大家乡群众提供医疗援助。

协调服务　高质量做好市委、市政府等主要领导以及各县（市、区）、市直有关部门共计68批次在粤开展招商调研、对口联络等协调、服务、保障工作。协助做好赣州深圳对口合作相关事宜，对接联络中山大学深圳研究院，促成其与赣州市发改委合作起草赣深对口合作方案事宜；协助市发改委相关领导前往深圳市政府开展合作对接工作。

（罗　华）

【驻南昌办事处】　公务保障　认真做好赣州市在省会开展公务的服务保障，克服保障任务重、距离远等困难，做到调度有序、服务到位、热情节俭，助力赣州市在南昌顺利参加省党代会、省两会等重大重要会议，在南昌高效对接省直部门、中央驻赣州单位等，有力服务赣州市在南昌公务大局。累计转呈转报文件150余份，出车760余辆次、接送1300余人次、行程5.2万余千米、时长2900余小时。

对外联络　发挥驻外机构优势和依托商会平台，密切与省直部门、在南昌赣南乡贤的联系，编印乡贤通讯录，受到广大乡贤的好评，激发乡贤关心支持家乡经济发展的热情。支持在南昌赣州市县商会建设，加强对南昌市赣州商会良性运行的指导，推动成立南昌市赣州商会全南分会、南昌市南康商会，密切关注外省市与赣州市经济发展相关的各类产业发展动态信息和经验做法，认真采编报送信息3000余条，被市政府办采用量排第二名。

双招双引　发挥在南昌赣州市县商会以商招商和招商顾问招商作用，充分调动在南昌乡贤支持参与家乡经济建设热情，多元化开展招商引资、招才引智工作。累计推动落地项目2个，签约资金5.5亿元、进资4000万元，并联系沟通聘请江西财经大学乡贤教授为赣州市同心圆智库专家，推动深圳远恒佳等国内知名教育机构在南昌设立人才招引办事处。

疫情防控　认真落实“赣州市国外境外到赣州返赣州人员南昌管理专班”工作职责，积极加强协调联络和后勤保障，推动顺利转运国外境外到赣州人员，有效杜绝国（境）外疫情输入传播风险。

（陈　俊）

本栏编辑：朱俐华

中国人民政治协商会议赣州市委员会

综　述

【概况】　2022年，赣州市政协将学习宣传贯彻中共二十大作为贯穿全年工作的主线，认真落实中共中央和省委、市委的部署要求，以“六大提升行动”为总抓手和发力点，固根基、扬优势、补短板、强弱项，党对政协工作的领导得到全面加强，长期制约市县政协工作“两个薄弱”问题得到实质性、历史性突破。在政治协商方面，按照选题“紧扣党政中心工作、紧扣民生现实需求、紧扣改革热点难点问题”原则，市政协领导主动与市党政领导“一对一”协商沟通选题，面向各部门、各界别广泛征集议题，精选18个年度重点协商课题，34件提案作为重点协商督办提案；在民主监督方面，把重点监督课题纳入年度协商计划，监督课题数量首次突破年度协商课题的1/3，将“政府落实市委‘大干项目、大抓落实年’活动部署情况”课题列为重点监督课题，首次由7名主席会议成员带队，组成覆盖各界别委员、相关部门负责人约490人规模的庞大监督组，组织委员参与监督活动50余人次，积极开展民主监督试点工作，形成“一题三模式”工作特色，有效提升民主监督实效；在参政议政方面，紧扣“参政参到点子上、议政议到关键处”的目标，着力抓好调查研究、大会发言、提案和社情民意信息等重点工作，首次以市委、市政府、市政协三办名义印发市领导领衔督办重点提案安排，建立主席会议听取提案办理情况通报制度，探索与“12345”便民服务热线合作提供选题引导，649件立案提案全部办复、委员满意率100%。赣州市政协始终坚持大团结大联合，积极为各民主党派、工商联和无党派人士履职建言搭建平台、创造条件。将界别工作作为2022年政协工作的重点和要解决的短板，纳入主席会议、常委会会议重要议事日程，定期听取界别工作安排和有关情况汇报。

【委员构成】　市政协六届委员475名，其中主席1人，副主席10人，秘书长1人，常务委员78人；设29个界别，其中中共界别39人，民革界别17人，民盟界别19人，民建界别18人，民进界别17人，农工党界别18人，九三界别17人，无党派人士界别13人，总工会界别14人，共青团界别8人，妇联界别20人，青联界别8人，工商联界别32人，科协界别10人，侨联界别7人，台联界别8人，文艺界别15人，科技界别20人，社科界别14人，经济界别29人，农业界别24人，教育界别19人，体育界别8人，新闻出版界别7人，医药卫生界别15人，社会福利界别9人，少数民族界别9人，宗教界别8人，特邀界别33人。市政协设办公室和提案委员会、经济委员会、农业和农村委员会、人口资源环境委员会、教科卫体委员会、社会法制和民族宗教委员会、港澳台侨和外事委员会、文化文史和学习委员会8个专门委员会。

重要会议

【概况】　2022年，市政协召开全体会议2次、常委会会议6次、主席会议14次。

【市政协全体会议】　市政协六届二次会议召开　1月21—23日，市政协六届二次会议召开。省委副书记、市委书记吴忠琼等领导出席会议，听取大会发言，参加联组讨论，与委员们共商大计、共襄发展。会议审议并批准市政协主席徐兵代表政协赣州市第六届委员会常务委员会所作的工作报告；审议并批准市政协副主席廖志刚代表政协赣州市第六届委员会常务委员会所作的提案工作情况报告。大会补选韩高峰为政协赣州市第六届委员会副主席；许锐、陈秀华、钟世琨、黄必贤、雷鸣为政协赣州市第六届委员会常务委员。委员们列席赣州市第六届人民代表大会第二次会议，听取、讨论并赞同市政府主要领导所作的市政府工作报告。会议通过政协赣州市第六届委员会第二次会议决议、政协赣州市第六届委员会第二次会议提案审查情况的报告。

市政协六届三次会议　12月20—23日，市政协六届三次会议召开。省委副书记、市委书记吴

1月21日，政协赣州市第六届委员会第二次会议召开　　（市政协供图）

忠琼，市委副书记、市长李克坚等领导出席会议，听取大会发言，参加联组讨论，与委员们共商大计、共襄发展。会议审议并批准市政协主席徐兵代表政协赣州市第六届委员会常务委员会所作的工作报告；审议并批准市政协副主席蓝应尚代表政协赣州市第六届委员会常务委员会所作的提案工作情况报告。大会补选陈秀华、雷鸣为政协赣州市第六届委员会副主席，陈国庆为政协赣州市第六届委员会秘书长；田胜、李壮、周光仁、凌素英、郭德帅、黄学森、曹四清为政协赣州市第六届委员会常务委员。委员们列席赣州市第六届人民代表大会第四次会议，听取、讨论并赞同李克坚所作的市政府工作报告。会议进行表扬颁奖活动，市政协副主席蓝应尚宣读《关于表扬2022年度优秀委员和优秀界别召集人的通报》《关于表扬市政协六届一次、二次会议优秀提案的通报》，市政协主席会议成员为获奖单位和个人颁奖。会议通过政协赣州市第六届委员会第三次会议决议、政协赣州市第六届委员会第三次会议提案审查情况的报告。

【市政协常委会会议】 市政协六届二次常委会会议　1月14日，市政协六届二次常委会会议召开。市政协主席、党组书记徐兵主持并讲话。市政府副市长陈阳山应邀出席。市政协领导蓝应尚、廖志刚、蓝赟、刘定辉、朱敏、蓝文、曾凡、苏传辉、邹军、孔刃非、胡晓平、柯岩松、邓明出席。会议传达学习中共十九届六中全会、省第十五次党代会精神；协商讨论《政府工作报告（讨论稿）》，审议通过市政协常委会工作报告、关于六届一次会议以来提案工作情况的报告、关于召开市政协六届二次会议的决定，市政协六届二次会议议程（草案）和日程、委员分组及各组召集人名单，市政协2022年协商工作计划，以及人事事项等；市政协各专委会汇报2021年工作情况和2022年工作打算。

市政协六届三次常委会会议　1月23日，市政协六届三次常委会会议召开。市政协主席、党组书记徐兵主持并讲话。市政协领导蓝应尚、廖志刚、蓝赟、刘定辉、朱敏、蓝文、曾凡、苏传辉、邹军、孔刃非、胡晓平、柯岩松、邓明出席。会议听取各组召集人分组审议情况的汇报；审议通过《政协赣州市第六届委员会第六次会议决议（草案）》；审议并通过《政协赣州市第六届委员会关于市政协六届二次会议提案审查情况的报告（草案）》；审议通过《政协赣州市第六届委员会第二次会议补选副主席、常务委员候选人名单（草案）》《政协赣州市第六届委员会第二次会议选举办法（草案）》《政协赣州市第六届委员会第二次会议选举大会总监票人、监票人名单（草案）》。

市政协六届四次常委会会议　8月15日，市政协六届四次常委会会议召开。会议学习中共中央总书记习近平在省部级主要领导干部“学习中共中央总书记习近平重要讲话精神，迎接党的二十大”专题研讨班上的重要讲话及《中国共产党政治协商工作条例》和市委六届三次全体（扩大）会议精神，围绕“打造具有全球影响力的家居制造之都”课题协商议政。市委常委、市政府副市长何琦到会听取委员建言。市政协主席、党组书记徐兵主持并讲话。市政协领导蓝应尚、廖志刚、蓝赟、徐友洪、刘定辉、朱敏、刘春文、蓝文、韩高峰、曾凡、苏传辉、华旭明、邹军、孔刃非、胡晓平、柯岩松、邓明等参加。

市政协六届五次常委会会议　12月5日，市政协六届五次常委会会议召开。会议集中学习中共二十大精神，围绕“全力打造比肩大湾区的营商环境”开展协商议政。会议审议通过关于召开市政协六届三次会议的决定，市政协六届三次会议议程（草案）和日程，以及人事事项等。会议决定市政协六届三次会议于12月20—23日召开。市政协主席、党组书记徐兵出席并讲话，市委常委、常务副市长胡剑飞到会听取委员建言并作情况介绍，市政协领导蓝应尚、廖志刚、刘定辉、朱敏、刘春文、蓝文、韩高峰等参加。

市政协六届六次常委会会议　12月15日，市政协六届六次常委会会议召开。会议协商讨论《政府工作报告》，听取市政府办公室提案办理工作情况通报；审议通过《政协赣州市第六届委员会常务委员会工作报告》《政协赣州市第六届委员会常务委员会关于六届一次、二次会议提案工作情况的报告》《政协赣州市第六届委员会第三次会议委员分组及各组召集人名单》及有关人事事项等；听取各专委会2022年工作总结和2023年工作安排。市政协主席、党组书记徐兵主持并讲话，市委常委、副市长何琦应邀出席，市政协领导蓝应尚、廖志刚、刘定辉、朱敏、蓝文、韩高峰等参加。

市政协六届七次常委会会议召开　12月23日，市政协六届七次常委会会议召开。市政协主席、党组书记徐兵主持。市政协领导蓝应尚、廖志刚、蓝赟、刘定辉、刘春文、蓝文、韩高峰出席。会上，各组召集人汇报分组审议情况。审议市政协六届三次会议决议（草案）、市政协六届三次会议提案审查情况的报告（草案），决定提请闭幕大会通过；审议人事事项，决定提请选举大会进行选举。

【市政协主席会议】　市政协六届六次主席会议　1月13日，市政协六届六次主席会议召开。会议学习中共中央总书记习近平在省部级主要领导干部学习贯彻中共十九届六中全会精神专题研讨班开班仪式上的重要讲话精神；研究市政协各专委会功能型党支部、市政协党组党史学习教育专题民主生活会工作，以及人事事项；讨论市政协六届二次会议选举办法和选举大会总监票人、监票人建议名单（草案），委员分组及各组召集人名单（草案），拟提请市政协六届二次常委会会议审议。市政协主席、党组书记徐兵主持并讲话。市政协领导蓝应尚、廖志刚、朱敏、曾凡、苏传辉、华旭明、邹军、孔刃非、胡晓平、柯岩松、邓明等参加。

市政协六届七次主席会议　2月8日，市政协六届七次主席会议召开。会议学习中共中央总书记习近平近期重要讲话、重要文章精神，全省深化发展和改革双“一号工程”推进大会精神；研究市政协“六大提升行动”工作等。市政协主席、党组书记徐兵主持并讲话。市政协领导蓝应尚、廖志刚、蓝赟、刘定辉、蓝文、韩高峰、曾凡、谢宝河、苏传辉、华旭明、邹军、孔刃非、胡晓平、邓明等参加。

市政协六届八次主席会议　3月2日，市政协六届八次主席会议召开。会议学习中共中央总书记习近平近期重要讲话、重要指示精神，中央、省、市有关会议和文件精神；听取市政协办公室、各专委会2月工作小结及3月工作安排的汇报。市政协主席、党组书记徐兵主持并讲话。市政协领导蓝应尚、陈朝清、廖志刚、蓝赟、徐友洪、刘定辉、蓝文、韩高峰、曾凡、谢宝河、苏传辉、邹军、孔刃非、胡晓平、邓明等参加。

市政协六届九次主席会议　4月11日，市政协六届九次主席会议召开。会议学习中共中央总书记习近平近期重要讲话、重要文章精神；传达省政协主席姚增科在赣州考察调研时的讲话精神，研究贯彻意见；审议《2022年市政协全面深化改革工作方案》《市政协机关招商引资工作方案》等；听取市政协办公室、各专委会3月工作完成情况和4月工作安排的汇报；研究部署疫情防控、专题调研、提案督办等工作。市政协主席、党组书记徐兵主持并讲话。市政协领导蓝应尚、廖志刚、蓝赟、刘定辉、蓝文、韩高峰、曾凡、苏传辉、华旭明、邹军、孔刃非、胡晓平、邓明等参加。

市政协六届十次主席会议　5月17日，市政协六届十次主席会议召开。会议审议《“喜迎二十大，担当添光彩”主题活动工作方案（讨论稿）》；审议《六届市政协特约社情民意信息员队伍工作方案（讨论稿）》；听取市政协办公室、各专委会4月工作完成情况和5月工作安排的汇报。市政协主席、党组书记徐兵主持并讲话。市政协领导廖志刚、蓝赟、刘定辉、蓝文、韩高峰、苏传辉、华旭明、邹军、孔刃非、胡晓平、邓明等参加。

市政协六届十一次主席会议　6月6日，市政协六届十一次主席会议召开。会议学习中共中央总书记习近平近期重要指示、重要文章精神，讨论研究关于创建市政协“委员之家”有关事项，审议市政协学习培训工作制度，听取市政协办公室和各专委会5月工作小结及6月工作安排。市政协主席、党组书记徐兵主持并讲话。市政协领导蓝应尚、廖志刚、刘定辉、蓝赟、蓝文、韩高峰、苏传辉、华旭明、邹军、孔刃非、胡晓平、邓明等参加。

市政协六届十二次主席会议　7月4日，市政协六届十二次主席会议召开。会议学习中共中央总书记习近平近期重要讲话、重要指示、重要文章精神，以及全国政协文史工作座谈会和省党代会精神；审议市政协六届四次常委会会议工作方案；讨论“打造具有全球影响力的家居制造之都”专题调研报告；听取市政协办公室和各专委会6月工作小结及7月工作安排。市政协主席、党组书记徐兵主持并讲话。市政协领导蓝应尚、廖志刚、蓝赟、刘春文、韩高峰、华旭明、邹军、孔刃非、胡晓平、邓明等参加。

市政协六届十三次主席会议　8月1日，市政协六届十三次主席会议召开。会议学习中共中央总书记习近平在省部级主要领导干部“学习中共中央总书记习近平重要讲话精神，迎接党的二十大”专题研讨班上、在中共中央党外人士座谈会上的重要讲话精神和中央统战工作会议精神等；审议市政协六届四次常委会会议议程、日程，关于开展“推进民族乡村振兴发展”专题调研工作方案，关于开展“发挥世客会平台作用助力对接融入粤港澳大湾区”界别协商工作方案，市政协大会发言工作规则（修订）和“打造具有全球影响力的家居制造之都”专题调研报告；听取市政协办公室和各专委会7月工作小结及8月工作安排。市政协主席、党组书记徐兵主持并讲话。市政协领导蓝应尚、廖志刚、蓝赟、刘定辉、蓝文、苏传辉、华旭明、邹军、孔刃非、柯岩松、邓明等参加。

市政协六届十四次主席会议　9月14日，市政协六届十四次主席会议召开。会议学习中共中央总书记习近平近期重要讲话、重要文章及中央重要会议精神，传达市推进基层协商民主建设领导小组（扩大）会暨工作推进会议精神，审议《“推进农村人居环境整治五年提升行动情况”民主监督工作方案》《关于推进驻市（市属）高校毕业生留赣州就业工作情况的调研报告》《关于“有序稳妥推进赣州碳达峰碳中和目标落实”的调研报告》等，听取市政协办公室和各专委会8月工作小结及9月工作安排。市政协主席、党组书记徐兵主持并讲话。市政协领导蓝应尚、廖志刚、刘定辉、朱敏、蓝赟、邹军、孔刃非、邓明等参加。

市政协六届十五次主席会议 10月10日，市政协六届十五次主席会议召开。会议学习中共中央总书记习近平近期重要讲话和重要文章精神，传达省委专项工作机制办公室工作简报、全省公务员管理业务骨干培训班精神，审议《关于开展优秀提案、先进承办单位和先进提案工作者评选活动的方案》《市政协六届三次会议筹备工作方案》《关于市政协机关咨询专家库组建方案》《我市中小学校落实“双减”政策情况专项民主监督报告》，研究开展市政协宗教界和少数民族界委员生日走访慰问活动等事项，听取市政协办公室和各专委会9月工作小结及10月工作安排。市政协主席、党组书记徐兵主持并讲话。市政协领导蓝应尚、廖志刚、刘定辉、朱敏、刘春文、蓝赟、蓝文、韩高峰、邹军、苏传辉、华旭明、孔刃非、胡晓平、柯岩松、邓明等参加。

市政协六届十六次主席会议 11月7日，市政协六届十六次主席会议召开。会议学习中共中央总书记习近平近期重要讲话和中央重要文件精神，审议《关于持续推进赣南脐橙产业高质量发展的调研报告》《市政协六届三次会议秘书处组成人员名单及各组工作职责》《市政协六届三次会议联组会议主题安排》，听取市政协办公室和各专委会10月工作小结及11月工作安排。市政协主席、党组书记徐兵主持并讲话。市政协领导蓝应尚、廖志刚、刘定辉、朱敏、蓝文、韩高峰、苏传辉、华旭明、邹军、孔刃非、胡晓平、邓明等参加。

市政协六届十七次主席会议 11月28日，市政协六届十七次主席会议召开。会议学习中共中央总书记习近平近期重要指示精神，听取市政府办、市农业农村局、市民政局关于市政协六届一次、二次会议有关提案办理情况，审议《关于推进赣州市中心城区水环境保护与治理的调研报告》《关于市政协2023年度协商选题工作的安排建议》《关于召开政协赣州市第六届委员会第三次会议的请示》《政协赣州市第六届委员会常务委员会工作报告》《政协赣州市第六届委员会常务委员会第五次会议议程、日程》。市政协主席、党组书记徐兵主持并讲话。市政协领导蓝应尚、廖志刚、刘定辉、朱敏、蓝文、韩高峰、苏传辉、华旭明、邹军、孔刃非、邓明等参加。

市政协六届十八次主席会议 12月1日，市政协六届十八次主席会议召开。会议传达省纪委办公厅有关通报精神；审议《关于召开政协赣州市第六届委员会第三次会议的决定》；审议《市政协六届三次会议议程和日程》；研究讨论人事事项。市政协主席、党组书记徐兵主持并讲话。市政协领导蓝应尚、廖志刚、刘定辉、朱敏、刘春文、蓝赟、蓝文、韩高峰、陈国庆等参加。

市政协六届十九次主席会议 12月13日，市政协六届十九次主席会议召开。会议审议《政协赣州市第六届委员会常务委员会第六次会议议程、日程》《政协赣州市第六届委员会常务委员会工作报告》，以及提案工作相关材料；审议《2022年度优秀政协委员和优秀界别召集人名单》《中国人民政治协商会议赣州市第六届委员会第三次会议联组会议分组安排》《中国人民政治协商会议赣州市第六届委员会第三次会议委员分组及各组召集人名单》；听取市政协各专委会2022年工作总结和2023年工作安排。市政协主席、党组书记徐兵主持并讲话。市政协领导蓝应尚、廖志刚、刘定辉、朱敏、刘春文、蓝文、韩高峰、苏传辉、华旭明、邹军、胡晓平、柯岩松、陈国庆等参加。

政治协商

【概况】 2022年，赣州市政协发挥专门协商机构作用，创新履职，主动作为，坚持在加强全体会议广泛协商的同时，全年召开专题协商会3次、对口协商会3次、界别协商会18次、提案办理协商会13次，进一步形成常态化、多层次、各方面有序参与的协商议政格局。围绕“打造具有全球影响力的家居制造之都”进行重点调研和常委会专题协商，围绕“持续提升服务水平打造一流营商环境”进行界别议政活动，在基层打造“安心议”“寻您来协商”“崇我做起”“虔城协商”等一批“赣事好商量+”赣州协商品牌，建立于都县工业园区“赣事好商量”协商议事室。

【企业普遍急盼解决政策环境与政务服务四个“老大难”问题专题协商】 2022年3月，工商联界别以《社情民意直通车》的形式，向市委、市政府领导报送《企业普遍急盼解决政策环境与政务服务四个“老大难”问题》协商成果，省委副书记、市委书记吴忠琼对此进行批示：“问题还不少，请剑飞、行政审批局，坚持问题导向，举一反三，认真整改。行政审批局要经常下到县市了解掌握基层情况，加强指导、督查。”

【“打造具有全球影响力的家居制造之都”专题协商】 2022年5—6月，市政协围绕“打造具有全球影响力的家居制造之都”组织部分委员，联合南康区政协，赴广州、深圳、佛山、珠海、东莞等地实地学习考察，提交调研报告，指出赣州市现代家居产业当前存在的8个方面困难和问题，提出推动赣州现代家居产业加快发展的20条建议，并在市政协六届三次常委会会议进行专题协商。会后形成的《踔厉奋发、久久为功，推动现代家居产业集群向“5000亿”

5月26日，市政协开展中共界别委员专题视察活动。图为委员们在南康区格力智能制造基地考察 （范群玉 摄）

冲刺》建议案，得到省委常委、市委书记吴忠琼，市委副书记、市长李克坚和市党政分管领导的充分肯定和批示。市现代家居产业链推进协调小组就建议案召开专题会议进行研究部署，并于11月23日向市政协反馈建议案落实情况。

【全力打造比肩大湾区的营商环境专题协商】 2022年9—10月，市政协常委会围绕“全力打造比肩大湾区的营商环境”进行协商课题调研，市政协主席徐兵的专门调度、部署此项工作，课题调研采取市县联动方式，由副厅级领导带队，组成7个课题调研组，分赴全市18个县（市、区），赣州经济技术开发区、赣州蓉江新区及赣州市粤港澳商会等8个商会、行业协会开展调研。各调研组围绕“优化营商环境有没有深入人心？省、市优化营商环境政策落实得怎么样？哪些政策落实得不好、原因是什么？跟深圳比我们还有哪些差距？”采取听取汇报、实地察看、座谈交流、开展访谈和调查问卷等方式开展调研，实地走访198家企业，访谈210多位企业家，发放调查问卷400份，收回393份。并征求市营商办、行政审批局等19个市直、驻市单位的意见和建议，吸收市各民主党派的意见建议，借鉴深圳营商环境的先进经验，在此基础上，提出解放思想、激发市场主体创新创业活力、优化政务服务环境、完善执法监管等4个方面17条对策建议，形成关于优化提升赣州市营商环境的建议案。

【“中心城区水环境保护和治理”专题协商】 2022年10—11月，组织部分委员、专家组成专题调研组，赴章贡区、赣县区、南康区进行实地调研，商请市生态环境局、市政公用集团、市住建局、市农业农村局等部门提供水环境治理工作相关情况，充分了解赣州市中心城区水环境保护与治理工作的总体情况及存在的主要困难。同时，重点针对市政协六届二次会议大会发言《加强水环境保护与治理保障中心城区饮用水安全》提出的，“完善规划，合理布局；加强水源地环境保护；提高生活污水收集处理率；加强应急备用水源建设”等意见建议采纳落实情况开展调研。通过深入调研、多方论证、充分协商，形成《关于赣州中心城区水环境保护与治理的调研报告》，供市委、市政府及有关部门参考。市委常委、市政府副市长何琦对报告作出批示：“此报告现状清楚，问题精准，建议可行，感谢政协调研组的同志们，请市生态环境局认真学习研究并吸纳。”

【“在兴国县设立全国‘苏区干部好作风纪念馆’”专题协商】 2022年，市政协将“在兴国县设立全国‘苏区干部好作风纪念馆’”课题列入2022年度协商工作计划。联合兴国县政协组成调研组，深入调查研究，查阅大量文件资料，赴黑龙江黑河市等地学习考察，并利用网络调研学习借鉴好经验好做法，广泛征求意见和反复研究论证，认为“在兴国县设立全国‘苏区干部好作风纪念馆’条件充分具备，其时已至、其势已成”，建议“市县相关部门要抢抓先机，抓紧尽早启动项目的申请立项工作，使之成为覆盖全国13大苏区的国家级纪念馆”，形成题为《抢抓机遇、不辱使命，切实争取住赣全国政协委员联名提案落地见效》的调研报告，报送市委、市政府及相关部门决策参考。

民主监督

【政协委员提案】 2022年，围绕全市经济社会发展的重大问题和人民群众关心关注的民生问题，共提交提案399件。其中大会提案376件，平时提案23件。经审查，立案331件，立案率82.96%。立案提案中，委员提案286件，各民主党派市委会、市工商联和政协专门委员会提案45件。截至2022年11月10日，331件立案提案全部办复。围绕加快建设革命老区高质量发展示范区、全面建设社会主义现代化赣州，积极运用提案建睿智之言、献务实之策。截至2022年12月21日，共收到提案405件，根据《政协赣州市委员会提案工作条例》的有关规定，提案委员会全体会议对收到的提案进行认真审查，立案372件，立案率为91.9%。立案的提案中，委员提案314件，占84.4%；集体提案58件，占15.6%。按类别分，经济建设方面122件，占32.8%；政治建设方面18件，占4.8%；文化建设方面101件，占27.2%；社会建设方面

102件，占27.4%；生态文明建设方面29件，占7.8%。

【政协委员社情民意】 截至2022年10月底，共收到社情民意信息626条，向省政协报送179条，其中被推荐报送全国政协2条，推荐报送省委8条、采用1条。编报的《企业普遍急盼解决政策环境与政务服务四个“老大难”问题》获得市委主要领导和市政府分管领导的肯定性批示，相关意见建议被有关部门吸纳为工作举措。

【专题民主监督】 2022年7—9月，围绕“赣州市普惠金融改革试验区建设情况”专题，民主监督调研组先后赴章贡区、南康区、上犹县、赣州经开区、蓉江新区对赣州市普惠金融改革试验区建设情况开展专题民主监督，并前往同时批准为普惠金融改革试验区的吉安市（吉安县）调研考察，通过网络“云调研”的方式，学习山东临沂、浙江宁波等地普惠金融改革试验区建设的经验做法。撰写《赣州市普惠金融改革试验区建设情况专题民主监督报告》，指出赣州市在普惠金融改革试验区建设中存在的5个方面的问题，提出推进普惠金融改革试验区建设6个方面的建议。8—10月，围绕“政府落实市委‘大干项目、大抓落实年’活动部署情况”专题民主监督，此次民主监督由经济委牵头，市政协各专委会共同参与，市县政协联动，声势浩大。监督覆盖18个县（市、区）、赣州经济技术开发区和赣州蓉江新区，重点查看落实差、进度慢、未开工和招商引资签约未落地的项目，务求找准存在问题，分析其背后原因，做到敢监督、真监督、会监督，为加强和改进市县政协民主监督工作进行一次有益探索。监督调研后形成的《关于“政府落实市委‘大干项目、大抓落实年’活动部署情况”专题民主监督报告》，总结2022年全市大干项目、大抓落实的成效，指出存在的6个方面20个问题，对进一步抓好项目建设，纵深推进“三大战略、八大行动”提出6个方面13条建议。报告得到市委市政府领导高度重视，市委副书记、市长李克坚批示将报告转发至市直有关部门和各县（市、区）抓好整改落实；市委常委、常务副市长胡剑飞批示市发改委牵头抓好整改并报送落实情况。

调研交流

【“有序稳妥推进赣州碳达峰碳中和目标落实”专题调研】 2022年4月，邀请专家为调研组开展《碳中和与碳交易》专题知识讲座，普及“双碳”知识，调研组聚焦五个重点领域（能源、工业、城乡建设、交通、固碳增汇），兼顾科技支撑、政策支持等方面，邀请市发改委等9个部门召开座谈会，赴章贡区等7县（区）开展实地调研。在市内深入调研的基础上，又赴周边地域相近、市情相似、可复制、能借鉴的地区——福建省三明市、浙江省宁波市开展比较调研，发函商请丽水市、湖州市、宜昌市、抚州市、九江市提供生态产品价值实现、工业领域碳达峰、谋划建设碳中和试验区等方面的工作经验和典型案例，收集资料学习湖南、贵州、内蒙古、深圳、苏州、洛阳等地经验做法。在广泛征求意见后，形成《关于“有序稳妥推进赣州碳达峰碳中和目标落实”的调研报告》，提出6个方面20条对策建议，呈送市委、市政府及有关部门作决策参考。所提意见被市发改委、市工信局、市科技局等部门吸纳到制定政策、建立健全机制、推动碳中和碳达峰工作举措中。

【“着力实施科技创新，加快赣州稀土产业集群高质量跨越式发展”专题调研】 2022年10月，在市政协副主席蓝赟带领下，组织部分市政协委员和专家赴赣县区、龙南市、定南县，就“本地稀土产业链及产业集群发展现状、稀土产业创新平台建设情况、科技创新驱动稀土产业强链、补链、延链情况、稀土产业人才队伍建设情况、稀土产业发展绿色可持续发展情况”等5个方面深入调研，形成《关于着力实施科技创新，加快赣州稀土产业集群高质量跨越式发展的调研报告》。

【“推进驻市（市属）高校毕业生留赣州就业”专题调研】 2022年4月，联合市委政研室、九三学社市委会共同开展专题调研。市政协主席徐兵对调研工作给予全力支持、全过程指导，率领调研组有关成员，先后实地走访江西理工大学、赣南师范大学、赣南医学院、赣南科技学院等10所驻市（市属）高校。参加调研活动的委员40余人，调研过程累计召开各类会议30场，听取300多名班主任（辅导员）代表及400多名学生代表的意见建议，收到2万多名高校毕业生调查问卷，掌握大量的第一手资料。针对调研发现的问题，提出持续增加高质量就业岗位供给、强化供需对接、充分释放政策效应、营造良好就业环境、支持和服务高校建设5个方面20条对策建议。

【“丰富赣深高铁（赣州段）旅游业态助力赣州旅游高质量跨越式发展”专题调研】 2022年4—8月，围绕“丰富赣深高铁（赣州段）旅游业态助力赣州旅游高质量跨越式发展”赴大余、上犹等9个县（市、区）调研，形成《让赣州真正成为粤港澳大湾区“后花园”——关于丰富赣深高铁（赣州段）旅游业态的建议》政协专报，提出“聚焦红色经典，做精红色旅游业态”“聚焦教学领域，做活研学业态”“聚焦‘微度假’，拓展亲子游业态”等10条建议，为赣州市丰富旅游业态、打造成为粤港澳大湾区市民休闲旅游的“后花园”建言献策。市委主要领导对该报告作出批示。市政府一级巡视员胡聚文批示：“建议案所提建议务实丰富、精准新颖、参考价值很高，充分发挥人民政协协商资政、凝聚

共识、汇聚力量的重要作用，请市文广新旅局组织有关部门和地方深入研究、认真吸纳”。11月，《中国改革报》《中国商务新闻网》先后刊文肯定专委会的调研成果。

专委会工作

【提案委员会工作】 2022年，共征集提案399件，经审查，立案331件，全部办结。举办委员履职培训班，把提案知识纳入培训班次，邀请省政协提案工作专家在“赣州政协·新时代大讲堂”上作提案撰写和办理协商专题讲座。首次以市委、市政府、市政协三办联合发文的形式印发《2022年市领导领衔督办重点提案安排》，确定34件站位高、针对性强的重点提案，数量创历史之最。给15名党政领导发出《重点提案督办提示函》，省委常委、市委书记吴忠琼，市政协主席徐兵分别对重点提案督办作出批示。编报11期《重要提案专报》报送市委、市政府领导和有关部门，市领导先后对提案办理落实作出批示，有关建议被部门吸纳为工作举措。把协商贯穿在选题、立案、交办、办理、督办、反馈等各环节，开展提案办理协商100余次。向111家提案承办单位发放全国政协提案办理工作经验汇编书籍，引导办理单位吸纳先进经验做法，不断提高提案办理工作水平。开展优秀提案、先进提案承办单位和先进提案工作者评选表扬活动，共评选出优秀提案65件、先进承办单位10个、先进提案工作者20名，使提案人、承办单位、提案工作者“提”有标杆、“办”有示范、“干”有榜样。

【经济委员会工作】 2022年，组织专题调研协商4次，专题协商座谈会7次，报送调研协商报告和重要建议4份，提交政协大会发言5篇。4—5月，围绕省政协布置的“做强做优做大我省电子信息产业”赣州子课题调研任务，积极克服新冠肺炎疫情带来的影响，采取书面调研、上“云”调研、点面结合、下沉式、“一对一”访谈等多形式，对赣州市电子信息产业的发展成效、现状、存在的问题和当前面临的困难，以及需要省级层面研究解决的问题等进行深入调研，并按时向省政协报送调研报告。5—6月，市政协经济委组织部分委员，与南康区政协联合，就推动赣州“打造具有全球影响力的家居制造之都”政协常委会议政性协商课题开展深度调研，提交调研报告，形成的《踔厉奋发、久久为功，推动现代家居产业集群向“5000亿”冲刺》建议案，得到省委常委、市委书记吴忠琼，市委副书记、市长李克坚和市党政分管领导的充分肯定和批示。组织委员参加对口联系的市政府金融办组织的“千百万”金融人才培训班2期、深圳中国资本市场学院民营企业家培训班1期，共32人次。7月，经济委采取提案督办协商座谈会的形式，对罗龙海委员《打造世界级家居制造之都和家居集散地，汇聚创新融合发展》的提案（169号）和李济成委员《关于纺织服装产业的建议》的提案（171号）进行跟踪督办，与提案委员进行深入细致和充分的沟通交流，并就共同关心的问题再次进行协商，进一步提高提案办理质量和委员的满意度。

【农业和农村委员会工作】 组织共青团、青联、农业、科协界别开展以“迎盛会、走基层、访民情、助春耕”为主题的喜迎中共二十大界别调研建言活动，以社情民意或集体提案方式提交4篇较高质量的调研建言成果，聚焦赣州市春耕备耕生产突出问题建言献计。开展“持续推进赣南脐橙高质量发展”课题调研，形成的报告得到市主要领导、分管领导的批示，并要求相关部门推进落实。在提请市委出台的《贯彻落实中央、省委加强和改进新时代市县政协工作重点任务分工方案》中，进一步明确委员的知情明权机制、权益保障机制、协调落实机制、办理反馈机制等，有效防止政协民主监督成形式、走过场、当摆设。召开全市农业和农村委工作座谈会，互相交流研讨2022年工作特色亮点和2023年协商选题建议。利用调研、接待及外出学习考察契机，密切与市内外政协组织沟通联络，共同探讨、学习借鉴做好新时代下政协农业和农村委工作的新方法和新路径。

【人口资源环境委员会工作】 组织参加全国政协人资环委“推动完善生态产品价值实现机制”调研座谈（视频）会、全国政协第139期干部培训班暨加强和改进新时代市县政协工作专题研讨班、第2期“赣州政协·新时代大讲堂”等各类讲座，组织开展“碳中和与碳交易”专题知识讲座，强化人口资源环境相关的理论水平，不断提升履职能力。聚集绿色发展，开展“有序稳妥推进赣州碳达峰碳中和目标落实”专题调研。聚集城市“水支撑”，开展“中心城区水环境保护和治理”专题调研。开展“全力打造比肩大湾区的营商环境”专题协商调研和“政府落实市委‘大干项目、大抓落实年’活动”专题民主监督。在赣州市政协六届二次会议上组织18名政协委员，围绕“提升赣州城市能级，加快推进省域副中心城市建设”主题进行联组会议上发言，从不同角度对提升赣州城市能级提出有针对性、有操作性的意见和建议，得到市委、市政府的充分肯定。协助分管副主席就乡村振兴、疫情防控、防汛减灾、抗旱、安全生产、“两不停”、林长制巡林等全市中心工作开展调研督导。做好省政协“做优做强做大我省锂电产业”“加大城市老旧小区改造力度与提升城市功能品质”专题调研组到赣州市考察相关工作，省政协对赣州市老旧小区改造工作表示充分肯定，人口资源环境委员会同步向省政协人资环委办公室报送赣州市老旧小区改造情况报告和章贡区、赣县区老旧小区改造经验材料。与吉安市、抚州市、河南省信阳市等兄弟地市政协交流家具制造、城市功能品质、赣州国际陆港建设等方面的经验做法。

【教科卫体委员会工作】 通过强化理论学习和借鉴外地先进经验，聚焦着力解决协商议题“怎么选”、协商流程“不规范”、协商形式“较单一”、协商成果“转化难”等四大问题，形成《关于提升赣州市政协“政治协商”建设的实施意见》《赣州市政协协商工作规程（送审稿）》，坚持理论学习推动工作实践。组织部分市政协委员和专家，就“双减”政策落实情况，赴章贡区、定南县、于都县、寻乌县实地调研和宁波市、南京市学习考察，并形成《我市中小学校落实“双减”政策情况专项民主监督报告》呈报市委、市政府作决策参考。参与“全力打造比肩大湾区的营商环境”专题协商调研和“政府落实市委大干项目、大抓落实年’活动”专题民主监督。组织开展“着力实施科技创新，加快赣州稀土产业集群高质量跨越式发展”“中小学教师人才流失情况”“引导民办学校健康发展”等专题调研。召开界别召集人会议，专题研究《市政协教科卫体委联系服务界别委员工作方案》和各界别2022年度工作计划。认真落实《赣州市政协主席会议成员走访联系委员制度》，常态化开展走访联系委员工作，2022年，累计走访联系委员90余人次。联合民革市委会开展“优化教育资源配置提升赣州教育质量”专题调研，联合章贡区政协开展“推进赣州市国家区域医疗中心高质量发展”专题调研。常态化组织开展深化全国文明城市建设志愿服务活动，做好省级、市级文明单位创建工作。

【社会法制和民族宗教委员会工作】 完成“推进驻市（市属）高校毕业生留赣州就业”“推进民族乡村振兴发展”等专题调研。完成“全力打造比肩大湾区的营商环境”议政性常委会课题。积极参与“政府落实市委大干项目、大抓落实年’活动”专题民主监督。积极动员委员参与“苏区振兴发展十周年委员说变化”“喜迎二十大委员说变化”“人民政协与全过程人民民主”理论研究征文等活动。贯彻落实《关于进一步加强和改进界别工作的实施办法》有关要求，积极加强与民建、社科、社会福利、少数民族、宗教等5个界别的联系。在六届二次大会作出的《全民反诈，任重道远》发言得到各级领导的重视，省委副书记、市委书记吴忠琼高位推动，先后2次就打击治理电诈工作作出专门批示。开展少数民族界别和宗教界别委员的生日走访慰问活动。配合省政协副主席陈兴超率领的省政协民宗委调研组一行，就“构建赣南客家‘文化—经济’发展圈”开展联动调研，并召开省市政协联动协商会进行专题协商研讨。组织部分市政协委员与章贡区政协联合开展“市第十一中学建设和运行情况”专题调研。组织委员参加市人大召开的《赣州市物业管理条例》《赣州市扬尘污染防治条例》等地方性法规讨论、协商，委员们提出的意见建议得到相关部门采纳。

【港澳台侨和外事委员会工作】 开展“丰富赣深高铁（赣州段）旅游业态助力赣州旅游高质量跨越式发展”“发挥世客会平台作用，助力对接融入粤港澳大湾区”调研协商。组织侨联界别委员到于都县南盛针织厂、豪阜服饰（赣州）有限公司等侨资企业开展调研。组织无党派人士界别委员赴章贡区开展“加快峰山国家森林公园建设”专题调研及走访慰问8户困难户。全年完成提案督办5件，其中协助分管副主席督办重点提案1件。2022年7月，召开重点提案督办协商座谈会议，就第132号重点提案《关于支持“三南”旅游一体化发展的建议》进行督办，组织提办双方面对面协商，就办理过程中遇到的困难和问题进行探讨，促进提案建议落实落地。赴湖南郴州参加助推湘赣粤港澳中医药产业协同发展联席会议暨湘赣粤港澳中医药全产业链协同发展联盟启动仪式，积极组织赣州市中医药企业、种植大户、专家学者加入湘赣粤港澳中医药全产业链协同发展联盟。

【文化文史和学习委员会工作】 牵头成立习近平新时代中国特色社会主义思想学习座谈小组，9个学习座谈分小组分别由党组成员会同党外副主席牵头，机关党委书记、各专委会功能型党支部书记担任分小组组长，结合“每周例会”、理论学习中心组、专委会功能型党支部专题学习以及委员履职平台学习交流，共组织安排学习座谈活动42次，理论学习中心组专题学习12次、交流发言65人。积极参与“全力打造比肩大湾区的营商环境”专题调研和“政府落实市委‘大干项目、大抓落实年’活动”专题民主监督工作。举办全市政协系统“喜迎二十大、担当添光彩”学习“四史”及政协知识网络竞赛答题活动。开展“在兴国县设立全国‘苏区干部好作风纪念馆’”课题调研、“赣江流域（赣州段）生态环境保护”专题民主监督活动。起草并报送全省政协文史工作座谈会交流材料《用文史的力量凝聚共识》，协助省政协办公厅向市县两级政协组织和委员征集摄影作品200多幅，遴选报送优秀作品30幅。协助分管领导对“江南宋城历史文化旅游区历史建筑保护”“加快推进赣州国家历史文化名城建设”2件重点提案进行领衔并案督办。提交《关于高质量办好第32届世客会的建议》《关于优化数字经济发展环境的建议》《关于在我市旅游景区建设中注入更多文化内涵的建议》3件集体提案。

（曾　翔）

本栏编辑：许伟卿

中国共产党赣州市纪律检查委员会 赣州市监察委员会

综　述

【概况】　2022年，市纪委市监委全面落实中央纪委、省纪委全会部署，紧扣迎接保障中共二十大胜利召开和学习宣传贯彻中共二十大精神主题主线，坚定稳妥推进全面从严治党、党风廉政建设和反腐败斗争，全市纪检监察工作高质量发展迈出新步伐，在全省纪检监察系统贡献“赣州经验”、发出“赣州声音”、彰显“赣州形象”，获省委、省纪委、市委主要领导肯定性批示40余次，创近年之最。

市纪委市监委公共机构节能工作被评为优秀等次，被市信访工作联席会议评为“全市党的二十大信访保障工作表扬集体”，被市委宣传部评为2022年度赣州市第一批“学习型单位”，“清廉赣州”微信公众号被市委宣传部评为十佳政务微信，扫黑除恶特色亮点培树工作被市扫黑办评定为优秀等次，全面依法治市工作被评为优秀等次，市纪委市监委第七审查调查室被省纪委省监委表彰为“全省纪检监察系统先进集体”，市纪委市监委宣传部被中国纪检监察杂志社评为“2022年度《中国纪检监察》学刊用刊工作先进单位”。

【纪检监察改革创新】　*依规依纪依法履职尽责*　运用法治思维和法治方式正风肃纪反腐，坚持实践探索在前、总结提炼在后，围绕线索处置、联动监督、办案协作、留置场所管理、处分执行等方面，出台或修订规章制度20余项，全流程规范监督检查、审查调查、案件审理工作。编制《职务犯罪案件模拟案卷》，对文书格式、办案程序、措施运用、装订立卷等进行统一规范。召开市委反腐败协调小组会议，推动加强留置看护队伍建设，健全防逃机制。在全省率先出台构建审查调查安全责任共同体实施意见，做到“人人都是安全员，处处都有安全哨”。市县两级监委首次向同级人大常委会报告专项工作。

推动派驻监督更加规范有效　加强对派驻机构的统一领导和日常管理，实行派驻（出）机构负责人工作月报告制度，召开年度述职会议，首次实现市本级派驻机构和市属国企、市管院校纪委负责人现场述职全覆盖。出台派驻机构联组协作实施办法，有效破解派驻机构力量分散等难题。协助市委出台《关于加强市直单位机关纪委建设的意见》，贯通派驻监督和机关纪委监督。深化派驻机构改革，在全省率先探索实施向市属国企派驻纪检监察组。市县两级派驻机构处置问题线索912件，立案378件，处分350人。

全面规范乡镇纪检监察工作　出台《关于推动乡镇纪委内涵式发展的指导意见》，实施乡镇纪委“五大提升行动”，推进基层纪检监察工作高质量发展。指导章贡区、赣县区、大余县、安远县、于都县、瑞金市等地探索实行乡镇纪委书记单列考核机制，推动乡镇纪委聚焦主责主业。优化乡镇纪委考核体系，增设自收自办案件等考核指标，倒逼提升监督执纪执法能力。全市乡镇纪委连续6年实现立案全覆盖，查处违反“六大纪律”（政治纪律、组织纪律、廉洁纪律、群众纪律、工作纪律、生活纪律）案件同比增长161.2%，呈现案件数量和质量“双提升”的良好局面。

【纪检监察队伍建设】　持续深化模范机关创建，市纪委常委会坚持从自身建设抓起，修订市纪委常委会工作规则、市纪委市监委领导班子改进工作作风的实施办法，发挥班子示范带头作用。狠抓工作落实，对上级交办任务、指示要求、反馈问题等紧盯不放，逐条逐项跟踪督办。坚持问题导向，紧盯重点难点，班子成员围绕年轻干部监督管理、“一把手”违纪违法、县乡纪委书记考核任用等开展领题调研。

一体化加强业务人才培养。坚持把队伍建设作为“一把手工程”来抓，努力把队伍建强、让干部过硬。确定文字综合、监督审调、案件审理、巡视巡察四类业务人才首批培养对象390名，择优选拔100名监督审调人才组建谈话骨干人才库。推行“大师傅”制，举办首届全市纪检监察业务大比武活动，指导县（市、区）开展片区业务技能“擂台赛”，一批“业务尖兵”在实战实训中脱颖而出。推进全员培训，市县办班195期、培训1.8万余人次，高规格举办全市第一期基础业务集中轮训班，邀请省纪委领导和业务骨干授课，全市纪检监察干部同上一堂课。强化全市“一盘棋”理念，推进市县乡三级联动，通过分级轮训、上挂下派、跟班锻炼、参加专案等多种方式提升干部政治能力和纪法素养，选送骨干人才到中央纪委和省纪委实践锻炼，业务人才培养取得阶段性成效。全市纪检监察系统 14 个集体、38 人次获市级以上表彰，选拔任用一批中坚骨干和优秀年轻干部，“把自己交给事业、把进步交给组织”的氛围愈发浓厚。

从严从实管住“治权之权”。严格按照权限、规则、程序开展工作，制定请示报告报备事项清单，推动请示报告工作规范化、常态化。在市纪委机关分级分类开展政治谈话，强化自上而下的监督。主动接受外部监督，聘请新一届特约监察员 23 名。常态化开展机关作风检查，深入推进“敲警钟明底线守忠诚做卫士”警示教育活动，开展“打听案情、过问案件、说情干预、跑风漏气”问题自查自纠。常态化开展政治家访，全方位关心关爱干部。

重要会议

【市纪委六届二次全会】 1 月 29 日，中国共产党赣州市第六届纪律检查委员会第二次全体会议在赣州召开。出席会议的有市纪委委员 39 人，列席 317 人。省委副书记、市委书记吴忠琼出席全会并讲话。市委常委和市人大常委会、市政府、市政协领导出席会议。

全会由市纪律检查委员会常务委员会主持。全会以习近平新时代中国特色社会主义思想为指导，全面贯彻中共十九大和十九届历次全会精神以及十九届中央纪委六次全会精神，深入贯彻中共中央总书记习近平视察江西和赣州重要讲话精神，认真落实省第十五次党代会、省纪委十五届二次全会和市第六次党代会部署要求，总结 2021 年工作，部署 2022 年任务，审议通过了饶华东代表市纪委常委会所作的《坚持自我革命，纵深推进全面从严治党，以优异成绩迎接党的二十大胜利召开》工作报告。

【纪检监察工作高质量发展座谈会】 3 月 29 日，市纪委市监委召开纪检监察工作高质量发展座谈会，市委常委、市纪委书记、市监委主任饶华东出席并讲话。市纪委分管领导布置相关工作，各县（市、区）纪委书记围绕贯彻落实十九届中央纪委六次全会和省纪委十五届二次全会、市纪委六届二次全会精神，推动纪检监察工作高质量发展作交流发言。

【全市国有企业警示教育大会】 4 月 28 日，全市国有企业警示教育大会召开。市委常委、市纪委书记、市监委主任饶华东出席会议并讲话。市委常委、市政府常务副市长胡剑飞主持会议。省纪委省监委第三监督检查室副主任李瑞到会指导。会上，市纪委分管日常工作的副书记、市监委副主任黄海军通报全市国有企业党员干部违纪违法突出问题，播放相关警示教育专题片。市国资委、赣州城投集团和赣州银行主要负责人作表态发言。会议以视频形式开到各县（市、区），全市国有企业、纪检监察系统、有关单位领导干部及家属代表等近两千人参加。

【学习贯彻中共二十大精神暨县（市、区）纪委书记座谈会】 10 月 28 日，赣州市纪检监察系统学习贯彻中共二十大精神暨县（市、区）纪委书记座谈会召开，传达学习中共二十大和二十届中央纪委常委会第一次会议以及全省、全市领导干部会议、省纪委常委会（扩大）会议精神，听取各县（市、区）纪委 2022 年以来工作情况，研究部署下一步工作。市委常委、市纪委书记、市监委主任饶华东出席并讲话。市纪委分管日常工作的副书记、市监委副主任黄海军和市纪委副书记、市监委副主任温光填、陈珉作工作点评。各县（市、区）纪委书记围绕会议主题作交流发言。市纪委市监委领导班子成员、县级纪委书记，委机关各部门、市委巡察机构、派驻纪检监察组、市属国企、市管高校纪委主要负责人参加会议。

【全市纪检监察系统学习贯彻中共二十大精神宣讲会】 12 月 1 日，全市纪检监察系统学习贯彻中共二十大精神宣讲会召开，赣州市委常委、市纪委书记、市监委主任饶华东就全面准确学习领会、全面落实中共二十大精神作专题宣讲。市纪委分管日常工作的副书记、市监委副主任黄海军主持会议。宣讲会以视频形式开到各县（市、区）纪委监委，全市纪检监察系统党员干

1 月 29 日，中国共产党赣州市第六届纪律检查委员会第二次全体会议在市政中心召开
（市纪委市监委供图）

部参加会议。

政治监督

【概况】　围绕“三新一高”、全面推进乡村振兴等战略部署加强监督检查，纠正政治偏差。协助市委高质量完成中央纪委国家监委关于肖毅案、龚建华案纪检监察建议整改，反馈问题全部整改到位。精准监督护航粮食安全，推动全市超额完成早稻种植面积任务。深入开展涉粮领域专项整治和高标准农田建设领域问题专项治理，有力守护群众的“粮袋子”。跟进监督中央、省历次环保督察反馈问题整改，查处生态环保领域腐败和作风问题，助推打造美丽中国“赣州样板”。因时因势调整疫情防控监督措施、监督重点，以同频监督有力保障更好统筹疫情防控和经济社会发展。

【监督推动“三大战略、八大行动”】出台《监督推动“三大战略、八大行动”的实施意见》，组建8个专项监督组，紧盯市委决策部署、重大项目落地落实，开展“嵌入式”全过程监督，推动1180个问题整改到位。围绕“一号改革工程”，深入开展营商环境领域腐败和作风问题专项整治，查处腐败和作风问题999个，处理1587人，通报曝光严重破坏营商环境等典型问题110起。会同职能部门开展“小鬼难缠”“中梗阻”等突出问题专项治理，查处问题529个，处理704人，为全市营商环境在全省“站前列”“创一等”提供坚强纪律保障。

【领导干部监督】　协助市委全流程规范政治谈话，市县两级实现政治谈话全覆盖。对新提任县处级领导干部开展任前廉政谈话，督促守底线、勇担当。深化运用党风廉政建设履责提示，向市县党政班子成员发送履责提示，督促落实“一岗双责”。紧盯履行全面从严治党政治责任不到位、落实意识形态工作责任制不力等突出问题，开展精准问责。探索智慧监督手段，启用大数据一体化监督平台，在全省率先开发“三重一大”专项监督系统，以信息化赋能精准监督。

腐败治理

【概况】　市纪委市监委立案审查调查县处级干部66人，全市纪检监察机关立案3088件，处分2805人，移送检察机关61人。市县两级监委留置75人，坚决清除腐败毒瘤，形成“不敢腐”的强大震慑。深化国企领域反腐败工作，查处赖建宁、刘香梅等靠企吃企、损公肥私的国企“蛀虫”193人。严肃查办廖敏案等医疗卫生领域案件61件。开展涉林突出问题专项整治，立案45人。坚持受贿行贿一起查，立案审查调查行贿人员40人。在高压震慑和政策感召下，52人向纪检监察机关主动投案，162人主动交代问题。

【做好查办案件前后半篇文章】在全省率先出台统筹做好查办案件前后半篇文章的实施意见，完善配套制度、操作指南并编印成实务手册，推进以案促改制度化规范化。坚持一个领域一个领域治理，针对国企和金融领域腐败问题，推动召开全市国企、赣州银行警示教育大会，4000余人接受警示教育，深入开展以案促治，持续净化国企和金融领域政治生态，引领保障国企经营状况明显好转，市国资委出资监管企业资产规模增长7.5%。针对粮食领域腐败问题，推动完善制度108项，有关制度向全省推广。针对工程招投标领域问题，出台领导干部插手干预工程项目登记备案制度，推动职能部门开展专项整治，围标串标乱象得到有力遏制。在全市开展“3·23”警示教育活动，引导党员干部永葆“赶考”的清醒和坚定。精心摄制多部警示教育片和忏悔短视频，汇编换届以来查处的严重违纪违法典型案例忏悔书和通报，作为年度民主生活会的重要学习内容，对党员干部起到很好警示教育作用。

【廉洁文化建设】　在全省率先出台贯彻落实《关于加强新时代廉洁文化建设的意见》责任分工方案，联合有关部门出台加强新时代家庭家教家风建设的实施意见，举办市直单位主要负责人“廉内助”培训班。深化党风廉政建设和反腐败宣传工作，开展第十一届“廉洁文化月”活动，挖掘和弘扬赣南红色文化和传统文化，中央纪委国家监委旧址等6个场馆被命名为省廉洁文化教育基地，编印《赣南勤廉故事》读本。

党风廉政建设

【落实中央八项规定精神】　开展落实中央八项规定精神十周年“回头看”，精准把握作风建设地区性、行业性、阶段性特点，对全市中共十九大后落实中央八项规定精神、近三年公务接待费用有关情况开展专题调研。紧盯由风及腐、风腐一体现象，深化治理违规吃喝送礼等顽疾，深挖“四风”背后的利益交换、团团伙伙等问题，推动整治“吃公函”问题，着力解决普遍存在、反复发生的问题，查找制度短板，督促健全完善。全市查处违反中央八项规定精神问题468个，处分541人，通报曝光典型案例204起。

【深化作风建设】　弘扬勤廉好作风，协助市委出台《全面建设勤廉赣州实施方案》，聚焦机关、企业、学校、医院、村居等五大板块，推进勤廉赣州建设。开展“干就赣好”抓落实转作风突出问题集中整治，严肃查处不担当、不作为等“躺平”现象。严格落实“三个区分开来”，澄清正名97人、9个单位，容错纠错59人、4个单位。在全省率先建立纪检监察机关与公安机关查处诬告陷害公职人员行为协作配合工作机制，严肃查处诬告陷害他人问题3起并在全市通报，狠刹诬告歪风，旗帜鲜明为担当实干者撑腰鼓劲。持之以恒加强作风建设，全市党员干部作风持续好转，党群干群关系明显改善，全市受理信访举报件、检举控告件分别下降21.1%、28.2%，实现连续4年下降。

【专项问题治理】 坚持把党员干部、公职人员酒驾醉驾问题专项治理作为纠治“四风”的重要抓手和切入口，全市党员干部、公职人员酒驾醉驾人次下降20.2%，带动全市酒驾醉驾发生率明显降低。推动移风易俗，治理陈规陋习，助力“请客不收礼、节俭办宴席”等“石城经验”在全省推广。

整治群众身边不正之风

【概况】 站稳人民立场，聚焦群众急难愁盼问题开展专项治理，切实维护群众利益。指导章贡区开展停车收费行业领域专项整治，减轻群众停车负担。指导南康区先行先试，在全省率先开展标准厂房等国有经营性资产违法转租等问题专项治理，省纪委向全省推介赣州经验做法。针对共享二轮车经营企业准入模式存在廉洁风险问题，督促职能部门在全省率先探索公开招标、择优准入模式，骑行量增长的同时投诉率大幅下降，群众满意度明显提升，经验做法获住房和城乡建设部专刊推介。

【民生领域损害群众利益问题整治】 持续整治民生领域群众反映强烈的突出问题，全市查处群众身边腐败和作风问题1022个，处理1468人。加强对贯彻落实“四个不摘”、推进乡村振兴重点项目等情况的监督检查，全市查处乡村振兴领域腐败和作风问题251个，处理336人。常态化开展“打伞破网”，全市查处涉黑涉恶腐败和“保护伞”问题69个，处理82人，人民群众获得感、幸福感、安全感不断提升。

【基层监督】 做实基层监督更好维护群众利益。整合基层监督力量，建立县乡村（社区）三级联动监督、乡镇纪委片区协作机制，变“单打独斗”为“协同作战”。强化基层纪检监察组织与村务监督委员会合力监督，全市查处村干部违纪违法案535件、同比增长10.1%。推进基层监督信息化，积极争取在南康区、于都县、全南县开展基层小微权力“监督一点通”平台建设试点，助力监督下沉、融入基层治理，平台总访问量超千万次，公示公开信息8.8万余条，办结投诉件978件，群众满意度达97%。

制度建设

【制定《监督推动“三大战略、八大行动”的实施意见》】 1月，市纪委印发《监督推动“三大战略、八大行动”的实施意见》，从聚焦“八大行动”全过程加强政治监督、深入开展优化营商环境专项监督、开展“八大行动”重点行业领域集中巡察、开展激励保护干部担当实干专项行动、开展“干就赣好”抓落实转作风突出问题集中整治、坚决查处“八大行动”领域腐败问题、带头创建党建质量过硬模范机关等7个方面进行规定。

【制定《中共赣州市第六届纪律检查委员会常务委员会工作规则》】 3月，市纪委印发《中共赣州市第六届纪律检查委员会常务委员会工作规则》，从总则、职责、会议、文件审批、组织原则及其他等6个方面进行明确。该工作规则的制定，推动坚决落实全面从严治党政治责任，加强和规范市纪委常委会工作。

【印发《关于派驻机构联组协作的实施办法（试行）》】 3月，市纪委办公室印发《关于派驻机构联组协作的实施办法（试行）》，对协作事项、协作方式、工作职责作出明确要求。该实施办法的出台，适应全面从严治党的新形势新任务新要求，进一步整合资源和力量，凸显派驻机构“探头”“前哨”特点，体现“派”的权威和“驻”的优势，推动纪检监察工作高质量发展。

【印发《关于建立乡镇纪委片区协作机制的指导意见》】 5月，市纪委办公室印发《关于建立乡镇纪委片区协作机制的指导意见》，提出“合理划分片区，着力增强片区协作的便利性”“明确协作内容，着力增强片区协作的针对性”“完善工作制度，着力增强片区协作的规范性”3个方面措施。该指导意见的制定，推进构建协同高效的基层监督体系，促进基层纪检监察监督工作内涵式发展，不断推动新时代全面从严治党向基层延伸。

【印发《关于推动乡镇纪委内涵式发展的指导意见》】 6月23日，市纪委印发《关于推动乡镇纪委内涵式发展的指导意见》，从指导思想、总体原则、主要措施、组织保障等4个方面进行明确。该指导意见深入贯彻落实中共中央总书记习近平关于基层监督工作的重要论述和重要指示批示精神，推动全面从严治党向基层延伸，推进乡镇纪检监察工作高质量发展。

【制定《赣州市纪检监察机关与公安机关查处诬告陷害公职人员行为协作配合工作机制（试行）》】 12月，市纪委联合市公安局印发《赣州市纪检监察机关与公安机关查处诬告陷害公职人员行为协作配合工作机制（试行）》，对协作配合事项、追究相关人员责任的情形、联合查办的情况等相关事项作出规定。该工作机制建立健全，促进加强纪检监察机关与公安机关查处诬告陷害行为的协作配合。

（温　洋）

巡察工作

【概况】 2022年，市委巡察工作领导小组落实中共中央总书记习近平关于巡视工作重要论述，持续深化政治巡察，推动全市巡察工作高质量发展。全年开展巡察4轮（含对生态环境系统上下联动巡察），市县两级巡察共覆盖870个单位党组织（其中市直单位54个），累计发现问题23992个（其中市委巡察发现问题2588个），累计移交问题线索1001件1302人（其中市委巡察移交问题线索121件145人）。4月和8月，赣州市“市级巡察机构在上下联动中更好发挥作用”试点做法分别在试点工作全国总结会、试点成果全省推广运用工作调度会上作典型经验介绍。5月，省委巡视办再次选定赣州市为全省“提升对村（社区）巡察质效”试点设区市。省委巡视工作领导小组下发《市县巡察工作有关情况的通报》，将赣州列为全省唯一一个“工作比较规范、成效较好”的设区市。

【上下联动全国试点成果深化运用】 1月21日，全省“市级巡察机构在上下联动中更好发挥作用”试点工作总结暨经验交流会在赣州召开。年内，赣州市将上下联动全国试点成果推广运用工作纳入市委常委会2022年工作要点和市委深化改革开放行动重点任务双向推进，持续抓好试点经验推广。加强试点成果系统集成，全年9次市委常委会会议、4次书记专题会研究巡察工作，以市委名义研究出台《赣州市巡察工作考核评价办法》《中共赣州市委关于深化拓展上下联动试点成果进一步推进全市巡察工作高质量发展的意见》。加强总结提炼，赣州市深化对“一把手”监督、“合并巡察”、授权巡察等11项制度成果在《江西巡视巡察参考》专刊推介，《巡察整改质量评估办法（试行）》等12项制度书面向全国推广，《中国纪检监察报》、中央纪委国家监委网站、环球网等多家主流媒体相继刊发赣州市巡察工作有关经验做法。

【“提升对村（社区）巡察质效”全省试点】 年内，赣州市在统筹调度各县（市、区）对929个村、105个社区开展巡察实践探索的同时，加强对试点工作指导督导，安排7个组对20个县（市、区）开展3轮次的包片指导督导。在6月9日、8月5日分别召开提升对村（社区）巡察质效全省试点工作动员部署会和工作推进会，其中推进会上各县（市、区）委巡察办主任围绕试点工作进展、特色亮点、存在问题、工作打算等，依次作汇报发言，市委巡察办有关负责人紧扣“七个探索”试点任务，对全市试点工作进展情况进行梳理盘点，指导各县（市、区）进一步聚焦重点任务，优化整合资源力量，高质高效推进试点工作。加强县域间的协作配合，组织成立7个协作主攻小组，实施重点项目攻坚行动，将实践经验及时固化为“1+7+1”试点成果，即1个管总文件《赣州市关于高质量推进村（社区）党组织巡察全覆盖的实施意见》，细化实化监督重点、灵活运用巡察方式、整合基层监督力量等7个操作指南，1个村（社区）巡察报告模板及范例。试点工作开展以来，编发市级简报11期，5篇市本级经验做法在省委巡视办简报上刊登；部分县（市、区）经验做法在《中国纪检监察报》、省纪委内网、省委巡视办简报刊发。

【六届市委第二轮巡察】 3月29日，2022年全市巡察工作会议暨六届市委第二轮巡察工作动员部署会召开。会议对全市巡察工作作出部署，对六届市委第二轮巡察进行安排动员，举行了市委第一批特聘巡察专员聘任仪式。根据市委统一部署，六届市委第二轮巡察对市工信局、市行政审批局、赣南苏区振兴办、市统计局、赣州蓉江新区、赣州综合保税区、市工商联、市科协、市投资促进中心、市铁路建设发展中心、瑞金经开区等11个工业倍增升级板块相关单位，市民政局、市自然资源局、市审计局、市政府金融办、市供销联社、赣南科学院等6个乡村全面振兴板块相关单位开展常规巡察，对瑞金市象湖镇（含城市社区管委会）开展提级巡察。

4月6日至5月30日，市委派出9个巡察组，对市工信局等11个“工业倍增升级”板块相关单位、市供销联社等6个“乡村振兴”板块相关单位开展常规巡察，同时对1个县级城关镇开展了提级巡察。巡察反馈问题516个；建立完善相关制度328项。移交问题线索19件，立案2件2人，函询了结2件，批评教育1人次，提醒谈话2人次，作出书面检查1人次。被巡察党组

2022年，赣州市开展“提升对村（社区）巡察质效”全省试点。图为南康区委巡察组干部深入田间地头，向群众面对面了解惠农政策落实情况（市纪委市监委供图）

织开展内部追责问责178人，其中，涉及县处级领导干部39人、科级干部97人、一般干部42人。

【六届市委第三轮巡察】 7月26日，六届市委第三轮巡察动员部署会召开。根据市委统一部署，六届市委第三轮巡察聚焦工业倍增升级和城市能级提升行动，对信丰、上犹、崇义、安远、全南、定南、宁都、会昌、寻乌等9个县级工业园区（高新区）和城关镇以及赣县区梅林镇、章贡区沙河镇共计20个单位党组织开展提级巡察。

8月2日至9月30日，市委派出10个巡察组分别对信丰、上犹等9个县级工业园区（高新区）和章贡区沙河镇、赣县区梅林镇等11个城关镇进行提级巡察。此次巡察发现县级工业园区问题276个，移交问题线索17件；发现城关镇问题329个，移交问题线索34件。

【六届市委第四轮巡察】 11月7日，六届市委第四轮巡察工作动员部署会在赣州召开。会议举行市委第二批特聘巡察专员聘任仪式，2人代表此次受聘的42名特聘巡察专员作表态发言。根据市委统一部署，六届市委第四轮巡察对市人民医院、市肿瘤医院、市妇幼保健院、市第三人民医院、市中医院、市第五人民医院、市立医院、市疾病预防控制中心、市医疗急救中心、市卫生健康综合监督执法局、市总工会、团市委、市妇联、市文联、市社联、市侨联、市残联、市红十字会、市贸促会、市政府发展研究中心等20个单位党组织开展常规巡察。

2022年11月11日至2023年1月8日，市委派出10个巡察组分别对市人民医院、市肿瘤医院等20个单位党组织开展常规巡察。此次巡察发现医疗卫生系统问题289个，移交问题线索21件；发现群团组织问题249个，移交问题线索3件。

【对生态环境系统上下联动巡察】 4月12日至6月27日，按照省委统一部署，赣州市对全市生态环境系统开展省市县三级联动巡察。巡察期间，市县共发放问卷调查940份，与干部群众进行个别谈话997人次，受理来信来电88件。上下联动巡察反馈问题603个；建立完善相关制度153项。被巡察党组织开展追责问责5人，涉及科级干部1人，一般干部4人。移交问题线索45件，立案1件1人，诫勉谈话4人，批评教育1人次，提醒谈话5人次，书面检查11人次，通报批评3人次。

2月，全市纪检监察干部以纪律监督护航春耕备耕。图为龙南市纪委监委组织人员到桃江乡水西坝村开展春耕生产监督检查 （市纪委市监委供图）

【探索设置巡察综合组】 巡察综合组专责开展业务指导和统筹调度。针对垂管系统市县联动巡察，探索设立“联动型”巡察综合组，在全省开展的生态环境系统上下联动巡察中，综合巡察组下设9个分组、18个小组，分别巡察18个县（市、区）生态环境局，构建起“1+9+18”市县“一盘棋”的联动巡察组织架构。针对同一领域巡察，探索设立“同类型”综合指导组，在市委第三轮、第四轮巡察中与每轮10个常规巡察组形成“10+1”并行的组织模式。第三轮巡察期间，综合指导组编发指导建议11期，协调相关职能部门解答各类政策问题8个，向各巡察组现场反馈问题27个，提出指导建议39条、介绍经验做法13个；巡察结束后，共梳理共性突出问题26个；梳理“以下看上”需要县（市、区）委或市级层面重点关注的问题9个。

【巡察队伍建设】 按照“专兼结合、盘活力量、灵活调配”的原则，加强干部队伍组织保障和能力建设。有计划地安排市委党校中青年干部培训班学员参加巡察实践锻炼，推动干部成长和巡察工作实现“双赢”。2022年，安排82名优秀中青年干部参加市委巡察。研究制定《关于建立特聘巡察专员制度的意见》，从市县两级近三年退出实职岗位的职级公务员中择优选聘一批兼职巡察专员。2022年，市级选聘的2批92名特聘巡察专员中，已经有29人次参与市委巡察，发挥了很好的作用。同时，协调纪检、组织、宣传、财政、审计等11家市直部门，择优分类建立巡察专业人才子库，年底市本级入库人员260人。推进巡察业务人才一体化培养，将全市首批86名计划培养对象以“师傅＋骨干＋徒弟”的形式分成20个业务小组，通过选派参加省委巡视、市委巡察以及上挂锻炼、跟班学习等方式，提升业务实战能力和水平。2022年，共安排市级培养对象17人次参加省委巡视（其中4人获得通报表扬）、1人到省委巡视办挂职锻炼、27人参加市委巡察，组织25人次参加县际交叉巡察。

（温 洋）

本栏编辑：陈晔明

民主党派·工商联

民革赣州市委会

【概况】 2022年，中国国民党革命委员会赣州市委员会（以下简称民革市委会）坚持以习近平新时代中国特色社会主义思想为指导，深入学习贯彻中共第二十大会议精神，积极践行“四新”“三好”要求，围绕中心，服务大局，积极履职尽责，各项工作迈上新台阶。

【参政议政】 “大调研”专题报告《发展智慧农业助力乡村振兴》中的，相关意见、建议得到转化，所提的“完善市农业指挥调度中心功能”等12条意见建议纳入《赣州市2022年数字农业农村发展工作方案》。调研课题“优化教育资源配置提升教育质量”，在2022年度“各民主党派大调研及同心圆智库初步调研成果汇报会”上汇报，得到市委、市政府主要领导的肯定；撰写的《关于进一步优化我省法治营商环境》调研成果，被民革省委会立项并采用。

在2022年度召开的市政协六届二次、三次会议上，提交集体提案11件，有5篇调研成果入选大会发言，其中3篇入选讲台发言。相关大会发言、联组发言材料获得市委书记吴忠琼、市政府市长李克坚批示7篇次；3篇集体及个人提案荣获“市政协优秀提案”；6名党员荣获“2022年度优秀政协委员”，专职副主委李志斌荣获“2022年度优秀界别召集人”；主委蓝赟荣获“民革全国参政议政工作先进个人”。

积极提升社情民意质量，全年向上报送社情民意信息100余篇，其中省政协采用3篇，民革省委会采用23篇，市政协采用1篇。在民革江西省委会“喜迎中共二十大助力‘六个江西’建设我为赣鄱献一策”金点子征集活动中荣获二等奖2篇、3等奖1篇、优秀奖1篇，市委会荣获“优秀组织奖”。

【思想建设】 学习宣传贯彻中共二十大精神，组织开展“迎接中共二十大、民革党员说变化”短视频征集展播活动，联合江西南芳律师事务所举办“喜迎二十大、奋发新征程”七一文艺晚会，参加民革省委会举办的“齐声高歌迎盛会，同心献礼二十大”歌咏比赛，唱响《苏区干部好作风》，荣获“最受观众欢迎节目奖”。中共二十大召开后，民革赣州市委会班子带头领学，到民革各基层组织开展宣讲。召开全委扩大会和机关专题学习会，切实把思想和行动统一到中共二十大精神上来。组织22个基层组织通过“集体学+自学”“线上学+线下学”和撰写心得体会等方式深入学。

推动“矢志不渝跟党走、携手奋进新时代”主题教育走深走实。组织召开动员部署会，引导基层组织广泛开展主题教育日活动。全年开展组织生活会、学习讨论会、专题调研、走访慰问等形式多样的主题活动65次，推动主题教育走深走实。

认真落实民革宣传稿件“三审

9月29日，民革赣州市委会组织人员参加民革江西省委会举办的“齐声高歌迎盛会 同心献礼二十大”歌咏比赛 （民革赣州市委会供图）

三校”工作机制，充分发挥“赣州民革”微信公众号等宣传阵地作用，及时报道工作动态，宣传民革全市各级组织及个人先进事迹，讲好赣州民革故事，展现赣州民革风采，全年推送宣传信息160余篇（条），1名机关人员获评“民革全国思想宣传工作先进个人”。

【组织建设】 全年共发展民革党员14人，平均年龄35岁，其中博士1人，硕士3人，具有中高级职称的7人（含引进高素质人才1人）。全市民革党员总数达到357人，年龄结构、知识结构和总体素质得到进一步优化。1支部获评民革全省社会服务工作先进单位。3名党员获评民革全省先进个人。

全年共组织16人次分别参加民革全省基层骨干培训班、基层组织主委培训班及全市各民主党派新成员培训班，进一步提升民革党员干部的理论水平、工作能力。2名党员被聘为赣州市监委第二届特约监察员，5名党员被聘为赣州市第三届“同心圆”智库专家。

新建成市直五支部、南康区支部2个基层组织党员之家，党员之家总数达到10个。成功创建全国示范支部2个、全省示范支部1个，创建民革全国优秀党员之家1个、民革全省优秀党员之家1个。

建立健全机关理论学习制度，召开机关学习会20余次。强化机关干部队伍建设，坚持正确选人用人导向，公开遴选机关公务员1名。加强机关工作的计划性，每半月召开工作会进行部署调度，开展“零差错”行动，全面查找整改办文、办会、办事过程中易错环节，有效推动机关工作更加规范有序。切实做好对民革党员的日常接待服务和特殊情况慰问工作。

【社会服务】 积极服务中心工作，巩固脱贫成果助力乡村振兴，发动民革企业家联谊会就对口帮扶村乡村振兴产业开发项目进行考察对接。向驻村工作队拨付工作经费1万元，组织企业家联谊会捐赠饮水工程资金2万元，连续2年向全村高龄老人、五保户、示范家庭等捐赠中秋节月饼，并上户走访慰问重点人群家庭；积极助力招商引资工作，牵线促成江西零真生态环境集团有限公司投资10.3亿元的“国六标准柴油车尾气净化新材料”院士合作生产项目在赣州高新区落地。民革市委会助力招商引资工作在民革全省会议上作经验介绍。

以“博爱·牵手”为“名片”，组织企业家联谊会、支部等开展公益捐资、敬老扶弱、爱心助学、节日慰问等社会服务活动10余次，共捐助款物9万余元。其中，发动民革企业家联谊会向兴国县龙口镇睦埠村捐赠10套“四分类垃圾分类亭”，价值5.56万元；连续6年向章贡水上救援志愿者服务队捐赠资金，每年1.2万元。

【祖国统一工作】 联合台北江西同乡会共同举办第二届“山美水美·乡情更美”2022年赣台青年学生线上夏令营活动，加深海峡两岸青年学生的沟通了解，增进友情。中秋佳节民革市委会领导看望8名台属、侨属党员代表，为他们送去中秋慰问，通过他们向在台及海外亲友致以节日祝愿。

（黄　超）

民盟赣州市委会

【概况】 中国民主同盟赣州市委员会（以下简称盟市委）以习近平新时代中国特色社会主义思想为指导，以开展“矢志不渝跟党走、携手奋进新时代”政治交接主题教育为主线，牢牢把握正确政治方向，围绕中心，服务大局，大力加强自身建设，切实履行参政党职能。被盟省委评为2021年度盟务工作优秀单位。

民盟赣州市委会有4个基层委员会，1个总支，32个支部，盟员684人，平均年龄49.46岁。其中，女性成员267人，占39.04%；离退休人员138人，占20.18%；中高级以上职称的有491人，中高级职称占71.78%。

【参政议政】 盟市委围绕中共赣州市委、市政府中心工作，积极建言献策，在2022年的市政协六届二次、三次全会上，盟市委提交大会讲台发言2篇，集体提案10件，盟员委员提交个人提案、联名提案120多件。其中，1篇大会发言材料得到省委副书记、市委书记吴忠琼批示；1篇得到市委副书记、市长李克坚批示。2件集体提案、4件联名提案被评为优秀提案。

开展大调研，成立“多措并举因地施策　确保粮食生产‘基本盘’”大调研课题调研组，制定调研方案。在进行深入调研后，撰写的调研报告，在大调研成果汇报会上，调研成果得到市委主要领导的充分肯定。陈秀华领衔同心圆智库重点调研课题“赣州市稀土生态环境保护多元治理地方立法问题研究”，助推赣州稀土产业发展。

8月，召开社情民意信息工作推进会，就如何做好社情民意信息工作进行部署。全年报送信息100余条，采纳48条，其中民盟中央2条、省政协8条。陈志光主笔撰写的2021年法制江西专项课题“农村住房建设管理的现实困境与法律对策”得到省委书记易炼红批示。

盟市委向盟省委申报省级调研课题35个，其中“传统产业转型升级和新一轮企业技术改造行动研究”等13个课题中标。参与民盟中央论坛，组织盟员向民生论坛征文投稿4篇，向经济论坛征文投稿3篇。其中肖天撰写的《以区域市场一体化视角推进赣州融入粤港澳大湾区的探索与实践》被经济论坛采用。

【思想建设】 以纪念赣州民盟成立70周年为契机，结合“矢志不渝跟党走、携手奋进新时代”和“喜迎中共二十大、同心共筑中国梦”主题教育，开展“‘书香赣州’2022喜迎党的二十大书画作品展”、“我与民盟”主题征文活动，举办“喜迎二十大永远跟党走”暨庆祝赣州民盟成立70周年书画展。

开展“矢志不渝跟党走、携手奋进新时代”政治交接主题教育，邀请全国政协常委、盟省委主委刘晓庄为100多名盟员代表作专题辅导讲座，组织盟市委骨干盟员，到于都县长征第一渡、岭背镇黄金潭，上饶集中营茅家岭监狱旧址、上饶集中营革命烈士纪念馆、怀玉山方志敏烈士清贫园等地开展主题教育的现场教学活动。组织10多个基层组织到南康区三江乡郭大力故居开展现场教学活动。通过微信公众号刊登党史盟史文章、基层组织开展活动报道，不断提升各级盟组织和广大盟员的思想政治水平和政治站位。

认真开展学习宣传贯彻中共二十大会议精神，组织机关干部和基层骨干集中或个人收看现场直播，召开领导班子理论学习中心组学习会、五届三次全委会和机关干部会议，专题学习中共二十大精神。

6月中旬，在南康区三江乡设立“江西民盟传统教育基地”，全国政协常委、时任民盟省委会主委刘晓庄为郭大力故居挂牌。

全年，有80多篇文章在有关刊物网站发表，在“赣州民盟”微信公众号刊发宣传报道164篇。

【组织建设】 全年发展盟员19人，平均年龄35.47岁，副高级职称3人，博士研究生2人，开展盟员培训，组织32人次参加市委统战部组织的新成员培训班和委员读书班，选派11人次参加全省骨干盟员培训班，1人参加全省民主党派机关干部培训班。对中小教二支部、林业支部、机关支部等基层组织领导班子进行盟员调整，优化组织结构，提高基层组织的活力、凝聚力、战斗力。做好代表推选工作，多次召开主委会，专题研究选举出席民盟江西省第十五次代表大会代表事项。6月，19名赣州民盟代表参加在南昌召开的民盟江西省第十五次代表大会，赣州盟员陈秀华、蓝志中、张华荣当选为民盟江西省第十五届委员会委员，陈秀华当选为中国民主同盟第十三次代表大会代表。民盟赣州经开区支部“盟员之家”挂牌，全市现有固定场所的“盟员之家”7个。加强与中共赣州市委统战部及有关区委统战部门和驻市高校党委、统战工作机构沟通联系，争取他们的支持。开展横向交流，通过大调研等活动，盟市委加强与民盟深圳市委会、民盟哈尔滨市委会、民盟大兴安岭地区委员会、民盟鹰潭市委会、民盟上饶市委会等的联系沟通，交流工作，借鉴经验，增进友谊。

【社会服务】 1月下旬，盟市委机关干部到乡村振兴对口帮扶点大余县河洞乡长岭村开展走访，向4户困难家庭送去价值3200元的棉被、油、米等慰问物资和慰问金。11月组织机关干部、盟员律师、企业家和教师到挂点村开展中共二十大精神宣讲暨送法送教进乡村活动，上户向村民宣讲中共二十大精神，捐赠2万元现金帮助发展村集体经济。

积极参与抗疫活动。全年有200多人次盟员参与到医院、社区、工地、车站、企业等地的疫情防控各项工作中。4月，盟员朱宏泉担任领队，带领87名医护人员驰援上海疫情防控和医疗救治工作；盟员肖天报名参加援昌医疗队。

“农村教育烛光行动”，5月和11月，盟市委分别联合赣州师范高等专科学校支部、机关支部到兴国县高兴镇长迳小学、大余县河洞乡九年制学校开展“农村教育烛光行动”，在上示范课的同时，向长迳小学捐赠价值1000多元的书籍，向河洞乡九年制学校捐赠价值12000多元的教学用具。

送文化送法下乡，联合民盟赣州市文体支部开展“送春联送祝福进社区”活动。组织盟员律师，到大余县河洞乡开展“典”亮乡村送法进乡村活动，为乡政府干部讲授民法典等法律知识，发放宣传资料100多份，接待村民咨询30多人次。

盟市委充分发挥界别优势，紧紧围绕践行“同心”思想，鼓励和支持广大盟员参与招商引资工作。8月，盟市委主委陈秀华率队赴深圳市与深圳大学、深圳兴国商会等对接开展“双招双引”工作。盟员还参与南康区低碳环保产业园项目引进工作，引进项目资金10多亿元。

（李　壮）

民建赣州市委会

【概况】 2022年，中国民主建国会赣州市委会（以下简称民建赣州市委会）坚持以习近平新时代中国特色社会主义思想为指导，认真落实《中国共产党统一战线工作条例》和参政党建设有关文件精神，努力推动赣州民建自身建设、履职服务等各项工作不断取得新成绩新进展，为赣南革命老区高质量发展示范区建设作出积极贡献。2022年，民建赣州市委会被民建江西省委会评为会员发展工作优秀单位、参政议政工作先进集体二等奖、庆祝中国共产党成立100周年征文活动优秀组织奖，9名会员被民建江西省委会评为全省优秀会员，4个基层组织被民建江西省委会评为先进集体。

【参政议政】 全市民建会员中的3名人大代表、21名政协委员积极参加市人大六届二次会议和市政协六届二次会议，共提交集体提案5件，个人建议、提案17件，内容涉及工业倍增升级、乡村全面振兴、优化营商环境、提高民生品质行动等方面。其中《关于支持赣州经开区加大改革创新力度奋力冲刺全国30强的建议》《发展乡村物流助力乡村振兴》2篇提案获得市委书记的重要批示。委员刘作文《加强电动三（四）轮车管理》等书面发言材料获参会领导的充分肯定。委员尹华香、钟和燕等履职情况获《赣南日报》、“学习强国”学习平台等刊登报道。

调研报告《着力投融资创新助力工业倍增升级》，得到市委、市政府主要领导的肯定。以推动全市产业大脑建设为统战大调研课题，先后到市改革办、市行政审批局等单位座谈交流，赴浙江杭州、湖州等先进地区学习调研，形成《加快建设现代产业大脑着力打造产业体系现代化高质量发展高地》调研报告；向省委会申报立项课题9个，按时完成课题报送，其中《关于做好双减政策下教培机构改革及转型的建议》被转化为省政协十二届五次会议集体提案。

挖优势、勤调度、压任务、常通报等方式，不断加强社情民意信息工作。全年提交社情民意信息57篇，其中被全国政协采用1篇、民建中央采用3篇、省政协采用11篇、民建省委会采用17篇。采用量在全省各级民建组织中名列第一。

【思想建设】 开展走实主题教育，先后召开机关干部学习会、全委（扩大）会，学习有关文件精神，成立“矢志不渝跟党走、携手奋进新时代”政治交接主题教育领导小组，制定《民建赣州市委会“矢志不渝跟党走、携手奋进新时代”政治交接主题教育工作方案》，组织召开主题教育动员部署大会。开展实地教育，组织民建赣州市委会机关干部、基层组织会员、女会员赴市城展馆、方特东方欲晓主题乐园、大余县、赣县区等地开展实地参观学习和革命传统教育。指导和督促基层组织采取“大+小”“强+弱”“理论+实践”等多种形式开展10余次专题学习、文艺汇演、户外拓展等活动。

学习宣传贯彻中共二十大会议精神，组织机关干部和全市会员，通过“集中+个人”“线上+线下”多种方式收听收看开幕式直播盛况。召开学习中共二十大精神座谈会，并邀请省委会副主委刘木华为市委员会领导班子成员、机关干部、会员进行专题宣讲。举办“翰墨芳华”书画作品展和“喜迎中共二十大·同心共筑中国梦”文艺演出等活动。向民建中央、省委会等部门提交书画作品共18幅，其中《产业发展脱贫致富》《丰收的喜悦》等作品被民建中央和省委会采用并刊登。向省委会选送“赣江文化杯童心向党百校喜迎二十大”文艺表演参赛节目21个，其中作品《雪龙吟》荣获特等奖，民建赣州市委会获最佳组织奖。收集近30篇心得体会、散文、诗歌等征文并择优刊登在微信公众号“赣州民建”和会刊《赣州民建》上。

申报《中共百年奋斗的历史经验为参政党建设提供的重要启示》等理论研究课题6项。其中由会员曹贤信负责的《〈中国共产党统一战线工作条例〉的执行监督与考评机制研究》被省委统战部评为二等奖。

严格新闻宣传三级审核制度，加强形势教育，对微信公众号、QQ群、微信群等进行全面排查清理。办好《赣州民建》季刊，刊登文章65篇，灵活开设会员心声、会员风采、文苑、荣誉榜等专栏，守好基本思想宣传阵地。积极向有关刊物和网站投稿，注重报送题材的多样性，年内报送稿件68篇，其中在中央级刊物及网站刊发15篇，省级刊物及网站刊发近20篇。

【组织建设】 全年发展新会员16名，平均年龄39岁，具有研究生以上学历2人，其中博士1人，大学本科学历10人；男性11人，女性5人；经济界人士11人，占69%；非公有制经济人士10人，其中法人3名，界别结构得到进一步优化。至年底，民建赣州市委会有会员362人，其中经济界人士以及相关专家学者310人，占86%。2022年，民建赣州市委会被民建江西省委会评为会员发展工作优秀单位。

树立人才强会思想，认真梳理代表性人士名单，主动做好省级和全国人大代表、政协委员人选的推荐工作，推荐省人大代表、政协委员人选4人，推荐全国人大代表、政协委员人选2人。至年底，有各级政协委员41人、人大代表10人。组织会员参加民主党派新成员培训班、全省骨干会员培训班、全省民主党派机关干部培训班等各类培训6次，参加人员40余名。

注重夯实基层组织发展基础，积极推动“会员之家”建设，提升完善章贡区等7个会员之家，部署推动市直机关、市直综合、新社会组织总支等“会员之家”建设。

优化基层组织领导班子成员结构，充分发挥民建赣州市委会班子引领作用，批准市直机关总支、经开区总支等5个基层组织主委、副主委或委员的调整事宜，推动基层组织班子成员更加年轻化、高学历化。

发挥监委会作用，多次召开工作会议，研究和部署内部监督工作，委派委员参加民建赣州市委会主委会、全委会、专题座谈会、基层组织活动等各种会议和活动，对市委会及基层组织工作开展监督。通过听取情况汇报、查阅资料、走访会员等形式，为会内监督提供依据，有效推动领导班子、会内代表性人士严格依法依规履职尽责。

民建赣州市委会坚持机关干部集中学习制度，加强思想政治理论学习和业务能力培训，2022年5月，市委会荣获市级无烟党政机关称号。

【社会服务】 会员在各自工作岗位上敬业奉献、争创佳绩。尹华香在2018—2020年赣州市创建国家卫生城市工作中作出重大贡献，被市委、市政府记二等功1次；谢红烽获2021年度赣州市优秀妇女工作者；钟庭丽获2021年度赣州市巾帼建功标兵；李良华、刘承伟等多名会员事迹获《人民日报》、《农民日报》、江西广播电视台、《赣南日报》等权威媒体报道。

积极融入乡村振兴工作，拨付帮扶经费，捐赠物资和现金合计2万余元。落实会员关怀制度，做到走访会员个人和会员企业常态化。市委会领导带队走访骨干会员单位、企业30余家，就深化“单位+党派”双向培养工作充分交流，鼓励和支持会员在本职领域建功立业。

配合支持省委会对接赣州优化营商环境民主监督工作，陪同省委会调研组开展相关调研活动。充分利用江西省民建企业家协会赣州分

12 月 13 日，民建市委会到大余县高林村开展送医送法下乡活动

（民建赣州市委会供图）

会，创建“民建课堂”社会服务新品牌，合作高校 9 所，先后组织 7 期“民建课堂”和 2 期高校创新创业设计大赛，有近万名高校学生参与。先后组织会员及会员企业多次开展“光音不老”、抗疫捐助等公益活动。组织企业家会员向五龙社区、兴国路社区、建设路社区等捐赠多批生活保障物资，组织多名会员协助开展疫情政策宣传、核酸采样、秩序维持、运送生活物资等工作。

（胡平平）

民进赣州市委会

【概况】 2022 年，中国民主促进会赣州市委员会（以下简称民进赣州市委会）凝聚思想共识，扎实履职尽责，各项工作业绩突出。《关于对于都县马子口河黑臭水体治理情况民主监督的调研报告》得到全国人大常委会副委员长、民进中央主席蔡达峰的肯定性批示；2022 年，市委会获评民进省委会“2021 年民进市级组织综合工作先进单位”。

【参政议政】 2022 年市两会期间，会员中的人大代表、政协委员提交议案 7 件、提案 85 件，其中入选市政协大会讲台发言 4 篇、书面发言 7 篇、联组发言 10 篇、集体提案 10 篇。集体提案《关于建强用好中科院赣江创新研究院，提升创新驱动发展能力的建议》被列为市委主要领导督办提案并获市委主要领导批示，讲台发言《补齐短板激发活力 加快区域教育中心建设步伐》先后获市委主要领导 2 次批示，讲台发言《以赣深高铁开通为契机，强力推进历史文化街区（文旅小镇）建设，加快打造粤港澳大湾区旅游度假后花园》获市政府主要领导批示。紧紧围绕全市、全省乃至全国经济社会发展中的重大课题进行调查研究，形成调研报告 8 篇，其中《赣州市旅游民宿发展环境及现状调研报告》向市委、市政府进行专题汇报，得到市委、市政府主要领导的肯定。完成向民进省委会申报立项的《江西新兴工业大省建设与长江流域生态保护研究》《做实我省中小学常态化校外劳动教育实践活动的建议》《直播电商助力赣南乡村振兴》3 个课题。鼓励会员围绕社会热点自行开展课题调研，如《破解小区业主委员会监督难题》《补齐长江流域水旱灾害防御短板》等。

【思想建设】 通过领导干部带头学、各支部覆盖学、基层宣讲深入学“三种方式”，确保中共二十大精神入脑入心。开展“五大活动”，推动“矢志不渝跟党走、携手奋进新时代”政治交接主题教育走深走实。将理论学习列为各级会议固定议题，全年召开主委会议 7 次、全委会议 1 次、理论学习中心组会议 4 次。开展会员单位“大走访”活动，每月由市委会主委或班子成员带队，走访会员单位（企业），倾听会员心声，征求会员意见，帮助解决实际困难问题，全年走访会员单位 20 余家。全年在民进省级以上刊物、网站、微信公众号等媒体平台发稿 92 篇（条），其中中央级统战媒体《团结报》发稿 2 篇（条），团结网、民进中央网站 34 篇，江西民进网站 56 篇；加强“赣州民进”微信公众号运营维护，刊发宣传信息 193 篇，全方位宣传赣州民进良好形象。

【组织建设】 年内，新发展民进委会员 15 名，其中教育文化出版传媒主界别 10 名，占比 66.7%；研究生学历、中高级职称、单位中层骨干共 13 名，占比 86.7%；平均年龄 36.7 岁，截至年底会员共 484 人。对赣州中学支部、赣州三中支部、赣州四中支部按照“五好”（信念巩固好、组织建设好、队伍凝聚好、制度落实好、作用发挥好）、“六有”（有办公场所、有制度牌子、有活动阵地、有宣传栏、有办公设施、有专项经费）要求进行了规范化建设，已有 11 个基层组织完成规范化建设。

【民主监督】 围绕“贡江流域水污染防治”主题，分别到于都县、宁都县、瑞金市开展长江生态环境保护民主监督，完成 2 份调研报告报送民进省委会，其中《关于对于都县马子口河黑臭水体治理情况民主监督的调研报告》，得到全国人大常委会副委员长、民进中央主席蔡达峰的肯定性批示；在民进中央 2022 年长江生态环境保护民主监督工作研讨视频会上，民进赣州市委会作为典型代表进行发言；全力配合民进中央在赣州就“推动农村改厕、生活污水与垃圾治理协同投入和设施一体化运行管护”开展民主监督，积极向民进中央反映情况、提出可行建议。制定印发《优化营

11月8日，民进市委会开展“1%工程”助力乡村振兴公益活动

（民进赣州市委会供图）

商环境民主监督工作实施方案》，并于6月、11月，到全南县、定南县、寻乌县开展民主监督，上半年调研成果《补短板优政策强服务打造江西一流营商环境品牌》，被省委统战部《建言专报》采用。

【社会服务】 持续开展“1%工程”志愿服务活动。通过企业家联谊会、“1%工程”赣州志愿服务站、开明画院等平台开展送教、送医、送农资、送春联、送艺下乡30场次，捐赠现金、物资共价值50余万元。开展“春联万家”活动，举办了4场壬寅（2022）年“春联万家·推动共同富裕”活动，送出对联及“福”字800余副。

为对口帮扶点兴国县崇贤乡齐分村争取产业发展项目资金、农村公路水毁补助经费106万元；在崇贤乡中心小学开展“1%工程”爱心助学活动，捐赠200套书包及文具、100套益智玩具，发放足球150个，共价值4万余元；在齐分村开展农用物资捐赠活动和捐资助学活动，捐赠现金、物资价值近4万元；开展“喜迎二十大”送医下乡活动，专家团队为齐分村村民面对面开展义诊服务，义诊咨询60余人次，以实际行动服务百姓健康。

（陈雨生）

农工党赣州市委会

【概况】 2022年，中国农工民主党赣州市委员会（以下简称农工党赣州市委会）坚持以习近平新时代中国特色社会主义思想为指导，认真学习贯彻中共二十大精神以及中共中央总书记习近平视察江西和赣州重要讲话精神，着力加强自身建设，履行参政党职能，为推进赣南革命老区高质量发展示范区建设作出新的贡献，取得新成绩。赣州市人民医院农工党支部被农工党中央表彰为先进集体，农工党赣州市委会被农工党江西省委会评为参政议政工作先进市委会，市人民医院支部、南芳法律支部被评为优秀基层组织，5个支部被省委会表彰为单项先进，1名农工党党员被农工党中央评为先进个人，16名党员被省委会授予优秀党员称号。

农工党赣州市第五届委员会现有委员17名，主委1名，副主委4名；市委会下设23个基层组织，其中2个总支，21个支部；全市党员357人，平均年龄为54.90岁；女性党员130人，占36.41%；离退休党员124人，占34.73%；中高级以上职称259人，占72.5%。

【参政议政】 积极参加各类座谈会、协商会和通报会10余次，参与地方重大事务和重要人事安排的协商。组织专家学者和环保领域党员，深入全市6个县区，10个乡镇调查研究，赴上饶、九江考察，形成《持续推进农村户厕革命，探索乡村生态振兴赣州样板的调研报告》统战大调研报告。

向市政协报送5篇大会发言材料、8篇集体提案，党员代表向市人大提交7件建议案，农工党员中的政协委员向市政协提交30余件个人提案。2件集体提案被市政协表彰为“优秀提案”，4名农工党员被评为优秀政协委员。向省委会报送调研报告和社情民意信息，报送18篇调研报告和60余篇社情民意信息稿件。

【思想建设】 主委会、机关干部会以及各支部召开二十大精神专题学习会。结合“矢志不渝跟党走，携手奋进新时代”政治交接主题教育，深刻领悟“两个确立”的决定性意义，增强“四个意识”、坚定“四个自信”、做到“两个维护”。广泛凝聚农工党员的智慧和力量，在推进市委“三大战略、八大行动”中担当作为，奋勇争先。

制定《农工党赣州市委会开展“矢志不渝跟党走，携手奋进新时代”政治交接主题教育实施方案》，明确指导思想、主要任务、工作原则和实施步骤，成立以主委为组长的领导小组。各支部组织党员强化理论学习，积极投身政治交接主题教育，共组织开展17次专题活动。通过活动，强化理论武装、弘扬优良传统，坚定政治信念，自觉在思想上、政治上、行动上同以习近平同志为核心的党中央保持高度一致。

【组织建设】 农工党赣州市委会把2022年确定为“基层组织建设年”，坚持以中共中央关于加强中国特色社会主义参政党建设的3个文件精神为指导，按照“四新”“三好”要求，解决组织生活规范有序、履行职责积极高效等问题。

坚持“人才强党”战略，在保持界别特色和代表性的基础上，注重发展政治素质好、道德品行优、履职能力强、发展潜力大的高层次人才，取得显著成效，全年发展14名新党员，其中2名博士、2名硕士。着力在吸纳参政议政人才和企业界代表人士补短板、强弱项上下功夫，不断提升参政报国、履职为民和服务社会的能力。

推进模范机关建设，强化学习型机关建设，坚持举办机关干部学习会，机关干部的政治理论水平、业务能力、综合素质、服务意识明显增强。健全制度，严明纪律，提高工作执行力，营造一种积极向上、努力进取的良好工作氛围。改进工作作风，增强责任感和使命感，爱岗敬业，守正创新。

【民主监督】 积极履职，开展营商环境民主监督。6月到石城县、瑞金市、崇义县，围绕优化营商环境中的市场监管和纳税对标提升方面开展专题民主监督活动。11月，又分赴石城县、瑞金市和崇义县，通过对有关联动机制运行、执行转破案件审理、维护权益人利益、管理人费用资金池设立与运行等情况的调研，完成“破产案件审理办结提升”专项民主监督活动，均形成专题调研报告。

【社会服务】 组织党员向贵州省大方县捐款6000余元，购买扶贫产品4万余元。举办医学康复讲座，提升基层卫生服务水平，为企业提供技术指导，就改进工艺、降碳节能等提出建议。组织医疗义诊、捐赠药品活动，开展“国际科学与和平周”“送法进社区”“中医进校园”等讲座和活动共20余次。

助力乡村振兴，为瑞金市丁陂乡水溪村拨付工作经费2万元，争取新农民培训经费1万元，捐助乡、村发展资金1.6万元，捐赠价值1.2万元的“小药箱”和二手电脑等；为当地的基础设施建设争资争项，经与市县相关部门多次协调，S451省道丁陂乡路段建设项目获批；组织农技专家赴丁陂乡进行脐橙、油茶林种植技术讲座、实地指导以及乡村振兴创业就业培训。

（黄家坪）

九三学社赣州市委员会

【概况】 2022年，九三学社赣州市委员会坚持以习近平新时代中国特色社会主义思想为指导，深入学习贯彻中共二十大精神和九三学社十二大精神，深入践行“四新”“三好”要求，全面加强自身建设，切实履行参政党职能，不断提升履职成效，较好的完成各项工作任务。以“红色名村”建设为契机，帮助挂点村做好红色片区及红色教育基地规划设计，助力乡村振兴。不断推进基层组织和机关规范化建设，强化领导班子和人才队伍建设，不断提升自身建设水平。

2022年，九三学社赣州市委会被九三学社中央评为九三学社组织工作先进集体，被九三学社江西省委会评为全省市级组织2021年度履职考评综合先进单位。

【参政议政】 引导社员聚焦市委“三大战略、八大行动”，充分发挥专业优势，积极参加政治协商。在市政协六届二次、三次会议上，提交大会发言4篇，集体提案8件，委员作联组发言、提交提案近50件（次）。《服务“一老一小”增进民生福祉》获市政府主要领导批示；《解决“多户一表”弊端切实维护群众利益》作为市政协大会讲台发言，广受好评，2个提案还被列为市委常委会审议通过的《市政协2023年协商工作计划》专项监督内容。《关于加强赣南古驿道保护利用的建议》《关于对赣南革命旧址整体规划保护利用的建议》《关于加强赣南脐橙产业政策扶持的建议》被评为市政协六届一次会议优秀提案，《关于解决持续开展白内障复明工程项目难的建议》《关于大力整治高价彩礼的建议》被评为市政协六届二次会议优秀提案。刘其生、钟文玉、谢弟炳、赖延东等4名社员被评为“2022年度优秀政协委员”，肖诗龙被评为“2022年度优秀界别召集人”。

聚焦党委、政府重要部署和中心工作，立足党派界别特色和专业优势，积极申报省委会2022年立项课题。立项A类课题1项，联合课题1项，并到安远县、兴国县、赣县区等地开展实地调研，按时报送调研报告。开展“加速推动‘5G+工业互联网’应用，助力赣州市数字经济创新发展”2022年大调研工作。历时半年，通过实地考察、座谈调研、专家咨询等方式，赴2个省6个市11个县区开展实地调研，研究相关政策，分析相关文献，形成调研报告，并在民主党派大调研及同心圆智库初步成果汇报会上作汇报。围绕“革命遗址和纪念设施保护”认真开展调研，形成《关于建设陈赞贤、伍若兰等烈士纪念设施的建议》的议政建言材料，以“直通车”协商的形式，向市委主要领导及有关市领导报送，获得市委分管领导批示。

组织市委会委员、人大代表、政协委员、2021年新入社社员等开展参政议政培训，结合各支社社员年龄、专业等情况下发报送任务数，定期分享社情民意信息报送要点、政务资讯、示范文章等，不断激励社员积极撰写报送社情民意信息。全年收集社情民意信息150篇，其中择优向省委会报送83篇，向市委办信息科、市政协信息科报送80篇。提交的社情民意信息被全国政协采用1篇、九三学社中央采用3篇、中共江西省委办采用6篇、省政协采用9篇、省委统战部采用1篇，九三学社省委会采用48篇。被评为2022年度全市党委系统信息工作中共江西先进单位。

【思想建设】 深入学习中共二十大精神及九三学社十二大精神，贯彻落实中共中央总书记习近平考察江西和赣州的重要讲话精神，认真做好社员思想态势分析工作。中共二十大召开后，及时组织社员及机关干部职工深入学习领会，切实把思想和行动统一到中共二十大精神上来。派员参加九三学社省委会举办的基层组织负责人培训班、中青年骨干社员培训班，市委统战部举办的民主党派市委会委员读书班、新成员培训班等，社员政策理论水平和业务能力进一步提升。成立九三学社赣州市委员会理论学习中心组，定期召开主委会、全委会、理论学习中心组学习会开展专题学习，深刻领悟“两个确立”的决定性意义，增强“四个意识”、坚定“四个自信”、做到“两个维护”，始终在思想上、政治上、行动上同以习近平同志为核心的党中央保持高度一致。

开展“矢志不渝跟党走、携手奋进新时代”政治交接主题教育。组织社员到赣州经济技术开发区红色翻译家郭大力故居，兴国官田中央兵工厂、兴国将军馆、苏区干部好作风纪念馆，南康陈赞贤烈士纪念馆等处开展政治交接主题教育，大力讴歌中国共产党丰功伟绩，不断增进对中国共产党和中国特色社会主义的政治认同、思想认同、理论认同、情感认同，激发全体社员的爱国之情、报国之志，筑牢共同思想基础。通过开展政治交接主题教育，进一步学习中共党史、社史和多党合作史，大力弘扬九三学社爱国民主科学优良传统。

【组织建设】 贯彻落实民主集中制度，自觉遵守中央、省、市关于干部廉洁自律的各项规定以及中央八项规定精神，全面落实党风廉政建设各项规定。全年召开主委会议4次，全委会议2次。

年内发展社员11人，其中博士2人、硕士3人，高级职称4人、中级职称5人。截至年底，全市有社员248人，其中高、中级职称占81%，大学及以上学历占88.4%，研究生及以上学历占41%，博士19人；担任副厅级领导职务1人，正处级5人，副处级7人，正科级10人，副科级25人；现任省、市、县（区）人大代表、政协委员社员40人次。

推进基层组织建设。选强配齐江西理工大学支社、机关综合支社等基层组织领导班子，基层组织设置更趋科学合理，凝聚力和战斗力进一步提升。江西理工大学支社获2021年度九三学社全省“十佳支社”，机关综合支社获2022年度全省“十佳支社”开展规范化建设，先后完成7个支社的规范化建设，不断总结经验并推广到其他支社。做好社费收缴工作，为活动开展提供经费保障。

在社中央、省委会、市委统战部等各级各类媒体刊登宣传报道100余篇。做好微信公众号运营维护和管理，全年共发布信息100余篇。组织社员参加省委会“非凡十年”主题征文，获一等奖3名、二等奖1名、三等奖6名、参与奖4名，市委会获优秀组织奖。为喜迎中共二十大，出品原创歌曲《礼赞》，在赣南红新媒体及省委会微信公众号上广泛宣传。组织社员参加省委会“喜迎二十大、奋进新时代”线上书画作品展，3名社员作品入选。机关干部作品被九三学社中央宣传部评为“九三学社2022年全国优秀新闻作品传统类三等奖”。

【民主监督】 制定《九三学社赣州市委员会对口安远县、信丰县、会昌县开展优化营商环境民主监督工作方案》，结合社员专业和监督重点，成立市委会民主监督调研组。市委会通过实地调研考察，座谈调研、个别访谈等形式对信丰县、会昌县、安远县开展优化营商环境民主监督。及时反馈问题，督促整改落实。其中，现场向会昌县反馈5个问题，安远县和信丰县各1个，均已整改。提交民主监督工作情况报告，总结各地开展优化营商环境工作的典型做法和经验5条，提出问题3个和建议3个。

【社会服务】 到对口帮扶的寻乌县长宁镇三二五村走访了解实际情况，听取乡村振兴工作汇报，指导工作开展；帮扶干部定期开展对接联系、政策宣传、帮扶济困、平安建设等各项工作，做实乡村振兴帮扶工作。给予挂点村2万元工作经费支持，缓解乡村振兴经费紧缺现状。开展“机关干部下基层，连心连情促振兴”活动，帮群众排忧解难。向公路部门积极联系争取项目资金，加强村级基础设施建设。以“红色名村”建设为契机，动员社员和组织技术力量帮助挂点村做好红色片区及红色教育基地规划设计。走访慰问脱贫群众和孤寡老人，为留守儿童送上文具书本，送去暖心关怀。

组织社员医生到宁都县、章贡区、南康区一线支援战“疫”，组

6月14日，九三学社赣州市委会在信丰县政务服务中心开展优化营商环境民主监督实地调研
（九三学社赣州市委会供图）

织社员和机关干部职工到基层街道、社区开展抗“疫”工作，积极助力疫情防控。关心关爱重点人群，做好老社员和困难社员走访慰问相关工作，春节、重阳节共组织走访老社员80余人次，送去组织关怀；积极帮助困难社员纾难解困，进一步增强社组织的凝聚力。全年，开展医疗义诊、科普公益讲座、送法下乡、法律援助、扶贫济困、平安建设和法律知识宣传等社会服务活动10余次。

（梁　茜）

赣州党外知识分子联谊会

【概况】　党外知识分子联谊会（以下简称知联会）是党委统战部领导的，以党外知识分子为主体，具有统战性、联谊性的社会团体。主要职能是学习教育、培养人才、建言献策、服务社会、联谊交友。赣州市知联会成立于2005年11月，分别于2010年、2016年、2020年进行换届，每届任期5年。第四届赣州市知联会理事120人，至年底实有理事118人，设会长1人、副会长16人、秘书长1人。市人大常委会教科文卫工委主任王石水任会长。

【学习教育】　10月27日，市知联会到上犹县开展“学习党的二十大、凝心聚力启新程”主题活动。12月16日，市统战系统举行“学习贯彻二十大同心共筑中国梦”文艺汇演，市知联会参演曲目《红军渡长征源》。

【服务社会】　市委统战部、章贡区委统战部联合组织市区两级知联会、新联会成员在章江街道兴国路社区开展“学雷锋·见行动”送医送法活动。6月举办智联大讲堂，市知联会副秘书长唐婷以《妇科检查，你选对了吗？》《孕期营养与健康管理》为题讲授妇女保健知识。7月到南康开展“喜迎二十大、同心跟党走”主题活动。9月12日，组织理事为疫情防控捐款，捐款金额为1.7万余元。9月13日，为章贡区南外街道、兴国路社区捐赠防疫物资。

【建言献策】　12月1日，市知联会召开大调研文稿碰头会，王石水等参加。12月14日，2022年各民主党派工商联无党派人士大调研协商暨同心圆智库调研成果汇报会召开，王石水、温宁花、曾海明参加。

【联谊交友】　4月，在赣纺文化创意产业园（理事企业）开展红色活动。5月开展“我与知联会共成长”心得分享活动。8月6日，市知联会在赣州市图书馆举办智联大讲堂，市知联会副会长余万霞以《蓝染科普体验》为题精彩开讲。9月19日，市知联会组织党外人士开展“党外人士露笑脸”活动。

（潘昌华　王禁林　朱慧安）

赣州市工商联（总商会）

【概况】　2022年，赣州市工商联（总商会）坚持以习近平新时代中国特色社会主义思想为指导，深入学习贯彻中共中央总书记习近平视察江西和赣州重要讲话和指示精神，紧紧围绕省第十五次党代会、市第六次党代会确定的目标以及省、市深化发展和改革双“一号工程”推进大会部署，牢牢把握“两个健康”工作主题，引领全体执委会成员及商会组织奋力拼搏、开拓创新，在助力建设革命老区高质量发展示范区中作出新贡献。市工商联被全国工商联列为12个全国推广温州“两个健康”先行区经验的试点单位，获评2022年全省工商联工作目标管理评价优秀单位，2022年度江西省民营经济宣传阵地建设成效突出单位。《打造一乡一品一网红，焕发乡村振兴新生机》获全国工商联系统2022年实践创新成果奖，与市司法局共建沟通联系机制做法入选全国工商联与司法行政机关沟通联系机制典型案例；《赣州钨、稀土等战略资源产业的科技创新能力》等8篇课题调研及建议分别获得江西省工商联系统调研报告一等奖，理论研究成果一等奖、三等奖，团体提案一等奖、二等奖和社情民意一等奖；赣州市福建商会、赣州市工商联赣州经济技术开发区分会、赣州市上饶商会等7家商会被认定为2021—2022年全国“四好”商会。

【组织架构】　2022年，赣州市工商联（总商会）现有执委260人，其中领导班子35人、常委72人、执委153人。领导班子中主席1人、党组书记（常务副主席）1人、专职副主席（副会长）3人、企业家副主席22人，企业家副会长7人，秘书长1人。市工商联有直属商会42个（含1个赣州商会联合总会、10个省级异地商会、6个市级异地商会、5个行业商会、15个县域商会、5个综合性商会），有近4万家会员企业。

【非公党建工作】　推动赣州商会联合总会等8家商会成立党支部，实现党的组织在市工商联直属商会全覆盖。加快推进新业态新就业群体党建工作，协调指导市市场监管局、市邮政局分别成立市“小个专”综合党委、市快递行业党委。落实换届提醒督促机制，指导督促10个直属党组织规范换届。推行每月工作清单制度，全年新发展党员51人，培养入党积极分子137人。设立6个党建工作联系指导组，开展7次党建联合主题活动，覆盖79个基层党组织400余名党员。11个非公有制党建工作典型案例获省非公党委选录汇编，先进党组织示范带动后进作用进一步显现。完善商会党建工作指导员任用管理办法，进一步明确选任程序、工作职责及考核机制，新聘任33名党建指导员。举办非公有制经济代表人士政治理论学习班，开展《把握新时期创新红利》等4期“非公大讲堂”，设置6个集体调研课题，推动工商联界别委员聚焦深化发展和改革双“一号工程”方向建言献策，向省工商联选送《赣州钨、稀土等战略资源产业的科技创新能力》等9篇优秀调研成果。引导非公有制经济党组织、党员发挥“两个作用”，扎实助力疫情防控、营商环境优化、乡村振兴等中心工作。在3月、9月赣州疫情严重时期，及时制发《众志成城齐心抗疫》倡议书，一大批党员、非公有制经济人士发挥行业优势，第一时间捐赠防护服、口罩、牛奶等物资，义无反顾投身参与卡点值守、核酸采集、物资采购等，捐赠物资价值超过1350万元，展现出赣商儿女强烈的社会担当。

【服务非公有制企业】 开展惠企政策落实情况调研，结合“政企连心亲清暖心”主题，派出6个调研组奔赴各地开展惠企政策落实情况调查，梳理企业情况反映114条、意见建议73个，反馈给相关县（市、区）和市直有关部门研究解决，保障政策落地直达企业。推动解决民营企业融资难困境，收集各直属商会会员融资需求信息名单2304条并推荐给建行赣州市分行和赣州银行等金融机构，提高企业融资成功率，帮助企业解决融资难问题。开展市县维权服务工作，在“市本级一中心、各县市区广覆盖”的维权网格下，探索“一件诉求、双方参与、中心协调”诉求办理新模式，进一步将诉求化解在源头。2022年市非公有制企业维权服务中心办理涉及工程款结算、行政执法、涉法涉诉等领域实质性维权诉求77件，已办结73件，办结率94.8%。诉求存量不断消化，诉求增量得到控制，一批影响营商环境节点、难点问题得到妥善解决。组成20个调研督导组深入基层一线开展交叉督导调研帮扶，站在企业家的视角，提出了“强化政治引领推动非公有制经济高质量发展、适当做减法支持企业安静生产需求和抢抓机遇把握数字经济发展潮流”等综合解决对策。完善《亲清政商关系正负面清单》，按照“市委、市政府领导联系商会安排”，协助14个市领导走访23家直属商会，协调解决会员困难和诉求40件，进一步畅通非公有制经济人士反映情况渠道，有效推动政商相向而行、良性互动。

【基层商会建设】 加强基层商会组织培育和发展，指导市工商联经开区分会等9家商会做好换届工作；加强对女企业家和新生代企业家等重点企业家群体的团结、引导和服务，推动赣县区等地新成立6家县级女企业家商会、石城县等地新成立3家县级新生代企业家商会；加强对商会组织建设规范化管理，制定《赣州市工商联直属商会管理办法》，在组织管理、商会治理、职能作用、目标管理等方向规范商会组织建设，指导未按期换届的赣州市橙乡商会等2家商会顺利完成换届，配合市民政局对赣州市贡江商会等商会进行撤销。优化会员发展结构，扩大市工商联会员覆盖面，在市工商联第五届三次执委会上增补34名执行委员会成员，并推荐省工商联（总商会）第十二次代表大会任职的副主席1名、副会长2名、常委6名、执委20名。围绕“厚德实干、义利天下”赣商精神，选树一批政治素质高、管理能力强、企业发展好、社会贡献大的民营企业家典型，推荐2022年全市促进非公有制经济发展表彰先进非公有制企业55户、优秀中国特色社会主义事业建设者38名、优秀创业者59名。在全市非公有制经济领域举办“喜迎二十大·永远跟党走·奋进新征程”文艺晚会。加快“网上工商联”建设，积极打造教育培训、政策、金融、法律4个服务平台，搭建企业、产品、项目、人才4个数据库。至年终，平台录入工商联、商会组织255家，会员企业9752家，发布人才信息、政策推送、会员企业产品供求信息等，初步搭建起“网上工商联”。

【“两个健康”示范区创建】 开展“两个健康”示范区创建工作，推动《中共赣州市委赣州市人民政府关于创建新时代民营经济“两个健康”示范区的实施意见》（赣市发〔2022〕11号）出台，制定21项重点任务，形成147项责任清单，赣州主动作为，对标先进，争创新时代民营经济“两个健康”示范区的努力得到省领导肯定批示。开展“万企兴万村”工作，按照产业发展与造血帮扶相融合、就业帮扶与稳定增收相融合、扶志与扶智相融合等“三融合”模式，构建企业、合作组织、农户“三位一体、多元互动”机制。至2022年年底，已组织472家企业在432个村开展了实质性兴村行动，实施项目556个，投入资金55.44亿元。认定市级实验项目25个，7个项目被认定为省级实验项目。

（王　彬）

本栏编辑：黄　云

群众团体

赣州市总工会

【概况】 赣州市总工会紧盯全年目标任务，履职尽责、担当作为，各项工作取得新进展新成效。赣州市总工会被国家机关事务管理局、中央直属机关事务管理局、国家发改委、财政部联合表彰为节约型单位，获评全国“安康杯”竞赛活动优秀组织单位，全省工会新闻宣传工作先进单位，全省职工互助保障工作先进集体，全国职工线上运动会江西赛区十佳单位(位列第一名)，全省工会集体协商竞赛一等奖，全市信访工作先进集体。产业工人队伍建设改革工作在全省产改专项督查考核中获得优秀等次。市总工会在全省基层工会组织“六有”（有依法选举的工会主席、有独立健全的组织机构、有服务职工的活动载体、有健全完善的制度机制、有自主管理的工会经费、有会员满意的工作绩效）、“六规范”（队伍建设规范化、组织机构规范化、履行职能规范化、制度机制规范化、职工之家建设规范化、工作绩效规范化）建设暨新就业形态劳动者工会工作现场推进会上作经验介绍；安远县、赣州经开区在省委组织部、省总工会召开的全省新就业形态领域党建带工建工作推进会上介绍经验。

【赣州市工会第五次代表大会】 10月29—30日，赣州市工会第五次代表大会召开。会议通过《关于赣州市总工会第四届委员会工作报告的决议》《关于赣州市总工会第四届委员会财务工作报告的决议》《关于赣州市总工会第四届经费审查委员会工作报告的决议》，选举产生赣州市总工会第五届委员会委员、常务委员、经费审查委员会委员。吴青当选赣州市总工会第五届委员会主席，刘文杰当选常务副主席，徐雅静、何敏当选副主席，刘孟强当选挂职副主席，谢庚福、刘剑平、涂爱鹏当选兼职副主席，高炳金、赖晓辉分别当选赣州市总工会第五届经费审查委员会主任、副主任。

【职工思想引领】 全市各级工会组织开展“中国梦劳动美”等各类主题宣讲130余场次，开展全市教职工线上演讲比赛、劳模风采展、全市职工气排球比赛、“网聚职工正能量争做中国好网民”等各类文体活动。邀请中共二十大代表、江西省劳动模范、赣州稀土龙南冶炼分离有限公司萃取车间班长涂爱鹏为出席赣州市工会第五次代表大会的全体代表作中共二十大精神宣讲。发挥“赣鄱劳模工匠宣讲团”“宣讲送教”小组作用，组织劳模工匠、优秀教职工深入数字经济企业聚集区、新就业形态劳动者和广大职工中开展宣传宣讲中共二十大精神。严格落实意识形态工作责任制，组织召开“助力双‘一号工程’工会在行动”专项行动等4场专题新闻发布会，在工会网站、微信公众号发布工作信息800余篇，在全国、省、市主流新闻媒体发表稿件200余篇。

【工会组织建设】 一体推进基层工会组织“六有六规范”建设和“县级工会加强年”专项工作，夯实基层工会基础，全市新增工会组织4925个，新增会员35.5万人，新增发放会员服务卡32.7万张，增量均列全省第一。全面完成数字经济企业建会任务，重点数字经济企业（项目）49家（个）、建会26家，符合条件的100%建会，完成省总下达的新就业形态劳动者入会1.8万人任务。创建省总工会命名的新就业形态示范工会3个、“六有六规范”示范点20个。狠抓乡镇（街道）、工业园区等职工活动场所建设，46个职工活动场所获省总工会补助690万元。

【“助力双‘一号工程’工会在行动”专项行动】 围绕市委、市政府双“一号工程”，聚焦广大职工技能提升、就业创业、婚礼交友等急难愁盼问题，全市工会投入1800余万元资金高质量实施“助力双‘一号工程’工会在行动”专项行动，多措并举推进提升行动（主题宣传教育、数字名师传帮带活动、数字经济职工职业技能竞赛、职工数字技能培训）、关爱行动（职工健康关爱、双“一号工程”领域职工疗休养、单身青年职工联谊活动）、帮扶行动［打造数字经济园区（集聚区）职工活动场所、助力数字创客创新发展、全额返还小微企业工会经费、基层工会组织建设］等“三大行动”11项民生实事落地见效，取得良好成效，省总工会工作简报刊发7条赣州市推进专项行动的特色做法。

【劳模管理服务】 发挥市、县劳模协会作用，加强赣州市职工（劳模）疗休养基地规范管理，组织38名全国劳模参加健康体检，21名省劳模、63名市劳模参加疗休养活动。2022年，发放劳模春节慰问金134.88万元、生活困难补助金70.528万元、特殊困难帮扶金50.472万元。

【劳动技能竞赛】 开展劳动和技能竞赛，举办赣州市纺织服装职工职业技能大赛、“天工杯”系列技能竞赛、网络信息安全技能大赛等各类劳动和技能竞赛3000余场，参与职工40万人，首次举办赣州市刑事技术职业技能竞赛、检察机关技能比武暨辩论赛等赛事，覆盖行业更加广泛。赣州市职工参加全国职工数字化应用技术技能大赛江西选拔赛建筑信息模型（BIM）技术员项目获第一名。

【先进评选与表彰】 召开赣州市庆祝2022年“五一”国际劳动节暨表彰大会，推荐评选全国五一劳动奖章2人、全国工人先锋号2个，省五一劳动奖状4家、省五一劳动奖章13人、省工人先锋号11个、江西省数字经济名师10人，表彰市五一劳动奖状25家、市五一劳动奖章70人、市工人先锋号35个、赣州市数字经济领域和新就业形态“最美劳动者”各10名。

【职工创新创业】 持续推进“五小”（小发明、小创造、小设计、小革新、小建议）技术创新活动，发放“赣州爱工贷”108笔、1944.8万元，申报江西省劳模创新工作室3个、江西省职工创新创业服务站1个，命名赣州市劳模创新工作室11家。

【职工权益维护】 加大源头维权参与力度，依托“三师一室”（即法律援助律师、劳动关系协调师、健康工程师和“沙龙茶叙”劳动争议调解室）维权平台，市县“三师”团队受理劳动纠纷466件，成功化解371件。通过“法院+工会”诉调对接机制，多元化解劳动纠纷144件。深化企业民主管理和集体协商工作，举办全市职工代表培训班，联合市人社局推动新就业形态劳动者集体协商工作。维护劳动领域政治安全，做好职工队伍稳定风险排查化解工作，全市各级工会受理职工来访来电来信753批次。开展职工普法宣传，全市各级工会共开展现场普法宣讲101场，覆盖职工近2万人。

4月27日，赣州市庆祝“五一”国际劳动节暨五一劳动奖和工人先锋号表彰大会举行 （赣州市总工会供图）

【职工服务】 常态化开展“春送岗位、夏送清凉、金秋助学、冬送温暖”工作，发放慰问款物970余万元、助学资金380余万元，惠及困难职工、一线职工4.2万余人。做好女职工维权服务工作，开展女职工维权行动月活动，为2795名女职工提供免费“两癌”筛查。开展“牵手向未来”留守儿童关爱行动等各类活动60余场。投入资金128.5万元开展乡村教师健康体检行动。做好职工互助保障工作，全市完成保障会费5519.42万元，参保职工达85.55万人次，互助保障计划业务规模总量连续7年位居全省第一。

【产业工人队伍建设改革】 推动产业工人队伍建设改革工作纳入市委督查检查计划，建立评价考核、作用发挥、专题培训等5项工作机制，推进产业工人队伍建设改革工作向非公有制企业、工业园区、开发区延伸，全市产业工人队伍建设改革典型单位总数从23家增加至103家，命名5家“赣州市产业工人技能提升培训基地”，开展全市产业工人思想状况专项调研，联合赣州职业技术学院开展“送教上门”活动，推动产业工人队伍建设改革工作取得良好成效。南康区创新实施“再造十万南康木匠”的做法在《中国改革报》、国家发改委《改革内参》刊发。李德鑫获得世界技能大赛特别赛家具制作项目金牌。

（吕悦岑）

共青团赣州市委员会

【概况】 中国共产主义青年团赣州市委员会（以下简称团市委）坚持以习近平新时代中国特色社会主义思想为指导，认真贯彻落实中共中央总书记习近平视察江西和赣州重要讲话精神，推动各项工作取得新成绩、迈上新台阶。团市委被团省委评为2022年度“全省共青团工作优秀单位”“全省少先队工作优秀单位”“全省共青团青少年思想政治引领优秀单位”。

至年底，全市有共青团员343854人，其中专职团干部136名，基层团干部35907名。团委698个，团工委82个，团总支423个，团支部14550个（其中学校领域有团支部5328个）。

【共青团赣州市第五次代表大会】 10月31日至11月1日，共青团赣州市第五次代表大会召开。会议审议通过《关于共青团赣州市第四届委员会工作报告的决议》《共青团赣州市第四届委员会关于团费收缴、使用和管理情况的书面报告》，选举产生共青团赣州市第五届委员会委员、候补委员、常务委员会委员。杨志正当选为共青团赣州市第五届委员会书记，张娴、李知杰、欧阳凌峰当选为副书记，黄朝铭当选为挂职副书记，利志娟、谢建东、刘汉卿当选为兼职副书记。

【组织建设】 在全市团干部中开展“坚定信念、务实担当”专题教育，团市委班子成员带头深入基层开展大宣讲大调研活动，示范带动各级团组织书记上廉政党课600余场次，开展廉政教育系列活动1400余场次，办理青少年民生实事200余件，各级团干部的精神面貌焕然一新。开展全市基层团组织规范化建设专项行动、基层团建攻坚行动，集中整顿软弱涣散团组织，全面核查团员发展、团内标识、组织生活开展情况，规范基础团务工作。实施县域共青团基层组织改革提质扩面，指导章贡区、石城县完成县域基层改革全国试点评估，将团建工作纳入县级党建目标考核，党建带团建纳入县委巡察，以点带面推动所有县市区全面启动实施改革工作并以市委全面深化改革委员会名义出台改革方案。推进青年联合会改革，认真做好市青年联合会换届筹备工作，承办2022年江西省与新疆阿克陶县两地青少年“石榴籽·一家亲”融情实践夏令营活动。深化全市学校共青团改革具体举措，举办“微团课”大赛，全市全日制普通中学全面成立中学团校。少先队改革取得实效，所有县市区成立县级教育团工委，所有中小学建立学校少工委，实行县级少先队总辅导员年终述职，举办全市少先队辅导员风采展示活动，建设首批129个少先队校外实践教育基地。

【青少年思想引领】 开展“喜迎二十大、永远跟党走、奋进新征程”主题教育实践活动，举办学习贯彻中共二十大精神“青马工程”农村班、企业班及青联委员、网宣员培训班。在《国务院关于支持赣南等原中央苏区振兴发展的若干意见》实施10周年之际，开展“感恩党中央、感受新变化、奋进新征程”主题宣传活动。举办“喜迎二十大、童心永向党”赣州市少年儿童群众性文艺汇演、全市青少年生态环保绘画大赛、全市红领巾讲解员风采大赛、少先队员寻访“六个江西”社会实践营等活动，承接拍摄“同上一堂课——红领巾看江西中的‘勤廉江西’‘富裕江西’主题少先队活动课”，取得良好社会效益。召开学习贯彻中共中央总书记习近平在庆祝中国共产主义青年团成立100周年大会上的重要讲话精神座谈会，掀起学习热潮。团市委新媒体综合影响力指数稳居全国地市团委第一方阵，4次夺得全国第一，7次进入全国前三，20次进入全国前十，制作的短视频累计播放量超1.1亿人次、点赞量440余万人次，新媒体矩阵传播力影响力显著增强。

【庆祝共青团成立100周年系列活动】 修订出版《中央苏区青年运动史》，作为江西共青团唯一的项目被团中央列入纪念建团百年重点宣传项目，获评第四届全国青少年文化精品项目，中共中央党史研究室原副主任石仲泉等党史专家对该书评审作序，《中国青年报》用整版篇幅进行报道。举办青运史图文展、“学习青运史、弘扬苏区精神、建功新时代”主题征文比赛，开展“青运史诵读”活动，累计发布770余篇作品，阅读量超600万人次。赣州作为全国唯一设区市团委代表在“共青团与青年发展”论坛上作思想引领工作交流发言。团市委制作的“青运史”人物视频播放量超4500万人次，“赣州最后一名开国将军——邹衍”单条短视频，浏览量达2730余万人次，收藏点赞87万人次。

4月24日，赣州市举行“喜迎二十大、永远跟党走、奋进新征程”新团员入团仪式集中示范活动
（团市委供图）

【青年志愿服务】 2022年，累计组织1.8万余名青年志愿者服务疫情防控一线。2022年9月和11月，面对中心城区的突发疫情，团市委迅速组织机关及下属单位所有干部职工挂点联系1个乡镇（街道），组建19支志愿服务队，组织4000余名青年志愿者投身防控一线，捐赠防疫物资10余万元。面对龙南、瑞金等洪涝灾害，集结150余名赣青突击队员投入抗洪抢险，解救转移被困群众1800余人次，被中国文明网、中国共青团杂志等中央媒体报道。招募培训450余名青年志愿者服务赣南苏区振兴发展10周年座谈会、赣南脐橙国际博览会等重大赛会，用热情周到的服务赢得嘉宾的点赞。在每个乡镇建立1支“河小青”志愿服务队，发动21891名志愿者累计开展巡河护河、净滩行动1472场次。举办全市青年志愿服务项目大赛，指导龙南市“爱心‘超’链接·乡村暖心行”等项目在第六届中国青年志愿服务项目大赛中获得金奖1个、银奖2个、铜奖5个的历史最好成绩。全市组建防溺水志愿服务队215支，招募志愿者5000余人，开展线上线下防溺水自护教育326场次。

【青少年服务】 争取200万元资金设立赣州市青少年发展基金会寻乌县新时代文明实践专项基金。实施“赣州希望工程助残阳光行动”公益项目，线上线下募集善款150余万元，资助750余名低收入家庭残疾青少年。完成6个县60所学校“快乐足球”志愿者招募及足球捐赠工作。组织700余名农村留守儿童、城镇外来务工家庭子女赴井冈山开展研学活动。募集资金815万元，资助困难家庭学生2500人，帮助困境家庭青少年实现微心愿8100个。争取著名作家孙晶岩成立“孙晶岩赣南老区工作室”，向兴国、于都、瑞金等地中小学捐赠精品图书2.1万余册。

赣州市申报成为全国青年发展型城市建设试点（全国共45个，江西仅南昌、赣州入选），印发《赣州市青年发展型城市建设试点实施方案》，成立以市委分管领导为组长的试点工作领导小组，创新提出“个十百万”建设目标，市财政每年拨付200万元青年发展专项资金，召开赣州市青年工作联席会议第三次全体会议，协调推动46家市直责任单位制定出台52项青年发展普惠政策，拿出“真金白银”扶持青年成长发展。开展青年英才“展翅计划”暨大学生暑期实习活动，招募1000余名在校大学生到市直企事业单位实习见习，吸引市内外大学生到赣州就业创业。响应学校教育“双减”政策，联合市关工委为困难家庭未成年子女提供300个市青少年活动中心免费公益学位。在全市举办22场“爱在赣南·不收彩礼”赣州青年婚恋新风活动，为1000余名单身青年搭建交友平台，倡导婚嫁新风、反对高价彩礼。筹资600余万元，建设“童心港湾”项目点289个，直接服务留守儿童1万余名，创造“赣州经验”。实施心理护航员全市中小学教师心理健康实务培训项目，为1200余名中小学教师提供心理健康专业培训。联合市第三人民医院实施“青少年心理健康关爱行动”，组建一支112人的心理健康志愿服务团队，定期开展“助力中高考减压”“12355进社区”等线下活动，为青少年健康成长营造良好外部环境。

【服务中心】 建设全省首个江西青年数字经济产业园，推出优惠的创业扶持政策，启动招商工作，吸引一批初创企业申请入驻。筹集100万元资金，实施“九江银行杯”赣州市科技创新赋能青年“揭榜挂帅”行动，吸引中国稀土集团等70余家青年科研团队申报课题，助力科技创新赋能行动实现精准破题。

（黄桂朋）

赣州市妇女联合会

【概况】 赣州市妇联坚持以习近平新时代中国特色社会主义思想为引领，以深化妇联组织改革、家庭家教家风建设、妇女发展和维权为重点，扎实推进赣州市妇女儿童事业健康发展。妇女维权、妇联组织建设改革等多项工作在省级以上媒体刊发报道，获评全国“母亲邮包”公益项目先进集体、市直机关党建工作红旗单位等市级以上表彰奖励10余项。

【市妇女第四次代表大会】 10月27—28日，赣州市妇女第四次代表大会召开。大会审议通过赣州市妇联第三届执行委员会的工作报告，选举产生市妇联第四届执行委员会委员和常务委员会委员。刘春香当选为市妇联主席，肖宏蕾、刘艳萍、侯欣岑当选为市妇联副主席，曾丽芳当选为市妇联挂职副主席，丁乐、刘艳琼、梁鸿梅、钟瑾、刘嫔、罗惠文当选为市妇联兼职副主席。

【思想政治引领】 *巾帼宣传宣讲活动* 组织各地“赣鄱红色娘子军”宣讲团、“赣南新妇女”宣讲队，挖掘培育“民嘴”160余人，组织开展“巾帼心向党奋进新征程”学习贯彻中共二十大精神宣讲活动等系列宣讲1700余场，央视《新闻联播》刊播赣州市“赣鄱红色娘子军”宣讲团宣讲活动。

巾帼志愿服务活动 发动全市10.8万名巾帼志愿者融入新时代文明实践建设，开展政策解读等志愿服务活动1000余场，利用“我们的节日”等契机开展新时代文明实践巾帼志愿服务活动260余场，打造“章贡大妈”“南康姐姐”“茵子姐姐”等巾帼志愿服务品牌。章贡大妈志愿服务队、寻乌县女童保护志愿服务项目分别入选全国学雷锋志愿服务“四个一百”最佳志愿服务组织和最佳志愿服务项目，龙南市文明实践巾帼志愿阳光站入选全国阳光站。

群众性文化活动 举办“巾帼心向党喜迎二十大”主题合唱展演活动，联合市文广新旅局、市文联举办“巾帼翰墨不负韶华”——赣

州市首届女子书画作品邀请展览，联合市体育局举办“喜迎二十大畅享新生活”首届健身瑜伽千人马拉松赛。

【巾帼创业行动】 聚焦“稳就业”工作，实施“孩子喊父母回家上班”行动并纳入全市2022年“春风送温暖、就业送真情”大型网络招聘大会，开展线上线下就业招聘对接会302场，近30万人次参加，其中留守儿童家长求职人数32499人，达成就业意向7882人。联合就业部门发放妇女创业贷款7.19亿元，直接扶持创业5092人，带动就业17965人。将家政人才培养纳入职业技能提升行动范畴，培训家政服务员2000人次，组织选手参加2022年全省“振兴杯”职业技能大赛家政服务行业职业技能竞赛，获家居护理组、养老护理组第一名，市妇联获“优秀组织奖”。

【助力女企业家发展】 承办“巾帼心向党喜迎二十大”江西省女企业家协会走进赣州主题活动，格力电器董事长董明珠女士作主旨演讲。开展“政企连心亲清暖心”活动，指导章贡区、崇义县等9个县（市、区）成立女性创业者协会或商会。号召女企业家参与“春蕾计划——梦想未来”爱心公益行动，捐赠善款40余万元。成功推进30亿元投资额的A家家居高端家具生产制造项目和5.6亿元投资额的深圳赫兹生命科学技术有限公司投资项目落地签约。拜访格力电器董事长董明珠、国家级高层次人才戴晓兵、和君教育小镇董事长王明夫、江西合因教育科技有限公司女性人才何怡、江西艾立斯特生物科技有限公司教授沈亦平和朱玉亮等人，“以商引商”“以企引企”。

【乡村振兴巾帼行动】 培育扶持20个综合效益好、示范带动强的“赣州市巾帼产业示范基地”，提供妇女就业、创业帮扶、产品代销等服务，辐射带动农村妇女参与产业发展。组织开展“无门槛、下沉式”技能培训活动115余场，邀请专家帮助农村妇女在家门口学习一技之长。引导妇女参与乡村经济新业态，推荐3所民宿获评江西省“休闲乡宿巾帼示范基地”。开展“喜迎二十大巾帼倡节粮”活动，2名种粮大户荣获全省“巾帼种粮能手”荣誉称号。

【赣南新妇女运动】 联合市农业农村局、市乡村振兴局开展“清洁家园”创建主题活动，发挥村妇女小组长作用，动员广大农户围绕“五净一规范”做好家园整治。拓展“婚事俭办”内涵，举办“不要彩礼要幸福”主题集体婚礼、青年联谊会等活动32场，《人民日报》、全国妇联女性之声、江西女性等媒体平台相继报道，省委宣传部、省妇联给予高度评价并在全省推广，江西省婚俗改革试点工作简报（第9期）专刊登载赣州做法。

【家庭家教家风建设】 开展家风家教主题宣传活动 联合市纪委、市委组织部举办市直单位主要负责人“廉内助”培训班暨“廉洁家风教育日”活动。联合市直机关工委下文，将家风教育纳入模范机关创建内容。宣传《中华人民共和国家庭教育促进法》，举办“做合格家长与孩子共成长”家庭教育论坛、“‘双减’之下‘育’见未来”家庭教育主题活动、“儿童心向党——书香润心田阅读共成长”亲子阅读活动，线上线下观看、参与人次突破120余万人次。联合上海不输家庭教育通过直播课、线上交流、社群讨论等方式，为家长提供家庭教育服务。开展《中华人民共和国家庭教育促进法》实施一周年、《陪伴的力量》、《儿童五防安全教育》等宣讲活动800余场。

常态化寻找“最美家庭” 在全市范围广泛开展寻找“最美家庭”“五好家庭”活动。2022年，推报钟向峰家庭、张霖家庭入选全国“最美家庭”；余新秀家庭、廖月林家庭、马莉家庭、杨秀华家庭入选全国“五好家庭”；推报入选全省“最美家庭”73户，揭晓年度赣州市最美家庭279户，在“赣州女性”微信公众号刊载“最美家庭”优秀事迹。

【服务妇女儿童】 服务困境妇女儿童 为15万名城乡适龄妇女开展“两癌”检查，向上争取“两癌”救助资金690万元，救助患病妇女690人。开展“你出征我守护”行动，争取物资400余万元为1.3万户医护人员和家庭送上温暖。开展“强国复兴有我送健康到基层”活动15场，惠及近3600名妇女儿童。争取中国妇女发展基金会母亲健康快车5辆，提升基层医院服务水平。

5月20日，赣县区开展“不要彩礼要幸福”新风集体婚礼（市妇联供图）

开展“春蕾计划”爱心公益行动，募捐“春蕾计划——梦想未来”善款400余万元，惠及3200余名困境女童。实施“把爱带回家”“亲情连线”“少年儿童心向党——用心用情伴成长”等关爱活动1020场，受益儿童和家长5万人次。实施“母亲邮包”公益项目，市妇联被评为先进集体。

开展法治宣传教育　组织普法宣传1000余场次，发放宣传资料12万余册。推出“赣南表嫂来学法”系列普法微视频35期，线上线下观看量300万余人次，列入江西省普法视频教材在“学习强国”学习平台同步展播。推出赣州市首届“依法维护妇女儿童权益十大案例”动漫微视频，举办社区妇女“法律明白人”培训200余期，培养社区妇女“法律明白人”1800余人，赣州市在全省社区妇女“法律明白人”培养交流会上发言，中国妇女报刊发文章介绍市妇联普法经验做法，市妇联在全市“八五”法治宣传教育工作视频会上作典型交流发言。

推进市域社会治理现代化　接听维权热线1000余个，接待来访近430人次。联合市委政法委评选全市首批婚姻家庭纠纷调解示范工作室10个，树立典型引领带动婚调工作。联合市人民检察院、市教育局摄制《爱护我们的身体》3期专题课程，受益学生200万余人次。组织女童保护志愿者讲师开展儿童防性侵宣讲500余场，受益2.5万人。赣州小榕树团队荣获全国“女童保护”优秀团队。

【妇联组织建设】　深化妇联组织建设改革　争取市委全面深化改革委员会出台《赣州市关于深化妇联组织建设改革的实施方案》，将妇联组织建设纳入赣州市委“党建质量过硬行动”和“全面深化改革行动”的考核内容。召开全市深化妇联组织建设改革工作推进会，推进各领域妇联组织建设。创设“妇联＋社区物业”“妇联＋市域社会治理”工作模式。12月，《江西改革动态》专门刊发《赣州市以扩面强基提质深化妇联组织建设改革》。

联系服务女性人才　利用春节、“三八”国际妇女节，走访慰问各类妇女代表和优秀女性人才400余人。联合市委人才办建立赣州市女性人才信息库，联合市科技局筹备成立市女科技工作者协会。与和君教育小镇建立“双向服务”机制，组织妇女代表、女企业家开展交流互鉴活动160余场。

（吴骅奇）

赣州市科学技术协会

【概况】　赣州市科学技术协会（以下简称市科协）以迎接学习宣传贯彻中共二十大精神为主线，围绕全市工作大局，履行“四服务”（服务科技工作者、服务创新驱动发展战略、服务公民科学素质提高、服务党委政府科学决策）职责，各项工作取得新成效。组织赣州市11家企业参加2022中国创新创业成果交易会线上参展活动。12月，签订深赣两地科协战略合作框架协议，在赣州经开区联合举办2022年“湾区苏区齐携手科创联盟入赣行”活动。

【市科协第三次代表大会】　12月1—2日，赣州市科学技术协会第三次代表大会召开。大会审议通过《赣州市科学技术协会第二届委员会工作报告》和新修订的《赣州市科协实施〈中国科协章程〉细则》，选举产生赣州市科学技术协会第三届委员会主席、副主席、挂（兼）职副主席、常委及秘书长。钟玉良当选为赣州市科学技术协会第三届委员会主席。

【弘扬科学家精神活动】　市科协举办“众心向党自立自强——党领导下的科学家”主题展，市直80多个单位（部门）参观展览，在赣南师范大学、赣州经济技术开发区、赣州市图书馆等地开展巡展12场次，受众超过7万人次。11月24日，市科协发布《关于组建赣州市科学家精神宣讲团的通知》，吸纳优秀科技工作者55人组建科学家精神宣讲团。市科协联合市委宣传部、市科技局举办赣州市科学家精神宣讲微视频大赛。

【助力永磁电机产业发展】　举办中国稀金谷（赣州高新区）永磁电机产业云上推介对接会，150余名教授、专家、企业家通过“腾讯会议”参会，就科技赋能“中国稀金谷”永磁电机发展进行政产学研交流对接，318.91万人次在线观看。举办2022中国（赣州）永磁电机产业创

12月1—2日，赣州市科学技术协会第三次代表大会召开。图为大会现场

（市科协供图）

新发展大会，中国科学院院士都有为、沈保根出席并作主旨演讲，中国电工技术学会分别与赣州高新区、江西理工大学签订战略合作协议，大会签约招商引资项目7个，金额156.5亿元。

【科技竞赛活动】 举办第八届全国青年科普创新实验暨作品大赛赣州赛区比赛，赣州市在省级复赛中获奖数量和等级居全省第一，其中2支队伍代表江西省参加全国总决赛获一等奖，赣州市科协被评为“优秀组织单位”。组织14家企业团队参加企业创新方法大赛江西省区域赛，南康美克数创公司获省一等奖，代表江西省参加全国总决赛。12月20日，市科协联合赣州经开区管委会举办第二届科技创新大赛，20个优秀科技创业项目获得26.4万元奖金和金融机构2900万元授信额度。

【科技培训】 组织全市农技人员、种养大户等3000余人次，收看“乡村振兴科技云课堂”直播11期。成功新建科技小院3个。在于都、全南分别举办脐橙、林下经济产业培训班各1期，培训近260余人次。12月，在宁都举办黄鸡养殖培训班1期。联合市委组织部在龙南、石城承办农村党员创业致富带头人培训班各1期，培训近200人次。8月7日，由省委组织部组织三处、省院士专家服务中心主办，赣州市委组织部和赣州市科协承办的赣州市农村党员创业致富带头人蔬菜培训班在龙南市举办。12月6日，在龙南市举办赣州市科技信息企业应用培训会，全市科技信息企业负责人、科技研发和技术设计人员140余人参训。

【服务人才强市战略】 推荐中国科学院赣江创新研究院余运波、信丰县人大常委会退休干部袁守根获2022年江西省“最美科技工作者”称号。推动“三站”（院士工作站、专家工作站、“海智计划”工作站）建设，在信丰县新建市级院士工作站1家，推荐1家公司获批为省级院士工作站，7家公司申报省级“海智计划”工作站，获批省级专家工作站6家，组织申报市级专家工作站26家、市级“海智计划”工作站6家。举办“全国科技工作者日”庆祝活动。市委、市政府向全市科技工作者发出《致全市科技工作者的一封信》。开展赣州市第六届“十大科技创新人物”评选表彰活动，评选出“十大科技创新人物”及提名奖20名。走访慰问全市建站院士、建站专家和第六届“十大科技创新人物”及提名奖人选等科技工作者代表60余人。举办未婚青年科技工作者线上线下联谊活动2期，活动做法获市领导肯定性批示。11月，市科协联合市委人才办等部门出台《关于开展2022年全市高校院所、企业科研人员“双向双聘”工作的通知》，明确在全市开展高校院所博士或副高级及以上专家进企业聘用、企业副高级及以上科研人员进高校院所聘用的“双向双聘”工作。

【市第六届“十大科技创新人物”表彰大会】 5月30日，赣州市举行第六届“十大科技创新人物”表彰大会，对赣州市第六届“十大科技创新人物”及提名奖获得者进行表彰。邝圣庭、许海、杨少华、贾江涛、邹新华、汪雨萍、曾祥泰、稀土永磁悬浮轨道交通运输系统团队、赣南创新与转化医学研究院团队获赣州市第六届“十大科技创新人物”，吴阳红、魏强、管建红、牛善洲、区汉成、张小金、尧地长、陈波、周邦兵、李立锋获赣州市第六届“十大科技创新人物”提名奖。

【全民科学服务】 组织召开赣州市全民科学素质工作推进会暨领导小组（扩大）会议和迎接公民科学素质调查迎检工作专题会议，研究部署全市全民科学素质工作。印发《2022年赣州市科普和科学素质建设工作要点》。免费开放赣州科技馆，接待观众17.2万人次，开展线上线下科学课101期。深入学校开展“科普下乡入村进校”暨“科普助力双减”科普志愿服务活动16期，服务11862名学生。开展科普大篷车进校园活动17期。7月，全省首个县级科技馆瑞金科技馆正式免费对外开放。

【科普阵地建设】 完成赣州科技馆展厅设施更新改造，筹集155万元对天象厅设施进行升级改造。组织中国流动科技馆江西省区域巡展，完成6个站点到期换展。市科协纳入科普大篷车省级资源共享中心试点单位。推荐5个单位命名为2021—2025年第一批全国科普教育基地，4个单位申报省科普教育基地；命名33个单位为市级科普教育基地、11个单位为市级农业科普基地。创建55个市级科普示范村（居委会）、18个市级科普示范学校（中学）。由“学习强国”学习平台发起，共同出资在寻乌县第三中学建成全国首个“学习强国”科普课堂。组织全市13辆科普大篷车开展“科普轻骑兵”联合行动，联合市教育局举办科普讲座进校园活动，以视频连线方式邀请中国工程院副院长邓秀新开展线上专题科普讲座，全市300余所高中学校参与活动。举办赣州市科技活动周、心理健康知识科普“五进”宣讲、科普教育进校园、公民科学素质网络竞赛等科普主题活动。吸纳各行业科技工作者110人，组建赣州科技志愿者服务总队。

【科协组织建设】 成立市科协党校，机关党总支完成换届选举。确定7个为群众办实事项目。承办全省企业科协组织建设工作会议，召开全市企业科协建设工作推进会，新建215家企业科协。对28家市属学会全覆盖开展服务能力提升评估工作。督导新成立3家市属学会党支部，4家学会党支部完成换届，22家学会完成“党建入章”工作。组织2239人次参加“百社解百难”行动，帮扶群众3645人。

（黎　涛）

赣州市归国华侨联合会

【概况】 赣州市归国华侨联合会（以下简称市侨联）学习贯彻中共二十大和中共二十届一中全会精神，以习近平新时代中国特色社会主义思想为指导，全面贯彻落实中共中央总书记习近平关于侨务工作的重要论述，融入“六个江西”建设和“三大战略、八大行动”，召开赣州市第七次归侨侨眷代表大会，指导寻乌县、南康区、章贡区、宁都县侨联完成换届工作，开展助侨惠侨行动，为全面建设社会主义现代化赣州凝聚侨心、汇集侨智、发挥侨力，取得新进展新成效。

【市第七次归侨侨眷代表大会】 11月20—22日，赣州市第七次归侨侨眷代表大会召开。大会选举产生赣州市侨联第七届委员会，通过关于《赣州市侨联第六届委员会工作报告》的决议、赣州市侨联执行《中华全国归国华侨联合会章程》的决议，王孝友当选为赣州市侨联第七届委员会主席。

【“侨胞之家”示范点建设】 会昌县和君小镇乡贤馆“侨胞之家”申报中国侨联“侨胞之家”建设示范点，争取中国侨联项目建设资金7200元。全年，全市新增“侨胞之家”7个，建有“侨胞之家”43个，组织归侨侨眷开展笔墨迎春、浓情端午、孝老敬老等活动86次。

【交流联谊】 做好赣南等原中央苏区振兴发展十周年系列活动的对接工作。接待美国江西国际文化交流协会会长李京文、东帝汶中华总商会副会长林福、阿联酋江西商会暨同乡会秘书长胡莺、惠州市侨界青年委员会访问团等海内外侨胞、侨（社）团到赣州考察访问，推介赣州市投资政策和营商环境。应邀出席泰国江西总会（总商会）换届一周年视频工作会议。通过微信群与美国、菲律宾等地专家、学者、留学生群体和侨（社）团进行互动交流，宣传赣州发展新机遇、新政策，诚意邀请更多海内外人士关注、支持和参与赣州发展。

【参政议政】 组织侨联界别市政协委员开展4次界别活动和调研，到于都县侨资侨属企业、中国工商银行赣州分行、市公安局，就营商环境、金融政策、惠侨举措等课题进行调研。《赣南日报》、客家新闻网对市政协委员陈健鸣的《进一步优化营商环境助力赣州高质量发展》的发言进行报道，引起广泛关注。

11月20—22日，赣州市第七次归侨侨眷代表大会在章贡区召开。图为大会现场（市侨联供图）

【文化交流】 积极参与第32届世界客属恳亲大会筹备工作，向市政府推荐30余名优秀客家乡贤作为大会嘉宾。于都县中央红军长征集结出发地纪念园——中国华侨国际文化交流基地正式揭牌，省侨联领导出席揭牌仪式并讲话。6—7月，联合美国芝加哥芝北中文中心、西班牙巴塞罗那孔子文化学校、北美华人华裔寻根协会承办两期“亲情中华·为你讲故事”网上夏令营江西赣州营活动，创新开设“客家美食——大余烫皮”“赣南采茶戏”特色直播课程，吸引151名海外华裔青少年参营。组织参与第二十二届“世界华人学生作文大赛”成绩斐然，全市收到投稿3000余篇，252篇文章获得三等奖以上奖项，赣州市侨联荣获优秀组织奖。

【为侨服务】 与美洲江西人联盟等单位共同承办“侨联四海情满赣鄱”2022“庆国庆·迎重阳”云端晚会，联合赣南艺术创作研究所选送《禾杠丢打丢》《对花》等反映客家风情的节目参加晚会，在晚会上播放第32届世界客属恳亲大会宣传片。

与市人民检察院共同成立依法服务和保障侨资侨属企业健康发展领导小组，联合印发《关于依法服务和保障侨资侨属企业健康发展的意见》《关于建立依法服务和保障侨资侨属企业健康发展工作联系机制》，出台11条举措和8项工作机制，保护侨资侨属企业合法权益。组织侨资侨属企业参加市人民检察院助企发展开放日活动，围绕强化企业司法保护提出意见建议。

印发《关于在归侨侨眷中开展法治宣传教育的第八个五年规划》，重点加强对宪法、民法典、归侨侨眷权益保护法等涉侨法规政策和党内法规的宣传教育。聘请执业律师担任市侨联法律顾问，开展涉侨法律咨询服务，筹备成立法律顾问委员会。组织全市涉侨调解员参加3期人民法院在线调解平台在线调解实务工作培训。全市侨联开展普法宣传活动20余场次，协调帮助侨胞、侨企解决回国定居、子女入学、用地许可证等问题18个。

3月，会昌县侨联成功申报中国侨联“连心侨——维护侨益”项目，争取项目建设资金1.25万元，在会昌县九洲工业园“侨胞之家”建立全市首个“连心侨”调解工作室，畅通人民调解、行政调解、司法调解、检侨服务“四级”纠纷化解渠道。开展“走侨企、访侨户、解侨忧、纾侨困”活动，走访侨资侨属企业19个，慰问困难群众42人，发放慰问金和慰问品折合人民币2.7万元。

（伍　微）

赣州市文学艺术界联合会

【概况】 赣州市文学艺术联合会（以下简称市文联）以习近平新时代中国特色社会主义思想为指导，学习宣传贯彻中共二十大精神以及中共中央总书记习近平关于文艺工作的重要论述和指示批示精神，在服务中心大局、繁荣文艺创作、开展文艺惠民、夯实组织基础等方面取得成绩。市文联共有团体会员33个。

【赣州市第三次文代会】 11月23—24日，赣州市文学艺术界联合会第三次代表大会召开。大会审议通过《赣州市文联第二届委员会工作报告》和新修订的《赣州市文学艺术界联合会章程》，选举产生赣州市文联第三届委员会委员、常务委员和赣州市文联第三届主席团。周光仁当选为赣州市文联第三届委员会主席。

【文艺活动】 *国家级文艺活动* 启动“追寻为民足迹凝聚奋进力量”——2022中国文联“喜迎二十大”原创行动。7月29—31日，中国文联文艺志愿服务中心组织国家知名词曲作家李劲、亢竹青在于都开展2022中国文联“喜迎二十大”原创行动采风活动，打造把握时代脉搏、反映人民心声的音乐作品。

省级文艺活动 1月8日，“倡导移风易俗弘扬时代新风”主题漫画创作展（赣州巡展第四站）在黄金广场展览。1月16日，市文联联合江西省书法家协会、赣州市文化广电新闻出版旅游局主办的“力速数控杯”江西省首届全国行书书法作品展在赣州美术馆新展厅开展，收到全国各地作者来稿1986件，经评审，评出一等奖5件、二等奖10件、三等奖20件，入展作品160件。按照全省开展“以艺战疫”行动要求，开展“以艺战疫”主题文艺作品征集活动，择优在“赣州文艺”微信公众号发布11期作品展示。7月28日，承办全省文艺界“崇德尚艺为时代和人民放歌”巡回宣讲活动（赣州站）。

市级文艺活动 4月22日，联合市妇联、市文广新旅局举办“巾帼翰墨不负韶华”——赣州市首届女子书画作品邀请展，展览100名赣州女性书画爱好者103幅书画作品。联合市生态环境局举办“美丽赣州，我是行动者”摄影、书法比赛，收到179人的1165幅摄影作品和166人的168幅书法作品，评选获奖摄影、书法作品40幅，其中各评选出一等奖2人、二等奖3人、三等奖5人、优秀奖10人，6月5日、6月6—10日分别在蓉江新区麋鹿星球和市政中心双子楼一楼大厅展出。开展“五个一工程”奖作品采风创作活动。3月2日，赣州市2022年“五个一工程”奖歌曲类申报作品研讨会在市文化馆召开；3月4日，赣州市2022年“五个一工程”奖文学图书类申报作品《风吹蒿莱——驻村笔记》研讨会暨“让文艺照亮生活”采风活动在上犹县陡水镇举办；3月12—13日，赣州市让文艺照亮生活——文艺家下基层进入新时代文明实践中心（所、站）暨“五个一工程奖”歌曲类作品采风创作活动在兴国县、于都县举行。联合市文广新旅局举办喜迎中共二十大“新时代·新征程”赣州市美术书法作品展，收到作品300余件，通过“赣州文艺”微信公众号发布5期作品云展播。6月28日至7月10日，市文联在红杉里艺术馆举办“翰墨丹青中的赣南苏区振兴发展十周年”专题书画展。7月16日下午，“喜迎二十大舞动新时代”——赣州市第十二届舞蹈艺术节优秀少儿舞蹈作品精品展演活动在赣州艺术剧院举行。8月1—10日，市文联和赣州市书法家协会在章贡区举办赣州市首届少儿书法大赛2022年书法公益培训班，为15名参训人员培训书法史、书法欣赏等课程。8月15日，市文联联合瑞金市委宣传部在瑞金映山红大剧院举办“喜迎二十大·礼赞新时代”——赣州市文联佬俵歌合唱团惠民专场音乐会。

【专著出版】 全市作家在全国正规出版社出版文学著作30余部，省级及以上刊物发表散文、诗歌、小说、报告文学等文学作品350余篇次。出版作品综合集《今朝》十年精品选、《赣南客家传统村落的保护及振兴》（作者陶晓俊）、钢笔画作品集《虔城记忆——邹东钢笔画作品选》（作者邹东）、《赣川望郡——赣州城墙历史与铭文城砖研究》（作者常雪超）、《五百年龙船会》（作者廖小凤）、《绿野清风》（作者刘兰生）、《乡村来信》（作者柯小荣）、《赣州七鲤古镇乡土文化集锦》（作者陆川）、《宋朝大儒阳孝本的故里情》（作者曾少兵）。

【文艺成果】 *文学成果* 6月15日，赣州作家卜谷报告文学《历史与现实的回响》《打歌的将军》、简心散文集《客路赣南》、林珊诗歌集《好久不见》入围参评第八届鲁迅文学奖。刁肇华编剧创作的微电影《寨九坳恩仇记》《红井·红警》上映。11月，江西省第六届谷雨文学奖公布，共有40篇（部）

作品获奖，其中赣州作家作品共 9 篇(部)，分别为田宁的短篇小说《鱼鳍》、朱强的散文《墟土》、朝颜的散文《陪审员手记》、林珊的诗歌《好久不见》、周簌的诗歌《攀爬的光》、范剑鸣的报告文学《风吹蒿莱》、刘景明的报告文学《奔跑的橙子》、金朵儿的儿童文学《有个男孩叫松子》和丁之琳的儿童文学《雪小子》。

音乐成果　赣州音乐家创作的作品《这里是红军的老家》获第八届江西艺术节·第十一届江西音乐舞蹈艺术节原创声乐作品一等奖(第一名)；作品《让我们一起出发》荣获第八届江西艺术节·2022 年江西省广场舞展演一等奖；作品《少年的梦想》和《成长在您怀抱里》在“阔步新时代·校园好歌曲”全国征集评选活动中分别获得最佳歌曲(一等奖)及优秀歌曲(二等奖)；作品《少年的梦想》和《洞头春晓》分别获江西省第十三届少儿艺术节第二届江西少儿合唱艺术节三等奖和舞台艺术展演三等奖；作品《少年的梦想》在“新时代·新征程新青年”全省青年原创歌曲大赛中获优秀奖。

书法成果　赣州 12 人的书法作品入选“江山壮丽大美赣鄱”——喜迎党的二十大召开大型主题美术书法摄影创作展览（江西省第八届艺术节子活动）。

美术成果　陈桂南、罗慧娟、郭健等 3 人的美术作品入选“江山壮丽大美赣鄱”——喜迎中共二十大召开大型主题美术书法摄影创作展览（江西省第八届艺术节子活动）。

摄影成果　林宗健、刘小平、邱新生、易路萍、肖骏、李枝椿、吴致晶等 7 人的摄影作品入选“江山壮丽大美赣鄱”——喜迎中共二十大召开大型主题美术书法摄影创作展览（江西省第八届艺术节子活动）。

舞蹈成果　作品《戏偶情缘》获第八届艺术节·江西省第十一届音乐舞蹈节舞蹈类（群舞组）三等奖；作品《碧血丹心》获江西省第六届群众舞蹈大赛一等奖；作品《匾额传情》获得江西省第四届“赣鄱群星奖”，入围全国第十九届群星奖复赛。

戏剧成果　赣南采茶戏《一个人的长征》获第十六届精神文明建设“五个一工程”优秀作品奖、第四届“江西省文学艺术奖”，主演杨俊斩获第十七届中国文化艺术政府奖文华表演奖；第十二届江西玉茗花戏剧节中，赣南采茶戏《一个人的长征》获大戏新创剧目类优秀剧目奖，赣南采茶戏《呐子声声》《信丰老俵曾纪财》《等你来》获小戏新创剧目类剧目奖，赣南采茶戏《搭船巧遇》获小戏复排类优秀剧目奖，赣南采茶戏《补充皮鞋》和宁都采茶戏《种麦》获小戏复排类剧目奖，会员谢千文获大戏新创剧目编剧奖，会员阳春萍获小戏创新剧目优秀编剧奖，会员钟东林获小戏创新剧目编剧奖，会员谢礼、董勇、赖宝珍获小戏创新剧目优秀导演奖，会员舒宗文获小戏创新剧目导演奖，会员王思豪获小戏复排剧目表演类新人奖。

民间文艺成果　民间文艺作品《头番红龙》获第十五届中国民间文艺山花奖入围奖；12 件作品入展“喜迎二十大，匠心致初心”江西省优秀民间工艺美术作品展，张奕清的书法剪纸、廖溪剪纸《龙飞凤舞致初心》、胡润生核雕《大国神韵》、何坤木雕《闪闪红星耀童心》、江小坤《红色故都瑞金》、赖建华《赤壁赋砚》、曾淑芳《客家织女》、朱小华《降衣》、王铭廷《关公战甲》等 13 件入选江西省文联、省民协主办的“喜迎二十大，匠心致初心”江西省优秀民间工艺美术作品展；温谈升的《聚指成拳》、张文峰的《客家山歌传四方》、钟同福的《红都“网红”教导员》等在“听故事见江西”江西省民间故事创作征文中评选为入围故事；胡润生的《晨光》入选中国书画艺术指导委员会主办的 2022 年“艺心向党，喜迎二十大”优秀艺术作品评选活动中，被授予最具收藏价值奖，《回归》被中国民协数字博物馆收藏。杨小平参与世客会“Hakka 客家”全球首发。

【文艺志愿活动】　开展“让文艺照亮生活”系列文艺志愿服务活动。1 月 20—25 日，市文联派出 12 支文艺志愿服务队、335 名文艺工作者，走进全市各地新时代文明实践中心（所、站），围绕政策宣传、文明创建、乡村振兴等主题，开展文艺调研、文学家访、文艺讲座与交流、文艺演出、现场书画、剪纸摄影、根石艺精品赏析等送文化下乡活动。在上犹陡水镇开展“五个一工程”奖图书类作品研讨和采风创作活动。组织“五个一工程”奖歌曲类作品主创人员深入基层，挖掘创作素材，邀请基层音乐爱好者及文艺“两新”（即新文艺组织和新文艺群体）共同参与创作改稿会。10 月 4 日，赣州市摄协文艺志愿者服务队在信丰县新田镇大江村开展“让文艺照亮生活——情暖重阳定格幸福”公益服务活动，为村民拍摄幸福照和全家福；赣州市根石艺学会文艺志愿者服务队走进章贡区章江花园举行“让文艺照亮生活”送文化进小区活动，展出 20 余件根、竹、石雕作品，组织竹雕艺术讲座，同小区老人表演《没有共产党就没有新中国》、二重唱《为了谁》、兴国山歌《苏区干部好作风》、舞蹈《我爱我的祖国》等节目。10 月下旬，市文联围绕宣传贯彻中共二十大精神，组织市、县文联 30 余支志愿服务队，采用小型文艺演出、“点单”服务、文艺辅导、讲座培训、采风创作、文艺支教、展览展示等方式开展文艺志愿服务。2022 年，开展 50 余场涵盖文学、书法、摄影、音乐等内容的文艺惠民活动。

开展“3·5”学雷锋主题文艺志愿服务活动。3 月 5 日，市文联组织市美协、市书协文艺志愿者在章贡区下壕塘社区开展“大师教你画国画、写书法”“3·5”学雷锋日新时代文明实践中心文艺志愿服务活动；赣州市摄影家协会文艺志愿者服务队在章贡区沙石镇吉泰社区开展“学习雷锋好榜样”志愿服

1月20日，赣州文艺志愿服务迎新春走进新时代文明实践中心（所、站）送文化下乡系列志愿服务活动在崇义县金坑乡元田村新时代文明实践站举行　（市文联供图）

务活动，为群众拍摄全家福，赠送江西省摄影家协会的摄影挂历和赣州市摄影家协会《我看赣南苏区变迁》的摄影画册。

开展纪念延安文艺座谈会80周年文艺志愿服务活动。5月19日，市文联组织全市文艺志愿者在章贡区下壕塘社区开展纪念延安文艺座谈会80周年“万名文艺家下基层”文艺志愿服务活动，为社区群众开展采茶健身舞现场教学。组织3家市级媒体和1家县级媒体协助播出中国文联“纪念毛泽东同志《在延安文艺座谈会上的讲话》发表80周年文艺演出”视频。

开展“我为群众办实事”文艺志愿服务活动。市文联组织书法文艺志愿者为下壕塘社区书写“民有所呼我有所应”书法作品，助力社区人大代表工作站建设。

开展“5·23”中国文艺志愿者服务日主题文艺志愿服务活动。以“5·23”中国文艺志愿者服务日为主题，市文联在下壕塘新时代文明实践站举办“不忘初心感恩奋进”主题摄影展等活动。

开展摄影服务志愿活动。7月3日，赣州市文艺志愿服务队摄影家协会服务分队在瑞金市叶坪镇华屋村为村民拍摄大合影，赠送《我看赣南苏区变迁》《追寻红色印记展示老区新貌》摄影画册。7月23—24日，赣州市文艺志愿服务队摄影家协会服务分队在石城县开展志愿服务活动，拍摄图片，向群众赠送《我看赣南苏区变迁》摄影画册。

【组织建设】　推动各文艺领域人才培养。举办赣州市第十三届舞蹈艺术节启动仪式暨赣州市舞蹈家协会舞蹈创作基地授牌仪式、《客乡寻根集》读书会、2022赣州摄影展览年·寻找优秀青年摄影师网络摄影作品展征集活动。

畅通联络渠道打造品牌活动。坚持与中国文联、省文联及各文艺家协会紧密合作，参与打造中国文联“文艺进万家健康你我他”，省文联“万名文艺家下基层”、江西谷雨诗会等文艺品牌，进一步促进优质文艺资源向赣州聚集。

（廖凤灵　彭炳炎）

赣州市社会科学界联合会

【概况】　赣州市社会科学界联合会（以下简称市社联）坚持以习近平新时代中国特色社会主义思想为指导，深入学习宣传贯彻中共二十大精神，充分发挥“桥梁纽带、组织协调、资政服务、社科普及”职能作用，在社科研究、社科普及、社团管理和自身建设等方面取得成效。

【市第三次社科工作者代表大会】　11月26—27日，赣州市第三次社科工作者代表大会召开。大会审议通过《赣州市社联第二届理事会工作报告》和新修订的《赣州市社会科学界联合会章程》，选举产生市社联第三届理事会理事和常务理事，郑成功当选为赣州市社会科学界联合会第三届理事会主席。

【理论宣传宣讲】　开展“喜迎二十大奋进新征程”系列活动。主题征文和短视频征集活动收到征文稿件161篇、短视频50个，通过微信公众号、视频号等新媒体平台刊发优秀作品。视频《十年不凡——航拍赣州新貌》全网播放量突破10万，被推送到“学习强国”学习平台。

学习宣传贯彻中共二十大精神。制定印发《赣州市社联关于全市社科界认真学习宣传贯彻党的二十大精神的通知》。采取市、县联动方式，举行“奋进新征程建功新时代——赣州市社科界学习宣传贯彻党的二十大精神暨赣州市2022年社科普及宣传周活动”，通过文艺表演、社科普及面对面、社科创意文明市集等活动形式，推动中共二十大精神学习宣传贯彻在基层走深走实。

开展理论宣讲。组织各县（市、区）社联开展“江西省市县社联主席理论宣讲基层行”活动20场。

【社科研究】　社科课题立项　赣南师范大学教授朱小理主持的《中央苏区时期调查统计史料收集、整理与研究》获2022年度国家社科基金重大项目，该项目为赣州市自新中国成立以来立项的第三项国家社科基金重大项目。国家社科基金年度项目和西部项目立项15项（含高校）；省社科规划项目52项（含高校），其中省社科基金地区项目（暨赣州市经济社会发展重大研究课题）8项、社科普及专项4项。市级社科课题立项1020项，首次设立社科普及课题。8项省社科基金地区项目（暨赣州市经济社会发展重大研究课题）具体为《赣州市打通数据壁垒的堵点破解机制研究》《新时代发挥对口支援政策效应推动赣州经济社会发展问题研究》《赣州市与大湾区比较优势和合作模式研究》《赣州宋城文化与旅游产业融合发展的路径研究》《赣州市做优做强头部企业实现工业强市的有效举措研究》《乡村振兴视角下赣州打造粤港澳大湾区生态康养旅游后花园的措施研究》《三产融合视角下的赣州市农村集体经济提升策略研究》《赣州市中心城区打造300万人口省域副中心城市的路径研究》，其中《赣州市与大湾区比较优势和合作模式研究》课题成果得到市委主要领导肯定性批示。

社科刊物出刊　办好《赣南社会科学》《新赣州智库》社科内刊，加强栏目设置，开设“学习宣传贯彻党的二十大精神”“学习宣传《习近平谈治国理政》第四卷”“苏区振兴十周年”“三大战略八大行动”等专栏。《赣南社会科学》全年出刊6期、《新赣州智库》出刊12期。

学术交流及研讨　联合主办“践行习近平调查研究重要论述，推动革命老区高质量发展”专题座谈会，与会专家深入探讨中共中央总书记习近平关于调查研究新思想新观点新论断、新时代开展调查研究的实践要求和工作方法、弘扬寻乌调查唯实求真的精神、保护利用和发展寻乌调查红色资源等理论与现实课题。承办“江西在宋代的历史文化地位”学术论坛，与会专家围绕江西宋代历史研究、宋代文化遗产保护利用、江西在宋代的历史地位、赣州宋城的内涵与价值挖掘等发言，廓清江西宋代历史及赣州宋城文化研究方向，阐释研究江西宋代历史文化的重要意义、赣州在宋代历史文化中的重要地位。承办全省基层社联系统学习宣传贯彻中共二十大精神会议暨业务骨干培训班，市社联、会昌县社联在会上作典型发言。

社科优秀成果评奖　开展2021年度市优秀社科成果奖评选活动，参评成果237项，同比增长58%，首次设立社科普及类奖项。评选出获奖成果66项，其中一等奖6项、二等奖12项、三等奖20项、优秀奖28项。

智库建设　在全省各设区市率先成立市级哲学社会科学研究基地，郭大力研究院、章贡区江南宋城文化研究会等10个研究机构被评为首批基地。配套设立社科研究基地专项课题32项，助推各基地的理论研究水平提升，探索特色新型智库建设新路。

【社科普及】　落实《江西省社会科学普及条例》规定，建立以联系市社联工作的市政府副市长为召集人，市社联主席为副召集人，市教育局、市司法局、市财政局等12个市直有关单位分管领导为成员的赣州市社会科学普及工作联席会议制度。

社科普及文明实践志愿服务　赣州市成立全省首支市社科普及文明实践志愿服务队，涵盖理论、国学、红色文化等领域计12支分队、队员超过600人。“社科启迪智慧”赣州市社科普及文明实践志愿服务队社科公益课堂获2022年全省社科普及基地创新普及项目资助，“社科启迪智慧志愿服务项目”在全市新时代文明实践志愿服务大赛中获得优秀奖。

社科普及基地建设　新增上犹非物质文化遗产展示馆、信丰县赣南游击词主题园等18家单位为市级社科普及基地，全市有市级社科普及基地40家，实现市级社科普及基地县（市、区）全覆盖。赣州市博物馆、南康家具小镇等7家社科普及基地获批省级社科普及基地，数量居全省第一。在全省社联系统首创上线社科普及基地打卡小程序，进一步发挥全市各社科普及基地普及效能。在首届各省市区社科普及基地讲解员大赛中，安远县推选的作品《情系东江源》荣获优秀奖。

新媒体建设　建立“赣州社科”视频号和抖音号，作为社科普及的重要抓手，多个视频点击量突破10万人次。突出“学术性、权威性、可读性、普及性”特点，加强新媒体平台管理和运用，出台《“赣州社科”新媒体平台稿酬（奖励）管理办法（试行）》，打造线上“永不落幕”的社科工作阵地。

【学会管理】　江西省宋史研究会　6月25日，江西省宋史研究会成立大会在赣州召开。成立大会召开前，江西省宋史研究会选举产生第一届理事会理事和监事会监事，召开一届一次理事会，选举产生会长、副会长、秘书长。江西省宋史研究会

3月5日，赣州市社科普及文明实践志愿服务队成立仪式在福寿沟博物馆举行（市社联供图）

是市社联牵头发起成立的全国第一家省级宋史研究会，是全省第一家断代史研究会，由全省各科研院所、大中专院校和有关部门、单位从事宋史研究的单位和个人组成的社科学术团体。江西省宋史研究会挂靠在赣南师范大学，是具有法人资格的非营利性社会组织，接受业务主管单位江西省社联、社团登记管理机关江西省民政厅的业务指导和监督管理，发展会员96个（其中团体会员3个，个人会员93个），会员主要来自南昌、赣州、抚州、吉安、上饶、九江、景德镇、萍乡等设区市。江西省宋史研究会与章贡区人民政府签署战略合作协议，助力江西省宋史研究成果转化和章贡区文旅产业发展。

规范管理　加强市社联社会组织行业综合党支部党建工作，由市社联机关党员干部担任党支部书记，推进“党建入章”工作。围绕组织建设、学会工作等“七个一”标准，在全省首创开展星级学会创评活动。

（张华清）

赣州市贸易促进委员会

【概况】　赣州市贸易促进委员会（以下简称市贸促会）坚持以习近平新时代中国特色社会主义思想为指引，认真学习宣传贯彻中共二十大精神，贯彻落实中共中央总书记习近平在庆祝中国贸促会建会70周年大会暨全球贸易投资促进峰会上的重要视频致辞精神，各项工作取得新进展新成效，得到赣州市委、市政府和上级业务主管部门的表扬肯定，被省贸促会评为“2022年度优秀设区市贸促会”，报送的调研文章《RCEP对赣州产业发展带来的机遇挑战及有关思路建议》获得省贸促会主要领导批示肯定，在中国贸促会会刊《贸促工作参考》第632期发表，有关工作举措在全国范围推广。

【贸易促进】　创新开展展贸活动　探索数字招商、代参展、线上线下国际直采对接等展贸新模式，提升企业利用数字经济开展经贸活动的效果，引导企业利用数字经济“走出去”开拓国际市场。开展“我帮企业走出去”活动，印发《赣州市2022年境外重点展会计划》，鼓励全市“1+5+N”主导产业企业创新参展模式，参加境外线上线下展会。组织218家企业参加14场2022年赣州市重点展会，申请展位数221个。开展“我帮企业搭平台”活动，创新采用面对面商品直采新模式，联合省贸促会举办“2022南康家具国际直采对接会”和“2022江西纺织服装双线国际直采对接会”，邀请60余家境外采购商到赣州与130多家家具、纺织服装企业开展“一对一”采购洽谈，累计签订意向采购金额1738万美元。

服务外资企业　在市贸促会和各县（市、区）贸促会、商务部门设立服务外资工作专班，收集、整理、上报全市外资企业诉求，跟踪诉求解决情况，及时向企业反馈。收集53家外资企业上报的诉求72条。其中，上报中国贸促会工作专班7条诉求，解决1条（江西东海精器有限公司希望开放就近的港口承运危险品诉求已协调交通运输部解决，获企业书面致谢），是江西省上报中国贸促会最多诉求的设区市。

【投资促进】　开展外出招商活动13次，走访、接待客商394批次；跟踪项目37个，其中在谈项目27个；签约开工3个项目（赣州茂源药业有限公司水杨酸系列产品二期项目、赣州辰鑫金属材料有限公司齐飞新材料二期项目、上海贝菱电器有限公司环境电器项目），投资金额36.5亿元，实际进资2.7亿元，超额完成签约2亿元、进资4000万元的年度招商目标任务。

【政策宣传】　组织宣讲队深入企业宣传15次，开展在线培训5次，在各类媒体发表相关文章12篇，提升企业对自贸区优惠政策的理解利用水平。开展RCEP政策研究，编印《RCEP国别（地区）投资手册》《区域全面经济伙伴关系协定（RCEP）对赣州产业发展带来的机遇》等政策运用指南，帮助企业了解RCEP成员国投资环境、投资政策，抢抓RCEP机遇。

【商事认证】　签发一般原产地证1076份，同比增长38.3%，货值金额5887.33万美元，同比增长4.9%。签发优惠证原产地证723份，同比增长460.47%；货值金额1788万美元，同比增长416.24%。其中，

11月1日，赣州国际商会成立大会在赣州锦江国际酒店召开

（赣州市贸促会供图）

RCEP 原产地证 113 份，货值金额 498.15 万美元。签发商事证明书 96 份。

【机构建设】 加快推进贸促机构建设，全力配合贸促改革调研，形成高质量调研报告。全市所有县(市、区)均成立贸促会机构，成为全省设区市基层贸促机构建设见效最快、数量最多的设区市。推动赣州国际商会成立，发展吸纳会员 72 家。11 月 1 日，赣州国际商会成立大会胜利召开，会议通过商会章程、选举办法、会费管理办法、轮值会长制度，选举产生第一届商会理事会及领导班子，标志着赣州市率先在全省设区市成立国际商会地方分会，列入省委深化改革试点项目。

（刘晨东）

赣州市残疾人联合会

【概况】 赣州市残疾人联合会(以下简称市残联)履行“代表、服务、管理”职能，是沟通党委、政府、社会、残疾人的桥梁和纽带。按照章程设立盲人协会、聋人协会、肢残人协会、智力残疾人及亲友协会、精神残疾人及亲友协会等专门协会，并注册为独立法人。省政府授予市残联残奥会人才输送突出贡献奖和残运会人才输送突出贡献奖。获评 2021 年度全省残联系统绩效管理工作优秀单位，综合工作、基础工作、特色创新工作等均走在全省前列。相关工作经验材料在全国基层党建网、中国乡村振兴网、中国网等多个全国性网站以及赣州党建网、赣州乡村振兴网、《赣州乡村振兴简报》栏目中刊发 10 余篇。

至年底，全市有各类别残疾人 62.88 万人，持有残疾人证的残疾人 25.63 万人，享受低保残疾人 10.33 万人，14.25 万名残疾人享受困难残疾人生活补贴和重度残疾人护理补贴。全市 311 个乡（镇、街道）成立残联、3975 个村（社区）成立残协，全面完成换届工作。开展县(市、区)残疾人专门协会注册登记工作，成立赣州市残疾人之家，为专门协会提供办公和活动场所。

【市残联第四次代表大会】 11 月 2—3 日，赣州市残疾人联合会第四次代表大会召开。大会通过赣州市残联第三届主席团报告的决议，聘请市委副书记、市委统战部部长熊运浪为市残联第四届主席团名誉主席，市人大常委会副主任陈黎和市政协副主席刘定辉为名誉副主席，窦良坦当选为市残联第四届主席团主席，推举何清平为第四届执行理事会理事长，推选市残联各专门协会主席、副主席。

【帮扶解困】 市政府出台实施《赣州市“十四五”残疾人保障和发展规划》《关于“十四五”期间推进我市残疾人事业高质量发展的若干措施》。市残联开展残疾人基本状况调查，了解全市持证残疾人生活需求、享受政策等情况，建立信息库。坚持应纳尽纳、应享尽享的原则，推动残疾人“两项补贴”（即困难残疾人生活补贴和重度残疾人护理补贴）不断提标扩面，残疾人“两项补贴”资格申请认证实现跨省通办，实施动态管理、精准发放，均达到每人每月 80 元。落实残疾人辅具补贴政策，推进《赣州市残疾人适配基本型辅助器具补贴实施办法（试行）》实施。为 3690 名残疾人发放机动轮椅车燃油补贴，为 4030 余名困难重度失能残疾人提供照护和托养服务。

【残疾人就业创业】 出台《赣州市促进残疾人就业三年行动实施方案（2022—2024 年）》。联合市检察院开展按比例安排残疾人就业公益诉讼。对全市各用人单位按比例安排残疾人就业情况进行年度审核，按比例安排残疾人就业成为评先评优准入条件，并将其纳入市直单位市管领导班子和市管干部综合考核。全市残保金征收情况整体向好，市级残保金征收额较上一年度增加 1000 万元。举办 35 场次人才招聘会，接待求职人员 4300 多人次，接待用人单位 409 家次，达成用人意向 1630 人次，提供就业岗位 2792 个，为 871 名残疾人购买公益性岗位，选聘 2200 名残疾人担任农家书屋管理员。在赣州五龙客家风情园举办市本级残疾人职业技能培训班（电子商务），各县（市、区）残联分期分批对残疾人进行手工编织丝网花、电脑、服装技能等培训，对农村残疾人进行油茶、脐橙、养蜂等种养殖特色培训，全市共开展培训 36 场次，培训 1514 人。

【特殊教育】 落实特殊教育提升计划，完善残疾人学前教育、义务教育、高中阶段教育以及高等教育的特殊教育体系。2022 年，为 1203 名在训学龄前残疾儿童提供 3000 元 / 人的助学补助，适龄残疾少年儿童入学率达 99%。

【康复服务】 实施残疾人精准康复服务行动，扩大康复救助年龄范围至 15 岁，为 38342 名残疾人提供基本康复服务，2519 名残疾少年儿童提供康复训练补助，联合卫健系统开展 1—3 岁儿童孤独症免费筛查项目。引进公办民营赣州圣博康复医院，缓解孩子康复难、负担重的问题。投资 2.4 亿元建设赣州市残疾人康复中心，为 150 名康复服务协议机构专业技术人员提供孤独症、听力言语和 VB-MAPP 培训，支持民办康复服务机构建设，为机构内专业技术人员提供企业职工基本养老保险补贴，对全市康复服务协议机构考评优秀的 13 家机构进行奖励。

【无障碍环境建设】 为 3800 名困难重度残疾人家庭实施无障碍改造。推动市政府出台出行优惠措施，本市户籍残疾人凭证办理公交优待卡，可免费乘坐全市城区运行的公交车。推动市检察院开展让爱来、让“碍”走公益诉讼，市残工委开展无障碍设施建设管理情况排查。联合联通公司为听障残疾人提供“畅听王卡”，1.4 万余名听障人士受益，获省党史

9月6日，赣州市第一届残疾人运动会在市体育中心举行　　（市残联供图）

学习教育“我为群众办实事”公益助残活动先进组织奖。

【文体活动】 邀请中国残疾人艺术团到赣州进行公益巡演。举办赣州市第一届残疾人运动会，参赛运动员500余名。组织参加省运会残疾人项目，赣州团体总分列全省残疾组第一，获奖人数和冠军数均居第一。赣州市运动员参加省残疾人青少年运动会获1枚金牌、4枚银牌、4枚铜牌。参加全国残疾人健身周活动，获1个一等奖、3个二等奖、1个三等奖。

【残疾人事业宣传】 与赣州广播电视台对接进行多平台宣传，利用高速公路电子屏、商场大厦游字广告等手段宣传残疾人事业，开设惠残政策广播访谈节目《爱在阳光下》和全省首档地市级电视手语栏目《同在蓝天下》，为残疾人提供便利，丰富残疾人文化生活。宁都县全国助残日活动在中央电视台晚间新闻报道。章贡区连续两年全国助残日和全国残疾预防日投放大型游字残疾人工作宣传标语。兴国县评选出全县残疾人“十佳创业典型”“十佳脱贫典型”“十佳助残工作者”30人，为残疾人树立榜样。上犹县蒙芳入围2022年度中国残疾人事业助残新闻人物候选人，网络投票排名位居前列。

【维护残疾人权益】 发挥12345政务服务热线和网络信访平台作用，排查化解残疾人矛盾纠纷。推动市人大、市政协组织开展残疾人就业培训、康复服务等工作视察、调研，协调市中级人民法院通过巡回审判、上门调解等方式为残疾人提供诉讼便利，维护残疾人权益。推荐优秀残疾人和残疾人工作者当选人大代表、政协委员，在就业、无障碍环境建设、残疾人免费停车等热点问题上反映残疾人的需求和呼声，得到相关部门的响应，使残疾人群众得到实惠，取得很好的社会效果。

（罗可欣）

赣州市红十字会

【概况】 2022年，赣州市红十字会坚持以习近平新时代中国特色社会主义思想为指导，深入学习宣传贯彻中共二十大精神，大力弘扬“人道、博爱、奉献”的红十字精神，荣获“中国红十字总会报刊宣传先进集体一等奖”。

【组织建设】 依法选举市红十字会会长、常务副会长和专职副会长，调整45名理事。夯实基层基础，建立红十字基层组织1981个〔其中乡镇（街道、城市社区）216个、学校402个、村级1102个、社区185个、其他基层组织76个〕，发展团体会员100个、个人会员8620人。整合阵地资源，在于都、宁都、全南等地建设7个博爱家园项目，章贡区、赣县区、定南县分别建设红十字救护站、南丁格尔志愿服务工作站和博爱健康校园，瑞金市建设3个博爱校医室和2个博爱卫生站，打通服务群众的“最后一公里”。

【救灾救援】 新建赣县区、信丰县、安远县、瑞金市4支县级红十字救援队。基本建成全市红十字综合应急救援队伍体系，积极参与全市灾害救援、疫情防控、重大赛事、大型活动等应急救援救护服务工作。有效应对“6·18”特大洪灾，调拨52万余元的物资下发崇义县、赣县区、全南县等灾区，协助转移群众800余人次，全力守护群众的生命财产安全。举办无人机驾驶员培训班，提升救援队伍专业能力。承办全省“水美家安——全民防溺水”暨“一家一个救生圈”演练宣教活动，发放救生圈1036套。

【应急救护】 常态化开展应急救护培训“五进”（进机关、进社区、进农村、进企业、进学校）活动，全年开展“救在身边+生命教育活动”40余场、防溺水安全宣讲20场，救护员培训、普及培训分别完成20338人和18.98万人次。举办2022年红十字应急救护师资培训班，新增31名救护讲师。建成瑞金市红十字会应急救护培训基地并投入使用。落实省、市“民生实事工程”，在各地公共场所投放配置248台自动体外除颤仪（AED），完成省级下达计划数的250%，对投放点工作人员开展配套培训，让群众能用、会用、敢用AED。

【人道救助】 开展“博爱助困”活动，春节、元旦期间组织开展“红十字博爱送万家”活动，发放物资89.62万元，惠及11600余人；救助蓉江新区五保户15户，“一对一”

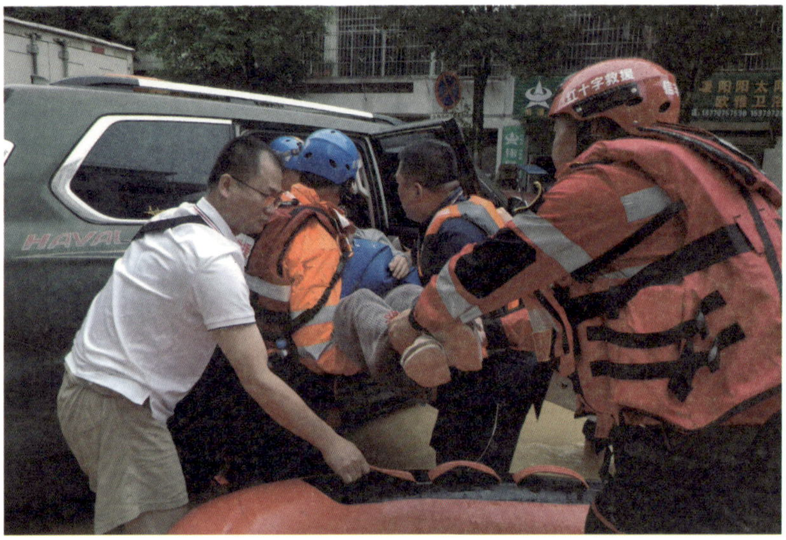

6月14日，赣州地区红十字救援队在龙南参与抗洪救灾，转运心脏病发病人紧急就医（市红十字会供图）

助学4户。推进“博爱助医”行动，做好“中央专项彩票公益金大病儿童救助项目”申报，救助白血病儿童50人，救助资金174万元；与赣南医学院第二附属医院建立人道救助公益基金，救助信丰县养老院贫困患者300余人；实施“为重疾家庭带来希望”公益项目，救助首批重病患者10人；用好“赣州让爱无缺”计划，定向资助967户贫困家庭开展产前检查和新生儿疾病筛查。常态化支持全市疫情防控工作，发放帐篷153顶、应急救护包700个、N95口罩2980个、一次性口罩5.8万个，定向接收价值50万元的华为弱电无线设备支持赣州方舱医院建设。落实“博爱助农”项目，募集资金1250余万元，为农村地区援建装配式公厕89座、太阳能路灯1768盏，助力乡村振兴工作。

【大爱“三献”】 全年新增造血干细胞捐献登记志愿者626人，成功捐献9例，成功回访失联造血干细胞志愿者2629人。推动将无偿捐献造血干细胞救人行为纳入见义勇为认定范围，市政府印发《赣州市见义勇为人员奖励和保障实施办法》，助推造干捐献事业发展。新增遗体器官捐献登记志愿者7623人，成功捐献器官62例、眼角膜16对、遗体11例。建设赣州市遗体器官捐献者纪念园，为捐献者家属提供缅怀纪念场所。联合赣州市献血办举办第五届“三献”宣传月暨无偿献血公益活动等。

【人道资源动员】 完成社会筹资15320万元（资金9130万元，物资价值折合6190万元），用于救助困难群众、服务乡村振兴等中心工作和发展红十字事业。参与组织“5·8”人道公益日、“5·20”公益日、“9·9”公益日活动，发起“点亮赣南乡村路”“博爱助农、博爱善行、博爱援助、红十字救在身边”等项目，动员10余万人次参与，募集资金1448万余元，被省红十字会评为网络众筹榜样单位。实施“虔城勇为”公益项目，募集623.68万元支持见义勇为公益事业。参与全省乡村振兴公益“100+”三年行动项目大赛，10个项目榜上有名，其中“橙心方太，产业振兴”项目获得精品项目。

【志愿服务】 配合做好全市疫情防控工作，组织715名红十字工作者、志愿者累计参与疫情防控工作时长10495小时，协助转运中高风险区返赣人员300余人。组织“红十字博爱送万家”、“‘3·5’学雷锋”、“六一情系留守儿童”、“爱心护考”、八一建军节探望慰问老兵、重阳节慰问困难群众等各类志愿服务活动260余场，服务68940余人次，新增志愿者1060人。

【养老护理】 建立县级红十字会养老介护培训基地，组建13支平均30人以上的红十字养老服务队，持续完善养老特色服务。积极推进养老护理员和养老普及培训，全年培训养老护理员186人、养老普及培训6340人。组织31人参加省红十字会养老师资培训班，取得养老师资证书。全市南丁格尔志愿服务队开展养老志愿服务活动244场，受益55329人次。

【事迹宣传】 用心用情讲好红十字故事，开展各类宣传活动160余场，在国家级主流媒体发表稿件170篇次，在市级主流媒体发表稿件329篇次，在市级以上主要媒体刊登理论研究或业务工作交流文章12篇，市本级荣获2022年度“中国红十字总会报刊宣传先进集体一等奖”。大力挖掘和宣传“三救三献”工作中的感人事迹，人民日报、新华社等媒体宣传报道器官捐献者卢意顺、洪立鑫和造血干细胞捐献者肖有威的感人事迹，点击阅读量超千万人次。

（陈勇丞）

赣州市计划生育协会

【概况】 赣州市计划生育协会（以下简称市计生协）充分履职，向服务型群团组织转型升级，落实生育政策宣传教育、生殖健康咨询服务、优生优育指导、计划生育家庭帮扶、权益维护和流动人口服务等“六项重点任务”，在疫情群防群治、健康赣州建设、服务“一老一小”、乡村振兴、爱国卫生运动、促进新市民融合等工作中发挥作用。4月7日，召开市计生协六届五次理事会议，选举产生市计生协第六届理事会会长、第一副会长、专职副会长和兼职副会长，市政府副市长赖正文当选为理事会会长，市政协副主席刘春文当选为第一副会长。市计生协被评为全国计生协先进单位、全省计生协重点工作评估优秀单位。

【协会改革】 赣州市计生协会改革工作纳入赣州市委2022年重点改革事项和健康赣州建设考评内容，市级层面改革基本到位，章贡区、南康区、信丰县、崇义县、瑞金市、宁都县等16个县（市、区）印发新机构、职能、编制方案，章贡区、赣县区、于都县、会昌县、兴国县等13个县（市、区）召开县级理事会。县级卫健委主任和协会专职副会长基本实现交叉任职。

【家庭健康建设】 印发全市家庭健康促进行动实施方案，全市建设家庭健康服务中心20个。举办全市首届家庭健康指导员培训班，72名家庭健康指导员参加培训。开展“好家风健康行”主题活动，赣县区的《三代从军路——家爱国情》和安远县的《安远三鲜粉一道创业致富的三鲜粉》等24个优秀案例入选省计生协微信公众号刊发案例。推选省级健康家庭34户，联合评选市级“无烟家庭”405户。联合市教育局推动全市中小学选聘“卫生健康副校长”。构筑阻止因病致贫返贫防线，“江西卫惠保”参保13.77万人，位列全省第一，参保率位列全省第二。

【计生家庭权益维护】 全市走访慰问流动人口、“三留守”人员等2.79万人，发放慰问金343.63万元，新

9月1日，江西省2022年家庭健康主题推进暨生殖健康“宣传服务月”活动启动仪式在信丰县举行 （市计生协会供图）

建计生家庭维权服务中心（站、所）27个，开展咨询和法援服务800余次。第24个“5·29”会员活动日期间，开展走访关爱帮扶活动1051场次，走访慰问计生对象7456人次。审核确定2748名计生家庭子女中考加分资格，为2545户特殊家庭办理住院护理保险和“江西卫惠保”惠民保险。

【生育宣传】 印发做好全市计生协宣传工作的通知，鼓励各级计生协宣传《江西省人口与计划生育条例》、三孩政策和协会改革发展成果，传播健康知识和科学育儿理念。全市获省级以上媒体刊登新闻稿件103篇，刊用稿数位列全省第一。3项家庭作品入选中国计生协践行婚育新风家庭优秀作品。7月11日，市计生协在赣州公园举办“践行时代婚育新风促进人口均衡发展”“赣州市2022年‘世界人口日’宣传暨‘好家风健康行’主题活动文艺汇演”活动。

【计生项目建设】 市争取中国计生协项目4个，省计生协项目19个，是全省争取项目最多的设区市。争取项目资金110余万元，带动各级政府配套资金300余万元，为20余万户计生群众提供家庭健康、优生优育指导、科学育儿、生殖健康咨询等服务。实施青春健康高校项目3个，持续提高青年学生的性与生殖健康水平。

（罗　明　郭崇来　梁敏嫦）

本栏编辑：谢　晨

法 治

政法委及综治

【概况】 2022年，全市政法工作围绕中共中央、省委、市委部署要求，忠诚履行维护国家政治安全、确保社会大局稳定、促进社会公平正义、保障人民安居乐业的职责使命，深入推进平安赣州、法治赣州建设，积极探索维护革命老区安全稳定的新路径，实现社会大局持续稳定。赣州平安建设考核连续4年居全省第一（2019—2022年），公众安全感连续4年全省第一，连续7届获评“平安中国建设示范市”（全国综治工作优秀市），连续5届获“长安杯”。2022年，全省公众安全感和政法满意度9项测评指标中，赣州市5项指标位居全省第一，其余4项保持全省前列。

【维护社会稳定】 以中共二十大安全稳定为主线，做好社会面管理、公共安全监管等工作，成功化解一批房地产、金融投资、教育等领域突出涉稳问题，及时妥善处置一些网络舆情事件，圆满完成中共二十大和省、市重要活动的维稳安保工作。深入实施“反制”“铸墙”“净土”“攻心”四大工程，持续开展反颠覆、反渗透、反恐怖斗争。排查涉恐线索77起，成功侦破部督重点人肖某某寻衅滋事专案和省督以廖某某为首的“精神控制”类有害培训专案，得到省委政法委和省公安厅主要领导批示肯定。压实“管行业、管领域，必须管稳定”要求，健全规范涉稳问题分类归口处理机制。扎实推进全市社会稳定风险评估工作，落实突出问题归口处理责任，对重点涉稳事项及时预警，逐一跟踪督办，2022年共排查66件重点涉稳隐患问题，逐一落实包保责任，促进矛盾化解。健全社会稳定风险评估机制，完成社会稳定风险评估650件，深化涉稳情报信息工作，坚持每月涉稳情况分析研判，提前做好管理工作。严格落实“三同步”原则，坚持网上网下一体联动，积极应对、有效处置涉政法网络舆情。

【护航社会发展】 常态化开展扫黑除恶斗争，推动各行业领域尤其是信息网络、自然资源、交通运输、工程建设、水利资源、农业农村等“六大重点”行业领域开展重点整治。全年打掉恶势力犯罪集团3个、恶势力团伙6个，破获涉恶刑事案件63起。组织开展扫黑除恶亮点培树，完成42个特色亮点项目考核验收，全市扫黑除恶工作经验在全省新时代政法工作创新交流会上作典型发言。以“和谐2022”系列行动为抓手，破获8类严重暴力犯罪案件307起，破案率100%，全年34起现发命案全部破案。健全“快警快侦”打击盗抢犯罪机制，发案同比下降45%，7天内破案率66%。深入推进全国禁毒示范城市创建，开展“春季攻势”“禁种铲毒”等专项行动，宁都非法买卖制毒物品案获公安部通令嘉奖。严厉打击电信网络诈骗违法犯罪，深入开展打击治理电信网络诈骗犯罪专项行动，创建打击开卡人的“137”快查工作机制，组织劝返专班大力推进涉诈重点人员劝返核减工作，电信诈骗警情比上年下降64.1%、损失数下降56.9%、破案数上升7.2%、抓获人数上升68%，实现公安部提出的“两降两升”目标。扎实推进打击整治养老诈骗违法犯罪，侦办养老诈骗刑事案件263起，追赃挽损1.64亿元，整治问题隐患452个，经验做法先后2次在全省工作会议上作典型发言。坚持服务大局，深入开展“我为群众办实事”实践活动，组织全市政法机关开展营造法治化营商环境调研活动，出台优化法治营商环境文件61件。建立健全“一企一警”制度，快侦快破围标串标、金融诈骗、扰乱市场秩序等经济犯罪。建立行政应诉出庭建议和提醒系列制度，全市行政机关负责人出庭应诉率达98%，居全省前列。充分发挥律师、公证、法律援助、司法鉴定、仲裁等职能作用，为360余家企业开展法治体检400余场次。常态化安排律师到市优化法治化营商环境投诉受理中心值班，参与调处涉企矛盾纠纷并出具法律意见书21份。设立服务非公有制企业维权办公室20个，在11个工业园区设立检察维权联系点，为企业解决实际问题180余个。纵深推进“放管服”改革，对旅馆业、公章刻制业特种行业许可证核发实行告知承诺制，全面提升行政审批

效率。

【社会治理试点】 项目化清单化推进试点工作，建立试点工作项目库，包含基础设施建设、矛盾纠纷化解、特殊人群服务、智能指挥建设、社会组织培育等6个大类共163个重点项目，实行分类管理、动态调整、常态调度。制定《赣州市试点工作评估验收操作手册》，明确重点任务、责任单位和完成时限，实行挂牌销号，推动试点工作各项任务落地落实。坚持“党建+社会治理”工作模式，打造“党群服务+社会治理+文明实践”综合体，全年打造综合体3914个，建立综治网格党小组1.48万个，实现政治、自治、法治、德治、智治的有机融合。建成居民身份证制作所、赣州市公共法律服务中心、法院民意调查中心、“数治赣州”智慧城市大脑等重点项目，提升市域社会治理效能。积极开展铁路沿线治安、校园及周边治安环境排查整治，确保校园安全。出台《赣州市见义勇为人员奖励和保障实施办法》，筹集见义勇为基金1000余万元，走访慰问见义勇为人员146人，营造见义勇为的社会氛围。整合平台资源创新“群团助推”阵地经验做法在《中央政法动态》刊载。依托赣州市社会组织培育发展创新基地平台，抓好社会组织孵化培育。将红色基因融入革命老区市域社会治理，以打造“赣南红”“客家调”“平安城”3张名片为牵引，形成“三库三汇编”（项目库、人才库、示范点库，制度汇编、案例汇编、经验汇编）。出台《关于创新红色治理进一步打牢社会治理基层基础的实施意见》，《“章贡大妈”志愿服务走出基层社会治理新路》获评江西省市域社会治理现代化试点优秀案例。推广“联村共治、法润乡风”寻乌经验，发挥“老师傅”“打铁佬”“中间人”“和合调解”等调解组织和“网格议事”“屋场说事”“乡村夜话”等自治载体作用，做实做强“客家矛盾客家调”品牌，实现矛盾化解“能进祠堂不上公堂、能在村组不到县乡”。“寻乌经验”得到中央领导人批示肯定，并入选第一届“新时代江西十大法治事件”。抓实特殊人群服务管理，精神障碍患者全部落实有奖监护政策。发挥全省首家公办专门学校——赣州第十一中学的教育转化作用，针对轻微违法犯罪问题学生专门开设励志班。深化社会心理服务体系建设，将心理服务有机融入疫情防控，有关经验做法获省委政法委主要领导批示肯定。2022年全省举办6次新时代政法工作创新交流会，赣州市先后5次作交流发言。

【法治宣传与研究】 印发《赣州市法治政府建设实施方案（2022—2025年）》，先后颁布实施9部地方性法规及2部政府规章。开展争创新时代法治建设“第一等工作”三年攻坚行动，推动设立8家行政争议多元调处中心，构建“府院联动、院院协作”大化解格局。深入开展“八五”普法系列活动，全面落实审查逮捕和羁押必要性审查制度，审慎办理市场主体案件。扎实开展“规范执行提升年”“惠民暖心再出发”专项执行、规范执法“五个一”等行动，着力解决执行难、执法不规范等问题，经验做法在省解决执行难工作领导小组（扩大）会议作典型发言。启动全国苏区法治纪念馆建设，大力推进赣南苏区红色法治资源的挖掘、保护、传承和利用，研究成果《司法行政视角下中央苏区红色法制建设探讨》得到司法部肯定。创新开展政法调研“揭榜破题”活动，6篇调研文章在全省获奖，获奖数量全省第一。4个政法单位新媒体入选中央政法委第四届“四个一百”新媒体榜单，入选数量全省最多。

【政法队伍建设】 针对换届后政法领导干部岗位调整面大的实际，组织乡镇（街道）政法委员专题政治轮训，举办2022年度全市平安建设能力提升培训班，提高基层干部业务水平。深入学习贯彻《中国共产党政法工作条例》和中共江西省委《关于贯彻〈中国共产党政法工作条例〉实施细则》，派出5个工作组对各县（市、区）学习贯彻《中国共产党政法工作条例》和中共江西省委《关于贯彻〈中国共产党政法工作条例〉实施细则》情况进行全覆盖督导。联合市委组织部和市纪委市监委、市委巡察办，出台政法队伍“协管”“协查”及联动监督具体文件，推动“党管政法”原则落地见效。制定《赣州市关于巩固政法教育整顿成果推进全面从严管党治警的实施方案》，持续排查整治执法司法顽瘴痼疾，常态化开展警示教育。严格落实加强对各级“一把手”和领导班子监督的要求，推动新时代政法干警“十个严禁”贯彻执行。抓好《赣州市政法部门干部交流轮岗办法（试行）》落实，加强政法队伍先进典型选树，2022年全市有163个集体和218名个人获全国、全省表彰奖励，市公安局荣获全国公安机关成绩突出集体称号，全市检察机关综合考评获全省第一，市中级人民法院被最高法院命名为“为群众办实事示范法院”，市司法局获评全国“七五”普法工作先进单位，市国安局获全省国家安全机关工作优秀奖。

（吴　斯）

法治政府建设

【概况】 2022年，认真贯彻中央、省委和市委相关工作会议精神，扎实推进依法行政，全面加强法治政府建设，为赣州革命老区高质量发展示范区建设营造良好法治环境。

市委、市政府印发《赣州市法治政府建设实施方案（2022—2025年）》，明确全面推进法治政府建设的路线图和施工图。市委依法治市办印发《〈赣州市法治政府建设实施方案（2022—2025年）〉重要举措分工方案》，将实施方案中8项任务26项重点任务细化分解成8

个方面70项具体工作任务。市推进法治政府建设工作领导小组印发《赣州市2022年法治政府建设工作要点》，将工作任务分解到各单位各部门组织实施。推进法治督察，组织开展全市党政主要负责人履行推进法治建设第一责任人职责和法治政府建设督察2次，实地督察10个县（市、区），及时反馈督察情况，督促抓好问题整改。加快推进重要领域立法，《赣州市农村住房建设管理条例》和《赣州市扬尘污染防治条例（草案）》已分别通过省人大常委会批准和市人大常委会三审。

【法治政府建设示范创建】 南康区“法治赋能家具产业转型升级”入围第二批全国法治政府建设示范创建单项项目第二轮评估，并接受中央依法治国办集中视频评审。在全省率先开展示范创建主题宣传活动，推进法治政府建设示范创建全面评估，大余县、章贡区、赣县区、石城县为申报全省法治政府建设示范创建综合候选地区；市本级“加快构建知识产权全链条工作体系”，寻乌县“以法治强生态：寻乌县推进山水林田湖草综合治理，废弃矿山实现‘绿色蝶变’”，上犹县“法治护航绿水青山的‘上犹实践’”等3个单项候选项目入围全省首批示范创建第二轮评审，入围数居全省第一。

【优化法治化营商环境】 开展“放管服”改革全域试点。对标大湾区实施235项优化提升营商环境改革任务，市本级行政许可事项办理时限压缩90%以上，实现69项高频事项“一件事一次办”、118项市级权限“市县同办”、127项深圳事项在赣州“24小时自助可办”、402项政务服务事项“全程网办”，启动“无实体印章”“无纸质证明”城市建设。加大助企纾困力度。出台应对疫情助企纾困“34条”等系列政策，大力实施产业链链长制、政企圆桌会议、企业特派员、惠企稳岗保运行等制度，市场主体净增7.97万户，总量突破80万户、居全省第一。在全省率先推出惠企政策“线上一网、线下一窗”集中兑现改革，“亲清赣商”平台上线惠企政策1303项，为83.48万家企业兑付惠企资金125.3亿元。加大市场主体权益保障力度，行政复议为企业挽回经济损失756万余元。加强事中事后监管。健全“双随机、一公开”监管，全市行政执法部门在省“双随机、一公开”行政执法监督平台公示检查结果16217项、执法案件15821件。推进“互联网+监管”，市直部门监管事项认领率达100%，系统上报监管动态330条。在市场监管领域积极探索“触发式监管”“沙盒监管”等新型监管方式，推动全面落实对市场主体“无事不扰”制度。加强信用监管，在全省率先建立信用修复主动告知提醒制度，为310家企业完成信用修复375条。

【依法决策、合法性审查和规范性文件备案审查】 印发《赣州市重大行政决策事项目录管理办法》，公布《赣州市人民政府2022年度重大行政决策事项目录》，进一步规范行政决策程序，明确决策目录实行动态管理和加强重大行政决策档案管理的要求。市政府78件重大决策、重大合同（协议）、其他重要文件文稿及257个常务会议议题均经合法性审核。在全省率先实施《赣州市领导干部插手干预工程建设项目登记和备案报告制度（试行）》，出台《关于加强国有投资项目投资控制的若干规定》《赣州市本级建设项目储备及投资决策管理办法》，规范政府投资项目决策和管理。严格规范性文件管理。调整并公布市级行政规范性文件制定主体51个，严格落实行政规范性文件制定合法性审查与备案制度，已备案登记县级政府、市政府部门报送的行政规范性文件66件，向省政府及市人大报送备案市政府行政规范性文件14件。实行行政规范性文件目录管理，按季度在官方网站公示。

【规范行政执法行为】 深化综合执法改革。完成交通运输、生态环境、市场监管、文化市场、农业农村等领域综合行政执法体制改革，市级划转执法编制1505名、执法人员1260名。组建自然资源、水利、城管、住建、林业、应急、卫健、劳动监察等8个领域综合行政执法机构，市级划转人员编制423名、执法人员335名。规范乡镇（街道）综合行政执法，建立综合行政执法协调联动机制，提升基层治理能力。优化执法监管方式。全面推行行政执法“三项制度”，常态化开展行政执法案卷评查，进一步推动企业“安静生产期”制度落实，最大限度减少执法扰企。实行包容审慎监管，市级34个部门建立374项轻微违法行为不予处罚清单，仅市场监管系统就免除罚款550.55万元。应急管理行政执法工作获司法部肯定。

【行政复议和行政应诉】 市县两级全面完成行政复议体制改革，在全省率先设立县级公共法律服务中心及司法所“行政复议服务点”，推进行政复议“最多跑一次”。高标准打造赣州市行政复议中心，11个县（市、区）已建成和启用行政复议标准化办案场所，76个司法所办公用房实施新建、改建（扩建）。市本级立案受理行政复议案件203件，办结203件，纠错率为38.42%，其中办结涉企行政复议案件27件，调解及纠错率达51.85%，有效维护人民群众的合法权益。市政府应诉164件；全市行政机关负责人出庭应诉741件，出庭应诉率达99.06%，持续位居全省前列。

【推进政务公开】 全市通过政府网站累计主动公开政府信息594.65万条，其中重点领域信息1.17万条。推进基层政务公开标准化、规范化建设，章贡区、南康区、石城县及18个乡（镇）入围全省基层政务公开标准化规范化建设“十县百乡”名单，入围数居全省第一。石城县入选全国基层财政直达资金公开试点县名单，成为全省2个试点县之一。

【推进依法治理和公共法律服务】加强人民调解员队伍专业化建设，全市专职人民调解员达4551名，实现乡镇（街道）2名、村（社区）1名专职人民调解员全覆盖。全市4338个人民调解组织调解案件2.98万件，调解成功率达95.3%。成立赣州仲裁委知识产权仲裁中心和知识产权纠纷人民调解委员会，调处专利侵权纠纷案件61件，行政裁决纠纷26件。安排专业律师在市优化法治化营商环境投诉受理中心驻点值班，常态化参与涉企纠纷化解，该做法获评全国工商联与司法行政机关沟通联系机制典型事例。全面部署“八五”普法工作，高标准组建市“八五”普法讲师团。压实普法责任制，推动82个普法责任单位结合行业特点和特定群体法律需求制定并落实普法责任清单。打造红色法治文化阵地24个，6个获评第四批江西省法治宣传教育基地，7个村获评第九批全国民主法治示范村，19个村获评第七批全省民主法治示范村，《“寻乌经验”：创新基层社会治理的生动实践》入选第一届“新时代江西十大法治事件”，寻乌县法治小院建设入选第一批“江西省普法依法治理创新案例”。完成公共法律服务中心（工作站）标准化规范化建设年度建设任务，全市公共法律服务“热线、实体、网络”三大平台服务总量达22.04万人次，居全省前列。在全省率先建立律师服务全市高质量跨越式发展管理档案，推动律师担起社会责任。推进市县两级全面依法设立法律援助机构，全市办理法律援助案件10770件。顺利完成赣州仲裁委换届工作，持续推进数字公证和信息化办证。协调推动江西赣州司法鉴定中心平稳过渡，全市办理鉴定业务17000余件。

（谢应林）

公　安

【概况】 2022年，全市公安机关聚焦“作示范、勇争先”，忠诚履职、担当作为，各项工作取得显著成效，确保全市社会大局持续稳定，公众安全感、公安满意度蝉联“四连冠”。全市公安机关以“和谐2022”系列行动、“百日行动”等为抓手，统筹各类专项打击整治行动。全年共办理刑事案件24688起，行政案件38224起。市公安局先后荣获中共中央政法委“四个一百”优秀政法新媒体先进单位、“全国公安机关知识产权保护工作成绩突出集体”“平安江西建设先进集体”等称号。全市公安机关共有52个集体、77名个人获得全国、全省荣誉，32家单位、29名个人获二等功以上奖励，徐东华被授予全国公安系统二级英雄模范称号。

【维护社会安全稳定】 情报信息工作　深化信息化勤务（警务）机制改革，相关工作考评实现全省“三连冠”；准确研判线索，为党委政府和有关部门提前处置提供了准确情报依据。

反恐应急处突　组织开展“打苗头、防风险”专项行动，严密管控涉恐关注人员，排查涉恐线索，建立防范恐怖袭击的重点目标常态化管控工作机制，依托“4·15”全民国家安全教育日活动营造全民普法的浓厚氛围。全年完成安保警卫任务81批次。

网络安全维护　坚持“净网”“护网”一体推进，预警通报处置网络安全漏洞隐患1073处，及时编发预警通报16期，送达隐患告知书、整改通知书共146份，侦办案件1412起，采取刑事强制措施1765人。侦破部督“2214021”组织考试作弊案，获公安部贺电表扬。

化解矛盾纠纷　建立矛盾纠纷排查化解“四快速”（快速发现隐患、快速报告流转、快速调处化解、快速回访评估）全闭环管理机制，排查各类矛盾纠纷2.5万起，调处化解率达93%，“民转刑”案件同比下降21%。深入开展公安信访突出问题攻坚化解专项工作，办结化解公安部和省公安厅交办重点疑难复杂信访案件97件，办结化解率达100%。全年市县两级领导班子成员接访群众197批次，接待处理信访问题3953件。

【打击违法犯罪】 打击暴力犯罪　常态化推进扫黑除恶斗争，打掉涉黑涉恶团伙10个，抓获犯罪嫌疑人98人，破获刑事案件69起，查扣涉案资产2447.29万元，3名省公安厅目标在逃犯罪嫌疑人全部归案。全年破获严重暴力犯罪案件332起，破案率100%；34起现发命案全破，另破获命案积案2起。

打击盗抢犯罪　创新建立以“五快”（快处警、快研判、快阵控、快破案、快挽损）工作为核心的打击盗抢犯罪“快警快侦”工作机制，在压发案、强破案、助快侦上取得历史性突破。全市立各类盗抢刑事案件6483起，下降44.84%，破获5259起，快侦案件4336起，其中75起“两抢”恶性案件全破。

打击毒品犯罪　以“打团伙、摧网络、缴毒品”为目标，全力摧毁毒品犯罪网络。全市共破获涉毒刑事案件60起，缴获各类毒品58007.7克，制毒物品1032.55千克，铲除罂粟3002株，采取强制措施172人，查处吸毒人员182人；排查易制毒高危场所6244处，清查娱乐场所285家。

打击经济犯罪　开展打击串标、非法集资、“猎狐2022”、“歼击2022”、“云端”等专项行动。全年受理经济犯罪案件477起，立案434起，破案292起，涉案金额65亿余元，抓获犯罪嫌疑人315人。在“猎狐2022”行动中，抓获10名境外在逃犯罪嫌疑人，行动战果位居全省首位，抓获人数占全省的50%。

打击民生领域犯罪　创新建立“四联四打”打击治理电诈犯罪机制，不断完善宣传防范、预警反制、研判打击、人员管控等举措，纵深推进打击养老诈骗犯罪专项行动。全市破获电诈及关联案件6150起，抓获人数9781人，分别上升15.71%和90.29%；破涉养老诈骗案件236起，抓获犯罪嫌疑人221人，追赃挽损1.67亿元；办理“食药环知水森”（食品、药品、生态环境、知识产权、水域和森林资源）领域刑事案件1506起，破案1519起，涉案价值8亿余元。

【社会治安管理】 治安乱点整治 推进夏季社会治安打击整治“百日行动”，侦破各类案件7235起，抓获犯罪嫌疑人8144人，刑事、治安警情分别下降31.2%和18.6%，聚众斗殴、寻衅滋事类警情下降43.2%；破获各类涉枪涉爆案件150起，收缴各类枪支630支、各类子弹7.7万发、炸药2万余千克、雷管3.5万枚；查处黄赌案件1955起，抓获涉案人员8644人（刑事拘留314人、行政处罚8330人），侦破部督会昌“10·12”特大网络组织卖淫案，获省公安厅贺电表扬。

社会治安防控 以城市快警规范化建设为支点，依托街面警务站和快警驿站，全市配备城市快警552人，建成快警驿站67个。优化固化网格快反、护学巡逻、防溺水巡逻、动中备勤、设卡盘查等勤务模式，部署启动高等级以上巡控勤务17批次，组织开展公安武警联勤武装巡逻257天。全年出动巡逻警力人员、车辆，抓获违法犯罪嫌疑人689人，处置警情3.2万余起，全市可防性警情同比下降32.2%。

重点场所安全 深入开展“水美家安——全民防溺水”专项行动，推动布建重点水域“四个一”设施1.3万处，溺水事故和溺亡人数分别下降38.1%、47.6%。纵深推进“新型警力护校园”行动，新建“四个一”工程学校664所、简易改造1947所、设立护学岗1746个，启动“智能安防校园”试点，全年未发生涉校安全案事件。

【户政管理】 完善户口迁移和户籍类证明“跨省通办”以及首次申领居民身份证和新生儿入户“闽赣跨省通办”工作机制，开展出生登记户口排查、已婚户籍人口配偶信息完善、“替头身份证”整治等专项行动。全年户籍人口城镇化率为35.38%，增速居全省第一；全年查处涉及流动人口刑事案件31起、治安案件52起。

先后推出了身份证派出所直通车、中高考生绿色通道、急证快制、进企办证、送证到企和“免费邮”等一系列便民举措和服务。全市共制发618042张居民身份证，邮寄124938张，为中、高考生优先加急制发6325张，提供群众各类咨询服务4102人次，开展“上门办证”、送证“上门”、“到企”办证2012人次。

【出入境管理】 开通出入境“外国人工作、居留单一窗口”，办理外国人工作许可证和工作类居留许可外籍人才130人。全市共受理审批各类出国（境）证件申请9023人次，同比下降49.68%；侦办妨害国（边）境类刑事案件281起，采取刑事强制措施661人，查获“三非”（非法入境、非法居留、非法就业）案件58起，查处“三非”外国人88名，遣送出境46名。

【交通安全监管】 以道路交通事故预防“减量控大”（减少事故量，控制大事故发生）工作为主线，积极推进春季农村地区突出交通违法专项整治行动、道路运输安全专项整治三年行动、赣州市治理车辆超限超载“百日攻坚”“和谐2022——暖冬护路”专项行动。严厉打击“三超一疲劳”（超员、超速、超载和疲劳驾驶交通违法行为）、酒醉驾等严重交通违法行为，全年共查处各类交通违法行为528.25万余起，其中酒醉驾2.3万余起。全年，全市共发生亡人事故568起，造成594人死亡、直接经济损失311.6万元，同比分别下降26.14%、25.66%、10.77%和17.65%，其中发生大余“1·21”、安远“8·22”、兴国“10·7”3起较大道路交通事故，造成10人死亡。

【民生警务工作】 “双提升”工作 创新公安工作民意调查机制，建成市公安局民意调查中心和民意汇聚数据平台，对全市298个派出所重新划分责任区，确定886名社区民警参与民调测评，汇聚民意数据386.6万余条，精准指导各地做好社区警务工作。2022年，全市公众安全感、安全感综合、公安满意度、扫黑除恶满意度均居全省第一。

优化营商环境 严格落实宽严相济刑事政策，审慎规范适用羁押性强制措施和财产措施，依法保护市场主体合法权益，出台优化营商环境16条举措，不断健全“一企一警”制度，为企业提供法律服务、业务咨询、诉求化解和安全防范指导，并开设重点企业报案、咨询、援助“绿色通道”，及时侦破侵害企业利益刑事案件256起。

【专项行动】 “和谐2022”系列行动 全市公安机关聚焦“三打三治”（打击危害国家安全违法犯罪、打击危害社会管理秩序违法犯罪、打击危害人民群众人身和财产安全违法犯罪目标任务；重点治理治安乱点、重点治理网络乱象、重点治理交通安全隐患），积极开展“三大基础活动”（大培训、大练兵、大攻坚）“五大专项行动”（护航、哨兵、突击、民安、护路）等行动。其间走访群众100675人次，收集意见线索3280条，排查各类风险隐患5135起，督促整改消除4607起；破获涉枪涉爆案件47起，抓获犯罪嫌疑人57人，收缴各类非法枪支438支，收缴子弹7396发，收缴炸药98.9千克，雷管9815发；破获涉黑恶犯罪案件8起，抓获犯罪嫌疑人13人，查封、冻结、扣押涉案财物195万余元；破盗抢案件870起，破案率86.31%；打击“两卡”收购贩卖人员458人，打掉本地GOIP（一种虚拟拨号集成通信设备）窝点、“跑分”“引流”团伙47个；抓获在逃犯罪嫌疑人316人，其中抓获历年在逃犯罪嫌疑人8人。

“昆仑2022”专项行动 3月中旬至12月底，全市公安机关开展“昆仑2022”专项行动，组织开展打击危害食品安全、药品安全、生态环境安全、侵犯知识产权和制售伪劣商品，涉及野生动物和涉水领域犯罪活动。行动期间，共立涉“食药环知水森”领域刑事案件1046起，破案1019起，打处案件涉案价值逾4亿元。

【执法规范化建设】 规范接处警 全年全市“110”受理报警189.2万余起，电话接通率为99.72%，一分钟内派警率达99.99%，高效处置各类警情42.7万余起，警情处理结果达99.3%，满意率为100%；分流处置劳动纠纷、城市管理、消费维权、涉疫求助等非警务警情4.7万余起，非警务警情联动分流工作在省公安厅重点攻坚项目考评中排名第一。

健全完善规范执法“五个一”（每月一评议、每月一考核、每月一通报、每月一整改、每月一追究）工作机制，扎实推进全警情案件全流程智能监督管理系统应用、政法跨部门大数据办案平台建设。组织开展“百日整治”刑事诉讼专项整治、“命案”审核、优劣质案件评选、刑事复议复核、行政应诉工作等活动。组建执法考评队伍，完善奖惩机制，全年共考评案件1.2万起，整改各类问题5.05万个，评选优质案件175起，追责问责民警457人次。

警务机制创新 不断健全完善信息化警务（勤务）机制考核方案，增加业务考核内容，对机构、人员进行完善调整，全面推进信息化向派出所延伸，在全市29个城区派出所设立综合指挥核心岗，274个农村派出所设立视频巡查核心岗，全市警务机制考核连续3年位列全省第一。深化“交所融合”试点改革，3批次246个农村派出所全部按时完成改革。

深化“食药环知水森”机构改革，按照“人随事走”、上下基本对应的原则，顺利完成市县两级森林公安和食药环职能整合，优化了全市森警队伍结构。稳妥推进辅警过渡改革，全市8904人过渡为新辅警、2178人进入过渡期。

【信息化建设】 全面完成农村“雪亮工程”和智慧安防小区建设任务，建设智慧安防小区1844个。全年全市公安机关共投入950.4万元打造装备信息化派出所建设，完成4个第一批装备信息化示范所验收（瑞金沙洲坝派出所、南康金鸡派出所、安远天心派出所、信丰高桥派出所）和24个第一批装备信息化派出所建设任务。依托视频监控破获案件7132起，抓获犯罪嫌疑人4652名、在逃犯罪嫌疑人257人，寻回走失人员1051人，挽回经济损失4737万元。

【基层所队建设】 持续推进派出所正规化建设，在全市派出所全面推行“1+4+1”（一套统一规范的制度台账、四项基础工作机制、一个专项考核细则）工作模式，对各项工作制度和台账进行全面精简。同时，对“派出所三年行动计划”（通过三年不懈努力，进一步增强派出所实力、激发活力、提升战斗力，到2025年，在更高水平上实现基础牢、出事少、治安好、党和人民满意的工作目标）任务实行清单化管理，基本解决派出所警力不足5人的问题。33个15人以上派出所推行“一室两队”（综合指挥室、执法办案队、社区警务队）改革。兴国县公安局长冈派出所和埠头派出所分获“全国枫桥式公安派出所”和“全国优秀公安基层单位”称号。

年内新增“十三五”中央资金项目开工项目4个（赣州市公安局章贡分局业务技术用房、龙南市拘留所、石城县看守所、石城县拘留所）、竣工项目6个（兴国县公安局业务技术房、兴国县公安局南坑乡派出所、瑞金市公安局云石山派出所、瑞金市叶坪派出所业务用房、宁都县对坊派出所、崇义县公安局上堡派出所），新增“十四五”规划项目开工项目4个（龙南市看守所、定南县公安局执法办案中心、石城县赣江源派出所及赣江源国家级自然保护区派出所、兴国县公安局古龙岗派出所业务用房），竣工项目3个（赣州市公安局开发区分局黄金岭派出所业务用房、赣州市公安局开发区分局凤岗派出所业务用房、南康区公安局交通管理大队唐江交警中队业务用房）。

4月18日，市公安局举行个人极端暴力犯罪模拟警情应急处置演练

（市公安局供图）

【强警治警】 组织全警政治轮训，完成政治轮训60期4604人次，创新开展民警思想动态分析研判试点，依托赣南红色资源，推进“苏区红+公安蓝”双色育警党建品牌创建工作，在全市党务技能大赛中荣获一等奖，经验做法被公安部《党建简报》刊发。

围绕政治建警、规范执法、科技强警、实战协同训练等重点内容，构建市局、县局、基层所队“三级+多警种”训练运行模式，采取大培训、大比武、大考核，警种专业培训109期5860人次、警务技战术培训57期2974人次，组织开展各类综合演练137次。在平安中国“三微”（微电影、微视频、微动漫）大赛、全省出入境科技信息化应用、全省科技讲武比赛、全省“天工杯”劳动和技能等比武竞赛中摘金夺银。

坚决落实管党治警“两个责任”，制定全面从严管党治警主体责任重点任务和班子成员“一岗双责”清单，常态化开展政治生态分析研判和政治谈话，定期组织召开警示教育大会，对民警纪律作风建设进行专项整治，组织派驻督察队开展明察暗访400余次，发现并督促整改各类问题560个。全市公安机关共立案查处违纪违法案件53起，处分民辅警、职工39人次。

开展走访慰问困难民警、患重大疾病民辅警、烈士和因公牺牲家属、一线执勤民辅警2000余人次；为民警办理“长城守护神关爱卡”和购买人身意外保险，深化负伤民警快速救治“绿色通道”机制，进一步强化民警职业保障。督促办理民警执法维权案件88件，为116名民警维权。

（成　茜）

检　察

【概况】 2022年，全市检察机关围绕省委双“一号工程”和市委“三大战略、八大行动”部署要求，聚焦高质量发展主题，坚定“争第一、创一流、走前列”目标定位，推出一系列创新性举措，推进一系列攻坚性实干，取得一系列突破性进展，为全市经济社会发展作出新的贡献。

2022年，全市检察机关办理各类案件23946件，平均办案时长缩短26天，23项核心业务数据排名全省第一。8项工作和机制全省首创，企业合规管理、巡回检察、公益诉讼等6项工作在全国、全省会议上作经验发言，27件案件获评全国、全省典型案例，全国典型案例数同比增长6倍。30个集体、35名个人获省级以上表彰奖励，涌现出全国普法工作先进个人、新时代赣鄱先锋、全省优秀办案检察官等一批先进典型。

【法治化营商环境保障】 出台服务保障法治化营商环境20条意见，全力办好“10件实事”，全面推开涉案企业合规改革。严惩合同诈骗、串通投标等破坏市场秩序犯罪381人，起诉侵犯知识产权犯罪69人，赣县区检察院办理的庄某等人假冒注册商标案获评全省典型案例。办理企业合规案件48件，居全省第一，推动建立第三方监督评估机制，赣州经开区检察院在全省率先探索企业合规异地协作，通过督促合规整改，尽最大努力让涉案企业“活下来、留得住、经营得好”，已依法对某脐橙种苗龙头企业等12家单位38人作相对不起诉处理，龙南市检察院办理的刘某非法采矿案获评全省典型案例。成立全省首家“检察+商会”法律服务站，组织“百名检察官进百企”、检察开放日等活动，开展法治宣讲1800余次，办理企业诉求358件，为企业发展提供优质检察服务。

【生态环境司法保护】 开展打击破坏稀土资源、非法捕捞等专项活动，起诉破坏环境资源犯罪231人，办理相关公益诉讼案件673件。践行恢复性司法理念，在全省率先探索巡河等劳务代偿方式承担生态修复责任，督促补植复绿1969公顷、增殖放流鱼苗630万尾、修复矿山6595公顷。加强“行刑衔接”，深化“河湖长+检察长”“林长+检察长”协作，强化涉河建设项目、农村饮用水安全等专项监督，联合开展松材线虫病防控统一监督行动，快捕快诉失火犯罪18人。市检察院获评全省打击危险废物环境违法犯罪等专项行动表现突出集体。

【积极推动市域社会治理现代化】 针对全市醉驾案件高发态势，牵头推动统一司法办案尺度，促进防治

6月，上犹县检察院召开健身器材建设、保护公益诉讼听证会　（市检察院供图）

结合，实现司法办案“三个效果”有机统一。紧盯安全生产、寄递行业等突出问题，制发检察建议196件，上升81.5%，3件获评全省优秀检察建议。创新“检察建议+调研报告”模式，在食药安全、社会治安等领域开展办案调研，向党委政府呈送调研报告32份，推动出台制度规范25项，得到最高检充分肯定。

【刑事检察】 全年全市批准逮捕各类犯罪嫌疑人1508人，提起公诉6439人，严惩故意杀人、抢劫等严重暴力犯罪865人。常态化开展扫黑除恶斗争，依法起诉涉恶犯罪57人。积极防范化解金融风险，推动追赃挽损7110余万元，同比增长15倍；起诉洗钱犯罪18人，上升80%，宁都县检察院办理的李某华洗钱案获评全国典型案例。充分发挥反腐败职能作用，受理监委移送贪污、贿赂等职务犯罪70人，已起诉62人，高质量办理江西银行原党委书记、董事长陈某明受贿案、赣州银行原党委书记、董事长刘某发受贿案等一批有影响的大要案。制定实施高质量发展“1+5”系列方案，以能动履职助推刑事检察工作全省领跑，做法得到最高人民检察院充分肯定。全面落实认罪认罚从宽制度，适用率95%，确定刑量刑建议采纳率99.9%，在全省率先实现听取意见同步录音录像全覆盖。全面设立与运行侦查监督和协作配合办公室，在全省率先探索对19个派出所开展定点监督，对5类侦查活动违法易发情形开展重点监督，监督立案26件、监督撤案57件，监督立案率和撤案率同比分别上升35.4%和4.8%。做深做实提前介入，提前介入案件数上升142%，崇义县检察院介入侦查引导取证的兰某良故意杀人案获评全省典型案例。与侦查机关常态化开展同堂培训、重点情况通报210次，对补充侦查工作开展调研、制发检察建议，全市退回补充侦查案件数下降75.9%，做法得到最高检通报表扬。

【刑事执行监督】 以“长牙齿”的硬措施落实监督硬要求，监督纠正违规违法减刑、假释、暂予监外执行76人，清理未依法收押和判处实刑未执行刑罚11人，“卡点减刑”“提钱出狱”“纸面服刑”等问题得到有力整治。坚持“驻”“巡”结合，组建17个巡回检察组，派出123名检察人员，对省未成年犯管教所、赣州监狱和全市15个看守所开展巡回检察，发现问题127个，发出法律监督意见45件，立案侦查司法工作人员渎职犯罪窝案串案6件6人，办案数居全省第一，做法得到最高检充分肯定和推广。强化监检衔接和检警协作，依法移送相关线索21件，纪委监委和公安机关已分别立案3件3人和7件7人。

【民事检察监督】 办理民事检察监督案件608件，对民事裁判提出和提请抗诉4件，提出再审检察建议23件，审判机关采纳率100%；开展简易程序缺席审判、涉市场主体保全案件以及违规适用信用惩戒措施民事执行等专项监督行动，突出纠治重点领域问题，以检察建议监督纠正民事审判和执行活动中的违法情形135件。充分发挥支持起诉职能，支持农民工、老年人、未成年人等维权231件，上升21.6%，民事监督更具影响力。

【行政检察监督】 办理行政检察监督案件303件，上升56.9%；对行政审判和执行活动违法行为分别提出检察建议21件和54件，上升162.5%和25.6%。坚持“双赢多赢共赢”理念，强化沟通协作，与市中级人民法院、市人社局联合开展劳动报酬行政非诉执行案件专项清理活动，提出检察建议30件；与市民政局共同推动解决以冒名顶替或者弄虚作假的方式办理婚姻登记问题，在全省率先出台相关意见，着力化解婚姻登记行政争议。章贡区检察院和安远县检察院办理的2件行政执行监督案获评全国典型案例。

【公益诉讼检察】 精心打造“护红、护绿、护古”三色公益诉讼品牌，全年办理公益诉讼案件1126件，其中民事公益诉讼88件，行政公益诉讼1038件，分别上升18.9%、7.3%和20%，办案质效稳居全省第一方阵。强化公共利益保护，围绕医保基金、残疾人就业保障金、国土出让金等重点领域问题开展监督，立案62件，督促收回国有财产1亿余元，办理的督促保护医保基金安全公益诉讼案，推动在全省率先建立维护医保基金安全协作机制，获评全国典型案例。注重社会化协同，与市县人大常委会联合开展公益诉讼“回头看”系列活动，推动代表建议、委员提案双向转化105件，聘请24名社会各界人士担任公益诉讼观察员，办理的督促整治违法采集消费者生物识别信息公益诉讼案获评全国优秀案例。

【从严治检】 以龚某华、肖某等反面典型案例为镜鉴，分层分类开展警示教育，深化以案促改、以案促建；以强化检察权监督制约为重点，评查案件1303件，追究检察官司法和瑕疵责任21人；以促进客观公正办案为目标，落实“三个规定”事项填报615件，有力倒逼检察官规范司法、能动履职，干事创业精气神明显提振。

坚持长远发展和系统推进并重，制定实施“392”人才培养计划，采取“师傅带徒弟”“上挂下派”“到办案一线学”等方式，常态化开展跟班学习、抽调办案，不断激发队伍活力。倡导内部挖潜和外部加压兼顾，创造性开展法律文书“晾晒”、公开考核庭、微讲堂等岗位练兵和业务培训，举办全市检察机关辩论系列赛100余场，一批业务扎实、素质过硬的优秀人才脱颖而出，赣州检察队伍中各类人才、业务专家保有量全省领先。

选优配强基层检察院领导班子，调整充实57人，其中新任“80后”“90后”班子成员28人，从系统外引进7人，年龄和学历结构得到极大优化。落实“基层检察院建设深化年”部署，一手抓薄弱基层检察院帮扶，一手抓“一院一品”创建，瑞金市检察院“新时代红都青骑兵”获评全国检察十佳文化品牌。用好新一轮对口援助政策，开展交流互访16批76人次，引入支援院先进经验、机制40余项，接收受援资金200余万元，信息化水平得到极大提升。与深圳市检察院会签对口援助协议，开展同堂培训、人员互派、技术共享等深度合作，更加有力迈出“融湾”新步伐。

（邓　超）

法　院

【概况】 全市法院新收案件138227件，下降8.71%，为5年来首次下降，审（执）结136000件（含旧存）。其中，市中级人民法院新收案件10386件，审（执）结10046件。基层司法深度参与社会治理实践得到中央政法委肯定。3名法官获评全省法院英模典型。“党建+”工作模式获评全省法院优秀支部工作法，“四亮三评一述”机制入选全省法院党建创新案例。入围首届“新时代江西十大法治事件”，专题纪录片《赣州法院纪事》在央视《一线》栏目播出。市中级人民法院获评2017—2021年度平安江西建设先进集体。

【服务保障经济社会高质量发展】 制定实施“1+1+4”方案，细化43项工作措施，推动“办理破产”“执行合同”对标提升攻坚任务落地见效。强化破产府院联动，推动成立破产管理人协会，妥善处置全南晶环重整案等破产案件95件，清理债权18.3亿元。开展“千名干警进千企、司法惠企零距离”等活动，帮助企业纾困解难。泛家居行业矛盾纠纷多元化解中心入选全省法院服务保障营商环境优化升级十大典型案事例。树牢“保护知识产权就是保护创新”理念，加强协同保护，审结案件911件。集约化审理模式在全省法院知识产权审判会议上作经验介绍。

落实“保交楼、稳民生”要求，审结涉房地产领域案件5850件，促进房地产市场健康发展。综合运用债务重组等方式，助力南康恒大地产、兴国江山一品、安远金橙花园等项目复工复产。服务全面推进乡村振兴，建成“双达标”法庭46个，其中示范法庭17个。红色文化治理新模式入选全国法院新时代人民法庭建设案例。刘某某等人相邻权纠纷案入选全省法院服务保障乡村振兴“十大执行典型案例”。

【护航生态文明建设】 积极践行“两山”理念，贯彻绿色原则，审结张某某非法狩猎案等环资案件184件，其中公益诉讼案件30件。坚持用最严格的制度、最严密的法治保护生态环境，优先适用补植复绿、增殖放流等恢复性司法措施，通过诉前磋商促成赔偿协议136份。密切院校合作，联合江西理工大学开展环资理论研究及人才培养。强化跨域协作，与广东省东莞市、惠州市、河源市等地法院签订合作协议，共建东江流域司法保护圈。

【刑事审判】 审结刑事案件5148件。认真宣传实施反有组织犯罪法，推进常态化扫黑除恶斗争走深走实，审结曾某某寻衅滋事案等涉黑恶案件17件68人。坚决依法惩处养老诈骗、电信网络诈骗等涉众型经济犯罪，审结钟某非法吸收公众存款案等案件764件。从严惩处暴力犯罪，审结故意杀人等案件417件，依法对欧阳某某等罪犯执行死刑。严厉打击危害社会治安犯罪，审结盗抢骗、黄赌毒、食药环等群众反映强烈的犯罪案件1248件，曾某某涉毒案入选全省法院禁毒典型案例。严惩腐败犯罪，审结袁某某受贿案等职务犯罪案件57件。深入开展粮食购销领域腐败问题专项整治，审结缪某某受贿、挪用公款案等案件9件10人。落实未成年人犯罪记录封存要求，审结涉未成年人案件104件。

【民商事审判】 凝心聚力抓好民法典贯彻实施，注重把社会主义核心价值观融入裁判过程，审结民事案件75805件。健全金融诉讼案件快速处置机制，审结金融借款等案件26441件。保障和改善民生，审结社保、教育、医疗等案件7535件。完善新就业形态劳动权益保障，推进“法院＋人社＋工会”对接模式，化解劳动争议4596件。杨某某诉邱某某劳务合同纠纷案入选全国法院总对总在线多元调解案例。推行人身保护令、家庭教育令等做法，加强妇女、儿童、老年人、残疾人权益保护，审结婚姻家庭案件9288件。维护军人军属合法权益，审结涉军案件6件。依托赣州国际陆港巡回法庭，审结涉外案件153件，服务保障“一带一路”重要节点城市建设。

【行政审判】 全面推进行政案件相对集中管辖，审结行政案件2009件，行政机关负责人出庭应诉率达97.72%，居全省前列。推动设立8家行政争议多元调处中心，构建“府院联动、院院协作”大化解格局，高效化解纠纷70件。行政积案化解工作得到最高人民法院院长周强批示肯定。定期发布行政审判白皮书，提出司法建议168件，促进行政审判与行政执法良性互动。积极参与“新官不理旧账”专项治理，审结招商引资协议纠纷等涉企案件135件。2个案例入选全省法院保护营商环境典型行政案例。坚持有错必纠、实事求是，审结国家赔偿案件110件，司法救助387人968万元。

【审判执行】 开展“惠民暖心再出发”等专项行动，执结案件59452件53.1亿元。强化联合惩戒，纳入失信名单23440例，限制高消费35805例。严惩拒执犯罪，刑事立案165件，打击成效位居全省第一。建立信用承诺和修复激励机制，促使 2038 人主动履行义务。上犹万年青公司申请执行案入选全省法院信用承诺和信用修复“十大典型执行案例”。扎实开展“规范执行提升年”活动，巩固深化执行领域突出问题专项整治成果。创新“四大监督”，健全执行制约监督机制，在全省法院司法改革工作推进会上作经验介绍。高标准建设执行数字管理系统，深化执行流程集约化改革，办理案件 65265 件。健全执行联动长效机制，推进不动产查控“不见面”办理。发起查询 55673 次，查控不动产 9475 处。

【司法为民品牌建设】 把群众满意作为法院工作的根本出发点和落脚点，强化司法为民品牌建设，健全具有法院特色的满意度测评体系。扎实开展民意受理工作，接听群众来电 20430 个。完善工单“交转办”流程，严格落实办理时限，及时跟踪回访。坚持将群众对法官的评价作为考核奖惩的重要依据，推动改进司法作风，提高办案质效。全市法院上半年群众满意率 98.35%，整体排名列全省第二，基层法院全部退出后三十名，全南县、上犹县、石城县 3 家基层法院进入前十名。

【审判程序繁简分流】 规范识别标准，完善全类型简案快办机制。市中级人民法院刑事速裁团队审结案件 140 件，占比接近 1/3，结案率 95.24%。5 个民事速裁团队审结案件 3059 件，结案率 98.9%。11 月初试行二审案件“立前调”新模式，上下联动推动纠纷实质化解。行政速裁团队审结案件 410 件，结案率 97.56%。行政速裁工作在全省法院行政审判会议上作经验介绍。

【审判体制改革】 稳步推进审判体制改革，深化以审判为中心的刑事诉讼制度改革，贯彻宽严相济刑事政策，规范办理减刑假释案件 667 件，追缴财产 1686 万元，适用认罪认罚从宽制度审结案件 3580 件。巩固陪审员制度改革，陪审员参审案件 6843 件，陪执员见证执行 438 人次。推进审级职能定位改革，提级管辖重大疑难案件 13 件。强化审计监督，监管“发改再”案件 1082 件，促进法律统一适用。

【数字法院建设】 推动科技创新成果同司法工作深度融合，网上立案 6074 件，跨域立案 405 件，音视频调解 27705 件、网络庭审 9167 场。深化政法跨部门大数据办案平台应用，办理刑事案件 5589 件，实现司法协作“网上办”。强化“档案 e 管理”等成果运用，推动卷宗材料全流程线上办理，无纸化审理案件 83278 件。运用“赣法廉韵”“审判 e 管理”平台，对办案关键节点实行覆盖式监测，动态追踪监管“四类案件”1462 件。

5 月 16 日，赣州市中级人民法院以网络形式主持召开江西金色油茶产业发展有限公司第一次债权人会议 （市中级人民法院供图）

【司法能力建设】 完善法官入额、考核、遴选、退额等机制选贤任能。选派 7 名法官助理到基层法院初任法官，让青年干警在基层一线壮筋骨、长才干。积极向上争取，增加政法专项编制 29 个，增编数量历史最多。健全班子成员挂点联系制度，深入基层法院、派出法庭蹲点调研，面对面听民声，心贴心解民忧。举办虔法大讲堂 13 次，提高干警政策理论水平和业务能力。8 篇文书被评为全省法院优秀裁判文书。开展“十佳虔法先锋”选树活动，激励干警见贤思齐。紧盯庭审、诉讼服务、裁判文书制作上网等环节，扎实推进司法作风突出问题集中整治。加强新时代廉洁文化建设，常态化开展廉洁司法教育。组织观看警示教育专题片 70 场，深化以案促改，提升干警纪法意识。有效落实防止干预司法“三个规定”和新时代政法干警“十个严禁”等铁规禁令，一体推进不敢腐、不能腐、不想腐，运用第一种形态处理 389 人次，立案查处干警 10 人。

【典型案例】 江西某科技控股有限公司诉行政处罚案。赣州市市场监督管理局检查发现某公司宣传内容印有“全国唯一可无限量载入的服务器”“全国唯一十三年以上的 GPS/ 北斗双模生产研发企业”等字样，违反广告法有关规定，遂决定对该公司罚款 5 万元并责令其改正违法行为、在相应范围消除影响。该公司不服，提起行政诉讼。因该公司违法行为尚属首次，且及时纠正，符合行政处罚法设立的“首违不罚”制度，以及《赣州市轻微违法行为不予处罚清单》规定情形，市中级人民法院向市市场监督管理局建议撤销罚款处罚。市市场监督管理局采纳司法建议，撤销被诉行政处罚决定，某公司申请撤回上诉及起诉，该案实质化解。

（曾俊华）

司法行政

【概况】 2022年，市司法局以为中共二十大胜利召开创造安全稳定的政治社会环境为主线，聚焦“三大战略、八大行动”，为建设更高水平的平安赣州、法治赣州提供优质法律服务和坚强法治保障。2021年赣州司法行政满意度列全省第四。赣州市在2021年度全面依法治省考评中排名全省第三；市司法局获评2016—2020年全国普法工作先进单位、司法部“复议为民促和谐”专项行动表现突出单位、江西省实施妇女儿童发展纲要先进集体、平安赣州建设先进单位、市直机关党建工作红旗单位，赣州市行政复议中心被评为“第八批赣州市学雷锋活动示范点”。市局机关4名干部职工分别获评全国司法行政系统劳动模范、“平安江西建设先进个人”、“复议为民促和谐”专项行动表现突出个人、“全省普法先进个人”，3人获聘市法学会首席法律咨询专家。

【红色法治资源挖掘与保护】 举办“红色法治论坛”6期，大力推进赣南苏区红色法治资源的挖掘、保护、传承和利用，组织红色法治资源普查登记，梳理形成34项红色法治资源目录清单，打造红色法治文化阵地24个，6个获评第四批江西省法治宣传教育基地。专门成立红色法治研究课题组，形成的《司法行政视角下中央苏区红色法制建设探讨》研究成果得到时任司法部副部长熊选国批示肯定。

【全面依法治市】 市委将法治建设内容纳入领导班子年度考核、干部考核评价，高位推动全面依法治市工作。高标准制定《赣州市法治政府建设实施方案（2022—2025年）》及重要举措分工方案，扎实组织各县（市、区）开展省法治政府建设示范创建全面评估、示范创建主题宣传活动，申报省法治政府建设示范综合地区4个、单项项目3个。组织全系统深入开展工作调研，向省司法厅选送优秀调研文章7篇，形成《赣州市司法行政系统调研文章汇编》。大力推动立良法促善治助发展，完成2部地方性法规立法及审查。

【法治营商环境优化】 认真开展法律审核，组织市法律顾问团为重大涉企协议、重点项目审查当好“智囊团”，对市政府常务会议的257个议题进行法律审核把关。对市委、市政府日常中的重要文件、重大决策、合同（协议）审核把关78件，提出具体意见、建议135条。对市政府办信息公开申请答复书进行法律审核60件。备案登记行政规范性文件66件，责令自行纠正1件。向省政府及市人大报送备案市政府行政规范性文件14件。促进严格规范公正文明执法，牵头建立市级374项轻微违法行为不予处罚清单，推动证明事项告知承诺制落地。加强行政执法调研成果运用，推动制定《赣州市推进营商环境优化升级“一号改革工程”规范行政执法工作实施方案》。强化行政执法监督，设置1009个企业行政检查监测点。推动企业“安静生产期”制度落实，对企业做到“无事不扰”，相关做法在《江西日报》、“学习强国”学习平台及“江西司法行政”、“江西改革”微信公众号等媒体宣传推广。创新行政复议和应诉，建立行政机关负责人参加行政复议听证制度，全市行政机关负责人出庭应诉率达99.06%，持续位居全省前列。认真组织开展全市行政复议“三进”活动，开展“进园区、商会、企业”活动4474次。

【特殊人群服务管理】 开展社区矫正隐患排查整治专项行动和“摸实情、查隐患、化风险”专项活动，创新开展“传承红色基因，争做红色传人”社区矫正对象主题教育，开展“两类人员”职业技能培训1160人次。打造并启用全省首个司法行政线上心理服务平台，测评社区矫正对象7200余人次。全面加强社区矫正安置帮教“双示范”基地和“智慧矫正中心”创建，6个县（市、区）申报第三批全国“智慧矫正中心”，2个市、区申报省级“智慧矫正中心”，6个县（区）建成较高水准的社区矫正安置帮教“双示范”基地。协调解决于都县建设省级“双示范”基地资金100万元。

【矛盾纠纷化解】 探索设立“政企纠纷”府院联动化解中心，与人民法院建立“诉源治理”府院联系机制，推动赣州仲裁委在赣州陆港设立南康分会、赣州陆港国际仲裁院，与市市场监管局联合成立全省第二家知识产权仲裁中心。制定《全市司法所规范化建设三年行动方案》《赣州市专职人民调解员管理办法（试行）》等文件，持续加强基层司法所、人民调解工作规范化水平。创新检调对接，推荐人民调解员参加市检察院听证员选任。认真开展人民陪审员、人民监督员选任管理，市司法局4篇人民监督典型案件被最高检人民监督公众号采用。

【涉企纠纷调解】 在赣州经开区探索设立“政企纠纷”府院联动化解中心，与人民法院建立“诉源治理”府院联系机制，有效化解行政争议。指导成立市普惠金融纠纷调解中心、市银行业人民调解委员会、市知识产权纠纷人民调解委员会，指导市律师协会积极筹建市破产管理人协会，进一步完善涉企纠纷多元化解机制。安排值班律师驻点市优化法治化营商环境投诉受理中心，常态化参与涉企纠纷化解，解答企业法律咨询476次，参与调处矛盾纠纷21起，经验做法获评全国“工商联与司法行政机关沟通联系机制典型事例”。

11 月 29 日至 12 月 2 日，赣州市司法局举办学习贯彻中共二十大精神专题读书班暨政治轮训。图为读书班现场　　（市司法局供图）

【法律服务网络建设】　159 个公共法律服务中心（工作站）标准化规范化通过验收，县级公共法律服务中心建设全部完成，乡级公共法律服务工作站完成比例超过 50%。全面提升法律服务水平，落实法律援助“全省通办”机制，持续推进“减证便民”，全市办理法律援助案件近 1 万件。市本级通过“热线、实体、网络”三大平台面向群众提供公共法律服务总量达 210575 人次，2022 年度赣州司法行政满意度列全省第三。开发“赣南公证”微信小程序，“互联网 + 公证”服务全市办理公证 14000 余件。在全省首创建立律师服务全市高质量跨越式发展管理档案。扎实推进“万所联万会”活动，帮助 70 家商会完善内部管理制度，制定修订行规行约和团体标准 11 个。开展司法鉴定机构、鉴定人全面评查，做好延续登记及名册编制，协调推动江西赣州司法鉴定中心平稳过渡，全市办理鉴定业务 1.69 万余件。

（刁春晖）

仲　裁

【概况】　2022 年，赣州仲裁委员会受理案件 228 件，结案 164 件。其中：以裁决方式结案 63 件，占比 38%；和解调解结案 101 件，占比 61%；涉案争议标的 6.89 亿元，案件调撤率在全省排名中位居前列。实行逐级核阅把关制度，核阅文书 100 多件，并出具核阅意见。针对仲裁疑难复杂案件，召开疑难案件专家讨论会 10 余次，出具专家意见 10 余份。

【组织建设】　2022 年 7 月，经法定程序产生第三届赣州仲裁委员会并正式运行。换届后聘请省内外 261 名（博士 27 名）专家型仲裁员，其中中共党员 162 名，正副教授 19 名，研究员及高级工程师 22 名。修订《仲裁员守则》《仲裁员行为规范》，建立科学、严密、完善的仲裁员管理制度体系。持续对仲裁员、办案秘书进行职业道德和业务能力培训，开展仲裁实务讨论会、疑难案件分析会，总结办案经验，加强仲裁秘书职业操守教育。

【仲裁探索】　2022 年 1 月 17 日，与赣州市市场监督管理局签署《知识产权仲裁、协同保护合作协议》，联合成立“赣州仲裁委员会知识产权仲裁中心”，是江西省第二家知识产权仲裁中心。

成立赣州仲裁委员会南康分会暨赣州陆港国际仲裁院。2022 年 1 月 10 日，赣州仲裁委员会南康分会暨赣州陆港国际仲裁院在赣州国际陆港（赣州国际木材集散中心）正式揭牌运行，围绕南康家居企业开展仲裁、推进金融仲裁发展、开展涉外贸易仲裁。

【仲裁服务】　优化服务　升级“网上预约立案”“网上快捷缴费”等仲裁业务绿色通道，全年网上立案申请 30 人次，占比 13%；鼓励网上仲裁，实现“无接触”庭审，实现疫情期间“服务不打烊”“群众少跑腿”。发挥网上仲裁优势，发布线上仲裁指引，鼓励当事人选择网上仲裁方式推进仲裁程序，并提供程序指引和技术支持。组建“赣仲法律服务团”，与商会行业协会联合，为商会企业提供免费法律咨询服务；组织“仲裁走进园区”活动，走进科技孵化园区，为园区企业进行仲裁知识和相关案例讲解，帮助企业提高抵御风险的能力。

仲裁宣传　与赣州市市场监督管理局、市工商联、市司法局、赣州市律师协会联动协作，举办系列主题宣讲活动，推进商事仲裁纠纷机制建设、服务保障营商环境、优化升级‘一号改革工程’。开通赣州仲裁微信公众号，创建赣州仲裁官网，拓宽仲裁服务渠道。

与赣州赣商联合会互动座谈交流，走访商会和企业，宣传仲裁制度和诉裁对接调解机制，介绍仲裁的制度优势，提高服务实体经济的能力和水平。走进重点产业园区、产业链龙头企业，推行仲裁法律制度，指导企业识别风险、预防纠纷。与银行业、保险等金融部门协作，落实《关于在金融纠纷化解中进一步发挥仲裁职能作用的通知》等，将仲裁的职能加入其中，解决金融交易、金融服务等活动中发生的民商事纠纷。

（赖　鹏）

本栏编辑：李丽燕

军 事

赣州军分区

【概况】 2022年，赣州军分区党委坚决贯彻上级党委决策部署，围绕学习贯彻中共二十大精神，坚定举旗铸魂，聚焦备战打仗，深化改革创新，坚持强基固本，狠抓工作落实，部队建设始终保持向上向好的发展势头。高标准完成军委国防动员部党史学习教育常态化长效化试点任务，党史学习教育具体措施被省军区党委采用，有关做法被省军区转发，《不可战胜的力量》访谈实录片在军委国防动员部思想政治教育创新会上展播并产生强烈反响。赣州军分区（以下简称军分区）被中宣部、军委政治工作部确定为全军学习宣传贯彻中共二十大精神先进典型，《解放军报》《中国国防报》头版头条进行专题报道。2022年，军分区被江西省军区表彰为“信息服务先进单位”“新闻宣传工作先进单位”“红土精武–2022群众性练兵比武竞赛先进单位”，获省军区条令知识竞赛团体第一名。

【全市党管武装工作会议】 1月24日，全市党管武装工作会议在军分区机关驻地召开，市县两级党政军主要领导参加。会上，传达学习省委书记、省人大常委会主任、江西省军区党委第一书记易炼红在江西省军区党委十一届一次全会上的讲话精神，宣读2021年度表彰通报，4名县（市、区）人武部党委第一书记进行大会述职，另有16名书面述职。省委副书记、市委书记、军分区党委第一书记吴忠琼围绕坚决维护“两个确立”、切实扛起党管武装政治责任，始终聚焦备战打仗、全面提升支援保障作战能力，稳妥推进改革创新、不断健全完善国防动员体系，大力推动双拥共建、持续巩固军政军民团结等重点工作提出具体要求。

【全市基层武装部建设高质量发展样板现场观摩会】 9月28日，军分区在上犹县召开全市基层武装部建设高质量发展样板现场观摩会。2022年，按照“机构建设由基本阵地向新兴领域拓展、队伍建设由岗位有人向素质强能转变、工作手段由传统方法向数字赋能挖潜、机制支撑由以军为主向军地联动深度发力”的思路，军分区组织分级分类分项完成基层武装部试点建设，探索建立《上犹县军地联动抓建基层人民武装部议事协调工作机制》、出台《专职人民武装干部履职量化考核实施办法》，研究拟制乡镇（街道）、事业单位、工业园区和企业四种类型《基层武装部高质量发展指导手册》，形成一份经验报告、一套建设标准、一本建设图册和四个观摩现场等成果。会议期间，组织参观上犹县人武部机关及东山镇、林业局、工业园区武装部。省军区动员局大校局长谢政仿，市委常委、军分区大校政治委员陈李忠，军分区大校司令员刘涛等军地领导参加会议。

【出台《赣州市基层人民武装部政治教导员工作规定》】 2022年，军分区组织召开专题座谈会6次，讨论研究、修改完善《赣州市基层人民武装部政治教导员工作规定》，并由市委组织部、市财政局、市人社局、军分区战备建设处和政治工作处联合印发。该规定的出台，填补全国空白，有关做法被江西省军区转发，军委国防动员部要讯刊发，国防动员部主要领导作重要批示并给予充分肯定，《中国国防报》在头版报道。

【国防教育】 2022年，赣州市军地联合出台《赣州市全民国防教育“十四五”规划》《赣州市全民国防教育2022年工作要点》《赣州市全民国防教育领导小组工作规则》。组织市四套班子过“军事日”活动，观摩驻军应战、处突、应急军事课目演示和装备展示，邀请军事专家罗援作国防教育报告。在全省率先下发《关于做好国防动员和后备力量建设宣传工作的通知》，研究制定新闻宣传工作六项机制，组织新闻骨干培训，新闻宣传工作在省军区名列前茅。

【党管武装工作考评】 2022年，军分区对照省军区下发的《2022年党管武装工作考评标准》，协调市委办、市政府办、市委组织部、市人社局、市退役军人事务局等地方相关部门，梳理汇编相关资料，同

时收集整理18个县（市、区）党管武装材料，抽调机关相关业务处室人员成立考评工作组，对20个县（市、区）报送的党管武装自评材料进行集中会审评分，并按照上级要求派专人送至省军区进行量化考评，全市党管武装工作考评居全省前列。

【双拥共建】 2022年，军分区贯彻落实《关于新时代深入开展军民共建社会主义精神文明活动的意见》，持续协调赣州市税务系统做好“学军建队”主题实践活动，配合市双拥工作领导小组高标准迎接全国双拥模范城（县）届中考评调研。参与筹办赣州市2022年度“最美退役军人、最美军嫂”学习宣传活动，在全市营造尊崇退役军人、军嫂的浓厚氛围。结合民兵整组调整编组市、县拥军支前队伍，完善赣州市平时服务保障、战时拥军支前的军地协调机制。

【“守护戎装”专项行动】 2022年，赣州市军地联合印发《赣州市军地联合开展“守护戎装”专项行动方案》，健全完善联合执法和惩戒机制。通过现地调查、约谈负责人、库室检查、查阅相关采购凭证等方式，重点对2所违规学校和5家关联生产销售企业进行查处，从严规范重点领域建设管理秩序，有效打击违规销售使用军服现象，维护军服严肃性。

（赣州军分区）

武警赣州支队

【概况】 2022年，武警赣州支队组织支队政治教员比武，机动二中队战士支熙贺、定南中队政治指导员方兴宇参加总队优秀政治教员比武竞赛分别获全总队第一名、第四名，支队在总队政治教员比武竞赛中获得团体第一。举办“请党放心、强军有我”演讲比赛，“迎接党的二十大、奋斗强军新征程”歌咏比赛，“赞老兵风采、向老兵致敬”主题文艺晚会，激情敲响安塞腰鼓，创拍《一起向未来》MV，倡导“个个读好书、人人有存款”，完成17个单位书香军营建设，2名战士成为总队“星火传播小分队”队员，支队军史长廊3D实景图被武警部队挂网展览。结合“卫士”演习担负总队舆论战红蓝对抗演练任务，填补该领域空白，受到总队首长表扬。投入40万元支持定南县长富村和赣县区大坳村教育、产业帮扶，为军委挂牌授称的“八一爱民学校”龙塘镇学区小学打造“做新时代好少年，当共产主义接班人”国防教育基地。在各大主流媒体发稿78篇，在总队强军网刊发稿件516篇、总队排名第三，于都中队元旦祝福视频被中央军委“八一青春方阵”微信公众号采用。

【思想政治建设】 2022年，武警赣州支队召开党史学习教育专题民主生活会和“五个面对”“32个有没有”专题组织生活会，对6个大队党委、26个基层党支部进行全覆盖考核鉴定，定档为全面建设形势“好”的党组织为机动大队、执勤二大队和执勤三大队3个大队党委，特战、机动一、执勤、于都、瑞金、会昌、定南、安远、南康、上犹和警勤中队11个中队党支部。全年先后研究调整任用干部50名，发展党员75名，立功受奖362人。抓好基层风气整治，开展“抓好整治为了谁、风气不好害了谁、彻底整治依靠谁”大讨论，支队召开部署及阶段推进会3次，全年给予纪律处分3人、诫勉谈话1人、提醒谈话5人、通报批评2人、批评教育1人，有效传导正风肃纪高压态势。

【备战训练】 2022年，武警赣州支队组织机关值勤业务培训6次，纠治基层执勤“两病”问题110余起，排查整治执勤隐患140余处，成功处置执勤险情4起。完成春运执勤、联勤巡逻、武装押解、专项警卫等临时勤务89起，派出兵力参加赣县、龙南、崇义抗洪抢险，参加五云镇山林火灾扑救，解救群众680余人。在总队年终军事训练考核中总评排名第一，参加总队教练员比武获团体第二名，执勤中队1人（排名第四）、机动一中队1人（排名第七）被评为总队“优秀教练员”。在总队新大纲知识竞赛中获团体第四名，参加总队参谋业务集训获团体第四名，政工处宣保股1人排名第四。

【基础建设】 2022年，武警赣州支队投入35万元对机关保密档案室进行升级改造，投入15万元为基层各集中打印点安装“三铁一器”和摄像头，与南芳律师事务所签订法律服务协议，聘请心理咨询师3人。结合每季度党委领导夜查、3次按纲考评、4批次96名机关干部蹲点帮建和当兵蹲连。全年清理“账外卡”96张，解散微信工作群492个，化解险情7起。

投入6万元“送清凉到基层”，投入15万元救济困难官兵，投入20余万元用于基层单位炊事器材采购及维修更换基础设施，投入36万元对机动大队营区进行车棚及线路改造，投入50万元对保障大队及机关营院进行整修，全南、崇义中队顺利搬迁。2022年，机动大队、执勤三大队被总队评为“四铁”（铁一般信仰、铁一般信念、铁一般纪律、铁一般担当）先进营级单位，特战、机动一、瑞金、定南、上犹和警勤6个中队被评为“四铁”先进连级单位。

（武警赣州支队）

人民防空

【概况】 2022年，赣州市人防系统坚持总体国家安全观，牢记“战时防空、平时服务、应急支援”的使命任务，聚焦“作示范、勇争先”目标定位，紧密结合“三大战略、八大行动”，推进人防高质量发展。针对人防工程建设违规免建、缓建、少建甚至不建问题，以及人防易地建设费缴纳违规免缴、缓缴、少缴甚至不缴等问题，市本级完善工程建设、财务管理、固定资产管理等规章制度，各县（市、区）出台人防审批、结建义务履行、易地建设费收缴等 68 项制度措施。

2022 年，赣州市人民防空办公室（以下简称市人防办）被评为全省人防高质量发展目标管理考核优秀单位；崇义、南康、兴国、上犹、安远等 5 个县（区）人防办获评 2022 年全省县级人防高质量发展优秀单位。

【人防工程建设】 市基本指挥所“123 工程”在全省指挥所维护管理评比中获评优秀，市预备指挥所“126 工程”即将投入使用。市县两级在全省率先完成机动指挥所平台建设，18 个县（市、区）建成人防应急指挥中心，17 个县（市、区）完成警报控制系统数字化升级改造。防护体系日趋完善，防护工程种类齐全，达到标准规范和上级要求。

【人防改革】 2022 年，市人防办坚持规划引领，人防规划融入市中心城区片区详规，市本级（章贡区、蓉江新区、赣州经济技术开发区）出具了多个地块的人防设计条件，由自然资源部门在土地出让或划拨时一并公布。加强人防行业治理，制定人防行政处罚、行政执法评议考核等制度，人防法治建设更加制度化、规范化。人防工程建设管理情况专项审计反馈的 56 项问题，经济发展环境审计反馈的 141 项问题基本完成整改。人防审批实行市县同权，人防竣工验收备案入驻市工程建设项目“一站式集成”，人防政务服务事项“一网通办”运行良好。严格执行省市优化营商环境“一号工程”工作部署要求，用心用情服务企业和市民居民，人民群众满意度大幅度提升。人防工程质量监督权限全面下放给各县（市、区），授权赣州经济技术开发区、蓉江新区住建局（人防办）实施本辖区内人防工程质量监督管理。

【人防工程维护管理利用】 2022 年赣州市中心城区直管早期人防工程治理一期工程开始项目施工，二期工程正开展项目前期工作；早期群藏人防工程完成除险治理 29 个 1.86 万平方米。开展全市人防工程安全生产大检查，早期人防工程安全巡检做到全覆盖。人防资产有序开发利用，完成市县两级人防国有固定资产清查登记。抢抓城市能级提升和提升民生品质行动利好政策与机遇，采取自建和合作等形式，建设人防地下停车场、农贸市场、商业综合体等工程，有效缓解城市停车难、买菜难等问题。市体育中心地下人防停车场和 J2 地块地下人防停车场投入使用。推进人防专业队、医疗救护工程等高等级工程建设，人防工程布局与配比进一步优化。

（谭志强）

退役军人事务

【概况】 2022 年，赣州市退役军人事务部门坚持以服务保障好退役军人为目标，开展“喜迎二十大——为退役军人排忧解难”专项行动，完成退役军人“防癌抗癌专属保险”优惠政策宣传及审核办理、全市基层退役军人服务中心（站）爱心捐赠物资发放。

【服务保障体系建设】 2022 年，赣州市退役军人事务局（以下简称市退役军人事务局）调研全市退役军人服务专干工作落实情况，督促各地落实以政府购买服务方式聘用村（社区）退役军人服务专干，每村（社区）至少有 1 名以上服务专干，乡镇级退役军人服务站和 300 人以上村（社区）退役军人服务站顺利通过部级复核组验收。指导成立县级关爱退役军人协会 9 家，发动社团组织关心关爱退役军人。会同市民政局修订《赣州市市本级困难退役军人帮扶援助实施细则》，细化救助标准、条件、程序，对患有重病的困难退役军人发放救助金。开发“老兵通”信息平台，让退役军人和优抚对象在手机终端查询、预约、办理业务，提供信息化高效服务。探索退役军人全生命周期服务管理，围绕入伍、服役、退役、优待等阶段，梳理退役军人高频服务项目 62 项，并在“老兵通”公布相关政策、程序、标准和工作流程。

【退役军人志愿服务】 2022 年，市退役军人事务局邀请老兵宣讲团、退役军人先进典型和优秀企业家进学校、进社区、进机关、进企业宣讲，展示退役军人“退役不褪军本色、勇挑重担敢担当”的风采。全市成立“老兵宣讲团”16 支，宣讲骨干 86 人，开展宣讲活动 49 场次，受益群众 3813 人。各级“新长征”退役军人志愿服务队投身疫情防控、防汛抗旱等急难险重任务，完成灌渠清淤 86 条、良田浇灌 4 万余亩、发布疾控防御视频 20 余万条、张贴宣传单倡议书 3 万余份等工作，全市近 8000 名队员参与志愿服务时长 2.6 万小时。推选的“新长征”老兵帮帮团项目在全市新时代文明实践志愿服务大赛中进入十强。

【“最美退役军人”“最美军嫂”评选】 2022 年，市退役军人事务局组织开展 2022 年度“最美退役军人·最美军嫂”评选、宣传活动，评选出赣州市“最美退役军人”10 名、赣州市“最美军嫂”5 人。其中李晓鹏获评江西省“最美退役军人”并被推送参评全国“最美退役军人”，通过各类媒体进行典型宣传，弘扬正能量。

【退役军人安置】 2022 年，赣州市接收计划安置军转干部，100% 安置在公务员及参照公务员管理单位；多名随调家属按单位性质对等原则安置在机关、事业单位，全部专业对口；为随军未就业家属发放货币化安置经费；接收退役士官，为退役士兵办理医疗保险接续。

【退役军人就业创业】 2022 年，

市退役军人事务局对全市退役军人就业创业情况进行调查摸底，落实“出现一户，解决一户，稳定一户”的退役军人家庭零就业“动态清零”机制，多名就业困难退役军人通过公益性岗位实现再就业。全市举办退役军人专场招聘会23场，8671家企事业单位参加招聘，提供就业岗位，多名退役军人参加应聘并达成就业意向。鼓励引导优秀退役军人到村（社区）基层组织任“兵支书”“兵委员”，在乡村振兴中发挥“领头羊”作用，全年有多名退役军人在村（居）“两委”任职。

与中国工商银行赣州分行、江西嘉福物业集团等大型企事业单位签订战略合作协议，为退役军人提供金融贷款、职业规划等特色服务。整合全市社会资源和社会组织，建立退役军人就业创业园区，提供就业创业、市场分析、品牌推广、专利申请、法律咨询、营销策划等方面服务。全市挂牌退役军人就业创业园地11个，其中省级5个，市级6个；建立退役军人关爱协会3个，其中市级1个、县（区）级2个；建立市级退役军人就业创业指导团队1个，返乡创业人才库1个。

开展订单式职业教育培训，组织8家承训机构为自主就业退役士兵培训职业技能。探索建立新型“政企校”合作培训模式，依托南康区家具全产业链条规模以及落户赣州的格力、富士康等企业，借助江西环境工程学院等院校的师资力量，探索设立“家具产业特色班、电器班、电子班”，建立新型“政企校”合作模式，助力退役军人创办的优质企业和项目发展。

【双拥共建】 2022年春节前，市退役军人事务局组织采购赣南脐橙慰问省军区、省武警总队、驻市部队和赣州舰官兵；为西藏边防某部队寄送春节礼包。八一建军节前，采购筋膜枪慰问驻市各部队及赣州舰。根据《赣州市军人子女教育优待实施细则》，全年择优安排现役军人子女入学入园。

8月20日，赣州市爱国拥军促进会成立暨第一届第一次会员大会在章江宾馆举行。会议审议通过有关章程和选举办法，选举产生赣州市爱国拥军促进会第一届理事会，并举行授牌仪式。大会现场，市退役军人事务局与赣州旅投集团、市公交公司签署拥军优属战略合作协议，将为全市军人军属、退役军人和其他优抚对象，提供政府全额投资兴办旅游景点免门票费、乘坐市内公交车免费等优先优待服务。

【优抚褒扬】 2022年，市退役军人事务局落实优待抚恤政策，对《赣州市重点优抚对象医疗保障实施办法》进行修改，征求相关部门和社会公众意见，并提交市司法局进行合法性审查。5月23—30日，配合省荣军医院医疗队到16个县（市、区）为52户65名烈士父母开展“替烈士看爹娘、为烈属办实事”专项义诊活动。2021年度，全市多名退役军人申请评残，经市残疾等级鉴定专家组鉴定，多人通过体检，全部人员资料通过省退役军人事务厅审核；同时，组织人申请评残调级人员前往省人民医院复核体检。4月，开展2022年带病回乡退伍军人身份认定工作，多人上报申请资料。

优待证申领制发 4月27日，全市优待证申领制发工作动员会议在全南县召开，率先在全省铺开此项工作。市退役军人事务局主动与驻市央企、国企和民企进行对接，与10余家单位签订战略合作协议，并与市爱国拥军促进会联合发文正式向社会公布第一批优待目录清单15条。

烈士祭扫和纪念活动 围绕“忆英烈、祭英烈、学英烈——坚决捍卫‘两个确立’，永远听党话、跟党走”主题，组织各县（市、区）开展清明烈士祭扫纪念活动。各级烈士纪念设施现场祭扫人数95839人，开展群体性祭扫纪念活动260场，祭扫烈士墓38071座，代为祭扫烈士44989位。9月30日，赣州市2022年烈士纪念日纪念活动在赣州市革命烈士纪念日馆举行。

系统梳理烈士和纪念设施数据 组织各县（市、区）系统梳理烈士和纪念设施数据，对褒扬纪念信息管理系统中重复录入的烈士数据进行查重清理。在全市组织开展烈士纪念设施更新审定工作，更新审定烈士纪念设施数据42435条。

县级以下烈士纪念设施整修 4月5日，散葬烈士墓集中迁葬仪式在于都县烈士陵园举办，中央电视台进行现场直播，新华网、人民网等1000余家媒体平台同时分别进行直播、转载直播或报道，总点击量超55亿人次。推动实施县级以下烈士纪念设施“整修工程”，安排资金4428.38万元，完成16114座零散烈士墓的整修保护。

（李春雨）

本栏编辑：陈晔明

经济管理

宏观经济调控

【概况】 2022 年，全市发展改革系统围绕中心、服务大局，担当实干、踔厉奋发，获一批表彰激励，办成一批大事要事，取得一系列新进展新成效，把许多不可能变成可能，发展改革事业迈上新台阶、实现新跨越。

【重大战略实施】 加快打造对接融入粤港澳大湾区桥头堡。推动省委主要领导主持召开第三次领导小组会议，协调解决全市 8 个重大事项。争取省发展改革委员会、省工业和信息化厅、省自然资源厅批复实施赣粤边区域产业合作示范区发展规划、深赣港产城一体化合作区发展规划。推动与佛山签订合作框架协议，成为继广州、深圳、东莞之后，又一座与赣州开展战略合作的大湾区万亿级城市。

提升省域副中心城市建设水平。代拟新一轮支持赣州加快建设省域副中心城市的政策措施，66 个重大标志性项目完成年度投资 394 亿元。强化区域板块支撑，制定县（市、区）、开发区比学赶超“参照地”工作方案，在全省首次特色小镇建设成效评估中获优秀等次 2 个（大余丫山、龙南虔心），占全省的 50%。

【双“一号工程”推进】 做优做强数字经济，出台实施方案、政策措施以及考核评价办法，数字经济产业合作推介会现场签约项目 19 个、金额 451.3 亿元，100 个市级重点数字经济项目年度投资完成率 216.62%，2 次在全省会议作典型发言。

深入开展四大专项治理，率先在全省出台公共资源交易管理暂行办法、企业信用修复主动告知制度以及将优化营商环境工作纳入各地领导班子和领导干部考核述职评议内容，串通投标犯罪预警模型入选全省“一号改革工程”30 项典型案例，2 次在全省会议作典型发言。

【经济运行分析】 超常频次强化监测。应对复杂严峻的外部环境和多轮疫情、极端干旱等超预期考验，建立惠企稳岗保运行、稳住经济大盘督导和服务工作机制，开展 3 年经济增长点、全年强劲发展支撑点研究和季度经济运行分析，有力有效促进经济运行回升向好，全年地区生产总值 4523.63 亿元，增长 5.2%、居全省第二位。

超常力度研究政策。制定出台助企纾困“34 条”、稳住经济“35 条”、接续措施“31 条”以及强攻二季度“25 条”、拼搏三季度“14 条”等政策措施，开展落实情况评估，政策出台力度、密度前所未有，有效引导市场预期。

聚焦重点抓好财经。研究落实构建新发展格局、推进共同富裕、扩大内需等重大战略，组织召开 2 次市委财经委会议研究重大问题 11 个，牵头推进富裕江西建设 83 项年度任务、23 项考核目标、6 项措施销号，参谋助手水平更加彰显。

【重大项目建设】 项目会战。实施项目建设“四大攻坚行动”，组织开展重大项目联动开工、重点节假日不停工等活动，上线运行重大项目指挥调度云平台，526 个省大中型、582 个六大领域大会战项目年度投资完成率分别为 133.3%、131.2%，全年固投增长 9.7%、居全省第二位。

基础设施。推动大广高速南康至龙南段扩容、寻乌至龙川高速建成通车，赣安寻高速列入国家公路网规划，瑞金机场民航专业工程主体竣工，信丰电厂 2 台 66 万千瓦机组双机投运，寻乌、赣县抽水蓄能电站完成预可研审查。

投资管理。出台市本级建设项目储备及投资决策管理办法、加强国有投资项目投资控制若干规定、工业项目“拿地即开工、竣工即投产”工作方案、政府投资工程项目标后监管办法等，赣州市在全省预算内投资执行情况综合评估中得分全省第一，其中，会昌、于都、崇义进入全省前十，全市没有得分后十的县（市、区）。

【开发区改革创新】 抓好争先创优。2021 年开发区综合考评整体排名列全省设区市第四名，15 个开发区排名实现进位，9 个开发区获评省级考评先进单位，占全省 1/3，创历史最好成绩。

深化改革创新。出台深入推进开发区体制机制改革创新若干意见，形成人员能进能出、岗位能上能下、待遇能高能低的选人用人机制。出台支持赣州经开区建设全国一流国家级经开区的若干意见，赣州经开区在全国国家级开发区考评中由上年的第52位跃升至第31位。

推进扩区调区。争取全南工业园调区获批，赣县区稀金新材料产业园获批扩区，南康、大余、崇义等4个开发区获批同意开展前期工作。

【征信市场管理】 打造“线上+线下”融合发展征信查询模式，推动辖内8家银行开通互联网征信查询渠道，新增12家个人信用报告自助查询延伸服务网点，其中定南、南康、龙南个人、企业自助查询机进驻县行政服务大厅。开展“征信修复”乱象治理“百日攻坚”专项行动，与市场监督局等多部门联合开展监管走访6次、执法检查3次，促成17家企业变更名称和经营范围。持续扩大征信宣传辐射面，全市累计举办征信宣传活动305场，开展培训活动94次，发放宣传资料1.3万份，宣传受众20余万人。联合九江银行开展“普及征信知识共建诚信社会”暨6.14信用关爱记录全民健步走活动。

【生态文明建设】 有序推进碳达峰碳中和。出台碳达峰实施方案、“十四五”节能减排综合工作方案，南康、龙南经开区获批省级碳达峰试点县（园区），腾远钴业、吉利耀能、龙南佳纳等16个重大优质项目节能报告获批，省级以上园区绿色化、循环化改造实现全覆盖，预计全年单位地区生产总值能耗下降3%以上。

加快生态产品价值实现。生态产品价值实现工作得到全国政协副主席、农工党中央常务副主席何维调研组一行充分肯定。生态产品价值实现、塑料污染治理工作在全省会议（论坛）作典型发言。

推广生态文明建设经验。生态文明建设工作获国务院督查激励，国家发展改革委点赞赣州生态文明建设“典型模式多、生态环境优、绿色动力强、惠民红利实”，并作为首个地市在官方公众号推广，在《人民日报》《江西日报》等省以上主流媒体宣传推介。

【民生保障】 推进民生工程。416个市民生品质提升行动项目、83个中心城区重点民生工程分别完成年度投资率153.01%、128.1%，新增“七个位”38.31万个、完成年度任务的131.6%。同时，争取赣州市列入国家首批积极应对人口老龄化重点联系城市名单，为全省唯一获批设区市；“一老一小”整体解决方案通过国家发展改革委评审，得分全省最高；争取国家发展改革委同意安排市残疾人康复中心补助8000万元（分两年下达），为全国补助最高的单体残疾人项目。

抓好保供稳价。出台保持价格总水平基本稳定“十条措施”、电力接入工程费用分担机制实施办法，兑现工业企业、大数据中心企业电价补贴资金2.41亿元，清理不合理收费及为企业减费降费9923.14万元，全年CPI（消费者物价指数）平均上涨2.3%、控制在年度目标内。

（唐　建　钟　珍）

国有资产管理

【概况】 2022年，全市国有资产管理工作围绕市委、市政府重要部署，加快国资国企改革创新，争取国务院国资委出台新一轮对口帮扶方案，深入实施党建质量过硬行动，强化党对国有企业的领导，推进市本级地方政府融资平台优化升级，开展三类突出问题集中治理和标准厂房违法转租专项治理，推动纪委书记、财务总监不在所任职企业领取薪酬实质化运行，出台企业领导人员任职和公务回避暂行规定，开展任职回避专项检查，高度关注企业债务风险，定期调度各企业还本付息工作，牢牢守住不发生系统性风险的底线，各方面工作取得积极成效。至年底，市国资委出资监管企业资产总额2946.1亿元，同比增长6.43%；负债总额1817.6亿元，同比增长6.05%；所有者权益总额1128.5亿元，同比增长7.05%；实现营业总收入158.2亿元，同比增长17.62%；利润总额15.4亿元。

【国资国企改革】 赣州市国资国企改革创新三年行动圆满收官。全市国资国企改革创新三年行动工作台账完成率100%，有关做法案例在国务院国资委和省市媒体刊发报道。国企党的建设不断加强。企业集团及所属子企业党委全部建立并落实“第一议题”制度，全面完成“党建入章”，集团和重要子企业均制定党委前置研究事项清单。对不同类型国企领导制定差异化党建考核指标。国资结构布局不断优化。处置“僵尸企业”67户，开展重点亏损子企业专项治理，剥离国有企业办社会职能。国有企业“三供一业”脱钩移交、厂办大集体企业改革全部完成。现代企业制度不断完善。集团及各级子企业全面完成公司制改革，建立外部董事库，落实外部董事占多数，实现董事会应建尽建。“三项制度”改革在各层级企业全面实施，企业实力活力不断增强。国资监管体制不断完善。完善以管资本为主的国资监管制度，明确市属国企监管权责清单。市本级经营性国有资产集中统一监管比例100%。通过改革创新三年行动，市国资委出资监管企业实现资产总额、净资产、营业收入、利润总额“四个大幅增长”，较2019年底资产总额增加792.14亿元，增长36.78%；净资产增加323.96亿元，增长40.27%；营业收入增加77亿元，增长86.52%；利润总额增加2.1亿元，增长15.79%。

【国企规范管理】 全市贯彻落实《关于加强市属国有企业规范管理

的若干规定》，从严规范市属国企重大事项管理。推动体制机制改革。注册成立市财监中心，有效落实纪委书记、财务总监不在所任职企业领取薪酬工作举措。建立“赣州市全国性国资国企在线监管平台”，强化系统性、穿透式监管。修订完善投融资监管制度。配套修订出资监管企业经营性项目投资监督管理办法、投资事项监管清单、融资担保及出借款项业务监督管理办法等制度，落实投融资计划管理，重新梳理明确六大集团主责主业。规范项目运行管理。对市属国企房地产领域存量项目，以及项目运行情况开展摸排，防范出资监管企业合资合作的房地产等重点领域投资风险；部署和督导企业开展投资项目后评价工作，对18个重点投资项目开展后评价；纵深推进违规经营投资责任追究工作，全年追责问责28人次。

【央企援赣】 市国有资产管理委员会争取国务院国资委出台新一轮对口支援方案，贯彻落实省委、市委领导关于央企援赣批示指示要求。积极主动赴国资央企开展对接活动，全市对接走访央企301次；推动成立市级服务央企援赣领导小组，建立项目月调度机制，定期通报项目及走访对接情况，每季度向国务院国资委、省国资委汇报项目情况。1—12月，全市签约、拟签约、洽谈、对接央企援赣项目83个，总投资额1658.99亿元。其中签约项目13个，总投资额507.76亿元；拟签约项目33个，总投资额697.56亿元；处于洽谈阶段项目19个，对接项目18个。

【专项治理】 全市开展出资监管企业开展转租、转包等“中间人”违规问题专项核查整治工作。组织6家出资监管企业对2320宗在租资产进行核查，发现市城市投资集团有限公司、市交通控股集团有限公司、市国有资产投资集团有限公司转租问题38宗，并督促整改，取得良好实效。组织对政府投资类标准厂房运营管理情况进行两轮摸排，全市政府投资类标准厂房约1530.9万平方米，入驻企业1163家，其中，672家企业拖欠租金，占比57.78%，欠租金额约3.64亿元。经研判，转租企业100家，其中56家企业转租获利，获利金额约3216.67万元，治理成效明显。

【防范化解风险】 全市国有资产管理工作有序实施融资平台优化升级，围绕融资平台重整、债务化解、资源重构、信用增信等方面工作，牵头编制《赣州市本级政府融资平台优化升级实施方案》。着力推进瘦身健体，将363家子公司精简至295家，整体精简率18.73%；各企业集团管理层级均控制在3级以内，产权等级控制在4级以内，一级子公司控制在10家以内。优化资产资源配置，实际向融资平台公司注入资产（资源）182亿元，鼓励支持融资平台公司大力发展光伏新能源、数字经济、生态环保等新兴产业，加大自然资源（林权、矿权等）注入力度，做实做优企业资产。防范化解债务风险，融资平台公司资金来源可覆盖化债资金需求，债务风险总体安全可控，可确保不发生系统性金融风险。全力提升信用评级，赣州发投集团及其城建板块赣州城投集团均取得AAA信用主体评级，使赣州市成为除沿海经济发达省份外唯一拥有双AAA信用主体评级企业的非省会设区市。

【国有企业党的建设】 赣州市在全省设区市率先出台《关于市属国有企业在完善公司治理中加强党的领导的实施意见》，推动党建与生产经营深度融合。突出党的政治建设。坚持把学习贯彻习近平新时代中国特色社会主义思想作为首要政治任务，组织开展“学习强国”知识竞赛、振兴发展主题图片展、“建功新时代喜迎二十大”摄影比赛等活动。国资委代表队荣获全市“学习强国”知识竞赛三等奖。打造国企党建集中展示窗口。深挖国资历史，提升展陈布局，赣州国资国企党建馆影响力、人气值、好评度持续提高，得到中组部、省组部等有关领导充分肯定。第4期《全省基层组织建设工作情况通报》表扬肯定该做法。理顺企业党建管理体制。赣州稀土集团党委稀土、非稀板块党组织分别移交中国稀土集团、赣州发投集团党委；赣州银行、金盛源担保集团党建工作统一归口市国资委党委管理，建立党委领导市属国有金融企业党建工作联系点制度。推进党建品牌创建。开展党建质量过硬行动“攻坚季”活动，举办首届全市国有企业党务技能大赛，挖掘“金梧桐”“水管家”“红领国投”“大道先锋”等党建品牌和创新案例，初步形成“1+8+N”国企党建品牌矩阵，《赣南日报》专版报道赣州市推进市属国有企业党建质量过硬行动有关情况；坚持党管干部、选贤任能和国有企业领导人员“二十字”标准，提任一批国企中层干部，首次面向全国公开选聘20名兼职外部董事库人选，拓宽外部董事来源。

【勤廉企业建设】 全市召开3次勤廉企业建设工作推进会，把勤廉基因全方位融入高质量发展全过程，着力营造风清气正国资国企政治生态，持续释放助推改革发展新成效。研究印发《市国资委党委2022年党风廉政建设和反腐败工作方案》，委党委书记与班子成员、各出资监管企业党委书记及科室负责人签订《党风廉政建设主体责任书》。印发《市国资委党委贯彻落实〈中共中央关于加强对“一把手”和领导班子监督的意见〉落实措施及责任分工》，制定18条具体落实措施。为落实全市国有企业警示教育大会精神，全面深化以案促改、以案促建、以案促治，市属国资国企围绕国有资产监管、重大项目建设等重点领域、关键环节强化监督整治，扎实开展违规投资入股、插手干预工程、以贷谋私、充当资金掮客、“小鬼难缠”、“中梗阻”等专项集中治理，发现问题659个，线索

103 条，立案 11 件，并坚持边查边治边改边建，挽回资金损失 7305.24 万元，建立健全制度 159 项。全年市国资委出资监管企业处置问题线索 73 件，其中立案 32 件 32 人，比上年增长 10.34%；党纪政务处分 32 人，增长 33.33%；组织处理 81 人，增长 9.46%。

（黄　昊）

市属国企选介

赣州城市投资控股集团有限责任公司

【概况】 赣州城市投资控股集团有限责任公司（简称“赣州城投集团”）聚焦主责主业，勇于担当作为，发展“稳”的格局更加巩固，“好”的态势更加明显，实现“十四五”的精彩开局。集团资产总额达 1560 亿元，同比增加 174 亿元，增长 12.6%，稳居全国城投前 50 强。集团负责实施项目 76 个，总投资 517 亿元，其中城市能级提升项目 25 个，占市本级同类项目总量 61%，项目总投资占比达 85%。

全年新开工项目 21 个，完工项目 25 个，累计完成投资 115 亿元，完成投资率 101%。

【项目建设】 全年赣州城投集团完成项目投资 115 亿元，20 余个项目实现竣工，20 多个项目顺利开工。南河大桥拓宽改造工程二期项目提前 5 个月实现通车获市政府嘉奖，市方舱医院项目一期仅用 14 天、二期仅用 8 天时间完成项目建设，蟠龙大桥以及二期快速路中蓉江三路快速路、黄金大道快速路项目客家高架以南段率先实现主体通车，凤岗中学教学楼提前合同工期 10 个月实现移交。

【经营发展】 2022 年集团资产总额达 1560 亿元，同比增加 174 亿元，增长 12.6%，净资产 610 亿元，同比增加 87 亿元，增长 16.6%；全年实现经营性主营业务收入 39 亿元，同比增长超过 70%，利润总额 2.4 亿元，同比 2021 年增长接近翻番。

（龙琪　刘家灿　李德文）

赣州市政公用投资控股集团

【概况】 2022 年，赣州市政公用投资控股集团（以下简称集团）总资产达 113.12 亿元，全年实现营业收入 9.92 亿元，上缴税费 9169.46 万元。水务公司实现供水量 2.45 亿吨，同比增长 6.9%，水质综合合格率 100%；公交公司完成运营里程 3740.5 万千米、运客量 3211.77 万人次，新增公交线路 15 条，日均运客量 9 万人次。

【推进市政基础设施建设】 2022 年，集团共实施供排水、公交、市政设施项目 22 个，全年完成投资 6.2 亿元。其中，总投资额 35.16 亿元的中心城区生活污水治理厂网一体（一期）项目进入全面实施阶段，建春湿地公园地埋式再生水处理站工程上半年正式投产，黄沙溪水质提升工程已达产达标，龙华水厂二期完成立项批复、水资源论证、项目设计招标等前期工作，贡江水厂一期工程完成论证方案与项目建议书编制、项目选址等工作。黄金大道田心、新能源科技城公交枢纽已建成即将投入使用，公共停车场二期工程正组织社会资本方招标。五区一体智慧停车项目完成指挥中心、停车管理平台建设，平台联网已接入停车场 155 个、停车泊位 4.18 万个。东阳山、八一四大道贸易广场、理工大学三座人行天桥建成并开放行人通行，污水厂污泥处置、老城区老旧灯杆改造、中心城区桥梁安全防护设施增设等工程全面完工；中心城区道路改造、八一四大道与关刀坪交叉口积水点改造等 4 个项目加快施工。

【国企改革创新三年行动】 落实国资国企改革创新三年行动部署，43 项改革任务全面完成。推进水务板块上市工作，加大力度解决南康水司财务、三县区给排水分公司规范运作等辅导期整改重点问题，年内申港证券团队已完成尽职调查，并上报省证监局完成辅导备案，准备上市申报材料。加快公交场站综合利用，编制《赣州市中心城区公交场站综合利用规划》，完善赞贤路公交停保场综合开发概念方案设计。提升市政建设板块、市政投资板块整体竞争力。投资 9.05 亿元的兴国、于都生活垃圾焚烧发电项目投产运行，全年累计处理垃圾量 37 万吨，发电量 1.5 亿度，实现营业收入 1.07 亿元。崇义垃圾焚烧发电项目、大余生物质供热项目完成土地清表平整、强夯施工。赣县二水厂光伏发电项目完成建设，另 4 个水厂及污水厂光伏项目进行施工招标。完善市场化选人用人机制，全年面向社会公开招聘专业技术人员 50 名、职业经理人 2 人，人才队伍呈现年轻化、专业化的良好态势。

【优质服务】 贯彻落实稳经济系列政策措施，帮助中小企业等市场主体纾困，对受疫情影响缴纳水费有困难的餐饮、企业、个体工商户等采取“欠费不停供”措施。全年对服务性用水用户累计减免欠费违约金约 192 万元，缓缴水费约 1945 万元。对承租集团房屋的小微企业和工商户免除 3 个月租金，已减免租金 155 万元。压缩企业获得用水报装时限，将获得用水环节简化为 2 个环节，3 个工作日办结。集中力量优化网上营业厅和指尖水务 APP 功能，实现用水报装申请、改表移表、过户、移管改管等业务系统全覆盖，在全国同行业中位居前列。公交公司新增公交线路 15 条，优化线路 10 条，公交线路增加至 119 条，着力畅通社区公交微循环并支持文旅、乡村振兴发展。大力推行公交 IC 卡 45 分钟内优惠换乘，开展免费乘车体验等活动，获得市民群众点赞。按照“双一号”工程部署在全省率先实现第三代社保卡刷卡乘坐公交车。

赣州旅游投资集团

【概况】 2022年，赣州旅游投资集团（以下简称“集团”）以“千亿”战略（资产过千亿，营收过百亿，利润过十亿，跻身全国旅游集团20强，打造1个全国乃至全球知名文旅IP，拥有1家上市公司，获得企业AAA信用评级，运营一家AAAAA级景区）为目标，全面推进高质量发展。至2022年年底，集团共有下属公司61家（其中全资35家、控股13家、参股13家），资产总额达411.76亿元，净资产160.23亿元，年度完成投资12.07亿元，营业收入22.48亿元，利润总额2.42亿元。

【项目建设】 年内，于都长征大剧院项目主体竣工，中国首部红色文旅史诗《长征第一渡》合成彩排正式启动。龙南双子围民宿小镇一期项目正式竣工并实现试营业。方特二期、章江宾馆二期项目已全面施工。冰雪城、央视动漫、姚衙前修缮改造、通天岩提升改造、“三馆一中心”改造等项目前期工作加快推进。

【市场拓展】 景区板块，江南宋城推出“大宋潮玩”“飞天”演艺火爆出圈，主流媒体广泛关注，国庆期间累计曝光量约为532.9万次，总游客量位居全市AAAA级以上景区首位。酒店板块，章江宾馆创新推出“三低”软欧包、Z咖啡爆款产品，缦廷酒店打响“小龙虾”品牌，赣南宾馆建设老字号美食店并拓展食堂配送业务。旅游服务板块，集团旗下旅游科技集团先后承接全市“引客入赣”、赣南等原中央苏区振兴十周年展等全市重大活动任务；积极筹备成立市红培协会并成为会长候选单位；推出的方特“红色培训新课堂”被列入市委党校推荐路线；红飘带公司获批市首批红培机构，累计接待3.8万余人次。

【金融资产】 拓宽融资渠道，集团首单公司债（10亿元）和境外债（3亿美元）获批，成功取得省内首单大金额1.5亿元文旅类设备贴息贷款，首次与进出口银行、农业银行、工商银行等政策性银行、国有大行建立正式合作关系。优化融资结构，非标融资占比由71%压缩至60%，全年融资到账42.98亿元，综合融资成本保持稳中有降态势。做大做优文旅资产，与安远旅发成功并表，AA+主体信用评级取得阶段性成功。盘活文旅引导资金，使用4.3亿元文旅引导资金参投4支文旅基金，撬动20亿元基金规模，其中3只基金已完成对10个项目投资，投资金额2.6亿元。向财政上缴基金投资收益4171万元，启动赣深文旅科技产业基金、赣州高质量绿色发展产业基金等的设立。构建“股权投资+债权投资”双平台雏形，完成私募基金公司设立，融资租赁公司组建取得阶段性成果。

赣州交通控股集团有限公司

【概况】 2022年，赣州交通控股集团有限公司（简称“赣州交控集团”）拥有各类全资、控股子公司22家，参股公司10家；领导班子成员8人，员工1700余人；全资、控股及参股高速公路通车里程624千米，占全省高速公路里程的10%，实际管养里程480千米，占全市辖区内高速公路的1/3；开通航线28条，通航城市33个，通航点34个，是省内三大高速公路投融资建设运营平台之一、第二大航空服务平台。

【项目建设】 重大项目建设高效推进。陆路融湾通道——信雄高速稳步实施，完成年度投资7.1亿元，超额完成年度目标任务；螺溪洲大桥项目完成年度投资目标；赣定高速信丰南互通升级改造工程全面完成并投入使用；累计为蟠龙大桥项目筹集建设资金2.66亿元，确保项目顺利推进。重大项目前期工作稳步推进。寻全高速西延项目通过工可预审；大广高速龙河联络线扩容项目完成可研报告；赣州绕城高速东移等5个项目路线研究编制已完成。航空服务保障坚强有力。全力克服疫情反复、能源价格暴涨等多重叠加不利因素影响，以最快时间恢复北京、上海等重点航线航班的运营，全年完成旅客吞吐量86.3万人次，年度旅客吞吐量、起降架次位居全省支线机场前列。

【提质增效】 高速费收水平总体稳健，赣州交控集团积极开展引车上路工作，深度挖掘费收潜力。截至2022年底，全年实现通行费15.91亿元，基本与上一年度持平。能源板块步入高速发展阶段，成为集团除高速公路费收外最大的营收增长点：赣源石化公司全年实现销售额3.13亿元，利润2541万元，龙杨省界停车区、信丰高新区等加油站项目前期工作加紧推进；光伏发电业务开局良好，稀土集团友力项目成功实现并网发电，龙南有色、龙南冶炼分离光伏项目开工建设，与章贡高新区签订合作开发协议；积极探索开拓供应链业务，签订合同约8000万元，实现利润100万元。大力盘活存量资产，和谐钟塔景区运营权移交市旅投集团进行专业化、市场化运营；高效利用闲置土地开发房地产项目，融湾·和悦府房地产项目进展顺利，已开启认筹预售，资产效益持续放大。

【安全生产】 全力抓好安全生产工作，制定印发《集团领导班子成员安全生产重点工作责任清单》，进一步压实领导责任。加大安全隐患排查治理力度，针对高速运营养护、在建项目等重点领域常态开展督查检查，组织开展燃气、建筑房屋、消防等领域的专项整治行动。集团层面累计开展督查检查73次，排查隐患455条，整改率达100%，全年未发生重特大安全生产事故，安全生产形势平稳有序。全力做好信访维稳，全年共开展涉稳风险排除化解专项行动达10余次，未发生越级

上访、群访、闹访事件。加强内控体系建设，修订完善《集团“三重一大”决策事项清单》，高质量完成2021年度投资项目后评价工作，全面启动年度内部审计，完成集团2018年9月至2021年国资在线监管平台“三重一大”决策数据报送工作，并全力配合国资在线监管平台的正式上线运行。全力做好融资保障，提前制定融资使用计划，持续保持与金融机构的密切联系，积极争取银行融资授信32亿元；启动20亿元中期票据的发行工作，已确定主承销商。多措并举稳步推进债务化解，以确定为市属国企政府隐性债务化解试点单位为契机，积极争取政策支持。

（谢星星）

赣州市国有资产投资集团有限公司

【概况】 2022年，赣州市国有资产投资集团有限公司坚持“稳中当头、稳中求进”的总基调，各项经营目标完成较好，保持良好的发展态势。年末资产总额135.35亿元，同比增长7%；营业收入10.46亿元，同比增长5.58%；利润总额为2.03亿元，同比增长28%。实现强AA+主体信用评级。大数据产业园、城市大脑等一批市委市政府交办的重点项目有序推进。年末，拥有各类资产（经营性）4324宗，资产价值63.52亿元，总建筑面积约58.71万平方米。其中，托管资产830宗，资产价值19.81亿元，总建筑面积约20.49万平方米；法人资产3494宗，资产价值43.71亿元，总建筑面积约38.22万平方米。

【重大工业项目投资】 2022年，市重大工业项目投资引导资金审批额突破100亿元。全年审批项目6个，金额19.03亿元；累计投放68.35亿元，余额约36.89亿元，约占全市银行制造业中长期贷款总额的30%，累计带动企业固投185亿元，营收558亿元，税收22亿元，利润36亿元，实现“1+5+N”六大重点产业集群全覆盖，支持全市“三大战略、八大行动”成效明显。

【资本运营】 6月13日，赣州国惠创业投资基金管理有限公司在中国证券投资基金业协会成功登记备案（登记编码P1073551），标志市属国有资本运营公司改组工作迈出关键一步，为不断做实市属国有资本运营平台奠定良好基础。资本运作能力的提高将进一步支持全市产业发展，推动赣州经济社会发展。

【发起成立赣州市数字经济产业联盟】 11月28日，市政府为赣州市数字经济产业联盟代表机构赣州市国投集团授牌，标志成立赣州市数字经济产业联盟进入到实质性阶段。该联盟是由市国投集团作为牵头单位，联合全市有关企事业单位、高等院校、科研单位以及业内优势企业等发起组建的，加快推动全市数字产业发展，助力市委、市政府科学决策和产业健康发展，已发展会员单位超120家。联盟的成立为加强政企沟通、促进产业融合、深化产业链融通提供平台，对做优做强全市数字经济提供有力支撑。

【卫府里大楼启动改造升级】 6月，卫府里大楼改造升级项目实现挂网并成功招标，作为全市“菜篮子”的卫府里市场将正式进入到改造升级中。改造后的卫府里大楼将打造成传统韵味和现代风格有机结合的新型商业综合体，对于老百姓舒心拎好“菜篮子”和传承赣州历史文化具有重要意义。

【《沧桑卫府里　迷人烟火气》获奖】 12月14日，《经济日报》公布“奋进新征程 赣州向未来”微视频征集活动获奖名单，由赣州市国投集团摄制报送的《沧桑卫府里　迷人烟火气》榜上有名，位列10件获奖作品之一，这是国投集团第一次亮相中央级主流大报，也成为全市此次获奖仅有的两个市直单位之一。《沧桑卫府里　迷人烟火气》以纪实的表现手法、细腻的镜头语言，讲述百年卫府里“前世今生”的故事，展现全市国企干部职工勇挑社会责任担当和为民服务的风采。此次获奖展现赣州国企良好形象，是传播好赣州声音、讲述好赣州故事的一大成果。

（杨前俊）

自然资源管理

【概况】 2022年，全市自然资源系统贯彻落实党中央“疫情要防住、经济要稳住、发展要安全”重要要求，聚焦“两统一”职责，统筹抓好“保发展、护资源、优空间、惠民生”各项工作，在服务大局中实现新的发展，各项工作取得明显成效。争取自然资源部连续第11年成体制出台支持赣州经济社会发展的扶持政策文件。赣州市历史遗留废弃矿山生态修复项目成功入选国家2022年11家历史遗留废弃矿山生态修复示范工程项目，获得中央财政奖补资金3亿元。全力推进省市县三级联动巡视巡察反馈意见整改工作，推进土地储备、土地出让、矿产资源执法监察“三项专项整治”。全面完成“三区三线”划定，赣州市在“三区三线”试划工作中提出的10余条工作建议上升为国家规则，为全国、全省提供“赣州方案”。全年取得用地批复170个批次，面积4566.67公顷，争取国家直接配置重大基础设施项目用地指标1781.53公顷。有力落实耕地“进出平衡”，集中力量整改恢复耕地2386.67公顷，成功实现“由负转正”。完成土地开发补充耕地项目验收报备137个，新增耕地831.67公顷。全力破解水田占补瓶颈，完成“旱改水”项目报备57个，新增水田面积284.43公顷。持续推进“节地增效”行动，推动市政府出台《关于进一步加强工业用地节约集约利用的意见》，消化批而未用土地2401公顷，处置闲置土地293.2公顷，供应2009—2018年度批而未供土地1549.6公顷，三项处置均超额完成省定任务。印发实施《赣州市矿产资源总体规划（2021—2025年）》，牵头组织拟定《关于进一步加强矿山监督管理的通知》并经市政府印发，有力规范矿产资源合理开发利用和保护工作。持续推进矿山生态修复三年行动，累计完成废弃矿山治理面积1004.94公顷。编制的《离子型稀土绿色矿山建设规范》《普通建筑用砂石黏土绿色矿山建设规范》于2022年4月1日发布实施，成为全省首个地方标准。构建市、县、乡、村及群测群防员五级联动机制，群测群防员增补至7653名，累计开展地质灾害巡排查6.6万批次、29.7万人次，成功避险21起，避免直接伤亡33户138人，累计建成515处监测预警点，尽最大努力确保人民群众生命财产安全。牵头督办完成国家、省、市145件自然资源领域信访问题化解工作，全力保障二十大的胜利召开。创立赣州不动产登记“六办”模式，全省首创“不动产登记+司法查控”总对总模式，首创返迁安置房“交房即交证”，建立珠海、广州、南昌“跨省通办”服务新模式。市自然资源局获第三次全国国土调查先进集体、全省政府系统“五型”政府建设先进集体、2016—2020年全省普法工作先进单位、江西省档案工作规范化管理省一级单位等称号。

【要素保障】 坚持土地要素跟着项目走，全年取得用地批复170个批次，面积4566.67公顷，特别是争取国家直接配置重大基础设施项目用地指标1781.53公顷，保障遂大高速、厦蓉高速公路会昌白鹅互通、南方医科大学南方医院赣州医院、格力智能制造、大自然家居、蓉江三路、武陵大道等省市重大重点项目用地需求。深入推进“节地增效”行动，消化批而未用土地2401公顷，处置闲置土地293.2公顷，供应2009—2018年度批而未供土地1549.6公顷。争取省财政地质勘查基金1894万元在安远县实施稀土资源勘查项目，并列入江西省“十四五”期间重点找矿突破项目，为全市稀土资源提供接续保障。赣州市“十四五”矿产资源总体规划明确，设置宁都县葛藤嘴稀土矿等3个稀土储备区和赣县田村等7个稀土重点勘查区，设置大余—于都钨锡产业发展区，并落实6处能源资源基地、10处国家规划矿区，落实（划定）22处重点开采区，保障稀土、钨、铜、铅锌、锂、萤石、水泥用灰岩等矿产资源稳定供应。

【国土空间规划】 全市持续推进国土空间规划体系建设，以资源环境承载能力为硬约束，全面完成全市“三区三线”划定工作，将三条控制线作为调整经济结构、规划产业发展、推进城镇化不可逾越的红线，推动发展方式由粗放扩张式向内涵集约式转变；高质量推进国土空间总体规划编制，市县两级国土空间总体规划编制基本完成，市级规划获得市委、市政府主要领导高度肯定，规划成果顺利通过市国土空间规划委员会审议，并完成市级专家论证、规划公示等程序。赣州市下辖15个县（市）均形成规划草案，按程序推进规划报批工作；有序开展控规编制工作，中心城区全面开展现行控制性详细规划实施评估工作，并根据评估结果完成水西、梅林、唐江、国际陆港、沙河、茅店等6个组团控规编制。牵头会同市城管局、市住建局等部门出台《赣州市中心城区排水管网工程规划建设管理暂行规定》。各县（市）也紧凑有序推进县城开发边界内控制性详细规划编制（修编）；不断强化乡村振兴规划引领，全市925个重点村庄规划编制基本完成，其中125个提级市级评审，村庄规划编制质量有效提升。创新性提出“五分法”村庄规划编制方法，获评省自然资源系统十大“做示范、勇争先”先进案例并受到部、省媒体刊登推荐；积极履行市国土空间规划委员会办公室职责，全年召开市国土空间规划委员会9次，审议50余项规划领域重大事项，不断提升治理体系和治理能力现代化水平。

【自然资源改革】 全市不断深化“放管服”改革。致力推进工程建设项目“一站式集成”审批改革市县全覆盖，牵头建成赣州市工程建设项目策划生成平台，实现项目建议书、用地预审与选址意见、节能审查、可研报告审批（备案或核准）及招标事项核准、用地规划许可证、工程建设方案审查等事项并行办理、集成审批，通过省“一张蓝图”监管备案数4337个，排名全省第一；实施工程建设项目验收“多测合一”422个，自7月以来实现率全面提升至100%并一直保持，达到全省“第一等次”暨“好”等次。致力建设工程规划许可“承诺审批制”“豁免清单制”改革，完成承诺审批项目34个，豁免办理项目47个。致力“市县同权”改革，以“下放实质性审核权”和“窗口前移”方式赋权37项，全市占比31.36%，满足企业群众“就近办”的需求。致力推动县级自然资源部门进一步完善“三集中三到位”改革，按照“应进全进、能放尽放、该减必减”的原则，政务服务事项市县统一进驻窗口52项、精简16个材料、36个时限，实现同一事项市县同标准办理，自然资源营商环境不断优化提升。牵头起草出台《赣州市农村住房建设管理条例》，进一步规范农村住房建设管理。

【土地资源保护】 全市落实最严格的耕地保护制度，坚决遏制耕地“非农化”、防止“非粮化”。全市划定耕地35.79万公顷、永久基本农田31.27万公顷、生态保护红线11659.57平方千米、城镇开发边界1008.25平方千米，保障粮食安全、生态安全、国土安全。组织开展2021年度耕地保护目标责任考核。严格落实“先补后占、占优补优、占水田补水田”，全市建设占用耕地保质保量补充到位。积极推进补充耕地项目实施，完成补充耕地项目报备入库新增耕地880.87公顷，超额完成省级下达赣州市566.67公顷的目标任务。全力破解水田占补瓶颈，完成“旱改水”项目报备57

个，新增水田面积 284.44 公顷。严格落实耕地“进出平衡”制度，积极开展 2021 年度耕地流出问题排查整改工作，全市整改恢复耕地 2386.67 公顷，耕地总量“由负转正”实现净增加。核查 2022 年卫片图斑 3.02 万个。完成以往年度土地（例行）督察反馈问题整改 226 个，面积 1150.57 公顷。完成 2021 年耕地保护督察反馈问题整改 733 个，面积 735.22 公顷。

【节约集约】 全市深入推进“节地增效”行动，消化批而未用土地 2401 公顷，处置闲置土地 293.2 公顷，供应 2009—2018 年度批而未供土地 1549.6 公顷，三项处置均超额完成省定任务。深入推进工业“标准地”供应，全年全市供应 269 宗 1166.27 公顷，占全市新增工业用地的 80%。推动市政府出台《关于进一步加强工业用地节约集约利用的意见》，为进一步提高工业用地利用效率提供有力支撑。赣州市赣县区、兴国县、崇义县 3 个县（区）成功入选自然资源部公布全国首批“自然资源节约集约示范县（市）”名单。11 月 14 日，《赣州市矿产资源总体规划（2021—2025 年）》发布实施。12 月 14 日，推动赣州市人民政府印发《关于进一步加强矿山监督管理的通知》。严格矿业权审批管理，受理采矿权审批省级及以上发证 110 件、市级发证件 27 件，确保矿产资源有序开发。

【矿山生态修复】 全市持续推进矿山生态修复三年行动，完成废弃矿山治理面积 1004.94 公顷。赣州市历史遗留废弃矿山生态修复项目成功入选国家 2022 年 11 家历史遗留废弃矿山生态修复示范工程项目，中央财政将予以支持 3 亿元。兴国、寻乌、瑞金等 3 个废弃矿山治理经验入选《江西省生态修复典型案例》（第一批）公示名单，在全省宣传推广；会昌县市场化矿山生态修复工作经验，先后在央视 CCTV-1、人民网、《中国自然资源报》、中国新闻网等主流媒体宣传推广。全力推进矿山生态环境问题大排查大整治专项行动，完成整改 1890 个。大力推进绿色矿山建设工作，全年建成 7 个绿色矿山，4 月 1 日发布实施《离子型稀土绿色矿山建设规范》《普通建筑用砂石黏土绿色矿山建设规范》。建立县局领导挂点联系绿色矿山制度。全面推进审计整改任务，组织开展“回头看”，抽取 32 个矿山进行年度检查，其中审计整改工作做法在省厅绿色矿山工作动态中作为经验通报予以刊发，系全省 2022 年度唯一一次刊发的经验通报。

【地质灾害防治】 全市稳步推进地质灾害防治各项工作，建立健全地质灾害防治挂点联系工作制度以及地质灾害速报、巡查、应急调查、值班制度，全力以赴保障人民群众生命财产安全。化解中心城区办证历史遗留问题，常态化推进返迁安置房办证工作，完成 85 个返迁安置小区 11793 户的转移登记。落实小微企业减免登记费政策，市本级 2022 年累计减免不动产登记费 41.7 万元，并开展“无还本续贷”业务，为小微企业续贷 2357.99 万元。完成化解 145 件牵头督办的征地拆迁领域重复信访、信访积案。坚持“以人为本”惠民生，有力推进地质灾害防治，争取地质灾害防治项目立项，部省下达 2022 年度资金 7884 万元，地质灾害防治项目 21 个；提前下达 2023 年度专项资金 5344 元，地质灾害防治项目 28 个，下达资金和项目均全省前列；构建市县乡村群测群防员五级联动机制，群测群防员增补至 7653 名，组织各地开展地质灾害巡排查 6.6 万批次、29.7 万人次，派出专家工作组 254 批次 748 人次应急技术调查；全面推进已有地质灾害项目实施，本年度完成 25 个地质灾害防治项目的竣工验收；建设地质灾害监测预警体系，累计建设 515 处监测预警点，为 1.67 万名受威胁群众、4.304 亿元财产提供实时监测预警服务；开展兴国县区域性地质灾害综合防治体系建设试点工作，为小型地质灾害隐患综合治理提供切实可行的路径和方法；全面落实 16.95 万处切坡建房点风险责任管控，逐户落实乡级、村级和巡查员三级责任，尽最大努力保障人民群众生命财产安全。规范办理行政应诉案件 146 件，处理来信来访 172 件，诉讼和信访总体形势呈现向好态势。

【自然资源基础建设】 全市全面完成“三区三线”划定，划定耕地保护目标任务 35.79 万公顷，其中永久基本农田 31.27 万公顷；生态保护红线 116.6 万公顷；城镇开发边界 1008.25 平方千米。将严守资源安全红线要求精准落图落位落数，统筹严格保护与合理利用资源，以新安全格局保障新发展格局；落实过渡期规划保障政策，持续做好重点项目规划规划保障，通过两轮土规延续方案和衔接方案有力保障全市急需建设的 1738 个项目、3460 公顷新增用地规划布局，为地方高质量发展保驾护航。全市“三调”工作成果丰硕，全面查清全市 3.94 万平方千米内 258.97 万个地类图斑的分布及利用状况，建立全市覆盖最全、体量最大、精度最高、横跨 2009—2019 年 11 个年度，包含 320 余个图层、3400 万个图斑要素、总量达 8TB 的市县两级“三调”数据库与管理系统。2022 年 12 月获全国三调办、自然资源部表彰为第三次全国国土调查先进集体。扎实推进国土变更调查与遥感监测，全市 18 个县级调查单元 2021 年国土变更调查成果已通过国家审核。全力加速自然资源统一确权登记，全部完成市本级 14 个登记单元的首次登记通告及资料收集、分析及数据库建设，指导各县（市、区）稳步推进县级自然资源调查确权工作，全市 18 个县（市、区）均已向省质检中心提交数据库资料开展过程性检查。切实抓好农房一体确权登记发证，所辖 18 个县（市、区）全面完成省级总验收，全市登簿 179.89 万宗、发证 171.15 万本；耕地后备资源调查评价成果顺利通过国家级和省级核查。全力开展自然资源信息化建设三年行动，基本完成安全高效的“一张网”建设，涵盖涉密内网、电子政务内网、电子政务外网3套网络，完善网络安全相关制度33项，为自然资源管理服务提供安全可靠的网络环境保障；基本完成立体准确的“一张图”建设，5月在全市全面上线运行国土空间基础信息平台与国土空间规划“一张图”实施监督信息系统，11月赣州市系统在部级系统中正式通过省级评定，系统纳入全市现状、规划、管理、社会经济四大类数据，覆盖现状数据、规划成果数据等260个图层21TB数据量，形成自然资源全过程动态闭环管理，年末全市系统用户1004个，并面向市财政局、市交通局等10余个市直部门推广应用，强化数据汇聚融合、联通服务能力，依托信息化技术助推国土空间规划实施监管；基本完成智慧互联“多应用”建设，包括“多规合一”业务协同平台、土地二级市场网上交易系统、电子政务管理系统、市不动产登记集成服务平台等一批信息化项目，推动国土空间治理体系和治理能力现代化建设。

【自然资源监察】 市自然资源监察支队对涉嫌刑事犯罪的5起案件及时移送公安机关依法处理；开辟涉黑涉恶问题不动产登记查询、查封业务“绿色通道”，协助公安等政法部门查询不动产信息251人次，不动产单元184个，面积45.91万平方米；协助查封登记25件，不动产单元62个，面积46.15万平方米，形成“打财断血”工作合力。深化巩固违建别墅清查整治专项行动，以层层过筛的方式对全市违建别墅问题清查整治情况开展“回头看”，以拉网式的方式对全市重点区域开展“再排查”，发现的问题均全部整治到位并上报核销。核查2022年卫片图斑3.02万个，开展采矿权人开采情况检查矿山企业27个。市本级立案查处违法用地案件101宗，下达处罚决定书65宗；立案查处涉矿类案件79宗，有力维护土地矿产利用管理秩序。中心城区2022年立案查处未按规划审批实施建设类案件4宗，进一步规范中心城区规划建设秩序。

【不动产登记】 全市建设不动产登记集成服务平台，整合五区数据、系统，实现中心城区不动产登记业务“全城通办”；完成与县（市、区）不动产登记系统的对接调试工作，打通全市不动产登记“信息孤岛”，实现“全市通办”的目标。依托集成服务平台，持续推动“跨省通办”，与南昌、珠海和广州等地线上签订不动产登记“异地通办”合作协议，打破“属地办理”传统模式，实现线下“就近办理，只跑一次”和线上“不见面”办理，有效解决产权人在居住地和房屋所在地“往返跑”的问题。加强数据融合共享，实现不动产登记、交易和缴纳税费“一网通办”。推广“不动产登记+N”服务，探索推出“不动产登记+金融”“不动产登记+税务”“不动产登记+民生”“不动产登记+司法查控”等一站式便民利企增效服务。推进“互联网+不动产登记”，充分发挥电子证照、电子印章、电子签名、电子合同、人脸识别、移动支付等在不动产登记场景应用，实现高频登记业务“全程网办、一次不跑”。化解中心城区办证历史遗留问题，常态化推进返迁安置房办证工作，完成85个返迁安置小区11793户的转移登记。推广“交房即交证”工作，将“交房即交证”的红利落实到返迁房项目中，一站式完成交房、交税、交证手续，累计为返迁安置群众办理300余本不动产权证。推进不动产抵押登记“不见面办理”，市本级办理抵押登记业务6.87万件，线上办理占比95%。开设“企业专窗”、“全城通办”专窗、“党员先锋岗”等绿色通道，累计为赣州星州润达集团有限公司等862个企业办理转移、变更、更正相关业务；为不便前往登记窗口办理业务的群众提供50次上门服务。落实小微企业减免登记费政策，市本级2022年减免不动产登记费41.7万元，并开展“无还本续贷”业务，为小微企业续贷2357.99万元。

【土地储备】 全市科学制定2022年中心城区土地储备、供应计划，2022年中心城区新增储备土地310宗1860.22公顷，按区域划分，章贡区储备65宗330.36公顷，赣州经开区储备51宗595.42公顷，赣州蓉江新区储备41宗302.74公顷，南康区储备68宗363.91公顷，赣县区储备85宗267.19公顷。供应土地1917.13公顷，按区域划分，章贡区供应94宗337.2公顷；蓉江新区供应44宗323.07公顷；赣州经开区供应111宗570.73公顷；南康区供应135宗497.13公顷；赣县区供应112宗188.93公顷。土地的有序储备及供应，有效保障中心城区南方医院（蓉江院区）、富士康、格力制造基地、中国科学院江西稀土研究院、七里古镇、方特二期水上世界等一批重点项目的用地需求。及时按流程拨付项目资金，全年拨付各类资金3.65亿元，其中土储自有资金1.66亿元，转付资金1.99亿元。全年完成网上成交土地163宗，面积739.69公顷，成交金额79.77亿元。矿业权网上交易1宗，出让收益195万元；矿业权摇号评估有偿处置5宗，出让收益2957.35万元。收取交易服务费612万元。坚持每周四开展市本级储备土地集中巡查90次，建立巡查管护台账。对履职不到位的3个委托管护单位、部门进行约谈，并下发督办函督促限期整改。

【国土空间调查规划研究】 全年市国土空间调查规划研究中心实现营业收入1.06亿元，超额完成全年生产经营目标任务，连续3年实现营收过亿。1人荣获全市十大科技创新人物提名奖，1人荣获全省调查监测劳动技能竞赛优胜奖，12名党员分别荣获市局优秀党员和优秀党务工作者，技术创新与咨询服务所获2022年度巾帼文明岗。高质量开展市（县）级国土空间规划编制工作，完成“三区三线”试划、

划定工作，为全省乃至全国“三区三线”划定工作提供“赣州方案”；高质量完成“百里滨江生态绿廊”详细设计，沙河组团控规、赣县茅店控规、南康国际陆港、唐江组团控规等重点项目设计。初步建成赣州市国土空间基础信息平台与国土空间规划“一张图”实施监督信息系统并正式上线，实现省、市、县三级系统数据在线共享应用，初评进入全省第一方阵；初步建成不动产登记集成服务平台、“多规合一”业务协同平台，并正式上线运行；自然资源卫星应用技术中心已实现卫星遥感影像数据的常态化接收，数据覆盖赣州全市域。积极开展老旧小区改造、返迁安置房设计、污水处理、“四横六纵”快速路、人行天桥、学校、医院、口袋公园等民生项目建设。承担的赣州市老旧小区改造提升项目被省住建厅列为“江西省城市体检转化城市更新项目第一批优秀案例”；参与设计的赣南大道快速路项目入选《2022—2023年度第一批国家优质工程奖候选工程名单》，并被评为2022年度中国工程建设项目道路工程类一等奖。编制《赣州市村庄规划编制技术指南》《村庄规划编制技术要点》，积极参与推进“多规合一”实用性村庄规划，编制村庄规划项目100余个，10个项目荣获全市村庄规划优秀案例奖，其中一等奖2个。建立对接服务保障市局工作机制，制定不计产值研究项目管理办法，完成赣州市工业项目建设用地规划指标研究、水西商街周边区域交通初步分析报告、东江源大道（方特周边区域）交通分析等不计产值项目服务78个。

（刘思静）

财　政

【概况】 2022年，全市财政部门聚焦战略方向优化财政政策、安排财政资金，着力提升财政工作效率和服务效能，健全完善现代预算制度，积极发挥财政调控保障作用，奋发有为、积极进取，全力完成各项目标任务并取得较好成效。全年全市一般公共预算收入306.06亿元，剔除增值税留抵退税减收29.85亿元因素后同口径增长12%，居全省第三位，按自然口径增长4.1%，居全省第六位，其中税收收入占一般公共预算收入比重57%，政府住房基金收入7.49亿元，增长61.1%。全市一般公共预算支出1027.66亿元，增长6.9%，其中民生类支出完成849.44亿元，占一般公共预算支出比重82.7%。争取债务限额倾斜支持，全年共获得额度427.57亿元，较上年增长89%，规模、增幅和占比均位居全省第一，全市债务率处于较合理区间，总体安全可控。全市政府性基金收入完成298.23亿元，同比减收162.2亿元，下降35.2%；全市政府性基金支出完成619.29亿元，同比增支110.07亿元，增长21.6%。

【财政收支】 全年全市一般公共预算收入306.06亿元，剔除增值税留抵退税因素后同口径增长12%，按自然口径增长4.1%，两个增幅分别高于全省设区市平均水平1.7和4.5个百分点。全市一般公共预算收入突破300亿元，收入总量居全省第二位，收入总量超10亿元县（市、区）数量过半，达到11个。全市一般公共预算支出1027.66亿元，增长6.9%，支出总量迈上千亿元台阶，总量连续第15年居全省第一位。

【财政政策】 全市全面落实各项惠企政策落地见效，稳定社会预期、提振市场信心，推动实体经济平稳健康发展。全年拨付春节、“五一”国际劳动节、端午假期重大项目不停工、重点企业不停产奖励资金1481.78万元，惠企重大项目35个、重点企业99家。市县两级兑现工业企业电价补贴2.42亿元，为802家企业降低用电成本。下达工业技改专项资金4599.71万元，支持20个工业企业项目重大技术改造。落实新的组合式税费支持政策，综合运用“退、减、免、缓、延”等政策措施，涉及税费131.59亿元，进一步减轻企业负担。积极落实国有房屋租金减免政策，减免房屋租金1.65亿元，惠及小微企业和个体工商户11316户。通过亲清赣商惠企政策兑现平台，为7.4万家企业‘线上一网、线下一窗’兑付惠企资金40.78亿元。推动“三个信贷通”发放129.8亿元，惠及中小微企业3378户，降低企业融资成本6.5亿元以上。发挥政策性融资担保作用，新增融资担保业务198.88亿元，在保余额254.44亿元，惠及市场主体9754户，其中小微、“三农”在保余额202.35亿元，支农支小占比82.71%。

【财政服务】 聚力支持工业倍增升级，投入工业倍增升级专项资金2.87亿元，增长22%，壮大“1+5+N”产业集群目标，着力加快推进稀土钨、新能源汽车等重点产业发展，助推工业企业转型升级、中小企业发展壮大。市县财政筹集资金支持设立100亿元规模的“1+5+N”产业引导基金，以基金产业招商的方式推动优势产业发展。调优预算资金支出结构，安排资金2亿元支持新设立锂电新能源产业发展基金。

推动科技创新赋能，拨付科技创新赋能等专项资金2.9亿元，同比增长16.1%，推动高新技术企业发展和“揭榜挂帅”制等科研项目开展，支持中科院赣江创新研究院、国家稀土功能材料创新中心建设和市产业技术研究院、市工业数字研究院等重大科研平台组建。

支持乡村全面振兴，市、县共投入衔接推进乡村振兴补助资金9.96亿元，较上年增长1.74%。指导脱贫县统筹整合使用涉农资金28.82亿元，发展壮大脱贫地区优势特色产业，促进产业提质增效。推动亚行贷款江西省赣州乡村振兴环境综合治理项目落地实施，预计将超过50万名居民受益。新增安排7100万元支持农业产业化水平提升，推进预制菜产业发展三年行动，夯实农业农村经济发展基础。

提升城市功能品质，统筹安排

6.36 亿元支持中心城区道路改造、积水点改造、污水管网等项目建设，支持市政基础设施维护、园林绿化、污水处理和垃圾处理等。

支持美丽赣州建设，向上争取污染防治、林业改革、东江流域上下游横向生态补偿、国家生态文明试验区补助等专项资金共 20.69 亿元，统筹安排美丽赣州建设专项资金 17.93 亿元，积极支持打好污染防治攻坚战，推进美丽赣州建设。

推进幸福江西建设。把幸福江西建设作为民生实事的主要抓手，积极健全完善民生保障制度、推进重点项目建设、补齐基础设施补短板，192 项幸福江西建设年度任务全面完成，人民群众幸福感有效提升。

【财政资金】 积极统筹财力加大对民生领域资金投入，全市民生类支出完成 849.44 亿元，占一般公共预算支出比重 82.7%，有力保障省、市民生实事有效落实。同时，始终把“三保”工作摆在全市财政工作的重中之重，兜牢兜实“三保”支出底线，确保全市财政平稳运行。

全力保障疫情防控资金需求，对防控所需经费申请做到即来即办，对所需资金不打折扣、如数拨付到位。全年累计投入疫情防控资金 21.66 亿元，支持核酸采样检测、医疗设备采购及方舱医院建设等。

全面落实稳就业保就业政策，为就业创业工作提供资金保障，对不裁员和少裁员的企业，按要求返还失业保险费，为全市 8400 家企业拨付稳岗补贴资金 9265.59 万元。及时拨付职业培训补贴、社会保险补贴、公益性岗位补贴、就业见习补贴、求职创业补贴等资金 3055 万元，促进农民工、大学毕业生等重点就业群体实现就业创业。

【争资争项】 成功争取一批全国性的试点示范项目，获得中央财政奖补资金支持。全市共争取上级转移支付资金 550 亿元，同比增长

2022 年赣州市财政收入结构分析一览表

表 10

指标	2022 年	2022 年比 2021 年增长（%）	指标	2022 年	2022 年比 2021 年增长（%）
一般公共预算收入（亿元）	306.06	4.1	按部门划分		
地方税收收入	174.52	-12.8	税务部门	57.0	-11.0
# 国内增值税	48.62	-33.6	财政部门	43.0	11.0
个人所得税	7.32	40.9	财政支出（亿元）	1027.66	6.9
企业所得税	20.97	3.9	# 一般公共服务	79.67	9.4
非税收入	131.54	39.9	公共安全	44.36	18.3
一般公共预算收入构成（%）			教育	225.53	3.4
地方税收收入	57.0	-11.0	科学技术	33.33	8.5
# 国内增值税	15.9	-9.0	社会保障和就业	124.23	14.3
个人所得税	2.4	0.6	卫生健康	124.86	6.9
企业所得税	6.9	0.0	城乡社区	63.83	-8.1
非税收入	43.0	11.0	农林水	134.04	2.0
一般公共预算收入（亿元）	306.06	4.1	交通运输	28.24	2.7
按县市区划分			财政支出构成（%）		
市本级收入	49.17	7.0	# 一般公共服务	7.8	0.2
县（市、区）收入	256.89	3.5	公共安全	4.3	0.4
按部门划分			教育	21.9	-0.8
税务部门	174.52	-12.8	科学技术	3.2	0.0
财政部门	131.54	39.9	社会保障和就业	12.1	0.8
一般公共预算收入构成（%）			卫生健康	12.1	0.0
按县市区划分			城乡社区	6.2	-1.0
市本级收入	16.1	0.4	农林水	13.0	-0.6
县（市、区）收入	83.9	-0.4	交通运输	2.7	-0.1

2月3日，南康区第一幼儿园装修设计项目以“不见面开标”方式顺利完成
（市委党史研究室供图）

5.8%。抢抓“开前门”政策机遇，积极争取债务限额倾斜支持，全年共获得额度427.57亿元，较上年增长89%，规模、增幅和占比均位居全省第一。

历史遗留废弃矿山生态修复项目（中央补助3亿元）、中央财政支持公共就业服务能力提升示范项目（中央补助1亿元）和安远县国家级农村综合性改革试点试验区（3年获中央补助1.5亿元）等3个事项成功作为全省唯一被列为全国示范。

【财政管理】 持续深化财政体制改革，印发《赣州市中心城区财政体制改革实施方案》，实现五区财政体制“一体化”，充分激发市区经济发展活力；选取27个乡镇开展“一级财政”试点工作，通过“分灶吃饭，自求平衡”的方式，激发乡镇经济发展活力。推动预算绩效管理提质增效，健全制度、完善机制、硬化约束，基本建成“三全五有”的预算绩效管理体系。优化政府采购监管，推进不见面开标、远程异地评标常态化、非招标采购方式电子化和政府采购合同线上融资等重点改革，优化政府采购监管。全市政府采购预算金额98.6亿元，实际采购金额94.65亿元，节约资金3.95亿元。提升财政评审质效，完成163个政府投资工程预、结算项目评审，送审金额98.09亿元，审定金额89.81亿元，纠偏额8.28亿元，纠偏率8.44%。加强财政监督检查，开展涉粮资金“小金库”专项整治、地方预决算公开检查、地方财经秩序专项复查和政府过“紧日子”领域专项整治、“吃公函”专项监督检查、会计信息质量检查等14项监督检查，进一步规范财政资金使用，防止财政资金截留挪用与损失浪费，严肃财经纪律。

（吴晓燕）

税　务

【概况】 2022年，全市税务系统落实省税务局党委和市委、市政府工作部署，勠力同心“抓好党务、干好税务、带好队伍”，在高质量推进赣州税收现代化进程中书写浓墨重彩的一笔。全年荣获厅级以上领导批示肯定37次，省级以上媒体正面报道195篇次，各类荣誉表彰239项，先后在国税总局“税比析”系统试点工作座谈会、全国增值税留抵退税工作推进会、全国税务系统深化纪检监察体制改革试点动员部署会上作典型发言，在国家六部委留抵退税工作联席会上得到唯一点名表扬，入选全国退税减税先进典型。全年完成同口径全额税收505.3亿元，社会保险费205.86亿元、非税收入253.26亿元。

【税费收入】 全市面对传统税源萎缩、退税减税落地、疫情影响反复等重重压力，严肃收入纪律、强化质量管理，确保应收尽收、颗粒归仓。全年全市累计入库全口径税收420亿元，同比减收34亿元，下降7.5%。还原留抵退税后实现全额税收505.3亿元，同口径增收34.2亿元，增长7.3%。完成一般公共预算税收174.52亿元，还原留抵退税后一般公共预算税收204.4亿元，总量居全省第二，增幅居全省第五，排位较上年前移4位。征收社会保险费205.86亿元、非税收入253.26亿元。

【退税减税降费】 市税务局充分发挥税收职能作用，积极助力经济社会发展大局。通过新的组合式税费支持政策，全年兑现税费红利147.56亿元。其中，增值税留抵退税85.45亿元，新增减税降费35.07亿元，制造业中小微企业缓缴21.8亿元，失业保险费和工伤保险费降率等减免5.24亿元。

【税务征管改革】 全市深化税收管理员制度改革，实现“五员”管理体系全覆盖，认真落实两批“首违不罚”事项清单，全年惠及纳税人4549户次，严格落实行政执法“三项制度”，开展重大执法决定法制审核383户次。优化“灵活用工平台企业风险识别”应用场景，入选国税总局落实深化征管改革创新项目，医保数据应用场景入选省税务局重点建设项目。积极强化与公检法、海关、人民银行、住建等部门协作配合，取得明显成效。协同财政稳步推进中心城区财政体制改革，进一步理顺税收征管相关体制机制。

【营商环境优化】 全市拓展延伸电子税务局与“赣税行”系统功能，积极试点“云办税”平台，在全省率先实现自然人代开500元以上的增值税电子普票。成功上线增量房、存量房不动产区块链登记业务，智慧办税厅建设获得国税总局副局长

8 月 25 日，深圳市税务局与赣州市税务局帮扶协作和对口支援框架协议签订仪式在深圳举行（市税务局供图）

赵静，省委副书记、市委书记吴忠琼肯定和 32 名全国人大代表点赞。开展“税企连心”活动，全市系统中层以上干部挂点联系 3970 户重点企业，每季一主题开展“一对一”辅导、“点对点”帮扶，运用税收大数据帮助 71 户企业匹配上下游产业链，其中 9 户企业达成合同金额 6300.24 万元，“税银互动”助力小微企业获批信用贷款 55.16 亿元，发票网上申领率位列全省第一，“春雨”税收志愿服务荣获“赣州市新时代文明实践志愿服务大赛”一等奖。从“个性化”需求、“精准化”推送、“一体式”提醒、“专属式”沟通、“专家团”助力 5 个方面提供“虔税无忧”税费定制服务，组建4个专业化大企业税费服务团队，联合深圳税务专家团线上“把脉会诊”，解决赣州银行等一批大型企业的涉税难题，被评为“全市服务非公经济发展先进单位”。

【税收秩序规范】 全市实施稽查“一体化运作、项目化管理”，严打虚开骗税等税收违法犯罪行为，骗取留抵退税案源户数、查结户数、查实户数均居全省第一，查处 1 起骗税案件入选全国首批曝光典型案例，全年稽查入库 11.16 亿元，同比增长 83.92%，稽查局被推荐参评全国打虚打骗先进集体。

（黄　蕾　邓锐翀）

审　计

【概况】 2022 年，全市审计部门立足“审计监督首先是经济监督”定位，聚焦财政财务收支真实合法效益审计主责主业，紧紧围绕“三大战略、八大行动”，为全市经济社会发展提供了高质量的审计监督服务。全市审计机关共完成审计项目 543 个，其中审计 536 个、专项审计调查 7 个。查出主要问题金额 117.92 亿元，其中违规金额 12.53 亿元、损失浪费金额 0.12 亿元、管理不规范金额 105.27 亿元；审计发现非金额计量问题 2564 个；损益（收支）不实金额 0.95 亿元；出具审计报告和专项审计调查报告 889 篇。审计处理处罚金额 30.85 亿元，其中应上缴财政 3.3 亿元、应归还原渠道资金 7.38 亿元、应缴纳其他资金 12.81 亿元、应调账处理金额 7.36 亿元；移送司法机关、纪检监察机关和有关部门处理事项 61 件，移送处理人员 70 人，移送处理金额 26.34 亿元。审计促进整改落实有关问题资金 20.52 亿元；审计促进拨付资金到位 44 万元；审计后挽回（避免）损失 0.1 亿元；核减投资额 0.04 亿元；移送处理落实事项 13 件。审计提出建议 1485 条，被采纳 1194 条；推动被审计单位制定整改措施 134 项；促进被审计单位建立、健全规章制度 26 项；提交审计信息 46 篇，被批示、采用 28 篇次。

2021 年度赣州市赣县区民政局预算执行及决算草案情况审计项目被评为审计署优秀审计项目。宁都县 2018—2020 年财政政策提质增效情况审计项目、2021 年度赣州市赣县区民政局预算执行及决算草案情况审计项目、宁都县粮食流通服务中心原主任罗崇任职期间经济责任履行情况审计项目、龙南市教育科技体育局（龙南县教育体育局）原局长刘发胜任职期间经济责任履行情况审计项目、赣州市章贡区背街小巷、老旧小区提升改造建设项目专项审计调查项目、瑞金市沙洲坝镇八一希望学校教师周转宿舍楼与食堂及附属工程审计项目等 6 个项目被评为江西省审计厅优秀审计项目。

【重大政策落实跟踪审计】 扎实开展乡村振兴、减税降费、助企纾困、优化营商环境等重大政策措施落实跟踪审计，抽查项目 318 个，涉及资金量 4.92 亿元，查出问题 36 项，确保各项政策落实到位。

【财政审计】 完成市本级、赣州经开区和蓉江新区市级预算执行和决算草案审计，以及 7 个市级部门预算执行审计，17 个部门单位财政财务收支审计。完成 2018—2021 年市慈善会基金管理及财务收支情况审计。完成市本级网络安全和信息化建设专项审计，抽审 108 家赣州市直单位 345 个信息系统，涉及资金量 5.69 亿元。

【国有企业审计】 完成赣州市发投集团、旅投集团、国投集团等 3 家市属国有企业产业引导基金专项审计，审计发现基金运行、投后监管等方面问题 36 个，查出违规金额 19.61 亿元。完成赣州蓉江新区园区平台公司资产负债损益审计。

【金融审计】 全市完成赣州、大余、于都、瑞金等4家农商银行2021年资产负债损益审计，揭示银行贯彻金融政策、业务经营、风险管控等方面的突出问题113个，移送违纪违法问题线索79件。

【农业农村审计】 全市完成于都县、兴国县2021年度衔接推进乡村振兴补助资金政策落实及资金管理分配使用情况专项审计调查，抽查资金7.06亿元，涉及27个乡镇、398个项目。审计发现问题61个，查出问题金额0.41亿元，移送违法违规问题线索3起，提出审计建议8条。完成16个县（市、区）粮食领域专项审计调查，发现问题376个，查出问题金额1.98亿元，移送问题线索18起。

【民生审计】 完成全市困难群众救助补助资金审计项目，审计发现问题401个，查出问题金额1亿元，移送问题线索15件，处理问责24人。完成职业教育政策落实和资金使用绩效情况审计调查项目，审计发现问题845个，查出问题金额5.48亿元。聚焦规范职业教育资金使用管理和严肃财经纪律等方面揭示问题，移送问题线索4件，涉及责任人10人，涉及问题金额0.21亿元。

【审计查出问题整改】 7月20日，《赣州市审计局审计整改督查工作操作规程（试行）》出台。10—11月，对瑞金市、于都县等6个县和市住建局、公路发展中心等7个市直单位审计整改落实情况进行现场督查，促进问题完成整改462个，追责问责17人，修订完善制度42项。建立2021年7月以来的审计整改进度台账，涉及审计项目114个，合计问题1412个，至12月31日，完成整改1251个，正在整改161个，整改率88.6%。在2022年江西省人大常委会开展的审计查出问题整改情况满意度测评中，赣州市满意度100%，并列全省第一。

【内部审计】 年内，全市有39家部门（单位）成立党委（党组）审计委员会。有内部审计机构214个，内部审计人员946人，年内实施审计项目1174个，审计发现问题2591个，发现问题金额8.09亿元，整改金额6.11亿元，促进新制定制度82项、修订完善制度136项，优化完善业务流程270项，根据审计建议给予内部纪律处分13人。2022年9月，中共赣州市委审计委员会印发《关于加强内部审计工作的意见》。

（钟　翔）

8月15日，市委审计委员会第四次会议召开　　（市审计局供图）

统　计

【概况】 2022年，全市统计部门贯彻落实中央、省、市关于统计工作的各项决策部署，聚焦“作示范、勇争先”目标定位，按照“稳住、进好、调优”原则要求，强化统计监测分析，深化统计改革创新，夯实统计基层基础，深入推进依法治统，各项工作取得较好成效。

【重点领域改革】 全市持续推进县（市、区）生产总值统一核算。支持崇义、全南、上犹等地开展生态产品价值核算工作试点。精心谋划五经普前期筹备，完成五经普智能编码专项试点任务。抓好企业电子台账建设，出台试点方案，制定试点专业规则，积极推进省级首批六类型企业全覆盖试点工作。开展数字经济统计监测，探索建立完善全市数字经济指标体系，指导建立数字经济核心产业名录库，科学准确及时地反映全市数字经济核心产业发展规模、速度和结构。加强与发改、生态环境等部门沟通，协同推进赣州市碳排放统计核算相关工作。积极推动统计现代化信息技术运用，结合经普试点、常规报表需求，完善优化“赣州市统计数据信息系统”功能，实现数据采集实时准确、数据处理高效便捷、台账查询高效便利，得到国家统计局和省统计局的高度评价。

【统计服务】 全市高效开展经济运行预警监测，认真执行月（季）度经济运行分析会、重点月份生产总值基础指标周监测、全市经济运行“红黄绿灯”预警监测等制度，当好经济形势的“预报员”“监测员”。深入开展大调研，建立月度调研、季度调研、节假日“两不停”调研和专题调研相结合机制，精准把脉经济发展走势。围绕当前经济运行的热点、难点问题，深化统计分析研究，做到每月有监测分析、

12 月 8 日，市统计局在赣州经开区万达广场举行统计法治宣传月启动仪式，邀请省统计局专家作统计法律法规知识解读　（市统计局供图）

每季有全面分析、重点领域有专题分析，助力决策参考。落实省市放大“坐标系”、找准“参照物”的部署要求，加强与中部市、毗邻市、革命老区市、粤港澳大湾区等城市的对比分析，找准短板弱项、提出对策建议。精心撰写一批高质量的统计专报、分析，获省、市领导肯定性批示 36 篇次，为党委政府科学研判形势、精准施策发挥重要参谋作用。依托赣州市政府信息公开栏、“问政赣州”“12345”政务服务热线等平台，召开新闻发布会 6 场次，发布各类统计信息 100 余条、解答社会公众咨询 110 余次，有效满足社会各界统计信息需求。撰写的《十年蝶变一路芬芳——数说赣州十年发展成就》在中国信息报刊登，有关内容获得江西日报肯定和采用。

【统计数据】　全市扎实推进依法统计依法治统，组织学习《防范和惩治统计造假、弄虚作假重要文件汇编》，高规格召开全市统计法治工作会议，出台《关于更加有效发挥统计监督职能作用的具体措施》等文件。市委、市政府主要领导亲自召开全市统计工作部署会，专题研究部署统计工作。坚持统计数据高质量导向，先后接受国家统计局和省统计局对部分县区的执法检查。扎实开展统计造假不收手不收敛问题专项纠治，组建 6 个督导组，赴各县（市、区）开展“全覆盖”督导，不断压实防惩统计造假弄虚作假各方责任。分层次、分专业联动开展综合性和专业业务培训，全面吃透最新政策要求，提升业务能力水平；全面加强数据审核评估，修订完善数据审核评估办法，强化数据的关联性、匹配性、协调性审核，开网期间做到即报即审、即审即改；建立常态化统计数据核查机制，比对关联数据，严格现场核实要求，提高源头数据质量。制定《贯彻落实赣州市人民政府〈关于进一步加强统计基层基础工作的实施意见〉的实施方案》等文件，建立市局领导班子成员挂点联系县（市、区）工作制度，出台“数责制”分片负责制度并成立工作专班，首批单位全部完成规范化建设任务，数据质量基础不断夯实。

（黄　悦）

金融监管

【概况】　2022 年，赣州市银保监分局坚持守底线、保平安、创亮点、有进步、稳中有为、稳中求进，各项工作迈出坚实步伐、取得积极成效。分局先后获江西银保监局系统政务信息工作先进单位、全市平安赣州建设考核先进单位、全市普法依法治理工作先进单位等表彰，有关工作得到肯定批示 8 次。

【金融风险监测】　聚焦金融风险，强化监测预警，维护金融稳定。依托区域金融稳定协调合作机制和金融风险监测分析工作制度，按季分析研判区域金融风险状况，强化内外信息共享和联防联控。印发《地方法人银行党的领导与公司治理融合试点工作方案》，推动法人银行落实党管金融风险的主体责任，并纳入赣州市 2022 年防范化解重大金融风险重点任务清单。摸清法人银行风险底数，下发 9 份风险提示，约谈相关机构负责人 3 次，开展现场督导 5 次。落实主监测人制度，明确全市 22 家法人银行主监测人，建立主监测人数据库，按季形成主监测报告，推动风险“早识别、早预警、早发现、早处置”。继续推动《江西省法人银行风险化解成效巩固提升三年总体规划》落实，建立重点关注法人银行风险隐患清单和销号台账，压实相关主体各自责任。梳理筛选出 5 家关注类机构作为早纠对象，探索具有硬约束的早期纠正机制。加强对辖区重点企业和大型企业风险监测，开展辖内房地产市场、政府融资平台债务、重点特色行业调研，防范实体经济风险向银行倒灌。配合市政府修订完善《赣州金融突发事件应急预案》，组织对辖内法人银行突发事件应急预案进行有效性评估。

全年召开各类监管会谈约谈 47 次，下发风险提示单和监管意见书 88 份，对 9 家机构开展现场检查，多措并举压实机构主体责任，推动金融风险稳步化解、整体收敛。保持案件防控高压态势，开展员工异常行为专项整治，督促机构内部问责 729 人次。指导机构稳妥处理负面舆情 23 起，将 2 起异常取款事件及时有效处理在萌芽状态，有力维护了赣州金融稳定发展。

【房地产金融管理】 配合制定《赣州市恒大房地产项目处置“一城一策”实施方案》，引导银行机构加强房地产涉稳项目信贷支持，并暂缓相关涉稳项目公司贷款分类、延期贷款本金。创设“政府＋平台＋项目”风险处置模式，通过隔离项目债务、代建代管项目，指导九江银行赣州分行与南康区政府达成合作向赣州虔南置业发放2.5亿元项目贷款。推动差别化住房信贷政策落实，引导辖内首套房贷款利率下行，全市首套房贷加权平均利率4.11%，较年初下降201个基点。指导农发行落实落细“保交楼”专项借款发放，支持逾期难交付项目建设交付，全市共34个项目获得专项借款支持，分配资金14.4亿元，仅次于南昌市，列全省第二位。

【打击非法金融活动】 与市处非办联合开展赣州市第三方财富管理公司风险专项排查整治和非法金融放贷“扫雷行动”，配合开展打击整治养老诈骗专项行动。联合对赣州蓝禾传媒有限公司违规开展虚拟货币交易行为进行整顿，并取缔该企业。开展“断卡”行动，从源头切断电信诈骗、网络赌博等违法犯罪资金转移通道。整治外汇领域违规违法行为，强化对辖内跨境资金流动非现场分析，对70家FDI企业和54家ODI企业开展现场或非现场核查，联合对赣州综保区某企业涉嫌逃汇行为进行立案查处。

洗钱风险防范力度持续加强。开展反洗钱片区监管走访，以3—4个相邻县市组成监管片区，完成对32家机构集中走访。对2家法人银行开展洗钱风险评估。依托赣州市金融专网协查平台，配合办案机关办理非法集资、涉黑涉恶、电信网络诈骗、追逃追赃、打虚打骗等专项行动案件资金账户协查，协助开展案件协查634批次，银行参与协查3877次。与市公安局等8个单位联合印发《赣州市打击治理洗钱违法犯罪三年行动计划（2022—2024年）实施方案》，建立联合打击洗钱犯罪协作机制，推动办理刑法第191条洗钱案28起，其中判决生效18起。

打击电信网络诈骗和跨境赌博。指导银行机构全面落实金融行业打防管控“资金链”治理各项措施，全市涉案账户比2021年减少4369户，同比下降40.49%。强化工作措施，提升防控实效。制定《赣州市涉案账户倒查工作指引（试行）》，规范银行机构涉案账户倒查行为。在全市41家银行机构推广运行电诈可疑账户协查平台，辖内银行通过电诈可疑账户协查平台进行开户人查询100万次，在开户端实现一人多卡、频繁开销户等风险预警，风险防控的前瞻性和精准度提升。加强警银协作，建立管理平台账户信息实时共享机制，组织银行机构对公安反诈大数据平台2706名“紧急止付”账户开户人名下开立的12008个关联账户开展排查，提高风险账户排查的精准度。在全省率先设立“警银反诈工作站”，警银间建立可疑开户人员、恶意缠访闹访人员的劝阻处置机制，各银行机构协助破获涉诈案件294起，抓获涉诈嫌疑人354人，配合公安对482名滞留缅北涉诈人员名下账户进行管控，对公安机关认定的5.4万名有重大买卖银行卡嫌疑人员名下的银行账户暂停非柜面业务。

提升风险防控能力。全市化解非法集资陈案25件，总任务完成率139%，全南县、寻乌县入选省处非办第二批评选的7个“无非法集资示范县”，全年赴省进京访零登记，防范化解非法集资工作考核全省第一；实现地方政府融资平台优化升级，赣州城投集团获AAA评级，赣州市成为全省唯一同时拥有2家AAA评级平台公司的地级市。

6月15日，市银保监分局组织开展防范非法集资宣传日活动（市银保监分局供图）

【金融市场治理】 引导机构专注主业、服务当地，赣州银行增资扩股21.3亿元，贷款占总资产比重上升4.31个百分点至65.63%，居全市法人城商行之首。农村中小银行支农支小能力持续提升，17家农商行涉农及小微企业贷款占比达81.64%，户均贷款降至18.59万元。赣州银座村镇银行发展为全国资产总量最大的村镇银行，农户和小微企业贷款占比达94.7%。车险综合改革稳步推进，单均保费较改革前下降1038元，且低于全省282元，累计为消费者节省保费支出超13亿元。整治金融乱象，依法严肃查处各类违法违规行为，全年处罚机构35家次，处罚人员75人次。

【中国人民银行赣州市中心支行】 2022年，中国人民银行赣州市中心支行全力做好助企纾困，推进普惠金融改革试验区建设，规范行务运作，推动各项工作迈上新台阶。获得“中国人民银行五四红旗团委”

等集体荣誉42项，获得全国工会财务知识竞赛三等奖等个人荣誉105项。

在货币发行上加强内部管理和业务监管，持续提升现金服务水平。保障疫情防控期间现金供应。落实“过紧日子”要求，优化发行基金调拨。全年执行火车调拨任务2个车皮，执行到南昌汽车调拨任务9次，向县支库调拨任务13次；累计投放发行基金196.74亿元，同比增加22.64亿元，增幅为13.00%；累计回笼发行基金160.35亿元，同比减少18.17亿元，下降19.55%；净投放36.39亿元。提高流通中现金整洁度。组织开展《不宜流通人民币纸币》标准宣传贯彻。通过召开调度会，每月跟踪通报进度，加大新钞投放，以新逐旧等方式进一步畅通残损币回收渠道。截至12月末，全市各券别残损人民币回收进度均完成88%以上。结合地域、商业分布特点，按照差异化、梯度化要求，开展流通中人民币纸币整洁度监测工作和人民币流通状况监测预警工作，流通中纸币总体整洁度保持良好，达到86.99%。办理火烧币鉴定6笔，兑换金额5.4万元，最大程度帮助群众挽回损失。完成普通纪念币发行任务。开展第24届冬季奥林匹克运动会普通纪念币、纪念钞再次预约兑换工作和2020年后发行的部分普通纪念币余量兑换工作。严格监督管理，严明纪念币发行纪律，辖内未出现违规兑换纪念币现象。统筹协调硬币自循环工作和区域现金中心试点。下发《关于我市硬币自循环工作开展情况的通报》，推动机具扩充和布置，新增硬币回笼机具11台。全市从商业银行回笼硬币5539.01万枚，回笼至商业银行业务库再投放硬币4258.22万枚，企业间相互调剂硬币1138.2万枚。

在货币流通监管上持续整治拒收现金。处理拒收现金投诉30余起。对上犹某旅游公司拒收现金行为进行行政处罚，并在《中国人民银行2022年第二季度拒收人民币现金处罚情况》中予以公示。对2所学校小卖部和1所学校食堂拒收现金行为进行调查，发出整改通知书，提出整改措施。加强人民币图样使用管理。联合市场监督管理部门开展“清明”期间非法使用人民币图样行为治理。对某游戏中心违规销售印有人民币图样小抱枕的行为进行行政处罚，为首起由省内人民银行分支机构作出的涉及人民币图样违法行为的行政处罚。加强现金服务网格化管理。按照属地管理、方便客户、全面覆盖的原则，统一划分辖区内各银行业金融机构现金服务网格化管理责任区。中心城区13个普惠金融社区服务站投入使用，各县市1123个农村普惠金融服务站和3229个助农取款服务点功能拓展，结合实际配备助农取款设备、人民币鉴别仪、点钞机、硬币回笼机等设备，提供水电煤现金缴费、现金转账、硬币兑换、小面额及残损人民币兑换等基础现金服务。加强金融机构现金业务检查，开展为期一个月的“现金服务再提升”专项活动。对全辖金融机构开展人民币管理工作现场督查，从现金管理、反假货币、网格化管理、全额清分、特色亮点创建工作等5个方面进行排查整改。

2022年赣州市金融机构各项存贷款年末余额及构成表（不含外资）

表11　　　　单位：万元

项目	余额	占比%	比年初增减额
一、各项存款	72690554.42	100.00	8535683.41
（一）境内存款	72603987.45	99.88	8496069.59
1. 住户存款	49135817.14	67.33	6429014.57
（1）活期存款	17436497.60	23.91	1150142.79
（2）定期及其他存款	31699319.54	43.41	5278871.78
2. 非金融企业存款	14681114.85	20.53	1002138.05
（1）活期存款	8389141.73	11.81	59470.20
（2）定期及其他存款	6291973.13	8.71	942667.85
3. 广义政府存款	7600551.08	10.40	127615.13
（1）财政性存款	614825.73	0.84	-65748.83
（2）机关团体存款	6985725.35	9.56	193363.97
4. 非银行业金融机构存款	1186504.38	1.62	937301.84
（二）境外存款	86566.97	0.12	39613.82
二、各项贷款	74506718.37	100.00	8390145.07
（一）境内贷款	74505807.44	100.00	8390193.71

续表 11

项目	余额	占比 %	比年初增减额
1. 住户贷款	37307233.62	50.04	2370089.56
（1）短期贷款	9436930.72	12.66	-166084.46
消费贷款	2217289.44	2.97	15369.58
经营贷款	7219641.28	9.68	-181454.04
（2）中长期贷款	27870302.90	37.38	2536174.02
消费贷款	21663912.47	29.06	976763.72
经营贷款	6206390.43	8.32	1559410.30
2. 企（事）业单位贷款	37024573.82	49.73	5846104.15
（1）短期贷款	8137914.11	10.99	1791391.77
（2）中长期贷款	23219125.23	31.14	3326086.14
（3）票据融资	5654025.67	7.58	721503.54
（4）融资租赁	0.00	0.00	0.00
（5）各项垫款	13508.80	0.02	7122.70
3. 非银行业金融机构贷款	174000.00	0.23	174000.00
（二）境外贷款	910.93	0.00	-48.64

在货币信贷管理上引导辖内银行机构加大对基础设施等领域贷款的投放，督促金融机构加快对接市重点产业、重大项目。全年全市各项贷款余额 7456 亿元，比年初增加 834 亿元，同比增长 12.59%。落实降准政策，释放资金 13 亿元，引导法人金融机构利用释放的资金加大对小微、三农领域的信贷投入。加大再贷款再贴现支持力度，累计投放再贷款 169.02 亿元，办理再贴现 90.06 亿元。协同推动政策性开发性金融工具资金投放，赣州市政策性开发性基金共 64 个项目落地投放 75 亿元，占全省投放总量的 43.6%，投放项目个数和金额均位居全省设区市第一。推动债务融资工具发行，全市 4 家企业发行债务融资工具 16 只、162 亿元，加权平均利率 3.74%。

推动普惠小微贷款支持工具落地，发放首批普惠小微贷款支持工具激励资金 1.39 亿元，占全省 32%，支持法人金融机构发放普惠小微企业贷款 93 亿元。优化政银企对接机制，梳理受疫情影响较大的企业项目库 8 个。推进碳减排支持工具等结构性货币政策工具宣传落地。其中科技创新、交通物流专项再贷款投放位列全省地市第三名，碳减排支持工具落地位列全省地市第四名。推进小微企业“首贷提升”和金融服务能力提升工程，对受疫情影响严重的企业办理贷款展期，续贷 3.78 万笔 305 亿元，惠及市场主体 2.9 万户。让利实体经济，全市企业贷款加权平均利率 4.68%，同比下降 56 个 BP，其中普惠小微企业贷款加权平均利率同比下降 54 个 BP，为企业节约利息支出 6.78 亿元。

督促结算银行对赣州市重点进出口企业开展走访，鼓励和引导进出口企业树立“本币优先”理念，推动和扩大稀土跨境人民币计价结算工作。全市开展跨境人民币业务企业数达到 313 家，人民币跨境收付金额合计 99.94 亿元，同比增长 69.42%。拓展农村资产抵（质）押融资业务，鼓励金融机构将集体经济组织纳入授信范围。全市“两权”抵押贷款余额 3483 万元，累计发放 5900 万元。支持和鼓励银行机构发放“农业产业振兴信贷通”贷款，累放“农业产业振兴信贷通”贷款 3.57 万户，金额 46 亿元。

推广江西省农村经营户信用信息联网核查平台，完成全市涉农政务数据归集，数据准确率高达 90%。优先取得全省首批试点应用资格，为 25 家涉农金融机构网点开通查询服务，覆盖全市 20 个县（市、区）。全年全市共查询农户信用信息 7938 笔，支持发放贷款 6832 笔，金额 7.78 亿元，三项指标位居全省前列。应用企业收支流水平台，支持发放企业贷款 7208 笔，金额 172.22 亿元。推动 4 家银行机构创新“流水贷”产品，助力民营实体经济发展，累计发放贷款 3995 笔，金额 13.45 亿元。

推动应收账款池质押融资模式落地，落地首笔 170 万元应收账款池质押融资业务，全年累计发放应收账款池融资 4.2 亿元，有效缓解园区企业轻资产、抵押物不足的融资困境。促成政府采购贷款上线，带动供应链上中小企业应收账款在线融资 17 笔，金额 3754 万元。引导辖内金融机构拓宽动产与权利担保融资业务范围，全市累计登记动产和权利担保融资 2274 笔，查询 5.5 万次，查询量同比增长 276.7%。

在外汇管理上出台外汇支持疫

情防控和开放型经济发展实施意见，支持赣州经开区开展QFLP试点，完成2只基金的FDI登记。联合印发关于支持赣州市中小微企业汇率风险管理的意见，全年拓展外汇衍生品“首办户”228户，列全省第一名；外汇衍生品签约额6.7亿美元，列全省第三名。推进贸易便利化试点企业的筛选扩容，为10家试点企业办理业务4.39亿美元，同比增长21.5倍。加大出口应收账款融资和出口信保保单融资应用场景推广力度，通过平台发放出口应收账款融资笔数、金额分别同比增长35.6%和66.7%；发放出口信保保单融资由2021年同期1笔增加至26笔，金额达500万美元。辖内实际参加ODI存量权益登记的境内直接投资企业54家，申报企业达100%；完成FDI存量权益登记的企业共计446家，较2021年同期申报家数增长3.36%。

加强银行外汇业务的监管。对辖内13个银行网点开展查访工作，一线查访银行业务量覆盖率72.43%。对11家银行的17个网点开展货物贸易、服务贸易以及个人外汇业务开展情况暗访。对54家ODI企业开展核查，核查率达100%，发现数据异常企业1家。提升国际收支统计数据质量，对3家银行机构及1家企业开展现场核查。对辖内20家银行开展外汇业务合规与审慎经营评估工作，结合外汇业务合规经营情况及外汇政策宣传推广情况，评定A类银行4家，B+类银行13家，B类银行3家。

在国库管理上按照国库会计标准化管理，及时、准确办理各项收支退业务。全市各级国库累计办理收入业务2786.06亿元，同比分别增长6.56%；办理支出业务2674.48亿元，同比分别增长7.33%；社会保险费入库205.89亿元，划转201.13亿元。

支持财税改革落地落实。赣州国库在保证国库资金安全前提下优化退税流程、提高业务处理效率，确保个人所得税汇算清缴、小微企业退税等利民惠企的政策“红利”及时落到实处。全市各级国库累计办理各类退税业务37.96万笔、163.49亿元，分别同比增加50.69%、112.10%。处理增值税留抵退税业务8555笔，金额87.56亿元，分别同比增加2312.16%、410.56%。推进退税业务全流程电子化处理进程，开通税库退税资料点对点电子传输通道，全面实现人民银行端退库业务全流程电子化、零接触。在全省率先打通跨省异地电子缴税协议扣款、银行端查询缴款双通道。跨省异地电子缴税的开通大幅缩短纳税企业缴税时长，减少交易成本，使得营商环境得到优化，涉税主体获得感增强。全市共有48户企业实现跨省异地电子缴税，占全省比重16.22%，共发生业务190笔，占全省比重为14.71%，涉税主体数量及总业务量在全省地市中均排名第一。

优化国库监管效能，做好增值税留抵退税新政落地，做好2021年经理国库专项审计问题的整改工作，及时上报《2021年度经理国库专项审计反映问题整改清单》，参与《国库会计标准化指引》修订稿修改意见的征求意见工作，提出修改意见11条。自主开发国库业务监管辅助程序，实现国库异常数据的自动筛选和风险提示。在实地业务检查中，运用该程序，缩短现场检查时间，提高国库监管工作效率和管理效能。关注经开区国库的业务发展。因财政管理体制不匹配等原因，辖内龙南经开区、瑞金经开区2支库一直处于停运状态，为解决相关历史遗留问题，国库科主动加强与财政部门及上级主管部门的沟通协调，通过多次组织召开省市县三级专题协调会议，对龙南、瑞金经开区国库的运行发展、存在的困难及问题等事项进行交流讨论，并提供将2库由县级国库撤换为乡镇级国库的设想。

提高国债管理服务水平。全市销售储蓄国债14期，金额80992.53万元，占全省销售总量的23.58%。其中国债下乡销量26200.77万元，下乡占比为32.35%，下乡销量和下乡占比一直处于全省前列。受疫情影响，5—6月国债暂停发行，国债暂停发行期间组织全辖国库干部加大对承销机构暂停国债发行公告的巡查，向投资者做好解释工作。持续开展凭证式到期应兑未兑提醒工作，维护投资者合法权益。全年完成到期提醒兑付412笔，金额3113.49万元，笔数完成率79.4%，金额完成率93.0%。全市累计办理单位国库券兑付业务22笔，兑付本金25950元。

在支付结算管理上优化支付服务环境。加强银行账户业务管理。组织银行机构配合做好退役军人优待证制发工作。核准单位银行结算账户9354户、核查26584户。核实客户投诉反映问题，通过服务监督电话收到账户投诉243起，通过赣州市12345热线收到投诉单245件，收到南昌中支转发网民留言4起，均及时处理，未产生负面舆情。组织辖内银行机构持续开展降费政策专题培训，对全辖42家银行机构1116个营业网点7476名业务人员政策掌握情况开展测试。全市42家银行机构共减免转账汇款、票据业务、电子银行等6个方面共26项支付服务手续费7504.75万元，其中减免账户管理费和年费1191.35万元，减免结算服务手续费1332.75万元，减免网上银行、手机银行和电话银行年费和管理费1972.52万元，减免刷卡手续费2707.22万元，减免支票工本费、二维码收款费等其他费用300.91万元，支持实体经济发展。推进移动支付便民工程建设。推广国家支付工具“云闪付”APP。移动支付场景建设实现衣食住行全覆盖，全市完成15个商圈、17个街区、9个高校、6个专业贸易市场、5个企业园区食堂、37个菜市场、14家医院、10个停车场、21个景区的移动支付便民工程场景建设和应用，各区县公交、充电桩、高速MTC通道均开通云闪付扫码支付，水、电、有线电视、物业等便民缴费可通过云闪付支付，支持全市电子社保卡和医保电子凭证的签发，开通电子社保卡

金融账户的线下支付功能，全市银联移动支付累计交易笔数728.17万笔，累计交易金额33.97亿元，同比分别增长23.17%、49.32%；全市云闪付注册用户数为238.7万户，占全市常住人口的26.58%；17个县（市、区）全部完成示范景区、示范惠农站、乡村旅游示范店等特色场景建设，助农取款点实现行政村全覆盖；县域月均银联移动支付活动用户数、银联移动支付交易笔数、月均银联移动活动商户数指标完成率列全省前列。2022年，全市在云闪付平台发放5600万元消费券，撬动消费交易超1亿元，惠及实体商户超5000家。依托云闪付APP建立“赣州智慧金融”平台，开展企业融资分类管理数据库建设、整村推进、五类信用主体创评、常态化信贷需求调查、线上金融教育平台建设等工作，助推赣州市普惠金融试验区建设、助力中小企业纾困解难。推进农村数字普惠金融发展。指导赣州银行做好大余县新城镇店孜里村“手机号码支付”涉农场景推广示范工作，通过进村、上户、入园全面拓展手机号码支付业务场景，引导农户注册使用“手机号码支付”。赣州银行手机号码支付业务注册量达3.04万户，手机号码跨行支付使用量达12.96万笔。维护支付清算系统安全运行。加强会计核算管理，强化网点核算质量考核督导，降低业务差错率，全年ACS办理业务8744笔，作废5笔，成功率达99.94%。

（叶赣华）

国家统计调查

【概况】 2022年，国家统计调查系统积极履行国家调查队职责，主动服务地方经济社会发展，努力为全市经济社会高质量发展提供坚实的统计调查数据保障。

【常规调查和专项调查】 赣州调查队圆满完成各项常规统计调查任务的同时，致力于服务全市高质量发展。坚持以高质量统计服务高质量发展，扎实开展农村粮食调查、农村居民消费调查、城镇居民消费调查、农村居民收入调查、城镇居民收入调查、城镇劳动力调查、房价调查等常规调查，为粮食产量稳定度、居民人均消费支出、居民人均可支配收入、城乡居民可支配收入之比及差异系数、城镇调查失业率、住房成套率等高质量发展考核评价指标提供数据支持，真实准确反映全市经济社会高质量发展成果。

【统计调查分析研究】 赣州队积极参加全市经济形势分析会和惠企稳岗等有关会议，加强对城乡居民收入、消费价格指数、房价等重要调查数据的分析、解读、评估和预判，及时反映趋势性和苗头性问题，为全市经济社会高质量发展出谋划策。认真完成总队和市委、市政府的专题调研和约稿任务，并围绕乡村振兴、赣南苏区振兴十周年等专题扎实开展系列自主调研，政务信息工作持续在市政府办考核中位列市直（驻市）单位第一名，获市领导批示19篇次。

【住户调查大样本轮换】 全市开展住户调查大样本轮换工作。赣州调查队稳步推进各项工作，积极落实调查经费，高频次开展宣传、培训等工作，对各县（市、区）进展情况加强督导和协调调度。年内，除赣州经济技术开发区1个调查点因前期疫情导致工作进度滞后，各县（市、区）均已完成新一轮住户调查小区的清查摸底和调查户的抽选工作，正在开展新记账户的开户调查，新一轮记账户将于11月开始试记账。

【统计服务】 赣州调查队继续发挥调查“轻骑兵”优势，聚焦疫情防控、赣南苏区振兴十周年以及中共十八大以来取得的成就开展系列专题调研，认真完成市委、市政府的约稿任务，同时围绕“两个收入”、CPI、粮食和畜牧业生产等调查指标积极分析研判经济运行情况，为赣州的经济社会发展做好统计服务。

（肖燕春）

市场监督管理

【概况】 2022年，全市市场监管部门紧扣实施“三大战略、八大行动”、推进双“一号工程”决策部署，按照“13431”（守住一条底线、建功三大领域、力争四项先进、争创三个城市、打造一支铁军）工作思路，聚力优环境、保安全、提质量、助创新、强监管，各项工作取得较好成效，为建设革命老区高质量发展示范区作出积极贡献。

【优化环境】 全市市场监管部门助企纾困，出台打造新时代“第一等”营商环境26条措施，实施“一照多址”和歇业备案改革，开展“入企走访连心”“个体工商户服务月”活动，帮助市场主体解决问题200余个，为2599家市场主体减免检验检测费用1325.06万元。

全市实行包容审慎监管，率先拓展省市场监督管理局“首违不罚”“减轻处罚”清单33项，执行减免处罚案件率达37.95%。建立34个部门联合“双随机”监管机制，完成跨部门联合“双随机”检查4356次，联合部门“双随机”检查事项4347项，做到“进一次门，查多项事”。

全市成立市、县两级“小个专”综合党委，打造县级示范点31个、联系点157个，数量居全省前列。全年全市新登记市场主体14.48万户，市场主体存量达82.75万户，同比增长11.41%。

【安全监管】 全市建立分级分层联动对接、日常监督检查工作、定期逐级报告、市场主体责任落实、强化协调配合等5项A级食品市场主体包保工作机制，制定市场监管领域安全防范工作定期调度及督查

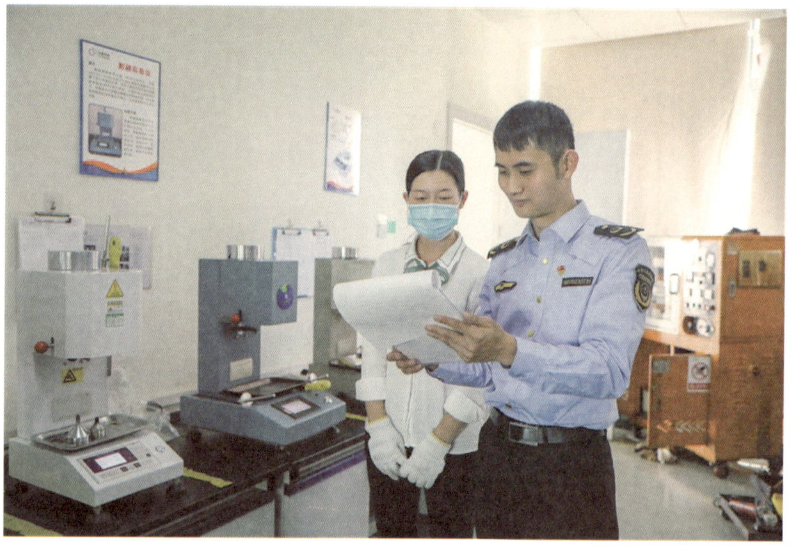

11月，赣州经开区市场监管分局工作人员到立昌科技（赣州）有限公司等企业开展知识产权帮扶工作
（赣南日报社供图）

等制度，全面压实安全监管责任。

全市市场监督管理部门定期组织安全风险综合研判会、预警交流会，确保风险可控、及时化解。开展靶向性抽检，组织“你点我检”快检活动44场次，分别实施食品、药械化、工业产品抽检35272、1706、1466批次。

赣州市在全省率先出台医疗机构医疗器械使用质量管理规范（试行）。圆满完成重大活动安全保障任务29次。深入开展食品安全“守查保”专项行动、药品安全专项整治行动和特种设备安全整治“百日行动”、“三个安全”（危化品、城镇燃气、自建房）专项整治行动，排查整治各类安全隐患9216个，查办相关案件2050件。

全市完成国家食品安全示范城市创建任务31项。创建食品小作坊集中加工区4个、省级优秀示范点162家，均居全省第一。电梯检验检测和按需维保试点改革顺利推进。“智慧药店”建设达标率102.86%。全市164家大型以上餐饮单位全部实现“互联网+明厨亮灶”。

【质量强市】 全市加强质量提升工作，江西金力永磁获第四届江西井冈质量奖。江西井冈质量奖获奖企业、IEC（国际电工委员会）国际标准制定双双实现“零”的突破。南康家具质量提升案例获总局推介。开展广告产业小微企业质量管理体系认证提升行动典型经验获总局推广。赣州市企业代表队获首届苏浙皖赣沪质量知识竞赛团体二等奖。全省首个质量基础设施“一站式”服务线上平台上线运行。

全市做好标准认证工作，获批建设全省首个国家级数字化农业标准化示范区，成立全国首个省级富硒产业标准化技术委员会。赣州市1项标准和2名个人获评江西省首届标准创新贡献奖。4家企业被评为江西省企业标准“领跑者”，1家企业被评为全国企业标准“领跑者”。打造“江西绿色生态”品牌，制定团体标准4项，10家企业通过品牌认证，居全省前列。新建社会公用计量标准13项。2个（会昌贝贝南瓜农业标准化示范区、南康家具团体标准试点）国家级标准化项目通过验收，制定《赣州市富硒产品认证监督管理办法（试行）》，新发有机产品认证证书326张、绿色产品认证证书73张、富硒产品认证证书799张。新建社会公用计量标准器具数量居全省第一。

全市促进技术平台成功升级，省富硒产品质检中心建成运行，国家富硒产品质检中心通过总局形式审查，钨与稀土产业计量测试中心顺利通过预验收；成立中国计量测试学会钨与稀土产业计量测试分会；获批筹建省家具产业计量测试中心，省家具产品质检中心被工信部评为国家中小企业公共服务示范平台，质量基础支撑产业发展能力得到增强。

全市充分履行市纺织服装产业办职责，持续加强服务、招大引强，市局招商小分队引进项目9个，签约总投资78.8亿元，助推纺织服装全产业链营收达1100亿元。

【综合执法】 全市常态化推进扫黑除恶斗争，深入开展民生领域案件查办“铁拳”行动，组织规范价格收费、打击养老诈骗、打击侵权假冒、整治违法违规广告、“禁捕退捕、打非断链”、“计量保春耕”等系列专项执法行动，共查办案件3194件，其中移送公安机关案件54件，2个案件入选全国、12案件入选全省典型案例，有力震慑违法行为。

全市加强公平竞争审查，加大竞争执法力度，清理存量文件180余份，查处不正当竞争案件57件，有力打击限制竞争和不公平竞争行为。

全市强化维权“促消费”，全国网络市场监管与服务示范区创建验收材料提交总局评估认定。135家企业获评江西省守合同重信用单位。在全省率先推出“守信用贷”，帮助守合同重信用企业实现融资1.89亿元。全市新创建放心消费示范区40个，示范单位总量355户。“12315”热线受理群众咨询、投诉、举报15.42万件，有力优化消费环境、释放消费潜力，全国消费者满意度测评居全省前列。

（陈和全）

知识产权

【概况】 2022年全市专利授权15709件，其中发明专利授权1233件。有效发明专利4782件，每万人有效发明专利拥有量5.33件，增长

31.3%。商标核准注册 19917 件，拥有有效注册商标 143679 件，增长 16.18%。“石城贡米”“石城烟叶”核准注册为地理标志证明商标，全市地理标志商标 34 件，地理标志保护产品 15 件，均位列全省第一。建立年度富硒农产品生产经营企业商标培育库，截至年底，已有富硒农产品生产经营企业注册商标 70 余件。

11 月 2 日，赣州市知识产权证券化改革项目启动仪式举行　（市市监局供图）

【知识产权运用】 推进知识产权融资工作，联合市银保监分局、市发改委、市金融办出台《赣州市知识产权质押融资入园惠企专项行动方案（2022—2023 年）》，共同推动园区开展知识产权质押融资。开展知识产权质押贷款贴息工作，贴息贷款项目 19 个，合计 101 万元。完成知识产权质押融资 11.1 亿元，列全省第一。在全省率先开展地理标志保险工作，首批赣南茶油等 5 个地理标志产品参加“地理标志被侵权损失保险”，提供累计 500 万元的风险保障。在全省率先试点知识产权证券化，举办赣州经开区知识产权证券化项目启动仪式，拟在深交所发行规模 2 亿元、期限 3 年的证券化产品。组织赣南脐橙、赣南茶油参加 2022 中国品牌价值评价，赣南脐橙、赣南茶油位分别列地理标志百强榜第 6 位和第 49 位。其中赣南脐橙连续 6 年蝉联水果类地理标志产品价值榜首。赣南茶油、会昌米粉等 4 个产品列入中欧地理标志协定第二批保护清单。成功获批建设赣南茶油国家地理标志产品保护示范区。

【知识产权保护】 加强知识产权大保护体系建设，市市场监管局、市中级人民法院、市人民检察院、市公安局、赣州海关联合签署《知识产权协同保护合作备忘录》，加强配合协作。推动市中级人民法院在市知识产权保护中心设立知识产权巡回审判庭，推动市检察院设立知识产权检察联络点，会同中国贸促会赣州委员会出台《赣州市关于加强海外知识产权纠纷应对机制建设实施方案》。成立赣州仲裁委知识产权仲裁中心和赣州市知识产权纠纷人民调解委员会。加强知识产权行政执法工作实践，在全省率先开展专利侵权纠纷行政调解司法确认，率先开展行政裁决远程口审。加强知识产权执法典型案例宣传，全市 1 件案件入选全国知识产权执法典型案件，2 件案件入选全省典型案例。荣获北京 2022 年冬奥会和冬残奥会奥林匹克标志知识产权保护突出贡献集体。全年调处专利侵权纠纷案件 69 件，作出行政裁决 23 件；查处商标违法案件 77 件，案值 42.85 万元，罚没 105.31 万元。

【知识产权管理】 推进知识产权试点示范，获批国家知识产权强市建设试点城市，举办动员大会和省知识产权局、市人民政府“国家知识产权强市建设试点城市”合作共建推进会。开展国家知识产权示范企业和优势企业申报复核，章源钨业、绿萌科技等 4 家企业获评国家知识产权示范企业，孚能科技等 29 家企业获评国家知识产权优势企业。

【知识产权服务】 赣州市知识产权保护中心通过省级预验收，出台《关于开展中小企业知识产权托管工作的通知》，启动知识产权托管工作，为 50 家小微企业提供免费知识产权托管服务。赣州商标受理窗口受理商标注册申请 436 件，变更、转让、续展、许可备案等相关业务 96 件。出台《赣州市知识产权公共服务事项清单（第一版）》，推动知识产权公共服务标准化、规范化建设。

（陈和金）

本栏编辑：赖建明

农业

综述

【概况】 2022年，全市农林牧渔业总产值735.38亿元，比2021年增长4.2%，农村居民人均可支配收入15900元、增长8.3%。市级调度的40个农业项目大会战项目全部开工，年度计划投资92.15亿元，完成投资112.10亿元，占比121.65%，计划年内竣工项目基本实现按期竣工，全年25个项目完工，占62.5%，一批农产品加工、冷链物流等项目完工投产，助推全市农业农村高质量发展。创新开展职业农民职称评审和抓实早稻生产，获央视《新闻联播》等栏目关注报道；连续3年获评全省实施乡村振兴战略实绩考核"优秀"，全省粮食安全责任制考核获评"优秀"；信丰县促进乡村产业振兴、改善农村人居环境等乡村振兴重点工作获得国务院督查激励。乡村治理"积分制"、大余县国家宅改试点经验在全国推广。

【粮食安全保障】 全面落实粮食安全"党政同责"要求，全年粮食种植面积50.36万公顷(755.4万亩)，产量257万吨，实现"十九连丰"。充分挖掘冬闲田潜力，冬播油菜种植面积在2.8万公顷（42万亩）以上。完成2021年度4.19万公顷(62.8万亩)高标准农田建设任务，并通过省级抽查，在全省率先编制完成《赣州市高标准农田建设规划（2021—2030年）》并实施。加强农业种质资源普查和保护利用，水稻良种覆盖率达98%以上。新（改、扩）建水稻工厂化育秧中心、综合农事服务中心62个，全年主要农作物综合机械化水平为77.43%，同比增长1.13个百分点。全市粮食年收购量45.16万吨，整体市场行情好于2021年，实现粮农满意、政府放心。推动市委、市政府制定印发《关于进一步加强粮食流通工作的若干措施》获全省转发推广。省委、市委涉粮问题全面完成整改，整改完成率100%。实现每月对赣粮集团的日常监管常态化，赣州国家粮食储备库"退城进郊"项目（一期）工程完成主体验收。

【农业质效提升】 2020年，新建大棚设施0.34万公顷（5.06万亩），蔬菜播面15.30万公顷（229.46万亩）、产量442.99万吨，同比增长4.56%、6.77%。生猪出栏761.22万头、同比增长9.95%，能繁母猪存栏42.3万头，产能保持稳定，养殖盈利较好。渔业、牛羊家禽等规模均实现增长。市农业农村局出台《赣州市提升农业产业化发展水平三年行动方案（2023—2025年）》，构建"2+5+N"农业产业体系。全市新增市级龙头企业50家、总数达265家。年营业收入500万元以上农产品加工企业达421家，营业收入达331亿元，同比增长4.9%，增速居全省前列。新引进投资额5000万元以上农产品加工项目25个，总投资78.31亿元。举办全市数字农业农村专题培训班，新增认定21个省级农业物联网示范基地（企业）、累计48个，数量全省第一。市农业农村局与驻市高校共同参与科技推广，一批科技成果获得农业农村部丰收计划奖项。新增富硒产品认证799个、总数1207个，新建高标准富硒产业示范基地50个。江西省富硒产业标准化技术委员会在赣州市挂牌，中心城区建成3家硒产品旗舰店及硒餐厅，全年富硒产业综合产值突破300亿元。

【绿色农业发展】 2022年，赣州市列为部省共建省市共建样板，信丰县、上犹县、全南县、兴国县、于都县列为部省共建县级先行标杆。全市绿色有机地理标志农产品达809个，同比增长36.9%；全国名特优新农产品58个，数量位居全省第一。农业面源污染治理稳步推进，全市2212家规模养殖场基本完成粪污处理设施装备配套建设，畜禽粪污综合利用率为97.8%。举办科学安全用药技术培训148期，开展病虫害统防统治面积206.26万公顷（3093.97万亩）次，全市受污染耕地安全利用实施比例100%。南康区、寻乌县、会昌县、信丰县、瑞金市等5个农产品和粮油检测站2022年新通过"双认证"。283个涉农乡镇检测站全部完成标准化建设，评选星级乡镇农产品质量安全监管站54个，农产品质量安全综合评分长期位居设区市前列。持续做好红火蚁、草地贪夜蛾、非洲猪瘟等重大

6月，南康区龙回镇水稻种植基地通过绿色有机地理标志农产品标准化生产基地创建验收（市农业农村局供图）

动物疫病防控工作，没有发生区域性重大动植物疫情。

【开放合作】 培育“湘赣红”品牌13个，新增大湾区“菜篮子”生产基地36家、总数84家。与深圳市市场监管局签订赣深农业战略合作协议，共同推进“圳品”品牌建设。与深圳海吉星、百果园等企业对接设立赣南农产品销售档口，积极开拓农产品销售市场。全市每年有近250万头生猪、2000万羽家禽、10万吨脐橙、10万吨蔬菜销往大湾区，供港生猪占全省的60%。年内，到广州、深圳、潍坊等地招商或在赣州接待客商考察团15次，拜访山东得利斯集团、广州观星农业、山东寿光蔬菜产业集团等重量级企业，全市签约农业项目60个，完成实际进资76亿元，完成省下达任务数的180%。引进宁都预制菜、得利斯预制菜、崇义阳明硒谷、信丰智能农业装备制造等5个重大项目，签约额133亿元，创历史新高。

【农村改革】 打造59个乡镇、532个村宅改试点示范，探索形成发展民宿、复垦复绿等6种闲置宅基地和闲置农房盘活利用路径。2022年11月25日，《赣州市农村住房建设管理条例》经省人大常委会批准公布，2023年3月1日正式实施。“三改合一”深入开展，20个试点乡镇完成改革试点任务，打造赣县蜜月岛、龙南梅花渡等一批改革亮点，土地经营权进一步激活，土地流转率达56.5%、高于全省0.5个百分点。村集体经济发展有新突破，全市村级集体经营性收入15.09亿元，村均43.6万元，经营性收入50万以上的村占比34.29%，规范农村集体“三资”管理新模式入选全省农业农村改革典型案例。执法改革更加规范，3起农资领域案件获评“2021年以来全省十大农资打假典型案例”，1名执法人员参加全国农业综合行政执法大比武总决赛夺得团体冠军。14项惠企政策上线“亲清赣商”惠企政策兑现平台，已兑付资金3826.23万元。其中能繁母猪一次性补贴兑现企业239家，兑付金额1323.63万元；富硒产业奖补兑现企业235家，兑付金额990.5万元。

【现代农业产业园】 赣州市创建信丰县国家现代农业产业园和会昌县等6个省级现代农业产业园。2022年，新创建安远县省级现代农业产业园，产业园成功争取省级奖补资金600万元，撬动社会主体投资1800余万元。围绕脐橙和水稻产业，产业园实施富硒脐橙示范基地建设、脐橙冷藏保鲜库建设、果汁生产线加工和富硒大米加工等项目，并配套建设数字化农业工程。通过产业园项目建设，脐橙种植营收同比增长17%，脐橙收储能力增加1万吨，新增年产5000吨果汁生产产能和日产150吨富硒大米加工产能，数字化技术广泛运用，有力促进产业园企业增产，带动周边农户增收。

种植业

【粮食生产】 2022年，全市粮食生产稳定发展，实现“十九连丰”，面积50.39万公顷（755.78万亩），超任务0.08万公顷（1.17万亩），产量257.48万吨。坚决扛起粮食安全的政治责任，全面落实党政同责要求，全面组织发动，引导应种尽种。市级财政首次安排资金4926万元，对种粮农民、水稻机械化育秧中心、农机购置等给予累加奖补。20个县（市、区）在延续2021年奖补政策的基础上，进一步提标扩面，做到“抓大不放小”，全市50亩以上的大户由往年的5260户增加到7856户。组建市、县、乡等各级粮食生产技术服务专家组，巡回水稻生产一线，及时指导农事生产。分产业制定发布水稻、等低温寡照、暴雨洪涝、干旱防灾减灾技术要点，全力抗夏秋伏连旱，将灾害损失降到最低限度。

【油料生产】 坚决贯彻中央和省里扩种油菜的决策部署，层层组织发动，引导应种尽种，全市油菜种植面积达3.02万公顷（45.3万亩），同比增长49.5%。大力推行“稻稻油”“稻油”等轮作模式，深挖冬闲田潜力。各县（市、区）提标扩面、抓大不放小，持续加大油菜扶持力度，出台县级奖补政策，对种植油菜每亩给予100—400元不等的补助。把油菜生产纳入全面推进乡村振兴等考核的重要内容。组织市17个粮食生产指导组，由县处级领导带队，采取“四不两直”工作法，调研指导油菜生产。

【经济作物生产】 茶叶产业 市政府出台《关于加快赣南高山茶高质量发展的若干意见》，将赣南高山茶纳入省农业农村厅N渠道宣传，在中央电视台、赣深高铁，赣州西站、黄金机场、公交站台、城市高炮及主要桥梁投放广告，不断提升品牌影响力。持续推进市级茶叶产业发展项目建设，重点支持和推广赣南高山茶统一包装和现代化、智能化茶叶加工设备。打造崇义上堡、龙南虔心小镇、兴国益香园等一批茶旅融合茶园。2022年，全市茶园面积1.37万公顷（20.5万亩）、产量5415吨，产值13亿元，同比分别增长2.55%、7.3%、8.3%。主要种植品种有龙井43、安吉白茶、黄金芽、福鼎大白等10多个优良品种，产品包括绿茶（含毛尖、剑绿和白化茶、黄化茶）、红茶、白茶。上犹茶园面积0.73万公顷（11万亩），占全市的半壁江山，上犹绿茶2022年品牌价值达6.03亿元；全市有百亩以上规模茶园108个，农业产业化龙头企业26家，其中省级13家、市级13家。瑞金市的武夷源茶业公司、上犹的峻岭茶业公司上榜2022年度茶业百强企业。上犹高山茶、崇义高山茶、安远九龙茶、龙南云雾茶、兴国白茶、于都绿茶等多个产品入选《2022年全国名特优新农产品名录》，其主要生产经营单位有江西峻岭茶业综合开发有限公司、江西上堡茶叶有限公司、安远县九龙茗茶农民专业合作社、江西虔茶茶业有限公司、兴国益香园茶业有限公司、于都县盘古龙珠茶业有限公司等。

白莲产业 2022年，全市共有白莲面积13451.53公顷（201773亩），产量20501.5吨，其中石城县6494.67公顷（97420亩）、宁都县3790.73公顷（56861亩）、瑞金市2439.53公顷（36593亩）等。种植品种主要有太空36号、赣莲62、建选17等。宁都县建立白莲流通协会及合作社43家、专业市场21家，在广东、福建、浙江等白莲集散地设立专门的销售窗口。白莲销售价格随市场变化和产季特点每年会有所波动，且波动幅度较大，平均亩产60公斤，每公斤单价在65—90元，亩产值3500—5000元。

中药材产业 2022年底，全市农田中药材面积0.23万公顷（3.49万亩），除章贡区、南康区、经开区、蓉江新区和安远县，其他15个县（市）均有种植。全市有农田种植中药材品种37种，主要是水半夏、莲子、粉防已、龙脑樟、吴茱萸等，百亩以上基地有31个，产值达9527.9万元。信丰县因地制宜发展水半夏，面积达474.2公顷（7113亩），占全国产量的70%以上，该产业已经成为当地增收致富的一把金“药”匙和乡村振兴的“大引擎”。

富硒产业

【概况】 2022年，赣州市深入贯彻落实中共中央总书记习近平“一定要把富硒这个品牌打好”的重要指示精神，坚持一、二、三产融合发展和“硒+X”战略，建成高标准富硒产业示范基地50个，打造于都新长征富硒产业园和会昌小密硒谷2个高标准富硒产业园，新增富硒产品认证758个，在中心城区建成3家硒产品旗舰店及硒餐厅，培育涉硒经营主体近500家，其中省级龙头企业53家，均位居全省第一。江西省富硒产品质量监督检验所和赣州市富硒产品开发与技术创新中心两个科研检测平台挂牌成立，江西省富硒产业标准化技术委员会落地赣州，发布各项富硒标准19个。全市富硒产业综合产值突破300亿元。

【富硒品牌培育】 品牌是产业发展的生命力，赣州始终坚持品牌强农发展战略，推动富硒农产品生产经营企业注册富硒商标90余件，有效期内富硒农产品认证1207个，19家富硒农业龙头企业品牌入选江西省“赣鄱正品”品牌体系，均为全省第一。组织区域公用品牌和企业品牌参加央视广告宣传，优质富硒农产品参加中国农交会、江西绿博会，通过冠名深赣高铁，在北京、赣州等城市机场、公交站台投放广告，创新性开展“赣南十大名优硒品”评选活动等形式，不断提升赣南富硒品牌影响力和竞争力。

【富硒产业市场拓展】 赣州立足对接大湾区的区位优势，紧抓深赣对口合作国家战略历史机遇，不断

2022年，赣州市大力推动富硒产业发展。图为于都新长征富硒产业园
（市农业农村局供图）

开拓大湾区市场。与广州、深圳签订农业合作协议，认定大湾区“菜篮子”基地84家（涉硒基地30家）和“圳品”24个（涉硒产品8个），在深圳海吉星市场设立赣州展销馆，进驻富硒产品100余种。

蔬菜产业

【概况】 2022年，全市流转土地0.67万公顷（10.06万亩）用于发展蔬菜产业，启动新（扩）建大棚设施基地263个，建成钢架大棚0.34万公顷（5.06万亩）、占年度任务101.26%；新建露地基地173个、面积0.18万公顷（2.71万亩），其中露地设施基地0.15万公顷（2.32万亩），占年度任务的115.84%；改造提升蔬菜基地0.34万公顷（5.08万亩），占年度任务的101.63%。通过政府购买服务等方式聘请技术员267名，引进市外职业菜农865户，培育职业菜农1.6万户，组织开展线下培训303期4.1万人次。赣州市蔬菜产业发展持续领跑全省，兴国县在全省蔬菜产业发展现场推进会上作典型发言，江西省农业科学院兴国芦笋产业研究园签约揭牌。

【推行“大棚上山”模式】 为确解农业产业和粮食生产争地矛盾，在防止耕地“非农化”“非粮化”的政策背景下，积极转变用地理念，创新推广荒山荒坡、低丘缓坡等未利用地拓展蔬菜产业发展空间，探索走出蔬菜“大棚上山”的发展新模式，该做法获得中央政研室推介。全市利用荒坡、荒滩等未利用地发展大棚设施蔬菜655.47公顷（9832亩），年产蔬菜上亿斤，实现设施蔬菜产业发展、村级集体经济壮大、农民增收新空间“三拓宽”，促进蔬菜产量、粮食播面、生态价值“三增加”。

【蔬菜基地“30万亩回头看”】 8月22日，赣州市政府在瑞金市、会昌县召开全市蔬菜产业流动现场会，对全市蔬菜基地“30万亩回头看”，明确提出“巩固提升、稳健扩面、提质增效”的工作思路，全面实施蔬菜产业提升战略，推动蔬菜产业更高水平、更高质量发展。各地呈现出设施基地稳步提升发展、生产管理水平进一步提高以及蔬菜产品流通顺畅的发展态势，形成宁都、信丰辣椒，兴国芦笋、会昌贝贝南瓜和“三南”叶类菜的产业发展格局。举办第四届设施蔬菜新品种展示会，蔬菜产业重大技术协同推广考核获全省第一。

2022年，宁都县田头镇大棚蔬菜基地辣椒迎来丰收。图为群众在大棚中摘采（市农业农村局供图）

林业

【概况】 2022年，全市林业系统深入贯彻落实习近平生态文明思想，树立和践行绿水青山就是金山银山理念，聚焦“三大战略、八大行动”决策部署，突出做好“增绿、护绿、用绿、活绿、管绿”文章，厚植生态底色，筑牢生态屏障。8月，赣州市林业局被全国绿化委员会、人力资源和社会保障部、国家林业和草原局联合授予“全国绿化先进集体”称号。赣州市政府与中国林业集团有限公司签署战略合作协议，高质量承办首届江西油茶文化节，争取国家林草局出台《赣州、闽西革命老区高质量发展示范区建设方案涉林草工作任务分工方案》，赣州林业振兴发展工作做法在国家林草局简报推介，油茶产业发展、造林绿化、松材线虫病防控、行政执法、优化营商环境、森林经营等工作在全省会议作典型发言。

【造林绿化】 2022年，全市完成人工造林1.0万公顷（14.97万亩），占省级下达年度计划任务0.62万公顷（9.26万亩）的161.67%；完成退化林修复3.0万公顷（44.93万亩），占省林业局下达赣州市年度计划任务2.90公顷（43.44亩）的103.43%；完成重点区域森林“四化”建设面积0.29万公顷（4.39万亩），占省下达赣州市年度任务0.26万公顷（3.86万亩）的113.72%；新增封山育林1.11万公顷（16.70万亩），占省下达赣州市年度计划任务0.81万公顷（12.08万亩）的140.98%；完成低质低效林改造面积6.92万公顷（103.78万亩），占年度计划任务6.67万公顷（100万亩）的103.78%。

【生态公益林和天然林保护】 全市有生态公益林100.51万公顷（1507.59万亩）［其中，国家级生态公益林77.13万公顷（1157.01万亩），省级生态公益林 23.37 万公顷（350.58 万亩）]，天然林保护任务 62.69 万公顷（940.39 万亩），两者占全市林地面积的 53%，基本覆盖主要江河源头、两侧及高速、铁路周边等重要生态区位和生态脆弱地区。

【林地保护管理】 2022 年，全市林业系统严格落实林地定额管理制度，严格执行林地用途管制制度，加强林地执法管理队伍建设，有效遏制破坏林地资源的行为。全年全市共争取上级批复长期征占用林地项目 313 宗、面积 0.21 万公顷（3.16 万亩）。

【林木采伐限额管理】 “十四五”期间，省政府批准赣州市年森林采伐限额为 461.03 万立方米，各地严格执行森林采伐限额和凭证采伐制度。2022 年，全市办理木材采伐证 8965 份，采伐林木蓄积 154.708 万立方米，占年采伐限额总量的 33.5%。

【林长制】 2022 年，全面落实总林长会议制度、总林长发令制度、林长巡林工作制度和“四单一函”工作机制，全部县（市、区）均召开总林长会议，市、县签发总林长令 45 份，开展巡林调研 1070 次，协调解决森林资源保护发展热点难点问题711个，提交资源清单282份、工作提示单335份、问题清单276份，开展工作督办 250 次。市政府出台《深化林长制推动林业高质量发展的实施意见》，修订林长制考核办法，建立“林长 + 检察长”协作机制，建成林长制智慧管理平台，整合优化专职护林员队伍 6900 余人，推动林长制走深走实。积极开展“抓示范、促提升”活动，20 个县（市、区）建设“林长 + 示范基地”140 个，推动 28 个乡镇 29 个村启动林长制示范乡村创建工作。积极向上争取建档立卡贫困人口生态护林员指标，2022 年全市生态护林员总数达 12094 人。

【争资争项】 充分挖掘《新时代支持革命老区振兴发展的意见》和《赣州革命老区高质量发展示范区实施方案》政策红利，积极争取新时代赣南林业振兴发展政策措施。2022 年，争取国家林草局出台《赣州、闽西革命老区高质量发展示范区建设方案涉林草工作任务分工方案》，在松材线虫病防治能力提升、国土绿化、储备林建设、油茶产业发展、森林防火基础设施建设等方面，细化支持赣州市林业高质量发展政策措施。争取中央、省级林业项目建设资金 13.53 亿元，获批实施赣江源区生态综合治理项目（赣江源区生态综合治理项目为全国 66 个区域性系统治理重点项目之一）和原赣南中央苏区松材线虫病防治能力提升基础设施建设等重大林业生态项目。赣州市林业振兴发展工作做法在国家林草局简报推介。

6 月，赣州市在信丰县安西镇脐橙种植基地开展绿色有机地理标志农产品标准化生产基地创建验收 （市农业农村局供图）

【野生动植物保护】 2022 年，赣州市境内有高等植物 270 科 3300 余种，其中苔藓植物 52 科 200 余种、蕨类植物 40 科 230 余种、种子植物 178 科 2900 余种。列入《国家重点保护野生植物名录》的有 78 种。其中，国家一级保护野生植物 2 种，国家二级保护野生植物 76 种。境内有陆生野生动物 441 种，列入《国家重点保护野生动物名录》的有 77 种。其中，国家一级保护野生动物 13 种，国家二级保护野生动物 64 种。

【林业“放管服”改革】 坚持“宜转则转、应放尽放、能简就简”的原则，将林草种子生产经营许可证核发等 5 个行政权力事项划转市行政审批局实施，对城市规划区内湿地占用等 2 个行政审批事项进行“四减一优化”，提升行政审批服务效率。开展林木采伐许可证委托乡（镇）核发试点，组织指导各县（市、区）将农村居民采伐自留山和个人承包集体林地上的人工商品林的采伐许可证核发委托乡（镇）实施，采伐蓄积不超过 15 立方米的一律委托，超过 15 立方米的，试点委托后推开。

【国有林场改革】 2022 年，全市有国有林场 48 个，其中生态公益型林场 29 个，商品经营型林场 19 个。经营总面积为 46.56 万公顷（698.42 万亩），国有林地面积 45.17 万公顷（677.62 万亩）[其中国有林地面积 30.5 万公顷（457.50 万亩），公益林面积 23.14 万公顷（347.16 万亩）[其中国家公益林面积为 20.36 万公顷（305.45 万亩），省级公益林面积 2.78 万公顷（41.71 万亩）]，天然林面积 17.69 万公顷（265.32 万亩）。活立木总蓄积 4465.90 万立方米。全市国有林场共有职工 10394 人。

5—8月，市林业局在全市分五片区开展国有林场调研，并召开48个林场场长座谈会，到吉安市、宜春市和福建省三明市、南平市有关林场开展调研学习。积极争取国家林草局将赣州市列入全国国有林场绿色发展示范区试点工作。

【森林公园】　截至2022年底，全市共有森林公园31个，总面积14.93万公顷（223.95万亩），其中，国家级森林公园10个，面积12.10万公顷（181.5万亩）；省级森林公园21个，面积2.83万公顷（42.45万亩）。分别是峰山、阳明山、阳明湖、会昌山、梅关、九连山、三百山、翠微峰、金盆山和五指峰国家级森林公园；安远县龙泉山，石城县西华山、通天寨、李腊石，寻乌县东江源桠髻钵山、东江源仙人寨、黄畲山，南康区大山脑、南山，瑞金市罗汉岩，赣县区水鸡岽，龙南县武当山、安基山、金鸡寨，宁都老鹰山，于都县屏山、罗田岩，兴国县均福山、冈岭，全南县梅子山和定南神仙岭。全市创建省级乡村森林公园56个。

各级森林公园均委托有资质的设计公司编制森林公园总体规划。严格森林资源保护。森林公园都严格实行封山育林，严禁采伐砍树。同时林业部门加大森林抚育，加强森林防火宣传，加强日常巡护，对公园内野外用火和各种涉林违法行为进行专项整治和打击。加强公园内森林病虫害防治，公园未发生大的森林火灾、毁林事件和森林病虫害危害，保护森林资源。完善基础设施建设。采取属地政府主导，管理部门配合，社会参与投资等方式，有力推进森林公园内景区道路、环山步行道、桥梁、园内广场、生态停车场、游客服务中心、给水排水设施、电力基础设施、卫生等市政公共工程设施和公共生活服务设施改善。依托森林资源，发展生态旅游。赣州市依托优越的生态环境资源，以森林、河流、山体等为特色，发展森林旅游，推出森林旅游观光、探险、科教、文化、健身、康养等生态旅游项目，森林旅游产业已成为赣州新型产业之一。

【自然保护区、湿地公园、地质公园】　自然保护区　2022年，全市共有省级以上自然保护区11个，面积104088.09公顷。其中，国家级自然保护区3个，面积46617.45公顷；省级自然保护区8个，面积57470.64公顷。

湿地公园　2022年，全市共有湿地公园20处，批复面积33975.14公顷。其中，国家湿地公园13个，面积31420.32公顷，省级湿地公园7个，面积2554.82公顷。

地质公园　2022年，全市共有地质公园4个，批复面积22545公顷。其中，国家级地质公园1个，面积2039公顷；省级地质公园3个，面积20506公顷。

【风景名胜资源】　2022年，赣州市共有风景名胜区9个，面积50491公顷。其中，国家级风景名胜区4个，面积32581公顷，省级风景名胜区5个，批复面积17910公顷。

【林业执法】　2022年，全市查处各类林业行政违法案件633起，处罚违法人员613人次，罚款1394万元，其中市林政管理稽查支队查处林业行政违法案件15起，罚款46.44万元。部署绿卫行动，制定并下发《关于开展林业综合行政执法“绿卫”五大行动工作方案》，通过开展松材线虫病疫木联合执法行动、涉林专项督查检查违法案件查处行动、“五区联动”执法行动、林业行政处罚案卷评查行动、“双随机、一公开”监管行动，有效维护森林生态安全。全年共组织疫木巡查80次，没收并无害化处理松材疫木1200吨，下发整改提醒函9份，全部整改到位。中心城区开展“五区联动”查处各类案件70起，涉案金额99.1万元。强化联动执法，纵横联动各单位各部门综合执法力量开展联合执法检查，建立林业执法队伍与森林公安之间信息共享、线索和案件移送、联合调查、案情通报等协调配合机制，有效实行“两法衔接”。

【林下经济】　2022年，新增林下经济发展面积3.50万公顷（52.51万亩），其中新造森林药材与香精香料0.39万公顷（5.52万亩）；森林食品涉及林地3.13万公顷（46.99万亩）［其中新种植森林食品林0.21万公顷（3.14万亩），养殖家禽3963.5万羽和增养蜜蜂2.08万箱、涉及林地2.99万公顷(44.91万亩)］。竹产业改造0.57万公顷（8.61万亩）［其中，抚育改造低产毛竹林0.49万公顷（7.39万亩），改建笋用和笋材兼用林0.08万公顷（1.22万亩）］。新增省级森林康养基地4处。全市累计争取上级专项补助资金2701.5万元［其中森林药材（含香精香料）1604.82万元、森林康养基地100万元、省级竹产业高质量发展补助资金996.68万元］，发放林业产业振兴贷贷款超2亿元。

【油茶产业】　2022年，全市完成新造（含更新改造）油茶林面积0.65万公顷（9.71万亩），完成低产油茶林改造提升面积1.49万公顷（22.35万亩）；培育扶植100个科学化、标准化、规范化的低产油茶林改造提升示范基地，评选一类示范基地20个、二类示范基地30个、三类示范基地50个，安排610万元市级专项资金奖补，每类基地分别奖补10万元、7万元、4万元，发挥示范基地的示范引领作用，树立油茶发展的“风向标”。举办首届江西油茶文化节，以节造势、以节开局、以节发展，积极宣传推广赣南茶油品牌和油茶产业文化，为茶油品牌推广造势，为油茶种植奠定信心，浓厚油茶发展氛围。全市油茶林总面积突破20.67万公顷（310万亩），年产茶油3.04万吨，“赣南茶油”连续5年登上中国地理标志产品区域品牌百强榜，位列第49名，成功入选2022年江西农产品“二十大区域公用品牌”。

12 月 8 日，赣州市林业局、南康区人民政府承办的首届江西油茶文化节在南康区开幕

（市林业局供图）

【油茶科技推广和服务】 依托“1+4”油茶科技推广体系，整合技术力量，优化科技服务。2022 年，开展油茶科技培训活动200余期次，其中组织市级油茶成效监测、丰产栽培技术培训、油茶技术能手专业技能大赛等活动 5 期，开展市林业局“局长送课到农家”活动 4 期，油茶产业技术服务覆盖油茶产业发展从业人员 1.3 万余人次。积极开展油茶树体、油茶产量两项保险试点，2022 年全市油茶林承保面积 8.08 万公顷（121.2 万亩），投入保费 6995.29 万元，进一步降低油茶资源培育经营的风险；受理 16 家企业油茶果实脱壳、茶籽筛选等 21 台（套）采后加工设备补助申请，兑现市级财政补助资金 65.8 万元，提高油茶采后加工机械化水平；筹措市级奖补资金 50 万元，试点建设 5 个油茶机械化栽培示范基地，探索油茶林水肥一体化管理、无人机病虫害防控、机械化经营和生草栽培等新路径；总结推广 15 个油茶高产示范基地建设模式，发挥高产示范作用。

【林业有害生物防治】 2022 年，全市林业有害生物发生面积 13.91 万公顷（208.65 万亩），同比下降 24.66%。其中病害 8.92 万公顷（133.82 万亩），同比下降 13.41%；虫害 4.99 万公顷（74.84 万亩），同比下降 38.86%。按发生程度统计，轻度 5.30 万公顷（79.52 万亩）、中度 2.32 万公顷（34.8 万亩）、重度 6.29 万公顷（94.32 万亩），成灾面积 8.82 万公顷（132.3 万亩）（为松材线虫病发生面积）。通过全面落实防控减灾措施，有效降低灾害损失，全市林业有害生物成灾率 29‰，比省下达指标 36.8‰低 7.8 个千分点；无公害防治率 99%。

【林业科技合作与推广】 2022 年，争取国家、省级林业科技项目 7 个，共下达项目资金 360 万元，其中中央财政林业科技推广项目 2 个，分别是龙南市毛竹林丰产和林下经济（森药）培育标准化建设示范项目和崇义县杉木大径材培育标准化示范项目；省级林业良种良法项目 5 个，分别是赣州市林科所油茶低产林综合改造提升项目、安远县锥栗优质丰产栽培关键技术推广示范项目、于都县油茶成林水肥高效管理技术推广示范区建设项目、全南县森林药材（岗梅）科技示范基地项目和信丰县大广高速复线森林“四化”科技示范基地建设项目。建立市级林业科技创新和推广项目 6 个，分别是江西省林科院松材线虫疫区重要通道生态恢复技术研究与示范、赣州市林科所油茶质量提升栽培关键技术研究及集成应用、江西环境工程职业学院松材线虫病防控关键技术集成与示范、赣州市林科所松褐天牛高毒力白僵菌菌株筛选与林间应用技术示范、江西环境工程职业学院茯苓引种栽培技术研究、赣县区松材线虫病除治区林相改造技术示范推广。兴国县杨清心被国家林草局评为“最美林草科技推广员”，赣县区叶长娣被江西省林业局认定为“最美林业科技推广员”。信丰县张卿柳、龙南市曾宪荣、全南县黄明辉、兴国县刘新颂 4 人被国家林草局聘任为林草乡土专家。参与组织首届全省林业系统科普讲解大赛活动，由市林业局推选的龙南市林业局选手刘子榆在讲解大赛活动中获一等奖，同时被授予“江西省林业科普大使”称号，赣州市林业局获优秀组织奖。

【林木种苗】 2022 年，全市共有国家级林木良种基地 3 处，省级林木良种基地 2 处，国家级林木种质资源库 2 处，省级林木种质资源库 4 处，省级保障性苗圃 7 处；花卉苗木面积 0.43 万公顷（6.45 万亩）。

【首届江西油茶文化节】 12 月 8 日，首届江西油茶文化节在赣州市南康区开幕。活动由江西省林业局、赣州市人民政府主办，赣州市林业局、南康区人民政府承办。主题为“江西山茶油·赣出好茶油”，共分为“瞰见秀美江西”“品茶油忆乡愁”“享美食乐游玩”“搭建商贸桥梁”四大部分，活动期间主要开展“我为江西山茶油、赣南茶油代言”短视频创作及“油茶花开·飘香赣鄱”油茶摄影大赛、媒体记者采风活动、大型无人机表演秀及系列宣传预热活动。当日下午，举行江西油茶产业发展高峰论坛暨品牌推介会，聘请国内知名专家赵亮作《茶油与养生》主旨演讲，赣州市人大教科文卫委主任委员、赣州市知联会会长王石水作“赣南油茶印初心”专题讲座。在品牌推介环节，由江西省林业局林业产业发展处处长蔡德毓为江西山茶油代言推介。首届江西油茶文化节活动形式多样，内容丰富多彩，活动带领大家走进油茶产业基地，通过镜头语言展现赣之源、

丘陵地、油茶林，呈现江西的林业风光、绿色生态、产业发展等内容，引导广大群众探寻秀美风光，树立绿色生态的健康理念。

（刘 城）

果 业

【概况】 2022年，全市果业系统以推进乡村全面振兴为抓手，周密部署，狠抓落实，赣南脐橙产业高质量发展取得明显成效，全年完成新开发0.43万公顷（6.52万亩），完成市级示范基地建设197个、面积1465.07公顷（21976亩）；出圃苗木175.12万株，确认4株优良单株，储备21个优新柑橘品种302株母本树；柑橘黄龙病发病率2.52%；举办2022赣南脐橙国际博览会，启动《赣南脐橙保护条例》立法工作。全市脐橙种植面积12.6万公顷（189万亩），产量159万吨，产值195亿元，赣南脐橙以品牌价值686.37亿元，位列全国区域品牌（地理标志产品）第六位、水果类第一，连续八年位居水果类榜首。赣南脐橙位列2022江西农产品“二十大区域公用品牌”第一名，获批入列农业农村部2022年农业品牌精品培育计划。

【标准化生态果园建设】 为发挥示范引领作用，赣州市由点及面、由面及体推进赣南脐橙产业高质量，2022年，全市完成197个标准化生态果园。

科学谋划 2月下旬，印发《2022年赣南脐橙示范基地建设实施方案》，明确目标任务、工作举措和保障措施和考核细则。5月上旬，为进一步推动赣南脐橙标准化示范基地建设工作，印发《赣南脐橙标准化示范果园建设技术纲要》，并通过市果业发展中心微信公众号进行解读宣传。

强化培训 线上线下多形式开展技术培训。全市累计举办技术培训班995期，培训170553人次。为进一步扩大培训覆盖面和培训效果，通过自媒体发布《脐橙气象服务专项》《每月农事》等技术文稿39期，仅市果业发展中心微信公众号点击量破10万人次。

足额奖补 列支赣南脐橙示范基地建设项目资金2000万元，全市建设200个标准化示范基地，其中市县共建5—8个精品示范基地，根据市级验收结果，全市验收合格标准园197个、面积1465.07公顷（21976亩），奖补资金1388万元，其中精品示范基地8个，奖补资金190万元。

【柑橘黄龙病防控】 2022年，全市平均发病率为2.52%，疫情持续处于低度流行状态。为持续抓好柑橘黄龙病防控工作，确保赣南脐橙产业安全持续健康发展，全市上下通力协作，采取一系列强有力措施，柑橘黄龙病病情得到有效控制。

防控工作部署 以市政府办公室名义下发《赣州市2022年柑橘黄龙病防控工作方案》，明确2022年全市实行“突出重点、分类防控”策略，持续推进柑橘黄龙病防控工作，全市平均病株率控制在3%以内。印发《赣南柑橘黄龙病综合防控技术纲要》，进一步规范柑橘黄龙病和柑橘木虱防控技术措施。召开系列工作部署会议。1月7日，在瑞金召开全市柑橘黄龙病防控工作现场调度会，对全市柑橘黄龙病树普查清理“回头看”工作进行部署；7月8日，召开全市果业工作会议，对柑橘黄龙病防控工作进行再部署。

完善疫情监测预警体系 2022年，全市建立市级疫情监测点70个，信丰县、安远县、石城县分别建立县级疫情监测点，进一步完善疫情监测体系。掌握危险性病虫发生动态。定期规范监测柑橘木虱、柑橘黄龙病、柑橘小实蝇等重大危险性病虫害发生动态，不定期派出技术人员深入果园调查柑橘木虱发生情况，及时在市果业发展中心微信公众号发布病虫预测预报5期。调查监测点建设情况。5—6月，分片区对全市70个疫情监测点进行实地调查，掌握疫情监测工作开展情况和果园木虱发生情况。调查果园柑橘木虱带菌情况。10—11月，到宁都县、瑞金市、会昌县、寻乌县、安远县、信丰县、龙南市、全南县、定南县、兴国县、赣县区11个县（市、区）采集不同类型果园柑橘木虱857头进行黄龙病菌检测。

开展病树普查清理专项行动 在9—12月黄龙病树识别关键期，对全市柑橘果园分类进行病树普查清理，重点加强6年生以下幼龄果园的病树普查清理力度，并实行一周一调度。截至2022年年底，全市累计普查柑橘果园面积15.25万公顷（228.72万亩），普查率100%，普查总株数9382.76万株，普查出病树236.84万株，平均病株率2.52%，清除病树236.30万株，病树清理率99.77%；清理失管果园1519个，面积933.33公顷（1.4万亩），涉及果树56.75万株。

开展系列防控技术培训 11月3—5日，邀请国家柑橘黄龙病防控首席专家周常勇研究员一行到赣州市调研指导柑橘产业发展及黄龙病防控工作，并作“柑橘黄龙病防控形势与对策”专题视频讲座，培训人数981人，进一步提高全市对柑橘黄龙病防控工作重要性的认识，提升防控水平。截至12月31日，县、乡（镇）、村三级累计开展“线上+线下”防控技术培训1507期，培训25.28万人次。

【2022赣南脐橙国际博览会】 11月26日，以“世界橙乡更美好共创赣南新未来”为主题的2022赣南脐橙国际博览会在信丰开幕。脐橙产业方面的专家学者、国内农业龙头企业、客商代表和社会各界人士等参加。博览会由省农业农村厅、省商务厅、赣州市人民政府主办，中国欧洲经济技术合作协会欧盟工作委员会协办。开幕式举行项目签约活动，信丰县、安远县、赣县区等县（市、区）签约一批现代农业项目。与会领导和嘉宾还参观以赣南脐橙为主的优良品种展示、优质果

品、农特产品、龙头企业品牌展销、国际水果展及电商直播等。活动持续到2023年3月。其间，举办赣南脐橙（北京）文化周、赣南脐橙电商营销活动、赣南脐橙采摘旅游季、信丰县第十五届脐橙果品质量评比、国际美食节等各具特色、形式多样的活动。

（梁梅青）

土壤肥料

【化肥减量增效项目实施】 2022年，全市推广测土配方施肥技术面积74.33万公顷（1115万亩）次，覆盖水稻、油菜、脐橙、蔬菜等作物，其中水稻、油菜测土配方施肥技术覆盖率达97.56%。全市举办化肥减量增效技术培训班238期，培训农技人员3698人、肥料经销人员958人、新型农业经营主体技术骨干2578人，召开现场观摩会35场，发放技术宣传资料12.1万份，进村指导2689次，开播施肥预告9期。布置田间试验95个，完成农户施肥调查1713户，“三新”（新技术、新产品、新方式）配套升级版示范推广面积1.53万公顷（22.89万亩），完成绿肥示范种植0.39万公顷（5.81万亩）。完成缓释肥、有机肥补助14580吨，其中完成缓释肥补贴1260吨，商品有机肥补贴13320吨。

【环保督查整改】 根据省市贯彻落实中央生态环境保护督察整改工作要求，完成2021—2022年赣州市取土化验8087个，其中2021年完成取土化验1489个并录入测土配方施肥信息管理系统，2022年完成取土化验6598个，化验数据12月30日前全部录入测土配方施肥信息管理系统，超额完成省农业农村厅下达赣州市的7132个取土化验任务。完成田间试验46个，其中肥料利用率试验20个，肥效矫正试验15个，测土配方施肥试验2个，肥效对比试验2个，锌肥试验2个，缓释肥肥效试验1个，不同基追肥比例试验1个，酸化耕地治理项目技术模式试验1个，肥效示范试验1个，油菜肥效试验1个。

【绿色种养循环农业试点项目实施】 2022年，继续在兴国县和定南县开展粪肥就地消纳、就近还田补奖试点，扶持一批企业、专业化服务组织等市场主体提供粪肥收集、处理、施用服务，补助资金2000万元，兴国县和定南县各1000万元。构建“商品有机肥+配方肥”“腐熟堆沤肥+配方肥”“沼液肥+配方肥”等技术模式，全市完成种养循环试点面积1.35万公顷（20.3万亩）。形成发展绿色种养循环农业的技术模式、组织方式和补贴方式，为全市乃至全省大面积推广应用提供经验。

【酸化耕地治理与耕地质量评价】 2022年，全市开展酸化耕地治理线下培训21次，培训1066人，开展观摩10次，观摩人数339人，服务指导146次，开展技术交流、调研22次，发放明白纸11426张，发放技术手册、文件2650本，累计建立0.27万公顷（4万亩）土壤酸化耕地治理示范区。第三方技术单位对赣州市耕地质量等级评价结果显示，2020年度赣州市耕地质量等级为4.80等，比上年提高0.06等。

【耕地质量监测网络建设】 2022年，市农业农村局争取64万元市财政资金用于耕地质量监测工作，资金拨至各县（市、区）农业农村部门，按时完成全市92个市级耕地质量监测点年度监测工作并完成全市耕地质量监测报告的编印。

农业服务体系

【“农业产业振兴信贷通”】 2022年，全市发放农业产业振兴信贷通贷款45.66亿元，惠及贷款主体35747户，完成全年贷款计划数的124.01%，其中脱贫户13.38亿元、27526户，一般农户1.57亿元、1590户，种养大户14.05亿元、5759户，家庭农场和农民合作社12.96亿元、760户，市级及以上龙头企业3.63亿元、69户，有效缓解赣州市农业经营主体融资难题，提高农业生产积极性，促进全市农业产业高质量发展。

【项目申报实施】 2022年，积极申报国家、省级农业产业化项目，争获2022年省级农产品加工项目贴息资金487万元，惠及69家农产品加工企业；实施国家级农业产业强镇项目1个、省级休闲农业和乡村旅游项目3个；成功申报全国美丽休闲乡村1个、全国休闲农业重点县1个（崇义县，全省仅2个），全国“一村一品”示范村镇2个，省级“一村一品”示范村镇5个。

【市级农业产业化项目实施】 2022年，赣州市大力支持发展农产品精深加工项目，落实市本级农业产业化专项资金750万元，奖补15个新建市级农产品加工项目，并通过“亲清赣商”平台直接拨付至企业，落实惠企政策；新引进投资额5000万元以上农产品加工项目25个，涉及总投资78.32亿元。

【龙头企业培育】 2022年，赣州市聚力龙头企业培育，支持龙头企业扩规、技改、延炼、上市，新增市级龙头企业50家、省级龙头企业15家。年内，全市有规模以上（年营收500万元以上）龙头企业657家，其中国家级龙头企业8家、省级128家、市级265家；培育超10亿元龙头企业7家、超5亿元龙头企业14家、超1亿元龙头企业117家、规模以上预制菜加工企业32家，赣州市龙头企业规模居全省前列。

【实施农业社会化服务项目】 争取2022年中央财政支持农业生产托管项目资金1250万元，主要用于补助薄弱和农户急需的集中育秧、机插（抛）秧、统防统治、秸秆还田、烘干等生产环节。通过项目的实施，

激发服务主体开展社会化服务的积极性，促进适度规模经营，全市农业生产社会化服务体系不断健全，加快促进小农户与现代农业的有机衔接。

【新型经营主体培育】 争取中央财政支持农民合作社、家庭农场发展资金 748 万元，分别补助市级以上示范社和省级示范家庭农场各 84 家、15 家。推动石城县、上犹县全国农民合作社质量提升整县推进试点工作，创新融合发展模式。全市已培育创建国家农民合作社示范社 44 家、省级示范社 156 家、市级示范社 149 家；省级示范家庭农场 128 家，市级示范家庭农场 213 家。5 家合作社入选“2022 中国农民合作社 500 强”。

农业机械化

【机械强农保粮安】 2022 年，全市主要农作物耕种收综合机械化水平达 77.43%，比 2021 年提升 1.13 个百分点；农机总动力达 375.97 万千瓦，比 2021 年增长 4.97 个百分点。完善农机应急保障体系，春耕、双抢、三秋期间，组织农机具 18.62 万台（套）投入农业生产，其中抗旱农机具 6.71 万台（套）；机播作业面积 15.77 万公顷（236.59 万亩）、机收作业面积 39.36 万公顷（590.47 万亩）。

购机补贴 2022 年，全市受理中央农机购置补贴资金 8707.05 万元，结算 8407.05 万元，受益农户 13633 户，补贴农机具 16219 台（套）；省级高质量发展项目资金 639 万元（含农机购置补贴监管经费 73 万元），补贴插（抛）秧机 316 台、省级育秧中心 1 个、农事服务中心 1 个、农机维修网点 10 个等；市级财政累加补贴资金 700 万元，补贴重点推广丘陵山区农机具 934 台（套）、育秧中心 19 个。

技术培训 紧盯机械化关键薄弱环节，2022 年邀请罗锡文院士等专家授课，先后在上犹县、广州市、于都县、南康区、大余县等地组织开展水稻机械化种植推广演示、农机化水平、机收减损技术、安全警示教育、驾驶员培训、农机修理工技能竞赛等共 700 余人次。

【推进“两中心”建设】 2022 年，赣州市印发《关于推进所有乡镇水稻工厂化集中育秧工作的通知》《赣州市水稻工厂化育秧中心（点）建设实施方案》《关于加强机械化育秧和农事服务中心运营管理的指导意见》等文件及 5 个进度通报，推进“两个中心”（水稻工厂化育秧中心、机械化育秧和农事服务中心）建设。全年全市共建成 2 个全程机械化综合农事服务中心和 60 个水稻工厂化育秧中心。全部竣工投产后，全市共有 43 个全程机械化综合农事服务中心和 252 个水稻工厂化育秧中心（点），全市水稻耕种收综合机械化率达 85%，其中水稻机械化种植率达 47%，为粮食稳产增产提供有力支撑。同时，发挥“土专家”的作用，市县两级组织人员深入基层一线，摸清“两中心”建设主体实际情况，开展机械化育秧技术指导和业务培训，进行现场技术指导，为建设主体出谋划策，帮助解决水稻机械化育秧中心建设中遭遇的各类问题。积极引进和培育一批农业企业、种植大户、新型职业农民和个体经营者来承接“两个中心”的运营管理，推动“两个中心”长效运作、良性循环。全年为早稻生产供秧 4.40 万公顷（65.98 万亩），同比增长 7 倍；水稻理论机插率将达 50%（省下达赣州市任务 46.8%）。

畜牧业

【概况】 2022 年，全市畜牧业稳步增长，生猪出栏 700 万头，再创历史新高，生猪存栏 386 万头，能繁母猪存栏 35.4 万头，产能稳居全省第一；家禽出栏 1.7 亿羽，肉牛出栏 35 万头，羊出栏 15.3 万头。肉类总产量 87.9 万吨，畜牧业产值 186.8 亿元。

【畜禽产业】 全市生猪产能保持稳定，分级建立第一批生猪产能调控基地，实施能繁母猪一次性临时救助补贴项目，帮助养殖场渡过难关，提振行业信心。持续开展畜禽养殖标准化示范创建，新增部级场 1 家，省级场 4 家，市级场 16 家。信丰县、南康区、定南县、兴国县、全南县、会昌县 6 个县（区）列入国家级生猪调出大县，安远县、瑞金市 2 个县（市）列入省级生猪调出大县。信丰县、会昌县列为全省赣中南优质肉牛优势特色产业集群项目实施县。

【非洲猪瘟等重大动物疫病防控】 严格动物检疫监管，持续做好养殖环节无害化处理和动物产品调运备案。开展重大动物疫病防疫集中行动，常年免疫密度达 95% 以上，常年免疫抗体合格率达 90% 以上。创建国家级非洲猪瘟无疫小区 4 家，全市未发生区域性重大动物疫情。

【畜禽屠宰转型升级】 提升生猪产品质量保障能力，全市新增省级生猪屠宰标准化示范场 3 家。新（改）建年屠宰能力 15 万头以上的生猪屠宰加工企业 12 家，实施屠宰企业冷链体系建设奖补，龙南市、信丰县、崇义县、定南县已开展畜禽产品冷链配送试点工作。

水产业

【概况】 2022 年，全市水产品总体供应充足，总产量 32.89 万吨，同比增长 5.45%，特种水产品产量 9.73 万吨，同比增长 3.44%。繁育水产早繁苗 88 亿尾，稻渔综合种养面积 1.52 万余公顷（22.85 万余亩），烤鳗加工销售收入 12.14 亿元，出口创汇 1107 万美元。

【渔业绿色发展】 推进水产养殖污染防治。加强养殖尾水治理及资源化利用试点示范，至2022年年底，全市建成尾水治理试点43个。积极推广稻渔综合种养模式，开展虾—稻—稻（无环沟）早虾示范333.33公顷（5000余亩）。科学利用稻、莲田水土资源，提高综合生产能力，实现“一水两用、一田多收”。

拓展水产养殖空间。扶持陆基圈桶养殖基地建设，至2022年年底，赣州市有陆基养殖圈桶1200余个，覆盖全市19个县（市、区），养殖容量超6万立方米，年产量可达6000吨。推广大水面生态养殖模式，2022年江西崇义阳明湖大水面生态养殖与富硒水产品发展高峰论坛在崇义举行。

开展全市基本养殖池塘上图入库。对全市集中连片0.33公顷（5亩）以上的基本养殖池塘进行调查摸底并上图入库，精确掌握全市1.47万公顷（22万亩）基本养殖池塘的面积、权属、分布等信息。

扩大水产品加工产业。在传统的酒糟鱼、鱼丝加工小作坊和烤鳗、小龙虾加工的基础上，2022年全市新建成臭鳜鱼日加工能力达2.5千克的江西三德水产品深加工项目、赣州市椒点食品有限公司巴沙鱼鱼片生产线以及江西高田生态稻花鱼加工项目，并提升改造2家鱼丝加工企业，以及在建全南县丰森甲鱼预制菜项目1个，不断提高渔业经济附加值。

推进渔业保险投保。积极开展淡水水产养殖保险投保工作，组织养殖大户开展保险政策宣传，2022年全市投保面积453.33公顷（6800余亩），投保保费约150万元，保单保额约60亿元，为广大养殖户提供保障。

【渔业资源保护管理】 加强退捕渔民就业帮扶，开展专场招聘会，持续有针对性地提供招聘信息，按需求发放创业担保贷款，至2022年底，全市劳动年龄内有就业意愿的退捕渔民全部转产就业；扎实推进退捕渔民养老保障工作，全市354名退捕渔民都参加社会保险，2022年政府补贴社保资金全部发放到位，对56名符合养老金领取条件的人员及时足额发放养老金。全市农业农村、公安、市场监管等部门密切配合开展常态化执法巡查，全面查处非法交易渔获物，打击电、毒、炸等非法捕捞行为。完成渔业增殖放流任务。在赣县区、宁都县、石城县、兴国县、寻乌县、上犹县、瑞金市、信丰县、于都县、赣州经济技术开发区等10个县（市、区）开展水生生物增殖放流活动，累计放流四大家鱼鱼苗（≥3厘米）2782万尾，棘胸蛙7万余只，有效改善全市水域生态环境，丰富水生生物种群数量，提高群众保护水生态环境意识。在全市17个县（市、区）开展水生生物资源调查工作，分县形成监测报告，摸清全市水生生物资源的基本状况。

休闲农业

【概况】 2022年，全市有各类休闲农业经营主体3357家，新增各类休闲农业经营主体205家，同比增长6.4%；休闲农业年营业收入91.31亿元，同比增长5.71%；休闲农业从业人员8.73万人，其中农民就业4.44万人。接待游客3044万人次，同比增长5.8%。新发展休闲乡宿138家，联动建设美丽活力村庄161个。信丰县希元田园综合体、龙南市虔心小镇田园综合体新晋为省级田园综合，南康区黄田乐辣小镇精品园区项目成功申报为省级精品园区（农庄）项目。崇义县获评全国休闲农业重点县，章贡区沙河镇流坑村获评中国美丽休闲乡村。赣州市“龙南相约围屋之都，探寻山水龙城”休闲农业线路获农业农村部2022年中国美丽休闲乡村休闲旅游夏季景点线路推介。在“美丽活力乡村＋民宿”建设方面，崇义县获全省首批“美丽活力乡村＋民宿”联动建设先行县，获得省级补助资金347万元。市农业农村局与赣州市妇女联合会联合向省级推荐龙南花漾年华、龙南栖一树民宿和全南鹏林民宿为江西省休闲乡宿巾帼示范基地。

【品牌建设】 2022年，全市有国家级休闲农业示范县4个、国家级休闲农业示范点3个、全国休闲农业与乡村旅游星级企业10个（五星8个、四星2个），中国美丽休闲乡村8个，全球重要农业文化遗产1个（崇义上堡客家梯田系统），省级田园综合体11个，省级休闲农业精品园区3个，省级十大精品线路4条。

【宣传推介】 在2022年中国农民丰收节赣州活动中开展休闲农旅项目推介和非遗农耕展示工作，并在期间举办“乡村振兴与农旅结合”主题高峰论坛，开展赣南醉美乡村评比和授牌活动。在“赣州三农”微信公众号上对2022年度全国休闲农业重点县（崇义县）进行宣传推广，崇义县依托农业农村特色资源，从“阳明文化”“农旅融合”入手，全面开发农业多种功能、挖掘乡村多元价值，推动乡村一、二、三产业融合发展全面升级。

【培训指导】 7月，赣州市组织相关人员参加全省旅游饭店管理人员暨精品民宿高质量发展研讨培训班；10月，南康区组织20名休闲农业负责人参加高素质农民培训班；全年全市以休闲乡村民宿规划、礼仪等为内容，培训休闲乡村管理人员和从业人员160人次；开展高素质农民教育培训班，因地制宜开展休闲农业全产业链培训，培育一批“带头人”“田秀才”“土专家”。

农业综合行政执法

【概况】 2022年，全市农业行政执法受理举报案件240件，出动执法人员30208人次，出动车船艇7763车（船）次，检查企业、门

店10385家，整顿市场708个次，立案622件，办结539件（其中重大及涉刑案件数20件），办结率达86.67%。其中，农业投入品领域立案250件，办结223件；渔政领域立案214件，办结186件；粮食领域立案20件，办结17件。市本级立案155件（占全市总立案数27.22%），已办结143件，办结率达92.25%。其中，农业投入品领域立案65件，办结61件；渔政领域立案59件，办结47件；粮食领域立案8件，办结6件。全市4起渔政执法案件获评“2022年全省渔政执法典型案例”；3起农资领域案件获评“2021年以来全省十大农资打假典型案例”；1起售卖禁用渔具案件获评“2022年全省农业优秀行政执法案卷”。

【打击非法捕捞百日攻坚行动】 2022年，市农业农村局、市公安局、市市场监管局联合印发《关于印发〈全市联合打击电捕鱼等非法捕捞百日攻坚行动工作方案〉的通知》。根据方案，全市农业农村、公安、市场监管等部门在继续抓好长江经济带生态警示片披露非法捕捞问题专项整治行动、“中国渔政亮剑2022”系列专项执法行动、公安机关“禁渔2022”行动等各项措施落实的基础上，自5月10日开始至8月20日，在全市联合开展为期100天的打击电捕鱼等非法捕捞攻坚行动，强力震慑各类非法捕捞行为。同时，赣州市政府严厉督促宁都县认真整改生态警示片指出的问题，举一反三，进一步督促全市农业农村部门深入开展自查自纠，坚决遏制各类非法捕捞行为。

为坚决贯彻落实打击非法捕捞工作部署，7月21日，市农业农村局印发《重要工作提示》，在全市统一开展渔政执法专项行动，联合公安、市监等部门及乡镇（街道）执法大队，落实24小时轮班制度，实行全水域全天候巡查监管，突出重点水域、重点时段、重点人群，全面清理涉渔“三无”船只，严查非法捕捞行为，化解渔政监管风险隐患。

2022年，全市各级农业综合行政执法部门联合公安、市监等部门开展渔政联合执法行动189次，出动执法人员8864人次，出动执法车辆2403辆次，出动执法船艇399艘次，开展水上巡查里程11302千米，清理取缔涉渔“三无”船舶49艘，清理违规网具数量1463张，查办违法违规案件214件，移送司法案件数量19件。

【推进全市渔政执法赋权乡镇改革】 根据《江西省人民政府关于调整赋予乡镇（街道）县级审批服务执法权限和经济发达镇县级经济社会管理权限指导目录的通知》文件精神，赣州市督促各县（市、区）加快推进渔政执法权赋予乡镇改革，加强乡镇执法权限，压实属地执法责任。加强县、乡两级统筹协调，强化县级渔政执法指导培训，引导各县因地制宜综合施策等多项举措。2022年，全市20个县（市、区）全部完成渔政执法赋权工作，其中于都县赋权工作进展最快效果最好，受到省、市有关部门认可。

【开展农业投入品执法抽检工作】 根据省农业农村厅农业投入品执法抽检工作方案，制定印发《关于开展2022年春季农业执法抽检工作的通知》，并于3月初正式启动该项工作。全年完成省级抽检任务250份样品，其中种子样品30个，农药样品100个，兽药样品40个，饲料样品80个，同时为实现农资监管全覆盖，市级增加肥料专项抽检127个。抽样批次检测出不合格农药产品5个、饲料产品7个，肥料产品24个，经核查后均已立案查处。

【粮食流通领域专项执法】 赣州市委、市政府印发《关于进一步加强粮食流通工作的若干措施》，明确粮食流通执法监管和执法保障；经省委编办批准，市委、市政府同意，7月21日赣州市农业农村局正式加挂赣州市粮食局牌子。市农业农村局印发《赣州市2022年粮食流通领域专项执法行动实施方案》，要求全市农业执法部门按照方案坚持问题导向、目标导向、结果导向，聚焦粮食流通领域重点环节、重点问题，强化粮食流通事中事后监管，集中力量严肃查处粮食流通违法违规案件。

3月初，市农业综合行政执法支队抽调骨干力量成立粮食流通领域执法专班小组，到赣州中心城区开展粮食流通领域专项执法检查，检查涉粮企业45家次，已立案8件，已结案6件，专班迅速总结办案经验并指导县级大队全面开展粮食流通领域专项执法检查。7月，市支队制定《粮食收购者、粮食企业经营行为规范十条》，广泛普法宣传，要求粮食企业学习规范，按要求做好粮食收购工作，确保赣州市粮食入库质量安全。2022年全市农业执法部门共出动执法人员1228人次，出动执法车辆294辆次，检查企业349家次，开展专项整顿69次，处理违法案件20起。

（王　胜　刘和生）

本栏编辑：徐文菁

乡村振兴

综　述

【概况】 2022年，全市乡村振兴工作传承脱贫攻坚精神，紧扣“作示范、勇争先”要求，坚持“守底线、抓发展、促振兴”，深入学习中共中央总书记习近平关于“三农”工作重要论述，认真贯彻落实中央、省、市各项决策部署，继续强化责任、政策和工作落实，巩固脱贫成果，坚决守住防止规模性返贫底线，实现巩固拓展脱贫攻坚成果同乡村振兴有效衔接，持续推动巩固拓展脱贫攻坚成果上台阶、乡村振兴开新局。全市脱贫户人均可支配收入同比增长13.8%。在全省率先实现脱贫人口和监测对象医保缴费100%全覆盖，坚决守住不发生规模性返贫的底线。

【组织保障】 赣州市发挥各级党委总揽全局、协调各方的领导作用，落实“五级书记抓巩固拓展脱贫攻坚成果和乡村振兴”责任机制。市委、市政府对巩固拓展脱贫攻坚成果工作高度重视，省委副书记、市委书记吴忠琼担任全市巩固拓展脱贫攻坚成果同乡村振兴有效衔接工作领导小组组长，组织制定巩固脱贫成果各责任主体主要职责清单、挂牌督办等纲领性文件，书记、市长经常深入一线暗访调研、现场解决问题。市委、市政府经常召开各类重要会议密集调度巩固拓展脱贫攻坚成果同乡村振兴有效衔接工作。市委、市政府分管领导坚持常态调度、统筹推进，市四套班子领导每人挂点联系1个乡村振兴重点帮扶村。20个县（市、区）均成立以党委主要领导为组长的有效衔接工作领导小组，推动形成上下联动、左右协调的工作格局。

加强对行业部门的协调调度，持续压实行业部门监管责任。按照过渡期“四个不摘”要求，细化行业部门主要个性职责清单和共性责任清单，进一步明确职责、厘清任务、督促落实。市分管领导常态化召开行业部门调度会，要求部门阶段性汇报巩固脱贫成果工作部署、政策衔接、督促监管等情况，及时掌握部门工作进展、研究解决问题、部署工作任务。统筹行业部门力量开展工作督导，及时将督导调研发现的问题，分类反馈给市直相关行业部门，并要求举一反三、全面排查、销号整改。同时，督促行业部门认真履行行业监管职责，积极开展巩固脱贫攻坚成果行业督导工作。

【乡村振兴工作表彰】 全市易地扶贫搬迁后续扶持工作获国务院督查激励，并被国家发展改革委发文通报表扬，“创新‘六四’模式持续强化易地扶贫搬迁后续扶持工作成效做法”被国家发展改革委发文推广并在全省巩固拓展脱贫攻坚成果推进乡村振兴专题研讨班上作典型发言，“壮大专职管理队伍提升搬迁社区管理成效做法”被国家乡村振兴局微信公众号刊发，探索打造革命老区易地搬迁后续扶持“赣南模式”做法被国家发展改革委主管的《中国改革报》刊发；创新推出乡村振兴干部培训“1234”工作模式被国家乡村振兴局发文推广；创新实施“防返贫保”探索构建防止防贫长效机制助力乡村振兴做法被《人民日报》刊发；探索创新积分制走出乡村治理新路径做法被中央政研室《简报》刊发；“建强红色名村　传承红色基因做法”被中央组织部主管的《中国组织人事报》刊发；“接续奋斗　绘就乡村振兴新图景”江西赣州职业农民纳入乡土专家库做法被央视《新闻联播》栏目播出；江西赣州着力探索生态补偿机制做法在《人民日报》头版报道；江西赣州“让乡亲们日子越过越好”和“文明新风　激荡在幸福的田野上”等2篇典型经验做法被《新华每日电讯》头版刊发；等等。“2+4”工作模式、资金项目监管、扶贫资产管理、驻村帮扶、巩固成果责任清单、考核反馈问题整改等一大批典型经验做法被省级发文推广，赣州市巩固拓展脱贫攻坚成果工作经验做法分别在省委农村工作会、全省乡村振兴局长会上作交流发言。

【乡村振兴干部队伍建设】 坚持“选、培、促、管”，强化驻村帮扶，为巩固拓展脱贫攻坚成果、全面推进乡村振兴提供坚强组织保证和人才支撑。选优配强干部。印发《赣州市驻村第一书记和工作队选派管理办法》，按照“领导干部优

先、党员干部优先、后备干部优先”的选派原则，持续向1853个各类村派出5503名驻村干部。制定巩固拓展脱贫攻坚成果各责任主体主要职责清单，确保新老人员轮换有序、工作不断、紧密衔接。全年共调整市直单位驻村干部73名，确保驻村帮扶工作不断档。坚持培训赋能。大力开展乡村振兴主题培训，全面提高驻村干部的理论修养和综合能力。举办6期乡村振兴大讲堂，累计培训驻村干部2万余人次，定期调度培训进展、培训方式和内容，进一步提升驻村干部培训针对性和实效性，并组织有关政策测试，补齐知识短板，消除经验盲区。坚持关爱激励。建立市派单位驻村帮扶季报制度，压实派出单位责任，帮助解除干事创业的后顾之忧，每年给予工作队不少于1万元的工作经费，在晋职晋级、评先评优等方面向驻村干部倾斜，激励驻村干部在乡村振兴一线建功立业，同时选树30名省级、46名市级优秀驻村帮扶干部，激励广大驻村干部担当作为。坚持从严管理。逐级落实驻村干部管理责任，以履职评估倒逼驻村干部履职尽责，以实绩为导向，实行“双考核”“双问责”，开展驻村干部和驻村工作队年度考核和期满考核，常态化对选派驻村第一书记和工作队员在岗在位情况进行不定期督查，推动驻村干部扎根农村、履职尽责。

（雷凌晖）

防止返贫监测和帮扶

【快速预警】 2022年，全市加强排查监测，确保“应纳尽纳”。对监测对象不设规模限制，建立农户书面或手机APP申报、村干部和驻村工作队定期排查、乡镇审核上报、行业部门数据预警、县级及时比对认定的快速响应机制。聚焦大病户、残疾户、意外事故造成收入骤减、新增低保户和整户低保户以及相关省厅单位下发的监测名单，开展横向到边、纵向到底的农户全覆盖入户核实，截至2022年底，累计识别监测对象20108户80357人。

【监测帮扶】 加强结对帮扶，综合考虑监测对象不同困难和帮扶需求，充分发挥行业部门和乡村基层组织作用，用好产业、就业、低保、小额信贷、医疗保险、防贫保险等政策，按照“缺什么补什么”的原则，开展“一对一”的帮扶，实行“点对点”的措施，确保有人管、管到位。通过防贫保险为3634个面临返贫风险的农村家庭理赔5489万余元，发挥返贫致贫“拦洪闸”作用，守住返贫致贫的底线，确保“应帮尽帮”。

【风险消除】 全市加强动态管理，确保“应退尽退”。杜绝各地盲目追求风险消除率，坚持审慎退出，严格把握退出标准，规范退出程序，稳定消除返贫致贫风险。通过各类落实帮扶措施，2022年底，全市已消除风险10001户39934人，占“三类人群”总数的49.7%，还有10107户40423人未消除风险。

（雷凌晖）

巩固“两不愁三保障”成果

【饮水安全】 聚焦“户户通水、时时有水、处处有达标水”和“小微供水工程全面提档升级，供水管理服务全面规范到位”目标，2022年计划实施1163个项目，总投资11.89亿元。精心组织开展第三季度饮水安全巩固提升行动，加大力度实施饮水安全隐患排查监测，加快农饮提档工作建设力度。全年实际开工项目1180个并已全部完工，累计完成投资15.79亿元，占比132.8%。

【教育帮扶】 持续做好控辍保学，在每学期开学前后集中开展控辍保学专项行动，通过随班就读、送教上门、入读特教学校等方式，近万名适龄残疾儿童少年接受义务教育问题全部解决。进一步完善从学前教育到高等教育全学段的学生资助体系，巩固拓展学校校长与乡镇属地“双负责制”，按照学籍地原则落实家庭经济困难学生资助政策，2022年共资助家庭经济困难学生93.55万人次，资助金额6.8亿元。

【健康帮扶】 深化“先诊疗后付费”制度，从脱贫人口推广到农村低保对象、特困人员、低保边缘家庭、支出型困难家庭和因病纳入防止返贫监测对象等人群，全市54家县级以上定点医院开展试点，免去排队挂号和多次缴费的环节。持续做好脱贫人口家庭医生签约服务，脱贫人口慢病患者应履尽履率达100%。优化乡村医疗卫生服务覆盖，按照机构“三个一”、人员“三合格”、服务“三条线”标准，构建“一村一卫生室、一镇一卫生院”的乡村30分钟医疗服务圈，让群众方便看病、看得起病。

【住房保障】 通过“拆除一批、劝离一批、修缮一批”等方式，紧锣密鼓、安全有序开展危旧土坯房动态清零和老人住老（危）房集中整治。全年农村危房（抗震）改造任务128户，截至12月底全部竣工。

（雷凌晖）

巩固拓展提升

【就业帮扶】 延续和补充完善37条就业帮扶举措，完善帮扶机制、政策支持、资金补助等保障，依托就业监测系统动态管理，提供岗位信息、劳务组织、就业援助等服务。全市71.52万名脱贫人口劳动力和监测对象就业信息精准到人。强化雨露计划政策，落实中高职业补助人数3.89万人次，发放补助资金9478.65万元。加强就业技能培训，组织开展培训52762人。拓宽渠道促稳岗，加强劳务输出服务，完善本地企业、产业基地、帮扶车间、公益岗位等就近就地就业平台，促

4 月 16 日，定南县老城镇黄砂口蔬菜大棚基地　　（市乡村振兴局供图）

进脱贫人口稳岗增收，1101 家就业帮扶车间共吸纳脱贫劳动力 1.1 万人，公益性岗位安置脱贫劳动力 5.09 万人，截至 12 月 31 日，全市共有 58.07 万名脱贫劳动力和监测对象实现就业。

【产业帮扶】 加大产业发展资金投入，2022 年财政衔接资金用于产业发展的比例达 55.62%，同比提高 5.35 个百分点。累计培育新型农业主体 4184 家、创业致富带头人 9926 人，持续带动 7.04 万户脱贫户稳定增收。深化拓展消费帮扶，拓宽产品销售渠道，销售帮扶产品 30 亿元，其中机关事业单位采购帮扶产品累计 3.1 亿元；完善脱贫人口信贷政策，规范贷款用途，确保应贷尽贷，2022 年新增小额贷款 2.93 万笔 14.75 亿元。国家乡村振兴系统首个丰收节暨“兴产业促消费、庆丰收感党恩”活动在于都县举办。

【易地扶贫搬迁后扶】 全市易地搬迁移民 17785 户 73918 人，占全省搬迁总量的 55.2%，建成集中安置点 334 个。赣州市始终紧抓搬迁后扶工作不放松，聚焦“稳得住、融得进、逐步能致富”的目标要求，在 2022 年市委 1 号文件中专门明确：200 人以上的集中安置点要安排相应专职管理人员，享受一般村干部同等待遇，截至 12 月底，全市配备 209 名专职管理人员，同时创新推行“六四”模式强化搬迁后扶工作，全市搬迁后扶水平得到明显提升。

【资金投入】 推进资金项目衔接，通过“争取上级、保障本级、压实县级、统筹整合”，加大资金投入。截至 2022 年底，全市共投入各级财政衔接资金 35.56 亿元，其中争取中央、省级衔接资金 25.6 亿元，市级投入衔接资金 3.9 亿元，县级投入财政衔接资金 6.06 亿元。安排巩固拓展和有效衔接项目 6993 个，强化项目库建设和资金项目监管，实行“月调度、月通报”机制，力促资金使用规范、绩效提升。

【资产管理】 组织开展扶贫资产大清查行动，全面摸清 2013—2022 年扶贫资金、社会资金、对口支援资金等形成的资产。截至 2022 年底，全市共清查出扶贫资产 10.09 万个，资产总值 253.27 亿元。按照公益性资产、经营性资产、到户类资产分类确权登记，建立管护台账，健全管护机制，落实后续管护责任，确保扶贫资产持续发挥效益。

【驻村帮扶】 推进驻村帮扶衔接，制定出台驻村第一书记和工作队选派管理办法，抓好新一轮驻村帮扶工作落实，新选派 1853 支工作队、5503 名队员驻村帮扶，坚持“选、管、培、优”并举抓实抓细帮扶工作。按照分类帮扶的原则，实现干部结对帮扶监测对象和脱贫户全覆盖。

（雷凌晖）

统筹推进“五个振兴”

【乡村产业振兴】 2022 年，赣州市农业产业化水平全域提升，在全省率先出台农业产业化和预制菜三年行动方案。新引进投资额 5000 万元以上农产品加工项目 23 个，总投资 71.11 亿元。新增市级龙头企业 50 家、省级龙头企业 15 家。培育规模以上预制菜加工企业 30 家。在全省率先出台《富硒产品认证监管管理办法》，省富硒产品标准化技术委员会落户赣州。创建绿色有机地理标志农产品 809 个，全国名特优新农产品 25 个，赣州市被列为绿色有机农产品基地试点创建部省共建样板，信丰县、全南县、上犹县、兴国县、于都县被列为县级先行标杆。于都县农村产业融合发展示范园获评第三批国家农村产业融合发展示范园。

【乡村人才振兴】 选培省级“新时代赣鄱乡村好青年”4079 人。完成高素质农民培育 5016 人、农村劳动力职业技能培训 5.15 万余人次。在全省率先实施乡镇干部夫妻跨县分居“团圆机制”。乡村医生人才队伍建设的典型做法入选国家卫健委典型案例。职业农民职称评审被中央电视台新闻联播宣传报道。培育壮大新型职业菜农队伍的做法入选省乡村人才振兴典型案例。

【乡村文化振兴】 开展送戏、送影下乡等活动近 4.5 万场。组织摄制的乡村振兴题材纪录片《老区乡村梦》及配套电影《加油吧！乡亲们》，在央视纪录频道播出，并获第 35 届中国电影金鸡奖“最佳纪录 / 科教片”提名和第四届香港国际青年电影节“优秀影片奖”。全省移

风易俗改革现场推进会在石城召开。全南龙源坝镇雅溪村入围第三批全国村级“乡风文明建设”典型案例。

【乡村生态振兴】 实施乡村振兴环境综合治理项目，成功争取国家历史遗留废弃矿山生态修复示范工程项目。累计完成废弃矿山治理238公顷，水土流失治理455平方千米，低质低效林改造6.73万公顷，农业面源染污防控和绿色农业发展技术稳步提高。生态文明体制改革获国务院督查激励。

【乡村组织振兴】 实施新时代基层干部“凝心·强基·赋能”主题大培训行动，推动9.3万余名基层干部实现轮训全覆盖。开展67期驻村干部培训及697次在岗履职督查，推动5263名村干部实现学历提升，排查整顿软弱涣散党组织80个。赣州市优秀培训资源服务乡村振兴的做法被全国扶贫宣传教育中心《培训交流》刊登宣传。

美丽乡村建设

【概况】 2022年，全市整治“空心房”90719栋、“赤膊房”94658栋、“两违”（违法用地、违法建设）建筑964栋、杂乱房屋8631栋，乡村风貌得到提升。新改建农村户厕15590户，卫生厕所普及率高于全省12.03个百分点。万村码上通5G+长效管护平台全面启用，平台关注量达162.93万人次（全省第一），处理群众投诉件7.48万件，好评率达99.67%。美丽乡村建设刷新颜值。2649个新农村建设点已全部完成。新安装农村路灯62147盏。打造美丽乡镇34个、美丽村庄352个、美丽庭院6.12万个。发展休闲乡宿147家，创评星级休闲乡宿6家。乡村治理逐步推广。创建“积分制”“1234”（即构建一个体系、把握两个重点、强化三个环节、注重四个关键）工作模式，充分调动群众的参与性和积极性，获得农业农村部有关领导充分肯定。

（市农业农村局）

【重点帮扶村建设】 市乡村振兴局印发《赣州市“十四五”市级重点帮扶村建设指标体系（暂行）》，对巩固成果、乡村建设、产业振兴、人才振兴、文化振兴、生态振兴、组织振兴7个方面提出具体指标，要求各地参照落实。同时，印发《关于乡村振兴重点帮扶村调研指导工作方案》，全面了解各县（市、区）重点帮扶村指标体系进展情况。

【村庄规划编制】 市乡村振兴局联合市自然资源局等部门指导各地科学编制“多规合一”实用性村庄规划，切实改善农村人居环境。全市20个县（市、区）925个村庄的实用性村庄规划编制已启动，优先编制501个省定乡村振兴重点帮扶村、204个市级巩固拓展村和重点帮扶村的实用性村庄规划，并分年度加快推进有条件有需求的村庄编制村庄规划，实现应编尽编。

【农村“厕所革命”】 市乡村振兴局联合市农业农村局、市卫健委印发《关于扎实开展农村户厕问题摸排整改“回头看”的通知》，配合市农业农村局组织各地全面复核农村户厕底数，完善问题户厕整改台账，加强户厕系统数据审核把关。全市20个县（市、区）摸排已全面完成摸排，共摸排农村厕所173.67万个，问题厕所72.76万个，无厕所1959个，涉及行政村3509个，全市农村户用卫生厕所普及率达98.91%，打造“改厕样板村庄”288个。

（雷凌晖）

自然资源部定点帮扶

【概况】 2022年，自然资源部赣南老区乡村振兴发展中心（以下简称乡村振兴发展中心）按照中央单位定点帮扶工作要求，紧扣自身工作职责，继续发扬脱贫攻坚精神，克服新冠疫情和极端天气等不利因素，严格落实2022年自然资源部定点帮扶工作计划和各项支持政策，坚持把学习贯彻中共二十大精神成果转化为发展成果、实践成果，持续巩固拓展脱贫攻坚成果，全面推进乡村振兴。

【定点帮扶意见出台】 乡村振兴发展中心结合自然资源部定点帮扶4个县（区）的实际情况，经过全面调研，促成《自然资源部2022年支持江西省赣县区、兴国县、于都县和宁都县实现巩固拓展脱贫攻坚成果同乡村振兴有效衔接的意见》的出台，明确“支持赣州市建设国家区域性中心城市”“保留新增建设用地指标600亩专项安排措施”“指导加快推进实用性村庄规划编制”“支持历史又遗留矿山生态修复”“支持做好地质灾害综合防治”“支持做好地质调查”等五大方面的支持措施，并针对4个县（区）的不同需要，特别安排赣县区“加强不动产登记信息化指导”“持续开展‘互联网+不动产登记’业务指导”“指导解决不动产登记遗留问题”“支持干部双向交流”；安排兴国县重点开展已建成供水井的回访和技术指导；支持于都县地理信息测绘工作，“依托全国测量标志管理信息系统，支持和指导于都县测量标志保护与维护工作”“依托全国地理信息公共服务平台（天地图）一体化建设，支持于都县提升地理信息公共服务水平”；支持宁都县梅江灌区项目建设。

【制定对口支援方案】 自然资源部按照《新时代中央国家机关及有关单位对口支援赣南等原中央苏区工作方案》要求，结合赣县区实际，制定《自然资源部对口支援赣县区振兴发展实施方案（2021—2030年）》。方案从“引导构建国土空间开发保护新格局”“落实土地支持政策”“支持基础地质调查和矿产资源开发利用”“开展地质灾害防治和生态修复”“培育壮大特色产业”“支持人才培训和创新平台建设”等六大方面共15项支持措施。

【帮扶调研】 11月11—13日，自然资源部副部长、国家海洋局局长王宏到赣州市，调研乡村振兴及自然资源生态保护修复等工作。调研中，王宏对赣州经济社会发展的良好态势给予肯定。他表示，将一如既往支持赣南老区巩固拓展脱贫攻坚成果，在政策、资金、项目、人才等方面倾斜支持，推动乡村全面振兴，助力革命老区高质量发展示范区建设。6月12—15日，自然资源人力中心乡村振兴处副处长李玉胜到自然资源部在赣州市的定点帮扶县（区）赣县区、于都县、兴国县和宁都县，对4个县（区）申报的自然资源部2022年定点帮扶项目开展实地调研。7月6—9日，自然资源部乡村振兴办副主任杨学军一行深入江西省赣州市赣县区、兴国县、于都县和宁都县调研，了解2021年定点帮扶项目实施成效，指导2022年定点帮扶项目申报和组织实施，督促落实加强自然资源扶贫项目资产后续管理等工作。9月6—8日，中国自然资源经济研究院党委书记、副院长白星碧一行到赣县区调研乡村振兴，开展结对共建活动，捐赠空调、电脑等办公设备，并资助两名大埠村贫困学生。10月19—20日，国家自然资源督察成都局分党组书记、局长马素兰一行到宁都县调研乡村振兴，开展党建结对共建活动。11月10日，自然资源部人力中心（乡村振兴办）主任沈廷霞一行到于都县小溪乡坳下村开展党建结对帮扶及乡村振兴调研活动。12月15日，自然资源部直属单位黑龙江省测绘地理信息局党组书记、局长王晓国一行在于都县开展自然资源工作调研，其间前往于都县铁山垅镇丰田村对接党建助力乡村振兴工作需求。全年自然资源部有关司局及其下属单位人员到赣州进行乡村振兴调研工作12批次40余人。

【人才培训】 乡村振兴发展中心按照部乡村振兴工作领导小组的安排，协调指导4个县（区）根据当地乡村基层干部、乡村振兴带头人和各类专业技术人才的实际需要提出培训课程需求，协助部乡村振兴办拟定培训计划，力求使培训班突出重点、发挥示范作用。

6月20—22日，自然资源部赣州定点帮扶县（区）基层干部培训班在赣州开班，自然资源部选调生、部派驻第一书记及来自赣县区、兴国县、于都县、宁都县的120余名基层干部参加培训，内容涵盖党建助力乡村振兴、美丽乡村建设、村集体经济特色发展模式、国土空间规划及地灾防治等内容。

7月6—8日，自然资源部定点帮扶县（区）乡村振兴带头人培训班在赣州开班，来自赣县区、兴国县、于都县、宁都县的120多名乡村振兴带头人参加培训，内容涵盖乡村振兴最新政策解读、直播带货营销、富硒农产品开发、特色产业培育等相关课程。

11月16—19日，举办乡村振兴专业技术人才培训，此次培训采取主会场现场面授+分会场线上直播的方式进行，1159人通过观看线上直播参加学习，539人参加现场面授，培训邀请长期从事城乡规划、基本公共卫生服务、农产品种植养殖、推广营销、教育心理健康等领域的资深学者，为学员们带来干货满满又生动有趣的教学讲座，学员们的理论水平和业务素质得到提高，能够更好地带动当地老百姓发展产业，建设美丽乡村，助力乡村全面振兴。

【定点帮扶项目】 2022年，自然资源部支持赣州市4个县（区）乡村振兴帮扶项目10个，落实帮扶资金600万元，用于支持定点帮扶县（区）发展脐橙基地、振兴车间、艾草产业、甜柿基地等特色农产品加工业，完善休闲健身、乡村旅游等基础设施建设。在帮扶项目实施过程中，乡村振兴发展中心与自然资源部人力资源开发中心、乡（镇）政府签订三方协议，项目建设按照“谁主管、谁负责”的原则由项目所属地政府负责组织实施。乡村振兴发展中心对项目经费进行日常监督管理，跟踪、监督、检查项目进展情况，督促项目按时保质保量完成建设。

【消费帮扶】 乡村振兴发展中心积极与自然资源部部属机关、省地质局等单位沟通联系，通过举办部点扶贫县特色农产品展销，设置特色农产品专卖点等方式，全系统购买4个县（区）农产品374.5万元，其中采购赣县区农产品40.79万元，兴国县227.45万元，于都县74.41万元，宁都县31.86万元。同时，乡村振兴发展中心在江西省自然资源厅、赣州市自然资源局、江西应用技术职业学院、浙江省核工业二六二大队、江西省地质局第七大队、江西省地质局第十地质大队、天津淡化所、陕西西安测绘院、成都工艺所等自然资源系统单位的支持下，帮助定点扶贫县（区）销售农产品6116.23万元。其中，赣县区1908.79万元，兴国县1437.57万元，于都县2268.97万元，宁都县500.9万元。

【帮扶宣传】 乡村振兴发展中心利用微信公众号，将自然资源部定点帮扶赣南老区巩固脱贫攻坚成果、实施乡村振兴项目的部分信息进行宣传报道，2022年发布文章20余篇，对自然资源部多措并举助力赣南老区乡村振兴的成效进行宣传，扩大影响力，强化宣传阵地，运用新媒体手段助力乡村振兴。

（乡村振兴发展中心）

本栏编辑：徐文菁

工 业

综 述

【概况】 2022年，全市工业战线围绕市委“三大战略、八大行动”决策部署，扎实推进工业倍增升级行动，狠抓项目建设、企业培育、产业数字化升级，全力打造“1+5+N”产业集群，工业高质量发展取得明显成效。全年工业增加值1526.5亿元，占GDP比重33.7%。全市规上工业增加值同比增长8.8%，高于全年目标0.3个百分点，列全省第三位，较上年前移1位；实现营业收入5389.2亿元，同比增长16.3%，列全省第三位；利润总额达到332.2亿元，同比增长9.9%；全市规上工业企业总数达到2680家，较上年底净增202家，总数稳居全省第一位。

【产业发展】 按照“高大上”“链群配”要求，坚持“一链一专班”“一链一策”，出台生物医药、现代家居、纺织服装、建材等产业专项扶持政策，以及产业链上下游协作配套政策措施，持续推动“1+5+N”产业基础高级化、产业链现代化。稀土新材料及应用集群获评全省唯一国家先进制造业集群，南康家具产业集群获评省五星级产业集群。稀土矿山停产6年后重启升级改造复产，格力空调、吉利动力电池产品成功下线。中国稀土集团、吉利科技、富士康等重量级“链主”企业作用凸显。有色金属和新材料、电子信息、新能源和新能源汽车三大产业规上营收分别突破2100亿元、1600亿元、700亿元，同比分别增长23.8%、21.2%和79.3%。全市战略性新兴产业、高技术制造业增加值同比分别增长25.5%、28.0%。

【项目建设】 突出招大引强，积极承接粤港澳大湾区、长三角、海西经济区等地区产业转移，全年新签约工业项目377个，申报“5020”项目51个，成功引进格力电器、富士康、吉利科技等一批世界500强企业落户。落实节假日“不停工、不停产”等举措，成立重大项目工作专班，全力推动项目落地。发挥重大工业项目投资引导资金作用，支持项目加快建设，2022年，市重大工业项目投资引导资金新增审批重大项目7个，审批引导资金20.57亿元；累计审批项目29个，累计审批引导资金近100亿元，投放规模超65亿元，在投余额约占全市制造业中长期贷款的31%，带动工业固投近200亿元，资金撬动杠杆达1∶7。开展全市招商引资重点工业项目建设“赛马比拼”，组建“赛马”项目库，开展“月会”“季会”“年会”赛场，掀起“大干项目、大抓落实”热潮。2022年，全市401个重点工业项目开工399个，开工率99.5%；已竣工392个，竣工率97.8%；完成年度投资率101.38%。威高医疗、富士康等重大项目进展顺利，格力电器、佳纳新能源、大自然家居、吉利动力电池等重大项目竣工投产。

【企业实力提升】 坚持做好企业梯次培育和精准帮扶，为企业发展创造最好的“土壤”。强化龙头企业培育。建立重点企业培育库，遴选65家成长性好、发展潜力大、带动能力强的重点企业实施重点培育、“一企一策”支持，助力企业上规模、上台阶，打造一批具有生态主导力、较强竞争力的领航企业。全市营收超10亿元企业达104家，较上年净增30家。新增金力永磁、孚能科技等6家50亿元企业。开源科技营收达到173亿元，立德电子突破100亿元。推动中小企业健康发展。大力培育“独角兽”企业、“瞪羚”企业、专精特新“小巨人”企业。获评国家级专精特新“小巨人”企业16家、制造业单项冠军1家；新增省级专精特新企业182家、省专业化小巨人企业9家，累计培育省级“独角兽”企业2家、“瞪羚”企业19家、省专精特新中小企业562家、省专业化小巨人企业16家、制造业单项冠军4家。加快推动企业上市。持续推进映山红行动，紧盯重点上市后备企业，主动服务、精准服务，腾远钴业、逸豪新材、天键电声先后在创业板上市，全市上市工业企业达11家。

【科技创新】 推进科技创新赋能，培育创新主体，攻关核心技术，加速成果转化。全市研发投入强度达到1.71%，超全省1.70%的均值水平，全省第五、一类设区市第三；研发投入经费71.30亿元，全省第二。入库科技型中小企业1711家，净增

2022 年赣州市规模以上工业经济结构分析一览表

表 12

指　标	2022 年	比上年增长（%）
规模以上工业增加值	—	8.8
# 轻工业	—	-8.2
重工业	—	17.2
# 国有企业	—	13.5
集体企业	—	-63.4
股份制企业	—	9.8
私营企业	—	5.6
外商及港澳台商投资企业	—	1.9
# 国有控股企业	—	6.6
# 非公有制工业	—	9.2
# 大型企业	—	2.0
中型企业	—	9.5
小微型企业	—	9.6
规模以上工业增加值构成 (%)		
# 轻工业	27.9	-4.2
重工业	72.1	4.2
# 国有企业	0.5	0.3
集体企业	0.01	-0.02
股份制企业	88.1	0.8
外商及港澳台商投资企业	10.6	-0.8
# 国有控股企业	10.4	0.5
# 非公有制工业	88.9	-0.6
# 大型企业	9.5	-1.9
中型企业	28.7	2.1
小微型企业	61.8	-0.2

564 家，总量居全省第二；认定高新技术企业 242 家，获评潜在“独角兽”、“瞪羚”企业 21 家，均居全省前列。全市技术合同交易金额 90.1 亿元，总量居全省第二。赣州高新区“一区三园”管理改革获批实施。组建稀土产业创新联合体和现代家居产业链创新联合体。3000 吨再生稀土永磁材料的研究与开发、万吨级高性能铁氧体永磁材料、柴油车尾气净化新材料等一批院士项目落地实现产业化。中科院赣江创新研究院稀土转光膜、稀土发光材料科技成果实现推广应用。国家稀土功能材料创新中心永磁磁浮轨道交通系统“红轨”项目在兴国县竣工运行。6 家稀土二次资源回收利用企业技改项目获省工信厅批复。新认定 64 家市级企业技术中心，25 家企业技术中心入围 2022 年拟认定省级企业技术中心公示。

【数字化转型】 深入实施数字经济“一号发展工程”，加快推动新型基础设施建设，制定《促进工业互联网加快发展奖励政策兑现办法》，加速引导产业数字化升级。2022 年新开通 5G 基站 5538 个，新增上云企业 1.6 万家，总数突破 3 万家。拥有 3 个工业互联网标识解析二级节点（综合节点、服装行业节点、电子信息行业节点），成功创评国家“千兆城市”，国家工业信息安全发展研究中心江西分中心落户赣州。骏亚精密、朝阳聚声泰获评工信部物联网示范项目，全省最多。好朋友科技、绿萌分选分别入选工信部矿山领域、农业领域机器人应用优秀场景名单，均为全省唯一。富尔特电子、绿盟科技等 64 家企业获评省级两化融合示范企业。金力永磁、骏亚电子等 12 家企业获评省智能制造标杆企业，章源钨业、志浩电子等 26 家企业入选省级制造业数字化转型解决方案及应用案例名单，数量均为全省第一。获批国家区块链创新应用综合性试点，“赣南脐橙链”入选工信部区块链十大经典案例。数字经济增加值突破 1700 亿元，保持全省第二，跃居全国数字经济城市发展百强榜第 58 位，前移 4 位。

【优化企业服务】 深入实施政企圆桌会、市领导挂点帮扶、企业特派员等企业帮扶机制，多渠道、多方式助企纾困解难。市、县两级召开政企圆桌会议 292 次，梳理问题 1017 个，年底已办结 1004 个，办结率 98.72%。帮助解决了腾远钴业四期用地、深联电路能耗指标、福鑫钢铁产能置换、青峰药业产品备案等一批企业个性问题，以及稀土矿山复产等产业共性问题。安排企业特派员 2141 人，服务企业 3171 家，为企业解决各类问题 1007 个。向企业发放“惠企政策明白卡”1 万余册，通过“亲清赣商”惠企政策平台免申即享，累计向 5.5 万余家企业兑现惠企资金 39.3 亿元，其中发放企业招工补贴等各类稳就业资金 3.48 亿元，兑现工业电价补贴 2.42 亿元。降低企业融资成本，为企业减免担保费 0.41 亿元。推动瑞金电厂二期、信丰电厂一期投产发电，西气东输三线开口供气，实现县县通管道天然气，有力保障企业用能需求。

2022年赣州市营业收入前50位工业企业一览表

表13

序号	县（市、区）	企业名称	序号	县（市、区）	企业名称
1	南康区	赣州市开源科技有限公司	26	赣县区	江西南方稀土高技术股份有限公司
2	赣州经开区	赣州江钨新型合金材料有限公司	27	赣州经开区	江西翔林金属材料有限公司
3	赣州经开区	赣州立德电子有限公司	28	信丰县	信丰县包钢新利稀土有限责任公司
4	赣州经开区	赣州市東薪再生资源有限公司	29	南康区	赣州集盛科技有限责任公司
5	赣州经开区	赣州市同兴达电子科技有限公司	30	崇义县	崇义章源钨业股份有限公司
6	上犹县	赣州晨光稀土新材料有限公司	31	全南县	全南县新资源稀土有限责任公司
7	赣州经开区	江西金力永磁科技股份有限公司	32	龙南市	龙南市福昌隆废旧物资回收有限公司
8	石城县	赣州汇通铜业有限公司	33	于都县	赢家时装（赣州）有限公司
9	赣县区	南方稀土国际贸易有限公司	34	章贡区	虔东稀土集团股份有限公司
10	赣县区	华能秦煤瑞金发电有限责任公司	35	于都县	江西九丰能源股份有限公司
11	赣州经开区	孚能科技（赣州）股份有限公司	36	龙南市	龙南市建控再生资源回收利用有限公司
12	赣州经开区	赣州海富莱电子有限公司	37	南康区	江西新南山科技有限公司
13	章贡区	赣州科力稀土新材料有限公司	38	章贡区	赣州步莱铽新资源有限公司
14	瑞金市	瑞金市振兴铜业有限公司	39	瑞金市	江西金一电缆有限公司
15	章贡区	赣州市深联电路有限公司	40	龙南市	江西天奇金泰阁钴业有限公司
16	宁都县	宁都县赣锋锂业有限公司	41	定南县	赣州齐飞新材料有限公司
17	瑞金市	江西地利铜业有限公司	42	龙南市	江西联茂电子科技有限公司
18	瑞金市	江西金纳铜业有限公司	43	南康区	赣州爱康光电科技有限公司
19	大余县	江西盛源新材料有限公司	44	大余县	江西云锂材料股份有限公司
20	赣州经开区	江西惠磊矿业有限公司	45	大余县	赣州市丫山钨业有限公司
21	信丰县	江西一诺新材料有限公司	46	赣县区	赣州铝业股份有限公司
22	赣州经开区	赣州鑫祺科技有限公司	47	章贡区	赣州逸豪优美科实业有限公司
23	龙南市	龙南市福鑫钢铁有限公司	48	信丰县	赣浙国华（信丰）发电有限责任公司
24	赣州经开区	江西宸顺发金属材料有限公司	49	龙南市	江西和泰新光源材料有限公司
25	赣县区	赣州腾远钴业新材料股份有限公司	50	章贡区	江西青峰药业有限公司

现代家居产业

【概况】 2022年，赣州市现代家居产业依托赣州国际陆港，深度融入“一带一路”，实现“单一内贸”到“买卖全球”的突破。格力电器、美克美家、大自然家居、居然之家纷纷落户，推动“家电+家具+家装”全领域、全方位、全链条深度融合发展。依托家居小镇，建成全国最有影响力的家居研发设计中心，江西赣璞设计有限公司获批建设国家工业设计中心。2022年，全年现代家居产业集群营收达到2500亿元。

【中国（赣州）第九届家具产业博览会】 6月29日，中国（赣州）第九届家具产业博览会在南康区举行。此届家博会以“打造具有全球影响力的家居制造之都”为主题，突出展示新时代南康家具高质量发展的最新成果，全面展示南康区实施招大引强、靠大联强、扶优扶强“三强”战略及推动家具产业数字化转型的工作成效。开幕式上，签约项目18个，总金额338亿元。家博会集中展示展览时间为6月29日至7月5日，采取线下展览展示与线上家博会相结合的模式，以1个主会场加9个家具市场分会场联动、以1个开幕式加14个配套活动的方式逐一登场，既继承传统工匠精神，又创新数字经济最新成果。主展馆家居美学馆展示国内外品牌家具，是整装大家居一站式中心；会展中心展示南康品牌家具，是“百城千店”的母店。同时，突出展示数字经济的运用，重磅推出家居元宇宙、虚拟数字人、虚拟直播间、数字云货架。

【首套"赣州造"格力空调下线】 6月29日，南康区的格力电器(赣州)智能制造基地首套空调下线，赣州格力电器项目进入试产、投产、量产的新阶段。格力电器(赣州)智能制造基地项目是格力电器在全球兴建的第15个生产基地，于2020年7月10日落户南康，总投资120亿元，投产后可年产空调300万套，产值超100亿元。该项目采用光伏直驱变频离心机、物联网、光储充等20多项国际领先技术，运用"数字大脑+智能产线"全流程信息化自动化生产模式，是格力电器15大生产基地中智能化程度最高的基地之一。赣州格力电器项目从洽谈、签约到开工建设仅用75天，从总装车间打下第一根桩到第一台空调下线仅用12个月，跑出"格力效率""赣州速度"。该项目落地就释放出强大的"引领"效应，有8家上下游配套企业签约落户，并示范引领美克、大自然等30多家家居巨头、头部企业争相进驻，推动南康从家具的"单核时代"，迈入"家具、家电、家装"融合发展的"三核时代"。

【南康区发布国内首个家居元宇宙平台】 6月28日，南康"家居元宇宙"发布会暨"家居元宇宙"论坛在赣州南康家居生活美学馆举行。同步发布国内首个"家居元宇宙"平台，打响南康抢占"元宇宙新赛道"的"第一枪"，驱动南康家具质量变革、效率变革、动力变革，引领现代家居产业实现高质量发展。"家居元宇宙"平台是响应国家关于数字技术研究与应用号召、江西省"双一号工程"指示的重要项目，将最新数字技术与传统家居产业相结合的最佳实践，是国内首个"家居元宇宙"平台。为推进家居元宇宙更加规范、快速的发展，发布会上启动"家居元宇宙标准"制定工作。发布会还进行3项重要签约仪式，分别是"家居元宇宙合作签约""家居元宇宙入驻签约"和"家居元宇宙赛道启动签约"。同时，发布会上还举办"元宇宙赋能泛家居行业的高质量发展"和"元宇宙如何推动数字经济的进一步发展"两场圆桌论坛。

有色金属产业

【概况】 赣州市有色金属产业已形成集矿山开采、冶炼、分离、深加工及应用和产品检测、科技研发等为一体的完整产业体系。形成赣州稀土集团、开源科技、江钨新材等一批百亿企业。中国稀土集团总部落户赣州，为赣州稀土全产业链发展带来历史性机遇。建设中科院赣江创新研究院、国家稀土功能材料创新中心、国家钨与稀土产品质量监督检验中心、国家钨与稀土计量测试中心等国字号科研创新平台。2022年，全年有色金属产业规上企业营收2159.7亿元。

【稀土新材料及应用集群】 年内，赣州市培育形成腾远钴业、友力稀土、粤磁稀土等一批龙头企业，有稀土稀有金属及应用产业规上企业76家，实现营业收入305.45亿元，同比增长20.62%，实现利润22.99亿元，同比增长4.42%。支持中科院赣江创新研究院牵头组建并获批江西省稀土产业科技创新联合体，组织中科拓又达公司申报江西省稀土永磁伺服电机及驱动系统技术创新中心。推动国家稀土功能材料创新中心高强度高韧性稀土硬质合金棒材、国家钨与稀土产品质量监督检验中心等7个"两院四中心"科技成果转化项目落地。赣县区设立省级产业园，定名为赣县区稀金新材料产业园，实行现行省级开发区政策。5月，中国稀土集团在定南县举办矿山复产启动仪式。赣州市稀土新材料及应用集群成功获批国家先进制造业集群。

【赣州市稀土新材料及应用集群获评国家先进制造业集群】 11月24日，赣州市稀土新材料及应用集群被工业和信息化部评为国家先进制造业集群，成为江西省第一个"国家级"先进制造业产业集群。赣州市全面贯彻落实中共中央总书记习近平视察江西和赣州时对稀土产业发展的重要指示精神，举全市之力，把资源优势加速转化为产业优势，打造具有全球影响力的稀土新材料及应用产业集群。赣州市已形成全国规模最大、结构最完整的稀土产业体系，中国稀土集团、北方稀土、广东稀土、中科三环等稀土大集团和龙头企业入驻赣州集聚发展；中科院赣江创新研究院、国家稀土功能材料创新中心等国家级科研机构和创新平台相继落地建设；稀土二次资源回收利用和中重稀土开采、冶炼分离产品产量全国第一，稀土合金产量超全国1/3，磁性材料产量超全国1/4。

【2022中国(赣州)永磁电机产业创新发展大会】 8月27日，2022中国(赣州)永磁电机产业创新发展大会在赣州市赣县区开幕。开幕式上，赣县区推介"中国稀金谷"永磁电机产业；中国电工技术学会与赣州高新区、江西理工大学签订战略合作协议。大会还举行招商引资项目集中签约活动，共签约项目7个，签约总金额达156.5亿元。其间，与会院士、企业家参观考察中科院赣江创新研究院、"中国稀金谷"永磁电机产业园；并举办永磁电机产业发展座谈会。

【中国稀土集团在定南县举办矿山复产启动仪式】 5月24日，中国稀土集团在定南县岭北镇三丘田稀土矿山现场举行贯彻落实中共中央总书记习近平视察赣州稀土产业重要指示精神暨赣南稀土矿山升级改造复产活动，标志赣南稀土矿山升级改造复产按下"启动键"。6年前，赣南稀土矿山由于环境污染等历史问题关停。

电子信息产业

【概况】 2022年，全市电子信

息产业总体规模呈现较快增长态势，1—12月份，全市电子信息产业规上企业569家，列全省第一，较2021年底净增76家，实现营收1683.83亿元，同比增长21.2%；利润总额67.42亿元，同比增长36.7%。全年电子信息产业规上企业营收达到1683.83亿元。

【产业集聚】 2022年，赣州电子信息产业带加速集聚，全市9个县（区）规上企业达423家，实现营收达到1123.21亿元，分别占全市74.34%、66.71%。其中信丰县规上企业96家，营收162.56亿元，占全市16.87%、9.65%；龙南市规上企业77家，营收143.86亿元，占全市13.53%、8.54%；赣州经开区规上企业89家，营收437.19亿元，占全市15.64%、25.96%。全年全市亿元以上调度项目达到152个，比2021年增加24个，总投资1487.59亿元。经开区富士康智能制造、信丰县世创电子5G通讯网络连接器生产设备、定南县景伟电子年产150万平方米PCB板、全南县佳信捷5G智能制造、兴国县海迅科技精密光学组件、龙南县嘉元科技电解铜箔及覆铜板生产等一批新建续建项目纳入省重点建设项目计划。逸豪新材采取异地直播的方式在深圳证券交易所创业板挂牌上市，是全市首家IPO上市的电子信息企业。

【产业平台】 工信部电子五所龙南检验检测认证服务中心，赣州稀土行业“5G+工业互联网”联合创新实验室相继在赣州成立，国家工业信息安全发展研究中心江西分中心落户赣州。拥有省级电子信息产业园（基地）5个、省级重点工业产业集群3个、省级战略性新兴产业集聚区1个、省级新型工业化产业示范基地2个。

【行业领域深度拓展】 持续推动工业互联网标识解析二级节点建设，已有3个工业互联网标识解析二级节点，接入企业558家，标识注册和解析量超4.4亿次。其中，电子信息行业二级节点4月28日在龙南市上线，已有骏亚、志浩等5家企业接入。2022年1—12月新增上云企业14851家，目标计划完成率达100%，深度上云1245家。龙南骏亚精密、朝阳聚声泰获批工信部物联网示范项目。于都赢家时装、南康城发家具获评“工信部智能制造优秀场景”。好朋友科技联合章源钨业、绿萌分选设备联合江西绿萌分别获评工信部矿山领域、农业领域机器人应用优秀场景，江西如越医疗入选工信部人工智能医疗器械创新任务揭榜，均全省唯一。

新能源及新能源汽车产业

【概况】 2022年，赣州市新能源及新能源汽车产业特别是锂电新能源产业，发展速度迅猛。全市新能源及新能源汽车产业规模以上企业202家，营业收入718.14亿元，同比增长79.3%，利润62.32亿元，同比增长69.9%。赣州市江西金力永磁科技股份有限公司等12家企业获评省级智能制造标杆企业，赣州塞克韦尔科技有限公司等6家企业7个产品列入《江西省首台（套）重大技术装备推广应用指导目录（2022年版）》。赣州市企业开展智能制造能力成熟度自评估，申报工信部二级或以上等级智能制造能力成熟度符合性证书。

【实施产业链链长制】 年内，赣州市相继出台《2022年赣州市新能源及新能源汽车产业链工作机制》《2022年赣州市新能源及新能源汽车产业链链长制工作要点》等文件，明确工作机制，部署年度重点工作任务。市新能源及新能源汽车产业链链长、市委常委、市政府常务副市长胡剑飞主持召开4次链长制工作调度会，跟踪调度重大项目进展，协调解决重点企业困难问题，并带领发改、工信、商务等相关部门和5个县（市、区）政府分管负责人赴上饶市学习考察新能源产业。

【项目建设】 2022年，赣州市锂电龙头孚能科技在赣州经开区扩产投资，总投资185亿元年产能30亿瓦时新能源电池项目、总投资56亿元年产9亿瓦时动力电池模组、PACK及电芯生产线项目。已签约总投资20亿元广东韶能集团年产6万吨锂电池正极材料生产项目、总投资12亿元金力永磁年产5000吨高效节能电机用磁材项目、总投资10亿元三晶电气智能制造产业园项目、总投资5亿元赣州浩海新材料有限公司年处理10万吨废锂电池综合利用项目、总投资4.5亿元东莞

6月13日，赣州经开区的赣州立德电子有限公司生产车间里，员工在进行玻璃切割
（赣南日报社供图）

市腾威电子材料技术有限公司动力电池胶粘剂、绝缘材料和涂料项目等，加快洽谈恩捷股份动力电池隔膜及铝塑膜生产制造基地项目、力合厚浦锂电池正极材料及前驱体项目、海辰新能源储能电池项目等一批产业链上下游项目。

重大项目加快建设，吉利动力电池成功下线，佳纳新能源、中科锂业等重大项目投产入规，腾远钴业二期项目11月试生产；盛源新材料二期竣工投产。

纺织服装产业

【概况】 赣州市抓紧构建服装产业网络协同发展新模式，完善线上线下面辅料市场、服装专业市场、研发设计中心，进一步畅通产业链、供应链，打造全国纺织服装优质智造基地，形成于都女装、宁都童装、石城鞋服、兴国牛仔等一批特色生产基地，引进赢家、宝姿等知名品牌服装企业，建设服装学院、水洗产业园、检验检测中心等配套项目。全年纺织服装产业集群营收达到1100亿元。全市纺织服装产业规模以上企业296家，实现营业收入302.24亿元，同比下降4.6%，利润总额19.02亿元，同比下降14.4%；

【2022江西纺织服装周暨江西（赣州）纺织服装产业博览会】 11月19日，2022江西纺织服装周暨江西（赣州）纺织服装产业博览会在于都县开幕。此次活动立足“政府搭台、为企办展”的目的，推进企企合作，在产业合作方面取得显著成效，共有22家企业新签订单51.25亿元。开幕式还举行招商引资项目签约等活动。为期四天的2022江西纺织服装周暨江西（赣州）纺织服装产业博览会集“展、秀、会、赛”于一体，汇聚来自国内外150余家知名服装品牌、优质制造企业、面辅料商、智能设备商、服装设计师、软件平台参展。同期，将举办2022中国服装论坛高精尖创新峰会、中国（江西）纺织服装产业供应链展、江西纺织服装双线国际直采对接会等12场主题活动、13场时尚发布秀。

【赢家时装获评工信部智能制造优秀场景】 2022年2月，工业和信息化部、国家发展和改革委员会、财政部、国家市场监督管理总局联合发布公告，赢家时装（赣州）有限公司上榜智能制造优秀场景名单，场景名称为“大批量定制”。赢家时装（赣州）有限公司落户于赣州市于都县，是赢家时尚集团旗下主要从事高端女装的大规模智能制造和个性化定制业务的子公司，也是江西省服装产业的龙头企业。赢家时装牵头承建“工业互联网标识解析二级节点（服装行业应用服务平台）”，着眼于服装的大规模快速高质量制造、大规模个性化定制，构建先进的智能制造体系和服装供应链管理平台、服装产品追溯平台、服装工艺管理平台等12个数字化行业应用平台，打造产品全生命周期的数字化链条。

医药食品产业

【概况】 2022年，赣州市有生物医药生产企业76家，包括中国医药工业百强企业青峰药业、威高集团；赣南脐橙、赣南茶油等品牌价值持续提升，富硒食品特色鲜明。大力发展中成药、高端仿制药、化学创新药、中高端医疗器械产业，做强“药品+医疗器械”双链条，同时积极构建富硒食品工业体系，打造全国知名的医药及大健康产业基地。2022年，全年医药食品产业规上企业营收达到328.33亿元。医药食品产业186家，实现营业收入328.33亿元，同比下降3.4%，利润总额33.71亿元，同比下降14.8%。

【2022赣州（深圳）生物医药大健康产业合作推介会】 12月16日，2022赣州（深圳）生物医药大健康产业合作推介会在深圳举行，现场签约项目10个，签约总金额达140亿元。推介会上，与会人员观看宣传片，详细了赣州市生物医药产业投资环境，部分客商发言。会上还举行项目签约仪式，现场签约项目10个，总投资达140亿元，涉及生物医药、宠物经济、数字经济等领域。赣州市重组共建“重大新药靶发现及新药创制全国重点实验室”，打造支撑和引领中国医学药学领域发展的核心平台，打造赣南创新与转化医学研究院，引进一批行业头部企业落地，为打造全国重要的医药健康产业奠定扎实基础。

【威高集团南方智造基地二期血液净化智造项目】 2022年，威高集团南方智造基地二期血液净化智造项目加速推进，该项目位于章贡高新区沙河产业园，是省、市、区三级联动，成功引进的省内首个高端医疗装备生产项目，填补省内高端医疗装备领域生产制造企业的空白，将与青峰药业一起形成药品与器械产业“双链发展”“双龙驱动”的新发展格局。为有效解决透析液桶壁厚薄不均的行业难题，避免在生产和运输过程中，出现渗漏，造成染菌，产生热源反应，危害患者健康的情况，项目采购全球最先进的吹桶机设备，并与德国考特斯公司共同研制开发国际最先进的镜像壁厚控制系统，攻克透析液桶壁厚控制、透析器中空纤维膜两项“卡脖子”技术。威高血液净化智造项目依托强大的产品研发能力、生产工艺水平，打造国内最全的透析产品产业链，是中国首家拥有全套高自动化、高精度及高稳定性血液净化生产企业，现有70多个产品规格，是国内品种最全，唯一一家实现品种全覆盖的透析制剂生产厂家，可根据临床和患者需要，不断开发新的产品，满足患者的个性化需求。

（市工信局）

本栏编辑：徐文菁

园区建设

综　述

【概况】 2022年，全市有工业园区19个，其中国家级4个，省级15个。年内实现营收5265.12亿元，其中国家级工业园区营收2411.91亿元，省级营收2853.21亿元。全市园区投产工业企业3334家，列全省第一位；实现营业收入526.51亿元，列全省第四，同比增长17.46%，列全省第三位。稀土新材料及应用集群跻身全省唯一国家先进制造业集群。8月，赣州市本级被确定为省制造业高质量发展试验区。

【推进产业集群提级争星】 工业园区围绕产业集群招大引强，进一步做大集群总量、提高质量，确保进位争星。章贡区线路板产业集群获评工信部2022年度中小企业特色产业集群。南康家具产业集群获评五星级产业集群、信丰数字视听产业集群和赣州经开区电子信息产业集群获评四星级产业集群、于都服装服饰产业集群获评三星级产业集群，南康经济开发区被认定为江西省产业集群高质量跨越式发展示范园区。12月，寻乌通用设备产业集群新增为省级培育产业集群。

【园区提档升级】 实施园区“两型三化”管理提标提档。2022年，全市7个园区获评江西省两化融合示范园区，其中龙南经济技术开发区、赣州经济技术开发区获评二星级两化融合示范园区，于都工业园、兴国经济技术开发区、赣州高新区、信丰高新区、瑞金经济技术开发区获评一星级两化融合示范园区。

开展2022年工业企业亩产效益综合评价工作。为深化“亩均论英雄”改革，市工信局印发《赣州市2022年工业企业亩产效益综合评价工作方案》，积极组织各县（市、区）对辖区内全部规模以上企业开展2022年亩产效益综合评价，共分类评价2108家企业，其中A类483家、B类1186家、C类338家、D类101家，进一步提升工业用地节约集约水平。

【园区提质增效】 加强工业园区项目建设考核调度。实施工业倍增升级行动和集群式项目“满园扩园”行动，发挥园区考核指挥棒作用，实行“月调度、季通报、年考核”机制，聚焦园区工业招商、工业项目建设和产业公共服务平台创建情况，加强对全市19个园区考核力度，加速项目落地、开工建设、竣工投产、入统入规。每季度调度园区上报标准厂房建设情况，持续抓好园区标准厂房建设。2022年，全市园区新建成标准厂房1681.6万平方米，累计建成标准厂房5332万平方米，利用率达95%以上。配合开展政府投资类标准厂房违法转租等问题专项治理活动，通过集中治理，进一步堵塞转租、违法转租漏洞，推动盘活闲置政府类标准厂房，提高园区运营管理水平。共清查政府投资类标准厂房约1530.9万平方米，清退26家“硬骨头”企业。园区调区扩区。为增强园区承载能力，全南工业园区调区、赣县区稀金新材料产业园扩区，配合发改等部门做好相关工作，积极与省工信厅对接沟通。11

2022年赣州市工业园区主要指标一览表

表14

指　标	单位	2022年	2022年比2021年增长%
招商实际到位资金	亿元	1301.02	18.0
#省外资金	亿元	1043.14	24.3
境外资金	亿美元	9.77	17.2
投产工业企业数	个	3334	_
营业收入	亿元	5265.12	17.5
利润总额	亿元	320.92	13.6
从事工业生产活动的从业人员平均人数	万人	36.97	4.1

月，全南工业园区调区获省级批复。

（市工信局）

赣州经济技术开发区

【概况】 赣州经济技术开发区代管6个乡（镇、街道、管理处）和1个综保区、1个高铁新区，总面积228平方千米，常住人口38万人。2022年，实现工业营业收入1235.3亿元，增长16.59%。其中规上工业营收1220亿元，增长16.4%。财政总收入92.93亿元。

【园区数字产业】 推进数字经济“一号发展工程”，数字经济产业营业收入445亿元，获评全市唯一的江西省区域型数字化转型促进中心、省级“两化”融合示范园区。新增规模以上数字经济核心产业企业66家。有制造业、商贸业、服务业等各类“上云”（企业以互联网为基础进行信息化基础设施、管理、业务等方面应用，并通过互联网与云计算手段连接社会化资源、共享服务及能力的过程）企业2900余家。“赣政通”平台累计激活用户3494人，激活率99.69%。“赣服通”平台分厅上线赣州经开区特色政务服务事项235个。发布数字技术应用场景59个。完成新建5G基站开通165个，累计完成新建5G基站开通1265个。

【营商环境】 实现常态化企业营业执照开办平均0.5个工作日办结，最快当场办结。工程建设项目审批事项从49个减为40个，精简审批材料30%。政府投资项目、企业投资项目、中低风险项目审批时限由106个、60个、48个工作日压缩至75个、30个、20个工作日。试行“签约速开工”改革，实现冠英智能等项目在1个工作日内完成施工许可证办理。开展规范涉企行政执法改革，建立119项“初次或轻微违法不罚”包容审慎监管清单和“法院＋政府”“法院＋行业”解纷机制，组建“劳动争议诉调对接工作室”“和合”商事人民调解室。开展“新官不理旧账”、行政审批中介服务、招投标领域问题、营商环境领域腐败和作风问题等四大专项治理行动。推进惠企政策“免申即享”“一站直达”。举办首个“5·20”企业家日，出台助企纾困“36条”、稳经济“36条”等政策措施，110个区级惠企政策接入“亲清赣商”平台，65%的惠企政策兑付实现“免申即享”，累计兑现和补贴各类惠企利民政策资金10.24亿元、退税减税30.36亿元，惠及企业超过2万户次。新增各类市场主体2.4万户、增长26.4%；帮助企业招工2.69万人。

【园区招商引资】 持续实施“四个一”（“一办”即成立招大引强追梦办；“一院”即与清华大学经管学院合作，组建产业政策研究院；“一军”即组建社会化招商盟军；“一杠”即用小财政撬动大资本，吸引大项目落户）招商机制，2022年内签约项目225个、增长64%，签约资金1700亿元、增长29%。其中世界500强、中国200强、央企、上市企业、“独角兽”企业、“瞪羚”企业或专精特新企业等项目13个，引进生产型外资外贸企业27家。

10月2日，赣州经济技术开发区内的山东凯马汽车制造有限公司赣州分公司总装车间呈现生产繁忙景象 （赣州经开区供图）

【工业发展】 2022年，全区有工业企业1300余家，其中规模以上工业企业302家、能源及新能源汽车产业企业120余家、电子信息产业相关企业260余家，获评四星国家新型工业化产业示范基地，获省政府园区发展专项奖，新能源、电子信息、稀土新材料3个主导产业同时列入省级产业集群。孚能科技集团、立德电子营业收入首次破100亿元，金力永磁营业收入首次突破60亿元。678个“八大行动”项目、49个省大中型项目完成年度投资835亿元、289亿元。新能源及新能源汽车产业实现营业收入260亿元，增长45%，电子信息产业实现营业收入增长30%。引进富士康工业互联智能制造项目、吉利动力电池产品下线、孚能科技30吉瓦时动力电池和9吉瓦时动力电池模组、PACK及电芯生产线项目开工，凯马汽车获得省发改委客车生产资质项目备案，实现产销超2.4万辆。同兴达科技、立德电子、金力永磁等3家企业获评全省50家优强企业，金力永磁、富尔特获评省级智能制造标杆企业。

【城乡建设】 新改建39条城市主次干道33千米，建成区面积增至60.16平方千米，海绵城市建设面积17.90平方千米，占建成区面

积 32.84%。高铁空港新区 37 个重点项目开工，赣州市第二十一中学、社区医院等项目投入使用；新能源科技城“七横五纵”和现代电子科技城“大、中、小循环”路网实现互联互通。实施工业标准厂房“梧桐树”计划，建设面积 1000 万平方米；启动实施共享仓“蜂巢”计划，开工建设 30 万平方米，建成 12 万平方米。拆除违章建筑 3.4 万平方米，新改造老旧小区 6 个。建设新农村建设点 29 个，建成集中连片村庄环境整治点 4 个，新改建农村公路 20 千米。全区 $PM_{2.5}$ 年均浓度下降 4.3%，各考核断面水质、二水厂饮用水水源水质优良率均达 100%。有商贸综合体 7 家，建筑面积 77 万平方米，9 月 29 日，万达广场开业，结束赣州经开区没有大型商业综合体的历史。台湾部落、汉字文化主题园、五彩城等景点成为网红打卡地。

【改革创新】　全区有国家级、省级研发和检测机构 87 个，其中国家级科技创新平台 21 个；建成省级以上科技型企业培育平台载体 30 个，其中省级企业技术中心 18 家；培育高新技术企业 218 家；培育省级以上专精特新、小巨人、单项冠军企业 100 余家，其中国家级专精特新“小巨人”企业 7 家，“独角兽”、“瞪羚”企业 24 家；院士工作站、海智计划工作站、博士后科研工作站等 10 个，汇聚高层次人才 899 名。新增专利授权 1354 件，其中新增企业有效发明专利 196 件，增长 24.84%，R&D（科学研究与试验发展）经费支出占地区生产总值比重达 3.15%。国家工信安全中心江西分中心暨赣州市产业技术研究院入驻赣州经开区；2 家国家级科技企业孵化器获评考核优秀（A 类），获评国家级小微企业创业创新示范基地 2 家、新增省级企业技术中心 6 家，金力永磁获第四届江西省井冈质量奖。赣州建控集团资产突破 1000 亿元，累计获得 3 家资信评级机构“AA+”主体信用评级；区工发集团资产突破 100 亿元，达 139.9 亿元；赣州保税实业集团资产突破 100 亿元，国瑞新能源公司资产突破 10 亿元。落地全省首单 QFLP 业务。

【民生实事】　2022 年，全区民生支出 24.5 亿元，占一般公共预算支出的 54%。53 个乡村全面振兴行动项目全部达到进度要求，完成年度投资 27.69 亿元，脱贫人口人均纯收入 19549 元、增长 11.3%。赣州市第六中学“清华附中创新实验班”揭牌成立，赣州市第十二中学等 8 所学校投入使用、新增学位 8260 个；与赣南医学院第一附属医院实现合作办医。区文体中心“六馆”主体封顶，区第二体育馆揭牌启用。新增城镇就业 11594 人，创建全国和谐劳动关系示范工业园区。推进返迁安置房建设三年行动，累计安置 9180 户 20460 套。1 万套保障性租赁住房、7007 套棚改房全面开工。落实安全生产责任制，聚焦 2 个专题、11 个专项，提出 118 项巩固提升整治任务，检查生产经营单位 565 家次，整治安全隐患 5446 项。常态化开展扫黑除恶斗争宣传，刑事案件侦破率达 63.83%；建成“和合”调解室 79 个。

（施恩沁　王颖）

龙南经济技术开发区

【概况】　2022 年，龙南经济技术开发区实现规模以上工业增加值增长 8.8%；营业收入 414.67 亿元，增长 21%；利润总额 23.3 亿元，增长 36.8%；进出口总额 87.22 亿元，增长 23.65%：其中出口总额 71.6 亿元，增长 34.4%。在全国国家级开发区综合考评排名第 150 名，前移 34 名。在赣州项目大会战流动现场会中龙南以园区 3 个工业项目接受综合评比排名第四、前移 2 名。获全省国家级开发区进位赶超先进单位，全省两化融合示范园区、省级数字化转型示范园区、省首批碳达峰园区试点（赣州唯一）等称号。

【招大引强】　紧盯大项目、好项目，精准高效招商。组建 20 支专业招商团和 1 支招商引资青年先锋团全力招大引强选优，定期在大湾区开展招商推介会。2022 年，龙南共签约项目 82 个，签约资金 838.64 亿元，其中新引进 20 亿元以上项目 17 个，同比增加 2.4 倍。引进志存锂业、金晟新能源、兴顺和电子、韦德电路、集盛科技、住井科技等锂电、PCB（印制电路板）、稀土新材料等双首位产业延链补链强链的工业项目。连续两年引进百亿级工业项目，首个百亿工业项目佳纳能源（一期），第二个百亿元项目志存锂电新材料产业园项目。省商务厅认定联茂电子、嘉元科技两个“50”项目。项目签约落地跑出龙南速度。佳纳能源（一期）开工仅 9 个月就竣工投产；志存锂电新材料产业园项目当月签约、当月开工。坚持每月上旬集中调度、中旬集中开竣工、下旬集中签约，一体推进项目谋划、招引、建设，促进项目早开工、早竣工、早投产。

【优势产业集聚】　全面落实产业链链长制，实施“一链一策”推动电子信息和新材料双首位产业纵向成链、横向成群，培育形成 PCB 产业群、PCB 装备制造产业群、锂电产业群和电子化学品产业群，推动家具、钢铁等传统产业转型升级，电子信息、新材料双首位产业集群集聚度达 90.5%。深入实施“七个一”安商服务机制，“一企一策”助力企业做强做大。新增入规工业企业 41 家，新认定高新技术企业 27 家，科技型中小企业增至 99 家。省级以上创新平台及载体增至 21 个，龙南骏亚技术中心入选国家企业技术中心，实现“国字号”创新平台“零”的突破。诺威、齐畅认定为“瞪羚”企业；新增国家级专精特新“小巨人”企业 4 家、国家知识产权优势企业 7 家、4 家省级两化融合示范企业，3 家省级绿色工厂。联茂电子、骏亚电子获评全省制造业领航培育企业和智能制造标杆企业。纳税超千万元工业企业 20 家，营业收入超

10月28日，赣州市招大引强“赛马比拼”季赛暨龙南市10月份招商引资集中签约、重大项目集中开（竣）工仪式在龙南举行 （龙南经开区供图）

10亿元工业企业13家，其中营业收入超50亿元企业（集团）1家。

【平台建设转型升级】 赣粤边区域产业合作示范区规划获得省级批准。聚焦开疆拓土，实施园区基础设施项目35个，总投资约26.2亿元，完成园区拓展面积353.33公顷(5300亩)，新建和改造园区道路18千米，完成化工园区主管廊8.5千米，铺设污水管网14.8千米、供热管道8千米。完成化工集中区26家经营性店铺、45家企业员工宿舍搬迁，化工园区应急救援中心、消防救援站、化工园区污水处理厂、工业污水处理厂提标改造工程等配套设施建成，化工园区安全风险年终评估复核全省第一名，达到D级最安全等级。完成大罗、金塘园区市政道路白改黑、雨污分流及绿化改造提升工程，全面提升老园区承载力。5G智能科技园投入运营，前海数字贸易产业园开园。先后启动龙南综合物流园、龙南化工园区、龙南创新科技产业城、松山湖创智小镇等园区拓展用地规划编制和技师学院、龙南中专、龙翔花苑等园区服务配套设施建设工作，优化提升各片区规划，严格把关新落户企业规划方案初审工作，保障园区建设品位，完成双胞胎、天奇循环、金顺来等22家企业规划方案初审工作，以及诚的、天奇金泰阁、耀鑫等多家老企业改扩建审批工作，提升改造园区、企业外立面形象，提高土地利用率。

【“腾笼换鸟”工作】 积极做好存量用地盘活工作，推进“腾笼换鸟”工作，探索出“市场换、政府收、司法拍、异地挪、低效提”五种模式，集中“腾换”企业57家，盘活工业用地202.67公顷（3040亩）、厂房88万平方米。通过“招大引强、精准承接、抱团发展、转型升级”四项重要举措，先后引进42个优质项目入驻，园区亩均产值从2021年的225.2万元/亩提升至297.2万元/亩，实现量质齐升，促进园区产业结构的转型升级，形成存量资产和新增投资的良性循环。经验做法在《经济日报》整版刊发，省内外多批考察团到龙南考察学习。

【营商环境优化】 深化“放管服”改革，182个高频政务服务事项与广州、深圳等五地实现“跨省通办”，选聘23名营商环境特约监督员。深入实施营商环境优化提升“一号改革工程”，抓实国家级经开区赋权承接工作，设立企业服务专区，服务大厅业务平均办结时间减至6.5分钟，60项惠企政策上线直达，兑现惠企资金2.8亿元。三南无线电监测站投运。上线全国首个工业互联网标识解析电子信息行业二级节点。精准滴灌化解企业资金难题，“财园信贷通”为119家企业融资5.8亿元，增长7.1%。实施人才高地建设，引进省级以上高层次人才63名，多措并举解决企业用工4300人。

（邱文鑫）

瑞金经济技术开发区

【概况】 瑞金经济技术开发区总规划面积66平方千米，已开发面积13平方千米。落户各类工业企业274家，其中规模以上企业105家，新增入规企业14家。2022年，工业营业收入308.79亿元，增长9.46%；利润总额24.45亿元，增长5.5%。进出口总额60.29亿元，增长率30.91%。其中出口59.92亿元，增长31.63%。实际利用外资1.11亿美元，增长8%；利用内资77.78亿元，增长9.41%。开工项目28个，竣工项目12个。

2022年，新增开发面积137公顷（2055亩），建成道路建设总长4.6千米，实际开工标准厂房80公顷（1200亩）（含代建厂房），基本建成厂房面积76.7万平方米，并预留代建厂房用地26.67公顷（400亩）。

【招商引资】 围绕精工智造、轻工纺织、食品医疗和现代物流“1+3+N”产业体系，划分经开区各内设机构为7个产业链招商分队，布置年度招商任务，开展招商考核，通报每月招商情况。2022年，全区干部外出招商90批次，接待客商276批次，签约项目54个，其中20亿—50亿元项目4个、50亿—100亿元项目3个，申报“5020”项目2个。

【产业发展】 以精工智造为首位，轻工纺织、绿色食品、现代综合物流（电商）为重点的“1+3+N”产业体系初步形成。实现国内行业领先的8微米薄度压延铜箔和玻璃贴

7月，瑞金经济技术开发区深化校企合作，精准对接企业招工。图为瑞金中专双选会现场
（瑞金经开区供图）

合度8微米以下工控显示等项目投产，引进并试投产静音导轨、比例伺服阀等高精度工业国产替代项目，首位产业从电子电气升级为精工智造。获批电解铜生产项目，初步完成新型印染的可行性论证，为发展机械工业、高端五金配件和高纯高导铜制品、高端面料创造基础配套条件。打破“一铜独大、低品支撑”的产业结构不合理局面，低氧铜产品占经开区铜产业总应税收入从73%以上调减至39%，铜精度加工占铜产业产值超60%。

【科技创新】 年内，新增省级专业化“小巨人”企业1家，总量1家；成功认定高新技术企业数12家，总量42家。新增省级以上科技创新平台及载体4家，总量18家。新增备案入库科技型中小企业70家，总量70家。新增发明专利授权数25件，总量149件。刚性引进博士以上高层次人才2名。

【开展多种形式招工】 线上招工 1月14日，举办2022年瑞金市“雁归瑞金、‘职’等你来”暨2022年就业援助月线上招聘活动；2月8—14日，与瑞金市人社局共同举办瑞金市2022年度“春风送温暖、就业送真情”专项招聘活动；6月9—11日，与瑞金市人社局共同举办瑞金市2022年夏季部分重点工业企业用工招聘大会；7月4日，举办“夏季送千岗，职向新未来”招聘活动；9月30日至10月3日，举办“金秋纳良才，虚位待你来”网络直播招聘及4场乡镇专场招聘活动。

线下招工 举行企业入校推介会活动，为1044名待就业学生提供招工服务，达成实习意向546人，入职396人。加强招工点常态化招工，累计服务企业78家，推出用工岗位334个，用工6839人，各乡镇为企业送工3500余人次。

（郭经伟 邓绍斌）

赣州高新区

【概况】 2022年，赣州高新区实现工业增加值增长28.4%，全市排名第三，全省排名第九位；实现营业收入452.93亿元，同比增长24.23%；实现利润总额31.62亿元，同比增长24.68%。新增规模以上工业企业23家。赣州高新区共有规模以上工业企业146家，完成规模以上工业增加值增长9.4%；完成规模以上工业总产值352.8亿元，同比增长36.67%；规模以上工业实现营业收入440.55亿元，同比增长23.33%；规模以上工业实现利润总额30.77亿元，同比增长24.61%。

【深化改革】 围绕市委、市政府《关于深入推进开发区体制机制改革创新的实施意见》文件精神，赣州高新区深入研究人事制度和薪酬制度改革措施，制定《关于推进赣州高新区体制机制改革创新的实施方案》和《赣州高新区深化人事薪酬制度改革工作方案（试行）》两个体制机制改革方案，同时出台《关于黄国强等同志聘任岗位的通知》《赣州高新区各部门、单位岗位“双向选择”工作方案》《赣州高新区各部门、单位岗位数确定方案》《赣州高新区科级及以下人员主办级别调整方案》《赣州高新区科级及以下人员岗位奖励性工资标准确定方案》等5个配套方案，初步完善全区体制机制改革和人事薪酬制度改革的各项实施细则。

【工业倍增】 坚持和发展稀土稀有金属及应用首位产业，打造稀土新材料及应用、钨精深加工及应用、锂电新能源材料、先进智能装备制造4个百亿级产业集群，培育形成腾远钴业、友力稀土、粤磁稀土、寒锐新能源、吉锐新能源、汉驱科技等一批龙头企业。稀土稀有金属及应用产业规模以上企业76家，实现营业收入305.45亿元，同比增长20.62%，实现利润22.99亿元，同比增长4.42%。营业收入超10亿元以上企业11家，新增省级以上专精特新企业15家，腾远钴业获批国家级专精特新企业；新增4家“瞪羚”企业（含潜在）、潜在“独角兽”企业1家、专业化小巨人企业1家、省级智能制造标杆企业2家、省级以上绿色制造企业3家，腾远钴业国家级绿色制造企业，江西粤磁稀土新材料科技有限公司、赣州天文磁业有限公司6个产品入选绿色设计产品公示名单。

全年列入调度的工业倍增升级在建项目52个，总投资超600亿元，其中省重大项目2个，省大中型项目15个，纳入市调度项目21个。腾远钴业、中科三环、华茂钨材料等24个项目试（投）产，赣江创新研究院、兴铄科技等8个项目竣工，福默斯、拓野智能等8个项目开工建设。

【科技赋能】 2022年，中科院赣江创新研究院牵头组建并获批江西省稀土产业科技创新联合体，组织中科拓又达公司申报江西省稀土永磁伺服电机及驱动系统技术创新中心，组织汉驱智能、锐科合金、吉锐新能源3家企业技术中心申报市级技术创新中心。推动粤磁稀土、汉驱智能、腾远钴业等3家企业申报2023年中央引导地方科技发展资金项目。指导鼓励中科三环、全标生物、诚正电机等企业申报“揭榜挂帅”项目6项。引导全标生物等企业实施省重大科技研发专项5项、新技术11项。组织引导中科拓又达、国创中心、赣州吉锐新能源等企业申报市级科技计划项目13项。推动高新区科技型企业阶梯式培育工作，赣州吉锐新能源科技股份有限公司成为全市唯一潜在“独角兽”企业；赣州稀土友力科技开发有限公司等4家企业获得“瞪羚”企业；科技型中小企业107家，同比增长105.7%，位居全市前列。落地两个院士团队项目，分别是贺泓院士团队年产3000吨国六标准柴油车尾气净化新材料项目，沈保根院士团队年产5000吨高性能永磁材料建设项目。推动国家稀土功能材料创新中心高强度高韧性稀土硬质合金棒材、国家钨与稀土产品质量监督检验中心等7个“两院四中心”科技成果转化项目落地。

【一区多园】 4月25日，《赣州国家高新区“一区三园”管理改革实施方案》获赣州市政府批复同意实施。10月，赣州高新区完成“一区三园”统计区域调整备案并通过科技部火炬中心审核。赣州国家高新区实施“一区三园”管理改革，优化“一区三园”创新资源配置，强化产业统筹布局，构建协同互补、联合发展的创新共同体，壮大园区经济总量，2022年实现营业收入1114亿元，同比增长192%，经济总量在全国170多家高新区中排名第85位。

【招大引强】 紧盯稀土、钨、钴镍为主新能源材料、先进智造等四大产业链，开展专业招商、产业链招商、市场化招商。成立14支“产业链+电机+科技+现代服务+乡村振兴+驻点”专业招商小分队，建立市场化招商激励机制和“两组三队”（扩大开放领导小组、四大产业链工作领导小组，以及招大引强督战队、项目建设督战队和企业服务督战队）招商工作机制。成立赣州稀金企业服务有限公司等招商平台公司，开展公司化招商。聘请3位荣誉市民、3位招商顾问，强化社会化招商。举办10场以上招商推介活动。全年新签约工业项目32个，签约总额465亿元，其中20亿—50亿元项目7个、百亿元以上项目1个。引进总投资105亿元腾驰新能源项目、总投资50亿元的恒创睿能、吉锐新能源及现代壹点项目等一批龙头企业投资项目。

（赣州高新区）

赣州蓉江新区

【概况】 赣州蓉江新区（以下简称“蓉江新区”）辖潭东镇、潭口镇和高校园区管理处，共36个行政村（社区）。辖区面积约130平方千米，分为城市规划区（约77平方千米）和南部村庄区域（约53平方千米）。区内建有赣南师范大学、赣南医学院、江西应用技术职业学院、赣州师范高等专科学校、赣南卫生健康职业学院5所高等院校。2022年，地区生产总值62.33亿元，同比增长4.7%；第一产业增加值0.78亿元，增长2.6%，第二产业增加值9.7亿元，增长2.3%，第三产业增加值51.86亿元，增长5.2%；一般公共预算收入3.24亿元，比2021年增长12.9%；固定资产投资总额66.76亿元，同比增长10.2%；社会消费品零售总额22.23亿元，同比增长5.5%；城、乡居民人均可支配收入分别同比增长9%、10%。

【项目建设】 2022年，全区59个重点项目完成投资93.3亿元，完成年度投资计划的120.2%。全年累计完成15个重点项目征迁，拆迁房屋10.6万平方米，征收集体土地1412亩，为项目落地建设奠定坚实基础。全年通过专项债、政策开发性基金等方式争取资金13.8亿元，争资额度实现同比翻番。包装完成2023年争资项目6个大类52个，争资额度77.5亿元，项目数量和金额均取得重大突破，较2021年分别增加25个和48.5亿元，排在全市前列。

【城市建设】 2022年，幸福大道（飞扬大道至紫藤花路段）、飞扬大道（武陵大道至平安大道段）等29条道路建成通车，新增道路里程22千米，蟠龙大桥、蓉江三路快速路年底建成通车，赣南大道快速路、横岭变电站开工建设，创业大桥、平安大桥、蓉江隧道加快建设，截污干管二期建成投入使用，新建供水、输配电、燃气、雨污水管网15千米。南方医院赣州医院蓉江院区开工建设，市中医院（新院）、颐养中心、疾控中心主体封顶，惠民医院进行内部装修；区第六保育院、潭东中心幼儿园、区托育服务中心建成投入使用；蓉江花园一区农贸市场投入运营；保障性租赁住房（一期）开工建设。城市精细化管理手册作用得到发挥，智慧社区基本实现全覆盖，智慧工地、智慧城管等11个专项应用更加精细、高效。

【产业发展】 2022年，出台产业发展若干政策13条、扶持数字经济发展措施9条、房地产业发展措施29条、招商引资信息奖励办法等干货举措，及时更新重点招商项目推介清单。发布数字技术应用场景“机会清单”，97个场景建设需求入选，涉及16个重点领域，总投资规模22亿元。全年接待客商110批次，外出招商90次，签约项目17个，总投资近200亿元，其中正式签约11个、签订框架协议6个。出台助企纾困24条、稳经济28条、稳增长66条等系列政策措施，召开政企圆桌会议，切实解决企业急难愁盼问题。全区惠企政策兑付1200余万元，增值税留抵退税3.4亿元，补贴大数据企业用电300余万度、惠企500余家，发放财园信贷通、农业产业振兴信贷通贷款7700余万元，惠及企业和农户200余家。发放消费券300万元、核销173万元，惠及企业83家，带动消费4120万元。举办乡村厨艺大赛暨第一届美食节、“惠游蓉江精彩·共享百夜繁华”、音乐喷泉灯光秀等活动13项，在麋鹿星球营地、中书书院、滨江公园等场地举办各类文旅活动180场、吸引游客超330万人次，实现旅游收入超21亿元。

9月13日，平安大桥建设现场　　（蓉江新区供图）

【农业农村工作】 2022年，脱贫攻坚成果进一步巩固拓展，建立“三线预警、研判纳入、精准帮扶、达标退出”防止返贫监测帮扶机制，引导激励脱贫群众通过就业创业增收，全年发放产业、就业奖补610余万元，全区脱贫劳动力就业率稳定在87%以上，贫困人口社保代缴、发放率100%。实施峰韵龙井文旅、迳背乡村振兴、龙塘湾等产业项目，城乡交通、供水、环卫一体化加快推进，南部村庄“一环三纵”主干路网20千米基本建成，农村供水工程主管贯通，城乡环卫一体化实现全覆盖。安排农田水利衔接资金1050万元，握指成拳防汛抗旱，超额完成0.19万公顷（2.8万亩）粮食生产任务，粮食总产量达1.2万吨。坚持“林长制”“河长制”双发力，森林管护水平和河流水环境质量持续提升。

【深化改革】 2022年，全面精细谋划改革事项，高质量召开深改委会和改革开放战役调度会，听取改革专题汇报22次，全面深化改革25个领域104项改革事项、全面深化改革十大攻坚行动10个领域235项改革事项，完成率均达100%。探索“嵌入式”服务打造温暖社区改革，嵌入11个方面62项普惠便捷服务，提升社区服务水平，赢得群众广泛好评，入围《中国经济时报》报典型案例。探索区属国企+村级企业合作共赢模式改革，实现做大区属国企平台、增加村集体收益和带动解决居民就业。“赣服通”蓉江新区分厅4.0建成运行，实现“核酸检测预约”等30项便民利企服务“一网通办”，98项“市县同权”事项一窗通办，兑现惠企政策资金1284万元。“零工驿站”、预算管理一体化等改革做法获中央、省、市媒体宣传推广，改革氛围更加浓厚。立足省域副中心城市核心区定位，拉高标杆，开放合作，推介新区，赴粤港澳大湾区、长三角经济区、海西经济区对接企业100余家，参加第五届中国国际进口博览会（上海）、赣州市数字经济推介会（深圳）。主动融入粤港澳大湾区，对接深圳市南山区落实赣深对口合作事宜。

【民生实事】 2022年，蓉江新区开展专项招聘会12场，解决就业岗位1200个。加快教育高质量发展，新建（改扩）公办幼儿园3所，新增园位1170个。市第十三中学建设即将完工。与赣南医学院附属医院合作运行惠民医院，可新增医疗床位200个。建成潭东适老化改造项目、潭口暖心工程，新增养老床位114个，嵌入式养老院、颐养中心加快推进。加快解决停车位、厕位问题，新增车位709个、厕位233个，超额完成市级下达任务。聚焦中共二十大等重要时间节点，主动下访，化解信访积案32件，信访及时受理率、按期答复率均达100%，参评满意率达97%。常态化开展扫黑除恶斗争，打击整治电信网络诈骗，公安满意度、公众安全感居全省开发区类前列。坚持“以整促治、以点带面”，创新安全生产网格化管理，以扎实有效举措防范燃气、食品药品等领域安全风险，未发生重大安全生产事故，实现森林火灾“零火情”。

（田　源）

本栏编辑：徐文菁

商贸服务业

综　述

【概况】　2022年，赣州市商贸服务工作围绕全面建设“六个江西”和“三大战略、八大行动”，统筹疫情防控和经济社会发展，抓好扩开放、稳外资、促消费、优平台等工作。全市社会消费品零售总额实现2100亿元，增长5.7%，总额稳居全省第二，增幅位居全省第三。全市进出口总值达到1033亿元，首次突破千亿大关，同比增长39.9%，进出口、出口规模均位列全省第二。赣州市获评江西省唯一“中国投资热点城市”，安远电商产业园获评为国家电商示范基地，全市商贸服务事业取得高质量跨越式发展。

【消费促进】　年内，赣州市在全省率先出台促进商贸消费建设区域性消费中心城市三年行动方案以及若干政策措施，为商贸消费提质扩容提供有力支撑。抢抓节庆消费热点，组织举办2022迎春消费季、“嗨购虔城·礼享生活”暨大宗消费季、金秋消费季等系列促消费活动，市县联动发放电子消费券超1.7亿元，赣州市元旦、春节、“五一”国际劳动节假期商贸消费额分别列全省第二、第一、第三。加快国家电子商务进农村综合示范“升级版”建设，推动全南农产品互联网营销中心、会昌京东物流产地仓、寻乌客服产业园相继建成运营，30家电商企业申报省级电子商务示范企业，全市纳入规模企业统计申报的网络店铺突破10万家，网络零售额领跑全省。全年全市实现社会消费品零售总额2100.01亿元，增长5.7%，增速列全省第三。

【优质消费品牌建设】　年内，推荐于都服装、联圆家具等3个品牌入围2022年度江西消费品牌。推荐万达广场、爱琴海购物公园、雅格狮丹等5个品牌申报省级商贸品牌首店奖励。评选认定赣南客家菜“十大名菜”“十大名小吃”，组织开展赣南客家菜“名企”“名店”评选活动，提升赣南客家菜品牌在全国的知名度、美誉度。

【汽车消费与流通】　2022年，赣州市出台《赣州市鼓励繁荣汽车消费资金管理办法》，支持开展汽车展览展销、汽车下乡活动，鼓励汽车经销企业做大做强，组织信丰县、赣县区、兴国县、于都县等地开展汽车展览展销和汽车下乡活动。完善赣州市回收拆解网点，推荐赣州旺信实业有限公司成功获批报废机动车回收拆解资质，指导和推动赣州沣瑜实业有限公司、赣州普特报废汽车回收拆解有限公司对照报废机动车回收拆解新要求成功进行重新资质认定，全市报废机动车回收拆解企业增至4家，具有新能源机动车回收拆解资质的企业增至3家，填补该领域空白；对1家二手车交易市场和60家二手车经销企业进行审核备案。

（刘　曦）

市场建设

【商业综合体建设】　2022年，赣州市出台《赣州市城市商业网点规划（2021—2035）》。推进王府井购物中心、水游城君尚购物中心、达芬奇城市中心、新旅中书艺术、红星美凯龙、信丰润达国际环球港、龙南华屹时代等大型商业综合体建设，星州润达、嘉福万达广场等大型商业综合体建成开业运营，招商局中心、嘉福中心完成主体封顶，“赣州之星”超高层城市综合体项目根据住建部建议调整建设方案，新光中心商业综合体开工建设。赣南特色文化一条街、红杉里文化艺术街区、联三商街、水西商街、阳明古镇商街建设进展顺利，世客街一期建成开街运营。

【农贸市场建设】　组织开展2022年、2023年农产品供应链体系建设项目库申报工作，推荐中国（赣州）华东农副产品综合商贸物流城冷链设施改造等7个项目申报入库，争取2900万元国家财政资金支持2022年建设改造项目。以县城为中心，乡镇为重点，村为基础的原则上，争取国家级财政资金3290万元支持实施商业建设行动，推动6个县物流配送中心、73个乡镇商贸中心实施建设改造，项目总数位列全省第一。支持和推动2021年省、市财政奖补资金支持的11个县（市、区）的17个农贸市场加快完成建设改造。争取省级财政奖补资金168万元，配套市级财政资金137万元，共计305万元，资金量居全省第一，并印发《2022年赣州市县乡农贸市场建设改造实施方案》，支持13个县（市、区）共计18个县乡农贸市场建设改造。指导和推动15家社区蔬菜便利店建设，对2019年度、2020年度、2021年度建设的社区蔬菜便利店进行验收和资金拨付。提升“菜篮子”工程建设水平，完善便民服务网络，有效解决居民买菜难问题。

（刘　曦）

家政服务业

【概况】　2022年，全市居民对服务性消费需求明显增加，家政服务业整体呈现加快发展的良好势头。至年底，全市有家政服务企业612家，其中家政基础服务类企业580家，其他相关企业32家；一线家政服务人员28118人，管理人员1804人；家政基础服务类企业营业收入5.49亿元，其他相关企业营业收入569.16万元。

【养老服务人才培训】　年内，赣州市引导和鼓励赣州市家庭服务业协会、职业培训学校强化养老服务方面的培训，发挥养老护理员、老年人能力评估师培训主体作用，加强与会员企业、红十字会等单位合作，采取联合办班形式，到赣州经开区和兴国县、全南县、信丰县等地组织开展养老护理员、老年人能力评估师培训。全年共培训养老护理员169人、老年人能力评估师55人。

【家政信用体系建设】　依托商务部家政服务信用信息平台，督促家政服务企业和家政服务员加快信用信息归集和录入。年内，全市38家家政企业登录商务部家政服务业信息管理平台完成信用信息提交、6518名家政服务员录入信用信息，7家家政服务企业获评“江西省第二届家庭服务业诚信企业”，数量均位列全省第一。8—11月，组织全市36家家政企业在章贡区郁孤台街区、赣州经开区杨梅新村开展“诚信兴商宣传月”暨家政服务业信用体系建设集中宣传活动。

【家政服务平台建设】　支持赣州市家庭服务业协会创办“赣南家政”公共服务平台，平台涵盖家庭保姆、月嫂服务、养老服务、保洁开荒、护工服务、搬家服务、家电清洗、软装清洗、管道疏通、中医养生、居家康复等项目。至2022年年底，全市有50余家会员单位自愿入驻赣南家政平台。

【家政品牌建设】　年内，推动赣州家政品牌建设，1家家政服务企业获评2022年度赣州市巾帼建功先进集体，2名家政服务人员获评“江西省最美家政人”，5家家政服务企业获评“江西省第三届家庭服务业品牌企业”，占全省的1/4。7家企业被评为“江西省第三届家庭服务业诚信企业”，占全省的27%。

（刘　曦）

会展业

【概况】　2022年，赣州市出台《关于进一步促进赣州市会展业高质量发展的实施意见》，成为全省除省会城市外第一个出台此政策的设区市，制定《赣州市会展业高质量发展扶持资金使用管理办法（试行）》，争取省商务厅安排会展业补助资金210万元，制定印发《关于进一步规范赣州市会展活动的通知》，规范全市会展活动。年内，引进广东亚联展览、江西优尼标新、江西长青国际商务会展等一批市外优质会展企业落户赣州，全市会展企业总计达50余家。全年全市举办各类会展活动27个，参展人次突破百万，展览面积达44万平方米，现场交易额约263亿元，意向交易额约916亿元，间接带动消费近亿元。

【会展行业协会成立】　12月7日，2022中国·赣州会展业发展论坛暨赣州市会展行业协会成立大会在赣州锦江国际酒店召开。会上选举产生赣州市会展行业协会第一届理事会。成立现场，赣州市与中国会展经济研究会、广东会展组展企业协

12月7日，2022中国·赣州会展业发展论坛暨赣州市会展行业协会成立大会在赣州锦江国际酒店举办

（赣州市投促中心供图）

会、江西省会展行业协会签订战略合作协议，5个落地赣州的会展项目签订战略合作协议。大会期间，还举办赣州会展业发展论坛，来自中国会展业的资深专家代表围绕“发展会展经济助力赣州发展”主题作主旨演讲。赣州市直有关单位、县（市、区）相关负责人，周边城市主管部门及行业代表、广东会展组展企业协会代表、赣州市会展行业协会会员企业等共计200余人参加会议。

【会展业品牌建设】 积极开展品牌建设，推动赣州市纺织服装产业博览会升格为省级展会。成功举办江西赣州生态休闲旅游产业博览会暨招商引资推介会、中国（赣州）第九届家具产业博览会、2022南康家具产业国际直采对接会、于都（深圳）纺织服装产业推介会、2022年（第十二届）国际稀土产业大会、2022年中国（赣州）永磁电机产业创新发展大会、2022江西纺织服装周暨江西（赣州）纺织服装产业博览会等，现场签约项目42个，签约资金600.2亿元。赣州市在中国会展经济研究会发布的“全国城市展览数量和展览规模排名”中列第30位，位列全省第二。

【外贸展会】 2022年，全市累计组织171家企业参加中国进出口商品交易会（线上）、泰国国际包装展览会、中国国际贸易交易博览会等线上、线下展会，组织近300家企业参加第五届中国国际进口博览会、第二届中国国际消费品博览会。

【江西（赣州）纺织服装产业博览会】 11月18—21日，2022江西纺织服装周暨江西（赣州）纺织服装产业博览会在赣州市于都县举办。本次博览会由江西省人民政府和中国纺织工业联合会作为指导单位，江西省工信厅与中国服装协会、省商务厅、省贸促会、赣州市人民政府共同主办，赣州市相关职能部门和于都县政府具体承办，主题为“新长征·新智尚”。此次活动内容丰富多彩，采取“静态展+动态展”和“线下线上同步”的方式举办，其中静态展面积1.41万平方米，总展位151个，分为“六馆三中心”（精品服饰馆、面辅料馆、智能设备馆、创新设计馆、电商选品馆、地方风尚服饰馆；时尚发布中心、论坛会议中心、综合配套中心）；动态展馆面积1.56万平方米，主要开展时尚走秀、制造大会、服装论坛、设计比赛等各类活动。其间，举行2022中国服装论坛高精尖创新峰会、2022江西纺织服装双线国际直采对接会、2022赣州市纺织服装职业院校技能大赛、2022中国（江西）服装创新设计沙龙等12场主题活动、13场时尚发布秀。

（何　艳）

物流业

【概况】 2022年，赣州市出台商贸物流产业链高质量发展行动方案和城乡高效配送体系专项规划，县级快递配送中心、乡镇快递中转站和村级快递网点实现全覆盖，章贡区、瑞金市、赣县区、石城县成功获批全省县域物流配送体系建设试点，推广拓展“互联网+第四方物流”“无人机”配送和“智运快线”等一批新配送模式，完备城乡物流配送体系。

【商贸服务型国家物流枢纽建设】 2022年，赣州市出台《赣州国家物流枢纽发展规划（2021—2025年）》。推进定南、瑞金、龙南等县（市）铁路场站改建，打造“一港多区”，提出支持“一港一区”（赣州国际陆港、赣州综合保税区）一体化发展的具体措施。韵达、圆通、京东物流等一批在赣总部项目引进签约，培育省级重点商贸物流园区7个和企业8家，区域性商贸物流中心加速成型。

【物流领域争资争项】 全年全市物流领域累计审核申报3批共120个地方政府专项债项目，申报专项债券资金104.8亿元。审核申报4批共72个中长期贷款项目，通过63个项目，项目总投资358亿元。审核申报基金项目44个，项目总投资305.8亿元。审核报送2023年江西省大中型建设项目共17个，总投资165亿元。

【物流保通保畅】 疫情期间，赣州市召开保障物流畅通和促进产业链供应链稳定调度会议、商贸物流产业链推进协调小组会议暨政企圆桌会议、产业链政企圆桌会议暨产业链链长会议、民营企业人才工作调研座谈会、纺织服装产业链政企圆桌会议等专题会议，并对会议上企业提出的30余项物流方面问题进行答复并提出解决措施。将华东国际综合商贸物流城设置为中心城区应急物资中转站并组织好日常维护；指导各县（市、区）按要求设置好非接触式物流中转场地。

【物流行业助企纾困】 年内，制定赣州市应对疫情助企纾困物流产业相关办事指南。对国家统计局赣州调查队第10期调查专报《疫情下的物流货运企业经营困难不容小视》提出的问题和困难进行回复。指导有关县（市、区）对物流企业从业人员实行免费核酸检测，减轻企业负担40余万元。为不同类型产权单位减免物流企业（园区、仓储设施）租金共计890余万元，受益物流企业85家。

（刘挚朴）

住宿餐饮业

【概况】 2022年，全市住宿餐饮业发展迅速，至年底累计建有星级饭店酒店80家，其中五星级3家、四星级36家、三星级40家、二星级1家。全年全市住宿业实现营业额36.45亿元，增长7%；餐饮业实现营业额270.58亿元，增长6.6%。

【民宿产业】 年内，赣州市推动景区周边村镇开展精品民宿建设，创新“办证申请、安全鉴定、联勘联审、审批办证”民宿证照办理经验，引导民宿产业规范健康有序发展。建全年成办证民宿216家，龙南市栖一树民宿获评全国首批乙级旅游民宿，会昌山水营坊民宿、全南湖沿居民宿、兴国陌上花开民宿、于都岘山云影民宿、崇义毓龙民宿等5家民宿获评全省首批丙级旅游民宿，数量列全省设区市第一。推动制定“民宿聚集区”标准，建成龙南围屋民宿小镇、正桂民宿村、玫花渡民宿集群、全南雅溪民宿村、大余丫山民宿、上犹阳明湖民宿小镇、崇义上堡梯田民宿等7批民宿聚集区，保持节假日、长假90%以上的入住率。

【赣菜品牌推广】 2022年，赣州市落实《江西省打造赣菜品牌三年行动计划（2021—2023年）》，推动赣菜品牌推广。年内正式对外发布赣南客家菜“十大名菜”“十大名小吃”，在“赣服通赣州厅”开设“赣南客家菜专区”，开展评选赣南客家菜“名企、名店”活动。组织赣州市25家米粉企业参加第二届中国米粉节；举办章贡区“嗨啤一夏”啤酒文体活动消费季、南康啤酒龙虾节，赣县客家美食文化展销活动、定南县美食文化节、寻乌县灰水粄文化节、会昌首届美食文化节、龙南国潮美食文化节等活动。组织开展“2022年赣州客家菜传承创新菜品交流会”，邀请广州、珠海、连城、抚州、吉安等地市共200余名厨师及餐饮从业者进行厨艺竞赛和交流。

【餐饮质量监管】 推进食品安全社会共治，通过视频传输、开放明档、透明玻璃等方式在餐饮单位实施“明厨亮灶”。全市164家大型及以上餐饮单位均接入“赣溯源”系统实现“互联网+明厨亮灶”，探索推进食品销售风险分级管理掌上化，食品销售风险分级动态管理“掌上”覆盖率达94%；利用“两库一平台”（一套题库、一套学习课程或资料库，一个培训考核系统或平台）对餐饮从业人员进行考核培训，全市餐饮单位考试通过率达98%，位列全省第一。推进大米质量安全监管，以农批市场、大中型商超、大中型餐饮单位和学校食堂等为重点对象，开展专项整治行动，出动监管检查人员4123人次，检查食品经营主体3106户次，发现并排查风险隐患110个。

（刘　曦）

房地产业

【概况】 2022年，赣州市积极应对房地产市场持续下行趋势，分阶段地调整中心城区的购房政策，实现房地产市场平稳健康发展，整体情况好于全国、全省水平。全年全市新建商品房销售面积1328.15万平方米，新建商品住宅均价6798元/平方米。

【房地产调控】 2022年，全市新建商品房销售面积1328.15万平方米，面积列全省第二，下降6%（全省下降12.7%、全国下降24.3%）。其中，中心城区新建商品房销售面积291.63万平方米，下降13.39%。住宅价格相对平稳，全市新建商品住宅均价6798元/平方米，下降8.2%；中心城区新建商品住宅均价10909元/平方米，下降0.38%。库存整体处于合理区间，全市商品住房库存面积595.46万平方米，去化时间9.26个月，其中中心城区商品住房库存面积77.42万平方米，去化时间9.17个月。

【房地产涉稳风险化解】 年内，对全市房地产楼盘信访涉稳项目进行常态化排查，加大对恒大、新力、绿地等上访量大的涉稳项目的稳控、处置力度，推动涉稳项目的问题化解处置工作。对全市重点涉稳信访项目，主要采取加强统筹指导、强化属地责任，建立动态台账，落实领导包案，制定“一楼一方案”、实行“一楼一专班”、每周调度等措施推动稳控和化解工作。

【“保交楼”专项借款】 及时响应国家“保交楼”专项借款工作，制定《赣州市通过专项借款支持已逾期难交付住宅项目建设交付的实施方案》。2022年，共争取国家两批保交楼专项借款申请专项借款金额23.529亿元，争取的借款额度约占全省的1/5、居全省第二。至2022年年底，第一批34个保交楼项目涉及需要交房14372套，共有18个项目8089套完成交付，交房数量占全省的55.7%，剩余的6283套根据制定的各项目“一楼一策”方案，于2023年交付5804套、2024年交付479套。

（曾晨曦）

粮食流通

【概况】 2022年，赣州市粮食收购活跃有序，全年收购粮食43.7万吨，省下达地方粮食增储规模库存全面落实到位。印发《关于进一步加强粮食流通的若干措施》，将市县储备粮保管费用标准提高至每年每吨150元。加快推进粮食项目建设，完成赣州国家粮食储备库“退城进郊”项目一期主体工程，南康区、大余县、崇义县、瑞金市、会昌县等县（市、区）中心粮库建设进展顺利。

【粮食收购】 年内，赣州市克服不利气候影响，实现粮食扩面稳产，本地商品粮源同比保持稳定。市场行情整体较好，国有粮企、社会企业等多元主体积极入市进行市场化收购，常规品种主流收购价格早稻66—69元每百千克、中晚稻67—70元每百千克。优粮优价表现明显，野香优莉丝、美香占等优质稻75—90元每百千克，市场需求稳定。

【粮食储备】 全市按照省级下达的地方粮食储备增储计划，全面完成增储任务。南康区、大余县、安远县、龙南市、信丰县、会昌县、瑞金市、宁都县、石城县等9个县（市、区）按照保供需要，增加县级储备规模。市、县两级建立粮食加工企业社会责任储备，作为政府储备的有益补充，夯实地方粮食安全基础。

【应急保障】 加强储备粮经费和应急保障补贴保障，明确市、县两级按照分级负责、属地管理原则，保管费用补贴由市、县两级财政各自承担。粮食应急供应网点、应急加工企业年度定额补贴列入同级财政预算，应急保障体系进一步完善。

【粮食安全】 强化粮食监督检查，确保数量真实、质量可靠、储存安全。高效完成驻市和入训部队军粮供应保障任务，连续20年部队满意率100%。以优异成绩完成粮食安全责任制考核。压实安全生产责任，全年未发生安全生产和安全储粮责任事故。

（王　胜　刘和生）

供销合作

【概况】 2022年，全市供销合作社系统落实市委“三大战略、八大行动”部署，各项工作取得新成效，综合业绩考核连续3年在全省名列前茅，“互联网+第四方物流”供销集配体系建设实现县域全覆盖走在全国前列。至年底，全市供销合作社系统累计发展农资经营企业30家，农资销售总额71.67亿元；累计发展农产品经营企业43家，农产品销售总额238.4亿元；累计发展再生资源经营企业17家，再生资源销售总额39.46亿元。全系统领办创办中药材种植专业合作社126个，发展中药材种植面积8113.33公顷。

【供销网络建设】 2022年，全市供销合作社系统推进现代流通服务网络建设，对落地赣州市实施的7个、总投资约42.6亿元的全省冷链物流项目，实行成立专班、倒排工期、挂图作战的跟踪服务机制。年内，信丰县、定南县、全南县供销冷链物流园已投入运营，于都县、会昌县冷链项目完成主体建设；石城县冷链项目预计2023年完成主体建设；宁都县冷链项目进行前期设计。推进“互联网+第四方物流”供销集配体系标准化规范化品牌化建设，全市18个县（市、区）供销集配企业和集配中心实现全覆盖，建成乡村集配网点1363个，实现上下行物流总件数1.24亿件，有效缓解农产品进城“最先一公里”和工业品下乡“最后一公里”问题。

【农业服务】 2022年，全市供销系统把握“为农、务农、姓农”根本方向，实施农业社会化服务惠农工程，累计完成土地托管服务面积11.81万公顷，排名全省第一。引导全市22家农资保供重点企业全力打好春耕、“三夏”期间农资供应“保供稳价”战役，系统农资供应量在全市占比超50%。推进“党建带社建、村社共建”工作，累计打造供销社示范点64个，带动村集体经济平均增收5万元以上。推动全市493家供应商入驻脱贫地区农副产品网络销售平台（“832”平台），上架赣州农副产品6368款，其中瑞金市的销售额达4118万元，居全省前列。成功争取全国供销总社在赣州市于都县、定南县、瑞金市实施总投资5187.24万元的现代农业服务中心项目，争取全国供销总社下属的济南果品研究所在赣州市安远县设立分中心。

【社有企业转型】 5月，赣州市供销集团有限公司实现挂牌运行，集团注册资金1亿元，有效资产估值2亿元，年内完成党组织建设、人员整合、清产核资等工作，并注册成立企业管理、供销投资、产业发展等3个子公司，致力于打造成为全市供销合作社系统为农服务的龙头骨干企业。市供销集团下属赣供源公司先后中标赣县区和市直有关单位、湖北阳新和安徽砀山学生营养餐等食材配送项目，与安远县城投集团合作，承接安远县学生营养餐和食堂业务，营业收入达2亿元。占地2.6万平方米的赣州供销食品科技园一期项目完成主体建设，用于发展预制菜产业项目。落实《赣州市应对疫情助企纾困若干政策措施》等政策，全年累计为135家承租商户减免租金103.54万元。

（陈　伟）

5月18日，赣州市供销集团有限公司举行挂牌仪式　（赣州市供销联社供图）

烟草专卖

【概况】 2022年，赣州市烟草专卖工作坚持强基础、提质效，全市烟草销售总额首次突破100亿元，实现税利总额26.07亿元，增长0.85%，其中卷烟税利23.81亿元，增长9.03%。“烟叶生产专用物资精益化管理研究与运用”入选全国行业核心竞争力典型案例。卷烟三项费用率等3项指标全省排名第一，单箱人工费用等3项指标全省排名第二。

【销售网络建设】 2022年，全市销售卷烟25.3万箱，增加733箱；单箱销售收入3.51万元，增长3.79%。全市重点品牌二类以上销售10.8万箱，增长7.59%；重点品牌实现销售额86.64亿元，增长4.43%。打造现代终端，实施终端评级管理，开展扫码评比，有效聚合支付终端达3533户。启动“星火改造家”公益帮扶计划，打造“特巴客农网爱心便利店”17家。实施客户满意度提升专项计划，客户满意度从2021年的87.41%提升至94.87%。年内，全市查获违法卷烟7022件，查处5万元以上重案349起，增长79%，刑拘79人、逮捕16人、判刑40人，破获国标案件3起，省标案件8起，符合国家局标准的重大案件5起（其中一级案件1起），省督案件6起，追刑人数、网络案件、重大案件保持全省领先。

【现代烟草农业建设】 年内，投入3210余万元新建烤房191座和维护烤房2970座，实施2个水源工程和3个新农村援建项目，生物质烤房、烟夹推广率分别达57%、12%，走在全省前列。完成标准化烟站创建5座，瑞金叶坪烟站、会昌麻州烟站入选国家局验收范围。2022年，全市种植烟叶7253.33公顷，收购烟叶27.26万担，实现烟农售烟收入4.48亿元，烟叶税收9867.6万元。烟农户均收入18.03万元（含补贴），增加3.59万元，增幅24.86%；亩产值4740元（含补贴），增加429元，增幅9.95%。烟叶生产工作考核获全省第一名。

【科技创新】 2022年，赣州市烟草行业取得实用新型专利6件、软件著作权3件，取得科技项目成果奖励7项，赣州市烟草公司参与实施的“具有江西特色的烟叶质量评价指标探索与技术体系构建”项目获省公司科技奖一等奖，“烟草专卖市场监管互联网+系统研发”项目获省公司科技奖三等奖。

（赖经仁）

成品油经营

【概况】 2022年，赣州市成品油经营主要由中国石化销售股份有限公司江西赣州石油分公司、中国石油天然气股份有限公司江西赣州销售分公司牵头，少部分私人油站零星分散在全市各地。全年供油量及油价稳定。

【中石化赣州石油分公司】 2022年，中国石化销售股份有限公司江西赣州石油分公司开展攻坚创效专项行动，业绩指标普遍保持在全省第一方阵。全年建成新形象标准店1座、“易小憩”站点50座、甄酒馆1家、易捷折扣店2家，完成成品油销售总量116.05万吨，其中机出零售量96.33万吨，直分销16.9万吨；易捷营业额超3亿元，同比增长7.52%；毛利额7571万元，同比增长42.44%；销售收入超百亿，同比增长17.73%；完成考核利润3.75亿元，利润贡献率达34%。在销售公司区内地市级公司“综合竞争力”排名第18位，较2021年进4位，为江西石油唯一进入前20名的地市公司。瑞金红井加油站成功获选为集团公司第二批“中国石化红色教育基地”。

年内，成功处置和乐油库库外山火险情，升级改造现有油气回收装置、污水处理装置，完成19个县区公司共计265座站的油水分离池改造工作，完成3座油库LDAR（泄漏检测与修复）动密封点检测工作。整治市场，累计清理假冒、仿冒中国石化注册商标社会加油站8座，完成率100%，促请取得政府政策发文39份，突破取得非法经营成品油案件的刑事判决书1份。配合打击、查处非法流动加油车65辆、自建罐46个、简易油桶存放点4处，假冒尾气处理液生产工厂、加注站4处，非法销售黑窝点11个、非法加油站2座，缴获油品281.51吨，罚款金额9.16万元，有效回流柴油客户。

（朱淑娟）

【中石油赣州销售分公司】 2022年，中国石油江西赣州销售分公司统筹做好疫情防控和提质增效等各项工作，全年成品油销售16.8万吨；非油品店销收入5700万元；全面实现安全环保、计量质量整体受控运行，创建稳健发展工作局面。做优非油增收创效，赣南大道加油站获好客饮水节陈列大赛全国三等奖。在车流量大的站点，对员工进行白酒销售培训，全年共实现酒类销售638万元，同比增长148%，实现毛利196万元，同比增长170%；共销售化肥415吨，实现销售收入146万元，同比实现翻倍。年内，推进龙南龙鼎站、南康停车区加油站迁建、大学城站进出口改造、赣南汽车城加油站及毅德城加气站新建等项目实施，所属加油站覆盖赣州区域17个县（市、区），共41座站，其中正在运营38座站。租赁赣州油库和水东油库2座，库容量为1.43万立方米。开展健康企业建设工作，全年接受油品抽检155批次，其中政府市场监管部门抽检26批次，公司自检129批次，油品检测结果合格率100%。

（中石油赣州分公司）

邮政管理

【概况】 2022年，全市邮政业贯彻落实中共中央总书记习近平关于邮政快递业重要指示批示和视察江西重要讲话精神，担当实干，实现全市邮政业持续健康快速发展，保持总体平稳、稳中有进的良好发展态势。全市邮政业共有法人企业115个，分支机构162个，末端网点3914个。推动快递品牌区域总部建设工作，全市已建成市级快递电商园区2个，县级快递电商园区15个，市级邮件快件分拣处理场所9个，自动化、半自动分拣设备550套。全年完成邮政行业寄递业务量3.14亿件，增长0.73%。邮政行业业务收入37.24亿元，增长15.96%。其中，快递业务量完成2.28亿件，增长15.32%；快递业务收入累计完成24.5亿元，增长13.86%。

【"两进一出"工程建设】 2022年，全市推进"两进一出"（进村、进厂，出海）工程建设，将"快递进村"列为"一号工程"，采取成立工作专班、现场会议推进、挂图作战销号等方式压实各方责任，全年共召开"快递进村"现场推进会20余次，实地查看村级站点300余个。以试点县为抓手，以精品站点建设为突破口，形成"邮政托底+分类施策"，5种进村模式有序推进的"快递进村"提档升级新格局。全年全市8个县建立县级共配中心，建设精品村级寄递综合服务站点205个。

年内，积极申报相关示范区、示范项目，成功申报农村电商快递协同发展示范区1个、快递服务现代农业示范项目4个、快递业与制造业融合发展试点先行区1个。赣南脐橙、南康家居、赣南服装3个"快递+"千万级金牌项目运营成效突出。2022年，"快递+赣南脐橙"项目业务量达3054万件，支撑脐橙产值超30亿元，连续4年获评全国快递服务现代农业金牌项目。"快递+南康家居"项目业务量1251万件，支撑产值25亿元。"快递+赣南服装"项目实现业务量1697万件，支撑产值12亿元。促进"快递出海"，协同相关部门顺利开通"9710""9810"出口试点业务，跨境寄递业稳步发展。赣州经开区"文明实践+便民快递"做法在《江西改革动态》刊登。

4月11日，市邮政管理局联合市人社局、市商务局等部门召开赣州市维护新就业形态劳动者劳动保障权益行政指导会
（市邮政管理局供图）

【邮政服务管理】 年内，赣州市开展乡镇邮政服务专项检查，提升农村地区普遍服务水平。全年共现场检查乡镇局所32个，其中补白局所9个，检查村级邮政快递综合服务站点60个。做好网点升级实地核查工作，及时下达普服网点动态升级调整批复，25个C类邮政所提升为B类达标，97个邮政所B类提升为A类达标，全市建制村投递打卡率稳定在99.5%以上。开展纪特邮票销售监督检查，涉及全年发行的纪特邮票9套，累计监督检查纪特邮票销售网点105处，监督检查人次达123人次。指导邮政企业落实438个邮政、快递营业、揽投网点培训工作，累计组织从业人员参训1500余人次。年内，完成全市18处邮政机要通信营业场所、1处邮政机要转运接发场所机要通信两轮全覆盖检查，组织开展《邮政机要通信服务规范》《邮政机要通信场所建设和设施设备配置规范》"两个规范"培训，全力确保机要通信保密安全。

【行业安全监管】 年内，赣州市邮政管理部门强化疫情防控，做好行业保通保畅工作，对接制发车辆通行证2359张，保障应急物资和基本生活物资运输，部署做好人员、快件、场所、车辆防控和物资储备，妥善处置涉疫快递事件9起。推进寄递安保"一号工程"，打好安全生产专项整治三年行动收官战，全年组织安全生产培训12次、应急演练9次，开展执法检查1458人次，排查整改一般安全隐患297项，作出行政处罚决定44起。加大赣州邮管信息化平台推广力度，已有2015家企业、网点注册安装APP，定期开展许可整治、检查打卡、在线培训等，提升安全监管信息化水平。全年全行业实现安全生产"零事故"。

【行业关爱】 推进快递员关爱工程，开展"夏日送凉""冬日递暖""暖蜂行动""青年服务月"等系列关爱活动。出台《关于维护新就业形态劳动者劳动保障权益的实施意见》，组织召开全市维护新就业形态劳动者劳动保障权益行政指导会。全年新增1051名快递员参加工伤保险。做好从业人员专业技术资格考核认定工作，13名快递员通过快递工程初级职称认定；开办快递从业

人员技能培训8期，参加培训505人。

（谢正阳）

邮政经营

【概况】 2022年，中国邮政集团有限公司赣州市分公司围绕“五大定位”（乡村电子商务发展主渠道、乡村振兴普惠金融主力军、乡村综合物流服务主导者、乡村综合性服务提供商、乡村公共服务重要参与者），抓实“六大抓手”（抓农村电子商务，强化城乡融合发展；抓农村普惠金融，强化农村金融供给；抓三级物流体系，强化寄递物流服务；抓网点站点转型，强化农村公共服务；抓惠农合作项目，强化产业协同服务；抓三大领域帮扶，巩固脱贫攻坚成果），聚焦“五大客群”（村、社、户、企、店）、强化“四大能力”（提升农村寄递物流服务保障能力，提升连锁化数字化综合服务能力，提升农业重点产业协同服务能力，提升邮政惠农数据整合服务能力），为983万名赣南人民提供邮政通信、普惠金融、电子商务等社会公用服务。全市范围内设立邮政支局所（含储蓄营业所）376处，其中城区网点94个，农村网点282个，邮政储蓄网点239个。

【邮政服务】 年内，实现乡镇普服网点覆盖率、建制村直接通邮率、建制村投递频次、普服全程时限达标率、县及县以上城市党政机关《人民日报》《江西日报》当日见报率、普邮信息断点压降达标率、有效申诉率压降达标率、用户满意度测评达标率均为100%，机要通信41年质量全红。加快提升普服网点形象，完成71个老旧网点装修改造，完成率120%。

拓宽普遍服务路径，打造综合便民服务中心，提供种类更加齐全、办理更加高效的邮政服务。与医药企业（药房）开展合作，为附近居民免费提供医事、医疗咨询、体检等服务。叠加烟草零售、商超零售、团购自提业务。全市239个金融网点与邮乐购便民服务站完成100%的“一对一”绑定关系，共辐射带动2336个站点叠加邮政业务，在便民服务站上线运行金融业务、寄递业务、电商业务等15种业务，实现支局和站点之间的双向引流。助力“便民办税春风行动”，全市共建有邮政办税大厅150个，提供代开增值税普通发票、代征税款、发票寄递等服务，年均服务企业、办税群众超20万家（人）次。

【“老俵情”品牌建设】 构建“老俵情”品牌供应链体系，依托自有邮乐平台，建成2个市馆、18个县级振兴馆，累计帮助贫困户及农户线上线下销售农产品超过4000万元，对接培育农产品产业基地30个，强化靶向培育，初步实现“产＋加工＋销”的产业链一体化服务，培育打造出于都米粉、南康甜柚、寻乌百香果等15款“老俵情”精品农品。

【邮政惠农项目】 以邮政惠农项目和“老俵情”农品基地发展规划为基础，选择瑞金鹏飞脐橙厂、信丰宝利脐橙厂、安远装天窝脐橙厂、赣县一粒红尘农业公司、宁都宝芳茶油合作社、兴国管氏黄元米果厂，联合建成6个“江西惠农强农工程”农品基地，井冈茶油、赣南脐橙两大农产品成功入驻国家级“邮政农品”品牌，赣县腐竹、瑞金廖奶奶咸鸭蛋、兴国黄元米果、上犹红薯干4款农产品成为区域级基地农品。年内，组织策划年货节、端午节、中秋节、国庆节、“9·19”电商节、逢“9”送福利、夏季推广等特色主题节日活动，以“邮乐网”、抖音平台为主，开展3场市级直播带货活动。运用新媒体传播，通过微信公众号、农品宣传海报、抖音小视频等方式进行活动推广，实现线上产品销售超2000万元。

【寄递服务】 年内，推进县共配中心、农产品基地仓、下行批销仓建设，建设5个示范重点县共配中心项目，其中南康项目已完成施工图和预算并通过审查，进入采购流程；瑞金项目完成编制初步设计和概算，省分公司已审查并批复；宁都、兴国租赁场地同时推进购地建设市公司已批复。至2022年年底，共建邮件处理中心18个，全市县级处理中心面积达到1.72万平方米，半自动化处理设备安装全覆盖。1151条乡镇邮路100%覆盖至乡镇，已建成村级寄递物流综合便民服务站3162个，基本实现邮件投送功能。与圆通、韵达、丹鸟、极速等13家民营快递签署“邮快合作”战略合作协议，社会快递公司与邮政企业的合作范围触达18个县284个乡镇3424个村，设在建制村的邮乐站2757个，快递直接进村、工业品配送到站。县乡公交、班车运营商与邮政企业的合作范围触达11个县24个乡镇。

【邮政金融服务】 发挥“点多、面广、线长”优势，参与全市普惠金融建设。推进农村信用体系建设，加强创新金融产品和服务，为农民提供综合金融服务。围绕赣南特色产业，开发、优化脐橙贷、白莲贷2款新型信贷产品，为特定区域、特定客群提供更多个性化的金融解决方案。2022年，净增放款9400万元，完成全年计划的235%。“脐橙贷”累计放款390笔，金额6566.5万元，“白莲贷”累计放款185笔，金额3522.6万元。

丰富金融服务场景。建设智慧商超、智慧菜场、智慧校园、智慧餐饮、智慧医疗等智慧金融服务场景项目329个，为金融客户提供多元化的金融消费服务场景，联动金融客户5.6万余户。依托邮政绿卡、手机银行、三方支付、云闪付、商户收单等支付结算工具，打造更加高效的农村金融生态圈。在金融网点开设“邮银—医保大厅”增设医保缴费服务，成为集团在全省唯一试点单位，全年建设“邮银—医保大厅”18个。

（曾洪祥）

本栏编辑：周　俊

旅游业

综　述

【概况】 2022年，赣州市围绕红色旅游目的地城市建设，打造一批带动力强、吸引力大、经济效益高的龙头项目，推动文化和旅游产业实现高质量发展。赣州市连续6年获评“全省旅游产业发展先进市”，赣南采茶戏《一个人的长征》获中宣部“五个一工程”奖，安远三百山晋级国家AAAAA级景区，大余丫山入选国家级旅游度假区，国家公共文化服务体系示范区创新发展被文化和旅游部复核“优秀”，全市文化和旅游产业获国务院督查激励表彰。全年，赣州市累计接待旅游人次9500.2万人次，增长2.75%；实现旅游收入1045.5亿元，增长2.93%。

【旅游资源】 全市新增国家AAAA级以上旅游景区、省级夜间文旅消费集聚区等品牌12个。其中，国家AAAAA级旅游景区1个（安远三百山景区）、国家级旅游度假区1个（大余丫山）、国家乡村旅游重点村2个（崇义县上堡乡水南村、全南县龙源坝镇雅溪村）；江西省“风景独好”旅游名县1个（于都县）、国家AAAA级旅游景区2个（大余县梅关景区、全南县攀岩小镇景区）、省级夜间文旅消费集聚区1个（石城县浪漫琴江文化旅游街区）、省级工业遗产旅游基地1个（“共和国第一国企”中华钨矿公司旧址）。第一批市级非遗小镇于都县段屋乡寒信村、会昌县洞头乡畲族村、定南县老城黄砂口村上榜2022年“全国非遗与旅游融合发展优选项目名录”。

【全市旅游产业发展大会】 7月21日，2022年全市旅游产业发展大会在石城县召开。会议表彰2021年度全市旅游产业发展先进集体和突出贡献个人，石城县、安远县、于都县、大余章源生态旅游有限公司主要负责人分别作交流发言。大会还举行项目集中签约仪式，签约重点文旅项目22个，签约总金额261亿元。会前，参会代表考察石城旅游集散中心、大畲AAAAA级乡村旅游点、领跑梦想工业旅游示范基地、闽粤通衢历史文化街博物馆、中国（石城）钢琴艺术城、石城天沐温泉国际旅游度假区、森林温泉小镇、琴江夜游等重点旅游项目，实地感受石城县全域旅游发展成果。

（张美芳）

旅游产业发展

【旅游产业扶持】 年内，赣州市举办产融对接会4场，帮助35家企业获得新增授信贷款额度46.89亿元。推动51个文化和旅游领域设备购置更新贷款财政贴息备选项目入库，数量居全省第一。赣州旅投集团就“赣州文化旅游场所及智慧平台设备更新1.5亿元”项目，向中信银行赣州分行对接申请贷款事宜，仅用两天时间完成正式贷款合同签订和放款1.5亿元。市本级发放5000万元文旅商贸消费券，带动县级发放消费券2亿多元，拉动消费超过30亿元。在2022年江西“百城百夜”文化和旅游消费季活动中，市县两级共发放电子消费券1.74亿元，覆盖商家及景区1250余家，带动消费超20亿元，该市总成绩位列全省第一。

【重点项目建设】 全年组织召开全市文化和旅游产业链工作推进会4次，推动重点项目建设，市级调度的115个文旅融合重大项目总投资1055.9亿元，年内完成投资139亿元。其中，新开工峰韵龙井等项目26个，新竣工祁禄山红军小镇等项目7个。稳步推进续建项目，南康功夫动漫文化强国馆项目主体建设完工；章贡区七鲤古镇文化旅游设施建设项目皇冠假日酒店加快室内装饰，七鲤汇、庙前街建筑主体结构建成。龙南双子围民宿小镇一期项目竣工并试营业。章江宾馆二期项目全面施工，方特东方欲晓二期土方动工。推进冰雪城、央视动漫、姚衙前修缮改造、通天岩提升改造、“三馆一中心”改造等项目。通过丰富业态、完善要素，进一步提升江南宋城历史文化街区旅游核心地位，全年累计接待游客312.8万人次。赣州台湾部落、世客街等社会投资旅游项目投营，长假期间日均接待游客超万人次。

【招商引资】 2022年，全市策划生态康养、乡村旅游、温泉度假、红色研究、高端民宿（酒店）等文旅项目116个，编印赣州市重点文化旅游项目招商指南。2022年，成功举办大余县举办生态休闲旅游产业博览会暨招商推介会、全市旅发大会文旅项目签约会和厦门开展“红土情深　嘉游赣”赣州市红色文化旅游推介会等文旅项产业招商推介会5场，成功签约引进峰韵龙井文旅项目、祥云湖景区二期、大余猪小治工业旅游项目等一批文旅项目。至年底，全市落地重大文旅项目23个，总金额201亿元。

（张美芳）

7月22日，“红土情深 嘉游赣”2022年赣州红色文化旅游推介会走进厦门

（市文广新旅局供图）

旅游推介

【旅游宣传】 2022年，赣州市按照“月月有活动、季季有主题、县县有特色”的思路，全面开展热点营销。举办文旅推介活动，在泉州、厦门举办“红土情深　嘉游赣”红色文化旅游推介会，把红色精品课程搬上推介会舞台，受到广泛好评点赞。开展“来赣州，清凉一夏”“来赣州乐享美好旅程”“潮动黄金周·赣州七天乐”等主题的直播（云上）推介11场，面向全国游客推介赣州特色民宿和网红打卡地，实现“线上推介＋线下引流”，激发本地游和周边游客群的出游热情，平均每场全网观看、转发、关注量超1000万人次。在赣深高铁沿线站点、广州、深圳地铁、公交等交通枢纽，投放赣州文化旅游宣传广告。10月31日，首届“江西风景独好”云端旅游系列推介会走进赣州红色旅游专场活动在于都县举办，全网观看量超4393万人次。

【旅游消费】 出台《支持促进五一假期及五月旅游消费有关措施》《支持促进端午假期及暑期旅游消费有关措施》等政策措施。市本级采取市县联动、全媒发动形式，分批次发放5000万元赣州文旅商贸消费券，覆盖全市商家、景区1250余家。开展江西省“百城百夜”文旅消费季直播带货大赛积分赛直播活动，推出包含景区、酒店、餐饮等优惠套餐，在美团、携程、同程、飞猪等平台同步上线；在“五一”、端午、国庆等节假日期间全市国有AAAA级及以上景区面向全国游客免门票；开展“全国学子嘉游赣”活动，全国大中小学生享受游览赣州AAAA级及以上景区免大门票福利。江南宋城推出“大宋潮玩”“飞天”演艺，国庆期间累计曝光量532.9万次，总游客量居全市AAAA级以上景区首位。章江宾馆推出“三低”软欧包、Z咖啡产品，赣南宾馆建设老字号美食店并拓展食堂配送业务。

（谢连福　陈泽正　张美芳）

【节庆活动】 建设赣州旅游节事品牌，举办“龙南市旅游文化节”、“中国石城旅游文化节”、“章贡文化旅游系列活动”、赣南脐橙采摘旅游季等系列活动。繁荣文旅市场，在安远三百山景区举办2022江西·三百山首届“东江源杯”森林徒步节，在大余丫山举办国际山地马拉松赛、汽车摩托车越野嘉年华、江西森林旅游节马拉松系列赛等大型体育旅游赛事，在崇义县举办游阳明湖、赏小漓江、品生态鱼等阳明湖赏秋系列活动，在会昌县举办“寻味花乡硒游小密”大型美食嘉年华。国庆期间，央视媒体聚焦赣州上堡梯田、兴国红色旅游、千年江南宋城和安远三百山等旅游热潮，分别在《朝闻天下》《新闻直播间》《央视频》等栏目播出。

【“来赣州乐享美好旅程”赣州文旅（云上）全媒体推介会】 4月23日，“来赣州乐享美好旅程”赣州文旅（云上）全媒体推介会在方特东方欲晓主题公园成功举办。本次推介会是在江西全省范围内全力巩固疫情防控成果并有序推进复工复产的形势下，文旅部门开展的首次“云上”全媒体文旅推介活动。重点围绕赣州城市特色旅游品牌并邀请赣州相关县（市、区）领导景区负责人担任文旅推介，联动本土旅游达人为市民游客分享赣州红色故都、客家摇篮、江南宋城、阳明圣地文化旅游资源，和五一期间重点文化旅游活动、优惠政策活动，以“云直播”“云分享”“云福利”“云互动”的方式将赣州市各级的旅游优惠政策、福利大礼包和热点旅游活动进行集中和聚焦式的发布，以此充分预热“五一”黄金周和“5.19”中国旅游日的旅游市场，激发本地

4月23日，“来赣州乐享美好旅程”赣州文旅（云上）全媒体推介会在方特东方欲晓主题公园举办（市委党史研究室供图）

游和周边游客群的出游热情，带动赣州文旅市场的逐步复苏。

（张美芳）

旅游品牌

【概况】 2022年，赣州市不断补齐要素短板，促进景区质量提升，安远三百山成功晋级国家AAAAA级旅游景区，大余丫山入选国家级旅游度假区，于都县获评江西省首批“风景独好”旅游名县，以及崇义上堡、全南雅溪入选国家乡村旅游重点村等10多项省级以上旅游品牌。品牌效应逐步显现，“五一”假期，共和国摇篮、安远三百山2个国家AAAAA级级景区分别接待游客24.7万人次、15.9万人次，位居全省闸机榜前列；大余丫山接待游客5.5万人次，景区民宿和酒店入住率超过92.6%，综合营收683.5万元，同比增长37%；35个AAAA级以上景区共接待游客203万人次，列全省设区市第一名；5月1日最高达61.9万人次，刷新全市景区单日接待游客人数纪录。

【安远三百山景区晋级国家AAAAA级景区】 7月15日，安远县三百山景区以全国第三的成绩被文化和旅游部确定为国家AAAAA级旅游景区。三百山景区位于安远县东南部边境，景区总面积197平方千米，核心景区面积58平方千米，有5大游览区域百余处自然和人文景物、景观组成。自2015年启动创建国家AAAAA级旅游景区工作以来，三百山景区累计投入资金约20亿元，实施创建及配套项目100余个，改建停车场、电瓶车道、外部交通等基础、配套设施，构建智慧旅游系统，景区面貌焕然一新，游览面积比创建之初扩大4倍，形成以三百山为核心，以星空·房车露营基地、东生围旅游区、东江源温泉度假区、浪驰户外越野公园为拱卫的“四星拱月”文旅康养产业集群。游客数量和旅游总收入迅速增长，2022年赣州市三百山景区接待游客99.58万人次，同比增长45.3%；实现旅游收入4135.24万元，同比增长53.4%。

【于都县获评江西省首批“风景独好”旅游名县】 6月15日，2022年江西省旅游产业发展大会在吉安召开。会上，江西省旅游产业发展领导小组公布江西省首批“风景独好”旅游名县名单，其中赣州市于都县入选，为全省5个获评县（市）之一。于都县突出打好长征文化品牌，依托118处革命旧址、1700条红色标语等红色资源，建设长征历史步道，传承红色基因。坚持宣传与动员并举，发挥长征源合唱团、长征源宣讲团、小红星红领巾讲解员“三支队伍”作用，每年举办“红五月”系列活动，赓续红色血脉。2022年，于都县打造红色名村18个、AAAA级乡村旅游点2个，新长征体育旅游线路入选全国体育旅游精品项目，潭头村入选全国乡村旅游精品线路，寒信古村被列为全国非遗与旅游融合发展优选项目。全年全县接待游客1268.52万人次，同比增长27%，旅游综合收入达115.45亿元，增长39%，其中红色旅游接待人次增长16.8%。

【精品旅游线路】 赣州市围绕宋城文化核心区、红色旅游区、客家文化旅游区、生态休闲度假旅游区的“一核三区”旅游发展战略布局，结合四种文化，设计推出“江南宋城”+“初心路”“客家情”“阳明游”3条精品旅游线路。

“初心路”精品旅游线路　感受红色故都的辉煌历史、“将军县”的英雄气概，红军长征的伟大壮举，体验苏区时期的红军生活。线路行程1：中心城区（方特东方欲晓主题公园、通天岩风景名胜区、江南宋城历史文化旅游区、五龙客家风情园、极地海洋世界、江西客家博物院、南康家居小镇）→兴国（苏区干部好作风纪念园、长冈乡调查纪念馆、官田军工文化园）→于都（中央红军长征集结出发地纪念园、梓山镇潭头村、屏山旅游区）→瑞金（共和国摇篮景区、中央革命军事委员会旧址、罗汉岩景区）。线路行程2：会昌（和君小镇、小密花乡、会寻安中心县委旧址、粤赣省委旧址、汉仙岩景区、风景独好小镇）→石城（石城阻击战纪念园、通天寨景区、八卦脑景区）→宁都（翠微峰景区、中央苏区反围剿战争纪念馆、小布景区）→寻乌（寻乌调查纪念馆、青龙岩景区）。

“客家情”精品旅游线路　感受客家古建筑的特色，欣赏客家民俗风情，观看非遗表演，品尝客家风味小吃。线路行程：中心城区（方特东方欲晓主题公园、通天岩风景名胜区、江南宋城历史文化旅游区、五龙客家风情园、极地海洋世界、江西客家博物院、南康家居小镇）→安远（三百山景区、东生围景区）→龙南（关西新围景区、南武当山景区、虔心小镇）→全南（天龙山景区、雅溪古村景区）→定南（九曲度假村、桃源乐境景区、虎形围）。

“阳明游”精品旅游线路　畅游青山绿水，感受阳明文化魅力，探寻“阳明心学”实践地的历史脉络。线路行程：中心城区（方特东方欲晓主题公园、通天岩风景名胜区、江南宋城历史文化旅游区、五龙客家风情园、极地海洋世界、江西客家博物院、南康家居小镇）→上犹（赣州阳明湖景区、南湖国际休闲垂钓基地、赣南森林小火车）→崇义（崇义博物馆、阳明山国家森林公园、上堡梯田）→大余（丫山景区、梅关古驿道）→信丰（谷山景区、坪地山村旅游景区）。

（张美芳）

红色旅游

【概况】　2022年，赣州市深挖红色资源禀赋，活化提升旅游产业，打造“共和国摇篮”“苏区干部好作风”“长征集结出发地”等红色品牌，“红色摇篮·革命赣南”精品线路入选全国“建党百年百条精品红色旅游线路”“重走长征路”线路在2022年中国红色旅游博览会重点推介。红色旅游成为全市旅游经济的重要支撑，达到旅游总收入的45%。全市有国家AAAAA级景区1个（瑞金共和国摇篮景区），国家AAAA级景区6个（兴国县苏区干部好作风纪念园、宁都小布镇、于都县中央红军长征集结出发地纪念园、“浴血瑞京”景区、大余梅关景区、宁都翠微峰景区），国家AAA级景区3个（中共中央政治局中央军委旧址、兴国黄隆顺客栈四星望月文化景区、石城县阻击战纪念园景区）。

赣州方特东方欲晓公园夜景　（市委党史研究室供图）

【长征国家文化公园赣州段建设】　年内，赣州市高质量建设长征国家文化公园，编制《长征国家文化公园赣州段建设保护规划》，23个项目列入省级调度事项、5个列入国家规划，长征步道于都段、信丰赣南游击词纪念园、于都长征学院等项目对外开放。建成赣州方特东方欲晓、于都祁禄山红军小镇、会昌风景独好园、大余县南方红军三年游击战争纪念馆等一批红色旅游项目。方特东方欲晓作为全国首个红色主题乐园，开创红色旅游新体验，成为赣州市红色旅游和研学首选打卡目的地。于都长征大剧院项目主体竣工。赣州段项目基本呈现。

【红色旅游产品链】　打造国内首个红色文化高科技主题乐园——赣州方特东方欲晓，开启红色旅游新体验，开园以来累计接待游客超260万人次，实现营收3.5亿元。推出瑞金花海、于都兰花小镇等生态产品，石城温泉、天沐温泉等温泉产品，于都潭头村、瑞金华屋村等全国乡村旅游重点村，瑞金“红军餐”、兴国“四星望月宴”、于都“新长征宴”等特色菜，开发“零嘟嘟”“长征先锋”等系列红色文创产品。开发全省唯一、赣州市首个红色实战实景演艺项目“浴血瑞京”，《长征第一渡》《长征组歌》分别在于都县、兴国县驻场演出。建成兴国红兴谷、瑞金红源记忆、于都初心纪等116家红培研学机构，赣州旅游投资集团筹备成立市红培协会并成为会长候选单位，推出的方特“红色培训新课堂”被列入市委党校推荐路线，红飘带公司获批全市首批红培机构，累计接待3.8万余人次，延伸红色旅游产品链。

（张美芳）

乡村旅游

【概况】　2022年，上犹县梅水乡园村获评省AAAAA级乡村旅游点，于都县祁禄山镇金沙村获评省AAAA级乡村旅游点。全市累计有国家级乡村旅游重点村9个，省级乡村旅游重点村（镇）5个，省AAAAA级乡村旅游点4家、AAAA级乡村旅游点29家。石城县“百里荷花”乡村旅游风光带被认定为江西省乡村旅游风光带。信丰县希元农庄、崇义县阳明寨、蓉江新区米花谷、赣州经济技术开发区台湾部落等乡村旅游产品人气火爆，带动当地产业振兴发展。

【乡村旅游点建设】　年内，赣州市成功打造一批记得住乡愁、留得住乡情的旅游度假区、特色小镇。大余丫山旅游度假区探索出“村民变员工、员工变股东、股东变老板”“拿薪金、收租金、得股金”发展模式，直接带动1760名农户，间接带动周边7个乡镇近万名农户致富，入选世界旅游联盟旅游减贫案例。石城县盘活温泉资源，打造集通天寨景区、九寨温泉度假区、天沐温泉酒店、温泉民宿为一体的旅游产业集群。于都潭头村精心打造农旅融合项目，已拿到6个富硒产品认证，生产的富硒蔬菜坐上中欧班列销往国外。628户村民成为旅游公司的股东，2022年村集体经济收入突破260万元。

【非遗文化产业发展】 2022年，客家擂茶制作技艺入选世界非物质文化遗产名录，作为客家非遗代表性制作工艺，客家擂茶走进古村落开办非遗工坊，成为吸引游客驻足打卡的重要业态。赣州积极推动客家文化（赣南）生态试验区建设，70余家非遗工坊入景区进街区，百余家店铺参与“线上+线下”非遗集市展销，带动4000余人就业增收。建立23个省市传统工艺振兴目录，累计创造产值6亿余元。崇义县凭借南酸枣糕制作技艺，将其打造成为年产量8000余吨、年产值3亿元、年利税4000万元的富民产业，带动当地农民增收3500万元。

【民宿建设】 结合乡村振兴，赣州市不断推动景区周边村镇开展精品民宿建设，创新“办证申请、安全鉴定、联勘联审、审批办证”民宿证照办理经验，引导民宿产业规范健康有序发展。建成办证民宿216家，龙南市栖一树民宿获评全国首批乙级旅游民宿；会昌山水营坊民宿、全南湖沿居民宿、兴国陌上花开民宿、于都岘山云影民宿、崇义毓龙民宿等5家民宿获评全省首批丙级旅游民宿，数量列全省设区市第一。推动制定“民宿聚集区”标准，建成龙南围屋民宿小镇、正桂民宿村、玫花渡民宿集群、全南雅溪民宿村、大余丫山民宿、上犹阳明湖民宿小镇、崇义上堡梯田民宿等7批民宿聚集区，保持节假日90%以上的入住率。客家围屋民宿小镇于2022年12月开业迎客，百年围屋焕发人间烟火气。

（张美芳）

2022年，龙南市围绕客家文化建设民宿集群。图为里仁镇正桂村“美丽活力乡村+民宿集聚区”
（龙南市里仁镇供图）

旅游管理

【概况】 全市评定星级旅游饭店80家，其中五星级旅游饭店3家（赣州锦江国际酒店、南康大酒店、瑞金荣誉国际酒店），四星级旅游饭店36家，三星级旅游饭店40家，二星级旅游饭店1家。评定星级旅行社24家，客家美食旅游旗舰店64家，旅游美食街6条，旅游地方特色宴席32桌。全市有国际旅行社6家（赣州国际旅行社有限公司、赣州宝中观光国际旅行社、赣州旅游集散中心有限公司、赣州华侨国际旅行社有限公司、江西乐享国际旅行社有限公司、江西鹿客国际旅行社有限公司），国内旅行社119家。

【旅游投诉】 规范文化和旅游市场秩序，做好日常旅游投诉及各类信访件转办件协调处理工作。收到来电、来访、市“12345”热线以及上级转办的各类咨询、情况反映、投诉件35件，未发生重大旅游投诉事件，结案率和游客满意率100%。对在市“12345”热线受理全市旅游相关诉求工单做到及时与投诉者沟通、处理投诉事件，成功调解旅游投诉达成赔偿协议。

【专项整治行动】 以未经许可经营旅行社业务、“不合理低价游”专项整治等行动为重点，在全市范围内开展文化和旅游市场“风暴”整治行动。出动执法人员1864人次，开展执法检查801次，其中专项检查286次，联合检查1次，依法立案4件，行政处罚1.06万元，没收违法所得200元，下达责令整改通知书8份，调查处理举报投诉9起，全部办结。

（张美芳）

本栏编辑：曹　虹

金融业

综 述

【概况】 2022年，全市金融业增加值317.79亿元，同比增长5.1%，占GDP的7%；金融业税收39.49亿元，同比增长16.7%，占税收比重9.4%。至2022年年底，全市共有金融机构187家，银行机构42家，保险机构41家，证券机构26家，期货公司3家，私募基金管理公司24家，地方金融组织51家。

全年全市实现存款余额7306亿元，较年初新增870.59亿元，增长13.5%；贷款余额7456亿元，较年初新增833.7亿元，增长12.6%。全年实现保费收入141.2亿元，同比增长3.3%。2022年，赣州市累计新增直接融资931亿元，增长15.04%。新增金力永磁（H股）、逸豪新材、中国稀土、天键电声等4家上市公司，全市境内外上市企业达18家。全年全市融资性直保在保余额272.83亿元，同比增长21.8%，融资性担保放大倍数7.45倍，平均担保费率0.49%。

（曾 俊）

【金融统计】 围绕“金融统计源数据管理提升年”活动，从源头提升金融统计治理效能。联合市金融办对辖内48家地方金融组织统计进行专项通报，完成地方金融组织系统测试工作，有效提升数据报送质量。对辖内22家法人银行报送的金融业综合统计数据从源头到报送的整个生命周期开展非现场评估，规范统计管理标准和流程，提高数据质量。完善经济监测内容，延伸调查研究触角，新增和替换10余家监测企业，数量为全省第一名。

【绿色金融】 印发实施2022年绿色金融工作要点，将绿色金融纳入金融支持地方经济发展联合考核及奖励范畴。引导银行机构将绿色经济作为支持重点，创新推出“绿业贷”“虔诚＊链养贷”等产品，指导九江银行赣州分行发放全省首笔1000万元湿地经营权抵押贷款。开展企业碳排放数据监测，对辖内赣州铝业、崇义章源钨业、江西耀升钨业等8家企业碳排放量、间接碳排放相关数值、企业生产及资金情况等实时监测和跟踪，推动企业绿色转型升级发展。与市发改委签署双碳工作战略合作框架协议，加强绿色金融政银企对接、绿色企业（项目）库建设、碳减排支持工具落地、绿色低碳发展激励措施完善等领域合作。

【金融服务发展】 支持地方经济高质量发展。印发《赣州银行业保险业支持工业倍增升级行动实施方案》《赣州银行业保险业支持美丽赣州建设行动实施方案》，引导银行保险机构发挥融资主渠道作用和保险保障功能。至2022年年底，全市42家银行机构贷款余额7438.77亿元，较年初增长12.33%，高于全省0.7个百分点；全市41家保险机构累计赔付支出52亿元，同比多赔4.24亿元，增长8.88%，高于全省2.7个百分点。全力保障重大重点领域融资需求，全市重大项目建设融资763.77亿元，增长13.49%，法人银行投资地方政府债余额146亿元，农发行发放基础设施基金56.64亿元。稳定房地产市场融资，引导机构做好“保交楼”金融支持工作。督促引导银行保险机构聚焦“1+5+N”主导产业增加有效投放，全市工业贷款余额961.81亿元、绿色贷款余额491.91亿元，分别增长27.43%、50.12%，高于各项贷款增速15.1、37.79个百分点。聚焦小微企业、个体工商户、新市民、农户等群体融资难题，推动县域普惠金融服务中心建设，自主研发“普惠赣融”专属信息平台，会同当地政府打造集政策宣传、信用信息、业务撮合、信贷增信、金融教育等5大功能于一体的综合金融服务平台。做好金融消保工作。建成银行保险消保站594个，实现机构主要经营区域全覆盖。分类完善银行业和保险业调解制度，成功调解行业纠纷57件。坚决整治涉企乱收费，督促机构退回违规收费464万元，巩固减费让利成果健全信访举报投诉处理机制，全年稳妥处置信访举报件388件、投诉件580件。在全省率先开展“代理退保”黑产整治活动，经验做法在全省推广。

（钟 文）

金融服务

【概况】 2022年，全市金融系统坚持稳中求进工作总基调，以建设全国普惠金融改革试验区为总抓手，推动全市金融运行稳中有进、进中向好，为赣州经济社会高质量发展提供源源动力。全市存贷款余额双双突破7300亿元，中部地区除省会城市外，排地级市第一位；存贷比超100%，域外资金持续流入；直接融资超900亿元，新增江西金力永磁科技股份有限公司（H股）、中国稀土集团有限公司、赣州逸豪新材料股份有限公司、天键电声股份有限公司等4家上市公司，2年新增10家，位居全省第一，上市公司市值突破1900亿元。地方金融组织获财政部下达的小微企业担保奖补资金3998.8万元，7家地方金融组织获省金融局通报表彰，均全省第一。赣州市落地全省首个QFLP（合格境外有限合伙人）基金，成为中部6个省、全国革命老区首个试点落地的地区。全市化解非法集资陈案25件，总任务完成率139%。赣州城投集团公司获AAA评级，赣州市成为全省唯一同时拥有2家AAA评级平台公司的地级市。全市有各类金融机构185家，市金盛源担保集团公司在全省设区市率先获评“AA+”，注册资本金达4.1亿元、全省设区市第一。

【金融行业】 全年全市有金融机构187家，银行机构42家，保险机构41家，证券机构26家，期货公司3家，私募基金管理公司24家，地方金融组织51家。金融业增加值317.79亿元，增长5.1%，占地区生产总值的7%；金融业税收39.49亿元，增长16.7%，占税收比重9.4%。全市存款余额7306亿元，较年初新增870.59亿元，增长13.5%；贷款余额7456亿元，较年初新增833.7亿元，增长12.6%。全年实现保费收入141.2亿元，同比增长3.3%。年内新增直接融资931亿元，增长15.04%。全市新增4家上市公司，全市境内外上市企业18家。全市融资性直保在保余额272.83亿元，同比增长21.8%，融资性担保放大倍数7.45倍，平均担保费率0.49%。

【货币政策落实】 全市金融各行业主管部门、各县（市、区）定期调度推动信贷投放、保费收入，开展产融对接、金融政策宣讲，千方百计扭转信贷增速下滑，实现保费增速由负转正。协调各银行机构做好政策性开发性金融工具配套贷款、制造业中长期贷款和设备更新改造贷款贴息工作，全年全市签约政策性开发性基金74.88亿元、占全省设区市43.6%；通过审核的设备购置与更新改造贷款贴息项目276个、贷款需求220.02亿元，均列全省第一。

【企业融资难题纾解】 市政府制定印发《赣州市重点产业金融助企纾困活动方案》，推动各金融机构加大对受疫情影响较大行业企业的信贷资源倾斜力度。建立“交通物流”“文化旅游”“专精特新企业”等融资需求项目库，收集融资需求379.8亿元，分行业、分批次向金融机构推介对接。常态化开展问题企业协调，先后解决天沐温泉、大余章源丫山、志浩电子等21家市县重点企业融资问题，新发贷款超12亿元。打造“赣州金融专家服务团”品牌，建立市县联动的“1+20+20”工作体系（1个金融专家服务团工作领导小组20个市级金融专家服务团、20个金融专家服务室），紧盯“五个一”（一站式助企纾困金融服务、一系列辅导规范企业上市、一揽子普惠金融改革措施、一体化金融专项培训、一系列金融服务产业调研）工作目标，年内为193家企业提供融资方案，授信73家，放款金额9.578亿元。

【产融对接机制】 《2022年赣州市金融服务实体经济高质量发展的若干措施》出台实施，畅通政银企对接机制，连续8年举办江西省金融机构支持赣州市经济高质量发展产融对接活动，现场签约项目32个，金额119亿元，现场签约项目整体履约率为94.8%，授信金额94.4亿元，用信51.4亿元。同时督促各县（市、区）、行业部门针对重点特色产业，举办专项产融对接活动37场，促成567家企业现场签约676个项目，签约金额达1416.58亿元。

【金融营商环境优化】 全市围绕省、市“双一号改革工程”要求，建设并大力推广“赣州智慧金融平台”小程序，搭建政银企信息共享“大动脉”，降低交易成本和金融

10月，赣州市金融专家服务团在崇义县企业走访调研（赣南日报社供图）

服务门槛，通过该平台梳理18万户无贷款企业向银行推介，发放“乡村振兴贷”1.03亿元。运用“赣金普惠”平台与农村经营户信用信息联网核查平台，完成全市涉农资产等信用信息数据归集1480.5万条，为25家金融机构网点开通查询，覆盖全市20个县（市、区），全市查询农户信用信息7015笔，发放贷款5421笔，金额6.85亿元。

【金融专项培训】 全市举办2022年赣州“百千万”金融人才专项培训，开展7期市级专项培训，覆盖人次1200人。引导各县（市、区）至少开展1期培训，覆盖人次2000人。市金融办与和君小镇开设4个金融高级班（市级1个，会昌县、赣县区和蓉江新区各1个），学员覆盖300余人。开展内部讲师团活动，举办17期，邀请金融系统挂职干部、金融机构总部专家、研究院所专家近20余人分享最新金融政策和企业实务操作关键点，提高全市金融系统专业素养，留下带不走的金融智力支持。

【投资合作交流平台搭建】 全市用好证监会对口帮扶、沪深北交易所战略合作等政策，组建赣商会金融分会，搭建起挂职干部、上市公司、投资机构合作交流平台。推动“1+5+N”产业基金投大联强，年内新增子基金8支（叁号、肆号、瑞邦、嘉元、梅花、米度、中科、西部），新增管理规模28.73亿元，成功增持道士技术等上市公司，投资的赣州逸豪新材料股份有限公司首发上市成功。推动设立全省首家创业投资管理机构赣州中科融合创业投资基金，备案1个月后实现首个院士团队项目投放，投资500万元，落地章贡区。提升并购基金园产业招商力度，年内引进企业155户，实现税收7.12亿元，全市初步构建“产业引导基金+社会资金参与+多层次资本市场”的基金生态圈。

【政府融资平台优化升级】 全市推动市县融资平台优化升级，市属6个大国企、20个整合方案全部通过审核。以政府融资平台优化升级为契机，盘活整合注入国有资产，提升主体信用评级，市城投集团获批AAA评级，瑞金市国控建设投资有限公司、于都县城市发展投资有限责任公司、兴国县城市发展投资有限责任公司、崇义县发展投资集团有限公司、全南公用市政建设有限公司、会昌县恒茂建设发展集团有限责任公司、信丰县发展控股集团有限公司均获AA评级。传达债券发行最新政策，指导县（市、区）调整债券发行策略，找准窗口期加速债券发行，拓宽债券融资渠道，全年发行信用类债券357.62亿元，创历史同期最高。

【普惠金融】 年内，完成普惠金融改革试验区中期阶段主要任务，主要指标在全省位列第一，全省普惠金融改革两周年现场推进会在赣州市召开。印发普惠金融行动方案，引导机构加大普惠金融信贷投放，全市普惠贷款占比20.52%，高于全省6.26个百分点。聚焦小微企业、个体工商户、新市民、农户等群体融资难题，推动县域普惠金融服务中心建设，自主研发“普惠赣融”专属信息平台，会同当地政府打造集政策宣传、信用信息、业务撮合、信贷增信、金融教育等5大功能于一体的综合金融服务平台。通过“政府+人行+银联”，首创性在国家支付平台“云闪付”上开发“赣州智慧金融”融资服务平台，为普惠金融工作提供数字化平台。于都县入选全国首批中央财政支持普惠金融发展示范区。落地全省首个QFLP基金，成为中部六省、全国革命老区首个试点落地的地区。

【县域金融改革】 赣州经济技术开发区完成中部六省首个QFLP业务试点，吸引外资7150万美元，率先启动全省首个知识产权证券化试点工作。崇义县发挥生态资源优势，率先引入九江银行赣州分行在崇义设立绿色专营支行，成为全省探索绿色金融改革工作先进典型。南康区高标准建设县域金融服务中心2.0升级版本，打造集政策宣导、信贷对接、融资增信、信用服务、咨询培训于一体的“一站式”金融服务平台。上犹县坚持支付赋能，搭建智慧金融服务平台，推出“整村担保”新模式。大余县支持农村宅基地制度改革，加大金融产品与服务创新，创新推出“农村宅速贷”，助力乡村振兴发展。

【非法集资风险化解】 全市建立“一案一策一专班”和县领导包案制度，定期召开陈案化解专班碰头会，凝聚公检法工作合力，推动非法集资陈案有效化解。2022年，全市化解陈案26件，其中2018年前陈案7件，2018—2020年之间陈案19件，总任务完成率144%。强化防非处非警示宣传教育力度，常态化开展“扫楼清街”和联合执法，全年全市新发非法集资案件数（11件）和涉案金额（2.36亿元）分别下降26.67%、13.26%。

（曾　俊）

银行业

【中国农业发展银行赣州市分行】 2022年，中国农业发展银行赣州市分行投放各项贷款和基金合计180亿元，创历史最高纪录，同比多投76.7亿元，贷款投放额、净增额列全省系统前列。各项贷款余额593.1亿元，较年初增加70亿元，增幅13.4%，完成省分行下达的年度信贷计划。全年累计调查评估项目61个、金额337亿元，审议项目60个、金额300亿元，核准和投放项目贷款147笔、金额105.4亿元，形成“储备一批、调查一批、审批一批、投放一批”的接续发展态势，重点支持赣州稀金科创城、经开区返乡创业基地、南康家具集聚区标准厂房等重大项目实施。全年贷款累放额、贷款净增额位居全省农发行系统前列，年末各项贷款余额占全省农发

10 月 10 日，农发行江西省分行与赣州市人民政府签订战略合作协议

（农发行赣州分行供图）

行系统 14%，对公贷款余额连续多年居全市金融机构首位。

推动 14.32 亿元“保交楼”专项借款当天申报、当天审批、当天发放、当天支付；通过上下联动、集中办贷，获批全省系统唯一一笔制造业中长期贷款 1.46 亿元。

成立基金项目工作专班，协调市发改委、人行派驻专人在农发行现场办公，累计投放农发基础设施基金 50 个、金额 56.6 亿元，项目个数和金额分别占全省农发行 35.2% 和 42.3%，分别占赣州市 78.1% 和 75.6%。其中，10.5 亿元赣粤产业合作区（南康片区）、4.71 亿元深赣港产城特别合作区一期、4.37 亿元宁都梅江灌区等 3 个项目是全省单笔最大额度项目。

（罗博文）

【中国工商银行赣州分行】 2022 年，中国工商银行赣州分行实现拨备前利润 18 亿元、营业收入 22.58 亿元，均超额完成年度任务，创历史新高。中间业务收入 3.85 亿元，同比增幅 5.49%，总量同业第一名。存款业务企稳回升。各项存款余额 545.21 亿元，增量 22.04 亿元。其中机构存款增量 21.24 亿元，系统第二名，余额和增量稳居同业第一名。各项贷款余额 593.67 亿元，增量 66.38 亿元，信贷结构优化明显加速。其中制造业贷款较年初增加 11.01 亿元，增速 39.11%，较 2021 年同期提升 22.05 个百分点。民营企业贷款增量 2.27 亿元，超额完成序时任务。普惠贷款增量 12.7 亿元，增速在四大商业银行居同业第一名，超额完成任务。提升风险防控质效。资产质量稳中向好，不良贷款实现“双降”。其中不良额 2.01 亿元，较年初下降 3378 万元；不良率 0.34%，较年初下降 0.11 个百分点，同业最优。有效管控内部，统筹安全与发展，全年无重大事故、无重大负面舆情，无重大风险事件。

有效精准打击电信网络诈骗犯罪活动，分行联合赣州市公安局成立全省首家“警银反诈工作站”，并迅速在辖内所有网点普及落地，共成立 56 个“警银反诈工作站”。堵截百余起诈骗活动，共抓获涉嫌诈骗嫌疑人 80 多人，为客户避免和挽回损失上百万余元。加大对乡村振兴的支持度，对分行本级和县支行对接帮扶的乡村投入乡村振兴资金共计 216.56 万元，用于基础设施建设、产业发展、人居环境整治等；响应号召开展消费扶贫，组织引导购买贫困地区农产品 135.15 万元；参与公益活动，通过为乡村小学捐赠校服和书籍、开展扶贫月捐活动等进行帮扶。

制定支持赣州普惠金融改革实验区建设的实施意见，开展“千名专家进小微”“万名小微成长计划”“百行进万企”等系列活动，提升小微和民营金融服务水平。推出经营快贷、e 抵快贷、国担快贷、红培贷等线上业务，提高办贷效率。至 12 月末，实现银保监口径普惠贷款余额为 39.8 亿元，比年初增加 12.9 亿元，增速同业占比 47.9%，位列同业第一。稳健发展做优个贷。发挥个贷中心的集中处理作用，提高办贷效率，继续保持个人住房贷款稳定发展，全行累计投放个人住房贷款 44.8 亿元，全行个人住房贷款余额 254.8 亿元，余额列系统第二，同业第二。加快不良贷款处置，优化信贷结构调整，制定清收处置方案，明确清收处置责任人，挖掘潜在风险贷款清收潜力，抓现金清收和重组转化不良贷款，不良贷款率 0.34%，比 2021 年下降 0.11 个百分点。

【中国农业银行赣州分行】 2022 年，中国农业银行赣州分行存贷连续 2 年高增长。全行人民币各项存款时点余额 722.18 亿元（不含同业和保本理财），净增 86.71 亿元，同比多增 62.12 亿元，增量绝对额和贡献度均较 2021 年提升。日均核心存款余额 651.31 亿元，净增 53.61 亿元，同比多增 29.10 亿元。人民币各项贷款余额 742.79 亿元，净增 88.56 亿元，贷款增量连续 2 年位居系统和四行第一名。主要监管指标大体达标。普惠领域贷款净增 39.36 亿元，小微贷款净增 10.41 亿元、不良余额下降 1587 万元、不良率下降 0.62 个百分点；县域贷款净增 72.19 亿元、省级乡村振兴重点帮扶县贷款增速高于全省贷款增速 3.7 个百分点。财务基本面保持稳定。实现营业收入（含管会）28.89 亿元，净利润（含管会）12.98 亿元，中收（含管会）2.62 亿元。风险管控攻坚克难。不良贷款余额 13.29 亿元（含审计差异 21038.5 万元），不良率 1.79%。

全行 11 个省级乡村振兴重点帮扶县贷款增量 49.78 亿元，增速

13.92%；脱贫人口小额贷款系统贡献度19.49%；精准帮扶贷款余额85.63亿元，净增13.35亿元。累计带动脱贫人数13.94万人，全年带动脱贫人数11.04万人。直接购买和帮助销售脱贫地区农副产品分别达52万元、4833万元，“兴农商城”免费上架扶贫商户30家、农副产品895多个，2022年交易14.1万笔、金额177.43万元。抓住疫情期间政府促进消费、提振经济的需求，签署赣州市消费券3年独家掌银代发协议，共掌银代发13批次政府消费券，代发金额8550万元。服务乡村振兴有效衔接。在金融机构服务乡村振兴考核评估初评为“优秀”档次。强化与市农业农村局战略合作，开展“万企兴万村”行动，以“惠农e贷”产品为龙头，采用“整村推进信息建档”模式，开展高质高效满足农户多样融资需求。截至2022年末，全行县域、涉农贷款、乡村产业贷款增量分别为53.87亿元、30.79亿元、11.93亿元。农户信息建档11.17万户、授信102.58亿元，行政村覆盖面100%。在3个县成功上线三资管理平台“银农直连”系统，县域特色金融场景达61个，“华东城”农副产品智慧市场项目纳入总行“金融科技创新实验室示范项目”。

增长普惠领域贷款。全年全行监管口径普惠领域贷款较年初净增46.41亿元，增速达43.97%，增量同业和系统内均排第一。支持乡村振兴重点领域方面，粮食安全贷款、乡村建设贷款、省级乡村振兴重点帮扶县贷款等多项贷款增速均高于全行各项贷款增速，增量系统排名前列。持续扩大普惠金融覆盖，设置总行级普惠金融专营机构3个、一级分行级普惠金融专营机构5个、绿色金融专业支行2个、制造业信贷专业支行1个，打造全省农行首个普惠金融服务专区。建档农户、预授信客户分别较年初新增0.97万户、0.94万户，行政村覆盖率达到100%，增加农村地区有效金融供给；共建成惠农通服务点629个，乡镇覆盖率达100%，推动行政村实现更多基础金融服务全覆盖。

2022年末，全行民营企业、制造业、绿色信贷贷款余额分别为31.75亿元、82.84亿元、12.08亿元。支持首贷企业融资需求，全年累计发放小微企业首贷户540户，金额7.78亿元。办理小微企业无还本续贷3074笔，金额531760万元；贷款展期37笔，金额1222万元。为个体工商户办理无还本续贷8笔，金额236万元。农户贷款无还本续贷88笔，688万元，主动为有需要的客户申请宽限期共有261笔，金额2200.29万元，其中普惠口径101笔，1022.86万元。

（陈　园）

【中国银行赣州市分行】 2022年，中国银行赣州市分行人民币存、贷款均较上年末新增超40亿元以上，其中人民币存款日均新增43.66亿元，四大行市占提升0.39个百分点，贡献度较上年提升0.09个百分点；人民币贷款较上年新增42.14亿元，余额达439.2亿元，突破400亿元大关。

始终坚持“效益为先”，推动经营效益实现稳步增长。截至年末，实现净收入14.79亿元，同比增幅7.81%；实现拨备前利润11.89亿元，同比增幅9.00%；实现净利润74731万元，较上年末提升0.49个百分点；实现非息净收入13565万元，同比增幅2.03%；人均净收入、人均拨备前利润、人均净利润持续保持全省第一名。对公基础客户较上年新增2764户，个人有效客户较上年末增加7.11万户。手机银行场景建设有效提升，先后上线信丰五中、于都新长征、宁都四中、信丰中学、赣州移动公司等5家智慧食堂及宁都育新私立学校K12场景。推动三代社保卡项目，实现赣州移动公司、赣州市消防支队等2个重点单位含18个县（市）区消防大队批量换卡，累计发放三代社保卡合计2300张。结售汇业务在总行举办的“2022年第一季度中国银行对公结售汇竞赛”期间，累计办理对公结售汇7.2亿美元，同比增幅157.11%，其中在线结售汇1.98亿美元，同比增幅103.11%。全年全口径累计业务量达16.67亿美元，较上年新增4.2亿元，同比增幅34%。

截至年末，该行人民币各项贷款余额较上年新增超42亿元。通过扩大信贷投放规模，将服务实体经济、民营企业与防范化解金融风险地结合起来，制造业贷款余额较上年新增9.68亿元，绿色金融贷款余额较上年新增17.25亿元，教育、医疗、养老等民生领域贷款余额较上年新增6.01亿元。

重点聚焦农户、临街商户等创新推出“赣知贷”、产业园厂房贷、油茶产业个人经营贷款等金融产品，多举措支持服务实体经济发展。2022年，普惠贷款“两增两控”余额较上年新增12.21亿元，普惠客户数较上年新增1472户，累计为8200余户小微企业提供授信支持超48亿元。

落实全面风险管理，发展总体平稳，连续十年获评“平安赣州建设先进单位”，在取得全年案例无事故、无案件、无重大风险事件、无重大监管处罚目标的同时，实现系统内绩效排名稳步提升。依托现代科技和资源投入推进运营“前台操作后台化、后台操作集中化、集中操作专业化”建设，加强全流程授信风险管理，在有效防范新增贷款风险的同时，重点做实贷后管理，严格把资产质量关。截至年末，表内全口径不良资产3.79亿元，不良率为0.87%，较年初上升0.16个百分点，但明显低于全省0.34%的增幅，资产质量总体可控。

（伍誉瑶）

【中国建设银行赣州市分行】 2022年，建设银行赣州市分行一般性存款时点余额440.68亿元，比年初新增64.29亿元。其中，对公存款时点余额170.34亿元，比年初新增21.32亿元；个人存款时点余额270.34亿元，比年初新增42.96亿元。各项贷款时点余额582.68亿元，比年初新增89.89亿元。其中，对公贷款时点余额257.65亿元，比年初新增70.76亿元；普惠金融贷款新增23亿元；绿色信贷贷款余额26.45亿元，较上年新增18.05亿元，计划完成率100.28%。个人贷款（含信用卡）时点余额333亿元，比年初新增19.1亿元。其中，个人贷款（含住房、商用房、消费）余额286.05亿元，比年初新增14.98亿元。个人住房贷款（不含商用房）余额266.96亿元，比年初新增13.6亿元。信用卡贷款余额34.09亿元，比年初新增5213万元；全口径分期交易额20.59亿元；专项分期交易额8.28亿元，同比增幅41.52%。实现中间业务净收入2.32亿元。实现拨备前利润168568元，计划完成率101.8%。

支持市重点项目和重点客户发展。对公贷款余额达258亿元，比年初新增70.8亿元，增幅达37.8%，增幅创近3年新高。其中绿色信贷余额26.5亿元，比年初新增18亿元、增速214.5%；设备更新改造贷款推进有力，共营销37个项目，投放项目28个、金额11.9亿元。将新金融行动作为业务发展增长极，强化统筹部署和资源配置，实现金融活水精准滴灌社会发展痛点难点。绿色金融快速发展。聚焦国家“双碳”发展目标，梳理市绿色项目清单，明确责任机构和责任人员，加快贷款投放落地。全行绿色贷款余额26.5亿，比年初新增18亿，增幅212%。

科学研判互联网金融服务的变化，关注到同业离行自助的缩减趋势，分析发现自助设备投入产出不成正比的现象。渠运部结合市分行党委的战略部署，及时优化全行自助设备规模和布局，全年现金类设备减少158台，占全省总量的63%，计划完成率367%。以“普惠+商户”的策略，抓实抓细客户基础，联动存款、贷款及中收的快速增长，完成低效网点整治任务。2022年，市分行精细化管理重点工作计划综合完成率高达233.72%，被省分行推荐评选为“全国精细化管理标杆行”。

推进网点复杂业务向后集中，释放柜面劳动压力。2022年，全行共撤消县域的9个调拨机构，实现所有县支行28个网点均直接在市分行统一调拨，释放调拨、提缴现金人员36人；上收城区17个网点的附行式自助设备82台的清机加钞业务，由渠运部集中运维，共释放网点加钞人员34人。

（冯世文）

【交通银行赣州分行】 2022年，交通银行赣州分行客户基础量质齐升。对公方面，对公达标有效客户年度计划完成率130.43%，新开插旗破冰客户、新开代发工资对公客户、新增代发源头个人客户等指标取得较好成效。零售方面，有效客户增幅达18%，代发有效客户增幅达83%，社保卡激活增幅达11%，激活率达82%，信用卡活户新增年度计划完成率125.89%。持续突破重点业务。完成国际结算量年度计划完成率211.13%，结售汇量年度计划完成率226.82%，进出口结算客户数年度计划完成率125%，同业金融生态交易圈超90亿元，年度计划完成率540.85%，AUM季日均增幅达21%，非房消费贷余额增幅达160.65%，贷款余额净增、贷款日均余额净增、有效额度客户净增均居全省前三名。强化数字转型。围绕结构调整，强化数字转型，加快重点项目和重点业务的拓展，与赣州市某医院医疗集团签订战略合作，开立2家区级医院、11家卫生院专用存款账户；准入赣州市城市服务中心保住房业务合作银行，中标章贡区、蓉江新区预售商品房监管银行资格。加快零售转型。非房消费贷业务得到有效拓展，补充分行个贷资产。惠民贷增量、有价值收单商户增量、支付结算客户新增、个金场景交易量多项指标居全辖第一或前列。卡融合试点推进，开展信用卡业务派遣制试点工作，并取得优异成绩。

克服疫情冲击影响，较好地守护分行安全经营和发展成果。截至年末，考核口径不良率为0.06%、逾期率为0.22%，新增高风险资产控制在1000万元以内，保持低位运行。全年开展警示教育大会暨“行长讲内控合规”活动3次，开展各类自查排查，全年实现零案件、零事故、无监管处罚。

（刘江龙）

11月，中国建设银行赣州分行工作人员在果园察看脐橙长势，了解“赣南脐橙贷”等信贷普惠金融服务成效 （赣南日报社供图）

【招商银行赣州分行】 2022年，招商银行赣州分行各项存款余额160.4亿元，各项贷款余额190.4亿元。分别占当地九家股份制银行总量的34.08%和24.47%，全折人民币自营存款市场份额2.25%，较上年末增加0.38个百分点。在总行16

家三等行中综合排名第六。

（钟重骏）

【上海浦东发展银行赣州分行】2022年，上海浦东发展银行赣州分行一般性存款余额38.19亿元。其中，对公一般性存款余额25.30亿元；零售一般性存款余额12.89亿元。全行一般性存款日均27.71亿元。其中，对公存款日均16.97亿元，零售存款日均10.74亿元。全行各项贷款余额64.56亿元。其中，公司贷款余额20.96亿元，个人贷款余额43.60亿元。截至12月末，全行累计完成营收2.06亿元；累计实现模拟利润1.79亿元；中收完成3838.14万元；EVA完成6787.47万元。截止12月末，对公贷款余额21.02亿元，较年初新增4.78亿元，全年目标完成率151%。先后落地华能秦煤1.5亿元中期流贷、海螺水泥4亿元短期流贷等重点项目；通过二级福费廷业务的交易累计实现6.28亿元的资产投放，推动贷款规模增长。同业市场排名从年初的第七位提升至第六位。

在2022年初存款出现较大缺口的不利情况下，广拓存款来源，稳存增存，实现负债经营稳中向好。截至12月末，一般性存款余额38.19亿元，较年初新增12.83亿元。同业市场排名从年初的第七位提升至第五位，增量位居第三位，增幅位居第一位。2022年上报新客授信24户，金额16.72亿元；实现新客投放11户，金额6.81亿元。上报新客数以及新客投放数均位居分行前列。零售方面，中高端客户净增264户、信用卡新增1349户、新增三方存管5324户、新增代发客户AUM1.22亿元，上述四项指标增量绝对值均位居分行前列。

聚焦风险压降，不断调优客户结构，风险管理工作提升。裸贷户户数较2022年初减少12户；陆续退出贞利实业、新天贸易等风险客户；实现明洋汽车、巨人西式快餐、三和源贸易等风险家底客户转化，存量风险客户得到有效清退及降解。持续加大不良化解及现金清收力度，全额现金收回赣州龙峰建材有限公司700万元；通过不良资产打包转让方式化解赣州亚龙酒业商贸有限公司不良贷款5538万元；东宏锡制品、宝华山还款计划也得到有效执行。完成分行本部大楼搬迁、经开支行开业、章江支行新址选址等工作，网点布局调整初步成型。

（肖玥镕）

【中国邮政储蓄银行赣州分行】2022年，中国邮政储蓄银行赣州市分行经营效益再创新高，实现收入超11亿元，中间收入突破亿元，是全省第一也是唯一收入站上11亿台阶市分行，安远、兴国、信丰收入同比增幅超10%。实现利润超5.5亿元。资产总额同比增幅14.49%，负债总额同比增幅13.85%。零售业务规模居前。信用卡业务四项指标列全国前10%。个人储蓄存款净增、个人价值存款月日均净增、基金有效销量、中邮长期期交、贵金属业务收入等指标较2021年同期明显提升，规模占比均列全省第一位；其中个人客户AUM（资产管理规模）规模和计划完成比均列全省第一位。三农极速贷净增超13亿元，个人产业经营贷净增约1.5亿元，均列全省第一位。消费信贷结余、净增规模稳居全省第一位。首创全国邮医合作“赣州样板”，在全市建成医保（邮储）便民服务点202个，激活医保电子凭证4.23万户，为超2.4万次参保群众提供线上医保缴费服务，上报总行优秀案例。普惠小微企业贷款结余规模、净增规模和净增计划完成比全省第一位。

主动落实稳经济大盘要求，加大制造业中长期贷款、设备更新改造再贷款、政策性开发性金融工具配套融资、房地产贷款投放等重点领域的信贷投放，并持续推进重点产业、重大项目和专精特新企业的对接。全年累计向赣州重点项目及重点企业投放贷款近130亿元，其中制造业贷款余额超25亿元；向85户“专精特新”企业提供超5亿元信贷资金支持，科创金融小企业法人贷款结余近8亿元。支持乡村振兴战略。开展农村信用体系建设，成立18支乡村振兴工作队与56支乡村振兴攻坚队，累计建成信用村超3000个，新增信用户约4.5万户，线上信用贷款年净增约3.5亿元，信丰县支行信用村建设经验入选总行典型案例在全国推广。涉农贷款年净增13亿元、完成监管计划233%；普惠型涉农贷款年净增6亿元、完成监管计划250%，净增规模和计划完成比均列全省前列。助力企业纾难解困。对受疫情影响较明显行业开展名单制走访，实施差异化利率定价政策，做到“应延尽延”、“应信尽信”。办理中小微企业无还本续贷、展期业务超3.6亿元，办理受困小企业主体转续贷超7亿元，全年投放普惠型小微企业贷款近105亿元，完成监管计划184%。

落实基层联系点制度，加大基层帮扶力度，整治形式主义官僚主义问题，提高办文办会效率，精简报表、优化流程、开通绿色通道，做到为基层减负，发文及会议数量较2021年实现“双降”。加强司法诉讼流程跟踪，诉讼率、执行率稳步提高。重点推动大额不良清收，全年累计清收各类不良资产超1.4亿元。加强内控管理。围绕“警示教育、深化整改、生态建设、合规文化”主题以案促改，健全检查、整改、问责管理闭环，案防合规“领题破题”12个重点热点问题得到有效整治。落实监管要求，开展扫黑除恶、消费者权益保护、反洗钱工作。优化疫情防控工作，推进安全生产工作“常态化”，保障金融服务不断档。持续加大涉案账户治理，得到市公安局反诈中心肯定。

（温海丰）

【赣州农商银行】2022年，赣州农商银行各项存贷款余额分别达1865亿元和1438亿元，分别较年初净增162亿元和152亿元，增幅分别为9.5%和11.8%；全年实现各项收入110亿元，利润总额26亿元，净利润22亿元，拨备前利润43亿元；不良贷款占比1.95%、资本充足率14.7%、贷款拨备覆盖率332.5%，持续优于监管标准。

推进贷款扩面、产品创新、助企纾困等工作。实施“贷款客户三年翻番”工程，持续推进农区整村授信、城区普惠授信，2022年末，贷款客户总数86.8万户，较年初增加14.3万户，占符合授信条件人口的14.7%，较年初提高2.43个百分点；户均贷款余额18.8万元，较年初下降0.4万元。整合政务、保险、担保等各类资源，创新推出“稀土供应链”“脐橙收购贷”“普惠快担贷”等15款特色信贷产品；推广线上信贷产品，线上贷款余额38.85亿元。对于暂时困难但信用观念信誉良好，符合延期还本付息政策的企业贷款做到应延尽延。2022年，累计对3514户、金额24亿元贷款进行延期还本付息。全面落实减费让利政策，普惠型小微贷款平均利率5.16%，较年初下降15个BP（基点），为实体经济减费让利近4.2亿元。

全市农商银行坚守服务三农战略定力，主动融入地方经济社会发展，支持乡村振兴。支持脐橙、蔬菜、油茶等现代农业产业发展，有效满足新型农业经营主体融资需求，2022年末，涉农贷款余额突破669亿元，新增25亿元，占各项贷款的46%。聚焦产业振兴，以农业产业振兴信贷通主动承接到期产业扶贫信贷通，全年累计发放贷款26.87亿元，占全市的70%，助力巩固拓展脱贫攻坚成果同乡村振兴有效衔接。创新建立“金融村官”机制，累计选派236名党员担任基层村“金融辅导员”，送资金、知识和服务到农户家中。制定实施党建联建共建助力乡村振兴三年规划，共与1016个党组织结对共建，开展联建活动2100余次。

推进社保卡发放和激活工作，启动到期社保卡批量保号换卡，开通线上申请办理。2022年末，累计发放社保卡820万张，占全市人口的80%，激活社保卡649万张，激活率达79%。设立特色支行，以专业团队服务园区企业，支持政府招商引资，小微贷款余额581亿元，较年初增长61亿元，新增小微企业贷款占比达40%。支持创业就业，推出创业担保贷款，靶向扶持大中专院校毕业生群体创业。2022年末，创业担保贷款余额28.89亿元，占全市银行业的70%。纳税贡献持续加大，全年实际缴纳税费14.06亿元，同比增加2.07亿元，是全市纳税贡献最大的金融机构。

（钟文翔）

【兴业银行赣州分行】 2022年，兴业银行赣州分行持续加大信贷投放，持续加大金融对“1+5+N”产业集群重点项目的服务支持力度，新投放贷款31.79亿元。截至12月末，敞口余额112.76亿元。加大重点产业支持，聚焦赣州市特色产业及县区首位产业，持续加大中长期制造业贷款投放，新投放制造业贷款8.69亿元。

创新服务“专精特新”企业，分行充分运用补贴政策，新投放科创企业贷款5.58亿元。

发展绿色金融，贯彻落实《2022年赣州市绿色金融改革创新工作要点》，实施总行绿色金融业务发展战略，新投放绿色融资15.14亿元。发展普惠金融，为小微提供低价优质金融服务。参与普惠金融改革试验区创建工作。运用普惠贷、银担贷等产品，引入省融担、财园信贷通、区县工业产业基金等风险分担机制，支持普惠小微企业。推广“快易贷”“e票贷”等线上融资融资产品，为小微客户提供便捷的融资服务。新投放普惠小微贷款6.21亿元。

落细落实帮扶责任，持续加大涉农贷款投放，强化金融服务乡村振兴，制定主攻乡村振兴工作行动方案，支持各经营机构服务县域客户群体，投放三农领域贷款，分行落实乡村振兴帮扶资金17万元，新投放涉农贷款3.07亿元。发挥“商行＋投行”优势，帮助赣州企业通过直接融资形式，获得低成本域外资金支持。2022年，分行实现新增债券投资10.7亿元，新增落地非标13亿元，债券承销30亿元。

推进跨境人民币业务，为外贸企业提供优质结算服务。推动跨境结算尤其是人民币结算服务的提升，加强各类跨境人民币业务配套支持，助力赣州市人民币国际化业务高质量发展，加强外汇套保“首办户”推广工作。2022年，分行跨境结算量2.76亿美元。

（高超华）

【赣州银行】 2022年，赣州银行重点领域风险稳妥有序处置，整体经营状况保持平稳，主要监管指标基本达标。截至2022年12月末，资产总额2638亿元，增幅8.9%；各项贷款1732亿元，增幅16.6%；各项存款余额1892亿元，增幅3.5%，总量做大。各项贷款占总资产比重65.6%，增长4.3个百分点；各项投资占总资产比重24.6%，下降0.9个百分点，结构持续优化。实现净利润8.25亿元，增幅5.6%；成本收入比30.26%，控制在35%以内；生息资产利息收入同比增长3.14%，付息负债付息率同比下降26BP（基点），效益提升。

增大服务地方经济力度。赣州地区各项存款余额964亿元，较年初新增97亿元；各项贷款余额1048亿元，较年初新增132亿元；上缴税收9.16亿元，同比增长39.6%。助企纾困和新市民服务成效明显。落实党和国家纾困暖企政策，出台纾困暖企11条、抗旱减灾9条和服务新市民12条措施，全年办理普惠小微企业延期还本付息59.28亿元，对符合政策的普惠小微贷款，减免利息4783万元。研发“薪易贷”“脐橙贷”等产品，在新市民创业、就业、住房安居等方面提供信贷资金63亿元，减费让利570万元。

实现对公贷款余额1089亿元，较年初新增254亿元。开展两户治理，有效对公贷款客户数新增1093户，高质量账户新增760户，户均贷款余额较年初下降76万元。银承余额较年初下降55亿元，年末票资比较年初下降3.21个百分点，承兑保证金占比压降至9.87%，达到监管要求。稳增客户，成本趋降。

对公存款客户3.64万户，较年初新增0.53万户。赣州对公存款实现一定增长，城区支行对公存款余额329亿元，增幅7.9%；县域支行对公存款余额125亿元，增幅7.5%。对公存款、对公定期存款、保证金存款付息率分别较年初下降16BP、20BP、39BP。31家机构获得国库集中收付代理资格，并开展国库集中支付业务；省内63家机构开立零余额支出账户，并办理国库集中支付业务。全行开立商品房预售资金监管账户244户，实现资金沉淀15.32亿元。赣州11个区县对接住宅专项维修资金便捷缴存系统，实现资金沉淀13.38亿元。稳增结算，效益趋好。全年实现跨境人民币结算量24.16亿元，同比增长2.73倍，排名提高至全省第8名，位列省内城商行第一名。实现外汇金融市场交易量80亿美元，同比增长65%；实现条线业务净收入3.18亿元，同比增长6%。

（张青山）

【江西赣州银座村镇银行】 2022年，江西赣州银座村镇银行实现存款余额173.64亿元，较年初增长28.68亿元；贷款余额149.88亿元，较年初增长4.6亿元。该行贷款户数51648户，其中小微企业贷款余额为113.46亿元，占比75.70%，小微企业贷款户数25578户，占比49.52%。其中，100万元以下贷款户数为49435户，占总贷款户数的95.72%，全行户均贷款29.02万元。累计缴纳税收10.69亿元，其中2022年缴纳税收1.06亿元。

发挥普惠金融服务特色，进村整村逐户建档，组织普惠金融专营客户经理开展信用档案的建档工作，做到应建档尽建档。开展“扫码贷”业务，推广村民的预授信工作，对符合授信条件的村民根据其家庭净收入大小给予最高30万元的授信额度，并授予“普惠金融示范户”荣誉证书。开展信用村、信用户、普惠金融示范村的评选活动，对信用村进行授牌、颁发奖金或折价成等价实物，对信用村村民颁发荣誉证书、优惠贷款利率、提升贷款额度和慰问贫困户等措施，截至年末，开展村居普惠金融共完成标准建档83246户，共授信12444户，授信额度11.41亿元。

针对脐橙复种，为农户量身打造“橙长贷”产品，脐橙种植贷款余额60119.64万元，惠及种脐橙种植户3390户；针对小微企业生产技术改造，该行推出“畅易贷”贷款产品，累计发放66户，金额0.92亿元；用好央行支小再贷款政策，量身定做“小微订单贷”产品，以最优惠的利率价格发放给有订单的小微客户，解决部分小微企业、加工型或贸易型客户的临时订单资金缺口，2022年发放订单贷3862户，金额20.78亿元。创制“水电贷”“企业中长期流动贷”“乡村振兴系列产品”等信贷产品，提升产品竞争力与行业开发深度，实现金融产品的本土化，受到当地小微客户的广泛欢迎与认可。

支持小微企业、个体工商户主在新冠肺炎疫情过后的复工复产及生产经营，通过主动对贷款客户发送短信宣传等方式，让客户了解延期还本政策，告知贷款到期有特殊困难的企业可与银行自主协商延期。对经办无还本续贷业务的客户经理和主管实行单户发放奖励政策，鼓励营销人员开展延期还本业务，解决企业贷款到期续贷压力与资金成本；下发《关于落实中国人民银行等五部委延期还本、信用贷款业务相关政策的通知》《关于加速推进延期还本和信用贷款两项业务发展的通知》等文件，研发“战疫接力贷”产品对接办理延期还本业务。截至12月末，累计发放延期还本贷款21577笔，金额104.55亿元，对符合延期条件的客户做到应延尽延。发放普惠小微信用贷款17569户，贷款金额59.31亿元，占全部贷款的38.47%。

（钟界会）

【九江银行赣州分行】 2022年，九江银行赣州分行下辖19家传统支行及3家小微支行、12家社区支行，1家支行筹备组以及4个物理网点，营业网点覆盖赣南所有县（市、区）。截至2022年末，九江银行赣州分行资产总额208.99亿元，较年初增长12.90%，其中各项贷款余额179.10亿元，较年初增长27.72%。全行吸收存款198.59亿元，较年初增长13.86%。全行2022年实现营业净收入6.26亿元，同比增长16.52%，其中非利息收入0.36亿元，同比增长100.75%。2022年实现净利润4.38亿元，较上年同期增长20.23%。

截至2022年末，新三农产业贷款余额29.95亿元，较年初增长35.95%；普惠型涉农贷款余额21.06亿元，较年初增长46.15%；涉农贷款余额61.30亿元，较年初增长19.47%；乡村振兴领域贷款余额57.35亿元，较年初增长23.65%；累计发放普惠惠农卡、乡村振兴借记卡14.06万张，较年初增长38.07%。定制“一县一品”金融服务模式，契合当地特色农业产业的生产特性与融资需求。创新推出“橙香贷”“果农贷”“绿萌贷”业务，分行脐橙产业链业已涵盖种植农户、贸易商、脐橙分选加工设备制造等产业链条上各类客户群体，做到“金融+产业链”无缝隙信贷支持，当年投放金额超3亿元；支持赣州蔬菜产业发展，截至2022年12月，分行累计授信24亿元，投放14亿元，有效推动赣南蔬菜产业发展，带动农户就业超2000余人，助力农户在家门口实现就业增收。针对家具生产企业定制推出特色产品——“南康木材贷”。截至2022年12月，家具产业贷款贷款余额2.23亿元。主动响应行内外普惠金融服务站设立的规划部署，持续推进服务站设立工作，截至2022年末，完成普惠金融服务站设立118家，开展“金融知识送下乡”“普惠金融心贴心、银村联动助振兴”等现场互动活动180余场次，受众人数6000余人，发放宣传材料6000余份。减费让利优化业务结构，夯实客户基础。截至2022年末，制造业授信余额为53.50亿元，较上年末新增25.30亿元。通过为企业减免转账手续费、降低贷款利率等措施，提高中小微客户结算活跃度，增加对公客户流量，全年对客户减免手续费用370万元。普惠金融改革试验区落实《赣州市普惠金融改革试验区建设方案》文件精神，分行于2021年1月26日成立九江银行赣州分行普惠金融改革试验区建设工作推进小组，根据赣州市普惠金融改革试验区建设方案相关要求，向总行提请相关政策支持和倾斜，并制定分行普惠金融改革试验区建设实施方案，确保各项工作落到实处。推行普惠信贷产品线上化，进一步扩大线上业务客群范围，提高额度核定标准。优化线上业务审批流程设计，提高业务办理效率，截至年末，线上经营性小额贷款16.29亿元，惠及5791户农户及个体工商户小微企业主。强化与省农担、省融担、金盛源等政策性担保公司合作，推行“见贷即保”政策，拓宽融资渠道，推进业务落地，截至2022年末，银担“总对总”担保业务规模21.31亿元，涵盖农户及小微企业4012户。拓宽融资渠道，推广“江西省小微客户融资服务平台”，截至年末，共有3349户小微企业主通过小微融资平台获得信贷资金支持，申贷获贷率达64.53%。

新取得国库集中支付代理资格数量3个、新增新增预算单位零余额31个、财政业务代理市场份额达71.43%。投资类业务金额数量创新高，在赣州地区投资债券类业务总金额达33.64亿元。不断发展轻资本业务，截至年末，累计完成银行承兑汇票签发442235.36万元、实现票据贴现960392.47万元，办理再贴现41621.55万元；实现贸易金融业务结算量68559.06万美元，贸易金融业务收入4503.91万元，截至年末，分行外汇贷款及贸易融资余额为13888.31万美元。

拓宽支付结算渠道，减轻结算费用负担。围绕商圈、便利店、餐饮店等打造移动便民支付场景，为商户提供便利的聚合支付工具。截至年末，分行零售客户数40.47万户，分行储蓄存款余额107.35亿元，较2021年末增长21.77亿元，同比增长25.44%。在零售储蓄业务结构上，活期储蓄存款余额18.19亿元，占比16.95%，较年初新增2.49亿元；定期储蓄存款余额89.16亿元，占比83.05%，较年初新增19.27亿元。分行零售贷款余额46.87亿元，较上年新增1.81亿元，其中个人按揭贷款24.91亿元，较去年减少2.49亿元，个人经营性贷款14.95亿元，较上年新增5.83亿元，个人消费贷款7.01亿元，较上年减少1.53亿元；分行零售条线两增两控贷款余额14.19亿元，较上年度新增5.70亿元。

新增发行庐山卡6.62万张，累计发行庐山银联卡41.15万张；信用卡累计发卡7.08万张；本年累计代销实物贵金属1.48万元，代销基金产品505.88万元；累计销售个人理财36.31亿元/次；理财存续余额23.25亿元；年末分行收单商户数18396户，其中有效收单商户6680户。

持续推进业务全流程风险防控，持续优化全面风险管理机制，贷款规模稳步增长的同时，将不良率控制在较低水平。截至12月末，各项贷款余额179.1亿元，较年初新增38.87亿元，增幅27.72%。全年处置不良8986.07万元，全年提起金融借款诉讼案件76笔，不良贷款率为0.98%，维持在一个较低水平。增强“车轮战”贷后排查频次、聚焦重点开展专项排查。对授信后检查、重点风险业务检查、一般风险业务检查、低风险业务检查、信用风险排查等业务排查实现按月滚动、不同维度“车轮战”排查；针对业务发展难点、重点开展10次针对专项排查，排查聚焦10亿元以上集团授信、大棚蔬菜业务、“九融贷”业务、贷款违规流入房地产等总行分行经营过程中的业务重点。全年对押品管理、征信管理、账销案存等风险管理模块开展业务检查9次，检查出问题593笔，涉及金额113103.38万元，并汇集问题建立《赣州分行风险检查整改情况追踪表》，推进整改进度，实现整改率为97.5%。风险端口前移，压降潜风扎紧不良入口。建立《赣州分行授信客户风险事件报告机制》，明确授信客户风险事件的报告流程和工作要求，及时妥善处置风险，建立快速反应机制。推进全流程信贷管理标准化、数字化，加强押品全生命周期管理。

（郭　煜）

保　险

【中国人保财险赣州市分公司】 2022年，中国人保财险赣州市分公司实现保费收入27.64亿元，同比增长–0.62%，其中车险保费18.09亿元，同比增长9.21%；农险保费3.55亿元，同比增长8.69%；商业非车险保费3.89亿元，同比增长22.32%；社保保费2.02亿元，同比增长–57.43%。全年公司提供各类风险保障4.24万亿元，支付各类直接赔款17.36亿元（不含未决），处理赔案56万余件，累计缴纳各类税款2.62亿元，发挥保险经济“助推器”、社会“稳定器”功能。

落实好政策性农业保险，将中央强农惠农政策落到实处。截至12月底，累计为全市69.92万户次农户提供风险保障226.68亿元，处理各类农险赔案4.7万件，支付农险赔款1.94亿元，同比增长25.49%，直接受益农户8.76万户次，同比增长16.54%，拓宽农业保险受益覆盖面。开展水稻完全成本保险工作，推进水稻完全成本保险在信丰、宁都、于都、兴国、南康等5个产粮大县（区）试点县域全覆盖，保障金额由原来的400元/亩提升至850元/亩，保障水平提高1倍有余。公司累计承保全市24.16万公顷水稻（含早、中、晚稻），覆盖全市67.73万户水稻种植户，助力保障国家粮食安全。提升中药材保险覆盖面。用足用好省级特色农险财政补贴政策，为28947户中药材种植户提供6.94亿元风险保障，累计承保面积达2.54万公顷，保费规模全省

10月1日，人保财险定南支公司农险理赔工作人员对受灾水稻进行现场查勘
（中国人保财险赣州市分公司供图）

最大，覆盖石城、宁都、赣县、瑞金等13个县（市、区），中药材直接赔付1516.79万元。围绕地方优势特色农业产业，因地制宜开发地方优势农产品保险，创新开发宁都黄鸡、上犹茶叶、石城山地鸡、兴国灰鹅价格指数（收入）保险，以及生猪价格指数保险、"保险＋期货"、猪保贷、高标农田建设工程质量潜在缺陷责任保险等地方特色农险，其中小农户特色农业价格（收入）保险累计承保389.3万亩/头/羽，支付赔款1196.76万元，有效促进农民增收致富、农业稳产增效。

优化升级"精准防返贫保险"，为全市87.71万防返贫对象提供风险保障430.47亿元，支付"防贫保"赔款金额3071.19万元，有效惠及2040人次。推进"乡村振兴保""社区安全保"等产品，章贡区成为全市首个县级统保"双保"业务的县域，为章贡区58万人口提供约580亿元风险保障。面向以现金已经缴存农民工工资保证金的企业，创新试点推行农民工工资保证金存量置换，累计为全市536家建筑施工企业提供风险保障5.28亿元，释放约10亿元农民工工资保证金。推动补充工伤保险试点落地。参与并推动江西首个补充工伤保险试点项目落地赣州，提高职工工伤补偿待遇，减轻用工单位经济负担，更好维护职工合法权益，有效惠及全市参保单位和70余万参保职工。推动新市民保险。创新开办"新就业形态人员职业伤害责任保险"，为859名灵活就业人员提供风险保障。推进各类责任保险，推进校园类责任保险提标扩面，共创"平安校园"；扩大社会综治保险、精神病监护人责任保险、安全生产责任险、自然灾害公众责任险、野生动物致害政府救助责任保险等覆盖面，参与自然灾害和意外事故处理。

发展首台（套）重大技术装备综合保险、重点新材料首批次应用综合保险，为江西孺子牛智能科技、赣州好朋友科技等高新企业提供风险保障2.95亿元，助力解决高新企业"有材不好用，好材不敢用"、生产与应用脱节、创新产品推广应用困难等问题。发挥桥梁纽带作用，利用产融对接会平台，推动人保集团投资板块公司与市政府建立"险资投放"联动机制。与赣州发投集团就赣州高铁西站基础设施项目签订合同，投资金额8.8亿元创新推出南康家具产业共保模式。持续加大金融保险对南康家具产业发展的支持力度，主导推动并成立"共保体"，将为7000余家家具企业及40余万从业人员提供"一站式""家门口"综合保险服务。

做好灾后理赔，快速查勘定损，加快案件处理时效，帮助受灾群众尽快恢复生产生活。2022年汛期洪灾及旱灾期间，公司处理农业保险洪灾、旱灾赔案1300余件，支付赔款超4000万元，并联合相关政府部门为9个县（市、区）15个乡镇捐赠150余台（套）水泵等抗旱设备，用于缓解旱情。发挥保险保障功能，2022年提供各类风险保障4.24万亿元，处理各类赔案56万件，支付各类直接赔款17.68亿元，缴纳税款合计2.62亿元。强化理赔线上化服务，推广"拇指理赔"，客户可通过微信公众号、微信、小程序等线上方式提交理赔材料，简化理赔单证，2022年，公司万元以下理赔周期8.44天，车险立案结案率98.65%。强化警保联动，开通警保便民服务窗口65个、乡镇交通劝导站294个，连续9年开展"护航"高考行动，每年春节、五一、中秋等重要节假日，在重点高速公路出入口、大型服务区、旅游景区等设立人保"心服务站"，为过往旅客提供车辆检测、医疗帮助、线路指引、协助事故处理等服务。

（曾小锋）

【中国人寿赣州分公司】 2022年，中国人寿赣州分公司实现总保费24.4亿元，其中标保1.03亿元，年度预算完成进度84.05%；首年期交3.62亿元，年度预算完成进度105.04%；十年期及以上业务1.61亿元，年度预算完成进度111.82%；大短险1.53亿元，年度预算完成进度92.29%；政策性健康险2.78亿元，年度预算完成进度121.06%。其中，标保保费达成7475.59元，年度预算完成进度91.56%；首年期交保费达成2.32亿元，年度预算完成进度114.14%；十年期保费达成1.14亿元，年度预算完成进度125.82%；短期险保费达成2821.41万元，年度预算完成进度99.84%。收展渠道标保保费达成2248.54万元，年度预算完成进度61.47%；首年期交保费达成7251.56万元，年度预算完成进度86.1%；十年期保费达成3551.65万元，年度预算完成进度 80.26%；短期险保费达成 1187.21 万元，年度预算完成进度 87.04%。银保渠道标保保费达成 648.14 万元，年度预算完成进度 125.12%；首年期交保费 5740.51 万元，年度预算完成进度 100.62%；五年期保费 2212.39 万元，年度预算完成进度 112.02%；短期险保费达成 110.02 万元，年度预算完成进度 107.86%。团险渠道短期险保费实现 1.12 亿元，年度预算完成进度 91.01%。健康保险渠道政策性健康保险保费实现 2.78 亿元，年度预算完成进度 121.06%。

公司主要考核指标绝对数在全省系统占比第一，为全省系统各项业务发展贡献较大力量。其中总保费全省系统贡献度 19.4%，标保贡献度 20.6%，首年期交贡献度 20.0%，十年期贡献度 21.18%，短险贡献度 18.7%，政策性健康险贡献度 26.0%。市场竞争保持优势。2022 年对标主要竞争对手，公司期交对标保费比值 450.6%，较年初提升 129 个百分点；系统人力比值 275.1%，较年初提升 84 个百分点。业务、人力对标比值分别列全国系统 136 家重点城市 22 位、25 位。全市系统 17 家县域支公司中，有 11 家县公司实现“双领先”，占比 64.7%。

发挥前后台协同效应，以服务促发展，积极构建包括投诉处理、客户服务、客户经营在内的“一降两升”工作模式。服务客户有深度。降低客户投诉率，建立 32 个消费者权益保护站，完善投诉治理考核办法，创新提供《承保风险提示书》，大幅度提高自渠道受理解决投诉件的效率。2022 年，客户监管投诉件 24 件，同比下降 52.94%；95519 投诉升级件 8 件，同比下降 42.86%。持续做好“重大疾病一日赔”“理赔直付便捷赔”等服务，理赔时效提升，出险支付平均时效 33.59 天，同比缩短 4.73 天，在全省系统排名前列。制定电子化推广方案持续推进寿险 APP、微信公众号、空中客服普及率，并在所有业务方案中增加对新单客户订阅电子化的要求。通过持续普及线上服务渠道，在 2022 年实现新单电子化通知 e 化率 83.49%，全省第一，股份保全 e 化率 99.63%，理赔 e 化率 99.79%。

始终把依法合规、风险防控融入发展的各个方面。强化思想防线，抓好合规教育。追踪督导全体员工按时完成国寿 e 学学习任务。通过固化合规早会、线上学习平台等方式，组织营销员开展诚信宣誓仪式、常态化警示教育和每月不少于 30 分钟诚信合规教育培训，要求基层公司一把手每月至少上台讲一次合规课程。2022 年，全市系统累计开展合规教育 1682 次，受训人员达到 10546 人次。强化风险治理，抓紧风险排查。针对重点领域，修订、完善 5 项长效机制和制度措施，推动纪委监督与巡察、审计、风控等监督力量统筹衔接。利用每周职场巡查、营销员访谈等方式，防范营销员违规案件发生。针对重大风险，开展十类重点问题一体化整改等 8 项专项治理活动。针对重点人群，对 171 名全市系统关键岗位人员和县公司班子成员开展个人征信、涉诉涉法等行为专项排查，与新聘任和调整了的基层单位一把手签订合规经营承诺书。强化警示教育，抓实追责问责。注重发挥典型案例的警示作用，多次在党委会、纪委会、经理会和各单位员工大会学习总公司下发的《关于印发 10 起虚列费用典型案例通报的通知》及其他典型案例。2022 年，对审计、检查、投诉、监管处罚等涉及员工违规违纪问题进行问责处理，全年问责员工 159 人次，罚金 8.1 万元。

（王　珺）

【太平洋寿险赣州中心支公司】 2022 年，太平洋寿险赣州中心支公司有中支本部及下辖设有 15 家四级机构（4 家支公司和 11 家营销服务部），实现保费收入 12.41 亿元，同比增长 15.87%，位于全市前列，高于全市平均值，且在全省同系统内排名前二，其中人寿险保费收入 108287.40 万元，同比增长 10.19%；健康险保费收入 13436.71 万元，同比增长 25.47%；意外险保费收入 2361.1 万元，同比下降 16.26%，年内赔付支出为 7111.93 万元。

公司客户通过以保险 + 服务为核心的“太平洋寿险”公众号、太平洋保险 APP 等线上渠道实现线上购买、线上支付功能，可享受一站式保险查询、购买、理赔、续保等功能。使用“太慧赔”为客户和业务员提供咨询，加快理赔；通过太保自行开发的 CRM 出单系统，降低原有的出单员人力成本支出；太平洋保险 APP 也可以提供电子保单下载、申请理赔等保单相关服务，简化理赔流程，提高理赔效率，降低理赔成本，2022 年理赔申请时效为 1.09 天，理赔出险时效为 38.38 天，理赔获得率 99.83%。通过在太平洋寿险官方微信号免费注册绑定 + 线上健康互动方式，可享受最多包括重疾专家预约、重疾专家病房、重疾专家手术、120 急救补贴、电话 / 图文健康咨询等 8 项服务。覆盖客户年龄跨度从出生 30 天至 59 周岁。

（吴晨洁）

证券业

【概况】 2022 年，赣州市证券市场发展平稳，民生证券、国盛证券、兴业证券、华福证券 4 家证券公司在赣州设立分公司，全市还设有营业部 42 个，涉及 23 家证券公司，其中国盛证券设有营业部 19 个，实现各县（市、区）全覆盖。

【中信建投证券股份有限公司赣州文清路证券营业部】 2022 年，中信建投证券股份有限公司赣州文清路证券营业部实现营业收入 1841.21 万元。营业支出共计 804.91 万元，营业外支出 0.07 万元，累计实现净利润 1036.23 万元。维护各种渠道资源，推进银证合作及与企事业单位的合作，积极寻求与企业的业务合作机会，并充分利用公司各种平台及活动，扩展客户开发渠道，加大

客户的开发力度。全年新增客户数1013户，其中新增有效客户数263户，有效户转化率25.97%。年内形成更加完善的售前、售中、售后体系，建立客户信任感，将现金管理与基金定投作为基础沟通业务，对回访数量及质量做每日考核，定期抽检。争取扩大产品客户覆盖范围，做好逆势布局工作，为做大权益类产品的销售量与保有量铺垫基础。针对中高端净值客户做好面见邀约或上门拜访工作，重点挖掘中高净值客户需求，利用优质的公私募产品为客户做好资产组合配置，逐步提高中高净值客户中参与权益类资产的客户数量占比，全年新增首次购买公募基金客户数218户，权益类产品日均资产25417.8万元，同比增长28.16%。将“仙人涨”投顾签约数或投顾收入纳入员工的工作量表，分阶段重点推进。组织员工开展投顾产品学习，制定专项活动方案，利用好总公司的各项活动契机盘活营业部客户资产，提升投顾业务收入。全年，营业部投顾收入34.36万元，其中“仙人涨”收入23.06万元，有效客户覆盖率12.25%，覆盖率较上年同比增长15.46%。加强对营业部员工及客户的融资融券业务知识培训，提升员工专业度及开发能力，提高客户风险意识，推动两融业务的开展。通过公司现有工具（投顾产品、两融算法交易系统、预约开户等），以客户需求为出发点，寻找客户痛点，制定个性化服务方案吸引客户。营业部新增融资融券账户28户，其中20户已激活；融资融券余额27204.35万元，较去年年底增长6.97%，市场占比增长12.02%。2022年，营业部实现净利润1036.23万元；客户服务覆盖率30%，累计业务渗透率39.44%；全产品覆盖率34.47%；投顾产品覆盖率10.28%；实现金融产品销售收入386.52万元，其中代销产品收入167万元；新增有效客户数455.1户；新增个人客户资产20.49亿元（包含限售股资产19.19亿元）；新增高净值客户数17户；实现投顾业务收入34.36万元；融资融券余额市场占比增长12.02%。

（邱文龙）

【国盛证券赣州分公司】 2022年，国盛证券赣州分公司客户总数27.23万户，较2021年年末增长19.03%，资产合计106.42亿元，较年末下降12.67%，在持续加强渠道合作，维护存量维护的基础下，客户数量大幅上升，资产受市场影响有一定下降。全年股基交易量1509.05亿元较往年末下降19.5%，与市场整体降幅基本同步，高频交易资产引进不足也为交易量下降主因，辖区各分支客户结构尚需改善。所辖21家分支机构中18家实现盈利，全年新开户44461户，列公司第一；金融产品考核销量较上年增长55.41%，期货IB开424户，列公司第一，期权交易量突破36万张，同比增幅达94%。为辖区各二级营业部提供渠道对接、业务指导、合规保障、数据支持、人事服务、预算调配、薪资核算等服务，减轻各营业部后台事务压力，确保辖区各项工作开展，分支将更多精力专注于业务拓展。通过集中中后台运营管理，部门条块日益清晰，服务效率得到有效提升，管理成本进一步下降，分公司整体变动费用下降20%。抓营销执行力，强化过程管理，在全年坚持不懈地推动下，开立账户超4万，客户数量较上年增长19%；不断向全员灌输财富管理转型理念，坚持资源向一线倾斜，在持续加强营销人员招聘的基础上动员中后台员工向营销一线转型，中后台转岗前台12人，辖区前台营销人员数量较去年增加23人，增长76.67%。

（李孟熙）

其他地方金融组织

【概况】 2022年末，全市地方金融组织51家，其中融资担保公司16家，注册资本金34.1亿元；小额贷款公司13家，注册资本金22.3亿元；典当行10家，注册资本金1.51亿元；融资租赁公司3家，注册资本金23.6亿元；商业保理公司5家，注册资本金4亿元；地方金融资产管理公司2家，注册资本金17亿元，合计注册资本102.51亿元；交易场所2家。

【小额贷款与典当】 全年全市有小额贷款公司13家，注册资本金22.3亿元；小额贷款公司贷款余额20.51亿元，其中注册地市贷款占比93.49%。全市有典当机构10家，注册资本金1.51亿元。典当行典当总额2.47亿元，典当余额0.93亿元，分别同比增长84.43%和73.98%。

【融资租赁与担保】 年末，全市有融资租赁机构3家，注册资本金23.6亿元。全市融资租赁资产总额71.25亿元，同比增加9.33亿元、增速15.07%；总收入4.67亿元，净利润2.14亿元，同比增加0.25亿元、增速13.23%。赣州市在全省率先完成市县担保资源整合，市融资担保集团获评“AA+”评级。年末，全市有融资担保机构16家，注册资本金34.1亿元。全市融资担保在保余额272.83亿元，增加48.90亿元、增长21.83%，融资性担保放大倍数7.45倍。银担“总对总”批量担保业务规模35.28亿元，居全省前列。

【商业保理与地方资产管理】 年内全市有商业保理公司机构数量5家，注册资本金4亿元。全市商业保理公司资产总额6.06亿元，其中发放保理融资款本金3.78亿元，增长109.28%和23.88%。净利润1141.64万元，受让应收账款余额5.85亿元，增长52.98%。全市有地方资产管理机构数量2家，注册资本金17亿元。AMC（资产管理公司）助力资产盘活，全市地方金融资产管理公司投放资金34.93亿元，收购不良资产面值59.96亿元。

（曾　俊）

本栏编辑：王　宇

经贸合作

综 述

【概况】 2022年，全市实际利用外资25.57亿美元，增长8.76%，总量和增幅均列全省第三位；按商务部统计口径，全年实际利用外资（现汇进资）3.73亿美元，增长4.25%，总量列全省第二位。全市进出口总值达到1033亿元，首次突破千亿大关，增长39.9%；其中出口824亿元，增长43%；进口209亿元，增长29%。进出口、出口规模均列全省第二，进出口、出口、进口增速分别高出全国平均水平32.2个、32.5个、24.7个百分点。赣州市成为江西省首个实现QFLP（合格境外有限合伙人）境外募资出资的基金落地设区市。

【利用省外资金】 2022年，全市开工纳入统计省外2000万元以上项目443个，增长7%，合同资金1296.20亿元，增长16.09%，实际利用省外2000万元以上项目资金1200.42亿元，增长9.77%，增幅列全省第一位，高于全省0.51个百分点。格力电器、寒锐钴业、吉利科技、广东道氏、美克投资、杭萧钢构、祥益鼎盛、海尔医疗、江苏华宏、浙江农夫实业、金风投资、广东微电新能源、深圳同益实业、晶科电力、深圳可立克、深圳同兴达等一批世界500强、央企、上市公司以及行业500强企业在赣州市投资的重大项目落地见效，纳入省级利用省外项目资金统计。

【口岸建设】 推进"四区融合"（赣州国际陆港、中国〈赣州〉跨境电子商务综合试验区、赣州综合保税区、国家进口贸易促进创新示范区）发展，打造国际物流枢纽，发展枢纽经济、推动融湾战略。年内，与德国威廉港等国（境）外港口开展战略合作，开通铁海联运班列精品线路5条，中欧（亚）班列覆盖中亚五国及欧洲20多个国家100多个城市，内贸班列通达国内主要物流节点城市。赣州国际陆港全年开行各类班列3799列，吞吐量达24.19万标箱，增长9.2%；进出口货值约72亿元。赣州市获批全省唯一的国家进口贸易促进创新示范区。

（刘 曦）

招商引资

【概况】 2022年，赣州市创新招商方式，积极开展资本招商、以商招商、乡贤招商等新型招商方式，推动出台《赣州市聘请招商顾问暂行办法》，聘请16名社会知名人士作为首批市级招商顾问开展委托招商。拓展稳外资思路，龙南市外资项目联茂电子实现利用再投资2000万美元，赣州经开区完成7000万美元的QFLP境外募资出资。加快政策兑现，对4个符合条件的重大招商引资项目兑现奖励资金400万元，外资现汇奖励政策上线"亲清赣商"惠企政策兑现平台，首次通过"免申即享"为符合条件的外资企业兑付惠企资金522.5万元。

【招大引强】 赣州市实施招商引资"一把手"工程，开展"招大引强大会战"，举行招商引资"五比五看"擂台赛。全年各县（市、区）主要领导外出招商335批次，引进亿元以上项目332个。全年全市引进10亿元以上项目128个，20亿元以上项目72个，50亿元以上项目20个，百亿元以上项目8个。富士康、顾家家居、宜家、北方稀土、天能电池、中钢集团等一批500强、央企、上市公司和行业头部企业、链主型企业先后在赣州市投资，产业集聚效应不断增强。

【项目引进】 2022年，向省商务厅申报"5020"项目51个，位列全省第一。新引进投资185亿元的孚能科技赣州新能源电池项目、150亿元的江西中金电子信息数字产业园项目、101亿元的富士康工业互联智能制造项目、100亿元的格力小家电制造项目等百亿元以上项目7个。

【招商服务】 把握节假日窗口期，开展"三请三回"活动，积极"走出去""请进来"，推动洽谈签约一批项目，其中"三请三回"企业家新春座谈会签约项目10个、签约金额240亿元。首次以进博会为平台举办赣南高水平对外开放推介会，现场签约 20 个项目，投资总额达 359 亿元。成功举办数字经济产业合作推介会、进博会走进江西、第二十二届中国国际投资贸易洽谈会等重大经贸活动。

（何　艳）

对外及对港澳台贸易

【概况】 2022 年，赣州市抢抓赣南苏区振兴发展、粤港澳大湾区建设、RCEP（《区域全面经济伙伴关系协定》）协定生效等国家战略机遇，开展赣州市跨境贸易提升专项行动，出台助企抒困政策助力企业稳定外贸基本盘，有效推动全市外贸经营主体稳步增长。全年全市有进出口实绩企业近 1200 家，增长 24.4%，进出口超亿元企业近两百家，增长 44.5%。

【特色产业贸易】 围绕“1+5+N”主导产业，通过延伸产业链，开展科技研发、品牌打造等措施，赣州家具等 4 个产业获批国家外贸转型升级基地，赣州海盛等 4 家企业成功批复为钨出口国有贸易企业，产业集聚区变为出口集聚区。2022 年，机电产品出口 406.51 亿元，增长 46.65%；纺织服装出口 70.31 亿元，增长 28.89%；现代家居出口 90.53 亿元，增长 23.96%。

【外贸业态】 年内，跨境电商生态逐步完善，建设 5 个跨境电商产业园，在综保区落户江西首个跨境电商退货中心仓，推动赣州国际陆港“跨境电商 + 中欧班列”常态化运营，累计开行跨境电商班列 95 列。2022 年，全市累计实现“1210”进口 402.89 万单，订单量较上年增长 4 倍，累计实现跨境电商 B2B 出口超 100 亿元。赣州跨境电商综试区在全国考核评估中成效列第二等级。

【外贸平台】 2022 年，赣州国际陆港在全省率先开通中老班列，与德国威廉港签订战略合作协议，拓展赣州至罗马尼亚中欧班列新线路，新开至深圳快速城际货运班列“融湾号”，赣深物流时效压缩至 6 小时左右，货物进出境通道更加畅通高效。2022 年，赣州国际陆港开行中欧（亚）班列 259 列，占全省总量的 70%；开行铁海联运班列 1730 列，较上年同期增长 9%。

（何　艳）

对外经济合作

【利用外资】 2022 年，赣州市新批外资企业 61 家，合同外资额 7.34 亿美元（含增资金额）。实际利用外资 3.73 亿美元，增长 4.25%，绝对值和增幅分别列全省第二和第七位。赣州市外商投资企业参检人员 612 家，增长 4.26%。

【对外投资】 2022 年 1—12 月，赣州市对外投资企业 13 家，总投资 500 万美元以上企业 5 家，全年对外投资总额 7335.72 万美元，增长 1273.96%，绝对值和增幅分别列全省第四和第二位。2022 年 1—12 月对外承包工程企业 1 家，对外承包工程总额 8850 万美元，增长 80.72%。

【服务外包】 2022 年，全市开展服务外包业务企业 1308 家，服务外包从业人员达 11.04 万人。全市在商务部业务系统统一平台实现服务外包在岸、离岸合同金额 4.03 亿美元、1.73 亿美元，实现服务外包在岸、离岸执行金额 3.16 亿美元、1.56 亿美元。

（何　艳）

赣州国际陆港

【概况】 2022 年，赣州国际陆港（国际港口代码：CNGZH）立足打造国际物流枢纽，建设内陆开放高地，主动对接融入大湾区，稳定产业链供应链。全年开行各类班列 3799 列，吞吐量达 24.19 万标箱，同比增长 9.2%；进出口货值约 72 亿元。陆港集团营收达 34.08 亿元，资产总额突破 80 亿元大关，获评 AA 级主体信用等级。“国家木材交易中心”落户赣州国际陆港。获批全省唯一的国家进口贸易促进创新示范区。综合保税区成功通过省市预验收。

【陆港口岸建设】 年内，赣州国际陆港建成铁路场站、国际集装箱调拨中心、海关特殊监管区、跨境电商集拼中心、仓储物流中心、临港产业集聚区等六大功能版块，形成集国际物流、短途分拨、海关监管、保税仓储、供应链金融、外贸综合服务、数字经济于一体的综合性内陆口岸。年内，与盐田港、厦门港、广州港、蛇口港、珠海港、宁波港、上海港等沿海港口群，以及满洲里、二连浩特、霍尔果斯、阿拉山口、绥芬河等沿边口岸实现互联互通，开通 5 条铁海联运班列精品线路，中欧（亚）班列覆盖中亚五国及欧洲 20 多个国家 100 多个城市，内贸班列通达国内主要物流节点城市。至 2022 年年底，已累计开行中欧（亚）班列突破 1300 列，铁海联运“三同”班列和内贸班列突破 13000 列。

【口岸枢纽经济】 发挥国企示范效应，带动江西金融机构融入国际贸易链条，助推赣州国际陆港成为区域性的国际贸易中心和开放型经济发展的新引擎。全省首单“9710”“9810”跨境电子商务海关监管模式落地运行，吸引怡亚通等头部跨境电商企业集聚发展。2022 年，赣州国际陆港带动进口木材 50 亿元以上，新增汽车销售额超 8 亿元，跨境电商年进出口量突破 2176 万票（件）、出口额突破 21.8 亿元。

【市场化运营】 推进“管委会 + 公司”管理体制机制改革，开展管委会人事薪酬制度改革，持续优化集团治理架构，激发陆港发展活力。赣州国际陆港与综合保税区、跨境电商综试区“三区合一”取得初步成效，成功探索“中欧班列＋跨境电商＋海外仓”发展路径。年内，赣州国际陆港成功入选商务部等8个部委公布的第二批国家进口贸易促进创新示范区名单，为全省唯一。

【营商服务】 围绕营商环境“一号改革工程”，在全省首创国际贸易服务中心，实现外贸服务一窗办、一链办，集聚200余家外贸企业，打造具有陆港特色的外贸综合体和营商高地。响应减税降负政策，优化物流补助政策，减免入驻企业部分仓储租赁费用，降低企业综合成本。

【赣州国际木材集散中心】 采取“线上＋线下”模式做大做旺木材市场，引进国内一手进口木材贸易商，线上注册用户突破100家，在线交易额超1.4亿元。成功举办第二届国际进口木材贸易博览会暨第六届世界橡胶木产业大会，“国家木材交易中心”落户赣州国际陆港，与青白江国际木材交易中心等六大木材集散地实现互联互通，共同稳定和持续畅通国内大循环。

（黎 璞）

海关监管

【赣州海关】 2022年，赣州海关坚决贯彻海关总署党委“铸忠诚、担使命、守国门、促发展、齐奋斗”工作部署和《署省合作备忘录》，积极融入“三大战略、八大行动”，推动赣州革命老区高质量发展示范区建设。支持赣州国际陆港开通“江西赣州—老挝万象”“赣州—南沙—东南亚”新线路，与德国威廉港签订战略合作协议，支持开创和保障江西首列大麦进口专列抵赣，服务辖区首列出口冷链专列、首趟出口汽车专列顺利开行。保障首趟央企“一带一路”境外光伏电站项目开行“双区联动”班列。优化“中欧班列＋跨境电商”模式，落地全省首个“跨境电商＋保税展示”项目、跨境电商退货中心仓，跨境电商在全省率先实现全业务覆盖、全模式运行、全链条贯通，跨境电商进出口规模超350万单、50亿元。监管服务中欧班列259列，其中“双区联动”班列10列、968标箱、4500万美元。

常态化开展国门生物安全监测，防治外来物种侵害，坚持“人物同防”，强化“多疫同防”。全年完成动物疫病监测1063项次，监管生猪出口7300头；全省首次从进境粮食后续监管中截获节节麦，共截获检疫性有害生物43种次，监测检疫性实蝇2000余头，监测发现红火蚁巢穴30个。收集上报国外动植物疫情信息116篇，其中获总署刊用36篇。

开展安全生产隐患排查，强化重点敏感商品检验监管。全完成稀土检验466批，重点对跨境电商、中欧班列等加强风险研判，共检出商品不合格88批；实验室检测样品805批，开展打火机检测5000余个。推进“口岸危险品综合治理百日专项行动”，落实常态化监管措施，对10余项涉危产品完成安全危险类别鉴定，完成65批危包抽检性能检测；深化综合治税，维护税收安全，关税收入库首次突破10亿元大关；开展“龙腾行动2022”海关知识产权保护专项行动，查发中欧班列出口侵权案件入选总署“十大典型案例”。

创新实施首个跨省份、跨关区、跨海陆港“赣深组合港”项目，开通“铁路快通”通关新模式，支持“融湾号”城际高速货运班列快捷化、公交化开行，与深圳海关加强合作推进组合港信息化建设。推进赣州综保区规划调整建设并通过预验收，赣州综保区绩效排名首次进入中西部地区20强，赣州综保区进出口值210.6亿元，同比增长75.1%。聚合汽车、肉类等平台功能，促进赣州国际陆港、赣州综保区、赣州跨境电商综试区“三区合一”。

对标大湾区全面提升赣州口岸营商“软环境”，开展“一号改革工程海关号”专项活动，细化28条措施力促外贸保稳提质，全年赣州进口、出口整体通关时长分别压缩31%、20%。

围绕赣州市“1+5+N”重点产业，强化与大院大所大企协作联动，综合运用关税、原产地等海关政策，对全产业链集群企业拓展海关政策支持范围；指导进口甜菊糖企业签订双边协议解决进口植物原料问题；完成关区首家供港澳冰鲜猪肉境外

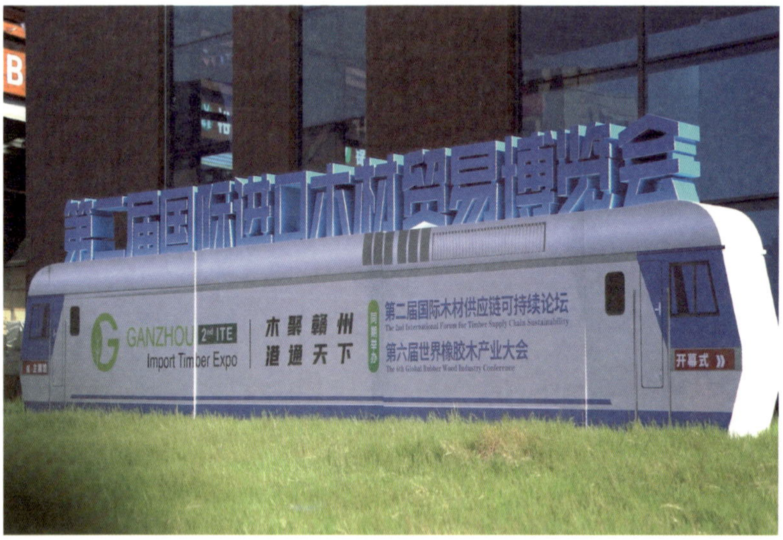

7月20日，第二届国际进口木材贸易博览会在赣州国际木材集散中心开幕

（市商务局供图）

1月4日，赣州海关签发辖区首份RCEP原产地证书　（赣州海关供图）

注册推荐工作、首家供港鲜鸡蛋企业备案，疫情期间保障向香港、深圳稳定供应米粉3000吨，保障粤港澳大湾区菜篮子安全稳定；全力支持重点项目和优势产业发展，有效解决红色能源项目——瑞金电厂进口煤炭困难，全年进口112万吨；助力啤酒企业首次打通国际通道。首次派员作为署级专家认证小组成员，全程参与中国和格鲁吉亚海关AEO（经认证的经营者）互认工作，2022年培育高级认证企业3家，增长50%，列关区第一。指导赣南首家高认企业通过RECP项下经核准出口商认定，签发RCEP原产地证书395份，签证金额3.11亿元，为企业减免关税1555万元，赣州与RCEP易伙伴进出口总值增长100.9%。助力家具、有色金属、电子信息、服装纺织等赣南千亿级特色产业提升国际竞争新优势，打火机、稀土、家具、化妆品出口总量均位居全省第一，赣州市对“一带一路”共建国家进出口总值增长81.7%。

加强公安、税务等部门联动，查发涉税及骗取出口退税大案要案2起、案值9826万元。深化反走私综合治理，推进“国门利剑2022”联合行动，立案侦办刑事案件10起、案值1.66亿元，增长316%，涉税2121.16万元；行政案件立案11起，案值573.29万元。稽查查发数21起，稽查查发率95.2%，提交风险处置类专项稽查有效率列关区第一，移交缉私等部门案件线索13条，稽查作业查发大案要案数列关区第二；查发涉检问题稽查作业5起，案值8201.45万元，实现关区“口岸危化品综合治理”百日专项行动稽查环节首次查发。办结核查作业99起、查发率97%，其中风险类核查作业36起、查发率100%，查发不实贸易企业风险25家，创历史新高，人均核查办结作业数同比翻番，核查查发率等各项核查主要指标均位列关区“第一方阵”。

（温　序）

【**龙南海关**】　2022年，龙南海关贯彻落实总关党委“忠诚作示范、创新促发展、实干防风险、严管勇争先”工作思路，持之以恒优服务、促发展，推动各项工作取得新成效。年内，深化“一关一品”工程，发挥“数据＋研究”优势，精准服务稀土、电子、服装等辖区重点产业发展，促进脐橙、生猪、蔬菜等优势农食产品扩大出口。

落实总署、总关促进外贸保稳提质“10+33”项措施，开展优化口岸营商环境专项行动，与重点企业建立“一对一”帮扶机制，开展“关‘助’发展”系列活动，全年召开政策宣讲会12场次，实地调研52次，解决企业困难16个。推进“两步申报”“提前申报”等便利化改革举措，推广“数据共享＋智能审核＋自助打印＋快递送达”智慧审签模式，压缩整体通关时间成效。2022年，进、出口整体通关时间分别为1.7小时、0.18小时，分别列关区第四位、第六位。辖区外贸进出口总值186.5亿元，同比增长25.7%。年内，帮扶22家出口食品企业、供港蔬菜基地顺利通过注册登记，实现赣州鸡蛋产品首次供港。

推进安全生产专项整治三年行动，开展“口岸危险品综合治理”百日专项行动，加强对辖区打火机、危化品等重点敏感商品监管。2022年，共检验出口打火机、危险化学品、稀土等工业品1414批、货值6.3亿元，同比分别增长0.4%、9.9%，检出不合格28批。深化全员打私，开展“国门利剑2022”“国门绿盾2022”等专项行动。办结稽查作业3家；办理违规行政处罚案件2起，罚没1.8万元，同比增长2.2倍；配合缉私局对2起涉嫌走私普通货物案进行立案调查。落实“严查优服”理念，探索优化核查作业模式，加强对辖区企业的监督管理。全年共计接收核查指令54家，办结54家，核查补税11.81万元，核查有效率85.19%。

（朱振宇）

本栏编辑：周　俊

交通运输

综　述

【概况】 2022年，全市交通运输系统围绕建设赣州革命老区交通运输高质量发展示范区目标，落实“三大战略、八大行动”，解放思想、苦干实干，推动全市交通运输事业高质量跨越式发展，各项工作取得显著成效。

全年全市55个交通基础设施项目全部开工，开工率100%，完成投资221.95亿元，占年度计划的129%。其中，铁路建设完成投资2亿元，瑞梅铁路开工建设，长赣铁路工可获批、先导性施工段具备施工条件。高速公路建设完成投资138.2亿元，新增通车里程169千米，总里程达1729千米；大广高速南康至龙南段扩容工程建成通车，缓解大广高速赣定段常年拥堵状况；寻龙高速建成通车，赣州“融湾”快速通道畅通；推进信雄高速、大广高速吉安至南康段改扩建、遂大高速，均超额完成年度投资任务。赣州至安远至寻乌高速及G319、G640两条国道新增纳入《国家公路网规划》，国省道建设养护完成投资38亿元。农村公路建设完成投资41.4亿元，新改建农村公路1004.8千米，完成危桥改造56座，安全生命防护工程530.4千米，美丽生态文明示范路275.8千米。推进黄金机场T1航站楼二期改造项目，黄金机场三期改扩建项目总规修编通过市规委会审查。瑞金机场、赣州港五云码头一期工程完成主体工程，五云疏港公路项目一期开工建设，推进节点工程与五云码头一期工程。协助赣粤运河专题二至专题九研究成果通过交通运输部验收。赣州西综合客运枢纽启动工可报告编制工作，瑞金综合客运枢纽完成项目设计方案编制。

【运输服务】 道路运输加快转型。新开通寻乌至广州、赣州至韶关等21条省际、市际定制客运班线，增加投放定制客运车辆53辆，开通定制客运班线60条，投放7—9座定制客车400余辆，满足群众多元化出行需求。城市客运更加优化。开展绿色出行城市创建工作，赣州成功创建全国绿色出行城市。新增优化25条公交线路，推广定制公交、社区公交等多元化公交服务模式，累计开通10条定制公交专线、23条社区公交线路、3条旅游专线，公众出行更加便捷。运输服务提质增效。市交通运输综合服务中心开展运输服务质量提升“温馨行动”，升级赣州市道路运输智能服务平台，推动普货年审、道路运输从业资格等9项服务事项实现“跨省通办”“网上办理”，网上共办理客运车辆年审2005辆，危货车辆年审716辆。有序推进交通运输从业资格考试改革，开发应用从业资格考试线上报名系统。开展驾培行业“文明诚信优质服务”创建活动，驾提升培行业服务质量。落实助企纾困政策，联合人民银行赣州市中心支行设立交通物流专项再贷款，为1951家交

12月29日，寻乌至龙川高速公路（江西境内段）通车仪式在寻乌县菖蒲乡举行
（市交通运输局供图）

通物流企业提供专项贷款 12.48 亿元；为 1998 家交通运输企业申请核酸检测补贴费用 859.93 万元。持续改进交通运输 12328 热线服务工作，10—12 月连续 3 个月考评列全省第一名，全年共受理各类投诉、咨询、建议 3.2 万起，回访满意率达 100%。

【交通“放管服”改革】 落实全市深化相对集中行政许可权改革和“市县同权”改革工作要求，将市交通运输局 30 个主项 57 个子项的第二批行政许可事项划入市行政审批局，下放 5 个主项 6 个子项的市级权限至县级，窗口前移至县级 1 项，道路运输“三类十证”全面启用电子证照，有效解决审批层级多、企业群众办事“多头跑、多部门跑”“往返跑”等痛点难点问题。坚持疏堵结合做好交通运输执法。市交通运输综合行政执法支队举行宪法宣誓暨制服换装、执法车辆“发车”仪式，完成 7 个基层执法大队（站）建设。统筹推进“亮剑 2022”系列专项执法行动，累计实施交通运输行政处罚 6000 余件，有效执法稳居全省前列。围绕执法过程中发现的共性问题，在疏解上下功夫。针对网约车合规率低、投诉多的问题，修订完善《赣州市网络预约出租汽车经营服务管理实施细则》，进一步规范网约车市场准入和退出；针对水上游船非法营运问题，推动市政府办出台《关于进一步强化水上旅游客运审批和管理的通知》，指导水上旅游客运企业有效规范游船审批和管理手续；针对南康家具企业普遍使用非危化品运输车辆运输油漆的问题，通过调研提出集中供应链和创新配送体系等解决建议，推动家具企业规范运输。开展行业生态文明建设。持续强化船舶港口污染整治和巩固赣江流域非法码头整治成效，拆解“僵尸船”17 艘，赣州首座赣江船舶污染物接收站运行，实现船舶污染物接收、转运和处置闭环管理。加快推进老旧车船淘汰。推进交通运输污染防治工作，有效整治道路、工地扬尘和项目建设水土流失等现象。持续规范交通工程建设管理。开展交通工程招投标领域专项治理行动，严厉查处和打击招投标领域违法违规行为。推行“不见面开标”和远程异地评标模式，全年 80 个公路水运工程项目采用“不见面开标”、21 个项目采用远程异地评标；利用预警模型开展打击串通投标犯罪工作，对预警模型系统内推送的 41 个交通工程项目进行调查处理，交通工程建设市场秩序更加规范。强化电子考勤和参建企业信用评价结果运用，加强工程建设质量安全监管。持续开展公路水运工程建设“出重拳、遏事故”行动和交通工程质量监督执法“红线行动”，检查 115 个在建项目，完成 178 条问题隐患整改，交通工程建设安全有序。

【交通安全隐患整治】 常态化开展扫黑除恶斗争，整治行业乱象。建立常态化安全生产帮扶机制，成立 16 个帮扶小组到各县（市、区）开展安全生产帮扶工作，累计发现存在问题的企业（部门）228 家次，391 处安全隐患整治到位。完成市、县督办 196 处农村公路安全隐患整治。推进船舶碰撞桥梁隐患治理工作，完成赣州大桥、东河大桥主动预警装置和防撞设施加固改造工作任务。做好铁路沿线安全环境专项治理工作，完成全市公铁并行路段护栏 240 处 2.3 万米移交任务。道路运输安全智能监管成效显著，发现重点营运车辆违规行为 225 起，发出安全提醒 83 万余条，有效促进“两客一危”车辆驾驶员规范驾驶。抓公路治超。坚持路面治超、源头治超、科技治超、信用治超“四位一体”，市级治超综合管理平台和全市 88 个不停车检测点投入使用，实现对全市普通公路科技治超非现场执法的全覆盖。98 家重点源头企业将设备数据接入省治超综合管理平台，货运源头科技化监管水平提升。开展公路治超“织网”行动、“百日攻坚”专项行动，强化跨区域异地联合执法，查处超限超载车辆 3967 辆次，卸载或转运货物 5.4 万余吨，交警记分 10816 分，非法改装车恢复原状 170 辆，有效打击公路超限超载违法运输行为。统筹兼顾抓好行业疫情防控和物流保通保畅。落实落细客运场站、码头和交通运输工具的各项防控措施。作为市疫情防控指挥部转运组牵头单位，严格做好客运和货运运力储备，市本级共储备 181 辆客运车辆、208 辆货运车辆，尤其在宁都、赣州经开区、章贡、于都、信丰等地发生突发疫情后，完成转运保障工作。牵头成立由市委主要领导担任组长的物流保通保畅工作领导小组，畅

2022 年，赣州市在全市范围内开展为期一年的治超“织网”行动。图为巡察现场（市交通运输局供图）

通问题反馈渠道，优化货车通行政策，协调处理劝返车辆、物理阻断交通等问题，累计解决物流不通不畅事项2163件，有效保障全市产业链供应链稳定。

（刘挚朴）

公路管理与养护

【概况】 2022年，赣州市公路发展中心坚持“稳中求进、守正创新、拉高标杆、争创一等”工作思路，攻坚克难、奋力拼搏，年度目标任务基本完成，公路工作取得显著成效。代表江西省迎接2022年度国家公路网技术状况监测取得全国第一名，获2022年度全省干线公路养护管理工作表现突出单位，在全省公路工作综合考评中名列前茅，安全生产工作连续3年居第一名。市公路发展中心下辖直属、赣县、兴国、宁都、于都、石城、瑞金、安远、寻乌、信丰、南康、大余、崇义、上犹、会昌、定南、龙南、全南等18个公路分中心和赣州市公路建设服务中心，代管赣州市公路投资集团公司。3月，全市公路系统总编制1529人，有在职职工1314人，离退休职工1841人。其中，有正高级工程师2人，高级工程师102人，高级经济师3人，高级会计师3人，中级职称239人，助理工程师192人，技术员24人。

【争资争项】 树立项目为王理念，争取上级奖励政策。2022年（含2023年第一批）累计向上争取普通国省道建设与养护计划中央及省级资金29.55亿元，其中建设项目争取上级补助资金21.3亿元，占全省52.3%。交通运输部核定G319瑞金至兴国改线工程车购税补助29.35亿元，投资规模与补助资金均为1949年以来全省普通公路之最。瑞兴于快速交通走廊、宁都石上至大沽公路新增纳入《国家公路网规划》，全市国道新增164千米。省交通运输厅同意赣州市新增普通省道约600千米，全市普通国省干线公路即将实现“县县双通”。

【国省道建设】 全年全市普通国省道升级改造项目完成年度投资32.32亿元，占全省25.8%，建成通车41.47千米，完成省级下达的目标任务。宁都S448、崇义G220平安百年品质工程创建取得阶段性进展。宁都县普通国省道与城市道路衔接协调发展交通强国试点工作成效明显，综合考评中获全省第一。

【公路养护】 按照精准养护、量入为出、总量控制、动态调整的原则，对养护项目实行入库管理，有序推进实施。全年实施路面养护大中修及预防性养护539.7千米（其中2022年新安排实施327.718千米，批复总投资3.11亿元）；完成危旧桥改造112座；完成灾毁重建项目28个；共完成总投资7.18亿元。6月，赣州市357国道代表江西省接受2022年度国家公路网路面技术状况监测，取得全国第一的历史最好成绩。建立科学规范的日常养护管理体系，常态化开展养护巡查，确保及时养护，国道、省道PQI（路面技术状况指数）分别稳定在92和88以上，上犹县、大余县和定南县进入全省日常养护年度监测排名前十。推进养护机械化，筹资3000余万元，集中采购135台（套）机械设备，提高道路养护的质量和效率。完成组建市公路养护公司，探索公路养护市场化的有效路径。

【农村公路建设】 2022年，全市完成新改建农村公路1004.8千米，占省交通运输厅下达目标任务的133.09%；完成农村公路投资41.43亿元，占省交通运输厅下达目标任务的122.22%，危桥改造完成56座，占省交通运输厅下达目标任务的116.7%，超额完成目标任务。全市农村公路（县道、乡道、村道）总里程40080.222千米，其中县道4746.094千米，乡道6984.428千米，村道28349.7千米，县道三级及以上公路比例为52.5%，通三级公路及以上乡镇比例为97.5%，建制村通双车道比例为56.5%。推进“四好农村路”示范创建，会昌县被评为全国“四好农村路”示范县，上犹县被评为全省“四好农村路”示范县。

【农村公路管理养护】 赣州市全面推行农村公路“路长制”，开展“路长制”中期评估。章贡区、南康区、寻乌县、安远县、会昌县、上犹县率先开展智慧路长平台建设和运营，提升农村公路管理科技化和信息化水平。印发《关于做好赣州市2022年度农村公路管理养护工作的通知》。加强农村公路安全隐

6月14日，瑞金公路分中心在236国道清除塌方（市公路发展中心供图）

患的排查整治工作，完成市县级督办道路交通隐患排查整治196处，开展全市普通国省道与农村道路平交路口隐患排查治理工作，对系统导出3402处平交路口隐患进行全面摸查整治。完成54处农村公路安全设施和交通秩序管理精细化提升工作。

（刘挚朴）

【安全生产】 常态化开展安全隐患排查，2022年全市国省道共排查日常隐患2300余处，投入整治资金1023万元。推进专项整治工作，完成175处国省道市县两级挂牌督办隐患路段整治，投入资金620余万元；整治1794处平交路口安全隐患；排查整治校园周边交通安全隐患213处，投入资金34万元。有序推进抢险保通，汛期期间，全市普通国省干线公路水毁严重，造成交通中断69处，全市公路系统累计投入1.2万抢险人次，迅速抢通，实现人员零伤亡、路外财产零损伤，后期迅速组织灾后重建，总投资约1.3亿元。全年全市普通国省道未发生安全生产责任性事故，交通事故数、亡人事故数同比分别下降11.8%和16.3%。

【行业管理】 建立“我为群众办实事”长效机制，完成292个具体民生实事，群众满意率达100%。推进从严治党，持续正风肃纪，开展政治谈话和政治家访，实施内部审计，以审促改，以改促建。完善人才选拔流程，优化职称评定机制。持续优化公路行业管理模式，发挥法律服务机构在促进法治建设、保障本部门合法权益、化解矛盾纠纷的职能作用，全年参与处理各类涉法事务15件，参与诉讼案件4起；全年组织4次全市路域环境联合整治活动，召开联席会议，联合开展“净路”行动，损害路产路权现象被有效遏制；利用路网监测平台加强路况信息发布和监测分析，国省道监测覆盖率已达85.7%，实现干线公路及重点路段运行监测的全覆盖。

（赖思凡）

道路运输管理

【概况】 2022年，赣州市加快推进道路运输转型升级，推动道路运输行业有序健康发展。受疫情影响，全年完成旅客运输量1605万人，同比下降35.00%；旅客运输周转量130655万人千米，同比下降37.26%；完成货物运输量22617万吨，同比下降1.47%；货物运输周转量1653542万吨千米，同比增长3.19%。

【道路运输转型】 推动省际、市际定制客运发展，扩大定制客运覆盖范围。2022年，新开通寻乌至广州、赣州至韶关等21条省际、市际定制客运班线，增加投放定制客运车辆53辆。全市开通定制客运班线60条，投放7—9座定制客车400余辆。定制客运开通班线数和投放车辆数持续保持全省第一，进一步满足群众的多样化出行需求，推动传统客运企业转型升级。

【疫情防控和物流保通畅】 落实落细客运场站、码头和交通运输工具的各项防控措施。作为市疫情防控指挥部转运组牵头单位，严格做好客运和货运运力储备，市本级共储备181辆客运车辆、208辆货运车辆，尤其在宁都、赣州经开区、章贡、于都、信丰等地发生突发疫情后，完成转运保障工作。牵头成立由市委主要领导担任组长的物流保通保畅工作领导小组，畅通问题反馈渠道，优化货车通行政策，积极协调处理劝返车辆、物理阻断交通等问题，累计解决物流不通不畅事项2163件，有效保障全市产业链供应链稳定。

（刘挚朴）

高速和航道管理

【概况】 2020年3月1日，江西省交通运输综合行政执法监督管理局八支队在赣州市挂牌成立。原江西省公路路政管理总队赣州高速公路路政管理支队11个大队相应更名。全年，八支队践行“崇法、敬民、保通、兴赣”的交通运输执法核心价值理念，聚焦总队“八项行动”，推进综合执法，较好完成年度各项目标任务。八支队负责赣州市境内大广、厦蓉、南韶等843千米高速公路和赣江（万安大坝—赣州水尺）、贡江、章江等606.55千米航道的交通运输执法。其中，通行千吨级船舶的Ⅲ级以上航道94.8千米，辖区共有16对服务区、39个收费站、55座隧道、591座桥梁，其中特大桥梁6座。主要负责管辖高速公路区域内的交通运输综合行政执法和管辖航道内的航道执法等工作。

【航道执法】 开展航道执法工作，初步建立“法航共建”机制，解决大队办公趸船、执法船艇等问题，设置临水执法服务室，提升航道执法规范化水平。重点检查涉航建筑物、在建涉航工程项目，全年立案查办危害航道安全案件14起。

【内控管理】 及时修订完善预算管理、收支管理、合同管理等内部控制制度。坚持重大事项法制审核制度和法律顾问预审机制，清理经济合同，建立合同台账，变更合同主体16份。资产管理和处置工作实现新突破，全部清缴原稽征分局办公楼等房屋租金，原赣县所办公用房征收补偿款到账并将进行下账处置。

【法治交通建设】 举办2022年交通运输执法工作全员培训，完成102名执法人员新执法证发放，规范行政执法案件办理，从行政执法程序、保障当事人合法权益、严格法制审核、规范文书制作和卷宗归档等4个方面规范完善。全年共办结行政处罚案件587起，罚款95.85万余元，其中入口劝返非现场执法案件337起、违法大件运输案件

182起、违法涉路设施案件31起、损坏公路设施或污染路面案件18起、航道执法案件15起、偷逃通行费案件4起。

【交通服务】 严格落实一站式审理办理要求，强化涉及大件运输审批、养护施工报备、涉路行政许可审批等事项中的工作主动性和实效性，妥善解决当事人的诉求，提升服务水平。全年共办理行政许可2件，大件运输许可1.2万余件，养护施工报备48起，获锦旗12面。

【服务区监管】 压实服务区监管责任，约谈路段经营单位，加强问题整改。组织2次服务区执法监管能力提升培训。全年开展服务区日常检查2437次，专项检查86次，联合执法行动65次，下达整改通知书125份。强化清障施救监督，采取不定期和重大节假日全覆盖的督查方式，常态化组织开展警示教育和收费标准学习，严格落实收费审核制度，全年车辆救援服务投诉量明显下降。

【安全防范】 制定重大节假日及重要时段值班工作制度，开展安全生产"扫雷清零"专项整治行动和路域环境整治攻坚行动，排查整治违法涉路设施，保障国庆和中共二十大期间的安全稳定工作。全年共排查安全隐患649处，下达安全隐患告知书497份，拆除违法建筑物2处，整治违法架设（埋设）管线6处，共立案查办违法涉路设施案件26起，累计罚款18.85万元，持续巩固高速公路路域环境整治工作成果。

持续开展单位内部安全隐患整治、燃气安全整治、房屋安全整治等专项行动，加强网络安全防范工作，强化机房、网络、电源等设备的管理，对信息系统、网络专线、硬件设施等进行全面检查。消除单位内部安全隐患41处，出租房屋安全隐患13处。

（刘志江）

铁路建设

【概况】 2022年，赣州市铁建中心坚持"主攻高铁、完善路网、打造枢纽"的工作思路，攻坚克难，积极作为，推动各项工作取得较好成效。全市建成铁路7条，全市总铁路营运里程达923千米，铁路网密度增加至234千米/万平方千米，人均铁路营运里程增加至1.03千米/万人。全市通铁路的县（市、区）有13个，5个县未通铁路。

【项目前期工作】 争取国家铁路局、国铁集团和省发改委等部省单位支持赣郴永兴铁路、赣韶铁路扩能工程、赣龙厦高铁纳入国家中长期铁路网规划修编，多次随委领导、中心领导赴国铁集团和省发改委等部省单位汇报对接。8月9日，省委副书记、市委书记吴忠琼率队到国铁集团拜会总经理、党组副书记郭竹学，提出恳请支持赣郴永兴铁路、赣韶铁路扩能工程前期研究，赣龙厦高铁纳入国家中长期铁路网规划修编，国铁集团表示支持。中心将该事项提报苏区振兴发展部级联席会第八次会议事项，国家发改委、国家铁路局、国铁集团表示支持。

【项目研究】 完成赣州铁路枢纽总图规划研究。配合设计单位开展规划研究报告的编制，10月组织完成专家评审，12月完成编制工作，提交研究成果。开展利用既有普速铁路干线富余能力开行市域（郊）列车规划研究。9月，向市政府行文《关于恳请安排开展利用既有普速铁路干线富余能力开行市域(郊)列车规划研究编制经费的请示》，10月按程序委托中铁工程设计咨询公司开展规划研究，12月完成合同签订并开展报告编制。开展南丰至瑞金铁路预可研编制，会同抚州铁办共同组织项目沿线5个县委托设计单位开展项目预可研编制工作，于10月完成专家评审。做好赣州北站站房、站前广场及周边综合交通规划编制。配合开展规划研究报告编制并多次进行修改完善。

【长赣高铁】 长赣高铁可研获批建设。完成项目用地预审、规划选址、社会稳评、地灾、文物保护、土地综合开发等可研审批前置要件。争取国铁集团支持长赣州北站水东设站方案，并与长赣高铁同步建设。争取国铁集团于8月完成初步设计预审查，国家发改委于9月底批复长赣高铁可研报告，省政府11月21日举行项目开工建设动员大会，先导工程具备开工条件。

【瑞梅铁路】 瑞梅铁路开工建设。瑞梅铁路线路起于江西省赣州市瑞金市，从既有瑞金站引出，途经会昌县、安远县、寻乌县后跨赣粤省界至广东省境内，经平远县至梅州市梅县区、梅江区引入既有漳龙铁路梅州站，为Ⅰ级铁路，设计速度160千米/时。江西段线路全长165.231千米（桥隧比73.83%），设置车站5个（利用既有瑞金站，新建会昌、安远、寻乌3座办客车站，天心站为不办客会让站），投资109.47亿元，建设工期54个月。协调省自然资源厅于5月完成瑞梅铁路压覆矿专题批复。7月，争取水利部批复项目水保报告。8月，争取生态环境部批复项目环评报告，争取国铁集团、江西省人民政府、广东省人民政府联合批复项目初步设计。10月，争取中国铁路建设管理有限公司完成项目施工图设计审查，10月31日完成控制性工程先行用地批复。省政府于11月21日举行项目开工建设动员大会。施工单位11月底进场，项目正式开工建设。全年主要开展征地拆迁和临建工程施工，完成投资2亿元。

（黄树林 殷秀珍 刘经晶）

航空运输

【概况】 2022年，江西机场集团

赣州机场分公司贯彻落实上级“稳中求进、进中谋变、变中提质”工作方针以及分公司“守底线、稳预期、强基础、创业绩”的工作目标，守住疫情防控底线，保持安全态势整体平稳，完成各项工作。分公司1人获江西省五一劳动奖章，1人获赣州市五一劳动奖章，1人获赣州市五一巾帼标兵称号，安全护卫部消防员钟文锦在民航华东地区运输机场应急救援比武对抗赛获得个人一等奖。分公司团委获评“华东民航五四红旗团委”“集团公司五四红旗团委”，航务保障部团支部获评“赣州市五四红旗团支部”，“虔诚”班组获评“赣州市优秀青年志愿服务集体”，1人获评“华东民航优秀共青团员”，2人获评“江西机场集团优秀共青团员”，2人获评“赣州市优秀共青团员”，1人获评“江西机场集团第七届青春榜样”。全年，在疫情影响下，群众出行大幅减少，航班量大幅降低，赣州黄金机场全年旅客吞吐量完成86.33万人次，累计运输起降10535架次、航线补贴12647万元，累计开通航线34条，通航城市29个。

【安全保障】　深化安全管理体系建设。修订机场使用手册，全年制定、修订印发全面落实安全生产责任督导问责办法等安全管理制度共计22部，明确各层级安全责任，建立安全责任网格化拼图。

开展安全大检查及各类专项行动。制定印发安全大检查工作方案和检查单；制定落实安全生产专项整治三年行动“巩固提升”攻坚战工作方案；推进进驻式督导检查问题整改和中小机场安全能力提升工作。

完善作风建设长效机制，将作风建设与安全隐患排查治理相结合，将安全作风问题作为安全隐患排查和治理的重要内容。完善各层级作风建设工作手册、作风建设考核机制、作风问题负面清单和典型作风问题清单和认定程序。组织全员安全生产法再学习再宣贯。

全力做好重要保障工作。制定和落实迎中共二十大安全保卫工作方案，完成抗疫援沪、援疆、援渝等医疗队包机出行与返赣任务。

【运输保障】　赣州机场共保障航班起降10535架次、旅客吞吐量86.3万人次、货邮吞吐量2920.8吨。受疫情影响，三大指标均低于预期，分别下降38.7%、52.3%、36.8%。运营航线35条（较2021年增加3条）。累计通航城市29个（较2021年减少3个）；累计运营航司16家，新增运营航司2家（中联航和西部航），运营通航1家（江西快线）。

经多次沟通协调，保障重点航线，北京至赣州航线4月21日有序恢复，并于6月7日恢复稳定，每日一班，确保赣州市进京通道畅通；上海至赣州航线于6月1日逐步、有序恢复运营。

做好实时疫情防控及客流情况的公布。全年通过媒体报道宣传赣州机场防疫、客流及保障服务情况。与上海民航华东凯亚系统集成有限公司江西分公司合作，引进生产统计导入系统，提升数据采集工作，取代原有手工录入数据模式，进一步提升数据报送的及时性和准确性。

【航线网络优化】　为积极开拓航空市场，提升赣州机场的航空通达性，分公司积极提高航班补贴资金利用率，在保留航点的前提下，通过调整航线、削减部分航线班次等形式把部分航线补贴降低，利用节约资金开发新的航线和优化航点。全年累计新增赣州至遵义、赣州至温州、成都至赣州至合肥等航线；加密南京、青岛、上海、哈尔滨、三亚等航线；优化天津、西安、珠海、成都、南京等航线，恢复大连、福州等航点航线。

【运输服务】　制定印发各类服务质量管理制度。绘制分公司服务质量管理体系建设实施全景图，明晰服务质量管理体系建设脉络。推进2022年“民航服务规划实施年”主题活动，分公司在微信公众号上开通暂存物品领取线上预约服务，缩短旅客等待时间，提高服务效率。开展以“共促消费公平，乐享民航服务”为主题的宣传活动，进行有奖竞答，发放乘机知识宣传单100余份。与吉林机场集团、内蒙古机场集团、黑龙江机场集团共同召开“中国服务”标杆机场旅客服务标准细化工作（三类机场）线上研讨会。

为完善分公司服务功能，制定中转服务实施方案，开展现场调研和风险评估，组织相关部门开展中转旅客保障流程的培训考核；完善中转柜台相关标识，调试中转柜台设备，投入使用旅客中转柜台，提升中转服务的便利性。升级离港系统前端软件，为基础版中转平台的使用做好准备。

分公司研究推进旅客全流程“无接触”服务应用，推广无纸化通关、自助值机设施的使用，重新布局分布自助设备，使自助值机率及无纸化通关率得到提升。制定首乘旅客保障流程，为首乘旅客提供便捷全面的信息告知服务，加强服务引导，提升首乘旅客乘机体验。2022年，赣州黄金机场获民航机场协会、航科院、民航报社联合颁发的200万—1000万量级投诉管理优秀机场称号。

（钟剑霞）

港航管理

【概况】　2022年，江西省赣南航道事务中心全面贯彻落实全省交通运输系统和省高航中心工作会议精神和决策部署，忠诚履行职责，主动担当作为，保障各方面工作有序正常开展。赣州市辖区内共有34家水运业户，其中水路运输企业9家，个体户25家，普通货运企业4家，客运企业4家，液货危险品运输企业1家。拥有水运港口码头共3个。运营船舶共87艘。全年完成货物运输总量1282.7万吨，比上年同期增长3.4%；货物运输周转量81239万吨千米，比上年同期增长3.1%；旅客运输总量 7.3 万人，比上年同期减少 18.0%；旅客运输周转量 76 万人千米，比上年同期减少 15.6%。

【航道管养】 编制完成并下发《2022 年度赣南航道养护计划》《江西省赣南航道事务中心航道养护工作制度（试行）》等 6 项航道养护工作制度，明确辖区养护目标及工作内容。根据《航道养护工作台账范本》完善各项养护工作台账资料，组织航道管养计划的实施，建立健全航道养护工作机制，加强航道养护计划的执行。

各基层所（段）执行航道养护计划，做好航道日常养护管理工作，有效保障辖区航道通航安全畅通。特别关注重点航段、重点浅滩、重点时段的水深情况，每日统计辖区航道养护相关信息并及时准确报送与发布。逐步推进辖区赣江航道航标规范化、标准化，在 2023 年实现赣江新干大坝至万安大坝段全部配布设置标准化双船标。推进 2022 年度航道疏浚工程项目，签订施工合同首付款支付完成，施工单位进场开展各项施工准备工作，11 月下旬完成项目竣工验收。中心主动与峡江枢纽、万安枢纽等相关单位沟通枢纽水位调度运行情况，协调提升枢纽运行水位，以保障辖区赣江航道安全畅通。督促并完成石虎塘船闸下游引航道淤积、夏家圩等浅滩疏浚工作，协调宋家滩疏浚设计变更等工作。在赣州、吉安等两地推进与船闸、海事、航道联动协作，深化互信合作，履行各自职能职责，建立航道水位水深、船舶过闸信息共享及应急保障机制。制作发放便民服务卡，切实为船舶运输企业、运输船舶提供优质便民服务。为保证辖区枯水期航道畅通，中心上下在进行航道养护工作中共开展航道巡航检查 182 次，出航 954 人次，开展联合巡航检查 16 次，提供引航服务 4 次，调整维护航标 176 座，设置航标 22 座，更换航标 23 座。

【港口和船舶污染防治】 制定并印发《开展“护航使者”行动工作方案》，推动赣州首座赣江船舶污染物接收站和 2 家港口企业所属码头全面加强污染物接收，实现污染物“来源可溯、去向可循”，继续推广和应用船舶水污染物联合监管与服务信息系统，实现船舶污染物接收转运处置全闭环管理，为全市航运绿色发展提供保障，全年全市总共接收船舶垃圾 3246.5 千克，生活污水 130.11 立方米，残油废油 3.8014 立方米，含油污水 2.17 立方米，拆解“僵尸船”17 艘。

【航道辅助性工作】 协助省厅进行辖区相关涉航建设项目的航道通航条件影响评价的审核工作及辖区专用航标审批的符合性技术审查工作，重点做好全省内河改渡便民建桥撤渡工程的航评服务工作。2022 年，辖区共有 10 项涉航项目取得航评审核意见；有 10 余项涉航项目完成航评报告技术审查会议及工程可行性评审会议；组织完成 13 座大桥航标工程设计技术审查会议。与航道行政、交通综合行政执法等相关单位建立联动机制，加强涉航项目航评审核意见执行情况现场核查工作力度。协助省航道工程局开展施工期通航维护管理工作涉航建设项目共 15 项。

加强航道专项工作落实。与当地环保部门沟通，做好航道水环境排查工作，按照要求进行航道排污口排查，建立航道排污口的台账清单，掌握相关信息，持续跟踪。开展赣江航道排污口排查，建立排污口台账清单。经过摸排，中心共检查排污口 94 处，并对其中 20 处排污口进行水质取样，集中统一送样至委托有资质的第三方检测机构进行检测，主要检测 5 项指标，通过检测报告结果显示，所有排污口检测报告的总氮指标均超二类标准限值，其余四项指标均达标，总体水质满足二类标准。其中两个排污口有其他指标超标的情况。开展船舶碰撞桥梁隐患治理三年行动工作，按照有关要求，完成辖区桥梁的桥区水域航道安全风险隐患排查工作，协助赣州、吉安交通主管部门做好船桥碰撞隐患整治三年行动相关工作，联合相关部门开展赣江桥梁航段现场检查工作，并协助当地交通运输部门开展隐患治理工作。配合上级相关部门做好赣粤运河前期研究现场踏勘、专题研究成果验收评审会等各项工作。按照相关要求持续开展自然灾害综合风险水路承灾体普查工作，对辖区赣江航道、整治建筑物等属性信息进行全面普查。

（罗　帅）

本栏编辑：王　宇

数字经济

综　述

【概况】　2022年，赣州市落实省委、省政府关于推进数字经济“一号发展工程”的战略部署，印发《赣州市2022年科技创新赋能数字经济发展工作方案》，明确年度目标和重点任务，开展全市数字经济调研，制定《赣州市数字经济发展的核心关键技术目录》，组织研发攻关，打造一批科技创新赋能数字经济应用场景。年内，实现5G、高速光纤网络重点区域全覆盖，电子信息产业营业收入突破1300亿元，超8000家企业上云，入选国家区块链创新应用综合性试点城市。核心产业营收1311.85亿元，增速23.12%，总体水平跃居全国数字经济城市发展百强榜第58位、较2021年前移4位，连续3年保持进位。

【数字经济项目推进】　全年全市推荐“03专项”（新一代宽带无线移动通信网国家科技重大专项）及5G项目25项，获省科技厅立项支持4项，支持经费400万元。大力推进“03专项”科技成果应用示范，智慧农业、智慧水务、智慧交通、智慧矿山、智慧消防、智慧教育、智慧医疗、智慧旅游等具体项目稳步推进。重点培育和建设江西联通工业互联网研究院、江西移动5G实验室、赣州电信稀土行业5G+工业互联网联合创新实验室、龙南市联茂电子国家级5G实验室。

11月28日，赣州市召开2022年数字技术应用场景供需对接暨数字经济顾问专家机构发布会
（中国联通赣州分公司供图）

【人才队伍建设】　年内，赣州市打造“顶天立地”（大企业）系列战略平台、“铺天盖地”（小企业）创新创业平台，支持企事业单位建设新型研发机构206家，聘请来自全国科研院所、大中专院校、行业协会商会，数字经济领域大型企业，大湾区数字经济智库等从事数字经济相关工作的20名专家组建数字经济专家咨询委员会，遴选信通院（江西）科技创新研究院有限公司、中咨高技术咨询中心有限公司等4家机构作为顾问机构。通过一揽子政策，赣州市先后引进院士60人、国家级重大人才工程人选70人、产业领军人才73人，及其他高层次人才1474人、紧缺人才21825人。

【数字经济领域合作】　2022年，赣州市初步筛选第一批50家数字经济重点企业，建立数字经济重点企业库。组织召开数字经济产业联盟筹备会，年内发展联盟企业会员超120家，分别与中国电信股份有限公司江西分公司、中国移动通信集团江西有限公司、中国联合网络通信有限公司江西省分公司签订战略合作协议，深化数据中心、5G融合应用及工业互联网等领域的合作。

（曾　毅）

数字产业建设

【概况】　2022年，赣州市数字经济核心产业营业收入1311.85亿元，同比增长 23.12%，软件和信息技术服务业实现营业收入 5.31 亿元；电子信息产业规上企业 569 家，实现营业收入 1683.83 亿元，同比增长 21.2%，利润总额 92.20 亿元，同比增长 36.7%。

【农业物联网建设】 赣州市引导一批企业开展农业物联网技术应用，全年全市新增江西省农业物联网示范基地（企业）21 家，累计 48 家，总数量为全省第一。建设兴国县桃仙生态农业园物联网示范基地，引进最先进的智能物联网蔬菜种植模式，集现代蔬菜种植、种苗繁育、农产品销售、物流配送于一体，实现智能化生产。全市建成渔业物联网项目 12 个，用于水质在线监测、智能控制管理、远程会诊、视频监控、手机智能控制等。依托 5G 赣南果业大数据服务平台，实现数字果园、精准种植、科学预警、智慧营销、区块链溯源和农事指导等功能。

【大数据产业】 年内，赣州市推动北斗时空大数据产业建设，建成全省首张“低空无人机遥感区域网”。全球时空数据交易服务平台在工信部组织的 2022 首届中国算力大会数据解析与算力发展创新应用论坛上签约，银盛电子、金电电子、中科拓又达 3 家企业获评省级大数据示范企业。

【区块链产业发展】 2022 年，赣州市入选由中央网信办等 16 个部门联合制定的国家区块链创新应用综合性试点名单，为全国 15 个入选地市之一。年内，区块链技术产业园二期项目正式开工，区块链产业园新增入驻企业 75 家，汇聚区块链 + 金融、智慧农业、智能供应链等领域创新企业 185 家，全年区块链技术产业园累计营业收入超 14 亿元。赣州新链金融信息服务有限公司数字乡村链案例成功入选工信部公布的 2022 年区块链典型应用案例名单，为江西省唯一入选案例。

【数字经济集聚区建设】 年内，赣州市形成以章贡区信创 + 网安，赣州经开区区块链，龙南市、信丰县 5G 与新型元器件，赣州蓉江新区北斗 + 时空大数据，以及赣县区稀土磁性材料为产业空间布局的发展路径。赣州数字经济产业园（章贡区）、龙南市 5G 产业园、赣州高新区数字经济（磁性材料）产业集聚区（赣县区）、赣州数字科技产业园（南康区）、信丰县数字经济产业集聚区先后入选省数字经济集聚区，为承接粤港澳大湾区产业转移、建设赣深数字经济走廊奠定坚实基础。

【项目引进】 2022 年，全市引进数字经济产业项目 279 个，签约金额 2525.9 亿元，其中数字经济领域“5020”（国家级开发区每年至少引进一个 50 亿元的产业项目，省级开发区每年至少引进一个 20 亿元的产业项目）项目 34 个。被列为省数字经济重点项目 28 个，总投资 671.5 亿元，项目数、投资额均为全省最多。年内完成年度投资 418.45 亿元，占年度投资计划的 233.38%，项目年度投资完成率列全省第二。列入省新基建项目 71 个，年度投资 380.33 亿元，2022 年完成年度投资 238.08 亿元，占年度投资计划的 213.68%，项目年度投资完成率列全省第一。梳理 2022 年赣州市数字经济重点项目 100 个，开工率达 100%，年内竣工 33 个，全年完成年度投资额 742.99 亿元，占年计划的 216.62%。总投资约 300 亿元的吉利（赣州）42 吉瓦动力电池一期项目、总投资 120 亿元的格力电器智能制造基地等一批重点项目部分或全部投产。

【第五届“绽放杯”5G 应用征集大赛】 8 月 8 日，以“5G 推动扬帆行业创新示范”为主题的第五届“绽放杯”5G 应用征集大赛江西区域赛“5G+ 工业互联网”“5G+ 信息消费”行业赛在赣州市章贡区举行，全市 36 个项目在 6 个行业赛中获奖，其中南康家具 5G 共享备料中心智能工厂等 3 个项目获“5G+ 工业互联网”行业赛一等奖，中国（赣州）数字能源供应链云平台项目获“5G+ 能源”行业赛一等奖，基于 5G+ 大数据的全南数字政府平台项目获“5G+ 智慧城市”行业赛一等奖。在第五届“绽放杯”5G 应用征集大赛江西区域赛决赛中，全市获奖总数 17 个，位列全省第二。江西大吉山钨业 5G+ 智慧矿山项目、格力电器智能工厂建设项目等 2 个项目获得国家第五届“绽放杯”5G 应用征集大赛总决赛优秀奖。

【江西信息安全产业信创联盟成立】 3 月 7 日，在章贡区召开江西信息安全产业园开园暨江西省信息安全产业信创联盟成立大会。会议期间，举行江西信息安全产业园开园、江西省信息安全产业信创联盟成立以及园区企业入驻签约仪式，发布赣州市信息技术应用创新 2020—2021 年度优秀信创解决方案并颁奖，同时启动省工信厅、省教育厅、赣州市政府共同主办的江西省首届“红盾杯”信创安全大赛。年内，赣州市本地信创企业获得全省信创党政市场 90% 的系统集成订单和 30% 的整机订单，发布信创解决方案数量居全省前列。

【国家工业信息安全发展研究中心江西分中心成立】 11 月 18 日，国家工业信息安全发展研究中心江西分中心和赣州市产业技术研究院揭牌仪式在赣州经开区举行。该中心将围绕数字经济、创新创业、成果转化等领域，提供政策规划、标准研制、技术研发等各类数字化发展支撑服务，打造全省促进数字经济健康发展、产业数字化转型的服务技术机构和高端智库。

（曾　毅）

产业数字化

【概况】 2022 年，赣州市围绕“1+5+N”产业建设“产业大脑”，

11月18日，国家工业信息安全发展研究中心江西分中心暨赣州市产业技术研究院揭牌仪式在赣州经开区举行　　（市发改委供图）

实施上云用数赋智工程，加快家具、纺织服装等传统产业数字化转型，打造一批数字车间、智能工厂，促进文旅、电商、动漫等服务业与数字技术融合应用，高标准建设一批农业数字化基地和智慧农业平台。江西绿盟、科睿特获评全国新型信息消费示范项目。年内，全市网络零售额总量613.2亿元，占全省的28.4%，排名蝉联全省第一。

【上云用数赋智工程】 2022年新增企业上云上平台15419个，累计上云上平台企业数39308家。2022年新增上云企业14851家，深度上云1245家，均列全省前列。年内，全市64家企业获评2022年省级信息化和工业化融合示范企业，其中5家企业获评三星级，48家企业获评二星级，11家企业获评一星级。

【电子商务】 年内，赣州市推动国家电子商务进农村综合示范建设，全南农产品互联网营销中心、会昌京东物流产地仓、寻乌客服产业园建成运营，30家电商企业申报省级电子商务示范企业，全市入统网络店铺突破10万家，全年全市网络零售额613.2亿元，占全省的28.4%。安远县电子商务产业园获评2022年度国家电子商务示范基地，为当年度江西省唯一，至年底，赣州市共有国家电商示范基地2个，占全省国家电商示范基地的2/5。年内，赣州市获评省级电子商务示范基地5个、示范企业14个；评选市级电商直播示范基地9个、电商乡村振兴示范基地11个和电商示范服务站点13个，打造网红街区47条、网红打卡地138个。组织举办直播、“数商兴农”、“三品一标”（无公害农产品、绿色食品、有机农产品和农产品地理标志）认证和数字商务等专题培训班176期10000余人次，其中培育网红达人203人、电商新农人1033人。开展“赣品网上行”、“网上年货节”、“双品网购节”、“直播助农”和电子商务促产业转型助消费升级“十百千万”（十城指导百县举办电商促消费活动，推动千家企业和万种江西产品开展电商促销）行动等系列网销活动188次。

推动跨境电商发展，全年累计实现“1210”（义乌跨境电商保税进口）进口403.06万单，进口额达3.01亿元；累计实现跨境电商出口达101.21亿元。赣州国际陆港枢纽累计开行跨境电商班列95列，出口标箱9150个，各类跨境电商货物进出口量总计2176万票（件），跨境电商班列货物出口额突破21.8亿元。认定南康臻顺跨境电商产业园、瑞金市跨境电商产业园、龙南市跨境电商产业园等3家市级跨境电商产业园，瑞金市跨境电商产业园、龙南市跨境电商产业园被评为首批江西省跨境电商产业园。

【工业互联网平台建设】 全年，赣州市建成3个工业互联网标识解析二级节点（行业综合二级节点、服装行业二级节点和电子信息行业二级节点）接入企业405家，标识注册和解析量突破4.4亿次。开通标工业互联网识解析二级节点数3个，其中行业二级节点2个，综合二级节点1个；工业互联网标识解析新接入企业1145家，累计1283家；新增工业互联网标识注册量9407万元，累计11902万元；新增工业互联网标识解析量37465万元，累计39534万元。4月28日，龙南工业互联网标识解析电子信息行业二级节点上线，作为全国第一个正式上线的县级市二级节点项目，将极大助力企业数字化转型和产业结构升级。赣州的冠英智能、深联电路3家平台被认定为2022年省级工业互联网平台培育名单，绿萌科技、富华米业、章源钨业等8家平台被列入2022年省级工业互联网平台项目储备库进行跟踪培养。

【智能制造】 赣州市加大工业技改投资力度，推动传统产业向智能化、绿色化、品牌化、服务化转型。年内，赣州市确定20家制造业企业技改项目，给予2022年度市工业技术改造升级专项资金支持，其中海龙钨钼整体技改搬迁产业升级项目、海螺水泥年产200万吨水泥粉磨节能及智能化技改项目、弘业电子全智能电感生产线改扩建项目等大多数为智能制造项目。2022年，赢家时装（赣州）有限公司的大批量定制和赣州市南康区城发家具产业智能制造有限责任公司共享制造入选工信部2021年度智能制造示范工厂揭榜单位和优秀场景名单。12家企业入选2022年江西省智能制造标杆企业名单，获评数量连续4年位居全省第一。

（曾　毅）

2022 年，赣州海关工作人员在赣州国际陆港中欧班列集装箱场站开展安全巡查
（赣南日报社供图）

数字化应用

【概况】 2022 年，赣州市构建良好数字生态，做强赣州智研院等科研平台，大力培养本土数字人才，持续推进“城市大脑”建设，丰富数字治理场景应用，建设市级云计算数据中心、赣南大数据交易中心，打造“雨林型”数字经济生态。建成赣南脐橙大数据中心、“万村码上通”5G+ 长效管护平台、智慧粮库、赣州市农产品运营中心等基础平台，在全市普及推广“国家智慧教育公共服务平台”“江西省教育资源公共服务平台”应用。

【“城市大脑”建设】 赣州市印发《“数治赣州”城市大脑建设方案》，明确以“数治赣州”为核心定位，以“城市大脑”基础平台为支撑，以数据治理赋能为驱动，以智慧应用场景为牵引，构建“1+6+N”（1 套数字底座、6 个大智慧平台、N 个应用场景）为核心的“城市大脑”架构体系。至 2022 年年底，完成项目建设需求确认和深化设计，区块链基础平台、数据生命周期平台、视频汇聚平台、RPA（机器人流程自动化）流程自动化等一套数字底座搭建，城市运行管理平台与“12345”热线平台融合对接，六大智慧平台完成初步设计，政务“数字人”云服务平台上线运行，经济运行分析平台和营商环境质量一张图完成框架搭建，应急融合通信、畅游赣州、舒心就医等平台和部门进行充分对接并准备落地，城市大脑过渡阶段指挥中心基本完成改造。

【数字政务】 2022 年，赣州市印发《赣州市政务信息化项目管理办法》《赣州市深化政务服务“一件事一次办”改革工作方案》，深化数字政务改革，对政务信息化项目计划、审核、实施、验收、评价等进行规范要求，重点围绕集约、上云、共享以及安全等方面，完成一批政务信息化项目审核，推动政务服务事项办理“四减一优化”（减环节、减材料、减时限、减收费，优化审批机制）。年内，建成省、市、县一体化政务大数据交换平台。至 2022 年年底，赣州市大数据交换平台与市本级自建政务系统全面打通，汇聚各类数据达 14.25 亿条，市直部门资源目录挂载可订阅资源 3682 项，县区部门资源目录挂载可订阅资源 18178 项。提供 9395 个接口服务，为公共信用信息平台、不动产登记系统、公积金综合业务系统、社会综合治理管理平台、章贡区新生报名系统等 30 余个政务应用提供数据共享服务。通过对归集数据的二次治理，形成交通、文旅等 12 个主题库，生态、金融等 7 个专题库，构建人口全息模型等 752 个数据模型，累计数据量 3.6 万条，编制完成市直跨部门数据供需对接清单，为各部门提供国家、省、市、县四级数据（接口）服务 7580 个，支撑交通、城管等高频数据需求，实现系统功能的扩展及跨系统数据调用。围绕数据安全管理制度、重点基础设施安全防护以及部门日常数据安全管理等领域，制定出台《赣州市政务数据安全管理办法（试行）》，开展重点信息系统的国密算法、CA 认证以及国密网关升级，推进政务云一体化管理，加强网站、机房等关键基础设施安全检查和整改，提升数据安全防护能力。

【智慧医保】 赣州市开展以医保电子凭证为核心的构建多维一体的医保数字利民行动。年内，全市医保电子凭证激活总人数 590 万人，激活率达到 65.4%，全市医保经办机构、定点医药机构数字经办和结算普及率 100%，数字结算占全部医保结算率达到 35.75%，全面完成省级目标任务，呈稳步上升趋势，医保电子凭证在医疗保障中多维化、多场景运用的核心作用凸显。实施医保智慧“村村通”，实现全市 3515 个行政村和 4446 个乡村卫生室的全覆盖，全市 817 万名城乡居民全部纳入统一规范的医疗保障智慧服务体系，打通医疗保障联网结算和公共服务“最后一公里”。

【5G+ 智慧农业平台】 2022 年，赣州市推进 5G 等数字技术与农业深度融合，打造农村人居环境治理“万村码上通”5G+ 长效管护平台、5G+ 赣南果业大数据服务平台、5G+ 赣南富硒产业数字化管理平台等智慧农业平台，加快农业农村数字化转型。在江西省农业农村厅举办以“扬帆 5G 智绘三农”为主题的第五届“绽放杯”5G 应用征集大赛江西农业行业赛上，赣州推选

的《国家数字乡村试点县——安远县鹤子镇5G数智乡村项目》路演项目获全省二等奖，《丘陵地带基于5GMEC+云边协同的智慧农事作业机器人》《5G赋能赣南脐橙产业高质量发展》获三等奖，《5G+赣南富硒产业数字化管理平台》获优秀奖。

农村人居环境治理“万村码上通”5G+长效管护平台 该平台设置村容村貌、垃圾处理、污水处理、公厕管理、管护调度、物联云判等基本模块，引导农民群众通过扫描平台二维码进行农村人居环境问题投诉，实现农民群众参与监管。年内，平台覆盖全市18个涉农区县，延伸至96个乡镇、600个村，处理群众反馈问题4.71万件，好评率达99.57%。

5G+赣南果业大数据服务平台 该平台运用5G、无人机、高清视频监控、大数据和人工智能等技术，实现数字果园、精准种植、科学预警、智慧营销、区块链溯源和农事指导等六大功能，在会昌、安远、信丰等地2000多个果园推广使用，降低脐橙种植在水电方面成本约30%，果园每亩增产约15%，亩均增效1500元，综合经济效益提高20%。

5G+赣南富硒产业数字化管理平台 该平台从智慧物联网硬件设施、智慧农业管理平台和种植溯源系统等3个方面入手，对富硒农业种植的环境监测、虫情监控、病虫害防治等进行全流程管理，提高富硒产品的产量及质量，实际运用到于都330蔬菜大棚和富硒水稻基地。在第五届“绽放杯”5G应用征集大赛江西农业行业赛上获优秀奖。

【数字技术应用场景】 年内，发布3批市级数字技术应用场景“机会清单”“产品清单”483个，通过政府搭建交流平台提高供需对接成功率，召开4场数字技术应用场景供需对接会，发布第一批市数字技术应用场景示范项目22个，2个数字技术应用场景项目入选全国各领域典型名单。其中，工信部、农业农村部等四部门公布农业、建筑、医疗、矿山领域机器人典型应用场景名单，好朋友科技的智能选矸入选矿山领域机器人典型应用场景名单，绿萌分选设备的果蔬分级入选农业领域机器人典型应用场景名单。江西如越医疗科技有限公司的全自动智能灸疗机器人项目入选2022年工信部人工智能医疗器械创新任务揭榜单位。

【赣南脐橙大数据中心】 2022年，赣州市在安远县建成第一个赣南脐橙大数据中心，构建集采集、监测、共享、分析、预测、预警、决策为一体的智慧大数据平台，谋划建立国家级脐橙大数据中心，打造全国脐橙生产、管理、销售信息中心与价格发布中心、技术交流中心和产品质量溯源中心。该大数据中心实施果业物联网工程，推行喷药自动化、水肥智能化、生产数据化等现代信息智能控制技术。推广果园双轨道运输设施，建成以大数据技术、互联网技术、移动互联技术为依托的智慧果园基地9个。建立农产品追溯和质量认证体系，建成农产品检测检疫中心，推广应用国家农产品质量安全追溯管理信息平台，形成从田头到发货全过程的二维码溯源原始数据链。

【“赣服通”平台建设】 赣州市印发《赣州市“赣服通”5.0版建设工作方案》，推进“赣服通”赣州分厅全面升级。围绕特殊群体办事需求，梳理高频帮办代办服务事项清单160项，建设帮代办平台，推出授权代办、亲友代办、上门帮办等帮代办服务。建成审批勘察视频辅助平台，以“赣服通”远程视频连线后台审批，实现部分事项视频远程勘察审批，形成“远程指导、远程勘察、远程验收”三大特色服务。推出数字政务一体化平台、“AI+智能辅助审批”、“一网通办”、“一照通办”、数字人云服务等业务平台。聚焦企业和群众全生命周期，探索“一件事一次办”的应用场景。年内，在赣州市政务服务网、“赣服通”赣州分厅打造线上“一件事一次办”专区，上线包含全流程涉企“一件事”、全流程个人“一件事”的高频“一件事”70个，实现办理时限压缩60%以上。

（钟　珍）

信息基础设施建设

【概况】 2022年，赣州市加大资金投入，不断完善信息基础设施建设，夯实数字经济发展硬件基础。全年新开通5G基站数5304个，累计开通16499个，每万人拥有5G基站20.1个，5G用户占比34.4%，千兆光网家庭覆盖率超100%；全市移动物联网用户数超500万户，成功创建“千兆城市”。

【网络建设】 年内，中国电信赣州分公司、中国移动赣州分公司、中国联通赣州分公司立足自身业务领域，不断完善4G、5G基站，以及千兆光纤网络建设。全年全市新开通5G基站数5304个，其中赣州移动新增5G基站2660个，占比超50%。扩大千兆光网覆盖范围，赣州电信全市的城市10GPON端口占比达到82%，城市家庭千兆光纤网络覆盖率达到99.3%；赣州移动实现县城及以上千兆宽带100%覆盖，千兆端口占比达37%，发达乡镇部署千兆平台占比81%以上；赣州联通宽带新增端口4.1万个，新增接入强标小区215个、跟进老旧小区三网改造136个，以及社会化合作建网，宽带住宅覆盖率达57%。

【通信服务建设】 赣州电信聚焦企事业单位上云、“双千兆”（5G移动网络千兆和光纤宽带网络千兆）+工业互联网等应用，完成江西志浩5G全连接工厂、“智赣119”消防物联网大数据平台、赣州市农村人居环境5G+长效管护平台、赣州市章贡区云星公园智慧小区、兴国兴氟化工、章贡区防溺水预警系统等10多个应用。赣州移动开设暖心驿站、老年课堂，教授老人智能手机使用知识、普及通信防骗知识等，累计开展“银发小课堂”活动108场，累计服务老年客户5992户。助力智慧城市数字底座建设，以中国移动OneCity平台为核心，以智慧全南为样板，中标数智龙南、于都县新型智慧城市项目，累计中标金额突破1.8亿元。围绕“1+5+N”重点产业转型升级，成功签约龙南联茂电子、经开钜磁科技、大余富华米业等5G数字化工厂项目。实施“数智乡村振兴计划”，打造数字乡村示范点2个，智慧农业示范点5个，连续中标水库信息化项目3个，目标501重点帮扶村全面覆盖。积极行动助力疫情防控。

6月6—9日，赣南无线电中心到赣州市中心城区7个高考点开展无线电安全保障工作（赣南无线电监测中心供图）

【IPv6改造】 年内，赣州市印发全市IPv6（互联网协议第6版）规模部署工作方案，建立全市IPv6规模部署工作统筹协调机制，组织召开全市2022年属地网站IPv6改造工作调度会，推进全市IPv6规模部署各项工作。采取“分块督促、逐个过筛”的方式推进IPv6改造工作，动员商业网站积极配合。协调属地电信运营商采取捆绑打包方式，大幅降低改造费用，减轻企业负担，推进属地网站IPv6改造进度。全年共有65个行政事业、国企单位网站和260个商业网站完成IPv6改造。

（陈　勇　刘燕婷　张立桥　钟　蔚）

【无线电管理】 2022年，赣州市无线电管理落实2022年度监测工作计划，对民航、广播、铁路、防火、防汛、公安消防等重点频段实施常规保护性监测；每月按时完成国家工信部下达的频谱监测任务，累计监测时长达28522小时，编写监测月报12期；按照年度监测计划完成市辖区内18个县市区中心城区全频段电磁环境监测任务。每月安排专人加强对“黑广播”“伪基站”的固定站监测和移动监测，累计出动车辆102辆次，派出人员286人次，累计监测时长2260小时，为高考、卫生技术资格、二级建造师等20场考试提供无线电安全保障，出动监测车辆67辆次，派出保障人员212人次。做好重大活动、重点项目、重点工程的电磁环境保障监测。中共二十大期间对赣州黄金机场、赣州火车站、赣州高铁西站等重要交通枢纽场所专用频段开展保护性监测，加强无线电技术及基础设施的巡检与维护，其间共排查11处铁路干扰，重点排查处理1起民用航空赣州导航台的大面积持续性受干扰问题。

做好无线电台（站）设置审批前置工作。开展赣州黄金机场400兆赫无线电对讲机频率电磁环境测试和赣州经开万达广场400兆赫无线电对讲机频率电磁环境测试，为信丰高铁站广场管理公司拟申请400兆赫对讲机系统，开展基站数据核查工作，通过省公众移动基站数据交互系统，随机在章贡区、龙南市、宁都县抽取拟核查基站90个，电信、移动、联通各30个，实现2G、3G、4G、5G全覆盖，分组开展现场核查，严把数据质量关，对90个待查基站完成现场核查全覆盖。

（郭竟文）

本栏编辑：周　俊

城乡建设

城乡规划

【国土空间规划】 2022年，推进全市国土空间规划体系建设，以资源环境承载能力为硬约束，完成全市“三区三线”划定工作，将三条控制线作为调整经济结构、规划产业发展、推进城镇化不可逾越的红线。高质量推进国土空间总体规划编制，基本完成市县两级国土空间总体规划编制，市级规划成果顺利通过市国土空间规划委员会审议，完成市级专家论证、规划公示等程序。全市15个县（市、区）形成规划草案，按程序推进规划报批工作。开展控规编制工作，市中心城区开展现行控制性详细规划实施评估工作，根据评估结果完成水西、梅林、唐江、国际陆港、沙河、茅店等6个组团控规编制，各县（市、区）推进县城开发边界内控制性详细规划编制（修编）。市自然资源局、市城管局、市住建局等部门联合出台《赣州市中心城区排水管网工程规划建设管理暂行规定》。提升村庄规划编制质量，全市925个重点村庄规划编制基本完成，其中125个提级市级评审。创新性提出“五分法”村庄规划编制方法，获评省自然资源系统十大“做示范、勇争先”先进案例，受到部、省媒体刊登推荐。

（刘思静）

【实施城市功能品质提升行动】 2022年，加快公共配套建设，市图书馆、文化馆新馆开馆，“三馆一书城”（市民综合服务中心、工人文化宫，城展馆，新华书城）开工建设，建成东阳山路等3座人行天桥。深入推进城市更新，全年改造老旧小区151个、惠及4.46万户，既有住宅加装电梯新增建成195台，新增建成位全省前列，城市体检评估实现市、县全覆盖，建成蓉江三路地下综合管廊4.67千米，中心城区符合海绵城市建设标准面积扩大至64.9平方千米。加快完成社区建设，章贡区绿色社区创建、于都县高品质智慧社区建设的典型经验做法获省住建厅肯定，在全省推广，5个项目入选全省城市体检转化城市更新项目优秀案例，入选数量位居全省第一。传承城市文脉，完成《赣州历史文化名城保护规划（2021—2035年）》编制，赣州历史文化名城保护通过住建部专项评估，赣州市在住建部城乡历史文化保护传承培训班做经验介绍，龙南下荳行、下西门2条街区成功申报省级历史文化街区，全市历史文化街区增加至14条。

（曾晨曦）

建筑业

【概况】 2022年，全市完成建筑业总产值671.2亿元、同比增长10.7%，增速排名全省第一；累计入库税收38.4亿元（含留抵退税9.9亿元），同比下降5.2%，占总税收比8.9%；建筑业增加值占地区生产总值比重6.6%，对经济增长的贡献率为5.1%，拉动地区生产总值增长0.3个百分点。全市建筑施工企业4159家，其中，一级企业126家（其中总承包资质41家），二级企业1310家(其中总承包资质176家)，三级企业672家（其中总承包资质566家），不分等级2051家（其中施工劳务1929家）。新增施工总承包一级资质企业14家、专业承包一级资质25家、施工总承包二级资质13家，专业承包二级资质4家；新增入规入统建筑企业203家，新增数量为全省第二。

【专项整治行动】 年内，开展房屋建筑和市政基础设施工程领域转包挂靠、出借资质等违法违规行为专项整治，核查处理违法违规线索59条，向社会公布两批典型案例。开展勘察设计市场行为和监管质量专项整治，检查项目约620个，规范勘察市场秩序。

【建筑工程质量提升】 2022年，赣州市2项工程获国家优质工程奖，推荐4项工程入选江西省“杜鹃花”奖，25项工程入选省优质工程奖，43项工程入选省工程质量管理标准化示范工地。在全省率先开展建设工程质量检测机构人员实操能力验证，规范检测人员行为。整治工地环境，全市开展扬尘污染治理日常巡查2870次，下发整改通知单1669份。

【装配式建筑绿色建筑发展】 采取完善部门联动推进机制、召开现场推进会、组织专家技术指导等措施，加快装配式建筑、绿色建筑发展。全市新开工装配式建筑面积816.32万平方米，占同期新开工建筑面积的38.96%，开工面积及占比均列全省第一。新开工绿色建筑1200万平方米、新竣工绿色建筑870万平方米，分别占同期新开工、新竣工（民用）建筑面积的99%、98%，列全省第一。市住建局完成《赣州市城乡建设领域碳达峰实施方案》编制，有序推进城乡建设领域碳达峰工作。

【建筑安全管理】 自建房安全。赣州市在全省率先出台自建房安全专项整治工作方案，发动全市2.1万余名干部、3300余名专业技术人员投身省、市自建房安全专项整治百日攻坚行动，并完成目标任务。全市排查经营性自建房16.04万栋，对初判存在安全隐患的1048栋经营性自建房均采取整治措施。赣州市自建房排查整治工作在全省作经验交流发言，自建房隐患排查整治“十步工作法”获省自建房安全专项整治专班肯定，并在全省推广。

城镇燃气安全。开展城镇燃气安全和餐饮店燃气安全大排查大整治，推进城镇燃气安全排查整治和安全防范“百日攻坚”行动。全年检查燃气企业、燃气存储场站669家次，检查餐饮等公共用气场所2.5万家次，发现、整改隐患1.48万条，实施燃气安全行政处罚51次。全面完成市中心城区110千米老旧燃气管道改造和16处圈、违、占、压隐患整改，在全省率先完成燃气老旧灰口铸铁管网改造。推进燃气泄漏报警装置安装，全市全部管道燃气工商用户和1.9万户瓶装液化石油气工商用户安装燃气报警装置，占比约97%。制定出台燃气安全负面清单，强化液化石油气经营企业和送气员管理，开展燃气安全知识宣传“六进”（进公共场所、进社区、进家庭、进校园、进机关、进企业）活动，多措并举防范燃气安全风险。

建筑施工安全。赣州市在全省率先出台安全生产督导专员工作制度、建筑施工安全生产责任清单和负面清单，建立市住建局领导挂点联系制度、隐患治理情况旬报制度以及重大节假日市住建局领导带队明察暗访制度，推动安全责任落实。开展建筑起重机械安全、“三类事故”安全、危大工程专项治理，针对性防范安全事故发生。强化隐患排查整治，全市建筑施工领域派出督导检查组638个，检查在建项目5225个次，发现、整改问题隐患1.19万条，执行行政处罚87起。全市房屋市政工程生产安全责任事故起数、死亡人数连续两年实现“双下降”，2022年分别下降50%和25%。

（曾晨曦）

公共交通

【概况】 2022年，赣州市中心城区（章贡区、赣州经济技术开发区、蓉江新区）公共交通完成运营里程3740.85万千米、运客量3211.38万人次，日均运客量8.92万人次（不含9月9—13日因市中心城区疫情停运数据），实现经营收入3903.7万元；增开公交线路15条，优化公交线路10条，运营公交线路增加至121条。

【疫情防控】 修订完善疫情防控方案和应急预案，成立9个疫情防控专班工作组，坚持常态化消毒、通风和司乘人员戴口罩等，按要求动态调整测体温、扫码验码管控政策，全年发放口罩105万个、消毒液4076升等。市公交公司成立由60名优秀驾驶员组成的转运应急队伍，22名驾驶员转岗支援“120”急救中心，轮换安排33人次承担方舱医院医护人员上下班闭环运送工作，派车113辆次承担上海返赣州等人员转运工作。

【安全保障】 严格落实全员安全生产责任制，开展安全生产隐患排查整治，首创“家企共管”管理模式，通过引导家属监督、强化从严管控、落实关心关爱等措施，充分利用亲情力量和严管厚爱结合，强化“人”的安全风险管控，公交车违规违章和有责交通事故连续4年大幅下降，全年公交车发生交通违规违章123起，比2021年下降68.82%；发生有责交通事故9起（全责8起、次责1起），有责交通事故频率比2019年下降84.8%，比2021年下降33.3%。“家企共管”工作经验做法在“学习强国”学习平台、《江西日报》、大江网、《赣南日报》等主流媒体上广泛报道。广大公交驾驶员在乘客上车时主动提醒，待乘客坐好扶稳后起步的做法得到外地到赣州群众的一致好评。

【服务保障】 围绕全域旅游战略、乡村振兴战略以及中国稀土集团、江西师大附中赣江创研究院分校进驻等，增开大站快线、旅游专线、社区公交、定制公交等公交线路15条，完善“快（干）、普、支、微”四级公交线网体系，方便市民群众乘车。争取市交警支队出台全市首部公交专用道设置和管理方面规定——《赣州市公安机关交通管理部门规范公交车专用道设置管理工作指引（试行）》，为公交专用道建设和管理提供法律依据。车务中心更新置换老旧公务用车50辆，极大地提升公务用车保障能力。

【公交设施装备】 推进4处公交场站建设，新建公交候车亭17座，推进15宗公交用地办理作价出资入股。市公交公司会同上海市政工程设计研究总院编制《中心城区公交场站用地综合利用规划方案》，已通过专家评审。

【管理改革】 市公交公司完成《公司“十四五”发展规划》编制。开展精细化管理改革提升行动，依托内控系统，推动OA（办公自动化）收发文等近2万条高频事项流程网

上流转，修订规章制度10份，新出台规章制度1份。争取银行支持，通过按需提款、置换利率偏高的贷款、开展协定存款等，比上年节约财务费用319.05万元。

（周兆生）

供　气

【安全管理】 2022年，赣州深燃天然气有限公司创新开展燃气安全知识扫盲行动，配合各级政府部门开展安全宣讲“六进”行动，加强安全宣传。推进运行公用管道法定检验工作，完成471千米的中压管道定检，规范在建公用管道监检管理，对新建及在建项目实行压力管道“全告知全监检”。倒排改造计划，增加施工力量，引进裂管施工新技术，完成老旧钢制管道110千米的改造攻坚任务，消除历史遗留安全隐患。

【优质服务】 持续优化用气营商环境，接入政府“水电气网一联办”平台，实现了用户零跑腿办理业务；深入推进市场客服“网格化”管理模式，优化“一站式”客户服务配套机制，畅通各业务环节之间衔接，快速响应客户服务需求。

【创新工作】 2022年，公司积极开展QCC和创新活动，提升安全和服务效能，1项QC成果获深圳燃气投资系统银奖和深圳燃气集团铜奖，2项创新成果获深圳燃气投资系统三等奖，公司获深圳燃气投资系统“2022年度实用型研发与创新”先进单位荣誉称号。

（陈孝国）

供　水

【概况】 2022年，赣州水务股份有限公司实现供水量2.45亿吨，同比增长6.9%，水质综合合格率100%。

【供排水设施建设】 市中心城区生活污水治理厂网一体（一期）项目进入全面实施阶段，总投资35.16亿元，修编污水专项规划，涉及环保督察整改的3个子项目白塔污水厂四期、东江源主干管、章江新区雨污分流改造正抓紧施工，另外9个子项目完成设计招标，明确二期项目子项工程。建春湿地公园地埋式再生水处理站工程上半年正式投产，黄沙溪水质提升工程已达产达标。龙华水厂二期完成立项批复、水资源论证、项目设计招标等前期工作，贡江水厂一期工程完成论证方案与项目建议书编制、项目选址等工作。赣县二水厂完成建设光伏发电项目。

【水务板块上市工作】 加快解决南康水司财务、三县区给排水分公司规范运作等辅导期整改重点问题。申港证券团队完成尽职调查，9月22日上报江西省证监局完成辅导备案，准备上市申报材料。

【供水服务】 贯彻落实稳经济系列政策措施，帮助中小企业等市场主体纾困，对受疫情影响缴纳水费有困难的餐饮、企业、个体工商户等采取“欠费不停供”措施。2022年，减免服务性用水用户欠费违约金约192万元，缓缴水费约1945万元。创新用水“服务做加法、流程做减法、效率做乘法”新模式，压缩企业获得用水报装时限，将获得用水环节简化为2个环节，3个工作日办结。集中力量优化网上营业厅和“指尖水务”APP功能，实现用水报装申请、改表移表、过户、移管改管等业务全覆盖，在全国同行业中位居前列。

（赣州水务公司）

供　电

【概况】 国网江西省电力有限公司赣州供电分公司（以下简称国网赣州供电公司）被评为2022年度综合业绩优秀单位、同业对标综合标杆单位、安全生产标杆单位；会昌县、石城县供电公司等2家县公司获评优秀县级供电企业，兴国县、安远县、于都县供电公司等3家县公司获评先进县级供电企业。2022年，赣州电网在运500千伏变电站4座、220千伏变电站29座、110千伏变电站110座、35千伏变电站205座。全市总装机容量1036万千瓦，其中水电153万千瓦、火电402万千瓦、风电239万千瓦、光伏210万千瓦、生物质及其他装机32万千瓦。赣州电网新能源装机规模481万千瓦，占比46.4%。全年总发电量258.72亿千瓦时，增长116.2%；社会总用电量277.77亿千瓦时，增长8.1%，其中工业用电量145.57亿千瓦时，增长4.1%，城乡居民生活用电量68.43亿千瓦时，增长14.5%。

【安全责任】 滚动修订“两个清单”，出台《反违章工作实施细则》等制度，开展各级领导及管理人员安全履职能力评价，压实班组长、工作负责人及相关管理人员安全责任。实体化运作市县、产业单位安全督查中心。强化电网风险预警管控，发布风险预警245份。加强设备精益化管理，深化输电线路属地化运维，110千伏及以上主变、母线“零跳闸”，110千伏及以上、35千伏线路跳闸率分别下降35.6%、67%，35千伏生命线“零停运”。推动各级政府出台廊道清理支撑政策文件，完成树障清理约17万档，故障跳闸率比上年下降82%。建成新一代应急指挥系统，组织开展大面积停电、直流融冰等应急演练。

【社会服务】 完成中共二十大、赣南苏区振兴十周年活动等96项重要保电任务，平稳应对478.3万千瓦七创历史新高负荷考验，快速响应洪涝干旱、森林火灾等自然灾害，获赣州市委、市政府主要领导及社会各界赞誉。提升优质服务水平，实现160千瓦及以下小微企业“四零四省”（零费用、零条件、零审批、零跑腿，省力、省时、省心、省钱）服务城乡全覆盖，高、低压平均办电时长同比压缩 35%、32%，“获得电力”指标大幅提升，全省排名第三。强化全渠道工单管控，百万客户投诉量比上年下降 94%。开展“村网共建”一站式电力服务，投运“电力爱心超市”2 个，寻乌华星村被评为“国家电网公司助力乡村振兴百家示范村”。

【经营责任】 开展“百日降损攻坚行动”，利用反窃电系统窃电模型、用采系统电表失准闭环管理、线损稽查以及自主研发的线损分析工具，对降损难、损失电量大的 69 条线路和 568 个台区开展溯源分析、专项治理，抓实基层单位领导班子成员挂点治理高损台区督办机制，存量高损线路台区整改完成率 100%，10 千伏及以下线损下降 0.26 个百分点、台区线损下降 0.28 个百分点。

【电网建设】 推动市政府出台支持电力高质量发展系列政策和闽赣异步联网、第二回入赣特高压布点赣州。保持高强度电网投资和建设规模，2022 年，电网发展投入近 20 亿元，完成 35 千伏及以上可研 35 项、核准 24 项，完成开工 12 项、投产 28 项，新增主变容量 1337 兆伏安，投运输电线路 399 千米。全面推进配电网“123”工程，新建改造 10 千伏线路 1375 千米、配电台区 762 个。组织开展于都配电网诊断分析和样板规划，制定典型县域目标网架和配电网建设指导原则。深化“七个自动化”和电网“动态一张图”建设，如期完成电网资源业务中台建设阶段目标，实现 HPLC（高效液相色谱）电能表全覆盖，瑞金沙洲坝供电所入选全省供电所数字化转型打造示范点。建成全省首个地市级 OTN（光传送网）核心环网，打造 15 个基层班组 RPA 应用场景，助力基层减负增效。成立赣州市电力负荷管理中心。加速推进数字赋能，构建全省唯一“智能机器人 + 远程摄像头”智能巡检平台，实现 220 千伏户外敞开式变电站智能巡视全覆盖，全省首家应用无人机机巢实现巡视范围内输、变、配设备自主巡视全覆盖，建成全省首座“一键顺控”220 千伏筠门岭变电站。

（刘　童）

城市管理

【概况】 2022 年，全市城市管理工作紧扣“精心规划、精致建设、精细管理、精美呈现”工作要求，坚持“人民城市人民建，人民城市为人民”理念，取得新突破、新发展、新提升。赣州市城市管理局被评为创建国家卫生城市集体二等功。

【生活污水治理】 *污水处理监管* 2022 年，出台《赣州市城镇生活污水处理提质增效攻坚行动方案（2022—2025 年）》，市中心城区完成污水集中收集率年增长 5 个点的目标。市中心城区污水治理厂网一体化项目总投资 35 亿元，首批 3 个子项目进场施工；落地实施南康、崇义、会昌等地的厂网一体化项目。赣州市排水管网地理信息（GIS）系统及在线监测项目基本建成，完成市中心城区 495.06 千米管网普查数据录入，完成 111 处排水管网监测点、10 处内涝监测点建设以及 500 处智慧井盖建设，实现排水管网“一张图”展示。

污水收集处理 实施截污纳管、清污分流、雨污混接改造、清淤堵漏，全市完成新改建污水管网 225.35 千米，完成年度任务的 127.7%。城市集中式生活污水处理厂 24 座，总处理规模 78.25 万吨 / 日，其中新增污水处理能力 5 万吨 / 日。市本级白塔四期、章贡区水东镇桃源溪污水处理站、沙石镇单桥污水处理站等项目落地建设。稳步推进建制镇污水设施建设，全市 147 个建制镇中 134 个建制镇具备污水处理能力，设施覆盖率达 91.2%。

污泥处置模式拓展 在市中心城区污泥无害化处理处置率达 100% 的基础上，为降低污泥处置风险，创新污泥处置渠道，市本级白塔四期污泥处理设施在 7 月中旬投入运行后，将污泥干化后运送至瑞金华能电厂协同焚烧处置，有效解决污泥处置去向问题。

【生活垃圾治理】 编制《赣州市“十四五”生活垃圾分类和处理设施发展规划》，开展分类设施标识标志规范排查整治，建成 102 个居民生活垃圾分类示范小区，建成并投产 6 座生活垃圾焚烧发电处理设施、1 座餐厨废弃物资源化利用和无害化项目、5 座大件垃圾破拆处理中心、12 座就地化和小型化厨余垃圾处理设施。2022 年，召开《江西省生活垃圾管理条例》宣传贯彻会 60 余场，分发《江西省生活垃圾管理条例》2 万余份，查处生活垃圾分类领域典型违法案件 199 件，罚款 10 余万元。印发《赣州市中心城区建筑垃圾管理办法》，市中心城区建筑垃圾资源化利用处置场及水西弃土场项目建成并完成调试。开展中心城区餐厨垃圾应收尽收专项整治，走访宣传餐饮单位 6205 家，增加签约单位 3006 家，每月新增餐厨垃圾处理量 3.33 万吨。加强对生活垃圾焚烧发电、沙河填埋场渗滤液、生活垃圾转运中心等终端处理企业运营考核，推进转运中心监管与异味控制，对转运中心的生活垃圾压缩转运、大件家具破拆和压滤液处理工作进行有效管理，筹措经费提升改造转运中心环保设施设备。焚烧处置生活垃圾 42.79 万吨，填埋场处理渗滤液 14.11 万吨，出水水质达到《生活垃圾填埋场污染控制标准》排放标准。压缩转运生活垃圾 21.41 万吨，处理压滤液 2.82 万吨，出水水质达到规定排放标准。

【城市综合执法】 市城管局制定印发《赣州市城市管理局行政执法工作实施办法》《行政执法案件快查快处实施办法》《关于进一步加强行政执法办案工作的通知》《市城市管理综合行政执法支队开展律师驻队工作方案》，成立市城管局

行政处罚案件审查委员会和执法案件快审快处团队，规范办案流程，提高办案效率。2022年，立案查处普通程序案件82件，其中自查案件46件；办结74件，办结率90%，罚款金额6000万余元。聚焦餐厨废弃物违规收运、生活污水乱排、建筑垃圾乱倒等城市乱象，开展生活污水治理、餐厨垃圾、建筑垃圾、招标投标领域、自建房违法建设、养老诈骗、“双减”工作专项整治行动，成立工作专班，统筹推进各类专项整治。推动办理排污许可证400余份，查处单位和个人违规收运、处置餐厨垃圾6起，协助排查自建房违法建设5949.43平方米，拆除3032.8平方米，没收违法收入335.63平方米，摸排涉嫌养老诈骗线索33条，拆除市中心城区违规培训机构广告牌1321块。将市本级网格划分为285个小网格，668名干部职工担任一线网格员，实施“定区域、定人员、定职责、定任务、定奖惩”的网格化监管，建立市政管理、园林环卫、城管执法网格内应急、重大事项处置机制。发现各类城市管理问题3715起，自行处理问题3226起，上报问题形成案件线索489条，跟踪整改473条，结案率达到97%。推开并深化“城管进社区、服务面对面”活动，实行“113+1”管理模式，建立推广“三事分流”机制，形成了“形式丰富、时代特征、赣州特色”的城管工作经验。

【城市能级提升】 2022年，全市新改建公园、广场、游园86个，新建改造面积达公顷130.74公顷，新增绿道绿廊长度45.03千米，累计建成绿道绿廊733.91千米，完成章江左岸滨江生态防护绿地（文武坝路—黄金大桥）项目。完成城市中央公园基础设施提升、老城区老旧灯杆以及长岗路、京九路等5条道路改造工程。建成客家大道、东阳山路、八一四大道3座人行天桥，完成中心城区14条人行道改造工程，改造面积16.1万平方米。10月，市生活垃圾焚烧发电厂配套飞灰填埋场开工建设。沙河垃圾场封场项目完成现状调查报告、风险评估报告、综合治理方案的编制，可研报告完成评审。

2022年，新增如厕厕位1.4万余个，超额完成全市增加1万个如厕厕位目标，超额40%。城镇公厕设置密度达4.09座/平方千米。统筹推进“五区一体智慧停车”平台车场联网和各地停车场项目建设。10月，提前完成全年建设任务，其中全市新增公共停车泊位31518个，“五区一体”智慧停车平台接入155个停车场（泊位4.18万个）。建成投运建春湿地公园再生水处理站，经验做法在《中国环境报》刊载。道路扬尘整治成效显著，全市建成区市场化率达83.56%，机械化清扫率达96.72%。加强渣土运输管理，市中心城区1284辆轻量化环保运输车均安装GPS（全球定位系统）、北斗等定位系统，与数字化城管指挥中心监控平台联网。严查渣土运输过程中“跑、冒、滴、漏”等问题，2022年立案查处204起，处罚78.3万元。巩固城镇餐饮油烟治理成效，全市建成区12140餐饮服务企业（门店）完成油烟净化装置安装，安装率100%；查处典型违法案件30起，处罚14.5万元。推进臭氧防治，通过强化源头管理、优化沥青铺设、修补及道路标线施划作业工序流程等措施，有效减少可挥性有机物（VOCs）产生。

【深化体制改革】 市城管局贯彻落实《深化中心城区城管体制机制改革总体方案》以及市中心城区市政设施管养、园林环卫、城管执法等3个体制改革实施方案，3月2日，与章贡区政府正式签订事权移交文本，划清市、区两级职责。市城管局在全市率先实现行政许可“零审批”，所有审批事项均划转市行政审批局办理。市城管局配合章江国家湿地公园和月季公园绿地移交，支持服务新光商业综合体建设，与赣州城投、赣州旅投签订城市基础设施开发及江南宋城周边公园合作协议。印发《赣州市城市管理局助力商圈繁荣、释放消费活力十八项措施》，促进疫情期间城市消费活力，解决灵活就业，全市按照经营类别规范设置地摊车、便民摊点5500余个。

【优化营商环境】 市城管局在全市率先出台“优化营商环境二十项措施”和《“轻微首违”执法事项清单》，相关做法在《赣南日报》、赣州电视台刊播。开展“小鬼难缠”“中梗阻”等营商环境领域作风不实问题专项治理和“企业大走访”活动，严格落实企业“安静生产期”制度，建立企业“首席服务官”工作机制。市城管局系统工程项目服务机构均在中介超市随机抽取，招标公告实行预挂网，面向社会征求意见建议，营造公平、公正、公开营商环境。在全省设区市首创共享二轮车运营服务公开招标，经验做法得到充分认可，住建部《建设工作简报（第97期）》刊发赣州经验做法，向全国推广，《江西改革动态》《赣州改革动态》《赣南日报》等专门刊发。推进“12345”热线办理，及时办结率和满意率均达100%。

（彭康斌）

水　利

【水利建设】 争资争项　赣州市争取水利部出台《关于支持江西革命老区水利高质量发展的意见》，突出支持赣州建设全国唯一的革命老区水利高质量发展示范区。2022年，赣州市争取上级水利资金、落实水利投入、发行水利债券（基金）均创历史新高并居全省第一，其中争取上级水利资金23亿元，同比增长96%；落实全社会水利投入70亿元，同比增长65%；发行水利债券（基金）项目44个、39亿元，基金投放金额占全省的42%，获省水利厅通报表扬。

水利基础设施建设　启动水利领域基础设施建设两年攻坚行动，2022年实施攻坚项目112个，开工建设攻坚项目110个，已完工30个，完成年度投资49.70亿元、完成率113.55%。其中已完工龙南茶坑、兴国洋池口、安远永镇3座水库主体工程，开工建设信丰黄坑口、于都岭下2座中型水库及赣县野猪坑、信丰三只水、兴国崇胜、寻乌石嵘寨4座小型水库。

重大水利项目　统筹各地和部门合力攻坚重大水利项目，已落实重大水利项目前期经费4.11亿元(其中市本级1.83亿元)，投资43亿元的梅江大型灌区以不到2年时间完成所有前期工作并全面开工建设，创造全国重大水利工程推进的新速度；平江灌区前期进展迅速，计划2023年完成可研批复并开工建设先导工程；营口水库、茅店和极富枢纽、桃江灌区计划2023年完成可研，寒信枢纽计划2023年完成项目建议书。同时，已开工建设瑞金梅江引调水工程和投资44.98亿元的中心城区五江十岸防洪提升与生态修复工程。

农村饮水安全保障　启动实施农饮两年攻坚行动，投入15.79亿元实施农饮提档升级项目1180个，累计受益236.5万人；设立市级"12345"农饮业务联动平台和县级热线，有效畅通农村安全饮水问题线索投诉渠道，把饮水问题处置在基层，水利部"12314"舆情从2021年的25件下降到2022年的3件。

【水利改革】　全国水土保持高质量发展先行区建设。市水利局联合市行政审批局出台《赣州市水土保持方案审批承诺制管理办法》，建立生产建设项目信息资源共享机制和共享平台，大力推广运用"准实时+精细化"水土保持监管模式，探索创新"揭榜挂帅、竞争立项、先建后补"崩岗治理新模式。依托市水利电力勘测设计研究院专门成立市水土保持研究所，依托江西理工大学、江西环境工程学院、赣州市水利电力勘测设计研究院等高校和科研院所成立赣州市水土保持研究会，创新"抓两头带中间"做法开展水土保持国策宣传教育，赣州先行区建设工作先后在全国水土保持工作视频会、省政府水土保持高质量发展新闻发布会和全省水利建设与管理现场推进会作典型发言和重点推介，先行区建设取得显著成效分别入选2022年度江西水利、赣州水利十件大事之一。2022年。赣州市水保中心、上犹县水保中心获"全国水土保持先进集体"称号，宁都县、赣县区分别成功创建全国水土保持示范县和示范园，全市国家级示范创建累计数量达11个，居全国设区市第一，2021—2022年连续两年全省水土保持目标考核获设区市第一名，相关创新举措被世界水土保持学会（WASWAC）热点新闻、《中国水利报》、"学习强国"学习平台等平台媒体报道，被新闻媒体誉为"新时期水土保持生态建设的深刻变革"。

持续深化水权交易试点改革，2022年在省公共资源交易平台完成水权交易24例；推进水资源管理改革先行先试，大余县争取国家"典型地区再生水利用配置试点"项目试点，龙南市、宁都县争取全省"鄱阳湖流域水资源保护利用'四水四定'试点"项目试点。

探索具有赣南特色的农村水利发展模式。打造城乡供水一体化的"会昌模式"，获水利部、省委改革办、省水利厅推广。章贡区"供销社模式"、于都县"三三管护模式"在全国农业水价综合改革工作会议推介，相关做法被《全国农业水价综合改革典型案例》收录。强化小型水库运行管理，南康、上犹列入全省深化小型水库管理体制改革达标县名单，赣县、瑞金、会昌列入小型水库安全监测能力提升试点县。

【水资源管理】　2022年，全市总用水总量36.2401亿立方米，万元地区生产总值（当年价）用水量80.1立方米，指标均达到控制目标。

推进县域节水型社会达标建设。上犹县、章贡区、宁都县的县域节水型社会达标建设通过省级现场核查，全市累计1个县（于都县）获水利部命名，8个县（赣县区、南康区、龙南市、大余县、石城县、上犹县、章贡区、宁都县）已在水利部备案。积极推进企业、高校、公共机构、小区等（不含灌区）节水载体创建和水效领跑者引领行动，组织全市开展节水载体创建工作，向省水利厅推荐56家企业申报江西省节水型企业，6所高校申报江西省节水型高校。2022年，获省级命名"公共机构水效领跑者"1家（江西环境工程职业学院）、"江西省企业水效领跑者"2家（江西中烟赣州卷烟厂、江西青峰药业）、"江西省节水标杆企业"4家（全南新资源稀土、崇义章源钨业、龙南福鑫钢铁、江西新德工业织造）、"江西省节水型企业"30家、"江西省节水型高校"4所（江西环境工程职业学院、赣南师范大学、江西理工大学、赣州职业技术学院），并建成一批赣州市节水型企业、公共机构节水型单位和节水型居民小区；全市12个节水典型案例获省水利厅肯定和推广。市水利局组织崇义县选送的《农田灌溉节水传千年》节水短视频获得全国第三届"节水在身边"短视频二等奖，为全省唯一获奖作品。依法开展取水许可审批和日常监督管理，严格水资源论证管理，加强取水计量管理，按标准足额征收水资源费，依法开展取水许可审批和日常监督管理；建立水资源刚性约束制度和河湖生态流量保障制度；分配下达《赣州市2030年用水量指标分配方案》，将省分配给赣州市的赣江、东江、北江、韩江流域的用水量指标全部分配到相关县（市、区）。完善河湖生态流量保障建设，委托赣江上游水文水资源监测中心做好章江、琴江、濂江生态流量保障实施方案工作。县级以上城市饮用水水源地安全保障达标建设通过省级评估。开展取水监测计量设施建设，全市完成取水监测计量设施建设任务128个。

（方立山）

本栏编辑：谢　晨

生态环境

综　述

【概况】 2022年，赣州市打好污染防治攻坚战，实施美丽赣州建设行动，以生态环境高水平保护助推经济高质量发展、创造高品质生活。全市生态质量指数（EQI）稳中向好，市中心城区$PM_{2.5}$浓度21微克/立方米，再获全省第一；19个纳入考核的县（市、区）$PM_{2.5}$平均浓度达到国家二级标准；地表水国控断面水质优良比例达100%，赣江干流4个断面继续稳定保持Ⅱ类水质。在全省污染防治攻坚战成效考核中获评优秀，市县综合考核涉及生态环境指标位居全省前列，污染防治攻坚战成效考核获评优秀等次；再获全省生态环境系统目标管理考核第一名，实现“两连冠”。

【美丽赣州建设】 2022年，赣州市围绕绿色低碳发展、污染防治攻坚、生态保护修复、农村环境提升、治理体系创新等五大领域系统实施163个重点项目，总投资超200亿元，已开工162个，在建率99.4%；完成投资92.7亿元，占年度计划投资的114%；项目竣工90个。赣州市被全面建设美丽江西专项工作组定为全省唯一先行先试设区市，出台20条政策给予支持，崇义县被列为6个省级试点县之一。成功承办美丽中国百人论坛2022年会并作经验交流，获国务院生态文明督查激励表彰，美丽赣州建设、生态产品价值实现、塑料污染治理等工作在全省作典型经验交流。

【生态环境领域改革】 年内，赣州市在全省探索推进生态环境保护委员会机制下沉至乡镇、乡镇跨界断面水质监测考核、市县两级大气污染防治作战指挥、生态环境系统内部审计等机制，全面完成省委、市委生态环境领域改革任务。落实排污许可“双百”任务，办理变更、延续、新增核发排污许可证1809张，排污单位执行报告提交率达到100%，实现执行报告内容规范性审核、排污许可证质量核查全覆盖。落实生态环境损害赔偿制度，成功磋商236件线索，金额达2500余万元。

（肖宝光）

生态环境质量

【空气环境质量】 2022年，赣州市中心城区$PM_{2.5}$年均浓度值为21微克/立方米，全省排名第一，同比下降8.7%；空气质量优良率为92.6%，全省排名第六，同比下降6.9%。各县（市、区）$PM_{2.5}$平均浓度在13—27微克/立方米，19个纳入考核的县（市、区）$PM_{2.5}$平均浓度均达到国家二级标准（35微克/立方米），其中寻乌县、宁都县、全南县、瑞金市、崇义县、石城县达到国家一级标准（15微克/立方米）。各县（市、区）空气质量优良天数比例在89.6%—99.4%。

【水环境质量】 2022年，全市26个国考断面水质优良比例为100%，优于国家考核目标（96.2%）3.8个百分点；全市73个省监测断面水质优良比例97.3%，达到省级考核目标（97.3%）；未出现劣Ⅴ类及Ⅴ类水，水环境质量排在全省前列。赣江干流4个断面稳定保持Ⅱ类水质；全市县级及以上城市集中式饮用水水源地水质达标率为100%。年内，赣州市中心城区黑臭水体完成整治，未出现返黑返臭。完成150个农村环境整治、14个已建农村生活污水处理设施提升改造、30个农村黑臭水体治理任务，支持上犹县、瑞金市开展黑臭水体治理试点。

【土壤环境质量】 年内，赣州市推进农用地安全利用、疑似污染地块土壤污染状况调查，完成40个矿区历史遗留固体废物排查。开展涉镉污染源综合整治，完成2处涉镉污染源整治、28个地块土壤污染状况调查和评审。对18家企业提供的建设用地土壤污染状况调查报告进行评审，共提交83份材料，通过评审80份。年内，全市重点建设用地安全利用率达到100%。

【声环境质量】 赣州市加大对《中华人民共和国噪声污染防治法》宣传力度，强化法律实施、严格法律执行，开展以案释法工作，做好噪声污染防治工作。组织各县（市、区）通过微信公众号、微博等新媒体平台发布《关于加强2022年中、高考期间环境噪声集中整治行动的通告》，设立噪声污染举报电话，畅通投诉举报渠道，及时解决噪声污染信访问题。年内，全市1类、2类、3类、4类功能区昼间、夜间数据均能达到《声环境质量标准》，达标率100%。

（肖宝光）

污染防治

【概况】 2022年，赣州市推动出台实施《关于进一步加强生态环境保护深入打好污染防治攻坚战的实施方案》《深入打好污染防治攻坚战八大标志性战役30个专项行动工作方案》，统筹各地各部门深入打好污染防治攻坚战。

【大气污染防治】 赣州市在全省率先建立市县两级大气污染防治作战指挥机制，并实行全市空气质量“日发布、周提醒、月通报”，及时排查、整改解决问题。印发《赣州市2022年大气污染防治工作要点》《赣州市中心城区臭氧污染应急管控方案》《南康区家具企业VOCs治理攻坚帮扶方案》《赣州市2022年臭氧污染防治攻坚方案》等。对全市空气质量实施“日发布、周提醒、月通报”，累计发布每日空气质量目标、余量分析350篇，预警信息1300余条，对空气质量改善不力、排名靠后的提醒9次。年内邀请华南理工大学叶代启、袁自冰教授与市中心城区五区生态环境局管理人员开展臭氧污染防治座谈，邀请河北先河环保科技股份有限公司马景金博士分析赣州市二季度空气质量改善形势及臭氧污染防治措施。年内，市中心城区、县级及以上城市$PM_{2.5}$平均浓度分别为21、18.2微克/立方米，空气质量优良天数比率分别为92.6%、95.4%。

推进VOCs（挥发性有机污染物）十大环节（有机液体储罐、装卸、敞开液面、泄漏检测与修复、废气收集、废气旁路、治理设施、油气回收、非正常工况、产品VOCs含量）排查、烟气在线监测专项整治，实施销号整改，开展“零点夜查”、交叉检查专项行动，发现并移交属地及有关部门共183个大气污染问题，印发13批次问题清单，实施跟踪督办。全市安装完成1000台重型柴油车远程在线监控系统，开展大气污染源清单及臭氧来源解析，实施秸秆禁烧无人机巡查服务项目，推进二期大气“管家”服务项目，加强科学治气硬实力和软能力建设。

【水污染防治】 年内，赣州市探索开展乡镇主要河流跨界断面水质监测考核，划定监测断面346个，建立断面水质“日调度、月通报”超标预警机制，聘请水污染防治管家团队服务支撑水污染防治工作。国考断面水质优良比例达100%，省考断面水质优良比例达97.3%，水质综合指数稳居全省前列。

开展断面周边污染源全面排查，制定针对性、操作性强的水质提升方案。印发《赣州市养殖污染专项整治行动实施方案》，联合农业农村、水利等部门在全市范围内开展为期6个月的养殖污染专项整治行动，解决养殖污染地表水环境质量突出问题。利用省级环保专项资金，委托第三方开展赣江和北江流域及东江流域水污染防治管家服务工作。针对高温干旱异常天气组织开展断面水情排查，摸清全市受天气影响断面水量、水位及水质变化等有关情况。

推进开发区污水收集处理提升专项行动，制定印发《赣州市开发区污水收集处理提升专项行动工作方案》《赣州市开发区污水收集处理提升专项行动交叉检查工作方案》，通过自查、交叉检查、省厅核查等方式，对全市19个省级以上开发区进行全面体检，建立90个问题整改台账。

【土地污染防治】 督促企业落实土壤污染防治责任，推进隐患排查，防范化解土壤污染风险隐患。全年累计完成91家企业隐患排查和322个隐患点整改。选取15家2021年已实施土壤污染隐患排查的重点监管单位，组织专家对其隐患排查成果和土壤及地下水自行监测报告进行技术抽查及现场核查。

推进涉镉污染源整治。持续开展农用地土壤镉等重金属污染源头防治行动，精准施策、重点调度，全面完成兴国县金龙金矿及崇义县原关田中兴加工厂2处涉镉污染源整治销号及37个矿区历史遗留固体废物排查。组织对全市建设用地开发利用信息情况进行全面排查，对排查出的28个地块全部完成土壤污染状况调查及报告评审，全力保障重点建设用地安全利用。

【固体废物污染防治】 2022年，赣州市对全市固体废物污染环境防治工作实施统一监督管理。其中，一般工业固体废物产生总量为847.31万吨，比上年增加83.37万吨，增加率10.91%。工业固体废物综合利用量为674.87万吨，综合利用率为78.21%；处置量为55.00万吨，处置率为6.49%；贮存量为38.11万吨，占产生量比例为4.50%；倾倒丢弃量为0.02万吨，占产生量比例为0.002%。工业危险废物产生量为16.81万吨，比上年减少1.54万吨，减少率8.39%。工业危险废物利用处置量为16.63万吨，利用处置率为98.93%；贮存量为2.80万吨，占产生量比例为16.66%；倾倒丢弃量为0。医疗废物主要由赣州市威绿达医疗废物集中处置有限公司处置，全年接收医疗废物7454.1吨，全部实行无害化处理。

（肖宝光）

生态环境监管

【概况】 2022年，赣州市印发《2022年赣州市生态环境监测方案》，明确年度生态环境监测工作

任务，对全市环境空气质量、地表水生态环境质量、地下水环境质量、生态环境质量、农村环境质量、声环境质量、污染源监测等 12 个部分 41 项监测任务。定期开展监督检查、跟踪调度，通过下发工作提醒函和督办函、通报、约谈等方式，保持高压态势，倒逼整改落实，督促有效解决一批长期想解决未解决的突出生态环境问题。中央环保督察等反馈赣州市各类突出生态环境问题 361 个，需要销号管理的问题 320 个，已销号 294 个，销号率 91.9%；转办信访件 2133 件，已销号 2114 件，销号率 99.1%。

【生态环境监测体系建设】 年内，赣州市新建 3 个市级、2 个县级集中式饮用水源地水质自动监测站，完成大气颗粒物组分自动监测站验收和挥发性有机物自动监测站补充紫外辐射强度和边界层高度监测设备采购工作，完成部分空气自动监测站设备更换、站点搬迁。指导县级技术服务站监测能力建设，17 个技术服务站取得 CMA（检验检测机构资质认定）资质认定证书。

【生态环保督察整改】 赣州市持续压实督察整改主体责任，组织开展整改销号“百日攻坚”“春雷行动”“回头看”等专项行动，健全整改督导督办机制，推动中央生态环境保护督察等反馈各类突出问题、转办信访件销号率分别达 91.9%、99.1%，同比提高 39.3 个、13.5 个百分点。

【监管执法】 赣州市配合省人大开展《中华人民共和国环境保护法》执法检查，配合市人大完成《赣州市扬尘污染防治条例（草案）》立法审查。与 20 个县（市、区）签订行政处罚委托协议，解决县级生态环境部门执法主体资格缺失问题。联合市公安局、市检察院出台《关于加强生态环境行政执法与刑事司法衔接工作实施细则》。完善涉企执法事项目录清单，出台执法人员执法行为规范，科学开展综合执法检查。加大打击环境违法犯罪行为力度，立案查处环境违法行为 203 起，处罚金额 2300 余万元。抓好疫情防控生态环保工作，推进生态保护修复监管，全面整改销号 246 个自然保护地强化监督违法违规问题、295 个矿山整治大排查问题，全面防范化解生态环境安全隐患。

【生态环境领域营商服务】 年内，赣州市制定出台生态环境领域优化营商环境政策措施，开展“对标大湾区事项梳理优化提升行动”，进一步减材料、减程序、缩时限，下放 49 项行政权力事项到县级层面，占比达 92.4%。制定生态环境轻微违法不予处罚清单，对 12 类生态环境轻微违法行为不予处罚，将 187 家企业纳入环保监督执法正面清单。全面梳理全系统 211 项行政权力事项清单、180 项涉企行政执法事项，认真组织开展服务企业、服务群众接待日活动。

11 月 10—16 日，市环境生态局组织开展隐患排查“回头看”工作。图为工作人员在现场排查设施运作情况 （市生态环境局供图）

【环境影响评价】 赣州市对符合园区产业发展规划和环境准入要求的建设项目，降低环境影响评价管理等级，简化环境影响评价文件编制程序，推动各县（市、区）全面实施开发区统一环境监测。全市豁免环境影响评价管理项目 412 个，推行告知承诺制审批项目 85 个，实施环境影响评价容缺受理项目 63 个，实行环境影响评价应急服务保障项目 2 个，应编制报告书降为报告表项目 11 个，对 11 个园区内建设项目环境影响评价文件程序予以简化。

（肖宝光）

自然生态保护

【概况】 赣州市树立“绿水青山就是金山银山”理念，突出生态环境问题整改，严守自然安全边界，加强生物多样性保护。至 2022 年年底，全市累计创建国家级生态文明建设示范县 4 个、国家“绿水青山就是金山银山”实践创新基地 1 个、国家级生态乡镇 11 个、国家级生态村 1 个；成功创建省级生态县 6 个、省级“绿水青山就是金山银山”实践创新基地 5 个、省级生态乡镇 144 个、省级生态村 162 个，市级生态村 1699 个。

【自然保护地监管】 赣州市成立“绿盾”专项行动工作组，建立部门联动、调度督办和验收销号等工作机制，全面排查梳理自然保护地内违法违规问题和历史遗留问题。针对 2017 年以来“绿盾”专项行动发现的违法违规问题实行问题清单制，形成“问题线索反馈—保护区管理机构自查—县级相关部门联合检查—市级部门核查—通报核查结果—督促问题整改—完成销号”的闭环监管模式，年内，六年“绿盾”专项行动 246 个违法违规问题现全部完成整改销号。

【饮用水水源地保护】 推进饮用水水源地规范化建设，完成省委、省政府主要领导经济责任审计反馈的饮用水问题整改工作和饮用水水源环境状况评估及基础信息调查工作。制定印发《关于开展全市县级及以上集中式饮用水水源地规范化建设情况自查工作的通知》，督促各地对辖区内县级及以上集中式饮用水水源地规范化建设情况开展自查。组织各地每日对辖区内集中式饮用水水源地开展地毯式排查，并实行水源地安全状况“零报告”制度。向市政公用集团发送《工作提示函》，督导全力做好疫情期间中心城区饮用水安全保障工作，对中心城区水源地加密监测，增加余氯和生物毒性等疫情特征指标的监测，安排专人全面巡查保护区，同时积极完善应急物资，开展应急演练，确保中心城区饮用水安全。

【水资源调查】 全市多年平均水资源量为 337.45 亿立方米，人均水资源量约 3800 立方米，高于全省、全国人均水资源量占有量。2022 年全市水资源量为 313.14 亿立方米，与上年比较增长 73.2%，与多年平均比较减少 7.2%，属偏枯水年。2022 年全市人均水资源量约 3500 立方米。

全市总用水量 36.2401 亿立方米。其中，农林果牧渔畜业用水量 29.1630 亿立方米，占全市总用水量的 80.5%；工业用水量 1.9549 亿立方米，占全市总用水量的 5.4%；建筑业用水量 0.2709 亿立方米，占全市总用水量的 0.7%；服务业用水量 0.6395 亿立方米，占全市总用水量的 1.8%；居民生活用水量 3.9904 亿立方米，占全市总用水量的 11.0%；城镇环境用水量 0.2214 亿立方米，占全市总用水量的 0.6%。2022 年全市人均用水量 404 立方米，与上年比较增长 6.9%。

年内，完成全市《年度水资源简报》《年度水资源公报》编制，实现县域水资源公报和全覆盖；开展生态流量分析及监测试点工作；编制《章江流域生态流量保障实施方案》《濂江流域生态流量保障实施方案》《琴江流域生态流量保障实施方案》；对 20 个水文站及县行政区界河 6 个断面的生态流量进行分析及监测，积极推进生态流量监测；对中心城区的（章贡区、赣州经开区、蓉江新区）进行用水分析；拓展水文技术服务覆盖面。

6 月 5 日，市生态环境局联合蓉江新区管委会围绕“共建清洁美丽世界”主题在麋鹿星球共同举办赣州市“六五”环境日主场活动　　（市生态环境局供图）

【生物多样性保护宣传】 2022 年，赣州市制定“十四五”期间《赣州市生物多样性保护工作方案》，印发《关于进一步加强生物多样性保护的措施办法》《赣州市 2022 年生物多样性保护宣传活动实施方案》。围绕“2022 年国际生物多样性日”主题“保护生物多样性为所有生命构建共同的未来”开展系列宣传活动，在“赣州环境”等媒体推送生物多样性保护典型案例、生态文明建设示范市（县）区和“绿水青山就是金山银山”实践创新基地的典型示范、生物多样性和 COP15（2020 年联合国生物多样性大会）知识宣传；在全市各地通过悬挂宣传条幅、讲解科普展板，发放生物多样性保护宣传资料等形式开展 2022 年国际生物多样性日宣传活动。

【生态修复】 持续推进矿山生态修复三年行动，累计完成废弃矿山治理面积 1004.94 公顷。赣州市历史遗留废弃矿山生态修复项目成功入选国家 2022 年 11 家历史遗留废弃矿山生态修复示范工程项目，中央财政将予以支持 3 亿元。兴国、寻乌、瑞金等 3 个废弃矿山治理经验入选《江西省生态修复典型案例》（第一批）公示名单，在全省宣传推广；会昌县市场化矿山生态修复工作经验，先后在央视综合频道、人民网、《中国自然资源报》、中国新闻网等主流媒体宣传推广。全力推进矿山生态环境问题大排查大整治专项行动，已完成整改 1890 个。大力推进绿色矿山建设工作，全年共建成 7 个绿色矿山，2022 年 4 月 1 日发布实施《离子型稀土绿色矿山建设规范》《普通建筑用砂石黏土绿色矿山建设规范》。建推进审计整改任务，组织开展“回头看”，抽取 32 个矿山进行年度检查，其中审计整改工作做法在省厅绿色矿山工作动态中作为经验通报予以刊发，为全省 2022 年度唯一一次刊发的经验通报。

【水生态保护】 实施河（湖）长制，2022 年全市四级河长开展巡河

20万余人次，签发市、县河长令48份，督促解决问题1364个。在全省率先完成联防联控协作机制市、县全覆盖。联合广东省韶关市等相邻5个市制定《跨区域河长制工作合作制度》，各相邻县（市、区）强化上下游协调联动，开展联合巡河107次，解决问题78个，共同守护赣州碧水清波。在全省率先全面推行河长制公示牌"亮码上岗"。为河湖发放"电子身份证"，用手机扫一扫就能看到河湖全部信息，同时也能进行河湖问题举报，群众参与河湖管护更加方便快捷。发挥公安机关、检察机关行业职能，形成"三长"联手、部门联动、处置高效的铁腕护水新格局，2022年排查并整改问题83个。全市重要水功能区和赣江、东江、北江出境断面水质达标率达到100%。

【入河排污口整治】 印发《赣州市排污口整治专项行动实施方案》，明确"十四五"期间入河排污口整治任务及完成时限。赣州市涉及长江入河排污口278个，对255个正在使用的入河排污口全部完成命名编码；对154个具备监测条件的排口进行采样监测；在83个规模以上入河排污口竖立标志牌；275个需整治的入河排污口完成整治149个，整治完成率53%，达到生态环境部2022年要求完成整治50%的序时进展任务。开展赣江干流及阳明湖周边入河排污口深入排查，完成国省考断面、敏感保护区5千米范围内所有入河排污口"三单一图一方案"工作；对352个（除长江以外）正在使用的入河排污口完成分类命名、编码、竖立标志牌；2021年度超标断面上游5千米范围内26个入河排污口问题全部完成整治。

（肖宝光）

水土保持

【概况】 2022年，赣州市坚持以国家水土保持重点工程为龙头，山上山下、村内村外、上下游、左右岸全面规划、系统治理，坚持治理与开发并举，落实"脐橙飘香，水保先行"理念，让脐橙、油茶等赣南特色产业在水土流失治理过程中培育发展。全市建设脐橙标准化示范基地200个，新开发种植脐橙3333.33公顷，改造新造油茶0.8万公顷。推进全国水土保持高质量发展先行区建设，争取中央、省级国家水土保持重点工程项目资金1.56亿元，占全省资金总量的60.84%。赣州市水土保持中心被水利部授予"全国水土保持工作先进集体"。

【综合治理】 赣州市水土流失综合治理由减量降级向提质增效转变，全市水土流失面积、强度持续"双降"，水土保持率达到82.35%。实施水土保持率、森林质量双增计划，深入开展赣南区域国土绿化试点示范、低质低效林改造、废弃矿山生态修复以及中小河流治理等，完成国土绿化试点示范7560公顷，改造低质低效林6.67万公顷，露天废弃矿山生态修复治理408公顷，小河流治理240千米，全市水土保持率达到82.36%，赣南的山更青、水更绿、生态更稳定。示范创建大力推进。坚持把国家水土保持示范创建作为当地生态建设的重点工程和骨干工程，在成功创建9个国家水土保持示范县（园、工程）基础上，2022年组织申报宁都县国家生态示范县、赣县区金钩形崩岗治理示范园、寻乌县荷树塘废弃矿山治理示范园等3个国家示范县（园）。其中，宁都县被认定为国家水土保持示范县，赣县区金钩形水土保持科技示范园被认定为国家水土保持科技示范园。

【崩岗治理】 2022年，赣州市安排崩岗专项资金，创新采取揭榜挂帅、竞争立项、先建后补的方式，确定3个崩岗示范点，并按照项目资金1∶3的比例给予倾斜奖补，对完成年度治理任务的其他县（市、区）实行梯级奖补，最大限度消除崩岗侵蚀危害，全力打造南方地区崩岗综合治理示范样板。2022年，市本级安排2200多万元用于崩岗治理，确定赣县、于都、南康3个县（区）打造崩岗综合治理示范点，撬动银行贷款、地方债券、社会资金达1.6亿元。

【水土流失监管】 探索"准实时+精细化"监管模式，通过政府购买第三方服务，在全市18个县（市、区）中开展区域遥感监管和重点项目监管，实现全市生产建设项目水土保持监督检查全覆盖、常态化和规范化。对全市水保系统40余名业务骨干进行无人机技能培训，全面掌握无人机操作技能和测绘技

3月24日，全南县水保中心在全南县第三小学开展水土保持宣传进校园活动（市水保中心供图）

术，全部通过“持证上岗”考试。全年全市编报生产建设项目审批水土保持方案667个，水土保持设施自主验收566个。

【水土保持宣传】 赣州市把水土保持宣传教育作为推动水土保持高质量发展基础性工作来抓，推动水土保持国策宣传“进机关、进校园、进企业、进党校、进社区（乡村）”，宣传218.53万人。在机关事业单位办公楼宣传屏，播放全省首部水土保持宣传教育动画片《垄宝大救援》；联合市教育局在全市中小学生中开展“四个一”水土保持国策宣传教育活动。将水土保持纳入市县科普教育重要内容，各地建设水土保持教育实践基地68个，其中被命名为市科普教育基地6个。建立信丰“脐橙飘香，水保先行”、寻乌“废弃稀土矿山”等水土流失警示教育基地。印制《中华人民共和国水土保持法》《赣州市水土保持条例》等法律法规单行本和《江西省生产建设单位水土保持工作手册》等工具书近2万册，分发到各县（市、区）水保部门和生产建设单位，用于开展水土保持执法宣传和监管业务培训。

（市水土保持中心）

节能减排

【概况】 2022年，赣州市编制完成《赣州市碳达峰实施方案》《“十四五”节能减排综合工作方案》。与人民银行赣州中心支行签署“双碳”战略合作框架协议，借力金融市场深化推进碳达峰碳中和。率先开展超千人的全市领导干部“双碳”专题培训，前瞻开展碳排放数据质量管理自查，提升“双碳”知晓度及绿色低碳发展能力。争取南康区、龙南经开区获批全省首批碳达峰试点城市（园区）。建立用能预算管理和能耗数据定期报送机制及能耗强度不降反升通报机制，争取石城、宁都、定南获批创建省级园区循环化改造名单，多措并举落实节能降耗，2022年全市单位地区生产总值能耗下降3.7%，顺利完成节能减排目标。全力保障重大项目用能需求，争取省发改委批复深联科技、吉利耀能、佳纳能源等16个重大优质项目能评。

【公共机构节能】 2022年，赣州市高质量开展节能宣传教育，全年创建省级水效领跑者1家、省级专项领域教学点5家、垃圾分类样板单位4家，全市获评全省公共机构节能先进集体8家、先进个人13人。推广使用碳积分制平台（“绿宝碳汇”APP），注册达12万人，在赣州市中小学创新设立班级节能委员带动更多人参与节能工作。

（陈金华）

【温室气体排放管理】 年内，赣州市聘请第三方编制赣州市2020年度温室气体排放清单，成果文件覆盖工业生产领域、土地利用变化和林业领域、农业活动领域和废弃物处理领域等方面清单报告。组织对全市50家温室气体排放重点企业开展年度碳排放报告核查工作，多措并举加快摸清各领域碳排放情况。多次赴于都县、瑞金市开展水泥行业超低排放改造调研，赴龙南福鑫钢铁推进短流程钢铁行业超低排放改造，年内将2022年度中央大气污染防治资金2904万元落实至6个工业污染治理类项目。严格大气主要污染物总量审批，深挖减排项目空间，2021年度VOCs减排认定量336.61吨，NOx减排认定量330.91吨，均超额完成省下达年度目标任务，为优质项目腾出总量空间。2022年针对南康区家具企业废气治理问题，累计走访、帮扶50余家家具企业，在南康区专题召开企业服务接待日，解决家具企业实际问题。

【林业碳汇开发】 赣州市对全市现有森林资源情况、新造林情况、森林经营情况、新造竹林情况、竹林经营情况、已开发林业碳汇项目情况进行详细摸排，编制《赣州市林业碳汇资源及项目开发情况调研报告》，总结经验、发现问题，为林业碳汇资源开发奠定基础。配合省生态环境厅、省林业局赴崇义县、会昌县开展实地调研，推进林业碳汇开发试点工作。

（钟　珍）

国家级自然保护区

【九连山国家级自然保护区】 江西九连山国家级自然保护区始建于

3月8—10日，全市公共机构节能工作培训会在赣南宾馆召开。图为培训会现场
（市机关事务管理中心供图）

1975年，2003年晋升为国家级自然保护区，是江西省建立最早的保护区之一。保护区位于赣粤边界江西省龙南市，属南岭东部核心地段九连山脉北坡，为森林生态系统类型保护区，总面积13411.6公顷，区内保存有低纬度低海拔典型的原生性亚热带常绿阔叶林及丰富的生物多样性，在中国植被区划中属中亚热带湿润常绿阔叶林与南亚热带季风常绿阔叶林过渡地带，植物和植被具有过渡带的典型性，生物多样性极为丰富。已查明保护区内有高等植物301科1126属2913种，野生脊椎动物507种，昆虫1752种。

年内，组织开展九连山保护区专项“清风行动”，有效保障区内野生动植物资源安全。组织雇请第三方公司完成2022年度区内公路沿线活立马尾松松材线虫病防疫性药物的注干保护项目。按时完成陆生野生动物疫源疫病监测系统的日报数据的收集、上报工作，与各保护站签订陆生野生动物疫源疫病监测和林业有害生物监测防控目标责任状。申报的《江西九连山国家级自然保护区生物多样性监测网络与大数据平台建设项目》通过省发改委专家评审，并上报国家林草局。专业技术人员发现一蕨类新种——九连山铁角蕨，在国际权威期刊Phytokeys上发表。完成6公顷大型固定样地调查、金斑喙凤蝶寄主植物调查等项目进展顺利，南岭山地昆虫调查、外来物种调查等工作。3月3日，推送的黄腹角雉视频资料在CCTV-1《秘镜之眼》栏目中播出。

（九连山管委会）

【赣江源国家级自然保护区】 赣江源国家级自然保护区始建于1998年，2013年6月4日，国务院办公厅批准江西赣江源省级自然保护区晋升为国家级自然保护区。保护区位于石城县与瑞金市交界地区，东南靠福建省的长汀县，总面积16100.85公顷，其中两个核心区面积5491.80公顷，两个缓冲区面积3493.60公顷，实验区面积7115.45公顷。赣江源自然保护区属“森林生态系统”类型自然保护区，区内森林覆盖率94.2%，野生高等植物252科837属2582种，占全省的50.48%、占全国的7.7%；陆生脊椎动物共有31目93科221属360种，占全省的56.07%、占全国的6.6%。保护区每年为赣江注入1.4亿立方米以上优质Ⅰ类水，素有“江西水塔”之称。

年内，对实施保护区内主要植被群落类型进行调查与监测，设立标准固定样地20个。主要调查重点群落，包含部分重点保护树种的种群数量、分布点、分布点所处环境因子特征、植物多样性特征的调查。在江西兰科植物补充调查时发现列入世界红色保护名录的濒危物种二脊沼兰，是中国第二个发现的省份，属江西首次发现，被央视《朝闻天下》推广宣传。开展哺乳动物的（含地面活动鸟类）的种类、数量、分布以及人为干扰情况的调查，评估全国哺乳动物的（含地面活动鸟类）种群动态变化趋势，分析环境变化及人类活动对野生动物多样性变化的影响。通过调查共发现记录有哺乳动物5目13科22种，其中国家二级重点保护野生动物3种；有鸟类11目41科105种，其中国家一级重点保护野生动物3种，国家二级重点保护野生动物15种。

（赣江源管委会）

【齐云山国家级自然保护区】 江西齐云山国家级自然保护区位于崇义县西北部，地处湘赣两省界山罗霄山脉的南端，南岭山地北坡，属中亚热带东部湿润型季风气候区。齐云山是罗霄山脉南端诸广山脉主峰，海拔2061.3米，为赣南第一高峰。保护区总面积17105公顷，其中核心区5680公顷，缓冲区2750公顷，实验区8675公顷。区内有国家重点保护野生植物17种，其中，国家一级有南方红豆杉、伯乐树、银杏3种，国家二级有小黑桫椤、金毛狗、福建柏、卵叶桂、半枫荷、樟树、华南栲、凹叶厚朴、金荞麦、野大豆、毛红椿、伞花木、秃叶黄檗、喜树等14种。区内国家重点保护野生动物有65种，其中，国家一级有豹、云豹、小灵猫、大灵猫、穿山甲、黄腹角雉、白颈长尾雉、黄胸鹀8种，国家二级有藏酋猴、水鹿、黑鸢、松雀鹰、白鹇、虎纹蛙、彩臂金龟等57种。

2022年，落实林长责任制，做到资源监管监测全覆盖、无死角、无盲区，维护保护区生物资源安全。全年开展各类巡护2808次，人员1.0232万人次，车辆3410辆次，巡护里程2.56万千米。开展非法侵占林地、毁林开垦、滥砍盗伐林木、乱捕滥猎等破坏森林资源违法违规行为。2022年，制止炸鱼事件3起，驱赶钓鱼人员100多人次，收缴渔网30多张，收缴兽夹3个，绳套50多个。

年内，完成生物多样性（鸟类）观测、野生动物红外相机监测、鸟类迁徙通道调查环志，两栖爬行动物、鱼类、昆虫区系资源调查等野生动物和景观多样性、森林土壤、毛竹扩张防控后效生物多样性恢复监测，蕨类、大型真菌资源调查等野生植物调查研究工作。通过物种调查、整理与鉴定，先后发现动植物新纪录19种。其中福建小鳔鮈、圆尾拟鲿、乌苏拟鲿、中华纹胸鮡、子陵吻鰕虎鱼和食蚊鱼鱼类新纪录6种；白喉针尾雨燕、短尾鸦雀和红头咬鹃鸟类新纪录3种；金斑喙凤蝶、巨叉深山锹甲和戴叉犀金龟均昆虫新纪录3种；南岭叠鞘兰兰科植物新记录种1种；平羽凤尾蕨、尖头蹄盖蕨、狭基钩毛蕨、福建毛蕨、德化鳞毛蕨和无盖肉刺蕨蕨类新纪录种6种。野外红外相机监测到的小灵猫、黄腹角雉、水鹿等国家保护动物觅食、嬉戏打闹的镜头频频在CCTV-1《秘境之眼》栏目、CCTV-2及CCTV-13平台亮相；在开展野生兰科植物资源调查时发现的江西新纪录南岭叠鞘兰在CCTV-13黄金时间播出。

（齐云山管委会）

本栏编辑：周　俊

教 育

综 述

【概况】 2022年，赣州市共有各级各类学校6638所（含教学点1392个），学生216.28万人，专任教师13.86万人。其中，幼儿园3204所，在园幼儿32.40万人；小学2860所（含教学点1392个），学生80.12万人；初中416所，学生43.61万人；普通高中83所，学生25.24万人；特教学校17所，学生2633人；工读1所，学生293人；中职45所，学生12.36万人；市属、驻市高校12所，学生22.25万人。2022年，赣州市学前教育毛入园率93.85%，分别高于全国、全省平均水平4.15个、2.73个百分点；九年义务教育巩固率99.75%，高于全国、全省平均水平4.25个、3.48个百分点；高中阶段教育毛入学率93.51%，分别高于全国、全省平均水平1.91个、0.01个百分点。

【招生考试】 2022年，共组织20余次教育考试，累计3.3万余场次，考试人次100万余人，实现平安考试目标。2022年赣州市参加高考126957人，高考录取考生102878人，录取率为81.03%。其中，本科录取42993人，占录取人数41.79%；专科59885人，占录取人数的58.21%。赣州市录取北京大学、清华大学考生21名。2022年赣州市初中学业水平考试（中考），报考287262人，其中初二144195人，初三143067人；2022年赣州市初中毕业人数为167916人，普通高中录取89377人，占53.20%。

【教育管理】 夯实规范公平基础。推进校外培训机构治理，扎实推进“双减”一号工程，制定校外培训行为负面清单，实行红黄牌惩戒制度，校外培训机构100%实现网格化管理，“双减”工作综合表彰率位列江西省第二。引导规范民办教育发展，实施公民同招，成立工作专班规范民办义务教育发展，赣州市民办义务教育在校生数量及规模占比调减等17项重点工作全面完成。夯实“三违”治理基础。贯彻落实《关于建立全省中小学“三违”治理常态长效机制的工作意见（修订）》《江西省教育“三违”问题处理细则（试行）》等精神，强化“三违”治理，2022年赣州教育“三违”相对举报数2.63件，为全省最低上级转办“三违”的信访件，上级转办件办结率100%，切实维护广大学生和家长的合法权益。夯实安全稳定基础。狠抓专项治理，组织开展校园封闭化管理等重大安全隐患排查整治，完成156所农村学校食堂改造工作，重点推进防溺水、防欺凌、心理健康专项行动，在江西省率先加入全国安全教育试验区，学生非正常死亡人数同比下降22.7%。狠抓责任落实，联合公安部门实施赣州市新型警力护校园行动，班子成员全覆盖挂点各级各类学校，守牢学校疫情防控等安全防线。

【特殊教育】 赣州市共有特殊教育学校17所，特殊教育资源教室95个，专任教师450名，残疾儿童入学总数9652人，其中，在特教学校就读学生2633人，随班就读适龄残疾学生5638人，送教上门适龄残疾儿童1381人。特殊教育在结构布局上实现30万人以上的县（市、区）办好一所特殊教育学校的目标。指导各地制定县域《“十四五”特殊教育发展提升行动方案》，在赣州市确定南康区等7个县（市、区）开展特教向中职延伸试点工作，2022年1月，央视《新闻直播间》报道信丰县为极重度残疾儿童少年开展送教上门服务典型做法。2022年春季学期送教上门1469人，秋季学期1381人，残疾儿童少年入学率为99.19%。上犹县特教学校校长蒙芳获评2022年全国“最美教师”。

【民办教育】 民办义务教育在校生规模有效调减。2022年秋季学期，赣州市共有民办义务教育学校31所，在校生数3.99万人，比2020年减少1.35万人；民办义务教育学校在校生占义务教育在校生总数（125.49万人）的3.18%，比2020年下降0.87个百分点。完成清理规范公办教师在民办义务教育学校任教工作。截至2022年7月底，赣州市在民办义务教育学校任教的971名公办教师已全部清理规范到位。其中，返回公办学校任教934人，放弃编制37人。严格规范民办学校招生入学行为，实行公办、民办同步招生，严禁超计划招生、变相“掐尖”招生。组织开展民办学校年检、财务专项审计、基本办学条件核查和教育教学实施情况专项检查，对民办学校办学情况进行“全面体检”。赣州市民办义务教育学校已100%按照要求进行非营利性登记。

【教师队伍建设】 进一步加强师德师风建设年活动，选树先进教师典型，公开表扬赣州市“最美园丁”“最美班主任”等1013名，涌现“全国最美教师”蒙芳等一大批先进典型。培育省级名师、名校长、特级教师、学科带头人和骨干教师近400名，招聘补充教师6558人，搭建“双培养”、青蓝结对以及组建82个名师工作室等多途径的教师成长平台，推动赣州市教育系统领导干部结对联系青年教师1.86万人次，分类分层培训教师26.8万人次。开展教师交流轮岗工作，赣州市共有2613名教师、340名校长参加。选派371名“三区”人才支持计划教师，招募学前教育巡回支教志愿者295人。通过全省统考、特岗、“三支一扶”等形式招聘补充教师6558人。深化师德师风建设，举办“师德先进事迹宣讲报告会”，涌现“全国最美教师”蒙芳等一大批师德先进，公开表扬赣州市“最美园丁”“最美班主任”“教坛标兵”1013名。发挥82个名师工作室作用，组建新课程新教材教学研究指导团队270人，全覆盖开展各级各类教师培训，提升教师专业素养。全面启动义务教育学校教师“县管校聘”管理改革，督促各地落实义务教育教师“不低于”政策，提升教师管理和待遇保障水平。

【教育设施建设】 优化学校网点布局，启动《赣州中心城市教育网点布局规划（2013—2030年）》修订工作。强化项目建设，在省教育厅对实施教育强国推进工程、普通高中改善办学条件项目、义务教育薄弱环节改善与能力提升工程等项目资金的关心支持下，2022年赣州市实施教育重点项目132个，完成投资92亿元，新增入园园位1.43万个、上学座位7.02万个。制定《赣州市义务教育薄弱环节改善与能力提升2022资金项目建设规划》，2022年赣州市投入资金6.93亿元，其中中央资金3.29亿元，省级资金1.18亿元，县级资金2.47亿元。

【思政教育】 坚持“党建引领、德育筑基、外引内融、守正创新、师生为本”教育发展思路，加快推进区域性教育中心建设，全年获全省高质量发展综合考核“教育发展”考评一类设区市第二名。党建引领“五大行动”“五红”培根铸魂、勤廉学校建设初见成效，选树培育2022年“全国最美教师”蒙芳和全国“新时代好少年”刘宇。投入92亿元，赣州市新增学位8.45万个，在赣州市推行“1+3+N”体教融合，引进江西师大附中在赣江院办分校，获时任江西省委书记批示表扬。推进职教深度“融湾”，举办“湾区＋老区”职教大会，成立深赣职教联盟。引进江西财经大学在南康创办研究院，正在筹建产业学院。2所高职设立、1所本科高校更名纳入省“十四五”高等学校设置规划。加快实施中小学校党组织领导的校长负责制。开展“我的思政镜头”微视频展播及大比武活动，中小学和市属高校专职思政课教师党员占比分别为56.4%、79.7%，分别提高11.7个、6.8个百分点，《中国教育报》刊登赣州市思政工作特色做法。深入推进勤廉学校建设，开展落实中央八项规定精神十周年“回头看”活动，高质量完成市委巡察整改工作。

4月24日，2022年赣州市“师德先进事迹宣讲报告会”活动在赣州市举行

（市教育局供图）

【推进职教深度“融湾”】 举办“湾区＋老区”职教创新发展大会，成立深（圳）赣（州）职教联盟，深化与深圳职业院校交流合作。推动市政府与江西财经大学签订战略合作框架协议，共建赣州研究院、现代产业学院；出台促进高校和职业院校学生“留赣干”措施，开展3期“校企双进双看”活动，引导赣州市职业院校优化专业设置和人才培养，助推赣州市“1+5+N”产业发展。争取教育部、省教育厅下达博士硕士招生计划2962人，同比增加298人，增长11.2%。赣州市3所高校5个现代产业学院获批首批省级产业学院建设项目。江西环境工程职业学院教师李德鑫勇夺2022世界技能大赛特别赛家具制作项目金牌，实现全国该项目金牌“零”的突破。

（肖忠海）

学前教育

【概况】 赣州市共有幼儿园3204

所，在园幼儿 32.4 万人。其中公办幼儿园 1751 所，占幼儿园总数的 54.65%；民办幼儿园 1451 所，其中已认定的普惠民办园数1070所，占民办幼儿园总数的 73.74%。多措并举扩大普惠性学前教育资源供给。通过新建、住宅小区配建、闲置校舍改建，政府购买服务和奖补等方式扩大普惠性学前教育资源供给。2022 年，新增公办园幼儿园位 17030 个，完成计划新增园位数的 113.8%；新增普惠性民办园学位 4725 个，完成计划新增园位数的 137%。

【学前质量提升工程】 稳步推进学前质量提升工程，年内创评市示范园 34 所；开展标准化幼儿园创建工作，赣州市 529 所幼儿园通过认定，达标率为 16.8%，超过省厅要求 15% 的工作目标；完成中心城区公办幼儿园保教费收费标准调整工作；开展幼儿园名称规范清理整治工作，依法依规对纳入台账的幼儿园完成名称变更并公示；对赣州市小区配套园和无证园治理进行“回头看”，共排查整治 125 所城镇小区配套园，至年底均已转为公办园或普惠性民办园，关停 13 所无证园。推进学前普及普惠督导迎评工作。先后派出 6 批次 30 余人次督导专家赴赣县区、上犹县等 6 个县（区）开展学前教育普及普惠督导，上犹县顺利通过学前教育普及普惠省级复核并申报国家认定。

（肖忠海）

基础教育

【概况】 2022 年，全市九年义务教育巩固率为 99.75%，高中阶段毛入学率为 93.51%。消除大班额、大校额。年内，赣州市已全面消除超大班额，义务教育大班额占比 0.42%。赣州市义务教育有大校额学校 151 个，占比 7.94%。创新学校卫生工作。联合市卫健委出台《赣州市中小学学校兼职“卫生健康副校长”选聘工作实施方案（试行）》，为赣州市 1015 所公办中小学校选聘 984 名“卫生健康副校长”，协助指导学校卫生工作。加强国防教育工作。2022 年赣州市赣州三中、会昌县白鹅乡初级中学、信丰县第一中学等被教育部、中央军委政治工作部评为中小学国防教育示范学校，赣州中学、于都长征源小学等 19 所学校被评为全国国防教育示范学校及特色学校。落实“双减”工作。校外培训机构 100% 实现网格化管理，课后服务实行“一县一案”“一校一案”，赣州市 609 所学校开展课后服务，85.2 万名学生参与，实现中心校以上全覆盖，有需求的学生全覆盖。制定黄红牌惩戒制度。下发工作督办函 53 份，下发《整改通知书》60 余份，关停校外培训机构 174 所。在省教育厅公布的 2022 年全省校外教育培训治理优秀案例中，赣州有 13 个（市本级 1 个、县区 12 个）案例入选校外教育培训治理典型经验全省优秀案例，其中南康区案例获评全国“双减”工作优秀案例。

【教育基础】 组织赣州市体美劳“晒课表”“双减”美术和音乐成果展，推行“1+3+N”体教融合，课后服务“一校一案”实现中心校以上全覆盖，16 所中小学校获评全省劳动教育特色示范学校。校外培训机构 100% 实现网格化管理，制定校外培训行为负面清单，实行红黄牌惩戒制度，巩固提升校外培训治理成果。推动出台教育“十四五”规划，启动修编《赣州中心城市教育网点布局规划（2013—2030 年）》，132 个提高民生品质行动教育项目年内全部开工，新增学位（园位）8.45 万个。学前三年毛入园率、九年义务教育巩固率、高中阶段毛入学率分别为 91.4%、99.7% 和 93.3%。创立开办江西师范大学附属中学赣江创新研究院分校，获时任省委主要领导批示表扬。成功争取 2 所部属高校托管帮扶上犹中学、于都中学，组建五大教联体，开设市直强基班，创新人才培养取得新进展。巩固拓展教育脱贫攻坚成果同乡村振兴有效衔接，保障义务教育适龄子女不因贫失学辍学，资助家庭经济困难学生 93.6 万人次、发放资助金 6.8 亿元。

【推动普通高中多样化发展】 2022 年 5 月 20 日，江西师范大学、赣州市人民政府、江西师范大学附属中学、赣县区人民政府四方签订《合作办学协议》，成立江西师范大学附属中学赣江创新研究院分校，办学工作得到时任省委主要领导批示表扬。华中师大、中国农大 2 所部属高校及其附属中学托管帮扶上犹中学、于都中学。实施县域普通高中发展提升行动计划，印发《赣州市“十四五”县域普通高中发展提升行动计划》《赣州市县域高中结对帮扶工作实施方案》，实现赣州市域内 36 所高中实施结对帮扶工作。

【规范民办义务教育发展】 成立工作专班，规范民办义务教育发展，赣州市现有民办义务教育学校 31 所、在校生 3.99 万人，在校生数量及规模占比调减等 17 项重点工作全面完成。落实“公民同招”，全面整治规范招生入学行为。建立学校疫情防控下沉挂点工作机制，全面压实学校、属地和行业“三方”责任，坚决守牢学校疫情防线。举办赣州市中小学生安全知识电视竞赛，累计点赞量 320.4 万次。组织开展校园封闭化管理、消防安全等重大安全隐患排查整治，完成 156 所农村学校食堂改造工作，重点推进防溺水、防欺凌、防性侵、心理健康专项行动，学生非正常死亡人数同比下降 22.7%。

（肖忠海）

【赣州中学】 2022 年，赣州中学自 2013 年首届中高考以来，学校连续十年获评“重点中学教学质量综合评价先进单位”。2022 年高考获丰收，3 名同学分别被清华大学、北京大学录取；1 名同学获“全国信息学奥林匹克竞赛”银牌，实现学科奥赛新突破；1名同学获教育部“第十五届宋庆龄奖学金”表彰。强基计划、学科奥赛、空军招飞、综合评价、高校专项、港澳升学、艺体单招等多元升学渠道全面开花。

坚持立德树人、培根铸魂，提升思想精神境界。利用抗疫抗灾大战大考“鲜活教材”，讲好“思政金课”，将爱党爱国爱社会主义的种子植入学生心灵深处；依托赣南丰富的红色资源，深入开展“五红”培根铸魂系列活动，让红色基因永续传承；以创建文明城市、文明校园、新时代文明实践站等为抓手，深入开展社会主义核心价值观教育，为学生的成长、成才打上鲜明的红色烙印。这些活动起到“塑心正行”的作用，引导学生端正思想品行，打开人生格局，提升精神境界，强化学习动机。

强化管理、创新举措，奠定高质量发展基础。赣州中学以问题为导向，有针对性地建立支部建在年级、中层协管、分小组管理、全员育人、党员“六个一”等制度。校务会成员实行推门听课、作业大检查、校风校纪督查、卫生安全大检查及“十大创新举措”等工作，每周有推动，每月有小结，每学期有展示。这些创新制度和举措充分调动学校管理人员的主动性和积极性，让管理重心下沉到教学一线，显著增强教育教学管理的薄弱环节，大大提升管理效能，而且鲜明地传导“教学是学校中心工作”“课堂是教学主阵地”的理念，提振师生教好、学好的信心，为高考大面积丰收、教育高质量发展奠定扎实的基础。

“三新”改革、守正创新，聚焦聚力新高考。学校以新一轮高中育人方式“三新”改革（新课程、新教材、新高考）为契机，通过成立学生发展指导团队、开设生涯课程、推进选课走班制、建立综合素质评价体系等一系列措施，聚力推动高中教育高质量发展。针对所有高考科目，制定双向细目表，科学划分知识模块，跨年级整合学科力量，每个老师负责一个模块，研准研深研透学情、教材和高考试卷，并以讲座、学术报告等形式向师生输出研究成果。提倡按照“五三二”比例分配课堂学、教、练的时间，提高课堂效率。加强日常巡课，督促老师们重视课堂管理，增强教学互动，减少课堂“低头族”，打造“金课”，淘汰“水课”。组织部分老师到湖北、广东等高考改革先行省份学习考察。为学生量身打造《赣州中学新高考选科指导系列课程》，从专业指导、就业需求、个人兴趣等多个方面，对学生选科提供切实有效的指导，并通过电子班牌定期推送。

五育并举、多元成才，实施全面发展方案。学校坚持五育并举，着力补齐五育短板，依托家庭、学校、社区、新时代文明实践站地等平台，加强劳动教育；实施体教融合，坚持举办体育节、冬季长跑、足球篮球联赛等，强健学生体格，塑造学生人格；开展武术操、采茶戏、舞龙舞狮、书法等优秀传统文化进校园活动，打造新时代美育工作新样态。不断开阔办学视界，举办清华美术实验班，与物理、信息学等多个国际金牌教练团队建立战略合作关系，引进高端优质课程培训资源和竞赛管理模式，畅通多元成才渠道，拔尖创新人才培养呈现多点开花、大面积丰收的喜人势头。

（赣州中学）

【赣州一中】 2022年，学校积极探索教育教学改革发展路径，勇于实践新理念、新方法，扎实推进落实各项工作，较好地完成各项工作任务。全年12个教研组共开发39门校本课程，学生参与校本课程3900余人次。积极落实“双减”政策，落实作业公示制度，督促各年级各学科统筹作业量、科学安排作业难易度、融入特色作业等，贯彻落实“双减”政策初见成效。注重教科研人才梯队建设，在2022年省市骨干及学科 带头人评选中入选人数历年最多，教师参加优质课等学科竞赛活动捷报频传，获省级奖81人次、市级奖107人次；鼓励教师申报课题研究，2022年全校教师立项省级课题13个，市级课题13个，校级课题11个；顺利结题省级课题3个，市级课题5个；其中省级龙头课题结题1个、立项1个。有61篇论文在市级以上刊物发表、获奖。重视素质教育，挖掘学生的潜能，张扬学生的个性。2022年学生参加数理化生信息技术奥赛以及省市征文比赛获国家奖31人次、省级奖61人次、市级奖150人次。体艺竞赛成绩喜人，校女篮、男篮参加江西省中学生篮球锦标赛均获得佳绩。2022年学校被评为“赣州市后备人才培养先进集体”“赣州市关心下一代工作最美团队”等。

扎实推进“五大行动”，以党建引领高质量发展。对标“建一流班子、带一流队伍、创一流业绩”的目标，制定实施《赣州市第一中学实施“五大行动”以党建引领教学高质量发展实施方案》。坚持政治领航，把牢正确办学方向。严格执行“学习日”制度，修订完善《赣州一中党委理论学习中心组学习制度》，制定《理论学习中心组2022年度学习计划》，编印《党的十九大以来国家重要教育政策选编》《中共中央总书记习近平关于教育工作重要论述选编》，深入学习贯彻习近平新时代中国特色社会主义思想、中共十九大及历次全会精神和中共二十大精神，推动党的创新理论走心入脑。认真落实党员领导干部“双重组织生活”制度，强化落实政治建设的制度保障，扎牢制度铁笼。加强党建引领，构建基层“堡垒”。坚持将中共二十大精神和中共中央总书记习近平关于教育工作重要论述及党的教育方针、政策作为党委会、校长会、中心组学习会的“第一议题”、固定议题；严格执行《关于新形势下党内政治生活的若干准则》，坚决捍卫“两个确立”、做到“两个维护”，严肃党内政治生活，严明政治纪律和 政治规矩。开展党员“三联系”活动，联系班级、联系教师、联系学生，发挥党员教师在教育教学活动中的示范引领作用；开展“五红”培根铸魂活动，广泛开展读红色书籍、听红色故事、唱红色歌曲、观红色影剧，大力开发红色课程，唱响红色主旋律，推动红色基因传承，构筑起传承红色文化的高地。实施铸魂育人，厚植理想信念根基。持续开展以学习党史为重点的“四史”学习教育，组织开展“弘扬伟大建党精神，赓续红色血脉”爱国主义教育主题活动，推动“铸魂育人”长效发展；聚焦全员育人、全程育人、全方位育人，构建“大思政”工作格局，为“铸魂育人”提供思想保障；强化领导干部的示范引领作用，2022年学校领导干部、党支部书记带头上党课、思政课共32次；高度重视意识形态、统战工作，并把意识形态、统战工作纳入中心组理论学习内容及年度考核内容，严格执行“三审三校”制度，强化“铸魂育人”阵地管控。充分运用好“学习强国”学习平台，让学习着眼于经常，落实在日常；在市委宣传部组织的“学习强国”知识竞赛中，全校3名教师获得“学习达人”称号，学校也被评为赣州市第一批学习型单位。

提升队伍建设，发挥先锋模范作用。积极推进青年教师队伍的建设，组织开展第三届“濂溪教学能手”评选暨青年教师优秀课例评比活动，全校92名教龄10年内教师参赛，通过初赛复赛，评选出10名“濂溪教学能手”和10名“濂溪教学新秀”；注重科研人才梯队建设，积极开展新课标、新课程、新高考的研讨、培训活动；“四有”教师建设初显成效，2022年学校有1名教师评为正高级，3名教师被评为市第八批学科带头人，12名教师被评为第八批市骨干教师，另有6人已获推荐参评省学科带头人、省骨干教师。学校被评为“普通高中新课程新教材实施省级示范校”。开展勤廉文化建设，营造良好教育生态。

认真学习贯彻中央八项规定精神和省委、市委有关规定，不定期通报相关案件，组织观看警示教育片，时刻把纪律挺在前面。严格执行《关于领导干部操办婚丧喜庆事宜实行“两报告一承诺”的暂行规定》；对全校教职工的出国（境）证件进行全面摸排与集中统一管理，组织全体教职工签订《师德承诺书》；开展酒驾醉驾、“三违”专项整治活动；重视师德考核，将师德师风作为教职工评先评优、绩效考核和职务晋升的重要依据。学校将勤廉校园建设融入德育工作中，将主题思政课与社会大思政课堂联合起来，以德育筑基，大力弘扬廉洁文化。

深入开展“大思政”校园特色课题研究。以思政课为依托，将中华民族传统文化、红色文化、濂溪书院文化、“知行合一”阳明文化与思政建设有机结合在一起。利用宣传栏、雕像、黑板报、广播、网站等载体，通过主题班会、红色故事、演讲比赛、主题诵读等形式，厚植爱国情感，培养具有民族担当、人格健全的社会主义合格建设者与接班人，打造独具特色的校园文化，构建赣州一中“四化一体”特色育人模式。2022年，利用春节、“三八”妇女节、重阳节等节日共走访慰问104人次。为困难教职工争取更多补助，关心关爱教职工的生活和身心健康，安排全体教职工健康体检。不断改善办公条件，从细微之处为师生做好服务和保障工作。

（赣州一中）

【赣州三中】 2022年，赣州三中突出教育教学的中心地位，提高办学品质，改善办学条件，有新变化新气象。2022年度，先后被评为全国排球高水平后备人才基地、全国中小学国防教育示范学校、江西省平安校园、全省群众体育先进单位、江西省大中小学心理健康教育一体化联盟首批成员单位、赣州市红色基因传承示范学校、全市共青团基层建设工作先进单位、赣州市后备人才培养先进集体。2022年，在已结束的四大学科奥赛中均有全国一等奖，总计全国铜奖1人、江西省赛区一等奖7人，其中信息学竞赛全国冬令营铜奖、江西赛区一等奖1人，物理竞赛一等奖2人，化学竞赛一等奖3人，生物竞赛一等奖1人。高一（1）班郭雨熙同学荣获第十五届宋庆龄奖学金。高一（9）班黄俊润同学荣获赣州市“新时代好少年”。在江西省第七届宪法知识竞赛和演讲比赛中，学校代表队分别有4名同学获得市一等奖，高二（1）班廖煜亨同学获国家一等奖。初一（3）班刘梦佳同学在“党的故事我来讲”比赛中荣获全省第二名。学校女排、男排、男篮分别获得第十六届省运会冠军、亚军、季军。杨凡等12名同学获得赣州市、江西省三项文化竞赛一等奖以上；其中3人获得省一等奖；6人获得省二等奖；4名同学获得省三等奖。教学竞赛方面，2022年学校共有近百人次教师在省市级各类教学竞赛中获奖。在2022年全国化学说播课展示中，学校陈起香老师作为江西省两个代表之一进行说课展示。在2022年全市基础教育优秀课例展示活动中，学校李祥等13位教师荣获全市一等奖，其中孙永茂等7位老师参加全省基础教育优秀课例展示荣获一等奖。另外，还有13位教师在本学科组织的市级比赛中荣获佳绩，多位教师在基础教育优秀教学资源征集活动中获得省、市级奖。课题研究方面，学校推荐江西省电教课题立项1个，推荐省基础教育课题立项4个，推荐省十四五规划课题3项，其中重点课题1项；省电教课题结项4项，规划课题结项3项。赞贤路校区扩建项目一期工程进展顺利，土建主体工程完成90%，预计于2023年初竣工。

赞贤路校区图书阅览综合楼工程主体工程已完工，装饰装修工程完成98%。赞贤路校区改扩建二期工程，市委、市政府高度重视，已同意申报立项。完成赞贤路校区三栋学生热水系统的招标和进场安装。学生宿舍用热水情况得到根本改善。为加强图书馆建设，打造书香校园，青年路校区图书馆已购买2万多册新书，可以正常开设班级阅读课。

坚持以党建引领教学。落实“五大行动”，高扬党建引领教学旗帜。学校制定《赣州三中党建质量过硬行动和“五大行动”方案》，实施政治领航，强化党员信仰。制定《正己育人共携手，全员结对促发展——“薪火行动”师生结对工作方案》，有180多名党员与360名学生结对帮扶，聚焦全员育人，建立“大德育”体系。推动思政工作守正创新，制定《赣州三中党委委员与思政教师结对制度》《谈心谈话制度》。学校在“行走的思政课”有17件作品登录赣南红，录制的《重温红色历史，传承苏区精神》微党课被选送市委参加“2022年赣州市干部教育好课程，微课程”决赛。亮化党建特色品牌，打造支部红色服务品牌。学校以“党建+”聚焦基层党建服务品牌建设，被“赣州教育”微信公众号专题报道：以“党建+教育教学”主题服务课堂，以“党建+家校联系”主题服务家长，以“党建+学生成长”主题服务学生，以“党建+志愿服务”主题服务社会。

加强立德树人，提升“五育”品质。加强立德树人，认真上好“大思政”课。党委书记发挥“头雁”效应，带领全体党委委员上好思政课。建立党委委员联系思政教师、党员挂点班级、党员联系学生制度。建设课程思政课堂，开发历史、地理、音乐等学科融合的课程思政教学创新课程。继续推动开展“五红”系列活动。开展红色教材“班班学”活动，红色歌曲“天天唱”活动，红色故事“人人讲”活动，红色活动“月月有”，红色文化“校校浓”。在双减政策的大背景下，提升“五育”品质，丰富学校课后服务，减负提质。2022年春季、秋季开学后教务处都专门召开教研组长会和音体美教师会议，规范音乐、美术、体育老师的课堂教学行为，保证活动课的活动时间。为丰富课后延时服务，开设书法、音乐、特色体育课程。在劳动教育课程方面，编写劳动教育方案。学校的“五一”劳动作业还被《赣南日报》、《赣州教育》等上级媒体报道。成功举办2022年教职工气排球比赛，学校继续推进排球文化建设，打造具有特色的三中名片，彰显排球显性标识，充实文化隐性内涵，以排球特色为翼，推动学校新的高质量发展。在2021年江西省青少年排球锦标赛中，学校女排以全胜的成绩夺冠，自2002年起至今学校女排已获得25个全省冠军。8月26日在第十六届省运会学校部高中组排球比赛中，经激烈角逐，赣州三中女排代表赣州市参赛，力挫群雄，以2：0击败南昌女排代表队获得冠军。在2021年江西省体育传统项目学校篮球比赛中，学校男子篮球队勇夺全省冠军，并获得“体育道德风尚奖”，创赣州市纪录。在赣州市第十九届“英东杯”中小学体育比赛中，学校男足、男篮、女排、男排都获得第一名。

积极开展文体活动，丰富教职工的生活。积极举办教职工气排球比赛活动，启动女教工舞蹈室。坚持必访制度，实施送温暖工程。完成“2022年中央专项彩票公益金教育助学项目励耕计划资助困难教职工”材料申报工作，为4名特别困难教职工争取到人均万元的帮扶政策。民主监督，规范教职工的福利发放。严格按照流程通过招标代理公司对退休教师的福利进行招标，通过工会会员服务卡及时把节日慰问福利打入会员卡中。落实工作要求，提升工作效能。学校成立妇女联合会。学校教师罗慧娟、邓雅雯参加赣州市教育工会主办的送教下乡活动，受到受教学校的一致好评。

（赣州三中）

【赣州四中】 2022年，全校深入学习贯彻落实中共二十大精神和中共中央总书记习近平在全国教育大会上的重要讲话精神，不忘“立德树人”初心，牢记“为党育人、为国育才”使命，凸显“德育”引领，践行“五育”并举，着力构筑以校训“笃志弘毅，止于至善”为核心的校园文化价值体系，培养德智体美劳全面发展的社会主义建设者和接班人，不断推进学校高质量发展。

抓党建引领，推进高品质学校建设。高举思想旗帜，筑牢理想信念之基。学校党委始终把习近平新时代中国特色社会主义思想等作为理论学习中心组学习主要内容，采取“3+X”模式，召开中心组学习（扩大）会12次，党委委员和支部书记带头上党课12节，专题学习4次，支部集中学习14次，会议交流20多人次，印发《习近平关于教育的重要论述》学习手册，分支部、分年级组织开展“我为教育建新功”思想大讨论活动，举办党员学习贯彻党的十九届六中全会精神集中培训班、政治理论学习知识测试和“喜迎二十大教育向未来”“学习强国”知识竞赛，组织全校2000余名师生收听中共中央总书记习近平在纪念五四运动100周年大会上的重要讲话，组织全体党员观看中共二十大开幕式，不定期对干部党员老师进行理论学习测试，开展中国共产党建党101周年暨庆“七一”主题朗诵活动，组织党员教师赴大余开展“喜迎二十大携手向未来”红色研学活动。6月，学校在市委教育工委、市教育局举办的“学习强国”知识竞赛活动中获市属院校团体第二名、市直中学第一名。涵养政治生态，压实管党治党责任。召开全面从严治党工作会，分层签订责任状。制定并完善《党委会议事规则》《校长办公会议事规则》《意识形态工作责任制》《民主生活会制度》等一系列制度，建立党建工作长效机制。从严落实“一岗双责”，召开意识形态专题会、推进会、督查筹备会3次，常态化开展师生宗教信仰、场所以及书籍的摸排工作，组织全体教职工签订意识形态和抵制非法宗教活动承诺书。召开学校纪检工作专题会，对重大工程、重大事项等实现监督全覆盖，进一步完善《赣州四中廉能风险防控操作规程》，学校纪委出台《赣州四中勤廉学校建设实施方案》，将勤廉学校建设与教育教学工作同布置、同检查、同考核。加强师德师风建设，抓实“三违”治理，评选出56名师德先进和评选出10名师德标兵，开展身边的师德故事展播活动，举办“师德故事分享会”，引领师德师风建设。成立以党委书记为组长、校班子成员为副组长的思政工作领导小组，制定“大思政”教育工作实施方案，召开“大思政”教育工作动员会、推进会、思政教师座谈会，推动“大思政”教育落地实施。邀请市委教育工委委员邓昌海、赣南师大教授徐霞来校上思政课，党委书记、校长带头上思政课、“红色文化”课，增强学校抓思政工作的主动性和自觉性。夯实组织根基，激励教工担当作为。对标“建一流班子，带一流队伍，创一流业绩”目标，结合学校实际，细化分解“五大行动”目标任务，先后2次召开部署会、推进会推动“五大行动”落实落细落到位。强化党建品牌创建，党务案例《多措并举，让主题党日活起来》在全市教育系统党建工作日现场进行展示，大力推进“一支部一特色”创建，提升党建品牌影响力。切实抓好学校“五带头”工作，发挥先锋模范作用，党员教师在疫情防控、课后延时服务、校园文明安全等工作中彰显党员身份，推动全体在职党员100%完成在居住地社区的报到，党员参加“六个一”志愿服务活动120余次，组织开展党员联系群众服务活动，组织党务干部参加市委组织部举办的基层党建信息化培训，有序推进基层党建信息化建设。依托体艺特色平台，深挖学校百年历程中的红色资源，讲好赖传珠、黄伟芬等杰出校友的故事。与上犹社溪中学党支部开展党建结对帮扶活动2次，通过上党课、示范课、开展社区服务活动等形式分别就学校党建工作、教育教学、志愿服务等方面进行交流学习。促进作风提升，及时解民忧暖民心。抓巡察反馈问题整改，压实整改责任，对照19个问题清单，推动解决一批实事好事。组织全体教职工学习教育部《关于在教育系统开展师德专题教育的通知》精神，选树师德先进、师德标兵，开展“学党史，崇师德”师德宣讲活动、“我的师德师风故事”等活动。做好新进教师的招聘和入编相关手续，完成符合进岗条件教师办理岗位聘任工作，12月，完成个别人员的进岗聘用和降岗处理，对符合条件的3名教师进行教师资格证定期注册。有序开展职称评聘工作，完成正高级职称评审申报1人，副高级职称评审申报1人，一级职称职称评审申报3人，一级职称认定申报8人。顺势解决6名退休教师下编、办理养老金问题。做好宣传工作，及时更新校园主干道宣传橱窗板块，2022年以来，共推出23期每周简讯。

抓五育并举，构建全面育人机制。突出德育铸魂。学校坚持立德树人根本任务，加强德育队伍建设，提升德育管理水平，充分利用好每次班主任例会，开展德育论坛，抓好班主任的业务培训，提高班主任带班班级管理能力；注重学生行为习惯养成教育，制定《关于开展班级文明实践活动实施方案》，以行为习惯养成教育为抓手，充分发挥政教处、年级长、班主任、学生志愿者和学生干部的作用，强化监督与检查，做到有检查有反馈，突出抓好学生考勤、卫生、跑操、手机管理、静校、仪容仪表、疾病防控等常规工作，构建良好的学风、校风、校貌；充分发挥班会课堂主阵地作用，利用黑板报、校园广播、LED显示屏、校报、宣传栏、微信公众号、校园网站等形式广泛开展丰富多彩的德育主题活动和社会实践活动，大力宣传社会正能量和学校办学方针，办学成果，弘扬正气，推进学校精神文明建设。突出智育提质。努力打造活力课堂，通过改变课堂教学模式，倡导小组学习，并组织开展教师“活力课堂”研讨活动。加强作业设计研究，出台《赣州四中初中部学生作业设计和公示制度》，要求班级内各学科加强协作，科学合理分配作业时间，减轻学生作业负担，并对每日的作业量进行公示和检查；建立基础性作业、弹性化作业和个性化作业组合机制，分段分层布置课时作业，布置必做题和选做题，注重因材施教，提高作业使用效能。深入开展学科周活动，以教研组和备课组为单位组织开展形式多样的学科周活动，通过举办书法大赛、读书沙龙、英文书写大赛、“我眼中的历史人物”手抄报比赛、思维导图绘制比赛、生物模型制作比赛、物理小制作活动等，深入挖掘各学科特色，激发学生学习兴趣，提高学生核心素养。制定《赣州四中集体备课规程》，积极打造集体备课活动样板，提高集体备课效率、优化教学流程和教学方法，切实做到课前提质增效。突出体教融合。开设武术、足球、排球、毽球等体育特色延时课程；组建教师毽球、足球、篮球等俱乐部，举行教职工气排球比赛、毽球比赛，举办初一篮球班级联赛和初二足球班级联赛；组织学生参加2022年中国青少年足球联赛（江西省赛区）江西省足球联赛（赣州赛区），江西省第十六届运动会青少年组攀岩和羽毛球比赛，获优异成绩。突出美育熏陶。开齐、开足、开好美育课程，开展丰富多样的美育活动，开设美术、声乐、舞蹈、电子钢琴、铜管、播音主持等美育特色延时课程；开展“每周一歌”、“五红”培根铸魂红歌天天唱等活动，举办“五红”培根铸魂主题教育暨第十二届“红五月”校园文化艺术节；开设丰富多样的社团课程，涵盖艺术、体育、棋类、科学等各个方面，完善学生社团的管理，形成有效的协调机制以保障社团的正常开展，为学生的第二课堂创造学习平台，深受学生的欢迎；积极组织师生参加赣州市双减成果展示、第二届江西省大中小学合唱展示活动比赛。突出劳动促进。利用假期布置学生一定的家庭劳动，如洗碗、拖地、做饭等，并要求学生撰写劳动实践心得体会，从日常细节中培养劳动习惯、劳动观念和劳动技能；组织学生去社区当志愿者，让学生走出校园，走进社会生活，获得通过自己的劳动能够让社区生活变得更加美好的情感体验。在省教育厅开展的全省第一批省级劳动教育特色示范学校创建工作中，学校荣获“江西省劳动教育特色示范学校”称号。

抓队伍建设，滋养育人源头活水。学校历来重视教师队伍建设，始终把对教师的教育管理作为重中之重。2022年，完成赣州市第三批中小学名师工作室——罗硕名师工作室的考核工作，这也是学校首个名师工作室；谢雯等3位教师被评为市学科带头人，魏子玲等6位教师被评为市骨干教师；各类课题申报9人，曾伟华、王亦君老师的赣州市社科课题成功立项，市级课题结项4人；组织青年教师同步参加高三联考和初中学业水平适应性考试，举办第七期、第八期“幼幼论坛”和第九届、第十届“游艺杯”青年教师教学比赛；积极组织教师参加各类省市级比赛，其中郭翃、黄琼等多位老师获得一等奖的好成绩；推进班主任“蓝青结对”工程，通过师徒的“传帮带”和“蓝青结对”工程考核，促进教师成长。凝聚青年力量，做好团员青年的思想引领。2022年，学校发展新团员80名，开展五四主题团日活动和“红色故事人人讲”活动，组织师生观看中国共产主义青年团成立100周年大会，积极参加市教育关工委组织的“新时代好少年强国有我”主题教育读书活动，学校团委获评“赣州市五四红旗团委”，杨云、卓秀霞老师分别获“赣州市优秀共青团干部”“赣州市优秀共青团团员”称号。

抓特色管理，充实内涵持续发展。聚民心推动和谐发展。学校多措并举，凝聚民心。班子成员能深入教学一线，了解教职工的思想动态和诉求，紧密联系结对青年教师，定期与青年教师进行谈心谈话；积极开展走访慰问教职工活动，为教职工送温暖，对有特殊困难的教师主动慰问，遇有重大节日的重点慰问，在春节前夕领导班子走访慰问学校部分退休老干部、离退休教师和在职教职工。凝聚学校妇女力量，成立赣州四中妇女联合会，组织部分女教师代表赴潭东参加庆“三八”踏青活动。精管理坚持依法治校。提高教师法律意识，营造文明、平安、和谐的校园环境，组织开展《民间借贷法律知识及网络信息诈骗防范》讲座、《知敬畏守法纪从我做起》的法治宣讲活动；召开“酒驾醉驾专题警示教育”大会、签订杜绝酒驾醉驾承诺书，将酒驾行为列入师德师风考核、评优评先重要参考，引导广大教师知敬畏、守底线。勤服务提升保障能力。本着为教育教学服务，为师生服务的宗旨，学校总务处围绕打造“有底蕴、有温度、有活力、有质量、有特色”的综合性示范校的目标，抓实抓细总务后勤工作，进一步提升为师生服务的质量和水平。切实完成学校厕所的全面装修及配套工程建设、厚德楼改造工程项目建设的方案设计、运动场地翻新工程建设、高楼层消防整改工作、校园绿化工程；强化灭火器、消防栓的按月不定期检查工作；推进校门口店面改造建设；完善垃圾分类处理相关设施建设；配合相关处室做好教学设备等教学硬件设施的补充采购，助力学校教学硬件的改善。

（赣州四中）

高等教育

【概况】 2022年，全市高职教育体系建设更加完备。2022年5月，省委教育工作领导小组印发《江西高等教育高质量发展实施方案》，明确赣州建设区域性高等教育中心。两所高职学校列入省“十四五”时期高等学校设置规划。深圳远恒佳教育集团投资兴建的赣州远恒佳高职学院建设加快。市域内院校提质更加快速。推进赣州职业技术学院“三校”融合，推进和君职业学院加快发展。市政府与江西财经大学正式签订战略合作框架协议，共建江西财经大学赣州研究院与江西财经大学数字设计现代产业学院。人才培养质量稳定居前。江西环境工程职业学院教师李德鑫勇夺2022世界技能大赛特别赛家具制作项目金牌，实现全国该项目金牌“零”的突破。人才留赣就业更加夯实。会同市人社局建立“校政企”就业合作议事协调会机制，会同市就业创业服务中心等部门在高校举办人才专场招聘会和人才政策宣讲会，推动出台《关于促进本市高校、职业学校、技工学校学生“留赣干”的实施意见》，提出九条任务举措，共同引导学生在本地实习和就业。赣州市高等学校毕业生留赣州就业率37.8%，比2021年提高4.9个百分点。

【江西理工大学】 2022年，学校培养的6800余名全日制本硕博学生顺利毕业，立德树人落实机制更加健全；科技创新能力显著增强，高水平成果不断涌现；社会服务范围和层次有新拓展，政产学研用融合取得新成效；国际交流与合作进一步加强，教育国际化水平持续提升。2022年，学校综合实力和核心竞争力大幅提升，在校友会中国大学排名中位列全国第145名，进位8名；在软科中国大学排名中位列全国第178名，进位31名；在USNews2023世界大学排名中位居全国第187名，江西省第二，自然指数排名中位居全国第151名，江西省第三。

对标省委决策部署，成立学校党委综合考核工作领导小组，出台二级单位（部门）综合考核实施方案等系列文件，扎实开展省属高校综合考核工作，推动完善校内考核评价体系。持续深化新时代教育评价改革，常态化开展“立行立改”，教师综合评价改革被列入省试点项目，一案例被评为江西省2022年度教育评价改革优秀案例。首次在职称评审中专门设立有突出贡献人才“绿色通道”，强化职称评审向服务地方经济发展和青年人才倾斜。进一步完善督评工作机制，更好发挥校院两级督导作用，切实抓好学校重点工作的督查督办。

材料科学、化学、工程学在进入ESI（基本科学指标数据库）全球前1%的基础上，又同步进入ESI全球前7‰；环境科学与生态学ESI 1%的接近度53%，成为潜力学科。制定实施《江西理工大学“十四五”期间一流学科建设实施方案》《江西理工大学一流学科建设经费使用管理办法》等文件。冶金工程被遴选为江西省“双一流”建设突击队学科，并入选教育部“高校学科领域优先发展清单”。稳步推进博士点申报准备工作。“十四五”学科分层分群建设全面启动。以国家战略需求为导向，提前谋划和布局基础学科和急需学科发展。

人才培养　召开第四次人才培养工作会议，加强新时期本科教育教学顶层设计。获批国家一流专业建设点6个、江西省一流专业建设点7个，至2022年年底，学校共获批国家一流专业建设点21个、江西省一流专业建设点27个。获批江西省“十四五”优势专业2个、特色专业3个。完成江西省第二轮专业综合评价，13个专业排名第一。获批江西省现代产业学院立项建设项目2个，全省并列第一；获批江西省首批基础学科拔尖学生培养基地1个，全省并列第二。获批江西省高水平本科教学团队9个，获批江西省金牌教授（教学名师）、金牌青年教师各1人。卓越研究生教育成效显著。报考学校硕士研究生人数首次突破5000人大关，高出江西省高校平均增幅11.45个百分点。研究生招生规模稳步提升，是全省具有博士招生资格高校中唯一实现连续8年100%完成招生计划的高校。获批1个省级示范性研究生导师团队、2名省级金牌导师，3名“产教融合”导师获批为江西省高校产业导师。学校第一批研究生工作站通过省教育厅检查，与崇义章源钨业股份有限公司建立的研究生工作站作为全省典型案例在江西教育网进行报道。博士生毕业去向落实率100%，硕士生毕业去向落实率95.64%。教育国际化有新成效。校际合作项目进一步拓展，新增4所海外高校的学分互认、本硕连读、汉语教学和科研交流与合作项目。持续推进“江理国际”工程，派出90名学生参加出国留学与交流项目。积极服务“一带一路”建设，学校与旁遮普大学以“2+2”联合培养方式承担的“中国三峡—巴基斯坦奖学金计划”在第二届“全球减贫案例征集活动”中荣获最佳减贫案例。积极建设示范性孔子学院，支持国际中文教育发展，被教育部中外语言合作交流中心和汉考国际评为“2022年度全球HSK汉语水平考试优秀考点”。学科竞赛取得历史性突破。学校在第八届中国国际“互联网+”大学生创新创业大赛国赛总决赛中获得金奖2项、银奖3项、铜奖6项，实现金奖历史性突破，金奖总数全省并列第一。学生共获国家级奖项390项、省部级奖项959项，其中A类竞赛国家一等奖22项，位列全省第一。学校在2022年中国高等教育学会发布的“全国普通高校学科竞赛排行榜”上排名第72位，位列全省第二。

招生就业　首次实现全国所有专业全一本批（本科批）招生。首次以“中国科学院赣江创新研究院——江西理工大学本科联合培养创新试验班”的名义招录新生30名，属全省高校首创。实施访企拓岗促就业“十百千”专项行动，书记校长带头“访企拓岗”。2022届本科毕业生毕业去向落实率85.43%，位列全省第二，留赣就业率（含科研助理）41.11%，较上年增长5.59个百分点。继续教育、培训工作有新亮点。成人高考一志愿报考人数居全省第一，顺利完成招生计划。2022级成人高等教育新生档案实现电子化管理。继续做大做强“国培基地”、赣州市企业家培训学院。获批“赣州市红色培训协会”副会长单位。

师资队伍　全职引进外籍院士1名，培养国家级人才1名，高层次人才引培工作实现新突破。铜资源高效开发及高值化利用教师团队荣获第二批“全国高校黄大年式教师团队”。获批省“双高”“双千”等省部级人才32人，居全省前三。新增博士学位教师75人，居全省前列。完成全校教职工档案专审工作，并通过省委组织部验收。出台《江西理工大学岗位聘任工作细则（试行）》，提升人事管理服务效能。顺利完成赣州市2022年度劳动保障就业年审工作，学校获评“A级单位”。常态化推进师资培训工作，制定实施《2022年教师能力提升培训实施方案》。完善师德师风建设体制机制，出台《中共江西理工大学委员会关于进一步完善教师思想政治和师德师风建设工作体制机制的实施意见》等文件，认真做好师德师风教育和监督考核工作。

科技创新　全年科研总经费2.9亿元。获批“十四五”国家重点研发计划项目1项，经费1500万元。获批国家自然科学基金项目56项、国家社会科学基金项目6项。获评2022年度教育部高等学校科学研究优秀成果奖自然科学一等奖1项、科技进步一等奖1项。获评江西省科学技术奖励9项，其中一等奖2项、二等奖2项、三等奖5项，获奖总数连续4年蝉联全省第二。获得省部级及以上领导批示8项，被省和国家部委采纳法律和政策建议2项。发表高水平论文267篇，其中Nature子刊1篇、SCI一区74篇、CSSCI 25篇。获批国家级科技创新平台培育项目“稀有金属资源高效开发与利用重点实验室”，首次获批2022年“科创中国”创新基地。学校牵头研制的世界首条稀土永磁磁浮轨道交通系统工程试验线顺利竣工，“红轨”入选2022年度江西省十大重大科技成果转化典型案例，获批全省唯一重大成果转化项目。国家稀土功能材料创新中心通过中期验收。分析测试中心顺利通过首次以6年为一审的CMA资质复评审及扩项评审。《钨科技（英文）》期刊相继被EiCompendex、Scopus、CSCD、ESCI等4个国际知名数据库收录，成为江西省首本ESCI、EI和Scopus期刊，并被中国知网遴选为“2022中国最具国际影响力学术期刊”TOP 5%。

服务区域和行业发展　先进铜产业学院正式投入运行。与鹰潭市人民政府共建的先进铜产业学院入选全国首批现代产业学院，现已正式投入运行，258名学生进入学院学习。学院突出产教融合优势，全面对接鹰潭产业发展需求，创新人才培养与产业结合新举措，打造服务区域发展新平台。服务区域行动持续推进。学校与江西省11个地级市中的7个地级市或其所辖县级人

2022 年，江西理工大学在第八届中国国际"互联网 +"大学生创新创业大赛国赛总决赛中获得 2 项金奖
（江西理工大学供图）

民政府建立合作关系，与赣州市及其所辖的 20 个县（市、区）均建立合作关系。全力服务赣州"三大战略、八大行动"，与兴国县签订全面合作协议，印发《江西理工大学对口支援赣州经济技术开发区 2022—2023 年工作要点》，积极助力赣州市打造对接融入粤港澳大湾区桥头堡。助力产业发展持续发力。发挥学校稀土、钨、铜、锂电新能源等领域学科特色和科研优势，服务行业产业发展。与新疆有色集团达成全面合作协议，与中国稀土集团、中科院赣江院、吉利科技集团、江西赣锋锂业、宁德时代（宜春时代新能源资源）、崇义章源钨业等签署战略合作协议。与宜春市人民政府共建江西理工大学宜春锂电新能源产业研究院，与抚州市人民政府共建有色金属产业技术创新中心，与宜丰县人民政府共建江理（宜丰）锂电产业创新研究院，服务地方产业特色优势进一步彰显。校友会、基金会工作扎实推进。深入开展"三请三回"活动，与赣州市相关县市区达成招才引智、招商引资等合作意向，建立在粤校友人才库。湖北校友联谊会正式成立。出台《江西理工大学引进社会捐赠奖励办法》，强化筹资募捐，推进基金保值增值。

综合保障　疫情防控工作狠抓落实。加强统筹调度，常态化组织召开学校疫情防控工作领导小组会议、疫情防控工作部署会和调度会，全年下发疫情防控会议纪要 20 期、疫情防控工作提示 18 期、疫情防控工作督办函 13 份。有效处置校园突发疫情，防止疫情扩散蔓延，守护校园健康安全。抓好校门管理、核酸检测、居家健康监测点建设、转运隔离、信息排查、教育引导、督查整改等各项重点工作。制定或修订《江西理工大学传染病疫情及突发公共卫生事件报告制度》等九项制度以及《江西理工大学居家健康监测点管理办法》、《江西理工大学疫情防控宣传教育工作方案》《江西理工大学学生涉疫等安全稳定工作应急预案》。适时组建疫情防控工作专班，进一步提升应急处置能力。基本建设和服务保障有序推进。三江校区约 56 万平方米的工程建设任务已完成，除四标段正在进行消防验收整改收尾工作外，其余主体标段均已完成消防、规划和竣工验收并全部投入使用。应科院转设置换项目、南昌校区多功能体育馆项目正式开工建设。扎实开展学校土地、房产信息清理工作，进一步完善全校土地房产数据库。获评 2021 年节能先进单位、赣州市无烟单位。

不断完善智慧校园建设，成为省内率先实现大规模 IPv6 网络部署高校。三江校区图书馆如期开馆投入使用，学校成为全省首个建设智慧化图书馆平台的高校。档案馆不断丰富馆藏库存、优化流程服务，被认定为赣州市档案馆（室）档案工作协作组（第七组）组长单位。财务和审计工作务实有为。落实"过紧日子"要求，严把预算支出关口，严控和压减一般性支出，制定科学合理筹资方案，积极争取政策支持，全面加强财务管理工作，提升财务服务水平，为学校事业高质量发展提供财力保障。全面完成学校原主要领导离任经济责任审计发现问题整改工作。加强党对审计工作的全面领导，修订实施《江西理工大学建设工程项目审计办法》，积极开展财务审计，抓好审计整改"后半篇"文章。民生工程有效落实。有序推进周转房建设项目工程验收和项目移交，持续加强对周转房物业公司的监督、管理和指导。积极协调督促加快江理新苑工程建设。学校东苑、南苑家属区改造主体工程已经完成。与赣州市人民医院、赣州市中医院等相关科室签订医疗合作协议，为师生员工建立绿色就医通道。老年大学正式开班，实施"文养结合"养老新模式，提升老干部幸福感。

（任思阅）

【赣南师范大学】　2022 年，新增国家级一流专业建设点 5 个、省级一流专业建设点 7 个；14 个专业在江西省第二轮专业综合评价中被评为四星级专业；园艺、美术学、教育学等 3 个专业获批江西省"十四五"期间一流本科专业立项建设；学校分 3 批次完成 9 个师范类专业二级认证专家进校考查工作。新增 18 门省级一流课程、9 个江西省高水平本科教学团队和 1 个江西高校省级示范研究生导师创新团队；获批省级现代产业学院重点、培育项目各 1 项；推荐的 20 项江西省基础教育教改课题全部获批立项；获国家通用语言文字推广普及工作先进集体；在第四届全国教育专业学位教学案例征集评审中入围项目数列全国第 21 位，评审通过案例数位列全省第一；学生参加省级以上竞赛获奖 1000 余人次，其中 1 名联合培养学生获 2022 世界技能大赛金牌。大力推进就业工作。通过多次组织召开就业工作推进会，开展书记、校长拓岗访企专项行动，拓宽就业渠道，压紧压实责任，下大力气推进就业工作，学校 2022 届本科生毕业去向落实率 84.86%，排名全省本科高校第七。

内涵建设　学校实现申报博士学位授予单位整体条件达标，制定《学科建设实施方案》和省一流学科建设方案，加强学科分层分类建设，探索学科特区和教授委员会制度。全年新增博士 100 人，博士引进人数列全省高校第二，博士教师占比 46%，达到申博指标要求，1 名新引进博士获批国家自然科学基金优青项目，实现学校同时也是赣南片区高校“零”的突破。全年获批国家自然科学基金 31 项（含优青 1 项），立项经费 1200 余万元，立项数和立项经费较往年平均分别增长 50% 和 100%，立项数在全国师范院校中排名第 14，同时也是全国有优青项目立项的 7 所师范大学之一，立项数量、质量、经费均创历史新高。获批国家社科基金 12 项，立项数列全国高校第 162 名，居全国师范院校第 34 名、江西省高校第 4 名，时隔五年再获国家社科重大招标项目 1 项（全省仅 3 项），排名全国师范院校第 13。教师在国内外权威期刊上发表学术论文多篇，《光明日报》两次整版刊发学校教师文章。深入推进《红色文化学刊》创建 C 刊工作，组织全国高校首届红色文化论坛、第十二届马克思主义中国化学术研讨会、第三届中国社会学会 2022 学术年会等全国性学术会议。

综合改革　对标教育评价改革和省属高校综合考核要求，完成大学章程和 260 余项规章制度修订工作，着力破除制约学校建设发展的体制机制障碍，构建完善以大学章程为核心的现代大学管理制度体系，不断提升学校治理能力和治理水平。持续深化校院两级管理体制改革，修订校内考核和奖励性绩效办法等有关制度文件，更加聚焦提升学校核心竞争力，更加聚焦高质量内涵发展。贯彻“学术立校、教授治学”理念，调整学校学术委员会成员，成立教学学院教授委员会，着力完善二级学院管理体制和运行机制。持续推进教师评价改革，案例分别获得 2021 年度、2022 年度全省教育评价改革优秀案例。不断完善内控管理制度，注重提高招标采购、资产经营、财务使用、医疗服务、后勤保障等方面的质效并取得显著成效。

开放办学　学校被列入教育部对口支援西部地区高等学校计划，是江西省唯一列入本次教育部直属高校对口支援的高校，获批 2023 年“对口支援西部地区高校定向培养博士研究生计划”。得到国家发改委、教育部等中央部委的关心支持，“支持学校申报博士学位授予单位”正式写入“赣州革命老区高质量发展示范区建设方案”。与信丰县人民政府签订合作协议共建柑橘种质资源库，与南康区达成共建数字经济产业学院的合作框架，与蓉江新区、经开区达成共建赣南师范大学附属中学新校区的意向。学历继续教育在籍人数首次突破万人，成人高考招生录取人数首次突破万人。积极向上争取政策支持，获批中央财政 2224 万元，较上一年度净增近 1000 万元。成立学校教育基金会，积极拓展办学经费来源，年内接受各类捐赠 200 多万元。暑期组织全体校领导走访所有校友会，加强与校友的沟通联络。顺利开展孔子学院成立十周年系列庆祝活动。学校乡村振兴帮扶驻村工作队获评 2021 年度省派驻考核“好”的等次。

办学保障　高效统筹疫情防控和安全稳定。坚持稳中求进工作总基调，坚持把安全稳定作为一切工作底线，坚持把师生生命安全和身体健康摆在第一位，坚决贯彻落实省、市各项部署要求，统筹发展和安全，积极有效应对常态化疫情防控新形势、新要求、新问题，科学精准开展疫情防控和安全管理，总体维护校园平安和谐稳定。学校成为全省为数不多的在优化 20 条颁布之前实现校园“零疫情、零感染”阶段性防控成果的高校，保障学校正常的教育教学秩序和师生基本的安全健康。坚持师生至上办好民生实事。大力推进人才周转房一期工程建设，已顺利完成主体结构封顶。顺利完成第一教学楼维修改造和学生公寓公共卫生间改造工程，启动教工餐厅改建项目、章贡校区老旧小区改造工程，新建多间智慧教室，大学生事务中心、大学生“一站式”社区服务中心等升级改造完成并投入使用，极大地改善校园办学基本

12 月 13 日，赣南师范大学举行 2022 年师范类专业认证考查专家组工作见面会（赣南师范大学供图）

条件。做好档案管理服务工作。年内发放专项绩效6400余万元，进一步提升教师幸福感获得感。扎实推进附属学校建设，附属中学2022年高考取得较好成绩，附属小学办学质量逐步提升，附属幼儿园获评“赣州市示范幼儿园”。充分发挥“五老”作用，组建“五老”红色文化宣讲团，积极开展关心下一代工作，学校关工委荣获“全国教育系统关心下一代工作先进集体”称号。老年大学运行良好。

（许元元　廖子龙）

【赣南医学院】 2022年，学校坚持以习近平新时代中国特色社会主义思想为指导，贯彻执行党的教育方针，紧紧围绕更名大学、博士学位授予单位建设等中心工作，全面落实立德树人根本任务，持续深化“五大工程”建设，全力推进各项事业“提质量·创特色·上水平”，学校高质量发展取得新成效。

教育教学　本科教育不断强化。获省级一流本科专业建设点3个、省“十四五”期间一流特色专业2个，出台《赣南医学院“十四五”本科人才培养规划》，进一步深化人才培养。获省级“五类”一流本科课程25门，获教育部产学合作协同育人项目4项。制定学校《分阶段综合考试实施办法（试行）》，强化学生学业过程管理，提高学生培养质量。获批省级教改课题31项、省教育科学“十四五”规划课题12项。获批全省首批劳动教育特色示范学校。获批省高水平本科教学团队3个，获全国大学生心理辅导课教学创新大赛一等奖；学生获“外研社·国才杯”全国大学生英语阅读大赛（江西赛区）一等奖等。2021年执业医师考试通过率76.88%，连续16年高出全国平均水平。2022年考研升学率25.4%，多层次办学协同并进，研究生教育稳步提升。2022年硕士研究生招生计划数482人，同比增长19.9%。新增3个招生学科专业。首次获批省研究生课程思政示范课程2门，获批省研究生优质课程2门。《超声医学新发展》入选国家研究生教育智慧平台线上课程。获评江西省“金牌研究生导师”1人。继续推进与中国医科大学、贵州医科大学联合培养博士研究生工作，7人录取为中国医科大学联合培养博士研究生，新增2名兼职博士生导师。继续教育和职业教育扎实推进。申报备案高起本、专升本专业11个。获批护理、康复治疗、医学检验技术3个职业教育本科专业。认真做好留学生教育工作，录取2022级留学本科生15人，预录取尼泊尔籍硕士研究生13人。

学科建设　学科建设高位推进。临床医学、公共卫生与预防医学入选省“十四五”一流学科建设范畴，扎实推进省一流学科建设。确立以临床医学、医学技术专业博士学位点为博士学位授予单位支撑学位点进行建设。成立智能医学产业学院，与国药集团动物保健股份有限公司等筹划成立生物医药现代产业学院，进一步深化产教融合。智能医学产业学院获批首批省普通本科高校现代产业学院培育建设项目。学校更名大学工作纳入教育部“十四五”高校设置工作规划。

队伍建设　人才强校持续推进。全年引进博士43人，招聘硕士19人，学校博士总量260人，全校教师中博士数比例达到27.9%。新增在职培养博士24人，总量148人。成立赣南医学院知识产权信息服务中心、赣南医学院赣南创新与转化医学研究院。优化附属口腔医院、第一临床医学院机构设置调整。修订学校《教师岗位分类管理办法》。扎实推进全校“定编、定岗、定责”工作。

科学研究　科技创新提质增效。获批科研经费7163.94万元。获批国家级项目40项，立项经费1292万元，立项数量与获批经费金额创历史新高，国家自然科学基金实现面上项目“零”的突破。获批省级项目100余项。签订横向课题83项，协议经费5164.44万元。新授权专利102项，发表论文共计700余篇，其中SCI收录400余篇。获中国产学研合作创新与促进奖产学研合作创新成果奖一等奖1项。获批江西省临床医学研究中心1项；心脑血管疾病防治教育部重点实验室顺利通过建设阶段验收。赣南创新与转化医学研究院完成5个创新研发中心建设，在研发治疗心衰、脂肪肝炎的原创性新药、开展宠物药临床试验及新研发高端生物试剂等方面取得重大突破，并逐步推向科研院所、企业、医院应用。中国工程院院士王辰、张伯礼等9人和一批高水平专家学者到校开展学术交流活动。

基础建设　校园环境持续改善。1号教学实验楼工程竣工。2号教学实验楼，综合楼及地下室工程，1号、2号实训楼，科研楼，环形连廊工程和杏林园工程进入竣工收尾阶段。图文信息中心工程进入装饰装修阶段，校北门工程主体施工完成。完成校前区行道树种植工程、养心园区域广场铺贴工程、校北门至解剖楼道路等工程。引入专业节能服务公司实行能源托管，停运黄金校区污水处理站。学校被评为全省公共机构节能优秀单位。

思政教育　思政教育守正创新。充实完善思政工作领导机构，健全完善思政工作评价体系，推动思政工作落实落细。按照问题式专题化团队教学改革要求推进“四史”学习教育，打造“歌声中的‘四史’”特色思政课。组织开展“专题化教学”集体备课会，精心打造思政课“大先生”。意识形态阵地有力巩固。制定学校《意识形态工作应急预案》《意识形态工作联席会议制度》，健全完善重大活动、政策、项目舆情风险评估机制。严格执行“三审三校”制度，加强阵地及稿件发布管理，没有出现过政治性和导向性差错。严格执行“一会一报”“一事一报”制度，未发生负面影响事故。认真做好民族宗教工作，切实抵御宗教渗透和防范校园传教。仁爱教育，用心用情。大力实施仁爱教育工程，利用假期在全校师生中广泛开展“五个一”活动。寒暑假期间，全校341个班级、1.69万人次参加活动，收到调研报告15330篇、摄影作品15498幅（组）、读书心得体会15875篇，民间药方5016帖。师德师风不断加强。修订完善学校教学名师、师德师风先进集体和个人评选表彰办法，积极发挥先进典型示范引领作用，组织评选表彰教学名师、师德师风建设先进集体、师德先进个人和优秀青年教师。严格落实师德师风、医德医风负面清单，定期组织全校教职工师德师风考核评价，强化考核结果运用，实施师德师风“一票否决”。

学校文化　文化育人特色彰显。扎实开展“三个文明·我在践行”主题活动，持续深化“三个文明”建设。不断丰富校园文化活动，举办校园微马跑、仁爱情景剧比赛、解剖知识大赛、微视频大赛等系列特色活动。发挥红色卫生史博物馆等“五馆”育人功能，推进红色基因传承、美育感知、实践教学、廉政教育常态化，形成赣医文化育人自身特色。

招生就业　招生就业工作成效明显。普通本科招生计划数增加819人，2022年本科招生计划总数达到3820人，扩招人数创历史之最。医学影像技术和应用心理学专业（含文理两个类别）3个专业纳入一本批次招生，一本招生专业增加到12个。推动留赣和就业双提升，毕业生总体毕业去向落实率82.44%，留省就业1552人，留省就业率64.39%，留赣州就业人数976人，留赣州率40.29%。深入开展学校领导访企拓岗促就业专项行动，广泛开拓就业渠道和就业岗位，全年走访用人单位172家，新增岗位6853个。成功举办“赣州市2022年大中城市联合招聘高校毕业生专场活动暨赣南医学院2022届毕业生留赣州就业双选会”、2022年赣州市生物医药产业直播招聘会和11场线上招聘会，提供就业岗位25000余个。

社会服务　志愿服务活动展现新作为。全年开展志愿服务736次，累计参与14315人次，集体志愿服务时长超3.2万小时。开展无偿献血活动14场次，参与1923人次，累计献血量65.8万毫升。获2022年全国大中专学生志愿者暑期文化科技卫生“三下乡”社会实践优秀团队1个。4名学生志愿者入选“西部计划”项目。助力脱贫攻坚收获新成绩。拨付专项资金30万元，争取上级资金148万元，支持会昌县西江镇西江村推进乡村振兴。充分发挥医学院校优势，开展医疗义诊、免费康复行动，服务群众1000余人次，发放药品价值2万余元。开展关爱留守儿童教育帮扶活动，服务群众200余人。直属附属医院发展呈现新局面。一附院：获批为江西省推动公立医院高质量发展示范医院、江西省唯一的国家呼吸医学中心协同单位、江西省会城市外唯一省级质量控制工作受托单位（超声诊断专业）。省级疫情防控救治基地项目顺利封顶。二附院：完成介入科（DSA项目）、创伤中心、急诊外科建设并顺利投入（试）运行。三附院：启动三级甲等口腔医院创建工作，完成口腔二级学科设置及人员配备。

合作交流　对外交流合作持续深化。与菲律宾圣保罗大学签订校级合作框架协议。与凯普生物、东软集团等上市公司开展交流洽谈。深化与武汉大学人民医院、中国科学院北京基因组研究所、南昌大学、东软集团等科研合作。持续开展学校教育基金募集工作，全年募集资金812万元。

内部治理　经济责任审计及财务收支审计顺利完成。5月，省审计厅派出审计组进驻学校，对学校党委书记李恭进和学校原党委副书记、院长刘潜任职期间经济责任履行情况及学校2021年度财务收支审计情况开展常规审计。学校积极主动配合审计监督，并抓好反馈问题整改落实。内部治理工作不断优化。完成学校章程修订。稳妥有序推进相关土地房产和办公用房清理工作。加强日常审计监督，规范政府采购管理。强化“三重一大”制度执行，及时发现问题并督促整改。“数字孪生智慧校园”一期建设完成招标采购环节，制定学校5G专网建设方案。平安校园建设扎实推进。修订学校《平安建设目标管理考评办法》，加强国家安全宣传教育，切实维护学校政治安全、社会安定和师生安宁。全力抓好中共二十大等重要时期安全稳定工作，加强学校突发事件应急处置，稳妥化解2起突发事件，确保校园和谐稳定。疫情防控坚强有力。认真执行《新型冠状病毒肺炎防控方案（第九版）》要求，积极落实国务院优化疫情防控措施，精准有效做好常态化疫情防控，确保全校师生员工生命安全和身体健康。发挥医学院校服务职能支援抗疫，学校党委委员、副校长叶军明作为江西援疆医疗救治前方指挥部指挥长带队赴新疆支援抗疫，一附院累计派出641人次，二、三附院累计派出53人次赴南昌、上饶和上海、海南、新疆等地支援抗疫。

（郭友贤）

【赣州师范高等专科学校】 赣州师范高等专科学校是2013年经江西省人民政府批准、教育部备案，在原赣南教育学院的基础上改制的全日制普通高等学校。学校前身可追溯至1903年创建的虔南师范学堂，先后整合、吸纳赣州师范学校、赣南教育学院（赣南师范学院师范专科部）、赣南文艺学校、宁都师范学校（江西教育学院赣南分院）以及龙南师范学校、瑞金师范学校和兴国师范学校等教育资源。学校于2013年6月28日正式挂牌，隶属赣州市政府。2022年有在编在岗教职员工574人（其中专任教师498人），其中教授33人，副教授142人，博士3人。全日制在校学生1.2万余人。学校位于赣州市蓉江新区，占地689336.78平方米，总建筑面积31万平方米。图书馆馆藏纸质图书61万余册，电子资源总量达到132T，部分资源实现移动阅读；与赣州各县（市、区）教育局、小学（幼儿园）合作建立126个教育实践基地。学校现设有中文系、数学系、外语系等10个教学系（部、院），拥有小学教育等10个师范专业和商务英语等13个非师范专业。学校坚持社会主义办学方向，全面贯彻党的教育方针，落实立德树人根本任务，以“博学笃志，弘文尚德”为校训，坚持“立足教师教育，服务基础教育”办学理念，围绕“加强内涵建设、提升办学水平”两条主线，紧扣“办学特色和教育质量”两个重点，解放思想、凝心聚力、开拓进取，在深化教育改革、突出办学特色、提升办学水平、强化学校管理等各方面成绩显著。

教学工作　专业课程建设持续加强。优化专业结构，积极申报新增大数据技术、统计与会计核算和早期教育专业，其中早期教育专业已通过省教育厅专家组评审，报教育部备案。与福建国科信息科技有限公司共建数字产业学院，2022 年秋季学期招生 300 余人。积极开展“1+X”证书试点工作，2022 年实现“1+X”证书申报非师范专业全覆盖。积极推进精品课程建设，3 门课程被认定为 2022 年省级职业院校精品在线开放课程。坚持以赛促教、以赛促学。学校教师团队在全省职业院校技能大赛教学能力比赛获得 2 个一等奖、1 个二等奖、1 个三等奖，学校被省教育厅评为最佳进步奖，2 个团队被选送参加国赛，均获得三等奖。鼓励学生参加各级各类比赛，全年学生共获得国家级比赛一等奖 1 项、二等奖 2 项、三等奖 2 项，省级比赛一等奖 6 项。教师队伍建设取得新成绩。师德师风日常教育管理机制持续完善，师德师风作为评价教师队伍素质第一标准的导向更加鲜明。2022 年成功引进 1 名博士，成功招录 18 名硕士研究生专任教师、9 名专职组织员和 11 名专职辅导员，教师队伍进一步壮大。大力培育“双师型”教师，2022 年学校“双师型”教师占比大幅提升至 23.88%。建立和完善中老年教师与青年教师“传帮带”机制和教师退休制度等。

学术与科研　科研工作取得新突破。省部级科研课题立项再创新高，共立项 52 项，比 2021 年度增加 21%，其中荣获教育部人文社会科学研究青年基金项目立项 1 项。全年学校教师公开发表论文共 233 篇；在中文核心期刊、SCI 等高水平期刊杂志上发表学术论文 29 篇，是 2021 年度的 3 倍；出版论著（教材）17 部，发表文学艺术作品 90 余篇（幅），参加各种比赛获奖 50 余人次。

招生就业　努力克服疫情影响，服务毕业生就业创业成效显著。严格落实就业工作“一把手工程”，完善考核制度，层层压实责任，举办线上线下招聘会 32 场，大力开展校领导班子访企拓岗专项行动，超额完成教育部安排的任务数。截至 2022 年 12 月 31 日，2022 届毕业生毕业去向落实率为 86.29%，留赣就业 2575 人，留赣就业率为 85.26%。

安全工作　平安校园建设深入推进。加大技防、物防建设，开展安全隐患排查工作，切实消除各类安全隐患，有效提升安全保障水平，全年校园总体安全稳定。学校教师在全国高校平安校园建设优秀成果研讨展示活动中获三等奖。疫情防控工作扎实开展。全年召开 12 次学校疫情防控领导小组会议，全面落实疫情防控工作各项要求；特别是在中共二十大召开前后，认真贯彻上级要求，成立工作专班，完善工作方案，加强应急演练，强化宣传引导，落实落细各项防控措施，并按要求对校园实施 3 次封闭管理；在国家“新十条”发布之前，校内疫情零发生，师生员工零感染；“新十条”发布之后，学校疫情防控实现平稳转档过渡，确保校园安全稳定。

文明校园　切实维护学生合法权益。强化学生公寓管理工作，积极改善学生的学习和生活条件，开展 2 期“校长约吧”活动，用好“书记信箱”“校长信箱”等平台，进一步畅通渠道，及时回应和解决学生诉求。智慧校园环境卫生综合整治取得明显成效。层层压实责任，强化并落实“包干区卫生责任制”，每月开展环境大检查活动，积极推进垃圾分类及减量工作，大力开展保文巩卫活动，校园环境综合整治长效机制不断完善。改进校园绿化养护、维护维修等物业项目管理，积极应用新技术，严格水电管理，促进节能减排。

后勤保障　综合管理和保障能力持续提升。按照教育部、省教育厅要求，扎实开展学校章程修订工作，修订后的学校章程已获省教育厅批复同意。大力推进项目建设力度，积极申请地方政府专项债建设学前教育教学楼、学生食堂、学生公寓楼，项目已获市政府同意。

数字校园　大力推进信息化建设。完成“AIC 智能校园系统”、智慧食堂项目和财务信息化建设等，信息化水平持续提升。

（吴　虹）

职业教育

【概况】　2022 年，全市职业技能竞赛位居全省前列。赣州市连续两年列设区市团体总分第一，一等奖获奖比例排名第一。在 2022 年全国职业院校技能大赛教学能力比赛中，赣州市中职学校共有 5 支队伍（全省 13 个，占比 38.5%）获奖，分获 1 个一等奖（全省 1 个，占比 100%）、1 个二等奖（全省 2 个，占比 50%）、3 个三等奖（全省 10 个，占比 30%）。赣县中等专业学校参赛队伍荣获 2022 年全国职业院校技能大赛教学能力比赛全省中职学校唯一一个一等奖，实现赣州市国赛教学能力比赛一等奖“零”的突破。

【基础设施】　中职学校办学条件明显改善。通过争取中央、省、市资金，改善中职学校硬件设施条件。目前，赣州市中职学校生均占地 43.52 平方米（国家标准 33 平方米），生均校舍 24.30 平方米（国家标准 20 平方米），生均设备值 6895 元（国家标准 3000 元）。

【职业教育“融湾”】　职业教育“融湾”取得阶段性成果。成功举办 2022 年“湾区 + 老区”职教创新发展大会，举行深（圳）赣（州）

12月8日，赣州市职业教育联盟成立大会在赣州举行　　（市教育局供图）

职业教育联盟成立仪式，并就联合印发《深圳市与赣州市职业教育专项合作实施方案（2023—2027年）》达成共识。至年底，赣州市11所职业院校与15所“大湾区”职业院校开展合作。进一步争取省教育厅支持力度。争取省教育厅出台《关于支持高职学校与赣州市优质中职学校开展对口合作共建工作的通知》，省内20所优质高职院校与赣州市20所中职学校开展对口共建。

【深化产教融合】深化产教融合，建强专业，引导赣州市职业学校优化专业设置8个。配套政策，组织3期“校企双进双看”活动，出台“留赣干”等工作措施，通过政策引导、平台搭建，增强赣州产业对毕业生吸引力，赣州市中职学校毕业生留赣州就业率78.8%，比2021年提高17.6个百分点。

（肖忠海）

【江西应用技术职业学院】2022年，学校坚持党对教育工作的全面领导，坚持正确的办学方向，以立德树人为根本任务，以党建工作为引领，积极推进教育教学改革，攻坚克难，创新发展，完成全年的主要目标任务，各项事业取得长足进步。学校入选全国高职院校服务贡献典型学校（60强）、全国高职院校学生发展指数优秀院校（100强）、全国高职院校资源建设优势学校（60强），学校获批全国科普教育基地、江西省省级创新创业教育实践基地、荣获“江西省首批劳动教育特色示范学校”“江西省1+X证书制度试点工作考核优秀单位”“全省自然资源系统平安建设先进单位”等称号。

育人环境　建成并全面启用“一站式”学生事务办理大厅，面向全校学生提供“一站式”便捷服务。进一步优化日常管理系统，修订《江西应用技术职业学院学生手册》，完善专职辅导员等学工管理人员入住学生值班宿舍制度。积极开展心理专题培训工作，2022年共组织67名辅导员、专兼职心理教师参加心理素质能力提升班，开展教师心理专题培训3场；心理健康教育活动13场，受惠学生达1.3万余人次。深化教育教学改革，实施“学训赛创”相衔接的人才培养模式。2022年，学校获得40个国家级及以上奖励，其中一等奖15项，二等奖14项，三等奖11项。学校在江西省第十六届运动会攀岩比赛中荣获3金，攀岩队2名队员入选攀岩国家队，获得全国职业院校技能大赛突出贡献奖。

师资水平　坚持优化教师队伍结构，提高教师教育教学能力和专业实践能力，推荐第七批国家高层次人才特殊支持计划教学名师1名，推荐省高技能专家获评1人；推进实施教学名师培育计划，拟遴选22名专业带头人；学校引进硕博士高层次人才62人（其中博士4人），内培博士36人；认定、备案“双师型”教师51人；51名专业教师完成赴企业实践锻炼工作。下发《江西应用技术职业学院师德师风考核细则》等文件，开展师德警示教育，推进教师思想政治和师德师风教育常态化。

科教融汇　获批立项省级及以上科研项目60项，其中省高校教改项目16项到账科研经费125万元。横向课题5项，到账经费超千万元。大力推进自然资源部离子型稀土资源与环境重点实验室建设。依托重点实验室，2022年立项市级科研基地1个，取得省级及以上科研课题立项8项，授权专利5件，自然资源部重点实验室立项开放基金项目26项，总金额160万，横向课题合同金额845万元。

帮扶资助　做好国家和学校各项奖助学金评选工作，相关金额共计5000多万元。有效资助脱贫家庭学生、突发严重困难学生、残疾学生、孤儿等各类困难学生2622人。帮扶困难教职工17人，发放学校困难教职工帮扶资金20400元；为4名困难教师争取上级工会的困难帮扶资金1.3万元；帮助1名省级建档困难教职工申请中央财政和省财政帮扶资金拨款1万多元。

思政工作　现有专职辅导员105人，思政课专兼职教师68人，其中思政课专职教师51人。不断深化“课程思政”建设，实现全覆盖。在2022年江西省大中小学、技工院校思政课和红色文化课程教学比赛中，荣获一、二、三等奖各1项；完成6门省级“课程思政”示范课程和省级课程思政教学研究示范中心的申报工作；持续推进红色基因传承，2022年全省高校“红色走读”竞赛活动中，多个团队及作品获佳绩。

招生就业　推进招生改革，创新宣传方式，通过中国教育招生网平台进行12场直播与现场答疑，在线1万余人。2022年录取新生8134人，录取分数线、录取率、报到率创近年新高。全力完成毕业生就业任务。开展系列校园招聘、访企拓岗、万企进校、就业指导、精准帮扶、职业规划大赛等专项行动全方位推动就业工作，2022届毕业生人数4952人，毕业生就业去向落实率名列全省前茅，有就业意愿的困难毕业生实际毕业生就业去向落实率100%。

社会服务　依托校属企业，充分发挥自身优势，广泛承接各种生态建设类项目，其中，与中国电建集团联合承担总投资2.4亿元的会昌县废弃矿山生态修复项目成效显著。推进社会培训工作，克服新冠疫情影响，全年组织二级学院承办自然资源行业培训班共5项，赣州市职业技能培训项目5个，培训近800人；获批建筑信息模型技术员培训项目、无人机驾驶员培训项目、云计算工程技术人员培训项目、大数据工程技术人员培训项目、供应链管理师培训项目等5个项目，经费59万元，培训595人。推进乡村振兴工作，为站塘村编制村庄规划和示范点设计；站塘村被评为2022年度赣州市第一批学习型单位；成功申报省直团工委"同心港湾"项目。

产教融合　2022年接洽企业（单位）32个，新签订35个合作协议，新增合作单位25家。全力推进产业学院建设。智能制造产业学院正式成立；与江西省地质局共建国土资源产业学院获得江西省地质局批准同意。拓展中外合作办学项目。与俄罗斯秋明工业大学确定水文与工程地质、计算机应用技术2个专业的合作办学项目。多措并举开拓"中文＋职业技能"项目建设，"中材国际中文工坊"、"汉语桥"线上团组交流项目、国际中文教师培训、"中文＋职业技能"教学资源建设项目等工作都取得重要突破。通过广泛对接海外院校，开展学术交流，输出专业标准和课程标准，与"一带一路"共建国家职业教育管理部门对接，共建人才培养方案，开发职业标准等方式。

"双高"建设　学校通过建立"双高"管理平台，推进重点项目团队攻关制度，推行编制"双高"工作简报制度，完善绩效分配挂钩制度等举措，有力推动学校"双高"和"提质培优"建设。在173个三级绩效指标中，2022年度目标任务完成率104.72%；高水平学校获得省级及以上标志性成果476项，其中国家级及国际级成果136项。在国家"双高"计划中期绩效评价中获评"优秀"，启动第二轮省"双高"建设工作，为完成"双高"和"提质培优"建设终期目标奠定更加坚实的基础。

（曾　洁）

【赣南卫生健康职业学院】　学院坚持以习近平新时代中国特色社会主义思想为指导，聚焦市委"三大战略、八大行动"和学院"双高"建设目标，以办好人民满意教育为宗旨，以立德树人为根本，坚持疫情防控与教育教学"两手抓、两不误"，积极抢抓国家职教改革、部省共建职教创新发展高地等重大机遇，扎实推进学院教育教学改革、校园建设等深入发展。

办学规模　学院新增卫生检验与检疫技术、言语听觉康复技术2个普通高职专业和预防医学国家控制高职专业，高职专业增至17个。与市人民医院、赣州逸佳口腔医院合作开设"急危重症护理""老年护理""麻醉护理""口腔护理"等4个护理专业方向班。

招生就业　招生数量大幅增长，招生省份扩大到14个，录取新生5239人，其中高职招生3992人，比2021年增长21%。生源质量大幅提升，高职平均录取分数高出省控线200多分。专业设置更加齐全，2022年招生专业21个，比2021年新增3个专业。毕业生就业态势良好，访企拓岗100余家，提供岗位12000余个，全年就业率81.52%、留省率80.78%、留赣69.61%，均完成既定目标。

师资队伍建设　全年招聘34名工作人员，教职工增至449人，其中硕士研究生173人，比2021年增长44%。完成学院102人高职双师资格申报工作，初级双师50名、中级双师26人、高级双师16人，校外兼职双师10人，双师型教师增至209人，比2021年增长22%。积极深化职称评聘制度改革，副高以上职称新增10人。编制备案制落实有效，新增162个编制备案制数，并将93人经纳入备案制编制综合考核。

教育教学　专业建设取得重大突破，"双高"建设取得重大突破，中药学、护理学成功立项升级高水平专业群，本科教育迈出坚实步伐，专升本联合办学获省教育厅批复同意；全面修订教学管理制度，完善《教学管理制度汇编（2022版）》《教学点管理规程》《关于教学医院教学经费支出的指导性意见》《"1+X"证书试点工作管理制度（试行）》等制度；开展"教研室建设年"活动，举办教研室主任培训班，推进教研室标准化建设。实施专业带头人培养与专业团队建设三年行动方案和学科带头人培养与教学创新团队建设三年行动方案，组建并推进4个专业建设团队和9个教学创新团队建设，稳步提升教师教学能力。推进教材改革，组织教师参编国家级教材26部，其中主编1部，副主编2部。推进精品在线课程建设，学院医学检验技术专业核心课程寄生虫学检验获评2022年江西省精品在线开放课程及江西省课程思政示范课程，课程负责人张婧获评江西省课程示范名师，课程教学团队被认定为江西省课程示范教学团队；推进教法改革，修订完善所有专业人才培养方案，推行线上线下混合式教学，推广应用信息化教学技术手段，提高教学效果，医技系教师吴剑威撰写的医学检验技术专业《岗课赛证相融合人才培养模式与评价体系实践探索》，获评2022年江西省教育评价改革优秀案例，在全省示范推广；强化实训教学，学生实践课程开出率达到100%，面向学生全天候开放实训室，强化学生实践能力，康养系陈金萍团队组织申报

的“赣州市热敏灸重点实验室”入选2022年市重点实验室组建名单；坚持以赛促学，成功承办赣州市职业技能大赛养老护理员竞赛暨江西省“振兴杯”职业技能大赛养老护理员竞赛赣州赛区选拔赛、江西省职业院校技能大赛中药传统技能赛项（高职组）、2022年江西省职业院校技能大赛护理技能赛项（中职组等省市大赛，获得主办方的好评。鼓励师生参加各类技能竞赛，教师在党员教师首届“匠心赣卫”思政教学能力决赛中，朱婷、陈晓丽等9名教师获奖；2022年6月发布学院《首届新进教师微课比赛方案》，于10月完成比赛并公布黄群、廖子玲等14位新教师获奖名单；2022年5月组织完成教师教学能力比赛，发布《关于公布学院2022年教学能力比赛获奖团队的通知》，公布诊断学等7个校赛获奖团队，并根据省厅《关于举办2022年江西省职业院校技能大赛教学能力比赛的通知》，组织9个团队培训打磨，并推荐6个作品参加省赛，获省赛一等奖1项，二等奖3项，三等奖2项。学生在各类项技能竞赛中表现优异，国家一类竞赛1项，国家二类竞赛4项，省级一类竞赛4项，省级二类竞赛4项，市级竞赛2项；获奖35人次，一等奖13人次，二等奖12人次，三等奖8人次，特等奖1人次，铜奖1人次，文体竞赛省级以上获奖36项，其中国家级技能竞赛奖项10项（含行业竞赛）。推选参加江西省教学能力比赛的6支队伍全部获奖，其中获高职组一等奖1项、二等奖2项、三等奖3项。省运会5000米和1万米竞走打破江西省记录。

思政育人　积极发挥“红心向党”思政育人作用，持续推进“二融三进四课堂”，创新学院思政育人体系，打造思政课教师研修基地，组建思政课教师创新团队，已形成“红医初心”思政育人品牌和“一体两翼多支撑”的大思政育人格局。积极推动大中小学思政课一体化建设，牵头5个共建单位开展集体备课7次、实践研修2次、送教下乡2次，助力飞扬路小学完成“五红培根铸魂”活动，承接赣州市思政课教师示范培训班“大中小学思政课一体化”模块培训任务。不断加强思政课教师队伍建设，通过外聘内转方式，配齐配强专职思政教师9名，进一步壮大思政教师队伍。组建52支暑期社会实践团队，在瑞金、大余、兴国共建红色教育基地和思政理论课实践教育基地，积极开展“红色走读”“红色研学”“一线课堂”“知行课堂”等社会实践活动。

创新创业　持续推进创新创业项目群建设，将创新创业教育融入专业，全年重点培育创业项目18项，开展创新创业活动20余次。创新创业竞赛成果喜人，荣获省级以上奖项13项，其中2项国家级奖项，获奖数量比2021年增长3倍。双创基地建设不断推进，2022年10月，“文化创意＋健康”为主题的大学生创业园——“‘卫’来空间”正式开园，可供25家企业入驻，至年底入驻企业18家，被市人社局认定为市级创业孵化基地，获专项建设资金50万元。

校企合作　积极与市级医院联合办学，创新“1+1+1”临床医师培养模式，联合赣州市人民医院、上犹县人民医院、南康区中医院共建赣南康复产业学院，开拓麻醉护理、急危重症护理、口腔护理、儿科护理、精神护理等专科护理教学。积极深化校企合作，探索校企联合培养、双主体育人的现代学徒制、订单式培养等育人模式，康养专业与国投天同联合开展教学交流研讨、康养服务进社区等实践活动，药管专业与赣州大参林连锁药店有限公司联合开办1个订单班。

科研管理　积极开展“三教改革”和提质培优，加强课程思政建设和精品课程建设，药物制剂技术、儿科护理、寄生虫学检验3门课程获省级认定。全年发表SCI论文5篇，其中二区1篇，北大中文核心期刊论文7篇，较2021年增长140%。积极做好科研服务咨询工作，省级科研项目立项50项，同比2021年提升43%，市级科研项目立项62项，上级纵向科研经费到账12.25万元，创办学以来新高。申报实用新型专利36项、赣州市社会科学研究课题115项，获批立项59项。学术氛围更加浓厚，学术交流更加活跃，全年举行学术讲座36场，参与讲座的师生达1万余人次。热敏灸实验室获批市级重点实验室，实现“零”的突破。

办学条件　高标准建设新时代文明实践中心，涵盖心理健康教育中心、融媒体中心、大学生创业基地、学生“一站式”服务中心项目等。第三食堂投入使用，室内体育馆预计2023年4月投入使用。临床楼、医技楼、康复楼、创新创业楼批复立项并开工，申请债券1.6亿元。人才交流房已进场施工。中央财政贴息设备采购扎实推进，成功获批中央财政贴息贷款9032万元，在市直单位第一家成功下发政府采购虚拟预算，年内各个项目陆续挂网招标。学院直属附属医院被列入市委、市政府2023年重大项目建设，规划建筑面积4万平方米、床位500张，总投资4亿元。

内部治理　不断建立健全规章制度，新增和修订教学管理、实习管理、科研、实验实训等制度60余项，学院章程修订完善并呈报省教育厅核准，为完善学院治理体系、增强治理能力、提高依法治校水平，奠定坚实的基础。秉持“为学生一切，一切为学生”的工作理念，坚持为师生办实事，先后开展6次校领导接待日活动，共接待师生232名，梳理问题245条，解决问题229条。开通学生诉求反映热线和邮箱，及时办理各类来信来访180余件次，进一步畅通学生诉求反映渠道。全面加强学生心理健康教育，高标准建设和启用“心理健康教育中心”，全年开展心理咨询200余人次，进行3次全校心理健康普查。学生“一站式”服务中心正式投入使用，统筹相关部门统一到中心办公，打通服务学生的“最后一公里”。

（曾　彬）

【赣州职业技术学院】 赣州职业技术学院是2019年3月经江西省人民政府批准成立、教育部备案的公办全日制专科层次普通高等学校，是赣州市政府直属综合性高职院校，管理赣州农业学校和江西赣州技师学院两所学校。2022年，赣州职业技术学院全面贯彻落实中共中央总书记习近平关于职业教育的重要论述。学院以“三校”融合为重点，以立德树人为根本，以服务赣州高质量发展为己任，致力发展高质量职业教育。

“三校”融合 围绕《赣州职业技术学院、赣州农业学校、江西赣州技师学院管理体制改革实施方案》，通过科学规划、统一领导、改进作风、整合中层、统筹绩效、专业整合、校园扩容等七大举措，打破“三校”藩篱，积极探索“三校”融合的实施路径，以融合统领学院整体工作，共同推进学院融合发展。随着融合工作的不断推进，全体教职工思想情绪完全稳定，工作作风明显转变，精神面貌焕然一新，干事创业积极性、主动性显著增强；随着融合工作的不断推进，赣州的职业教育优质资源和布局结构得到有效整合，市第六次党代会中提出的打造职业教育“赣南高地”得到有效落实，整个赣州的职业教育发展基础更加坚实；随着融合工作的不断推进，学院服务全市“三大战略、八大行动”及“1+5+N”产业布局的思路更加清晰，服务市内重大产业发展能力更强，赣州特色的现代产业体系人力基础更加坚实；随着融合工作的不断推进，高等职业教育、中等职业教育及技工教育得到统一高效管理，管理体制机制更加顺畅，教学资源得到充分利用，开创多层次、不同类型学校融合办学的先例。

育人环境 坚持以立德树人为中心，秉承“一切以学生为中心”的理念，开展“书记面对面”“院长约吧”和院领导接待日等活动，把学生所需所盼作为学院各项工作的出发点和落脚点，切实增强服务学生的意识。开展“新时代文明实践周”“赣职大讲坛”“五红”培根铸魂等具有教育意义、形式新颖的活动，丰富学生课内外生活，为教育教学工作营造良好的育人环境，引导青年坚定不移听党话、跟党走。

竞赛科研 以技能竞赛为抓手，举办学院第一届职业技能竞赛，营造“比、学、赶、超”的良好氛围；2022年共有师生233人次参加98项国家、省、市级技能竞赛，获得国家级奖项4次，省级奖项14次，市级奖项86次，刷新历年的纪录。2022年度省级课题（项目）立项43个，市级课题（项目）立项46个。

合作办学 校校合作方面，学院主动对接融入大湾区，积极与大湾区院校进行合作交流，分别于2021年11月和2022年6月先后与深圳信息职业技术学院、东莞职业技术学院签约合作。采取“走出去、请进来”的方式，选派25名中层干部及教师，赴深圳信息职业技术学院开展跟岗式学习交流，聘请东莞职业技术学院副校长刘海光为学院专家顾问，并建立常态化专家教授来校指导授课机制，不断推动“湾区＋老区”职业教育联盟新模式。校地合作方面，与全南县人民政府合作开办的全南产业学院已于2022年秋季开学，与寻乌县已初步达成合作意向，一并探索做深做细客服产业，打造客服产业新高地，助力寻乌打响“做客寻乌、云服四海”客服品牌，通过深入推进校地合作，实现优势互补，合作共赢。

校园建设 2022年，学院对现有的5块88亩未建设用地进行统筹规划，完成专项债券申请4.15亿元，用于建设教学楼、学生宿舍、食堂、体育馆，总建筑面积约为14.28万平方米。南区建设项目和北区建设项目于7月27日开工，预计2023年12月竣工，建成后可提供7200张床位、4000个餐位和24间教室，将极大改善学院办学条件。

招生就业 2022年，赣州职院计划招生3743人，实际录取3723人；赣州农校、赣州技师学院共录取3093人，招生工作实现量质并举、以质为先。扎实推进毕业生就业工作，学院领导带头访企拓岗，开展校园招聘月、毕业生就业“双选会”等系列活动，就业落实率达到75.4%，留赣率达75%；开展创新创业活动10余次，在第十三届“挑战杯”江西省大学生创业计划竞赛中，学院共获得江西省银奖1项，铜奖3项。

社会服务 积极落实产业工人队伍建设改革行动的部署要求，依托学院在农业培训和工业技术培训上的优势，承办赣州市产业工人技能提升培训、高素质农民培训及粮食系统业务提升培训等培训，全年共开展培训27批次，累计培训学员2736人，承办考试52场，承接考生4575人，为赣南苏区振兴发展提供大量的实用技术人才。

（张承越）

本栏编辑：王志辉

科学技术

综 述

【概况】 2022年，全市科技工作坚持科技工作“四个面向”，深入实施创新驱动发展战略，扎实推进实施科技创新赋能行动，着力提升自主创新能力，加快科技自立自强，为打造具有核心竞争力的科技创新高地提供坚实支撑。年内，市、县财政科技投入分别增长76%和160%，全社会研发投入71.3亿元、居全省第二，研发投入强度首次超全省平均水平、达1.71%，综合科技创新指数在全省排位前移2名。全年全市高新技术企业营收突破1500亿元，高新技术产业增加值占比达46.3%，居全省前列。全市引进培养产业领军人才团队14个、高层次人才625人、急需紧缺人才7238人；自主培养2名“国家优青”人才，实现“零”的突破；赣南创新与转化医学研究院一次性引进全职教授30名。

【科技体制改革】 赣州高新区“一区三园”管理改革获科技部批复实施，三园区有关数据实现联动，赣州高新区“一区三园”营业收入达到1300亿元，增长240%，综合排名实际进位8名。首次开展科研创新平台运行绩效评价，评选优秀科研平台20个。制定赣州市产业技术研究院、赣州市工业数字研究院等新型研发机构组建方案并挂牌运行。在全省率先实施“飞地引才”模式，率先建立“周末工程师”制度，率先探索全市高校院所、企业科研人员“双向双聘”。制定《赣州市技术革新奖励实施细则》并评选奖励项目30个。

【科技创新赋能行动】 推进全面建设创新江西任务落实，制定《2022年赣州市科技创新赋能行动工作方案》及重点任务清单、重点调度项目清单和考评方案。市委、市政府专题调度研究科技创新赋能工作10余次，以实施“七大工程”、50项重点任务为抓手，推动年度工作方案落实落地。全市206个科技创新赋能行动项目(总投资949.28亿元)、16个市级重点项目（总投资265.62亿元）建设均超过时序进度。赣州市综合科技创新指数在全省排名前进2名，扭转多年下滑的局面。

【企业创新主体培育】 开展科技型中小企业和高新技术企业攻坚行动，入库科技型中小企业1711家，新增高新技术企业242家，获评潜在“独角兽”、“瞪羚”企业21家，均居全省前列。继续开展有效期内高新技术企业全覆盖检查，兑现新认定高新技术企业奖励4530万元，研发费用累计扣除合计5.37亿元。以企业为主体，承担国家科技计划项目14个，扶持资金1.37亿元；争取省级重大和重点研发计划203项，扶持资金5.51亿元，增长302%。市级立项支持5个“揭榜挂帅”制项目；首创“含磷羧酸萃取分离钇”的新工艺，中试成果通过中科院院士专家组的鉴定并在赣州建成中试示范工程；完成高超关键部件超燃冲压发动机燃烧室预制体的精密制造，为新一代多次使用超燃发动提供了耐高温抗氧化新材料体系。强化产业协同创新，牵头组建稀土、现代家具省级产业科技创新联合体并运行。

（李千洲）

科技平台

【概况】 年内，全市新批准省级及以上工程技术研究中心7个，共计46个；省级重点实验室21个。

【国家级创新平台建设】 中科院赣江创新研究院获批立项国家“十四五”科教基础设施平台，资金2.8亿元；国家稀土技术创新中心、稀土全国重点实验室申报组建工作进展顺利，重大疾病新药靶发现及新药创制全国重点实验室重组高质量完成科技部组织的答辩。全市获批省级技术创新中心7个，培育并组建市重点实验室、市技术创新中心80个。

【赣州市产业技术研究院挂牌运行】 11月18日，赣州市产业技术研究院在赣州经济技术开发区揭牌。赣州市产业技术研究院由赣州市科技创新中心组建，是服务于市委、市政府和行业发展的专业性、非营利

性智库机构，首期委托国家工业信息安全发展研究中心运营管理，以“聚焦创新资源、研发应用技术、服务企业创新、引领产业升级”为宗旨，以“聚焦产业服务端，当好产业发展情报员、产研对接组织员、产业招商参谋员”为目标定位，服务赣州市产业高质量跨越式发展。

（李千洲）

拓展资料

赣州市省级重点实验室一览表

表15

序号	名　称	国家级批准时间	省级批准时间	验收时间	依托单位	领域
1	江西省矿业工程重点实验室	—	2001年	—	江西理工大学	其他
2	江西省有机药物化学重点实验室	—	2005年	—	赣南师范学院	生物技术
3	江西省数值模拟与仿真技术重点实验室	—	2008年	—	赣南师范学院	电子信息
4	江西省脑血管药理重点实验室	—	2010年	—	赣南医学院	医学
5	江西省动力电池及材料重点实验室	—	2011年	—	江西理工大学	新材料
6	江西省矿冶环境污染控制重点实验室	—	2012年	—	江西理工大学	生态环境
7	江西省稀土资源高效利用重点实验室	—	2013年	2017年	江西理工大学	新材料
8	江西省稀土陶瓷材料重点实验室	—	2014年	2019年	虔东稀土集团股份有限公司	新材料
9	江西省磁选装备重点实验室	—	2015年	—	赣州金环磁选设备有限公司	先进制造
10	江西省环境岩土与工程灾害控制重点实验室	—	2015年	—	江西理工大学	其他
11	江西省稀土磁性材料及器件重点实验室	—	2017年	—	江西理工大学	新材料
12	江西省稀土荧光材料及器件重点实验室	—	2017年	—	江西理工大学	新材料
13	江西省机器视觉及智能系统重点实验室	—	2018年	—	江西理工大学	电子信息
14	江西省闪速绿色开发与循环利用重点实验室	—	2019年	—	江西理工大学	先进制造
15	江西省磁悬浮技术重点实验室	—	2020年	—	江西理工大学	—
16	江西省颗粒系统仿真与模拟重点实验室	—	2020年	—	江西理工大学	—
17	江西省医用组织工程材料与生物制造重点实验室	—	2020年	—	赣南医学院	—
18	江西省稀土清洁生产重点实验室	—	2020年	—	中国科学院江西稀土研究院	—
19	江西省城市固废低碳循环技术重点实验室	—	2021年	—	赣南师范大学	—
20	江西省钨资源高效开发与利用重点实验室	—	2021年	—	江西理工大学	—
21	江西省功能分子材料化学重点实验室	—	2021年	—	江西理工大学	—

赣州市省级及以上工程技术研究中心一览表

表16

序号	名称	国家级批准时间	省级批准时间	依托单位	领域
1	国家离子型稀土资源高效开发利用工程技术研究中心（江西省离子型稀土资源高效开发利用工程技术研究中心）	2013年（2017年验收）	2008年	赣州稀土集团有限公司 江西理工大学 赣州有色冶金研究院	生态环境
2	国家脐橙工程技术研究中心（江西省脐橙工程技术研究中心）	2013年（2017年验收）	2008年	赣南师范大学	动植物
3	江西省南方稀土应用工程技术研究中心	—	2000年	赣州有色冶金研究院	新材料
4	江西省有色金属加工工程技术研究中心	—	2002年	江西理工大学	新材料
5	江西省矿冶机电工程技术研究中心	—	2005年	江西理工大学	光机电一体化
6	江西省镁合金材料工程技术研究中心	—	2007年	赣南师范学院	新材料
7	江西省甜菊工程技术研究中心	—	2012年	赣州菊隆高科技实业有限公司	生物医药

续表16

序号	名称	国家级批准时间	省级批准时间	依托单位	领域
8	江西省稀土二次资源利用工程技术研究中心	—	2014年	信丰县包钢新利稀土有限责任公司	新材料
9	江西省南酸枣工程技术研究中心	—	2014年	江西齐云山食品有限公司	生物医药
10	江西省中药栓剂工程技术研究中心	—	2014年	江西九华药业有限公司	生物医药
11	江西省钨钢合金工程技术研究中心	—	2015年	江西耀升钨业股份有限公司	新材料
12	江西省果蔬采后处理工程技术研究中心	—	2015年	江西绿萌科技控股有限公司	生物医药
13	江西省微藻养殖与深加工工程技术研究中心	—	2015年	江西中藻生物科技股份有限公司	生物医药
14	江西省新能源汽车动力电池工程技术研究中心	—	2016年	孚能科技（赣州）有限公司	光机电一体化
15	江西省抗乙肝病毒药物工程技术研究中心	—	2016年	江西青峰药业有限公司	生物医药
16	江西省结石防治工程技术研究中心	—	2016年	赣南医学院	生物医药
17	江西省音圈电机工程技术研究中心	—	2016年	江西森阳科技股份有限公司	光机电一体化
18	江西省重稀土冶金工业添加剂工程技术研究中心	—	2016年	龙南龙钇重稀土科技股份有限公司	新材料
19	江西省辅食营养食品工程技术研究中心	—	2016年	赣州市全标生物科技有限公司	生物医药
20	江西省降噪保真电声工程技术研究中心	—	2016年	朝阳聚声泰（信丰）科技有限公司	电子信息
21	江西省钴系列材料工程技术研究中心	—	2017年	赣州腾远钴业新材料股份有限公司	新材料
22	江西省赣南特色食品工程技术研究中心	—	2017年	江西国兴集团百丈泉食品饮料有限公司	生物医药
23	江西省汽车变速箱拨叉工程技术研究中心	—	2017年	江西省广蓝传动科技股份有限公司	光机电一体化
24	江西省光学镜头工程技术研究中心	—	2017年	江西兴邦光电股份有限公司	电子信息
25	江西省汽车齿轮工程技术研究中心	—	2018年	赣州经纬科技股份有限公司	其他
26	江西省维生素类注射剂（BFS三合一）工程技术研究中心	—	2018年	江西赣南海欣药业股份有限公司	生物医药
27	江西省钨钼废料资源高效利用工程技术研究中心	—	2018年	信丰华锐钨钼新材料有限公司	环境保护
28	江西省农用防护资材及生产设备工程技术研究中心	—	2018年	龙南县格林庭园用品有限公司	光机电一体化
29	江西省特种军用航空线缆工程技术研究中心	—	2018年	江西瑞金金字电线电缆有限公司	航空航天
30	江西省特种钨新材料工程技术研究中心	—	2019年	赣州海创钨业有限公司	新材料
31	江西省锆铪新材料工程技术研究中心	—	2019年	全南晶环科技有限责任公司	新材料
32	江西省印制线路板电子化学品工程技术研究中心	—	2019年	信丰正天伟电子科技有限公司	电子信息
33	江西省新能源汽车用磁钢工程技术研究中心	—	2019年	江西荧光磁业有限公司	新能源
34	江西省尿路结石智能诊疗器械工程技术研究中心	—	2019年	江西医为特科技有限公司	光机电一体化
35	江西省钨制品技术创新中心	—	2020年	崇义章源钨业股份有限公司	新材料
36	江西省设施蔬菜技术创新中心	—	2020年	赣南科学院	—
37	江西省精密加工刀具及新材料技术创新中心	—	2021年	赣州澳克泰工具技术有限公司	—
38	江西省氟精细化工技术创新中心	—	2021年	松岩冶金材料（全南）有限公司	—

续表 16

序号	名称	国家级批准时间	省级批准时间	依托单位	领域
39	江西省个性化定制女装智能制造技术创新中心	—	2021 年	赢家时装（赣州）有限公司	—
40	江西省动力电池综合利用技术创新中心	—	2022 年	赣州市豪鹏科技有限公司	—
41	江西省稀土永磁伺服电机及驱动系统技术创新中心	—	2022 年	赣州中科拓又达智能装备科技有限公司	—
42	江西省高端特种钨与稀土新材料技术创新中心	—	2022 年	赣州有色冶金研究所有限公司	—
43	江西省车载智能终端电路板技术创新中心	—	2022 年	龙南骏亚电子科技有限公司	—
44	江西省木塑复合材料技术创新中心	—	2022 年	江西瑞京鸿兴实业有限公司	—
45	江西省芳纶材料科学与工程技术创新中心	—	2022 年	赣州龙邦材料科技有限公司	—
46	江西省健康声学技术创新中心	—	2022 年	天键电声股份有限公司	—

（李千洲）

科技合作与人才引进

【区域科技合作】 积极对接融入粤港澳大湾区，与深圳市科创委、东莞市科技局签订科技合作框架协议，促成深圳北航投资与章贡区政府签订战略合作框架协议，深圳大族数控科技股份有限公司落户信丰。深化与清华大学的合作，征集新一批清华大学博士生社会实践项目课题 39 个，推动 12 名博士生选择赣州基地开展社会实践。推进政产学研合作，征集遴选“与湖南高校院所签约需求”10 项，“与湖南科技合作需求”7 项，“2022 年院地联合攻关科技合作计划”6 项，“与中国工程院开展科技合作需求”4 项。组织参加大院大所进江西活动，征集到产业技术需求 29 项，产业技术及高端人才对接意向项目 8 个，合作院士 7 人，促成赣南创新与转化医学研究院与空军军医大学国家分子医学转化科学中心在峰会活动集中签约仪式上签约。

（李千洲）

【科技合作与交流】 在柔性引进博士的帮助指导下，10 个柔性引才项目不仅实施顺利，还在科技奖项、标准、专利等成果申报获得方面成效明显，指导 e 型杂交水稻系列品种选育和示范推广项目获 2021 年度江西省科学技术进步奖三等奖，获神农中华奖 2 项，获农业部非主要农作物品种登记 2 项，登记省级科技成果 4 项，合作授权专利 21 项（其中发明专利 8 项，实用新型专利 12 项，澳大利亚革新专利 1 项），制定省级地方标准 8 项、发布企业标准 2 项，授权软件著作 3 个，出版图书 1 本，发表高水平学术论文 33 篇（含 5 篇 SCI）。对接粤港澳大湾区科技创新。组织院所科技人员赴华南农业大学、中国林业科学院热带林业研究所、中科院华南植物园、广州国家现代农业科技创新中心调研学习。与中科院、华中农业大学、江西农业大学、省科学院、省农科院等省内外科研院校的合作交流持续巩固发展。其中，市蔬菜花卉研究所和市委畜牧水产所分别与省农科院、江西农业大学合作实施省良种联合攻关项目辣椒优异种质创制及优质丰产新品种选育、优质肉猪新品种培育；市畜牧水产研究所受省农科院畜牧兽医研究所委托开展项目赣南番鸭种质资源保护试验，申报省农科院科技协同创新联盟专项项目优质地方品种大余鸭的选育及开发利用获批立项；市农科所与华南农业大学合作，承担华南地区大豆良种重大科研协议攻关项目的子课题华南地区大豆性状鉴定及新种质创制，市柑橘所与刘永忠博士共同申报的赣州市重点研发计划项目脐橙黄龙病绿色综合防控及恢复生产技术研发与示范顺利结题验收。

（温　旭　罗鑫尧）

【科技人才引育】 制定印发《关于进一步加强全市科技人才工作的通知》，召开全市科技人才工作部署会，宣讲解读国家、省、市重大科技人才工程和人才计划。聘任第一批赣州市“科技人才工作专员”20 名，以规上工业企业、高新技术企业、科技型中小企业、高校院所、医院为重点，建立在赣科研人员库、乡友科研人才库，入库科技人才 1200 余人。争取国家、省级人才工程计划支持，中科院赣江创新研究院莫兆军、赣南师范大学王仲夏获国家优秀青年科学基金项目，实现自助培养“国家优青”“零”的突破。全市入选国家高层次人才项目 1 个，省主要学科学术和技术带头人 8 人、省高层次和急需紧缺海外人才 4 人，省双千（自然科学类）入围考察 21 人。征集市“苏区之光”人才计划（自然科学类）361 个，市级科技计划人才项目立项支持 15 项。探索“周末工程师”制和“双聘制”引才，首批认定 4 个“周末工程师人才驿站”，推动全市引进“周末工程师”240 余人，服务企业 150 余家。深入开展高校院所和企业科研人员“双向双聘”工作，确定首批“双向双聘”专家 44 人，其中 8 名企业创新人才被聘为高校产业教授，36

名高校院所专家被聘为企业科技副总。推荐参评“中国政府友谊奖”4人，常态化推进外国专家人才管理，注册外国专家总数126人，在赣外国专家111人。

（李千洲）

科技项目和成果

【科技项目】 2022年，赣州市积极争取各级科技项目，全年争取省级及以上科技项目275个。其中，省级项目6批次197个项目，涉及资金4441.12万元；国家级项目78个。

2022年度赣州市国家级科技项目一览表

表17

序号	项目名称	级别
1	磁悬浮等轨道交通系统用高可靠性稀土永磁材料制备技术	国家重点研发计划项目（含国防类）
2	微细粒锌铅及共伴生稀贵金属高效综合回收技术、装备与示范	国家重点研发计划课题主持（含国防类）
3	低能耗金属锂电解与盐湖镁资源综合利用关键技术与装备	国家重点研发计划课题主持（含国防类）
4	高丰度稀土元素在钢中应用关键技术研究及产业化示范	国家重点研发计划课题主持（含国防类）
5	超高纯稀土氧化物分离提纯研究	国家重点研发计划课题主持（含国防类）
6	钨锡钼铋多金属矿强化回收及清洁利用技术	国家重点研发计划课题主持（含国防类）
7	复杂锑金多金属矿产资源绿色选冶关键技术	国家重点研发计划课题主持（含国防类）
8	复杂含金资源造锍捕金及砷分离提纯技术与示范	国家重点研发计划课题主持（含国防类）
9	有色冶金二氧化硫烟气回收单质硫技术及装备	国家重点研发计划课题主持（含国防类）
10	高海拔特大型铜钼资源高效碎磨浮选技术、装备与示范	国家重点研发计划课题主持（含国防类）
11	矽卡岩型矿石低耗高效破碎和预选一体化技术与装备	国家重点研发计划课题主持（含国防类）
12	高纯及特殊物性稀土化合物材料制备关键技术与装备	国家重点研发计划课题主持（含国防类）
13	特大型铜钼钴等多金属资源的禀赋特性与高通量选冶基础研究	国家重点研发计划课题主持（含国防类）
14	高温度和时间稳定性强耦合金属永磁材料开发	国家重点研发计划课题主持（含国防类）
15	锑金资源选冶过程多组元迁移演变规律与分配特性	国家重点研发计划课题主持（含国防类）
16	稀土永磁材料工艺数据模型构建研究	国家重点研发计划课题主持（含国防类）
17	含砷烟尘湿法短流程制备单质砷	国家重点研发计划课题主持（含国防类）
18	氢基闪速炼铁应用基础研究	2022年中国宝武低碳冶金技术创新基金
19	高能量密度新型稀土储氢材料及应用技术	2022年度国家重点研发计划—项目
20	二次资源中稀土及有价元素综合回收技术	2022年度国家重点研发计划—项目
21	稀土高质化基础材料与高丰度稀土元素平衡应用	2022年度国家重点研发计划—课题
22	白云鄂博多金属资源绿色高效开发利用集成示范	2022年度国家重点研发计划—子课题
23	复杂排放工况VOCs高效净化关键稀土催化材料	2022年度国家重点研发计划—子课题
24	极低温绝热去磁制冷和磁热材料及关键技术	2022年度国家重点研发计划—子课题
25	磁悬浮等轨道交通系统用高可靠性稀土永磁材料制备技术	2022年度国家重点研发计划—子课题
26	稀土低温磁制冷材料	2022年国家自然科学基金项目—优秀青年科学基金
27	新型绿色无光产单线态氧体系降解抗生素的机理研究	2022年国家自然科学基金项目—地区科学基金
28	铈变价特性在稀土萃取及反萃中的应用基础研究	2022年国家自然科学基金项目—地区科学基金
29	混合稀土热变形磁体的晶界相调控与织构演变机理研究	2022年国家自然科学基金项目—地区科学基金

续表 17

序号	项目名称	级别
30	基于生命周期评价的稀土永磁电机绿色设计技术研究	2022 年国家自然科学基金项目—面上项目
31	基于分子氧活化低温 SCR 催化剂的研究	2021 年国家自然科学基金项目—面上项目（外单位转入）
32	过渡金属盐及其氧化物接力催化油页岩水热裂解机理研究	2022 年国家自然科学基金项目—青年科学基金
33	金属 / 金属氧化物界面的定点调控及电解水析氢性能研究	2022 年国家自然科学基金项目—青年科学基金
34	低能耗金属锂电解与盐湖镁资源综合利用关键技术与装备 2022YFC2904305（罗仙平）	2022 年度国家重点研发计划项目
35	高丰度稀土元素在钢中应用关键技术研究及产业化示范 2022YFC2905205(赖朝彬）	2022 年度国家重点研发计划项目
36	高纯及特殊物性稀土化合物材料制备关键技术与装备 2022YFC2905202	2022 年度国家重点研发计划项目
37	ERRa/KDM5C 远程负调控 STING 促进 ER 阳性乳腺癌天然免疫逃逸的机制研究（青年科学基金项目）	2022 年国家自然科学基金项目
38	TRAF7 通过天然免疫网络调控心肌肥厚的作用及其机制研究（青年科学基金项目）	2022 年国家自然科学基金项目
39	基于 Cas9 靶向富集纳米孔基因测序技术的脂肪酸代谢关键酶基因甲基化修饰鉴定及其在非酒精性脂肪性肝炎中的作用（青基）	2022 年国家自然科学基金项目
40	SH3RF2 在肝缺血再灌注损伤中的作用和机制研究（青基）	2022 年国家自然科学基金项目
41	MAP4K1 激酶负调控 cGAS–STING 信号通路参与先天免疫抗病毒的分子机制研究（青基）	2022 年国家自然科学基金项目
42	PLSCR1 激活 EGFR–MAPK 信号通路促进三阴性乳腺癌耐药的作用和机制研究（青基）	2022 年国家自然科学基金项目
43	多物种组学揭示 SIKE 抑制 MASH 的功能和机制研究（面上）	2022 年国家自然科学基金项目
44	过渡金属盐及其氧化物接力催化油页岩水热裂解机理研究（康世杰青基）	2022 年国家自然科学基金项目
45	基于生命周期评价的稀土永磁电机绿色设计技术研究（王路面上项目）	2022 年国家自然科学基金项目
46	金属 / 金属氧化物界面的定点调控及电解水析氢性能研究（彭立山青基）	2022 年国家自然科学基金项目
47	三明治结构碳化钼 / 靶铜 / 碳化钼复合膜界面调控对氢渗透性能的影响及其机理（青基）	2022 年国家自然科学基金项目
48	萘并色烯骨架肿瘤化合物 Aspergiolides 的构效关系及其简化物成药性研究（青基）	2022 年国家自然科学基金项目
49	求解病态积分方程的启发式离散正则化方法（青基）	2022 年国家自然科学基金项目
50	腔磁振子杂化系统中奇异点辅助的阻塞效应理论效应研究（青基）	2022 年国家自然科学基金项目
51	柑橘黄龙病菌胁迫下甜橙韧皮部胼胝质合成机制的研究（青基）	2022 年国家自然科学基金项目
52	可溶性有机质对富硒红壤中铁 – 硒络合物稳定性的影响及调控机制（青基）	2022 年国家自然科学基金项目
53	有序层状 / 无序岩扑富锂锰基正极材料精准的构筑及锰电化学活性机理研究（青基）	2022 年国家自然科学基金项目
54	过渡金属催化下以芳基硅试剂为芳基源的 C（sp3）–Ar 键构筑研究（面上）	2022 年国家自然科学基金项目
55	柑橘黄龙病菌 SDEs 介导柑橘木虱中肠上皮细胞囊泡转运机制研究（面上）	2022 年国家自然科学基金项目
56	高速列车系统的非光滑分岔和混沌研究（青基）	2022 年国家自然科学基金项目
57	PtCuCo/C 催化剂纳米结构调控及其催化糠醛选择性加氢研究（青基）	2022 年国家自然科学基金项目
58	基于氧钝化与转移的纳米 Pd–Zn 合金催化甲醛制氢的构效关系研究（青基）	2022 年国家自然科学基金项目
59	HEU 型分子筛膜的制备及其在稀土废水处理中的应用研究（青基）	2022 年国家自然科学基金项目
60	稀土分子转子铁电体的设计合成与性质研究（青基）	2022 年国家自然科学基金项目
61	水文联通视角下鄱阳湖候鸟生境与生态水位研究（青基）	2022 年国家自然科学基金项目

续表 17

序号	项目名称	级别
62	亚稳有序析出相 Co3W 强化硬质合金黏结剂微结构调控机理研究（青基）	2022 年国家自然科学基金项目
63	新型草酸配体二元季铵盐萃取分离钒页岩草酸浸出液钒铝机理（青基）	2022 年国家自然科学基金项目
64	镨点解熔盐结构演变及其传输性质的多维度研究（青基）	2022 年国家自然科学基金项目
65	数据物理驱动的车间制造服务协作可靠性机理与优化方法研究（青基）	2022 年国家自然科学基金项目
66	富氮有机废物与高碱煤炭超临界水协同汽化过程中的脱氮特性及机理研究（青基）	2022 年国家自然科学基金项目
67	有机 - 无机的杂化的反钙钛矿铁电体研究（面上）	2022 年国家自然科学基金项目
68	全局路径支持下的户外导盲实时地理场景数据模型研究（面上）	2022 年国家自然科学基金项目
69	过渡金属锰基富锂正极材料痒空位可控构筑及其性能改善机理研究（面上）	2022 年国家自然科学基金项目
70	高水压作用下弱胶结充填断层渗流冲蚀演化规律与突水机理（面上）	2022 年国家自然科学基金项目
71	浸取剂阴离子对黏土界面性质与稀土等金属阳离子交换的影响机制（面上）	2022 年国家自然科学基金项目
72	微细粒锂云母矿界面化学调控与浮选分离强化机制（面上）	2022 年国家自然科学基金项目
73	多场耦合胁迫下铝电解阴极炭块破损过程中的声发射特征研究（面上）	2022 年国家自然科学基金项目
74	离子型稀土矿镁盐 - 乙酸提取过程中稀土和铝的高效梯级分离机理及调控机制研究（面上）	2022 年国家自然科学基金项目
75	高温下铁矿石颗粒软熔机制及烧结过程中多尺度数值模拟研究（面上）	2022 年国家自然科学基金项目
76	光致固液相变型大尺度自修复高分子的结构基础与功能调控（青基）	2022 年国家自然科学基金项目
77	液氦温区磁制冷材料金属 /EuTiO3 复合微球的性能研究（面上）	2022 年国家自然科学基金项目
78	基于 3D 打印的稀土金属固态制冷材料成型机理与服役性能研究（面上）	2022 年国家自然科学基金项目

【科技力量建设】 科技部明确由中国稀土集团牵头，依托赣江创新院联合申报国家稀土技术创新中心，构建全链条的协同创新和集成创新格局。省、市全力支持推动组建稀土全国重点实验室，建设以中重稀土为特色的稀土资源利用、材料开发的基础及应用基础研究平台，与中国稀土集团等 23 家单位加强行业共性关键技术研发和推广应用。科技人才加速集聚，以中国科学院过程工程研究所、长春应用化学研究所、物理研究所、金属研究所、福建物质结构研究所、宁波材料技术与工程研究所等强相关研究所为援建单位，组建以中国科学院物理研究所院士沈保根为首席科学的人才团队，以院士赵忠贤为主任、22 名院士和高水平专家为成员的学术委员会，组建研究团队 16 个（其中院士团队 9 个），持续推进研究生培养，招收联合培养研究生 575 名（其中博士 107 名，硕士 468 名）。项目攻关稳步推进，获批国家级项目 10 项，经费 3.39 亿元；院省部项目 17 项，经费 1.12 亿元。与中国稀土集团合作完成稀土连续沉淀—分离耦合技术和装备技术验证及中试示范；建成百吨级稀土分离钇示范线，钇的纯度达 99.92%；制备性能优于商用分子筛催化剂的超高水热稳定性的稀土 Ce 基 NH3-SCR 催化剂；开发应用新型稀土转光膜助农增产 10% 以上。

【富硒科研】 印发《赣南科学院关于推进富硒产业科研创新发展的实施方案》，按照“一年打基础、三年强攻关、五年成品牌”的富硒科研总体目标，整合全院科技资源，重点围绕高聚硒品种筛选、硒强化技术等方面开展科研攻关项目 16 项，开发出具有赣南科学院鲜明标识的水稻、花生、禽蛋等富硒（含硒）产品 15 个，研制的“富硒板鸭”荣获第七届世界硒都（恩施）硒博会“最具影响力名优硒产品”。

【科技成果管理】 全市推荐申报省科学技术奖 43 项，获 2021 年度省科学技术奖 13 项（其中一等奖 3 项，二等奖 4 项，三等奖 6 项），获得省财政奖励资金 250 万元，市财政配套奖励资金 250 万元，获奖项目数和等次均创新高。积极培育重大科技成果项目源，立项实施市级科技成果转移转化项目 10 项，3000 吨再生稀土永磁材料的研究与开发、万吨级高性能铁氧体永磁材料、柴油车尾气净化新材料等一批院士项目落地，赣州实现科技成果产业化。推动技术合同交易认定及科技成果登记，签约技术合同 1874 份，技术合同交易金额 117 亿元，增长 67.99%。做好科技成果转移转化工作，依托赣州科技大市场加速技术需求对接，组织举办线上线下各类创新活动 26 场，累计发布科技成果 50089 项，集聚技术专家 3422 名，整合高校、院所 182 所，新增入驻科技服务机构 57 家。

（温　旭　罗鑫尧）

科技服务

【概况】 利用科技活动周、科技下乡累计推广新技术、新品种、新模式等成果222项，科技示范辐射面积2186.67公顷。以实地指导、线上线下培训等方式开展科技服务400余次，开展培训、接受咨询1.1万余人次，服务企业、合作社472家。新增市林科所江西省林学会自然教育基地、市蔬菜花卉所中小学科普研学基地等研学平台4个，优化开发科普研学课程20项。

（温 旭 罗鑫尧）

【科技特派员】 由省科技厅选派来自30多个科研院所、高等院校及有关单位的284名科技特派员组成的43支科技特派团队和35名个人科技特派员派往赣州市各县（区、市）挂点开展科技服务，共签订三方协议164个，服务143个乡镇、345个村庄，带动农户13420户，服务企业、合作社、农民协会212个，创办领办企业、合作社、农民协会等机构6个。先后建立脐橙、油茶、蔬菜产业等示范基地，累计引进新品种121个，推广新技术98个，建立示范基地41个，为受援地引进项目25个、资金400余万元，加快农业科研成果转化和先进技术的推广应用。组织培训124场次，培训基层技术骨干800多人次，培训农民1万余人次。首次选派市级科技特派员18人，安排专项工作经费50万元，与省级特派员同时开展科技服务工作。

（李千洲）

【服务油茶发展】 组建4个江西省油茶科技特派团，与大余县、兴国县、寻乌县、赣县区12家企业签订科技服务协议，从油茶丰产栽培技术、油茶病虫害防治技术、油茶低产林改造技术等方面开展全面技术服务。全年派出科技人员190人次，开展74次现场科技服务与科技帮扶活动，接受线上咨询900余人次，开展“油茶低产林改造”培训班4次，培训200余人次。建立油茶良种良法示范基地23.33公顷，举办全市油茶技术能手专业技能大赛；项目支撑于兴国县建立油茶低产林改造示范基地40公顷；帮扶企业在赣县建立复合经营模式示范基地15.33公顷，助推全市油茶产量高质量发展。

（赵希键）

【科技金融服务】 创新科技金融产品，推动银行机构开展商标专用权、专利权、著作权等知识产权质押融资贷款，中行、交行和北京银行赣州分行先后推出“赣知贷”“知融通”“智权贷”等知识产权质押贷款产品，不断满足符合政策科技型中小企业的融资需求。全市“科贷通”发放贷款47980万元，同比增长79.9%；放贷资金156笔，同比增长51.46%，科技创新再贷款额16.7亿元。科技金融服务平台不断夯实，中国赣州数字金融产业园建成运营，组建江西普惠金融科技研究院、赣州绿色金融研究院、红色金融文化研究所、粤港澳大湾区分院等金融智库，为全市金融科技创新、政策制定和实施提供30余次智力支持。积极探索科技创投基金，总规模为2亿元的赣州中科壹号投资基金完成登记备案，完成首期实缴，募集到账资金1亿元。

（李千洲）

科研院所

【概况】 赣南科学院坚持把科研工作作为生命线，聚焦党政中心展开科研工作布局，严把项目申报，抓好项目过程管理和监督，提高科研项目申报质量。对全年市级科技计划项目开展项目申报、立项评审，对合同到期项目开展集中结题验收，对在研项目进度可控化和阶段性成果可视化，确保科研项目有序推进、技术经济指标按时保质完成。强化创新团队和科研平台建设，推进柔性引进博士以上高层次人才项目实施，全面整合、集聚、培养院科技、人才资源，科研工作环境不断优化，项目稳步推进实施。对科研重点工作进行考核，实行日常跟踪问效与年终考核评分，促进科研管理工作良性循环。加大科技成果转化力度。制定印发《赣南科学院科研产业化三年倍增升级行动实施方案》等文件，结合科学院油茶、畜牧、水产、花卉苗木等优势特色学科，着力构建以市场为导向、产学研用深度融合的科研创新生态体系，推动院所与农业头部企业、农业合作社等“产学研销”机构开展多元化科技合作，加快科研产业化进程。赣南科学院高度重视人才队伍建设，全院有在职人员510人，在编在岗人员243人；在站博士后1人、博士1人，硕士研究生98人，高级职称70人，中级职称103人；享受国务院特殊津贴专家1人，省政府特殊津贴专家2人；市政府特殊津贴专家4人，省百千万人才工程人选7人，入选赣州市苏区之光人才计划2人，赣州青年科技奖获得者13人。

全院实施在研项目193项，其中国家级8项，省级22项，新增项目资金3325.4万元，同比增长20.51%。承接实施崇义、上犹、南康等6个乡村振兴产业发展规划编制。深化院地、院企科技合作，签订有偿科技服务协议58项，销售油茶苗10万株、花卉苗木4.3万株、鱼苗26.7万尾、禽蛋2.8万枚、白僵菌54吨，实现产业化收入1018.37万元，同比增长85.73%。

2022年，赣南科学院取得一批较好的科技成果。自主选育的虔油2号、虔油0834等2个花生新品种获国家登记证书，出版专著1部，发表《*Prediction of heavymetal Cd and stress on minerals in rice by analysis of LIBS spectra*》《发酵穿心莲粉对番鸭生产性能、肌肉脂肪酸含量、抗氧化指标、血清生化指标及免疫相关指标的影响》等核心期刊论文19篇（其中SCI论文3篇）。

全年申报全国农牧渔业丰收

奖、省科技进步奖7项，获得国家级奖励1项、省部级奖励1项。自然教育课程阳明湖国家森林公园自然探索之旅荣获国家级入围奖。

全年共授权发明专利8项、实用新型专利44项，颁布标准11项，登记成果2项，发表SCI核心期刊3篇。其中，富硒丝瓜、芦笋、稻谷等6个地方标准成功颁布，制定富硒禽蛋企业标准2个、富硒蚯蚓养殖技术规程1项，授权专利1项。

建成市富硒农业与产品开发技术创新中心、生猪育种中心、市作物遗传育种（特色稻）重点实验室并投入运行，省设施蔬菜技术创新中心、水生动物疫病监测区域中心、生猪育种中心（二期）、国家油茶产业园良种繁育科技园区（研学小道）建设有序推进。赣南树木园获批为第三批国家林木种质资源库，柑橘所获批为第一批省级农作物种质保护库（圃）单位。

（温　旭　罗鑫尧）

【农业科学研究所】 有水稻育种创新团队、烤烟育种和栽培创新团队、经济作物创新团队、现代农业装备创新团队、农业环境保护与资源利用创新团队、茶叶创新团队等6个科研创新团队，拥有国家水稻产业技术体系赣州综合试验站、国家花生产业技术体系赣州综合试验站、国家级（南方稻区）水稻区试工作站、农业基础性长期性科技工作观测监测任务国家种质资源章贡观测实验点、农业基础性长期性科技工作观测监测任务国家土壤质量章贡观测实验点、农业基础性长期性科技工作观测监测任务国家农业环境章贡观测实验点，国家南方和江西省花生、大豆、玉米、芝麻、甘薯等旱作物的新品种区域试验和生产试验点、江西省农机装备应用产业技术体系赣南综合试验推广站等一系列科研创新平台，农业科研用地26公顷，在海南三亚建有水稻南繁中心，并成功申报省级农作物品种区域试验玉米综合站和大豆综合站协作单位。

全年实施项目48项。国家级科研项目5项，即国家水稻产业技术体系赣州综合试验站，国家花生产业技术体系赣州综合试验站，农业基础性长期性科技工作观测监测任务国家种质资源章贡观测实验点，农业基础性长期性科技工作观测监测任务国家土壤质量章贡观测实验点，农业基础性长期性科技工作观测监测任务国家农业环境章贡观测实验点。

省级科研项目8项，即农作物品种测试能力提升项目，高油酸花生种质资源创新与利用，江西省花生芝麻产业技术体系赣南综合试验推广站，江西省农机装备应用产业技术体系赣南试验推广站，提高烤烟中部上等烟比例关键技术研究，提高上部烟叶可用性关键技术研究、集成与示范，赤星病、野火病植保无人机精准施药技术研究，江西省三区人才项目。

市、院级科研项目34项，即南繁，两系法，优质稻丰产提质增效关键技术研究与应用，赣南黑米品种示范与推广，优质稻适宜播栽技术研究与应用，赣州市水稻产业体系技术创新中心，优质油菜新品种引进及绿色高效栽培技术研究与推广，富硒花生新品种选育与示范推广，高油酸花生新品种选育与示范推广，鲜食玉米新品种选育及推广应用，江西省花生主产区土壤养分状况调查与改良利用研究，赣州烤烟优质配方肥研究与应用，优质、高产、高油酸花生新品种选育，赣南山地多功能果园管理机的研制，赣南优质特色稻种质资源发掘与利用研究，富硒水稻生产加工技术创新与集成，低耗、高效e型杂交水稻技术体系的创建，绿色优质水稻选育与利用，水稻富硒增效关键技术研究与应用，赣南地区优质大禾谷（禾子谷）种质资源的挖掘与利用；鲜切花去刺修剪设备的研制，蔬菜中硒元素的快速检测技术研究，赣南优良茶树种质资源调查与利用，茶叶富硒增效关键技术研究与应用，赣南天然富硒土壤内源调控技术研究与示范，赣南糯稻种质资源收集与利用，利用米质鉴定技术筛选优质赣南水稻品种，赣州烟区营养土配方研究与应用，赣州烟草主要病虫害绿色防控集成技术推广应用，烤烟国标修订农业转化验证研究，赣南烤烟壮苗培育技术研究，烤烟定量均衡施肥技术研究与集成示范，赣州市花生等主要油料作物产业发展规划编制与应用，赣州市科技特派员项目。其他项目1项，即富硒烟叶开发研究。

花生新品种“虔油2号”和“虔油0834”获得农业农村部非主要农作物品种登记；“虔早香2号”“赣南粳糯”2个水稻品种和虔油109、

10月13日，国家水稻产业技术体系首席科学家程式华研究员、遗传改良研究室岗位科学家曹立勇等一行4人到市农科所调研指导　（市农业科学研究所供图）

虔油 4 号 2 个花生新品种参加省区试；水稻品种“钢两优 2729”和花生品种“虔油 3 号”参加省级生产试验；“吉 e 优 663”水稻品种参加 2022 年江西省水稻新品种展示；水稻新品种“赣南红米”处于审定阶段；发布省级地方标准 2 项，即花生种子翻秋生产技术规程、“春花生—晚稻”轮作栽培技术规程，市级地方标准 3 项，即赣南富硒稻谷生产技术规程、富硒鲜食玉米生产技术规程、富硒大豆生产技术规程；“春花生—晚稻”轮作栽培技术入选省 2022 年省、市农业主推技术；取得 5 项富硒产品认证，即赣南黑米、赣南红米、赣南麻糯米、花生、鲜食玉米；一种家用水稻脱粒机、一种玉米生产用杀菌装置、烟草裸种播种装置等 22 项技术获得实用新型专利，全年发表科技论文 8 篇。

2022 年，在宁都、会昌、南康、崇义等多个县（市、区）建立试验示范基地 11 个，围绕水稻、花生、油菜、烟草、茶叶等主要农作物及农机装备等领域，通过科技特派员、科技服务下乡等形式开展技术指导与服务，大力推广农作物新品种新技术，对接头部企业 11 家，开展技术培训和科技服务 77 余次，培训农民和技术人员 1000 余人次，发放科普资料 1000 多份，接受咨询近 1100 人次，提升新型农业经营主体和农民群众专业技术能力。

（汪雨萍）

【畜牧水产研究所】 建有江西省实验兔生产繁育基地、江西省生猪产业技术体系赣南山区综合试验站、江西省家禽产业技术体系赣南片综合试验站、江西省牛羊产业技术体系赣中南综合试验推广站、江西省大宗淡水鱼产业技术体系赣南综合试验站、江西省省级水产原良种场、江西省省级专家工作站、江西省省级科普教育基地及赣州市高素质农民培训机构等平台；是农业部动物防疫基础设施项目建设点，在赣县南塘清溪国家级现代农业示范园内建赣州市现代畜牧科技示范基地 104.87 公顷、在赣县区茅店镇坝高建现代水产科研示范基地 10 公顷、农业农村部水产健康养殖示范场；所部还建有饲料添加剂中试车间、畜产品加工中试车间、饲料加工中试车间及畜禽粪污资源化处理示范基地等多个试验、示范基地。

2022 年新增科研项目 16 项，其中国家级 2 项。新增各类资金 1468.53 万元、是 2021 年的 2.83 倍，其中项目经费 1247.5 万元、是 2021 年的 3.28 倍，到账项目经费 721 万元；新增产业化资金 221.03 万元、是 2021 年 1.58 倍，到账产业化资金 155.53 万元。新增富硒科研项目 5 项，争取项目经费 59 万元；获得政府的富硒产业奖补资金 3 万元。富硒禽蛋、富硒板鸭、蚯蚓硒、富硒猪肉、肉牛富硒饲料、富硒草鱼、富硒大刺鳅、脐橙渣有机硒饲料添加剂的研制与应用等一大批富硒项目全面启动，并初现成效。开发可销售富硒产品 2 项——富硒禽蛋和富硒板鸭。与大余马蹄山生态农业有限公司共同开发的富硒板鸭获第七届硒博会金奖和最具市场影响力产品。授权发明专利 1 项——一种生物有机硒蚯蚓硒及其制备方法，申报专利 1 项——利用脐橙渣生产有机硒饲料添加剂的配方及其制备方法。申请江西省地方标准 4 项，《外源硒投入品蚯蚓硒》《蚯蚓硒生产技术规程》《蚯蚓粪硒肥》《蚯蚓粪硒肥生产技术规程》。

制订并签订所属 4 个团队的第二个三年建设规划书，通过与中山大学、韶关学院、江西农大、省农科院、赣南医学院、赣南师范大学等高校院所的合作，科研方向由应用研究逐步向应用基础研究深入。[illegible]1 项，申报全国农牧渔业丰收奖成果奖 1 项，申报省科学技术进步奖 2 项；获得“全国文化科技卫生‘三下乡’活动服务标兵”1 项，“苏区之光”荣誉 1 项；申请发明专利 5 项，授权发明专利 5 项，授权实用新型专利 1 项；发布省级地方标准 4 项，新申报省级地方标准 4 项。

出台《赣州市畜牧水产研究所 2022 年度科研创新团队创新机制实施办法》，支持科研创新团队加快产业化进程。全年新增产业化资金 221.03 万元，其中与地方政府、头部企业等签订科技服务协议 7 项，争取资金 192.64 万元；开展畜禽、水产种苗推广收入 24.77 万元。

年内新增江西省水生生物资源调查监测赣江源站、江西省生猪产业及现代家禽种业科技创新联合体、赣州市畜牧水产研究所专家工作站 4 个科研创新平台。开展生猪育种中心等平台建设，其中生猪育种中心一期项目投入运行，二期规划设计工作举办专家论证会。

授权发明专利 5 项，即《在稀土尾矿种植牧草的方法和稀土尾矿的综合治理方法》，专利号 ZL202010156783.8；《一种生物有机硒蚯蚓硒及其制备方法》，专利号 ZL202210173554.6；《一种大刺鳅室外池塘的自然越冬方法》，专利号 ZL202010038600.2；《一种鲟鱼养殖用快速捕捞装置》，专利号 CN202110277656.8；《一种鲟鱼集约化养殖增氧设备》，专利号 CN202110277563.5；《一种脐橙渣发酵制备高含量赖氨酸饲料的方法》，专利号 201910542569.3。授权实用新型专利 1 项，即《一种集约化养殖尾水处理设备》，专利号 20220722488.9。发布江西地方标准 4 项，即《赣南藏香猪商品猪生产技术规程》，专利号：DB36/T 1680—2022；《风化壳型废弃稀土矿区王草种植技术规范》，专利号：DB36/T 1628—2022；《大刺鳅苗种培育技术规程》，专利号：DB36/T 1597—2022；《大刺鳅成鱼养殖技术规程》，专利号 DB36/T [illegible]—2022。出版软件著作 2 部，即《适用于林下养殖的电子围栏控制系统 V1.0》，专利号：2022R11S1371161；《畜禽养殖区域智能检测管理系统 V1.0》，专利号：2022R11S1371872。发表论文 17 篇，其中 SCI 1 篇，中文核心期刊 16 篇。申报省科学技术进步奖 2 项，即《番鸭健康养殖关键技术研究与应用》《池塘草鱼高质量高效绿色养殖关键技术及模式创建与应用》。成果登记1项，即《番鸭健康养殖关键技术研究与应用》，登记号Y2100360，登记时间2022年5月。

（邓媛允）

【林业科学研究所】 2022年，林业科学研究所在研项目27项，新增立项12项，申报各级科研项目33项，争取项目资金306万元。申请发明专利1项，授权实用新型专利5项，发表论文3篇。

现有山林面积635.52公顷（其中国家重点生态公益林208.48公顷）自有育苗圃地3.33公顷，育苗大棚1600平方米。出圃油茶苗13万余株，新嫁接油茶苗11万余株，销售额18万余元。销售绿化苗木1批，销售收入2.2万元，引进茶花品种25个。建有1个300平方米综合实验室，配备有先进的分析化验仪器设备；建有1座森林生态展览馆，馆藏有动、植物标本3万余件；建有国家油茶良种基地123.63公顷；收集保存大量优良绿化树种；建有年生产能力50吨的微生物农药白僵菌生产基地。全年销售球孢白僵菌54.5吨，销售总额52万余元。利用所部现有资源优势，整合其他社会资源，积极优化及开发研学旅行课程，形成自然生态、科学创新、劳动实践三大板块课程20余项。全年开展活动12次，接待学员1600人次。

油茶林饲养中华蜜蜂辅助授粉技术在江西省首届油茶文化节上得到省领导的高度认可；油茶林复合经营筛选出“油茶+西瓜”“油茶+油莎豆”“油茶+射干”等组配，获得3个富硒产品认证；自主创制出多种对油茶软腐病和炭疽病具有优秀抑制作用的精油，并获取实验条件微乳工艺；富硒食用菌科研获认可，标委会同意由林业科学研究所牵头联合省内食用菌生产企业起草行业标准《食用菌硒生物强化技术规范》。

国家油茶良种繁育科技园区方案设计编制完成评审。自主开展赣州市油茶育种与栽培技术创新中心

6月，小学生在市林业科学研究所开展科普研学　（市林业科学研究所供图）

实验室改造、仪器设备购置和基地作业便道、水肥一体化建设。成功申报江西省自然教育基地、赣州市林业有害生物防治技术创新中心、赣州市中小学研学实践教育基地、章贡区研学实践基地。

组建江西省油茶科技特派团，与大余、兴国、寻乌、赣县区企业签订科技服务协议，全年派出科技人员190人次，开展74次现场科技服务与科技帮扶活动，从油茶丰产栽培技术、油茶病虫害防治技术、油茶低产林改造技术等方面开展全面技术服务。接受线上咨询900余人次，开展“油茶低产林改造”培训班4次，培训200余人次。建立油茶良种良法示范基地，举办全市油茶技术能手专业技能大赛；支持兴国县建立油茶低产林改造示范基地40公顷，赣县区建立复合经营模式示范基地15.33公顷，助推全市油茶产量高质量发展。

（赵希键）

【柑橘科学研究所】 2022年，赣州市柑橘科学研究所成功获批省级农作物种质资源保护单位。通过开展脐橙育种与栽培创新团队建设，扎实落实第二个三年行动计划，推进实施在研项目20项，其中国家级1项、省级4项、市院级10项，横向课题4项。完成结题项目6项，团队申报项目5项，新增科研项目6项（市院级），到账项目资金360万元，在中文核心期刊发表论文4篇，参与发表外文SCI论文1篇，授权实用新型专利10项，引进柑橘品种资源20份；开展富硒科研攻关、黄龙病延缓试验、植保基础性长期性监测、柑橘木虱饲养、柑橘实蝇田间监测及防治、柑橘种质资源收集及创制、品种特性研究、柑橘种质资源圃申请、柑橘高品质技术创新中心建设、赣南脐橙高品质栽培、赣南脐橙“智慧农业+”技术研究、“赣脐橙5号”脐橙高品质栽培技术等研究工作；争取省级科技特派员17个，开展技术服务33次，培训2838人次。

承担或参与科研项目20项。重点推进国家重点研发计划子课题“赣南柑橘品种调查及红肉脐橙配套栽培技术研究与示范”研究，开展了红肉脐橙不同类型花枝的坐果率调查、保花保果试验、膨果试验等内容。推进市院级项目“赣南脐橙‘智慧农业+’技术研究”项目实施，进行纽荷尔脐橙树体生长与环境信息智能化动态监测及相关性分析、自动化灌溉施肥调控赣南纽荷尔春梢生长试验、纽荷尔脐橙水分调控研究。完成市院级项目“赣南脐橙高品质栽培技术”结题工作。开展农业基础性长期性监测和市院级项目“柑橘小实蝇田间监测及防治”，协助华中农大徐强教授团队开展抗、

耐黄龙病材料的筛选试验，筹备农药田间药效试验定点单位申报工作。完成以兴国甜橙为父本，日南1号、春见、爱媛、不知火为母本及以鸡尾葡萄柚为父本，春见、沃柑为母本共计7个杂交授粉组合杂交授粉工作。引进天草、马家柚、3倍体W·默科特、龙回红脐橙、龙回甜脐橙、龙回早柚、冰糖橙、春香橘柚、红橘、秋辉等柑橘新品种10个，并对引进品种进行高接换种工作。成立富硒科研攻关小组，围绕富硒脐橙、富硒肥料、富硒桑葚、富硒鹰嘴桃、富硒猕猴桃等开展相关技术攻关。完成富硒红肉脐橙和富硒W·默科特2个品种认证工作。对会昌县19个乡镇59个村进行了农业外来入侵物种调查。

柑橘研究所领导带领专业技术人员赴广州、武汉、长沙等多地，对标国家级柑橘领域高校院所，学习科研产业化相关先进经验。到兴国县、赣县区、于都县、安远县、信丰县及瑞金市等地开展技术服务、科普宣传共33次，培训果农2838人次。为扩大科技服务受众群体制作“春季柑橘木虱的发生与防治”快手视频1期。

（孙静贤）

【蔬菜花卉研究所】 主要承担蔬菜、花卉及功能性植物新品种、新技术引进、研发和示范推广，开展科技协同创新、对外学术交流、科技成果转移转化、农业发展决策咨询、技术培训，以及蔬菜、花卉及功能性植物产品质量检验检测服务、土壤环境质量评价服务等职责。

在研科研项目（平台）37项，其中省级项目5项，市级项目12项，院级项目11项，院青年人才项目6项，横向合作项目3项。获得江西省林业推广技术奖“二等奖”1项，申请授权专利26项（发明专利2项），参编出版专著4部，发表论文30余篇（其中SCI 2篇），发布省级技术标准2项，市级富硒生产技术标准3项，开发富硒产品3个，完成富硒产品认证5个，申请品种登记2项，完成省级成果登记4项。

蔬菜团队做好种业科研工作，融入全省辣椒、豇豆等创新联合体，开展江西省农作物辣椒良种联合攻关项目1项，协助市政府完成赣州市蔬菜产业发展调研工作，撰写《围绕赣州市蔬菜产业发展的工作情况》和协助市农业农村局开展《赣州市现代种业发展规划（2022—2030年）》编制工作。发布富硒地方标准3项，开发富硒产品3个（富硒有机肥、富硒丝瓜、富硒番茄），富硒有机肥产品研发等科研创新研究取得新突破。

花卉团队对接市场，与赣州市园林环卫管理中心洽谈“观花乔木植物引种、筛选及配套技术研究”“提升赣州三角梅景观效果关键技术研究”横向合作项目2项，新增“赣州市蔬菜花卉研究所”中小学科普基地1个，协助院规划设计科进行规划图的制作，包含崇义县、于都县大湾村、石城琴江镇等富硒规划图设计。

加强院地合作，在兴国县、于都县、会昌县等地长期驻点开展技术服务，到账技术服务资金69.6万元；对接头部企业5家，并与江西阳禾现代农业生态科技有限公司签订技术服务协议1个，服务金额20万元；承接于都县、宁都县、大余县3个县农业外来入侵物种调查工作（项目资金89万元），承接园林绿化、家庭别墅、规划设计等工程4个，联合企业开展技术攻关、成果转化项目3项；加强种苗生产与销售，生产金叶萼距花、美花红千层、红花玉芙蓉等种苗19万株（盆），对外销售蔬菜产品及花卉种苗收入20.3万元。全年新增科研产业化资金184.7万元。

发表核心论文1篇，普通期刊3篇，授权实用新型专利2项，授权发明专利1项。开展科技服务53次，开设专题培训班6次，培养职业菜农上百名，培训人数达390人次，建立示范基地1个。

（蔡　磊）

【赣南树木园】 赣南树木园创建于1976年，2018年1月由赣南科学院划归阳明湖景区管委会管理，2022年7月调整回赣南科学院管理，为正科级全额拨款科研事业单位。园区坐落于上犹县和崇义县交界处的阳明湖国家森林公园内，是阳明湖景区的核心景点，全园总面积828.5公顷，其中林地面积579.4公顷。全园编制25人，有在职职工23人，退休职工25人，其中，具有高级职称6人，中级职称3人。内设党政办公室、计划财务科、科研管理科、科普旅游办公室及资源管理科等5个科室。组建有物种保育、资源利用（林下经济）及自然教育3个科研创新团队。

赣南树木园累计保育木本植物2083种，其中国家一、二级保护植物82种，江西省重点保护树种90种，建有阿丁枫、观光木国家林木种质资源库。保存植物腊叶标本近2万份，种子标本1400余种1800多份，是赣南植物迁地保护的主阵地，被誉为“植物多样性王国”及“古老孑遗植物避难所”，是中国植物学会植物园分会、“中国植物园联盟”成员单位。

2022年，“江西省赣南树木园阿丁枫、观光木国家林木种质资源库”获批为第三批国家级林木种质资源库；成功入选中国科协“2021—2025年度第一批全国科普教育基地”，入选赣州市中小学生研学实践教育基地。

2022年实施各级各类科研项目14项，新增立项项目2项，申报及储备入库项目6项。发表科技论文4篇，出版专著1部——《赣南林源药用植物图鉴》，授权发明专利1项——《一种观光木保色标本的制作方法》。依托国家林木种质资源库，收集保存种质资源230份，连续两年种源收集数量实现倍增。形成以灵芝、三叶青、山香圆、显齿蛇葡萄、青钱柳为主要栽培品种的林下种植示范区，初步开发出灵芝孢子粉、灵芝切片、灵芝米粉、藤茶、青钱柳茶等一批产品。通过压花工作室，初步形成以植物压花画、保色标本、压花工艺品为核心的文创产品体系。

与崇义县杰坝乡中洞村开展结对共建，在中洞村合作共建压花艺术传承工作室，协助中洞村完成村部人居环境提升改造的整体规划设计，推动专业技术人员到农村基层帮助农民解决农业生产上遇到的问题。

与崇义县江西明城旅游开发有限公司缔结战略合作关系，签订旅游资源开发建设合作协议，共同探索树木园旅游开发建设新模式。新增水上体验观光精品路线一条，给游客提供竹筏、帆船、桨板、水上船屋等一批新型体验业态。联合承办阳明湖第一届赏秋节和第十一届赏枫节。开展“科普进校园、进社区”“自然探索之旅”“神奇的植物王国”等特色科普活动10余次。自然教育课程《阳明湖国家森林公园自然探索之旅》在首届自然教育课程设计大赛中获入围奖；申报的“赣南树木园青少年环境教育主题系列科普活动”获得2022年江西省林学会林业科技普及奖（活动类）；组织参加赣州市全省首届林业科普讲解选拔赛，获得二等奖2名、三等奖1名。

（丁熊富）

【第七地质调查大队】 省地质局第七地质调查大队参与的“废弃离子型稀土矿区生态修复技术研究及应用”获2022年度中国有色金属工业科学技术一等奖；参与的“江西于都银坑银多金属矿整装勘查区矿产预测与找矿重大突破”获2022年度中国有色金属工业科学技术二等奖。“研发离子吸附型稀土矿野外快速分析箱”获江西省QC质量成果一等奖；工程勘察二院“提高超深岩溶钻孔套管拔取效率”获江西省QC质量成果一等奖。赣州赣南测绘院获江西省测绘与地理信息行业协会2022年度“诚信单位”称号；实施的“瑞金市河湖管理范围划定项目”获2022年江西省优秀测绘地理信息工程三等奖。江西赣南地质矿产集团有限公司、江西赣虔地质工程有限公司被评为2021年度江西省“守合同重信用单位”。

7月4—6日，中国工程院院士毛景文（右二）在江西省地质局第七大队实施的赣县夏湖重稀土矿区考察　（江西省地质局第七地质调查大队供稿）

省财政出资项目“江西省赣州市赣县区夏湖重稀土矿普查”初步估算稀土资源量可达大型规模、“江西省宁都县谷寨锂辉石矿普查”预计潜在氧化锂资源可达中型规模；在宁都县、石城县、赣县区等地区开展锂矿远景调查，其中在石城县发现较好的蚀变花岗岩型锂矿找矿线索，氧化锂品位较好；省局重点项目“江西省石城县楂山里萤石矿勘探”已进入报告编制阶段，预计提交资源量近600万吨。

完成赣州市本级及9个县（市、区）的“十四五”矿产资源规划编制和九江市、南昌市矿产资源国情调查工作。为中国稀土集团4个新设探矿权选区、15个枯竭矿山闭坑和足洞资源环境调查提供技术支撑。承担国家重点研发计划课题“离子吸附型中重稀土矿床勘查评价技术及找矿示范”，申请发明专利7项。赣南中心实验室入围省农业农村局第三次全国土壤普查外业采样单位目录。编制《赣州市历史遗留废弃矿山生态修复示范工程项目》，通过自然资源部组织的全国竞争性选拔，列入全国首批示范工程，为赣州市争取到2.8亿元国家矿山生态修复专项资金。《赣南地区农村切坡建房地质灾害防治技术指南》项目顺利通过省局野外验收。完成赣州市本级及9个县的国土空间生态修复规划编制并通过评审。实施对宁都县等7个县（市、区）持证矿山生态环境问题的大排查大整治专项行动，完成县域内所有持证矿山的调查与问题排查梳理。

服务赣州市防汛抗旱、防灾减灾应急等工作，组建应急服务团队，成立抗旱救灾专家组和若干个技术工作小组。在于都县、宁都县、信丰县、赣县区等4个县、区开展抗旱找水工作，提供技术支持定井49处，成井22口，出水量2605吨/天，解决赣南13840人生活用水及44.67公顷农田的灌溉用水。为提升抗旱找水技术水平，总结出基岩裂隙水及岩溶水的找水技术。市应急管理局授予省地质局第七地质大队“赣州市应急管理技术支撑单位”，省地质局第七地质大队地灾防治实验室被市科技局列入“赣州市地质灾害防治重点实验室”组建计划。

（温时明）

【省地质局有色地质大队】 2022年完成经营收入4.09亿元。优化配置资源、调整产业结构，形成以“地质矿产、地质延伸、房产开发、工业智造”为主体的“四大队域”产业布局。完成赣州市2022年度地质灾害专群结合监测预警项目，在

200处地质灾害隐患点共建设安装专业设备981套；完成兴国县区域性地质灾害综合防治体系建设项目、安远和于都地热水可行性勘查工作、宜春宁德时代含锂瓷土矿地下水环境评价专题项目；重点推进完成瑞金市、寻乌县等7个县区的1:50000地质灾害风险调查与区划项目成果验收工作；重点开展1:10000地质灾害风险调查评价项目1个、环境状况调查评价项目4个。

实施万载县“双城联动”一期项目工程勘察一标段、赣州市市本级自然资源统一确权登记项目、“广州南沙新区明珠湾起步区二期—凤凰大道快速化改造工程勘察及初步设计”等11个大项目，自主项目比重较往年增加明显，以中标数422的优异业绩在全国工程勘察中标500强企业中排名位于全省榜首、全国第21位；成功入围国家管网供应商序列，为推动高质量发展积蓄新动能。在不断“壮链”的同时，积极“补链强链”，拓展地基基础检测业务，完成检测中心改造并顺利承接2项检测业务，为集团打造全过程咨询板块筑牢基础。

围绕全省有色矿产资源勘查、有色矿产资源储量评价、有色矿产勘查新技术应用研究等工作，持续加大“三性”地质工作力度，不断加强与省自然资源厅、大型矿山国企等沟通联系，全力争取项目支持。全年实施基金项目4个，提交大型成果报告1份，中型成果报告1份，各类地质报告、评价报告、三合一方案、绿色矿山方案等报告50余份；开展赣南钻施工工艺升级改造研究和稀土矿勘查钻探施工工艺研究2项工艺技改；参与起草的国家标准《碘酸钾滴定法和电感耦合等离子体发射光谱法》得到正式实施。

牵头实施安远石头坪矿区重稀土矿普查项目，克服项目勘查工期短、任务重、面积广、勘查区域复杂等诸多困难，投入钻机20余台、赣南钻20班组，完成野外作业并以“优秀”级别通过验收，且完成评审备案，实现重稀土矿的重大找矿突破。

9月3日，省自然资源厅验收有色地质大队勘查“安远县石头坪重稀土矿普查项目”
（省地质局有色地质大队供图）

扎实做好应急支撑、抗洪、抗旱救灾等工作。负责大余县、瑞金市等8个县区市，出动调查组174次222个，派出技术人员480人次，车辆203辆次，无人机7架次，完成地质灾害“三查”点1395个、地质灾害应急调查点193个工作，编写应急调查报告96份，切坡风险点近期调查数为127个，汛期准确预警处置滑坡险情1处；开展科普宣传3场次，组织专业技术培训4场，为地质灾害防治提供技术支撑；开展找水打井工作，先后在赣县区、于都县、大余县、石城县等受灾地区成井21口，日出水量3055吨，解决3085户居民生活用水和52.67公顷农田灌溉问题，保障人民供水用水安全。

实施市场项目30余个，其中广东省平远县青山子铜多金属矿详查项目累计完成钻探2.14万米，提交阶段性总结报告1份，预计铜钨资源量可达中型规模；会昌县瑞红石英砂矿业有限公司高岭土矿地质勘查累计钻探1559米，初步确认该矿瓷石资源量达到大型规模；实施开展机械岩心钻探项目20个，总计进尺3万余米。签订市场项目23个，其中崇义耀升公司茅坪矿区深部锂矿勘查取得重大突破，并与天成矿业达成战略合作意向，地勘市场开发前景可观。全年新增“百万级”大项目30余个，签订合同403个。

（王　犇）

【有色冶金研究所】 赣州有色冶金研究所有限公司正式成立于1952年，因生产经营需要，于2001年5月办理企业法人营业执照，成为同时持有事业法人和企业法人的“双法人”。2020年12月，完成转企改制工作，注销事业编，全民所有制公司制改制更名为赣州有色冶金研究所有限公司。按照集团公司《江钨产业园分析检测机构整合组建工作方案》精神，以赣研所公司分析检测中心为主体，整合华茂、华兴、友泰等江钨产业入园企业分析检测力量，于2022年12月1日完成独立法人公司工商注册登记，正式成立全资子公司赣州冶研所检测技术服务有限公司，完成整合组建工作。

公司主要从事金属、非金属矿采矿、选矿、冶炼工艺技术和设备自动化试验研究；钨、稀土、钽铌节约型、环保型新产品、新材料研发；非煤矿山安全检测检验；职业卫生检测评价；钨及稀有金属产品质量检测检验；钨和稀土进出口商品检验；矿山爆破与工程爆破、地压控制监测、地质灾害危险性评估、地质环境治理、“三废”治理技术咨询、技术服务以及离子型稀土原地浸矿（采矿）、分离、金属冶炼工艺设计、项目技术承包。承担江西钨业控股集团有限公司技术中心和博士后科研工作站运行管理的工作职责。2022年底，公司有正式职工159人，其中工程技术人员111名；高级职称31人，其中教授级高级工程师12人，高级工程师19人；博士6人，硕士72人；拥有总资产2.21亿元。赣研所公司实现营业收入4514.9万元，同比增长53.27%。

公司成立70年来，拥有国家离子型稀土资源高效开发利用工程技术研究中心、中国合格评定国家认可委员会认可实验室（钨和稀土）等14个国家级、省部级科研（检测）平台。完成各类科研课题、工程试验项目2300多项；获得各类科研成果奖励1200多项，其中国家发明奖6项、国家科技进步奖8项，省部级科技奖241项；获得授权专利77项，其中发明专利21项；主持和参与制（修）订钨、稀土、钽铌精矿及其制品和分析检测方法国家标准105项，行业标准37项，研制钨精矿国家标准样品6个。同时，利用自主创新成果和技术优势，实现成果技术转移转化应用，先后创办参股公司9家，创收超过110亿元，实现利润总额超7亿元，上缴各类税金超7亿元。

全年在研科研项目共119项，其中新增科研项目（含标准）立项52项，新增科研经费923万元，其中新增项目中政府科技计划项目7项。全年完成项目验收（结题）47项，其中省级项目5项，集团项目11项。组织完成12项国家标准和9项行业标准的审定。申请专利15件，其中发明专利8件，新增授权专利20件，其中发明专利13件。全年获省部级（含行业协会）科技奖励10项，多功能气体检测仪首次同时获批江西省科技厅和工信厅省级新产品。新增获批4个省级科研平台和1个市级科研平台。

加强高层次人才引进工作，全年招聘录用24人，其中博士1人、硕士20人。多措并举加强人才培养，全年组织765人次参加各种培训。积极组织优秀人才申报各类人才工程、人才奖项并取得新进展。

（曾满齐）

【中国科学院赣江创新研究院】 赣江创新研究院研制出耐高温、高剩磁、高矫顽力永磁材料，应用于电动车电机；建成5—20兆瓦大型海上风力发电机1∶1定子蒸发内冷系统试验平台。组建全国重点实验室，完善“全时双聘”人才机制，首批汇聚50余名骨干，实行大团队联合攻关模式；“十四五”科教基础设施平台建设获国家发改委批复入库；与行业头部企业联合申报国家技术创新中心。推进“深化科研院所改革提升原始创新能力”改革试点的相关工作，自主部署400万元/年支持基础研究，加大对青年人才支持。新增中科大“物理学”学科研究生招生和培养资格；与中科大物理学院签订“本科英才班”联培协议，与江西理工大学合办本硕博连读“创新试验班”并完成首届招生工作。注重导师队伍建设，强化研究生党团建设。现有在读学籍研究生575名（博士107名，硕士468名）。

承担国家重点研发计划项目2项及课题5项、国家自然科学基金项目8项、中国科学院及江西省、市项目5项；申请专利104项，新增授权专利8项、软件著作权3件。建成万吨/年铁氧体永磁材料短流程创新工艺生产线；投产3000吨/年再生永磁材料生产线；开工建设燃油车尾气净化新材料生产线；突破离子型矿产原地绿色开采及分离关键技术，完成连续沉淀——分离耦合技术和装备技术验证和中试示范；建成并工程化攻关百吨级分离钇示范线。签订5项横向科技合作协议，经费2012万元。调研对接大余县10余次，推动紫外转光农膜和LED补光灯示范推广，钨基电致变色示范性样件投入使用；加快建设科普教育场馆，开展大型科普活动5次。全力支持中科院系统挂职干部开展工作。制定完善科技管理等制度74项。大力推进园区基本建设，年度投用面积11万平方米。247套人才安居房以低成本、有产权的最大“福利”回馈职工；引进江西师大附中分校落地办学，并竭力解决人才配偶就业；建成田径场等运动设施场所，开通便捷就医“绿色通道”，切实提升“3H”工程实效。

（张心宇）

气象测报

【极端天气气象观测】 2022年赣州市天气气候异常，极端天气气候事件多发频发的特征明显。年初出现长时间持续低温阴雨寡照天气。汛期暴雨过程多、降水范围广、累计雨量大、强降雨落区高度重叠、极端性强，出现13次暴雨天气过程，汛期平均雨量843.0毫米，比历年同期偏多约2.1成。其中，全南、崇义、赣县等多地集中期雨量及雨强超历史极值，龙南市、瑞金市洪水进城。面对异常天气气候和极端灾害天气，市气象局对标监测精密、预报精准、服务精细的要求，运用气象现代化建设成果，加强天气会商研判和滚动订正。2022年全市气象部门发布气象服务材料2583期，市级发布《3小时雨情通报》143期，发布气象灾害预警信号3156次，发送预警短信461.3万人次。开展一小时叫应2145次，叫应有关领导和责任人9969人次，转移群众12万余人，有效避免人员伤亡和财产损失。

【气象科普宣传】 结合“世界气象日”“全国防灾减灾日”“科技活动周”“安全生产月”“全国法宣日”等主题活动，开放气象科普教育基地，开展气象防灾减灾科普宣传。全市气象部门所属驻村工作队深入田间地头、乡镇集市广泛宣传气象防灾减灾知识，发放农业与气象、科学认知雷电和防雷技术等气象科普资料。市、县（市、区）气象局开展首席预报员进校园科普讲座18人次。领导、专家受邀参加FM93.7赣州新闻综合广播节目、FM94.5赣州音乐广播节目，为听众讲解赣南气候概况、主要气象灾害、气象预警信号及防御措施等知识。在开展“3·23世界气象日”音频节目的同时还开展了网络视频直播，直播间观众达800余人，点赞量超过2万人次。

【生态文明气象保障服务】 建设完成国家级人工影响天气标准化作业基地8个、碘化银地面发生器建设24个。全市开展人工增雨作业624次，发射火箭弹687枚，燃烧烟条501根，作业规模及作业量再创历史新高。基本建成“1+17”的市、县两级生态气象服务业务组织架构，市本级成立生态与农业气象中心，县级气象局成立生态气候与农业气象服务工作领导小组，明确专（兼）人员、规范业务流程和业务产品。全面提升遥感应用服务能力，开展城市热岛、农业生产、陆表高温等专业遥感服务。马祖岩温室气体监测站投入试运行，进行CO、CO_2浓度、甲烷与水汽等要素监测，为长期跟踪评估气候变化提供数据支撑。发掘生态旅游气象资源。定南县获评“中国天然氧吧”，上犹县东山镇获评“江西省避寒养生福地”。

【气象助农服务】 开展春耕春播、夏收夏种气象服务，制作发布春耕春播气象服务专报185期，“双抢”气象服务专报4期，气象呈阅件25期。和农业农村局共建早稻早播气象适用技术示范推广点19个，联合实地调查33次，联合会商35次，联合服务39次，联合发布服务产品52期。开展脐橙特色专题服务，联合省农气中心、市果业局等制作专题服务产品6期，并在“赣州市果业局”微信公众号发布，持续开展脐橙防虫网棚内外小气候条件对比监测和脐橙生育期及落花落果的对比观测。优化“直通式”气象服务，将全市种植养殖大户、农民合作社、家庭农场、涉农企业等13000多个新型经营主体纳入“直通式”重点服务对象数据库，通过微信公众号、手机短信、江西微农等多种形式开展直通式气象服务。至年底推广江西微农用户数13253户，通过江西微农上传天气与农事、高影响天气1563期、收集上传农情灾情248条。

2022年，组织专业技术人员对暴雨、干旱气象灾害指数进行修订和完善，积极为保险机构承保理赔提供数据及灾害评估支持，推动农业巨灾保险工作落到实处。2022年度洪涝和旱灾理赔470万元，发挥气象助力巨灾保险在农业防灾减损中的重要作用。农业巨灾保险项目获评2022年度全省气象部门创优工作项目。

11月1—4日，全市开展人工增雨作业。图为人工增雨作业队伍正在工作

（市气象局供图）

【气象现代化建设】 2022年度，市政府先后出台《赣州市推进人工影响天气工作高质量发展实施方案的通知》《关于切实加强防雷安全工作的通知》等规范性文件。“城区气象观测站网升级改造项目”“智慧气象预报服务系统”“赣南空中云水资源开发工程”等5个项目纳入赣州市“三大战略、八大行动”战略部署，列为市“提高民生品质行动”的重点内容。组织完成会昌X波段天气雷达建设，雷达探测覆盖面积明显加大，有效弥补赣州东部雷达探测盲区。开发“赣州智慧气象”平台并接入气象大数据云平台·天擎（江西）统一管理和共享服务。优化地面气象观测能力，建成1部L波段低对流层风廓线雷达；升级改造市本级的19个区域自动气象观测站；新建12套城市气象观测站、2套生态气象观测站等自动观测站。建成赣州气象装备实训平台，配套建设市本级备件库、数据库和显示平台，编制《赣州市综合观测设备分级保障实施方案（试行）》，在全省率先开展气象装备三级保障试点工作。

【防雷安全监管检查】 推动市政府办公室出台《赣州市雷电灾害防御工作联席会议制度》《关于切实加强防雷安全工作的通知》等文件。联合教育部门开展农村学校雷电灾害防御示范基地验收，与市场监督管理局、市应急管理局开展跨部门“双随机”联合抽查，检查单位7起，实现跨部门“双随机”检查事项覆盖率100%。将防雷安全有关内容纳入基层安全生产网格化监管或地方政府考核评价指标体系。集中开展雷电灾害防御重点单位安全风险辨识、信息采集和安全隐患排查，检查企业60余家，发现安全隐患30处，已整改27处，对中石化江西赣州黄金石油分公司南桥加油加气站因未落实新建设施防雷许可审批开展立案调查。

【科技创新和气候可行性论证】积极争取科研资源投入，2022年度市局自筹科研立项20个，省局科研项目立项2个，全年科研投入经费92.7万元，为历年科研经费最多。完成6项科研课题验收。完成《赣南脐橙气候品质评价方法研究》《脐橙采摘期气象预测方法研究》科技成果登记，完成《脐橙采摘期气象预测方法研究》科学技术成果评价，评价结论为国内先进。全市区域气候可行性论证全面推进，新增区域气候可行性论证项目5个。

（戴文娟　刘云香　孙益君）

水文测报

【概况】2022年，全市设有41个水文站（其中30个基本水文站），286个水位站（其中4个基本水位站），1035个水、雨情遥测站点（其中163个基本雨量站），99个水环境监测站，15个地下水监测站，97个土壤墒情监测站（其中自动监测站18个），8个蒸发站（其中自动监测站8个）。水文测验项目有水位、流量、降雨量、蒸发量、含沙量（悬移质泥沙、泥沙颗粒分析）、水质、水温、岸温等。

2022年赣州市主要江河重要水域全年水质状况一览表

表18　　单位：%

时间＼水质类别	Ⅰ、Ⅱ	Ⅲ	Ⅳ	Ⅴ	劣Ⅴ
全　年	88.3	11.7	0	0	0
丰水期	91.6	6.7	1.7	0	0
枯水期	82.5	15.8	1.7	0	0

注：优良（Ⅰ、Ⅱ）、合格（Ⅲ）、轻度污染（Ⅳ）、重度污染（Ⅴ）、严重污染（劣Ⅴ）。

年内全市实测流量1904次，站均46次；单沙1591次，站均177次；输沙148次，站均21次；单颗181次，站均45次；断颗33次，站均17次。完成固厚、黄陂、公馆、朱坊、利村5处水文站标准化建设，巩固提升坝上等29个站标准化管理。完成横市、移陂、黄陂、陂头、里仁等5个站在线雷达波测流的安装，完成麻州、杜头、水背等3个站的水文缆道改造。

【降雨量测报】全市平均降雨量1563.3毫米，比多年均值（1583.2毫米）偏少1.3%。时间分布上，第一、二、四季度降雨偏多，分别为400毫米、767.7毫米、229.3毫米，第三季度降雨偏少，为166.3毫米，与多年均值相比分别偏多17.2%、偏多9.4%、偏少57%、偏多48.8%。空间分布上，南部和西部多，中部、北部少，县平均降雨前三名为崇义县、龙南市、定南县，其中崇义县平均降雨1929.8毫米，龙南市平均降雨1900.8毫米，定南县平均降雨1826.2毫米；最少是蓉江新区，平均降雨1188.7毫米。

【汛情旱情】全市12条主要江河发生14个站27次超警戒洪水，其中持续时间最长为章水章贡区坝上站6月20日21时5分起至23日10时5分止，持续超警戒61小时；超警戒幅度最大为太平江龙南杜头站6月13日19时10分洪峰水位95.99米，超警戒2.99米，是杜头站有记录以来历史第二高水位。

7月中旬之后，全市出现历史罕见的旱情。7月8日至11月14日，全市平均降雨量127.4毫米，比多年同期均值（445.5毫米）偏少71.4%，排有记录以来历史倒数第一，120天无有效降雨，连续无雨日达56天（9月7日至11月1日）。全市主要江河河道来水严重偏少，贡水河道来水较多年同期偏少七成多、章水偏少六成，基本水文（位）站监测断面5个站16次突破有记录以来历史最低水位。

全年发送预警短信约25万余条，提供雨水情专报120期、水情信息33期、旬月水情7期、水文呈阅件5期、“三个3天”预报专报15期、“三个10天”抗旱预报专报24期、旱情专报11期；发布洪水预报11次，洪水蓝色预警2次，中小河流预警11期，水情预估预报5期。

【水资源监测】完成全市29个国家重要水功能区、58个省级水功能区、28个省、市、县界河水体、19个大气降水等143个断面监测评价，与市生态环境局共同发布《赣州市水功能区水资源质量月报》。对赣州18个县（市、区）25个城市供水水源地水资源质量进行监测评价，对82个乡（镇）农村饮水安全工程供水水源地进行监督检测。根据现有监测评价结果，国家重要江河湖库水功能区、省际缓冲区、国家重要饮用水源地水质达标率均为100%，赣州市二水厂、赣州市三水厂水质优良率分别为75.0%、100%。

（刘运珊）

本栏编辑：赖　芳

文 化

公共文化

【概况】 2022年，赣州市公共文化设施提档升级，市图书馆、文化馆新馆开馆，新改建长征剧院、长征广场等，覆盖市、县、乡、村四级的公共文化设施网络基本建成。年内新增4家博物馆纪念馆，全市有博物馆纪念馆21家，其中国有博物馆纪念馆16家，非国有博物馆5家，国家等级馆6家。6月25日，赣州市图书馆、文化馆新馆1楼试运行。国家公共文化服务体系示范区创新发展通过文化和旅游部复核，获评“优秀”等次。大力开展文化下乡活动，组织送电影下乡41520场，送戏下乡3060场。

【文化惠民】 连续两年分别在瑞金市举办“欢乐过大年·喜迎冬奥会——我们的美好生活”暨2022年江西省瑞金市壬田镇农民“村晚”、在会昌县举办“畲汉一家亲，共筑中国梦”全国村晚活动，国家公共文化云全程直播。连续7年开展文化惠民周系列品牌活动，5月20日，启动以“文化惠民感恩奋进”为主题的2022赣州文化惠民活动，共安排5个系列27项文化惠民活动。全年组织大中型群众文化活动、文艺活动超过500场次、公益训练班近1000场次、展览30次、公益性讲座19次，参与文化志愿者及收看市民超过20万人次。市文广新旅局制定实施《关于加强赣州城市书房建设的实施方案》，新建城市书房20座。赣州市文化馆成功入选由文化和旅游部全国公共文化发展中心等主办的2022“最受欢迎公共文化空间”前50名，案例获文化和旅游部公共服务司等组织的“最美公共文化空间”大赛优秀公共文化空间案例奖。3名基层文化工作者入选全省“最美基层文化人”。举办赣南文化大讲堂活动17场，围绕“百馆千万场，服务来共享”开展阅读、展览活动50余场。“4·23”世界阅读日期间组织“奋进新征程阅读再出发”等主题读书活动10多项，通过线上线下方式吸引读者10多万人次参与。连续13年采用不接触式数字阅读方式服务市“两会”。1人入选中共中央宣传部等部委主办的2022“乡村阅读榜样”名单，为江西省唯一。

【新媒体宣传】 2022年9月，《让我们一起出发》《没有太阳哪有鲜花》《这里是红军的老家》3个音乐短视频，《让我们一起出发》《没有太阳哪有鲜花》2个舞蹈短视频，分别入选由文旅部国家公共文化发展中心组织开展的群众文化活动短视频征集活动“大家唱·最美歌声”和“舞出中国红·一城一舞”，并在国家公共文化云平台展播。赣州市文化馆微信公众号和微信视频号达江西省文化馆行业优秀新媒体账号标准（粉丝量超过2万人次、单条内容点击量超过5万人次），市文化馆微信公众号获2022年度赣州市十佳政务微信进步奖。

（张美芳）

2月，赣州市文化馆开展“冬蕴美好 喜迎新春”系列活动。图为孩子们体验插花乐趣

（市文广新旅局供图）

文学艺术

【概况】 9月15日，赣南采茶戏《一个人的长征》参加冲刺“文华奖”线上直播工作，直播点赞量约3296万人次，11月获评中共中央宣传部“五个一工程”奖，主演杨俊获第十七届文华表演奖。打磨提升兴国山歌剧《苏区干部好作风》、赣南采茶戏《等你来》《呐子声声》《信丰老俵曾纪财》等多部剧目作品。大型情景音舞剧《长征组歌》《长征第一渡》首演。“如虎添艺”“喜迎二十大·翰墨映初心”等优秀书画展参观群众突破约45万人次。推出《赣州有戏》《来赣州过客家年》等短视频，在抖音、快手、微博等平台曝光量超过1亿次。

【展览演出】 全年完成各类演出场次170场，其中“三下乡”演出80场，打造原创音舞诗画《赣水苍茫》，由客家、宋城、阳明、红色4个篇章组成，2022年7月在市青少年活动中心学术报告馆（长征剧院）首演。举办《“借古开今”中国界画培训班结项展》《“漆之美”江西漆画作品邀请展》《“艰辛的传承”摄影作品展》《“魅力赣州·蓝焰闪耀”消防漫画展》等线下展览10余场，其中面向全国征稿的《消防漫画展》首次把展览从美术展馆搬到商业综合体，开创艺术走进街区的新模式。策划《虎年》系列、《时代芳华》系列、《家乡河》系列、《喜迎二十大》系列、《祖国颂》系列、《画家笔下》系列等线上展览，线上、线下展览吸引观众13万余人次。

（张美芳）

文化遗产保护与利用

【概况】 市文广新旅局完成赣江沿线瑞金市、石城县、会昌县等6个县（市、区）的长江文物、文化和旅游资源调查工作，组织开展并完成全市54处稻作文化和矿冶遗址、49处文明起源遗址的长江文物流域重点文物资源调查工作；组织实施完成376处长征文物资源的调查工作；公布第二批革命文物名录209处，推动瑞金市、于都县成功列入江西省第一批革命文物保护利用示范县创建名单。

【非物质文化遗产保护利用】 市文化广电新闻出版局、深圳市光明区文化广电旅游体育局联合主办“客家非遗走进大湾区”交流活动，来自赣州的国家级非遗项目赣南客家服饰、赣南客家擂茶制作技艺、石城砚制作技艺以及省级非遗项目宁都采茶戏、全南客家熏鸡制作技艺等25个非遗项目的传承人、非遗工作者参与该活动。《司马光砸缸》《银坑甑笊舞》《禾杠舞》分别获第八届江西艺术节·江西民间文化艺术节之我是小小传承人——江西省非物质文化遗产进校园优秀节目展演表演奖二等奖、三等奖以及创作奖三等奖；《苏区振兴放光芒》《张干部扶贫记》获第八届江西艺术节·江西民间文化艺术节之江西省曲艺类非物质文化遗产新创作品展演创作三等奖；《客家服饰之童帽NO.4》《石城灯彩》等16幅作品获第八届江西艺术节·江西民间文化艺术节之我画非遗——2022年江西省主题美术创作写生活动一、二、三等奖及优秀奖。

【文物保护利用】 全市有文物保护单位986处1169个点，其中革命文物413处669个点，有瑞金中央革命根据地纪念馆、于都中央红军长征集结出发历史博物馆等革命类主题场馆7家，被列为国家级爱国主义教育基地6个。瑞金市、于都县被列入江西省革命文物保护利用示范县创建名单，新增大余南方红军三年游击战争纪念馆革命类专题纪念馆。市博物馆推荐申报二级文物鉴定112件（套）、寻乌县博物馆新增鉴定珍贵文物12件。

【文物展陈】 全年推出“知行合一，良知永恒——王阳明史迹”陈列展、无声的号角——中央苏区红色标语展等精品展览100余场，瑞金中央革命根据地纪念馆“人民共和国从这里走来——中华苏维埃共和国史”陈列获“第十九届（2021年度）全国博物馆十大陈列展览精品推介特别奖”；南方红军三年游击战争纪念馆的《南国烽烟举红旗——南方红军三年游击战争历史陈列》和瑞金中央革命根据地纪念馆的《苏区精神永放光芒》入选2022年度全国“弘扬中华优秀传统文化、培育社会主义核心价值观”主题展览推介

8月12日，第八届江西艺术节·江西民间文化艺术节的重要活动之一的“我画非遗”江西省主题美术创作写生活动启动仪式在赣州举行　（市文广新旅局供图）

项目名单；市博物馆获“最 in 的文创 battle——全省博物馆文化创意产品直播大赛”“优秀场馆”“十佳主播”“百佳产品”等奖项；于都中央红军长征集结出发历史博物馆、瑞金中央革命根据地纪念馆、宁都中央苏区反“围剿”战争纪念馆分别获全省志愿服务优秀案例一、二、三等奖；宁都县博物馆、瑞金中央革命根据地纪念馆、寻乌县革命历史纪念馆获全省革命文物保护运用优秀案例评选比赛前 10 名，大余县博物馆获优秀案例。

（张美芳）

红色资源保护利用

【红色资源保护开发】 开展全市红色资源调研普查，建立全市红色资源名录。推出风景独好园等“红色地标”700 多处，分别建设国家级、省级、市级爱国主义教育基地 6 处、18 处、100 处。瑞金中央革命根据地纪念馆被列为中华民族文化基因库红色基因库试点，“中华苏维埃共和国史”陈列展开展。推进长征国家文化公园（赣州段）、方特东方欲晓二期等重点项目建设，会昌县毛泽东同志旧居与粤赣省委机关旧址群入选江西省革命旧址保护利用十佳案例。

【红色教育培训事业】 在全省率先出台红培事业发展规划，制定红培机构、基地、师资管理办法，成立市红培协会。推出“红色摇篮·革命赣南”等精品线路，红军小镇等 4 个基地入选全国首批“大思政课”实践教学基地。组织“喜迎二十大 红培传基因”等主题活动，全年红培突破 300 万人次。加强对外交流合作，与吉安、厦门、泉州等地签约红培合作项目 23 个，达成引客入赣、学员互送、课程共研协议。举办中国赣州首届红色教育培训精品课程大赛，开发“马前托孤践初心”“生是为中国，死亦是为中国”等精品课程。

【红色文化宣传推介】 在厦门、泉州举办红色文化旅游推介会，签约文旅项目 13 个，总金额 106 亿元。启动红色文化主题宣传教育月活动，开展知名网络媒体赣州采风行、红色故事讲解大赛等活动。开设“苏区史话”电视讲坛，摄制革命历史题材纪录片《赣南三整》。

（李英财）

新闻出版

【概况】 赣州市主流报刊主要有《赣南日报》，全年重点围绕学习宣传贯彻中共二十大精神、中共中央总书记习近平视察江西和赣州 3 周年、赣南等原中央苏区振兴发展战略实施 10 周年、纪念南方红军三年游击战争胜利暨新四军组建 85 周年等重大主题开展新闻宣传。《赣南日报》全年发行 90326 份。

【采访编辑】 开设“二十大精神在基层”等专题专栏，集中展现赣州市学习宣传贯彻中共二十大精神的新成效；开展中共二十大精神知识竞答及心得分享活动，吸引近 60 万人参与。全社有 15 件作品获第二十九届江西新闻奖，28 件作品获第二十四届江西报刊网络新闻奖；5 篇作品入选江西省市县融媒体优秀原创作品双月赛，连续 3 期获评一等奖，为全省获奖等级最高、获奖次数最多的市级媒体。

（李　鹏）

江西日报社赣州分社全年围绕做好中共中央总书记习近平视察江西 3 周年、老区新貌、赣南苏区振兴发展战略实施 10 周年、“八一”起义 95 周年、中共二十大时光等重点宣传任务，推出《万般精彩入画来》《税惠“春风起”企业“乘风行”》《赣南有良“橙”》《一个产业的逆袭之路》《老区不老时尚“出圈”》等系列稿件。全年报纸累计发稿超过 500 篇。2 月，推出《江西日报》“赣州新闻”版，是《江西日报》首个地方新闻版，共刊登 23 期，发稿 229 篇。

（唐　燕）

【新闻宣传】 围绕“新春走基层”“沿着总书记的足迹”等宣传主题，邀请中央电视台媒体记者到赣州市实地采访。外宣工作连续 5 年居全省设区市前茅，全年在《人民日报》发稿 213 篇，《新华每日电讯》发稿 89 篇，《光明日报》发稿 123 篇，《经济日报》发稿 139 篇。率先在全省成立国际传播中心，在海外各传播平台开设账号 45 个，粉丝突破 15 万人，互动量突破 200 万

9 月 4 日，赣州市融媒体中心、赣州市文化传媒集团揭牌成立。图为揭牌仪式现场
（赣南日报社供图）

11 月 2 日，中共二十大文件及学习辅导读物赣州首发式在赣州书城举行
（江西新华发行集团有限公司赣州市分公司供图）

人，列全市第一、全省前列。“外国友人说赣州”短视频系列访谈深受网友好评。主动对接融入大湾区宣传推介赣州，探索建立“特区＋老区”新闻宣传模式。承办直播带岗、红色地标打卡、文旅消费券发放、VR 网上展示等活动，促进重点群体就业和文化旅游消费。

【媒体融合发展】 在“学习强国”总平台发稿 425 篇，在江西平台发稿 4711 篇，保持全国总平台、省平台发稿量列全省设区市第一；各平台合计 450 条稿件阅读量超过 10 万人次。推出“赣南等原中央苏区振兴发展战略实施十周年”“纪念南方红军三年游击战争胜利暨新四军组建 85 周年”2 套专项答题，每项答题均有上亿人次参与。中宣部舆情研究中心以“学习强国”工作简报形式向全国推介赣州学用经验。联合经济日报社视听部承办“奋进新征程赣州向未来”微视频征集活动，展现新时代赣州新面貌。报社有主要新媒体平台 20 个，各新媒体平台总粉丝量达到 1800 万人次。

【跨界经营】 按照采编经营两分开要求，组建赣州市赣南报业传媒集团有限公司，通过其全资子公司客家蓝公司实行公司化实体化运作经营模式，由报社给公司核定全年营业额和利润目标，公司实行自主经营。公司跨界拓展职业技能培训、会展、文化展陈、文化项目策划包装、法院拍辅、红色文化研学等非媒产业，承接市本级补贴性全媒体运营师职业技能培训、会昌县筠门岭镇新时代文明实践所文化包装、首届江西油茶文化节等项目，全年营业收入 1633.41 万元。17 个县（市、区）及赣州经开区、蓉江新区在《赣南日报》开设地方新闻版，新增“护航八大行动”“赣州营商”“奋斗者正青春”等经营性版面栏目，开设“党建质量过硬行动”周刊，代运营“赣州宣传”等 10 余个微信公众号，实现与三甲以上的医疗机构全覆盖合作，全年经济专题收入 2755.1 万元。

【“赣南红”客户端组建】 率先在全国探索建立“网上新时代文明实践中心”，9 月 4 日，网上新时代文明实践中心前端展示平台——“赣南红”客户端上线，各县（市、区）融媒体全部入驻“赣南红”。打通赣服通、赣通码、行程卡等政务服务平台接口，开设“问政”及“招聘”等频道，开通“文明随手拍”专区，为群众提供政务服务和就业创业等便民信息服务，引导市民群众参与城市治理。上线 4 个多月的“赣南红”客户端下载安装量突破 100 万人。

（李　鹏）

【图书发行】 完成中小学教材发行 2532.46 万册。发行《江西省第十五次党代会精神学习辅导读本》1.7 万余册，《习近平谈治国理政》第四卷 9.4 万册，中共二十大文件和辅导读物 30 万册。重视 2022 年度农家书屋图书招采工作，完成全市 3669 个农家书屋网点图书更新工作的收货、加工、配送任务。赣州市新华书店新时代文明实践点联合市内各机关、企事业单位、学校、社区，陆续开展“金朵儿奇妙想象世界”系列丛书新书发布会、“校园书香飘万家、亲子阅读伴成长”亲子阅读分享会、“汪汪队立大功”安全知识讲座、小年送春联、元宵佳节灯谜会、妇女节亲子感恩家庭教育公益讲座、一起体验双语绘本阅读之美、“迎五一，爱动手”家庭活动、母亲节亲子绘画活动、中共二十大读物赣州首发式等活动 28 场，被赣州市文明委评为“文明单位延伸领域示范阵地”。

（陈凯城）

广播电视

【概况】 赣州广播电视台连续 4 次收到中央广播电视总台感谢信，表扬全台在 2021 年对外宣传、于都县散葬烈士墓集中迁葬入园仪式直播活动、《走进老区看新貌》大型直播特别节目“江西篇”以及大美中国中的作为。全年在中央广播电视总台发稿 707 条，省台电视发稿 1242 条，省台广播《江西新闻联播》（《早班车》）用稿 647 条，居全省设区市前列。

【重大主题宣传】 围绕中共二十大主题，分批次推出《喜迎二十大》《二十大时光》等栏目。围绕“三大战略、八大行动”、双“一号工程”、对接融入粤港澳大湾区等主题，开设《推进三大战略实施八大行动》《融湾桥头堡》《优化营商环境对接融入大湾区》专栏，推出《招商引资大比武项目建设打擂》《双“一号工程”看赣州》等产品，宣传大湾区赣南商会、客商在湾区的创业故事，以及赣州市各地围绕融入大湾区交通网络、对标大湾区提升开放水平、打造大湾区产业协作高地、建设大湾区生活休闲旅游共享区、增强要素保障能力等内容。围绕振兴发展十周年主题，在“赣南等原中央苏区振兴发展战略实施十周年成就展”陈列视频和制作专题。围绕助企纾困主题，开设《助企纾困进行时》《稳增长防风险保稳定惠民生》等专栏。整合广播、电视、新媒体宣传资源，组建民生节目中心，与“12345”政务服务热线合作，抓好建设性舆论监督，《章贡两江文物漏出公众擅自挖掘违法》等报道上榜抖音、今日头条、微博等新媒体同城热搜；《新房入住业主无网可用，问题卡在哪了》引起市委主要领导高度重视，推动顺利解决“无网可用的新房业主”问题。

【新闻宣传】 挂牌成立国际传播中心，制作的“勤劳的中国人”“江西赣州欢度国庆满城红”等英文版外宣专题片，被省委宣传部选中作为全省国际传播推送作品。先后参加第32届中国新闻奖、2022年“好评中国”网络评论大赛、第29届江西新闻奖、2021度江西省广播电视评选、2022年国产纪录片推优等60个奖项的评选，送评作品396件，获省级一等奖11件、二等奖7件、三等奖15件，江西新闻奖、江西广播电视奖获奖数量在全省地（市）台中排名第一。赣州广播电视台记者何华英参与采写的重大主题报道《找到家乡第一个党支部》获评中国新闻奖二等奖。

【新媒体建设】 赣州广播电视台成功入选全国地市级媒体深度融合发展试点，赣州市融媒体中心、赣州文化传媒集团揭牌成立，“赣南红”客户端上线运行，新媒体矩阵粉丝数量600万人。策划发布多个赣州文旅原创短视频，其中《三月赣州的“春天色卡”，你集齐了吗？》《赣州正青春》《听，赣州送给你的CD》在全网播放量1000万人次。2022赣州春晚活动在春节期间实况视频同步观看量800万人次，宣传片、短视频及微信公众号阅读量突破1000万人次。与各县（市、区）融媒体中心合作出品《赣南的味道》《60秒爱上这座城》等系列短视频，在“学习强国”学习平台，赣州广播电视台视频号、抖音号等平台展播。

（丁　忠　胡　童）

档案管理

【概况】 2022年，市档案馆认真学习贯彻中共二十大精神和中共中央总书记习近平对档案工作的重要批示精神，突出抓好红色档案征编、奋斗历程记忆两件大事，争创声像档案、名人档案、档案编研开发三个优势，着力打造服务、数字、平安、人文“四型”档案馆。馆藏档案有全宗290个、档案342789卷，368147件，其中专业档案251588卷、民国档案2809卷、革命历史档案217卷，录音录像368盒，照片档案7786张，实物档案1689件，图书资料39286册。

【档案资源建设】 年内接收文书档案3.5万件（卷）、图书资料2000册，增长率9%；收集市级脱贫攻坚档案2693卷（件）、市级疫情防控档案3416卷（件），市委党史学习教育领导小组办公室文书档案684卷（件）、音视频声像档案数据131千兆字节；接收知青、工龄、企业职工、学籍等民生档案1280卷，非遗档案300卷，文化惠民周、全省棚户区改造工作现场推进会、全省博物馆学会客家专业委员会首届学术研讨会、1999—2022年历次“党代会”等“三重一大”档案63卷；征集《中国地方志集成》之《江西府县志辑》87册，涵盖江西省境内97种府志、县志。派出专班参与市域内新民主主义革命至改革开放前（1919—1978年）的红色资源普查，整理红色档案文件级目录1.4万条，征集少共国际师、王尔琢烈士书信，《红色中华》《斗争》《新中华报》等红色档案3100件（册）。开展“党的光辉照我心，书写奋进新时代”赣州籍知名书法家、美术家作品征集活动，完善珍贵档案特藏室。推进“赣州市名人档案库”建设，征集“赣南脐橙第一人”袁守根、全国中青年德艺双馨文艺工作者杨俊等名人档案资料。

2022年，市档案馆向“赣南脐橙第一人”袁守根（左）征集档案（市档案馆供图）

【档案安全体系建设】 开展档案库房封闭消毒，更换不规范老旧档案盒；开展档案安全检查和应急演练，邀请市消防救援支队检查档案库房消防设施、监控系统、恒温控制系统运行情况。提升档案信息化基础设施设备安全水平，实现系统和信息可管可控。在档案信息系统等级保护二级测评的基础上，邀请专业机构定期开展巡检。

【档案查阅利用】 建设“真心、热心、尽心、暖心、耐心”“五心”查档窗口，依托“赣服通”打造“指尖上的档案馆”，主动与省外10个、省内10个地市，市内20个县（市、区）档案馆签订民生档案“一站受理、跨馆查阅”合作协议，受理异地查档业务36件。在档案查阅大厅设置“党员先锋岗”“巾帼示范岗”，开展“假如我是查档者”体验活动。推行预约查询、延时服务，全年接待到馆利用者3000多人次，来电咨询1.5万人次。根据真实事例改编的短片《跨越千里的档案查询》获全市“学史力行·我为群众办实事”短视频大赛三等奖。为武汉工人运动博物馆筹办汉口中华全国总工会旧址纪念馆展览提供1926—1927年赣州市工人运动档案。

【档案编研】 首次争取国家重点档案保护与开发项目，推出《中央访问团在赣南》《从“于都事件”看苏区反腐》《新四军诞生前的重要谈判》等红色记忆短视频8集。与赣州广播电视台合作拍摄纪录片《档案里的赣州》，在主流媒体刊播13集，其中《赣州战役》入选第二届赣州市客家摇篮文艺精品创作扶持项目。编印《赣州记忆·2021》，以档案视角记录市委、市政府带领全市人民奋进新征程、建功新时代的生动实践。在《赣南日报》刊登《永固楼：长征路上攻下的第一座碉堡》《肃贪铁算盘血染遍山红——记“苏区经济卫士”阮啸仙》《何吉勇——为国捐躯的一等功臣》等档案编研文章。与江南宋城文化研究院联合推出《兰台晒宝》系列微视频20集。编印《赣南抗美援朝运动概述》《红色印记：赣州的城市接管与改造——纪念赣州解放73周年》等档案资政参考2期。

6月6日，市档案馆开展“喜迎二十大 档案颂辉煌”档案进社区暨家庭档案知识微讲座活动
（市档案馆供图）

【档案宣传】 用好“赣州档案”微信公众号，坚持每天发布老照片1张。开展档案文化“进社区、进机关、进校园、进企业、进农村”活动。联合市委办（市档案局）开展“幸福家庭好帮手”家庭档案知识微讲座进社区活动，联合市委党校举办档案主题展览，联合江西理工大学、赣南师范大学开展“档案视频进校园”活动，向中国稀土集团赠阅红色档案编研丛书，以市委组织部农村党建远程教育平台为载体，播出《告别贫困》《脐橙飘香》等档案宣传片。在《中国档案报》、中国档案资讯网、江西档案信息网、《江西档案杂志》、《赣南日报》、赣州机关党建等报纸、杂志和媒体平台发表文章56篇。

【档案数字化建设】 完成1个主机房、3张网络（政务网、局域网、互联网）、3个数据库（目录、全文及多媒体）、4大系统（综合档案管理系统、声像档案管理系统、区域平台管理系统、立档单位档案管理系统）建设；在全省档案系统率先建立新闻单位重大活动声像档案移交机制，对1984—2014年《赣南新闻联播》近4000个小时声像档案进行数字化转换保护；完成2015—2020年市委、市政府主要领导政务活动及全市重大活动7.45千兆字节电子档案数据挂接；实施馆藏档案数字化项目5期，形成档案目录数据91万条、档案数字图像扫描752万画幅、音像档案总时长3061.4小时，馆藏档案应数字化率92%，涵盖文书、声像、民生、业务档案等多个门类。接收声像档案320千兆字节（含数码照片、音视频，其中市级重要政务和重大活动数码照片732张），文书类档案数字化副本150千兆字节（涉及立档单位6个），抗疫专题档案13.2千兆字节，古树名目文本档案4.5千兆字节，电子书2.25千兆字节（《红星报》《100个档案故事》），赣县区备份的数字化成果759千兆字节（含文书和专业类档案）。

（罗香慧）

文化产业

【概况】 2022年，全市规模以上文化及相关产业企业299家，实现营业收入407.14亿元，增长2.1%。支持宋城壹号文化创意产业园、赣

坊1969文化创意产业园、上犹赏石文化城等园区发展，释放产业聚集效应。赣州电影市场有影院72家、银幕405块，观影332.4万人次，票房收入12767.8万元，同比下降29.4%。完成《问江湖—祥瑞宝莲》《追寻》电影剧本备案，《一双绣球草鞋》处于筹备拍摄阶段。

【文化企业培育】 培育国家级印刷包装产业基地1家、省级文化类“瞪羚”企业2家、省级文化产业园区1家。鼓励条件成熟的文化企业利用资本市场发展壮大，天键电声股份有限公司通过深圳证券交易所发审会。支持文化产业园区提档升级，培育开创数码等动漫制作企业，引进功夫动漫总部迁址南康区，建设文化强国馆，打动漫制作基地和版权交易中心。支持引导非公有制文化企业发展，组织开展重点文化企业及文化产业扶持项目、“文企贷”申报工作，培育赣州市同兴达电子科技有限公司、赣州立德电子有限公司等一批非公有制文化企业。拓展文化产业发展空间，建立国家级众创空间1家、省级众创空间2家、市级创业孵化基地2家，支持中小微文化企业、个体创作者、文化工作室、创客空间、民办非企业文化机构发展。

【助企纾困】 制定印发《关于有效应对疫情支持文旅企业纾困解难的若干措施》，通过加大信贷支持力度、减免租金等措施，帮助文旅企业渡过难关。19家旅游企业入库省“文旅贷”，其中2022年新增入库4家，入库数据全省第一。成功举办全市文旅行业产融对接会，帮助5家企业获得新增授信金额7.39亿元。向省文旅厅推荐文旅设备购置与更新改造贴息贷款项目77个，通过国家审核项目51个，推荐和过审数量居全省第一。

（张美芳）

文化市场管理

【概况】 全市开展大型文化市场整治行动16次，出动检查70021人次，检查经营单位38212家次，责令改正23家次，警告18家次；共依法办理行政处罚案件27起，已办结26起，责令停业整顿12家次，行政罚款28.15万元。

【新兴业态项目管理】 全市中心城区剧本娱乐行业线下门店突破80家，集中分布在人流量较大的万象城、九方、南门口等商业体。对新业态领域的中数空间文化数字商品的投诉举报，坚持做好数字藏品领域相关版权保护工作，对密室逃脱、剧本杀、电竞酒店、私人影院、校外艺术培训机构等新兴业态项目加强执法管理。

【出版物市场监管】 开展出版物市场专项检查，重点巡查学校周边、图书馆、书店、基层综合文化站、景区景点等文化公共场所以及繁华街区、车站、城乡接合部等重点点位，查缴非法出版物和印刷品及各种网络侵权盗版行为。全年开展校园周边文化经营场所专项整治行动3次，日常检查506次，出动检查6213人次、排查企业532家次，责令改正8起。开展全市印刷企业专项执法检查70余次，出动执法人员600余人，检查各类经营场所190余家，发放宣传资料1690份，收缴“问题图书”74册，立案查处4起。

【网络文化市场专项行动】 市文广新旅局联合市市场监管局、市工业和信息化局、市公安局、市商务局等部门开展江西2022网络市场监管专项行动，以“11·11”等网络集中促销活动为重点，对在线旅游标识展示信息不规范、利用格式条款、设置订金不退等侵害消费者合法权益行为重点检查，出动执法人员60余人次，检查在线旅游经营用户173家次。畅通“12318”文化市场举报平台，及时核查处置网络文化相关举报，回应群众关切问题。

【“扫黄打非”专项工作】 在全市开展“扫黄打非·清源2022”“扫黄打非·护苗2022”等专项行动，重点对利用互联网视听节目制作、传播淫秽信息等6项违法行为进行重点打击，全年累计出动执法人员3.2万余人次，查缴各类非法出版物2.7万件，删除屏蔽网络有害信息980条，查办“扫黄打非”案件85起，其中刑事案件10起，抓获26人。

【打击非法卫星地面接收设施整治行动】 在春节、冬奥会、全国两会、中共二十大等重大节庆和重要活动期间，组织各县（市、区）文化市场综合执法大队深入全市各宾馆酒店、电器商店等场所和乡镇，开展打击非法卫星地面接收设施整治行动，实地查看有无安装、使用、销售非法卫星地面电视接收设施现象。8月16日，省广播电视局在崇义县举行全省非法卫星地面接收设施集中销毁活动，现场销毁非法卫星电视地面接收设施426件（套）。全年发放宣传单、公告等政策法规宣传资料7000余份；出动检查人员900余人次，开展联合执法10余次，对街道社区、宾馆饭店、生产企业、家电市场、电器销售门店等组织检查317次，取缔非法销售点11处，拆除非法卫星地面接收设施648套，收缴450余套，办理非法销售境外电视网络接收软件行政处罚案件1件。

（张美芳）

本栏编辑：曹　虹

卫生健康

综　述

【概况】　2022年，在党中央、国务院的关心关怀下，在国家卫健委和省卫健委的大力支持下，赣州全面落实健康中国战略，始终坚持以人民为中心的发展思想，推动卫生健康事业取得长足进步，尤其是苏区振兴十年来，全市卫生健康事业取得了翻天翻天覆地的变化。全市卫生资源总量大幅增长，医疗卫生机构有8169个。全市有三级医院21所、二级医院87所，乡镇卫生院326所、社区卫生服务机构56所；总床位数6.2万张、卫技人员5.91万人。全市主要卫生资源指标明显改善，每千常住人口床位数6.8张，每千常住人口执业（助理）医师数2.47人，每千常住人口注册护士数3.1人。全市居民主要健康指标明显提升，全市孕产妇死亡率、婴儿死亡率、5岁以下婴幼儿死亡率分别为5.92/10万、2.78‰、3.73‰，主要健康指标连续10年大幅度优于全国、全省平均水平。全市疫情防控取得重大决定性胜利，为经济社会稳步健康发展提供坚强健康基础。创成国家卫生城市，卫生健康理念深入人心。2个国家区域医疗中心成功列入国家建设名单，赣南老百姓在家门口就能享受到与大湾区同质化的优质医疗服务。

【医疗卫生项目建设】　全市67个医疗卫生项目列入提高民生品质行动，2个国家区域医疗中心新院区项目进展顺利，南方医院赣州医院（蓉江院区）项目提前3个月开工，创造了全市重点工程高效推进的“新标杆”，广东省人民医院赣州医院（沙河院区）项目完成工程量的约50%。市妇幼保健院新院、市肿瘤医院门诊医技综合大楼、于都县人民医院、龙南市第一人民医院二期等31个医疗卫生项目建成投入使用。

【医疗服务能力】　两个国家区域医疗中心建设实现良好开局，南方医院赣州医院普外科列入国家临床重点专科，广东省人民医院赣州医院在全国公立医院绩效考核排名上升118名，两院开展疑难手术4200余例，新增281项新技术、新项目，其中154项填补省、市技术空白。县级综合服务能力得到有效提升，24所县级医院与国内15所一流医院建立合作关系，14所县级综合医院纳入国家“千县工程”综合能力提升项目。基层网底进一步夯实，新增财政投入5.52亿元支持全市基层医疗机构建设，乡镇卫生院新增床位1277张，新招聘医技人员493人。市财政投入2655万元，分3年为基层培养1050名卫生人才。中医药服务能力明显增强，全市216个项目获省中医药类科技计划立项，实现历史性突破，中医馆建设覆盖全市334个乡镇卫生院（社区卫生服务中心）。全市53所公立医院收入结构进一步优化，群众就医负担进一步减轻，实现医疗服务性收入占比32.55%，同比上升0.65%；患者平均住院日缩短至7.63天；门诊次均费用260.28元，同比下降0.94%；住院患者次均费用8927.23元，同比下降2.03%。

【健康赣州建设】　国家卫生城市金字招牌不断擦亮，高规格召开创建国家卫生城市表彰大会暨国家卫生城镇创建推进工作会议，9个县、41个乡镇启动创建工作。上犹县、于都县、寻乌县、石城县评为全省第一批优秀健康县区，信丰县成功创建省级慢性病综合防控示范区。全市累计开展健康科普“六进”活动2410余场，服务群众达300万余人次，居民健康素养水平达25.32%。

【卫生监督】　全市卫监系统共出动卫生监督员18419人次，监督检查医疗机构、公共场所等单位23540家次，立案查处443件。2022年，全市共查办案件2460起，罚没款716.3万元，其中市卫监局直接查办案件58起，查办大案要案11起。全市有2个2021年行政执法案例获评全省优秀案例。国家“双随机”抽查全市1430家（市本级143家），省“双随机”抽查任务62项，完结率均为100%。组织全市开展“守护蓝领”职业病防治跨县交叉检查，共对40家用人单位和19家职业健康检查机构开展交叉检查，对7家职业卫生技术服务机构进行延伸检查。参照市委巡察模式，市卫监局进驻3家县级公立医院开展了综合监督执法检查。

（金忠明　刘　滢）

医药卫生体制改革

【概况】　2022年，赣州市被省医改领导小组确定为深入推广三明医改经验和公立医院高质量发展双示范地区，章贡区城市医疗集团和于都县紧密型县域医共体进入实质运行，15个县（市、区）紧密型县域医共体建设全面启动。全市三级综合医院CMI（病例组合指数）值达到1.048，同比上升2.6%；平均住院日7.21天，同比下降3.7%；二、三级公立医院（非中医类）绩效考核基本实现全覆盖，227所乡镇卫生院通过一级评审。全民健康信息平台完成整体升级，赣州“看医生”掌上医疗平台覆盖全部县级及以上公立医疗机构，全市35家二级以上公立医院、147家乡镇卫生院完成线上试运行。“互联网+护理服务”吸纳全市41家医疗机构加入，经验做法在全省获得推广，群众影响力进一步扩大。2022年6月，赣州市被确定为2021年落实深化医药卫生体制改革真抓实干、取得明显成效的设区市。

【优化分级诊疗格局】　网格化推进紧密型医联体建设，试点建设赣州市立医院医疗集团，县域全面启动紧密型医共体建设，中心城区积极申报紧密型城市医疗集团国家试点，结合地缘关系、人口分布、疾病谱、医疗资源现状，初步形成18个网格化医联体格局。激发基层卫生院活力，实行“公益一类保障、公益二类管理”，新增投入16.35亿元保障卫生院人员工资。基层医疗机构业务量逆势增长20.77%。推行乡村医疗一体化，全面推行村卫生室“八统一”（人员、工资、待遇、业务、药械、财务、培训、考核）管理，2907名村医实行乡聘村用，全部办理了养老保险，为边远乡村的村医发放补贴。

【完善三医联动机制】　执行集采政策，执行11个批次药品和医用耗材集采政策，减少患者药费支出2.8亿元。启动国家医疗服务价格改革试点，先后6次调整3307个医疗服务项目，2022年调整424项医疗服务项目价格。开展便民惠民服务，激活运用医保电子凭证。推行“先诊疗、后付费”服务模式。开展医保支付方式改革。开展国家区域点数法总额预算试点和按病种分值付费（DIP）改革试点，控制高倍率病例和提高低倍率病例。

【公立医院高质量发展】　以2个国家级区域医疗中心为支撑，1个紧密型城市医疗集团和17个县域医共体、6个专科联盟等各类医联体为载体，构建临床诊疗、疑难重症诊疗、教学培训、科技研发、疾病预防、健康管理等功能“六位一体”的公立医院高质量发展新体系，积极推进江西省公立医院高质量发展示范地区建设。紧跟高质量发展新趋势，利用中科院、国家区域医疗中心等国家级平台，柔性引进行业顶尖人才，实施赣州卫生健康“十百千”人才培养计划，全面提升市域内重症、肿瘤、心脑血管等常见病和多发病的诊疗能力，推进医学技术、医疗服务模式持续更新。提升高质量发展新效能，整合医疗、教学、科研等业务系统和人、财、物等资源系统，建立医院运营管理决策支持系统，推动医院运营管理的科学化、规范化、精细化，推动运行模式。激活高质量发展新动力。改革人事制度，全面推行公立医院编制备案制。改革薪酬分配制度，全面推行公立医院院长和总会计师年薪制。

【医政医管】　新增3家医学检验实验室和30家医院核酸检测实验室及检测基地，规划2000张床位的方舱医院投入使用，崇义县、大余县、定南县、会昌县、龙南市、宁都县、全南县、瑞金市、上犹县、石城县、信丰县、兴国县、寻乌县、于都县15个县（市、区）按照每万人口数5张床位标准各建设单体方舱医院，累计建设床位3194张。先后抽调168人支援上海，3批共1717名核酸采样人员支援南昌，9名院感防控人员、140名医疗救治人员、25名核酸检验人员、100名核酸采样人员共274人支援上饶，100名核酸采样人员支援宜春。

国内一流医院对口帮扶全市17个县（市、区）综合医院；14家县（市、区）级综合医院纳入“千县工程”。赣州市人民医院南方医院和广东省人民医院赣州医院获批第三、四批国家区域医疗中心建设项目。全市22家胸痛中心、19家卒中中心、18家创伤急救中心通过验

5月19日，国家区域医疗中心高质量发展高峰论坛在市人民医院举行

（市人民医院）

收。持续推进美丽医院和人文医院建设。推进“先诊疗、后付费”服务试点。

【医疗卫生行风整治】 开展医疗卫生领域突出问题专项治理活动、“弘扬伟大抗疫精神+传承优良医德医风”专项活动、纠正医药购销领域和医疗服务不正之风专项活动、整治群众身边腐败和不正之风突出问题活动、落实全省医疗卫生系统警示教育大会精神，以及深化医疗卫生领域突出问题专项治理等活动。立案查处非医师行医、未取得医疗机构执业许可证擅自执业、使用非卫生技术人员、过度检查、过度治疗、过度用药、重复收费、套取医保资金、欺骗患者诱导消费、非法行医、非法医疗广告、术中加价等违法案件63起，罚没款55.85万元，涉案人员50人。

【社会心理服务】 出台《关于加强和改进新时代学生心理健康教育工作实施方案的通知》《关于印发〈社会心理服务及重点青少年管理“双融合、双培训、双帮扶”工作实施方案〉的通知》《关于印发〈“法治心育进百校检爱同行护成长”校园宣讲活动方案〉的通知》《关于指导推进家庭教育的五年规划（2021—2025）年》《关于深入推进智慧社区建设的意见》《关于做好2022年社会心理服务体系建设重点工作的通知》《关于开展赣州市疫情防控心理疏导工作的通知》等文件，推进社会心理服务试点工作。全市41家试点医院平台注册护士2219人，实际参与护士456人，服务1562人次，让人民群众能够足不出户能得到医疗机构提供伤品换药等43项护理服务。组建2个（赣州市立医院、瑞金市人民医院）医疗集团、3个（赣州市人民医院、赣南医学院第一附属医院和赣州市立医院）城市医疗联合体、37个紧密型医联体、6个专科联盟、3000个家庭医生团队。

（金忠明 刘 滢）

妇幼健康

【概况】 全面落实母婴安全五项制度，孕产妇死亡率、婴儿死亡率持续多年维持在极低水平。赣州市妇幼保健院评为三级甲等妇保院。信丰县、于都县、大余县、赣县区、崇义县、会昌县、石城县、上犹县等8家妇幼保健院顺利通过二甲评审，妇幼保健机构管理制度更加健全、管理更加规范、公共卫生职能与临床医疗结合更加突出。赣州市妇保院赣康路院区于2022年12月全面投入使用。章贡区、全南县妇保院分别于2022年4月、7月完成新院整体搬迁。

【出生缺陷防治】 全市婚检率达98.6%，疾病检出率12.05%，婚检阳性率5.48%，孕前优生检测3.7万人，叶酸服用率92.36%，新筛率99%、听力筛查率98%，筛查出先天性甲状腺功能减退症19人、苯丙酮尿症3人。两癌筛查实现全市全覆盖，宫颈癌检查人数7.2万人、早诊率92.1%，乳腺癌检查总人数6.4万人、早诊率达66.67%。母婴阻断项目全覆盖，艾滋病、梅毒、乙肝孕产妇检测率均为99.99%，艾滋病母婴传播率为零。

【妇幼民生服务项目】 免费婚检实现全覆盖，“一站式”“多合一”服务模式得到推广；两癌筛查实现全市覆盖，全面完成筛查任务数。叶酸增补和母婴阻断项目全覆盖，目标人群叶酸服用率达到92.36%，艾滋病、梅毒、乙肝孕产妇检测率均为99.99%，艾滋病母婴传播率为零，乙肝感染孕妇所生儿童乙肝疫苗及乙肝免疫球蛋白及时注射率为100%。儿童营养改善项目惠及89994名6—24月龄婴幼儿，营养包发放数量为4443437盒，完成招标分配任务，发放率136.6%，有效服用率达到85%以上。孕产妇系统管理率、7岁以下儿童管理率逐年提高。

（金忠明 刘 滢）

健康促进

【新冠疫情防控健康教育】 结合疫情防控，围绕健康赣州建设，倡导文明健康生活方式。积极宣传每个人是自己健康第一责任人理念，充分利用每2个月一期的健康教育宣传栏（全市近1.4万块）和全省首个市级健康科普传播平台（51台个健康科普广告机）做好健康知识普及行动，倡导合理膳食、适量运动、戒烟限酒、心理平衡，推广使用公勺公筷、分餐制等。

【健康县区建设】 充分发挥于都县、寻乌县、石城县、章贡区4个健康促进县（区）的示范引领作用。由于对新创的上犹县和参加复评的石城县给予了有效的技术支持指导，这两个县均高分通过省健康促进县技术评估和技术复评，2022年9月，省卫健委公布技术评估结果，章贡区、上犹县、于都县、寻乌县、石城县全部通过省级技术评估，上犹县、于都县、寻乌县、石城县4个县区获得优秀，各获得以奖代补经费30万元，为全省获得优秀最多的设区市，占全省优秀的1/3。瑞金市、南康区、信丰县正在创建，赣州市健康促进县（市、区）创建比例达40%，远高于20%的创建要求。

【健康促进医院建设】 印发市级健康促进医院技术评估工作方案，开展市级健康促进医院建设工作，已命名181家医疗机构为市级健康促进医院。开展市级健康促进医院优秀案例征集活动，宣传推广各地健康促进医院典型经验和特色亮点。

【健康知识普及行动】 探索新时代文明实践+健康科普活动新路径，把健康科普纳入新时代文明实践所、站活动内容，让群众在身边享受更多更好卫生健康服务。进一

4月15日，赣州市卫生健康委健康促进中心在崇义县开展“健康知识普及行动——健康科普进乡村”健康科普义诊活动（市卫健委供图）

步完善市级健康科普专家库、健康科普讲师队伍和健康科普资源库，各县（市、区）、各医疗单位建立本级健康科普专家库和健康科普讲师队伍。全市共组建各级健康教育专家572人，科普讲师989人。充分发挥健康教育专家库和健康科普讲师团作用，实行“点单式”健康巡讲服务，组织各级健康科普专家进机关、学校、企业、社区、乡村、家庭就疫情防控、疾病预防、健康生活方式、保健康复、应急救护、心理健康、母婴健康、优生优育等方面开展健康科普巡讲活动。在赣州广播电视台新闻综合频道“630播报”开设《健康赣州—健康知识普及》专栏，每周一期，每周五播出。在客家新闻网推出健康教育专栏，及时发布健康科普信息。

【减盐健康教育干预】 2021年，中国健康教育中心联合北京大学乔治全球健康研究院、英国伦敦玛丽女王大学组织实施“基于学校的减盐健康教育试点项目（EduSaltS）”，赣州作为全国首批3个试点设区市（江苏省镇江市、江西省赣州市、河北省秦皇岛市）之一，项目为期3年。多次与国家、省项目办沟通，做好大量准备工作，协调市教育局、赣医一附院等项目参与单位召开多轮次会议，于3月上旬举办脱贫地区健康促进学校暨学校减盐健康教育项目基线调查培训班，正式开展项目基线调查工作。7月初，赣州市章贡区、南康区、信丰县、于都县实验组、对照组共20所学校520组家庭的基线调查顺利结束，为全国最早完成的设区市。10月12日，举办赣州市第二批减盐健康教育干预项目培训班。2022年度，全市新增5个县（市、区）80所学校参与，截至年底，共有100所学校参与减盐健康教育干预推广项目。

（金忠明　刘　滢）

老龄健康

【医养结合】 全市医养结合机构52家，有床位12959张，其中医护3636张、养老9323张，2022年新增653张床位。推进基层医疗机构举办医养结合服务，着力推进基层医疗机构举办养老机构，推进14家基层医疗机构开设医养结合服务。推进医养结合机构建设，全市在建医养结合机构17家，投资金额22亿元。全市53家二级及以上综合性医院设立了老年医学科，建成医养结合机构51家，安宁疗护机构41家，每个县（市、区）至少建有一家安宁疗护示范机构；全市被命名省老年友善医疗机构372家，全国示范性老年友好型社区8个。

【老年健康促进】 全市统一推进医养结合与失能老年人评估，全市医养结合与失能老年人评估47540人，确定失能39221人，失能率3.95%。推进老年人心理关爱服务，11月2日赣州市老年人心理关爱项目在赣县启动，人民日报客户端、中央广播电视总台国际在线等媒体进行了报道。2022年全市65岁及以上老年人城乡社区规范健康管理服务率72.65%。

【老年健康产业】 加强健康养老产业项目建设，纳入市调度项目14个，年度计划投资42.01亿元，完成44.48亿元，完成投资额106%。推进国投天同、南康区康养中心、崇义阳明氧生谷康养基地、上犹县医养中心、赣州经开区金凤梅园养老服务中心等项目建设。结合赣州市生态优势，推进森林康养建设，全市森林康养项目17个，年度投资15.12亿元，完成投资12.22亿元，完成80.82%。联合市林业局、市民政局出台《于促进赣州市森林康养产业发展的意见》。推进赣县区赣州天子峰森林康养山庄中医康复中心、大余县丫山森林康养基地建设。上报崇义阳明山、石城旺龙湖、上犹牧心纪山谷宿、寻乌项山甑、崇义上堡梯田、信丰五渡港水库、五龙客家风情园为省级森林康养基地。

（金忠明　刘　滢）

职业健康

【概况】 重新调整了由市长担任组长的职业病防治工作领导小组，实施健康赣州——职业健康保护行动，组织推荐全省职业健康企业和职业健康达人优秀案例，进一步推动健康企业创建和职业健康达人评选活动。

【职业病监测】 2022年共申报47例职业病，近5年劳动者工龄不足5年的新发尘肺病16例，发病率7.84%，低于前5年发病率，开展调查随访存活职业性尘肺病1309例，占全省调查随访的13.41%。至2022年年底，全市在新版“职业病危害项目申报系统”申报1803家，新版申报系统申报量为原申报系统总量的117.8%，全市职业病危害因素用人单位申报率99%。高质量完成2022年全市职业病防治项目工作，经“突发公共卫生事件管理信息系统”排查，全年未发生职业病危害事故。联合市委宣传部、市发改委等16个部门印发《赣州市职业病防治“十四五”规划》，加强全市职业病防治工作，切实保障劳动者职业健康权益，推进健康赣州建设。

【职业健康宣传】 持续推广四级网格员协同监管新模式，充分发挥乡村、街道专兼职协管官员作用，形成“政府+监督+网格管理+卫生协管+企业”和“园内+园外”的网格化管理模式，督促用人单位落实职业健康工作主体责任。组织市人社局、市总工会等多部门联合开展2022年《中华人民共和国职业病防治法》宣传周活动，4月27日赣州市《中华人民共和国职业病防治法》宣传周启动仪式在崇义县江西耀升钨业股份有限公司成功举办。全市采取线上和线下的方式，深入开展职业健康知识“五进”（进企业、进学校、进乡村、进社区、进机构）活动，此次宣传受益劳动者共101501人，广大职工积极参与宣传活动，提升维护自身权益意识。

【职业健康体系建设】 市第五人民医院取得省卫生健康委职业病诊断资质备案，为规范职业病诊断程序流程，成立赣州市尘肺病质量控制中心和赣州市第五人民医院尘肺病诊疗中心。全市36家职业健康检查机构取得省级职业健康检查资质备案，覆盖全市20个县（市、区），进一步夯实“市能诊断、县能体检”目标。成功建设并投入运营兴国县、瑞金市尘肺病康复站，现全市共有4家尘肺病康复站正常运营使用，累计开展康复服务5911人次。组织开展全市职业病危害专项治理工作，对21881家企业进行调查摸排。截至年底，正常生产非煤矿山、冶金、耐火材料、石材、宝石、水泥等重点行业纳入治理的用人单位691家，职业病危害项目申报率、岗位合格率均达到治理目标任务要求，治理企业工作场所环境卫生状况得到显著改善。

（金忠明　刘　滢）

中医药事业

【中医药服务能力建设】 赣州市中医院新院区完成土建工程量70%，完成施工产值1.83亿元；争取基层中医馆服务内涵建设项目54个并获中央补助487万元，确定14个工作室建设项目并得中央补助140万元；组织基层中医馆星级动态调整，全市现有五星级中医馆23个（其中四星级调升7个）、四星级中医馆111个（其中三星级调升24个）、三星级中医馆122个（新增星级38个），基本实现星级中医馆区域全覆盖。市卫健委开展推广中医药适宜技术培训，组织36名基层中医临床人员参加为期1年的全科医生转岗培训、61名乡镇卫生院中医馆骨干参加全省线上线下培训，有效提升中医药适宜技术在临床中的应用。

【中医药人才培养】 继续组织实施传统医学师承和确有专长人员考核，累计204人报名，其中师承181人、确有专长23人。师承、确有专长考核合格人员分别为56人、14人。印发2022年“市名中医”评选活动方案，结合中国医师节庆祝活动，对钟叙春等10人授予“赣州市名中医”称号并颁发荣誉证书。

【中医药学科建设】 筛选并确定市中医院肛肠科、肝胆脾胃病科、针灸推拿科，市第五人民医院中西医结合治疗肝病，市第三人民医院中西医结合治疗老年病等5个专科（专病）为2022年市级中医临床重点专科建设项目。组织市人民医院中医康复科、市中医院肛肠科、宁都县中医院骨伤科和中医康复科、上犹县中医院中医急诊科、中医肺病科和中医脾胃病科等项目申报国家中医药管理局高水平中医药重点学科建设。

【中医药文化宣传】 深入开展中医药文化知识“进机关、进企业、进社区、进农村、进学校、进家庭”活动。端午节期间，组织各类医疗机构开展中医药文化进校园活动。7月，继续开展中医药法实施5周年宣传月活动，全市参加网上知识竞赛人员达4000余人。创建具有本土特色的中医药文化知识图书角，不断充实中医药文化宣教主阵地内涵，努力打造“健康虔城”品牌。

（金忠明　刘　滢）

爱国卫生运动

【概况】 2022年，赣州市爱国卫生运动工作坚持以习近平新时代中国特色社会主义思想为引领，紧紧围绕爱国卫生运动70周年系列活动这个主线，以赣州市创建国家卫生城市总结表彰暨国家卫生城镇创建推进大会为契机，高效统筹疫情防控与爱国卫生工作落实，扎实推进巩固国家卫生城市和新一轮国家卫生城镇创建，深入开展爱国卫生月活动、病媒生物预防控制和农村改厕技术指导等各项爱国卫生重点工作，全市爱国卫生工作取得新的进步和显著成绩。市卫生健康委被全国爱卫会授予“爱国卫生运动70周年先进集体”称号，爱卫办主任胡浩被授予“爱国卫生运动70周年先进个人”称号，共成功创建省级卫生乡镇43个。2022年2月25

日，赣州市创建国家卫生城市总结表彰暨国家卫生城镇创建推进工作会议召开，省委副书记、市委书记吴忠琼出席并讲话，省卫健委党组成员、副主任朱烈滨到会指导讲话，全市共表彰先进集体141个、先进个人298名，对33个集体、48名个人予以记功，对125名个人予以嘉奖。

【农村改厕】 2022年，向市财政争取专项资金，建造了13个农村改厕教学示范点和农村户厕样板点，并依托教学点积极推进农村改厕教学、技术指导工作。其间，邀请省改厕技术专家到赣州市进行技术指导和调研3次，市本级组织改厕培训2次、现场教学2次，配合农业农村部门开展农村改厕问题摸排2次。2022年底，市卫健委联合市红十字会发起的“我为家乡建公厕”公益项目历经两年半全面落地，该项目共募集资金987万余元，建设乡村公厕89座，其中2022年追加新建乡村公厕9座。

【病媒生物预防控制】 认真落实国家《病媒生物预防控制管理规定》《赣州市病媒生物预防控制管理规定》要求，将病媒生物防制工作列入绩效考核的重要内容，健全病媒生物防制工作机制，规范开展病媒生物预防控制有偿服务机构备案工作，按照国家卫生城市要求组织开展春秋季灭鼠和夏季灭蚊蝇蟑活动，确保“四害”密度控制在国家C级标准以上。共向相关责任单位发放整改函8份，组织专业人员开展现场核查4次。

【无烟单位建设】 3月底，印发开展2022年度赣州市无烟单位创建工作的通知，组织全市市直（驻市）单位和各县（市、区）开展2022年无烟单位创建申报工作。经过单位申报、县级审核、市级验收评估，全市有2616家单位达到市级“无烟单位（党政机关、医疗机构、学校）”建设标准，荣获市级“无烟单位”称号。其中，无烟党政机关1125家、无烟学校1027家、无烟医院394家。创建市本级无烟党政机关117家，建成率达100%。同时各县（市、区）积极开展县级无烟单位建设工作，共创建县（市、区）级无烟单位3007家，其中党政机关1230家，医疗卫生743家，学校1034家。市卫健委编撰的《宣传先行部门联动 典型引领——赣州市合力推进无烟家庭建设经验做法》入选健康中国典型案例。

【医疗急救】 全年共受理120专线呼救电话26.88万个，派出院前急救车辆2.94万次，救治病人2.74万人，比2021年度增长7.6%。院前急救日平均出诊量81次，其中在12月疫情感染高峰期间日平均出诊量达到133.5次。全年处置3人以上群伤事件102起，救治366人。医疗转送服务3677趟；完成原中央苏区振兴发展战略十周年座谈会、赣台青年学生夏令营、全国职业院校技能大赛等重大会议、活动医疗保障25起，派出急救车组保障130次。

（金忠明　刘　滢）

医疗用血服务

【采供血服务】 2022年赣州市每千人口献血率9.56‰，全市共有85753人次成功献血，同比增长4.29%；献血总量31235100毫升（31.23吨），同比增长5.56%。其中，全血77228人次，同比增长4.65%；全血血量27992900毫升（27.99吨），同比增长5.58%；机采献血8525人次，同比增长1.21%；机采量16211个治疗量，同比增长2.69%。2022年全市供血总量355105.2毫升，同比增长12.04%。血液库存状态较好，红细胞库存仅告急11天11型次，限采139天237型次，在满足本市临床用血需求前提下向北京、吉林、上海、辽宁、南昌、上饶等地调出红细胞5823毫升，血小板45治疗量。全市血费报销2088人次，报销金额177.36万元，医院直报比例98.5%。2022年乡镇献血人次创历史新高，全市20个县（市、区）285个乡镇全覆盖，献血人次15830人次，较2021年10349人次增长52.9%，单日献血突破百人次的共40个乡镇（或街道办），较2021年同比增长67%。高校共计献血12367人，比2021年同比增长20%。

【无偿献血宣传】 全年共开展各类主题宣传活动72场，其中全市大型主题活动9场，街头活动8场，各县（市、区）45场，高校献血活动10场。“6·14”世界献血者日期间举办“热血正当潮”无偿献血公益主题活动，9—10月联合市总工会开展“热血行动”全市职工无偿献血公益活动，12月份联合团市委开展“青春热血·红色接力”无偿献血主题公益活动。全市共有无偿献血志愿服务队25支，其中2022年新增4支志愿服务队，实现全市所有县（市、区）全覆盖。成立全省首个无偿献血直播间，开展直播8场。

【血液供给保障】 供应临床血液品种和血液综合利用率全国领先，并在全省率先重启Rh阴性冰冻解冻红细胞临床供应，保障稀有血型患者及时用血。可向临床供应的有去白细胞悬浮红细胞、洗涤红细胞、冰冻解冻去甘油红细胞、单采血小板、浓缩血小板、病毒灭活冰冻血浆、病毒灭活新鲜冰冻血浆、冷沉淀凝血因子，以及全血等血液品种9种，是全国为数不多血液滤白率、血浆病毒灭活率达双100%的采供血机构之一。

（市中心血站）

疾病预防与控制

【卫生应急监测预警与处置】 全面加强传染病监测、分析、预警和风险评估及病原监测工作，共监测流感1231份，手足口病标本929份，霍乱4550份，禽流感360份；处置8起流感聚集疫情，1起人感染H5N6禽流感疫情，28起手足口病聚集性疫情，7起布病疫情，3起狂犬病疫情；汛期对6个县（市、区）重灾区进行卫生防疫现场指导，有效遏制传染性疾病传播。卫生应急能力显著增强。充分利用新冠疫情处置契机，组织中心全体专业技术人员在实操中练、在练中学，全体防疫人员技术能力得到明显提升。积极参与制定全市流调溯源工作方案和工作指南，完善中心新冠肺炎疫情流调溯源工作技术预案，积极开展全市流调溯源能力培训，开展技术培训6次，培训流调人员2000余人次，并开展实战演练，全力提升应急处置能力。

【传染病防治】 2022年全市报告乙、丙类传染病22种58781例，死亡病例107例，报告发病率为655.82/10万，报告死亡率为1.19/10万，无甲类传染病发生。乙类传染病报告16种20353例，报告发病率227.08/10万；丙类传染病报告6种38428例，报告发病率428.74/10万。

【实验室检验检测】 实验室能力大幅提升。2022年3月满分通过国家卫生健康委临检中心组织的新冠奥密克戎变异株室间质量评价考核，6月顺利通过省级土食源寄生虫病诊断参比实验室考核验收，9月获“检验检测机构资质认定证书”（CMA），中心实验室数据的准确性和可靠性得到权威认证。新配备全自动样本处理系统、全自动测汞仪、基因测序及生信分析系统等高端设备，基因测序技术更加成熟，实验室检测能力和效率大幅提升，为全市重大传染病性疾病防控、公共卫生保障提供强有力技术支撑。

【免疫规划管理】 2022年，在继续开展新冠病毒疫苗基础接种的同时，重点发力人群第三针“加强免疫”和老年人群接种，推动序贯接种。国家调整转段后，加大力度推进60周岁以上老年人及重点人群新冠疫苗接种和加强针接种工作。同时加强常规疫苗接种，维持高水平接种率，全市各疫苗常规免疫报告接种率均在95%以上，均高于全国平均水平（90%）。在全省率先开展查漏补种，为16.9万人次适龄儿童补种疫苗，补种率94.75%。强化“妈妈课堂”运用，巩固提高儿童接种率。推动手机APP预约接种功能，提升预防接种服务能力。2022年3月，市疾控中心在江西省免疫规划工作会议上作交流发言，工作得到省免规所高度评价。

【公共卫生监测】 高质量完成健康危害因素监测。扎实完成公共卫生（日常市政供水、城乡饮用水、食品安全风险监测）和职业卫生（重点职业病、工作场所职业病危害因素、放射卫生监测）的卫生监测工作。城乡室内环境与健康危害调查继续成为全国试点（赣州为全国5个试点市之一），为全国开展健康家庭建设提供了赣州经验。积极采购职业卫生监测设备，培训监测技能，中心已具备工作场所职业病危害因素全部监测能力，超额完成多项监测任务，全市职业健康核心指标常规监测45189例（任务数28000例），省级任务完成率161.39%。监测科荣获全省食源性疾病监测先进单位、全省食品化学污染物监测先进单位，职业卫生科荣获全省重点职业病监测工作先进单位、全省职业性放射性疾病监测工作先进单位等称号。

【艾滋病与性病防治】 加强艾滋病疫情干预和溯源调查，全力提高筛查效率和及时发现高危场所，赣州市艾滋病疫情感染率均低于全国全省平均水平，呈低流行态势（赣州全人群感染率4/万，全国8.13/万、全省4.76/万）。全年干预暗娼5804人次，干预男男群体454人，全市共开展HIV抗体检测200.06万人次。创新综合干预模式，在高危人群、青年学生中积极探索“互联网+尿液自我检测”模式，高危人群在“赣州疾控”微信公众号完成风险评估后申领艾滋病尿液检测试剂，青年学生通过在高校（赣南师范大学和江西理工大学合作）自动售卖机完成风险评估后申领艾滋病尿液检测试剂，促进早发现赣州市艾滋病病毒感染者和病人。组织全市艾滋病自愿咨询检测门诊（HIVVCT）将地理位置信息添加至“百度地图”APP上，用户可实时导航，实现艾滋病自愿咨询检测门诊地理位置可视化。

【结核病防治】 肺结核发病呈现下降趋势，赣州市在全省率先实施重组结核分枝杆菌融合蛋白（EC）检测新方法，结核病筛查更具针对性，有效避免常规PPD（结核菌素试验）检测易出现假阳性的情况。实现学校重点人群全覆盖，通过新型试剂对2086例师生开展结核病筛查，发现潜伏感染者85例。中心现场指导处置学校肺结核疫情4起，未出现突发公共卫生事件。11月，在于都县罗坳镇开启创建无结核社区行动启动仪式，积极探索无结核社区路径，为实现终结结核病流行目标提供实践经验和科学参考。结防科在全省各设区市结核病防治业务工作综合评估列第一名。

【地方病、慢性病、寄生虫病防控】 聚焦项目提升地方病防控能力。上犹县脑卒中高危人群早期筛查与干预项目圆满收官并在全国推广，通过项目实施，建立心脑血管病监测数据库及“防、治、管”工作体系，构建卫生健康行政部门—疾控中心—基地医院—基层医疗机构的“四位一体”运行模式，国家项目办给予极高评价并在其微信公众号展播。中国居民心脑血管事件监测项目在赣州启动以来，积极实行“2+5县（区）”模式开展监测，即在2个国家监测点（会昌、大余）的基础上，增加5个慢性病综合防控示范区建设点（章贡、于都、南康、赣县、瑞金），扩大监测覆盖面，健全监测系统，工作获得国家

6月6日，赣州市疾控中心在赣州市白云小学开展"6·6"全国爱眼日宣传进校园活动，为学生开展儿童青少年近视防控知识授课　（市疾控中心供图）

心血管病中心高度肯定，被授予"中国居民心脑血管事件监测项目市级先进单位"称号。聚焦监测，着力推进死因监测和肿瘤登记工作。以实际需求为导向，与市直医疗单位建立肿瘤登记数据交换和共享机制，赣州市肿瘤登记报告质量大幅提升，死因监测、肿瘤监测工作数据均高于国家指标，多项监测数据被收录至《中国肿瘤登记年报》，其中章贡区连续10年上报数据被收录，是浙江省唯一获得肿瘤登记工作杰出贡献奖的单位。

（市疾控中心）

【新冠疫情防控】 重新调整由市长担任组长的新冠肺炎疫情防控工作领导小组，科学调整指挥部各工作组设置，下设"1办13组"，根据疫情处置需要及时成立由市长为组长的临时前方指挥部，实行提级指挥、扁平化运行，成功处置宁都、赣州经济技术开发区、石城、章贡、会昌、信丰等地输入性及输入性相关新冠疫情，科学排除宁都、瑞金、寻乌、龙南、石城等地新冠核酸疑似阳性人员事件，特别2022年9月宁都、赣州经济技术开发区两地分别发生聚集性疫情，赣州市分别仅用7天、10天时间实现社会面动态清零，疫情防控形势总体平稳向好，得到各级领导的高度肯定。

（金忠明　刘　滢）

医疗机构选介

【赣州市人民医院】 2022年，赣州市人民医院以城市公立医院综合改革为导向，高效统筹疫情防控与事业发展"两个大局"，医院医教研防管各项事业取得长足进步，南方医院赣州医院被正式纳入第四批国家区域医疗中心项目名单，开启医院高质量发展新篇章。全年业务总收入（医疗收入）25.89亿元，其中医疗服务性收入7.39亿元，占比28.56%，同比提高0.2%；门急诊217万人次，出院12万人次，住院手术3.7万台，综合服务能力稳居全市第一、全省第三，CMI值达1.1以上，门诊患者满意度97.99%，住院患者满意度99.5%。

DIP付费改革　规范临床路径，全院临床科室均制定排名前十病种的临床路径，从院前检查到出院带药进行统一规范，临床路径病种从108个增加至217个；针对费用指数问题，持续做好源头管控，大部分药品和耗材降价10%，逐步清理辅助耗材、辅助药品。在保障CMI值稳步提高的前提下，实现重点指标的优化，病案上传率、入组率均为100%，手术占比提升2.06%，出院患者四级手术占比提升0.77%，平均住院日减少0.5天，住院次均费用减少407元，药占比下降1.64%，基层病种收治同比减少3328例，基层病种医保超支减少68.79%，医院DIP付费90%的临床科室实现盈余。

人才梯队优化　全年引进博士9人，其中学科带头人1人，博士后2人；与南方医院联合招收培养博士后，首位博士后已入站工作；1人入选"西部之光"访问学者培养人选，2人入选"苏区之光"人才计划，1人获"江西省双高人才计划"；建立"粤招赣用"模式，赴南方医院组织专场招聘工作，引进医学硕士人才64人。

信息化建设提速提效　上线单病种系统、临床路径管理系统、一体化医生电子病历等智慧系统，全面上线智慧病房项目，在全省率先启用"智慧消防"系统，启动包含南北院区视频会议、手术示教、科间学术交流的视频会议系统，持续优化互联网医院功能，提供线上预约挂号、线上诊疗、在线续方及药品配送到家等多项便民服务。成为赣州首家通过"国家医疗健康信息互联互通四级甲等测评"的医院，信息化实力和影响力进一步增加。

医教研发展　坚持医教研协调发展，神经外科入选国家级神经外科建设中心，全市首个复合手术室正式启用；检验科、输血科顺利通过ISO15189医学实验室认可现场评审；成立肝脏肿瘤、胃肠肿瘤、泌尿肿瘤等50余个MDT团队，共开展MDT会诊400余例；设立45个专病门诊，启用小儿镇静中心，成立眼科视光部；22个科室101个手术病种开展日间手术共计5953例；开展颅内生殖细胞肿瘤诊断性化疗、复杂性泌尿系肿瘤根治手术（腔静脉癌栓取出术）等10余项省内领先、国内先进的新技术、新项目。年内，中标国家自然项目5项，省自然项目8项（其中省自然杰青和重点项目各1项）；中标省主要学科学术和技术带头人培养计划项目青年人才项目计划1项，实现"零"的突破；发表SCI论文131篇，其中神经外科团队在柳叶刀子刊发表的一篇论文影响因子为71.421，为历史最高。

获发明专利2项，实用新型专利63项；开展60余个临床药物试验，全年试验经费突破3000万元，连续2年翻番；与赣州市科技局成立联合专项科研基金，医院每年配套1000万元用于国家区域医疗中心科研项目建设；血液科获“江西省卫生健康重点实验室”授牌，新增为赣州市医学会眼视光分会、甲状腺外科分会主任委员挂靠单位。

（赣州市人民医院）

【赣南医学院第一附属医院】 2022年，赣南医学院第一附属医院（第一临床医学院）在全国三级公立医院绩效考核评价中国家监测指标等级连续三年保持A+水平，位列全国三级甲等综合医院前10%，江西省前三。获批为江西省推动公立医院高质量发展示范医院、国家呼吸医学中心协同单位、江西省会城市外唯一超声诊断专业质量控制工作受托单位。2022年全年门急诊人次138.8万人次，出院人次11.8万人次。

医疗质量管理　开展各领域安全风险研判和安全隐患排查治理，提升医院安全生产管理能力，全年未发生安全生产责任事故。开展“质量提升年”系列活动，建立覆盖全院、全程和全员的医疗质量管理体系。集中开展3次评审细则业务大培训，完善评审工作方案和奖惩办法。对标评审《细则》，认真开展自查。深入探索绩效管理应用，加大三、四级手术DRG绩效、CMI季度奖励力度。持续开展DRG数据分析工作，均次费用、药占比、耗占比等各项指标数据持续向好。深化医保支付方式改革，组建以临床科室业务骨干为主的DIP专员队伍，自主开发结算清单上传系统。完善不良事件管理制度及医院统计数据管理制度，将上报III、Ⅳ级不良事件的奖励金额从原20元/例提高为50元/例。认真做好设备购置前效益分析和采购论证工作，完成设备招标66项309台（套）。执行国家集中采购、江西省及赣州市医用耗材中标结果，采购医用耗材2.45亿元。推进线上、线下多途径统一检查预约系统建设，破解“三长一短”问题。推进医院服务器整体上云，上线立体可视化智慧医院管理系统。互联网医院正式上线“在线咨询，复诊开药”等功能，接诊1200人次。建立全成本核算经营理念，完善原有RBRVS工作量绩效考核办法，推动新绩效方案落地实施。

人才建设　优化高层次人才考核评价机制，出台首席专家管理办法、博士津贴考核和发放办法等系列措施，完善人事调配管理规定、休假管理办法、人事合同管理办法、返聘人员管理办法等管理制度，为加快集聚干事创业人才提供坚实制度保障。全年共启动5次大型招聘工作，引进博士13人、硕士研究生或副高以上人员56人、合同制工作人员222人。全院共有博士204人，其中自主培养在读博士90人，完成博士毕业42人，已完成学校更大博士数要求。派出1人援外、选派两批卫生服务团11人、赴国内各大知名医院进修培训132人次，短期培训155余人次。职工报考博士39人，考取15人，均签订培养协议。大幅度调增企业职工基本养老保险缴费基数，补缴1180余万元，进一步增强劳动合同制员工的归属感。人员总量管理试点工作取得新成效，全年新增编制备案人员总量450名，全院人员总量达1794名。

学科及科研建设　推进“十四五”江西省一流学科（潜力发展学科）—临床医学学科建设工作，编制具体建设方案，完成学科建设短期成效分析。血液内科在5年总科技量值血液病学中排名全国第88，江西省第二名，是省会城市外唯一进入全国百强的学科。启动临床医学专业学位博士点申报建设工作，制定专项建设方案，完成阶段性自评。完善科研考核评价机制，出台科研业绩激励办法等系列制度。科研平台迈入新台阶。举办2022年虔城器官移植高峰论坛，特聘窦科峰院士为首席科学家，助力重点建设学科方向新增器官移植内容。心脑血管疾病防治教育部重点实验室顺利通过验收，赣南首家省级临床研究中心“江西省地方病（地中海贫血）临床研究中心”落户本院。获批赣州市重点实验室7个。科研合作实现新成效。与广州医科大学附属第一医院战略合作，选派35名骨干人员进修学习，获批国家呼吸医学中心协同单位，邀请广医一附院2名专家到院担任执行主任，推动呼吸科、神经内科亚专科建设，极大提升疑难危重症患者救治水平。选派至武汉大学人民医院的13名学员科研交流学习成效显著，相关研究成果分别在《Hepatology》《Front Endocrinol（Lausanne）》等期刊发表。推进赣南创新与转化医学研究院建设，完成1965.08万元仪器设备采购。申报国家自然科学基金项目86项，获批14项，直接资助455万元，排全省医院第四。获批省自然科学基金项目12项、省教育厅项目39项、省卫健委项目（含中医药管理局项目）180项，赣州市市重点研发重点和一般项目各1项，领军人才项目2项，指导性科技计划项目39项。新增获批国家级继续教育项目29项，备案50项。年内全院投稿引用临床医学学科ESI论文97篇，ESI全球排名前1%，成为进入国际高水平行列的学科。

临床服务　临床特色专科建设成效突出。推进心脑血管疾病医学中心、肿瘤医学中心、器官移植中心等三大中心建设，积极推荐心脏大血管外科申报国家临床重点专科。根据亚专科特色增设结构性心脏病区，于2022年8月份正式开科。统筹推进肿瘤中心建设，成功获批为省会城市外唯一一家肺癌规范诊疗质量控制试点医院。建立器官捐献绩效奖励机制及潜在捐献者识别和报送机制，完成器官移植人员、设备、捐献等资质条件，并向省卫健委提交申报材料。制定《临床重点专科建设工作实施方案（2022—2025年）》，遴选15个临床专科为省级临床重点专科培育科室，血液内科、泌尿外科、疼痛科、康复科、麻醉科、检验科、呼吸与危重症医学科等7个专科被省卫健委认定为临床重点专科建设规划，创历史新高。成功开展省会城市外首例异基因造血干细胞移植，填补赣南地区该领域空白。成功开展全省首例“人工心脏”植入术、全省首例前列腺增生热蒸汽消融治疗手术。开展ECMO、心室辅助技术等限制类、高精尖技术81例。共计准入新技术、新项目47项。年内开设12个诊室18个科室。增设老年门诊及便民门诊，优化老年病友就医流程。累计免费救治儿童白血病患者249例，先天性心脏病122例，血液透析133例，儿童血液病、恶性肿瘤患者121例，白内障731例。

（赣南医学院第一附属医院）

【赣州市妇幼保健院】 2022年，赣州市妇幼保健院是赣州市唯一一家三级甲等妇幼保健院，拥有在职职工1053人，卫技人员918人，占职工总数的87.18%，全年门诊量90.42万人次，出院病人2.61万人次，分娩活产数5164人次，手术台数9220台。

质量管理　每季度开展医保及收费专项督查，进一步规范医疗服务行为。全面梳理大公路院区质量安全管理相关规定并逐一规范，推动一院三区一体化管理、同质化服务。建立健全运营管理机制，借鉴临床多学科诊疗模式，搭建多部门“运营MDT”，积极开展院科两级运营分析，提高医院精细化管理水平。

医疗服务　稳步开展日间手术，新增手部腱鞘松解术，全年开展日间手术260例，占择期手术的6.84%。积极推广多学科诊疗，全年开展SMA、母胎医学、妇科恶性肿瘤、乳腺癌、小儿肾病综合征、克罗恩病等MDT22次，其中远程MDT一次，均取得良好成效。新增舒适化医疗服务模式，实施精准靶控镇静提高儿童一次检查成功率。深入推进“互联网+护理”服务，继新生儿、产妇服务外新增成人服务项目，全年提供上门服务70次，较往年增长两倍。

学科人才　规范化建设急诊、内科，新增疼痛科诊疗专业，新设中西医结合、儿童眼保健、青少年近视防治等特色专科门诊。学科建设更加完善。优生遗传实验室获批第十四批省市共建计划项目。医院获批赣州市妇女儿童保健中心和赣州市婴幼儿照护服务指导中心，以及江西省残联孤独症谱系障碍及认知障碍两个规范化培训基地。入选全国第一批孤独症防治规范化建设项目培育单位。全年招聘90人，其中紧缺人才、硕士及中级以上人才共20人。全年科研立项109项，其中省卫健委55项，省中医药10项。科研成果67项，其中省卫健委结题25项，省中医药3项。发表论文100篇，其中SCI期刊6篇、核心期刊5篇、国家级期刊69篇、省级期刊20篇。

辖区管理　深入基层开展项目技术指导和质控督导，确保各项妇幼公共卫生项目规范有效运行。两癌筛查完成率100%，艾梅乙项目中“三病”检测率达99%，新生儿疾病筛查率达98%。创新开展“点单式”技术培训，以基层需求为导向，以市级优秀师资为平台，聚焦儿科、妇产科常见病多发病，不断丰富培训内容，点对点开展适宜技术巡讲26场，基层业务骨干参训达580人次。

对外协作　在崇义、全南、石城、大余、兴国等多县妇保院成立专家团队工作室，累计坐诊52天，手术示教27场，教学查房12次，学术讲座25堂，促进优质医疗资源下沉。以人才双向交流促进基层卫生健康服务能力提升。接收各基层妇保院卫生专业技术人员进修学习133人次。派驻25名业务骨干开展双向交流及驻点帮扶，其中15人挂职副院长或科主任参与医院管理，帮扶赣县、崇义、石城等多地妇保院成立新科室，开展新技术，填补技术空白。组织医联体成员单位联合创办《妇幼医联导刊》，搭建交流合作平台。

（赣州市妇幼保健院）

【赣州市第三人民医院】 2022年，赣州市第三人民医院实现业务总收入2.17亿元；门诊16.5万人次，同比增长10.6%；出院1万人次，同比减少15.89%。医疗服务业务收入1.19亿元，同期下降4.64%，百元医疗收入消耗的卫生材料费同比下降1.2元，门诊药占比同比下降3.26%，门诊次均药费下降9.75%，住院药占比同比下降2.38%，住院次均药费下降36.44%。DRGs综合指数连续5年在全省同类专科医院中排名第一，DRG总量占全省同类医院服务总量的三分之一，时间指数和费用指数均为全省最优。

学科建设　开设中医馆、康复理疗科住院部和急诊科，聘请名医名家坐诊指导，兼具发挥本院中医人才优势，开展敷贴、脐灸等13项中医特色治疗项目，丰富医院中医治疗手段，拓展医疗业务范围，为老年病临床医疗提供有力的中医支撑。与市急救中心签署建设协议，成立120急救站，完善急救站运行的硬件条件，不断参与临床综合急救工作，发挥急救专业特色，提升医院综合救治能力。结合患者诊疗需求及医务人员现有技术优势，对门诊专科诊疗业务进行精细化建设。开设认知、记忆门诊，帮助广大群众认识痴呆行为表现，开展早期干预指导及中后期的科学治疗，对老年期精神、心理、睡眠障碍进行早期干预及治疗。开设癫痫门诊，方便因癫痫、精神和心理障碍合并癫痫导致的精神疾病患者就诊。与北京安定医院、杭州市第七人民医院等国内知名精神专科医院签署专科合作协议，开展疑难病症患者的远程视频会诊、病例讨论及专题学习，线下邀请教授王刚、教授陈旭等知名专家授课来院培训指导。

科研教学　立项24项省卫健委课题、5项省中医药课题、14项市科技局指导性课题、5项社科课题，发表SCI论文2篇、核心期刊4篇、国家级33篇、省级14篇、国家级会议论文10篇，立项继续教育项目省级4项、市级18项，课题、论文数量位居省内同类和市内同级医院前列。全年派出半年以上医务人员进修11人次，其它43人次。承接99名实习生、23名进修生的带教培养任务，完成3名住培生、22名转岗医师的结业考核工作。完成赣南医学院《法医精神病学》《社区精神病学》等教学共计364课时。精神心理健康重点实验室完成“疫情期间医务人员心理健康调查和心理减压工作”项目，开发护心舒眠在线自助心理评估和干预系统和学生心理普查调研平台。3月启动罗舒达项目入组病例93例，为药物临床试验机构备案申请打下基础。

社会职能　围绕社会心理服务体系建设工作，完成赣州市社会心理健康服务协会第二届理事会换届选举，协助上级行政部门完成社会办精神卫生医疗机构业务督导，促进全市精神卫生机构规范化管理。发挥专科联盟理事牵头单位作用，通过双向医师交流、专家团协作、疑难病例讨论等形式在专科联盟成员单位间开展业务互动，帮助联盟单位服务能力提升。全年开展各项业务交流活动300余次，知识讲座60余场次，查房、会诊40余次，心理团体辅导400余人次，个案辅导65人次，心理测评7000余人次，对外交流范围覆盖20个县(市、区)。

落实严重精神障碍管理职能　以分片包干的形式安排医务人员对各县(市、区)重性精神病管理治疗进行督导，采取线上业务指导及线下培训的方式开展业务技能培训，全年共指导培训1460余人次，提高各乡镇精防人员的业务技能。按照工作要求落实“发病报告”和“出院信息报告”，全年共上报病例报告卡2256例，出院信息单3136例。每月发布1期《严重精神病管理治疗简刊》，每季度下基层开展1次督导考核，有力地推动全市精神病患者的管理救治。

（赣州市第三人民医院）

【赣州市第五人民医院】　2022年，赣州市第五人民医院(赣州市肝病医院、赣州市肺病医院)成立肺癌诊疗中心、肝癌诊疗中心、肺小结节诊疗中心、尘肺病诊疗中心等“四大中心”，提升肝病、肺病诊疗水平。结核科顺利通过验收，并授予“江西省省市共建医学先进学科”称号；呼吸与危重症医学科获评第十三批江西省医学学科省市共建项目，成为赣州首个“双省市共建”和“双质控中心”学科。“邹书兵专家团队工作室”挂牌成立，为医院的学科建设、教学科研、人才培养等工作开展注入强大动力。成为“精准医疗与转化医学中心”第一批合作共建单位(全国共16家单位)。医院将充分借助精准医疗与转化医学中心优势，在精准化的个案管理、标准化的科研、广泛性的行业合作、拓展型的数据整合、应用型的医疗创新和转化上不断推进，全面提升传染病救治能力。加入“大湾区肝癌防治联盟”，提高常规化和规范化的MDT诊疗、肝癌诊疗水平。获批“江西省贫困家庭重性精神病免费救治门诊治疗定点医院”，贫困家庭重性精神病患者可办理免费门诊治疗手续及免费救治。

人才队伍建设　制定《赣州市第五人民医院“菁英人才”培养计划选拔实施方案》，选拔2名学科带头人、10名学科骨干、10名护理骨干。通过社会公开招聘录取硕士研究生2名，本科医师2名，大专护士6名，劳务派遣方式招聘助理护士12名、基建人员2名。派出14名专业技术人员前往9个(县、市、区)11个基层医疗单位挂职帮扶，提升基层医疗单位的医疗救治水平及服务能力。

科研能力　获批组建赣州市呼吸疾病重点实验室，该项目填补赣州市呼吸系统疾病的科研实验平台建设的空白。顺利通过药物临床试验机构备案，结核病科、消化内科、传染科感染病专业、呼吸内科4个专业通过专业备案，可以承接Ⅱ—Ⅳ期药物及医疗器械、体外诊断试剂的临床试验。成立科研兴趣小组，定期召开科研知识专题讲座，提高医务人员的科研意识和科研兴趣。成功申报江西省卫生健康委科技计划项目19个，创医院历史新高；江西省中医药管理局科研项目6个；赣州市科技计划指导性项目7个；赣州市卫健委科研项目10个。鼓励医院医务人员在医学刊物上发表论文，累计发表论文44篇(国家级25篇，省级12篇,SCI7篇)。

（赣州市第五人民医院）

【赣州市肿瘤医院】　2022年，赣州市肿瘤医院在全院各病区开展肿瘤全程慢病管理服务。肺部肿瘤科获批第十四批江西省医学学科省市共建项目；化疗中心被确定为“江西省首批癌痛规范化治疗示范病房”；医院入选国家首批卵巢癌、肝癌规范诊疗质控试点单位，2022年乳腺单病种质控病理诊断能力验证合格名单。年内，成立赣州市抗癌协会大肠癌专委会，并成为主委单位。

临床治疗　开展卵巢癌超根治术、腹膜后巨大肿瘤切除术等高难度手术；开展骨肿瘤缺损腓骨重建术、头颈肿瘤术后缺损修复重建术，乳房假体重建术、经腋腔镜甲状腺癌根治术等微创、整形、术后修复手术；开展立体定向放射治疗、无痛三维后装治疗、四维放疗定位技术等精准放疗技术。

对外协作　开展对标一流医院中山大学肿瘤防治中心大调研活动，推进中山大学肿瘤防治中心在本院建立介入治疗科、骨肿瘤科2个名医工作室，医院名医工作室达到8个；深化肿瘤防治专科联盟建设，龙南县妇保院等18家医院新加入肿瘤防治专科联盟，在南康区中医院等16家医院建立专家工作室；启动市肿瘤诊疗质量提升行动暨城市癌症早诊早治项目，制定全市肿瘤诊疗质量提升三年行动计划，积极构建全市肿瘤防治体系。

平台建设　门诊医技综合大楼项目顺利竣工并投入使用；一流的健康体检与肿瘤筛查中心、检验中心、病理中心、内镜中心及高端3.0T磁共振等设备投入使用，购置肿瘤筛查车(含车载CT)。高效推进外科大楼项目开工建设，即将完成主体工程封顶。完成门诊医技综合大楼信息化建设项目，推进信息化升级改造二期项目上线，通过电子病历系统应用水平四级评审。

（赣州市肿瘤医院）

【赣州市中医院】 2022年，赣州市中医院坚持中西医融合发展，各项监测指标得到优化，实现“四升四降”：门急诊人次、手术人次、医疗服务性收入占比、门诊患者使用中药非药物疗法占比同比分别增长14.51%、13.16%、0.3个百分点、3.49个百分点；平均住院日、药占比（不含中药饮片）、门诊次均费用、住院次均费用同比分别下降1.4天、0.7个百分点、11.3%、7.3%。CMI值和三四级手术占比在全省DRG监测8所同级别中医院中位列第一，全国三级公立中医医院绩效考核结果B+。

医疗质量及安全　2022年，新增肛肠科、针灸康复科、肝胆脾胃病科3个市级重点专科。骨三科与南昌大学第一附属医院开展“省市共建”骨科（微创脊柱外科）；针灸推拿科牵头成立赣州市针灸推拿医疗质量控制中心并召开专委会年会。筹备增设老年医学科，组建新国医堂和名医堂，优化内一科、内二科、儿科、治未病中心、外科和门诊部的人员、场地配置。膝关节置换术、髋关节置换术、椎间盘手术占比位列全省200家监测医院前10名。全院按国考手术分级三、四级手术占比分别为32.07%、27.22%。引进血滤机填补医院血透项目空白，完成脉动真空灭菌器更新确保供应中心的生产安全，GE1.5T磁共振11月投入使用。

新技术项目　组织审核、管理新技术新项目的申报和开展62件。肛肠科引进生物反馈治疗仪、数字胃肠机、肛管测压仪等开展结肠传输试验、球囊逼出试验、排粪造影、盆底肌点图、生物反馈治疗、肛管测压等一系列便秘规范诊断及治疗，填补赣南地区空白。内二科开展在血液滤过、超声引导下动静脉内瘘狭窄球囊扩张术、淋巴结活体组织穿刺、肾脏活体组织穿刺、抗肿瘤药物胸腔灌注等新技术5项。康复科开展针刀松解，肌骨超声、超声引导下精准康复诊疗。口腔科新开展口腔正畸技术。完善日间手术制度，开展日间手术40台。

中医药特色建设　新国医堂于4月份正式启用，与全国名老中医工作室、名医堂，针灸康复门诊、治未病中心等打造新的综合门诊，突出中医药特色优势。院内制剂批文12个，消肿膏、沐足粉、艾条、冰硼散等在产协定处方品种共31种，与济民可信集团签订协议委托生产跌打损伤药水等4个品种。推出儿科中药贴敷方、小儿推拿、针刺四缝疗法等疗法。做好三伏天灸、三九天灸和膏方节等品牌活动。开展火龙罐、药浴风蛋、药物竹罐等40余项中医特色护理技术项目，累计护理患者26.88万人次。2022年本院陈庆英、连育才、吴建欣等名专家及6名继承人入选江西省名老中医药专家学术经验继承项目。钟良钰获评江西省第四批中医药中青年骨干人才培养对象。持续开展院内“师带徒”“西学中”活动。积极开展中医药文化知识“六进”活动，定期开展医疗帮扶、便民义诊、志愿服务等特色活动。

医疗教学及科研　教学方面，临床技能培训中心正式投入使用，2022年招收中医专业规培生10名，接收医疗、药剂、护理专业实习生、见习生共计300人，进修生44人。承担赣州市及吉安市区共51名中医全科医生转岗培训任务。举办首届“诵中医精神传大医精诚”实习生中医经典诵读比赛。修订《科研绩效分配实施规定》，加大科研奖励力度。立项课题江西省中医药管理局课题25项、江西省卫健委课题15项。发表论文35篇，其中SCI2篇，核心期刊论文3篇，国家级期刊20篇，省级期刊10篇。

人才队伍建设　完善人才培养、使用和引进管理办法，加大高层次人才和实用性人才引进力度。2022年，公开招聘工作人员24人，其中硕士研究生6人，全日制本科生10人。获评江西省第四批中青年骨干人才1人、入选赣州市科技局智库专家1人。开展继续教育，骨一科、骨四科、肛肠科、针灸康复科举办省级继续教育学习班，共900人次参加学术会议。举办市级继续教育项目11项，院级继续教育项目14项，培训人次达3000余人次。全院中层干部及副高以上职称人员，共开展19场专题培训，现场培训人员2000余人次。选派卫生技术人员30人赴上级医院进修，参加市级以上学术会议69人次。

优化就医服务　调整门诊就诊流程，实现“一卡通”就诊，减少使用就诊卡4万余张。上线电子发票系统，实现自助打印检验检查结果单。开设“夜间门诊”、“互联网+护理”“小包装中药饮片药房免费送药上门服务”，开通微信预约挂号与自助机现场挂号系统、试点诊间支付等便民服务。优质护理覆盖100%的病区，门诊和住院患者院内满意度保持在99%以上。

协作交流　分别与广州市第一人民医院、中山大学附属第六医院签订骨科专科建设战略合作协议（设立骨科专家工作室）、肛肠科合作协议（设立任东林教授工作室）。广州骨科专家每周来院教学查房、示范手术、门诊坐诊等。出台《赣州市中医院外聘专家管理规定（试行）》，给骨伤科、肛肠科、针灸康复科等优势专科每个学科每年100万元，连续3年的中长期学科建设支持。

（赣州市中医院）

本栏编辑：王志辉

体 育

综 述

【概况】 2022年，赣州市加强“北上”对接，多次赴国家体育总局对接汇报，得到国家体育总局等相关部门在项目和政策上的大力支持和倾斜，全年共向上争取体育类扶持项目200余个，获得补助资金达1.4亿元，创“北上”对接争资历史新高。市体育局成功与梅州市体育局、深圳市文化广播电视旅游体育局签订体育领域合作交流框架协议，广泛开展融湾地区人文体育交流。定南县成功引入广东梅州市华京体育有限公司，投资额超3亿元提升定南足球基地和足球小镇，有效做好做足了以足球为媒的体育综合发展文章。赣州市大力推动体育与教育资源有机整合，探索形成“无体育，不教育”的体教融合赣州实践，于都县体教融合试点得到国家和省体育局领导的肯定，足球和体教融合改革已列入赣州市改革重点案例。

【创建全国足球改革试验区】 2022年，赣州在全省率先创建全国足球改革试验区，先后制定《关于打造市级青少年足球强队工作方案》《关于赣州创建全国足球改革试验区实施方案》，成功争取省体育局为赣州市量身定制的《关于赣州创建全国足球改革试验区实施意见》，共同签署“组建江西省U系列足球队双方合作框架协议”。先后组织召开全市创建全国足球改革试验区动员大会、推进会和市县联席会，赣州市各县（市、区）足球项目进校园已实现全覆盖，全部建立足球校队和县级梯队，创建工作取得阶段性成效。年内，全市新增社会足球场地50块，校园足球场地92块；新增足球教练员755人，裁判员422人，轮训足球老师852人。现有足球教练员1381人、裁判员683人，建有足球场地913块，提前完成“十四五”规划任务，实现足球场地万人比（0.9块/万人）。各地通过体育课和“4点半延时服务”，均实现足球项目进校园全覆盖。

【全市体育工作会议】 4月15日，全市体育工作会议在赣州召开。市体育局党组书记、局长李诒芸作题为《改革奋进 勇争示范为加快建设革命老区高质量发展示范区贡献体育力量》的工作报告，报告全面回顾和总结2021年全市体育工作发展实际，并对2022年全市体育工作进行具体部署。

5月23日，赣州创建全国足球改革试验区动员大会在赣州召开　　（市体育局供图）

【启动全国全民运动健身模范市创建】 5月26日，召开赣州市创建全国全民运动健身模范市新闻发布会，标志着赣州在全省率先启动全国全民运动健身模范市创建工作。要求2022—2024年开展全国全民运动健身模范市创建活动，力争到2025年实现《“健康中国2030”规划纲要》关于全民健身的主要目标、全面达到《赣州市全民健身计划（2021—2025年）》所确定的人均体育场地面积不低于2.6平方米、经常参加体育锻炼人数比例达到43.6%等重点目标。2025年年底前国家体育总局将组织全民运动健身模范市评审。

【后备体育人才建设计划】 2022年，赣州市正式启动竞技体育后备人才“选星计划”，旨在寻找、发现具有从事竞技体育运动天赋和巨大潜力的优秀体育后备人才。全市现有国家级体育后备人才训练基地3所、省级体育后备人才训练基地7所、市级体育后备人才训练单位达到96所，在训运动员达到8000余人，为各竞技体育项目布局、选拔更多优秀后备人才以及提升青少年竞技体育实力打下坚实基础。

体育设施建设

【概况】 2022年，赣州市不断加大城市体育基础设施建设，科学合理规划建设贴近社区（村庄）、方便可达的全民健身中心、体育公园、健身步道、健身广场，以及水上、山地、航空等户外运动健身设施，充分利用城市“金边银角”、公园、绿地的空闲地、边角地建设标准或非标准的公共体育设施，打通公共体育服务的“最后一公里”。年内，全市城市社区“十五分钟健身圈”和行政村健身设施实现全覆盖。积极向上争资争项完善体育设施建设，全年获得中央补助资金1132.95万元、省级补助资金485.38万元。全南县成功申报江西省体操运动管理中心攀岩后备人才培养训练基地。上犹南湖水上运动训练基地被命名为省级水上运动（南湖）训练基地，江西省皮划艇队已进驻上犹县皮划艇训练基地。

【全民健身基础设施建设】 2022年，新增中心城区全民健身项目39个，社区全民健身设施示范工程15个，乡镇多功能运动场32个，市全民健身中心一期项目钢结构吊装已顺利合拢，市老年人体育活动中心项目正式开工建设，全年全市人均场地面积达2.53平方米。

【中小学校体育馆向社会开放】 推动实施《赣州市中小学校体育场馆向社会开放实施方案》，全市有条件开放的941所学校体育场馆实现全部开放，争取免费或低收费开放补助资金1618.33万元，补助场馆82个，有效推动全市全民健康事业发展。

体育产业

【概况】 年内，赣州市深入推进体育产业融合发展，成功打造大余丫山运动休闲特色小镇、定南足球小镇、全南攀岩小镇、上犹路亚垂钓小镇和国际赛车谷、南康航空小镇等一批体育产业综合体，实现体育经济边际效应最大化，带动竞技项目发展。定南瑞狮、上犹九狮拜象获评全国体育优秀传统文化项目，有效传承体育特色文化。全年申报省级体育产业示范单位5个、示范项目1个，赣州兴雪莱服装有限公司获评省级示范单位。全市体育彩票销售达12.8亿元，居全省第二。体育领域设备采购贷款贴息项目申报工作稳步推进，全市有50个体育项目入库，9个项目完成贷款合同签订，贷款金额11.65亿元，已放款1个项目，放款金额5000万元，34个项目签订贷款意向协议。

【体育消费升级】 坚持以赛为媒，大力举办竞技体育赛事，提升群众运动热情，不断推动消费升级，通过举办赣州市第二届云上运动会、章贡区体育消费节等活动，发放“体育惠民卡”和“体育消费券”，有效拉动全市体育消费，赛事经济已成为赣州市经济新增长点。

【体育项目进校园】 巩固和拓展学校、体校、社会体育俱乐部“三大阵地”，构建和完善健康促进、青训、竞赛“三大体系”，推动体育项目进校园，加大“四点半后延时服务”力度，形成“1+3+N”校园体教融合发展新模式。新增6个省级青少年体育俱乐部，3个省级单项转训基地。赣州市共有16所学校入选全国青少年校园足球特色学校名单，定南县教育科技体育局上榜2021年度全国青少年校园足球“满天星”训练营名单，赣州市第三中学获评“全国排球高水平后备人才基地”。

【2022中国体育旅游精品项目】 12月20日，国家体育总局体育文化发展中心公布“2022中国体育旅游精品项目”，大余丫山旅游度假区、安远县三百山旅游度假区获评精品景区；于都县新长征之旅体育旅游路线、瑞金市红区运动休闲旅游线路获评十佳线路。其中，大余丫山旅游度假区第三次获评十佳精品景区，于都县新长征之旅体育旅游路线第二次获评十佳线路，瑞金市红区运动休闲旅游线路第四次获评十佳线路。中国体育旅游精品项目推介是中国体育文化博览会、中国体育旅游博览会的重要配套活动之一，通过打造一批有代表性、有影响力的体育旅游精品景区、线路、赛事、目的地，促进体育与旅游深度融合发展。

群众体育

【概况】 2022年，举办中国冰雪大篷车百场巡回（赣州站）主题活动、“闽粤赣”三省六县篮球公开赛等有影响有规模的全民健身赛事活动 500 余场，服务健身近千万人次。“周周有活动、月月有赛事，节庆有亮点”的全民健身格局得到进一步完善和巩固。年内全市新增赣州市高尔夫球协会等体育社会组织 41 个（其中市本级 4 个），至年底，全市各级成立的体育社会组织 454 个，居全省第一。持续推进社会体育指导员队伍建设，全年新增社会体育指导员 4388 人，全市现有各级社会体育指导员 22388 人，每千人拥有社会体育指导员 2.49 人，提前完成“十四五”规划要求。体育志愿者队伍不断壮大，新增体育志愿者 500 人，全市现有体育志愿者 2054 人，开展体育志愿服务活动达 200 余场次，服务健身人群 200 万人次。赣州市入选“全省群众体育先进单位”共 27 家，共有 18 人获评“全省群众体育先进个人”。

【“全民健身日”主题活动】 8 月 7 日，“喜迎二十大 健身伴我行”2022 年赣州市“全民健身日”主题活动启动仪式在赣州长征广场举行，活动由赣州市实施全民健身计划领导小组主办，赣州市体育局承办。参演节目选取全民健身领域具有代表性、参与程度广泛以及能够体现全民健身特点的广场舞、健身气功、太极拳等 11 个健身展示项目，为广大健身爱好者搭建“以健身强体魄，以健身连友谊，以健身谋幸福”的展示舞台。通过组织开展健身项目大展示、体彩嘉年华、科学健身大讲堂、线上健身教学视频展示等一系列线上线下体育健身活动，引导市民积极参与健身活动，提升广大群众体育健身意识。

【崇义县入选全国第一批全民运动健身模范县】 12 月 27 日，在全国体育局长会上，国家体育总局公布第一批全民运动健身模范市（区）和全民运动健身模范县（市、区）名单，并为赣州市崇义县等 6 个地方的代表颁发牌匾。2018 年，国家体育总局启动全民运动健身模范市

8 月 7 日，2022 年赣州市“全民健身日”主题活动启动仪式在赣州举行

（市体育局供图）

和全民运动健身模范县（市、区）创建工作，全国 200 多个市（区、县）参与创建。此次有 12 个市、区，19 个县、区、市被命名，崇义县入选，是江西省唯一入选该榜单的城市。

【“全民健身 幸福赣州”主题活动】 赣州市成功打造了“全民健身，幸福赣州”主题活动，全年共举办赣州市第二届云上运动会、赣州市青少年田径锦标赛、赣州市青少年篮球锦标赛、赣州市青少年排球锦标赛、赣州市青少年足球锦标赛赣州市青少年射击锦标赛、“喜迎二十大·畅享新生活”健身瑜伽千人马拉松赛等赛事活动 300 余场次，有效推动全市体育运动的发展，激发广大群众参与体育项目的热情。

【举办“全民健身幸福江西”2022 年“体总杯”中国城市篮球联赛测试赛（赣州站）】 8 月 8—18 日，“全民健身幸福江西”2022 年“体总杯”中国城市篮球联赛测试赛（赣州站）在赣州举行。来自赣州市各篮球俱乐部 12 支代表队 182 人参加了测试赛，参赛运动员年龄 18 岁至 50 岁。经过 11 天 38 场比赛，最后黄金元素、新势力、同盛装饰、解武辉达等 4 个俱乐部分获前四名；丽景江山、帆升体育和巴黎婚纱等 3 个俱乐部获得体育道德风尚奖。

竞技体育

【概况】 2022 年，全市先后举办、承办首届中国青少年足球联赛、“赣粤杯”青少年足球邀请赛等 10 余项全国性、区域性大型足球赛事，举办、承办江西省第三届百县乒乓球运动会、江西省青少年攀岩锦标等 20 余个省级以上体育赛事活动，在定南和瑞金承办全国、全省青少年足球夏令营活动。组织举办赣州足球联赛暨“体总杯”中国城市足球联赛选拔赛（赣州赛区）。在厦门环东半程马拉松赛中，赣州选手彭建华夺得冠军并刷新尘封 13 年的全国男子半程马拉松最好成绩。在 2022 中国攀岩联赛总决赛中，赣州运动员谢贵珍获得中国攀岩联赛女子速度赛年度总冠军。在 2022 年全国男子少年拳击锦标赛中，赣州市运动员杨哲轩夺得 44—46 公斤级别冠军。

【备战省第十六届运动会】 赣州代表团派出 2300 余名运动员参加江西省第十六届运动会，其中青少年部（青少年组）共获得奖牌 416 枚，奖牌总数、金牌总数、团体总分均居全省前三，囊括竞技体育所有奖项，创造赣州在省运会上最好成绩，

11 月 22—27 日，第一届中国青少年足球联赛总决赛在于都县举行
（市体育局供图）

并在多个项目上实现历史性突破。赣州市代表团还荣获后备人才培养一等奖、竞技体育突出贡献奖、输送优秀运动员贡献奖、体育道德风尚奖和社会部优秀组织奖。

【承办全国青少年 U 系列软式曲棍球锦标赛暨全国小学生软式曲棍球锦标赛】 8 月 11—14 日，2022 年全国青少年 U 系列软式曲棍球锦标赛暨全国小学生软式曲棍球锦标赛在于都县举办。曲棍球锦标赛由国家体育总局曲棒垒球运动管理中心、中国曲棍球协会、中国中学生体育协会主办，于都县人民政府、赣州市体育局承办，于都县教育科技体育局、于都县长征源旅游投资开发有限公司协办。有本省和内蒙古、上海、山东等省市的 25 支代表队 352 名运动员参加。比赛分为 U8、U10、U12、U15、U18 共 5 个组别，通过分组赛、半决赛和决赛等形式决出 10 枚金牌。

【举办赣州市第一届残疾人运动会】 9 月 6 日，赣州市第一届残疾人运动会在赣州市体育中心开幕，此次运动会由赣州市人民政府主办，赣州市残联、赣州市体育局承办，主题为“喜迎二十大　助残新征程”。该届残疾人运动会会期为 1 天，来自各县（市、区）近 500 名运动员在 50 米短跑、100 米“两人三足”跑、4×100 米接力跑、立定跳远、垒球等田径比赛项目，第九套广播体操、个人单摇跳绳、集体跳绳、拔河比赛等群众项目中展开角逐。

【省第三届男子篮球联赛开幕式在赣州举行】 10 月 29 日，2022 年江西省第三届男子篮球联赛开幕式在赣州市体育中心体育馆开幕。江西省第三届男子篮球联赛由江西省体育局主办，江西省篮球协会承办，本届赛事共有 11 个设区市代表队及省直机关队、省直事业单位队、省 U22 青年队共 14 支参赛队，分为 3 个阶段，常规赛、季后赛及总决赛，其中，11 月底前为常规赛，12 月至 2023 年 1 月为季后赛和总决赛，共进行 131 场比赛。

【第一届中国青少年足球联赛总决赛在于都举行】 11 月 22—27 日，第一届中国青少年足球联赛总决赛在于都举行。山东泰山 U13 队获得男子初中年龄段 U13 组别的冠军；山东泰山 U15 队获得男子初中年龄段 U15 组别的冠军；上海女足 U15 队获得女子初中年龄段 U15 组别的冠军；山东济南历城二中女足 U17 队获得女子初高中年龄段 U17 组别的冠军。第一届中国青少年足球联赛是兼具最高规格、参与人数最多、覆盖地区最广、竞技水平最高、传播影响力最大等属性的国家青少年足球赛事。

（沈　亮）

本栏编辑：肖　佳

社会生活

人口监测与家庭发展

【概况】 2022年末，全市户籍总人口986.23万人，其中城镇人口348.84万人、乡村人口637.39万人；男性512.01万人，女性474.22万人；17岁及以下239.98万人，18—34岁234.86万人，35—59岁355.03万人，60岁及以上156.36万人。全年出生人口6.83万人，出生率6.93‰，死亡人口6.21万人，死亡率6.30‰，自然增长率0.63‰。

【人口监测】 赣州市高质量开展全员人口信息核查。充分动员县、乡、村人员开展数据清理清查工作，着力解决人口变动信息更新清理不及时、人口数据重复冗余、信息数据质量下降等问题。全面落实分娩直报以及公安、统计、民政、卫健等行业部门人口信息共享制度，定期通报出生、死亡、迁移、婚姻、流动等人口信息。运用监测人口指标数据，分析影响因素，研判人口与家庭发展状况及变动趋势，提出完善生育支持、家庭发展以及托育服务等相关配套政策的建议，为全市经济社会发展提供科学决策参考依据。

【优生优育服务】 推广婚育“一站式”“多合一”服务模式，2022年，全市免费婚检全覆盖，婚检率达98.6%。应用高通量基因测序检验技术开展产前诊断，对20余例重型地贫胎儿实施终止妊娠。普及新生儿代谢性疾病筛查项目，新筛率、听力筛查率分别为99%、98%。全市17个县（市、区）各建有1所公办妇幼保健机构，建成28个危重孕产妇救治中心、25个危重新生儿救治中心。“两癌”筛查实现全覆盖，免费开展宫颈癌筛查14.3万余人，乳腺癌筛查14万余人。实施儿童营养改善项目，发放营养包444万余盒，惠及近9万名6—24月龄婴幼儿。提高不孕不育诊疗水平，为5000余人提供人工辅助生殖技术服务。

【三孩生育政策依法实施】 市委主要领导对人口工作作出批示。加强全市人口工作组织领导，成立市政府主要领导担任组长的市人口生育保障领导小组。市政府印发《赣州市“一老一小”整体实施方案》。在全市范围继续清理相关规章和规范性文件，废止和宣布失效包括“一票否决”“村（居）为主”工作机制等一批涉计划生育文件。加强政策宣传，妥善回应社会关切，全市未出现一例涉计划生育非正常信访案件。改进服务方式、优化办事流程，推进出生医学证明、儿童预防接种、户口登记、医保参保、社保卡申领等“出生一件事”联办，全年网上办理生育登记6.4万例，让群众办理生育登记更加便捷高效，真正实现一次办理、“一次不跑”。推动将3岁以下婴幼儿照护费用纳入个人所得税专项附加扣除，推动落实托育机构场所用水用电用气等价格优惠政策，推动各地在购买商品房、公积金贷款、公租房申请等方面出台系列三孩生育政策配套支持措施。督促各地各部门全面落实婚假、产假、男方护理假、育儿假等制度。完善生育保险制度，将参保女职工生育三孩的费用纳入生育保险支付范围，城乡居民生育医疗费用取消病种报销限额。

【计划生育家庭奖励扶助政策落实】 市委、市政府高度重视计生特殊家庭关怀扶助工作，市委主要领导专门作出批示，市政府有关领导专门调度。2022年，在经济扶持方面，为全市计生特殊家庭对象2545人发放特别扶助金2056万元，农村部分计划生育家庭奖励对象29442人发放扶助金3533万元，阳光助学对象2057人发放助学金205.7万元，城镇独生子女父母奖励对象78231人发放奖励金9387.7万元；培训计生特殊家庭劳动力1319人次；发放自主创业补贴203人次99.25万元；为131人发放困难残疾人生活补贴、83人发放重度残疾人护理补贴。在生活保障方面，累计为703户1033人发放救助资金689.03万元；落实“两个优先”，加强住房保障。在医疗保障方面，资助基本医保2446人；56人享受大病保险报销，报销金额34.14万元，276人享受医疗救助，救助金额71.65万元；2545人享受免费体检，免费金额80.1万元。统一出资为全市计生特殊家庭购买“江西卫惠保”。在社会人文关怀方面，将计生特殊对象纳入市、县

两级领导春节走访慰问对象，做到全覆盖；提供心理援助120余人次；完善联系帮扶制度，针对生活特困的，设置助学补助。

【普惠托育服务体系发展】 2022年，市政府办印发《关于促进3岁以下婴幼儿照护服务发展的实施方案》，建立由市卫健委牵头，发改、教育等17个部门参与的联席会议制度，将托育服务工作纳入年度综合考核。召开全市托育工作推进会。对托育机构建设情况，坚持每月一调度、一排名，每季一督查、一通报。发展普惠托育服务体系，出台普惠性托育机构认定、建设和运营补助管理办法，在全省率先启动制定两类托育机构价格、率先实施婴幼儿入托补贴及托育机构建设补助。9个县（市、区）建成1所以上公办托育机构、5个县（区）在建设中，11个县（市、区）50%的乡镇（街道）建有公办托育机构，22个托育项目纳入全市2023年提高民生品质行动，县（市、区）全覆盖，总投资6.65亿元，争取中央预算内投资支持1295万元，将新增普惠性托位1295个。实施托幼一体化，全市近400家符合条件的幼儿园开设托班。赣州市在国家发改委调研江西省普惠托育服务体系建设视频座谈会上代表江西省作经验交流发言。积极探索“医育结合”，全市在建、已建成医育结合托育项目9个。全市有托育机构509家，其中备案托育机构97家，较2021年均增加一倍多。新增托位7300个，托位总数2.7万个，每千名常住人口托位数3个。

（金忠明　刘　滢）

收入消费

【城镇居民收入消费】 城镇居民收入　2022年，赣州市城镇居民人均可支配收入42231元，比2021年增长5.2%；城镇居民家庭恩格尔系数31.0%，比2021年下降0.8个百分点。其中，工资性收入25457元，比2021年增长4.8%，占可支配收入的60.3%；经营净收入4509元，比2021年增长3.7%，占可支配收入的10.7%；财产净收入4389元，比2021年增长9.2%，占可支配收入的10.4%；转移净收入7876元，比2021年增长5.1%，占可支配收入的18.6%。

城镇居民消费支出　2022年，赣州市城镇居民人均消费支出25824元，比2021年增长6.0%。其中，食品烟酒消费支出8012元，比2021年增长3.6%；衣着消费支出1365元，比2021年增长0.9%；居住消费支出6398元，比2021年增长6.6%；生活用品及服务消费支出1466元，比2021年增长10.7%；交通通信消费支出3159元，比2021年增长9.6%；教育文化娱乐消费支出2988元，比2021年增长6.6%；医疗保健消费支出1978元，比2021年增长6.6%；其他用品和服务消费支出458元，比2021年增长14.3%。

【农村居民收入消费】 农村居民收入　2022年，赣州市农村居民人均可支配收入15900元，比2021年增长8.3%；农村居民家庭恩格尔系数33.1%，比2021年下降1.6个百分点。其中，工资性收入7017元，比2021年增长7.3%，占可支配收入的44.1%；经营净收入5552元，比2021年增长6.0%，占可支配收入的34.9%；财产净收入181元，比2021年增长19.2%，占可支配收入的1.1%；转移净收入3150元，比2021年增长14.8%，占可支配收入的19.8%。

农村居民消费支出　2022年，赣州市农村居民人均消费支出14880元，比2021年增长9.4%。其中，食品烟酒消费支出4922元，比2021年增长4.3%；衣着消费支出653元，比2021年增长7.9%；居住消费支出3564元，比2021年增长9.6%；生活用品及服务消费支出904元，比2021年增长13.5%；交通通信消费支出1695元，比2021年增长10.9%；教育文化娱乐消费支出1718元，比2021年增长20.6%；医疗保健消费支出1190元，比2021年增长11.0%；其他用品和服务消费支出234元，比2021年增长10.8%。

【市场物价】 2022年，全市居民消费价格比2021年上涨2.3%，其中食品烟酒价格上涨2.0%。在食品烟酒价格中，粮食价格上涨1.0%，鲜菜价格上涨8.9%，畜肉价格下跌8.5%。衣着价格下跌0.8%，居住价格上涨0.9%，生活用品价格上涨1.7%，交通和通信价格上涨5.5%，教育文化和娱乐价格上涨5.1%，医疗保健价格上涨0.5%，其他用品和服务价格上涨1.3%。商品零售价格上涨3.9%。

（市统计局）

2018—2022年赣州市城乡居民生活改善情况表

表19

指　标	单位	2018年	2019年	2020年	2021年	2022年
城镇居民人均可支配收入	元	32163	34826	37031	40160	42231
农村居民人均可支配收入	元	10782	11941	13036	14675	15900
城镇居民家庭恩格尔系数	%	31.9	30.8	32.2	31.8	31.0
农村居民家庭恩格尔系数	%	34.0	33.4	35.5	34.7	33.1

劳动就业

【概况】 2022年，全市人社部门对标对表中央、省、市决策部署，聚焦“作示范、勇争先”目标定位，坚持以人民为中心的发展思想，突出稳就业保就业工作重点，整体推进社会保障、人事人才、劳动关系、公共服务等工作，积极抓重点、破难点、创亮点，各项工作扎实推进。

10月15日，在瑞士巴塞尔，赣州市选手李德鑫（中）荣获2022年世界技能大赛特别赛家具制作项目金牌　（市人社局供图）

赣州市人社局获评全国人力资源社会保障系统先进集体。赣南革命老区高质量就业服务示范区项目获评全国2022年公共就业服务能力提升示范项目，获人社部、财政部1亿元和省人社厅、财政厅0.4亿元资金支持。赣州市选手李德鑫在2022年世界技能大赛特别赛家具制作项目获得金牌，获大赛瑞士赛区中国代表团首金、世赛家具制作项目中国首金。赣州市被人社部确定为工伤预防重点联系城市，实施补充工伤保险试点工作。赣州市人社局被表彰为全省社会保障工作先进集体。

【就业服务】　2022年，全市举办“春风行动”“民营企业招聘月”等招聘活动620余场，初步落实就业去向10.5万人次。全市新增创业担保贷款41.33亿元，完成年度计划的165.32%，持续领跑全省，直接扶持创业2.14万人，带动就业10.33万人。打好政府扶持、整合资源、市场化运作“组合拳”，全市建有创业孵化基地37个，入驻实体2600余家，带动就业2.67万人。全市新增城镇就业7.93万人，新增转移农村劳动力11.56万人，分别完成年度目标的129.79%、125.65%，均超额完成省下达目标任务，全市就业形势持续平稳。

重点群体就业　扎实帮扶高校毕业生、农民工、脱贫劳动力等群体就业，全市农村劳动力转移就业204.23万人，9.1万名二次返乡农民工基本实现就业，全市开展补贴性职业培训7.97万人，全市有劳动能力的脱贫人口和“三类人员”已实现就业58.07万人，零就业家庭保持动态清零。在高校毕业生就业上，探索在市内外20所院校设立就业创业服务站并派驻专员，在全省率先开展2022年线下校园招聘活动，事业单位招聘发布岗位数全省最多、推进速度全省最快，出台高校毕业生留市来市就业创业12条硬核举措，全年来市留市就业高校毕业生2.18万人，创造历年最好水平。

职业技能培训　提升职业技能提升行动，赣州市经验做法在《中国劳动保障报》、“技能中国”微信公众号刊登。全市开展职业技能培训7.97万人次，发放培训补贴5131.21万元。赣州市选手李德鑫在2022年世界技能大赛特别赛家具制作项目获得金牌，获大赛瑞士赛区中国代表团首金、世赛家具制作项目中国首金，市人社局被评为全省2022年世界技能大赛突出贡献单位，获省政府通报表扬。

强化就业政策支撑　赣南革命老区高质量就业服务示范区项目获评全国2022年公共就业服务能力提升示范项目，获人社部、财政部1亿元和省人社厅、财政厅0.4亿元资金支持。全面落实减负稳岗扩就业系列政策举措，拨付各类稳就业资金4.93亿元。

人力资源服务业发展　在全省率先出台《关于印发〈关于加快全市零工市场建设促进灵活就业的实施方案（试行）〉的通知》，明确全市“2+4+N”零工市场布局，全市已初步建成零工市场（驿站）23个，组织开展零工专场招聘活动56场次，带动就业3000余人，《中国劳动保障报》刊登报道赣州市零工市场建设成效。推动人力资源服务产业园扩容升级，截至2022年年底园区机构开展线上线下招聘活动14场，组织园区企业参加校院线上线下招聘活动11场，累计为重点企业输送用工12000余人。

【就业形势】　全市新增城镇就业7.93万人，新增转移农村劳动力11.56万人，分别完成年度目标的129.79%、125.65%，均超额完成省下达目标任务，全市就业形势持续平稳。充分释放助企纾困政策效应，拨付各类稳就业资金4.93亿元，通过落实阶段性降低失业工伤保险费率、失业保险稳岗返还、失业工伤养老保险缓缴等政策，为企业减负超5.77亿元，惠企稳岗扩就业成效明显。上线运行全市智能化招聘平台和流动人员人事档案管理服务平台，就业服务智能化信息化工作实现历史性突破。创新运用“1+20+N”模式开展直播带岗，线上线下同步开展招聘活动620余场、落实就业去向10.5万人次，在全省率先全域建设零工市场，人力资源产业园为重点企业输送用工1.2万余人，创业担保贷款发放量持续领跑全省，新增5家省级创业孵化基地，公共就业服务更便捷、更优质、更暖心。

【人才人事工作】　创新人才招引方式，揭牌成立市人才集团，人才引育市场化、专业化、规范化水平进一步提升，在深圳设立引才工作站，建立超4000人的人才数据库，率先开展事业单位招考“线上远程考核”，创新开展“带编进校”“带企进校”引才活动，积极赴广州、贵阳、西安等地招聘人才，人才招引手段更新、成效更明。用心服务人才培养，全年引进高层次人才4543人、排全省前列，在全省率先将林业产业纳入职业农民职称申报范围，组织28个系列1.59万余人开展职称评审，新增4家博士后创新实践基地、1家博士后科研工作站，宁都高级技工学校升格技师学院，并获批全国首批全省唯一的技工院校工学一体化教师培训基地，三江技工学校升格高级技工学校，赣州市代表队在江西省第一届职业技能大赛中斩获11枚金牌12枚银牌6枚铜牌25优胜、团体总分全省第二的好成绩，为全市经济社会发展培养大批人才。推进人才人事制度改革，开展职称评审“破四唯”，在全省率先出台职业农民人才发展措施，主动下放评审权限，推动技能人才自主评价和职业技能等级自主认定“双贯通”，县以下事业单位首批2821名管理岗位职员晋升等级，在全省率先对事业单位工作人员记功奖励，科学制定事业单位绩效工资核定办法，推动全市公立医院、开发区薪酬制度改革，让人才活力进一步迸发。

【劳动关系】 创新推广保函替代现金缴存民工工资保证金制度，压实工程建设领域通过社保卡发放农民工工资，企业负担持续减轻，民工工资保障持续增强。加强新就业形态劳动者权益保障，发布全市首届“劳动争议十大典型案例、十佳调解案例”，创新开展“人社＋工会＋律所”一站式联调联处，全市调解仲裁受理案件1.65万件，仲裁结案率100%，市仲裁院获评第一批“全省五星级仲裁院”，劳动争议调解仲裁效能大幅提升。朝阳聚声泰（信丰）科技有限公司获“全国和谐劳动关系创建示范企业”称号，赣州经济技术开发区获“全国和谐劳动关系创建示范工业园区”称号。强化欠薪问题源头治理，全面推广劳资纠纷调解平台联调联处机制，全市接待处理劳资纠纷问题2273件，帮助1.34万人追回工资等待遇2.18亿元，严厉打击欠薪违法行为，移送法院强制执行20件，以拒不支付劳动报酬罪移送公安34件，全国根治欠薪线索反映平台线索回复率100%，欠薪问题动态清零，让农民工不“忧薪”，全市未发生因欠薪引发的重大群体性事件、极端事件和重大负面舆情。

【人社公共服务】 优化业务经办流程，推行证明事项告知承诺制，一次性求职交通补贴、缓缴失业工伤养老保险费等实现“即申即享”，失业保险稳岗返还、阶段性降低失业保险和工伤保险费率等实现“免申即享”，让群众享受更多政策便利。深入推进“放管服”改革，赋予国家级开发区市级行政权力11项，在赣州经开区设立5个社保经办窗口，延伸社保经办服务67项，将赣州经开区、蓉江新区辖区内劳动保障监察行政执法工作委托当地管委会实施，大批事项实现园区事园区办。扎实提升数字政务水平，在“赣服通”赣州分厅开设“人社专区”，“人社网上办事大厅”可办理104项单位业务、96项个人业务，143个事项实现“全市通办”，推出115项“即办秒办”事项，以市政府办名义印发《赣州市推进社会保障卡居民服务“一卡通”工作实施方案》，社保卡应用场景持续延展，越来越多的人社业务触网可及。不断提升公共服务能力，积极开展“人社服务标兵”评选和练兵比武活动，赣州市代表队获练兵比武省级赛团体二等奖，评选赣州市“人社服务标兵”21名，人社窗口服务更优、形象更美。

（许苏庭）

2022年，赣州市在全省率先全域建设零工市场　（市人社局供图）

社会保障

【概况】 2022年，全市城乡居民、企业职工、机关事业、失业和工伤保险分别参保437.54万人、156.05万人、29.07万人、51.26万人、77.17万人，均超额完成年度目标任务，保障更多群众共享发展成果。积极完善社会保障制度，以市政府名义印发《关于加快完善覆盖全民的多层次社会保障体系的实施意见》，推动成立全市社会保障工作领导小组，落实企业职工养老保险全国统筹，建立全市统一的城乡居民基本养老保险丧葬补助金制度，企业年金制度覆盖到全市69家单位1.01万人，特别是试点探索补充工伤保险制度，为79.86万名参保职工，尤其是其中的4.01万名特定人员强化工伤保障，经验做法在全省人社工作会议上作交流发言，社保保民生促稳定的制度基础更加坚实。持续提升社会保障水平，赣州市城乡居民养老保险基础养老金人均待遇水平达181.81元，提前三年完成省级目标任务，提前实现“十四五”规划目标任务，完成全市42.91万人养老金调待并补发养老金3.12亿元，为“五类”特殊人群、就业困难人员代缴养老保险费、发放社保补贴超1.14亿元，参保群众获得感、幸福感进一步提升。扎实开展专项整治行动和社保基金安全“警示教育月”等活动，全市社保基金未发生重大风险问题，守好老百姓的“养老钱”“保命钱”。

【养老保险】 2022年，全市推进精准扩面，城乡居民、企业职工、机关事业养老保险参保分别达到437.54万人、156.05万人、29.07万人，均超额完成年度目标任务，保障更多群众共享发展成果。

完善社会保障制度，以市政府名义印发《关于加快完善覆盖全民的多层次社会保障体系的实施意见》，推动成立全市社会保障工作领导小组，落实企业职工养老保险全国统筹，建立全市统一的城乡居民基本养老保险丧葬补助金制度，企业年金制度覆盖到全市69家单位1.01万人。

提升社会保障水平，赣州市城乡居民养老保险基础养老金人均待遇水平达181.81元，提前3年完成省级目标任务，提前实现“十四五”规划目标任务，完成全市42.91万人养老金调待并补发养老金3.12亿元，为“五类”特殊人群、就业困难人员代缴养老保险费、发放社保补贴超1.14亿元，参保群众获得感、幸福感进一步提升。

开展专项整治行动和社保基金安全“警示教育月”等活动，全市社保基金未发生重大风险问题，守好老百姓的“养老钱”“保命钱”。推进社保卡发放社保待遇工作，截至2022年12月底，全市社保待遇进卡率达98.63%，赣州市养老保险待遇领取资格认证率98.69%。

【工伤保险】 开展补充工伤保险试点。2022年，赣州市补充工伤保险试点工作被列为省、市重点改革事项。以市政府名义出台《赣州市补充工伤保险办法（试行）》，在全省率先将超过法定退休年龄的劳动者、在校实习生、见习生、村（社区）“两委”人员、大学生村官等特定人员纳入保障范围，同时进一步减轻用人单位经济负担，提高职工工伤待遇。2022年5月1日试点启动以来，全市补充工伤保险参保79.86万人（含已参加工伤保险人员参保75.85万人、特定人员参保4.01万人），基本实现应参保人群的全覆盖。得到省人社厅和人社部工伤保险司的充分肯定，经验做法被省人社厅全省转发，赣州经验和模式在全省得到学习和借鉴。

推进工伤预防项目实施，积极实施工伤预防五年行动计划，按规定提足工伤预防费334万元，项目规模居全省前列。印发《关于做好2022年赣州市工伤预防项目组织实施工作的通知》，在建筑施工、矿山、危化品、家具制造、纺织服装、电子信息等重点领域重点行业实施工伤预防项目工作。2022年1月，赣州市被确定为全国工伤预防重点联系城市。

协调推进工伤保险参保扩面等经办工作。结合阶段性缓缴社会保险费政策，积极推进工伤保险扩面计划，继续执行降低工伤保险费率政策，落实好尘肺病重点行业工伤保险扩面专项行动，落实建筑业等工程项目参加工伤保险工作。截至12月底，全市工伤保险参保累计77.1万人，其中农民工参保17.94万人，工伤保险费收入1.37亿元，工伤待遇支出2.53亿元，全市工伤保险累计结余6.51亿元，可支撑月数30.88个月。

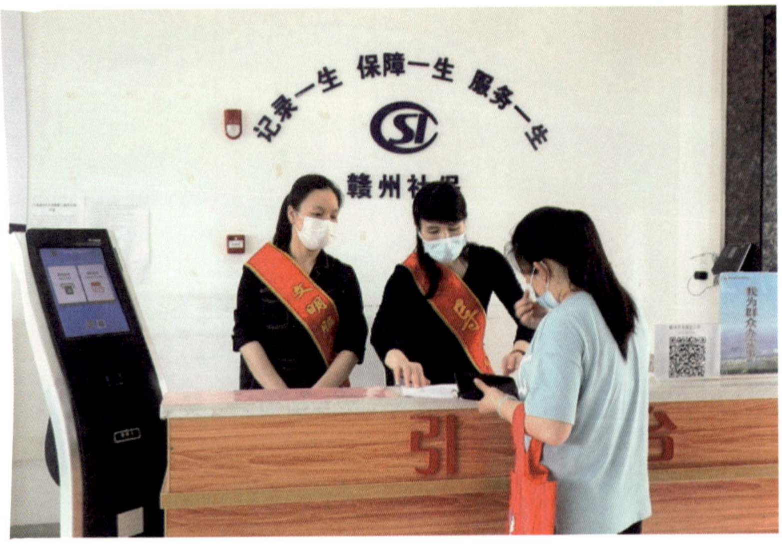

5月1日，《赣州市补充工伤保险办法》正式实施。图为社保工作人员向市民宣传补充工伤保险制度（市人社局供图）

【失业保险】 2022年，全市失业保险参保46.5万人，完成省级下达任务的100.3%。全年通过降低失业保险费率为参保单位减负2.57亿元，受理501家企业缓缴失业保险金额265.51万元，免申即享为8753家企业发放稳岗返还9338.14万元，对受疫情严重影响暂时无法正常生产经营的企业发放一次性留工培训补助2163家3144.1万元，发放一次性扩岗补助1361家840.15万元，政策红利加速释放，惠企稳岗扩就业成效明显。

（许苏庭）

医疗保障

【概况】 2022年，赣州市出台《赣州市建立健全职工基本医疗保险门诊共济保障机制实施办法（暂行）》，健全完善医保市级统筹改革各项制度，医保垂直管理“赣州”经验在全省、全国推广。

出台《赣州市深化医疗服务价格改革试点方案》及相关配套政策。建设并上线智能报价系统，首轮调价方案得到国家医保局、省医保局的肯定，有关做法在《全国医保动态》上刊发，并被省医保局推荐申报全省全面深化改革优秀案例。

【按病种分值付费（DIP）试点】 率先完成2021年DIP年终清算工作，实现全市一、二、三级住院医疗机构DIP付费全覆盖，医保基金覆盖比例98.23%，病种覆盖率达98.31%。改革经验在全国、全省会议上作典型发言，二次交叉评估均为“优秀”，推动“赣州经验”上升为“国家标准”。

【困难群众参保】 2022年，资助全市55.7万名困难群众参保，脱贫人口参保率达100%，实现应保尽保、应资尽资。出台《赣州市健全重特大疾病医疗保险和救助制度若干措施》，对城乡困难群众实行分类救助，全年为8类农村低收入人口报销医疗费用18.1亿元，实际报销比例达74.9%。建立防范化解因病返贫致贫双监测机制，向市民政、乡村振兴等部门反馈监测数据14.3万条。

【基金监管】 2022年，赣州市代表江西省接受国家飞检，全力配合做好省飞检。全市累计处理违法违规医药机构2767家，处理违法违规参保人员658人，共追回资金1.45亿元，有效维护医保基金安全。打造医保基金“网格化”管理新模式，在全市建立“网格长+片长+网格员”共592人的网格化管理团队，划分一级网格18个、二级网格151个，三级网格2716个，对两定机构实行分级分类监管，及时发现并处理违法违规事项1353件。

【异地就医直接结算服务】 双通道谈判药结算、精神病住院、放化疗住院、生育门诊和生育住院等五种类型省内就医直接结算正式投入运行；持续扩大联网结算机构范围，全市156家定点医疗机构、75家定点零售药店开通异地直接结算服务功能，55家定点医疗机构开通高血压、糖尿病、恶性肿瘤门诊放化疗等5个门诊慢性病跨省直接结算；全市参保人员共跨省异地就医直接结算73636人次，结算医疗总费用16.92亿元。

【医保经办服务】 实现医保事项在全市20个医保分中心无差别办理，打造“全市通办”格局。打通省医疗保障信息系统平台与赣州市“一网通办”“赣政通”“赣服通”的服务接口，18项高频业务和20项公共查询业务实现“掌上办”。“四级经办”服务体系不断完善，“1+3+2”服务格局基本形成。制定入驻乡镇（街道）医保经办业务20项，村（社区）帮办代办医保业务16项，实现医保服务“县里厅、乡有窗、村有点”。挂牌成立医保（邮储）便民服务点133家，实现所有县（市、区）全覆盖，在湾区、湘赣边设立医保代办点13家，打造“医保15分钟服务圈”。

【生育保险】 产前检查费报销标准由一个怀孕周期300元限额报销提高到1000元限额报销，提升产前检查费报销水平。生育医疗费用报销标准由原来的定额报销调整为按住院医疗标准报销，执行职工医保的起付线、报销比例、封顶线，提升生育医疗费报销水平。生育保险和职工生育保险合并实施后，企业、单位职工及灵活就业人员需在参加职工基本医疗保险时同步参加生育保险（原来不能参保生育保险的灵活就业人员可以同步参加生育保险），扩大生育保险受益人群。2022年，全市生育保险覆盖17877家用人单位613084名职工。

（市医保局）

社会救助

【概况】 2022年，赣州市聚焦困难群体基本生活，社会救助保障标准稳步提高，全市保障城乡低保对象19.44万户36.5万人，特困供养人员2.69万人，低保边缘家庭7.64万人，支出型困难家庭1.4万人，临时救助2.95万人次，累计支出困难群众救助补助资金24.41亿元，兜底保障网更加密实牢靠。

低收入人口摸底排查和认定工作全面开展，将相关部门的40.13万余条救助对象信息导入“数字民政”系统，进一步完善低收入人口动态监测平台信息，《扎实开展低收入人口动态监测和常态化救助帮扶》做法在《中国社会报》登载，《赣州市：多措并举打赢汛期社会救助主动仗》《赣州安远：“三个坚持”推进城乡低保对象扩围增效》在省民政厅《民政工作通报》刊发。

【城镇困难群众解困脱困】 城镇困难群众解困脱困工作得到省委副书记、市委书记吴忠琼的批示肯定，赣州市获评全省2019年以来城镇困难群众解困脱困工作考核评价优秀等次，在2022年全省城镇困难群众解困脱困工作推进视频会议上作交流发言；《赣州市“防贫保”为城镇困难群众筑牢防返贫“安全网”》在省民政厅《民政工作通报》第38期刊发。

【流浪乞讨人员救助管理】 下发《关于进一步加强流浪乞讨人员救助管理工作的通知》，召开全市流浪乞讨人员救助管理专项治理工作培训会，举行流浪乞讨人员救助管理业务知识考试，进一步提高工作人员业务水平。组织召开全市流浪乞讨人员救助管理工作联席会议全体会议，积极开展“寒冬送温暖”专项行动及冬春期间流浪乞讨人员救助“百日行动”，实施主动救助、联动救助，切实保障生活无着流浪乞讨人员合法权益。2022年，全市共救助流浪乞讨人员1273人次，其中未成年人63人次，为114名长期滞留人员进行落户安置。

【社会救助改革创新】 社会救助改革创新试点深入推进，落实社会救助购买服务资金3113.4万元，龙南市、于都县、宁都县、石城县等四个县（市）的试点经验入选民政部社会救助司第七届中国社会救助研讨会交流发言。《共享理念下基层社会救助经办能力建设》获民政部表彰民政政策理论研究三等奖，为省民政厅2022年民政政策理论研究立项课题结项评审结果优秀等次。全市社会救助绩效、城镇解困脱困和家境核对综合考评连续5年位居全省前列。参加江西省民政厅2022年全省社会救助业务培训班暨业务知识竞赛荣获优秀组织奖。

（钟昌军）

社会福利

【儿童福利】 2022年，赣州市儿童福利保障体系建设将837名孤儿、2736名事实无人抚养儿童、723名重点农村留守儿童、9.06万名困境儿童纳入保障范围。建立孤儿、事实无人抚养儿童基本生活养育标准自然增长机制，全市机构养育孤儿和城市散居孤儿基本生活最低养育标准分别达到每人每月1600元和1200元，事实无人抚养儿童按照每人每月1200元的标准发放基本生活补贴，足额保障全市837名孤儿、2736名事实无人抚养儿童基本生活。建立残疾孤儿、残疾事实无人抚养儿童照料护理补贴政策制度，落实全市283名残疾孤弃儿童每月138元的照料护理补贴，全面做好孤儿事实无人抚养儿童助学活动。印发《全市组织开展农村留守儿童“3+”关爱保护行动实施方案》，按照帮扶关爱、普遍参与的原则，对50万余名农村留守儿童进行全地摸排统计、全覆盖风险评估、全过程“三色管理”、全方位关爱保护。针对摸排出的“红”“黄”色重点留守儿童，采取紧急干预保护、强化家庭监护、生活兜底保障、结对帮扶解困、定期走访探视等措施，遵循“一人一策”原则，建立完善的信息档案。市儿童福利院积极争取并成功纳入第一批中国儿童福利和收养中心“童心同护”示范院创建项目单位，全国共16家，江西省仅一家，并率先实践《儿童福利机构社会工作服务规范》行业标准，实现残疾孤弃儿童社会工作服务提质增效。

【未成年人保护】 推进未成年人保护阵地建设，建立“童心港湾”287个，儿童之家628个。统筹部门、群团、社会等关爱阵地资源，按照市、县一体化打造未成年人保护中心建设，乡镇（街道）社工站与未保站融合建设，织密基层未成年人保护工作网，建立地市级和县级未成年人救助保护机构共19个、未成年人保护工作站313个，4041个村（居）设立妇女和儿童工作委员会并配备未成年人关爱服务场所，覆盖率达100%。为实现困境儿童、留守儿童等特殊未成年人群体茁壮成长，由各民政部门牵头，每月定期组织志愿者开展关爱困境儿童、留守儿童志愿服务活动，既让孩子们在形式多样、各具特色的活动中不断学习，又在这一过程中密切关注他们的身心状况，及时发现问题并采取对应措施。

【养老服务】 养老机构服务能力推进提高民生品质行动和民生实事，50个养老重点项目全部开工，2022年累计完成投资31.81亿元，有效新增养老点位5759个。筹集资金2.3亿元，打造2个县级失智照护示范专区、2个医养结合示范机构，分类推进215个乡镇敬老院实施改造提升“暖心工程”。为民办养老机构落实运营补贴、减免租金等2400余万元，助力全市民办养老机构顺利渡过疫情带来的困难。

居家和社区养老服务　打造“15分钟养老服务圈”，全市各类城市社区养老服务设施达508个，基本实现城市社区全覆盖。通过整合社区闲置资源、配建、腾退、租赁等方式，新增社区嵌入式养老院15个、街道层面老年食堂27个、城市助餐服务网点91个，覆盖100%的城市街道（城关镇）。为2203户特殊困难老年人实施居家适老化改造，建成家庭养老床位217张。积极推进“党建+农村互助养老服务”模式，建成具备助餐等功能的农村互助养老服务设施2856个，覆盖82.9%的行政村。成功列入2022年全国居家

2022年，赣州市实施特困供养对象多元化保障。图为第三方服务团队为于都县开展特困对象医疗公益服务活动

（市民政局供图）

和社区基本养老服务提升行动项目地区，获得中央财政资金7513万元支持全市建设家庭养老床位和提供居家上门服务。

公办养老机构改革　赣州市制定出台全市《关于深化公办养老机构改革的实施方案》，通过推广县级直管改革、改革编制人事制度、完善薪酬保障制度、严格规范收费管理、提高经费保障水平等措施，大力推进公办养老机构改革，乡镇敬老院由县级直管。

养老服务质量提升　进一步对全市特困供养机构财务管理、安全管理、公建民营、护理服务进行规范。扎实推进等级评定，全市申报三、四级养老机构等级评定8家，是全省申报个数最多的设区市。评定一、二级养老机构123家。持续开展养老机构自建房、燃气、食品等安全管理大排查大整治，突破性解决养老机构消防审验难题，除新建、征用为隔离点等机构外公办养老机构消防审验通过率达100%，民办养老机构通过率达100%。

打击整治养老诈骗　全市民政系统开展养老诈骗宣传现场活动近千场次，制作电子宣传片21个，发放宣传资料9万余份。对全市329家养老机构、508个城市社区养老服务设施、2856个农村互助养老服务设施进行全面排查，建立风险隐患等级从低到高的“绿黄橙红”的风险管控整治名单，多种手段抓好分类处置和整改，整治率达到100%，有效维护老年人合法权益。赣州市有关做法在《中国社会报》进行刊载并在全省养老服务培训班作典型发言。

医养康养深度融合　积极对接融入粤港澳大湾区，发挥赣州市良好的生态资源优势，大力发展森林康养、生态康养等综合体项目，7个项目申报省级森林康养基地。充分整合利用养老资源和医疗资源，积极探索医养结合新途径、新模式，解决老年群体医疗和养老两大难题，推进医养深度结合。2022年，全市共有医养结合机构53家，床位总数12822张。全市155个养老机构内设医院或医务室、174个养老机构与医疗机构签订合作协议或与医疗卫生机构毗邻设置，基本达到医养结合全覆盖。

老年人福利制度落实　建立经济困难的高龄、失能老年人补贴制度，按照每人每月不低于50元的标准分别发放护理补贴和养老服务补贴，惠及2万余名老年人；为近18万名80岁以上高龄老年人按不同年龄段分别发放每人每月50—1000元的高龄津贴1.6亿余元；为全市69万老年人购买人身意外伤害保险，2022共理赔73万余元。

人才培养　实施养老服务定向培养，与赣南卫生职业健康学院签订协议，定向培养40名养老服务相关专业大专生。全市共培训养老院院长293人次、养老护理员2450人次、专兼职社工400人次。赣州市5名参赛选手在2022年省“振兴杯”职业技能大赛养老护理员职业技能竞赛中获佳绩，获奖人数及名次均居全省第一。

【残疾人福利】　市民政局联合市残联印发《开展落实残疾人两项补贴制度专项治理行动工作方案》，推动进一步完善全市残疾人“两项补贴”制度。将困难残疾人生活补贴和重度残疾人护理补贴标准均提高至每人每月80元，全面开展残疾人“两项补贴”申请“全程网办”，进一步畅通线上线下相结合的补贴申请形式。全面落实困难重度失能残疾人照护和托养制度，指导各地通过上门入户、电话问候等方式为居家照护困难重度失能残疾人提供探视巡访服务。

（钟昌军）

慈善救助

【慈善扶弱济困活动】　2022年，市慈善总会聚焦困难群众帮扶，助力乡村振兴工作，春节元旦期间通过开展“慈善赣州·情暖万家”等活动，对部分市直单位乡村振兴挂点村困难群众进行走访慰问，发放慰问金324.6万元，大米、粮油等物资折合人民币30万元，惠及群众近3万余人，帮助困难群众欢度新春佳节。做好退役军人关爱帮扶工作，联合爱心企业江西憶源多媒体有限公司向章贡区退役军人事务局和章贡大叔老兵志愿服务队捐赠帮扶援助资金及物资10万元，用于帮助生活困难的退伍老兵改善生活质量；拨付3万元用于走访在对越反击战牺牲的烈士遗属，通过对烈属家庭的救助帮扶传递社会各界对他们的温情关怀。

【关爱“一老一小”慰问活动】　2022年，市慈善总会开展“端午、中秋慈善敬老行”活动，走访全市敬老院18所，发放慰问资金14.3万元，物资价值2万余元；组织8名护理人员参加省慈善总会“老吾老”护理培训，积极助力赣州市养老服务质量提升工程。开展助学项目缓解全市贫困家庭子女就学难问题，关注贫困家庭的子女就学问题，向赣县区101名孤儿、贫困学子发放助学金累计20.2万元；向省慈善总会推荐上报710名困难优秀高考生参加2022“农商银行·助你圆梦”慈善助学活动，每人得到上级助学资金5000元，全市学子累计获助达355万余元；市慈善总会深化与于都扶贫基金会合作，发动深圳爱心企业向于都县困难学生捐赠助学款221万元，累计资助贫困学生1881名。

【帮助大病重病患者】　着力缓解困难群众“看病难”问题，市慈善总会通过中华慈善总会慈善捐药赣州发药点，为全市665名患有大病重病的特困患者免费发放各类等药物价值超3751万元；与中华慈善总会联合开展科跃奇Co-pay救助血友病患者项目，累计救助患者54人，拨付资金44.6万元；联合深圳华大基因对全市6名计划手术的地中海贫血患儿实施慈善帮扶，拨付帮扶资金30万元，7月开展地中海贫血、白血病患儿专题调研，看望全市15

1 月 15 日，市慈善总会在赣县区开展“慈善赣州·情暖万家”助学捐赠仪式，向 101 名孤儿、贫困学子提供慈善助学金 20.2 万元（市慈善总会供图）

名重症地中海贫血、白血病患儿家庭，送去慰问金 4.5 万元；承接省慈善总会“青苗工程”大病儿童救助项目，为全市 83 名贫困重病儿童提供慈善资金救助 99.6 万元。

【救灾捐助】 针对 6 月以来全市部分县（市、区）遭受的洪涝灾害，市慈善总会第一时间向社会发出捐款倡议书，并带头向受灾严重的龙南市、全南县捐赠救灾及重建善款 222 万余元。为配合做好全市常态化疫情防控工作，主动对接河南驼人集团、江西鲁翔建设工程有限公司等爱心企业，接受企业捐赠的 100 万只季铵盐口罩和 20 台空气净化器，将物资有序发放至各县（市、区）敬老院及疫情防控物资紧缺单位。9 月 14 日，市慈善总会联合赣州市赣商联合会为静态管理的赣州经开区蟠龙镇捐赠 10 箱巴氏消毒液、210 箱牛奶、210 箱方便面、1000 千克大米及 500 千克食用油等紧缺物资，定向用于防疫一线工作者和居民工作生活所需。

（林　慧）

住房保障

【保障性安居工程建设】 2022 年，全市已开工棚户区改造 19189 套、开工率 100%（含城市棚户区 18784 户、开工率 100%，国有垦区 405 户，开工率 100%），基本建成 9894 套、基本建成率 267.84%（含城市棚户区 8563 套、基本建成率 260.35%，国有工矿 926 套、基本建成率 100%，国有垦区 405 套、基本建成率 100%）。全市保障性租赁租房已开工 16677 套、开工率 100%，基本建成 1570 套。公租房新开工 1222 套，开工率 100%，基本建成 710 套，发放住房租赁补贴 9734 户、2018.5 万元。

（市住建局）

【住房公积金管理】 2022 年，全市完成归集 86.26 亿元，同比增长 21.72%，创近五年最高增速；办理提取 51.52 亿元，同比增长 19.59%；发放贷款 44.05 亿元，同比增长 1.68%；回收贷款 25.51 亿元，同比增长 18.56%；实现增值收益 4.35 亿元，同比增长 8.67%；提取城市公共租赁住房（廉租住房）建设补充资金 3.60 亿元。其中，归集金额、增速分别位列全省第二、第一，提取金额、增速分别位列全省第二、第三，贷款金额、增速均位列全省第二，增值收益金额位列全省第二。截至年底，全市缴存总额 566.35 亿，缴存余额 284.68 亿元，提取总额 281.68 亿元，贷款总额 422.25 亿元，贷款余额 250.05 亿元；个贷率 87.84%，较 2021 年年底下降 4.79%，逾期率 0.09‰，较 2021 年年底下降 0.02‰，均创近年来新低，资金结构进一步优化。

2022 年，赣州市出台优化既有住宅加装电梯提取、提高双缴存职工公积金贷款额度、降低住房公积金贷款首付比例、允许购房提取直系亲属住房公积金、恢复省内异地贷款和购房提取、调整住房公积金首套房贷款认定标准、开通二手房组合贷款、应对疫情阶段性支持政策、提高三孩缴存职工家庭最高贷款额度、提高租房提取额度标准、下调首套住房贷款利率等政策，大幅增强住房公积金对住房消费的保障支撑力度。

开展住房公积金服务提升三年行动。以推进公积金服务标准化、规范化、智能化、便利化和专业化为立足点，全力提升公积金一次办、就近办、异地办、智能办服务水平。

（吴　汉）

社区建设

【城乡社区治理】 2022 年，市民政局印发《关于在全市村（社区）党群服务中心（便民服务站）推行“365 天服务不打烊”的实施方案》，通过弹性工时、延时错时、预约、帮办代办、“网上办”等服务措施，解决群众“上班没空办、下班没处办”的堵点痛点问题，进一步提升全市村（社区）为民便民安民的服务能力，《中国社会报》《江西民政工作通报》上刊载赣州相关经验做法。会昌县周田镇上营村等 7 个村被司法部、民政部命名为第九批“全国民主法治示范村（社区）”。上犹县黄埠镇龙头村等 19 个村被省司法厅、省民政厅命名为第七批“江西省民主法治示范村（社区）”。

【社区服务建设】 赣州市出台《赣州市贯彻落实“十四五”城乡社区服务体系建设规划的若干措施》，明确“‘十四五’末，社区综合服务设施面积达到每百户 30 平方米以上，基本实现城乡社区综合性服务设施全覆盖，逐步实现每万城镇

常住人口拥有社区工作者不少于 18 人，建设一支素质优良的职业化社区工作者队伍”等目标任务。持续指导各地规范调整社区居委会管辖范围，全市新增城市社区居委会 29 个。做好新建住宅小区配建社区服务设施的建设、移交与管理，推进中心城区城市社区服务体系建设，下拨市级补助资金 418.92 万元支持中心城区城市社区服务设施标准化建设项目 11 个。推进农村社区服务设施提升改造，拨付市级福彩公益金 180 万元支持农村社区试点建设提升改造项目 28 个，优化城乡社区服务设施功能布局，提升村（社区）服务群众能力。

全市共 54 个城市社区被省民政厅、省财政厅命名为 2022 年度江西省“幸福社区”，章贡区东外街道东外社区等 16 个为五星社区，章贡区东外街道黄屋坪社区等 23 个为四星社区，章贡区水西镇西域华城社区等 15 个为三星社区。持续对标组织体系规范化、平台建设标准化、办事服务便捷化、协商议事制度化、居民活动常态化、生活环境宜居化“六化”创建标准，市民政局命名章贡区解放街道中山路社区等 38 个城乡社区为 2021—2022 年度全市“绿色社区和谐家园”创建活动示范社区。

【社区队伍建设】 2022 年，县（市、区）对第十一届村（居）委会主任进行全员轮训或集中培训，乡镇（街道）对一般委员开展培训，培训村（社区）“两委”干部 2.4 万余人，有效提高村（居）干部履职服务能力。全年下拨社区工作者报酬市级补助资金 3192.38 万元，全市城乡社区新招录普通高校毕业生 812 人。上犹县安和乡富湾村党支部书记、村委会主任康宽军当选为中国共产党第二十次全国代表大会代表。于都县梓山镇潭头村村民委员会被民政部表彰为“全国先进基层群众性自治组织”；章贡区东外街道东外社区党委书记、居民委员会主任崔建华，兴国县潋江镇五里亭村党总支书记、村民委员会主任曾庆龙 2 人被民政部表彰为“全国优秀城乡社区工作者”。章贡区南外街道红环路社区党委书记、居委会主任朱敏，赣州经开区黄金岭街道民生路社区党支部书记、居委会主任谢勇，南康区浮石乡圳玄村党支部书记、村委会主任林万鑫 3 人被省委宣传部、省民政厅表彰为 2022 年度“最美城乡社区工作者”。

【村（居）民自治】 完成民政部原部长李纪恒在赣州调研基层民主建设、省扫黑办一行在赣州调研村民理事会建设、《异地扶贫搬迁社区治理困境与优化路径研究——基于江西 G 市的调查》课题研究等。民政部乡镇论坛杂志社在赣州举办“全国城乡社区治理宣传工作暨推进基层治理体系和治理能力现代化建设培训班”，赣州市作典型发言《社区治理出实招“赣”出为民新成效》，于都县、安远县、兴国县作书面经验交流。

印发《开展村务公开，健全民主决策、民主协商、民主管理和民主监督制度专项整治的实施方案》，部署全市所有村于 4—5 月开展自查自纠，发现有 20 个村存在公开栏不规范、协商监督主体不健全、制度建设不完善等问题，均已及时整改到位。采取“定期、不定期”和“明察、暗访”等方式，督促各村（居）不断完善民主选举、民主协商、民主决策、民主管理、民主监督制度，推进基层民主建设。开展村级组织工作事务、机制牌子和证明事项摸底调查，指导各地全面实施村（居）民委员会下设公共卫生委员会，做好公共卫生委员会的选举、成立、建章立制等工作，提升村（社区）公共卫生工作的精细化、规范化、体系化、社会化水平，全面建设幸福江西。全市 4007 个村（居）完成公共卫生委员会选举，基本实现全覆盖。

持续深化村（社区）民主协商实践，创新“夜话”“百姓说事点”“屋场会”等基层议事协商模式，《中国社会报》刊载赣州相关经验做法《探索“123”议事协商工作法——破解社区治理难题的“金钥匙”》。重点打造定南县天九镇东山村、全南县陂头镇太和村、瑞金市象湖镇金星村 3 个全国村级议事协商实验创新工作试点，做好 2022 年中期评估工作。积极开展 2022 年优秀村规民约（居民公约）和城乡社区优秀协商案例征集，崇义县龙勾乡良田村村规民等 12 篇入选全省优秀村规民约（居民公约）汇编，全市 52 例优秀协商案例中有 7 例入选全省，均为全省最多的地市之一。

（钟昌军）

社会事务

【殡葬管理】 2022 年，赣州市推进殡仪馆、城乡公益性公墓（骨灰堂）等设施提档升级，在全市创建 29 个省级示范性殡葬服务设施。强化殡葬服务、中介服务和丧葬用品市场监管。会同相关部门对全市医疗机构太平间开展营利性殡仪服务进行全面摸排整治，强化太平间公益属性。扎实开展常态化巡查，坚决守住散埋乱葬新增底线。下发《关于总结推广上犹县殡葬行业协会、宁都县殡葬信息化经验做法的实施方案》，全面完成县级殡葬协会成立，举办全市殡葬从业人员培训班，加强殡葬从业人员约束和管理。做好清明、中元、冬至等传统祭祀节日期间健康文明安全祭扫与服务保障工作，持续开展“鲜花换纸钱、文明寄哀思”活动。省民政厅主要领导先后 2 次批示肯定赣州市殡葬改革工作。赣州市在全省社会事务工作培训班上就殡葬改革工作作典型发言。《人民日报》、央视财经频道等中央、省主流媒体对赣州市祭扫工作作专门报道。

【婚丧领域移风易俗】 赣州市多次召开推进会、培训会、调度会对婚丧领域移风易俗工作进行调度部署，大力总结推广全南、石城等地相关经验做法。在全市打造一批婚

4月5日，市殡葬管理所开展“鲜花换纸钱、文明寄哀思”活动（市民政局供图）

丧领域移风易俗示范点，推进婚俗文化宣传廊、婚俗文化展示厅和户外颁证基地建设，联合宣传、妇联、团委等部门在元旦、“5·20”、七夕、国庆等节日举办集体颁证、集体婚礼等活动。推动各地强化红白理事会建设，完善《红白理事会章程》，细化彩礼数额、宴席规模、席面标准等，在全市村委会主任示范培训班上就《遏制高价彩礼推动婚嫁领域移风易俗》进行专题授课，有效加强对红白理事会的业务指导。对婚介机构和农村职业媒人进行摸排和登记造册，实现县级红娘协会成立全覆盖，加大对从业人员行为的监管。赣州市《倡导文明新风推动婚俗改革走深走实》典型经验做法在《中国社会报》刊登。石城县先后2次在省委深改委第二十一次会议等省级会议上就“请客不收礼、节俭办宴席”移风易俗改革经验作大会发言，《人民日报》《半月谈》《江西日报》等中央、省主流媒体先后对石城县婚丧领域移风易俗改革经验做法作专门报道。9月2—3日，全省移风易俗改革“石城经验”现场推进会在石城县召开。

【区划地名边界管理】 向省政府、省民政厅呈报《赣州市人民政府关于龙华乡撤乡设镇等行政区划调整组织实施情况的报告》。就驻地镇改设街道办事处、部分行政区域界线变更等事项开展调查研究，专报市委、市政府供决策参考。印发《学习宣传贯彻〈地名管理条例〉工作方案》《关于开展国家地名信息库数据质量建设行动的通知》，完成修改审核地名信息10.1万条。积极稳妥做好住宅区、楼宇名称等部分地名审批、执法等职能移交衔接工作。继续推进地名普查成果转化应用，加快推进图录典志成果印刷出版。积极争取兴国县纳入全国“深化乡村地名服务点亮美好家园”试点地区。开展省、县、乡三级行政区域界线联检，签订“平安边界”共建协议。牵头完成赣粤线赣州韶关段联检任务，打造赣粤线16号界桩文化示范点。

（钟昌军）

关心下一代

【“树家风、育新人”主题活动】 2月，市关工委印发《关于深入开展“树家风、育新人”主题活动实施方案》，明确要求在全市8万余名“五老”帮扶帮教的25万名青少年对象家庭先抓先行，以全体“五老”以身作则为榜样，市直、县直单位“党建带关建、机关带农村”“城乡联动”带动挂点村的家风家教工作，各层级关工委班子成员每人分别抓好一个县、乡、村、屋场中发现典型，培育典型，打造一批有影响力的典型，以典型为榜样，带动主题活动的深入开展。全市8700余名“五老”举办家风宣讲报告1.1万余场次，开展家风实践活动3500多场，受教育青少年100余万人次；编著家风家训读本428本，“树家风、育新人”主题活动试点（示范）村（社区）数量335个。选树全南县级先进典型和“五老”典型陈蜀江。

【青少年思想道德教育】 7月20日，市关工委在于都县中央红军长征出发纪念园广场举行全市关工委“青少年党史学习月”暨青少年游基地、学党史活动启动仪式，持续推进以“弘扬井冈山精神、新长征再出发”为主要内容的传承红色基因工程，用学党史、颂党恩、听党话、跟党走的实际行动迎接中共二十大胜利召开。全市各县（市）区关工委主任、报告团团长和于都县各乡镇分管领导、关工委常务副主任以及长征源红军小学学生代表共200余人在长征渡口观看长征情景剧《告别》，参观中央红军长征出发纪念馆和聆听革命历史和红色故事。各地纷纷举行启动仪式，和市关工委一道广泛开展活动，进一步引领广大青少年在回望历史中坚定初心，在新时代新征程中践行使命。

寻访红色足迹　省委原常委、农工委书记彭崑生退休后心系下一代，打造红色基因传承基地。他不顾年已八十，只身来到家乡兴国县，在红军第三次反围剿旧址崇贤乡，筹措资金3000多万元建起毛主席巨型铜像和红军革命烈士巨幅纪念雕塑，为前来参观瞻仰和开展研学活动的广大青少年进行弘扬“苏区精神”“长征精神”等精神谱系的红色基因教育。龙南市各级关工委共组织6400多名青少年到博物馆、烈士塔、“武当大坝游击队旧址”“红四军金盆山战斗旧址”等革命传统基地接受教育，聆听革命先辈们的英勇故事，坚定红色信仰。上犹县持续推进学校开展“五红”培根铸魂系列活动，组织少先队员到双溪

大石门红色教育基地开展研学活动，组织留守儿童到革命史陈列馆接受红色教育。

广泛开展宣讲活动 瑞金市关工委持续开展“红色文化进校园”主题教育，先后宣讲600余场，教育广大青少年达15万人次。大余县关爱报告团依据学生的年龄特点确定红色基因主题教育宣讲内容和宣讲的方式，直接宣讲和组织学校利用报告团课件、讲稿进行宣讲，受教育青少年达2.2万人。安远县关工委充分发挥“五老”人员的专业优势，精选30余名各行各业退休精英组建“五老”宣讲团，强化教育引导和实践养成。定南县关工委大力开展关爱报团走进校园宣讲活动，与团县委、县教科体局联合表彰8名优秀红色故事宣讲员。

开展咏唱、征文等活动 龙南市关工委联合文广新旅局、团委等举办“颂党恩、跟党走”现场书法大赛，256名师生现场选题、现场挥毫、现场评审。赣州经开区关工委联合6个部门印发《关于在全区广大青少年中开展“四史”，造就新时代“四有”新人指导意见》，将唱红歌、演红色情景戏剧作为传承红色基因的一项重要措施，全区28所中小学举行各种类型的唱红歌、讲红色故事，演红色戏的群众性红色文化活动。蓉江新区充分发挥蓉江新区城市书吧的作用，围绕主题举办学生“手抄报”、演讲、征文大赛和开展主题班会等。

关心下一代教育基地建设 市关工委为充分发挥全市各地关心下一代教育基地的作用，对20个县（市、区）的148个关心下一代教育基地的简介和图片进行收集、整理和汇编，印发给广大基层，加强互通交流，推进赣州市以传承红色基因和爱国主义为主要内容的关心下一代教育基地体系建设。现全市共有教育基地1456个（其中传承红色基因教育基地1086个），培训红领巾、青少年志愿讲解员3200余人，开展教育活动8700余场次，受教育青少年近200万人次。

【优化青少年成长成才环境】
2022年，市关心下一代基金会和各县（市、区）关爱基金募集资金1233万余元，特别是在省关心下一代基金会发起的2022年“一对一”结对帮扶帮教——99公益日网络募捐中，发动全市各级关工委和广大“五老”、机关干部、社会爱心人士近4万人次筹集100万余元，成功设立赣州市关心下一代基金会赣中·章源教育发展基金，崇义章源钨业股份有限公司捐赠200万元，市关心下一代基金规模累计近5000万元。全年项目支出643万余元，实施40个项目，帮扶2599人。积极开展“五老”助力乡村振兴全市关心下一代教育基地建设项目和基金奖教助学项目，其中赣县关爱基金投入240万元开展高中学校奖教助学391人；投入18万元会同团市委持续实施“筑梦工程”公益课程项目，为全市城镇留守儿童及困难家庭学生提供免费公益学位。做实帮扶帮教举措。对帮扶对象从物质层面更多地深入精神层面，在生活上关爱的同时更加注重从思想上关心、情感上关怀、心理上疏导，建立全市2700名的品学兼优贫困学生数据库，从中择优比选800名每人每年给予1600元进行重点帮扶。

市关工委成员单位根据各自的职责和职能优势，开展系列活动。市政法委将校园及周边安全管理作为一项重要工作任务部署推进，在全市组建一支500人的社会心理疏导和危机干预应急队伍，对重点青少年进行全覆盖心理测评、风险评估，对筛查出具有心理风险的重点青少年针对性开展“一对一”心理关爱帮扶和家庭教育。市教育局在全市建立留守儿童信息数据库，针对留守儿童，开展系列“送温暖·关爱留守儿童”活动，确保留守儿童100%入学。全年资助义务教育家庭经济困难学生45.5万人次，发放资金2.9亿余元。市检察院对全市中小学法治副校长和法治辅导员配备情况开展摸底调查，做好法治副校长续聘、换聘工作，并开展法治巡讲活动647次，覆盖中小学（幼儿园）578所，受众12.4万余人，发放宣传资料7.3万余份。市公安局大力推进“水美家安——全民防溺水”专项行动，对校园周边、上下学道路周边2831处重点危险水域实施防溺水“四个一”工程建设，推动地方党委政府建设防溺水“四个一”点位10833处。市民政局全面加强农村留守儿童关爱保护工作，摸底调查全市农村留守儿童、困境儿童，全市共841名孤儿、2906名事实无人抚养儿童纳入保障范围，累计发放补贴5470.08万元。市人社局举办以“匠心筑梦技能成长”为主题的“职业技能大赛冠军进校园”活动。市交通运输局坚持开展“水上交通安全知识进校园”系列活动，帮助广大中小学生增强防溺水安全意识，提升自救互救能力和水上应急求生技能。市科协开展“科普下乡入村进校”23期，通过“流动科技馆”“流动科普活动”“四点半课堂”“科普大篷车”等方式，持续开展“科普进学校、进社区、进农村、进军营、进园区、进机关”活动106起208场次，受众达45761人次。

持续推进防溺水为重点和防交通事故、防心理障碍的“三防”活动。市关工委与各成员单位下沉到责任县（市、区）进行现场督导，坚持暑假期间每周一督查，排查安全隐患和问题，并督促及时整改。全市各级关工委发放防溺水倡议书10万余份，各基层关工委成立“五老护苗队”310多支，参与“五老”达2万余人，在河边、山塘、水库等危险地段竖立标志牌3300余块，张贴宣传标语14000余条。

（市关工委）

本栏编辑：徐文菁

应急管理

综　述

【概况】　2022年，赣州市围绕“忠诚保平安、喜迎二十大”主线，紧密聚焦“三大战略、八大行动”，主动统筹协调，推进应急管理“1+5”（全面加强党的建设，推进责任落实、风险识别、隐患整治、宣传培训、能力提升五个全覆盖）工作机制落实。创新开展县（市、区）委书记谈安全、建立安全防范综合督导包保制度、率先推动基层应急管理人员整合等50项工作在全省有特色、有亮点、走在前，得到应急管理部、省应急厅充分肯定。5月，赣州市代表江西省顺利通过国务院安委会安全生产巡查。市应急管理局获评全国行政执法先进集体、全国应急管理新闻宣传暨学报用报先进单位。

【制度建设】　2022年，赣州市制定并印发《赣州市应急预案管理办法》，加强各类应急预案管理。开展突发事件总体应急预案修编工作。加强调度各县（市、区）突发事件总体应急预案修订，各县（市、区）突发事件总体应急预案全部完成修订并印发。市级28个专项应急预案中，有16个已完成修订印发。7月，举办全市应急管理系统应急预案编制和修订业务知识视频培训会，提升各县（市、区）应急预案修订编制能力。年内，先后印发《赣州市突发事件应急指挥与处置管理办法》《社会应急力量参与赣州市灾害事故抢险救援行动现场协调机制建设方案》等制度文件。

1月20日，赣州市应急管理局与江西理工大学签订战略合作框架协议
（市应急管理局供图）

【救援力量】　2022年，印发《赣州市应急救援队伍规范化建设指导意见》《赣州市培育支持社会救援力量发展实施意见》，全市有各类应急救援队伍511支，应急救援人员21619人。制定《应急救援队伍共训共练工作方案》，推动各类应急救援队伍在共训共练中受到锻炼和教育。选拔赣州市红十字（雄鹰）救援队参加省应急厅开展的2022年技能竞赛。指派赣南救援队参加全国骨干社会应急力量培训班，进一步提高应急救援队伍突发事件处置能力。6月1日，开展赣州市大余尾矿库坝体漫坝险情处置演练活动。8月29—31日，在兴国县开展全市专业森林消防队大练兵大比武活动。10月13日，赣州市应急管理系统举行应急管理行政执法统一着装仪式。

【基层应急演练】　5月19日，在于都县首次举办全市森林防灭火暨抗洪抢险应急综合演练。6月1日，开展赣州市大余尾矿库坝体漫坝险情处置演练活动。县（市、区）开展防汛抗洪、山洪地质灾害、森林防灭火、尾矿库漫坝险情处置、危化品泄露等类别的综合或专项应急演练。

【应急宣教】　2022年，在全省率先开展县委书记谈安全生产，邀请县（市、区）委书记围绕“安全生产15条”畅谈落实举措，在主流媒体开设专栏刊登署名文章，其经验性通讯稿在《中国应急管理报》、中国安全生产网报道，并入选为省安委会安全生产巡查期间唯一以应急宣传为主题的十二大正面典型案例之一，在全省推广。先后与赣州广播电视台、《赣南日报》、大江网、中国网等媒体开展应急宣传合作，在顶流频道、顶流栏目开设应急宣传专栏。2022年，在市级以上媒体发稿993条，其中在中央级媒体（含应急部媒体）发稿185条，省级媒体（含应急厅媒体）540条，市级主流媒体发稿268条。

【信息化建设】 2022年，完成灾害信息员数据收集、账号建立、系统导入等工作，以及“党建+应急管理”系统信息化平台建设；完成市本级370兆赫应急指挥窄带无线通信专网建设；完成各县（市、区）县级应急指挥中心平台建设。1月29日，对全市应急通信保障进行应急通信保障（无人机操作与图传）进行调试、实操。2月22日，市应急管理局会同省厅对各县（市、区）应急通信保障（无人机操作与图传）进行调试、实操。配合救援协调科、矿山科就应急演练4G单兵操作予以保障。4月8日、12日、13日到大余尾矿库应急演练现场配合做好预演无人机点位部署和图像传输工作。5月11日和12日两次对全市397部卫星电话逐一进行拨打，确保卫星电话通畅，对卫星电话通信员进行电话操作和信息报送培训，做好全省“江西应急·2022”综合演练观摩现场视频直播传输工作。

（市应急管理局）

安全生产

【概况】 2022年，市委、市政府高度重视安全生产工作，市委常委会、市政府常务会坚持每季度听取一次安全生产工作情况汇报。全年市政府常务会22次、市安委会17次研究部署安全生产工作。省委副书记、市委书记吴忠琼带头履职尽责，担任安委会主任，多次对安全生产工作作出指示批示。市委、市政府领导以上率下，带头开展两轮安全生产大检查工作。市委、市政府主要领导带头到一线开展安全防范督导检查，市人大、市政协主要领导及市委各常委、市政府各分管副市长主动到各挂点县（市、区）开展安全防范督导督查工作，春节、“五一”国际劳动节、国庆节、中共二十大等重要期间，到企业一线督促安全防范措施落实。各地、各部门主动扛起安全防范责任，各地党政主要领导以及13个专业委员会牵头单位等市直部门主要负责人常态化带头深入一线开展督导检查。2022年，全市发生安全生产事故45起、死亡51人，同比分别下降56.7%、53.2%，下降幅度为有事故统计以来同期最大，亿元GDP事故死亡率创历史新低，守住不发生重大及以上事故的底线。

【安全防范】 2022年，制定市级党政领导干部安全生产“责任清单”和年度“任务清单”，开展“县（市、区）委书记谈安全生产”活动，市县安委会和乡应急管理委员会全面落实“双主任”制。组织对20个县（市、区）全面开展安全生产巡查或巡查“回头看”、安全生产工作访谈，强化部门监管责任。印发《赣州市安全生产职责规定》，全面理顺13个专委会、56个部门安全生产职责。对13个安全专业委员会组成单位和人员进行调整，坚持每月开展一次安全风险分析会商，研判行业领域安全防范工作，下发各类提示提醒函83份。9月底起，市安委会成员单位对20个县（市、区）包保组实行“一对一”包保。各安委会成员单位节日期间主动放弃休息时间，由班子领导带队开展明察暗访，推动落实行业部门监管责任。

持续推进企业安全生产履职情况“一报告、双签字”，对2187家高危行业领域企业主要负责人开展谈心谈话，推动全市2.6万家企业开展“五个一”活动。在重点节点，严格落实“四个一律”措施，对期间发生的4起生产安全事故实施提级调查，有效传导责任压力。实行最严格事故调查，在全省率先推动对死亡1—2人生产经营性交通事故启动政府层面的综合调查，2022年调查15起，对运输企业和管理人员依法追究行政和刑事责任，倒逼运输企业落实安全生产主体责任。

【“三年行动”收官】 推进安全生产专项整治三年行动，开展“巩固提升”攻坚战。聚力从根本上消除事故隐患、从根本上解决问题，坚持每月调度、每月分析安全生产专项整治三年行动“巩固提升战”工作情况，年初确定的150项重点任务全面完成。狠抓三项整治攻坚。完成全市68家危化品生产企业“一对一”专家指导服务，建立全市化工项目清单，配合省应急厅专家组完成对赣州市2016年以来的化工项目设计诊断。督促指导龙南市、会昌县出台化工园区产业项目准入禁（限）控目录。龙南、会昌化工园区安全风险整治提升顺利通过省级评估，达到D级（较低）安全风险等级，分别排名全省第一、第四。2022年全市危化领域“零事故”。完成中心城区110千米老旧燃气管网全部改造，16处圈围占压燃气管道隐患全面“清零”。赣州经开区“10·29”事故后，组织开展多轮次以餐饮店为重点的燃气督导检查，坚决吸取事故教训，消除用气安全隐患。组织开展自建房安全专项整治，共排查244.63万栋（其中经营性自建房16.45万栋），整治存在安全隐患的房屋8970栋。

【统筹推进“三件大事”】 疫情防控 组织全市应急管理系统紧急向抗疫一线调拨帐篷、折叠床等物资18.2万件（床），仅9月3日以来市应急管理局就调拨宁都、赣州经济技术开发区、章贡、会昌、于都等县区帐篷、折叠床等物资4.51万件；出动市县专业森林消防队员4.3万人次支援疫情防控工作。同时，做好涉疫场所安全防范，实现“零事故”。

服务经济发展　协调国家矿山监察局批复同意赣州市8座稀土矿山安全设施设计，通过率高出全国28个百分点。先后6次组织专家团队到会昌、龙南指导化工园区整治提升工作，支持化工产业发展；及时协调解决江西悦安新材、赣州吉锐新能源科技等重点企业办证难题。

助力优化营商环境　市应急管理局出台关于持续打造应急管理新时代“第一等”营商环境的12条措施，严格落实企业“安静生产期”制度，对守法者“无事不扰”。建立轻微违法行为不予行政处罚目录清单，在全省应急管理系统率先推行“说理式执法”，对重点监管企业组织专家免费上门服务。

（市应急管理局）

防灾减灾救灾

【概况】　2022年，赣州市高度重视防灾减灾救灾工作，始终把确保人民群众生命安全放在首位，坚持政府主导、多方参与、协调联动的防灾减灾救灾工作格局，坚决守住不发生重特大事故灾害的底线。全年全市先后遭受19次灾害过程，其中强降雨14次，山体滑坡4次、阶段性干旱1次。其中洪涝灾害共造成109.46万人受灾，10人死亡，紧急避险转移12.66万人；农作物受灾面积3.9万公顷；倒塌房屋128户369间，损坏房屋870户1689间；造成直接经济损失62.35亿元。干旱灾害共造成全市20个县（市、区）280个乡镇52.89万人受灾，因旱需生活救助22178人，其中因旱饮水困难需救助1676人（已解决）；受旱面积90508.71公顷，农作物受灾面积85374.46公顷，其中绝收面积5090.63公顷；农林牧渔业损失11.29亿元。2022年，赣州市遭遇超历史大洪水和有气象记录以来最严重干旱，出现旱涝急转的灾害气象，部分地区达到气象干旱特旱标准。赣州市大力推进灾害风险评估、综合减灾工程和应急救援能力建设，10座病险水库加紧除险加固、1804座山塘进行整治提升、对8064名灾害信息员开展全覆盖培训。立足最不利情况做好抗旱应对，开展人工增雨作业39次，有效缓解旱情，有效应对超历史大洪水和有气象记录以来最严重干旱。

【防灾机制】　2022年，全面推行“1+7”（减灾委员会+防范气象灾害、防范水旱灾害、防范森林火灾、防范地质灾害、防范地震灾害、救灾救助、应急准备7个专业委员会）模式，制定减灾委和7个专委会工作规则，构建起纵向互补、横向联动开展防灾减灾工作的运行机制。3月22日，赣州多地遭受大风、冰雹、强降雨等强对流天气，出现农作物受灾、房屋受损等灾情，赣州市减灾委迅速启动响应机制，由减灾办牵头调度，各专门委员按照职责分工迅速行动，最大限度减轻灾害损失。建立“631”（6小时风险预警、3小时风险通报、1小时风险叫应）工作机制。当出现或预计可能出现致灾强降水天气时，市级气象部门根据省级6小时风险预警及最新气象资料研判，向市防指有关成员单位提供3小时风险通报服务，县级气象部门向县（市、区）防指有关成员单位及乡镇（街道）相关责任人提供1小时风险叫应服务。升级赣州市“智慧应急指挥平台”，新接入防汛、森林防灭火等模块，既有灾情自动预警功能，也便于指挥调度一线救灾队伍。加强林火视频监控系统建设，推广无人机、直升机巡护，形成视频监控、双机巡航、地面巡护三结合的立体化监测网络。

【防汛抗旱】　2022年，先后召开28次防汛会商会和11次抗旱会商会，下发通知、工作提示函等27期，针对性向乡镇电话预警690次，发布各类预警信息累计79万条；组织开展多轮隐患排查，整改问题隐患3162个，启动防汛Ⅳ级应急响应3次，Ⅲ级响应1次，市级专业森林消防队伍靠前驻防开展抢险救援5次，启动抗旱Ⅳ级应急响应1次；派出工作组开展防汛及抗旱工作督导督查8次，累计转移受威胁群众13.19万人。统筹调度水工程，充分拦蓄雨洪资源，7月初前后有效拦蓄最后几场降水资源，保障赣州市水库蓄水量较为充足，先后应对赣县韩坊“6·6”、瑞金及桃江流域“6·13”等15次强降雨过程及7月以来的夏秋连旱。

【防震减灾】　2022年，加强震情监测和会商，全市共发生1级以上地震20次，其中龙南市6次、安远县4次、石城县2次、信丰县2次、大余县2次、寻乌县2次、赣县区1次、瑞金市1次；最大震级为龙南市武当镇2月12日21时39分2.2级，震源深度8千米，震中有轻微震感，未造成人员伤亡和财产损失。组织开展“5·12”全国防灾减灾周宣传活动，通过举办新闻发布会、发送宣传资料、主题展览、防灾减灾“五进”活动，提升群众防灾减灾意识；严格落实地震监测预报预警工作，实时监测赣南及邻区地震活动，累计监测1级以上地震9次，有序应对处置龙南2月12日2.3级地震，实现人员“零伤亡”；会同省地震局完成33个地震烈度与预警台建设质量排查，架设6套地震流动监测仪，提升赣州市地震观测质量；组织参加全省防震减灾科普讲解大赛，有10名参赛选手获得奖项；组织9所学校申报国家级地震科普示范学校、5所学校申报省级地震科普示范学校。

（市应急管理局）

森林防火

【概况】　2022年，赣州市的气候极端异常，特别是7月以来，呈现夏秋冬三季高温连旱极端天气，森林火险等级持续高位，森林防灭火形势极其严峻，全市于9月12日提前进入重点防火期，于9月28日发

布森林火险最高等级红色预警信号，红色预警持续近50天，为赣州市历史上森林防灭火形势最为严峻的时期之一。全市发生森林火灾13起（赣县区2起、上犹县2起、崇义县2起、兴国县2起、章贡区1起、大余县1起、龙南市1起、寻乌县1起、南康区1起），受害森林面积75.9公顷。与2021年同期相比，森林火灾次数下降23.53%、受害森林面积下降40.46%、因森林火灾伤亡人数下降100%（其中死亡人数下降100%）；与前三年（2019—2021年）同期均值相比，森林火灾次数下降9.3%，受害森林面积下降43.25%、因森林火灾伤亡人数下降100%（其中死亡人数与前三年同期均值下降100%）。面对严峻复杂的森林防火形势，全市认真贯彻落实中共中央总书记习近平关于森林防灭火工作的重要指示精神，按照“预防为主、积极消灭”的工作方针，制定森林防灭火20条硬措施，派出20个督导组对20个县（市、区）全覆盖开展督导，开展风险隐患排查治理，持续管控野外火源，全力加强扑救队伍建设，不断提升森林火灾防控水平，全市森林防灭火形势总体平稳。持续开展森林防灭火“平安春季行动”、打击野外违规用火专项整治行动，赣州市获评全省森林防灭火平安春季行动优秀组织奖，15个县获“平安县（市、区）”称号。在全省率先建立县级专业森林消防队靠前驻防和乡镇联防联控工作机制，划定乡镇联防区66个，在重点林区乡镇设立40处驻防点。进入森林防火重点期，及时颁布禁火令，在全省率先印发《赣州市森林防灭火工作二十条硬措施》，并先后召开5次专题会议，部署森林防灭火工作，落实具体防范措施；多次发布森林火险橙色、红色预警信息，启动森林防灭火Ⅳ级应急响应1次，成功应对夏秋冬连旱的极端天气和赣县区五云镇“10·17”较大森林火灾，最大程度减轻了灾害损失，保障重要目标和人民群众生命财产安全。

【压紧压实责任】 2022年，赣州市先后多次召开会议密集部署，颁发禁火令、出台“森林防灭火工作20条硬措施”，从责任落实、宣传教育、火源管控、基础设施、应急处置、追责问责等方面提出更加全面、更加有力的工作措施和要求。市森防指严格按照“党政同责、一岗双责、齐抓共管、失职追责”的要求，层层传导压力，压实属地管理责任、部门监管责任和森林经营者主体责任，形成齐抓共管的工作合力。在特殊重要时期全面实行“五个一律”（一律实行市级提级调查，一律由市级派员现场督办，一律对所属乡镇实行重点管理，一律从严从快追究相关责任单位、责任人员和肇事者责任，一律全市通报）规定，对预防措施不力、火灾处置不当导致火灾多发频发的，依法依规严肃追责，先后对赣县区五云镇等乡镇实施重点管理，问责40余人，有效压实各级工作责任，确保林区安全稳定。

【防火宣传】 开展“平安春季行动”“宣传月”“小手拉大手”等系列活动，在电视、广播电台等主流媒体滚动播放禁火令和森林防火公益广告，全覆盖向本市居民发送森林防火宣传短信；县、乡、村通过敲铜锣，应急广播，巡回宣传车、摩托车播放小喇叭、核酸检测点发放宣传单以及走村串户等传统方式，把森林防火公益广告、文明祭祀倡议书、“禁火令”及违反用火规定受处罚的案例等广泛进行宣传，做到森林防火常识家喻户晓、人人皆知，营造浓厚的森林防火氛围；据统计，全年发放森林防火宣传单、禁火令等330万份，签署森林防火承诺书、责任书100万份，发送提醒短信1970万条，开设森林防火课堂、“小手拉大手”活动2300多次，向中小学生发放森林防火公开信80余万份。在全市上下的共同努力下，赣州市获评森林防灭火平安春季行动优秀组织奖，15个县（市、区）获平安县荣誉称号。

【火源管控】 组织开展野外火源专项治理、林区重点区域森林火灾隐患排查治理等两个专项行动，针对农事用火、祭祀用火、林业生产用火以及林区输配电线路和通信设施线路断线、短路、绝缘子脱落等引发森林火灾隐患问题，和可能因森林火灾影响受威胁的重要基础设施进行全面排查，对排查发现的问题隐患，及时制定整改措施，实行销号管理，限期整改。全市累计排查整改火灾隐患847处。在春节、清明、国庆和中共二十大等重要时期，全面禁止野外用火审批，实行乡村工作一边倒，在林区要道、墓地集中区、寺庙门口和景区入口设立检查站、劝导站4668处，安排值守员24.78万余人次，做到逢车必检，逢人必检。同时，通过鲜花换祭品、网上祭奠等活动，发放鲜花260余万束，引导文明祭祀新风尚，杜绝火种进山入林。对不听劝阻、执意违规用火者，实行顶格处罚，共行政处罚256人，教育、劝阻违规人员865人，处罚金额22.23万元，真正做到“发现一起、打击一起、震慑一方”。

【森林防灭火队伍建设】 贯彻落实《江西省地方专业森林消防队伍建设管理办法》，督促指导市支队、定南县、龙南市、安远县等4支队伍完成“三年行动”创建任务，全力推动专业森林消防队正规化建设。全市投入2900多万元，用于东江源森林火灾应急能力建设项目和购置扑火装备；投入1500万元，用于补助各地开展生物防火林带建设。指导于都县银坑镇做好乡镇森林防灭火工作规范化管理试点建设，进一步提升乡镇森林防灭火工作管理水平；开展全市半专业扑火队和专业森林消防队“大练兵、大比武”等活动，提升专业队伍综合应急救援能力；建立县（市、区）专业森林消防队靠前驻防和乡镇森林防灭火联防联控工作机制，以重点林区乡镇为核心，在全市划定乡镇联防区66个，在重点林区乡镇设立40处驻防点，前置县级专业救援力量近600人；进入森林防火重点期，各县专业队、乡镇半专业队集中待命，统一管理，靠前驻防，做到火情早发现、早处置。在10月的森林火灾处置过程中，市森防指统筹调度各县（市、区）专业森林消防队伍19支560人参与森林火灾扑救处置工作。

（市林业局）

消防救援

【概况】 2022年，全市消防救援工作全力以赴防风险、保稳定、谋发展、促改革，完成北京冬（残）奥会、中共二十大、苏区振兴十周年等重大安保任务16项，累计督改火灾隐患6.3万余处，摘牌销案重大火灾隐患单位27家；投入多轮局部突发疫情阻击战、歼灭战，战胜龙南、瑞金等地历史性强降雨和超警戒洪水，抗击赣州有气象纪录以来最严重旱情，打赢了“9·6”南康家具厂火灾、“10·17”赣县森林火灾、“10·29”经开燃气爆炸等大仗硬仗，得到地方党委、政府和广大人民群众的广泛赞誉；先后获得国家级表彰6项、省部级13项、市厅级52项，尤其是瑞金市消防救援大队作为全国消防救援队伍唯一集体，被党中央、国务院表彰为全国“人民满意的公务员集体”。赣州市消防救援支队后勤保障、立体宣传、力量建设、实战练兵、党建带团建、专职队党组织建设、装备采购领域廉政风险专项整治等工作经验19次在全省大会上发言或展示推介。各级首长13次作出批示指示予以肯定。《人民日报》、新华社、《光明日报》等累计报道20余条次，央视上稿79条次，数量全省最多。2022年，全市共发生城乡火灾5307起（具体火灾分布：章贡区472起、于都县458起、南康区447起、兴国县446起、信丰县436起、赣县区378起、赣州开发区377起、宁都县370起、瑞金市331起、会昌县214起、龙南市201起、大余县191起、上犹县155起、石城县153起、安远县151起、定南县147起、崇义县146起、寻乌县142起、全南县92起），同比上升28.6%；直接经济损失4484.71万元，同比下降0.4%。其中，生产经营场所火灾460起，直接经济损失1163.44万元，同比分别下降9.2%、31.5%。

【消防安全专项治理】 狠抓消防安全专项整治三年行动收官、消防安全大检查和“防保迎”消防安全专项行动，统筹推进“高低大化”、家具企业、“九小”场所、物流仓储、自建房等“十大专项行动”，完成冬（残）奥会、中共二十大、苏区振兴十周年等重大安保16项，累计督改火灾隐患6.3万余处，3家省级、23家市级重大火灾隐患单位全部摘牌销案。年内未发生较大以上火灾事故，消防执法“放管服”改革成效评价获评全省第二，群众安全感、满意度持续提升。

【灭火救援】 面对多重超预期因素的冲击，全市消防救援队伍向险而行、连续作战，全力投入多轮局部突发疫情阻击战、歼灭战，战胜龙南、瑞金等地历史性强降雨和超警戒洪水，抗击赣州有气象记录以来最严重旱情，打赢“9·6”南康区龙岭工业园家具厂火灾、“10·17”赣县区森林火灾、“10·29”经开区燃气爆炸等大仗硬仗；特别是在和乐油库保卫战中，成功保卫9万立方库容原油及周边民房无一处过火。

【消防宣传】 2022年，全市出动12.82万人次宣教员上门入户开展“平安敲门行动”，完成4.55万家“九小”场所和46.6万余户居民家庭的面对面宣传。持续深化应急疏散大演练和消防基本技能实操实训“两大行动”，年内开展演练3183场次，培训“准消防员”7.2万人，总数均为全省第一。全长2.2千米、占地253亩、总投资8300万元的市级消防公园开工建设，规模和投入为全省之最。全市371个政府专职队站全覆盖建成消防文明实践点，1000个地方新时代文明实践中心增设消防宣传板块，6个单位被评为全市新时代文明实践延伸领域“示范阵地”。推荐瑞金中央革命根据地纪念馆叶坪旧址管理处获评全国“119”先进集体并在全国表彰大会作典型发言。培树寻乌县“文明夜市星期六”志愿服务项目获评“全国优秀消防志愿服务项目”。在全省消防安全常识课件评比活动中获评“员工群体类”和“村民群体类”优秀课件。

【队站力量建设】 2022年，赣州市在建成371个政府专职队、实现“乡乡都有消防队”的基础上，推进基层消防监管力量建设。市县两级政府出台纲领性文件支持基层消防力量建设，各地编委调配事业编制693人、总数全省最多，20个县级消防安全服务中心和302个乡镇级消防所挂牌并实体运行，做到基层消防工作有人抓、有人管。“国考”工作组在实地检查时给予大力褒奖，部消防救援局以正式发文、全国现场会通报等形式肯定“赣州经验”。克服疫情影响、财政收紧困难，列装大跨距举高喷射车、远程供水系统、消防机器人等一批高精尖车辆装备，装备配备更贴实战。在全面完成总队下达10个队站建设任务的基础上，加压推进县级训练基地建设。出台绩效“兜底”长效保障机制，彻底解决长期以来区域差距大、同工不同酬的问题。持续深化为基层办实事活动成效，在全省率先实现国家队和专职队“四热一干”全覆盖，所有单位开展“星级食堂”达标创建，“火焰蓝之家”全部挂牌运行，组织指战员及家属参加疗养106人、参与学历提升111人、办理子女入学入托131人、交友联谊100余人。

（于学远）

本栏编辑：陈晔明

县（市、区）

章贡区

【概况】 章贡区辖4个镇和6个街道办事处，总面积351.3平方千米。粮食播种面积4.06千公顷，森林覆盖率60%以上。年末户籍总户数18.1万户，总人口56.12万人，其中城镇人口52.28万人。人口出生率6.45‰，人口自然增长率2.49‰。2022年，地区生产总值661.02亿元，增长5.8%。其中，第一产业增加值4.2亿元，增长2.3%；第二产业增加值246.92亿元，增长7.3%；第三产业增加值409.9亿元，增长5.1%。三次产业结构由0.7∶36.4∶62.9调整为0.3∶43.6∶56.1，第三产业服务业对章贡区地区生产总值的贡献率为56.1%，拉动全区地区生产总值增长3.28个百分点。一般公共预算收入22.59亿元，同口径增长8.7%；一般公共预算支出45.61亿元，增长15.5%。规模以上工业增加值增长9%，500万元以上固定资产投资增长9.9%。实际利用外资0.31亿美元。全年进出口总额93.07亿元，其中出口总额70.99亿元，增长38.1%。农林牧渔业实现增加值4.4亿元，增长3%。全年粮食总产量2.31万吨，园林水果产量2216吨，水产品总产量2085吨。社会消费品零售总额417.9亿元，增长6.4%。城镇居民人均可支配收入5.17万元，增长6.1%；农村居民人均可支配收入2.26万元，增长8.1%；居民消费价格水平涨幅2.3%。金融机构人民币各项存款余额2445.59亿元，增长14.62%；金融机构人民币各项贷款余额2655.28亿元，增长9.22%。2022年，章贡区为全省唯一、全市首个全国综合实力百强区，获全省工业高质量发展一类先进县（市、区）和工业崛起贡献奖，章贡高新技术产业园区获评省级开发区先进单位、列省级开发区第一位。

【“一区四中心”建设】 建设全省高质量发展示范区、区域科技和数字创新中心、大健康产业中心、文旅消费中心和金融商务中心。建设区域科技和数字创新中心，打造“国字号”科研平台6个、省级科创平台载体42个。入库国家科技型中小企业208家，29家企业通过2022年度高新技术企业认定，3家企业被评为2022年“瞪羚”（潜在“瞪羚”）企业（进入高成长期的企业，具有成长速度快、创新能力强、专业领域新、发展潜力大的特征），2项科技成果获省科技进步奖二等奖，县域创新能力列全省第六，被列为国家知识产权强县建设试点县（区）。数字经济电子信息产业营收增长10%，线路板产业集群获评全国2022年度中小企业特色产业集群，数字经济产业园入选全省首批数字经济产业集聚区、省级现代服务业集聚区，省级信息安全产业园开园，全省首个信创联盟挂牌运行。稀土及新材料产业营收增长30%，中国稀土国际贸易公司开票运营，虔东稀土获批全省稀土行业唯一国家级企业中心。建设大健康产业中心，医药健康产业营收增长15%，联合空军军医大学共建全国重点实验室，赣南创新与转化医学研究院获评省级新型研发机构，中国生物、国药器械等头部企业落地，推进模式动物工程研究中心，建成威高二期、海尔医疗，药品获批数为全省第一。建设文旅消费中心，获评全省文化产业重点县（市、区）和全市旅游产业发展先进县（市、区）。开工建设方特二期、极地海洋世界二期，联三坊顺利开街，基本建成七鲤古镇项目，江南宋城获评首批国家级夜间文化和旅游消费集聚区，举办第五届章贡文化旅游系列活动，全年接待游客数量、旅游收入分别增长11%、12.3%。建设金融商务中心，培育本土首家上市公司逸豪新材，迁址引进上市公司五矿稀土。推进普惠金融改革试验区，引进工银安盛保险、华福证券等3家金融机构。并购基金园新增企业188家，总部经济及并购基金园税收7.72亿元。产业引导母基金启动运作。

【深化改革】 劳动育人改革、无物业老旧小区治理、农业水价等改革经验在国家级内刊刊载，入选全国青年发展型县域试点，文化强省、商贸消费等10项工作在全省作典型发言。市区财税、土地、城管及章江湿地、峰山森林公园管理体制改革顺利承接，镇街“一级财政”改革启动试点。全省首个“入驻式管理”基层供销社揭牌成立。落实国资国企改革，国企资产总额382亿元，增长7.2%。探索“院校+政府+企业”引才新模式，引进各类高层次人才264人，其中院士4人，数量居全省前列。上线全省首个“云勘验”（审批勘验由传统的“现场实地勘验”转变为“远程在线勘验”，通过提前预约，借助云勘验平台，审批人员和企业负责人即可“在线会面”，完成勘验所有环节）平台，在全市首创“政银合作”政务服务新模式，率先建设全市首个“全科综合服务”（将多部门多窗口进行科学合理整合，整合后的窗口提供“无差别”服务，每个窗口受理的业务范围和服务标准统一规范，企业群众办事时无需区分受理部门、受理窗口，到任一窗口均能享受到高效便捷的政务服务）窗口及“赣服通”县级分厅微信端，“免证办事大厅”建成运行，640个事项实现免证办理。推进营商环境“一号改革工程”，开展集中大走访、“吐槽大会”等政企连心活动，协调解决市场主体困难诉求1758个。在全市率先启动“亲清赣商”惠企政策兑现平台，为企减负44.33亿元，新增市场主体1.7万户。争取上级补助资金24.1亿元、新增债券29.83亿元。探索实施“拿地即开工、竣工即投产”项目审批改革，招引项目101个，投资总额超1000亿元，落地6家央企，引进12个“5020”项目，实现园区项目满园，获评全省开放型经济工作综合先进单位。

【城乡建设】 完成“三区三线”（城镇空间、农业空间、生态空间；永久基本农田保护红线、生态保护红线、城镇开发边界）划定，推进三江口片区开发和水西老街改造项目。推进G323改建项目，东阳山、贸易广场人行天桥建成投用，和乐220千伏输变电工程投运送电。完成老旧小区改造129个，棚户区改造1100户、16万平方米，保障性租赁住房建设580套。通过全国文明城市复评，打造文清路等3条示范街区。推进峰山片区保护开发，实施石角艺术部落、下峰山康养村等三产融合项目，建设省级新农村点34个，打造乡村振兴示范带4条、乡村振兴先行村12个。水西镇上榜全国千强镇，沙河镇流坑村获评中国美丽休闲乡村。实施城乡供水一体化工程5个，农村自来水普及率92%。新（扩）建规模设施蔬菜基地48.67公顷，打造休闲农业国家级示范点3个、省级11个。全区村集体经济经营性收入1.04亿元、54个村均超20万元。新（改）建污水管网64千米，建成城乡生活污水处理设施46个。

【民生事业】 全年民生支出超过37亿元，占公共财政预算支出的81.9%，完成40件民生实事。城镇新增就业、农村劳动力新增转移就业完成率分别为27.34%、51.92%。新增托育位633个、学（园）位7380个，义务教育“双减”（减轻义务教育阶段学生作业负担和校外培训负担）工作列为全市样板，获评全省青少年业余训练“十强县”并获全省2019—2022年竞技体育贡献奖一等奖。广东省人民医院赣州医院作为全国首个县级医院获批国家区域医疗中心，区妇保院新院正式运营。新增养老床位500张。新建停车场13个、泊位2482个，55条街道、2000个泊位完成智能化改造，新增汽车充电桩268根。新增公共厕位110个，乡村卫生厕所普及率99.7%。扫黑除恶知晓率列全省第二、全市第一。电信网络诈骗案件数量下降70.6%，“老大妈”“老师傅”“老班长”等基层治理品牌得到国家、省、市肯定，获平安江西建设示范县（市、区），连续7年获评省、市安全生产工作先进。

【赣州逸豪新材料股份有限公司上市】 9月28日，赣州逸豪新材料股份有限公司在赣州以线上直播的方式，登陆深圳证券交易所上市，这是章贡区本土培育的首家境内上市企业，也是赣州首家A股上市的电子信息企业。赣州逸豪新材料股份有限公司成立于2003年10月，位于章贡高新区水西产业园内，是一家以生产高精度电解铜箔、铝基覆铜板、PCB（印刷线路板）为主的高新技术企业。该公司从事研发和制造电子电路铜箔20余年，与生益科技、南亚新材、健鼎科技、景旺电子、胜宏科技、崇达技术、五株科技、世运电路等行业内知名企业建立稳定的合作关系。2021年，企业实现营业收入12.7亿元，实现净利润1.62亿元。

【广东省人民医院赣州医院获批全国首个县级医院国家区域医疗中心】 5月18日，广东省人民医院赣州医院入选第三批国家区域医疗中心建设项目。5月26日，广东省人民医院赣州医院国家区域医疗中心建设项目揭牌。2020—2022年，广东省人民医院赣州医院在广东省医博士专家支援下共同开发出近30项新技术。医院以单病种多学科诊疗和亚专科建设为发展方向，率先在全市建立烧伤学科院士工作站，开创慢性创面学科，获得地方政府和患者赞誉，已经形成医院的品牌学科。实施“靠大联强”战略，加入31个专科医联体或专科联盟。建成远程会诊中心、远程心电诊断中心，实现与解放军总医院（301医院）、北京天坛医院及南昌大学第一附属医院远程会诊中心的对接和远程教学。医疗设施设备齐全，总体达到全省先进、市内一流水平。

（张　凤）

赣县区

【概况】 赣县区位于江西南部，辖12个镇、7个乡。总面积2993.09平方千米。耕地2.15万公顷，林地231561.5公顷，森林覆盖率76.16%。新增公园绿地面积443.21公顷，总计1165.52公顷，绿地率44.59%。建城区面积2.65平方千米，总计26.14平方千米。2022年末总人口662179人，其中乡村人口494402人，城镇人口167777人；

人口自然增长率4.8‰。2022年地区生产总值263.19亿元，增长5.4%；其中第一产业增加值26.27亿元，增长3.9%；第二产业增加值85.71亿元，增长8.0%；第三产业增加值151.2亿元，增长4.3%。财政总收入27.57亿元，增长6.3%；地方财政支出56.56亿元，增长14.7%。规模以上工业营业收入440.55亿元，增长23.3%。一般公共预算收入17.78亿元，同口径增长12.9%；规模以上工业增加值增长9.4%，固定资产投资增长11.0%，外贸进出口总额增长48.7%。社会消费品零售总额104.78亿元，增长4.8%；城镇居民人均可支配收入38508元，增长5.9%；农村居民人均可支配收入15856元，增长10.0%。获全省、赣州市高质量发展先进县，赣州高新区获评全国火炬统计工作先进单位，在全国通报表扬；获评全国首批自然资源节约集约示范县，金钩形水土保持工作成为全国示范；获评全省外贸进出口先进单位，连续2年获评赣州市开放型经济工作综合先进县。

【工业经济】 全年工业营收超450亿元，净增100亿元，增长25%。实施“一区三园”（赣州国家高新技术产业开发区，赣州高新区、章贡高新区、信丰高新区）管理改革，章贡、信丰高新区增挂赣州高新区分园牌子。稀金新材料产业园获批，完成寒锐钴业、吉锐新能源等20个项目，推进腾远钴业二期、江钨产业园等27个项目。新增规模以上工业企业23家，总数145家，营收超50亿元2家、超10亿元超10家。首位产业集聚度73.5%，钴金属年产量占全国总产量的50%以上，稀土永磁材料成为全国重要生产基地。新建5G基站661个，新增上云企业（以互联网为基础进行信息化基础设施、管理、业务等方面应用，并通过互联网与云计算手段连接社会化资源、共享服务及能力的企业）1106家，获批省级大数据示范企业2家、“两化”融合（信息化和工业化的高层次的深度结合）示范企业4家。腾远钴业上市，吉锐新能源获评2022年赣州市唯一的“潜在独角兽企业”（成立5年之内估值≥1亿美元或成立5—9年估值≥5亿美元，获得过私募投资，且尚未上市的企业）。举办首届“中国稀金谷”永磁电机产业云上推介会、中国（赣州）永磁电机产业创新发展大会。

【现代农业】 粮食生产实现“十九连丰”，赣县区“五统一”（统一管理、统一育秧、统一翻耕、统一服务、统一收购）做法获央视宣传报道，全区粮食生产37673.33公顷，面积由全市第11名进位到第10名，产量由全市第七名进位到第二名。新建高标准农田建设5666.67公顷，高标准农田建设获全省绩效评价二等奖，率先在全省开展高标建后管护保险。新增设施蔬菜168.67公顷、脐橙140公顷，新种（改造）油茶1620公顷，生猪出栏48.8万头，湖羊出栏2.3万头。建成粤港澳大湾区菜篮子基地2个，新增富硒农产品认证65个，培育高标准富硒产业基地4个、全国名特优新农产品3个、“江西名牌”农产品2个。3家农业企业被评为全省物联网企业，数字农业龙头企业“中新云农”被认定为2022年度江西省企业技术中心。

【现代服务业】 全年全区49家规模以上服务业企业全口径营业收入22.09亿元，增长38.67%。全年文旅投入4亿元，举办首届赣南客家文旅消费节，签约文旅商贸项目12个，总投资110亿元。举办“赣县过大年、政府送温暖”“初夏五一、惠购赣县”等促消费活动，发放购物消费券300万元；开展3场电商直播活动，网络零售总额增幅全市第二。推进九岳丹霞、祥云湖二期等文旅项目，运营星州润、客家文化城，建成投运海外仓、海铁物流，赣县入选为全省县域物流配送体系建设试点县。

【“项目大推进”活动】 全年实施“八大行动”（工业倍增升级、科技创新赋能、深化改革开放、乡村全面振兴、城市能级提升、美丽赣州建设、提高民生品质、党建质量过硬）项目198个，完成投资313.24亿元。争取上级各类资金87.33亿元，争取专项债项目数全市第一，发行全省首单县城新型城镇化企业债券。年内新签约项目61个、总投资584.46亿元，签约项目数、投资额分别增长38.6%、11.1%，其中50亿元以上项目4个，20亿元以上项目4个。钨和稀土有色金属新材料产业入选省级外贸转型升级基地，实际利用省外2000万元以上项目资金增长9.9%，出口总额增长47%。依托“两院四中心”［中科院赣江创新研究院、中国稀金（赣州）新材料研究院，国家稀土功能材料创新中心、国家钨与稀土产品质量监督检验中心、中国稀金谷中科产业育成中心、国家离子型稀土资源高效开发利用工程技术研究中心］平台签约引进项目7个，其中院士项目3个。

【“放管服”改革】 完成216项对标提升改革任务，“赣服通”赣县分厅5.0上线运行。在全市率先推进市县同权改革，承接108个下沉事项，实现企业群众更多事项办理“不出园、不出区”。推进相对集中行政许可权改革，实现“一枚印章管审批”。在全市率先探索“线上线下”融合政策兑现机制，73项惠企政策“免申即享、即申即享”，兑现惠企资金3.42亿元，居全市第三。在全市率先创新推出“中标贷”服务，有效解决企业融资难问题。开展企业大帮扶活动，出台降本增效“27条”、助企纾困解难“35条”、稳经济促发展“35条”等政策措施，全年减免税费7.15亿元，惠及9000余户次。普惠金融改革走在全市前列，乡镇财政管理体制、“政区合一”体制等改革稳步推进。

【科技创新】 全年研发支出占地区生产总值比重的4.87%，排全市第一。建成中科院赣江创新研究院一期，部分投运。成立全市首支科技创投基金，牵头组建全市首个省级稀土产业科技创新联合体。新增省级“专精特新”（专业化、精细化、特色化、新颖化）中小企业15家、专业化小巨人企业（业绩良好、极具发展潜力和培育价值，处于成长初期的小企业）2家，获批“瞪羚”企业（进入高成长期的企业，具有成长速度快、创新能力强、专业领域新、发展潜力大的特征）4家，入库科技型中小型企业107家。获批省级众创空间1家、企业技术创新中心1家、企业技术中心2家，市级技术创新中心3家。引进高层次人才90人、行业急需紧缺人才854人，入围市“苏区之光”人才计划（赣州市2020年启动的引进培养创新创业高层次人才计划，主要目标是用5年时间，面向市内重点培养200名左右能够突破关键技术、发展新兴产业、引领创新发展的精英人才或团队，为赣州市打造革命老区高质量发展示范区提供有力人才保障）6人。

【城乡建设】 构建“一圈五环”（由沙地至湖江、湖江大桥、湖江至石芫、石芫至吉埠、吉埠至江口、江口至梅林大桥、义源至大田、大田至大埠、大埠至王母渡、王母渡至阳埠、阳埠至信丰、章贡区境内105国道、五云至沙地、沙地至沙圩桥等主干公路组成的循环交通圈；由沙地至沙圩桥、南康区境内的S226和S221公路构成的小循环圈，由沙地至湖江、湖江大桥、沙地至五云，加上章贡区水西镇的虔东大道构成的小循环圈，由湖江至田村、田村至南塘、南塘至江口、湖江至江口公路构成的小循环圈，由大田至长洛、长洛至大埠、大田至大埠公路构成的小循环圈，由王母渡至阳埠、阳埠至信丰、王母渡至信丰公路构成的小循环圈）道路交通发展新格局，开工建设湖江大桥、汶潭大道、G323改线、义源至大田等重大路网。赣州港五云码头主体完工，赣县成为全市唯一拥有“货运码头＋铁路货站＋高速公路出口”交通核心枢纽的县。建成杨仙大道西延、梅林大街西延，改造赣南大道快速路三标段、华能大道、赣县东出入口。新增21路，优化11路、100路、127路公交线路。完成棚改安置1108户，新建保障性租赁住房1000套，首批104套人才住房交付使用。新增车位2242个、厕位1013个、雨污管网25千米。茅店组团控制性详细规划获批实施，城市园林绿化管理经验全市推广。启用“三区三线”（农业空间、生态空间、城镇空间；永久基本农田保护红线、生态保护红线、城镇开发边界）划定成果，划定永久基本农田20520公顷，划定生态保护红线61900公顷，划定城镇开发边界面积5466公顷，新增可用建设用地空间1353.33公顷。平江灌区、茅店枢纽、凯悦电站纳入国家水网规划，启动“三大片区”城乡供水一体化、金盘灌区、野猪坑水库等供水保障工程建设。全年完成35个重点村庄规划编制，夏潭村庄规划成果获全市一等奖，成为中部省份样板案例。新改建农村公路86千米，建成沙地至沙圩桥、岐岭至石井道路，推进新星大桥至三溪公路改建等项目。建设191个新农村建设点，建成农村生活污水处理设施34个，农村卫生厕所普及率95%以上；兴修农田水渠210千米、水陂54座；安装农村路灯1.36万盏，基本实现宜居村组公共照明设施全覆盖。

【生态环境】 全年完成水土流失治理34.01平方千米、废弃矿山修复31.1公顷、低质低效林改造3526.67公顷，万元地区生产总值能耗下降3.1%；$PM_{2.5}$浓度18微克/立方米，居“五区”（章贡区、赣县区、南康区、经济技术开发区、蓉江新区）第一；6个国（省）考断面水质优良比例100%，受污染耕地安全利用率、建设用地地块安全利用率均100%。国家重点生态功能区考核列全省第三、全市第一，污染防治攻坚战成效考核位列全市第二。

【民生事业】 全年民生支出49.32亿元，占一般公共预算收入的87.2%。城镇新增就业、新增转移农村劳动力分别完成年度计划的161.96%、101.21%。城乡低保月人均提10%以上。教育工作全年投入3.85亿元。新建江西师大附中赣江创新研究院分校，实施校建项目25个、收购幼儿园5所，新（改、扩）建校舍11.44万平方米，新增学位4705个、园位2705个。区人民医院升级为三级综合医院，与南方医科大学南方医院签署对口帮扶协议；建设第五、第六人民医院，推进疾控中心、妇幼保健院整体搬迁等项目。建成阳埠、湖江敬老院，改造提升区妇女儿童服务中心和11个乡镇公办养老机构消防设施，建成7个城市社区养老服务中心、3所托育中心，新增托位505个。新增3个专业森林消防中队，人员增加1.5倍，保障装备物资。推进平安赣县建设，建成智慧安防小区80个，公共安全视频监控点位实现全区所有自然村全覆盖，电诈发案数、损失数均下降25%以上，扫黑除恶满意度全市领先，公众安全感位列全省第一方阵、全市一类县第一。

【金钩形水土保持科技示范园建设】 金钩形水土保持科技示范园位于江西省南部，赣州市中部，赣县区北部，距赣县城区40千米。示范园位于南方红壤区，园区规划总面积3.57平方千米，规划定位为技术推广型水土保持科技示范园，总体功能布局为“一心四片”即以崩岗治理展示与科普教育为中心，划分为科普宣传教育区、生态休闲体验区、崩岗整治示范区、生态修复治理区等4个功能区。2022年，赣县区金钩形水土保持科技示范园被认定为国家水土保持科技示范园。

【赣州高新区磁性材料数字产业聚集区入选2022年第二批省数字经济集聚区】 位于赣州高新区的磁性材料数字经济产业聚集区主导产业是江西省20条数字经济赛道中第7条基础赛道中的电子材料之磁性

材料赛道。集聚区着力打造全球知名的“中国稀金谷”。2021年，集聚区内企业总数71家，重点规模以上企业20家，营业收入总额157.82亿元。赣州高新区数字经济（磁性材料）产业集聚区入选2022年第二批省数字经济集聚区。

（朱祥福）

南康区

【概况】 南康区位于江西省南部，辖6个乡、10个镇和2个街道办事处。总面积1623.02平方千米，其中城区面积80.20平方千米。耕地面积2.47万公顷，有林面积10.32万公顷，森林覆盖率58.4%。户籍人口77.68万人，城镇人口28.74万人，流动人口约13.01万人，人口自然增长率1.54‰。2022年地区生产总值443.90亿元，增长5.7%。其中，第一产业增加值28.17亿元，增长4.3%；第二产业增加值193.17亿元、增长7.0%；第三产业增加值222.56亿元，增长4.8%。财政总收入42.18亿元，增长1.1%，人均5430元；一般公共预算收入25.58亿元，增长3.1%；税性比71.6%。一般公共预算支出70.97亿元，增长-5.7%。规模以上工业总产值589.79亿元，增长2.8%。外贸出口占地区生产总值的比量为13.98%。固定资产投资增长15.4%。实际利用外商投资4.54亿美元，增长194%。利用省外2000万元以上项目资金80.57亿元，增长9.9%。进出口总额112亿元，增长63%。粮食生产播种面积34200公顷，油菜生产播种面积1666.67公顷。粮食总产量19.54万吨。水稻18.07万吨，花生1.78万吨，生猪出栏84.4万头、存栏45万头。全区社会消费品零售总额213.69亿元，增长5.2%。城镇居民人均可支配收入4.11万元，增长5.7%，农村居民人均可支配收入1.62万元，增长8.1%。全区金融机构本外币各项存款余额605.48亿元，增加72.56亿元，增长13.6%。全区金融机构本外币各项贷款余额699.76亿元，增加79.68亿元，增长12.9%。

【工业经济】 加快建设龙华数字软体家具产业园，国际家居总部经济区落户企业11家，“百城千店”（到2025年，力争在国内一、二线城市和重要节点城市建成200家以上南康家具品牌馆，在赣州市外的县级以上城市建成1000家南康家具连锁专卖店）签约品牌馆45家，第九届家博会线上线下交易额超100亿元。南康家具入围国家先进制造业集群决赛，获评全省五星级产业集群，品牌价值超700亿元、居全国家具产业带首位。全区有注册商标接近3万件，江西名牌产品92件，均列全省第一，南康家具商标品牌建设入选全国优秀案例。大自然家居建成投产，成为行业首家国家智能制造成熟度三级企业，红香阁红木家具入选国家林业重点龙头企业名单，汇明木业获评省级专业化小巨人企业（业绩良好、极具发展潜力和培育价值，处于成长初期的小企业）。规模以上有色金属、电子信息产值分别达273亿元、45亿元，分别增长35.8%、65.7%。开源科技产值182亿元，增长31.3%；集盛科技、爱康科技分别产值27.8亿元、19.2亿元，获评全省制造业领航培育企业。新认定科技型中小企业100家、高新技术企业11家、“专精特新”（专业化、精细化、特色化、新颖化）企业18家、“瞪羚”企业2家。实现规模以上工业营收576亿元，全市第二。南康经开区获评全省产业集群高质量跨越式发展示范园区。

【数字经济】 推进“上云用数赋智”，实现企业“上云”2193家、全市第一，打造数字车间200多个。加快建设赣州低空经济产业园，引进顺丰、大漠大等头部企业，成立省现代家具产业科技创新联合体、南康人才集团。共享备料中心智能工厂获评工信部智能制造优秀场景，汇有美等5家企业获评省级“两化”融合示范企业，数字科技产业园获评省级数字经济集聚区。

【深化改革】 打造新市民服务中心，推出“家具全产业一链办”“南康E帮办”等多个全省政务服务示范样板。开展“一站受理、集中审批、容缺办理”，项目“四证”（国有土地使用证、建设用地规划许可证、建设工程规划许可证、建设工程施工许可证）办理时长由原来的4个月压缩至1.5个月。开展标准厂房违法转租专项治理、取消政府采购领域投标保证金，为企业减租减负2.6亿元。办理增值税留抵退税11.2亿元，居全市第二。打造普惠金融服务中心2.0版，做法在全省推广。

【经贸合作】 与德国威廉港签订合作协议，在海外仓、多式联运等方面开展战略合作。与法国达飞轮船、中远海运合作，开行铁海联运全程提单班列，实现FOB（船上交货）赣州和CIF（成本、保险费加运费）赣州。新开行中老国际班列、至罗马尼亚中欧班列、中欧班列冷链专列、出口新能源汽车专列，开通赣深城际高速货运班列“融湾号”，“赣穗组合港”正式运营。开行中欧（亚）班列259列，铁海联运“三同”班列1730列、增长8.9%，内贸班列1810列、增长10.7%，铁路集装箱吞吐量超24万标箱、增长9.2%。陆港营收超34亿元，资产总额超80亿元，取得AA主体信用评级。运行“9710”（“跨境电商B2B直接出口”，适用于跨境电商B2B直接出口的货物）“9810”（“跨境电商出口海外仓”，适用于跨境电商出口海外仓的货物）模式，在欧洲及日本、韩国、美国等设立海外仓7个，跨境电商货物进出口量超2000万票（件）、出口额21.8亿元。新增外贸备案企业152家，总数847家，全省前列。出口退税企业从42家增长到100多家，退税金额4.8亿元，增长100%。外贸进出口总额首次超100亿元，增长62%。

【城乡建设】 正式启用“三区三线”

划定成果，划定城镇开发边界 104.4 平方千米，新增集中建设区 14.2 平方千米。大广高速南康至龙南段扩容通车，赣南大道快速路南康段、庄稼大道三期等项目快速推进，东山北路改扩建工程等一批项目竣工。爱琴海购物公园、家居美学馆等城市新地标投入使用。拆除危旧房和破棚烂厕 6 万平方米，交付安置点 16 个，完成老旧小区改造 48 个。拆除危旧土坯房、破棚烂厕 172 万平方米，整治老人住老房 2480 户。建成全市一流的数字乡村体验中心。推进圩镇建设，改建农村公路 46 千米，全面完成 42 个乡村振兴示范村（社区）建设，启动建设 10 个高速出入口乡村振兴示范带。全面推广“美 e 分”乡村治理积分制。全区村级集体经济实现收入 1.3 亿元，村均经营性收入 46.7 万元。

【生态环境】 全年空气优良率 91.2%，$PM_{2.5}$ 年均值 27 微克 / 立方米。集中式饮用水水源地水质达标率 100%，受污染耕地安全利用率 93.3%。建成园区污水处理设施 8 个、农村生活污水处理设施 28 个，医疗机构废水处理设施 25 个，水污染防治项目 4 个。建成生活垃圾焚烧发电项目。打造升级版河（湖）长制、林长制。完成大山脑林地经营权“私转公”。入选全省首批碳达峰试点城市，园区环境污染第三方治理试点通过国家评审。完成美丽中国“江西样板”39 个改革攻坚任务、48 项具体举措。

【民生事业】 全年民生支出 59.1 亿元，占一般公共预算支出的 83.3%，超额完成市级下达的“七个位”（就业岗位、托幼园位、上学座位、医疗床位、养老点位、停车车位、如厕厕位）任务。新增城镇就业 5450 人，新增农村转移劳动力 11900 人。新增幼儿园位 980 个，上学座位 7535 个。新增医疗床位 481 张、托育托位 1650 个、养老床位 362 张，全面提升 18 所公办养老机构。江西财经大学赣州研究院、数字设计现代产业学院落户南康，家具特色高职学院纳入省“十四五”高校规划。排查整改安全隐患 1.4 万个，安全事故起数和死亡人数“双下降”。

【打造全省首个“E 帮办”平台】 围绕解决政务服务帮代办“找谁办、怎么办、联动办”的问题，探索打造全省首个“E 帮办”平台，推动全区政务服务帮代办实现数字化、信息化、智能化、规范化变革，实现服务群众“零距离”，打通政务服务“最后一公里”。至 2022 年底，“南康区 E 帮办”平台已注册帮代办“小赣事”512 人，在全区 294 个村（社区）实现全覆盖。上线高频事项 42 项，非高频事项 200 多项，线上线下帮助群众解决实际问题 26.21 万件。

【“南康木匠”李德鑫夺得世界技能大赛家具制作项目金牌】 10 月 11—14 日，2022 年世界技能大赛特别赛家具制作项目在瑞士巴塞尔举行，南康籍选手李德鑫代表中国参加比赛，获得该项目金牌，这是中国代表团在此次赛事中取得的首枚金牌，也是中国自参加世界技能大赛以来家具制作项目的首枚金牌。12 月，省政府对其予以通报表扬，奖励人民币 30 万元（免税），晋升一级职业技能等级，由相关部门按规定分别授予“江西省五一劳动奖章”“江西青年五四奖章”“江西省技术能手”等。

【南康“美 e 分”乡村治理积分制管理平台全面推广运用】 南康“美 e 分”乡村治理积分制管理平台，简称南康“美 e 分”，5 月 5 日，在全区 25 个村开展试点运行，10 月 14 日在全区 262 个农村村（社区）全面推广运用。南康“美 e 分”是利用区块链、大数据、互联网技术，以户为单位，将村（居）民日常“积孝、积善、积信、积勤、积俭、积美”等方面行为量化为可实际运用积分的应用软件，是新时代文明实践工作的线上模式，是村（居）民参与社会治理和提升社会文明程度的乡村治理线上平台。加入平台的村（居）民通过参与平台发布的积分规则获得相应积分，积分可在线上、线下积分超市兑换商品；可作为遴选村组后备干部、入党、子女入伍、公益性岗位竞聘等方面的重要依据；可在金融机构贷款时享受家庭积分专属贷款利率和贷款额度或贴息；可作为评先评优的重要依据等。截至 2022 年底，平台注册认证总人数为 70.79 万人，认证率 98.83%；发放积分 1901.33 万分。建设乡村治理积分兑换超市 262 个，积分兑换商品共计 256.83

6 月 17 日，南康区普惠金融服务中心正式运营。图为群众在该中心办理业务
（南康区供图）

万分（5.5万人次）。

【南康区普惠金融服务中心区正式运营】 南康区普惠金融服务中心是对标大湾区，按照“政府主导、监管推动、金融参与、多方聚力”原则打造的区级普惠金融服务平台，6月17日正式运营。中心设有五大功能专区，由政府派驻专业金融服务团队，率先推广运用赣州银保监分局开发“普惠易融”信息平台，聚焦“融资难、融资贵、融资慢”问题，为中小微企业、个体工商户和社会公众提供政策宣传、信贷对接、融资增信、信用服务、咨询培训等“一站式”金融服务，助力改革和发展“双一号”工程，着力提高普惠金融服务覆盖率、可得性、满意度。至2022年底，中心专属信息平台直接连接政务信息查询端口，涵盖33项个人信息、28项企业信息，经市场主体授权可与融资申请一并转送银行机构，帮助提升申贷成功率；累计为581户市场主体10.11亿元贷款提供政府增信支持；为3505户市场主体“建档立卡”；506户市场主体通过中心信息平台申办贷款，累计获得授信2.98亿元。

【第六届全国青少年无人机大赛在南康举办】 8月10—14日，第六届全国青少年无人机大赛主赛场在赣州市南康区举办。比赛分2个赛场举办，分赛场8月18—21日在广州南沙体育馆举办。共有来自全国28个省市自治区及直辖市和2个特别行政区的1965支队伍、5245名选手参加。比赛共分旋翼、固定翼、创意三大类17个赛项，其中15个赛项在南康主赛场举办。大赛主要考核参赛选手的动手能力、操控能力、空间判断能力、仪表飞行能力、编程能力、创造能力、团队合作等各方面能力，全面涵盖科技素质教育的要求。全国青少年无人机大赛是青少年无人机领域具有权威性、专业性、公正性以及影响力的全国性比赛，是2021—2022学年面向中小学生的36项全国性竞赛活动中唯一以航空“无人机”为主题的专业赛事。

【2022年全国滑翔伞定点联赛在南康举办】 11月9—11日，“圣境山杯”2022年全国滑翔伞定点联赛（江西赣州站）在南康区龙回布谷寨航空飞行营地举办，来自全国各地80余名滑翔伞运动员参加。男选手陈洋和女选手孔祥燕各自摘得男子组和女子组的金牌，山西省飞行者滑翔伞代表队获得团体冠军。滑翔伞定点联赛加快让南康走向全国、让全国了解南康的步伐，进一步提升南康形象的美誉度、知名度和影响力。

（黎庆愉）

信丰县

【概况】 信丰县位于赣州市南部，辖3个乡、13个镇、1个城市社区党工委和1个高新技术产业园区。总面积2866.04平方千米。耕地面积4.36万公顷，森林覆盖70.33%。总人口78.08万人。2022年，全县地区生产总值200.01亿元，增长5.5%。其中，第一产业增加值45.4亿元，增长4.1%；第二产业增加值19.65亿元，增长68%；第三产业增加值134.96亿元，增长5.0%。一般公共预算收入实现15.96亿元，增长5.5%。固定资产投资增速11.9%。实际利用外资1955万美元，减少19.6%；实际利用省外资金75.21亿元。工业总产值实现329.4亿元，增长19.6%；规模以上工业增加值增速8.8%。社会消费品零售总额65.8亿元，增长5.9%。农村居民人均可支配收入19018元，增长8.1%；城镇居民可支配收入397856元，增长5.8%；金融机构期末存款余额416亿元，增长7.7%；金融机构期末贷款余额413亿元，增长15.9%。

【现代农业】 全县全年新建高标准农田5333.33公顷，种植粮食46846.67公顷、油菜2700公顷，培育油茶林1433.33公顷。全年农业总产值77.88亿元，增长4.4%。粮食总产量23万吨，蔬菜65.30万吨，脐橙22万吨，油菜3242吨。生猪出栏87.15万头，存栏48.18万头，全市第一。新开发和恢复脐橙园666.67公顷，新增标准果园107个，在全市率先创建出口欧盟认证基地16个，国家级赣南脐橙批发市场、柑橘种质资源圃落户信丰。推进全国蔬菜质量标准中心赣州分中心建设，新认证绿色有机农产品6个，新增全国名特优新农产品3个，8个示范基地通过“两品一标”（绿色食品、有机农产品，农产品地理标志）和富硒农产品双认证。获评全国县域农业农村信息化发展先进县、全省“平安农机”示范县、部省共建绿色有机农产品基地先行标杆县、富硒功能农业重点县。

【现代服务业】 全县全年发放文旅商贸消费券400万元，拉动消费5000多万元。粤港澳大湾区“菜篮子”产品赣州配送中心暨江西供销（信丰）冷链物流园投运，完成5个乡镇商贸中心建设。金融机构各项存款余额415.85亿元、贷款余额413.04亿元。推进普惠金改试验区建设，14家市级金融机构与信丰县签订战略合作协议，综合授信意向金额1850亿元。获评全省第一批“无非法集资示范县”，县发控集团获评AA级主体信用等级。

【项目建设】 集中开（竣）工总投资870.1亿元的147个重点项目，推进32个省大中型、4个省重点以及65个市“八大行动”、216个县“八大行动”重点建设项目。全年签约项目55个、签约资金823.9亿元，天能新能源、大族数控、中科微至、科视光学等一批上市企业或行业头部企业落地，包括中国500强排名139位的企业1家、百亿元项目1个、上市公司10家、行业排名第一头部企业8家，首位产业中国500强、百亿元项目均实现“零”的突破。

【深化改革】 打造“免证办”城市，894 项政务服务实现“免证办”。推行工程“一站式集成”（在一个地方可办理工程建设项目的所有报建手续及项目通过策划生成后，在同一个阶段可以同时办理本阶段工程建设项目的所有审批服务事项的合称）审批模式，工业项目建设审批时限压缩至 30 个工作日，实现“拿地即开工、竣工即投产”。完成国家级、省级改革试点任务 5 项，出台 198 条提升营商环境措施，提出 49 项本地特色做法。推行“乡镇扩权赋能”，委托下放 64 项审批服务执法权限。推行政企早茶会、政企圆桌会以及“5·20”企业服务日机制，创新生产安静期制度（每月 1—25 日，除涉及国家安全、公共安全、安全生产、生态环境以及投诉举报、案件查处、上级交办等情形，行政执法部门原则上不入园对企业开展行政执法检查），涉企行政执法减少 48.53%。惠企政策兑付奖补 4.28 亿元，向市场主体发放贷款 117.52 亿元，退减免缓税费 9.34 亿元。

【科技创新】 全县全年科技型中小企业入库 119 家，新认定高新技术企业 24 家、超 120 家。新认定“瞪羚”、潜在“瞪羚”企业 2 家，新增“专精特新”类企业 15 家，一共 85 家，其中国家级 2 家。新增省市级平台和载体 19 家，其中全市唯一获批新组建院士工作站 1 家、省级企业技术中心 3 家，实施省级“揭榜挂帅”项目 4 个。58 科创（信丰）园认定省级科技孵化器。实施企业“科技副总”柔性引才机制，引进中科院等高校院所的博士专家人才 32 名。引进中国工程院外籍院士 1 人、市级以上高层次人才 70 余人，招录紧缺型人才 1500 余人。实施“三十万人大回流”工程，加快建设“人才智慧谷”。组织高校人力资源专家团队服务企业 325 家次。纳入科技部“100+ N”（重点联系院所、高校、园区、示范县市、乡镇、村、农业科技创新型企业、科技特派员法人单位、星创天地以及新型研发机构等 10 个方面各 10 个单位；与 N 个金融、智库、知识产权以及相关部委涉农单位建立合作关系）开放协同创新体系，入围全市唯一、全省 5 个第二批国家创新型县（市）建设候选名单。

【城乡建设】 推进 63 个城市能级提升项目。完成 1066 套棚户区改造，开工改造 51 个老旧小区，获全省城市功能与品质提升考核先进县、棚户区改造省级激励县。新改建污水管网 19.4 千米，新建农贸市场 1 个、城市公厕 57 座，新增厕位 476 个、停车泊位 2755 个。大广高速扩容、信丰南互通升级改造、信丰大桥、G357 坪石至县城、高新大道东延等项目竣工通车，建设花园湾大桥、西外环路，开工建设黄坑口、三只水“双水源”工程。推进省级数字乡村试点县，打造 19 个乡村振兴示范点。创成全国文明村 2 个，安西镇入选全国“一村一品”示范村镇，坪地山村入选全国民主法治示范村（社区）。开展监测帮扶、稳收增收、搬迁后扶等提升行动，发放“三业”（发展产业、自主创业、积极就业）奖补近 2500 万元，安排 2.14 亿元实施巩固拓展脱贫攻坚成果项目 508 个，脱贫人口人均可支配收入增长 14.2%。

【民生事业】 全县全年民生类支出 48.9 亿元，占一般公共预算支出的 85%，增长 17.6%。32 个提高民生品质项目完成投资 12.4 亿元，年度投资完成率 165.19%，新增“七个位”2.56 万个。新增城镇就业 4438 人，转移农村劳动力 8243 人，失业人员再就业 1233 人。开工建设花园湾、城中幼儿园，圣塔教育园一期高中部、信丰一中、信丰中学南校区等项目竣工投用，改（扩、建）校舍面积 5.16 万平方米，新增城区学位 5500 个，新增托位 545 个，招聘教师 1328 人。深化与华中科技大学同济医学院附属同济医院、湖北省妇保院等医疗机构对口合作，开工建设县中西医结合医院、市第二精神卫生福利院，县人民医院住院综合大楼、中医院城南分院竣工投用，新增床位 1132 个。改造解放东路社区嵌入式养老院、10 个农村敬老院、20 个“党建＋农村互助养老服务站点”等项目，新增床位 200 个，完成 290 户残疾人家庭无障碍改造。

【信丰电厂 1 号机组投入运营】 3 月 24 日，信丰电厂 1 号机组完成 168 小时满负荷试运行正式投入运营。信丰电厂项目是国家能源局对口支援赣南苏区振兴发展的重大能源项目，2020 年 3 月开始兴建，一期工程总投资 50 亿元，建设 2 台 660 兆瓦国产超超临界清洁燃煤发

6 月 17 日，信丰深度融入大湾区数字经济产业合作推介会在深圳举行。
（市发改委供图）

电机组，是华中地区首次采用辅机单系列设计的660兆瓦超超临界火电机组。该项目双机组建成投运后，将改善江西电网末端大型电源点支撑不足局面，提升赣南地区电力保障水平。

【举行深度融入大湾区数字经济产业合作推介会】 6月17日，“湾区腹地奔跑信丰未来之城”——江西信丰深度融入大湾区数字经济产业合作推介会在深圳举行。现场签约项目36个，签约金额522亿元，涉及电子信息、新能源、装备制造、新材料项目、智能终端等领域，其中100亿元项目1个、50亿元项目2个、20亿元至50亿元项目8个、10亿元至20亿元项目7个。签约招才引智项目3个，与电子科技大学、东莞同济大学研究院、清华大学·水木深研创业研究院等高校、科研院所达成战略合作，是信丰县历史上规模最大签约项目最多、投资额最高的一次活动。

【2022赣南脐橙国际博览会在信丰举办】 11月26日，以“世界橙乡更美好共创赣南新未来”为主题的2022赣南脐橙国际博览会在信丰开幕。博览会由省农业农村厅、省商务厅、赣州市人民政府主办。博览会包括赣南脐橙（北京、深圳）文化周、赣南脐橙维权打假、赣南脐橙采摘旅游季、赣南脐橙网络博览会、信丰县第十五届脐橙果品质量评比、国际美食节等系列活动。活动现场，举行项目签约仪式，信丰、安远、赣县等县（市、区）签约一批脐橙产业项目。

（罗才胜）

大余县

【概况】 大余县辖8个镇、3个乡、1个城市社区管委会，105个村（居）。总面积1343.67平方千米，其中耕地面积1.3万公顷，森林覆盖率77.42%。全县总人口30.11万人，其中城镇人口15万人，乡村人口15.11万人，人口出生率0.63‰。少数民族有畲族、壮族、苗族等19个，人口以畲族居多，有池江镇九水、青龙镇元龙、黄龙镇黄龙、内良乡李洞4个畲族民族行政村。2022年，实现地区总产值136.12亿元，增长5.3%。其中，第一产业15.47亿元、增长3.8%，第二产业60.06亿元、增长7.2%，第三产业60.59亿元、增长4.0%。三次产业结构由2021年的11.7 ：43.2 ：45.1调整为11.4 ：44.1 ：44.5。实现一般公共预算收入9.31亿元，增长0.7%；一般公共预算支出29.15亿元，下降3.3%。500万元以上固定资产投资增长9.7%，实际利用外商直接投资（现汇进资）598万美元，增长15.9%。全年农林牧渔总产值25.45万元，增长4.3%。社会消费品零售额59.69亿元，增长4.3%。全年接待旅游观光人数991万人次，增长16.8%，旅游总收入95.4亿元，增长39.5%。金融机构存款余额179.23亿元，增长13.5%，人均储蓄存款5626元，增长15.5%；金融机构贷款159.87亿元，增长5.6%。城镇居民人均可支配收入3.6万元，增长4.3%，农村居民人均可支配收入1.66万元，增长7.1%。年末城乡个体私营企业2万家，增长5.5%，其中2022年新增个体私营企业2392家，下降8.2%。

【工业经济】 推进工业园区扩区调区，新增处置闲置低效用地39.27公顷，建成标准厂房面积51万平方米。打造钨及有色金属、锂电新能源、微纳粉体新材料等3个产业集群，首位产业集聚度位居全市前列。全年新增签订上云企业875家，其中规模以上企业上云覆盖率100%，全市排名第一；双千兆应用创新17个，全市排名第二；软件和信息服务业营收7554万元，增长26.4%，全市排名第三。54家企业备案国家科技型中小企业，7家企业入库高新技术企业。翔鹭钨业、悦安新材分别被认定为国家专精特新“小巨人”企业、国家第六批制造业单项冠军，与富华米业均获评省级“两化”融合示范企业，并通过国家智能制造能力成熟度二级评估；盛源新材、东宏锡制品、松瀛化工、南安板鸭、长立建筑获省专精特新中小企业称号。盛源新材智能制造技术改造项目获批省工业发展专项项目。富华米业被列入2022年省级工业互联网平台培育名单，与翔鹭钨业均获评市智能制造示范（标杆）企业。兑现惠企政策资金6019.8万元，帮助181家企业获得“五通”融资贷款5.6亿元，落实各项政策性退减免税费3亿元，其中办理增值税留抵退税1.4亿元。

【现代农业】 全县全年粮食播种面积1.6万公顷，蔬菜播种面积6000公顷，肉猪出栏21.8万头，家禽出笼705.6万羽，水产品总产量9106吨。新开发和复种脐橙基地128.73公顷，新造油茶330.67公顷。实施东进食品、富华米业技术改造、粮食应急储备库、乡村振兴基础设施建设等重点项目。新增绿色有机农产品10个、全国名特优新农产品2个，认定粤港澳大湾区“菜篮子”生产基地3家，完成富硒产品认证6个累计15个，金边瑞香完成农产品地理标志省级公示，马蹄山生态农业开发有限公司获批建设“江西大余麻鸭科技小院”。

【文化旅游】 推进西华山国家矿山公园、南安历史文化园、客家民俗博物馆等文旅项目建设。全年举办“千年梅香迎客来”等文旅消费活动17场，接待游客991万人次，文旅综合收入95.4亿元，分别增长16.8%和39.5%。南方红军三年游击战争纪念馆被命名为中国井冈山干部学院现场教学点，获评江西省廉洁文化教育基地、赣州市中小学生研学实践教育基地。“南国烽烟举红旗——南方三年游击战争历史陈列展览”入选2022年度“弘扬中华优秀传统文化、培育社会主义核心价值观”主题展览重点推介项目。丫山旅游度假区获评国家级旅游度假区、2021年度中国体育旅游精品项目。丫山森林康养基地入选国家级森林康养试点建设基地，丫山小镇被列为全国特色小镇标杆和中国乡村旅游创客示范基地，均为全省唯一。原创大型赣南采茶戏《梅岭梅岭》获评2022年度江西省文艺精品创作资助项目。新增市级非物质文化遗产保护名录3项。县文化馆被评为国家一级馆。

【项目建设】 全县全年181个"八大行动"项目完成投资167亿元，占年度计划投资的119.1%；22个省大中型项目完成投资101.7亿元，占年度计划投资的144%。纳入市"八大行动"调度项目67个，完成投资156.6亿元，完成投资率121.2%。获全市项目大会战流动现场会第8名的历史最好成绩，前移6位。开展"干部进湾区，项目回大余"、项目"三集中"（集中开工、集中竣工、集中签约）等招商活动，累计外出招商252次，先后举办对接融入粤港澳大湾区项目集中签约仪式5次，签约开工项目47个，总投资436亿元，其中"5020"项目2个。

【城乡品质】 推进旧小区、棚户区改造和老旧管网改造工程，实施垃圾无害化处理、城区污水处理设施建设，深化城乡供水一体化先行县建设，升级农饮工程。青龙一桥、石门桥、叶墩桥通车，胜利北路竣工通车、遂大高速（大余段）项目开工建设。安排衔接资金1.4亿元、项目297个，获评2021年度全省财政衔接推进乡村振兴补助资金绩效评价考核A级先行示范县。开展乡村全面振兴攻坚行动，打造乡村振兴示范点33个。创建美丽宜居乡村64个，美丽宜居庭院5463个，82个新农村建设点全部完工。黄龙镇大龙山村、新城镇周屋村被列入全国乡村旅游重点村名单，黄龙镇叶墩村、新城镇水南村获评全国乡村治理示范村。深化农村宅基地制度改革、农村乱占耕地建房（住宅类）专项整治、乡村治理体系建设等国家级改革试点工作。

【民生实事】 全县全年民生支出24.3亿元，占一般公共预算支出的83.33%。5所公办幼儿园投入使用，县第二中学开工建设，县第三医院基本建成。县教科体局、大余中学、衡水实验学校分别获评2021—2022学年度全市县（市、区）中学、重点中学、一般普通高中教学质量综合评价优胜单位，东门小学获评全省义务教育阶段学校"课后服务百校行"示范学校。落实体育场馆免费低收费开放管理，推进全民健身中心等体育设施建设。实施智慧广电助力乡村振兴示范工程，"新闻+服务商务"改革试点、应急广播体系建设和应用工作在全省推广。建成"城市快警"，公众安全感位居全省第七、全市第三。"信访全过程法律服务"新机制在省、市媒体刊登推广，连续九年获评全省信访工作"三无县"，获全市中共二十大信访保障工作先进县。

【梅关景区获评国家AAAA级旅游景区】 6月，梅关景区获评国家AAAA级景区。梅关景区位于大余县城南10千米处，地处赣江支流章水之源、五岭之首的庾岭南麓，是赣粤两省交界的一道天然屏障。梅关景区以梅关古驿道为主线，以奇特的梅花为品牌，融合形胜、路奇、梅盛、地灵等红、古、绿诸多旅游资源为一体。

（叶　研）

上犹县

【概况】 上犹县位于江西省西南部，辖6个镇、8个乡和1个城市社区。总面积1543平方千米，耕地面积8666.7公顷，森林面积1.2万公顷，森林覆盖率81.8%。户籍人口32.11万人，自然增长率3.6‰，常住人口26.89万人。2022年全县生产总值112.44亿元，增长4.8%。其中，第一产业增加值16.56亿元，增长3.7%；第二产业增加值45.18亿元，增长6.5%；第三产业增加值50.71亿元，增长3.9%，三大产业比例为14.7∶40.2∶45.1。一般公共预算收入7.80亿元，增长6.8%。一般公共预算支出31.54亿元，增长1.4%。全年13项民生支出26.42亿元，占一般公共预算的83.8%。实际利用外资491万美元，增长18.6%。出口总额16.5亿元，增长37.9%。社会消费品零售总额48.23亿元，增长5.4%。城镇、农村居民人均可支配收入分别是34844元和15421元，增长5.6%和9.7%。金融机构年末本外币存款余额183.85亿元，增长13.5%，贷款余额176.67亿元，增长16.2%。2022年，上犹县实施"八大行动"项目201个，列入省大中型项目建设计划26个，推进数字经济项目20个，相继实施26个亿元以上、8个10亿元以上项目。

【工业经济】 全县全年新增规模以上工业企业13家，规模以上工业营收增长16.7%，利润总额增长16.3%。晨光稀土主营收入超70亿元并获评省级优强企业，力速数控获评省"瞪羚"企业。实施26个亿元以上、8个10亿元以上项目，扩大园区产能。培育数字经济重点企业24家，新增省级"两化"融合（信息化和工业化的高层次的深度结合）示范企业4家，规模以上工业企业上云占比83.8%。

【现代农业】 建设高标准农田2013.33公顷，全年完成粮食播种面积1.6万公顷，粮食总产10.48万吨完成率分别列全市第一和第二位，举办赣州市水稻机械化育秧中心建设推广演示培训会。生猪出栏12.9万头，生猪屠宰项目投入运营。新开发茶园168公顷、脐橙82.33公顷、设施蔬菜82公顷。新建高标准富硒产业示范基地5个，认证富硒农产品16个，培育富硒示范龙头企业9家，完成"三品一标"（无公害农产品、绿色食品、有机农产品；农产品地理标志）农产品认证24个，东山镇农产品质量检测站获评赣州市唯一五星级农产品质量安全监测

服务机构，“上犹高山茶”“上犹洋田葡萄”入选全国名特优新农产品名录。获评全省竹产业高质量发展项目县。

【文旅产业】 编制《全域旅游发展总体规划》，启动南湖区域、陡水零碳小镇、双溪草山等多个旅游专项规划，运营管理阳明湖景区，加快建设南湖精品民宿度假酒店、桃花源研学基地、智慧旅游平台等重点项目。天沐温泉、大金山漂流、双溪草山等景区景点全年接待游客、旅游总收入分别增长13.9%和31%。梅水园村获评省AAAAA级乡村旅游点，赏石文化城获评江西文化产业示范基地。开展“百城百夜”“赣品网上行”、天沐美食节、漂流嬉水节、赏枫节等文旅消费和电商直播活动，发放电子消费券200万元，全年网络零售额8.36亿元、增长14.5%，国家级电商进农村综合示范绩效评估列全市第一。

【改革创新】 “赣服通”上犹分厅5.0、“赣政通”2.0上线运行，服务事项实现“一件事一次办”60项、“免证办”80项、“不见面办”1020项，网上可办率90%以上。开设通用综合窗口66个，启用电子证照267项，企业开办实现全程网办、半日办结，完成168项对标提升改革任务，营商环境主要监测指标实现提档进位，118项“市县同权”市级审批服务实现“不出县”“就近办”。出台助企纾困“40条”、稳经济“50条”、接续政策“35条”等系列政策，全年新增退税减税降费及缓缴税费3.18亿元、惠及纳税人8183户，“亲清赣商”平台上线惠企政策55项、兑现惠企资金9565万元。建立市场主体“五个一”帮扶、企业安静生产期等服务机制，开展首届“民营企业家日”活动，公布轻微违法行为不予处罚清单251项。全年新增贷款余额24.2亿元，发放“五个信贷通”贷款7.71亿元，融资担保余额1.58亿元，担保放大倍数位列全市第二，普惠金融改革成为全市样板。新认定国家高新技术企业10家、省级企业技术中心2家、“专精特新”中小企业19家，培育入库科技型中小企业92家，完成率列全省第一，元源新材获评国家专精特新“小巨人”（由工信部认定的专注于细分市场、创新能力强、市场占有率高、掌握关键核心技术、质量效益优的排头兵企业）。规模以上企业中有研发投入企业数量42家、增长50%，授权发明专利50件、增长4倍，发明专利数、发明专利拥有量增幅均列全市第一。

【招商引资】 全县全年在北京、深圳等地举办系列招商推介活动8场，与桂东县共同签署湘赣边区域合作示范区建设框架协议，引进项目67个，总投资515亿元，其中10亿元以上项目17个、“5020”项目2个。争取上级各类资金支持38.62亿元，其中争取新增债券额度12.55亿元，增长55.7%；争取政策性开发性基金、设备更新改造贴息贷款、制造业中长期贷款为全市三类县前列。新登记市场主体2644户、增长23.9%，新入规服务业、商贸企业及个体21家。

【城乡建设】 改造老旧小区372户，改造提升黄埠、桐坑、莲塘等保障性住房小区。实施城市道路“白改黑”（水泥路面改为沥青路面）4.76万平方米，新改建污水管网24千米，新增停车位1031个，文峰农贸市场投入使用，“智慧城管”平台上线运行。新建城乡防洪工程27.3千米，铺设城乡供水管网超300千米，巩固提升饮水安全5.2万人，出境断面水质连续5年100%达标，水质综合指数位列全省第二、全市第一。全年征收土地490.67公顷、房屋8.6万平方米，消化批而未用和闲置土地61.67公顷，争取新增建设用地指标38.93公顷、计划外用林地指标263.33公顷。推进遂大高速建设，新改建国省县道16千米，S221沈坊桥至油石段公路拓宽、X808坪市至秀罗段升级改造完工通车。持续巩固脱贫攻坚成果，稳定消除风险542户1941人。正式启用“三区三线”划定成果，45个村庄完成实用性规划编制。新改建农村公路58.8千米，完善农村公路安全防护工程85千米，获“四好农村路”全省示范县。推进农村厕所摸排整改，卫生厕所普及率92%。打造全域美丽乡镇2个、美丽村庄14个、美丽庭院2095个。梅水乡获评全市第二批新型城镇化示范乡镇建设二等奖。

【生态环境】 完成低质低效林改造3293.33公顷、水土流失治理24.65平方千米、矿山生态修复治理15.64公顷。推进黄沙片区综合治理与生态修复工程，连续3年成功争取长江经济带绿色发展专项资金、全省唯一。国家县域节水型社会达标建设通过省级现场核查。上犹县获评全国水土保持工作先进集体。县河长办获评2019—2021年度省河长制工作先进集体。东门、茶坑等10个村获“江西省森林乡村”。

【民生福祉】 全县城镇新增就业2078人，新增转移农村劳动力4034人，发放创业担保贷款2.22亿元。推进华中师大托管帮扶上犹中学，上犹中专由B档升级为A档学校，上犹中学南校区、第四小学和第六、第七幼儿园投入使用，新增学位4980个、园位1110个。广东省人民医院等3所知名医院对口帮扶全面展开，县人民医院升级为三级综合医院，加快实施第二人民医院、医养中心、疾控中心、妇保院等项目，获评全省第一批优秀健康县。犹馨养老院投入运行，县老年养护院主体基本完工，新增养老床位153个。4个社区邻里中心完成提升改造，幸福社区获评全国示范性老年友好社区。县公安局获全国优秀公安局、全国公安机关执法示范单位，食品安全工作连续6年获评市级考核优秀。

【“九狮拜象”入选2022中华体育文化优秀项目】 上犹县“九狮拜象”入选2022中华体育文化优秀项目。“九狮拜象”是江西省非物质文化遗产项目，是上犹客家地区的传统民俗文化活动。九狮拜象以民间灯彩舞蹈为主要表演形式，以动物艺术造型为主要表演载体，以民间文化为情感表达方式，融入民众的生产生活和民间节庆习俗中，具有浓厚的客家文化特色。

【上犹县获评国家生态文明建设示范区】 11月，上犹县获评国家生态文明建设示范区。划定全县85%的辖区面积为生态保护空间，49%的辖区面积为生态红线，最大限度地减少发展对生态环境的负面影响；积极开展生态乡（镇）、生态村（社区）创建活动，创建省级生态乡镇11个、省级生态村3个、市级生态村67个；加大生态环境保护工程投入力度，成功争取全国两个、全省唯一的“长江经济带绿色发展专项项目”；对赣江源头保护区216平方千米进行专门保护，对全县37条河流设立了县、乡、村291名河长，聘请了河道水库管理员460名、生态环境监察员431名；水质综合指数排名保持全省前列，全市第一。

（肖鸿康）

崇义县

【概况】 崇义县位于江西省西南部，辖6个镇、10个乡和1个城市社区。总面积2207.71平方千米，森林总面积20.07万公顷，其中林地面积17.93万公顷，占总面积的89.3%，森林覆盖率88.3%，位居全国集体林区县首位。西部诸广山脉齐云山海拔2061.3米，为江西第二、赣南第一高峰。总人口21.42万人，其中城镇人口5.23万人；人口出生率7.73‰，人口自然增长率0.92‰。2022年，全县地区生产总值110.86亿元，增长4.9%。其中，第一产业增加值12.10亿元，增长3.3%；第二产业增加值47.41亿元，增长7.1%；第三产业增加值51.35亿元，增长3.4%。三大产业比例为10.91 ：42.77 ：46.32。全年税收收入14.02亿元，增长8.8%。一般公共预算收入10.05亿元，增长10.7%。一般公共预算支出28.05亿元，增长-5.3%。全县工业增加值39.84亿元，增长7.0%，规模以上工业增加值增长8.8%。固定资产投资增长13.5%；实际利用外资554万美元，增长78.1%；实际利用省外资金2000万元以上项目资金增长9.31%；农林牧渔业总产值19.65亿元，增长3.8%；社会消费品零售总额38.40亿元，增长5.6%。城镇居民可支配收入35806元，增长4.8%；农村居民人均可支配收入14863元，增长7.5%。金融机构年末本外币存款余额138.27亿元，增长12.24%；贷款184.28亿元，增长11.55%。

【工业经济】 引进超高性能钨粉体智能制造、新型锂盐生产、磷酸铁锂电池正极材料技术改造扩建等优质项目，全县新增上云企业533家，规模以上工业企业12家、省级专精特新企业11家，省级科技型中小企业53家，国家高新技术企业达23家，章源钨业、耀升钨业分别获评国家知识产权示范企业、优势企业。关田工业园二期稳步推进，腾退闲置厂房10.9万平方米。

【现代农业】 全县粮食总产量3.78万吨，主要农产品及产量油料作物2455吨、茶叶401吨、水果7.23万吨，水产品1.41万吨。新增认证富硒产品16种，创建2个33.33公顷以上高标准富硒示范基地，获评全省富硒产业发展先行示范区。培育各类新型经营主体314家，获评全国休闲农业重点县。

【文旅产业】 崇义县上堡梯田入选世界灌溉工程遗产、全国红色基因水利风景区名录、中国体育旅游精品项目，上堡梯田生态产品价值实现经验在全球重要农业文化遗产大会上展示推广。阳明古街建成投运、成为全国首个阳明文化沉浸式体验综合体。推进环阳明湖旅游开发，赣州“小漓江”、赣南树木园知名度美誉度提升。打造上堡、左溪等一批特色民宿群，入选全省首批“美丽活力乡村＋民宿”联动建设先行县。

【项目建设】 推进15个省大中型项目、17个项目大会战项目和67个“八大行动”项目，均超额完成年度投资任务。全市流动现场会排名前移6位，位居生态县第二。争取上级资金33.1亿元，增长25.9%，其中争取中央预算内项目资金1.3亿元，增长151.5%。出台“一链一策”（1条产业链、1条政策）产业发展规划，组建6个产业链招商团，签约项目33个，总投资超200亿元。

【城乡面貌】 推进城乡污水厂网一体化、城镇生活垃圾收运分类和焚烧发电、城市森林空间、北门一江两岸滨江公园等重点项目。推进全国文明城市创建、知行家（以服务民生、提升城市品质、助力文明城市创建为宗旨，以实现邻里自我组织、自我管理、自我服务为目标，集养老服务、托育服务、医疗服务、生活服务、文体服务、便民办事等功能为一体的便民、利民、惠民服务场所）建设工作，提升城市管理服务精细化水平。落实防止返贫监测对象帮扶措施，脱贫人口人均纯收入增长13.4%，获评全省全面推进乡村振兴实绩考核优秀县。推进新农村建设点88个，获评全省农村“三线”（供电线、通信线、广播电视线）整治试点县。深化土地节约集约化利用，获评全国首批自然资源节约集约示范县。

【生态环境】 完成中央、省环保督察及“回头看”反馈问题整改。城区 $PM_{2.5}$ 均值浓度降至15微克/立方米，地表水考核断面水质优良率、集中式饮用水源地水质达标率均实现100%，受污染耕地安全利用率完成目标。森林经营试点经验入选全国7个典型示范案例、为全省唯一，挂牌成立全省首家生态保护巡回法庭、全省首家湿地资

源运营中心。县林业局获评全国林草系统先进集体。

【民生福祉】　完成50个民生实事项目，全年民生支出22.1亿元，占一般公共预算支出的78.8%。城镇新增就业1924人，城镇登记失业率控制在2.4%以内，零就业家庭实现100%安置。建成阳明中学、知行小学、过埠中心小学、阳明幼儿园。推进上海同济大学附属同济医院对口帮扶工作，全市首家“中医博士站”落户崇义，县人民医院门（急）诊综合楼和感染性疾病科用房投入使用。获评平安江西建设示范县、全省应急管理综合考核优秀县，2022年度公众安全感和公安满意度均进入全省前十。

【上堡梯田入选世界灌溉工程遗产】上堡梯田位于崇义县西北部山区，面积约3400公顷，主要分布在上堡、丰州、思顺3个乡（镇）26个行政村。梯田最高海拔1260米，最低280米，垂直落差近千米，最高62梯层，被称为“世界最大客家梯田”。上堡梯田至今还遗留大量的遗址遗存，是梯田开垦及其灌溉工程修建的历史痕迹和文化印记，具有极高的科学价值、历史价值和考古价值。10月6日，上堡梯田成功入选（第九批）世界灌溉工程遗产名录，是继泰和槎滩陂、抚州千金陂、潦河灌区之后，江西省第四处“申遗”成功的古代灌溉工程遗产。

（朱建华）

安远县

【概况】　位于江西省南部，辖8个镇、10个乡、1个城市社区，152个行政村、24个居民委员会。总面积2350平方千米，其中城区面积18平方千米。耕地面积1.52万公顷、森林面积19.448万公顷、森林覆盖率82.76%、城区绿化覆盖率43.66%。总人口409176人，其中非农业人口105707人；人口自然增长率7.76%。2022年地区生产总值110.96亿元，按可比价计算增长4.8%。其中，第一产业增加值23.52亿元，增长3.1%；第二产业增加值30.06亿元，增长6.9%；第三产业增加值57.38亿元，增长4.4%。财政总收入11.1052亿元、下降0.3%、人均3202元，税收占财政总收入的43.85%；一般公共预算收入7.35亿元，增长3.1%；一般公共预算支出34.35亿元，增长7.1%。规模以上工业总产值68.87亿元，增长20%。外贸出口18.13亿元，占地区生产总值的16.3%。固定资产投资增长13.9%、实际利用外商投资814万美元，增长13.2%（实际利用外资2022年统计口径改为商务部现汇外资口径）、实际利用省外投资28.55亿元，增长9.85%。主要工业产品有单一稀土金属380.02万千克、光电子器件349万只、锂电子电池1348.6万只、智能音箱1084.6万台、印刷电路板183.5万平方米。农业总产值37.56亿元，按可比价计算增长3.5%。粮食总产量9.76万吨，增长0.71%。主要农产品有蔬菜21.6976万吨、脐橙17.9475万吨、烟叶2015吨、生猪出栏44.9万头、家禽出笼60.7万羽。社会消费品零售总额55.1328亿元，增长5.5%。城镇居民人均可支配收入31914元，增长5.4%；农村居民人均可支配收入14792元，增长9.2%。城乡居民年末储蓄余额136.2686亿元，增长15.9%。

【工业经济】　数字经济核心产业营收总量列三类县第一，引进总投资20亿元以上项目5个，新增规模以上工业企业16家。全县全年规模以上工业增加值增长8.9%，规模以上工业营收超70亿元，签约引进项目56个，签约资金总额268亿元，较2020年增长100%。江西微电获得赣州市重大高新技术成果转化项目资金，果然食品被评为市级智能制造示范企业。2022年，安远县获评省级开发区进位赶超先进单位、赣州市工业倍增升级通报表扬先进县、赣州市开放型经济工作先进县、赣州市数字经济集聚区。

【现代农业】　全县粮食生产实现“十九连丰”。生猪出栏44.9万头。新增脐橙733.33公顷，建设果旅融合示范园7个，推进脐橙大数据中心建设。在全市率先实施“两富一有”（富锌富硒绿色有机农业）农业产业规划。新增粤港澳大湾区“菜篮子”生产基地1家，总数7家。新增富硒产品认证面积1000公顷、富硒认证证书108本、市级富硒高标准示范基地3个、富硒农业示范龙头企业3家。

【现代服务业】　安远县三百山获评中国体育旅游精品景区、被授予深圳市首批技术工人疗休养基地。建成莲心驿等一批精品民宿，打造咀下等10个旅游专业村，推进长征国家文化公园安远段等文旅项目。全年接待游客1164万人次，旅游总收入73.6亿元，分别增长89.6%和80.3%。电商交易额25亿元，快递单量约2000万单。签订全省首份“政银担”（政府支持的融资担保机构，包括政府、银行、担保机构三方合作，为小微企业解决融资难问题）合作协议，金融机构各项存款、贷款分别增长15.5%和13.1%。

【城乡品质】　安远县东部新城与铁路片区发展规划完成初稿编制，财富西路、九曲溪路、孔田大道等城区道路加快实施。全县全年完成147户棚改征收任务，改造25个老旧小区，拆除违章建筑324户、面积1.5万平方米，推进既有住宅加装电梯工作，建成城南农贸市场二期等项目。脱贫成果巩固提升，“三保障”（义务教育、基本医疗、住房安全有保障）和饮水安全更加稳固，脱贫人口和监测对象医保缴费实现全覆盖。财政衔接推进乡村振兴补助资金投入产业比例69.6%，超过全市平均水平。建成农村公路24.3千米，智慧交通平台投入使用。建成永镇水库、东风灌区和太平灌区续建配套及节水改造、138座农村水厂，推进永镇水厂建设。新建燃气管网1360千米、5G基站186个。新（改）建农村户厕318户，无害化卫生厕所普及率99.3%。推进天心示范镇、孔田青创小镇建设，打造凤山紫参小镇等一批特色明显的乡村振兴示范点。鹤子示范镇通过市级验收、获评全国“一村一品”示范村镇。新时代文明实践所（站）实现全覆盖，建设经验在省、市推广，2个实践所获评市五星级示范所。水背社区获评省“幸福社区”，鹤子镇阳佳村获评“赣南醉美乡村”，新龙乡获评省卫生乡镇。

【深化改革】 升级“赣服通”安远分厅，招标投标全流程电子化率100%，110个事项实现“全县通办”。与深圳福田区签订“跨省通办”合作协议，137个事项实现“跨省通办”。在全市率先建设惠企政策兑现资金池，兑现惠企政策资金8700万元。办理建筑许可等多项指标位居全省营商环境评价前列，不动产登记办税“一窗综合受理”获评全省示范窗口。坚持“六管齐下”（调优品种结构、坚持绿色发展、拓展精深加工、推进果旅融合、发展智慧果业、打造文化IP），实施脐橙全产业链改革。改革工业园区运行机制、三百山景区管理运营体制、普惠金融，实施版石镇“一级财政”试点工作，推进农村承包地“三权分置”（农村承包地实行所有权、承包权、经营权分置并行）、宅基地改革。

【项目建设】 全县全年实施省大中型项目17个、“八大行动”重点项目118个，均超额完成年度投资计划。完成赣安寻高速可行性研究招标，推进营口水库和抽水蓄能电站前期工作。争取各类资金45.2亿元，增长25.3%，获批专项债项目和资金、争取境外债项目和资金均列三类县第一名。固定资产投资增长13.9%；城镇和农村居民人均可支配收入分别增长5.4%、9.2%，增速均跃升至全市前列。各项指标均衡发展，10个主要经济指标，有8个指标增速进入全市前10位，是历年来最多的一年。生产总值增长4.8%，一般公共预算收入同口径增长8.9%左右，规模以上工业增加值增长8.9%，社会消费品零售总额增长5.5%，实际利用省外项目资金增长9.85%，实际利用外资增长13.21%，出口总额增长81.48%。

【生态建设】 空气质量优良天数比例99.2%，受污染耕地安全利用率、集中式饮用水源和出境断面水质达标率、矿山领域生态环境突出问题专项整治率均为100%。建成城区污水处理厂二期扩容工程等项目。全面落实“河（湖）长制”“林长制”，成立东江源三百山生态保护基金会，改造低质低效林4333.33公顷。县水利局获评省河长制工作先进集体，三百山镇获评省生态园林城镇，虎岗等4个村获评省森林乡村。

【社会民生】 全年民生支出30亿元，占一般公共预算支出的87.2%。打造“留赣干”人才培养平台，开工建设公共实训基地，超额完成城镇新增就业、新增转移农村劳动力年度任务。县民政局获评省社会保障工作先进集体。建成东江源高级中学、东江翡翠小学、版石工业园学校、赣州远恒佳职业学院一期和城区4所公办幼儿园，新建第五职业学校、城区3所幼儿园，改扩建安远二中、天心初中等10所学校，新增托幼园位、上学座位等“七个位”近1万个。饮水思源·香港青少年国民教育基地获评全国统战实践创新奖。改造12个乡镇敬老院，推进新人民医院、中西医结合医院、第三人民医院建设，人民医院升级为三级综合医院，与广州医科大一附院、江西省妇幼保健院和省胸科医院建立对口帮扶关系。解决金橙花园项目等历史遗留问题，安全生产事故起数、死亡人数分别下降50%和56%，亡人交通事故起数、死亡人数分别下降36.6%和39.6%，信访人次、信访总量分别下降26.9%、31.1%，重复信访积案化解率100%，公众安全感位居省、市前列。获评赣州市中共二十大安保维稳成绩突出集体、全省森林防灭火“平安春季行动”平安县、赣州市森林火灾防控工作先进单位。

【安远县电子商务产业园获评国家电商示范基地】 安远县电子商务产业园成功入选国家电子商务示范基地名单，是江西省唯一一家县级国家电商示范基地。安远县电子商务产业园成立于2017年，已成为集安远名特优商品展示中心、电商服务中心、电商总部、电商仓储物流中心、电商办公区于一体的创新创业集聚区和电子商务示范区，融合电商主体培育、电商产品展示、销售、物流以及电商创业培训指导等多种功能。先后被评为省级电商示范基地、省级创业孵化基地、省级现代服务业集聚区、省级科技企业孵化器、省级创客之家等。

【《安远年鉴（2021）》获评江西省首部县级“中国精品年鉴”】 6月，中国地方志指导小组办公室公布第六批中国精品年鉴入选名单，《安远年鉴（2021）》入选，成为江西省首部县级中国精品年鉴。《安远年鉴》是由《安远年鉴》编纂委员会、安远县史志研究室编纂的综合性年度资料性文献。1992年出版首卷，2012年起每年出版一卷，《安远年鉴（2021）》为第14卷。

【中国果蔬贮藏加工技术研究中心赣州分中心、脐橙分中心落户安远县】 10月21日，中国果蔬贮藏加工技术研究中心赣州分中心及脐橙分中心正式落户安远县。分中心成立后将助力提升赣州果蔬菌等鲜活农产品流通品质和精深加工水平，增加产品附加值，延长产业链条，推动果蔬产业特色化、集群化、现代化、品牌化发展，打造全省乃至全国果蔬产业发展高地。

【安远县入选全国农村综合性改革试点试验县】 安远县入选全国农村综合性改革试点试验县，实现江西在农村综合性改革试点“零”的突破。安远县农村综合性改革试点

试验区域位于安远县南部区域3个连片镇11村，共计145平方千米、2.7万人。在试点试验过程中，将投入4.7亿元实施18个项目，规划试点3年，推进脐橙产业现代化引领区、数字乡村试点县核心区、乡村人才振兴示范区和乡村治理现代化先行区建设，为全国破解“三农”（农业、农村、农民）问题、促进共同富裕提供改革经验。

【安远县入选全国交通强国建设试点单位】 安远县入选全国交通强国建设试点单位。试点主题为“安远县城乡交通一体化发展”，试点内容为推进城乡交通运输一体化建设、全面深化农村公路管养体制改革、加强交通运输智慧化管理、创新城乡物流农村服务品牌发展模式、打造高品质交旅融合产品等5个方面。

（彭雪雯　杜　媛）

龙南市

【概况】 龙南市位于江西最南端，东邻定南县，南接广东和平县、连平县，西靠全南县，北毗信丰县。辖9个镇、5个乡、1个城市社区（新区），107个村（居）委会。行政区域总面积1646平方千米，其中城区面积46.92平方千米。耕地面积8368.85公顷，有林面积135418公顷，森林覆盖率82.2%，城区绿化率41.23%。2022年总人口33.7万人，其中非农业人口21.1万人；人口自然增长率2.06‰。2022年生产总值224.4亿元，增长5.6%。其中，第一产业增加值16.9亿元，增长3.2%；第二产业增加值107.6亿元，增长6.4%；第三产业增加值99.9亿元，增长5.2%。财政总收入为28.4亿元，增长5.0%，税收占财政总收入的比重为71.4%；一般公共预算收入17.2亿元，增长6.2%；一般公共预算支出41.97亿元，增长7.1%。工业增加值96.9亿元，增长7.0%。外贸出口额为71.55亿元，实际利用外商投资3798万美元，增长26.6%；实际利用省外2000万元以上项目资金105.32亿元，增长9.98%。农业总产值28.3亿元，增长5.06%。城镇居民人均可支配收入39311元，增长4.6%；农村居民人均可支配收入16612元，增长7.9%。

【工业经济】 全年园区营收超400亿元。电子信息、新材料双首位产业集群集聚度90.5%。稀土矿山重启升级改造复采。打造千亿级锂电新能源产业集群，佳纳、嘉元、华卓、瑞博、联茂三期等竣工投产。新增营收超10亿元工业企业4家、纳税超千万元工业企业6家，新增国家级专精特新“小巨人”企业4家、国家知识产权优势企业7家、“瞪羚”企业2家。新增“五上”企业（规模以上工业企业、有资质的建筑业企业、限额以上贸易业企业、房地产开发经营业企业、规模以上服务业企业）100家，其中入规工业企业41家。全国首个县级工业互联网标识解析电子信息行业二级节点上线运行、解析量超2亿次，数字经济核心企业数量、核心产业营收赣州前列。省级以上创新平台及载体增加至21个，龙南市首个国家企业技术中心落地。新认定高新技术企业27家，科技型中小企业增加至99家。研发经费占地区生产总值比重3.28%，居全省前列。腾退闲置低效企业57家，引入优质高效企业42家，盘活工业用地202.67公顷、厂房88万平方米。建成5G智能科技园，前海数字贸易产业园开园。

【现代农业】 全年粮食总产量6.03万吨，油料产量3.5万吨，蔬菜产量22万吨，油菜籽产量3800吨，板栗产量620吨。新增大湾区“菜篮子”基地、脐橙出口基地、省级农业产业化龙头企业3个，新增富硒产品认证11个、绿色有机农产品20个、赣鄱正品品牌3个。鹰嘴桃、云雾茶、山苏入选全国名特优新农产品名录。

【文化旅游】 开放工人文化宫，文化馆获评国家一级馆。《中国共产党江西省龙南历史（第一卷）》《龙南革命老区发展史》出版发行。下西门、下荳行获评省级历史文化街区，龙南市被列为省级历史建筑保护利用试点县（市）。评选发布龙南“新八景”（古围新韵、九连叠翠、武当奇峰、世客名城、安基探幽、信南烽火、廊桥印月、桃川烟波），双子围屋民宿营业，“栖一树”获评全国乙级旅游民宿，接待旅游人数首次超千万人次。

【项目建设】 336个“八大行动”重大项目完成投资346亿元，24个省大中型项目、83个列入赣州调度项目完成年度投资率均超160%。全年固定资产投资项目新增入库91个，签约项目82个，引进双胞胎、志存锂电、金桥德克、住井科技等一批上市公司及行业头部企业，连续两年引进百亿级工业项目。

【深化改革】 数智城市中心建成投运，服务大厅业务平均办结时间减至6.5分钟。完成优化营商环境15项对标提升任务。182个高频政务服务事项与广州、深圳等五地“跨省通办”，108项“市县同权”改革事项龙南就地办理，102项审批执法权限赋权至乡镇。实施60项惠企政策，兑现惠企资金2.6亿元。新增“减降退缓”税费14.1亿元。为企业送工入职4300余人。金融改革经验全省推广。完成国资国企改革创新3年行动任务。

【城乡品质】 推进世客会主会场、万达综合体建设，建成汇晟赣南建材商贸城、汽车专业市场、4个智慧农贸市场。改造提升人民大道、龙泉大道城市主轴线，打通腾龙路、龙海路等“断头路”，龙南大道、龙南大桥、人民大桥竣工通车。城市主次干道实现雨污分流、路面“白改黑”（水泥路面改为沥青路面）。城市供水管网延伸至渡江镇、东江乡，完成文化社区、中山社区排水管渠改造。改建黄竹迳至新圩、榕

6月25日，龙南以农村“老屋复活”改革行动高标准打造玫花渡、黄花湾、芷溪谷等“美丽乡村＋民宿”集聚区（龙南市供图）

寨至巷口农村公路，形成乡镇互联、片区循环路网。建成88个新农村建设点，建设玫花渡、芷溪谷、硒乡记、畲山湖等乡村振兴示范点，黄花湾被评为十大“赣南醉美乡村”。龙南市被评为“美丽活力乡村＋乡村民宿”联动建设先行县（市），连续获评全省美丽宜居先行县（市）、全省农村人居环境整治工作先进县（市）。

【民生福祉】 建成阳明中学初中部、第六公立幼儿园，开工建设龙南中专新校区。启用赣医一附院龙南医院二期，公立医疗机构医用耗材实现“零差率”销售。$PM_{2.5}$平均浓度22微克/立方米，出境断面水质稳定达到或好于Ⅲ类。2个整改事例入选全省生态环境整改成效典型案例，3家企业入选省级绿色工厂。安全生产形势平稳。智慧安防小区全域覆盖。打击非法盗采稀土，遏制电信诈骗，扫黑除恶、公安满意度全省前列。

【实施农村“老屋复活”改革】 针对农村老屋闲置和“空心村”问题，龙南市实施乡贤乡居、围屋保护、民宿建设，探索修缮保护、活化利用、环境整治、文化传承、人才回归“五位一体”的农村“老屋复活”改革，全省首创发放乡贤乡居资格权证、房屋经营权证，明确资格权、放活经营权、保障收益权，改革经验全省推广。全年修缮围屋54座，盘活利用农村闲置住宅665幢（间），建成8个老屋民宿集聚区，带动1.2万余名群众受益。

【打造千亿级锂电新能源产业集群】 龙南市现有锂电新能源产业企业20余家，已初步形成上游磷酸铁锂、三元材料、锂盐产品，中游锂电铜箔、铝塑膜、锂电五金制品、电子级胶带、锂电胶粘剂，下游储能电池、消费类电池的较完整产业链条。1—9月，引进新能源电池材料、锂电池综合回收利用等锂电新能源产业及配套项目9个、投资金额60.2亿元。10月，引进国内电池级碳酸锂行业领先的志存锂业集团投资130亿元，建设年产8万吨电池级碳酸锂的志存锂电新材料产业园项目，并且当月签约开工，建成投产后可实现年产值500亿元。

（曾秋蓉　叶芸汐）

全南县

【概况】 全南县位于江西省南部，辖6个镇、3个乡、1个城市社区和3个国有林业企业，11个社区居委会、86个村委会。土地总面积1535平方千米，其中城区面积12.80平方千米。全县耕地面积1.05万公顷，有林面积13.43万公顷，森林覆盖率83.39%，建成区绿地覆盖率48%，绿地率42.45%。2022年，全县户籍总人口19.3万人，其中城镇人口7.05万人，乡村人口12.25万人；全年出生人口1323人，出生率为6.9‰；全县常住总人口16.94万人，其中城镇人口9.53万人，乡村人口7.41万人，城镇化率为56.3%。2022年实现地区生产总值106.94亿元，增长5.9%。其中，第一产业增加值17.21亿元，增长4.2%；第二产业增加值45.05亿元，增长8.2%；第三产业增加值44.68亿元，增长4.5%。三次产业结构比调整为16.1∶42.1∶41.8，三次产业对地区生产总值增长的贡献率分别为12.4%、54.4%和33.2%。全县全年完成财政总收入11.83亿元，增收896万元，增长0.8%。其中，财政系统征收4.02亿元，增收7696万元，增长23.7%；税务系统征收7.81亿元，缩减6800万元，下降8%，税收占财政总收入的比重为66.02%。全年一般公共财政预算收入7.57亿元，增长2.2%；一般公共财政预算支出29.33亿元，减支7.34亿元，下降20%。其中，民生支出22.71亿元，占一般公共预算支出的77.4%。全县城镇居民年人均可支配收入34557元，增长5.5%；农村居民年人均可支配收入13132元，增长10.2%。城乡居民收入比2.63∶1，缩小0.12。城镇居民人均消费支出18425元，增长6.8%；农村居民人均消费支出13362元，增长6.9%。年末全县金融机构人民币各项存款余额123.23亿元，增长11.6%。其中，住户存款95.69亿元，增长15.3%。

【工业经济】 全县规模以上工业企业实现总产值92.61亿元，增长19.3%；规模以上工业增加值增长9.1%。实现营业收入100.9亿元，增长30.8%。全县实现建筑业总产值3.3亿元，增长12.9%；实现建筑业增加值5.8亿元，增长12.9%。主要工业产品及产量如下：钨精矿2879吨，萤石3.94万吨，钢材

7969吨，服装1468万件，组合音响277万台，液晶显示屏1051万片，液晶显示模组11万套，灯具及照明装置106.1万套，印刷电路板29.6万平方米，电力电缆18070千米，锂电池195万只。全县全年新增规模以上工业企业19家，工业固定资产投资增长27.4%。规模以上电子信息企业营收42.2亿元，增长20.6%；规模以上新材料企业实现营收54.3亿元，增长60.5%。完成工业园调区，新建标准厂房11.2万平方米，启动龙门工业新区建设，平整土地90公顷。建成“智慧全南”应用和示范场景383个，上云上平台企业685家，县数字经济产业园入选市级第一批数字经济集聚区。新增国家级中药材科技小院1个、省级科技企业孵化器1个、省级企业技术中心1个、市级技术创新中心3个、市级企业技术中心2个，新认定高新技术企业7家、省级“专精特新”企业5家，有效发明专利增长105%。

【现代农业】 全县农业总产值26.12亿元，增长2.2%。粮食总产量6.42万吨，其中谷物5.60万吨，下降3.8%；油料产量0.58万吨，增长0.8%；蔬菜及食用菌产量23.55万吨，增长3.8%；油茶产量0.38万吨，增长5.5%；脐橙产量1.83万吨，增长0.7%；猪牛羊禽肉产量4.28万吨，增长1.4%。建成有机蔬菜基地266.67公顷，蔬菜产业年产值超7亿元，自然之星获评国家现代农业全产业链标准化示范基地，现代牧业获评农业产业化国家重点龙头企业。建成富硒产业示范基地9个，新认证大湾区“菜篮子”生产基地4个。建成运营冷链物流园。

【文旅商贸】 攀岩小镇获评国家AAAA级旅游景区，承办第六届全国少年攀岩锦标赛、江西省青少年攀岩锦标赛。客家擂茶制作技艺列入联合国非遗名录，雅溪古村入选全国乡村旅游重点村。开展“百城百夜”文旅消费季活动100余场，获评江西“百县百日”文旅消费季先进县。全年实现社会消费品零售总额51.26亿元，农产品互联网营销中心获评市级电商直播示范基地。

【项目建设】 组建重点项目专班13个，实施“八大行动”重点项目130个，其中列入省大中型项目18个、省重点项目6个，分别超时序进度51.3个、51.5个百分点，禾太电子、贵航新能源等8个项目投产，全县固定资产投资和工业投资增速均列全市第一。完成全域土地综合整治项目验收，全年报批土地61.87公顷，消化批而未用土地54.44公顷；争取上级到位资金37.2亿元，增加8.81亿元，增长31%；其中争取地方政府专项债券14.3亿元，增长70.5%。全年举办参与各类推介活动20次，引进项目53个、签约金额379.22亿元，其中“5020”项目7个，赣锋锂业、北方稀土等带动强、创税多的好项目落地。

【“放管服”改革】 开展“四减一优化”（减环节、减材料、减时限、减收费、优化审批机制）专项行动，推动减环节475个、减材料168项、缩减时限53.3%。深化“三集中、三到位”［部门（单位）行政审批职能向一个科（股）室集中、部门（单位）承担审批职能的科（股）室向行政（便民）服务中心集中、部门行政审批事项向电子政务服务平台集中；进驻行政（便民）服务中心的政务服务事项和人员实现进驻大厅到位、审批授权窗口到位、电子监察到位］，38个部门1609个政务服务事项集中办理。在全省率先推行“政务服务免费双向速递”，190项事项“材料上门收、结果邮寄办”。实施企业开办“一站式”服务改革，企业开办实现“1个环节、1个窗口、只跑1次、0.5天”。扩大“跨省通办”范围，300余个高频事项与11省20个地区协同联动。全年累计为企业减税降费2.89亿元，财政补助4832万元，新增授信7.8亿元。公用市政集团资产超百亿元，获评AA主体信用评级。承接国家和省改革试点任务21个，优待证申领制发、婚俗改革等30余条试点经验在国家、省级媒体刊登。

【城乡建设】 实施解放桥至双龙牌坊沿江老旧小区改造工程，完成县文化广场升级改造、二小安置房和老食品厂家属房等老旧小区改造及240套公租房建设。建成全域旅游交通服务中心、快递分拨中心、第二自来水厂、天然气对接门站及配套管网、城区生活污水处理提质增效一期等城市配套项目，连续3年被评为全省城市功能与品质提升考核先进县。建成大广高速南龙段，新（改）建农村公路21千米，打通信安路“断头路”，新建桃江源大道至学府路等4条城市道路。新增识别“三类”（突发严重困难户、脱贫不稳定户、边缘易致贫户）监测对象284户1011人，脱贫户人均可支配收入增长15%；实施衔接资金项目146个，村级集体经济村均收入超过40万元，获评年度衔接资金绩效评价考核先行示范县A级第一名。建设新农村点64个，打造美丽宜居示范乡镇1个、示范村庄9个，获评全省美丽宜居先行县、全省第二批“美丽活力乡村＋乡村民宿”联动建设先行县。

【生态环境】 全县空气质量达到国家一级标准；过境断面水质、集中式饮用水水质保持国家Ⅲ类以上，土壤环境质量保持良好。完成水土流失治理17平方千米、低质低效林改造2800公顷，大吉山钨业、官山钨业分别获评国家和省级绿色矿山，天排山风电项目获评国家级水土保持示范工程。

【社会民生】 全县城镇新增就业1914人，新增农村劳动力转移就业2699人。新增养老点位80个，养老机构护理型床位占比90.3%。基本养老保险参保率95.5%，政策内住院费用报销比例70%。完成燕园实验中学、职业技术学校改（扩）建，第三公办幼儿园开园，新增学位1830个，高考本科上线人数超700人、增长19.2%。县中西医结合医院投入使用，建成人民医院康复大楼、疫情防控集中收治病区、疾病预防控制中心大楼，与南方医院建立对口帮扶合作关系，引进医学人才24人。扫黑除恶满意度位列全省、全市第一，公众安全感位列全省第二、全市第一，公检法部门的满意度位列全省前三名，获评平安江西建设示范县、平安赣州建设先进县。

【客家擂茶制作技艺入选联合国非遗名录】 赣南客家擂茶由汉魏的粥茶和唐宋的点茶衍变而成，是客家人的传统饮茶习俗，也是古代饮茶习俗的延续，是客家先民在迁徙、生产生活积累形成的一种饮食习惯。11月29日，中国申报的“中国传统制茶技艺及其相关习俗”在摩洛哥拉巴特召开的联合国教科文组织保护非物质文化遗产政府间委员会第17届常会上通过评审，全南县申报的赣南客家擂茶制作技艺入选联合国非遗名录。

【获评国家级生猪调出大县】 2022年，全南县利用发展生猪生产的良好基础，进一步培育壮大全南现代牧业、金丰牧业、高山牧业等国家、省重点龙头企业，在生猪生产能力、规模化养殖、生产要素保障、金融政策、疫病防控、市场保障上给予支持，按照规模化、标准化、清洁化的工作思路发展生猪产业，构建布局合理、绿色安全的生猪产业格局。同时以稳定生猪生产保障供应为重点，结合全南健丰食品已投产年屠宰30万头生猪深加工项目，推进生猪产业向多元化产业链升级。全县生猪出栏56.01万头、存栏29.76万头，分别增长18.63%和26.29%。4月29日，全南县获评财政部认定的国家级生猪调出大县，并获得国家财政2022年生猪（牛羊）调出大县奖励资金392万元。

【全南县获评全国县域农业农村信息化发展先进县】 积极推动人工智能技术深度应用，创建智慧农业试点（农场、果园、牧场、渔场）应用基地4家，申报并通过省级农业物联网示范基地（企业）认定2家，梳理全县涉及数字农业农村信息监测系统10个，并与县大数据中心完成对接，县域农业农村信息化取得快速发展。2022年被农业农村部信息中心评为全国县域农业农村信息化发展先进县。

（万嘉林　王立之）

定南县

【概况】 定南县位于江西省最南端，辖7个镇，120个行政村、16个居委会。总面积1321.13平方千米，耕地面积76.10平方千米，林地面积10.55万公顷，森林覆盖率83.07%。户籍人口21.90万人，其中城镇户籍人口7.98万人。2022年，地区生产总值108.53亿元，增长6.0%。其中，第一产业实现增加值13.71亿元，增长3.0%；第二产业实现增加值39.23亿元，增长8.1%；第三产业实现增加值55.59亿元，增长5.3%。规模以上工业增加值增长9.8%。一般公共预算收入9.19亿元，增长3.0%。社会消费品零售总额37.13亿元，增长17.2%。实际利用外资856万美元，增长140.45%。外贸出口总额8.25亿元，增长25.4%。城镇居民人均可支配收入36493元，增长4.4%；农村居民人均可支配收入14811元，增长10.6%。2022年，定南县地区生产总值增速列全市第一，规模以上工业增加值、社会消费品零售总额增速均列全市第二，地区生产总值、规模以上工业营收、园区总产值首次超100亿元。全年获得市级以上荣誉200多项，在市级以上会议作典型发言21次。

【工业经济】 全县全年规模以上工业实现营收142.5亿元、利润11.26亿元，分别增长58.97%、56.08%，增速均列全市第一位。率先启动赣南稀土矿山升级改造复产，沸达利科技、景伟电子等项目建设投产，齐飞新材料营收超20亿元，大华新材料、鑫盛钨业营收超10亿元。新增国家级专精特新“小巨人”企业（专注于细分市场、创新能力强、市场占有率高、掌握关键核心技术、质量效益优的排头兵企业）1家，省级专业化“小巨人”（业绩良好、极具发展潜力和培育价值，处于成长初期的小企业）企业2家、省级技术创新中心1家，获评全市科技创新赋能行动综合成效突出单位。建成运营数字经济产业园，数字经济核心企业总数16家，实现营收11.14亿元，规模以上工业企业上云率100%。

【现代农业】 全县全年粮食种植面积10553.33公顷，生态复产脐橙面积253.33公顷，种植中药材77.87公顷，新（改）造油茶林680公顷，宏涛禽制品、鼎峰生态、神源茶叶投产，定南肉鸽等3个农产品入选全国名特优新农产品名录。入选首批富硒产业基地5家，新认证富硒产品21个，有机地理标志农产品累计24个。培育农业产业化省级龙头企业3家、市级龙头企业17家。

【现代服务业】 推进莲塘村、森林部落等重点文旅项目，全年接待游客654.44万人次，增长25.79%。江西供销（定南）冷链物流园竣工并投入使用，建成城乡冷链物流骨干网络。启动定南港扩容升级、临港产业园建设，铁路集装箱吞吐量2.3万标箱，增长123%。投放政府消费券380万元，带动社会消费3000万元，新增入规商贸企业25家，实现社会消费品零售总额近40亿元。

【项目建设】 争取上级资金18.13亿元，地方政府专项债13.09亿元，政策性开发性金融基金4.74亿元。完成“5020”项目2个，签约项目47个，总投资263.5亿元。15个省大中型、2个省重点、57个“八大行动”（工业倍增升级、科技创新赋能、深化改革开放、乡村全面振兴、城市能级提升、美丽赣州建设、

提高民生品质、党建质量过硬行动）市级调度项目超额完成年度投资任务30%以上。全市“项目大会战”流动现场会排名列全市第12位，8个三类县中第三位。

【城乡建设】 完成全国第三次土地调查和国土空间规划“三区三线”划定。修缮京九大道、建设东路等城区主干道，打通府北路、青山路、一经路等城市断头路。全面禁止主城区活畜禽交易及宰杀。建成凤栖湖功能性城市综合体，新增绿地50.6万平方米、公园面积33.1万平方米，城区东、南、西、北实现休闲场所全覆盖。龙塘、天九示范镇完成市级验收，新建“四好农村路”42千米，拆除农村危旧土坯房19.47万平方米。黄砂口村入选全国“非遗旅游村寨”和“赣南醉美乡村”，龙塘镇获评省级卫生乡镇。

【生态环境】 2022年，定南县保护礼亨水库饮用水源地水质，修复废弃稀土矿山生态，治理月子河流域，新投入使用2座稀土尾水处理站，东江流域出境断面水质稳定在Ⅱ类。空气质量持续优良，$PM_{2.5}$年均值低于20微克/立方米。工业危险废物利用处置率100%，畜禽粪污综合利用率98.5%。超额完成造林绿化计划任务，森林覆盖率稳定在83.07%，获评省级森林乡村3个。调剂30833.33公顷林地用于国储林建设，是全省规划面积最大、投资最大的县级国储林项目。

【民生事业】 全县全年民生类支出30.57亿元，占一般公共预算支出的近90%。投入资金1.23亿元实施衔接项目199个，持续巩固脱贫成果。零就业家庭就业安置率100%。解决定南一小、定南二中2所民办学校转制问题，基本建成定南中学图书馆学术报告厅，第八幼儿园投入使用，连续3年获评县（市、区）党政领导干部履行教育职责“优秀”等次。投入1.25亿元购买更新公办医疗机构设备，第一人民医院健康管理中心、老城分院建成使用。推进食品安全包保责任制落实，完成包保主体4326家。全年未发生较大安全生产事故，获评全省消防工作先进县、全市信访工作先进集体。常态化开展扫黑除恶斗争，严厉打击金融、食药环、电信网络诈骗等领域违法犯罪，大力实施“水美家安”（集中开展以加强预防溺水、水上应急救援安全知识宣传为主要内容的“全民防溺水”专项行动）防溺水和“新型警力护校园”行动，公众安全感位居全省第一方阵。

【“定南之窗”建成开园】 “定南之窗”商贸文旅综合体位于城北新区中心地段，是按国家AAAA级标准建设的集休闲、娱乐、观光、健身于一体的多功能旅游景区，于2021年12月开工建设，项目总投资约1.85亿元，占地面积约40公顷。该项目紧紧围绕客家文化传承园、新时代文明实践站、老百姓幸福感获得感体验地、“赣粤门户”会客厅四大理念定位，规划城市功能区、全龄活动区、儿童活动区、滨水娱乐区和山地艺术区共五大功能区，可满足不同人群的游憩需求。2022年12月，“定南之窗”建成开园。

【老城黄砂口村入选全国“非遗旅游村寨”】 10月24日，定南县老城黄砂口村入选全国非遗旅游村寨。黄砂口村位于定南县老城镇东北部，自古文风昌盛、人才济济，生态秀美、民风淳朴。黄砂口村客家人文资源丰厚，历史文化底蕴丰厚，客家风情独特，9座围屋点缀于青山绿水之间，客家服饰、客家哭嫁习俗、客家童帽等物质和非物文化质遗产意识形态、习俗理念、传统技艺代代传承。现建立村史馆、非遗展示馆、民俗馆、围屋家训厅等20多处文化场所。

【定南瑞狮获评中华体育文化优秀项目】 12月，国家体育总局体育文化发展中心发布“2022中华体育文化优秀项目”，定南瑞狮名列其中，江西省仅3个项目入选。定南瑞狮是江西省非物质文化遗产项目，传承至今已有800余年历史。瑞狮造型及舞蹈动作取南狮、北狮之长，崇尚客家奋发进取、和谐包容精神理念，融南狮、北狮和客家艺术于一炉，形成独具特色的艺术形态。

（赖春梅）

兴国县

【概况】 兴国县位于江西省中南部、赣州市北部，东与宁都县接壤，东南与于都县相邻，南与赣县区相连，西与吉安市万安县交界，西北与吉安市泰和县为邻，北靠吉安市永丰县、吉安县。全县总面积3215平方千米，辖25个乡镇、1个经济开发区、303个行政村、20个城市社区。2022年，兴国县户籍人口86.02万人，其中乡村人口62.51万人，城镇人口23.51万人。地区生产总值241.04亿元，增长5.1%；一般公共预算收入10.07亿元，增长4.7%；固定资产投资增长10.2%，规模以上工业增加值增长8.5%，社会消费品零售总额增长4.9%，城镇、农村居民人均可支配收入分别增长5.5%、8.8%。出口总额、现汇进资分别增长56.1%、299%。

【工业经济】 全年新增规模以上工业企业23家、总数96家，营业收入增速29.1%。建成省、市科技创新平台5个，高新技术产业增加值占规模以上工业增加值比重超30%。设立全省首个县级人才发展基金，引进培育产业领军人才（团队）1个、高层次人才72人、急需紧缺人才655人，入选省“双千”[面向省外和国（境）外，引进1000名左右“高精尖缺”优秀高层次人才和100个左右高层次创新创业团队，面向省内重点培养1000名左右高层次人才]计划2人，兴国聚众文化创意园被认定为省博士后创新实践基地。经开区南区扩区征迁132户，清退闲置低效用地37.69公顷，腾退厂房4.5万平方米，新建标准厂房24.6万平方米，获评省级“两化”

融合数字化转型示范园区。

【现代农业】 建成高标准农田3000公顷，粮食播种面积56000公顷，总产量26.2万吨。生猪出栏64.2万头，增长7.5%，加大集团100万头生猪屠宰深加工项目投产运营。建成设施蔬菜基地1533.33公顷，其中富硒芦笋种植面积344公顷。新认证富硒农产品、绿色有机产品品牌24个，“方太妹”白茶获2022年庐山国际名茶名泉博览会金奖。

【文旅产业】 兴国县中国官田兵器博物馆主体完工，推进长征国家文化公园（兴国段）、启耀故里红色旅游示范村等一批重点项目，红兴谷、潋江书院等8个场馆入选全市第一批红色教育培训基地，数量为全市第一。《长征先锋》推荐参评中宣部“五个一工程”［一部好的戏剧作品，一部好的电视剧（片）作品，一部好的电影作品，一部好的图书（限社会科学方面），一部好的理论文章（限社会科学方面）］，“兴国山歌进校园”入选文旅部典型案例。

【项目建设】 全县全年签约引进项目83个、投资额467.3亿元，其中20亿元以上项目7个、10亿元以上项目15个，晶华微电子、海文生物等31个项目投产。全县全年实施157个重点项目，年度投资额101.6亿元。全年争取上级资金67.8亿元、增长24.8%，平江灌区、樟树至兴国高速等30个重大项目列入国家“十四五”支持革命老区基础设施建设盘子。

【深化改革】 出台中小企业纾困解难“35条”，累计减税降费2.5亿元，上线“亲清赣商”惠企政策兑现平台、累计兑付资金2.4亿元，全年新增各类市场主体6500余户、增长3.1%。新组建县政务服务和大数据发展中心，在全市率先推行“一照多址”和企业歇业备案制度改革。210项权力事项实现“一枚印章管审批”，965件服务事项实现“掌上办”，224项高频事项实现“跨省通办”，企业开办实现“半天、零成本”。推进国资国企改革，县城控集团资产规模近200亿元、主体信用评级AA。实施普惠金融改革，全县全年存款增长13.1%、贷款增幅15.1%，存贷比上升1个百分点。实施“一级政府、一级财政”试点，推进乡镇管理体制改革。

【城市能级提升】 实施城市能级提升项目36个，投资158.5亿元。永磁磁浮空轨“兴国号”全国首发，兴泉铁路全线贯通运营，国家管网西气东输三线向兴国开口供气。改造提升城南、五丰农贸市场，开业运营翡翠广场综合体。红军大桥建成通车，兴国第七中学等5座人行天桥投入使用。建成潋江之春地下停车场、第二水厂立体停车楼，新增城区停车位近700个。新增公厕12座。新建5G基站446座。改造提升老旧小区4个、小街小巷5条，完成城区道路雨污分流19.5千米、“白改黑”（水泥路面改为沥青路面）22.6千米，拆除主次干道沿线外挑式防盗网5.6万平方米、铁皮棚4万平方米，整治破损道路1.8万平方米，拆除违法建筑223处1.9万平方米，提升苏区大道等主干道绿化景观。

【乡村振兴】 推进长冈、永丰、梅窖、社富等10个美丽乡镇建设，完成潋江澄塘、崇贤贺堂、茶园全坑、城岗白石、良村前村、樟木螺形、南坑富兴等31个示范村建设。拆除“空心房”（长期闲置、废弃、残垣断壁、破烂不堪、具有安全隐患以及建新未拆旧或不符合“一户一宅”政策的危旧房、附属房）8400栋88.8万平方米，整治“赤膊房”（部分红砖墙一直裸露在外的房子）1.2万栋449万平方米. 整改户厕2880余户，打造市级“改厕样板村庄”2个，新改建“四好农村路”74.9千米、农村生命防护工程20.4千米、中小桥梁15座。统筹整合涉农资金3.89亿元，购买防返贫保险788.5万元，新增监测对象556户2453人、消除风险109户472人。乡村全面振兴行动6项重点工作连续4个季度综合排名全市第一。

【生态环境】 全县全年空气质量优良天数比率为94.8%，$PM_{2.5}$平均浓度全面达标，集中式饮用水水源地、出境断面水水质优良率均为100%。完成东村乡小洞村等废弃矿山治理106.67公顷，“矿山修复+土地整治”经验入选省级生态修复典型案例，获全国自然资源节约集约示范县。完成20个市级生态村创建，高兴镇获评省级生态园林城镇，古龙岗镇营前村、埠头乡龙砂村、均村乡均村村、均村乡长竹村、杰村乡曾田村等8个村获评省级森林乡村，入选省林业碳汇试点县。

【民生事业】 全县全年投入民生资金48.4亿元，完成40件民生实事。新建公租房500套、保障性租赁住房300套。新增城镇就业4600余人，农村劳动力转移就业9000余人。统筹资金16.5亿元，实施校建项目92个，新增园位1600个、学位5000余个。推进县人民医院二期等项目，推进县域医共体建设，提升城乡医疗保障水平。实施方太、鼎龙、枫边、兴江等17个乡镇敬老院暖心工程，完成近200户特殊困难老年人居家适老化改造，入选全国“深化乡村地名服务点亮美好家园”试点县。江背镇高寨村获评“全国老龄系统先进集体”，为全省唯一。推进“八五”普法、法治政府建设，办理人大代表建议210件、政协提案111件，解决老百姓急难事麻烦事烦心事2085件。县信访局获评“全国信访系统先进集体”，埠头派出所获评“全国优秀公安基层单位”，长冈派出所被命名“全国枫桥式公安派出所”，县公安局获评全省“五型”政府建设先进集体。隆坪乡隆坪村获评全省综合减灾示范村。

【世界首列永磁磁浮空轨列车“兴国号”成功首发】 8月9日，世界首条永磁磁浮轨道交通工程试验

线在兴国县投入使用，运行列车被命名为“兴国号”。通车试验由江西理工大学牵头，兴国县政府联合中铁六院、中铁工业、国家稀土功能材料创新中心等单位共同研制完成。这是世界第一条投入使用的永磁磁浮空轨试验线。试验线南起永丰站（高铁兴国西站），沿站前大道东侧绿化带敷设，北至静调库。线路正线长度约 800 米。磁浮列车采用 2 辆编组，载客座席 32 个、定员 88 人，最高设计运行速度为 80 千米 / 时。

【兴国县获评全国信访系统先进集体】 兴国县大力推行“1+4”工作法和“3721”（3 天见面、7 天反馈、21 天办结）初信初访限时办结制，提升案件办理质效；创新建立信访指派专员工作制度，探索建立“事前给清单,事中督过程,事后强问效”的初次信访化解核减闭环机制，破解责任难压实、资源难整合、力量难联动的信访工作难题。5 月 25—26 日，在北京召开的第九次全国信访工作会议上，兴国县信访局被表彰为“全国信访系统先进集体”。

（丁志操）

宁都县

【概况】 宁都县位于江西省东南部，辖 12 个乡、12 个镇、299 个村委会、47 个居委会和 3797 个村民小组。总面积 4048.82 平方千米。耕地面积 44835 公顷，林地面积 30.06 万公顷。户籍总人口 83.1 万人，其中城镇人口 25.27 万人。2022 年地区生产总值 265.89 亿元，增长 4.9%。其中，第一产业增加值 49.47 亿元，增长 4.5%；第二产业增加值 77.86 亿元，增长 7.1%；第三产业增加值 138.56 亿元，增长 4.0%。财政总收入 15.2 亿元，增长 5.8%；一般公共预算收入 9.6 亿元，增长 3.8%。规模以上工业增加值增长 8.1%。固定资产投资增长 10%。社会消费品零售总额 115.4 亿元，增长 5.8%。城镇居民人均可支配收入 31862 元，增长 5.2%；农村居民人均可支配收入 15479 元，增长 8.5%。金融机构存款余额 448.64 亿元，增长 13.07%；贷款余额 287.71 亿元，增长 14.94%。

【工业经济】 完成“1+2+N”（轻纺服装首位产业；电子信息、新能源新材料 2 个主导产业；食品加工、电气电力、新型建材等若干个特色产业）产业发展专项规划。总投资 160 亿元的纬景储能项目开工建设，是宁都县单体投资最大的工业项目；钛时代、赣能电子、汉格新能源、竣昌科技竣工投产；晟阳餐饮、广德科技签约落地，加快建设，新兴产业、科技企业成为宁都工业新增长极。全年新增规模以上工业企业 10 家，总数 95 家；规模以上工业增加值增长 8.1%。完成征地拆迁 343 户、回购僵尸企业 5 家，腾出工业用地 200 公顷；完成工业固定资产投资 50.6 亿元，新建标准厂房 22.6 万平方米、园区道路 8 条，启动园区医院、第六幼儿园、第二污水处理厂提标改造等配套设施建设。

【现代农业】 建成高标准农田 5333.33 公顷，完成粮食生产任务 72266.67 公顷、总产 42 万吨，获评全省粮食生产先进县。新增设施蔬菜基地 49 个 466.67 公顷、总面积 3800 公顷，粤港澳大湾区“菜篮子”基地增至 8 个；新增脐橙种植面积 333.33 公顷、总面积 19466.67 公顷；出笼宁都黄鸡 1 亿羽、年产值 36 亿元，单一品种出笼量全省第一。新增全国名特优新农产品认证 3 个、“赣鄱正品”3 个、富硒产品认证 64 个，获评全省富硒功能农业重点县，赣州市富硒产业工作现场会在宁都县召开。

【城市能级提升】 推进州城文化街区项目建设，完成中山路示范街等 3 条主街道及 14 条支路改造提升，打通阳都大道、文安路等“丁字路”；启动博生广场等 10 个停车场建设，新增停车位 8000 余个；翠微农贸市场投入使用，东门农贸市场启动建设；全面铺开 12 座公厕、60 千米雨污管网建设。升级 11 个老旧小区，改造领秀新都、集贤小区，更新博鑫花园、胜利西路等 9 个小区。建成新县委党校、市民公园，建设儿童公园、体育公园，加大龙溪湖水生态公园、奥林匹克公园、永宁公园、“一江两岸”公园管护力度，建成一批精美城市小品和城市景观。完成公交公司、环卫公司国有化改革，提升城区交通能力、保洁水平，城市“三治”（共治、法治、智治）深化融合。

【深化改革】 2022 年，宁都县实施优化营商环境“一号改革工程”，推进“市县同权”、惠企政策兑现、工程建设项目“一站式”集成审批改革，推动政务服务县乡村三级联动，完成县政务服务中心改造升级，上线运行“赣服通”宁都分厅 5.0，实现“一次不跑”事项 2110 项。在园区设立企业综合服务中心，实现企业“办事不出园”，累计为企业兑现惠企资金 8000 万余元、减税降费及退税缓税费 5.1 亿元。

【项目建设】 争取中央预算内投资、政策性开发性基金、政府专项债等各类资金 120.2 亿元。实施重大项目 251 个、完成投资 188 亿元。在全市项目大会战流动现场会评比中获第 7 名，位列全市河东片第一名、二类县第一名。开工建设中华人民共和国成立以来赣南历史上投资最大的水利工程梅江灌区，推进抽水蓄能电站、南丰至宁都至瑞金铁路前期工作。建成瑞兴于快速交通走廊，改造县道 821 固厚至田埠段，开工建设省道 448 宁都城区段、县道 381 阳都至蒙坊段、县道 386 招江至湛田段，推进宁河大桥重建工程。团结水库除险加固主体工程完工，完成 20 个农饮提档升级、23 座小型水库除险加固、2 座堤防工程建设。实施固厚河武里至明坑段等 3 座防洪工程、石上洋溪口堤涝区治理工程。新建 35 千伏输变电工程 3 座、10 千伏线路 22 条，全县供电可靠性全面提升。

【生态环境】 完成中央、省环保督察反馈问题整改销号任务，长江经济带生态环境警示片披露问题基本整改到位。生态环境质量改善，空气质量优良天数比率 99.4%，居全市第一；县城及乡镇集中式饮用水源地水质达标率 100%，县域出境断面水质综合指数居全市第三。规范砖厂开采和生产秩序，31 个砖厂全部整治到位。完成青塘钨矿等废弃矿山修复治理 90 公顷、国土绿化试点示范面积 11073.33 公顷、改造低质低效林 5226.67 公顷。

【文旅事业】 加快公共文化阵地建设，村（社区）文化活动中心实现全覆盖。推进长征文化公园项目，启动建设宁都起义纪念馆创建国家 AAAA 级旅游景区项目。翠微峰创国家 AAAAA 级旅游景区一期、中央苏区反“围剿”战争纪念馆创建国家 AAAA 级旅游景区一期工程基本完工，旸霁红一方面军总前委旧址等 13 处革命文物入选全省第二批不可移动革命文物名录。

【乡村振兴】 建成乡村振兴示范点 55 个、新农村建设点 227 个，改造“四好农村路”300 千米、危桥 9 座、户厕 8200 余座，拆除危旧“空心房”187.6 万平方米。列为创建全国乡村振兴示范县、全国水系连通及水美乡村建设县、中央专项彩票公益金支持欠发达革命老区乡村振兴示范区建设项目县。创建全国文明村镇 3 个、省级文明村镇 7 个。石上镇游家坊村、东山坝镇东山坝村入选全国传统村落，小布镇被评为江西十大魅力乡镇，田埠乡东龙村入选第三批江西省森林乡村，东山坝镇小源村获评全国民主法治示范村、赣南醉美乡村称号。加强动态监测帮扶，统筹整合资金 4.3 亿元，实施产业发展、基础设施、人居环境整治、教育扶贫等项目 391 个，落实教育资助金 4847.4 万元、“雨露计划”补助资金 1573.4 万元，脱贫人口及监测对象基本医保参保率 100%。

【民生事业】 完成民生支出 49.8 亿元、增长 3.9%。发放创业贷款 2.2 亿元，新增转移农村劳动力 12980 人、城镇就业 4412 人。实施人力资源产业园项目，赖沙电商园获评省级创业孵化基地。推进 26 所学校建设，加快建设博生职业高中、宁都第四小学改扩建等项目，第九幼儿园建成投用。新增学位 4400 余个，新招聘教师 488 名。宁都高级技工学校升格为宁都技师学院，是全省第一所县级技师学院，宁都县被评为江西省职业教育改革成效明显县。关注“一老一小”等特殊群体，发放城乡低保金 17564 万元、孤儿和事实无人抚养儿童补助金 408 万元、临时救助金 242 万元。推进公办养老机构改革，启动县社会福利中心二期等项目建设，完成 18 所乡镇敬老院改造提升。启动县妇幼保健院改革，完成县传染病医院、县人民医院内科楼和医技楼、县中医院“国医馆”等项目建设，实施钓峰、湛田等乡镇卫生院改扩建，公共卫生服务能力不断增强。

【举办“红诗赛”活动】 “红诗赛”活动由市文化广电新闻出版旅游局、赣南日报社，中共宁都县委、宁都县人民政府主办，中共宁都县委宣传部、宁都县文广新旅局、宁都县史志研究室、宁都县文联、宁都县融媒体中心联合承办。活动以“红动宁都同心实干”为主题，全县共有 58 支队伍，3000 余名选手参加比赛。“红诗赛”活动注重挖掘本土红色资源，选手将“一部半电台”“无盐汤”“邓小平十里还锅铲”“活捉张辉瓒”“赵博生入党”等经典革命故事融入作品，展现宁都独特的地域标识与精神气质。

【梅江灌区水利工程开工建设】 梅江灌区水利工程位于宁都县梅江干流两岸，是国务院 2022 年重点推进的新建灌区之一，是水利部对口支援赣州的一项重大水利工程，是江西省投放的第一批基金项目中最大的水利项目，是全市最大的水利项目。工程涉及宁都县 22 个乡镇的农田灌溉，设计灌溉面积 38666.67 公顷，供水人口 79 万人，建成后可新增、恢复和改善灌溉面积 38666.67 公顷。项目总投资 43.79 亿元，建设总工期为 36 个月，主要建设内容包括水陂工程 8 座、泵站工程 14 座、新建连通工程 1 条；建设骨干输配水工程 68 条，总长 362.41 千米；新建改造骨干排水工程 12 条，总长 46.2 千米。

【宁都首个百亿级新能源项目落地】 纬景储能科技有限公司是一家集储能电池、储能电站、储能技术开发、储能设备制造的高科技智能制造公司。2022 年，纬景储能年产 15 亿瓦时锌铁液流电池项目落户宁都。项目总投资 160 亿元，占地面积 50 公顷。项目建成后，预计可实现年营业收入 280 亿元、税收 12 亿元，创造 3000 人的就业岗位。该项目是宁都县引进的第一个百亿级新能源项目，也是宁都县单体投资最大的工业项目。

【举办第一届“宁厨”技能大赛】 “宁厨”技能大赛由县政府主办，县人力资源和社会保障局、“宁都菜”推广办、县总工会、县文广新旅局承办，是宁都县实施“宁厨培优”工程的重要举措，对宁都县选拔和培养技能人才，扩大宁都菜影响力，做强宁都菜产业，繁荣宁都餐饮市场具有重要意义。“宁厨”技能大赛分为业余组和专业组，分别评选出一等奖、二等奖和三等奖共 6 名选手。

（曾春生）

于都县

【概况】 于都县地处江西南部、赣州东部，东连瑞金、会昌县，南接安远县，西邻赣县，北靠兴国、宁都县。辖 9 个镇、14 个乡，辖区

面积2892.45平方千米。全县户籍总人口为111.96万人，其中城镇人口27.54万人。2022年完成生产总值343亿元，增长5.3%。其中第一产业增加值34.92亿元，增长3.6%；第二产业增加值140.78亿元，增长6.5%；第三产业增加值167.3亿元，增长4.8%。一般公共预算收入15.5亿元，增长3%；城镇居民人均可支配收入37723元，增长4.9%；农村居民人均可支配收入15622元，增长7.9%。

【工业经济】 全县新增规模以上工业企业17家，总数184家，实现营收329亿元。建成翡俪文德（一期）、江西卫棉（二期）等项目，培育全国服务型制造示范企业、平台各1个，于都县获评中国服饰文化与红色文化创新融合基地，于都服装服饰产业集群成功晋级省三星级产业集群，“于都服装”获评最受欢迎的江西十大地域消费品牌，全行业产值超800亿元。摩贝斯汽车电子及其8家配套企业入驻中金电子信息数字产业园，建成天键电声产业园和声谷科技产业园，全行业产值超80亿元。发展新型建材和绿色装配式建筑产业，建筑业产值超40亿元。新增全国“两化”融合管理体系贯标企业3家、省级5G应用试点示范企业2家、省级“小巨人”企业1家、上云企业307家，认定高新技术企业17家，入库科技型中小企业122家，工业园区获评全省两化融合（信息化和工业化的高层次的深度结合）示范园区。

【现代农业】 年内，全县建成高标准农田1333.33公顷，完成粮食播种48573.33公顷、油菜种植4533.33公顷，抓粮保供做法获农业农村部重点推介。新增大湾区菜篮子生产基地2个，新造脐橙333.8公顷、新（改）造油茶1780公顷。发展肉鸡、生猪、兰花等特色产业，潭头村入选全国乡村特色产业超亿元村。建成富硒产业示范基地122个，开发富硒农产品11类，新增富硒产品认证146个、涉硒商标13个，成功申报全省富硒农业先行示范区、富硒功能农业重点县。新增全国名特优新农产品2个，被列为全国绿色食品（水稻）原料基地、全国有机农产品（油茶）基地，连续4年获评全省农业农村综合工作先进县。

【现代服务业】 年内，长征学院、长征大剧院建成运营，红军小镇入选全国首批“大思政课”实践教学基地。兰花主题酒店、万达酒店主体完工，新（改）建旅游公路2条、旅游公厕7座。打造红色名村18个、国家AAAA级乡村旅游点2个。新长征体育旅游线路入选全国体育旅游精品项目，潭头村入选全国乡村旅游精品线路，寒信古村被列为全国非遗与旅游融合发展优选项目，中华钨矿公司旧址被认定为全省工业遗产旅游基地。金融中心加快建设，翡俪文德完成股权分置改革，天键电声IPO（首次公开募股）顺利通过深圳证券交易所。

【城市能级提升】 城市能级提升行动走在全市前列，建设集结大桥、胜利大桥，建成黄麟路、梧桐路。开工建设马子口河改造工程、红军街历史文化街区，推进新兴家园、7号安置地等统建安置房建设。“智慧大脑”“数字城管”平台受理问题线索12.8万件，结案率99.17%。新（改）建城区公厕6座，新开工农贸市场6个，新建污水管网10.06千米，新增停车位1691个。年内，被列为全省第一批城市更新试点县，获评全省城乡环境综合整治先进县。

【深化改革】 完成第二批139项事项划转，实行“一站式集成”审批。“赣服通”5.0于都分厅上线，1065项依申请类政务服务事项实现线上办；梳理339项包容免罚清单，整治“新官不理旧账”等四大专项治理问题36个（件）。实施产业链链长制、政企圆桌会议等制度，实行“1+3”（1名县领导；1个服务单位、1个金融机构、1名挂企干部）组团安商服务，落实减税降费政策，减免各类税费6.69亿元，发放3个“信贷通”5.4亿元，为企业选送产业工人1.3万余人。推进行政许可权改革，承接“市县同权”事项108项、办件量12181件。于都县被列为“深化商事制度改革国务院督查激励县”，为全省唯一。农业水价综合改革经验做法在全国推广。入选全国首批中央财政支持普惠金融发展示范区。

【招商引资】 全县组建7支重点招商队、25支产业招商队、23支乡镇招商队、6支驻点招商队，外出招商392批次，采取“云上招商”+“线下招商”等方式，先后在粤港澳大湾区、长三角地区、海西经济区等地开展各类招商引资推介活动110余场。全年签约项目113个，签约金额689.65亿元，其中20亿元以上项目12个、50亿元项目1个，中金电子信息数字产业园填补于都县超百亿元项目的空白。获评全省开放型经济综合先进县。

【生态环境】 全年完成水土流失综合治理34.09平方千米、废弃矿山生态修复49.31公顷、低质低效林改造5686.67公顷，绿色矿山建设经验在全省推广。城区$PM_{2.5}$平均浓度控制在20微克/立方米以内，空气质量优良天数比例97.8%，居全省前列。境内地表水考核断面、集中式饮用水源水质优良比例均100%。完成中央、省环保督察反馈问题及转办信访件整改销号。梓山镇获评省级“绿水青山就是金山银山”创新实践基地，新增省级生态乡镇3个、乡村森林公园1个、森林乡村6个。

【文化体育】 2名于都本土作家加入中国作家协会，实现于都县“零”的突破。送戏下乡220余场，情景剧《告别》演出160余场，长征源合唱团累计巡演560余场，长征源宣讲团获评全国基层理论宣讲先进集体、全省三八红旗集体。体教融合走在全市前列，培养国家级运动员 3 名，1 名学生代表国家出征 2023 年世界中学生冬季运动会，举办省级以上体育赛事 3 场，获省级以上赛事冠军 22 项。

【乡村振兴】 “三保障”和饮水安全成果持续巩固，顺利通过年度巩固脱贫攻坚成果后评估迎检，产业带动农户增收典型做法被写入国家综合核查报告，驻村帮扶工作、健康帮扶工作分别在全省全国作典型发言。争取中央彩票公益金支持乡村振兴示范区建设，新建农村公路 33.32 千米，升级改造水厂 22 座，铺设供水管网 506 千米，治理河道 9.35 千米，完成病险水库除险加固 23 座、山塘整治 112 座。完成银坑示范镇建设，推进禾丰、祁禄山示范镇建设，完成 141 个省级美丽乡村建设点“四化”改造，打造美丽宜居示范带 2 条、美丽宜居乡镇 3 个、美丽宜居村庄 36 个。

【民生事业】 全年全县完成民生支出 57.6 亿元，占全县一般公共预算支出的 82%。新增创业担保贷款 2.57 亿元，城镇新增就业 4468 人，新增转移农村劳动力就业 10940 人，实现“零就业家庭”动态清零。建设县域紧密型医共体，县卫生健康总院挂牌运营，形成“一院三区三中心”（于都县卫生健康总院；县人民医院总院区、县第二人民医院第二院区、县第三人民医院第三院区；县中医院中医诊疗中心、县妇保院妇幼诊疗中心、县疾控中心）格局。深化与北京大学人民医院等名院帮扶合作，建成肺病科、推拿科等省级基层特色专科，国家级标准化胸部微创诊疗中心落户于都、全省唯一。新投用养老院 5 所。完成棚户区改造 1000 户、保障性租赁住房建设 5562 套。建设站前幼儿园、水南中学等 7 所城区学校，新（改）建农村学校 11 所，新增婴幼儿托位 735 个、园位 1110 个、义务教育学位 5150 个、职业教育学位 1000 个。城乡社区治理工作在全国作典型发言，潭头村获评全国先进基层群众性自治组织。

【红色旅游宣传】 首届“江西风景独好”云端旅游系列推介会走进赣州红色旅游专场活动在于都举办，举办雩阳美食公园“邂逅古都恰如春时”文化旅游节、“红五月再出发”大湾区十万游客畅游于都、2022 年中国旅游日江西分会场启动仪式、大湾区千人横渡于都河、“千车万人”重走长征路、烈士墓集中迁葬等活动，开展“致敬长征从于都集结出发 88 周年”横渡于都河活动、“喜庆二十大奋进新征程”徒步活动等“长征纪念月”系列重要活动。

【大型文旅演艺项目《长征第一渡》开演】 《长征第一渡》是由赣州旅游投资集团、于都县委县政府共同投资打造，江西文演演出院线有限责任公司、赣州旅投文化产业发展有限公司和于都县长征源旅游投资开发有限公司联合运营的大型文旅演艺项目。由肖向荣担任总导演，著名作家朱海担纲编剧，著名音乐制作人舒楠担任音乐总监。全剧共分为“六大篇章”，即于都河畔、八万六千个告别、九死一生的承诺、万水千山的牵挂、一生一世的守望、新时代的宣言，讲述红军战士从于都集结出发，在艰苦卓绝的斗争中淬炼成长，以血肉之躯铸就精神丰碑，最终迎来胜利曙光的动人故事。

【江西中金电子信息数字产业园项目落地】 该项目由于都县国企公司与中金寰华产业孵化器股份有限公司合作开发，总投资 150 亿元，用地总面积 16 万平方米，总建筑面积 32 万平方米。项目按“统一规划，统一设计，统一考核，分步实施”的思路，规划建设以电子信息、智能终端、高端智能装备制造、新材料等高新技术产业为主题的产业园。

（丁根发）

瑞金市

【概况】 瑞金市辖 9 个乡、8 个镇，240 个村居委会。总面积 2441 平方千米，其中城市建成区 35.28 平方千米。耕地 2.27 万公顷。总人口 70.72 万人，其中非农（城镇）人口 22.33 万人，人口自然增长率 6.53‰。2022 年，全市地区生产总值 208.4 亿元，增长 5%，其中第一产业增加值 29.81 亿元，增长 3.6%；第二产业增加值 83.71 亿元，增长 6.4%；第三产业增加值 94.88 亿元，增长 4.4%。一般公共预算收入 16.14 亿元，增长 2%；税收收入 9.88 亿元，下降 21.8%，占一般公共预算收入的比重 61.1%。一般公共预算支出 57.06 亿元，下降 10.8%。工业增加值 71.77 亿元，增长 6.8%。规模以上工业总产值 297.66 亿元，增长 7.9%。外贸出口 59.92 亿元，增长 31.6%。固定资产总额增长 10.5%。实现利用外资 1216 万美元，下降 13.3%；实际引进内资 77.8 亿元，增长 9.4%。金融机构期末存款余额 370.96 亿元，增长 7.2%；住户存款 298.64 亿元，增长 13.9%。金融机构期末贷款余额 382.09 亿元，增长 10%。社会消费品零售总额 105.3 亿元，增长 4.2%。游客 2005.3 万人次、旅游收入 122.6 亿元，分别增长 10.5% 和 30.3%。城镇居民人均可支配收入 39140 元，增长 4.7%；农村居民人均可支配收入 16573 元，增长 7.9%。

【工业经济】 年内，瑞金市规模以上工业企业数 109 家，规模以上工业营收超 300 亿元、增长 8.5%。组建数字经济智能产业创新研究院，规模以上数字经济核心产业营收增速列全省第十一。万年青水泥通过国家“两化”融合管理体系贯标认证，金纳铜业入选省制造业百强企业，得邦照明入围省外贸产业链核心企业“白名单”。新增省级创新平台 2 家、赣州市级创新平台 5 家、博士工作站 6 个、专家工作站 1 个，新认定高新技术企业 6 家、“专精特新”企业 29 家、科技型中小企业 71 家，创新能力测评在全省排名上升 31 位。瑞金经开区新增开发面积 137 公顷，建成标准厂房 76.7 万平方米，获评江西省国家级开发区

进位赶超先进单位、省级“两化”融合示范园区。主要工业产品：服装289万件，玩具2786万个，烤鳗991吨，水泥324万吨，电力电缆92156千米，发制品16.5万条（套）。

【现代农业】 全年农业总产值48.56亿元，增长4%。粮食产量19万吨，脐橙13万吨，烟叶1656吨，蔬菜24.71万吨，家禽出笼948.17万羽，生猪出栏48.8万头。开工建设5万吨粮食储备库，新建高标准农田3000公顷，种植粮食34866.7公顷、冬播油菜2133.3公顷，超额完成粮油生产任务。发展蔬菜、脐橙、油茶、白莲等特色产业，新增富硒产品认证9个、赣州市高标准富硒示范基地3个、粤港澳大湾区“菜篮子”生产基地3个，省级、赣州市级产业化龙头企业分别新增4家、12家，获全国农产品成本调查工作先进集体。

【现代服务业】 全年金融机构期末存贷款余额分别增长7.2%、11.3%，平安银行入驻瑞金，银行业金融机构15家、位居赣州前列。建成村级物流快递服务点170个，瑞金市被列为全省县域物流配送体系建设试点县（市、区）。全年旅游接待人次、总收入分别增长13.5%、30.8%，连续5年获评中国县域旅游综合竞争力百强县市，入选2022中国最美县域榜单。

【项目建设】 围绕打造“两地五区”（全国最佳红色旅游胜地、湾区海西产业转移高地；革命老区乡村振兴示范区、革命老区共同富裕先行区、内陆地区改革开放引领区、全国生态文明建设样板区、全国红色基因传承典范区），2022年引进重点产业项目54个、签约资金466.8亿元，争取上级各类资金58.37亿元，规模总量创历年之最，实施“八大行动”项目166个，完成年度投资152.5亿元。

【深化改革】 推行惠企政策，与5个省、25个县市签订“跨省通办”协议，出台稳经济35条、助企纾困33条、优化营商环境30条及若干接续政策，推出建筑业、房地产业、铜铝产业、商贸消费等领域扶持办法，兑付惠企资金3.7亿元、减免税费超11亿元，市场主体净增超3000家，经济总量超200亿元。召开政企圆桌会议，落实企业特派员制度，解决涉企问题265个。开展“新官不理旧账”等治理行动，整治各类问题93个。实施黄柏乡、叶坪镇“一级财政”试点，推进农村宅基地制度改革。组建乡村发展公司，推进农村集体资源市场化运营。

【城乡建设】 启用“三区三线”划定成果，编制《瑞金市城区品质提升规划》。推进瑞兴于快速交通走廊、红都大道改造，京里街改造、象湖路、迎宾路西延等项目竣工通车，新改建国省道52.8千米。启动棚户区和老旧小区改造3年行动，改造棚户区3673户，建设保障性租赁住房110套，实施名都苑、向阳家园、中医院周边片区等老旧小区改造。新增停车位1895个，投放二轮共享电动车3000辆。建成绵塘、泽覃、拔英、万田、丁陂等农贸市场。文化艺术中心场馆、金瑞湾公园核心区域、白屋子市民健身广场投入使用，画龙岗等一批小游园建成开放。巩固拓展脱贫攻坚成果，819户监测对象消除致贫返贫风险。建设19个美丽乡村示范点，新改建“四好农村路”152.4千米，安装农村路灯4635盏，建成17个改厕样板村，拆除危旧土坯房93.5万平方米，建立健全农村生活垃圾常态治理和农房突出问题长效管护机制。入选全国传统村落集中连片保护利用示范县（市、区）。

【生态环境】 云石山矿区生态环境问题和9处农村黑臭水体治理顺利销号，完成中央、省环保督察反馈问题整改。推进厨余垃圾综合利用、大型垃圾收集转运站、首创环保飞灰填埋场、生活污水处理厂二期等项目。完成低质低效林改造3466.7公顷、森林抚育2333.3公顷，治理水土流失16平方千米，建设森林“四化”（绿化、美化、彩化、珍贵化）示范基地3处，日东乡樟坑村获评省级森林乡村。建设绿色矿山，新纳入全国绿色矿山名录1家、省绿色矿山名录4家，生态修复废弃矿山33.8公顷。空气优良率98.7%，排名全省第12。地表水环境和饮用水源水质100%达标，土壤环境质量保持稳定。

【民生事业】 全年民生支出48.3亿元，占一般公共预算支出84.7%。推进“我为群众办实事”，完成上级下达民生指标和市本级35件民生实事。新增城镇就业4148人，转移农村劳动力7366人，开展清理整顿人力资源市场秩序专项行动。8所城乡学校投入使用，新增学位9000个；全面落实“双减”政策，获全省县（市、区）党政领导干部履行教育职责督导评价“优秀”等次、全省平安校园建设优秀县（市、区）。举办第十六届省运会瑞金站火炬传递活动。推动紧密型医共体建设，妇保院、皮防所、武阳镇卫生院完成整体搬迁，推进人民医院迁建。城乡居民基本养老保险、医疗保险基本实现全覆盖，城乡低保、特困供养等困难群众生活补助全面提标。失智失能护理院和5所区域性养老院投入使用，新增养老床位630个；城市社区、农村养老服务站点覆盖率分别为93.6%、94.4%。

【“人民共和国从这里走来——中华苏维埃共和国史”基本陈列获第十九届全国博物馆十大陈列展览精品推介特别奖】 5月，瑞金中央革命根据地纪念馆“人民共和国从这里走来——中华苏维埃共和国史”陈列获“第十九届全国博物馆十大陈列展览精品推介特别奖”。“人民共和国从这里走来——中华苏维埃共和国史”基本陈列分“开展武装斗争建立苏维埃区域”“中华苏维埃共和国的诞生”“中华苏维埃共和国在曲折中巩固发展”“中国共产党治国理政的伟大实践”“中华苏维埃共和国的战略转移”五大部分，全面系统介绍中华苏维埃共和国成立及老一辈革命家在中央苏区的革命实践，再现“瑞金建政”的艰辛历程，“治国理政”的伟大实践，“人民江山”的初心恒心，回答为什么要从瑞金开始追根溯源的历史之问，为什么说中央苏区是中国共产党最重要的治国理政试验田的党史之问，为什么说江山就是人民、人民就是江山的时代之问。

【瑞金入选为全国传统村落集中连片保护利用示范县】 4月，瑞金市入选为全国传统村落集中连片保护利用示范县。中央财政对示范县予以定额奖补，将获得中央财政补助资金4000万—6000万元。针对传统村落集中连片保护利用示范工作，瑞金市住建局正在编制传统村落集中连片保护利用示范工作方案，计划以瑞金集中连片区重点示范传统村落为载体，实现所有传统村落保护利用；建立完善的传统村落保护管理机制，实现传统村落活态保护、活态传承、活态发展，显著提高全社会对“红色故都”“共和国摇篮”“中央红军长征出发地”的认同感和自豪感；把传统村落保护好、活化利用好，促进红色故都革命红色旧址群、旧址整体有机保护与展示利用，融合乡村振兴、全域旅游，巩固脱贫攻坚成果，带动市域村落整体保护利用，成为传承红色基因、赓续红色血脉的示范先行区“瑞金样板”。

（杨　溢　陈式金）

会昌县

【概况】 会昌县辖6个镇、13个乡和1个城市社区管委会，275个村（居）委员会、3192个村民小组。城区面积14.5平方千米，城镇化率51.12%。耕地面积1.75万公顷，有林面积19.71万公顷，森林覆盖率80.87%。2022年末，会昌县总户数142515户，总人口535467人。其中，乡村人口359309人，城镇人口176158人。全年实现生产总值164.08亿元，增长5.2%；财政总收入15.75亿元，增长1%；税收10.85亿元。一般公共预算收入10.58亿元，增长1.9%；一般公共预算支出45亿元，增长2%。500万元以上固定资产投资增长12.5%，规模以上工业总产值140.2亿元，增长10.2%。外贸出口17.2亿元。全年500万元及以上固定资产投资增长12.5%。全县实际利用外资213万美元，增长508.5%。城镇居民人均可支配收入33575元、农村居民人均可支配收入14670元，分别增长9%、12%。

【工业经济】 全县全年规模以上工业企业实现营业收入140.2亿元、利润15.4亿元，分别增长10.2%、12.7%，营业收入超10亿元企业3家，其中超20亿元企业1家，税收过亿元企业2家，工业用电量增速、税收增速分别位居全市第一和第二。推进松辉氟新材料、福默斯新材料等10个项目，昌峰新材料、中氟二期等7个项目竣工投产。首位产业集聚效应进一步放大，全年实现营业收入113.5亿元，增长37.6%，占规模以上工业企业的80.9%。新增2家省级企业技术中心，石磊氟材料获评全省专业化小巨人企业，中氟化学和茂源药业的2项关键技术列入市“揭榜挂帅”选题，新增省级“专精特新”企业9家，全县高新技术产业增加值占规模以上工业增加值比重47.5%，提高5.6个百分点。新开通5G基站201个，新增上云企业693家，储备数字技术应用场景建设项目36个，入选省市“机会清单”“产品清单”项目23个，“会昌独好”京东数字农场、富硒基地列为国家农业标准化示范区项目，“三位一体”（政府高效服务、企业数字化转型升级、安全环保全流程监管）智慧园区平台被列为全市唯一省级工业互联网平台（区域型）重点培育对象。

【现代农业】 全县全年建设高标准农田2666.67公顷，全县粮食总产量16.7万吨；脐橙、橘柚种植面积1.47万公顷，大棚蔬菜种植面积933.33公顷；出栏肉牛6.12万头，出栏生猪55.6万头，获评国家级生猪调出大县；打造千亩以上基地6个、百亩以上基地67个，取得富硒产品认证42个，创建国家贝贝小南瓜种植标准化示范区，小密乡入选2022年全国农业产业强镇创建名单。

【现代服务业】 完成小密花乡国家AAAA级旅游景区复核工作，建成西北街戏剧小镇，推进长征国家文化公园会昌段等项目，洞头乡铸牢中华民族共同体意识示范基地建成投入使用，洞头畲族村入选首批“全国非遗与旅游融合发展优选项目”非遗旅游小镇名录及2023年全国“村晚”示范展示点。县乡村三级物流服务体系不断完善，供销·京东智慧物流产业园投入运营。

【项目建设】 全县全年引进项目29个，总投资237.5亿元，其中“5020”项目4个。实施“八大行动”项目125个，完成投资137.78亿元；实施省大中型项目20个，完成投资77.74亿元。全年争取各类无偿资金35.71亿元，征收土地184.47公顷，完成耕地保护督察问题整改及土地整治69.67公顷，新增用地指标160.93公顷、林地指标110.73公顷，消化批而未供土地128公顷、批而未用土地74.67公顷。

【城乡建设】 全县全年完成老旧小区改造8个、棚户区改造100户，拆除违章建（构）筑物34.8万平方米。开工建设水东大道东延、水西出口路等9条道路，教育大道南段等6条道路建成通车。大力推进污水处理厂网一体化项目，完成管网铺设100千米，建成厂站18座，完成希望小学垃圾中转站搬迁、生活垃圾无害化填埋场修缮（二期）等项目。开工建设瑞梅铁路，管道天然气通气，厦蓉高速会昌白鹅互通工程路基全线贯通，推进厦蓉高速与济广高速会昌联络线建设、G206周田至

筠门岭段公路改建、乡镇天然气利用建设、乡村振兴基础设施建设等项目，推动G206珠高寨至九州段公路改建等项目前期工作，改造文武坝、周田、筠门岭、高排等一批乡镇农贸市场。会昌县上榜2022年“四好农村路”全国示范县创建名单。

【生态环境】 开展中央、省环保督察反馈问题整改，完成矿山生态修复138公顷、低质低效林改造4400公顷、水土保持生态治理25平方千米，全年空气优良天数比例位居全省第11位，$PM_{2.5}$平均浓度位居全省第21位，地表水水质优良率100%，园林绿化工作获评全省先进。

【民生事业】 全县全年民生支出36.43亿元，占一般公共预算支出的81%，完成72件重点民生实事。全年新增城镇就业2626人、农村转移劳动力就业5427人，新增创业担保贷款2.27亿元。第三幼儿园完成主体工程，第五、第六幼儿园及第七小学、第三中学扩建、和君职业学院（二期）、会昌中专续建等一批教育项目开工建设。新人民医院全面投入使用，开工建设二期工程及发热门诊，推进新疾控中心、妇幼保健院整体搬迁等项目和公立中医院筹建工作。建成社区居家养老服务中心32个、农村互助养老服务站（点）200个。推进“保交楼、稳民生”工作，“御花园”楼盘项目实现全部交房。完成市域社会治理现代化试点任务，连续4年获评全省信访“三无县”，连续3年被评为全市“平安建设先进县”，公众安全感满意度综合排名全省第16名。

【洞头乡畲族村入选非遗旅游小镇名录】 10月，会昌县洞头乡畲族村入选首批“全国非遗与旅游融合发展优选项目”非遗旅游小镇名录。畲族村距离会昌县城48千米，是会昌县人口规模和土地面积最大的少数民族村，是全市第一批“非遗小镇”，也是“全国少数民族特色村寨”“江西省AAAA级乡村旅游点”。畲族村探索发展“旅游+非遗+农业产业+乡村振兴”新路径，充分挖掘畲族民俗文化资源，利用“联班第”“苞茂第”等畲族古建筑群打造成了科举文化园、耕读文化园、畲族村史馆，结合摆字龙、竹竿舞、婚嫁习俗、打糍粑、做擂茶、乌米饭、畲家酒、灰水米粿等畲族民俗风情内容，开发畲族风情游和畲族文化研学产品，成功打造洞头畲族旅游风情小镇。

【会昌工业园区获评省级绿色园区】 会昌工业园区位于县城东郊小坝村，距县城3千米。会昌工业园区坚持绿色发展，持续推进产业结构调整，发展低能耗、循环型产业，促进节能减排和资源的综合利用，全面推进资源利用的减量化、再利用和循环利用，提升资源利用效率。以开发绿色产品、建设绿色工厂、发展绿色园区、打造绿色供应链等方面为重点，着力构建绿色制造体系，推动产业绿色化转型。开展绿色建筑行动，深入环境治理，环境质量明显改善，总量减排成效明显，空气质量稳居全省前列，水质优良率为100%。污染物四项指标累计完成比例均超过“十三五”时期污染物总量减排目标。11月，会昌工业园区被认定为省级绿色园区。

（何慧娟）

寻乌县

【概况】 寻乌县位于赣州东南端，赣、粤、闽三省交界处，东毗福建武平、广东平远县，南邻广东兴宁、龙川县，西连安远、定南县，北接会昌县。县政府驻地长宁镇，距赣州市政府驻地章贡区距离为238千米。辖7个镇、8个乡，有173个村民委员会、13个居民委员会。全县户籍人口有9.45万户32.87万人，其中女性15.5万人。人口出生率为8.0‰，人口自然增长率为4.5‰。人口密度为139.76人/平方千米。全县生产总值125.05亿元，增长5.4%。其中第一产业26.72亿元，第二产业41.13亿元，第三产业57.2亿元，分别增长4.5%、8.5%、3.8%。全县财政总收入12.84亿元，增长9.2%。一般公共预算收入7.38亿元，增长4.1%。财政总支出34.75亿元，增长9.2%。全县社会消费品零售总额41.2亿元，增长5.7%。城镇居民人均可支配收入3.41万元，增长4.2%，人均增加1377元；农村居民人均可支配收入1.64万元，增长10.6%，人均增加1570元。

【主攻工业】 全县规模以上工业营收增长24.6%。机电制造产业营收46.94亿元，成为省级培育产业集群。发展稀土新材料产业，稀土氧化物产能由3100吨扩大至10700吨。投入6.57亿元建设园区基础设施，新建标准厂房30万平方米，盘活利用闲置厂房22.5万平方米，清理回收低效用地51.11公顷，推进深寻支援合作产业园、稀土新材料产业园、物流仓储中心等项目，完善园区基础设施。全县全年1021家企业实现平台上云，新增高新技术企业6家、“专精特新”企业6家、科技型中小企业64家、市级技术创新中心2家，省级创新平台实现“零”的突破。

【现代农业】 推进云上橙·中国（寻乌）柑橘科学园、深寻农产品加工产业园建设，发展蔬菜、百香果、鹰嘴桃、油茶等特色产业，建成蜜橘示范基地6个、柑橘标准果园15个，复种柑橘853.33公顷。完成粮食种植13493.33公顷，冬播油菜786.67公顷，建成高标准农田2420公顷。新增富硒产品12个、圳品3个，认定大湾区菜篮子生产基地3家、深圳农场1家，江西省首个“盒马村”（根据盒马订单，与盒马形成稳定的供应关系，推动农产品精细化、标准化和数字化改造，发展农业+数字化基地的典型村庄代表）落户寻乌县。

【改革攻坚】 完成164项对标提升改革措施，调整清理证明事项36

项，上线“全程网办”事项121个、电子证照258种，形成“寻速办、乌差别”营商环境品牌。建立全县市场主体网格化帮扶机制，落实60项惠企纾困政策，累计为4846家企业兑现惠企资金2.96亿元，为市场主体减负约5亿元，新增市场主体3062户。推进普惠金融改革试验区建设，发放“五个信贷通”贷款8.8亿元，缓解中小企业融资难、融资贵问题。深化国资国企改革，增强国有平台公司自主造血能力。

【城乡建设】 争取银行融资6.5亿元，启动实施马蹄河水系综合治理工程，建成9.74千米雨污分流管网，9条城区道路实现“白改黑”，改造升级19个老旧小区。新增建设用地100公顷，开工建设五星级酒店，扩建深寻大道，新建江东公园，新增停车位579个、厕位109个。全县全年整合衔接资金1.78亿元，实施项目238个。新识别监测对象364户1614人，稳定消除返贫风险543户2292人，帮助30403名脱贫户和监测对象实现就业，脱贫人口人均可支配收入增长16%。完成49个省级新农村点建设，新建农村公路24.39千米，建成农村污水处理设施62处，整治危旧土坯房28.4万平方米。

【生态环境】 全县农药使用量下降1%，$PM_{2.5}$平均浓度13微克/立方米，居全省第四位，空气质量优良天数比例98.6%，出境断面水质保持在二类及以上，饮用水源水质稳定达标，生态环境质量居省市第一方阵。改造低质低效林3460公顷，修复废弃矿山100公顷，完成七墩石片区生态修复和治理。开工建设能源生态产业园，单位GDP能耗下降3%。

【民生事业】 22个民生项目全部开工，16个项目竣工，完成投资11.56亿元，投资完成率为136.8%。发放各类困难群众救助补助资金9145.82万元，城乡低保标准分别提高7.8%、16.5%。发放创业担保贷款1.2亿元，新增城镇就业2063人，新增转移农村劳动力3528人。新增学位1085个、园位1170个。投入6761.52万元购置医疗设备，建立县人民医院与县妇保院联动发展机制。改造提升13所敬老院，新建17家托幼服务机构，新增养老床位479张、幼儿托位1140个。接入长输管道天然气，居民用气价格下降17.95%。

【“寻乌推进废弃矿山综合治理”案例入选《美丽中国在行动2022》报告】 开展废弃矿山环境综合治理，统筹推进山水林田湖草沙生态保护修复，并采取“山上山下、地上地下、流域上下”的“三同治”治理模式，积极探索“生态+园区”“生态+光伏”“生态+农业”“生态+文旅”等生态产品价值的四条路径，实现生态效益与经济效益、社会效益的融合发展，使满目疮痍的废弃矿山真正实现从“废弃矿山”到“绿水青山”再到“金山银金”的绿色蝶变。2022年，“寻乌推进废弃矿山综合治理”案例入选《美丽中国在行动2022》报告。

【寻乌县获评“四好农村路”全国示范县】 推进农村公路建设，在全力改善路网的同时，抓好农村公路管理，确保农村公路路产路权“有人管”“管得严”“管得好”。推进农村公路“市场化”养护改革，将乡村道分区划片，通过公开招投标的方式，选择养护经验丰富、专业设备齐全的第三方公司承养，真正实现“管干分离”，让专业的人干专业的事；坚持以人民为中心的发展思想，突出安全导向，盘活镇村公交，统筹资源共建，推进农村公路建设便民惠民。2月，寻乌入选“四好农村路”全国示范县。

（钟玉华）

石城县

【概况】 石城县位于江西省东南部，辖6个镇、5个乡。总面积1567.4平方千米，其中城区面积13.3平方千米。耕地面积1.90万公顷，林地面积11.76万公顷，森林覆盖率75.9%。户籍人口33.32万人，常住人口28.34万人，其中非农业人口14.15万人。2022年，地区生产总值104.23亿元，增长4.7%。其中，第一产业增加值19.62亿元，增长2.9%；第二产业增加值31.63亿元，增长6.9%；第三产业增加值52.98亿元，增长4.1%。财政总收入13.56亿元，增长11.0%，人均财政总收入4786元。税收收入占财政总收入77.1%。一般公共预算收入7.75亿元，增长6.4%；一般公共预算支出34.4亿元，增长13.0%。规模以上工业增加值增长9.0%，固定资产投资增长10.9%，实际利用外商投资543万美元，增长35.4%，利用省外2000万元以上项目资金25.74亿元，增长9.7%。社会消费品零售总额44.32亿元，增长5.2%。城镇居民人均可支配收入3.28万元，增长5.4%；农村居民人均可支配收入1.51万元，增长10.2%。金融系统存款余额186.20亿元，增长14.0%；金融系统贷款余额181.82亿元，增长14.8%。

【工业经济】 完成“一园四区”（石城产业园，古樟工业园区、屏山创业园区、小松创业园区、硅产业园区）新开发平台面积80公顷，新建标准厂房33万平方米。龙行天下鞋服产业链示范项目竣工投产，鸿豪鞋服产业园被评为省级“双创”示范基地，佰盈体育获评省级智能制造标杆企业、省级“两化”融合示范企业、省级企业技术中心，鞋服产业产值超170亿元。9家企业获评国家高新技术企业，2家企业获批省级“绿色工厂”，9家企业获评省级“专精特新”企业，62家企业入库省级科技型中小企业。工业固定资产投资增速超20%，工业税收超5亿元，工业用电量增长17.69%，工业园区新增务工5570余人。

【现代农业】 完成2333.33公顷高标准农田建设，种植粮食作物2.64万公顷。农业总产值31.71亿元，增长3.3%。粮食总产量12.33万吨，花生5084吨，烟叶3000吨，白莲7700吨。新增大棚蔬菜106.33公顷、露地蔬菜146.2公顷。获批全国绿色食品原料（白莲）标准化生产基地，“石城烟叶”获国家地理标志证明商标，入选省级现代农业专项（一村一品）产业发展项目2个。全年认证绿色食品农产品2个、有机和有机转换农产品29个、市级富硒产业示范基地5个，全县富硒农产品43个。德都食品获评省级农业龙头企业，全县农民合作社495家，家庭农场205个。推进智慧物流园、小松冷链仓储基地等重点项目，供销集配体系实现县域全覆盖。

【现代服务业】 承办全市旅发大会，举办第十届旅游文化节、国际标准舞全国公开赛等系列文旅活动。推进云境研学基地、花海温泉（二期）、天沐温泉（二期）、长征国家文化公园（石城段）、麒麟山军事体验等项目，升级改造大畲乡村旅游景区。“百里荷花”乡村旅游风光带获评省乡村旅游风光带，浪漫琴江文旅街区成功创建省级夜间文旅消费集聚区。全县接待游客数量、旅游综合收入分别增长20.2%、32.64%。发展直播带货、网络团购等新业态，全县网络零售额超10亿元。

【项目建设】 全年争取上级资金36.88亿元，其中新增专项债券限额增加5.6亿元，增长78.3%，投放规模、占比位居全市同类县前列。争取政策性开发性基金1亿元。全年引进亿元以上重大项目15个，其中20亿元以上项目2个，连续4年完成“5020”项目引进任务。全年实施省大中型项目20个，完成年度投资约74.25亿元，完成年度计划投资的133.12%。实施“八大行动”重点项目131个，完成年度投资约83.44亿元。

【城市建设】 年内，县城建成区面积扩大至13.3平方千米，城区新增绿地面积16.58公顷。推进县城水厂管网延伸、应急备用水源地取水头部改造等水利工程，七机排水库下闸蓄水。建成发展九路、金丰路、井岗路、栏皋路、温坊路北段等14条城市道路，振兴大道路面维修、东城大道电力杆线入地迁改项目完工，铺设燃气管网11.6千米。完成红星巷、陈家排等4个老旧小区改造，建成棚户区（城中村）返迁房200套。小松镇、赣江源镇获评省级生态园林城镇，赣江源镇在全市第二批示范乡镇考核中列第一名。

【乡村振兴】 全县全年整治空心房、杂乱房、赤膊房6000余栋，农村生活垃圾无害化处理率100%。完成“万村码上通”（赣州市农村人居环境治理5G+长效管护平台，该平台利用物联网、大数据、云计算等技术，通过AI摄像头、云广播等智能设备，整合各功能应用和多方数据构建起大数据云平台）5G+长效管护平台建设。全年投入各类衔接项目资金1.88亿元，实施项目267个。发放务工交通补贴、困难学生教育资助、“雨露计划”补助等各类资金7153万元。实施“万人培育计划”，建成1个省级创业致富带头人实训基地，培育创业致富带头人1500余名、乡土人才3800余名，引领6800余名脱贫群众走上致富路。打造乡村振兴精品点2个、示范点22个、基础点149个和乡村振兴示范街区11条。新时代文明实践所（站）实现全覆盖，创新设立驻外文明实践站7个，创评三星级以上所（站）51个，延伸领域示范阵地7个。村均经营性收入36.7万元，增长25.6%。

【民生事业】 全县全年发放养老保险4.93亿元、城乡低保及特困供养金1.07亿元，城乡居民基本医疗保险参保率95%以上，推进药品和医用耗材集中招采改革，集采药品价格平均降幅超过50%，城乡居民生育医疗费用报销比例提高至75%左右。建成县传染病医院、县疾控中心、赣江源镇中心卫生院、木兰乡敬老院（扩建）等项目，实施西城体育中心、东城中小学、石城县第一小学城北校区、县第三人民医院（二期）等项目。新改（扩）建校舍17.8万平方米，新增学位1965个，实施15个义务教育学校维修改造项目。完成退役军人和其他优抚对象优待证申领制发工作，创建全国示范型退役军人服务中心（站）9个。

【“石城贡米”获批国家地理标志证明商标】 1月，“石城贡米”获批国家地理标志证明商标。石城贡米名为“香芸粘”，又名“吉炉米”（因生长于高田岩岭吉炉坑而得名），属原生稻品种，为一季晚籼稻。主产地位于高田镇礼地、朱家、大秀等地，山泉水灌溉，具有特定的自然条件。产地地处海拔880米的高山梯田，山高日照短，泉流地温低，日夜温差大，云雾缭绕天气占多数。“石城贡米”生长周期长，全育期140天左右。在生长期间无病虫害，米粒细长，营养价值高，米质润泽，色白如玉。煮成饭后，香软可口。

【石城县“实诚人”矛盾纠纷（信访）联调中心试运行】 石城县“实诚人”矛盾纠纷（信访）联调中心，于3月1日开始试运行。联调中心设有接待大厅、综合办公室、心理咨询室、法律服务室、警务室等功能区域，有效整合信访接访、法律服务、专家调解、远程调处、心理咨询、警务对接等功能，形成信访矛盾“一站式”受理，部门聚合“一体化”调处，县乡即时“一屏通”联动，专家包案“一竿子”到底的长效工作机制，构建信访与人民调解、行政调解、司法调解有机衔接的大调解体系。

（张文馨）

本栏编辑：徐久红

人物　荣誉

全国五一劳动奖章获得者
（以姓氏笔画为序）

陈一文　男，汉族，1988年11月出生，江西瑞金人，群众，大专学历，赣州君拓网络科技有限公司（美团外卖瑞金站）骑手。自2017年入职美团外卖后，每日早到站点清洗装备开始工作，直至平台关闭送完最后一单才下班。4年时间，他每个月都保持2100多单，最高订单峰值突破月送2300单。每单都安全送达到顾客手中，且从无差评，在送单排行榜每月位居站点公里数第一，每月稳居站点"单王"榜首。他不仅工作认真负责，还乐于助人，每当在路上遇到新骑手不认识路等问题，他都会耐心仔细地帮忙协助。在2021年美团外卖最佳服务骑手及订单最高骑手评选中，陈一文以一个月1000单的客人五星好评、好评量占月订单50%的优秀业绩，荣获服务最佳骑手奖。2022年，获全国五一劳动奖章。

黎荣辉　男，汉族，1986年9月出生，江西于都人，群众，初中以下学历，赢家时装（赣州）有限公司IE部IE主管。在工作中，黎荣辉对智能产线的框架布局、系统进行优化改善，先后对产线框架布局优化变革3次，对生产执行系统的迭代升级优化项目提出80余项，生产线的月产量从之前3000多件达到月均5500多件，为企业智能制造项目的稳步推进和生产绩效增效作出突出贡献。多次被公司评为金牌员工、发展之星、优秀职能组长。2021年被人社部、中国纺织工业联合会授予"全国纺织工业劳动模范"称号。2022年，获全国五一劳动奖章。

江西省五一劳动奖章获得者
（以姓氏笔画为序）

王　丹　女，汉族，1988年8月出生，湖南湘乡人，中共党员，大专学历，兴国县田庄上养老中心护理工。自2016年开始从事养老护理员工作，为了丰富老人们的精神生活，常陪老人聊天，温暖老人的心。经常组织院内老人开展文化娱乐活动，教老人做手工，鼓励老人唱山歌，组织老人做操、跳舞，带领几位护理员和生活尚能自理又有劳动能力的老人种植各种蔬菜，合理搭配好一日三餐的膳食，改善养老中心老人生活质量。2022年，获江西省五一劳动奖章。

王金权　男，汉族，1977年10月出生，江西大余人，中共党员，本科学历，赣州市第三中学教务处主任。指导学生参加全国青少年科技创新大赛，获金奖1人、银奖2人、铜奖2人，指导参加江西省教学改革创新大赛获一等奖，在《中学物理教学参考》等国家省级正式刊物上发表文章12篇。先后被评为赣州市优秀教师、江西省新课程改革先进个人。2022年，获江西省五一劳动奖章。

邓燕群　女，汉族，1979年4月出生，江西南昌人，中共党员，大学学历，中国电信赣州分公司商业客户中心总监。2021年，带领全市商客团队践行"云改数转"战略，进一步做大基本面，打造增长极，全年净计费收入同比增长14.97%，居全省第一；"春开""暑促""双节"等营销活动均列全省第一。信息化项目签约金额600余万元，完成进度150%，中标份额83.2%，全省第三；BD行业综合对标全省第一。2022年，获江西省五一劳动奖章。

李　华　女，汉族，1977年2月出生，江西吉安人，中共党员，大学学历，华能秦煤瑞金发电有限责任公司工程部热控专工。积极参与电厂一期、二期基建生产全过程，作为江西分公司热工专业技术负责人，勇挑全国产DCS+DEH一体化创新示范应用这一重大任务，领衔现场攻关小组，统筹各方面资源，带领攻关组对现场12个系统、40多种设备、3000多个测点进行无缝通信，完成20余项技术创新，攻克30余个技术难题，3000页控制逻辑实现零差错，完成睿沃DCS+DEH系统一体化零差错投运，创造火电

建设史上的记录。2022 年，获江西省五一劳动奖章。

刘苏良 男，汉族，1989 年 2 月出生，江西全南人，中共党员，初中及以下学历，全南县创新创业（电商）园创客、网红组合“华农兄弟”出镜人。通过拍摄短视频，记录和分享美丽乡村里的快乐生活。2020 年初，受新冠肺炎疫情影响，一些农产品滞销，开启助农带货之路，视频内容展现乡村美食美景，包含家乡特色特产，一年内帮助农户卖出 200 多万千克农产品，其中 380 多万斤赣南脐橙、5 万多千克月亮巴和酸枣糕、3 万多千克香菇、2 万多千克蜂蜜，大大增加农户收入。2022 年，获江西省五一劳动奖章。

刘建华 男，汉族，1980 年 9 月出生，江西宁都人，群众，初中以下学历，巴迪小虎有限公司车间管理。加强对员工技能培训，车间每月产量增加到 20 万套以上，员工平均工资提高 800 元以上。改进车缝技术，有效减少残次品的产出量，产能上比其他车间高出 30% 效益，产品质量得到提高。积极参加疫情防控，车间返岗率比其他车间高出 10%，及时缓解厂区用工紧缺的问题。2022 年，获江西省五一劳动奖章。

邹专生 男，汉族，1966 年 8 月出生，江西信丰人，群众，初中及以下学历，江西自由王国家具有限公司精切工。从事家具行业 26 个年头，多次参加家具比赛获得荣誉。2018 年江西省“振兴杯”全国家具制作职业技能大赛中获得“中国家具行业工匠之星”荣誉称号，2019 年赣州市第六届技术能手大赛中，获手工木工（职工组）三等奖，被授予“赣州市技术能手”称号。2022 年，获江西省五一劳动奖章。

张金凤 女，汉族，1974 年 3 月出生，江西赣州人，中共党员，硕士学历，赣州市人民医院主任护师。从事护理、质量管理工作 30 年，配合医生完成手术 1 万多台次。助力江西省医院评审体系建设，编写《三级医院评审标准（2020 年版）江西省实施细则》等资料约 50 万字。完成市厅级以上科研项目 26 项，获国家实用新型专利 2 项，发表期刊论文 32 篇，组织开展品质改善项目 2000 余项。创新管理，医院多年 DRG（疾病诊断相关分组）综合能力位列全省第三，并迈入中国医院竞争力排行榜“地级城市医院百强”，高分通过 JCI（国际医疗卫生机构认证联合委员会）认证。2022 年，获江西省五一劳动奖章。

吴　强 男，汉族，1976 年 12 月出生，安徽淮北人，中共党员，博士学历，孚能科技（赣州）股份有限公司工程院副院长。他从事锂离子电池研究近 20 年，开发了低成本、高安全、能量密度高达 285 瓦时 / 千克的软包锂离子动力电池，已配套于国内纯电动汽车 1 万辆，销售额 5 亿元；开发的新能源汽车用动力电池的应用新技术，提升了电动汽车的性能 40% 以上，已推广应用于广汽、江铃、东风等 10 多款车型上。获 2019 年素有全球科技界“奥斯卡奖”之称的 R&D100 大奖，核心期刊发表论文 7 篇，申请 8 项专利，已获得 2 项美国专利授权，承担 1 项省重点研发计划项目。

钟　庆 男，汉族，1977 年 2 月出生，江西樟树人，群众，大专学历，江西榄菊日化实业有限公司洗涤车间主任。他是江西榄菊日化实业有限公司入职最早的员工，20 年来坚持每天提前上班，推迟下班，高标准要求自己。在新冠肺炎疫情期间，主动深入一线参加公司复工复产，被公司评为年度贡献奖。牵头的水电节约小组成效显著，节约用水 5 万元，获得公司提案嘉奖。2022 年，获江西省五一劳动奖章。

林　征 男，汉族，1980 年 1 月出生，福建福州人，中共党员，硕士学历，中建海峡建设发展有限公司赣州经开区分公司副总经理。从事建筑行业 19 年，先后主持瑞金棚改安置房项目等省市级重点项目建设。2021 年协助成功举办江西省质量月观摩、赣州市砌筑工竞赛。个人曾获“福建省金牌工人”等荣誉，撰写作品获 10 余项科技、质量和安全生产成果。负责项目获“国家优质工程奖”“江西省质量管理标准化示范工地”“江西省安全生产标准化示范工地”等荣誉称号。2022 年，获江西省五一劳动奖章。

杨雪峰 男，汉族，1982 年 11 月出生，江西抚州人，中共党员，硕士学历，江西应用技术职业学院信息中心负责人。多年坚持在职业教育教学一线，先后 3 次获国家级、省级教育教学最高奖励“教学成果奖”。先后参加中国特色高水平专业群（A 档）建设、国家优质专科高职院校建设等工作。带领团队立项 2021 年江西省首批职业院校教师教学创新团队，获 2021 年江西省教学成果奖一等奖，立项省级精品在线开发课程 2 门，3 次获省级教学大赛奖励，指导培训学生获国家级、省级奖励 20 余次，主持和参与省级课题 9 项，获发明和实用新型专利 6 项。2022 年，获江西省五一劳动奖章。

谢名军 男，汉族，1990 年 11 月出生，江西赣州人，中共党员，大学学历，赣州市公安局刑侦支队四级警长。2021 年 10 月，在省公安厅和省总工会联合举办“江西省公安机关首届刑事技术技能大赛”活动中，获大赛新勘个人一等奖，被刑警总队授予“全省刑事技术岗位标兵”荣誉称号。2022 年，获江西省五一劳动奖章。

中国好人榜
（2022 年）

刘民女、赖冬发、赖有长 刘民女，男，1948 年 7 月生；赖冬发，男，1965 年 9 月生；赖有长，男，

1972年2月生，三人均系赣州市会昌县庄口镇村民。2021年11月19日，在江西省会昌县庄口镇下芦村富屋路段，一辆白色小车在转弯时不慎侧翻坠河，车上人员被困，附近村民刘民女、赖冬发和赖有长等人发现后迅速展开施救。通过相互协作，拼尽全力打开车门，迅速将后排两名乘客救出。而前排驾驶位被水全部没过，司机溺水时间过久，面色苍白、昏迷不醒。79岁的刘民女凭着所积累的医学常识对司机进行胸外按压、做人工呼吸，帮助司机重新苏醒。2022年一季度入选“中国好人榜”（见义勇为）。

陈金招、魏佛金 陈金招，女，1966年4月生；魏佛金，男，1964年10月生，两人系夫妻，均为赣州市安远县孔田镇上魏村村民。陈金招4岁丧父、大哥早年精神失常，她照顾哥哥39年。1986年与丈夫魏佛金成婚后，魏佛金不仅陪伴她照顾精神病大哥，还把年迈中风的岳母接到两人身边照料。魏佛金哥哥病逝，留下3个孩子。夫妻俩一边养育自己3个未成年女儿，一边还肩负起照顾侄子侄女的责任，直到他们各自安家立业。30多年来，夫妻两人不离不弃，视亲情如天，用爱温暖彼此，用心照顾彼此家人，为“一家十口”撑起一片天。2022年三季度入选“中国好人榜”（孝老爱亲）。

袁守根 男，1941年7月生，中共党员，江西省赣州市信丰县老科技工作者协会顾问。1969年，他从湖南邵阳带回156株脐橙苗开始试种，潜心钻研、反复摸索，不断攻克脐橙种植的一个个难题，将脐橙育苗、定植、施肥、整枝、病虫害防治等知识和经验全部奉献给赣南的果农。经过多年的培育、推广和发展，赣南脐橙成为赣州的重要支柱产业，成为百姓的“摇钱树”“致富树”。他几十年如一日，为赣南脐橙产业发展孜孜不倦，呕心沥血，被赣南人民誉为“赣南脐橙引种第一人”，在脱贫攻坚战场上作出积极贡献。先后获全国脱贫攻坚先进个人、全国优秀共产党员、江西省道德模范、“江西好人”等荣誉称号。2022年四季度入选“中国好人榜”（敬业奉献）。

全国“新时代好少年”

刘　宇 男，会昌县第三中学。在会昌县晓龙初中的三年时间里，刘宇热心帮助患有小儿麻痹症、行动不便的同班同学徐淮，坚持背徐淮上下学，乐当他的“腿”。不仅如此，为了让内向的徐淮打开心扉，刘宇不仅经常陪徐淮聊天、做作业，运动时也会带上徐淮，帮助他参与其中，融入集体。三年时间里，刘宇的举动潜移默化地影响着同学们，大家也自觉加入帮助徐淮的队伍中。刘宇用稚嫩的肩膀，帮助身有残疾的徐淮，更传递着助人为乐的良好风尚。

2021—2022年度赣州籍荣立“二等功”现役军人

表20

姓　名	籍贯	批准二等功时间	姓　名	籍贯	批准二等功时间
郑吉祥	江西安远	2022年	潘　斌	江西崇义	2022年
钟声鸣	江西瑞金	2022年	黎添财	江西定南	2021年
黄福龙	江西宁都	2021年	黎源祥	江西定南	2021年

2022年度赣州市获正高级专业技术职务资格人员

表21

姓　名	工作单位	资格名称	姓　名	工作单位	资格名称
周贺鹏	江西理工大学	教授	朱文兴	江西理工大学	教授
董　伟	江西理工大学	教授	柳　丽	江西理工大学	教授
邓通发	江西理工大学	教授	胡　琳	江西理工大学	教授
李恒凯	江西理工大学	教授	吴伟明	江西理工大学	教授
刘庆生	江西理工大学	教授	王仲夏	赣南师范大学	教授

续表 21

姓　名	工作单位	资格名称	姓　名	工作单位	资格名称
肖燕飞	江西理工大学	教授	卢莹冰	赣南师范大学	教授
罗小燕	江西理工大学	教授	田志军	赣南师范大学	教授
刘道生	江西理工大学	教授	朱秀榕	赣南师范大学	教授
徐中辉	江西理工大学	教授	陈　芝	赣南师范大学	教授
明飞龙	赣南师范大学	教授	黄可成	宁都中学	中小学正高级教师
郑庆杰	赣南师范大学	教授	黄林平	于都县第二中学	中小学正高级教师
胡文玉	赣南师范大学	教授	黄信璋	兴国平川中学	中小学正高级教师
姚桂招	赣南师范大学	教授	饶运洪	江西会昌实验学校	中小学正高级教师
郭道义	赣南师范大学	教授	张桂兰	寻乌县幼儿园	中小学正高级教师
黄小兵	赣南师范大学	教授	刘文娟	瑞金市教育体育事业发展中心	中小学正高级教师
曹贤信	赣南师范大学	教授	卢毓香	赣州市南康区第一中学	中小学正高级教师
章银娥	赣南师范大学	教授	曾祥尤	赣州市南康区教育事业发展中心	中小学正高级教师
彭　婷	赣南师范大学	教授	郭志华	赣州市潭东中心小学	中小学正高级教师
葛雪珍	赣南医学院	教授	刘　洪	瑞金中央革命根据地纪念馆	研究馆员
周丽丽	赣南医学院	教授	陈　贝	赣州市章贡区文化馆	一级演员
刘地秀	赣南医学院	教授	李忠生	赣南日报社	高级记者
李　丽	赣南医学院	教授	林席跃	崇义县农业技术推广中心	农业技术推广研究员
郑亚楠	赣南医学院	教授	杨瑞兵	瑞金市农业综合行政执法大队	农业技术推广研究员
黎　晓	赣南医学院	教授	朱才箭	赣州市南康区农业技术推广中心	农业技术推广研究员
吴素珍	赣南医学院	教授	李建军	赣州市畜牧水产研究所	正高级畜牧师
罗江洪	赣南医学院	教授	吴海洋	赣南科学院	正高级水产师
廖志平	赣南医学院	研究员	钟书松	赣州市地质矿产服务中心	正高级工程师
黄　樱	赣南医学院	教授	蒋春红	江西青峰药业有限公司	正高级工程师
刘晓平	赣南医学院	教授	祝文才	赣州湛海新材料科技有限公司	正高级工程师
刘艳琼	赣州师范高等专科学校	高校教授	黄　文	崇义章源钨业股份有限公司	正高级工程师
钟芳勤	赣州师范高等专科学校	高校教授	黄忠名	赣州市人民医院	主任医师
李兴萍	赣州师范高等专科学校	高校教授	徐　哲	赣州市人民医院	主任医师
涂　敏	赣南科技学院	高校教授	王于理	赣州市人民医院	主任医师
江文武	赣南科技学院	高校教授	陈云生	赣州市人民医院	主任医师
高健婕	赣南科技学院	高校教授	曾宪忠	赣州市人民医院	主任医师
王建新	赣南卫生健康职业学院	高职教授	章贵莲	赣州市妇幼保健院	主任医师
欧阳熙林	赣南卫生健康职业学院	高职教授	陈瑞华	赣州市妇幼保健院	主任医师
陈　丽	赣南卫生健康职业学院	高职教授	钟世冰	赣州市妇幼保健院	主任医师
阳雪峰	赣州市章贡中学	中小学正高级教师	何小红	中国共产党于都县委员会党校	党校正高级讲师
唐小兰	赣州市阳明中学	中小学正高级教师	江　敏	江西赣州技师学院	技校正高级讲师
谢　军	赣州市天竺山小学	中小学正高级教师	曾　娟	宁都技师学院	技校正高级讲师
刘智勇	赣州市赣县中学	中小学正高级教师	冯发勇	江西赣州技师学院	正高级实习指导教师
蔡　群	大余县水城幼儿园	中小学正高级教师	谢　敏	赣州农业学校	中专正高级讲师

续表21

姓　名	工作单位	资格名称	姓　名	工作单位	资格名称
黄平英	上犹县第五小学	中小学正高级教师	杨东冬	赣州中学	中小学正高级教师
杜春蕾	安远县九龙小学	中小学正高级教师	彭小明	赣州市第一中学	中小学正高级教师
彭荣华	江西省龙南中学	中小学正高级教师	邹金平	赣州市第三中学	中小学正高级教师
谢训秀	赣州市第四中学	中小学正高级教师	钟小玲	大余县人民医院	主任医师
朱友莲	赣州市妇幼保健院	主任医师	张灵秀	上犹县中医院	主任医师
伍海艳	赣州市第三人民医院	主任医师	唐晓红	安远县人民医院	主任医师
周观林	赣州市第五人民医院	主任医师	敖国亮	龙南市第一人民医院	主任医师
杜兰翔	赣州市中医院	主任医师	刘卓钦	定南第二医院	主任医师
陈彦震	兴国县人民医院	主任医师	邱海涛	江西省全南县人民医院	主任医师
肖　莉	赣州市人民医院	主任护师	符春辉	宁都县人民医院	主任医师
蒋旭萍	赣州市人民医院	主任护师	李建梁	宁都县人民医院	主任医师
温娴松	赣州市人民医院	主任护师	孙建华	于都县人民医院	主任医师
刘志红	赣州市人民医院	主任护师	华海峰	于都县人民医院	主任医师
肖作森	赣州市人民医院	主任技师	郭九生	于都县人民医院	主任医师
邹厚文	赣州市肿瘤医院	主任药师	严　诚	于都县人民医院	主任医师
龚享文	赣州市第五人民医院	主任中医师	陈康福	于都县人民医院	主任医师
孙小波	赣州市中医院	主任中医师	邓永红	于都县人民医院	主任医师
吴洪皓	赣州市中医院	主任中医师	李晓军	于都县中医院	主任医师
熊　斌	赣州市立医院	主任医师	洪太阳	于都县第二人民医院	主任医师
王建平	赣州市立医院	主任医师	黎　钢	兴国县人民医院	主任医师
兰　天	赣州市立医院	主任医师	黄　珠	兴国县人民医院	主任医师
曹　竣	赣州市立医院	主任医师	邱胜凤	兴国县人民医院	主任医师
李德烈	赣州市立医院	主任医师	李忠东	兴国县人民医院	主任医师
包　文	赣州市赣县区人民医院	主任医师	林玉冬	兴国县疾病预防控制中心	主任医师
李建飞	赣州市赣县区人民医院	主任医师	钟恩春	兴国县第二医院	主任医师
曾日明	赣州市赣县区人民医院	主任医师	谢　凡	兴国县妇幼保健院	主任医师
刘运兵	赣州市赣县区人民医院	主任医师	杨海荣	会昌县人民医院	主任医师
杨正生	赣州市赣县区人民医院	主任医师	谢　骏	会昌县人民医院	主任医师
黄良顺	赣州市赣县区人民医院	主任医师	周艳岚	会昌县人民医院	主任医师
邱金英	赣州市赣县区人民医院	主任医师	谢阳东	会昌县人民医院	主任医师
徐家禄	赣州市赣县区人民医院	主任医师	彭燚焱	会昌县人民医院	主任医师
刘雨华	赣州市赣县区人民医院	主任医师	朱章剑	寻乌县人民医院	主任医师
肖名珍	赣州市赣县区人民医院	主任医师	刘　晟	瑞金市人民医院	主任医师
王金萍	赣州市赣县区人民医院	主任医师	杨成纲	瑞金市人民医院	主任医师
钟信明	江西省信丰县人民医院	主任医师	陈　冰	瑞金市人民医院	主任医师
陈明志	江西省信丰县人民医院	主任医师	徐　俊	瑞金市人民医院	主任医师
郭渊博	江西省信丰县人民医院	主任医师	杨　艳	瑞金市妇幼保健院	主任医师
蓝兴东	江西省信丰县人民医院	主任医师	黄慧娟	瑞金市妇幼保健院	主任医师

续表 21

姓　名	工作单位	资格名称	姓　名	工作单位	资格名称
蒋泽文	江西省信丰县人民医院	主任医师	薛玉华	赣州市南康区第一人民医院	主任医师
刘　健	江西省信丰县人民医院	主任医师	钟阳县	赣州市南康区第一人民医院	主任医师
钟　赟	赣州市南康区第一人民医院	主任医师	朱艳萍	兴国县人民医院	主任护师
谢　琰	赣州市南康区蓉江街道蓉江社区卫生服务中心	主任医师	王卫连	会昌县人民医院	主任护师
尹晓兰	赣州蓉江新区潭口镇卫生院	主任医师	万莉英	会昌县人民医院	主任护师
龚　华	赣州市南康区第一人民医院	主任医师	温宇霞	石城县人民医院	主任护师
黎明泳	赣州市南康区第一人民医院	主任医师	王晓红	瑞金市人民医院	主任护师
曹世沛	赣州市南康区第一人民医院	主任医师	赖志红	瑞金市人民医院	主任护师
赵之淼	赣州市南康区第一人民医院	主任医师	刘小勇	赣州市立医院	主任技师
廖章渝	赣州市南康区中医院	主任医师	黄昌艳	赣州市立医院	主任技师
刘经红	赣州市南康区妇幼保健院	主任医师	黄远虹	赣州市立医院	主任技师
刘水英	赣州市南康区赤土畲族乡中心卫生院	主任医师	钟宏文	赣州市赣县区人民医院	主任技师
张玉华	赣州市赣县区人民医院	主任护师	肖　伟	江西省信丰县人民医院	主任技师
肖　萍	赣州市赣县区人民医院	主任护师	陈前萍	于都县人民医院	主任技师
蔡小红	赣州市赣县区妇幼保健院	主任护师	刘文俊	瑞金市人民医院	主任技师
夏庆梅	江西省信丰县人民医院	主任护师	潘　静	于都县中医院	主任中药师
何云凤	江西省信丰县人民医院	主任护师	黄绍明	赣州市赣县区人民医院	主任中医师
李江红	江西省信丰县人民医院	主任护师	陈新伟	定南妇幼保健院	主任中医师
周瑞兰	大余县人民医院	主任护师	钟　伟	瑞金市中医院	主任中医师
叶芳婷	宁都县人民医院	主任护师	赖日斌	赣州市南康区第一人民医院	主任中医师
李琼华	宁都县中医院	主任护师	廖禄红	赣州市南康区唐江镇中心卫生院	主任医师
周巧丽	于都县人民医院	主任护师	董文婷	赣州经济技术开发区湖边镇卫生院	主任中药师
李飘秀	于都县人民医院	主任护师			

2022 年赣州市获省部级以上表彰的先进集体

表 22

单位名称	荣誉称号	颁奖部门
赣州市	全国绿色出行创建考核达标城市	交通运输部、国家发改委
赣州市	2021 年度江西省高质量发展综合绩效先进单位	省委、省政府
赣州市赣南苏区振兴发展工作办公室	全国“人民满意的公务员集体”	中共中央、国务院
赣州市住建局	全国住房和城乡建设系统先进集体	人社部、住建部
赣州市水保中心	全国水土保持先进集体	水利部
赣州市人民来访接待中心	2021 年度全国“三八红旗集体”	全国妇联
市委信访局	“节约型机关”称号	国家机关事务管理局、中共中央直属机关事务管理局、国家发改委、财政部

续表 22

单位名称	荣誉称号	颁奖部门
赣州市政府驻南昌办事处	“节约型机关”称号	国家机关事务管理局、中共中央直属机关事务管理局、国家发改委、财政部
信丰县发展和改革委员会	全国农产品成本调查工作先进集体	国家发改委
瑞金市发展和改革委员会	全国农产品成本调查工作先进集体	国家发改委
赣州市自然资源局	第三次全国国土调查先进集体	国务院第三次全国国土调查领导小组办公室、自然资源部
赣州市委网信办	“2021 年全国互联网法律法规知识云大赛”优秀组织单位	中央网信办
九三学社赣州市委员会	九三学社组织工作先进集体	九三学社中央
九三学社赣州市委员会	2021 年度机关规范化建设工作组织奖	九三学社中央
民革赣州市委会	民革中央机关工作先进集体	民革中央
农工党赣州市人民医院支部	中国农工民主党 2018—2022 年先进表彰先进集体	农工党中央
于都县长征源宣讲团	全国基层理论宣讲先进集体	中宣部
章贡区	2021 年度江西省高质量发展综合绩效先进县（市、区）	省委、省政府
赣县区	2021 年度江西省高质量发展综合绩效先进县（市、区）	省委、省政府
南康区	2021 年度江西省高质量发展综合绩效先进县（市、区）	省委、省政府
信丰县	2021 年度江西省高质量发展综合绩效先进县（市、区）	省委、省政府
瑞金市	2021 年度江西省高质量发展综合绩效先进县（市、区）	省委、省政府
龙南市	2021 年度江西省高质量发展综合绩效先进县（市、区）	省委、省政府
寻乌县	2021 年度江西省高质量发展综合绩效先进县（市、区）	省委、省政府

2022 年赣州市获省部级以上表彰的先进个人

表 23

姓　名	工作单位	荣誉称号	颁奖部门
刘洪梅	赣州市行政审批局	全国“人民满意的公务员”	中共中央、国务院
刘作湖	赣州市保障性住房建设运营有限公司	全国住房和城乡建设系统劳动模范	人社部、住建部
廖红玲	赣州市住房公积金管理中心	全国住房和城乡建设系统先进工作者	人社部、住建部
廖丁胜	赣州市机关事务管理中心	全国机关事务工作先进个人	人社部、国家机关事务管理局、中共中央直属机关事务管理局
许太强	赣州市农业农村局	全国农村集体产权制度改革工作先进个人	农业农村部
蔡志欢		2022 年渔业执法系列专项行动工作突出个人	农业农村部
张金莲	赣州方通客运股份有限公司	2021 年度交通运输部“感动交通年度人物”	交通运输部
马德俊	民革赣州市委会	民革助力脱贫攻坚工作先进个人	民革中央
周　彬	江西九鼎赣饶信息工程集团有限公司	民革助力脱贫攻坚工作先进个人	民革中央
谢海琼	江西南芳律师事务所	民革全国组织工作先进个人	民革中央
陈金清	农工党江西理工大学支部	中国农工民主党 2018—2022 年先进表彰先进个人	农工党中央
李良华	江西乡土电子商务有限公司	2022 年全国先进个体工商户	国家市场监督管理总局、中国个体劳动者协会
郭文峰	赣州市委信访局	江西省社会保障工作先进个人	省委、省政府

附　录

组织机构及主要负责人

（起讫时间：2022年1—12月）

市“四套班子”领导

中共赣州市委

市委书记：吴忠琼
市委副书记：李克坚（7月任）
　熊运浪（4月任）
　唐舒龙（任至2月）
市委常委：陈李忠　田　辉
　饶华东　邱建军　胡剑飞
　许忠华　李文信（任至8月）
　何　琦　孙　敏
　张　鹏（挂职，任至6月）
　李新民（挂职，任至6月）
　陈水连（12月任）
　窦良坦（挂职，6月任）
　杜飞轮（挂职，6月任）
副秘书长：刘　岫　钟春莲（女）
　黄辉伦　巫　琼（女）
　谢文忠　黄晓东
　杨兴国（3月任）

赣州市人大常委会

党组书记、主任：赵多仙
副主任：陈俭生　张景霖
　吴　青（女）　陈　黎（女）
　何世林　吴建平（任至5月）
　尹　忠（6月任党组成员、
　8月任副主任）
　姚　勇
机关党组书记、秘书长：林长茂
　赖木生（12月任）
副秘书长：卓迅文（1月任）
　温宁花（女，任至8月）
　谢红烽（女，8月任）

赣州市人民政府

市　长：李克坚（7月任）
常务副市长：胡剑飞
副市长：何　琦
　张　鹏（任至6月）
　窦良坦（6月任）
　李新民（任至6月）
　杜飞轮（6月任）
　陈水连　张　骅（女）　刘志强
　罗瑞华　赖正文　陈阳山
秘书长：谢卫东
副秘书长、办公室主任：
　温江涛（任至10月）
副秘书长：钟金华（11月任）
　邱志鹏（任至10月）　温　海
　王　彦　李正鹏　钟福林
　亓伟扬（4月任）
　王小华（11月任）

政协赣州市委员会

党组书记、主席：徐　兵
副主席：陈朝清（任至12月）
　廖志刚（女）　蓝　赟（畲族）
　徐友洪（任至12月）　刘定辉
　朱　敏　刘春文
　蓝　文（女，畲族）
　韩高峰（1月任）
　陈秀华（女，12月任）
　雷　鸣（畲族，12月任）
秘书长：邓　明（任至12月）
　陈国庆（12月任）
副秘书长：曾繁中（任至12月）
　黄学森（12月任）
　侯乐锋（任至7月）
　凌素英（7月任）　朱甫林
　孙益仁（兼，7月任，任至12月）
　李志斌（兼，7月任）
　钟　彦（兼，7月任）
　肖诗龙（兼，7月任）
　张玉萍（兼，7月任）

田　胜（兼，12月任）
李　壮（兼，12月任）

市委工作机关

市委办公室
市委办公室正处级督查专员：
巫　琼（女，1月任）
市委办公室副主任：王吉锋
黎声清（任至11月）
沈　针（任至5月）　谢俊杰
朱伏飞
吴忠琼同志秘书：沈　针（5月任）
市档案局局长：谢俊杰（兼，6月任）
市纪委市监委驻市委办公室纪检监察组组长：聂瑞和（任至9月）
市委办公室副处级督查专员：
赖建明
市专用通信局局长：李海青
市委组织部
部　长：田　辉
分管日常工作的副部长：
严　晓（4月任）
副部长：余路晓（兼）
林　星（兼，10月任）
郭德帅（正处级，6月任）
李祥鑫（市委非公有制经济组织和社会组织工委书记，9月任）
王健洪（3月任）
市纪委市监委驻市委组织部纪检监察组组长：刘江峰
部务会专职委员：
林　剑（11月任）
瑞金干部学院常务副院长：
朱荣兰（10月任）
市人才服务中心主任：
王　峰（7月任）
市委宣传部
部　长：许忠华
副部长：朱家柏　刘万春（女）
李少刚　杨运武
市纪委市监委驻市委宣传部纪检监察组组长：缪春风（女）
文明办原副主任：黄继辉
融媒体推进中心主任：徐跃辉
市委统战部
部　长：李文信（任至8月）
熊运浪（9月任）
副部长：张剑平　伍春华（女）
黄　海（7月任）
杨小妹（任至11月）
刘建清（12月任）
市纪委市监委驻统战部纪检监察组组长：李梓豪
市委政研室（改革办）
主任、改革办常务副主任：刘　屾
副主任：汪　峰　杜书福
钟水明（12月兼任改革办专职副主任）
市委网信办（市互联网信息办）
主　任：张冠军
副主任：梁　飞　黄德美
市委编办
主　任：林　星
副主任：刘智雄
市委台办（市政府台办）
主　任：高志坚
副主任：杨秀芳（女）　张庆森
市直机关工委
分管日常工作的副书记：赖道德
副书记：钟海梅　杨　军
委　员：吕纬东　谢　秦
委员、市直机关纪检监察工委书记：
谭　晶
市委信访局
局　长：钟春莲（女）
正处级信访督查专员：
罗　明（3月任）
副局长：谢福州　缪作威
钟贵模（3月任）
副处级信访督查专员：钟军红
市委老干局
局　长：余路晓
副局长：高　峰
老年大学教育服务中心主任：
刘春明
市国家保密和机要局
局　长：黄辉伦
副局长：徐忠堂
保密委专职副主任：温志晖
专职密码督查员：陈贵根

市人大机关

监司委主任委员：邓旺华
刘卫红（11月任党组成员，12月任监司委主任委员）
监司委副主任委员：刘建新
财经委主任委员：曾为东
财经委副主任委员：杨长斌
法制委主任委员：
赖　伟（任至8月）
钟　鸣（11月任党组成员，12月任法制委主任委员）
法制委副主任委员（兼）、法工委主任：黄新荣（1月任）
法制委副主任委员：
周兆发（8月任）
社建委主任委员：叶文波
社建委副主任委员：曹金保
教科文卫委主任委员：王石水
教科文卫委副主任委员：
邝燕玲（女）　古春洪
党组成员、农委主任委员：
文红群（女）
钟起平（11月任党组成员，12月任农委主任委员）
农委副主任委员：
钟起平（任至11月）
党组成员、城建环资委主任委员：
黄建煌
城建环资委副主任委员：
王玉琴（女）
办公室主任：卓迅文（1月任）
办公室副主任：
戴丽君（女，8月任）
张昌忠
选任联工委主任：李晋让（女）
选任联工委副主任：黄传生
李爱军
外侨民宗工委主任：
薛有长（任至8月）
邝燕玲（女，11月任机关党组成员，12月任外侨民宗工委主任）
外侨民宗工委副主任：邱修荣
法工委主任：黄新荣（1月任）
法工委副主任：
雷菁华（女，1月任）

市政协机关

办公室主任：曾繁中（任至12月）
黄学森（12月任）
提案委员会主任：陈贵周

副主任：成海英（女）
经济委员会主任：刘群英（女）
经济委员会副主任：
曹四清（任至12月）
钟荣荣 张如铂（7月任）
刘延俊 刘瑞华（女）
农业和农村委员会主任：温建荣
人口资源环境委员会主任：
黄必贤（1月任）
教科卫体委员会主任：黄圣勇
社会法制和民族宗教委员会主任：
李仲涛
社会法制和民族宗教委员会副主任：
李 玲（1月任）
港澳台侨和外事委员会主任：
曹四清（12月任）
文化文史和学习委员会主任：
廖学春

市纪委市监委机关

纪委书记、监委主任：饶华东
纪委副书记、监委副主任：黄海军
温光填 陈 珉
纪委常委、监委委员：刘丰春
纪委常委、监委委员、案件审理室主任：赖 辉
纪委常委：张丽群（女） 谢骏原
监委委员：叶成霖 钟 宏
办公室主任：杨兴国（任至3月）
组织部部长：肖 媛（女）
宣传部部长：李建光（任至10月）
刘 敏（12月任）
研究室主任：丁天华（10月任）
案件监督管理室主任：吉庆华
第一监督检查室主任：肖世成
第二监督检查室主任：周建洪
第四监督检查室主任：
谢 晖（3月任）
第五监督检查室主任：华东云
第七审查调查室主任：
周 伟（10月任）
第八审查调查室主任：朱经华
第九审查调查室主任：张 宁
纪检监察干部监督室主任：江 文
机关党委专职副书记：陈忠玉
市委巡察办副主任：杨经纬
温秋宁（任至7月）
朱 彦（女，7月任）
市委巡察组组长：陈 萍（女）
廖耀军（任至9月）
陈章贡（任至6月）
黄隆聚（任至6月）
市委巡察组副组长：曾拥军
陈 柯（6月任）
章真真（任至6月） 陈京锋
郭活生 黄兴海

市中级人民法院

党组书记、院长：傅伟刚
党组副书记、副院长：谢定强
党组成员、副院长：朱 政
黄 忠 谢 军（女）
市纪委市监委驻市中级法院纪检监察组组长：温志峰
政治部主任：樊 斌
审判委员会专职委员：吕纲翔
温莉梅（女）

市人民检察院

党组书记、检察长：熊良明
党组副书记、副检察长：
陈京东（7月任党组副书记）
副检察长：刘永晟
政治部主任：李孟钱
检察委员会专职委员：钟福英（女，任至9月）
检察委员会专职委员：俞 萍（女）
检察委员会专职委员：
苏火鹏（10月任）
计划财务装备处处长：
刘红卫（女，任至12月）
驻赣州市看守所检察室主任：
陈庆明

市政府工作部门

市政府办公室

党组书记：谢卫东
党组副书记、办公室主任：
温江涛（任至10月）
市纪委市监委驻市政府办公室纪检监察组组长：
刘辅中（任至9月）
杨文洪（12月任）
党组成员、副主任：
王小华（任至11月） 鲁华永
刘冬良 任小彬（11月任）

市发改委

党组书记、主任：卢述银
党组成员、副主任：李茂进
杨 赋 黎学民（任至9月）
党组成员、总经济师：廖少亭
党组成员、市纪委市监委驻市发展改革委纪检监察组组长：曾宪强
市军民融合发展中心副主任：
黄世明 熊雪景
市铁路建设发展中心副主任：
徐祥敏 黄孝斌
市项目服务中心主任：卢小兵
市生态文明研究中心主任：
朱 亮（4月任）
市能源发展中心主任：陈小林

市委教育工委（市教育局）

书记、局长：孙传忠
副书记：胡敦祥 郭 强（1月任）
工委委员：黄国杰（3月任）
工委委员、副局长：赖晓琴（女）
邓昌海（2月任）
工委委员、市纪委市监委驻市教育局纪检监察组组长：
邱轶群（女）
工委委员、市教育局总督学：
刘 晖（1月任工委委员、2月任总督学）
工委委员：陈智钢（11月任）
罗招荣（11月任）
杨东冬（11月任）
市教科所所长：刘春艳
市教育考试中心主任：
连仕超（7月任）
赣州中学校长：郭文东（11月任）
赣州三中校长：王 玲（11月任）
赣州一中党委书记：
王达全（任至11月）

市科技局

党组书记、局长：郭 澜
党组成员、副局长：
李伟东（任至12月） 李银保
陈浩华

市工信局
党组书记、局长：宋　鹏
党组成员、副局长：黄郁梅
　张　宇（挂职）　赖庆华
　杨　燕
党组成员、市纪委市监委驻市
　工信局纪检监察组组长：付根伍
市公安局
党委书记、局长：刘志强
党委副书记、常务副局长：严全民
市禁毒办主任，副局长：郭声宏
党委委员、副局长：赖爱民
党委委员、章贡分局党委书记、
　局长：黄小波
党委委员、副局长：刘立煌
党委委员、市纪委市监委驻市
　公安局纪检监察组组长：陈优明
党委委员、政治部主任：周　伟
党委委员、交警支队支队长：
　曾　强（1月任）
市民政局
党组书记、局长：
　赖木生（任至12月）
党组成员、副局长：康仁禄
　唐晓青（9月任）
市司法局
党组书记、局长：黄　立（党组
　书记任至9月，局长任至12月）
　郭佩群（11月任党组书记，12月
　任局长）
党组成员、副局长：曾强华
　谢飞龙（任至10月）
　陈景新（10月任）
副局长：张爱荣
党组成员、政治部主任：
　陈景新（任至10月）
　刘光辉（10月任）
市财政局
党组书记、局长：
　朱　敏（任至10月）
　温江涛（10月任）
市政府投融资服务中心主任：
　吴良灿
党组成员、副局长：黄京山
　赖德炎　朱　逸　刁鸿锦
　毛一峰（7月任）
党组成员、市纪委市监委驻市财政
　局纪检监察组组长：万建生
党组成员、市财政公共服务中心
　主任：邓文英（女）
市政府投融资服务中心副主任：
　温晓云（女）　魏　军
　郑业平（7月任）
市人社局
市人社局党组书记、局长：薛　斌
党组成员、副局长：杨　柳（女）
　谢庚福　徐立新　饶秋平
党组成员、市纪委市监委驻市人社
　局纪检监察组组长：华东云
市社会保险服务中心主任：刘东平
市劳动监察局局长：林　泉
市就业创业服务中心主任：隋　庆
市自然资源局
党组书记、局长：邓海鹰（女）
党组成员、副局长：刘新平
　罗　峰　朱挺旻　魏清胜
　肖风雷
党组成员：张　毅
党组成员、市国土空间调查规划
　研究中心主任：谢建军
党组成员、市纪委市监委驻市自然
　资源局纪检监察组组长：肖　翔
市国土空间调查规划研究中心党
　总支书记、副主任：梁志明
市土地储备中心主任：何理长
市不动产登记中心主任：唐惠全
市自然资源监察支队支队长：
　董耀华（5月任）
市生态环境局
党组书记、局　长：傅小新
党组成员、市纪委市监委驻市生态
　环境局纪检监察组组长：
　周邦春（党组成员任至11月）
党组成员、副局长：叶苞九
　林宗圣　邓智勇
　钟先斌（党组成员任至11月）
　马　飞（3月任）
党组成员：许　健　刘　建（3月任）
赣州市生态环境技术服务中心
　主任：赖德亮（10月任）
市住房和建设局
党组书记、局长：余钟华
党组成员：肖继来
党组成员、副局长：肖　烽
　赖昌洪（1月任）　温清林
党组成员、市公积金中心主任：
　何宏杰
党组成员、市工程质量管理服务
　中心主任：邓建宇
党组成员、市纪委市监委驻市住房
　和建设局纪检监察组长：
　钟永征（10月任）
市交通运输局
党组书记、局长：谢文才
党组成员、副局长：胡超星
　李干荣　黄志云（1月任）
　李　鑫（11月任）
党组成员、市邮政管理局局长：
　肖祥斌
党组成员、市纪委市监委驻市交通
　运输局纪检监察组组长：
　刘荣林（任至6月）
　李建光（10月任）
市交通运输综合行政执法支队
　支队长：罗全发
市水利局
党组书记、局　长：宋怡萍
党组成员、副局长：谢春景
　温学松
党组成员、市河长办专职副主任：
　肖建标
党组成员、副局长：赵文儒
河湖保护中心主任：徐广昌
市农业农村局
党组书记、局长：孙　晖
党组成员：董　菁　王喜龙
党组成员、副局长：
　杨会清（任至10月）
　邹建华　周　昱　刘文辉
　侯华伟（任至5月）
　龚　利（5月任）
　贺明阳（挂职）
党组成员、市纪委市监委驻市农业
　农村局纪检监察组组长：夏唐耀
市畜牧业发展和动物疫病防控中心
　主任：肖永鸿
市农业综合行政执法支队支队长：
　刘卫江
市农业技术推广中心主任：卓　旭
农业农村产业发展服务中心主任：
　李卫明
市商务局
党组书记、局长：
　华晓斌（任至12月）
　杨小妹（12月任）
党组成员、市贸促会会长：黄锋章
党组成员、副局长：
　陈晓峰（任至12月）　吴佳丽
　李民湖　刘　豫（7月任）
党组成员、市纪委市监委驻市商务

局纪检监察组组长：王泽明
市文广新旅局
党组书记、局长：李俊锐
党组成员、副局长：钟元浩
雷 军 夏涵涵（女，7月任）
市卫健委
党组书记、主任：
刘春文（任至7月）
赖卫国（7月任）
党组成员、市纪委市监委驻市卫健委纪检监察组组长：金 春
党组成员、副主任：傅 伟
谢 瑛（女） 钟玉平（7月任）
党组成员、计划生育协会专职副会长：张春玲（女，任至12月）
副主任：戴艳春（任至12月）
市退役军人事务部
党组书记、局长：朱钦军
党组成员、副局长：
陈玉川（任至10月）
余 军 熊 余（11月任）
市应急管理局
党委书记、局长：邹焕铁
党委委员、副局长：温学松（兼）
党委委员、市纪委市监委驻市应急管理局纪检监察组组长：徐绍仁
党委委员、副局长：
李兴荣（任至8月）
刘康生 胡 萍（女）
肖昌林（12月任）
市应急事务保障中心主任：邓习金
市防灾减灾中心主任：谢 旺
市审计局
党组书记、局长：肖作信
党组成员、副局长：
邱 波（2月任） 赖 欣（女）
罗淑芳（女） 彭洪德
党组成员、总审计师：曾毓东
市经济责任审计工作联席会议办公室主任：彭蔚林
市国资委
党委书记、主任：吴诗东
党委委员、副主任：黄晓东
刘 波 夏菁蔚（女，7月任）
党委委员、市纪委市监委驻市国资委纪检监察组组长：彭良森
外派监事会主席：
叶扬焕（任至5月）
陈孝荣 朱志林 汪广春
市林业局
党组书记：肖年生
局 长：叶日山
党组成员、市林业发展服务中心主任：刘洪生
党组成员、副局长：李红梅（女）
刘满发
党组成员、市林政管理稽查支队支队长：康敏卿
市政府金融办
党组书记、主任：钟小刚
党组成员、副主任：杨蕙宇（女）
朱雪林 曹培倩（女，10月任）
副主任：孟佳聪
市市场监管局
党组书记、局长：黄 蕙（女）
党组成员、副局长：涂梁华
姜建昌 刘光宪（3月任）
钟东玮（7月任）
赖忠然（7月任）
党组成员、市纪委市监委驻市市场监管局纪检监察组组长：
唐建斌（4月任）
市体育局
党组书记、局长：李诒芸（女）
党组成员、副局长：严裕华（女）
市统计局
党组书记、局长：杨幸丽（女）
党组成员、副局长：李文诚
孙有德
副局长：胡春梅（女）
市人防办
党组书记、主任：杨永飞
党组成员、副主任：黄玉鹏
许献琦
市乡村振兴局
党组书记、局长：廖丽萍（女）
党组成员、副局长：丘红宇
赖外来 廖顺尧
市医疗保障局
党组书记、局长：邱志鹏
党组成员、副局长：杨 健（女）
谭 健
市城管局
党组书记：张人富
局 长：吴忠浩
党组成员、市城管综合行政执法支队支队长：刘健平
党组成员、副局长：肖九生
陈 敏 温亮浩
党组成员、市市政工程管理中心主任：张 健
市行政审批局
党组书记、局长：刘洪梅
党组成员、副局长：张来玉
戴晓明 邱荣华 邓志刚
党组成员、公共资源交易中心主任：明经华
党组成员、副局长：
李繁春（挂职）
政务服务中心主任：彭 博
市苏区振兴办
党组书记、主任：卢述银
党组成员、副主任：刘光涛
罗文春

市政府驻外（派出）机构

市政府驻北京联络处
主 任：曾江明
副主任：李 萍（7月任）
市政府驻上海联络处
主 任：黄红民
副主任：李建军
市政府驻南昌办事处
主 任：何春林
副主任：曾繁荣
市政府驻厦门办事处
主 任：欧阳安民
副主任：杨 东
市政府驻深圳办事处
主任：王 兵
副主任：王艳林（女）
赣州综合保税区
副书记、管委会主任：温荣喜
党工委委员、管委会副主任：
谢卫东 陈华洪
赣州阳明湖管理委员会
党工委副书记、管委会主任：
郑洁平
赣州国际陆港
党工委副书记、管委会主任：
罗永锋
党工委专职副书记：蔡湖南
党工委委员、管委会副主任：
谢小龙 陈德怀 黄万林
党工委委员、纪工委书记、监察组组长：黄小南

党政办公室
主　任：王恩民
黎　璞（兼陆港集团综合管理部副部长）
李　冲（兼陆港集团综合管理部副部长）
连　伟（兼江西联合船务代理有限公司副总经理）
机关党总支
专职副书记：曹海龙
建设发展局
朱经明（兼陆港集团规划建设部部长）
陈　蓁（兼陆港集团规划建设部副部长）
财政金融局
局　长：邓旺云（兼陆港集团副总经理）
产业招商局
局　长：龚海兰
运营管理局
刘立平（兼陆港集团副总经理，赣州陆港铁路运营有限公司总经理）
郭木林（兼赣州陆港铁路运营有限公司副总经理）
产业服务中心
副主任：朱康生（兼陆港集团副总经理，赣州融通实业有限公司董事长，江西联合船务代理有限公司董事长）
赣州国际陆港发展集团有限公司
副总经理：张寿林　曾　宇　刘福建
赣州陆港国际物流服务有限公司
总经理：刘国柱
副总经理：黄罗保
赣州陆港国际汽车小镇运营管理有限公司
总经理：张贤彬（兼陆港集团综合管理部部长）
副总经理：袁明今
赣州陆港国际木材集散中心有限公司
总经理：肖　凌（兼陆港集团副总经理）
副总经理：蔡启昆
赣州融通实业有限公司
总经理：李德山
赣州陆港综合保税区集团有限公司
总经理：张书标
副总经理：刘圣毅

市属事业单位

市机关事务管理中心
主　任：曾宪柏（12 月任）
陈国庆（任至 11 月）
副主任：廖盛标　肖惠文　张武华　刘思文（9 月任）
市档案馆
党组书记、馆长：
钟　鸣（任至 11 月）
温扬汉（12 月任）
党组成员、副馆长：
肖　红（女，任至 11 月）
黄心圣
赣州广播电视台
台　长：许　勇
副台长：陈济才　黎庆琮　邓海明
市委党校
校委会副主任、常务副校长：
陈相飞
校委委员、副校长：潘九根
陈　刚　李小平
瑞金干部学院
院　长：吴忠琼（女）
第一副院长：田　辉
常务副院长：朱荣兰
副院长：刘前华　袁　勇
袁　芳（女）
市委党史研究室
（市地方志研究室）
主　任：陈上海
副主任：徐井生　陈　安
赣南日报
社　长：曾德军
总编辑：钟义勇
副社长：王子琨　谢万军　张明冠
副总编辑：谢运胜　王晓光
李忠生　傅志群　肖瑞华
林佛招
市红色资源保护发展中心
主　任：蔡小卫
副主任：何定胜　周　鸿
市公路发展中心
党组书记：刘晓龙
主任：胡　烈
党组成员、副主任：刘自田
王勇忠
市政府发展研究中心
党组书记、主　任：钟金华
党组成员、副主任：温明海
徐海洋
市疾病预防控制中心
主　任：曹洪敏
市医疗急救中心
主　任：温江鸿
赣南科学院
党组副书记、院长：温扬汉
党组书记：肖林长
党组成员、副院长：刘义生
吴海洋　朱恩华
党组成员：李建军　郭小华
刘小全
市铁路建设发展中心
主　任：李茂进（12 月任）
副主任：徐祥敏　黄孝斌
市果业发展中心
党组书记、主任：王喜龙
党组成员、副主任：朱柏州
温明生
市投资促进中心
党组书记、主任：邹大勇
党组成员、副主任：陈金玲（女）
谢　亮
党组成员：李　兵
市供销联社
党组书记、理事会主任：罗红梅
党组成员、理事会副主任：
孔青山　王会东　古德勤
党组成员、监事会主任：刘芃成

群团组织　民主党派　工商联

市总工会
党组书记、主席：
吴　青（女，7 月任）
党组副书记、常务副主席：刘文杰
党组成员、副主席：徐雅静（女）
何　敏
党组成员、经审会主任：
高炳金（10 月任）
党组成员、挂职副主席：
刘孟强（10 月任）

兼职副主席：谢庚福　刘剑平
　涂爱鹏
团市委
书　记：杨志正（3月任）
副书记：张　娴（女）
　李知杰（10月任）
　欧阳凌峰（10月任）
　陈安旖（任至9月）
　黄朝铭（挂职，10月任）
赣州市青少年活动中心主任：
　肖　青
兼职副书记：
　利志娟（女，10月任）
　谢建东（10月任）
　刘汉卿（10月任）
市妇联
党组书记、主席：刘春香（女）
党组成员、副主席：
　唐晓青（女，任至9月）
　肖宏蕾（女）　刘艳萍（女）
　侯欣岑（女，9月任）
党组成员、挂职副主席：
　曾丽芳（女，9月任）
兼职副主席：丁　乐（女）
　刘艳琼（女）　梁鸿梅（女）
　钟　瑾（女）　刘　嫔（女）
　罗慧文（女）
市科协
党组书记、主席：钟玉良
党组成员、副主席：张智辉
　肖维湘（女）　钟秋瓒（挂职）
市文联
党组书记、主席：周光仁
党组成员、副主席：曹卫民
　邵　滢（女）　杨　俊（挂职）
市社联
主　席：郑成功
副主席：幸　伟（女）
　肖孟春（挂职）　李晓方（兼职）
　刘立刚（兼职）
市侨联
党组书记、主席：王孝友
党组成员、副主席：陈健鸣（女）
秘书长：王　健（女）
兼职副主席：李升隆　施至表
　邱永宏　何燕航（11月任）
市残联
党组书记、理事长：何清平（女）
党组成员：刘志敏
党组成员、副理事长：朱国清
　钟荣亮（11月任）
　刘光华（挂职，11月任）
兼职副理事长：王茂源（11月任）
　张　明（11月任）
市红十字协会
会　长：赖正文
党组书记、常务副会长：
　陈玉川（10月任）
党组成员、专职副监事长：黄子珑
党组成员、专职副会长：
　杨　冰（1月任）
市计生协会
会　长：赖正文
第一副会长：刘春文（任至7月）
　赖卫国（7月任）
专职副会长：张春玲（女）
市贸促会
党组书记、会长：黄锋章
党组成员、副会长：肖泽彬
　戚江标　邹干昌
　刘光磊（任至1月）
民革市委会
主　委：蓝　赟
副主委：陈昌立　李志斌（专职）
　刘发明　魏本柱
民盟市委会
主　委：陈秀华
副主委：赖昭胜　刘南海　蓝志中
　牛王翠　李　壮（专职）
民建市委会
主　委：雷　鸣（畲族）
副主委：钟　彦（女）
　谢红烽（女）　吉朝晖　何　宏
民进市委会
主　委：蓝　文（女，畲族）
兼职副主委：伍润华　刘艳琼（女）
　欧阳荣华
专职副主委：张玉萍（女）
农工党市委会
主　委：姚　勇
副主委：陈金清　邵银进
　王　健（女）　田　胜
九三学社市委会
主　委：韩高峰
副主委：胡　烈　钟友华（女）
　刘建生　肖诗龙（专职）
市工商联（总商会）
主席（会长）：龚　斌
党组书记、常务副主席（常务
　副会长）：杨小妹（女）
专职副主席（专职副会长）：
　熊梅乐（女）　黄奇洁　林　波
副主席：庄席福　王德文　黄世春
　陈岳林　邓卫城　刘钦辉
　赖诚明　朱开椿　许　磊
　唐向阳　曾　彬　郭晓夏
　刘　嘉　王家新　何光善
　王小红（女）　曾德强　张北京
　袁春洋　顾建厦（5月任）
　徐峥嵘（5月任）
　李上奎（5月任）
副会长：袁　勇　赖林生
　周　彬（女）　范立栋　喻　玺
　谢晓明　江　锋
秘书长：叶　昊

中央、省驻市单位

人民银行赣州市中心支行
行　长：夏春雷
副行长：刘国昆　刘惟煌　周东龙
　龙建平
纪委书记：陈国华
工会主任：胡展燕
赣州银保监分局
党委书记、局长：甘　露（女）
党委委员、副局长：杨维斌
党委委员、副局长：肖　健
党委委员、纪委书记：王志祥
党委委员、副局长：谢晓勇
赣州海关
党委书记、关长：王庆军
党委委员、缉私分局局长：刘　平
党委委员、市纪委市监委驻赣州
　海关纪检监察组组长：周明翔
党委委员、副关长：黄海洺
　黄文华
龙南海关
党委书记、关长：
　肖　京（11月任）
党委委员、副关长：钟义勇
　赖　瑛
市税务局
党委书记、局长：曾长根（任至2月）
党委书记、局长：赵小冬（2月任）
党委副书记、副局长：黄晓东
党委委员、副局长：何小川
　温群茂（5月任）

李 慷（8月任） 刘和洪
党委委员、总经济师：
彭剑夫（任至8月）
党委委员、市纪委市监委驻市税务局纪检监察组组长：
杨海麟
党委委员、总会计师：温美松

市消防救援支队

支队长：李明华
政治委员：余小飞
副支队长：邹 路 刘 斌
谢一为 何祥磊 王贤奕
副政治委员：陈此兴
政治部主任：刘国华

市气象局

党组书记、局 长：刘 彦
党组成员、副局长：张智勇
邱声春 俞文秀
党组成员、市纪委市监委驻市气象局纪检监察组组长：周 烈

市烟草专卖局

党组书记、局长、经理：刘 辉
党组成员、市纪委市监委驻市烟草专卖局纪检监察组长：徐里民
党组成员、副经理：
周华凤（2月任） 李家人
党组成员、副局长：钟为俊

市邮政管理局

党组书记、局长：肖祥斌

赣州无线电监测中心

主 任：龚 瑞
副主任：袁忠良

赣州航道事务中心

党委书记、主任：
郭良斌（任至4月）
邱小平（4月任）
党委委员、副主任：
张晓崴（任至3月） 熊 玮
段 峰 陈江伟（6月任）
党委委员：谢朝阳（1月任）
省交通运输执法局八支队
党委书记：詹世俊
支队长：邹俊辉
党委委员、副支队长：谭勋龙
党委副书记、纪委书记：杨志龙
党委委员：钟 彬

赣江上游水文水资源监测中心

党委书记、主任：曾清勇
党委委员、副主任：鲁博文
黄国新 刘财福 周俊锋

自然资源部赣南老区乡村振兴发展中心

常务副主任：谢新生（主持工作）

省钨与稀土产品质检中心

主 任（院 长）：蒋小岗
副主任（副院长）：李 平
朱红英（女）

江西日报社赣州分社

党支部书记：鄢朝晖
副社长：刘美春

院 校

江西理工大学

党委书记：杨 斌
党委副书记、校长：温和瑞
党委副书记：伍自强
党委常委、副校长：邱廷省（常委任至11月，副校长任至12月）
党委常委、副校长：李国金
龚姚腾 罗仙平 赖晓军
党委常委、纪委书记、监察专员：
龙立福
党委常委、副校长，组织部长：
廖春发（组织部长任至3月）
党委常委、统战部长：肖卫东
盛晓明
党委常委、组织部长：
刘志刚（3月任）

赣南师范大学

党委书记：朱小理（9月任）
卢 超（任至5月）
党委副书记：朱小理（任至9月）
陈义旺（9月任） 胡龙华
校 长：朱小理（任至10月）
陈义旺（10月任）
党委委员、副校长：刘 民
邱小云 吴剑波（任至5月）
吴 磊 罗序中
易 龙（10月任）
甘雅芬（7月任）
党委委员、纪委书记：于保春

赣南医学院

党委书记：李恭进
党委副书记、院长：张小康
党委副书记：曾泽鑫
党委委员、副院长：陈 亮
黄瑞忠 叶军明 彭维杰
党委委员、纪委书记、监察专员：
肖树辉

江西应用技术职业学院

党委书记：张家菁
党委副书记、院长：徐志峰
党委副书记、副院长：徐有华
陈传胜 罗诗文 甘宏礼
胡堪东
党委委员、纪委书记：李 翼
党委委员、组织部部长：罗晓东
党委委员、宣传（统战）部长：
宋东东

江西环境工程职业学院

党委书记：肖忠优
党委副书记、院长：熊起明
宋墩福
党委委员：张孝金 董新春
党委委员、副院长：叶超飞
廖忠明
党委委员、纪委书记：彭宗迁
党委委员、党委宣传（统战）部长：吉登星

赣南科技学院

过渡期管理委员会临时党委委员、常务副主任：何锦荣
过渡期管理委员会临时党委委员、副主任：邓亦林
过渡期管理委员会临时党委委员：
张耀平 陶知翔 付玉华
薛香恒

赣南师范高等专科学校

党委书记：廖 伟
校 长：姜在东
党委副书记：吴 虹
党委委员、副校长：刘润发
肖为民 潘元生 胡克龙
纪委书记：李建华 潘元生
党委委员、宣传统战部部长：
江声玉
党委委员、组织部（人事处）部长：
赖华斌
正处级干部：凌发忠 陈和生
赵金霞

赣州职业技术学院

党委书记：温学延
党委副书记、院长：
黄 鹏（任至8月）
李方柏（8月任）
党委委员、纪委书记：赖昭忠
廖 凌 林青春（任至8月）

副院长：欧阳荣华
党委委员、副院长：谢尉明
潘元生（任至8月）
党委委员、工会主席：熊晓林
党委副书记、党委委员：汤晓军

赣南卫生健康职业学院

党委书记：何春明（任至3月）
党委副书记、院长：杨明福（9月任）
党委副书记：邓鼎森
党委委员、纪委书记：陈 刚
党委委员、副院长：
曾 琼（女，8月任）
曾凡伟（8月任）
梁海洋（8月任）

赣州开放大学

党委书记：黄国杰
党委委员、副校长：卢旗英（女）
钟贤才
党委委员、纪委书记：林青春
副校长：彭晗修（女）

医 院

市人民医院

党委书记：刘春文（兼，7月任）
党委副书记、院长：
戴 辉（7月任）
党委副书记（正处级）：
刘远飞（7月任）
党委副书记：潘贤波
副院长：刘建生
聂宇波（任至11月）
党委委员、副院长：李广生
罗 骏 蒋秋华 段德正（1月）
党委委员、纪委书记：谭南生
党委委员：魏 强（7月任）
副院长（正处级）：曾康华（女）

市肿瘤医院（三六二医院）

党委书记：黄兴伟
党委副书记、院长：许德昌

市妇幼保健院

党委书记：丁 乐（女）
党委副书记、院长：陈友佳

市第三人民医院

党委书记：陈怡文
党委副书记、院长：刘少华

市第五人民医院

党委书记：张金兰（女）
党委副书记、院长：刘 辉

市中医院

党委书记：邓 辉
党委副书记、院长：赵乘明

市属单位

赣州城投集团

党委书记、董事长：刘晓方
党委副书记、总经理：郭闽军
党委副书记：王远平
党委委员、财务总监：刘 熹
党委委员、副总经理：赖连洪
郭庆华 黄远清 刘太阳
党委委员、纪委书记：蔡 勇

赣州市政集团

党委副书记、总经理：范秀刚
党委副书记：钟云飞
党委委员、副总经理：梁文龙
朱桂章 李小青
党委委员、财务总监：周 芳
党委委员、纪委书记：廖宏略
党委委员、总工程师：雷晓春
党委委员：喻云星

赣州旅投集团

党委书记、董事长：许志辉
党委副书记、总经理：吴 昊
党委委员、财务总监：刘常运
党委委员、纪委书记：曾绍海
党委委员、总经济师：刘光磊
党委委员、副总经理：张凯乐
姚 虹 蔡 粲 黄冬梅

赣州交投集团

党委书记、董事长：赖才丁
党委副书记、总经理：李 辉
党委副书记：高光彬
副总经理：孙东岩
党委委员、总工程师：钟鑑方
党委委员、副总经理：袁 绍
杨河良
党委委员、纪委书记、监察专员：
刘 雨

赣州国投集团

党委书记、董事长：罗 迅
党委副书记、总经理：谢忠祥
党委副书记：罗红发
党委委员、纪委书记：王旭东
党委委员、副总经理：谢晓斌
财务总监：梁晓斌（8月任）
党委委员、副总经理：刘小军
姚 星（3月任）
党委委员、总经济师：
蓝 蓉（女，畲族，8月任）

赣州银行

党委书记、董事长：徐 松
行 长：肖连斌
党委副书记：何志玲
党委委员、拟任副行长：吴小隆
邹林丛
党委委员、市纪委市监委驻赣州银行纪检监察组组长：
聂为民（6月任）
党委委员、副行长：张春秀
谢 凯 李 敢 万祥勇
行长助理：刘红福（7月任）

驻市其他企事业单位

农发行赣州分行

党委书记、行长：欧阳文
党委委员、副行长：杨木林
廖明亮

农业银行赣州分行

党委书记、行长：张军强
党委副书记、副行长：陈华林
党委委员、副行长：朱 勇
钟泽林 文聪结
陈云峰（11月任）
党委委员、纪委书记：
涂洪波（任至4月）
徐国明（4月任）

中国银行赣州分行

党委书记、行 长：汪 武
党委委员、纪委书记：夏侯寿良
党委委员、副行长：
黄 平（任至4月）
曹 霏（4月任） 罗诗运
魏 捷（任至8月）
党委委员、副行长：安洪波
副行长：唐瑜玫（女）
主任级高级经理：李翔林
田春燕（4月任）
高级经理：徐 剑（9月任）

建设银行赣州分行

党委委员、行长：熊 军
党委副书记、副行长：郭馨宁

党委委员、副行长：康　胜
陈　利
党委委员、建行江西省分行纪委驻行纪检组组长：伍春苟
行长助理：刘俊仁
高级专员：张　俭　刘晓华

交通银行赣州分行

党委书记、行　长：田国强
党委委员、副行长：潘永红
曾　军　陈祥飞

邮储银行赣州分行

党委书记、行长：李　波
党委委员、副行长：江卫国
张素玉
党委委员、纪委书记、副行长：朱志云
党委委员、副行长、工会主席：李太煌

招商银行赣州分行

党委书记、行长：涂井泉
党委委员、纪委书记、副行长：徐文清
党委委员、行长助理：欧行慧

浦发银行赣州分行

行　长：朱　琳
副行长：何　泱　吴　鹏

兴业银行赣州分行

党委书记、行长：付　斌（6月任）
党委委员、副行长：吴武德
胡小玲（女）

九江银行赣州分行

党委书记、行长：张秋水
党委委员、副行长：杨小锋
党委委员、副行长：谢　斌
纪委书记、行长助理：许　成
党委委员、行长助理：方　潮
孙丽萍
党委委员、首席独立授信审批官：王浩州

省农信联社赣州辖区党组

党组书记：陈迎宾
党组副书记：刘志勇
党组成员、市纪委市监委驻省农信联社赣州辖区党组纪检监察组长：黄　橙

江西赣州银座村镇银行

董事长：徐立新
行　长：王成明
副行长：丁名钦　陈　旭

人保财险赣州分公司

党委书记、总经理：刘　洋
党委委员、副总经理：巫春福
党委委员、总经理助理：蒋成立
危建国　田小军

人保寿险赣州中支

党委书记、总经理：黄　萍
党委委员、副总经理：
谭云兰（女）　钟　勤　邵百强
党委委员、纪委书记、副总经理：黄吉君
党委委员、副总经理：
谭云兰（5月任）

太平人寿赣州中支

总经理：谢水泉
总经理助理：刘晓华　黄　曹

上犹江电厂

厂长、党委副书记：朱洪广
党委书记、副厂长：徐　臻
纪委书记、工会主席：骆炳友
副厂长：叶　盛
总工程师：方国参

中国电信赣州分公司

党委书记、总经理：叶雪青
党委委员、副总经理、纪委书记：黄伟平
党委委员、副总经理、工会主席：李　伟
党委委员、副总经理：邓　杰
张海生
督　导：黎庆仁

中国移动赣州分公司

党委书记、总经理：章　敏
副总经理：康世涛　朱建军
郑　勇　吴　潍
纪委书记：熊先红

中国联通赣州分公司

党委书记、总经理：
刘运忠（任至4月）
刘余平（5月任）
党委委员、副总经理：梁　喜
党委委员：
吴结根
党委委员、副总经理、工会主席：
王景行（任至12月）
党委委员、副总经理：张　悦

中国石化赣州石油分公司

总经理、党委副书记：聂志群
党委书记、副总经理：周文胜
副总经理：李晓亮
党委副书记、纪委书记、工会主席：卢　邦
副总经理：吴建军
总经理助理：钟　帅　刘洪宾
安全总监：尹　俊

中国石油赣州销售分公司

党委书记、总经理：孙宏荣
党委常务副书记、纪委书记：高洪亮
党委委员、总会计师：王建荣
党委委员、副总经理：张小诚

省地质局有色地质大队

党委委员、队长：张世葵
党委书记兼总工程师：吴明珠
党委委员、纪委书记：刘海波
党委委员、副队长、工会主席：卢　昱
党委委员、副队长：冯　艳（女）
罗明辉　芦　江　张　衎

江西新华发行集团有限公司赣州市分公司

书记、经理：曾　明
副书记：曾　辉
组织委员、副经理：王景年
宣传委员、副经理：刘　晨
纪检委员、副经理：王冬来

南铁赣州车务段

段长：杨小勇（1月免）
汪海华（1月任）
党委书记：熊文华
党委副书记、纪委书记：温正三
工会主席：曾繁红
副段长：李小安　吴　冰
曾敏强（1月任）
彭　杰（任至12月）
叶　峰（12月任）

赣州机场分公司

总经理：郭成宏（11月任）
总经理、党委副书记：
李光生（任至11月）
党委书记、副总经理：李国清
副总经理：肖承东（5月任））
张俊俐　罗德昌（5月任）
钟　涛（11月任）
钟　伟（2月任）
支　亮（任至5月）

县（市、区）国家级经开区 高新区、城市新区

章贡区

中共赣州市章贡区委员会
书　记：连天浪
副书记：刘志怀
　刘诗河（任至11月）
　卜治溢（挂职，任至6月）
常　委：吕浩泳　何选明　柳　迈
　林朝阳　钟文峰　蒋亚平
　黄继苹　邱　瑛（女）
　韩家煜（挂职，任至6月）
　张达伟（挂职，6月任）
　严　玥（女，挂职，6月任）
区人大常委会
主　任：黄　华（女）
副主任：何景炎　刘俊平　钟春华
　张　霖　刘　炜　张龙铨
区人民政府
区　长：刘志怀
副区长：吕浩泳
　卜治溢（挂职，任至6月）
　林朝阳　张达伟（挂职，8月任）
　严　玥（女，挂职，8月任）
　韩家煜（挂职，任至6月）
　黄小波　张　毅
　曾小英（女，任至11月）
　江文元　曾小荣
区政协
主　席：杨忠万
副主席：肖春雷　陈昌立　刘占海
　陈玉毅　邓战荣　卢小兴
秘书长：刘　敏

区人民法院院长：黄　捷
区人民检察院检察长：葛振瑞

南康区

中共赣州市南康区委员会
书　记：何善锦
副书记：李赣兴　李干东
　戴金辉（挂职）
常委：陈培生　李茂进
　刘婷婷（女）　曾军威　朱隆泽
　王　俊　陈晓亮　李成胜
　李粹强　王　霖（挂职）
区人大常委会
主任：赖彦辰
副主任：赖剑鸣　倪　静（女）
　蓝希高（畲族）　刘经辉
　陈国正　谢　兴
区人民政府
区　长：李赣兴
副区长：李茂进　戴金辉（挂职）
　李成胜　王　霖（挂职）
　李小勇　谭晓芳（女）　江晋斌
　黄明山　刘东海　陈宣宣(挂职)
区政协
主　席：钟恢森
副主席：曹世明　蓝希华（畲族）
　蓝志中（畲族）　吴少林
　刘芳艳（女）

区人民法院院长：温金来
区人民检察院检察长：孔小毛

赣县区

中共赣州市赣县区委员会
书　记：廖永平
副书记：刘文彦　郭佩群
　孙　超（挂职，任至6月）
　汤娇雯（挂职）　高　兵（挂职）
常　委：刘建华　李云飞　陈铁军
　黄桂昌　王双喜　邹小生
　梅旭军　赖根生
　乔　健（挂职，任至6月）
区人大常委会
主　任：潘少平
副主任：邱春凡　刘桂健　刘森全
　刘运高　简慧文　龚世红
区人民政府
区　长：刘文彦
副区长：梅旭军　孙超（挂职）
　刘建华　乔　健（挂职）
　林　峰　邹隆春　陈婷婷
　左　兵　张徽科
区政协
主　席：廖新宇
副主席：范军明　张　军　曾发林
　孙美萍

区人民法院院长：肖　峻
区人民检察院检察长：曹胜民

信丰县

中共信丰县委员会
县委书记：袁炎
副书记：张　琳（女）　钟小春
　明　星（挂职，任至7月）
　欧　宇（挂职，7月任）
常委：彭　钢　李绍武　陈大林
　朱永金　郝　佳(挂职，任至7月)
　杨　萌（挂职，7月任）
　陈金焘　杨祥文　许晓龙
　刘　宁　张凯波
县人大常委会
主　任：何文庆
副主任：王晓升　康诗平　殷志敏
　刘贤联　邹小明　李　芳（女）
县人民政府
县　长：袁　炎（任至8月）
　张　琳（9月任）
副县长：明　星（挂职，任至8月）
　欧　宇（挂职，8月任）
　彭　钢（任至11月）
　李绍武（11月任）
　郝　佳（挂职，任至8月）
　杨　萌（挂职，8月任）
　林　蓉（女）
　刘　宁（任至11月）　钟宇龙
　吴德权　陈明慧
　邓志明（11月任）
　卢华文（11月任）
　张　帆（挂职）
县政协
主　席：温岩松
副主席：王晓升　王兴亿　王孚明
　宋裕华　黄晓玲（女）
　李凤英（女）

县人民法院院长：宋继忠
县人民检察院院长：曾　涛

大余县

中共大余县委员会
书　记：韩相云
副书记：曾志平　彭　钢（10月任）
　周光仁（任至10月）
　费　华（挂职，任至6月）
常　委：王嘉卿（女）　刘　耿
　黄中华　马永根(挂职，任至6月)
　林志为　刘日辉（8月任）
　张小兰（女）　叶永恒
　陈秀敏（女，6月任）
　陈　亮（6月任）
县人大常委会
主　任：邓金健
副主任：何华辉　廖君侦
　周恩娣（女）　李星发　叶卫东

罗志静（女）
县人民政府
县　长：曾志平
副县长：刘　耿
陈秀敏（女，7月任）
陈　亮（7月任）　曾　毅（女）
黄龙国　江志林　徐俊华
王　勤
费　华（挂职，任至7月）
马永根（挂职，任至7月）
县政协
主　席：沈宝春
副主席：刘传福　周红英　李　武
刘会林　钟　胜

县人民法院院长：黄中林
县人民检察院检察长：曾伟平

上犹县

中共上犹县委委员会
书　记：余业伟（任至8月）
副书记：钟晓斌　何新平
贺　俊（挂职，8月任）
常　委：罗　晶（女）　廖永明
胡正福　温　斌（纪委书记）
黄建华　谢　海　罗少贵
肖　强　刘永盛
县人大常委会
主　任：包礼斌
副主任：罗桂明　刘道军　陈世干
孔繁河　刘明和　邝光明
县人民政府
县　长：钟晓斌
副县长：罗　晶（女）　刘红雨
卢丽君（女）　胡正福　肖　强
邹华声　刘小林　冯定春
刘　艳（女）　蓝帮军
县政协
主　席：刘鸿懿
副主席：徐能旭　张志兴
王丽玉（女）　田先德　杨平发

县人民法院院长：莫　然
县人民检察院检察长：段文冬

崇义县

中共崇义县委员会
书　记：李国泉
副书记：黄　斌
郭瑾珑（挂职，任至6月）
秦　征（挂职，任至6月）
魏新翼（挂职，6月任）
金　晟（挂职，6月任）
唐祎泾
常　委：赖传涛　刘自新　王育军
吴晓慧（女）　吉跃平　段建阳
梅新华
县人大常委会
主　任：李新维
副主任：陆芳锋（女）　肖鸿斌
刘文辉　黄平文　曹梦飞
邱光临
县人民政府
县　长：黄　斌
副县长：王育军
郭瑾珑（挂职，任至6月）
秦　征（挂职，任至6月）
魏新翼（挂职，6月任）
金　晟（挂职，6月任）
张　滟（女）　魏江华　曾腾云
危　俊　张衍欣
胡　涛（10月任）
县政协
主　席：王　豪
副主席：刘向民　黄名兰（女）
廖梓琪（女）　黄炜华　黄小罗

县人民法院院长：唐艳艳（女）
县人民检察院检察长：施　赛

安远县

中共安远县委员会
书　记：杨有谷
副书记：邹治宇（挂职）
孙　巍（挂职）　彭民生
高　翔（挂职）
张　晋（挂职，任至6月）
常　委：文启禄
张　晋（挂职，6月任）
肖　琤　黄正发　杨北林
周　璇　缪华林　罗水养
刘文丙
县人大常委会
主　任：尧金娣
副主任：欧阳绍进　凌素英
刘旺清　唐伟霖　尧章龙
钟吉源
县人民政府
副县长：邹志宇（挂职）
孙　巍（挂职）　高　翔（挂职）
张　晋（挂职）　杨北林
周　璇　曾　琳　林永祥
辛梦飞　何志勇　黄天民
县政协
主　席：刘　飞
副主席：魏洪亮　陈素梅　赖永悠
黄有莲　唐德瑜

县人民法院院长：蒋桥生
县人民检察院检察长：王　鹏

龙南市

中共龙南市委员会
市委书记：钟旭辉
副书记：彭江闽　廖东根
常　委：卢　臻（挂职，任至7月）
曹国俊（挂职，任至7月）
杨其信　邱　辉　周　翊
朱志勇　关立国　钟思勇
肖　立（女）　龙海斌（7月任）
文　才（7月任）
陈　柯（任至7月）
市人大常委会
主　任：叶金华
副主任：谢恒兴　钟　万　刘建荣
陈宝权　凌志勋　曾胜翔
市人民政府
市　长：彭江闽
副市长：朱志勇　周　翊
卢　臻（挂职，任至7月）
曹国俊（挂职，任至7月）
龙海斌（挂职，7月任）
文　才（挂职，7月任）
余美华（女）　刘熙华　李俊锋
聂志通　曾祖腾
市政协
主　席：江树华（女）
副主席：叶伟卿　叶　为（女）
王惠敏（女）　廖承房　曾学文

市人民法院院长：李皋彬
市人民检察院检察长：郭金红

全南县

中共全南县委员会
书　记：曾　平
副书记：边建忠　冯健全
王大凯（挂职，任至5月）
卢兴广（挂职，任至5月）
杨春景（挂职，6月任）
常　委：黎庆美　朱新梅（女）
刘　干（任至11月）
肖　鹏（11月任）　朱　旭
彭智军　刘宏春　王　昂
杨　坚（挂职，6月任）

县人大常委会
主　任：马石旺
副主任：李素贞（女）　赖槐海
曾钦敏（任至10月）　叶韶华
县人民政府
县　长：边建忠
常务副县长：刘　干（任至11月）
肖　鹏（12月任）
副县长：王大凯（挂职，任至5月）
卢兴广（挂职，任至5月）
杨春景（挂职，6月任）
杨　坚（挂职，6月任）
曾宪荣　许瑞强　肖进林
陈　慧（女）　罗书文
县政协
主　席：黄　健
副主席：袁春梅（女）　贺利民
黄忠明　邓增婴　曾慧华

县人民法院院长：辛士俊
县人民检察院检察长：陈　萍（女）

定南县

中共定南县委员会
书　记：龙小东
副书记：陈钰滢（女）　李亮生
刘文博（挂职，任至5月）
张　强（挂职，6月任）
常　委：肖松盛
林　敏（挂职，任至5月）
邝冬明　蓝永清　刘　鹏
杨鹏飞　刘成成　李　胜
聂　晶（挂职，6月任）
县人大常委会
主　任：叶富安
副主任：李　群　朱　铭　黄石柱
张　勤（女）　肖宣东　彭东晓
县人民政府
县　长：陈钰滢（女）
副县长：邝冬明
刘文博（挂职，任至5月）
张　强（挂职，6月任）
林　敏（挂职，任至5月）
聂　晶（挂职，6月任）
赖秀明　黄运华　廖为星
余　文（任至10月）　蓝启玉（女）
县政协
主　席：陈文新
副主席：周平滔　李柳琴（女）
魏坤娇（女）　冯春明
缪春梅（女）

县人民法院院长：廖美春
县人民检察院检察长：钟振滨

兴国县

中共兴国县委员会
书　记：李贱贵
副书记：刘章宏　张人富
李旭丹（任至5月）
潘薪如（挂职，女）
柴一凡（挂职，7月任）
常　委：李建华（任至6月）
温秋宁（7月任）　李　敏
邹芬芬（女）　邓冬猛　王　冰
文　武　汪世海　梁　敏
任家胤　申维东（任至5月）
陈　铭（6月任）
县人大常委会
主　任：魏国寿
副主任：刘玉林、范景元　江　华
庄　敏　曾春生　王丽娟
县人民政府
县　长：刘章宏
副县长：邹芬芬（女）
潘薪如（女，挂职）
柴一凡（挂职，6月任）
文　武　陈　铭（6月任）
申维东（任至5月）　刘震民
唐芳浩　刘　文　张茶根
毕　潋（女）
县政协
主　席：邱小林
副主席：叶　方　李文涛
吴晓文（女）　雷从华（女，畲族）
谢燕九（女）

县人民法院院长：陈俊奇
县人民检察院检察长：谢　灯

宁都县

中共宁都县委员会
书　记：肖斐杰
副书记：何国杰
黄学森（任至11月）
龚升炬（12月任）
陶奎堂（挂职，任至5月）
陈何铠（挂职，任至5月）
黄海（挂职，5月任）
常　委：龚升炬　方忠　曾富有
汤荣福　廖丽萍　李济成
王勇亮　房国际
黄一凡（挂职，5月任）
县人大常委会
主　任：邱　坚
副主任：刘晓宝　陈晓义　李振东
李　明　周振明　赖晓辉
县人民政府
县　长：何国杰
副县长：龚升炬（任至12月）
陶奎堂（挂职，任至5月）
陈何铠（挂职，任至5月）
黄　海（挂职，6月任）
方　忠　段求明　陈林平
黄一凡（挂职，6月任）
王　磊（挂职）　熊　凯
钱枣园　梁宝英
县政协
主　席：李过春
副主席：黄　娟　孙毓民　李　强
邓　明　孙法丹

县人民法院院长：曾文俊
县人民检察院院长：廖信明

于都县

中共于都县委员会
书　记：黄　法
副书记：李松柏　高新强（挂职）
姜　超（挂职）　郭书珑
常　委：罗沪京　刘晓阳　杨海峰
李章荣　陈运明　郑宝华（挂职）
李高华（女）　邹时敏　俞金林
钟财亮
县人大常委会
主　任：罗高波
副主任：邓晓斌　刘立新　朱寿福
高宏伟　王曲生　刘爱民
县人民政府
县　长：李松柏
副县长：陈运明
高新强（挂职，任至6月）
姜　超（挂职）
郝敏哲（挂职，6月任）
杨海峰　郑宝华（挂职）
杨国峰　廖　剑　黄　娜（女）
杨俊刚　李　兴
卢江华（挂职，9月任）
县政协
主　席：赖晓强
副主席：管世荣　蔡兰芳　蓝淑娟
李祖高　李　敏

县人民法院院长：陈文春

县人民检察院检察长：曾萌芽

瑞金市

中共瑞金市委员会

书　记：吴建平（任至6月）
　尹　忠（6月任）
副书记：刘春林　李志坚
常　委：罗　华（挂职，6月任）
　罗林生　李伟明　陈建伟
　蒋小英（女）
　李　鑫（任至11月）
　刘　干（12月任）　刘新远
　涂佐明
　杨　科（女，挂职，任至6月）
　汤晓斌（挂职，任至6月）
　杨新秋（6月任）　汪兴福

市人大常委会

主　任：谢志斌
副主任：赖　林　刘剑平　温家振
　刘志斌　黄　艳（女）　赖毅宇

市人民政府

市　长：刘春林
副市长：李　鑫（任至11月）
　刘　干（12月任）　罗林生
　杨新秋（6月任）
　杨　科（女，挂职，任至6月）
　汤晓斌（挂职，任至6月）
　谢江溪（女）　陈浦鸿
　许建平（任至10月）　黄发亮
　刘方森　罗　华（6月任）
　许　毅（10月任）
　徐明宇（10月任）

市政协

主　席：刘红敏（女）
副主席：章　芸（女）　陈殷鸿
　刘瑞林　刘瑞平　俞春荣

市人民法院院长：温雪岩
市人民检察院检察长：温朝晖

瑞金中央革命根据地纪念馆

党组书记：周景春
馆　长：杨丽珊（女）

会昌县

中共会昌县委员会

书　记：潘金城
副书记：李德伟
　张　颖（女，挂职，任至6月）
　黄　波（挂职，任至6月）
　张　龙（挂职，6月任）
　李正海（挂职，6月任）
　赖道德（任至7月）
　何　琳（7月任）
常　委：唐　莹（女，挂职）
　殷　俊　蓝晓植　卢杜林
　徐丽清（女）　王春华　陈　斐
　王卫星　许建平（10月任）

县人大常委会

主　任：李国生
副主任：刘俊英（女）　朱鑫华
　李义荣　钟虹彬　刘金祥
　邱良东

县人民政府

县　长：李德伟
副县长：
　张　颖（女，挂职，任至6月）
　黄　波（挂职，任至6月）
　张　龙（挂职，6月任）
　李正海（挂职，6月任）
　唐　莹（女，挂职）
　何　琳（任至7月）　殷　俊
　许建平（12月任）　钟友华（女）
　陈　民　丁荣威　彭　麟
　文　彬
　朱海英（女，挂职，12月任）

县政协

主　席：周文孝
副主席：唐晓敏　肖鹏程　曾兴忠
　刘　莉（女）　李　辉
　吴粟芸（女，12月任）

县人民法院院长：侯为民
县人民检察院检察长：钟伟民

寻乌县

中共寻乌县委员会

书　记：蓝贤林
副书记：王子康　王　冬
常　委：罗承彩　许茂盛　罗俊腾
　钟　平　廖永强　王晓东
　钟　琳　彭　晨

县人大常委会

主　任：严志林
副主任：赖剑锋　邝　羽　王　平
　陈　敏　杨维彪　凌　斌

县人民政府

县　长：何善祥
副县长：罗俊腾　王　冬　高　远
　米雅娜　汪上红　雷　鸣
　陈　斐　彭长春　钟　平
　彭　晨　谢庆浩　彭　键
　孙　寰　陈泽贤

县政协

主　席：张翠梅
副主席：黎海锋　汪上红　陈文华
　许　伟　古叶松　侯清萍

县人民法院院长：徐　俊
县人民检察院检察长：王泉花

石城县

中共石城县委员会

书　记：尹　忠（任至6月）
　张小川（6月任）
副书记：张小川（任至6月）
　刘诗河（12月任）　刘秋天
　王　斐（任至6月）
　朱作鑫（6月任）
常　委：钟本祥　李明海　钟慧敏
　宋平荣　徐新舟　邓小兰（女）
　黄勇鹏　彭长春
　童　朗（任至6月）
　司广宇（6月任）

县人大常委会

副主任：廖水明　黄建伟　陈让其
　朱志勇　张小雄　邓小京

县人民政府

县　长：张小川（任至6月）
　刘诗河（12月代）
副县长：李明海
　王　斐（挂职，任至6月）
　朱作鑫（挂职，6月任）
　彭长春
　童　朗（挂职，任至6月）
　司广宇（挂职，6月任）
　刘　宾　郭景山　李芳（女）
　刘衍志

县政协

主　席：赖松林
副主席：董外院　赖继红
　尹玉芳（女）　温桃芳　邓增华
　赖晓琳（女）

县人民法院院长：赖林仔
县人民检察院检察长：魏海涛

赣州经济技术开发区

党工委书记：陈水连
党工委副书记、管委会主任：
　梁丁盛（1月任）
党工委副书记、管委会副主任：
　欧阳巧文　郭声琪（任至12月）
　宋　鹏（党工委副书记任至1月，
　管委会副主任任至2月）
党工委委员、纪工委书记：刘文秋

党工委委员、管委会副主任：
夏寿宏（3月任党工委委员，4月任管委会副主任）
党工委委员：吴汉波 冯 钰（女）
魏清胜（兼职）
党工委委员、管委会副主任：
万利龙（挂职） 董 枫（挂职）
管委会副主任、区公安分局局长：
黄晓明
区人民法院院长：张文洲（女）
区人民检察院检察长：郭复彬
区党政办公室主任：周兆东（1月任）
区党群工作部（机构编制委员会办公室、人力资源和社会保障局）部长（主任、局长）：余少卿
区纪工委副书记、监察室主任：
廖振华
区经济发展局（苏区振兴发展工作办公室）局长（主任）：
冯 钰（女）
区招商局局长：黎 俊
区企业服务和工信局局长：熊忠森
区财政局局长：胡 昊（1月任）
区住房和建设局局长：
翁毅军（任至6月）
黄爱民（7月任）
区农业农村工作办公室主任：
申志文
区社会事务管理局局长：
钟明光（1月任）
区机关党委专职副书记：邹泽军
市科技创新服务中心主任：
刘 钧（任至3月）
黄光舜（7月任）
区公用事业服务中心主任：徐晓鸿
区消防救援大队大队长：
汪 华（4月任）
区消防救援大队教导员：
何增辉（1月任）

龙南经济技术开发区

党工委副书记、管委会主任：
钟旭辉
党工委副书记：彭江闽
党工委委员、管委会副主任：
李森彪 叶雪平 赖子安
廖海旺 刘 楠（女，挂职）
黄 磊（挂职）
财政局局长：廖永旺
机关党委专职副书记：刘文明
纪工委副书记、监察室主任：
赖春明
项目建设办公室主任：林伟胜
党政办公室主任：钟 闯
社会事务局局长：何晓珍（女）
招商与企业服务局局长：
袁晓园（女）
经济社会发展局局长：王福红

赣州蓉江新区

党工委书记：王 凌
党工委副书记、管委会主任：
许 伟（女）
党工委委员、管委会副主任：
谢清泉 冯永洪 钟晓东
方 敏（4月任） 李 希（4月任）
党工委委员：陈伟生
党工委委员、纪工委书记，监察组组长：徐中宁

赣州高新技术产业开发区

党工委书记：廖永平
党工委副书记、管委会主任：
刘文彦
党工委委员、纪工委书记：谢秀平
党工委专职副书记：谢 海（9月任）
党工委委员、管委会副主任：
谢 博 廖绍清 李为平
邓永芳

重要文献

中共赣州市委常委会 2022 年工作报告

2022 年是党的二十大召开之年，也是赣州发展史上极不平凡、极为不易的一年。面对复杂严峻的国内外形势和多重超预期因素冲击，市委常委会在党中央和省委坚强领导下，坚持以习近平新时代中国特色社会主义思想为指导，全面贯彻落实习近平总书记视察江西和赣州重要讲话精神，紧扣迎接和学习宣传贯彻党的二十大精神主题主线，大力弘扬伟大建党精神和苏区精神、长征精神，坚持稳中求进工作总基调，认真落实"疫情要防住、经济要稳住、发展要安全"重要要求，完整、准确、全面贯彻新发展理念，科学统筹疫情防控和经济社会发展，全面推进"六个江西"建设，深入实施"三大战略、八大行动"，扎实做好稳增长、防风险、保稳定、惠民生各项工作，革命老区高质量发展示范区建设取得明显成效。

一年来，党中央和省委对赣南老区倾情关爱，振兴发展战略实施十周年取得丰硕成果，《赣州革命老区高质量发展示范区建设方案》获国务院批复实施，赣深对口合作上升为国家战略，支持革命老区 4 个重点领域实施方案全部出台并给予赣州重点支持，赣州成为获得国家重大政策支持数量最多、含金量最高、政策体系最全的革命老区。赣南人民深受鼓舞、倍感振奋，深刻感铭习近平总书记和党中央的关心关怀，坚定不移沿着习近平总书记指引的方向奋勇前进。

一年来，市委高效统筹疫情防控和经济社会发展，更好统筹发展和安全，及时出台稳经济一揽子政策和接续措施，扎实开展"大干项目、大抓落实年"活动，精准果断处置多轮多点突发疫情，全力抗击历史性强降雨和超警戒洪水，有效应对有气象记录以来最严重旱情，坚决打赢森林防灭火攻坚战，经受住了大战大考的严峻考验。全市经济总量突破 4500 亿元、增长 5.2%，列全国百强城市第 62 位、前进 3 位，9 个主要经济指标增速位居全省前三，连续九年获评全省高质量发展综合考评先进，经济大盘持续稳固，高质量跨越式发展基础更加夯实。

一年来，全市党员干部群众全力践行习近平总书记"作示范、勇争先"殷殷嘱托，解放思想、改革创新，办成了一系列大事、办好了一系列喜事、办妥了一系列难事，6 项工作获国务院督查激励表彰、创历史最好成绩，争取政策性开发性基金、地方政府专项债、中央预算内投资、企业债、境外债等项目数量、资金规模、所占份额均在全省领先，一系列"赣州经验"在全国全省推广。全市上下更加锐意进取、担当实干，争先创优、竞相发展，正信心百倍、斗志昂扬地加快全面建设社会主义现代化赣州。

一、旗帜鲜明把党的政治建设摆在首位，忠诚拥护"两个确立"、坚决做到"两个维护"

市委始终坚持以党的政治建设为统领，把迎接和学习宣传贯彻党的二十大精神作为头等大事，坚持不懈用习近平新时代中国特色社会主义思想凝心铸魂，着力打造最讲党性、最讲政治、最讲忠诚、最讲担当的红土圣地。

*始终聚焦主题主线，全面落实迎接和学习宣传贯彻党的二十大精神重大政治任务。*市委专门进行部署，做细做实喜迎党的二十大召开各项工作，全力营造良好环境和浓厚氛围。党的二十大胜利闭幕后，第一时间召开全市领导干部会议、市委常委会会议、市委理论学习中心组集体学习会传达学习，研究出台学习宣传贯彻的通知，分层分期分批组织党员干部集中轮训。高规格组建市委宣讲团到各地各部门宣讲，市级领导同志带头深入基层开展宣讲，广泛采用群众喜闻乐见的方式进行宣讲，扎实推动党的二十大精神走进基层、深入群众。切实加强舆论宣传，组织策划系列专题专栏，持续兴起学习宣传热潮，全市上下更加忠诚拥护"两个确立"、做到"两个维护"，踔厉奋发投身全面建设社会主义现代化赣州新征程。

*持续强化理论武装，扎实推动习近平新时代中国特色社会主义思想入脑入心、走深走实。*深化党委（党组）会议"第一议题"、基层党组织"每月学习日"、"3+X"集中学习等制度，市委理论学习中心组开展集体学习 17 次，带头深学细研习近平总书记最新重要讲话、重要文章、重要指示批示精神和《习近平谈治国理政》第四卷等，党委中心组学习巡听指导相关做法获中宣部推介。常态化开展教育宣讲，组织领导干部带头上思政课，举办系列专题辅导讲座、读书班、学习研讨和现场教学，用好新时代文明实践中心（所、站）、"学习强国"等平台，发挥各地各类宣传队伍作用，持续推动党的创新理论往深里走、往心里走、往实里走。

*严肃党内政治生活，不断提高政治判断力、政治领悟力、政治执行力。*突出加强政治教育和政治训练，严格遵守党的政治纪律和政治规矩，坚决维护党中央

权威和集中统一领导。认真贯彻民主集中制原则，全面落实“三会一课”、民主生活会、组织生活会等制度。强化“一把手”和领导班子监督，市县两级实现政治谈话全覆盖。紧紧围绕“三新一高”、粮食安全、疫情防控等“国之大者”强化政治监督，坚决查处问责失职失责行为。抓紧抓实肖毅案、龚建华案以案促改工作，深入开展全面从严治党形势分析，坚决抓好不健康微信群、“七个有之”等问题专项治理。

*对标对表抓好落实，全力推动党中央和省委重大决策部署落地生根、开花结果。*组织开展习近平总书记视察江西和赣州三周年系列活动，常态化开展习近平总书记重要讲话重要指示批示精神落实情况跟踪督办。召开市委六届三次、四次全会，研究出台《关于深入学习宣传贯彻党的二十大精神加快全面建设社会主义现代化赣州的决定》，全面系统贯彻落实党的二十大精神。健全完善抓工作落实机制，专题研究调度乡村振兴、疫情防控、人才工作、统一战线、宣传思想、基层党建、全面从严治党等各方面工作，持续推动上级决策部署落地见效。认真抓好中央和省环保督察、审计监督、涉粮问题等整改落实。

二、千方百计稳增长促发展，革命老区高质量发展示范区建设迈出坚实步伐

市委坚定不移贯彻新发展理念，科学统筹疫情防控和经济社会发展，持续做好“六稳”、“六保”工作，推动经济运行稳中有进、稳中向好、稳中提质。

*工业倍增升级成效明显。*规上工业增加值、营业收入增速居全省前列，战略性新兴产业、高技术制造业、装备制造业增加值均同比增长20%以上，获批创建省制造业高质量发展试验区，上榜全国先进制造业百强城市。“1+5+N”产业集群持续壮大，南康家具获评全省五星级产业集群；稀土矿山实现升级改造复产，稀土新材料及应用集群跻身全省唯一国家先进制造业集群，五矿稀土迁址落户；有色金属和新材料、电子信息产业规上营收分别突破2000亿元、1500亿元；新引进富士康等百亿元项目8个，申报“5020”项目51个，志存锂业、天能新能源等重大项目签约开工，格力空调、吉利动力电池等产品下线。深入推进数字经济做优做强“一号发展工程”，获批国家区块链创新应用综合性试点，落户国家工信安全中心江西分中心，建成千兆城市和全省唯一区块链技术产业园，江西信息安全产业园开园，数字经济增加值保持全省第二，连续三年入列全国数字百强城市。大力推进开发区体制机制改革创新，获评一批“四星”国家新型工业化产业示范基地，赣州高新区“一区三园”改革获批实施。新获评一批国家级专精特新“小巨人”企业和制造业单项冠军，新增营收超50亿元企业6家、超百亿元企业1家，新上市企业4家、居全省第二，规上工业企业净增202家、总数保持全省第一。

*科技创新动能加速集聚。*深入实施科技创新赋能行动，入选首批国家知识产权强市建设试点。中科院赣江创新研究院运行良好，赣南创新与转化医学研究院建成运营，市产业技术研究院揭牌成立，中国果蔬贮藏加工技术研究中心赣州分中心成功落户，稀土全国重点实验室、重大疾病新药靶发现及新药创制全国重点实验室重组有序推进。研发投入强度首超全省均值水平，每万人有效发明专利拥有量同比增长超30%。举办赣南苏区高质量发展院士专家战略咨询委员会年会、院士赣州行等活动，一系列院士项目成果加速转化。新认定科技型中小企业、高新技术企业数量均居全省第二，入选省“独角兽”和“瞪羚”企业同比增长50%。出台加强和改进新时代人才工作实施意见，市人才集团和首批“科创飞地”挂牌运行，入选全国青年发展型城市建设试点，新引进培养一批产业领军人才团队、高层次人才和急需紧缺人才。

*省域副中心城市加快建设。*大力实施城市能级提升行动，扎实推进“六个区域性中心”建设，“三区三线”成果启用。中心城区发展步伐不断加快。完成中心城区城管体制改革。7条新（续）建快速路、“六桥一隧道”、16条城市主干路进展顺利，蓉江三路快速路、蟠龙大桥竣工通车，三江口片区基础设施建设全面启动，高铁空港新区综合交通路网加速成形。市图书馆、文化馆新馆建成开馆，入选全国城市体检样本城市，获评全省城市功能与品质提升三年行动先进市。章贡区上榜全国综合实力百强区。重大基础设施建设有新突破。瑞梅铁路开工建设，兴泉铁路全线、大广高速复线、寻龙高速建成通车，信雄高速、遂大高速等加速推进，普通国省干线公路即将实现“县县双通”；黄金机场T1航站楼二期工程、赣州西综合客运枢纽有序推进，瑞金机场、赣州港五云综合码头主体完工；安远入选县域交通强国建设试点。获批全国唯一革命老区水利高质量发展示范区，梅江灌区全面开工。信丰电厂实现双机投运，寻乌、赣县抽水蓄能电站前期工作进展顺利，实现县县通管道天然气，新能源装机、年发电量均列全省第一。区域协调发展迈向更高质量。统筹抓好瑞兴于“3+2”经济振兴试验区、“三南”一体化、会寻安生态经济区、大上崇幸福产业示范区和信丰高质量发展示范先行区建设，因地制宜发展乡镇经济，县域经济持续壮大。

*现代服务业实现新发展。*长征国家文化公园（赣州段）、方特二期等加快建设，七鲤古镇即将开园，安远三百山晋升国家AAAAA级景区，大余丫山创评国家级旅游度假区，于都获评全省首批“风景独好”旅游名县。普惠金融改革试验区建设通过国家中期评估，国有融资担保机构实现县域全覆盖，落地中部六省首个QFLP业务试点和全省首个知识产权证券化试点，成为除沿海发达省份外唯一拥有双“AAA”主体信用评级企业的非省会设区市，金融机构存贷款余额双双突破7300亿元，工业贷款增速创十年来新高。网络零售额突破600亿元、继续领跑全省，安远获评国家电商示范基地。区域性消费中心城市建设加快，发放电子

消费券1.6亿元，万达广场等大型商业综合体建成开业，“百城百夜”文旅消费季比拼全省第一。商贸服务型国家物流枢纽建设扎实推进，赣州国际木材集散中心等建成投用，县级快递配送中心、乡镇快递中转站和村级快递网点实现全覆盖，“互联网＋第四方物流”、“无人机”配送等模式得到推广。

三、下大力气深化改革开放，融入新发展格局动力活力更加强劲

市委坚持向改革要动力、向开放要活力，扎实推进深化改革开放行动，持续深化更高水平对外开放合作，全力打造内陆双向开放新高地。

大力推进营商环境优化升级“一号改革工程”。扎实推进“放管服”改革全域试点，获批省级营商环境创新试点，营商环境评价保持全省前列，对标粤港澳大湾区打造“第一等”营商环境获评全省深化改革十佳案例。创新行政审批、政务服务、数据管理“三合一”体制，市县全面组建政务服务数据管理局。推行“市县同权、市县同办”审批改革，118项市级审批事项实现“同一标准”办理；全面建成市县一体惠企政策“线上一网、线下一窗”集中兑现体系，“亲清赣商”平台兑付惠企资金127.51亿元。工程建设项目实现“一站式集成”快速审批，“全产业一链办”改革持续深化，实现环节优化85%、材料精简85%、时限压缩50%。政务服务“跨省通办”扩面增效，覆盖4省19市、151个高频事项。深化“一网通办”数字化改革，“赣服通”5.0、“赣政通”2.0上线运行。“无实体印章”、“无纸质证明”城市改革扎实开展。深入实施政企圆桌会议制度，全覆盖建立政务服务帮办代办中心，开展“新官不理旧账”等四大专项治理，市场主体总量保持全省首位。

着力破解制约高质量发展的体制机制障碍。大力推进实施中心城区财税体制、赣州国际陆港、阳明湖景区、峰山国家森林公园、赣州职院“三校”、市属科研院所、文化事业单位等体制机制改革，啃下一批难啃的“硬骨头”。国资国企改革创新三年行动圆满完成，融资平台优化升级稳步推进。农村产权制度、土地制度、经营制度“三合一”改革持续深化，乡镇“一级财政”试点全面推进，大余宅改、乡村治理“积分制”等经验做法在全国宣传推广，安远获批全国农村综合性改革试点县。市供销集团等挂牌运行。稳妥推进医疗服务价格改革，医保垂直管理改革经验向全国推广，实现按病种分值付费（DIP）全覆盖、试点经验上升为“国家标准”。积极稳妥推进国防动员体制改革。劳动育人、乡村资产盘活利用、“设施蔬菜上山”等改革经验获中央政研室推介。荣获全省改革工作考评“六连冠”。

加快打造对接融入粤港澳大湾区桥头堡。推动召开省粤港澳大湾区桥头堡建设领导小组第三次会议，协调解决一批重大事项。建立赣深对口合作联席会议制度，编制五年合作方案，确定首批21项重点合作事项。推动与佛山签订合作协议，持续深化与粤港澳大湾区城市合作。常态化开展“粤企入赣”活动，新签约格力小家电、富士康等重大项目。深赣港产城一体化合作区、赣粤产业合作试验区加快建设，佳纳能源等竣工投产；建成运营全省唯一粤港澳大湾区“菜篮子”产品赣州配送分中心，新增粤港澳大湾区“菜篮子”生产基地、“圳品”认证数量均居全省第一，开创“湾区＋老区”合作共赢范例。

对外交流合作务实深化。扎实推动赣州国际陆港、赣州综合保税区、跨境电商综合试验区联动发展，赣州国际陆港获批全省唯一国家进口贸易促进创新示范区和国家多式联运示范工程，开通“铁路快通”中欧班列、中老国际班列、赣深城际高速货运班列，“赣穗组合港”正式运营，开行中欧（亚）班列数量占全省70%；赣州综合保税区进出口总额同比实现翻番，绩效评估首次进入中西部前20强；全国跨境电商综合试验区加快建设，实现跨境电商全业态开通，跨境电商订单量突破400万单、是2021的5倍。举办赣南高水平对外开放推介会、数字经济产业合作推介会和脐橙、家具、纺织服装产业博览会等重大经贸活动，新引进孚能新能源电池、中金电子等超百亿元项目，获评全省唯一“中国投资热点城市”；对外贸易逆势上扬，对外投资总额超2021年的6倍，出口总额同比增长43%。

四、矢志不渝汇民智聚民心，团结奋进工作局面持续巩固

市委始终坚持人民主体地位，充分体现人民意志、保障人民权益、激发人民创造活力，广泛凝聚各方面智慧和力量，奏响团结奋进的时代强音。

大力发展全过程人民民主。支持市人大及其常委会依法履职，出台实施《赣州市农村住房建设管理条例》，扬尘污染防治、物业管理、赣南脐橙保护、科技创新等立法工作有序推进，监督工作和代表工作扎实开展，中华苏维埃代表大会制度研究宣传取得新成效。加强和改进新时代人民政协工作，支持开展政治协商、民主监督和参政议政，“赣事好商量”协商品牌持续打响。统筹加强党外代表人士队伍建设，顺利完成知联会、新联会换届，大力支持民主党派、无党派人士和同心圆智库等方面力量履职尽责。

意识形态工作全面加强。全市意识形态领域积极健康向上，“五个纳入”做法获中宣部专题推介。纵深推进网络综合治理，及时妥善处置突发敏感网络舆情。成立运营国际传播中心，在中央主流媒体刊载报道数量居全省前列。市融媒体中心、市文化传媒集团揭牌成立，“赣南红”客户端上线运行，入选全国地市级媒体深度融合发展试点。高质量拓展新时代文明实践中心建设，县乡村文明实践中心（所、站）实现全覆盖。广泛开展群众性精神文明创建活动，全国文明城市、国家卫生城市创建成果持续巩固，积极争创全国文明典范城市，推荐评选一批全国五一劳动奖、全国工人先锋号和“全国最美家庭”，“中国好人榜”

入选人数全省第一。

社会各界力量广泛汇聚。扎实开展双拥共建，深入推进全民国防教育，全力做好驻市部队服务保障，军政军民团结的大好局面持续巩固。组织开展“民营企业家日”、“万企兴万村”等系列活动，新时代民营经济“两个健康”示范区加快建设。扎实推进第六轮对口支援少数民族乡村工作，深入推进民族团结进步创建。依法加强宗教事务管理，顺利完成宗教团体换届，严厉打击非法宗教活动，坚决遏制宗教渗透蔓延，宗教领域保持和谐稳定。认真做好港澳台侨各项工作，深入开展“暖侨”行动，精心筹办第32届世客会，全省首个对台交流基地揭牌成立。积极做好工会、共青团、妇联、文联、社联、残联、侨联、台联、科协、红十字会等群团工作，高质量完成群团组织换届。

五、持之以恒保障和改善民生，人民生活品质不断提高

市委深入践行以人民为中心的发展思想，大力实施提高民生品质行动，在经济下行压力加大、财政收支矛盾问题突出的情况下，持续保持改善民生的力度和温度，扎实推进全市人民共同富裕，建设安居乐业的幸福家园。

乡村振兴全面推进。深入实施乡村全面振兴行动，连续三年获评全省全面推进乡村振兴实绩考核优秀等次，宁都入选国家首批乡村振兴示范县。持续加强脱贫人口后续帮扶和动态监测，坚决守住不发生规模性返贫的底线。全面落实粮食安全党政同责，严守耕地保护红线，粮食生产实现“十九连丰”。加快发展现代农业，举办中国农民丰收节赣州活动和首届江西油茶文化节，赣南脐橙品牌价值连续八年蝉联全国水果类第一；获批建设赣南茶油国家地理标志产品保护示范区，“赣南茶油”荣登国家区域品牌百强榜50强；启动实施农业产业化水平提升和预制菜产业发展三年行动；全省首个富硒产业标准化技术委员会挂牌成立；被列为全域创建绿色有机农产品基地试点省市共建样板，于都入选国家农业现代化示范区。统筹完善城乡基础设施配套，持续推进人居环境整治，卫生厕所普及率高于全省近12个百分点，会昌获评全国“四好农村路”示范县。大力培塑文明乡风，石城“请客不收礼、节俭办宴席”移风易俗改革得到中央改革办推介、在全省推广。

用心用情用力解决人民群众急难愁盼问题。常态化开展“我为群众办实事”活动，认真办好省市民生实事。扎实做好重点群体就业，积极促进高校毕业生来市留市就业创业，全域建设零工市场，超额完成城镇新增就业和新增转移农村劳动力就业年度任务。区域性教育中心加快建设，义务教育阶段超大班额全面消除；宁都高级技校升格为技师学院；江西师大附中赣江创新研究院分校建成开学；勇夺世界技能大赛特别赛金牌。健康赣州建设深入推进，南方医院赣州医院、广东省人民医院赣州医院获批建设国家区域医疗中心，市中医院新院建设进展顺利，市妇保院新院、市肿瘤医院门诊医技综合大楼投用，国内一流医院对口帮扶市直（驻市）医疗机构、县级综合医院实现全覆盖。

社会保障更加健全。基本养老保险、基本医疗保险、失业保险、工伤保险参保人数均超额完成年度任务，获评国家工伤预防重点联系城市。困难群众救助提标提补全面完成。“一老一小”整体解决方案出台实施，启动公办养老机构改革，城市居家和社区养老服务站点、街道嵌入式养老院实现全覆盖，农村互助养老服务站点覆盖82.9%行政村，入选全国居家和社区基本养老服务提升行动项目试点、积极应对人口老龄化重点联系城市。持续推进老旧小区改造和保障性住房建设，获评全省棚户区改造工作积极作为成效明显的地方，定向保障基层公共服务群体租赁住房“安远模式”在全国推广。

文体事业发展成效更加明显。赣南采茶戏《一个人的长征》获“五个一工程”奖和文华表演奖，成功举办“践行习近平调查研究重要论述，推动革命老区高质量发展”专题座谈会、南方红军三年游击战争胜利暨新四军组建85周年理论研讨会、纪念南昌起义军余部“赣南三整”95周年理论研讨会，于都红军小镇入选全国首批“大思政课”实践教学基地。连续七年举办文化惠民活动，国家公共文化服务体系示范区创新发展复核获评优秀，崇义上堡梯田入选世界灌溉工程遗产和全国红色基因水利风景区，瑞金被列为全国传统村落集中连片保护利用示范县，郁孤台历史文化街区入选首批省级特色文化街区。全国足球改革试验区、全民运动健身模范市加快创建，体教融合改革走在全省前列，定南足球改革获中央领导同志批示肯定，崇义获评全省唯一全国全民运动健身模范县。省运会获金牌总数实现历史性突破。

六、坚持不懈建设美丽赣州，加快打造全国生态文明建设赣州样板

市委坚决贯彻落实习近平生态文明思想，牢固树立和践行绿水青山就是金山银山理念，深入实施美丽赣州建设行动，高标准打造美丽中国“赣州样板”。

环境污染防治力度加大。大力实施新八大标志性战役、30个专项行动，污染防治攻坚战“省考”优秀。扎实推进生态环境保护督察整改销号专项行动，全面抓好长江经济带生态环境警示片、重点信访件等反馈问题整改。持续打好蓝天、碧水、净土提升攻坚战，中心城区 $PM_{2.5}$ 年均浓度绝对值全省最低、改善率列全省第一，县（市、区）空气质量稳定达国家二级标准；国考断面水质优良比例、县级及以上城市集中式饮用水水源地水质达标率均为100%，水质综合指数保持全省前列。

生态系统保护扎实推进。启动创建全国生态文明示范市、无废城市，5个生态文明建设案例在全国推广，上犹获评国家生态文明建设示范区，定南入选“中国天然氧吧”。持续推进矿山生态修复三年行动，历史

遗留废弃矿山生态修复项目入选国家示范工程。深入开展赣南区域国土绿化试点示范，全面完成101.23万亩低质低效林改造。全国水土保持高质量发展先行区建设稳步推进，经验做法在全国性会议上作典型发言，全市水土保持率达到82.35%，宁都被列为国家水土保持示范县。

绿色低碳发展稳步前行。出台双碳“1+N”政策体系方案，获批一批省级碳达峰试点县（园区），金力永磁成为全球稀土永磁行业首家“零碳工厂”。加快发展方式绿色转型，省级以上园区绿色化、循环化改造实现全覆盖，万元GDP能耗下降3%，获评全国绿色出行创建达标城市。扎实推进林业碳汇试点，成立全省首家湿地资源运营中心，争取中央预算内长江经济带绿色发展专项数量和资金额均列全省第一。

七、全力以赴统筹发展和安全，社会大局保持和谐安宁稳定

市委牢固树立和坚定贯彻总体国家安全观，科学统筹发展和安全两件大事，全力防范化解重大风险，突出加强社会治理创新，全力维护社会大局和谐稳定。

疫情防控精准果断高效。高效处置系列输入性关联性疫情，宁都县、赣州经开区、章贡区聚集性疫情分别仅用10天、7天、5天时间实现社会面清零，得到国务院联防联控机制和省委、省政府充分肯定。迅速全面落实上级优化疫情防控“20条”和“新10条”，坚决防止层层加码、过度防疫。累计派出14批次2447人次支援外地抗击疫情。

重点领域风险总体可控。坚持把政治安全放在首要位置，严厉打击渗透破坏活动，国家政治安全、政权安全、制度安全持续牢固。着力化解政府债务风险，争取债务限额规模、增幅和占比均居全省第一，隐性债务实现“零增长”，全市政府债务控制在合理区间。有效遏制金融风险隐患，扎实开展非法金融放贷排查整治，非法集资防范处置保持全省第一方阵。扎实做好稳地价、稳房价、保交楼工作，全力化解房地产领域风险，房地产市场保持平稳健康发展。

法治赣州建设深入推进。全面依法治市纵深推进，“八五”普法规划全面启动，“法律明白人”培养工程深化拓展，司法行政满意度居全省前列。全面推行行政执法“三项制度”和企业“安静生产期”制度，行政机关负责人出庭应诉率保持全省前列，涉企纠纷化解经验做法获评全国典型。着力抓好特殊人群服务管理，全力维护社会稳定。法治惠民工程深入开展，建设一批标准化规范化公共法律服务中心（工作站），公共法律服务量居全省前列，人民调解成功率达95%。

市域社会治理和谐有序。市域社会治理现代化试点深入推进，“联村共治法润乡风”寻乌经验获中央领导同志批示肯定、在全国推广。政法队伍教育整顿成果持续巩固，常态化推进扫黑除恶斗争，系统整治养老诈骗、电信网络诈骗等违法犯罪活动，扫黑除恶满意度全省领先，公众安全感、公安满意度连续四年全省第一。信访形势平稳向好，进京赴省上访实现大幅下降，信访积案化解工作走在全省前列。安全生产专项整治三年行动扎实有效，安全生产事故起数、死亡人数同比下降幅度创历史新高，亿元GDP事故死亡率居历史最低水平。

八、坚定不移全面从严治党，党的建设质量更加过硬

市委深入贯彻新时代党的建设总要求，深入实施党建质量过硬行动，纵深推进全面从严治党，全面建设勤廉赣州，巩固发展风清气正的良好政治生态。

班子自身建设坚实有力。市委常委班子旗帜鲜明讲政治，带头强化政治理论武装，深刻领悟“两个确立”的决定性意义，增强“四个意识”、坚定“四个自信”、做到“两个维护”，始终在思想上政治上行动上同以习近平同志为核心的党中央保持高度一致。严格遵守政治纪律和政治规矩，从严执行请示报告制度，不折不扣落实上级各项决策部署。加强和规范党内政治生活，高质量开好专题民主生活会。积极践行党的群众路线，带头接待群众来访、开展调查研究、联点帮扶企业、外出考察招商等。严守廉洁自律制度规定，主动接受各方面监督，班子凝聚力、战斗力持续增强。

基层党建质量持续提升。分领域从严从实抓好基层党建工作，统筹推进城市、“两新”、机关、学校、医院、国企等各领域党建均衡发展，打造“让党放心、人民满意”模范机关工作在全省作经验交流，全省首个全景展示苏区国资国企史的党建馆获中组部肯定，全省党务技能大赛获奖总数和获奖质量列设区市第一。深入推进抓党建促乡村振兴，大力排查整顿软弱涣散党组织，打造一批“红色名村”和乡村振兴模范党组织。大力实施村集体经济提质增效三年行动，所有行政村经营性收入超15万元、村均达43.58万元。认真落实党管武装制度，组织开展第一书记党管武装述职和市四套班子领导过“军事日”活动，《基层人民武装部政治教导员工作规定》填补了全国空白、相关做法获中央军委有关领导批示肯定。

干部队伍建设进一步加强。加强换届后领导班子和干部队伍建设，持续加大年轻干部、党外干部选拔使用力度，注重在项目基层一线培养锻炼干部。大力实施干部能力提升工程，举办“八大行动”专题研讨班，继续选派优秀干部赴中央国家机关和经济发达地区挂职锻炼、跟班学习。全面推进综合考核工作。开展失实检举控告澄清正名和容错纠错，严肃查处诬告陷害行为，推进领导干部能上能下，持续激励干部担当作为。积极选树先进典型，1人、2个集体分别荣获全国“人民满意的公务员”和“人民满意的公务员集体”。高质量做好党的二十大代表选举工作，出席党的二十大代表均全票当选。

正风肃纪反腐从严从紧。扎实开展落实中央八项规定精神十周年“回头看”活动，中央八项规定精神堤坝持续加固。驰而不息纠“四风”、树新风，深化整治形式主义官僚主义，巩固拓展为基层减负成果。“市级巡察机构在上下联动中更好发挥作用”试点圆满完成，经验做法在全国会议上作典型发言、向全国推广。始终保持惩治腐败高压态势，坚决查处群众身边的不正之风和腐败问题，深化整治国资国企、金融、医疗卫生、开发区、涉林等重点领域腐败，全市立案3088件、处分2805人、留置75人。扎实推进以案促改制度化规范化，深入推进纪检监察体制改革，全面加强新时代廉洁文化建设，“三不腐”一体推进持续深化。

经过全市上下的共同努力，革命老区高质量发展示范区建设扎实有效。成绩殊为不易，值得倍加珍惜。但全市发展不平衡不充分的问题仍然存在，经济总量不大、人均水平较低，创新能力不足、产业层次不高、要素制约不少，基础设施、公共服务、社会治理、党的建设还要进一步加强，必须高度重视、加快解决。市委常委会将坚持以习近平新时代中国特色社会主义思想为指导，全面贯彻落实党的二十大精神，深入贯彻习近平总书记视察江西和赣州重要讲话精神，认真落实省委十五届三次全会精神，全力推进“三大战略、八大行动”，加快建设革命老区高质量发展示范区，奋力谱写全面建设社会主义现代化赣州的新篇章。

政府工作报告

一、2022年工作回顾

2022年是党的二十大召开之年，也是赣州发展进程中极为重要的一年。在省委、省政府和市委的坚强领导下，全市上下坚持以习近平新时代中国特色社会主义思想为指导，深入贯彻习近平总书记视察江西和赣州重要讲话精神，按照“疫情要防住、经济要稳住、发展要安全”重要要求，紧扣“六个江西”建设要求，深入实施“三大战略、八大行动”，高效统筹疫情防控和经济社会发展，革命老区高质量发展示范区建设取得新成效。

——这一年，赣南等原中央苏区振兴发展战略实施十周年系列活动隆重举办，《赣州革命老区高质量发展示范区建设方案》获国务院批复实施，深赣对口合作上升为国家战略，支持革命老区的4个重点领域实施方案全部出台并给予赣州重点支持，赣南人民倍感振奋、感恩奋进！

——这一年，面对错综复杂的国内外形势，我市及时出台稳经济一揽子政策，扎实开展“大干项目、大抓落实年”活动，强劲开局一季度、强攻二季度、拼搏三季度、决战四季度，多数主要经济指标增幅保持全省“第一方阵”，6项工作获国务院督查激励表彰、创历年之最！

——这一年，面对多重超预期因素冲击，全市上下众志成城，科学果断处置了多轮多点突发疫情，战胜了历史性强降雨和超警戒洪水，抗击了赣州有气象记录以来最严重旱情，最大限度减少了疫情影响和灾害损失，经受住了大战大考的严峻考验！

一年来，主要做了以下工作：

（一）*力稳经济大盘，向好态势更加稳固。*投资力度加大，争取政策性开发性基金、政府专项债、中央预算内投资、企业债、境外债的项目个数、资金规模、所占份额均列全省第一，526个省大中型项目、1499个“八大行动”项目完成投资分别占年度计划的133.3%、113.5%。一批重大基础设施取得突破，赣南人民盼望多年的瑞梅铁路和长赣高铁、赣州最大水利工程梅江灌区开工建设，大广高速南康至龙南段扩容工程、寻龙高速建成通车，瑞金机场、五云码头主体完工，信丰电厂双机投运，新能源装机和年发电量全省第一，县县通管道天然气。消费加快恢复，全市发放消费券1.6亿元，“百城百夜”消费季比拼全省第一，网络零售额突破600亿元、领跑全省，跨境电商业务突破400万单、是去年的5倍。外贸稳量提质，赣州国际陆港获批国家进口贸易促进创新示范区，开通全省首列“铁路快通”中欧班列、中老国际班列、赣深城际高速货运班列，“赣穗组合港”正式运营，铁路集装箱吞吐量增长9.2%；综保区进出口实现翻番，首进中西部20强。助企纾困有力，“亲清赣商”平台兑付惠企资金127.51亿元，市场主体净增8.5万户、总量达82.7万户。预计全年GDP增长6%左右，一般公共预算收入同口径增长12%左右，规模以上工业增加值增长9%左右，固定资产投资增长10%左右，社会消费品零售总额增长6.5%左右，实际利用省外2000万元以上项目资金增长9%以上，实际利用外资增长8.5%左右，出口总额增长30%左右，城镇和农村居民人均可支配收入分别增长5.7%、9%左右。

（二）*力推产业升级，经济结构更加优化。*“1+5+N”产业量质双升，获批创建省制造业高质量发展试验区，跃居全国先进制造业百强城市第60位、前移4位；稀土矿山停产6年后重启升级改造复产，稀土新材料及应用集群跻身全省唯一国家先进制造业集群，有色金属和新材料产业规上营收首次突破2000亿元，南康家具获评省五星级产业集群，格力空调、吉利动力电池产品下线；规上工业企业净增202家、总量全省第一，新增营收超50亿元企业6家、超百亿元企业1家，总数分别达10家、4家；赣州经开区、南康区获评“四星”国家新型工业化产业示范基地，赣州高新区“一区三园”改革获科技部批复实施。中科院赣江创新研究院运行良好，中国工程院医药卫生学部赣州院士行活动成功举办，江西省现代家具、稀土2个产业科技创新联合体组建运行，市产业技术研究院揭牌成立，赣南创新与转化医学研究院建成投运，获批首批国家知识产权强市建设试点城市，世界首列永磁磁浮空轨列车“兴国号”成功首发，金力永磁成为全球同行业首家“零碳工厂”，国家优秀青年科学基金项目、井冈质量奖获奖企业实现“零”的突破，242家高新技术企业获认定公示，科技型中小企业净增564家、总量全省第二，入选省“独角兽”“瞪羚”企业21家、增长50%。获批国家区块链创新应用综合性试点，“赣南脐橙链”入选工信部区块链十大经典案例，落户国家工信安全中心江西分中心，成功创建“千兆城市”，数字经济增加值有望突破1700亿元、保持全省第二，赣州跃居全国数字经济城市发展百强榜第58位、前移4位。农业稳产保供，成功举办中国农民丰收节赣州活动；新建高标准农田63.2万亩，粮食生产实现“十九连丰”；冬播油菜42万亩，增长37%；生猪出栏保持在660万头以上；新增脐橙6万亩，赣南脐橙连续八年位居全国水果类地理标志产品价值榜首；新建设施蔬菜基地5.06万亩，新增大湾区菜篮子生产基地36家、24个产品获“圳品”认证、均居全省第一；改造提升油茶林20.2万亩，承办首届江西油茶文化节，获批建设赣南茶油地理标志产品保护示范区，赣南茶油上榜国家区域品牌百强榜第49名、前进5名；引进开工投资超5000万元农产品加工项目25个；新增富硒高标准农业产业基地50个，全省首个富硒产业标委会挂牌成立；我市被列为全域创建绿色有机农产品基地试点省市共建样板，信丰、全南、上犹、兴国、于都被列为县级先行标杆；于都入选国家农业现代化示范区，宁都获批创建国家乡村振兴示范县。现代服务业提质增效，金融机构存贷款余额均突破7300亿元，新增上市企业4家；三百山晋级国家5A级旅游景区，丫山入选国家级旅游度假区，于都获评全省首批“风景独好”旅游名县；南康家具市场入选全国十强电商示范基地，安远电商产业园获评国家电商示范基地，章贡、瑞金、赣县、石城列入全省县域物流配送体系建设试点县，“互联网+第四方物流”供销集配体系实现县域全覆盖。

（三）*力抓改革开放，发展活力更加强劲*。“放管服”改革全域试点有力推进，235项对标提升改革任务较好完成，“赣服通”5.0、“赣政通”2.0上线运行，118项市级权限“市县同办”、127项深圳事项在赣州“24小时自助可办”、69项高频事项“一件事一次办”、402项政务服务事项“全程网办”、1303项惠企政策“免申即享、即申即享、承诺兑现”，374项包容免罚清单体现执法温度，“新官不理旧账”等四大专项治理共整治问题609个（件），营商环境评价居全省前列，对标大湾区打造新时代“第一等”营商环境入选全省十佳案例。重点领域改革蹄疾步稳，国资国企改革创新三年行动任务圆满完成，国有融资担保机构实现县域全覆盖，赣州银行完成增资扩股，普惠金改试验区建设通过国家中期评估，赣州经开区落地全省首单知识产权证券化项目，市融媒体中心、市文化传媒集团、市人才集团、市供销集团挂牌运行，市属科研院所、公园景区、高铁新区、赣州国际陆港和中心城区城管、乡镇管理体制等改革稳步推进，乡村治理“积分制”、大余宅改试点、石城移风易俗等改革经验在全国推广，安远入选全国农村综合性改革试点试验县，崇义成立全省首家湿地资源运营中心。开放合作走深走实，建立深赣对口合作联席会议制度，确定首批合作事项21项；与佛山、郴州、潍坊签订合作协议；成功举办进博会赣州专场活动、数字经济产业合作推介会和赣南脐橙、家具、纺织服装产业博览会等活动，签约项目421个、总投资3483亿元，引进百亿元项目8个，申报“5020”项目51个，获评全省唯一“中国投资热点城市”。

（四）*力促城乡融合，功能品质更加完善*。“三区三线”划定成果正式启用。中心城区新（续）建7条59.1公里快速路，蓉江三路快速路全线贯通，蟠龙大桥主桥合龙，三江口片区基础设施建设全面启动，高铁新区综合交通路网加速成形，蓉江新区建成区面积约20平方公里，章贡区上榜全国综合实力百强区；市图书馆、文化馆新馆开馆；完成城市棚户区改造1.88万户，改造老旧小区151个，建设保障性租赁住房1.67万套，新（改）建污水管网225公里，改造老旧燃气管网110公里；入选全国城市体检样本城市、省级海绵城市建设示范城市，全国文明城市建设通过暗访测评，获评全省城市功能与品质提升三年行动先进设区市，石城、信丰、全南获评全省先进县。农村人居环境持续改善，长效管护机制基本建立，农房突出问题有效整治，完成新农村建设点2649个，新（改）建农村公路755公里，安装农村路灯5.8万盏，完成农村改厕1.4万个、卫生厕所普及率高于全省11.9个百分点，会昌、上犹分别入选“四好农村路”全国、全省示范县，安远获批全国交通强国建设试点，瑞金入选全国传统村落集中连片保护利用示范县，寻乌、崇义分别获评全省美丽宜居示范先行县、美丽乡镇建设先进县，龙南、全南获评全省“美丽活力乡村+乡宿”联动建设先行县。生态环境巩固提升，完成水土流失治理455.2平方公里，生态修复废弃矿山204.8公顷，历史遗留废弃矿山生态修复项目入选国家示范工程，改造低质低效林101.23万亩，省级以上园区绿色循环化改造实现全覆盖，万元GDP能耗下降3%左右，污染防治攻坚战“省考”获评优秀，中心城区$PM_{2.5}$平均浓度全省最低，县（市、区）空气质量稳定达国家二级标准，水质综合指数保持全省前列，5个生态文明建设案例在全国推广，上犹获评国家生态文明建设示范区，定南入选中国天然氧吧，宁都被列为全国水系连通及水美乡村建设县。

（五）*力保民生稳定，群众福祉更加厚实*。民生支出849.08亿元，占一般公共预算支出的82.6%。常态化开展“我为群众办实事”活动，83件民生实事基本完成，新增“七个位”38.31万个。脱贫攻坚成果巩固拓展，落实帮扶政策精准有效，“三保障”和饮水安全更加稳固，脱贫户人均纯收入增长13.8%，守住了不发生规模性返贫的底线。在全省率先实现医保按病种分值付费全覆盖，次均住院费用下降343元。城镇新增就业、新增转移农村劳动力年度任务超额完成，来市留市就业高校毕业生2.18万人，就业服务示范区项目获评全国示范，赣州经开区成功创建全国和谐劳动关系示范工业园区。新（改、扩）建公办幼儿园37所、中小学校85所，江西师大附中赣江创新研究院分校开学，赣州职院“三校”管理体制改革顺利完成，我市选手斩获世界技能大赛特别赛金牌，勇夺全省首届职业技能大赛团体第二佳绩。获省运会金牌数实现历史性突破，全国足球改革试验区建设全面推进，定南获评全国青少年校园足球“满天星”训练营，崇义入选全国全民运动健身模范县。南方医院赣州医院、广东省人民医院赣州医院获批国家区域医疗中心，市妇保院新院、市肿瘤医院门诊医技综合大楼投用，国内一流医院对口帮扶县级综合医院实现全覆盖。全面完成困难群众救助提标提补，在全省率先实施婴幼儿入托补贴政策，入选青年发展型城市建设试点、全国居家和社区基本养老服务提升行动项目、积极应对人口老龄化重点联系城市。国家公共文化服务体系示范区创新发展复核获评优秀，长征学院、长征大剧院建成运营，红军小镇入选全国首批“大思政课”实践教学基地，《一个人的长征》获“五个一工程”奖和文华表演奖。加强意识形态阵地建设，新时代文明实践站实现村村全覆盖。金融、房地产市场平稳健康发展，政府债务控制在合理区间。生产安全事故起数、死亡人数“双下降”，信访积案化解工作成效明显，红色治理、寻乌经验等市域社会治理品牌在全国推广，电信网络诈骗案件高发势头得到有力遏制，扫黑除恶满意度全省领先，公众安全感、公安满意度连续四年全省第一。

国防动员和双拥共建深入开展，群团组织桥梁纽带作用有效发挥，退役军人事务、统计调查、审计、外侨、人防、科协、气象、消防救援、水文、民族宗教、老龄、慈善、红十字会、关心下一代等工作取得新成效。

全面掀起学习宣传贯彻党的二十大精神热潮，推动党史学习教育常态化长效化，“五型”政府建设取得更大实效，市苏区办、瑞金消防救援大队获评全国“人民满意的公务员集体”，1人获评全国“人民满意的公务员”。深化法治政府建设，启动“八五”普法，《赣州市农村住房建设管理条例》颁布，完成《赣州市扬尘污染防治条例（草案）》立法审查，办理人大代表建议312件、政协提案640件。认真开展落实中央八项规定精神十周年“回头看”活动，深刻汲取龚建华、肖毅等案件教训，扎实推进省委巡视发现涉及政府职能方面问题整改，政府系统全面从严治党向纵深发展。

各位代表！回顾一年的工作，成绩来之不易，最根本在于习近平新时代中国特色社会主义思想的科学指引，在于省委、省政府和市委的坚强领导，在于市人大、市政协和社会各界的监督支持，在于全市广大干部群众的团结奋斗、拼搏进取！在此，我谨代表市人民政府，向全市人民，向各民主党派、工商联、无党派人士和各人民团体，向驻市解放军和武警部队官兵、公安干警和消防救援人员，向中央和省属驻市单位、中央和国家对口支援单位及全体挂职干部，向所有关心支持赣州发展的各界人士和朋友，表示衷心的感谢和崇高的敬意！

需要说明的是，受需求收缩、供给冲击、预期减弱等三重压力和疫情等超预期因素影响，我市和全国、全省一样，稳增长压力加大，GDP、社会消费品零售总额、城镇和农村居民人均可支配收入等4项指标增幅虽然有望位居全省前列，但预计低于全年计划。同时，我们也清醒认识到，我市经济总量偏小、人均水平偏低，产业层次不高、创新能力不足，大企业、大项目仍然偏少，县域经济整体偏弱，开放合作水平不高，消费有待加速回补，基础设施、生态环保、民生保障、社会治理、安全生产等领域还存在不少短板，少数干部思想不够解放，不担当、不作为、乱作为现象时有发生，等等。我们一定全力改进工作，决不辜负人民期待！

二、2023年工作安排

2023年是全面贯彻落实党的二十大精神开局之年，做好明年工作意义重大。总体要求是：以习近平新时代中国特色社会主义思想为指导，全面贯彻落实党的二十大精神，深入贯彻习近平总书记视察江西和赣州重要讲话精神，认真落实中央、省委经济工作会议精神，扎实推进中国式现代化，坚持稳中求进工作总基调，完整、准确、全面贯彻新发展理念，加快构建新发展格局，更好统筹疫情防控和经济社会发展，更好统筹发展和安全，把实施扩大内需战略同深化供给侧结构性改革有机结合起来，突出做好稳增长、稳就业、稳物价工作，有效防范化解重大风险，全力推进“三大战略、八大行动”，加快建设革命老区高质量发展示范区，奋力谱写全面建设社会主义现代化赣州的新篇章。

主要预期目标是：GDP增长7.5%左右，规模以上工业增加值增长8.5%以上，一般公共预算收入增长3.5%左右，固定资产投资增长10%以上，社会消费品零售总额增长8.5%以上，实际利用省外2000万元以上项目资金增长8.5%以上，实际使用外商直接投资额稳中有进，出口总额稳中提质，城镇居民人均可支配收入增长7.5%左右，农村居民人均可支配收入增长9.5%左右，居民消费价格总水平涨幅控制在3%左右，城镇调查失业率控制在5.5%以内，节能减排完成省下达任务。

重点抓好八个方面工作：

（一）坚定不移推动工业倍增升级

厚植产业集群优势。坚持把发展经济的着力点放在实体经济上，瞄准产业高端、产品终端、科技前端，加快延链补链强链，壮大“1+5+N”产业集群。现代家居产业重点推进家具家电家装深度融合，运营好国家级工业设计中心，建设国际家居总部经济区、会展中心，引进顾家家居等龙头企业，推动A家家居等头部企业项目投产，推进“百城千店”计划，力争产业集群营收达2800亿元。有色金属和新材料产业重点推动稀土产业向高性能磁性材料和永磁电机、钨产业向硬质合金及刀钻具、铜产业向高精铜箔延伸，加快中科三环、江钨产业园等项目投产，力争规上工业营收达2300亿元。电子信息产业重点围绕新型显示、智能终端、汽车电子等领域，推动富士康、大族数控等项目建成投产，力争规上工业营收突破2000亿元。新能源及新能源汽车产业重点统筹全市锂资源开发综合利用，加快孚能和吉利科技动力电池、佳纳能源、天能新能源、纬景储能、中科锂业等项目建设，支持国机智骏引进战略投资者，构建涵盖锂电二阶材料、锂电一阶材料、锂电池到综合回收利用的锂电新能源全产业链，力争规上工业营收突破1000亿元。纺织服装产业重点向数字化、智能化、品牌化升级，加快深圳时尚产业园、于都均安牛仔智造产业园、面辅料和服装交易市场等建设，力争产业集群营收达1300亿元。医药食品产业重点引进高值医疗器械、诊断试剂、医学影像、细胞治疗、宠物健康等领域项目，实施预制菜产业发展三年行动，力争规上工业营收达350亿元。

狠抓企业项目建设。实施亿元以上工业项目442个、年度计划投资1571亿元，开工格力小家电生产基地等312个项目，续建中金电子等130个项目，竣工投产威高集团南方制造基地等208个项目。深入实施企业梯次培育行动，支持存量企业技改扩规、兼并重组，实现“老树发新芽”，新增入规企业300家以上，新培育营收50亿—100亿元企业6家、超百亿元企业3家。

增强园区承载能力。促进开发区高质量发展，支持赣州经开区建设一流国家级经开区、营收突破1600亿元，推动龙南经开区营收达580亿元、赣州高新区营收突破500亿元、瑞金经开区营收达360亿元，支持定南创建国家级安全应急产业综合类示范基地。落实国家级开发区认领市级管理权限指导目录，推进“政区合一”改革，推动8个省级开发区扩区调区。深入实施集群式项目“满园扩园”行动，深化“亩均论英雄”改革，支持“工改工”试验，加大闲置低效用地清理和“腾笼换鸟”力度，提高标准厂房入驻率。

全域推进数字赋能。深入实施数字经济做优做强“一号发展工程”，建设数字经济重点项目110个、完成年度投资640亿元。推进数字经济集聚区建设，提升5G、大数据、信息安全、区块链技术等产业园承载能力，加快建设赣深数字经济走廊，力争数字经济核心产业营收达1400亿元。实施上云用数赋智工程，推动“产业大脑”建设、“5G+工业互联网”示范应用，每个县（市、区）培育上云标杆企业2–3家，全市规上企业上云覆盖率达80%以上。

（二）坚定不移强化科技创新赋能

强化科技战略支撑。争取获批组建国家稀土技术创新中心、稀土全国重点实验室，重组“重大疾病新药靶发现及新药创制”全国重点实验室，加快建设国家医药科创中心、自然资源部离子型稀土资源与环境重点实验室。提高规上工业企业研发活动覆盖率，实施工业技改项目400个，新入库科技型中小企业1750家，新认定“独角兽”“瞪羚”企业20家、“专精特新”企业100家。推进科技计划项目“包干制”试点，实施一批“揭榜挂帅”制项目，强化关键核心技术攻关，加速科技成果落地转化。

加快教育高质量发展。实施职业学校办学条件达标工程，发挥职教联盟作用，加强与湾区职业（技工）院校合作，支持各地办好骨干职业（技工）院校，加快和君职业学院二期、远恒佳职业学院等项目建设，大力培养高技能人才和技术能手。深入推进部省共建教育改革发展试验区，支持江西理工大学“双一流”学科建设、赣南师大申报博士学位授予单位、赣南医学院更名大学、江西应用技术职业学院专升本。与江西财大合作共建数字设计现代产业学院，争取开办赣州研究院。吸引2万名以上高（职）校毕业生“留赣干”，力争留赣就业毕业生占比达50%以上。

广聚创新创业人才。全面落实人才新政，实施重大人才行动，组建人才创新创业基金，深化人才发展体制机制改革，构建全国重要的人才集聚中心和创新高地。市场化专业化运营市人才集团，建好线上线下“一站式”人才服务平台，推进人才小镇建设，新建一批“国字号”人才发展平台、人才飞地、周末工程师人才驿站。常态化开展“双招双引”，引进培养高层次人才和领军团队300个、产业急需紧缺人才6000人。

（三）坚定不移全面深化改革开放

全面优化营商环境。开展营商环境创新试点，抓好40项重点改革任务落实，确保营商环境达到全国一流水平，擦亮“干就赣好”品牌。加大“放管服”改革力度，深化“市县同权”、工业项目“拿地即开工、竣工即投产”等改革，升级“赣服通”“赣政通”赣州分厅、“亲清赣商”、智能审批等平台，实现95%以上依申请政务服务事项网上可办，90%以上高频政务服务事项掌上可办，更多惠企政策免申即享、即申即享、直达企业。扩大“跨省通办”范围，上线“一件事一次办”服务事项200项，推出免证办理事项150项，建设“无实体印章”“无纸质证明”城市。探索建立深赣政务服务“全域通办”机制，扩大“深赣通办”自助服务区试点，打造“跨省通办”全域合作示范区。加强法治化营商环境、信用环境建设，深化“双随机、一公开”监管，持续开展“新官不理旧账”等专项治理、涉企违规收费专项整治。推动新时代民营经济“两个健康”示范区建设，毫不动摇支持民营企业高质量发展。实施产业链链长制升级版，落实完善惠企政策和政企圆桌会、惠企稳岗保运行等机制，全力助企纾困。

深化重点领域改革。推进国资国企改革创新攻坚行动，加大市属国有资本投资运营公司改革试点力度，加强国资监管和风险防范。深入实施零基预算和预算绩效管理改革，配套推进市区财政事权与支出责任划分改革。巩固融媒体中心改革成果，开展传播力提升年活动。深化农业农村“三改合一”改革，稳慎推进农村宅基地制度改革试点和规范管理三年行动，抓好乡镇“一级财政”试点。加快供销合作社综合改革，增强为农服务功能。

推进高水平对外开放。加快打造对接融入粤港澳大湾区桥头堡，实施深赣对口合作五年行动，推动合作事项落地见效，加快深赣港产城一体化合作区建设，积极与深圳等大湾区城市共建“飞地”产业园区；加强农产品供销合作，培育认证大湾区菜篮子生产基地和“圳品”各10个以上；建设深赣两地红色教育培训首推基地，推进饮水思源·香港青少年国民教育基地提标升级，打造大湾区生态康养旅游后花园。深入开展招商引资“赛马比拼”，加大平台招商、资本招商力度，办好“央企援赣”“粤企入赣”等活动，引进投资超2000万元项目400个，其中百亿元项目10个、50亿-100亿元项目20个、20亿-50亿元项目40个，实现省考核认定“5020”项目40个以上。培育壮大外贸经营主体，高质量建设进口贸易促进创新示范区。深化口岸“三同”试点，完成综保区规划调整建设并通过国家验收。

（四）坚定不移推进乡村全面振兴

巩固拓展脱贫攻坚成果。抓实产业就业创业帮扶，强化产业联农带农益农作用，推动就业帮扶车间稳定发展，确保中央财政衔接推进乡村振兴补助资金投入产业比例不低于60%、脱贫人口和监测对象生产经营性收入有较大提升。加强“三类人员”动态监测和精准帮扶，持续实施防返贫保险，充分发挥帮扶政策综合效益，坚决防止出现规模性返贫。强化易地扶贫搬迁后续扶持，加快补齐重点帮扶村基础设施和公共服务短板，提升脱贫群众生活品质。

加快建设现代农业强市。全方位夯实粮食安全根基，确保粮食总产稳定在52亿斤以上。严守耕地红线，推进“旱地改水田”土地整治，建设高标准农田55.2万亩，做好第三次全国土壤普查。深入实施农业产业化提升三年行动，新增脐橙5万亩、设施蔬菜4万亩，改造油茶林20万亩、毛竹丰产林6万亩，生猪出栏660万头以上；引进投资超5000万元农产品深加工项目15个以上，培育一批国家级、省级农业龙头企业；大力推广水肥一体化滴灌技术，新建全程机械化综合农事服务中心，提升农业设施化水平；加快农产品仓储保鲜冷链项目建设，建强农业经营体系。持续打响富硒品牌，培育富硒功能农业重点县，推进富硒产品国检中心建设，打造全国重要的富硒农产品供应基地。大力培养乡村产业人才，力争培育高素质农民5000名、农村实用人才10万人以上。大力发展乡镇经济和新型农村集体经济，力争90%村集体经营性收入达20万元。

深入实施乡村建设行动。支持创建国家乡村振兴示范县。大力推进美丽乡镇建设五年行动，建成示范镇20个以上。推动农村人居环境整治提升，编制“多规合一”实用性村庄规划，分类推进农房突出问题整治，常态化管控和营造赣南乡村建筑风貌，提高农村生活垃圾治理水平，完成150个行政村生活污水治理，新（改）建标准化农村户厕5.65万个。接续开展乡村振兴行政村“扫一遍”行动，推进915个行政村、2600个新农村点建设。新（改）建农村公路800公里，加快县通乡镇公路升级改造，开展“四好农村路”三年行动和示范市、县创建。实施农村电网巩固提升工程、供水水质提升专项行动，基本实现25户以上自然村路灯全覆盖，5G信号覆盖重点行政村。开展乡村治理体系试点示范，加快“数字乡村”试点建设，深化移风易俗，打造善治乡村。

（五）坚定不移提升城市发展能级

优化完善基础设施体系。深化革命老区交通强国试点，强化省域副中心城市基础支撑，建成瑞金机场、信雄高速、五云码头，加快瑞梅铁路、长赣高铁、遂大高速、大广高速吉安至南康段改扩建、黄金机场T1航站楼二期改造、G105中心城区改线二期等项目建设，开工寻全高速西延、兴樟高速、济广与厦蓉高速会昌联络线、龙南G105绕城公路、城西大道等项目，推动赣安寻高速、龙河联络线扩容、信丰电厂二期、黄金机场三期改扩建等项目前期工作。开工赣州500千伏变电站增容工程，力争闽赣异步联网、第二回入赣特高压直流工程布点赣州，推动赣县、寻乌抽水蓄能电站前期工作。加快革命老区水利高质量发展示范区建设，创建全省首批水网先行市，推动中心城区、瑞金、龙南等重点城市防洪治涝达标建设，启动山塘水库整治三年行动，加快建设梅江灌区，推进营口水库和平江、桃江、平富等灌区及茅店、极富、寒信枢纽工程前期工作，提升防洪减灾、保供保灌和水资源配置能力。

推动城市功能品质升级。强化市级规划统筹，完成市县国土空间总体规划编制，修编中心城区控制性详规，加强重点区域城市设计和风貌塑造。昂起中心城区龙头，加速推进五区一体化，新（续）建9条81.6公里快速路、6座跨江大桥、10条城市主干道；推动市城展馆建成开馆，完成市民综合服务中心、工人文化宫、新华书城主体工程；高品质打造蓉江新区“一区四中心”，加快高铁空港新区37个重点项目建设，全面完善三江口片区基础设施，促进中心城区组团式、多中心发展。深化城市更新试点，改造老旧小区125个，持续推进既有住宅加装电梯，大力发展装配式建筑和绿色建筑。开展完整居住社区试点，布局一批生活服务综合体、社区连锁店和特色小店，新增公共停车泊位2万个，确保无物业小区物业服务覆盖率达85%以上。完成市云计算大数据中心主体建设，建成城市大脑一期、五区一体智慧停车系统，开展高品质智慧社区建设试点，打造新型智慧城市。深化全国文明城市、国家卫生城市建设，创建国家生态园林城市、全国无障碍建设示范城市，推动新一轮国家卫生县（乡镇）创建，抓好生活垃圾分类工作，打造洁净舒适生活空间。

建设区域性消费中心城市。推进商贸消费提质扩容三年行动，提振大宗消费，拓展首店、会展、赛事经济等消费新场景，打造2个核心商圈，建设水西商街等特色商业街区，开展"赣品网前冲"系列电商营销活动。深入实施"引客入赣"工程，抓好方特二期、七鲤古镇等项目建设，支持石城温泉创建国家级旅游度假区，推动露营旅游休闲、民宿产业发展，办好中国红色旅游博览会。完成普惠金改试验区建设三年任务，引导金融机构加大对小微企业、科技创新、绿色发展等领域支持力度，新增贷款800亿元以上、总量突破8000亿元，新增上市企业5家。启动现代流通体系建设中长期规划编制工作，推动县域物流配送体系建设试点，完善城乡冷链物流骨干网和农村寄递物流体系，支持供销合作社开展商业流通体系建设，打造商贸物流产业链升级版。

实施县域经济倍增计划。出台加快县域经济高质量发展政策措施，坚持因地制宜、分类施策、扬长补短，支持各县（市、区）走特色化、差异化发展之路。加大扩权强县改革力度，赋予县域经济发展更大自主权。支持县域首位产业、特色产业发展，培育壮大建材、玻纤、氟盐化工等产业集群，打造一批工业强县、农业强县、商贸强县、文旅强县，提高县域经济占全市经济比重。健全农业人口市民化配套政策，加快县域人口集聚。加强城镇基础设施建设，促进县城公共服务设施提标扩面。引导各县（市、区）比学赶超"参照地"，力争经济总量和高质量发展综合绩效考核在全省争先进位。

（六）坚定不移加快美丽赣州建设

深入推进环境污染防治。持续深入打好蓝天、碧水、净土保卫战，全面推进新八大标志性战役、30个专项行动，确保中心城区$PM_{2.5}$平均浓度控制在27微克/立方米以内，空气质量优良天数比率达95.1%以上，地表水省监测断面水质优良比例达97.3%以上，受污染耕地安全利用率达93%以上。扎实推进生态环保基础设施建设三年行动，建成投用南康、龙南、崇义、寻乌生活垃圾焚烧发电项目，加快实施中心城区生活污水治理厂网一体化等项目，确保中心城区、县（市）建成区生活污水集中收集率分别达50%、40%以上。

加强生态系统保护修复。推进山水林田湖草沙生命共同体示范区建设，完成废弃矿山生态修复99.16公顷、低质低效林改造100万亩、水土流失治理400平方公里、国土绿化试点示范项目7.26万亩，创建1-2个国家水土保持示范工程。深化长江经济带"共抓大保护"，巩固禁捕退捕成果，加快上犹、寻乌、龙南绿色发展示范工程建设。实施河（湖）长制、林长制升级版，抓好20条（段）幸福河建设，推动落实第三轮东江流域上下游横向生态补偿工作，筑牢生态安全屏障。

加速绿色低碳转型发展。实施碳达峰"十大行动"，推进零碳排放区示范工程，支持南康、龙南经开区碳达峰试点，强化能耗双控和"两高"项目管理。全域推进生态产品价值实现机制建设，大力发展绿色金融，深入开展全民所有自然资源资产所有权委托代理机制试点，推进崇义、全南、上犹生态产品总值核算试点，加快会昌、崇义林业碳汇试点，抓好定南国家储备林项目建设，争创1个国家生态文明建设示范区、1个国家"绿水青山就是金山银山"实践创新基地，创建国家生态文明建设示范市。

（七）坚定不移提高人民生活品质

促进高质量充分就业。推进高质量就业服务示范区建设，建立全市统一的就业创业公共服务平台，健全终身职业技能培训制度，打造"一县一品"创业孵化基地。多渠道支持灵活就业，鼓励创业带动就业，扎实做好高校毕业生等重点群体就业工作，确保零就业家庭动态清零，城镇新增就业6万人、新增转移农村劳动力9万人。开展星级仲裁院建设，加大欠薪治理力度，加强新就业形态劳动者权益保障。落实各项收入分配政策，增加低收入者收入，扩大中等收入群体。

完善多层次社会保障体系。深入实施全民参保计划，稳步推进灵活就业人员、新业态从业人员等群体参保，加快社保卡居民服务"一卡通"应用。健全基本养老服务体系，全面实施居家和社区基本养老服务提升行动，深入推进公办养老机构改革，每个县（市、区）至少建成1个公立示范医养结合机构，80%以上乡镇（街道）敬老院达到一级或二级标准。加强住房保障，改造城市棚户区3.69万户，筹集保障性租赁住房11.49万套，解决好新市民、青年人等住房问题。全面深化产业工人队伍建设改革，扎实做好妇女儿童工作，推进青年发展型城市建设试点，促进残疾人事业全面发展。深化社会救助改革创新试点，继续做好城镇困难群众解困脱困工作，做到应保尽保。

全面推进健康赣州建设。坚决落实新阶段疫情防控各项举措，加强重大疫情防控救治体系和应急处置能力建设，着力保健康、防重症。加快国家区域医疗中心新院区建设，建成市第三人民医院新院、市第五人民医院传染病重症大楼，推进5个疾控中心、11个基层医疗卫生项目、36个县级医院建设，推动县级以上公立综合医院"三大中心"、县级公立中医院全覆盖，支持创建全国基层中医药工作示范县。深化三医联动改革，加快构建县域紧密型医共体，推进城市医联体建设，稳定和优化基层公共卫生、乡村两级医疗卫生人才队伍。建设家庭服务中心20个，筑牢健康赣州的家庭基石。

增加公共服务供给。大力推进托育服务和学前教育普及普惠、义务教育优质均衡，每个县（市、区）

至少建成1个公办托育机构，新增托位7387个；新（改、扩）建公办幼儿园34所、中小学校71所，新增园位9500个、学位5.1万个，巩固提升“双减”成效；推进高考综合改革，规范民办教育，办好特殊教育，发展继续教育、老年教育；强化教师队伍建设，落实义务教育教师工资“不低于”政策，健全学校家庭社会育人机制。加快文化产业发展，鼓励发展红色文化创意产业，深入实施文化惠民工程，推动赣南艺术创作研究所升级为“江西省采茶戏剧院”，支持举办赖声川戏剧季，加大革命遗址抢救性保护修缮力度，加快长征国家文化公园赣州段建设，实施姚衙前等历史文化街区和历史建筑修缮保护，加强赣南围屋保护利用，办好第32届世客会。推进全民健身“六个身边”工程，举办市第六届运动会，建成市全民健身中心一期，支持定南足球、全南攀岩、石城冰球、南康滑翔伞、于都体教融合等特色体育发展，加强青少年体育工作，积极创建全国足球改革试验区、全国全民运动健身模范市。

守牢安全稳定底线。全面贯彻总体国家安全观，坚决捍卫国家政权安全、制度安全、意识形态安全。加强国防动员和后备力量建设，强化退役军人服务保障，持续深化双拥共建。扎实做好新时代民族宗教工作，铸牢中华民族共同体意识。全力防范化解重大风险，有序化解政府隐性债务存量，推动政府融资平台优化升级；支持刚性和改善性住房需求，扎实做好保交楼、保民生、保稳定各项工作；完善金融风险处置和长效防控机制，有效治理逃废债行为。全面落实安全生产责任制，抓好防灾减灾救灾，深化基层应急管理队伍建设和应急治理，加强食品药品安全监管，建设国家食品安全与营养健康综合试验区。推进市域社会治理现代化，加强网络舆情监测能力建设和矛盾纠纷化解，深化“红色文化＋社会治理”，建设城市安全风险综合监测预警平台，强化社会治安整体防控，常态化推进扫黑除恶斗争，创建全国禁毒示范城市，建设更高水平平安赣州、法治赣州。

（八）坚定不移落实党建质量过硬行动

践行政治忠诚。坚持以习近平新时代中国特色社会主义思想武装头脑，坚定捍卫“两个确立”、坚决做到“两个维护”，不折不扣落实党中央、国务院决策部署和省委、省政府、市委工作要求。牢记“三个务必”，深入开展主题教育，弘扬伟大建党精神和苏区精神、长征精神，加强新形势下“五型”政府建设，打造让党放心、人民满意的模范机关。

坚持依法行政。深入开展法治政府示范创建活动，加强重点领域立法，严格执行重大行政决策程序，深化行政执法体制改革，常态化开展行政执法案卷评查，促进严格规范公正文明执法。深化政务公开，主动接受人大法律监督、工作监督和政协民主监督，自觉接受社会监督、舆论监督，确保行政权力规范透明运行。

强化作风建设。坚持以人民为中心的发展思想，办好70件民生实事。锲而不舍落实中央八项规定精神，持续纠治形式主义、官僚主义，大力践行“一线工作法”，让“四不两直”成为常态，进一步减轻基层负担。坚持解放思想、实事求是、真抓实干，激发全社会干事创业活力，让干部敢为、地方敢闯、企业敢干、群众敢首创，争创新时代“第一等工作”。

严守廉政底线。永葆自我革命精神，坚定不移全面从严治党，推进勤廉赣州建设，打造廉洁政府。做好基层“三保”工作，严控“三公”经费支出，强化绩效管理，用政府过“紧日子”换群众过“好日子”。深化整治权力集中、资金密集、资源富集领域的腐败，坚决惩治群众身边的“蝇贪”，认真抓好巡视、审计等反馈问题整改，坚持以严的基调强化正风肃纪，巩固发展风清气正的政治生态。

各位代表！新征程催人奋进，新使命重任在肩。让我们更加紧密地团结在以习近平同志为核心的党中央周围，在省委、省政府和市委的坚强领导下，踔厉奋发、勇毅前行，为加快建设革命老区高质量发展示范区、全面建设社会主义现代化赣州而团结奋斗！

附件

《政府工作报告》名词注释

1. 六个江西：创新江西、富裕江西、美丽江西、幸福江西、和谐江西、勤廉江西。

2. 三大战略：推进新时代赣南苏区振兴发展、打造对接融入粤港澳大湾区桥头堡、建设省域副中心城市。

3. 八大行动：工业倍增升级、科技创新赋能、深化改革开放、乡村全面振兴、城市能级提升、美丽赣州建设、提高民生品质、党建质量过硬行动。

4.4个重点领域实施方案：《“十四五”支持革命老区巩固拓展脱贫攻坚成果衔接推进乡村振兴实施方案》《“十四五”革命老区基础设施建设实施方案》《“十四五”推动革命老区红色旅游高质量发展实施方案》《“十四五”支持革命老区生态环境保护修复实施方案》。

5.6项工作获国务院督查激励表彰：赣州市易地扶贫搬迁后续扶持工作，城镇老旧小区改造、棚户区改造、发展保障性租赁住房，生态文明体制改革、制度创新、模式探索，深化医药卫生体制改革，以及会昌县推进质量强国建设工作，信丰县促进乡村产业振兴、改善农村人居环境等乡村振兴重点工作。

6.1+5+N：培育现代家居1个产值超5000亿元，电子信息、有色金属、纺织服装、新能源及新能源汽车、医药食品等5个超2000亿元，建材、化工、通航等N个超500亿元的产业集群。

7. 井冈质量奖：经中央批准，省人民政府主办的江西省最高质量奖项。

8.“独角兽”“瞪羚”企业：“独角兽”企业指成立时间不超过10年、估值大于10亿美元、获得过私募投资且未上市的高成长性创新企业；“瞪羚”企业指进入高成长期的企业，具有成长速度快、创新能力强、专业领域新、发展潜力大的特征。

9. 千兆城市：在 5G 和千兆光纤两个千兆网络方面均达到国家规定标准的城市。

10. 圳品：符合供深食品标准体系要求，由企业自愿申报并经评价合格的食品或食用农产品。

11. “互联网 + 第四方物流”供销集配体系：由供销合作社牵头，组建面向买家（第一方）、卖家（第二方）、物流企业（第三方）提供县域末端配送服务的第四方物流配送企业，整合仓、货、车、线路、网点等资源，开展县乡村集中配送业务，打造“一点多能、一网通用、一体融合”的新型城乡供销集配体系。

12. 四大专项治理：“新官不理旧账”、行政审批中介服务、招标投标领域、营商环境领域腐败和作风问题专项治理。

13. 三区三线：“三区”指城镇空间、农业空间、生态空间三种类型的国土空间，“三线”指永久基本农田保护红线、生态保护红线、城镇开发边界三条控制线。

14. 四好农村路：建好、管好、护好、运营好农村公路。

15.5 个生态文明建设案例：赣州市东江流域跨省横向生态补偿、上犹县长江经济带绿色发展示范建设、寻乌县打造山水林田湖草生命共同体样本、赣县区创新引领稀土钨产业绿色高质量发展、崇义县推动农业产业“接二连三”融合发展。

16. 七个位：就业岗位、托幼园位、上学座位、医疗床位、养老点位、停车车位、如厕厕位。

17. 三保障：义务教育、基本医疗、住房安全有保障。

18. 赣州职院“三校”：赣州职业技术学院、赣州农业学校和江西赣州技师学院。

19. “百城千店”计划：到 2025 年，力争在国内一、二线城市和重要节点城市建成 200 家以上南康家具品牌馆，在赣州市外的县级以上城市建成 1000 家南康家具连锁专卖店。

20. 工改工：依据国土空间规划，对低效利用的工业、仓储、物流用地进行升级改造，提高土地利用效率，改造前后土地性质不变。

21. 产业大脑：以工业互联网为支撑，以数据资源为核心，运用新一代信息技术，综合集成产业链、供应链、资金链、创新链，融合企业侧和政府侧，贯通生产端与消费端的系统集成平台。

22. 双招双引：招商引资、招才引智。

23. 两个健康：非公有制经济健康发展和非公有制经济人士健康成长。

24. 农业农村“三改合一”改革：统筹农村集体产权制度、土地制度、经营制度三项改革，以乡镇或村为单位在一个项目平台集中实施。

25. 口岸“三同”：进境与沿海同价到港、出境与沿海同价起运、通关与沿海同等效率。

26. 三类人员：脱贫不稳定户、边缘易致贫户、突发严重困难户。

27.9 条快速路：新建 3 条快速路为机场快速路南段、金龙快速路、飞翔路西延快速路，续建 6 条快速路为赣南大道快速路三标、赣南大道快速路四标、黄金大道快速路、东江源快速路北延、武陵大道快速路、沙河大道快速路。

28.6 座跨江大桥：蟠龙大桥、螺溪洲大桥、肖边大桥、创业大桥、平安大桥、汶潭大桥。

29.10 条城市主干道：黄金大道东延章贡区段、和谐大道（绕城高速连接线—蓝天加油站）、赣通大道（东江源大道—水西大道）、庄稼大道三期、华能大道、客家大道三江段、唐风大道（科技大道—车都大道）、龙岗路（栖凤山路—虎笑岭路）、平安路（高陂桥—滨江路）、飞扬大道（武陵大道—和谐大道）。

30. 蓉江新区“一区四中心”：“一区”指将蓉江新区打造成为赣州经济发展的核心区，“四中心”指总部经济中心、金融商务中心、科技创新中心、文化旅游中心。

31. 碳达峰“十大行动”：实施能源、工业、城乡建设、交通运输等 4 个重点领域绿色低碳行动，配套实施节能减污降碳增效、循环经济降碳、科技创新引领、固碳增汇强基、绿色低碳全民、试点示范建设等 6 个保障行动。

32. 三大中心：胸痛中心、卒中中心、创伤急救中心。

33. 义务教育教师工资“不低于”政策：义务教育教师平均工资收入水平不低于当地公务员平均工资收入水平。

34. 六个身边：健全群众身边的体育健身组织、建设群众身边的体育健身设施、丰富群众身边的体育健身活动、支持群众身边的体育健身赛事、加强群众身边的体育健身指导、弘扬群众身边的体育健身文化。

35. 保交楼：保障已售逾期难交付商品住宅项目完成建设交付。

36. 三个务必：务必不忘初心、牢记使命，务必谦虚谨慎、艰苦奋斗，务必敢于斗争、善于斗争。

37. 四不两直：不发通知、不打招呼、不听汇报、不用陪同接待，直奔基层、直插现场。

赣州市农村住房建设管理条例

第一章 总 则

第一条 为了规范农村住房建设管理，改善农村人居环境，合理利用土地，促进乡村振兴，根据《中华人民共和国土地管理法》《中华人民共和国城乡规划法》《中华人民共和国乡村振兴促进法》等法律、法规的规定，结合本市实际，制定本条例。

第二条 本市行政区域内国土空间规划划定的城镇开发边界以外的农村集体所有土地上，新建、改建、扩建农村住房及其监督管理等活动，适用本条例。

第三条 农村住房建设管理应当坚持依法管理和村民自治相结合，遵循保护耕地、规划先行、一户一宅、先批后建的原则，符合安全、卫生、环保等要求。

第四条 市、县（市、区）人民政府负责本行政区域内农村住房建设的统筹管理和政策制定，建立农村住房建设管理工作协调机制，保障农村住房建设管理工作所需的人员配备和经费预算。

乡（镇）人民政府负责本行政区域内农村住房建设的监督管理和服务工作，组织编制村庄规划，依法开展农村住房建设有关行政审批和执法工作。

第五条 自然资源主管部门负责本行政区域内农村住房建设工作的统筹协调，指导编制村庄规划，统筹安排宅基地用地规模和布局，满足合理的农村住房建设需求，实施乡村建设规划许可、办理农用地转用审批等相关手续，管控引导农村住房建筑风貌，开展不动产登记等工作。

农业农村主管部门负责农村宅基地改革和管理，参与编制村庄规划，指导农村宅基地的合理布局、分配、使用、流转和闲置宅基地、闲置住宅的盘活利用，完善宅基地用地标准，组织开展农村宅基地现状和需求情况统计调查等工作。

住房和城乡建设主管部门负责农村住房设计、建设质量、施工安全的监督管理和技术指导，建立农村建筑工匠培训和管理制度。

水利、林业、乡村振兴、文广新旅、交通运输、生态环境、应急管理、财政、民政、气象等部门按照各自职责，共同做好农村住房建设管理相关工作。

县级人民政府相关行政主管部门在乡（镇）设立的派出机构，应当配合乡（镇）人民政府做好农村住房建设的审核、管理等工作。

第六条 村民委员会和村民小组协助乡（镇）人民政府做好农村住房建设的审查、管理和服务等工作。

村民会议可以制定有关村庄风貌、宅基地管理、农村住房纠纷化解等内容的村规民约。

鼓励农村村民理事会对农村住房建设进行自治管理。

第七条 任何单位和个人都有遵守国土空间规划、土地管理、建筑管理相关法律、法规的义务，并有权对农村住房建设中的违法行为进行检举和控告。

第二章 规划及宅基地管理

第八条 乡（镇）人民政府应当依据县（市、区）国土空间总体规划组织编制村庄规划，并报上一级人民政府审批。村庄规划报送审批前应当在村内公告不少于三十日，并经村民会议或者村民代表会议讨论同意。

编制村庄规划应当保护历史文化资源，尊重农村村民意愿。农村住房建筑高度、体量、材料、色彩应当与周边环境相协调，体现地域文化、传承赣南风貌特色。

第九条 乡（镇）人民政府组织编制并经依法批准的村庄规划，是管理村域国土空间开发保护、实施国土空间用途管制、核发乡村建设项目规划许可、进行各项建设的依据。

经批准的村庄规划由乡（镇）人民政府公布并组织实施，非经法定程序，不得擅自修改。

乡（镇）人民政府在村庄规划批准前，继续执行经批准的土地利用总体规划和乡村规划。

第十条 县（市、区）人民政府应当依法安排农村住房建设用地指标，合理保障农村住房建设用地需求。

人均土地少、不能保障一户拥有一处宅基地的地区，县（市、区）人民政府在充分尊重农村村民意愿的基础上，可以采取集中统建、多户联建和农民公寓等形式保障农村村民实现户有所居，人均住房面积不得低于本地城镇居民最低保障住房面积标准。

第十一条 农村住房建设选址应当符合村庄规划，充分利用原有的宅基地、村内空闲地和荒山、荒坡，严格控制占用耕地、生态公益林地和天然林林地。

第十二条 禁止在下列区域进行住房建设：

（一）永久基本农田和生态保护红线内；

（二）饮用水水源一级保护区；

（三）传统村落的核心保护区和历史文化街区、名镇、名村的核心保护范围；

（四）文物保护单位保护范围；

（五）崩塌、滑坡威胁区，泥石流沟内及沟口，坡度大于二十五度且岩土体结构松散等需要削坡建房的地段；

（六）公路建筑控制区；

（七）铁路建筑限界范围；

（八）架空电力线路、地下电缆、光缆保护区；

（九）石油、天然气管道保护范围；

（十）河道、湖泊、水库管理范围，行洪、泄洪通道，堤防和护堤地；

（十一）法律、法规规定的其他禁止住房建设区域。

第十三条 农村村民一户只能拥有一处农村宅基地，面积不得超过本省的规定。

农村住房建设每户建筑面积不得超过三百五十平方米，住房层数不得超过三层，住房檐口高度不得超过十一米。

第十四条 乡（镇）人民政府和农村集体经济组织应当督促已集中安置或者经批准异地新建住房的村民将原宅基地交还农村集体经济组织。鼓励进城落户的村民依法自愿有偿退出宅基地。交还、退出的宅基地优先用于保障该集体经济组织成员的宅基地需求。

鼓励农村集体经济组织及其成员利用闲置宅基地和闲置住房，通过自营、出租、入股、合作等方式，依法发展民宿、农家乐等乡村产业。农村住房改作生产经营的，房屋所有人或者使用人在办理相关经营许可、开展经营活动前应当依法取得房屋安全鉴定合格证明。

第三章 申请与审批

第十五条 农村住房建设应当依法取得乡村建设规划许可证和农村宅基地批准书，并按照许可和审批的内容进行建设。

第十六条 农村村民符合下列条件之一的，可以以户为单位向本农村集体经济组织或者村民委员会申请建设住房：

（一）共同生活居住在同一住址的农村家庭成员，具备分户条件需要建设住宅的；

（二）无农村自有住房或者现有人均住房面积低于县（市、区）人民政府规定标准的；

（三）现有住房属于危旧房需要拆除重建的；

（四）原有住房因灾害等原因损毁需要重建的；

（五）因国家、集体建设需要迁建或者按照政策实行移民搬迁的；

（六）因保护文物、革命遗址、古建筑等原因，原有住房已经被依法保护需要另行安置的；

（七）为改善住房条件，需要改建、扩建或者拆旧建新的；

（八）法律、法规规定的其他条件。

自愿退出现有宅基地的农村村民，可以以户为单位向本农村集体经济组织或者村民委员会申请参加县（市、区）人民政府组织的集中住房建设。

第十七条 农村村民申请建设住房，有下列情形之一的，不予批准：

（一）不是本集体经济组织成员的，但是县（市、区）人民政府组织集中建房的除外；

（二）不符合一户一宅的；

（三）不符合乡镇国土空间规划、村庄规划的；

（四）将原有住房出卖、出租、赠与他人或者改作生产经营用途的；

（五）申请的宅基地存在权属争议的；

（六）申请人属于政府集中供养的特困人员的；

（七）法律、法规规定不予批准的其他情形。

第十八条 村民申请建设住房，应当提交下列申请资料：

（一）农村宅基地和建房（规划许可）申请表；

（二）申请人身份证和户口簿；

（三）建房承诺书，包含宅基地使用、质量安全、建筑风貌、建新拆旧等内容；

（四）依法应当提供的其他材料。

第十九条 建房申请人向户口所在地集体经济组织或者村民委员会提交申请。集体经济组织或者村民委员会收到申请后，应当在十日内安排人员到现场查看，召开村民小组会议讨论，并将申请理由、拟用地位置和面积、建筑层数和高度、建筑色彩和风格、建筑朝向、相邻利害关系人意见、村民小组会议决定等情况在村民小组公示七日。符合申请条件的，村民委员会应当在公示期满后五个工作日内签署意见，报乡（镇）人民政府审批。

乡（镇）人民政府接受申请后，应当在十日内组织现场选址踏勘，经审核符合批准条件的，在接受申请后三十日内核发乡村建设规划许可证和农村宅基地批准书。不符合条件不予批准的，应当在十五日内书面告知建房申请人并说明理由。

农村住房建设涉及占用农用地的应当依法办理农用地转用审批手续，由乡（镇）人民政府报相关部门审批。

第二十条 乡（镇）人民政府应当设立便民服务窗口，统一受理农村村民的建房申请，统一发放乡村建设规划许可证和农村宅基地批准书。乡（镇）人民政府和有关部门应当建立一个窗口对外受理、多部门内部联动运行的农村住房建设联审联办制度。

乡（镇）人民政府应当通过政府网站、政务大厅、村级服务平台等，公开村民住房建设的申请条件、申请资料目录、申请受理机关、审批机关、审批程序、审批时限等，并及时公布审批结果。

第四章 建设与管理

第二十一条 县（市、区）人民政府应当引导村民建设功能现代、结构安全、经济实用、绿色环保的宜居住房，推广使用绿色节能的新型建筑材料、技术，鼓励采用装配式钢结构等新型建造方式。

农村住房设计图纸应当符合本条例第八条第二款的规定。县（市、区）人民政府应当编制农村住房设计通用图集，供农村村民免费使用，引导农村村民住房建筑风格与所处环境相协调，传承传统文化。

第二十二条 农村村民建设住房应当委托具有相应资质的建筑施工企业施工，或者选择经过技能培训具备相应技能的农村建筑工匠施工，订立施工合同，约定双方权利义务，明确房屋质量安全责任。

县（市、区）人民政府住房和城乡建设主管部门应当免费提供农村住房建设施工合同示范文本，乡（镇）人民政府和村民委员会应当引导村民与建筑施工企业或者农村建筑工匠签订书面合同。

第二十三条 农村村民取得乡村建设规划许可证和农村宅基地批准书后，应当在开工前向乡（镇）人民政府提供住房设计图纸和书面放线申请。乡（镇）人民政府应当自接到申请之日起三个工作日内，组织乡（镇）、村组相关工作人员和申请人等，按照批准用地和规划许可实地丈量，现场钉桩、放线，确定建房具体位置。

乡（镇）人民政府应当在施工现场设立农村住房建设公示牌，将户主信息、施工方信息、批准的用地面积、房基占地面积、建筑面积、建筑层数和高度、建筑色彩和风格、建筑朝向和四至范围、举报电话等内容予以公示。

第二十四条 建筑施工企业或者农村建筑工匠不得为未取得宅基地用地审批和乡村建设规划许可的建房村民提供施工服务。

建筑施工企业或者农村建筑工匠对农村住房建设的施工质量和安全负责，应当按照设计图纸、施工技术标准和操作规程施工，不得无图纸施工或者擅自变更设计方案、图纸；在施工中采取安全施工措施，及时发现和消除施工、消防等安全隐患。

建筑施工企业或者农村建筑工匠不得偷工减料以及使用不合格的建筑材料、建筑构（配）件和设备。对建房村民要求使用的，应当劝阻、拒绝。

鼓励农村建房户、建筑施工企业、农村建筑工匠购买意外伤害险、雇主责任险等。

第二十五条 县（市、区）人民政府住房和城乡建设主管部门应当加强农村住房建设质量安全工作的检查和指导。

乡（镇）人民政府应当在住房和城乡建设主管部门的指导下加强农村住房建设的质量安全监督管理，及时制止违法违规施工行为，督促消除建房安全隐患。

第二十六条 农村住房建设已经完成设计图纸要求、施工合同约定的各项内容，建房村民组织建筑施工企业或者农村建筑工匠对农村住房进行竣工验收，验收结果需参与验收各方签字确认。

竣工验收后，建房村民应当在十五日内将建筑施工企业或者农村建筑工匠基本情况、施工合同、设计图纸、竣工验收情况等建房资料报乡（镇）人民政府存档。

第二十七条 农村村民住房建设竣工后，乡（镇）人民政府应当组织竣工核实，实地检查是否符合乡村建设规划许可证和农村宅基地批准书的许可内容，并提出核实意见。核实不合格的，应当依法予以纠正；核实合格的，应当出具核实合格意见，并向县（市、区）人民政府农业农村、自然资源主管部门备案。

第二十八条 经批准异地建设住房的，村民应当在房屋核实后六个月内拆除原宅基地上的建筑物和其他设施；参加集中建房的，应当在新房分配后六个月内拆除原宅基地上的建筑物和其他设施。原宅基地退回农村集体经济组织，已经办理的原宅基地使用权登记证或者不动产权证应当申请注销。

第五章 监督检查

第二十九条 市、县（市、区）人民政府应当将农村住房建设管理工作纳入考核评价体系，对下级人民政府和本级有关部门农村住房建设管理工作进行考核。

第三十条 乡（镇）人民政府应当建立动态巡查制度，定期派出工作人员会同村民委员会或者村民理事会到施工现场巡查监管，及时发现、制止和查处农村住房建设违法违规行为，并做好施工过程监管情况记录。

村民委员会应当加强日常巡查，发现农村住房建设违法违规行为的，应当立即劝阻；劝阻无效的，应当及时向乡（镇）人民政府或者县（市、区）有关主管部门报告。

第三十一条 县（市、区）人民政府自然资源、农业农村、住房和城乡建设等主管部门和乡（镇）人民政府应当建立健全农村住房建设违法违规举报机制，公布举报电话、电子邮箱，设立举报信箱，及时发现、制止和查处违法违规建房行为。

第三十二条 县（市、区）人民政府农业农村主管部门应当建立宅基地统计调查制度，逐步建立宅基地基础信息数据库和管理信息系统，推进宅基地申请、审批、流转、退出、违法用地查处等信息化管理。

第三十三条 县（市、区）人民政府住房和城乡建设主管部门应当对农村建筑工匠开展专业技能和安全知识等培训，建立农村建筑工匠数据库，并依法实行信息公开。

第三十四条 乡（镇）人民政府应当建立农村住房建设管理档案，实行一户一档。农村住房建设管理档案包含宅基地用地、建设规划手续、建筑施工企业或者农村建筑工匠基本情况、施工合同、设计图纸、建房承诺书、施工过程监管情况、竣工验收情况、核实情况等资料。

第六章 法律责任

第三十五条 违反本条例规定，有下列情形之一的，对直接负责的主管人员和其他直接责任人员，依法给予处分；构成犯罪的，依法追究刑事责任：

（一）违反法定权限、程序，擅自批准或者修改村庄规划的；

（二）违反法定权限、程序或者不按照村庄规划确定的用途批准用地的；

（三）超越职权或者对不符合法定条件的申请人核发乡村建设规划许可证、宅基地批准书的；

（四）发现未经批准或者违反批准规定进行建设的行为不予查处，或者接到举报后不依法处理的；

（五）其他滥用职权、玩忽职守、徇私舞弊的行为。

第三十六条 违反本条例规定，在乡（镇）、村庄规划区内农村村民未依法取得乡村建设规划许可证或者未按照乡村建设规划许可证的规定进行建设的，由乡（镇）人民政府责令停止建设、限期改正；逾期不改正的，可以拆除。

第三十七条 违反本条例规定，农村村民未经批准或者采取欺骗手段骗取批准，非法占用土地建设住房的，由市、县（市、区）人民政府农业农村主管部门责令退还非法占用的土地，限期拆除在非法占用的土地上新建的房屋。

超过本省规定的宅基地用地面积标准，多占的土地以非法占用土地论处。农村村民异地建住房，未按照本条例规定拆除原有宅基地上建筑物和其他设施并交还原有宅基地的，以非法占用土地论处。

乡（镇）人民政府已依法承接对农村村民非法占用土地建住房行为的行政处罚权的，由其依照本条实施行政处罚。

第三十八条 违反本条例规定，农村村民建设住房委托不具有相应资质的建筑施工企业施工，或者要求建筑施工企业、农村建筑工匠违反设计图纸、施工技术标准和操作规程施工的，由乡（镇）人民政府责令停止施工，限期改正。

建筑施工企业无图纸施工、不按照设计图纸施工或者擅自变更设计方案、图纸的，由县（市、区）住房和城乡建设主管部门责令停止施工，限期改正，并可处合同价款百分之二以上百分之四以下的罚款。

第三十九条 违反本条例规定的其他行为，法律、法规已有处罚规定的，适用其规定。

第七章 附 则

第四十条 本条例自 2023 年 3 月 1 日起施行。

赣州革命老区高质量发展示范区建设方案

为深入贯彻习近平总书记关于革命老区振兴发展的重要讲话和指示批示精神，落实国家“十四五”规划《纲要》和《国务院关于新时代支持革命老区振兴发展的意见》（国发〔2021〕3 号）有关部署，支持赣州建设革命老区高质量发展示范区（以下简称示范区），制定本方案。

一、重要意义

党的十八大以来，在有关部门和江西省的支持下，赣州市扎实推动革命老区振兴发展工作，在脱贫攻坚、民生改善、基础设施建设、特色产业发展、生态环境保护、红色旅游发展等领域取得积极进展，为全国革命老区振兴发展发挥了引领作用。

国家“十四五”规划《纲要》指出，支持赣闽粤原中央苏区高质量发展示范。《国务院关于新时代支持革命老区振兴发展的意见》明确，研究支持赣州、三明等城市建设革命老区高质量发展示范区。“十四五”及今后一段时期，进一步加大对赣州市振兴发展的支持力度，支持建设革命老区高质量发展示范区，有利于促进巩固拓展脱贫攻坚成果与乡村振兴有效衔接，推动赣闽粤原中央苏区振兴发展迈上新台阶，为革命老区高质量发展探索可复制可推广的经验。

二、总体要求

（一）指导思想。以习近平新时代中国特色社会主义思想为指导，全面贯彻中共十九大和十九届历次全会精神，大力弘扬伟大建党精神，继承发扬井冈山精神、苏区精神、长征精神、老区精神，完整、准确、全面贯彻新发展理念，加快构建新发展格局，推动高质量发展，坚持以人民为中心，支持赣州发挥比较优势，激发内生动力和发展活力，把革命老区建设得更好，让老区人民过上更好生活，打造新时代革命老区振兴发展的样板。

（二）发展目标。到 2025 年，示范区建设取得重大进展，经济发展主要指标位居全国革命老区前列，增长潜力充分发挥，脱贫攻坚成果全面巩固拓展，新型城镇化建设取得明显进展，在乡村振兴、特色优势产业发展、生态文明建设、内陆开放合作、红色文化传承创新等方面发挥示范带动作用，探索形成一批推进革命老区振兴发展的典型经验做法。到 2035 年，示范区与全国同步基本实现社会主义现代化，形成红色文化繁荣、生态美丽宜居、特色产业兴旺、人民生活富庶的发展新局面。

三、全面推进乡村振兴，在促进城乡协调发展上作示范

（三）推动巩固拓展脱贫攻坚成果同乡村振兴有效衔接。在健全防止返贫监测和帮扶机制、发展壮大乡村特色产业、促进脱贫人口稳岗就业、易地扶贫搬迁后续扶持及安全风险防控等方面加大支持力度。支持建设低收入人口动态监测信息平台，做好低收入人口救助帮扶。支持江西省将赣州相关县（市、区）纳入省级乡村振兴重点帮扶县。持续做好农村危房改造和抗震改造工作，建立健全农村低收入人口住房安全保障长效机制，因地制宜推广装配式钢结构等新型建造方式。支持安远县数字乡村试点建设，推动数字农业平台等建设。扎实开展农村人居环境整治提升，加强文物古迹、传统村落保护和赣南乡村特色风貌保护与传承。发挥部队优势继续支持定点帮扶村发展。

（四）加强乡村交通水利等基础设施建设。推进农村基础设施提档升级，推动乡镇对外公路建设改造，因地制宜推进较大人口规模自然村（组）通硬化路建设，加快“四好农村路”建设，推进城乡交通运输一体化示范县创建。加快中小河流治理、病险水库除险加固、山洪沟治理、生态清洁小流域和水系连通及水美乡村

试点建设。全面提升水安全保障能力，推进宁都梅江、兴国平江等大型灌区前期工作，论证极富等控制性枢纽及茅店、寒信、营口等重点水源工程。

（五）促进乡村产业兴旺。深入推动农村一二三产业融合发展，创建农业现代化示范区，支持建设农产品加工产业园，做大做强脐橙、蔬菜、油茶、富硒食品等特色农林产业，创建和打响农产品区域品牌。实施赣南脐橙绿色发展、品牌提升工程，完善质量标准体系，建设专业批发市场和大数据产业园。大力推进粤港澳大湾区“菜篮子”生产基地建设，打造设施蔬菜优势主产区，建设油茶产业园、国家林下经济示范基地。加快构建富硒食品工业体系，按程序申请设立国家富硒产品质量监督检验中心，建设重要的富硒农产品供应基地。支持做好金融科技赋能乡村振兴示范工程。

（六）完善城镇功能布局。推进以人为核心的新型城镇化，全面提升赣州综合承载能力，增强省域副中心城市综合实力。深入实施城市更新行动，有序推进棚户区改造和城镇老旧小区改造，提升宜居宜业水平。推进智慧城市建设，适度超前布局新型基础设施，加快5G网络建设和5G融合应用协同创新，支持符合条件的企业申报“5G+工业互联网”试点示范。推进以县城为重要载体的城镇化建设，因地制宜支持县城补短板强弱项，强化县城综合服务能力。鼓励赣州加强与周边地区合作，共同推动赣闽粤原中央苏区、湘赣边区域等振兴发展。

四、发展特色优势产业，在革命老区创新发展上作示范

（七）加快提升区域创新能力。深入实施创新驱动发展战略，建设科技创新平台和载体，培育发展科技型企业。支持建设创新型城市和创新型县（市），创建国家科技成果转移转化示范区。支持各类创新主体参与国家科技计划项目，落实研发费用加计扣除、高新技术企业税收优惠等政策。支持创建全国创业孵化示范基地，支持赣州高新区创建双创示范基地。推进知识产权强市建设，创建知识产权试点示范城市。推进中科院赣江创新研究院建设，支持与国内优势力量合作创建稀土领域国家技术创新中心。支持中国科技大学与中科院赣江创新研究院共建稀土学院，推进国家钨与稀土产业计量测试中心建设，支持筹建市场监管重点实验室（稀土产品检测与溯源）、自然资源部离子型稀土资源与环境重点实验室。

（八）推动特色先进制造业高质量发展。推动打造现代家居、纺织服装、有色金属、电子信息、新能源及新能源汽车零部件、医药食品等产业集群，支持创建国家新型工业化产业示范基地、国家级工业设计中心，规划建设稀有金属、家具、服装等特色产业行业大数据中心、分中心。推动“家具＋家电＋家装”融合发展，打造家居智能制造示范基地，支持举办中国（赣州）家具产业博览会。推动纺织服装产业品牌化、智能化、数字化转型，建设纺织服装等国家级检验检测中心。充分发挥中国稀土集团等中央企业的产业引领作用，加快“中国稀金谷”建设，建设半导体新材料、永磁变速器、永磁电机及硬质合金生产基地，打造具有影响力的稀有金属产业集群。发展新能源产业，打造新能源汽车零部件产业基地。加快发展医药食品产业，建设医药科创中心，鼓励国内外医药企业在赣州落户。

（九）大力发展现代服务业。推动生产性服务业发展，支持符合条件的企业申报服务型制造示范，大力发展服务外包，按规定程序创建中国服务外包示范城市。推进赣州商贸服务型国家物流枢纽建设，鼓励快递物流企业在赣州设立区域分拨中心。加强农产品仓储保鲜冷链物流设施建设，加快完善检验检疫、疫情阻断管理机制，培育区域性进口冷冻食品集散地。深化普惠金融改革创新，在依法合规的前提下开展金融创新试点。鼓励符合条件的企业在境内外上市融资、发行信用债券。深化绿色金融改革，鼓励银行机构按照市场化、商业化原则，创新金融产品和服务，加大对生态产品开发经营主体中长期贷款支持力度，合理降低融资成本。推动生活性服务业向高品质和多样化升级，支持发展生态康养产业。加快瑞金市、石城县、龙南市全域旅游示范区建设，支持安远三百山、大余丫山、会昌汉仙岩、江南宋城等创建国家高等级旅游景区。

五、打造美丽中国赣州样板，在生态文明建设上作示范

（十）加强生态环境保护修复。坚持绿水青山就是金山银山，实施重要生态系统保护和修复重大工程，打造“源头地区”山水林田湖草综合治理样板。科学开展大规模国土绿化行动，持续推进低质低效林改造和天然林保护修复，加强南岭、武夷山脉生物多样性保护，加大松材线虫病防治力度，推进国家储备林建设。指导推动重点森林火险区防火道路与监测预警、航空消防等基础设施建设，加强防灭火装备物资储备。加快绿色矿山建设，实施历史遗留矿山生态修复，开展尾矿库综合治理，支持推动稀土原矿绿色开采，提升稀土废料回收综合利用水平，建设绿色矿业发展示范区。支持符合条件的地区实施独立工矿区改造提升工程。健全流域生态保护补偿制度，支持与广东省建立流域上下游横向生态保护补偿长效机制。

（十一）推动绿色低碳发展。开展低碳城市建设，鼓励工业、城乡建设、交通运输等重点行业和企业开展节能降碳行动，发挥森林、湿地、土壤等固碳作用，提升生态系统碳汇增量。深化生态产品价值实现机制探索，重点围绕生态产品价值核算、供需精准对接、市场化经营开发、保护补偿、绿色金融创新等方面加大实践探索力度，推动生态优势转化为发展优势、生态效益转化为经济效益。开展促进生态保护修复的产权激励机制试点。加大园区循环化、绿色化改造力度。

加大赣州地质灾害防治体系建设支持力度，加强地质灾害风险调查评价和滑坡、泥石流监测预警工作，提升灾害防治能力。

六、推进改革开放走深走实，在内陆双向开放合作上作示范

（十二）激发改革新活力。鼓励赣州结合实际开展相关领域试点试验示范，打造新时代改革创新“试验田”。持续深化“放管服”改革，加快推进政务服务“跨省通办”试点。复制推广自贸试验区制度创新成果，鼓励在外贸进出口、金融服务、投资便利化等方面先行先试。鼓励中央企业加大与示范区合作，支持地方国企改革。按照国家统一部署，稳慎推进农村宅基地制度改革试点，开展农村集体经营性建设用地入市探索。

（十三）拓展开放新空间。高水平推进内陆双向开放，支持建设“一带一路”重要节点城市和国际货物集散地。推进赣州国际陆港建设，开展多品种运营，积极推动中欧班列高质量发展，建设国际物流分拨中心。支持赣州黄金机场航空口岸与赣州综合保税区联动发展，建设航空产业园。积极推进赣州跨境电商综合试验区建设。

（十四）打造江西对接融入粤港澳大湾区桥头堡。支持赣州探索与深圳开展对口合作，鼓励创新合作机制和运作模式，加快建设深（圳）赣（州）港产城一体化合作区，鼓励探索承接产业转移新模式，支持赣州与粤港澳大湾区城市共建赣粤产业合作试验区，强化与梅州等省际交界地区的经济合作，建设一批特色鲜明的集群式产业链合作园区。鼓励粤港澳大湾区内地科研院所、龙头企业设立技术转移中心赣州分中心，支持打造赣粤科技合作试验区。支持建立“湾区+老区”职业教育联盟，支持深圳信息职业技术学院等大湾区职业院校与赣州职业技术学院开展合作。

（十五）构建现代化基础设施体系。加快建设全国性综合交通枢纽，积极推进赣州革命老区交通强国建设试点，打通内部节点和外部连接通道。稳步推进长沙至赣州高铁、瑞金至梅州铁路项目实施，深入研究赣州经郴州至兴义铁路、赣州至韶关铁路扩能工程等项目建设时机。支持按市场化方式利用既有普速铁路干线富余能力开行市域（郊）列车。完善高速公路网，优化高速出入口布局，新建国家高速公路、普通国道执行西部地区补助标准，实施G105、G238和G357相关路段改扩建。提升赣州黄金机场保障能力和服务水平，有序推进一批通用机场建设。支持完善支撑性电源建设，统筹推进抽水蓄能等调峰电源建设，研究论证闽赣异步联网可行性。规划建设赣州煤炭储备基地，有序扩大天然气管道覆盖范围。推动赣粤运河前期研究论证。

七、健全公共服务体系，在增进老区人民福祉上作示范

（十六）加快教育文化事业发展。推进部省共建赣州市教育改革发展试验区，研究江西理工大学、赣南师范大学、赣南科技学院、赣南医学院对口帮扶工作。深化省部共建江西理工大学工作，探索整合资源创建高水平综合型高校。支持赣南医学院按程序更名，支持赣南师范大学、赣南医学院申报博士学位授予单位。推动中职学校（含技工学校）改善办学条件，加快高水平高职院校建设，加强公共实训基地建设，实施省部共建职业教育试点项目，支持依托少量有条件的高职、高专院校设置本科层次职业学校，支持赣州技师学院和宁都高级技工学校发展。推动学前教育普及普惠发展、义务教育优质均衡发展，深化普通高中育人方式改革。继续推进“八一爱民学校”援建工作。加强赣州市、瑞金市国家历史文化名城保护，实施历史文化街区修复，支持赣州国家公共文化服务体系示范区创新发展。支持做好赣南围屋等申报世界文化遗产前期研究工作，鼓励结合实际建设综合性非物质文化遗产馆。推进智慧广电、应急广播体系建设等公共文化惠民项目。

（十七）提升卫生和社会保障水平。大力发展卫生健康事业，支持创建国家区域医疗中心和国家级临床重点专科，支持相关医学院校为赣州定向培养医疗人才，推动国内一流医院对口帮扶赣州重点医院，合作共建专科联盟和远程医疗协作网。支持因地制宜开展健康城市建设。完善重大疾病预防控制体系和重大疫情防控救治体系，提升公共卫生防控救治能力，建设市县医疗防护救治物资储备库。深化县域医共体和城市医疗集团建设，推动远程医疗向乡村覆盖。完善赣州中医药服务体系，提升中医药服务能力。加强城乡居民社会保险与社会救助制度的衔接，建立健全分层分类的社会救助体系，完善帮扶困难老年人、残疾人、孤儿等社会福利制度。扎实做好农村留守儿童关爱保护和困境儿童保障工作。开展国家安宁疗护试点和医养结合试点工作，支持申报积极应对人口老龄化重点联系城市，大力发展居家社区养老服务。

八、弘扬革命精神，在传承红色基因上作示范

（十八）加强红色资源保护利用。完善红色资源保护体系，支持长征国家文化公园（赣州段）建设。深入实施革命文物遗址保护修复工程，加大对瑞金中央苏区旧址、于都中央红军长征出发纪念馆等革命历史类纪念设施、遗址的保护修缮和展示利用力度。支持符合条件的遗址遗迹申报全国爱国主义教育示范基地、重点文物保护单位、国家级英雄烈士纪念设施。

（十九）弘扬革命历史文化。深入挖掘革命历史文化资源，创作相关题材文艺作品，用优秀的文艺作品讲好红色故事、赓续红色血脉。推进新时代文明实践中心建设，提升红色资源数字化保护水平，建设新时代传承红色基因的高地。将红色经典、革命故事纳入中小学教材和干部学习培训教材，支持瑞金等地建设红色文化影视创作生产基地。支持有条件的地区建设红色旅游融合发展示范区，加强与长征沿线城市开

展文化旅游交流合作，研究开通红色旅游专线（列），培育红色旅游经典线路，打造全国著名的红色旅游目的地。

九、组织保障

（二十）坚持党的全面领导。充分发挥党总揽全局、协调各方的领导核心作用，落实新时代党的建设总要求，把党的领导始终贯穿于示范区建设的全过程和各领域各环节，引导激励广大党员干部勇于推进改革创新，提升全局性、系统性思维，提高干事创业的本领能力。

（二十一）强化政策支持。中央财政通过革命老区转移支付等现有资金渠道支持示范区建设，加大对赣州补助力度。中央预算内投资通过既有专项对赣州符合条件的项目予以支持。落实好赣州执行西部大开发相关政策。对列入国家有关规划和政策文件的重点建设项目，在国土空间规划编制和用地计划指标安排等方面予以统筹支持。加大人才队伍建设力度，支持国家级人才工程和引智项目向赣州倾斜。江西省在开展试点示范、安排补助资金以及安排用地计划时，加大对示范区支持力度。

（二十二）认真组织实施。充分发挥支持赣南等原中央苏区振兴发展部际联席会议制度作用，及时协调解决示范区建设重要事项。中央和国家机关有关部门要按照职责分工，加强对示范区建设的指导，细化落实相关支持政策措施。落实中央和国家机关及有关单位对口支援赣南等原中央苏区工作方案，支持构建人才、产业、项目、创新等相结合的对口支援工作格局。江西省要切实加强对示范区建设的组织领导，健全协调机制，依据本方案编制示范区发展规划，制定配套支持政策。赣州市要落实主体责任，完善工作机制，分解工作任务，建立健全组织实施长效机制，细化年度重点任务，确保示范区建设各项目标任务落实落地。国家发展改革委要会同江西省适时组织开展方案实施进展评估，重大问题及时向党中央、国务院报告。

深圳市与赣州市对口合作实施方案

（2023—2027 年）

为深入贯彻习近平总书记关于革命老区振兴发展的重要讲话和重要指示批示精神，推动深圳市与赣州市对口合作走深走实，根据《国务院关于新时代支持革命老区振兴发展的意见》（国发〔2021〕3 号）和《国家发展改革委关于印发〈革命老区重点城市对口合作工作方案〉的通知》（发改振兴〔2022〕766 号）要求，结合两市实际，制定本实施方案。

一、指导思想

以习近平新时代中国特色社会主义思想为指导，全面贯彻落实党的二十大精神，深入贯彻落实习近平总书记系列重要讲话和重要指示批示精神，推动新时代赣南苏区振兴与粤港澳大湾区、深圳中国特色社会主义先行示范区“双区”建设等战略协同互促发展，形成区域协调发展格局，秉持“特区带动老区、老区支持特区”理念，坚持以创新发展为动力，以项目合作为载体，推动双方比较优势转化为经济优势和发展优势，助力把赣南苏区建设得更好，让老区人民过上更好的生活，携手推动高质量发展。

二、总体目标

按照“政府推动、企业主体、市场运作、合作共赢”原则，以传承弘扬红色文化、产业协作、产业平台载体共建等为重点，推动赣州资源禀赋、区位优势、“1+5+N”主导产业与深圳市网络与通信、半导体与集成电路、新材料、生物医药、大健康等“20+8”战略性新兴产业集群和未来产业发展有机衔接，不断拓展对口合作的广度和深度，实现合作双方互利共赢。到 2027 年，两市合作机制更加健全、运转更加高效，跨地区利益分享机制日趋完善，重点领域合作取得长足进展，营商环境得到进一步明显改善，实施一批标志性跨区域合作项目，多种形式共建一批特色产业合作平台，两市合作取得实质性成果。

三、重点任务

（一）共同传承弘扬红色文化，赓续红色血脉。

1. 加强红色文化交流。充分发挥赣州市红色资源优势，支持赣州市委党史研究室、瑞金干部学院与深圳市各级党校（行政学院）、党史研究机构等单位合作，在赣州市设立红色研学、红色培训基地和党性教育现场教学点，组织深圳党员干部赴赣州市开展各类培训和现场教学。以深圳文博会、旅博会等大型会展活动为载体，积极宣传推介赣南苏区特色文化、风土人情、发展变化等。开展赣南苏区融入大湾区宣传，建立媒体合作、宣传互动长效机制。引导组织深圳文化旅游等行业协会、企业和市民赴赣南苏区开展以红色文化传承为主题的研学实践和旅游观光活动。在赣州定期举办赣深红色文化交流发展大会，共同研讨习近平新时代中国特色社会主义思想在赣深两地成功实践。开展赣州（深圳）文化和旅游产业推介会，吸引更多深圳文化企业落户赣州。共同推动苏区精神、长征精神与改革开放精神弘扬传播，加强两地抓基层党建工作的经验交流合作，引导两市广大党员干部、群众传承好红色基因、赓续红色血脉。[深圳市责任单位：市委组织部、市委党史文献研究室、市委宣传部、市委党校、市直机关工委、市文化广电旅游体育局，各区政府（含大鹏新区管委会、深汕特别合作区管委会，下同）；赣州市责任单位：市委组织部、市委党史研究室、市委宣传部、市直机关工委、市红色资源发展保护中心、市文广新旅局、市商务局、江西瑞金干部学院，各县（市、区）政府（含赣州经开区管委会、蓉江新区管委会，下同）]

2. 共同培育旅游市场。增强两市文旅品牌的资源互动，联合打造研学旅游品牌，共推两市互为旅游客源地和目的地。推动政府、旅游机构开展文化和旅游项目招商、产业融合、品牌合作、旅游投融资、智慧旅游、文旅人才队伍建设等深度合作。鼓励深圳市社会资本参与开发赣州市红色文化旅游项目，共同设计红色精品旅游路线，搭建红色文化和旅游融合发展平台，推动红色旅游与生态旅游、体育健身、休闲旅游、历史文化旅游融合发展，打造深圳市生态康养旅游后花园。[深圳市责任单位：市委宣传部、市文化广电旅游体育局，各区政府；赣州市责任单位：市委宣传部、市文广新旅局、市卫生健康委、市体育局、市民政局、市林业局，各县（市、区）政府]

3. 做强文化创意产业。合作开展红色文化资源、革命文物等保护和开发利用工作，加强红色遗址保护和旅游基础设施建设，结合国家长征文化公园（赣州段）建设，合力规划打造一批红色文化项目及载体。推动赣南苏区特色文化旅游品牌提档升级，联合打造一批高附加值的文创产品、旅游直播项目和精品宣传片。推动数字化红色资源库与红色文旅深度融合，合作共建"全国红色资源数字中心"。引导文化创意企业落户赣州和寻乌，合力打造"学习强国文化创意产业园"。[深圳市责任单位：市委宣传部、市文化广电旅游体育局，各区政府；赣州市责任单位：市委宣传部、市文广新旅局、市红色资源发展保护中心、市委党校，各县（市、区）政府]

（二）合作共建产业发展平台，构建现代产业体系。

4. 共建全球稀土产业新高地。发挥深圳人才和产业高地优势，争取中央企业在深圳设立稀土新材料应用研发中心，打造具有全球影响力的稀土材料创新高地、产业高地和供应链中心，推动科研成果在赣州市产业化发展。积极引导深圳稀土相关研究机构加强与中科院赣江创新研究院合作，努力将赣江创新研究院打造成全国稀土产业创新聚集地。鼓励两市优势企业全面参与和打造一批稀土新材料研发创新平台及新能源、汽车零配件等应用型重大项目。以设备智能化、生产过程自动化和管理信息化的深度融合为重点，引导深圳企业投资数字矿山、绿色矿山、稀土产品数据库建设，提高资源综合利用率。[深圳市责任单位：市发展改革委、市科技创新委、市工业和信息化局，各区政府；赣州市责任单位：市发展改革委、市科技局、市工业和信息化局，各县（市、区）政府]

5. 加快先进制造业融合发展。支持深圳"20+8"战略性新兴产业集群和未来产业与赣州市"1+5+N"产业布局融合发展，实施延链补链强链工程，共同拓展两市产业发展空间。鼓励深圳优势产业对外投资项目优先落户赣州，打造一批承接产业转移基地，不断完善和发展现代化产业体系。共同推进两市智能制造软件开发等企业交流合作，支持共建精密制造及新材料产业合作示范园。深化与汽车储能等先进制造业企业合作，推动氟盐锂电新材料等项目合作，共同发展锂电等产业。支持两市合作开展低空空域管理改革试点，推动深圳与南康共建无人机产业发展基地。支持赣州市园区专业化建设，积极承接大湾区电声电子、触控显示、智能终端、智能光电等电子制造业项目。支持时尚服装、家居创意产业合作。[深圳市责任单位：市发展改革委、市工业和信息化局、市科技创新委、市交通运输局，各区政府；赣州市责任单位：市发展改革委、市工业和信息化局、市市场监管局、市商务局、市科技局，各县（市、区）政府]

6. 加强数字经济产业合作。推动两地数字经济协同联动发展，在大数据、云计算、物联网等领域开展深入合作，促进数字技术与实体经济深度嫁接融合。在机器人、智能制造、智慧+产业等领域开展合作，推动数字产业化和产业数字化，促进产业结构优化升级。引导深圳科技创新企业与赣州市加强合作，支持建设赣州数据交易中心，共建数字经济产业园和数字科技产业园等项目。支持赣州依托"赣南数据湖"等计算存储资源地，积极推进"东数西算"战略合作。支持赣州市大力发展电子信息制造业，培育壮大信创、区块链、智能家居等产业，建设粤港澳大湾区数字资源延伸承载地。支持推动深圳互联网企业、电商金融企业将客服后台、内容审核中心等进驻寻乌，打造客服经济和内容审核集聚区。[深圳市责任单位：市发展改革委、市工业和信息化局、市乡村振兴和协作交流局、市政务服务数据管理局，各区政府；赣州市责任单位：市发展改革委、市工业和信息化局、市行政审批局，各县（市、区）政府]

7. 推进产业园区合作共建。加快深赣港产城一体化合作区建设，加强赣州国际陆港与深圳盐田港口合作，深化两市税港合作，优化两市铁海联运通道，推进国际货运班列、口岸开放合作，共建物流集散分拨中心。加快推进产业合作平台建设，加强两市产业园区在规划设计、投资建设、招商引资、运营管理等方面合作，鼓励深圳市内产业园、国家级开发区、综合保税区、物流园区输出园区运营管理经验，提升赣州市产业园运营管理的市场化和专业化水平，共建区域特色产业合作区。积极探索园区托管模式，促进合作各方良性互动、互利共赢。鼓励社会资本积极参与两地共建的产业园区投资、建设、运营，加快推进赣粤区域产业合作试验区、深圳产业园建设。[深圳市责任单位：市委宣传部、市国资委、市交通运输局、市商务局、市乡村振兴和协作交流局、驻地海关，各区政府；赣州市责任单位：市委宣传部、市工业和信息化局、

市国资委、市交通运输局、市商务局、市发展改革委、驻地海关、赣州国际陆港管委会，各县（市、区）政府]

（三）深化科技创新合作，提升创业创新水平。

8. 共设工业等新产品展示专区。在赣州市人流、物流比较集中，交通比较便利的商业街区或会展创意中心，设置深圳产品专区，集中展示全屋智能、新一代通讯信息、新能源汽车等新锐产品，以及年轻人喜欢的茶饮、咖啡等新潮消费品。在深圳市建设集中展示赣州有色金属、新能源电池、现代家居、纺织服装、红色文化、康养旅游、富硒农业等特色产品，集城市宣传、文化旅游、商务交流和科技孵化等功能为一体的展示交流中心。[深圳市责任单位：市工业和信息化局、市商务局、市科技创新委，各区政府；赣州市责任单位：市工业和信息化局、市商务局、市文广新旅局、市农业农村局、市科技局、市政府驻广东办事处，各县（市、区）政府]

9. 加强科技研发与转化合作。加强两市国家、省、市级重点实验室、技术创新中心、工程实验室、工程研究中心、企业技术中心等创新载体对接合作，引导两市创新要素对接流动，促进深圳科技成果在赣州市转化。支持两市创新主体聚焦重点合作领域开展联合科技攻关，加快科技成果转化，打造战略性新兴产业集群。[深圳市责任单位：市科技创新委、市工业和信息化局，各区政府；赣州市责任单位：市科技局、市工业和信息化局、市商务局，各县（市、区）政府]

10. 推进创业创新合作。推进两市开放共享“双创”资源，相互借鉴“双创”企业、平台和创客的经验做法，鼓励深圳优质创业投资企业和创业投资管理团队参与赣州市创业投资发展，鼓励两市科技型企业、金融机构及知识产权评估机构跨区开展业务，加强知识产权金融服务合作，共推科创企业发展。深入开展“双创”合作，大力推动两市“双创”服务管理团队交流，搭建两市“双创”投融资对接平台，探索“双创”合作示范基地建设。赣州市主动搭建科教平台，鼓励深圳市虚拟大学园、大学驻深研究院等科教机构在赣州市复制发展，强化内生发展动力。[深圳市责任单位：市科技创新委、市人力资源社会保障局、市地方金融监管局，各区政府；赣州市责任单位：市科技局、市发展改革委、市人力资源社会保障局、市政府金融办，各县（市、区）政府]

11. 强化高端人才交流合作。加强两市人才服务合作，支持两市人才集团开展全面战略合作。鼓励深圳科研人才依法依规在赣州企业技术入股、兼职兼薪，通过实施“科技副总”“周末工程师”等方式柔性引才，打造科创（赣州）小镇。发挥深圳在高端人才储备、研发配套条件等资源优势，建立长期稳定的两市人才交流合作关系。支持深圳顶尖创业团队自带技术、项目、资金来赣州开展技术创新及转化。在人才配套服务政策上互学互鉴，探索两市高端人才资源开放共享机制。[深圳市责任单位：市人才工作局、市科技创新委、市人力资源社会保障局，各区政府；赣州市责任单位：市委组织部、市科技局、市人力资源社会保障局，各县（市、区）政府]

（四）衔接推进乡村振兴和新型城镇化，促进城乡融合发展。

12. 加强现代农业合作。发挥深圳农业科技优势和全国蔬菜标准质量中心（赣州）分中心作用，推动赣南科学院与深圳华大基因科技有限公司开展合作，支持赣州市实施种业振兴行动，开展农业重大技术攻坚和协同推广。鼓励深圳市农业龙头企业在赣州市投资建设优质农产品供应基地、高标准规模化农产品直采基地、集散中心、生产加工项目和农文旅结合项目，探索建立农产品检测结果互认和信息共享制度，共建现代农业富硒等农产品示范基地。加强绿色食品生产、高端农业开发、观光农业等领域合作，推动深圳市农业企业与赣州市农林、水产、中药材等特色产业合作，培育更多绿色食品、有机农产品、地理标志农产品，提升赣州市特色农产品品牌知名度。[深圳市责任单位：市市场监管局、市规划和自然资源局、市国资委，各区政府；赣州市责任单位：市农业农村局、市文广新旅局、市自然资源局、市市场监管局、市林业局、市国资委、市商务局，各县（市、区）政府]

13. 推进农产品产销对接。加强两市农产品供销全面合作，建立两市农业和绿色食品长期产销对接机制，鼓励深圳市农业企业到赣州市建设深圳市菜篮子基地，支持赣州市打造“圳品”品牌。支持赣州在深圳市参加“文博会”“绿博会”等活动，组织深圳企业参加赣南脐橙国际博览会，助力赣州市特色农产品展销。支持赣州在深圳各类大型农贸市场和商超建立畅通、便捷的特色农产品销售渠道。在海吉星消费帮扶中心和“圳帮扶”平台设立赣州专馆。鼓励深圳机关事业单位、国有企业、社会团体、民营企业等与赣州市建立长期合作和稳定购销关系，加大赣州优质农副产品采购力度。支持赣州将深圳作为物资保障供应重点地区，优先向深圳提供农产品等物资保障，同时加大消费帮扶合作，支持深圳市创建国家消费帮扶示范城市建设。[深圳市责任单位：市市场监管局、市乡村振兴和协作交流局、市国资委，各区政府；赣州市责任单位：市农业农村局、市乡村振兴局、市林业局、市国资委、市市场监管局、市财政局、市商务局、市总工会，各县（市、区）政府]

14. 探索数字乡村建设。发挥深圳在5G、物联网、大数据、云计算等新一代数字技术优势，引导一批深圳本土科技企业，在利益共享前提下，按照“深圳策源＋对口地区转化”的合作发展模式，在赣州市进行成果转化，推动在有条件的县（市、区）共建数字乡村先行示范点和智慧农业产业基地，共同探索数字乡村建设标准体系，积极打造深赣合作“数字乡村”“智慧农业”品牌。依托深圳“簕杜鹃”助农行动暨“耕耘者”振兴计划，提升赣州市农村基层治理能力。[深圳市责任单位：市科技创新委、市工业和信息化局、市乡村振兴和协作交流局、市市场监管局、市政务服务数据管理局，各区政府；赣州市责任单位：市科技局、市农业农村局、市委组织部、市乡村振兴局、市委网信办、市工业和信息化局、市市场监管局、市行政审批局，各县（市、区）政府］

（五）合力完善基础设施和基本公共服务，夯实发展基础支撑。

15. 共推基础设施建设。支持深圳各类企业和社会资本参与赣州市交通、能源、水利、信息、市政等基础设施项目建设和运营管理。参与赣粤运河前期研究论证工作。支持赣州融入深圳全球物流枢纽城市建设，推动两市国家物流枢纽功能协同联动，强化粤赣欧、深赣欧班列常态化运行，着力打造深圳市—赣州市“双循环”新发展格局物流枢纽，争创构建现代流通体系的先行示范。鼓励两市物流企业参与区域性物流中心、地区分拨中心建设，有效降低物流成本。加快能源基础设施建设，支持深圳优质能源企业到赣州因地制宜开发建设风力发电、太阳能发电、垃圾焚烧发电、抽水蓄能电站、天然气管道等清洁能源项目。［深圳市责任单位：市发展改革委、市交通运输局、市商务局、市国资委、市乡村振兴和协作交流局、驻地海关，各区政府；赣州市责任单位：市发展改革委、市交通运输局、市商务局、市国资委、市乡村振兴局、驻地海关，各县（市、区）政府］

16. 加强教育交流合作。支持国家“双高”高职学校开展对口合作，鼓励深圳市高校、高职学校与赣州市院校开展合作共建，组建深（圳）赣（州）职业教育联盟，深化深圳信息职业技术学院与赣州职业技术学院合作。支持深圳大学、南方科技大学与赣州市高校合作共建特色学科与创新平台。推进安远县三百山“饮水思源·香港青少年国民教育基地”提标升级，组织邀请深圳、港澳等地师生到寻乌、安远等东江源头县开展研学。［深圳市责任单位：市委统战部、市教育局，各区政府；赣州市责任单位：市教育局、市委统战部、市体育局、市文广新旅局，各县（市、区）政府］

17. 深化医疗卫生合作。推动两市医院开展对口合作，支持深圳医疗机构与赣州市建立“院校基地”等合作关系，合作共建一批临床诊疗中心、高层次人才培养基地。推动深圳医院与赣州市医疗机构结对合作，协助推进重点学科、特色专科、骨干人才队伍建设。推动两市知名医院专家团队在重症、肿瘤等领域合作，开展远程医疗等服务。推动深赣医疗养老服务一体化。支持深圳企业和机构参与赣州国家级医养结合试点城市等建设，大力发展康养产业。鼓励赣州协调江西省著名医院和医疗专家支持深圳医疗机构学科建设和开展临床诊疗。［深圳市责任单位：市卫生健康委，各区政府；赣州市责任单位：市卫生健康委，各县（市、区）政府］

（六）联合推动生态文明建设，促进绿色低碳发展。

18. 加强生态环保共治。深化两市生态环境保护的交流合作，共同制定实施生态环保战略和行动计划。推动生态环保信息产品、技术和服务合作。加强两市在水资源保护、水污染防治、水生态修复等方面合作，持续推进东江流域上下游横向生态保护补偿，推动深圳市有关企业支持东江源、北江源流域县开展水生态综合治理，保障深圳及香港同胞饮水安全。［深圳市责任单位：市生态环境局、市发展改革委、市规划和自然资源局、市水务局、市财政局；赣州市责任单位：市生态环境局、市发展改革委、市财政局、市自然资源局、市水利局，各县（市、区）政府］

19. 推动绿色低碳发展。围绕工业、交通运输、城乡建设等碳排放重点领域，支持深圳相关企业输出技术、资金、产业经验，助力赣州开展节能降碳工作。深化“双碳”合作模式，探索协同降碳、生态资源权益共享机制，逐步实现从单向对口合作向双向协作的转变。［深圳市责任单位：市发展改革委、市生态环境局、市规划和自然资源局、市国资委、市工业和信息化局、市交通运输局，各区政府；赣州市责任单位：市发展改革委、市工业和信息化局、市生态环境局、市交通运输局、市科技局、市国资委，各县（市、区）政府］

（七）深化改革开放合作，增强发展动力活力。

20. 共优营商发展环境。支持赣州市全面对标深圳市营商环境建设，推广复制深圳市涉企政策集成服务模式、无人干预自动办理模式、跨境贸易综合服务等经验，持续推进简政放权和优化服务改革。建立两市政务服务“全域通办”机制，开设“跨省通办”专窗，实现政务系统联通。充分利用深圳信息技术优势，推进赣州市政务系统全联通、数据全流动，简化办事流程，推进政务服务事项“一网通办”。支持赣州建设“AI+智能辅助审批”平台，持续推进“秒批秒办”，实现“审批不见面、办事不求人”，打响“干就赣好”营商品牌。［深圳市责任单位：市政务服务数据管理局；赣州市责任单位：市行政审批局、市发展改革委，各县（市、区）政府］

21. 深化国资国企合作。加强两市在深化国有企业改革方面的经验交流。共同探索国有投资、运营公司和国有资产市场化运作平台建设等方面合作。推动赣州市国有企业混合所有制改革，鼓励深圳各类企业通过多种方式参与赣州市国有企业改革、重组，促进国有资本和非国有资本相互融合。按照市场化、法治化和可持续发展的原则，深化两市国企在产业、金融、基础设施、轨道交通、市政公用等方面合作。［深圳市责任单位：市发展改革委、市国资委、市城管和综合执法局，各区政府；赣州市责任单位：市发展改革委、市国资委、市城管局、市政府金融办，各县（市、区）政府］

22. 加强金融领域合作。推动两市共同开展金融创新，推动两地金融监管部门、各类金融机构和金融行业协会加强合作。支持赣州企业在深圳交易所上市。

鼓励两市投资机构、社会资本等探索创新合作，支持深圳银行、证券、保险等金融机构在赣州设立分支机构，促进金融业集聚发展。[深圳市责任单位：市地方金融监管局、人民银行深圳市中心支行、深圳银保监局、深圳证监局、深圳证券交易所；赣州市责任单位：市政府金融办、赣州银保监分局、人民银行赣州市中心支行]

23. 开展经贸互动交流。加强两市民营经济发展经验交流，发挥两市商会作用，积极开展以商招商、商会招商。鼓励两市工商联、商协会、民营企业定期举办交流活动，积极组织两市企业开展产业对接合作。支持两市在重大展会活动等经贸交流平台设置主宾市，组织企业参展参会，促进两市企业以及国内外企业间的产业合作、产销对接、招商投资，共同推动一批项目落地。支持深圳市专业会议服务公司、知名展览公司、场馆管理公司以及广告策划公司等在赣州设立机构开展业务。支持赣州发起设立“老区—湾区投资合作洽谈会”，打造具有区域影响力的商贸合作交流平台。[深圳市责任单位：市乡村振兴和协作交流局，各区政府；赣州市责任单位：市商务局、市工商联，各县（市、区）政府]

四、保障措施

（一）强化组织领导。建立深圳市与赣州市对口合作联席会议制度，两市主要领导为召集人，每年召开一次联席会议。两市对口合作牵头部门为具体联络协调单位，负责对口合作统筹的联络协调和合作事项的推动落实。

（二）建立健全合作机制。推动两市更高层次、更宽领域的全方位合作，建立完善对口合作沟通协调推进机制，加强两市部门之间、县区之间、园区之间交流合作。选择重点领域制定合作专项实施方案，编制对口合作年度计划，共同推进对口合作重大项目建设。探索建立干部双向交流工作机制，促进观念互通、作风互鉴、办法互学。研究建立合作共赢利益共享长效机制，积极探索合作园区跨地区利益分享机制。

（三）加大政策支持力度。两市共同争取国家和省级层面在政策实施、规划编制、项目安排、改革创新先行先试等方面给予更大力度支持。围绕对口合作重点园区和重大项目，积极争取上级资金支持和银行业金融机构融资支持。

（四）加强合作督导评估。及时总结对口合作工作经验，加大宣传推广力度，积极营造鼓励全社会关心、支持和参与对口合作的良好氛围。建立健全年度评估督促问效机制，强化工作进展跟踪调度。

2022 年赣州市常住人口主要数据公报

按照国家统计局、江西省统计局的统一部署，2022 年赣州市人口变动抽样调查采取多阶段、分层、概率比例的抽样方法，全市共抽取 472 个村级单位为调查样本，调查人口 7 万余人。现将根据人口变动抽样调查数据推算的全市 2022 年常住人口主要数据公布如下：

一、常住人口

2022 年末，全市常住人口 898.81 万人，比 2021 年末的 898.00 万人增加 0.81 万人，增长 0.09%。

二、城乡结构

2022 年末全市常住人口中，城镇常住人口 512.34 万人，比 2021 年末的 505.99 万人增加 6.35 万人；乡村常住人口 386.47 万人，比 2021 年末的 392.01 万人减少 5.54 万人，常住人口城镇化率（城镇常住人口占全部常住人口的比重）57.00%，比 2021 年的 56.35% 提高 0.65 个百分点。

三、年龄结构

2022 年末全市常住人口中，0—15 岁的人口为 203.54 万人，占总人口的 22.64%；16—59 岁的人口为 547.17 万人，占 60.88%；60 岁及以上的人口为 148.09 万人，占 16.48%，其中 65 岁及以上人口 108.46 万人，占 12.07%。与 2021 年末相比，0—15 岁人口减少 9.73 万人，占比下降 1.10 个百分点；16—59 岁人口增加 3.71 万人，占比提高 0.36 个百分点；60 岁及以上人口增加 6.83 万人，占比提高 0.75 个百分点，其中 65 岁及以上人口增加 4.94 万人，占比提高 0.54 个百分点。

四、性别构成

2022 年末全市常住人口中，男性人口 462.59 万人，比 2021 年末的 462.12 万人增加 0.47 万人；女性人口 436.22 万人，比 2021 年末的 435.88 万人增加 0.34 万人，男性人口比女性人口多 26.37 万人；总人口性别比（女性 =100）为 106.04，比 2021 年末的 106.02 增加 0.02。

五、人口自然增长

2022 年全市出生人口 7.04 万人，比 2021 年的 7.95 万人减少 0.91 万人；死亡人口 6.46 万人，比 2021 年的 6.19 万人增加 0.27 万人。人口出生率 7.83‰，比 2021 年的 8.86‰下降 1.03 个千分点；人口死亡率 7.19‰，比 2021 年的 6.89‰上升 0.3 个千分点；人口自然增长率 0.65‰，比 2021 年的 1.96‰下降 1.31 个千分点。

统计资料

赣州市主要经济指标表（2022 年）

表 24

指　标	单位	2021 年	2022 年	2022 年比 2021 年增长（%）
生产总值（GDP）	亿元	4185.37	4523.63	5.2
一般公共预算收入	亿元	294.07	306.06	4.1
# 税收收入	亿元	200.07	174.52	-12.8
农业总产值	亿元	696.58	736.85	4.2
规模以上工业增加值	亿元	—	—	8.8
固定资产投资	亿元	—	—	9.7
# 工业投资	亿元	—	—	-0.3
社会消费品零售总额	亿元	1987.68	2100.01	5.7
进出口总额	亿元	737.39	1033.10	39.9
# 出口总额	亿元	576.47	824.11	43.0
实际利用外资	亿美元	23.51	3.73	4.3
利用省外 2000 万元以上项目资金	亿元	1093.58	1200.42	9.8
金融机构本外币存款余额	亿元	6435.56	7306.15	13.5
金融机构本外币贷款余额	亿元	6622.47	7456.17	12.6
居民消费价格指数	%	101.4	102.3	2.3
发电量	亿千瓦时	116.70	258.72	116.2
全社会用电量	亿千瓦时	256.95	277.77	8.1
# 工业用电量	亿千瓦时	139.88	145.57	4.1
城镇化率	%	56.35	57.00	0.65
高速公路里程	公里	1559	1729	10.9
年末常住人口	万人	898.00	898.81	0.09
人口自然增长率	‰	1.96	0.65	-0.13
城镇新增就业人数	万人	8.27	7.93	-4.1
跨省劳务输出人数	万人	151.68	114.37	-24.6

注：发电量为规模以上工业企业的发电量。

赣州市主要人均指标表（2022 年）

表 25

指　　标	单位	2021 年	2022 年	2022 年比 2021 年增长（%）
生产总值	元 / 人	46631	50352	5.1
一般公共预算收入	元 / 人	3276	3407	4.0
#税收收入	元 / 人	2229	1943	-12.9
社会消费品零售总额	元 / 人	22145	23375	5.6
住户存款	元 / 人	47558	54751	15.1
城镇居民人均可支配收入	元 / 人	40160	42231	5.2
农村居民人均可支配收入	元 / 人	14675	15900	8.3
全社会用电量	千瓦时 / 人	2863	2860	-0.1

赣州市生产总值结构分析表（2022 年）

表 26

指　　标	2022 年	2022 年比 2021 年增长（%）
生产总值（亿元）	4523.63	5.2
第一产业	450.83	3.8
第二产业	1822.59	6.6
#工业	1526.50	7.0
第三产业	2250.21	4.5
#交通运输、仓储和邮政业	180.90	2.0
批发和零售业	365.98	5.1
住宿和餐饮业	133.60	2.6
房地产业	352.97	1.1
金融业	317.79	5.1
生产总值构成（%）	100	0.0
第一产业	10.0	-0.3
第二产业	40.3	0.7
#工业	33.7	0.8
第三产业	49.7	-0.4
#交通运输、仓储和邮政业	4.0	-0.1
批发和零售业	8.1	0.2
住宿和餐饮业	3.0	0.3
房地产业	7.8	-0.5
金融业	7.0	-0.1

赣州主要指标在全省的地位表（2022年）

表27

指　　标	单位	赣州	全省	赣州占全省（%）	赣州在全省的位次
地区生产总值（GDP）	亿元	4523.63	32075	14.1	2
#第一产业	亿元	450.83	2451	18.4	1
第二产业	亿元	1822.59	14360	12.7	3
第三产业	亿元	2250.21	15264	14.7	2
一般公共预算收入	亿元	306.06	2948	10.4	2
社会消费品零售总额	亿元	2100.01	12853	16.3	2
进出口总额	亿元	1033.10	6713	15.4	2
#出口总额	亿元	824.11	5088	16.2	2
实际使用外资	亿美元	3.73	21.7	17.2	2
利用2000万元以上省外资金	亿元	1200.42	10425.4	11.5	3
金融机构本外币存款余额	亿元	7306.15	53162	13.7	2
金融机构本外币贷款余额	亿元	7456.17	52776	14.1	2
全社会用电量	亿千瓦时	277.77	1983	14.0	3
#工业用电量	亿千瓦时	145.57	1215	12.0	4
常住总人口	万人	898.81	4528	19.9	1
城镇化率	%	57.0	62.1	—	9

赣州主要指标在全国的地位表（2022年）

表28

指　　标	单位	赣州	全国	赣州占全国（%）
生产总值（GDP）	亿元	4523.63	1210207	0.37
#第一产业	亿元	450.83	88345	0.51
第二产业	亿元	1822.59	483165	0.38
第三产业	亿元	2250.21	638698	0.35
一般公共预算收入	亿元	306.06	108818	0.28
固定资产投资	亿元	—	572138	—
社会消费品零售总额	亿元	2100.01	439733	0.48
进出口总额	亿元	1033.10	420678	0.25
#出口总额	亿元	824.11	239654	0.34
金融机构本外币存款余额	万亿元	0.73	264.45	0.28
金融机构本外币贷款余额	万亿元	0.75	219.10	0.34
全社会用电量	亿千瓦时	277.77	86372	0.32
#工业用电量	亿千瓦时	145.57	56000	0.26
城镇化率	%	57.00	65.22	—

赣州主要人均指标与全省比较表（2022 年）

表 29

指　　标	单位	赣州	全省	赣州为全省（%）
生产总值（GDP）	元 / 人	50352	70923	71.0
一般公共预算收入	元 / 人	3407	6519	52.3
社会消费品零售总额	元 / 人	23375	28420	82.2
进出口总额	元 / 人	11499	14844	77.5
# 出口总额	元 / 人	9173	11251	81.5
利用省外 2000 万元以上资金	元 / 人	13362	23051	58.0
金融机构本外币存款余额	元 / 人	81315	117551	69.2
金融机构本外币贷款余额	元 / 人	82985	116696	71.1
城镇居民人均可支配收入	元	42231	43697	96.6
农村居民人均可支配收入	元	15900	19936	79.8
全社会用电量	千瓦时 / 人	2860	4385	65.2
# 工业用电量	千瓦时 / 人	1620	2687	60.3

赣州主要人均指标与全国比较表（2022 年）

表 30

指　　标	单位	赣州	全国	赣州为全国（%）
生产总值（GDP）	元 / 人	50352	85678	58.8
一般公共预算收入	元 / 人	3407	7704	44.2
社会消费品零售总额	元 / 人	23375	31132	75.1
进出口总额	元 / 人	11499	29783	38.6
# 出口总额	元 / 人	9173	16967	54.1
金融机构本外币存款余额	元 / 人	81315	187221	43.4
金融机构本外币贷款余额	元 / 人	82985	155115	53.5
城镇居民人均可支配收入	元	42231	49283	85.7
农村居民人均可支配收入	元	15900	20133	79.0
全社会用电量	千瓦时 / 人	2860	6115	46.8
# 工业用电量	千瓦时 / 人	1620	3965	40.9

索　引

说　明

一、索引采用主题分析法编制，大部分选用关键词。

二、索引按标引词汉语拼音字母顺序排列。

三、由类目、分目提取的索引采用黑体字，条目采用宋体字。标引词后面的数字表示内容所在页码，数字后的a、b、c分别表示页码从左至右的第一、二、三栏。标引词后第二个页码起，表示该索引同一主题参见内容所在位置。

四、为便于读者检索，在赣州市的企事业单位和在赣州发生的事件名称前的“赣州”二字，除非产生歧义，均省略。特载、大事记、人物及附录等内容未作索引。

主题索引

A

B

C

D

G

H

J

K

L

M

N

P

Q

R

S

T

W

X

Y

Z

表索引